조선의 망조,
대한제국의 자멸,
대한민국의 위기

임양택 저

박영사

초록

　본 연구의 목적은 <가설(假說)>: "국가의 흥망성쇠(興亡盛衰)의 요인은 국정철학(國政哲學, Governing Philosophy)과 국가이성(國家理性, Staatsvernunft)이다"를 논리실증주의(論理實證主義, Logical Positivism)의 분석방법으로 검증(檢證)하여 경세제민(經世濟民)을 위한 신(新)실용주의적(Neopragmatic) 정책방향(방안)을 역사적/철학적 시각에서 제시하기 위함이다.

　상기 가설(假說)에서 국정철학(國政哲學, Governing Philosophy)으로서 선정된 역사적 사례는 5가지: (1) 영국의 명예혁명(1688년)과 권리장전(1688년), (2) 미국 독립선언(1776.07.04) 헌법 제정: 1781년 '연합규약'(聯合規約), 1788년에 연방헌법(聯邦憲法), 1791년 헌법의 일부로서 '권리장전(權利章典)', (3) 일본의 명치유신(明治維新, 1868~1889), (4) 중국 손문(孫文, 1866~1925)의 삼민주의(三民主義): ① 민족주의(民族主義), ② 민권주의(民權主義), ③ 민생주의(民生主義), (5) 싱가포르 리콴유(李光耀, 1923~2015) 수상(재임: 1959~1990)의 '12345의 나라'이다.

　상기 가설(假說)에서 국가이성(國家理性, Staatsvernunft)의 예로서 임마누엘 칸트(Immanuel Kant, 1724~1804)의 '실천이성'(實踐理性, Practical Reason), 요한 고트리에프 피히테(Johann Gottlieb Fichte, 1759~1831): '행동하는 의지' = '실천이성' + '도덕적 의지', 위르겐 하버마스(Jürgen Habermas, 1929~현재): '의사소통적 이성과 윤리'(Communicative Reason and Ethics)이다. '국가이성(國家理性)'과 관련하여, 본 연구는 현대사회에서 의회민주주의를 위협하는 중우정치(衆愚政治, Ochlocracy), 반지성주의(反知性主義, Anti-intellectualism), 포퓰리즘(Populism)을 세계사적 사례(한국의 사례를 포함)들로써 비판한다.

　본 연구의 분석방법은 논리실증주의(論理實證主義)이다. 상기 가설(假說)의 검증(檢證) 대상은 5개 세계사적 사례: (1) 로마제국(BC 27~AD 1453)의 멸망: ① 서(西)로마제국(395~476)의 멸망; ② 동(東)로마제국(Byzantine Empire)의 멸망(1453.05.29), (2) 몽골제국(大元帝國, 1206~1368)의 멸망, (3) 청(淸)제국(1636.04~1912.02.12)의 멸망, (4) 러시아제국(Romanova 왕조)의 멸망(1917년), (5) 조선(朝鮮, 1392~1897)/대한제국(大韓帝國, 1897~1910.08.29)의 자멸(自滅)이다. 상기 5개 제국(帝國)들의 멸망(滅亡) 요인은 공통적으로 외부의 침략에 앞서 내부 분열(分列)과 부정부패(不正腐敗), 즉 국정철학(國政哲學, Governing Philosophy) 및 국가

이성(國家理性, Staatsvernunft)의 부재(不在)였다는 사실을 입증한다.

상기한 연구 목적과 분석 방법을 조선(朝鮮, 1392~1897)의 경우에 적용하면 다음과 같다: 조선(朝鮮, 1392~1897)의 국정철학(國政哲學)이었던 관념주의적 성리학(性理學)이라는 허울좋은 슬로건 하에서 훈구파(勳舊派) vs 사림파(士林派) 및 사림(士林) 분파의 사리사욕(私利私慾)을 위한 권력투쟁을 벌였다. 조선(朝鮮) 당쟁(黨爭)은 1568년(선조 1년) 문신(文臣)의 인사권(人事權)을 장악하는 이조전랑(吏曹銓郎) 관직을 둘러싸고 훈구파(勳舊派)인 심의겸(沈義謙)의 아우(심충겸)와 신진 사림파(士林派)인 김효원(金孝元)이 암투를 벌임으로써 조정이 이 두 인물을 중심으로 서인(沈義謙) vs 동인(金孝元)으로 갈라진 것에서부터 비롯되었다. 그 후, 사림(士林)이 많아지면서 붕당(朋黨)을 형성하여 대립하였다. 결국, 사림파(士林派)는 학파의 성향이나 지역적 기반에 따라 훈구 vs 사림 → 훈구의 분열: 대윤 vs 소윤과 사림 → 사림(士林)의 분열: 동인 vs 서인 → 동인의 분열: 북인 vs 남인과 서인 → 북인의 분열: 대북 vs 소북과 서인, 남인 → 서인 vs 남인의 시대 → 서인 분열: 노론 vs 소론 → 시파 vs 벽파로 분파되었다. 결국, 성리학(性理學)은 조선(朝鮮) 후기(1661~1910: 숙종·영조·정조~대한제국 멸망)의 실학사상(實學思想)을 압살(壓殺)했었으며 대한제국(大韓帝國, 1897~1910)의 파멸(破滅)을 유도했었다.

오직 권력 투쟁을 위한 당쟁(黨爭)의 전형적 예를 들면 다음과 같다: 임진왜란(壬辰倭亂, 1592~1598)이 일어나기 3년 전인 선조 22년(1589년) 정여립(鄭汝立, 1546~1589) 역모사건으로 인한 기축옥사[己丑獄事, 1589년(기축년, 선조 22년)~1591년(신묘년, 선조 24년)]로 서인(西人) 정철(鄭澈, 1536~1593)에 의하여 '피의 광풍'(약 1,000여 명의 희생자)이 불었었다. 기축옥사(己丑獄事)로부터 2년 후인 1591년(선조 24년)에 '건저의 사건(建儲議 事件)'이 발생하였다. '건저의 사건(建儲議 事件)'으로부터 딱 1년 후 임진왜란(壬辰倭亂, 1592~1598)이 발발하여, 조선(朝鮮)은 완전히 아비규환(阿鼻叫喚)이 되었으며 제14대 임금 선조(宣祖, 1552~1608)는 백성을 버리고 도망갔었다.

또한, 군주의 부정부패(不正腐敗)의 전형적 예를 들면 다음과 같다: 흥선대원군(집권: 1863~1873)은 개인적으로 착복은 하지 않았으나 국가재정을 파탄시켰던 원흉(元兇)이었다. 그는 왕권(王權)의 위용을 과시하기 위한 목적으로 원납전(願納錢) 등을 강제 징수한 경복궁(景福宮) 중건(1865~1872)은 조선 민중의 고혈(膏血)을 빨아들인 최대의 블랙홀이었다. 또한, 지급보증 없이 당백전(當百錢)을 마구 발행하여 악화(실질 가치의 1/3)인 청전(淸錢)과 당백전(當百錢)을 유통시킴으로써 이익을 얻은 조정은 민중을 대상으로 벌였었던 일대 '화폐 사기극'을 벌였었다. 상기 악화(惡貨)는 양화(良貨)인 상평통보(常平通寶)를 구축

(驅逐)하였고 물가(物價)를 폭등시켜 국가경제를 파멸로 몰아넣었고 민중의 삶을 더욱 더 파탄시켰었다. 국가가 발행한 화폐에 대한 불신이 쌓여 상평통보(常平通寶)는 창고로 들어 갔다. 결국, 당백전(當百錢)의 주조는 5개월 만에 중단되었고 2년 만에 무려 1,600만 냥이 폐지됐었으며, 조선 조정은 당백전(當百錢)을 회수(교환비율은 당백전 1개로 상평통보 또는 청 전 1냥)하여 회수된 당백전(當百錢)을 녹였다. 이 결과, 당백전(當百錢)이나 청전(淸錢)을 사 용하는 사람들만 손해를 보았고, 상평통보(常平通寶)를 자기 창고에 쌓아두었던 사람들은 이득을 보았다.

상기한 '화폐 사기극'으로써 아버지 흥선대원군(興宣大院君)이 10년(1864.01~1873.11) 동 안 쌓아둔 재정(財政)을 아들 고종(高宗)과 며느리 명성황후(明成皇后)가 단 1년 만에 탕진 했었고 고종(高宗) 초기에는 국가재정 파탄과 초(超)인플레이션에 직면하게 되어 조정은 세수(稅收) 확보를 위해 발악하였다(황현의 <매천야록>). 심지어, 고종(高宗) 황제가 50만 원짜리 대한제국의 첫 번째 근대식 군함(일본의 미쓰이물산합명회사가 납품)인 양무호(揚武 號)를 발주(1903.04.15)한 후 6년 뒤 4만 2,000원에 팔아먹었다('고종시대사' 5집, 1902.12.31; 1903.01.06, '황성신문'). 게다가, 매관매직(賣官賣職)이 성행하였고 심지어 매과(돈을 주고 과 거 합격증을 파는 일)까지 기승을 부렸다. 이 결과, 흥선대원군(興宣大院君, 집권: 1863~1873) 과 아들 고종(高宗, 친정: 1873~1907) 및 며느리 명성황후(明成皇后)가 조선(朝鮮)을 파멸로 이끌었다.

심지어, 우매한 군주(君主)들은 국가 존립과 경세제민(經世濟民)을 위한 '부국강병(富國 强兵)'을 아예 포기했었다. 우선, '부국(富國)'을 포기한 조선의 역사적 사례를 들면 다음과 같다. 조선의 제10대 왕 연산군(燕山君) 시대(재위: 1494~1506)인 1503년 은(銀) 제련법 '회 취법'(灰吹法)을 발명했으나 1507년 조정은 '회취법(灰吹法)'을 금지하였고 단천(丹川) 은 광(銀鑛)을 폐쇄했었다. 이와 반면에, 일본(日本)은 1533년 조선 기술자로부터 '회취법'(灰 吹法, 銀 제련법)을 전수받아 세계 2위 은(銀) 생산국이 되었으며, 급기야 1542년 일본(日 本)의 은(銀)이 조선(朝鮮)에 범람(氾濫)하여 사회문제가 되었다. 그 후, 1600년, 제14대 선 조(宣祖, 재위: 1567~1608)가 당시 최대 은광인 단천(丹川) 은광(銀鑛)을 채굴한 자는 전(全) 가족을 국경으로 추방하고 해당 지역의 감사(監司)는 파직하라고 명했다(1600.04.24, '선조 실록'). 이어서, 1706년 숙종(肅宗, 재위: 1674~1720) 때 만든 '전록통고(典錄通考)'는 금과 은 을 국경도시 의주에 숨겨둔 자를 신고하면 면포 50필 혹은 면천(免賤) 포상을 규정했다. 1740년, 제21대 영조(英祖, 재위: 1724~1776)는 새 은광(銀鑛)이 발견됐다는 보고에 개발을 금지했었고(1740.11.20, '영조실록'). 또한, 1836년, 제24대 헌종(憲宗, 재위: 1834~1849)은 "금은 채굴 금지는 농사철에 방해가 되고 백성이 이익을 다투게 되니 행한 조치"라는 보고에 채굴 금지 정책을 이어갔다(1836.05.25, '헌종실록').

다음으로, '부국강병(富國强兵)'에서 '강병(强兵)'을 포기한 역사적 사례를 들면 다음과 같다: 제14대 선조(宣祖, 재위: 1567~1608) 시대인 1589년 대마도주 평의지(平義智)가 조선(朝鮮) 정부에 조총(鳥銃)을 헌상했다. 그러나 선조(宣祖)는 굴러들어온 조총(鳥銃)을 무기고에 집어넣고 아무런 조치를 취하지 않았었다. 그로부터 딱 1년 후, 1590년 조총(鳥銃)으로 무장한 도요토미 히데요시(豊臣秀吉, 1537~1598)가 일본을 통일하고 2년 후 선조(宣祖) 25년, 1592년 4월 13일 조선(朝鮮)을 침략하여 1598년(선조 31년)까지 7년에 걸쳐 조선 강토를 짓밟았다. 이것이 임진왜란(1592~1598)이다.

심지어, 조선(朝鮮)/대한제국(大韓帝國)의 시대(1392~1910)에서 부국강병(富國强兵)과 근대화(近代化)를 도모할 수 있었던 천재일우(千載一遇)의 기회가 3회가 있었지만 제22대 정조(正祖, 재위: 1776~1800)의 경우 단명(短命)하여 천운(天運)이 뒷받침되지 않았었고, 매관매직(賣官賣職)과 부정부패(不正腐敗)의 온상이었던 제26대 왕 고종(高宗, 친정: 1873~1910; 대한제국 초대 황제 재위: 1897.10.12~1907.07.19)의 경우 무지몽매(無知蒙昧)하여 2회의 천재일우(千載一遇)의 기회를 스스로 말살하였다.

첫 번째 기회는 〈조영수호통상조약〉(朝英修好通商條約, 1883.11.26)이 체결된 상황에서 러시아의 남하(南下)에 대응한 영국(英國)의 거문도(巨文島) 불법 점령(1885.04.15~1887.02.27)을 자연스럽게 '영조동맹(英朝同盟)' 체결로 유도하여 제1차 영일동맹(英日同盟, 1902.01.30.), 제2차 영일동맹(英日同盟, 1905.08.12)과 가쯔라 테프트 밀약(The Taft─Katsura Agreement, 1905.07.29)에 대응할 수 있었다.

두 번째 기회는 고종(高宗, 친정: 1873~1907)은 독립협회(獨立協會)와 만민공동회(萬民共同會) 탄압 및 강제 해산함으로써 '입헌대의군주제'(立憲代議君主制)와 근대화(近代化)를 위한 기회를 말살했었다. 독립협회(獨立協會)·만민공동회(萬民共同會)의 저항에 놀란 러시아는 절영도(絶影島) 조차(租借) 요구를 철회하였고, 한러은행과 군사교관·재정고문을 철수하였으며, 부산·마산 일대에 부동항(不凍港)과 군사기지를 설치하려던 계획을 철회하고 그 대신에 따리엔(大連)과 뤼순(旅順)에서 부동항(不凍港)과 군사기지를 설치하기로 결정하였다. 또한, 일본도 원미도 석탄고기지를 대한제국에 반환하였다. 이것은 조선 민중(民衆)의 단합으로 외세 침략을 물리쳤었던 쾌거였다.

상기한 조선(朝鮮, 1392~1897)의 망조(亡兆)를 배경으로, 대한제국(大韓帝國, 1897~1910)은 다음과 같은 역사의 파노라마를 거치면서 자멸(自滅)을 향하여 줄달음쳤다: 1875년 운요호 사건 → 1876년 강화도 조약(江華島 條約) 체결에 의한 개항 → 1882년 미국과 조선의 조미(朝美) 수호통상조약(朝美修好通商條約) 체결 → 1882년 8월 임오군란(壬午軍亂)과 영약삼단(另約三端) → 제물포조약(濟物浦條約)·조일수호조규속약(朝日修好條規續約) → 1883년 11월 26일 영국(英國)과 조선의 우호통상조약(友好通商條約) 체결 → 러시아와 조선의 수호조약(1884. 07.07) 체결 → 갑신정변(甲申政變, 1884.12.04~07) → 동학혁명(東學革命, 1894.02~1895.05) → 청일전쟁(淸日戰爭, 1894.07~1895.04) → 일본과 청(淸)의 시모노세키 조약(Japan─China Peace Treaty, 下關条約, 1895.04.17) → 3국(러시아·프랑스·독일) 간섭(1895.04.23) → 을미사변(乙未事變, 1895.10.08) → 아관파천(俄館播遷, 1896.02.11~1897.02.20) → 대한제국(大韓帝國) 출범 (1897.10.12) → 독립협회(獨立協會)·만민공동회(萬民共同會) 강제해산(1898.12.23)·「大韓國國制」 공포(1899.08.17) → 일본과 러시아의 니시·로젠 협정(Nishi─Rosen Agreement, 1898.04.25) → 제1차 영일동맹(英日同盟, 1902.01.30) → 고종(高宗) 황제의 국외중립(局外中立) 선언 (1904.01.22) → 가쯔라 테프트 밀약(1905.07.29) → 제2차 영일동맹(英日同盟, 1905.08.12) → 러일전쟁(日露戰爭, 1904.02.08~1905.09.05) → 미국 26대 대통령(재임: 1901~1909) 시어도어 루스벨트(Theodore Roosevelt. Jr.)의 주도로 포츠머스 강화조약 체결(1905.09.05) → 일본과 프랑스의 '루비─버티협의'(1905.09.09) → 제2차 한일협약, 즉 을사늑약(1905.11.17)에 의거하여 대한제국(大韓帝國)의 외교권(外交權) 박탈 → 고종(高宗) 황제의 만국평화회의(萬國平和會議) 특사 파견(1907.06)과 강제 퇴위(1907.07.19) → 한일병합조약(韓日倂合條約, 1910.08.29) → 대한제국 (大韓帝國, 1897.10.12~1910.08.29)의 자멸(自滅)이다.

종합적으로 보면, 한민족의 3대 근·현대사적 비극은 3가지: (1) 국권피탈(1910.08), (2) 국토분단(1945년), (3) 한국전쟁(1950.06.25~1953.07.27)이다. 상기 3대 비극의 공통적 원인은 2가지: (1) 대내적으로는 당시 국내 위정자(爲政者)들의 무지(無知)·무능(無能)·탐욕(貪慾)·내부 분열(分列)·부정부패(不正腐敗), (2) 대외적으로는 외세(外勢)의 농간(弄奸)이었다는 것으로 집약할 수 있다. 국정철학(國政哲學, Governing Philosophy) 및 국가이성(國家理性, Staatsvernunft)의 부재(不在)는 필연코 내부 분열(分列)과 부정부패(不正腐敗)를 야기하며, 이러한 상황에서는 한반도 주변 정세의 변화를 제대로 읽을 수 없다.

구한말(舊韓末) 시대에서는 1870년대의 개항(開港)을 전후로 3개 사상: 도학파(道學派)의 척사위정사상(斥邪衛正思想)·동도서기사상(東道西器思想)·개화파(開化派)의 개혁사상(開化思想)이 대립하였으며 그 후 친청(親淸)·친일(親日)·친(親)러로 분열하였다가 결국 국권 피탈(1910.08)을 당하였다. 심지어, 나라를 잃은 독립운동가들이 모였던 상하이 임시정부의 국민대표회의에서도 이승만(李承晩)의 '위임 통치 청원서'을 놓고 실력양성을 주장하는 개조파(改造派)와, 무장투쟁을 주장하는 창조파(創造派)가 대립하였다가 대부분의 임정(臨政) 독립운동가들이 이탈하였다. 이어서, 1945년 해방 직후에는 좌·우(左·右) 세력으로, 또한 친탁(親託)·반탁(反託) 세력으로 각각 분열하여 극심하게 대립·암투하였다가 결국 민족사의 최대 비극인 한국전쟁(1950.06.25~1953.07)을 당하였다.

한편, 대한민국(大韓民國)의 시대에서, 한국의 민주주의(民主主義)는 70여 년의 역사로 진화되어 왔다. '민주화(民主化) 운동'은 기승전결(起承轉結)로 구분할 수 있다: (1) '동학(動學)혁명'(1894~1895)과 '3·1 독립운동'(1919)을 '발화점(發火點)'으로, (2) 진보당(進步黨) 사건(1958.01)을 '기(起)'로, (3) 4·19 혁명(1960년)을 '승(承)'으로, (4) 6·10 항쟁(1987년)을 '전(轉)'으로, (5) '촛불시위'(2016.10.29~12.31)를 '미완(未完)의 결(決)'로 본 연구는 규정한다.

본 연구는 한국의 '민주화 과정'을 3가지 측면: (1) 존 로크(John Locke, 1632~1704)의 자유민주주의 정치체제의 측면, (2) 샤를 루이 드 세콩다 몽테스키외(Charles–Louis de Secondat Montesquieu, 1689~1755)의 '권력분립(權力分立) 사상'의 측면, (3) 장–자크 루소(Jean–Jacques Rousseau, 1712~1778)의 '일반의지'(즉, 국민주권)의 측면에서 각각 평가한다.

한국의 민주화(民主化) 운동은 존 로크(John Locke, 1632~1704)의 자유민주주의 정치체제를 정착시켰으나, 이제, '5년제 단임 제왕적(帝王的) 대통령중심제(大統領中心制)'의 적폐(積弊)를 청산할 수 있도록 프랑스의 헌법학자 샤를 루이 드 세콩다 몽테스키외(Charles–Louis de Secondat Montesquieu, 1689~1755)의 『법의 정신』(1748년)에 따른 진정한 '3권 분립'(三權分立) 체제를 정착시키고 현행 민주주의 제도에 장–자크 루소(Jean–Jacques Rousseau, 1712~1778)는 국민주권(國民主權) 사상(자유와 평등)을 담아야 한다.

그러나, 1945년 해방 후, 대한민국(大韓民國)의 역대 대통령은 요란한 미사여구(美辭麗句)와 함께 현란한 국정지표(國政指標)는 제시하였지만 이를 뒷받침하는 국정철학(國政哲學, Governing Philosophy)은 없었다. 단지 대통령 취임사 혹은 연두교서 용도로 발표된 국정지표(國政指標)는 대통령 임기 종결과 함께 휴지통으로 사라졌다. 그 후 역대 대통령들의 불운한 말년은 한결 같이 약속이나 한 것처럼 망명, 실각, 시해, 허수아비, 유배, 수감, 자살, 탄핵, 구속 등으로 비극의 역사를 보여주었다.

따라서 본 연구는 한국의 '성숙된' 민주주의(民主主義)의 완성을 위해서는 무엇보다도 법치주의(法治主義)를 확립함으로써 권력형 구조적 부패를 근절해야 한다고 주장한다. 한국은 2008년 3월 27일 유엔 반(反)부패협약을 비준한 지 10년이 넘었다. 세계 반(反)부패운동을 주도하는 비(非)정부단체인 국제투명성기구(TI)의 국가별 부패인식지수(CPI : Corruption

Perceptions Index, 국가청렴도) 조사 결과(2019년 기준)는 다음과 같다: 한국은 전체 조사 대상국 180개 국가 중에서 39위(100점 만점에 59점), 경제협력개발기구(OECD) 36개국 중에서는 27위로 각각 나타났다. 한국이 위치한 부패인식지수(CPI, 국가청렴도)의 50점대는 겨우 '절대부패'로부터 벗어난 상태를 의미하며 부패인식지수(CPI, 국가청렴도)가 70점을 넘어야 사회가 전반적으로 투명한 상태로 평가받는다. 참고로, 평가대상 중 공동 1위는 덴마크와 뉴질랜드(87점)가 차지했다. 이어서 핀란드(86점), 싱가포르·스웨덴·스위스(85점)가 뒤를 이었다. 아시아에서는 싱가포르(85점)에 이어 홍콩(76점), 일본(73점)이 지속적으로 좋은 평가를 받았다.

대한민국(大韓民國)은 세계적인 '부패공화국', '갈등공화국', '자살공화국'으로 치닫고 있다. 또한, 한국의 사회풍토는 배금주의(拜金主義, Mammonism)·물질만능주의(物質萬能主義)로 만연(漫然)되어 국민정신문화가 황폐화되어 있다. 이토록 한국사회의 부정적 이미지가 조성된 원인은 무엇인가? 한국인의 유전자(遺傳子, Gene) 탓인가? 대한제국(大韓帝國, 1897. 10.12~1910.08.29)의 자멸(自滅) 전후(前後)로 들불처럼 일어났었던 항일독립운동사를 보면 조선(朝鮮) 민중(民衆)의 '역사의식'(歷史意識, Historical Consciousness)과 '시대정신'(時代精神, Spirit of the Time) 및 집단지성(集團知性, '群体智慧', Collective Intelligence)이 박약(薄弱)했었다고 결코 말할 수 없다.

대한민국(大韓民國)의 사회풍토가 배금주의(拜金主義, Mammonism)·물질만능주의(物質萬能主義)로 만연(漫然)되어 국민정신문화가 황폐화된 근원은 '조선(朝鮮, 1392~1897)의 망조(亡兆)'와 '대한제국(大韓帝國, 1897~1910)의 자멸(1910.08.29)'을 야기했었던 군주와 신료들의 부정부패(不正腐敗)를 바탕으로 대한민국(大韓民國)의 이승만(李承晩)과 박정희(朴正熙)가 배태(胚胎)했던 '부정적 유산'의 결과라고 본 연구는 주장한다.

우선, 대한민국의 건국을 위한 초석을 마련했었으나 친일파(親日派)를 비호함으로써 사회정의(社會正義)를 압살했었던 우남(雩南) 이승만(李承晩, 1875~1965) 대통령을 평가하는 데 있어서, 저자는 많은 고민을 했으나 미국의 초대/2대 대통령(재임: 1789~1797) 조지 워싱턴(George Washington)을 비교하면서 상기 고민은 사라졌다. 이승만(李承晩)은 자신의 동상(銅像)도 세우지 못하는 반면에 조지 워싱턴(George Washington)은 모든 미국시민들이 숭배한다.

조지 워싱턴(George Washington, 1732~1799) 대통령(재임: 1789~1797)과는 대조적으로, 이승만(李承晩, 1875~1965) 대통령(재임: 1948~1960)은 대한민국의 정치사에서 '부정선거'의 원조(元祖)이다. '사사오입 개헌' 의회를 탄생시킨 3대 총선(1954.05.20), 1960년 3·15 부정

선거로 4·19 혁명의 도화선이 된 제4대 대통령 선거와 제5대 부통령 선거(1960.03.15), 관권·금권·폭력이 난무하며 '막걸리/고무신 선거' 등을 꼽을 수 있다. 당시, 영국의 런던 타임스(1951.10.01)는 한국인이 '고상한' 민주주의(民主主義)를 추구하는 것은 마치 '쓰레기 통에서 장미 꽃을 찾는 것'과 같다고 비판했었다. 최근에, 세월이 60년이 흐른 후에도, 서울 중앙지검 공공수사2부(부장 김태은)가 2018년 울산시장 선거는 청와대가 기획해 경찰을 동원해 벌인 '부정 선거'로 결론냈다(조선일보, 2020.01.29).

또한, 이승만(李承晩, 1875~1965) 대통령(재임: 1948~1960)은 1948년 9월 제헌국회에서 '반(反)민족행위처벌법'을 만들어 거의 1년간 시행하였으나 민족반역적 행위를 저질렀었던 친일파(親日派) 단 1명을 처단하지 않았다. 이 결과, 친일파(親日派)를 청산하지 못한 한국 사회에서, 일제(日帝)에 빌붙어 민족과 조국을 배반했었던 무리들과 그 후예들은 잘 살고, 이와 반대로 독립운동을 하면서 헐벗고 굶주렸던 민족운동가들과 그 후예들은 독립된 나라에서도 가난에 시달렸다. 특히, 반공(反共)세력으로 둔갑한 친일파(親日派)들은 한국사의 고비마다 민주·민족·독립국가 건설에 저해되는 '반동세력(反動勢力)'으로 준동(蠢動)하여 한국사회의 사회정의(社會正義)를 짓밟았다.

이승만(李承晩, 1875~1965) 대통령(재임: 1948~1960)과는 대조적으로, 불과 4년밖에 나치 독일에게 점령당하지 않았던 프랑스와 유럽의 몇몇 나라들은 철저하게 나치 협력자를 처벌하여 '과거 청산'을 단행했었다. 프랑스의 경우, 사형선고된 자가 6,700여 명인데, 그 중 760여 명이 사형집행되었고, 2,700여 명이 종신강제 노동형에, 10,600여 명이 유기강제 노동형에, 2천여 명이 금고형에, 2만 2천여 명이 유기징역에 처해졌었다, 이 결과, 프랑스는 민족통합을 이루었으며 독일과 함께 유럽통합의 구심점이 되었다. 또한, 벨기에는 5만 5천건, 네덜란드는 5만건 이상의 징역형이 처해졌었다.

다음으로, 대한민국의 근대화와 경제발전의 토대를 쌓아 오늘날 '세계 10위의 경제강국'(2019년 기준으로 미국 US News의 기사: The World's Most Powerful Countries)의 기반을 조성했었으나 군사문화를 뿌리박았었던 박정희(朴正熙, 1917~1979) 대통령(18년 재임: 1961~1979)을 평가하는 데 있어서도 많은 고민을 했었으나 리콴유(李光耀, 1923~2015) 싱가포르 총리(재임: 1965~1990)와 비교하면서 상기 고민은 사라졌다. 박정희(朴正熙) 대통령과 리콴유(李光耀) 싱가포르 총리는 그들의 2세(박근혜, 리셴룽)가 각각 대통령과 총리에 올랐었다는 점이 비슷하지만 정반대의 독재체제를 이뤘다. 그 결과는 참으로 대조적이다. 싱가포르는 '청렴국가'이며 '중립국'인 반면에 대한민국은 '부패국가'이다.

박정희(朴正熙) 대통령의 18년 재임(1961~1979) 통치하에서 초기 군정(軍政)은 이른바

'4대 의혹사건': (1) 증권파동, (2) 워커힐 사건, (3) 새나라자동차 사건, (4) 빠찡꼬 사건을 저질렀으나 그 진상이 명백히 규명되지 못한 채 국민들에게 짙은 의혹만을 남겨 놓았다. 또한, '3선 개헌 국회'로 불리는 1967년 7대 총선(1967.06.08)을 들 수 있다. 한편, 경제적 측면에서, 박정희(朴正熙) 대통령은 세계 자본주의의 시장경제에서는 상상하기도 어려운 전무후무(前無後無)한 1972년 8월 3일 "경제의 성장과 안정에 관한 긴급명령" 즉 '8·3 사채동결긴급조치'를 단행했었다. 상기한 1972년 사채동결긴급조치는 경제성장의 이름으로 일반국민에게 '사기 혹은 강도' 짓을 저질렀던 것과 같았다. 상기 조치는 정경유착(政經癒着)의 기틀을 마련해 주었다. 이 결과, 사회풍토는 배금주의(拜金主義, Mammonism)·물질만능주의(物質萬能主義)로 만연(漫然)되어 국민정신문화가 황폐화되었으며, '규제공화국(規制共和國)' → '부패공화국(腐敗共和國)' → '재벌공화국(財閥共和國)' → '천민자본주의(賤民資本主義, PariahCapitalism)'로 치닫는 근원이 되었다.

상기한 역사적 시각에서 보면, 문재인(文在寅) 대통령(2017~현재)의 역사적 소명은 단연코 (1) 부패구조의 청산, (2) 비(非)효율적 정치시스템의 개혁: '5년 단임 제왕적(帝王的) 대통령 제도' → '분권형 4년제 연임 대통령 제도'였다.

그러나 문재인(文在寅) 정권(2017~현재)은 상기한 역사적 소명은 차치하고 '복지 포퓰리즘'(Welfare Populism)을 통하여 정권 연장에 혈안이 되어 왔다. 합리적 재원조달이 없는 복지지출 확대는 망국(亡國)의 길이다. 이것은 혹세무민(惑世誣民)이다. '복지 포퓰리즘'(Welfare Populism)과 관련하여, 세계의 모든 정부주도형 '복지국가(Welfare State, 福祉國家)'는 포퓰리즘 복지정책으로 인하여 재정위기(財政危機)를 겪고 있으며, 이를 극복하기 위하여 계수적 파라미터 조정을 시도해왔으나 산업화 시대에 수립된 사회보장제도(Social Security System)의 구조적 문제, 즉 복지(福祉) 재정위기(財政危機)를 근본적으로 해결하지 못하고 있다.

특히 문재인(文在寅) 대통령(2017~현재)의 탈(脫) 원전(原電) 정책은 '부국강병(富國强兵)'에서 특히 '부국(富國)'을 포기한 것이나 다름 없다. 전술한 바와 같이, 조선의 제10대 왕 연산군(燕山君) 시대(재위: 1494~1506)인 1503년 은(銀) 제련법 '회취법'(灰吹法)을 발명했었으나 1507년 조정은 '회취법(灰吹法)'을 금지하였고 단천(丹川) 은광(銀鑛)을 폐쇄했었다. 또한, 1740년, 제21대 영조(英祖, 재위: 1724~1776)는 새 은광(銀鑛)이 발견됐다는 보고에 개발을 금지했었고(1740.11.20, 英祖實錄). 또한, 1836년, 제24대 헌종(憲宗, 1834~1849)은 金銀 채굴 금지 정책을 이어갔다(1836.05.25, 憲宗實錄). 이와 반면에, 일본(日本)은 1533년 조선 기술자로부터 '회취법'(灰吹法, 銀 제련법)을 전수받아 세계 2위 은(銀) 생산국이 되었으며, 이것은 임진왜란[壬辰倭亂, 1592년(선조 25년)~1598년(선조 31년)]의 전비(戰費)를 확보할 수 있게 해주었다.

　전술한 바와 같이, 한국인의 의식구조는 배금주의(拜金主義, Mammonism)·물질만능주의(物質萬能主義)로 오염 및 심화되고 있는 가운데, 대한민국은 '세계 10위의 경제강국'(2019년 기준)이지만 세계적으로 최상위권의 '부패공화국', '갈등공화국', '자살공화국'으로 치달으면서 실로 국가적 누란지위(累卵之危)가 고조되고 있다. 이 결과, '헬 조선'(한국이 지옥에 가까운 전혀 희망 없는 사회)이라는 신(新)조어와 '금수저'·'흙수저'라는 '계급수저론'이 등장할 정도로 국민은 크게 절망하고 분노하고 있다.

　<한국보건사회연구원>의 2016년 '사회통합지수 개발 연구' 보고서에 따르면 한국의 사회통합지수(社會統合指數)는 1995년에도 0.26으로 최하위 수준이었으며, 그 후 거의 변화없이 최하위 수준을 유지해오다가 2016년 0.71(OECD 평균은 0.44)로 터키(1.20), 폴란드(0.76), 슬로바키아(0.72)에 이어서 경제협력개발기구(OECD) 회원국 중 네 번째로 높다. 이 결과, 한국의 사회적 갈등(社會的 葛藤)은 천문학적 사회적 비용(삼성경제연구소의 2017년 연구에 따르면 연간 무려 82조 원에서 최대 246조 원을 낭비)을 유발함으로써 대한민국(大韓民國)을 망국(亡國)의 길로 몰아가고 있다. 또한, 「현대경제연구원」은 2016년 '사회적 갈등의 경제적 효과 추정과 시사점' 보고서에서 사회적 갈등 수준이 OECD 평균 수준으로 개선되면 실질 GDP가 0.2%p 정도 추가상승할 것이라고 분석하였다. 이것은 사회적 갈등(社會的 葛藤)만 해소돼도 1인당 국민소득이 추가적으로 4,000달러는 더 올라갈 수 있다는 것을 의미한다.

　그렇다면, 어떠한 사회적 갈등(社會的 葛藤)이 심각한가? 또한, 그 요인은 무엇인가? 대통령 소속 <국민대통합위원회>의 발표(2015.12.29)에 의하면, 한국인이 가장 심각하다고 인식하는 사회적 갈등(社會的 葛藤)의 유형은 계층 갈등(75.0%), 노사 갈등(68.9%), 이념 갈등(67.7%), 지역 갈등(55.9%)의 순위로 나타났다. 또한, 사회적 갈등(社會的 葛藤)을 악화시키는 가장 큰 요인(要因)의 순위가 '여·야 간 정치 갈등'(51.8%), 빈부격차(40.3%), 국민 개개인의 과도한 이기주의와 권리 주장(36.4%)으로 나타났다. 한편, <문화체육관광부>의 '2019년 한국인의 의식·가치관 조사' 결과(2019.12.11)에 따르면 한국사회가 겪는 갈등(葛藤) 중에서 가장 심각한 문제로 진보와 보수 간 갈등을 꼽은 응답자가 전체의 91.8%였다. 그 다음의 순위는 정규직과 비정규직의 갈등(85.3%) > 대기업과 중소기업의 갈등(81.1%) > 부유층과 서민층의 갈등(78.9%)이다. 이와 비슷하게, 「한국행정연구원」의 '2018년 사회통합 실태조사' 결과를 보면 진보·보수 간의 이념 갈등이 87%로 가장 높게 나타났고, 다

음은 빈부갈등 82%, 노사갈등 76%, 세대갈등 64%, 종교갈등 59%, 남녀갈등 52% 순으로 나타났다. 5년전 조사결과와 비교하면 전체적으로 영역별 갈등순위는 같게 나타난 가운데 남녀갈등은 5% 상승하였다. 「한국행정연구원」의 같은 조사에서 사회갈등 원인으로 '개인·집단간 상호이해 부족'을 28%로 가장 많이 꼽았으며, 다음으로 '이해당사자들의 각자 이익 추구'를 25%로 꼽았다. '빈부 격차'는 그 다음인 21%로 나타났으며, '개인·집단간 가치관 차이'는 12%로 나타났다.

상기한 사회적 갈등(社會的 葛藤) 중에서 특히 이념 갈등(理念 葛藤)이 심화 및 확산되고 있는 것과 대조적으로, 이미 오래전에, 칼 만하임(Karl Mannheim, 1893~1947): 『이데올로기와 유토피아』(1929년), 다니엘 벨(Daniel Bell) 교수 : 『이념의 종언(The End of Ideology)』(1960년), 프랜시스 후쿠야마(Francis Fukuyama, 1952~현재): 『역사의 종말』(The End of History and the Last Men, 2006년)은 각각 이데올로기(Ideology)의 종언(終焉)을 선언했었다.

그러나, '때늦은' 이데올로기(Idealogy, 理念)로 무장된 문재인(文在寅) 정부(2017~현재)가 들어선 후, 한국경제의 기존 패러다임(성장, 고용, 분배)이 무너지고 있다. 실로, '총체적 위기'(Total Crisis)이다. 그렇다고 해서, 문재인(文在寅) 정부(2017~현재)는 서구의 사회민주주의적 '사회적 시장경제'(Social Market Economic System)를 제대로 수립한 것도 아니다.

상기한 이념 갈등(理念 葛藤)과 관련하여, 본 연구는 이데올로기(Idealogy, 理念)의 허구성(虛構性)을 3개 역사적 근거: (1) 1989년 동유럽 혁명, (2) 베를린 장벽의 붕괴와 동·서독의 통일(1990.10.03), (3) 소련(蘇聯)의 붕괴(1991.12.26)으로써 입증할 수 있다. 또한, 이데올로기(Idealogy, 理念)의 잔혹상(殘酷相)을 5개 역사적 사례: (1) 이오시프 스탈린(Joseph Stalin, 1879~1953), (2) 공화주의자 vs 파시스트의 스페인 내전(1936~1939), (3) 한반도 분단(1945)과 한국전쟁(1950~1953), (4) 중국의 대약진운동(大躍進運動, 1958~1961)과 문화대혁명(文化大革命, 1966~1976), (5) 남(南)베트남 공화국의 멸망(1975년)으로써 규명할 수 있다.

상기한 이데올로기(Idealogy, 理念)의 허구성(虛構性)과 잔혹상(殘酷相)에도 불구하고, '역사를 쉽게 혹은 아예 잊고 합리적 이성이 부족한' 대한민국(大韓民國)의 '백성'(현대적 의미의 '시민'이 아니라)은 이념 갈등(理念 葛藤)의 늪으로 빠져들고 있으며, 국가의 '주인(主人)'은 마치 '병아리'처럼 자신의 '하인(下人)'이 뿌려주는 '모이'를 쫓아 다닌다. 이것은 마치 로마제국(BC 27~AD 1453)의 멸망 역사에 나오는 '콜로세움'(Colosseum)에서 희희낙락했었던 고대 로마 시민들을 연상하게 한다. 환언하면, 국정철학(國政哲學, Governing Philosophy)과 국가이성(國家理性, Staatsvernunft)의 부재(不在)와 더불어, 한국 시민(市民)의 '역사의식'(歷史意識, Historical Consciousness)과 '시대정신'(時代精神, Spirit of the Time) 및 집단지성(集

團知性, 群体智慧, Collective Intelligence)은 중우정치(衆愚政治, Ochlocracy)와 '복지 포퓰리즘'(Welfare Populism)에 함몰되어 버렸다.

모름지기, "철학(哲學) 없는 역사(歷史)는 파멸(破滅)이며, 비전(Vision) 없는 국가(國家)는 망(亡)한다", "역사(歷史)를 잊은 민족(民族)에겐 희망이 없다". 과거 성리학(性理學)은 실학사상(實學思想)을 압살(壓殺)했고 조선(朝鮮, 1392~1897)과 대한제국(大韓帝國, 1897~1910)의 파멸(破滅)을 유도했었듯이, 현재 대한민국(大韓民國)은 부질없는 이념간 갈등과 교활한 중우정치(衆愚政治, Ochlocracy)로 인하여 한국의 의회민주주의(議會民主主義)는 이미 사망했고 국가는 망국(亡國)의 길로 줄달음치고 있다. 이것을 멈추게 해야 할 한국시민에겐 요한 고트리에프 피히테(Johann Gottlieb Fichte, 1762~1814)의 '행동하는 의지' = '실천이성' + '도덕적 의지'가 없는 것 같다.

맨슈어 올슨(Mancur Olson, 1932~1998)은 그의 저서 『국가의 흥망성쇠』(The Rise and Decline of Nations): 경제성장, 스태그플레이션, 그리고 사회의 경색(1982년)에서 이익집단(利益集團)이 형성 및 발전함에 따라 경제의 동력과 활력이 저해되고 나아가 국가경제가 쇠퇴한다고 갈파하였다. 대런 애쓰모글루(Daron Acemoglu) 교수(MIT 경제학과)와 제임스 A. 로빈슨(James A. Robinson) 교수(하버드 정치학과)는 그들의 공저(共著): 『Why Nations Fail』(2017년)에서 권위주의적 체제하에서 정경유착(正經癒着)으로 인한 권력형(權力型) 부정부패(不正腐敗)가 어떻게 '착취적 정치·경제제도'를 만들어 국민을 빈곤에 빠뜨리는가를 상세히 논술하였다. 루처 샤르마(Ruchur Sharma)는 그의 저서 『국가의 흥망성쇠』(The Rise and Fall of Nations, 2016년)에서 국가의 흥망(興亡)을 결정하는 요소들을 분석했다. 제러드 다이아몬드(Jared Diamond, 1937~현재)는 그의 저서 『문명의 붕괴』(2004년)에서 문명(文明)이 몰락하는 이유는 지도자(Leader)의 잘못된 역할 때문이라고 분석했다.

그렇다면, '한국 몽(韓國 夢)'이란 무엇인가? 그것은 일제(日帝) 강점기에서는 '해방(解放)'이었지만 현대사회에서는 부정부패(不正腐敗)가 없는 '정의로운 국가'(A Justice-based State)와, '자살공화국'이 아닌 '행복한 사회'(A Happy Society)를 각각 건설하는 것이라고, 나아가 '질서정연한 자유민주주의 사회'(A Well-Ordered Free Democratic Society)와 '효율적이고 공정한 시장자본주의'(An Efficient and Equitable Market Capitalism)를 구현함으로써 '현대판 대동사회(大同社會)'인 '완전고용기반형 복지사회'(A Full Empowment-based Welfare Society)를 구현하는 것이라고 본 연구는 규정한다.

그렇다면, '한국 몽(韓國 夢)'으로서 '정의로운 국가'(A Justice-based State)와 '행복한 사회'(A Happy Society)를 구현하기 위한 필요/충분 조건은 무엇인가? 우선, '필요조건(必要條

件)'은 다음과 같다: 존 롤즈(John Rawls, 1921~2002)의 『정의론(正義論)』(1972년)이 주창하는 정치제도(政治制度)로서 '질서정연한 민주주의 사회'(A Well-Ordered Democratic Society)와 경제체제(經濟體制)로서 '정의로운 경제체제'(A Justice-based Economic System)이다. 다음으로, '정의로운 국가'(A Justice-based State)와 '행복한 사회'(A Happy Society)를 구현하기 위한 '충분조건(充分條件)'은 '법(法)의 지배'(Rule of Law) 즉 법치주의(法治主義)이다. 여기서 법치주의(法治主義) 즉 '법(法)의 지배'(Rule of Law)는 법실증주의(法實證主義) 즉 '법(法)대로'(Rule by Law)가 아니다.

한국사회의 피폐(疲弊) 상황에서 가장 심각한 중증(重症)은 '법과 질서의 준수 정신'의 부족이다. <세계은행>이 135개국 대상으로 발표하는 '법·질서지수'(2016년)를 보면, '질서의 나라' 싱가포르는 1위, 베트남 9위, 미국·영국·일본이 공동 26위, 한국은 49위, 남아프리카화국은 131위, 베네수엘라 135위(최하위)이다(중앙일보, [ONE SHOT], 2017.08.22). 한국의 평균 법·질서 지수는 OECD 평균지수를 약 20% 정도 하회하여 OECD 국가 중에서 최하위권이다.

마지막으로, 본 연구는 토마스 홉스(Thomas Hobbes, 1588~1679)가 말하는 '만인의 만인에 대한 투쟁'(The war of all against all)에서 빚어지고 있는 첨예한 사회갈등(Social Conflict)의 골이 깊어지고 있는 한국사회에서 무엇보다도 중요한 것은, 경세제민(經世濟民)을 위한 비전(Vision)과 청사진(靑寫眞)을 준비한 국가지도자(國家指導者)가 정치적 리더십(Political Leadership)을 발휘하여 국민통합(國民統合)과 자강(自彊)을 도모하는 것이라고 강조한다.

여기서 국가지도자(國家指導者) 리더십(Leadership)이 매우 중요하다. 그것도 니콜 마키아벨리(Niccolò Machiavelli, 1469~1527)의 『군주론』(Il Principe, 1512~1513)에서 서술된 능란한 권모술수(權謀術數)나 일반 대중의 감성을 무책임하게 자극·유발하는 선동력(煽動力)이 아니다. 국가지도자(國家指導者)의 바람직한 정치적 리더십(Political Leadership)은 구약(舊約) 성경(聖經)의 제1권 창세기(創世記) 끝 부분에 등장하는 요셉(Joseph: King of Dream)과 같은 지도력(指導力)이다. 그는 '꿈꾸는 사람', '원칙을 지키는 사람', '최악의 상황에 이르러서도 자신의 직분에 충실한 사람'이었다. 유교(儒敎)는 인(仁)의 실천 규범으로서 수기안인(修己安人)과 극기복례(克己復禮)를 강조하고 있으며, 이를 통해 욕망의 절제를 가르친다. 다산 정약용(丁若鏞, 1762~1836) 선생은 그의 『목민심서(牧民心書, 1818)』에서 애민(愛民)·위민(爲民)을 강조하였다. 그리고 민족의 스승인 도산 안창호(島山 安昌浩, 1878~1938) 선생은 무실역행(務實力行)을 가르쳤다.

본 연구는 국가지도자(國家指導者)의 리더십(Leadership)을 인화성(人和性)·교육성(敎育

性)·생산성(生産性)으로 정의한다. '인화성'(人和性)이란 분파와 파쟁을 화목으로 유도하는 것이다. '교육성'(敎育性)이란 새로운 행동규범 및 실천의지를 보여주는 것이다. '생산성'(生産性)이란 사회구성원들에게 비전을 제시하고 그들로 하여금 도전의식과 성취욕을 갖도록 하는 것이다. 상기한 3가지 덕목: 인화성(人和性)·교육성(敎育性)·생산성(生産性) 중에서 '인화(人和)'가 가장 중요하다. '인화(人和)'를 도모하기 위해서는 위르겐 하버마스(Jürgen Habermas, 1929~현재)의 '의사소통적 이성과 윤리'(Communicative Reason and Ethics)가 필요하다. 헤르베르트 마르쿠제(Herbert Marcuse, 1898~1979)의 '급진적 혁명주의'가 아니라 '점진적 개혁(Piecemeal Reform)'의 시각에서, 칼 포퍼(Karl Popper, 1902~1994)의 '열린 사회'(Open Society)로 지향해야 할 것이다.

머리말

인생은 '선택의 연속'이라고 말할 수 있다. 인생의 주인공에겐 선택의 자유도 있지만 선택에 대한 책임도 있다. 또한, 선택으로 인한 결실은 그 인생의 성과임과 동시에 사회적 자산이 될 수 있다. 그러나 한 생애의 선택과 결실을 위한 노력은 온전히 자신의 몫이다.

● 평생 학문으로서 '경제학'의 선택

저자의 인생도 수많은 '선택의 연속'이었다. 그중에서 가장 중요한 선택은 한평생의 학문으로서 '경제학'(Economics)을 전공분야로 선택한 것이었다. 서구(西歐)사회는 '경제학'(Economics)을 사회구성원의 복지극대화를 위한 효율적 자원배분에 관한 학문이라고 정의한다. 한편 동양사회의 용어를 빌리면, 경제학(經濟學)은 '정치'(政治)의 목적가치인 경세제민(經世濟民)을 위한 학문이라고 정의될 수 있다.

저자는 경세제민(經世濟民)의 목적가치와 과학적 방법론을 다루는 경제학(Economics)을 평생의 전공으로 선택하였기 때문에 잠시도 '공허감'을 느끼지 않고 *"놀라움에 끌리는 마음, 젖먹이 아이와 같은 미지(未知)에 대한 끝없는 탐구심"*(사무엘 울만의 「청춘」중에서 일부 인용)으로써 '정의로운 국가와 행복한 사회'라는 궁극적 가치를 향해 끊임없는 도전을 할 수 있었다고 생각한다.

잠시 회고해 보면, 저자가 정치외교학 학부생으로서 20대 청년 시절, 최루탄이 난무하고 눈물과 콧물을 흘렸던 당시, 대다수 한국의 대학생들은 깊은 고뇌에 빠져 방황하였었다. 사실 1960년대 말과 1970년대 초, 한국 사회에는 양호한 직장(decent job)의 기회가 많지 않았었다. 더욱이, 당시에는 정치외교과 졸업생에게는 '말썽꾸러기'라고 아예 취업원서조차 제출할 기회가 없었다. "하나님, 저는 어떠한 길을 걸어야 합니까? 저에게 주신 사명은 무엇입니까?"하고 저자는 수없이 하나님을 찾았다. 때로는 밤 늦게 굳게 닫힌 교회 문을 두드리기도 했다.

고심 끝에, 도미(渡美) 유학을 떠나 경제학을 학부에서부터 시작하였다. 저자는 다시 태어나 학자의 길을 또 다시 걷는다고 하더라도 '경제학'(經濟學)을 전공으로 선택할 것이다.

저자는 1979년 가을에 귀국한 후 약 36년 동안 줄곧 「한양대학교」에서 경제학 교수로서 연구와 강의에 종사해왔으며 2014년 가을에 정년 퇴임했다. 이어서, '명예교수'로서, 퇴임 직후부터 현재까지 이 저서의 집필에 전력 투구해 왔다. 1948년 생(生)인 저자가 곧 칠순(七旬)을 바라보고 있으니, 실로 세월은 쏜살같다는 것을 새삼 느낀다.

● 평생 직업으로서 '교수'의 선택

저자는 평생의 직업으로서 '경제학 교수'를 선택했다. 그 선택의 덕분에, 저자는 대학교 캠퍼스에서 상대적으로 '맑은 공기'를 호흡하고 강의실에서 '신선한 영혼'들과 교류할 수 있었다.

1978년 미국 조지아주립대학교(Georgia State University)를 졸업한 후, 박사학위 지도교수님이셨던 John J. Klein 교수님(2008년 작고)의 배려로, 만 30세에 미국의 조그만 대학교(Union University, Tennessee)에서 생애 처음으로 교수 생활을 시작했다.

'파란 눈'의 미국인 학생들이 갓 고용시장에 나온 '새내기'일 뿐만 아니라 영어능력이 변변찮던 저자에게 "Dr. Lim" 혹은 "Professor Lim"이라고 부르면서 무척 따라주었을 때, "7년 전 미국으로 출국할 때, 감히 미국대학교 경제학 교수가 될 수 있을 것이라고는 꿈에도 상상하지 못했었는데…."하고 가슴이 두근거렸다.

1978년 7월, 교수로서 첫 여름방학을 맞이하여 고국의 부모님을 뵙기 위해 소위 금의환향(錦衣還鄉)했었다. 그러나 김포공항(당시)에서 마중 나와 주셨던 아버님의 건강 상태에 놀라 「한양대학교 부속병원」에서 종합검진을 받게 해드렸더니만 '위암 말기'로 판정받으셨다. 저자는 아버님께 '짧은' 효도라도 해드리기 위해, 미국 교수 생활을 과감히 청산하였고 1979년 9월(10·26 사태 1개월 전) 귀국하였다.

결국, 아버님은 「한양대학교 부속병원」에서 돌아가셨다. 마치, 천지(天地)가 무너지는 듯한 심리적 공황으로 약 3년 동안 괴로움과 그리움으로 보냈었다. 한편, 당시 「한양학원」이사장이셨던 백남 김연준(白南 金演俊) 총장님의 권유로 저자는 한양대 상경대학 교수로 근무하게 되었다.

그 후 2014년까지 줄곧 만 36년을 한양대학교 교단을 지켰다는 것은 저자 개인의 의지만으로써는 불가능했었다는 것을 잘 알고 있다. 그렇기 때문에, 저자는 '교수'가 저자에겐 천직(天職)이었다는 것을 확신하고 있다. 따라서 저자로 하여금 교단에서 한평생을 보낼 수 있도록 인도해 주시고 지켜주신 하나님의 사랑을 항상 감사드린다.

1978년 가을, 고색창연한 테니시 주(州)의 유니온 대학교(Union University)에서 경제학 조교수를 시작하여 만 36년 동안, 저자는 훌륭한 학문적 업적을 남길 수 있는 '능력의 은혜'(성령)를 베풀어 주십사하고 수많은 기도를 드려 왔다. 그러나 기도에 대한 응답은 '능력'이 아니라 '노력'이었으며 '자부심'이 아니라 '소명감'이었다. 저자의 가슴에는 불꽃 같은 지적 탐구욕이 용암류(鎔巖流)처럼 흐르고 있는 것 같다. 부디 마지막 숨을 거둘 때까지, 진리를 탐구하고 하늘의 이치를 깨닫는 '축복'이 주어지기를 기원한다.

● 부모님께 대한 사죄와 가족에 대한 감사와 축복

본 저서가 생애의 '마지막 저술'이라고 예감하고 있다. 따라서 저자는 이 기회를 빌려 하늘에 계신 부모님의 명복을 빌며 두 분의 기대에 못 미치는 큰 아들의 부족함을 사죄드린다. 실로, 큰 아들인 저자에 대한 아버님(故 林甲守 국회의원)의 기대는 끝이 없었다. 못난 아들은 아버님의 기대를 도저히 충족해드릴 수가 없었다. 다만, '독립운동가의 자손'이라는 긍지를 지키면서 불우한 일제(日帝)시대에서 학업의 기회를 갖지 못하셨던 아버님의 몫까지 채워야 하겠다고 저자는 한평생 열심히 공부했을 뿐이다. 어느덧, 저자가 시인 천상병(千祥炳) '귀천'(歸天)을 염두에 두지 않을 수 없는 칠순(七旬)이 되었으니, 더욱더 부모님이 무척 그립다.

한편, 다소 쑥스러운 이야기이지만, 학부시절 열애에 빠졌던 대상인 권오련(權五蓮)을 내자(內子)로 선택하였다는 것은 앞서 학문으로서 경제학의 선택과, 직업으로서 교수의 선택에 못지 않게 매우 중요한 선택이었다. 저자의 2007년도 저서인『한국의 비전과 국가경영전략』(나남출판사)의 서문에서도 남겼듯이, 저자는 "다시 태어나더라도 '그녀'를 찾아 현세(現世)의 가정을 똑같이 꾸리겠다"는 고백을 남기고 싶다.

실로, 아내는 남편에게 헌신적이었다. 미국 유학생 시절, 명화(名畵)인 '바람과 함께 사라지다'('Gone with Wind')로 유명한 아틀란타(Atlanta) 소재 ADP 회사에 근무하면서 7년 동안 남편의 유학생 생활을 뒷바라지하였다. 귀국 후에도, 아내는 일(日)요일을 제외한 주 6일,「한국예탁결제원」(KSD) 상임감사 재직기간(2012.08.12~2014.10.29)을 제외한 만 33년 동안(1979~2014) 남편의 도시락을 챙겨주었다. 이 결과, 저자는 하루에 1시간을, 한 달에 하루를, 한 해에 약 12일을 각각 절약함에 따라 지난 36년 동안 추가적으로 1년 반(半)을 더 산 셈이다.

가장(家長)이 선비이니 물질적 넉넉함을 주지 못하였지만 풍파(風波) 없이 사랑하는 채숙(采淑)·채윤(采潤)·채하(采河)를 낳아 기르고 해로(偕老)하고 있다는 것은 인간의 노력으로써만 가질 수 없는 하나님의 축복임을 깊이 깨닫고 항상 감사드리고 있다.

아내는 성격상 남편과는 이질적이지만 그것이 오히려 상호보완적이어서 다이나믹

(dynamic)한 저자에겐 유일한 '안장점(鞍裝點, Saddle Point)'이었다. 나이 칠순(七旬)이 되어, 왜 하나님께서는 인간에게 두 눈을 주셨는가를 깨닫게 된다. 저자는 제자들에게 "한 눈은 현재를 직시하는 육안(肉眼)이며 다른 눈은 미래를 바라보는 혜안(慧眼)이다"라고 가르쳤지만, 두 눈의 '비밀'을 부부의 경우에 적용해 보면 "한 눈을 감아도 상대를 바라 볼 수 있는 다른 눈이 있다"는 것을 의미하는 것 같다. 부디 아내도 그렇게 깨달아, 여러모로 부족한 남편이지만, 남편을 '하늘이 맺어준 짝'으로 생각해 주기 바랄 뿐이다.

어느 자식이 부모님의 기대를 한껏 충족시켜 드릴 수 있으랴! 그러나 남편은 아내의 사랑에 보답할 수 있다고 믿어왔다. 그러나 세월이 갈수록, 한평생 묵묵히 뒷바라지해온 아내의 사랑마저도 보답할 수가 없다는 것을 최근에 깨닫고, 가끔 무기력하게 먼 산을 바라볼 때도 있었다. 그러나 매우 다행스럽고 크게 위로가 되는 것은 우리들이 낳아 길러온 자식들이 건전하게 성장하고 있다는 점이다.

잠시 지난 세월을 회고해보면, 저자가 미국에서 유학생 시절 낳은 큰딸(采淑)이 조지아 공과대학(Georgia Institute of Technology)에서 산업디자인 학위를 받아 「협성대학교」에서 산업디자인 교수로 재직하고 있고, 사랑과 배려가 깊은 큰 사위 홍성의 군을 만나 따뜻한 둥지를 틀어 늦은 나이에 외손주(준서)를 낳아 온 집안이 기쁨과 감사로 가득 차 있다. 또한, 저자가 미국 유니온 대학교(Union University)에서 경제학 조교수 시절 낳은 작은 딸(采潤)이 중학교 교사로 재직하였다가 사랑과 책임감이 강한 작은 사위 문준석 군을 만나 낳은 두 외손녀(용주·용원)가 온 집안의 활력을 불어넣고 있다. 불과 1년 전에 조기 도미 유학을 떠난 외손녀들(용주와 용원)이 미국에서 두각(高 3년생으로서 미국 연방정부가 수여하는 'National Honor Society'와 'Science National Honor Society'을 수상; 초등학교 1년생으로서 'Student of the Year'을 수상)을 나타내고 있으니 좀 더 건강하게 오래 살아 그들의 미래를 지켜보고 싶다.

그리고 저자가 귀국(1979년 가을)하여 한국에서 낳은 아들(采河)이 고려대학교 법대를 졸업하고 고려대학교 법학대학원에서 법학 박사학위과정을 이수하고 학위논문을 준비하면서 연성대학교 기획처에서 근무하고 있다. 저자는 아들 采河가 아버지를 대신하여, 가문을 빛내주고 행복하기를 소망한다. 한국의 대문호(소설가)이셨던 고 이병주(李炳注) 선생께서 이름 지어주셨던 의미처럼!

지난 세월이 쏜살과도 같지만, 결코 허무한 것은 아니라고 저자는 생각한다. 부디, 형제들끼리 의좋게 지내고 각자 부부끼리 돈독한 가정을 가꾸면서, '빛나는 강'을 위한 꿈을 갖고 도전함으로써 생애의 보람을 거두고 이웃에게 베푸는 행복한 삶을 향유하기를 아비는 기도한다.

● 「박영사」(博英社)의 안종만(安鍾萬) 회장님과 편집부 직원과 제자들에 대한 감사

2019년 말에 사고로 「한양대학교 부속병원」에 입원/수술(왼쪽 어깨 골절)하고 퇴원 후 1년 동안 집에서 정양(靜養)하고 있었던 저자는 친지와 친구들을 가끔 만났을 때, 다음과 같이 심회(心懷)를 토로했다:

"이제, 우리의 나이는 떠날 준비를 해야 하지 않겠습니까?", "저는 인생의 목적함수가 '행복(幸福) 극대화(極大化)'가 아니라 '후회(後悔) 극소화(極小化)'라고 사유해왔습니다. 따라서 귀천(歸天)할 준비는 우선 과거 알게 모르게 지은 많은 죄(罪)들을 회개(悔改)하고 향후 후회(後悔)될 것 같은 일들을 미리 가능한 많이 제거해두는 것이 현명한 일이 아니겠습니까?"

곰곰이 생각해보니, 저자가 죽기 전에 꼭 해야 할 숙제는 3가지로 꼽았는데, 그 중에서 가장 중요한 것은 다음과 같다: 저자의 인생에서 '마지막' 저서(著書) 3권(박영사 2021.06 출간): ① <'정의로운 국가와 행복한 사회'를 위한 신(新)실용주의(實用主義) 철학과 정책>, ② <세계평화(世界平和)를 위한 신(新)실용주의적(實用主義的) 해법: 동아시아지역의 군사안보와 경제협력을 중심으로>, ③ <조선(朝鮮)의 망조(亡兆), 대한제국(大韓帝國)의 자멸(自滅), 대한민국(大韓民國)의 위기(危機)> 중에서 ③을 제외한 나머지: ①과 ②를 영문/중문/일문으로 각각 출판하여 세계 도서관에 꽂아두는 것이다. 여기서 ③을 제외한 이유는 한국의 치부(恥部)를 세계에 노출하고 싶지 않기 때문이다.

상기한 소원을 이루지 않고 훌쩍 떠나버리면 한 줌의 재(灰)로 산화(酸化)해버릴 것이니 너무나도 억울하고 허망할 일이 아니겠는가? 만약 저자가 2019년 말 13층 아파트 계단에서 뒤로 넘어졌을 때, 만약 '왼쪽 어깨 골절'이 아니라 '뇌진탕'으로 죽었거나 식물인간이 되었다면, 지난 43년 동안 축적해두었던 지식들은 그 순간 무산(霧散)되어 버렸을 것이다.

저자는 2014년 2월 정년퇴임 후 2021년 3월 말까지 만 7년 동안, 칩거(蟄居)하여 하루 평균 15시간(오전 9시~다음날 새벽 1시 혹은 2시)을 집필에 쏟아부었다. 저자는 1978년 경제학 박사학위를 수여받자마자 미국 테네시 주(州) Union Uiversity 경제학 교수가 된 이후 지난 43년 동안 머리에 낙엽처럼 어지럽게 쌓여 있는 '지식 조각'들을 '용광로'에 집어넣어 '굵은 쇠물'을 쏟아내고 싶었다. 그리고 하나님께 '좋은 출판사'를 만나게 해주십사 기도했었다.

(1) 박영사(博英社)에 대한 감사 인사

결국 하나님의 은총(恩寵)으로, 금년 3월 8일, 「박영사」(博英社) 회장실에서 존경하는 안종만(安鐘萬) 회장님을 만나 상기 저서 출판 문제를 논의했었다. 회고하면, 30년 전에 「박영사」(博英社)는 저자의 <경제학 원론>(초판: 1991년, 3판: 1995년)을 발간해주었다.

이번에 참으로 고마운 것은 원고 분량이 너무 방대하여 염려하는 저자에게 "내용이 좋고 시의적절하니 큰 판(版)으로 만들면 됩니다"라고 호쾌하게 결정해주셨다는 점이다. 그리고 「박영사」(博英社)의 실무 책임자 조성호 기획이사님은 고맙게도 당시 미(未)완성된 제3권을 3월 28일까지 기다려주셨고 친절하게 출판계약으로 인도해 주셨다.

이 결과, 저자는 이번에 출판 역사에 신기록(新記錄)을 세운 셈이다: 무려 3권의 대작(大作)을 '동시적으로' 출판하게 되었다는 사실이다. 저자는 2014년 2월 정년퇴임한 명예교수일 뿐이다. 마치, 당(唐)나라 시인 왕창령(王昌齡, 798~756)이 읊었던 '부용루송신점(芙蓉樓送辛漸)'에 나오는 시(詩) 구절: 一片氷心在玉壺("玉 항아리 속에 있는 한 조각 얼음 같이 살고 있는") 七旬의 노(老)선비이다. 그럼에도 불구하고, 상기 3권 작품들을 「박영사」의 시민계몽을 위한 '전략적 상품'으로 다루겠다고 하니, 저자는 3월 8일(월) 「박영사」 회장실에서 나와 귀가(歸家)하면서 울먹였다. 나이가 드니, 자주 눈물이 쏟아진다.

사실, 꿈만 같았다. 2014년 2월 정년퇴임 후 8년 동안 피곤 및 수면과 싸우면서, 1년 전 골절 수술한 왼쪽 어깨의 통증을 참으면서, 오른손가락의 독수리 타법으로 줄달음쳐 왔었던 기억들이 쓰나미처럼 몰려왔다. 상기 3권의 원고들을 다시 훑어보면, 세계사(한국의 경우 조선 → 대한제국 → 대한민국/북한의 역사를 포함)/동양(중국)·서양 철학/방대한 경제이론/국제정치 이론/수학(저의 철학을 입증하기 위한) 등을 총망라하였다.

따라서 저자는 「박영사」의 3권 저서 동시적 출판은 분명코 '세계평화(世界平和)'를 원하시는 하나님의 뜻을 글로써 피력한 사명이자 은총이라고 확신한다. 사실, 자신이 제창하는 사상/철학[저자의 경우 신(新)실용주의(實用主義) 철학(Neopragmatism)]]을 무려 250여 개의 수학 방정식으로 증명한 사례는 없다. 또한, 세계적 천재 수학자이자 1994년도 노벨 경제학상 수상자/2015년도 아벨상 수상자이며 영화 '뷰티풀 마인드(A Beautiful Mind)'의 주인공인 존 내시(John Forbes Nash Jr., 1928~2015) 교수(MIT 대학, 프린스턴 대학)의 '내시 균형(Nash equilibrium)' 이론을 '세계평화(世界平和)' 문제 해결에 적용하고자 시도한 예는 단연코 없다. 저자는 벤허(Ben-Hur) 영화(1959년)의 감독 윌리엄 와일러(William Wyler, 1902~1981)가 시연(試演)에서 "주여! 이 영화를 과연 제가 만들었습니까?"라고 고백한 말에 참으로 실감을 느낀다.

상기와 같은 장정(長征)의 길을 마치면서, 저자는 이 기회를 빌려 그동안 본 저서가 출판되기까지 헌신적 수고를 해 주신 많은 분들에게 감사한다. 우선, 본 연구의 결과물이 하나의 저서(著書)로서 세상에 나와 햇빛을 볼 수 있도록 배려해 주신 「박영사」(博英社)의 안종만(安鐘萬) 회장님께 깊은 감사와 존경을 표한다.

모든 역사의 장막에는 무대의 연출을 위한 숨은 공로자들이 있게 마련이다. 특히, 「박영사」(博英社) 편집부 직원(황정원/최은혜/탁종민 편집자)의 수고가 매우 컸다. 황정원 편집팀장의 프로다운 편집 실력과 솔선수범의 리더십(Leadership)은 최은혜/탁종민 편집자의 도전적 의욕과 실력 발휘를 촉구하고 이번 저자의 3권 저서들이 '상품'으로서 동시적으로 햇빛을 보게한 산파(産婆)였다. 그 과정에서 가사(家事)로 퇴직한 황정원 편집팀장의 바통을 이어받은 최은혜 편집팀장 역시 탁종민 대리와 함께 3권의 저서들이 '완성품'이 될 때까지 초지일관 헌신적으로 수고해 주셨다. 만약 사명감과 책임감을 바탕으로 한 전문적 편집기술을 갖춘 상기 두 분을 만나지 못했었다면, 짧은 기간 내에 3권의 대작(大作)이 햇빛을 볼 수 없었을 것이라고 저자는 단언한다. 참으로, 저자는 훌륭한 인재들을 만났다고 생각한다.

감히, 성경(聖經) 말씀: "너희는 세상의 소금과 빛이다"(신약 성서의 산상 수훈의 하나, 마태복음서의 5:13~16)을 인용하면, 저자가 강대국(특히 미국과 중국), 남·북한 국가 지도자에게 실로 따갑고 쓰디 쓴 '소금'을 뿌렸다면 최은혜 편집팀장과 탁종민 대리는 '빛'을 비추었으며, 안종만(安鐘萬) 회장님과 조성호 기획이사님께서는 '소금과 빛'을 담을 '큰 바구니'를 제공하셨다.

「박영사」(博英社)는 한국의 척박한 독서 환경에서 현재까지 수만 권의 양서(良書)를 보급해 온 한국의 대표적 출판사이다. 한국전쟁(1950~1953)의 포화(砲火) 속에서 1952년 대중문화사(博英社의 前身)가 설립(1954.09.01)되었으며, 선친(先親)의 유업(遺業)을 이어 받은 안종만(安鐘萬) 회장님(사장 취임: 1983.08.01; 회장 취임: 2000.05.03)이 '출판 & 문화 & 미래를 생각하는 박영사'로 도약하여 대한민국의 출판업계를 이끌고 있다. 나아가, 독서인구가 빈약한 한국을 벗어나서 2018년 베트남(Vietnam)에서 「벤스토리」를, 2019년 일본(日本)에서 「하쿠에이샤」를 각각 설립하여 '글로벌 출판사'로 웅비(雄飛)의 날개를 펼치고 있다. 가히 「박영사」(博英社)는 대한민국의 문화 창달은 물론이고 해외에서 한국이 '문화 국가'임을 홍보하고 있다.

(2) 사랑하는 제자들에 대한 감사

또한, 저자는 이 기회를 빌려 이번 3개 원고 집필과 관련하여 수고해주었던 사랑하는 옛 제자들을 축복하고 싶다. 그들의 대부분은 저자의 2개 강의과목: <세계경제와 한국의 비전>과 <과학기술과 경제사>를 수강했었던 한양대학교 제자들이다. 최현호 군(2015년 수강생)·김영일 군(2016년 수강생)·최원혜 양(2016년 수강생)·김성종(2017년 수강생) 등은 컴퓨터에 미숙한 스승과 함께 방대한 원고의 정돈 작업을 충실히 수행해 주었다. 김영일 군(2016년 수강생)은 무려 130여 개의 그림들과 표들을 정돈해 주었다. 또한, 수업조교 김종윤 군은 '세계경제와 한국의 비전'의 정규 강의와 '토요일 특강'을 잘 수행할 수 있도록 헌신적 수고를 해 주었다.

마지막 단계에서, 저자가 한양대에서 정년 퇴임 후 방대한 원고를 손질할 때, 김찬일 군(한양대학교 경영학과 재학 중, 저자의 강의과목: 「과학기술과 경제사」를 수강했었던 제자)과 그의 「일산교회」 소속의 교우인 이원준·이태형·김성경 군이 함께 꼼꼼히 컴퓨터 작업을 헌신적으로 마무리 해주었다. 특히 이태형 군은 홀로 방대한 신문 스크랩 자료들을 컴퓨터로 정리해주었다. 또한, 저자의 지인(知人) 김선환 선생의 딸 김도연 양(동국대학교 경영학과 졸업)이 아빠의 명(命)을 받아 상기한 도우미들과 함께 컴퓨터 작업을 도와 주었다. 그들은 곧은 성품에다가 뿌리 깊은 기독교 신앙을 갖고 있는 유망한 청년들이다. 저자는 척박한 세상에서 '보석과 같은 인물'들을 만났다고 항상 생각하고 있다. 마지막으로, 스승은 어려운 시기에 사회로 진출한 제자들의 성공을 축원하며 그들의 행복을 기원한다.

목차

III. 국가(國家)의 흥망성쇠(興亡盛衰) 요인: 국정철학(國政哲學)과 국가이성(國家理性)

VII. 한국 경제위기(經濟危機)의 현황 및 극복방안

표 목차

그림 목차

부록 목차

I

서언

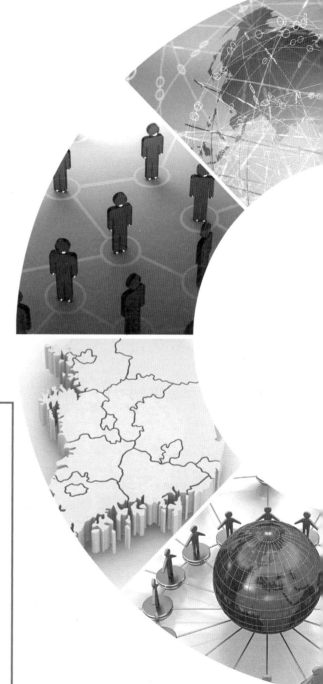

01 저자의 사유(思惟) 패러다임: 역사적/철학적 시각

    세계적 역사학자 에드워드 칼(Edward H. Carr, 1892~1982)[1]는 그의 명저(名著):『역사란 무엇인가(What is History』(1961년)에서, *"역사는 역사가와 역사적인 사실 사이의 끊임없는 상호작용의 과정일 뿐만 아니라, 현재와 과거 사이의 끊임없는 대화이다"(History is a continuous process of interaction between the historian and facts, an unending dialogue between the present and the past)* 라고 갈파했다.[2] 즉, 역사적 사실이란 역사가의 해석에 의해 선택되어진다는 것이다. 다시 말하면, 에드워드 칼(Edward H. Carr)은 역사가가 다루고자 하는 테마와 연관된 모든 자료를 수집 검토하는 것은 그에게 주어진 당연한 임무라고 주장했다. 즉, 역사가에게 주어진 것은 자기의 해석에 맞춰 사실을 형성하고 사실에 맞춰 형성해야 할 끊임없는 과정이라는 것이다. 따라서 에드워드 칼(Edward H. Carr)은 역사를 '역사가와 역사적 사실 사이의 부단한 상호 작용의 과정, 즉 현재와 과거의

---

1) E. H Carr(1961), 『역사란 무엇인가』(What is History), New York: Vintage Books. 에드워드 칼(Edward H. Carr, 1892~1982)은 영국의 역사학자이며 제2차 세계대전 중에 정보성 외교부장을 지냈고 『타임스』 논설위원을 역임하기도 했다. 그의 주요 저서 『새로운 사회』(1951년)에서 소비에트 형과는 다른, 자유와 평등을 기조로 하는 사회주의의 실현을 시사하는 한편, 아시아의 민주주의 운동에 대한 이해를 촉구했다.

2) 에드워드 칼(Edward H. Carr, 1892~1982)은 역사가 확증된 사실의 집성으로 이루어진다는 19세기 '사실 존중의 시대'의 역사가들의 주장을 거부한다. 단순한 과거의 사건이 역사가가 사용하고자 하는 기초적 사실이 되는 것은 사실 자체에 어떤 자격이 있어서가 아니라, 역사가에 의해서 그것들이 중요하다고 판단되었기 때문이다. 즉, '역사적 사실'은 역사가에 의해서 선택된다는 것이다. 그러나 그는 역사에서 해석이 전부가 되고 사실은 없게 되는 극단적 입장을 경계하고 있다. 이와 대조적으로, 근대 역사학의 대표라고 말할 수 있는 레오폴트 랑케(Leopold Ranke, 1795~1886)는 역사가의 임무란 객관성을 유지하며 정확한 사실을 기록하여 후세에게 전달하는 것뿐이라고 주장했다. 그러나 역사 사실의 서술에 있어 역사가가 사실을 바라보는 관점의 문제를 간과할 수 없다. 한편, 로빈 콜링우드(Robin George Collingwood, 1889~1943)는 상기한 레오폴트 랑케(Leopold Ranke)의 견해를 반대하면서 우리가 관심을 가져야 하는 것은 그 책이 나타내는 사실이 아니라 그 책을 쓴 역사가여야 한다고 주장했다. 즉, 그 책을 쓴 역사가가 어떤 사상을 가지고 있는지를 먼저 연구를 해야 '올바른 역사'를 이해할 수 있다는 것이다. 또한, 역사가는 자기가 취급하고 있는 사람들의 마음과, 그들 행위들의 배후에 있는 사상을 추론으로 이해할 필요가 있다고 주장한다.

끊임없는 대화이다'라고 정의하였다. 즉, 역사가는 현재의 일부이고, 역사적 사실은 과거에 속하므로, 역사란 사실과 역사가 사이의 상호 작용에 의해 탄생하는 과거 현재의 대화라는 것이다.

또한, 세계적 역사학자인 아놀드 토인비(Anold Toynbee, 1889~1975)[3]는 그의 대표작 『역사의 연구』(1934~1961)에서 '전환기, 도전(挑戰)과 응전(應戰)의 역사'를 설파(說破)하였다. 그의 주장에 의하면, 역사는 일정한 주기(週期)로 커다란 변화와 발전과정을 겪게 되는데, 그 변화의 시점이 바로 '전환기'라는 것이다. 전환기가 도래했을 때, 이에 어떻게 대응하느냐에 따라 개인은 물론 나라와 민족의 운명이 결정된다는 것이다. 다시 말하면, 변화(變化)는 하나의 도전(挑戰)의 시기라는 것이다. 변화는 누구에게나 두려운 것으로 갈등과 대립을 수반한다. 이때 변화를 어떻게 해석하고 어떻게 받아들이냐 하는 것이 곧 응전(應戰)이다. 따라서 변화의 본질과 흐름을 올바르게 파악하고 과감하게 나간다면 그 변화는 오히려 창조와 발전의 기회가 될 것이요, 반대로 그렇지 못하면 쇠퇴와 멸망의 계기가 될 것은 자명한 이치이다.

대한민국 상해 임시정부 제2대 대통령(1925.03.24, 취임) 박은식(朴殷植, 1859~1925) 선생은 한일병합조약(韓日倂合條約, 1910.08.29)으로 대한제국(大韓帝國)이 멸망하자 *"국체(國體)는 비록 망했지만 국혼(國魂)이 소멸당하지 않으면 부활이 가능한데, 지금 국혼(國魂)인 역사(歷史)마저 불태워 소멸하니 통탄하지 않을 수 없다."*고 탄식하였다. 그리고 그의 대표적 저서(3편 114장으로 구성된 대작): 『한국통사(韓國痛史)』(1915년)에서 *"국교(國敎)와 국사(國史)가 망(亡)하지 아니하면 국혼(國魂)은 살아 있으므로 그 나라는 망(亡)하지 않는다"*고 설파했다.

이어서, 단재 신채호(丹齋 申采浩, 1880~1936) 선생은 대표적 저서 『조선상고사(朝鮮上古史)』에서 *"영토를 잃은 민족은 재생할 수 없다"*고 일갈했었다. 이젠, 영토는 운(運) 좋게 (타율적으로) 찾았다. 그런데 한민족은 과연 재생(再生)할 수 있을까? 또한, 영국의 윈스턴 처칠(Winston Churchill, 1874~1965) 총리(1940.05.10~1945.07.26; 1951.10.26~1955.04.07)은 *"역사를 잊은 민족에겐 미래가 없다"*는 명언을 남겼다.[4]

---

3) 아놀드 토인비(Anold Toynbee(1825~1883))는 영국의 역사가로서, 필생의 역작 『역사의 연구』(1934~1961)에서 독자적인 문명사관을 제시했다. 유기체적인 문명의 주기적인 생멸이 역사이며 또 문명의 추진력이 고차문명의 저차문명에 대한 '도전'과 '대응'의 상호 작용에 있다고 주장했다. 19세기 이후의 전통 사학에 맞서 새로운 역사학을 개척했다고 평가받는다.

4) 신일철(1981), 『신채호의 역사사상연구』, 고려대학교 출판부; 이만렬(1980), "단재사학의 배경", 『한국사학』1, 한국정신문화연구원; 이종춘(1983), "단재 신채호의 생애와 사상", 『청주교육대학논문집』19; 이

그렇다면, 왜 역사(歷史)는 중요한가? 일찍이 공자(孔子, BC 551~479)는 *옛 것을 익히고 새것을 알면 남의 스승이 될 수 있다*"고 가르쳤다. 『명심보감(明心寶鑑)』은 "*미래를 알려거든 먼저 지나간 일을 살피라*"고 깨우친다. 조지 고든 바이런(George Gordon Byron, 1788~1824)은 "*가장 뛰어난 예언자는 과거이다*"라는 명언을 남겼다.

모름지기, 역사(歷史)는 과거 사실들의 기록임과 동시에 미래를 비추어 볼 수 있는 거울이라고 말할 수 있다. 현재가 복잡난해하고 미래가 불확실할수록, 과거 역사적 사건들을 반추 및 반성해 보면 많은 시사점과 교훈을 얻을 수 있다. 상기한 역사관(歷史觀)에 의거하여, 저자는 다음과 같은 화두(話頭)를 던진다:

- "역사(歷史)를 잊은 민족(民族)에겐 희망이 없다"

- "철학(哲學) 없는 역사(歷史)는 파멸(破滅)이며,
  비전(Vision) 없는 국가(國家)는 망(亡)한다"

- "잘못된 국정철학(國政哲學)은 나라를 망하게 한다"

- "성리학(性理學)은 실학사상(實學思想)을 압살(壓殺)했고
  조선(朝鮮)과 대한제국(大韓帝國)의 파멸(破滅)을 유도했다"

- "조선(朝鮮)/대한제국(大韓帝國)에겐
  국가 보전과 부흥을 위한 '천재일우(千載一遇)의 기회'가 있었다"

- "현재 대한민국(大韓民國)은 온전한가? 대한민국은 이념간 갈등으로
  망국(亡國)의 길로 걷고 있다"

- "한국 몽(韓國 夢)은 무엇인가?"

- "한국은 '행복한 사회'(A Happy Society)인가?"

- "한국은 '정의로운 국가'(A Justice-based State)인가?"

- "한국의 '민주화(民主化) 운동'은 과연 성공했는가?"

만렬(1980), "단재사학의 배경", 『한국사학』1, 한국정신문화연구원.

02 분석 내용의 순서

상기한 역사적/철학적 시각에서, 저자는 본서(本書): 『조선(朝鮮)의 망조(亡兆), 대한제국(大韓帝國)의 자멸(自滅), 대한민국(大韓民國)의 위기(危機)』를 다음과 같은 순서로 논술한다:

제Ⅱ장: '국가(國家)의 기원·존재 이유·바람직한 역할'에서, 플라톤(Plato, BC 427~347)과 아리스토텔레스(Aristotle, BC 384~322)의 철학을 중심으로 국가의 기원(起源): 왜 국가는 형성되었는가를 논술한다. 이어서 국가(國家)의 존재 이유: 왜 국가(國家)는 존재하는가를 국민주권주의(國民主權主義)를 제창한 토마스 홉스(Thomas Hobbes, 1588~1679), '자유(自由)'를 강조한 존 로크(John Locke, 1632~1704)의 근대 민주주의(民主主義), '평등(平等)'을 강조한 장-자크 루소(Jean-Jacques Rousseau, 1712~1778)의 '일반의지'(국민주권)를 위한 정치체제와 '共同善'을 위한 사회계약론(社會契約論), '이성적 국가'(Rational State)를 주창한 게오르크 빌헬름 프리드리히 헤겔(G. W. F. Hegel, 1770~1831), 민본주의(民本主義)를 역설한 맹자(孟子, BC 372~289)에 관하여 각각 논술한다.

제Ⅲ장: '국가(國家)의 흥망성쇠(興亡盛衰) 요인'에서, 본 연구의 가설(假說): *"국가의 흥망성쇠(興亡盛衰)의 요인은 국정철학(國政哲學, Governing Philosophy)과 국가이성(國家理性, Staatsvernunft)이다"*를 칼 포퍼(Karl Popper, 1902~1994)의 논리적 실증주의(論理的 實證主義, Logical Positivism)로써 검증한다. 이와 관련하여, 게오르크 빌헬름 프리드리히 헤겔(G. W. F. Hegel, 1770~1831)의 역사철학(歷史哲學, Philosophy of History)과 국가이성(國家理性)으로서 절대이성(絶代理性)과 변증법(辨證法), 역사 발전의 원리로서 자유(自由)에 관하여 각각 논술한다.

국정철학(國政哲學, Governing Philosophy)의 例로서 영국의 명예혁명(1688년)과 권리장전(1688년), 미국의 독립혁명(1775~1783)·독립선언(1776.07.04), 일본의 명치유신(明治維新, 1868~1889), 중국 손문(孫文, 1866~1925)의 삼민주의(三民主義), 싱가포르 리콴유(李光耀, 1923~2015) 수상: '12345의 나라'를 각각 논술한다.

한편, '국가이성'(國家理性, Staatsvernunft)의 철학적 개념으로서, '도덕성(道德性)'보다 '국가이성'(國家理性)을 강조한 니콜로 마키아벨리(Niccolò Machiavelli, 1469~1527)의 『군주론』(The Prince), 임마누엘 칸트(Immanuel Kant, 1724~1804)의 '실천이성'(實踐理性, Practical Reason), 요한 고트리에프 피히테(Johann Gottlieb Fichte, 1759~1831)의 '행동하는 의지'('실

천이성'＋'도덕적 의지')에 관하여 각각 논술한다. 그리고 현대사회에서 중우정치(衆愚政治, Ochlocracy), 반지성주의(反知性主義, Anti-intellectualism), 포퓰리즘(Populism)으로 인하여 직접민주주의의 도래와 자유민주주의적 세계질서의 붕괴 위기를 지적한다.

상기한 사상·철학적 배경 및 개념을 토대로, 본 연구의 가설(假說): "*국가의 흥망성쇠(興亡盛衰)의 요인은 국정철학(國政哲學, Governing Philosophy)과 국가이성(國家理性, Staatsvernunft)이다*"를 검증하기 위하여 국가 멸망(滅亡)의 사례연구로서 (1) 몽골제국(대원제국, 1206~1368)의 멸망, (2) 로마제국(BC 27~1453)의 멸망: ① 서(西)로마제국(AD 395~476)의 멸망; ② 동(東)로마제국(Byzantine Empire)의 멸망(1453.05.29), (3) 청(淸)제국(1636.04~1912.02.12)의 멸망, (4) 러시아제국(Romanova 왕조)의 멸망(1917년)을 각각 야기한 공통적 요인을 도출한다.

제Ⅳ장: '조선(朝鮮: 1392~1897)의 망조(亡兆)와 대한제국(大韓帝國: 1897~1910)의 자멸 (1910.08.29)'에서, 우선 조선(朝鮮: 1392~1897)의 망조(亡兆)로서 조선(朝鮮)의 붕당정치(朋黨政治)와 당쟁(黨爭)의 역사를 제9대 성종(成宗, 제9대 왕, 재위: 1469~1495)이후 제21대 영조(英祖, 재위: 1724~1776)까지를, 조선(朝鮮)의 세도정치(勢道政治)의 역사를 제22대 정조(正祖, 재위: 1776~1800)이후 제24대 헌종(憲宗, 1834~1849)까지를, 세도정치(勢道政治): 안동김씨(安東金氏)와 풍양 조씨(豊壤 趙氏)를 타파한 흥선대원군(興宣大院君 李昰應, 집권: 1863~1873)의 섭정(攝政) 시대의 쇄국(鎖國)과 제국주의(帝國主義)의 침탈에 관하여 각각 논술한다.

다음으로, 대한제국(大韓帝國, 1897~1910)의 自滅(1910.08.29) 멸망(滅亡)의 파노라마: 제26대 고종(高宗), 친정 ;1873~1910; 대한제국 초대 황제 재위: 1897.10.12~1907.07.19) 시대의 1875년 운요호 사건, 1876년 강화도 조약(江華島 條約) 체결에 의한 개항, 1882년 미국과 조선의 조미수호통상조약(朝美修好通商條約) 체결, 1882년 8월 임오군란(壬午軍亂), 영약삼단(另約三端), 제물포조약(濟物浦條約)·조일수호조규속약(朝日修好條規續約), 1883년 11월 26일 영국(英國)과 조선의 우호통상조약(友好通商條約) 체결, 러시아와 조선의 수호조약 (1884.07.07) 체결, 1884년 12월 4~7일 갑신정변(甲申政變), 영국의 거문도(巨文島) 점령 (1885.04.15~1887.02.27), 동학혁명(東學革命, 1894.02~1895.05), 청일전쟁(淸日戰爭, 1894.07~1895.04), 일본과 청(淸)의 시모노세키 조약(Japan-China Peace Treaty, 下關條約, 1895.04.17), 3국(러시아·프랑스·독일) 간섭(1895.04.23), 을미사변(乙未事變, 1895.10.08), 아관파천(俄館播遷, 1896.02.11~1897.02.20), 대한제국(大韓帝國, 1897.10.12~1910.08.29) 출범 (1897.10.12), 독립협회(獨立協會)·만민공동회(萬民共同會) 탄압 및 강제해산(1898.12.23), 『大

韓國國制』를 제정·공포(1899.08.17), 일본과 러시아의 니시·로젠 협정(Nishi-Rosen Agreement, 1898.04.25), 제1차 영일동맹(英日同盟, 1902.01.30), 고종(高宗) 황제의 국외중립(局外中立) 선언(1904.01.22), 가쯔라 테프트 밀약(1905.07.29), 제2차 영일동맹(英日同盟, 1905.08.12), 러일전쟁(日露戰争, 1904.02.08~1905.09.05), 미국 26대 대통령(재임: 1901~1909) 시어도어 루스벨트(Theodore Roosevelt. Jr.)의 주도로 포츠머스 강화조약 체결(1905.09.05), 일본과 프랑스의 '루비-버티협의'(1905.09.09), 제2차 한일 협약인 을사늑약(1905.11.17)에 의거하여 대한제국의 외교권(外交權) 박탈과 1906년에 통감부(統監府)를 설치, 고종(高宗) 황제의 제2회 만국평화회의(萬國平和會議) 특사: 이상설(李相卨)·이준(李儁)·이위종(李瑋鐘)을 파견(1907.06), 이완용(李完用)·송병준(宋秉畯) 등 일제(日帝)에 아부하는 친일(親日) 매국 대신들과 군사력을 동반한 일제(日帝)의 협박으로 강제 퇴위(1907.07.19), 1907년 7월 20일 황태자(순종)에게 양위(讓位), 경술국치(庚戌國恥) 즉 한일병합조약(韓日併合條約, 1910.08.29), 대한제국(大韓帝國, 1897.10.12~1910.08.29)의 자멸(自滅)에 관하여 각각 논술한다.

상기한 역사의 파노라마를 배경으로, 본 연구는 조선(朝鮮)의 천재일우(千載一遇)의 기회 유실을 3가지: (1) 제22대 정조(正祖, 재위: 1776~1800): 서양의 과학기술(科學技術) 수용; (2) 고종(高宗, 친정: 1873~1907): 〈조영수호통상조약〉(朝英修好通商條約, 1883.11.26)에 이어서 영국(英國)의 거문도(巨文島) 불법 점령(1885.04.15~1887.02.27)을 영조동맹(英朝同盟) 체결로 유도하여 제1차 영일동맹(英日同盟, 1902.01.30)을 차단할 수 있었던 절호의 기회 유실; (3) 독립협회(獨立協會)와 만민공동회(萬民共同會)의 육성·발전에 의한 '입헌대의군주제'(立憲代議君主制)와 근대화(近代化)를 위한 기회 말살을 지적한다.

제Ⅴ장: 한반도의 분단과 한국사회의 이념갈등(理念葛藤)에서 이데올로기의 종언(終焉)을 선언한 칼 만하임(Karl Mannheim, 1893~1947): 『이데올로기와 유토피아』(1929년), 다니엘 벨(Daniel Bell) 교수: 『이념의 종언(The End of Ideology)』(1960년), 프랜시스 후쿠야마(Francis Fukuyama, 1952~현재): 『역사의 종말』(The End of History and the Last Men, 2006년)에 관하여 각각 논술한다.

이념(Idealogy)의 잔혹상(殘酷相)을 규명하기 위하여 (1) 이오시프 스탈린(Iosif Stalin, 1879~1953), (2) 공화주의자와 파시스트의 스페인 내전(1936~1939), (3) 한반도 분단과 한국전쟁(1950~1953), (4) 중국의 대약진운동(大躍進運動, 1958~1960)과 문화대혁명(文化大革命, 1966~1976), (5) 남(南)베트남 공화국의 멸망(1975년)에 관하여 각각 논술한다.

상기한 역사적 배경하에서 이념갈등(理念葛藤)의 해소방향을 위하여 철학적 접근으로서 (1) 구조기능 이론(Structural Functional Theory), (2) 갈등 이론(Conflict Theory), (3) 칼 포퍼

(Karl Popper, 1902~1994): '점진적 개혁주의', (4) 허버트 마르쿠제(Herbert Marcuse, 1898~1979)의 '급진적 혁명주의', (5) 맨슈어 올슨(Mancur Olson, 1932~1998) 교수: 『집단행동의 논리』(The Logic of Collective Action; 1965, 1982, 1993, 2000)에 관하여 각각 논술한다.

한국사회의 이념갈등(理念葛藤)과 보수(保守)와 진보(進步)의 갈등의 해소방향으로서 칼 포퍼(Karl Popper)의 '열린 사회'(Open Society)를 위한 위르겐 하버마스(Jürgen Habermas, 1929~현재)의 '의사소통의 이성'(Communicative Reason)을 제시한다. 이를 수행할 국가지도자(國家指導者)의 정치적 리더십(Political Leadership)을 강조함과 동시에 정치적 리더십(Political Leadership)의 정의로서 고전적 유교(儒教)의 정의: '덕치주의(德治主義)', 칼 포퍼(Karl Popper, 1902~1994)의 '열린 사회'(Open Society)를 위한 위르겐 하버마스(Jürgen Habermas)의 '의사소통적 이성과 윤리'(Communicative Reason and Ethics), 저자의 정의: 인화성(人和性)·교육성(教育性)·생산성(生産性)에 관하여 각각 논술한다.

제Ⅵ장: 한국의 '총체적 위기'(Total Cricis)와 신(新)실용주의(實用主義)의 해법에서 본 연구는 저자의 화두(話頭): '한국 몽(韓國 夢)'은 무엇인가?, "한국은 '행복한 사회'(A Happy Society)인가?", "한국은 '정의로운 국가'(A Justice-based State)인가?", "한국의 '민주화(民主化) 운동'은 과연 성공했는가?"를 제기하고 답변한다.

본 연구는 한국 '민주화 운동'의 과정을 5단계: (1) '민주화 운동'의 '발화점(發火點)'으로서 "동학혁명(東學革命)과 '3·1 독립운동'(1919년), (2) '민주화 운동'의 '기(起)'로서 진보당(進步黨) 사건(1958.01), (3) '민주화 운동'의 '승(承)'으로서 4·19 혁명(1960년), (4) '민주화 운동'의 '전(轉)'으로서 6·10 항쟁(1987년), (5) '민주화 운동'의 '미완(未完)의 결(決)'로서 '촛불 시위'(2016.10.29~12.31)로 나누고, 한국 민주주의(民主主義) 완성은 법치주의(法治主義) 확립이라고 규정한다. 또한, 법치주의(法治主義)는 '한국 몽'(韓國 夢)인 '정의로운 국가'(A Justice-based State)와 '행복한 사회'(A Happy Society)를 위한 충분조건(充分條件)으로 정의하고 법치주의(法治主義)의 요건에 관하여 각각 논술한다.

또한, 본 연구는 한국의 정치위기(政治危機)와 극복방안을 제시하기 위하여 (1) 한국 정치인의 '역사적 소명'은 무엇인가?, (2) 제1야당 <국민의힘>(People Power Party)에게 고(告)한다, (3) 집권당 <더불어민주당>(Democratic Party)과 문재인(文在寅) 대통령에게 고(告)한다를 각각 서술할 것이다. 이어서, 본 연구는 한국 시민의 역사의식 및 시애정신의 부족/왜곡과 자강(自强) 운동을 제시하기 위하여 (1) '역사의 주인공'은 누구인가? 영웅(英雄)은 특정 인물인가? 혹은 시민(市民)인가?, (2) 대한민국 시민(市民)들은 '역사의식'(歷史意識, Historical Consciousness)과 '시대정신'(時代精神, Spirit of the Time) 및 집단지성(集團知性,

'群体智慧', Collective Intelligence)을 갖고 있는가?, (3) '역사의식'(歷史意識)과 '시대정신'(時代精神) 및 '집단지성'(集團知性)을 배양해야 할 한국의 공교육(公敎育)은 무엇을 하고 있는가?, (4) 도덕의 붕괴와 사회갈등으로 인한 아노미(Anomie) 상태에서, 한국 종교(宗敎)의 역할은 무엇인가?를 각각 서술할 것이다.

제Ⅶ장: 한국 경제위기(經濟危機)의 현황 및 극복방안에서 본 연구는 한국경제의 '최악의 시나리오(특히, 재정위기, 금융위기 = 외환위기＋은행위기)'를 논술하고 탈(脫) 경제위기(經濟危機)를 위한 신(新)실용주의(實用主義)의 해법(解法)을 각각 제시한다.

제Ⅷ장: 요약 및 결론에서 한국 민족사(民族史)의 '전환기적 위기'와 역사적 교훈을 논술하고 본 연구의 주요 분석내용을 요약하면서 마무리 짓고자 한다.[5]

---

5) 본 연구는 세계사적 비교(比較) 시각에서 한국의 역사를 제대로 통섭(統攝)하고 조선(朝鮮) 500년 역사 (1392~1897)를 배경으로 대한제국(大韓帝國, 1897~1910) 자멸(自滅)의 요인을 분석함으로써 대한민국 (大韓民國)의 현재 위기상황을 극복할 수 있는 정책방향(안)을 도출하는 실로 방대한 작업을 필요로 한다. 그러나 본서(本書)의 지면(紙面)의 한계를 인지하고 저자는 원본의 본래 분량을 대폭 줄여 핵심적 메시지를 중심으로 압축하느라고 큰 고통을 겪지 않을 수 없었다.

II

국가(國家)의
기원·존재 이유·
바람직한 역할

조선(朝鮮)의 망조(亡兆), 대한제국(大韓帝國)의
자멸(自滅), 대한민국(大韓民國)의 위기(危機)

Ruins of Joseon Dynasty, Self-destruction of the
Korean Empire, and 'Total Crisis' of Republic of
Korea: A Historical/Philosophical Analysis

인류 역사에서 '국가론(國家論)'을 제일 먼저 설파한 철인(哲人)은 플라톤(BC 427~347)이다. 그는 〈국가론〉[그리스어: 폴리테이아(Politeia)]에서 국가(國家)의 기원(起源) 즉 "왜 국가는 형성되었는가?"를 설명하고 '정의론(正義論)'과 '정의로운 국가'을 정립했었다. 그는 '이상적 국가'로서 '정의로운 국가'를 어떻게 이룰 수 있는가를 그의 2개 저서: 『국가론』(Politeia)과 『법률』(Nomoi)을 중심으로 국가의 발생 동기와 원인, 국가의 존재이유와 필요성을 논술하였다. 한편, 아리스토텔레스(Aristotle, BC 384~322)는 그의 『니코마코스 윤리학』(Nicomachea Ethica)의 제1권과 제10권에서 '좋은 국가'란 국가의 중심인 중간계급이 정치에 대거 참여하여 자아(自我)를 실현시킬 수 있는 국가라고 주장했다.

그로부터 약 2000년 후 국가(國家)의 존재 이유와 바람직한 역할을 논술한 사회계약설(社會契約說): ① 자연상태에서의 사회계약을 주장한 토마스 홉스(Thomas Hobbes, 1588~1679), ② 의회 민주주의(간접 민주주의)를 주장한 존 로크(John Locke, 1632~1704), ③ '일반의지'(국민주권)으로서 공동선(共同善)을 위한 사회계약론(社會契約論)을 주장한 장-자크 루소(Jean-Jacques Rousseau, 1712~1778)에 의하여 각각 제시되었다. 존 로크(John Locke)는 자유주의(自由主義)를 바탕으로 입헌군주제를, 장-자크 루소(Jean-Jacques Rousseau)는 '일반의지'(국민주권)으로서 '공동선'(共同善)을 바탕으로 '공동체주의'(communitarianism)를, 헤겔(G. W. F. Hegel)은 국가이성(國家理性)을 기초로 '이성적 국가'(A Rational State)를 각각 주장했다.

상기한 사회계약론(社會契約論)으로부터 200년 후 미국의 경제학자 맨슈어 올슨(Mancur Olson, 1932~1998)은 그의 저서 『국가의 흥망성쇠』(The Rise and Decline of Nations, 1982년)에서 이익집단(利益集團)이 형성 및 발전함에 따라 경제의 동력과 활력이 저해되고 나아가 국가경제가 쇠퇴한다고 갈파하였다.

한편, 본 연구의 가설(假說)은 다음과 같다: *"국가의 흥망성쇠(興亡盛衰)의 요인은 국정철학(國政哲學, Governing Philosophy)과 국가이성(國家理性, Staatsvernunft)이다."*

저자는 상기 가설(假說)을 역사적 근거로 입증하고자 한다. 즉, 국가는 외부 세력의 침략보다는 이에 대한 대항력이 내부적 요인에 의하여 멸망(滅亡)하였다는 사실을 칼 포퍼(Karl Popper, 1902~1994)의 논리실증주의(論理實證主義, Logical Positivism)의 분석방법으로써 규명할 것이다.

01 국가의 기원(起源): 왜 국가는 형성되었는가?

    플라톤(Plato, BC 427~347)은 '이상적 국가'로서 '정의로운 국가'를 어떻게 이룰 수 있는가를 그의 2개 저서: 『국가론』(Politeia)과 『법률』(Nomoi)을 중심으로 논술하였다. 특히, 그의 『국가론』(Politeia)의 제2권 '국가형성이론'은 국가의 발생 동기와 원인, 국가의 존재이유와 필요성을 논술했다.[1] 플라톤(Plato)에 따르면 국가는 사람들이 혼자서 자급자족(自給自足)하지 못하고 많은 것을 필요로 하기 때문에 형성되었다고 말한다.[2]

    한편, 아리스토텔레스(Aristotle, BC 384~322)[3]는 그의 『니코마코스 윤리학』(Nicomahcea Ethica)의 제1권과 제10권에서 '좋은 국가'란 국가의 중심인 중간계급이 정치에 대거 참여하여 자아(自我)를 실현시킬 수 있는 국가라고 주장했다. 그는 도시국가를 정치 · 경제 · 종

---

1) 플라톤(Plato, BC 427~347)의 『국가론』(Politeia)은 국가의 형성을 단계적으로 설명한다. 최소한의 국가 규모부터 시작하여 그가 알고 있는 최대규모에 이르기까지의 발전과 확장의 단계를 순서에 따라 서술한다. 그러나 이 서술은 실제로 존재했던 한 국가의 성장을 기록한 역사적 서술은 아니며, 또 실제 사건의 역사적 기록으로부터 하나의 국가 철학을 도출해 내려고 쓰여진 것도 아니다. 그의 의도는, 그 스스로도 언명하듯이, 애초부터 논리적이고 이론적인 고찰을 전개하는 것이었다. 실제 경험과 역사는 단지 이 이론적 고찰의 배후에서 그 정당성을 간접적으로 지원할 수 있을 뿐이다.

2) 플라톤(Plato, BC 427~347) 이전에는 그리스인들의 의식을 지배하던 신화적 사유에 의하면 국가(國家)란 신(神)의 뜻에 따라 세워진 것이다. 그러나 플라톤(Plato)은 국가의 기원(起源)을 신(神)이 아닌 인간(人間)의 기본적인 욕구에 바탕을 두어 설명한다. 즉, 혼자서 모든 욕구를 충족시키지 못하기 때문에 다른 사람들과 함께 모여 살게 되었고, 여기서 국가(國家)라는 공동체가 생겼다는 것이다.

3) 아리스토텔레스(Aristotle, BC 384~322)는 소크라테스(Socrates, BC 469~399)의 전통을 이어받은 철학자로서 기원전 384년에 스타기라(Stagira)에서 태어났다. 아리스토텔레스(Aristotle)는 17세에 그의 스승 플라톤(Plato, BC 429~347)이 설립(BC 387)한 아카데미아(Akademeia)에 들어가 그곳에서 20년 동안을 학생으로서 배우고 또한 교사로서 가르치기도 했다. 아카데모스(아티카의 영웅)의 숲에서 그 이름을 땄는데, 플라톤(Plato)과 그 제자들은 이곳에 모여 철학적 문제들을 놓고 토론했다. 아리스토텔레스(Aristotle)는 기원전 343년에 마케도니아 제국의 필리포스 2세(Philippos Ⅱ, BC 382~336)에게 초대되어 훗날 알렉산드로스 대왕이 될 어린 왕자 알렉산더(Alexander, BC 356~323)의 가정교사로 지냈다. 7년 후에 아테네로 돌아와 기원전 322년에 사망할 때까지 리케이온(Lykeion)이라는 학교를 세우고 그곳에서 강의를 했다. 그는 스승 플라톤(Plato)보다도 더 많은 저작을 집필했으며, 그 주제도 한층 더 다양했다. 그의 주요 저작들 가운데는 논리학, 형이상학, 수사학, 윤리학, 자연과학, 정치학 등에 관한 여러 분야의 논문들이 있다.

교·문화에 대한 공동체의 욕구를 충족시키는 이상적인 사회 형태로 보았다. 사람은 공동체 속에서 살아가고자 하는 본성을 갖고 있으며, 따라서 공동체 속에서 타인들과 어우러질 때 행복해지려는 인간의 본성이 실현될 수 있다는 것이다.

여기서 플라톤(Plato, BC 427~347)과 아리스토텔레스(Aristotle, BC 384~312)의 '자연철학(自然哲學)' 즉 세계관(世界觀)을 비교해보면 다음과 같다.4) 플라톤(Plato)의 '관념주의적 자연철학'은 변화와 원인을 강조한다는 측면에서 '결정론적(deterministic)'인 반면에 아리스토텔레스(Aristotle)의 '경험주의적 자연철학'은 사실과 관찰에 의존한다는 점에서 '경험적'(empirical)이다.5)

1) 플라톤(Plato, BC 427~347)

사실, 플라톤(Plato, BC 427~347)은 철학(哲學)을 반석 위에 세운 철학자이다. 그 후 모든 철학은 그의 영향을 받았고 그에 찬성하든 혹은 반대하든 간에 그는 모든 철학자들에게 가장 중요한 출발점이 되었다. 윤리학에서부터 미학, 정치학, 형이상학, 자연철학에 이르기까지 그가 다루었던 모든 철학적 문제들은 현대에서도 철학의 주요 관심사로 남아 있다.

플라톤(Plato, BC 427~347)은 20세 때부터 소크라테스(Socrates, BC 469~399)의 제자가 되어 스승의 사상을 이어받았다.6) 그러나 소크라테스(Socrates)는 개인의 윤리에 관심을

---

4) 플라톤(Plato, BC 427~347)의 국가론(Politeia)을 제대로 논술하기 위해서는 (1) '이데아(Idea) 이론'과 (2) 인간관을, 또한 아리스토텔레스(Aristotle, BC 384~322)의 윤리학(倫理學)을 제대로 논술하기 위해서는 형이상학(形而上學): 형상(形相, 이데아)과 질료(質料)을 각각 논술해야 하지만 지면(紙面)의 한계로 생략한다. Rudner, R.S.(1966). Philosophy of Social Science. Englewood Cliffs, NJ: Prentice-Hall, Inc.; Chisholm, R.(1977). Theory of Knowledge. 2nd ed. Englewood Cliffs, NJ: Prentice-Hall, Inc.; Rosenberg, A.(1988). Philosophy of Social Science. Boulder: Westview Press.

5) 여기서 유의할 것은 고대 그리스 시대에서 자연(自然)은 관조의 대상이지 개량이나 정복의 대상은 아니었기 때문에, 아리스토텔레스(Aristotle, BC 384~312)의 경험주의적 자연철학이 말하는 '경험적'(empirical)이라는 것은 사실과 관찰에 의존한다는 것을 의미하는 것일 뿐, 근대적 의미의 '실험적'(experimental)이라는 뜻은 아니라는 점이다.

6) 소크라테스(Socrates)가 죽은 뒤, 플라톤(Plato)은 이탈리아와 시칠리아 등으로 여행길에 올랐다가 기원전 388년 아테네로 돌아와 다음해 철학자들을 교육하는 아카데미아(Akademeia)를 설립하였다. 이것은 아카데모스(아티카의 영웅)의 숲에서 그 이름을 따는데, 플라톤(Plato)과 그 제자들은 이곳에 모여 철학적 문제들을 놓고 토론했다. 아테네의 귀족 가문 출신인 플라톤(Plato)은 그 곳에서 사망할 때까지 청년을 교육하고 귀족정치의 부활을 꾀했다. 플라톤(Plato, BC 427~347)은 펠로폰네소스(Peloponnesos) 전쟁(BC 431~404)의 초기에 태어나 성장하면서 아테네가 그 전쟁을 통하여 몰락해 가는 과정과 전후에 일

두었던 반면에 플라톤(Plato)은 정치제도(政治制度)가 중요하다고 생각했다.

플라톤(Plato)은 생애를 통틀어 35편 정도의 『대화편』(Dialogues)을 썼다. 그의 『티마이오스』(Timaeus)에서는 우주에 대한 심오한 성찰을 보여 주기도 한다. 『국가론』(Politeia)은 오늘날까지도 널리 읽히는 그의 가장 중요한 저서로서 그가 생각한 '이상적 국가'의 모습을 보여 준다. 플라톤(Plato)은 어떻게 '정의로운 국가'를 이룰 수 있는가를 그의 2개 저서: 『국가론』(Politeia)과 『법률』(Nomoi)을 중심으로 설명하였다.

(1) 국가론(Politeia)

플라톤(Plato, BC 427~347)의 중심사상이라고 말할 수 있는 제2권의 '국가형성이론'은 『국가편』(Politeia)에서도 그 핵심부분에 속한다. 왜냐하면 바로 '국가형성이론'에서 그는 국가의 발생동기와 원인, 국가의 존재이유와 필요성을 설명하기 때문이다. 플라톤(Plato)은 국가의 기원(起源)을 신(神)의 의사가 아니라 인간(人間)의 기본적인 욕구에 바탕을 두어 설명한다.

플라톤(Plato)의 『국가론』(Politeia)의 중심내용은 다음과 같다: 국가는 사람들이 혼자서 자급자족(自給自足)하지 못하고 많은 것을 필요로 하기 때문에 형성되었다.[7] 따라서 경제영역에서뿐만 아니라 국가 수호와 국정 운영을 위해서도 전문지식과 능력을 갖춘 전문가

어난 30인 과두정치(寡頭政治)의 타락상과 곧이어 등장한 민주정부가 그의 스승 소크라테스(Socrates)를 불경죄와 젊은이들을 타락시킨다는 애매한 죄명으로 처형하는 것을 목도하면서 이 모든 것들이 정의(正義)의 부족으로 인하여 발생했던 것이라고 생각하였다. 기원전 5세기 그리스의 주도 세력은 아테나이(Athenai)와 스파르테(Sparte)였다. 그들은 호시탐탐 그리스를 노리던 거대 제국 페르시아와의 전쟁을 승리로 이끈 주역들이었다. 이 놀라운 승리 이후 진취적인 아테나이(Athenai)는 민주주의를 신봉하며 강력한 해군력에 힘입어 에게 해에 제국을 건설했고, 보수적인 스파르테(Sparte)는 과두정체를 신봉하며 강력한 중무장보병에 힘입어 그리스 본토 남부의 펠로폰네소스(Peloponnesos) 반도를 지배했다. 황금기의 아테나이(Athenai)는 정치·문화·예술 분야에서 역사에 길이 남을 위대한 유산들을 쏟아내는 한편 지속적인 팽창정책으로 제국을 넓혀나갔다. 아테나이(Athenai)의 독주에 위협을 느낀 스파르테(Sparte)는 일부 동맹국의 사주를 받아 기원전 431~404년 아테나이(Athenai)와의 전쟁을 일으킨다. 이것이 27년 동안 지속된, 그리스 세계의 문명과 흐름을 뒤바꾼 펠로폰네소스(Peloponnesos) 전쟁(BC 431~404)이다.

7) 플라톤(Plato, BC 427~347) 이전에는 그리스인들의 의식을 지배하던 신화적 사유에 의하면 국가란 신(神)의 뜻에 따라 세워진 것이다. 그러나 플라톤(Plato)은 국가의 기원(起源)을 신(神)이 아닌 인간(人間)의 기본적인 욕구에 바탕을 두어 설명한다. 즉, 혼자서 모든 욕구를 충족시키지 못하기 때문에 다른 사람들과 함께 모여 살게 되었고, 여기서 국가(國家)라는 공동체가 생겼다는 것이다. 플라톤(Plato)이 말하는 '이상적 국가'의 규모는 인구 5,000명이다. 실제로 당시 몇몇 도시국가를 제외한 대부분의 도시국가가 인구 5,000명 이하였다.

들이 따로 양성되어야 하며, 국정을 담당할 최고 경영자의 경우 마땅히 최고차원의 지식, 즉 철학적 식견과 판단력, 또는 철학적 전문기술이 필요하다는 것이다. 즉, 플라톤(Plato) 정치사상은 정치학과 정치가야말로 국가가 필요로 하는 모든 종류의 전문가들이 전체적 연관체계 안에서 조화로운 상호보완의 관계를 실현하도록 관리, 운영, 조정하는 임무를 담당해야 한다는 것이다.[8]

상술하면, 플라톤(Plato)은 '이상적 국가'의 윤곽을 그리면서 국가의 발생 동기와 존재 이유를 설명하였다. 우선 "인간은 왜 다른 인간을 필요로 하며, 다른 인간과의 협력과 공존은 어떻게 가능한가?"를 다음과 같이 논술했다:

우선, 플라톤(Plato)에 따르면 국가는 사람들이 혼자서 자급자족(自給自足)하지 못하고 많은 것을 필요로 하기 때문에 형성되었다고 말한다. 국가의 발생동기와 존재이유를 설명하기 위하여, 플라톤(Plato)은 우선 "인간은 왜 다른 인간을 필요로 하며, 다른 인간과의 협력과 공존은 어떻게 가능한가?"를 다음과 같이 논술했다: 플라톤(Plato)에 의하면 인간은 본래 자급자족적(自給自足的)이지 못한 존재이다. 'autarkes'는 'autos'(스스로)와 'arkein'(방어하다, 족하다, 충분하다)의 합성어로서, "스스로를 방어하다", "스스로를 지키다"의 뜻도 가지며, 또 "자급자족하다", "자립하다"를 의미하기도 한다. 자급자족(autarkes)하지 못한 인간은 한편으로는 혼자서는 자신을 방어할 능력이 업는 존재이며, 다른 한편으로는 혼자 서는 자신의 의·식·주(衣·食·住)를 해결할 능력이 없고 따라서 생존능력이 없는 존재임을 뜻한다.

- "국가가 생겨나는 이유는... 우리들 중 각자는 그 누구도 혼자서는 자급자족(自給自足)할 수 없고 오히려 많은 다른 사람들을 필요로 하기 때문이다. 아니면 국가 형성에 대한 어떤 다른 이유를 그대는 알고 있는가?"

- "이와 같이 한 사람이 다른 사람을 취하며, 이 사람은 이것 때문에, 저 사람은 또 다른 어떤 필요를 위해서 끌어 들이며, 많은 사람들이 필요하게 되자 이들을 모두 한 삶의 터에 동료로서, 또는 보조 원으로 모아들여 하나의 공동체(共同體)를 이룰 때 우리는 이것을 폴리스(도시, 국가)라고 부르지 않는가?"

한편으로는 다른 동물들의 위협으로부터 살아남을 수 없는 약한 인간의 자연상태의 모

---

8) 아리스토텔레스(Aristotle, BC 384~322) 또한 정치학을 최고 경영자의, 또는 최고위 관리자의 전문지식 이라고 정의한 것을 보면 그가 분명히 플라톤(Plato, BC 427~347)의 후계자임을 확인시켜준다.

습이, 다른 한편으로는 혼자서는 자급자족할 수 없는 모습이 공존한다. 전자는 생물학적 관점에서 본 문제의식인 반면에 후자는 경제학적 관점에 대응하는 문제의식이다.

다음으로, 플라톤(Plato)의 『국가론』(Politeia)은 기본적으로 인구의 증가, 그리고 모든 면에서 삶의 질적 향상을 추구하는 인간의 자연적 경향을 전제하고 있다. 이 두 요소는 필요와 수요의 양적 증대 뿐만이 아니라 질적 향상도 요구한다. 플라톤(Plato)의 『국가론』(Politeia)은 이러한 인간의 자연적 경향으로부터 야기되는 경제적인 문제 해결의 과제를 정확히 인식하고 있으며, 그것은 어떻게 더 많은 사람들에게 더 좋은 것들을 더 많이 공급할 수 있는가 하는 문제에 초점을 두고 있다.

플라톤(Plato)에 의하면 국가(國家)는 바로 상기한 경제문제를 효과적으로 해결하는 기능을 수행해야 하며, 한 국가 단위의 경제체제를 이끌어 가야 하는 국가는 그래서 지속적인 성장, 발전, 확장을 추구하지 않을 수 없다는 것이다. 예로서, 플라톤(Plato)은 다음과 같은 변화들이 불가피함을 지적한다:

① 의·식·주(衣·食·住) 조달을 위한 가공과 생산활동(기초산업) 외에 교환과 교역을 담당하는 시장 상인, 국제무역이 필요한 이유, 육체노동을 제공하는 임금 노동자와 기타 여러 가지 서비스 업종이 출현하게 되는 이유.

② 생존을 위해 필수적인 것들만을 조달하는 최소한의 경제체제(플라톤은 이것을 '건강한 국가'라고 부른다)로부터 가능한 모든 사치 향락 쾌적 문명생활의 여유를 제공하는 풍요사회에로의 변화가 요구되는 이유.

③ 인구 증가와 경제적 욕구의 증대가 불가피하게 영토확장과 전쟁을 초래하는 이유, 전쟁과 전투의 수행을 담당할 전문가로서 직업군인과 군대가 필요하게 되는 이유.

상기한 바와 같이, 플라톤(Plato)의 생물학적 인간관과 경제학적 인간관에 기초한 그의 『국가론』(Politeia)은 국가를 '정치적 공동체'임과 동시에 하나의 경제체제로 파악하고 "국가는 어떤 단계를 거쳐 성장하고 확대될 수밖에 없으며, 그 이유는 무엇인가?", "이러한 국가규모의 확대를 가능케 하는 경제원칙은 무엇인가?"라는 화두(話頭)를 던졌었다.

우선, 플라톤(Plato)이 국가의 본질을 설명하기 위하여 제시하는 이론적 모델에 의하면 국가는 기본적으로 전문직종과 전문가들의 집합체 즉 각종 전문가들의 공동체(共同體)이라는 것이다. 국가의 성장과 국가규모의 확대를 가능케 하는 경제성장(經濟成長)은 한편으로는 경제활동의 양적 성장과 질적 향상을 의미하는가 하면, 다른 한편으로는 그것은 경제활동의 효율성 향상에 의해서 비로소 가능하다는 것이다. 이와 같이, 플라톤(Plato)은 경제활동 특성과 기본적 요구를 충족시킬 수 있는 방법적 원리를 경제활동의 전문화·세분화·다양화에서 찾았다.

플라톤(Plato)은 상기 경제원리의 실현 가능성을 여러 종류의 직업적 전문가의 본질적 특성에서, 그리고 이들의 소유하는 지식과 능력, 즉 전문기술의 특성에서 찾았다. 이 특성이 바로 그가 말하는 '창조주 데미우르고스(Demiurgos)'의 특성이다.[9]

플라톤(Plato)이 상정하는 국가의 구성원은 기본적으로 전문가들이다. 인간은 기본적으로 전문가적 존재라는 것을 그리고 기술적 존재라는 것을 의미한다. 한 전문가를 전문가

---

9) 데미우르고스(Demiurgos)는 물질 세계를 창조하는 신(神)을 플라톤적 맥락에서 부르는 이름이다. 데미우르고스(Demiurgos, 그리스어: δημιουργός, demiurge 만드는 자)의 어원은 인민을 뜻하는 그리스어 데미오스(δήμιος)와 일을 뜻하는 에르곤(ἔργον)에서 왔다. 플라톤(Plato, BC 427~347)은 창조주 데미우르고스(Demiurgos)가 4원소(물, 불, 공기, 흙)를 만들고 모든 물질들을 이 4원소로써 만들었다고 말했다. 플라톤(Plato)은 이들 4원소는 이상적인 기하학적 모양을 가지게 되는데, 불은 정사면체, 흙은 정육면체, 공기는 정팔면체, 그리고 물은 정이십면체로 되어 있다고 했다. 여기서 흙은 고정불변의 특징을 가지지만, 나머지 세 원소는 서로 바뀔 수 있다. 플라톤은 이 외에도 4원소 이외에 제5원소로서 에테르를 언급하였다. 플라톤(Plato)의 제자였던 아리스토텔레스(Aristotle, BC 384~312) 역시 4원소설을 그대로 인정하고, 물질의 근원을 설명하기 위해 4원소 외에 습함과 건조함, 차가움과 뜨거움의 4가지의 성질을 제안했는데, 각각의 원소에는 그중 서로 상극이 아닌 두 가지씩의 성질이 있다고 생각했다. 물은 차고 습하지만, 불은 건조하고 뜨겁다. 공기는 습하고 뜨거우며, 흙은 건조하고 차다. 이것은 4원소가 가지고 있는 4가지 성질 가운데 하나만 바꿔 주면 다른 원소로 바뀔 수 있다는 것을 간접적으로 표현하며 중세 연금술사의 이론적 근거가 되었다. 또한 아리스토텔레스(Aristotle)는 4원소 사이에는 그 무게에 따라 계급성이 있어서 무거운 원소는 아래로 향하고 가벼운 원소는 위로 향하게 된다고 생각하였다. 따라서 가장 가벼운 원소인 불은 가장 높은 곳을 차지할 것이고, 그 아래를 공기, 물, 흙이 차례로 자리잡게 될 것이 분명하며, 이것이 바로 4원소가 원래 차지하고 있어야 할 자리라고 생각하였다. 또한 불 저쪽의 우주에는 불보다도 가볍고 더욱 순수한 제5원소가 존재하고, 제5원소는 가장 완전한 원소이며 따라서 그리스의 원소설은 지상에는 4원소설이지만, 우주 전체로 따진다면 5원소 변환이 가능할 것이라고도 주장했다. 다른 한편으로, 희랍신화에서는 데미우르고스(Demiurgos)를 최고신으로 여기고 있다. 데미우르고스(Demiurgos)는 무(無)에서 유(有)를 창저했다고 전해지는 기독교의 창조론과 달리, 창조주가 존재하고 있던 질료(質料)를 이용하여 세상과 인간을 창조했고, 오로지 영혼만이 데미우르고스에 의해 직접 만들어진 순수한 피조물이라고 여겼다. 기독교의 창조론 견해 중, 영지주의의 인간관에 따르면, 참 하나님은 온전한 선이기 때문에 악한 물질세상(질료)에 손을 댈 겨를이 없다고 사유하며, 이에 따라 참 하나님(God)이 조금 더 불완전한 신적 존재(divine) 아이온을 방출하여 세상을 창조했다고 주장한다. 구체적으로는, 방출한 아이온은 차례로 더 불완전하고 사악한 아이온을 방출하게 된다. 그리고 마침내 참 하나님(God)으로부터 너무 많이 멀어져 세상(질료)에 손을 댈 수 있을만큼 사악해진 아이온을 데미우르고스(Demiurgos)라고 부르며, 창조자 하나님을 데미우르고스(Demiurgos)라고 여긴다. 데미우르고스(Demiurgos)가 악의 근원이라고 보는 견해도 있고, 단지 불완전한 존재라고 보는 견해도 있다. 데미우르고스(Demiurgos)는 또 다른 완전하며 선한 존재와 대비된다. 영지주의에서는 이러한 불완전한 육체의 세계에서 해방되기 위해서는 그노시스적 앎이 필요하다고 주장한다. 예수가 이러한 완전한 존재의 화신이며 영지를 이 세상에 전하기 위해 왔다고 주장한다.

로 만드는 것이 바로 그의 전문기술(즉 techne)이다. 따라서 인간은 한 전문가로서의 기능을 수행할 때 비로소 타인들과의 협동적이고 상호보완적인 경제연관체계에 속하게 되며 동시에 정치 공동체의 유기적 구성원이 된다.

플라톤(Plato)이 국가를 직업적 전문가들로 구성된 공동체로 규정하는 이유는 전문화와 분업화를 통해 추구되는 경제적 효율성(效率性) 때문이라는 점이다. 경제적 효율성은 생존의 기본 조건인 의·식·주(衣·食·住)의 자급자족(自給自足)을 위해서 요구된다. 왜냐하면 전문화와 분업화의 전체적 연관체계가 비로소 모든 사회구성원의 의·식·주(衣·食·住)를 해결할 수 있기 때문이라고 한다.

다음으로, 플라톤(Plato)이 생각하는 효율성(效率性)은 인간의 자연적 경향인 인구 증가 현상과 삶의 질적 향상에 대한 욕구, 그리고 이것이 초래하는 모든 욕구와 필요의 증대를 만족시키기 위해서도 요구되는 경제원칙이다. 이것은 한 전문가 개인의 생산력과 경제활동의 상승을 요구하며, 동시에 더 많은 전문가들, 그리고 새로운 직종과 전문영역의 다양화도 불가피하게 초래한다.

따라서 플라톤(Plato)이 생각하는 효율적 경제행위는 잉여생산을 위한 것이다. 즉, 전문가들 각자는 원칙적으로 자기가 필요한 것보다 몇 배의 것을 생산해야 하고 또 실제로 생산할 수 있다는 의미의 효율성(效率性)이다.

요컨대, 플라톤(Plato)의 『국가론』(Politeia)은 다음과 같이 요약할 수 있다: 플라톤(Plato)의 '국가형성이론(Politeia)'은 '생물학적 인간관'과 '경제학적 인간관'에 기초를 두고 국가를 정치적 공동체임과 동시에 하나의 경제체제로 파악하였다. 인간은 항상 더 많은 사람들을 위한 식량 생산을, 그리고 항상 더 좋은 것을 더 많이 생산할 것을 각각 추구한다는 것이다. 이것은 당연히 모든 영역에 있어서의 생산량의 증대와 생산방법의 효율성(效率性) 향상을 요구한다. 따라서 국가는 어떻게 더 많은 사람들에게 더 좋은 것들을 더 많이 공급할 수 있는가라는 경제문제를 효과적으로 해결하는 기능을 수행해야 한다는 것이고, 이에 따라 국가는 지속적인 성장, 발전, 확장을 추구하지 않을 수 없다는 것이다. 나아가, 경제 영역에서뿐만 아니라, 국가 수호와 국정 운영을 위해서도 전문지식과 능력을 갖춘 전문가들이 따로 양성되어야 하며, 국정을 담당할 최고 경영자의 경우 마땅히 최고차원의 지식, 즉 철학적 식견과 판단력, 또는 철학적 전문기술이 필요하다는 것이다.

(2) '정의론'과 '정의로운 국가'

플라톤(Plato, BC 427~347)은 '정의로운 국가'란 국가가 필요로 하는 모든 종류의 전문가들이 전체적 연관 (경제체제) 내에서 조화로운 상호보완적 관계를 통하여 경제적 효율성(즉 개인적 정의의 합산인 사회적 정의)을 실현할 수 있도록 통치자가 이를 관리·운영·조정하는 국가라고 정의하였다. 여기서 유의할 것은 '플라톤 철학'(Platonism)에서는 사회적 정의(Social Justice)와 경제적 효율성(Economic Efficiency)이 '공존'한다는 점이다.

상술하면, 플라톤(Plato, BC 427~347)은 어떻게 '정의로운 국가'를 이룰 수 있는가를 그의 2개 저서: 『국가론』(Politeia)과 『법률』(Nomoi)을 중심으로 설명하였다. 그는 '국가형성 이론'에서 정의(正義)를 2가지 관점 즉, ① 개인적 정의와 ② 사회적 정의에서 다음과 같이 설명하였다:

'개인적 정의'는 각 개인이 그의 능력을 최대한으로 발달시켰을 때, 즉 자신의 본성을 우수한 상태로 개발하였을 때 이루어진다. 그런데 인간의 영혼의 본성은 욕망, 기백, 그리고 이성으로 구성되어 있다. 비록 모든 사회구성원들이 골고루 영혼의 세 부분(욕망, 기백, 이성)을 소유한다 할지라도, 개개인에 따라 어느 한 부분이 다른 부분보다 월등한 경우가 있다. 이렇게 특출한 부분을 발견하고 잘 교육시키는 것이 '개인적 정의'(즉, '영혼의 덕')뿐만 아니라 '사회적 정의'(Social Justice)를 실현하는 것이라고 플라톤(Plato)은 주장했다.

그리고 플라톤(Plato)은 '덕(德) = 지식(知識)'이란 명제(命題)를 연장하여 사회구성원의 교육(敎育)을 통하여 '개인적 정의'와 '사회적 정의'가 유기적으로 연관되었을 때 실현될 수 있다고 주장했다. 상기의 주장에 대한 논리적 근거는 '개인적 정의' 즉 '덕'(德)이 다음과 같은 3가지의 의미를 갖기 때문에 '개인적 정의'가 자연스럽게 '사회적 정의'와 합일(合一)될 수 있다는 것이다.

① '덕(德)은 지식(知識)'이라는 것이다. '개인적 정의' 즉 '덕'(德)을 성취하는 것은 개인이 사회에서 각자의 본성에 부합하는 일을 찾아서 그것을 잘 해낼 수 있는 능력과 지식을 교육을 통하여 소유하는 것을 의미한다. 이것은 가장 원초적인 의미에서 '사회적 정의'(Social Justice)를 실현하는 것이라고 한다. 모든 사회구성원들이 각자 자신의 위치에서 맡은 바 임무를 성공적으로 잘할 때, 사회는 '정의롭게' 될 수 있다. 즉, '덕(德)은 지식(智識)'이란 명제의 연장선상에서 사회구성원의 교육(敎育)을 통하여 '개인적 정의'가 유기체적으로 연관되었을 때 '사회적 정의'(Social Justice)가 실현될 수 있다. 비록 어떤 사람이 자신의 직분을 수행하기 위한 충분한 능력과 지식을 소유하고 있을지라도, 자아의 지식이 충분하지 않을 때, 오히려 '개인적 정의'는 물

론이고, 최소한의 '사회적 정의'도 성취하기 어렵다.

② 지식(知識)은 자아(自我)를 알기 위하여 필요한 것이다. 즉, 소크라테스(Socrates)가 말한 '너 자신을 알라'는 명제와 관련된 자아(自我)에 관한 지식이다. 비록 개별적 구성원이 자신의 직분을 수행하기 위한 충분한 능력과 지식을 소유하고 있더라도, 자아(自我)의 지식이 충분하지 않을 때, 오히려 개인적 정의는 물론이고, 나아가 '사회적 정의'도 성취하기 어렵다. 예를 들면, 비록 의료보조원이 제한된 의미에서 응급처치의 뛰어난 기량과 지식을 가지고 있다 할지라도, 그가 응급환자를 돌봄에 있어서 자신의 한계를 무시하고 의사가 해야 할 일을 수행할 경우 그 결과는 자명할 것이다.

③ 지식(知識)은 '최고 선(善)'에 관한 것이다. 최고 선(善)에 관한 지식은 개인의 전문분야에 관한 지식이나 자아에 관한 지식과는 달리 사회전체의 '공동선'(共同善)에 관한 지식(知識)을 지칭한다. 플라톤(Plato)은 '사회적 정의'(Social Justice)로서 공동선(共同善)을 설파했었다.

요컨대, 플라톤(Platon)은 '덕(德) = 지식(知識)'이란 명제(命題)를 연장하여 사회구성원의 교육(敎育)을 통하여 개인적 정의와 사회적 정의가 유기체적으로 연결되었을 때, 정의(正義)가 실현될 수 있다고 주장하였다. 즉, 개인의 이익(利益)보다 공동체의 공익(公益)을 추구할 수 있다는 것이다. 이것은 전술한 공자(孔子, BC 551~479)의 '의리야'(義利也) 즉 천하를 이롭게 하는 의(義)가 이(利)라는 것과 같은 맥락이다. 나아가, 플라톤(Platon)은 다음과 같이 주장했다: 각 개인은 선(善)을 깨닫기 위하여 교육(敎育)이 필요하다. 최종적으로 최고 선(善)을 깨닫는 사람이 '철인왕'(哲人王)이 되며, 그는 국가의 최고 선(善), 즉 '사회적 정의(Social Justice)'를 이루기 위하여 모든 노력을 경주한다. 여기서 유의할 것은 '플라톤 철학'(Platonism)에서는 사회적 정의(Social Justice)와 경제적 효율성(Economic Efficiency)이 '공존'한다는 점이다.

플라톤(Plato)은 '정의로운 국가'란 국가가 필요로 하는 모든 종류의 전문가들이 전체적 연관 (경제체제) 내에서 조화로운 상호보완적 관계를 통하여 경제적 효율성(즉 개인적 정의의 합산인 사회적 정의)을 실현할 수 있도록 통치자가 이를 관리·운영·조정하는 국가라고 정의했었다. 플라톤(Plato)은 '정의로운 국가'를 위하여 통치자(統治者)가 '지혜를 사랑하는 사람' 즉 철학자(哲學者)가 되어야 한다고 주장했다. 플라톤(Plato)은 궁극적으로 국가는 통치자 계층이든 생산자 계층이든 어느 한쪽만 행복하도록 존재하는 것은 아니라고 한다.

국가는 모든 사람을 행복하게 만들기 위해 존재한다. 따라서 플라톤(Plato)은 이상국가가 실현되기 위해서는 철학자가 통치자가 되거나, 통치자가 진실로 철학자가 되어야 한다는 것이다. 그리고 국가를 통치하는 것도 진리를 사랑하고 실천하는 방식이 될 수 있다는 것이다.

'철학자(哲學者)'란 바로 이성(理性)의 능력을 탁월하게 발휘할 수 있는 사람이며, '철인왕'(哲人王)의 통치란 이성(理性)에 근거한 통치라고 할 수 있다. 다시 말하면, '철학자(哲學者)'란 이성(理性)의 통제가 삶의 태도로 자리 잡은 사람이며, '철학자에 의한 통치'란 이성(理性)에 따라 자신의 삶을 영위할 수 있는 통치를 말한다.

플라톤(Plato)이 말하는 철학자(哲學者)는 모든 분야의 지식(知識)을 추구하는 사람이다. 그리스 철학자들은 천문학이나 물리학과 같은 자연철학 뿐만 아니라 시, 비극, 음악과 같은 문학과 예술까지 폭넓게 연구했다. 일반적으로 지식(智識)이란 이론적인 측면만을 말하며 전문적인 '앎'을 포함한다. 그러나 플라톤(Plato)이 지혜(智慧)라고 말할 때는 이론적으로 아는 것만이 아니라 경험적으로도 아는 것을 말하며 실제로 적용할 수 있어야 하는 것이다. 철학자는 언제나 변함없이 존재하는 것을 사랑하며, 본질을 드러내 주는 지식을 사랑한다. 철학자는 생성하고 소멸하는 것에 집착하거나 애착을 가지지 않는다. 그러나 인간은 불완전한 존재이므로 완전한 지혜나 진리를 갖기는 어렵다. 우리는 다만 지혜를 사랑하는 사람이 될 수 있을 뿐이다.

플라톤(Plato)은 '법(法)에 의한 지배'를 이상적인 통치자['철인왕'(哲人王)]가 없을 때 실시되는 차선의 방법이라고 한다. 다시 말하면, 이상적인 통치자가 존재하는 국가는 법(法)에 의해 구속받지 않고 각각의 상황에 맞게 통치할 수 있지만, 이상적인 통치자['철인왕'(哲人王)]가 없는 국가라면 모든 사람이 절대적으로 법(法)에 복종해야 한다.

물론, 개인이 최고 선(善)을 깨닫기 위하여 받아야할 교육(教育)은 많은 노력과 시간을 요구한다. 사회구성원들의 교육(教育)을 통하여 최종적으로 최고 선(善)을 깨닫는 사람이 '철인왕'(哲人王)이 되며, 그는 국가의 최고 선(善), 즉 '사회적 정의(Social Justice)'를 이루기 위하여 모든 노력을 경주한다.

플라톤(Plato)은 당시 아테네의 정치적 풍토와 비교하여 매우 혁신적인 사회제도를 구상했다. 먼저, 가장 훌륭한 국가에서는 남녀가 평등(平等)하다는 것이다. 고대 그리스 사회에서 여성은 본성적으로 열등한 존재로 취급받았다. 심지어 여성은 비록 인간이기는 하지만 태어날 때부터 불완전하게 태어났다고 생각되었다. 그렇지만 플라톤(Plato)은 모든 편견을 버리고 새로운 시각을 제시했다. 플라톤(Plato)은 분명하게 남성과 여성이 똑같은 일을 할 수 있다고 말한다. 또한, 여성이 남성과 똑같은 교육을 받아야 한다고 말한다. 아테네의 소년들이 배우는 것처럼 소녀들도 시가와 체육과 전쟁 기술을 배워야 한다. 통치자(統治者)가 되기 위한 교육도 남자들에게만 국한되지 않고 여자에게나 남자에게나 모두 이루어져야 한다. 그래야 여자든 남자든 능력이나 적성에 맞다면 누구든 통치자(統治者)가 될 수 있다는 것이다.

2) 아리스토텔레스(Aristotle, BC 384~322)[10]

아리스토텔레스(Aristotle, BC 384~322)[11]는 소크라테스(Socrates, BC 469~399)와 플라톤(Plato, BC 427~347)의 사상적 흐름을 이어 받아 이성(理性) 중심의 사유를 펼쳤다. 플라톤(Plato)은 2개 저서:『국가론』(Politeia)과『법률』(Nomoi)에서 '국가론'을 주장했던 반면에, 아리스토텔레스(Aristotle)는 행복론(개인과 공동체)을 그의『니코마코스 윤리학』의 제1권과 제10권에서 집중적으로 각각 주장했다.

그러나 아리스토텔레스(Aristotle)는 현실의 세계와 이상(이데아)의 세계를 구분한 소크라테스(Socrates)나 플라톤(Plato)과 다르게 현실 세계에서 '도덕적 이상'을 추구하였다. 다시 말하면, 스승 플라톤(Plato)에게는 진리(眞理)를 깨닫는 것이 중요했던 반면에, 제자 아리스토텔레스(Aristotle)에게는 진리(眞理)의 목적(目的)을 위한 실천(實踐)이 중요한 것이었다. 또한, 플라톤(Plato)은 선(善)을 추구하는 것이 중요하다고, 아리스토텔레스(Aristotle)는 선(善)을 실현하기 위해 실천하고 노력하는 것이 중요하다고 각각 주장했다.

아리스토텔레스(Aristotle)는 다음과 같은 문제들을 고민하였다: '최선의 삶'은 무엇인가?

---

10) 최명관 역(1987), 아리스토텔레스『니코마코스 倫理學』, 서광사.

11) 아리스토텔레스(Aristotle, BC 384~322)는 소크라테스(Socrates, BC 469~399)의 전통을 이어받은 철학자로서 기원전 384년에 스타기라(Stagira)에서 태어났다. 아리스토텔레스(Aristotle)는 17세에 그의 스승 플라톤(Plato, BC 429~347)이 설립(BC 387)한 아카데미아(Akademeia)에 들어가 그곳에서 20년 동안을 학생으로서 배우고 또한 교사로서 가르치기도 했다. 아카데모스(아티카의 영웅)의 숲에서 그 이름을 땄는데, 플라톤(Plato)과 그 제자들은 이곳에 모여 철학적 문제들을 놓고 토론했다. 아리스토텔레스(Aristotle)는 기원전 343년에 마케도니아 제국의 필리포스 2세(PhilipposⅡ, BC 382~336)에게 초대되어 훗날 알렉산드로스 대왕이 될 어린 왕자 알렉산더(Alexander, BC 356~323)의 가정교사로 지냈다. 7년 후에 아테네로 돌아와 기원전 322년에 사망할 때까지 리케이온(Lykeion)이라는 학교를 세우고 그 곳에서 강의를 했다. 그는 스승 플라톤(Plato)보다도 더 많은 저작을 집필했으며, 그 주제도 한층 더 다양했다. 그의 주요 저작들 가운데는 논리학, 형이상학, 수사학, 윤리학, 자연과학, 정치학 등에 관한 여러 분야의 논문들이 있다.

삶의 최고선(最高善, the highest good)은 무엇인가? 덕(德)은 무엇인가? 어떻게 우리는 행복(幸福)을 실현할 수 있는가? 그는 인생의 목적이 '선(善)'을 위한 선(善)'이 아니라 '행복(幸福)'에 있다고 주장했다[12]. 그의 강론은 다음과 같다: *"우리는 행복 자체를 원하며 그 밖의 것을 바라는 것은 아니다. 우리가 명예, 쾌락, 지성을 원하는 것은… 이러한 것들에 의해 우리들이 행복해질 것으로 믿기 때문이다"*(『윤리학』).

모든 사람이 공통적으로 추구하는 선(善)은 무엇인가? 아리스토텔레스(Aristotle)는 그것을 '진정한 행복'이라고 말했다. 그러나 그는 행복(幸福)을 단순히 만족과 쾌락으로 보지는 않았다. '행복(幸福)'이란 어떤 물질적 수단으로 이루어지는 것이 아니라 정신적인 것으로 이루어지는 것이라고 주장했다. 즉, '행복(幸福)'이란 '덕(德)을 동반하고 이성(理性)을 중심으로 움직이는 영혼의 활동'이라고 주장했다.

아리스토텔레스(Aristotle)가 가장 찬양했던 덕(德)은 사색적인 삶을 추구하는 지적인 덕(德)이다. 이것은 삶에서 도피하는 것이 아니라 그 자체로 하나의 삶이며 목적인 것이다. 사람은 사색의 삶을 살아갈 때 가장 아름답고, 이러한 삶이야말로 인간적인 삶의 '최후의 목적'이라고 주장했다.

아리스토텔레스(Aristotle)는 인간이란 '정치적 동물' 또는 '사회적 동물'임을 강조하고, 시민적 유대감과 결속을 누리며 행복한 삶을 살기 위해 국가(國家)가 존재한다고 주장했다. 사람들이 도덕적으로 건전하지 않으면 시민적 화합은 달성될 수 없으며, 덕(德)스러운 공동체에서는 공동체적 유대가 강할수록 사회정의(社會正義)의 요구도 증대한다고 주장하였다.

또한, 아리스토텔레스(Aristotle)는 국가(國家)란 공동의 이익을 위해 구성되었으며, 개인의 목적과 국가의 목적은 같고, 따라서 바람직한 공동체란 구성원들이 각자 맡은 역할을 충실히 수행하는 사회라고, 국가의 목적은 인간의 '선(善)한 삶'을 보장해 주는 것이라고, '선(善)한 삶'이란 물질적인 안락을 의미하는 것이 아니라 인간의 도덕적이고 지적인 발전을 의미하는 것이라고 각각 주장했다.

또한, 아리스토텔레스(Aristotle)는 '좋은 국가'란 국가의 중심인 중간계급이 정치에 대거 참여하여 자아(自我)를 실현시킬 수 있는 국가라고 주장했다. 그는 "도시국가를 정치·경제·종교·문화에 대한 공동체의 욕구를 충족시키는 이상적인 사회형태"로 보았다. 사람은 공동체 속에서 살아가고자 하는 본성을 갖고 있으며, 따라서 공동체 속에서 타인들과 어우러질 때 행복해지려는 인간의 본성이 실현될 수 있다는 것이다.

---

12) 김양현, "행복에 대한 서양인의 고전적인 이해-아리스토텔레스의 행복론을 중심으로", 전남대 인문과학연구소편, 『용봉논총』 재28집(1999.12), PP. 161~181.

(1) '행복론': 理性 → 德 = 中庸

아리스토텔레스(Aristotle, BC 384~322)는 '행복학(Science of Happiness)의 창시자'이다. 일찍이 토마스 아퀴나스(Thomas Aquinas, 1224~1274)는 아리스토텔레스(Aristotle)의 『윤리학』에 "사는 동안 행복하게 사는 데 필요한 모든 것이 담겨있다"고 평가했다.[13] 아리스토텔레스(Aristotle)의 『니코마코스 윤리학』은 행복학·성공학으로 통한다. 그는 가정교육이건 혹은 학교교육든 간에 좋은 교육을 받은 사람들이 모두 동의할만한 상식에 기반한 윤리(倫理)를 주장했다.[14]

인간은 왜 사는가? 아리스토텔레스(Aristotle)에 따르면 인간은 행복하기 위해 산다. 『니코마코스 윤리학』의 출발점인 동시에 전체를 끌어가는 핵심개념이 바로 '행복(幸福)'이다. 아리스토텔레스(Aristotle)가 말하는 행복(幸福)은 어떤 무엇을 소유한 상태를 말하는 것이 아니고, 어떤 활동을 의미한다. 다시 말해서 부(富)를 소유한 상태도, 권력(權力)을 소유한 상태도, 건강한 상태도, 비록 그것들이 행복(幸福)을 위한 외적(外的) 조건이 될 수는 있을지언정 그 자체로 행복(幸福)은 아니다. 행복(幸福)은 인간이 자신의 본성을 실현하기 위한 지속적인 정신의 활동성이다. 행복(幸福)은 온전한 덕(德)과 생애 전체를 통하여 비로소 성취된다는 것이다.

그렇다면, 행복(幸福)이란 무엇인가? 행복(幸福)은 최고선(最高善, the highest good)이다. 최고선(最高善)은 '인간 행위의 최고 목적과 이상이 되며 행위의 근본 기준이 되는 선(善)'으로 정의된다. 행복(幸福)은 인간 존재의 궁극적 목적(目的)이다. 다른 무엇을 차지하기 위해 수단이 되는 목표가 아니다. 아리스토텔레스(Aristotle)는 행복(幸福)을 다음과 같이

---

13) 아리스토텔레스(Aristotle, BC 384~322)의 윤리학을 이어받아, 토마스 아퀴나스(Thomas Aquinas, 1224~1274)는 윤리와 도덕을 행복의 추구와 동일시했다. '완전한 행복'이란 결국 최고의 존재이자 최고의 선(善)인 '신'(神) 안에서만 발견될 수 있다고 주장했다. 다시 말하면, 자연적이고 인간적인 선(善)의 원리들은 이성(理性)에 의해 발견될 수 있고 이성(理性)의 인도를 통해 옳은 길을 가는 것이 가능하지만 그것은 자연적인 덕(德)에 해당하는 것이고 부분적인 행복(幸福)에 불과한 것이라고 주장했다. 플라톤(Plato)과 아리스토텔레스(Aristotle)의 차이는 윤리학(倫理學)에서도 드러난다. 플라톤(Plato)이 추구한 것은 '선(善)의 이데아(Idea)'였다. 그것은 오로지 하나이며 영원한 가치를 갖는 것이었다. 그러나 아리스토텔레스(Aristotle)는 그러한 선(善)이 애매한 것이라고 주장했다. 왜냐하면 선(善)의 존재를 인정하더라도 인간은 선(善)을 실현할 수 없기 때문이라고 한다. 즉, 선(善)은 모든 사물의 목적(目的)이라는 것이다. 예로서 공부하는 '목적'(目的)이 훌륭한 사람이 되기 위한 것이라면 훌륭한 것이 선(善)이 되는 것이고, 의사가 건강을 지키는 것을 '목적'으로 삼고 있다면 건강이 선(善)이 되는 것이다. 모든 행위에서 혹은 행위의 결정이나 선택에서 그 목적(目的)이 되는 것이 바로 선(善)이라는 것이다.

14) 김양현(1999), "행복에 대한 서양인의 고전적인 이해─아리스토텔레스의 행복론을 중심으로", 전남대 인문과학연구소편, 『용봉논총』 재28집, PP. 161~181.

정의했다: "*우리가 어떤 것을 선택하는 이유는 뭔가 다른 것을 위해서다. 단 한가지 예외는 행복(幸福)이다. 즉, 행복 자체가 목적(目的)이다. 다시 말하면, 다른 어떤 목적 때문에 선택하는 것이 아니라, 오직 그 자체의 목적 때문에 선택하는 것은 행복뿐이다.*"

다시 말하면, 인간이 추구하는 궁극적 목적은 돈, 명예, 건강, 부(富), 좋은 외모 등이 아니라 최고선(最高善, the highest good)이다. 행복(幸福) 이상의 궁극적 목적이란 있을 수 없고, 또 행복(幸福)을 수단으로 해서 얻을 수 있는 아무 것도 없다. 행복(幸福)이 최고선(最高善, the highest good)인 이유는 행복 자체로서 우리가 추구해야 할 목적인 것이기 때문이다. 이와 같이 아리스토텔레스(Aristotle)는 행복을 공동체 속에서의 삶 전체에 대한 인간 자신의 만족과 연관시켜 파악하였고, 선(善)하고 올바른 삶을 통하여 '참된 행복'을 얻는다고 주장했다.

아리스토텔레스(Aristotle)는 행복(幸福)에 대한 일반통념들을 다음과 같이 검토했다: 첫 번째 견해는 행복(幸福)은 쾌락(快樂)에서 성립한다는 견해이다. 그러나 이러한 삶이 짐승들에 알맞은 삶으로서 욕망의 노예가 될 뿐인 삶이라고 아리스토텔레스(Aristotle)는 평가했다. 두 번째 견해는 명예(名譽)를 사람들이 행복의 중심에 놓는 삶이다. 그러나 아리스토텔레스(Aristotle)는 이것 역시 피상적이기에 진정한 행복의 내용이 되기 어렵다고 평가했다. 그는 행복이 우리에게 고유한 것이며 쉽게 박탈될 수 있는 어떤 것이 아니어야 한다는 것이다. 세 번째 견해는 부(富)를 추구하는 삶이다. 그러나 아리스토텔레스(Aristotle)는 부(富)는 그것 자체가 목적이 아니며 다른 어떤 목적을 위해서만 유용하기 때문에 부(富)를 행복의 대상에서 배제했다.

그렇다면, '진정한 행복'이 되려면 갖추어야할 조건들은 무엇인가? 아리스토텔레스(Aristotle)는 '진정한 행복'을 위한 조건으로서 성취가능성, 완전성, 자족성을 제시했다.

① 성취가능성: 행복(幸福)은 만약 그것이 인간이 추구하는 것이라면, 인간적 행위로 성취할 수 있거나 도달할 수 있는 것이어야 한다.

② 완전성: 행복(幸福)은 항상 바로 자기 자신 때문에 선택될 뿐이며 자신 아닌 다른 것 때문에 선택되지는 않고 동시에 다른 모든 것들은 바로 이것을 위해 선택되는 '단적으로 완전한 목적'이다.

③ 자족성: 최고선(最高善, the highest good)인 행복(幸福)은 그것만으로 삶을 선택할 만한 것이며 아무것도 부족함이 없게끔 만드는 자족적(自足的, autarkeia) 목적이다. 행복은 삶을 바람직하게 만들며, 그리고 아무런 부족함이 없는 것이다.

상기한 3가지 '진정한 행복'을 위한 조건 하에서, 아리스토텔레스(Aristotle)는 인간이 아니면 잘할 수 없는 인간의 고유한 기능에서부터 인간의 행복을 정의하려 하는데, 그것은 다른 식물과 동물과 구분하는, 이성(理性)이라는 인간 고유의 능력이다. 인간의 기능이 이성(理性)과 일치하는 혹은 적어도 이성(理性)과 분리되지 않은 영혼의 활동이라는 것을 상정한다면 탁월한 사람의 기능은 이것을 훌륭하게 행하는 것이다. 즉, 인간 고유의 기능을 탁월성(卓越性)에 따라 영혼이 활동해 낼 때 인간은 자신의 고유한 선(善)에 이르는 것이며 비로서 행복하게 된다는 것이다.

그렇다면, 행복과 이성·영혼의 관계는 어떤 것일까? 아리스토텔레스(Aristotle)는 다음과 같이 답변했다: 인간은 이성적(理性的) 동물이기 때문에 인간은 이성(理性)에 따라 살아야 행복하다. 영혼은 이성적 부분과 비(非)이성적 부분으로 구성되어 있다. 이성(理性)은 신성(神性)한 것이다. 따라서 이성(理性)에 따라 사는 인생은 신성하다. 또한, 이성(理性)에는 불멸(不滅)의 가능성이 있다. 인간 개개인은 필멸(必滅)이다. 하지만 인간은 이성(理性)을 사용하여 신(神)의 불멸(不滅)에 동참할 수 있다.

아리스토텔레스(Aristotle)은 행복(幸福)이란 인간의 탁월성(卓越性)에 따른 활동성이며, 탁월성(excellence)이란 신체의 탁월함이 아니라 정신의 탁월함이라고 주장했다. 즉, 덕(德)이 바로 탁월성(excellence)이라는 것이다. 따라서 행복(幸福)은 인간에게만 본래적이고 고유한 정신의 활동인 것이다. 정신의 이성적 요소를 이론적인 지성과 실천적 지혜로 구별하듯이, 아리스토텔레스(Aristotle)가 탁월성(卓越性, Excellence)을 2개 종류: (1) 지적인 탁월함(지혜, 지성, 도덕적 통찰)과 (2) 도덕적인 탁월함(관후나 절제)으로 나눈다.

상기와 같이 아리스토텔레스(Aristotle)는 인간의 행복(幸福)이란 인간 특유의 성질을 충분히 발휘하는 데 있다고 생각하고 인간 특유의 '탁월성(Excellence)'은 '사고의 힘'이라고 주장했다. 그리고 이 능력의 증대가 인간을 우월하게 만들고 인간을 완성하고 행복하게 만든다고 주장했다. 또한, 행복(幸福)의 주요 조건은, 어떤 육체적 선행조건을 제외한다면, 인간의 특별한 능력인 이성적 생활이라고 주장했다. 인간의 덕(德) 혹은 탁월성(卓越性, Excellence)은 명석한 판단·자제·욕망의 조절·수단의 세련에 의하여 생성된다. 탁월성(Excellence)은 성실한 사람의 전유물도 아니고 순결한 의지의 선물도 아니며, 충분히 성숙된 사람이 경험(훈련과 습관화)를 통해 획득하는 것이다. 그러나 '탁월성'(Excellence)에 이르는 길은 중도(中道) 또는 중용(中庸)이라고 한다.[15]

---

15) 소크라테스(Socrates)가 덕(德)과 지(智)를 동일시했을 때, 플라톤(Plato)이 덕(德)을 '조화로운 행동'이라고 불렀을 때, 그들도 '중용설'(中庸說)을 염두에 두고 있었다. 일곱 현인은 델포이의 아폴론 신전에

그렇다면, 덕(德) 혹은 탁월성(卓越性, Excellence)을 어떻게 쌓을 것인가? 아리스토텔레스(Aristotle)는 "모든 기예(技藝)는 그 기예(技藝)를 배우고 난 후에 우리가 할 일을 미리 해봄으로써 배우는 것이다"라고 말했다. 즉, 탁월성(卓越性, Excellence)은 한번의 행위가 아니라 습관이라는 것이다. 미국 철학자 윌리엄 더랜트(1885~1981)는 『철학 이야기(The Story of Philosophy)』에서 아리스토텔레스(Aristotle)의 생각을 다음 한마디로 요약한다. *"우리가 반복하는 게 곧 우리의 존재다. 탁월성(excellence)이란 한번의 행위가 아니라 습관이다."*

아리스토텔레스(Aristotle)는 *"실패하는 방법은 여러 가지이지만, 성공하는 방법은 한가지다"*라고 주장했다. 그의 '성공학(成功學)'은 다음과 같다: 아리스토텔레스(Aristotle)의 성찰은 '어떠한 삶을 살아야 하는가'는 질문에서 시작된다. '좋은 삶'(Good life)을 살아야 한다. 쾌락·명예·부(富)를 추구하는 삶도 나름대로 의미가 있다. 그러나 '좋은 삶'(Good life)은 에우다이모니아(Eudaimonia)를 추구하는 삶이다. 에우다이모니아(Eudaimonia)는 행복, 웰빙(well-being), '번성·번창하기', '잘 살기' 등으로 번역될 수 있는 말이다. 각자 삶의 궁극적인 목적으로서 최고선(最高善, the highest good)을 이루는 것이 진정한 최고의 행복이기 때문에, 행복(幸福)은 정적(靜的)인 것이 아니다. 인간의 행위는 수단과 목적의 연쇄체계로 이루어져 있다. 그 연쇄체계 안에서 잘 이어가는 것, 그것이 잘 이어지면 행복(幸福)인 것이다. 중간목표를 잘 이루는 것이 선(善)이자 행복(幸福)이다. 그렇다고 무엇인가를 이루었다고 해서 모두 선(善)이며 행복(幸福)인가? 이를테면 도둑질을 계획해서 잘 이루었다면 그 또한 행복인가? 그렇지 않다. 왜냐하면 일시적인 행복을 느낄지는 모르지만 다른 한편에서 불안감과 죄책감이 늘 그의 목덜미를 잡고 있기 때문이다. 따라서 수단과 목적의 연쇄체계를 계속 올라가다 보면 궁극적 목표에 도달할 것이고, 그 궁극적 목표에 다다르면 그것이야말로 가장 좋은 것, 즉 최고선(最高善, the highest good)을 얻을 수 있다. 따라서 각자 삶의 궁극적인 목적으로서 최고선(最高善, the highest good)을 이루는 것이 진정한 최고의 행복(幸福)인 것이다.

요컨대, 아리스토텔레스(Aristotle)에게 행복(幸福)이란 여러 선(善)들 중에서도 최고선(最高善)을 의미하며, 따라서 인간이 지향하는 궁극적인 목적이 된다. 또한 행복이 궁극적인 목적이라면, 행복(幸福)은 우리가 마땅히 추구해야 할 목적(目的)이 된다. 따라서 그는 행복을 다음과 같이 말하였다: *"다른 어떤 목적 때문에 선택하는 것이 아니라, 오직 그 자체의 목적 때문에 선택하는 것은 행복뿐이다."*

"과도한 일을 하지 말라"고 새겨 놓음으로써 이러한 그리스 철학의 전통을 확립했다.

상기와 같이, 아리스토텔레스(Aristotle)의 윤리학(倫理學)은 목적지향적(goal-directed) 또는 유(有)목적적(Purposive)이다.[16] 목적론(目的論, Teleology)이란 무엇인가? 'telos'라는 말은 목적(end)을 의미하는 그리스어(語)이다. 아리스토텔레스(Aristotle)의 물리학, 생물학 및 행동의 설명에 있어서 중요한 개념은 목적(目的, Purpose) 또는 목표(目標, goal)이다. 즉, 모든 자연현상 및 인간현상은 행동에 의해 충족되는 목적(Telos)에 의해서 설명을 하려한 것이다.

그렇다면, 인간 존재의 궁극적 목적(目的)인 최고선(最高善, the highest good)인 행복(幸福)을 어떻게 향유할 수 있는가? 아리스토텔레스(Aristotle)는 이렇게 말했다. "행복(幸福)은 덕(德)에 입각한 영혼의 활동이다."

즉, 행복(幸福)은 이성적인 영혼의 활동이라는 것이다. 행복(幸福)은 즐거운 감각적인 체험이나 쾌락과는 달리 쉽게 몇 시간 만에 얻거나 빼앗길 수 있는 게 아니다. 그는 다음과 같은 예를 든다: "제비 한 마리나 화창한 날 하루로 봄이 시작되는 것은 아니다. 잠깐 행복했다고 영원히 행복한 것은 아니다."

행복(幸福)은 평생의 작업이다. 행복(幸福)은 삶의 끝에 도달하기 전까지는 알 수 없다. 행복(幸福)은 일시적인 상태가 아니라 최종적 상태요 목표다. 즉, 인생은 관(棺) 뚜껑을 덮기 전까지는 모른다는 것이다.

그렇다면, 어떻게 행복(幸福)해질 수 있는가? 아리스토텔레스(Aristotle)는 행복(幸福)의 획득방식을 다음과 같이 설파했다: 학습이나 습관 혹은 훈련을 통해 행복해 질 수 있는가?, 아니면 행복은 신(神)의 선물 혹은 우연에 의한 것인가? 그의 답변은 분명하다. 신(神)이 준 선물이 있다면, 행복(幸福)은 바로 신(神)이 내린 최선의 선물이겠지만, 행복(幸福)은 우연에 의한 것이 아니라, 탁월함(덕)의 학습과 훈련의 결과이다. 한마디로, 행복(幸福)이란 지속적인 노력의 결실이라는 점은 또한 행복이 어떤 종류의 유덕한 활동이라는 행복의 정의로부터도 명백하다. 외적인 선(善)들은 궁극적 목적인 행복(幸福)의 수단이나 조건일 뿐이다.

모름지기, 행복(幸福)은 덕(德)을 쌓고 덕(德)을 행사해야 얻을 수 있다. 감각적 욕망에 눈이 멀어 부도덕적인 일을 감행하면 일시적인 행복은 얻을 수는 있어도 종국에는 고통에 빠지기 때문에 분별있게 모두에게 선(善)이 되는 일을 도모해야 한다. 즉, 도덕적인 생활을 해야 한다. 공동체 사회 속에서 다른 사람의 장점을 보고, 그에게 다가가면 그 또한 나

---

16) Beckner, M.(1968). Teleology. In Paul Edwards(ed.), The Encyclopedia of Philosophy. Vol. 8. New York: Macmillan, pp. 88~91.

의 장점을 보고 나에게 다가올 것이다. 그러면 서로 좋은 것이다. 이타적(利他的) 희생과 봉사만을 하라는 것이 아니고, 서로가 서로에게 좋은 것을 나누라는 것이다. 남의 것을 빼앗지 말고 그 만큼 다른 사람에게 먼저 베풀면 다른 사람도 그렇게 한다는 것이다.

그렇다면, 덕(德)은 어디서 나오는가? 중용(中庸, Golden Mean)에서 나온다. 중용(中庸)은 덕(德)을 달성하는 수단이다. 덕(德)은 두 가지 지나침, 양(兩) 극단을 피하고 균형(均衡)을 찾는 데서 얻을 수 있다. 극단(極端)과 중용(中庸)은 사람마다 다르다. 상대적이다. 나의 중용은 남의 극단일 수 있으며, 나의 극단은 남의 중용(中庸)일 수 있다. 전쟁에서 도망가는 게 나쁜 것이지만, 양(兩) 극단이 몰살당하는 것과 자살이라면 도망가는 게 중용(中庸)이다.

아리스토텔레스(Aristotle)는 행복(幸福)은 덕(德)을 쌓고 덕(德)을 행사해야 얻을 수 있기 때문에 용기·정의감·절제·관대함·신중함 등 모든 덕(德)을 구비해야 좋다고 주장했다. 모든 덕을 구비해야 모든 좋은 것들을 얻을 수 있다. 건강·부(富)·지식·우정 같은 것들이다.

그렇다면, 여러 가지 덕(德) 중에서도 가장 중요한 것은 무엇인가? 그것은 용기(勇氣)라고 아리스토텔레스(Aristotle)는 다음과 같이 강조했다: *"인간 최고의 자질은 용기(勇氣)다. 왜냐하면 용기(勇氣)는 모든 다른 자질을 보장하기 때문이다.""적(賊)을 이기는 사람보다는 자신의 욕망을 이기는 사람이 더 용감하다."*

만약 용기(勇氣)가 없으면 어떻게 될까? 욕망의 노예가 되기 쉽다. 아리스토텔레스(Aristotle)는 다음과 같이 역설했다: *"본질적으로 욕망을 만족시킬 수 없다. 그래서 대부분의 사람들은 오로지 욕망을 만족시키기 위해 산다."* 욕망으로부터 자유로운 삶을 살기 위해 필요한 것은 용기(勇氣)다.

(2) 정치철학: 국가의 목적 = '善한 삶'의 보장

아리스토텔레스(Aristotle, BC 384~322)는 철저히 현실을 중심으로 사유했던 철학자였다. 이 점은 그의 정치와 국가에 대한 철학에서 여실히 드러난다. 그가 판단 기준으로서 중요시 했던 것은 이상(理想)이 아니라 현실(現實)에서의 최선책이었다. 그는 본래 '정치적 동물인 인간'은 본성상 사회 안에서 살 수밖에 없기 때문에 운명적으로 국가 속에서 살게 되어있다고, 국가도 다른 여러 사물과 마찬가지로 목적이 있다고 각각 주장했다.

아리스토텔레스(Aristotle)는 국가(國家)의 목적(目的)이란 국가 구성원의 '선(善)한 삶'을 보장해 주는 것이라고 설파했다. 여기서 '선(善)한 삶'이란 물질적인 안락을 의미하는 것이 아니라 인간의 도덕적이고 지적인 발전을 의미하는 것이다. 아리스토텔레스(Aristotle)는 '좋은 국가'란 국가의 중심인 중간계급이 정치에 대거 참여하여 자아(自我)를 실현시킬 수 있는 국가라고 주장했다. 만약 왕(王)이 무자비한 정치를 일삼거나 귀족들이 소수의 가진 자들의 편에서 통치한다면 인간의 '선(善)한 삶'은 실현될 수 없으며 불평등을 부각시켜 혁명을 유발한다고 주장했다.

국가(國家)는 일정한 영토를 차지하고 조직된 정치 형태, 즉 정부를 지니고 있으며 대내적 및 대외적 자주권을 행사하는 정치적 실체이다. 대체로 학계에서 동의하는 국가 성립의 조건은 독립성 인정과 국제 협약을 맺을 수 있는 능력 등이 포함된다. 통상 국가 구성의 3요소는 영토, 국민, 주권이다. 국가의 발전 단계는 통상 안보국가, 발전국가, 민주국가, 복지국가 순으로 이루어진다.

여기서 유의할 것은 다음과 같다: 아리스토텔레스(Aristotle, BC 384~322)의 '행복한 공동체'와 맹자(孟子, BC 372~289)[17]의 '민본주의적(民本主義的) 국가관'은 여러 모로 궤를 같이 한다는 점이다.[18] 맹자(孟子)는 국가의 첫째 과제는 백성들의 '항산(恒産)'을 보장하는 것이요, 그 다음에는 이를 바탕으로 '인륜(人倫)'을 실현해야 한다고 주장했다.

상술하면, 아리스토텔레스(Aristotle, BC 384~322)는 사람들이 처음에는 '단순한 생존' 즉 '자급자족(自給自足)의 생존(生存)'을 위해서 국가를 만들게 되지만, 일단 국가가 형성되면 '좋은 생활'(Good Life)을 추구하게 된다고 주장했다. 한편, 맹자(孟子, BC 372~289)는 '민본주의적(民本主義的) 국가관'을 주창했다. ─이를 실현하기 위해서는 백성이 먼저 항산(恒産), 즉 생업(生業)에 종사하는 것이 보장되어야 하고 그들의 경제적 기반이 안정되어야 한다고 주장했다. 즉, 항산(恒産)으로 백성들의 의식주(衣食住)가 넉넉해지면 그들은 절로

---

17) 맹자(孟子, BC 372~289)는 공자의 가르침을 보완·확장하였다. 공자의 인(仁)에 의(義)를 덧붙여 인의(仁義)를 강조했고, 왕도정치(王道政治)를 말했으며, 민의에 의한 정치적 혁명을 긍정하기도 하였다. 이러한 그의 작업에는 인간에 대한 적극적인 신뢰가 깔려 있다. 사람의 천성은 선하며, 이 착한 본성을 지키고 가다듬는 것이 도덕적 책무라는 성선설(性善說)을 주장하였다. 후한의 조기(趙岐)는 『맹자』에 대한 본격적인 주석 작업을 통해 7편을 상하로 나누어 14편으로 만들었는데, 지금도 이 체재가 보편화되어 있다. 송대에 이르러 주희(朱熹)는 조기가 훈고(訓詁)에 치중해 맹자의 깊은 뜻을 놓쳤다고 비판하고, 성리학의 관점에서 『맹자집주(孟子集註)』를 지었다. 이 책은 조기의 고주(古註)에 대해 신주(新註)라고 한다. 주자학이 관학(官學)으로 채택된 원대 이래 공식적인 해석서로 폭넓은 영향을 미쳤다.

18) 이상익·강정인(2019), "이상국가(理想國家)의 성격: 아리스토텔레스의 '행복한 공동체'와 맹자의 '왕도국가'", Nature of Ideal State: Aristotle's "Happy Community" and Mencius's "Benevolent Royal State", 한국철학논집, Vol., No.60, pp. 275~306.

예의범절을 지키고, 서로 관용하고, 용서하고, '변하지 않는 도덕심(恒心)'을 유지하게 된다는 것이다. 이에 정전법(井田法)[19]과 같은 민생 정책을 통해 군주는 백성들의 항산을 보장하고 그 바탕 위에서 항심을 가진 공민(公民)을 육성함으로써 백성들과 즐거움을 같이하는 민본주의적(民本主義的) 유교 민주주의를 실현해야 한다고 주장했다. 다시 말하면, 맹자(孟子)는 '곳간에서 인심 난다'라는 말처럼, 백성들의 생활 안정에 기반하여 공동체의 통합이 이루어지고 인본주의적(人本主義的) 공동체로 발전할 것이라고 주장했던 것이다.

상기와 같이, 아리스토텔레스(Aristotle, BC 384~322)와 맹자(孟子, BC 372~289) 모두 국가의 최종적 목표를 '사람다움의 추구' 또는 '행복(즐거움)의 실현'으로 설명했다. 아리스토텔레스(Aristotle)와 맹자(孟子)가 '사람다움' 또는 '행복'의 구체적 내용에 있어서는 견해를 달리했어도, 이들은 모두 '이상국가의 정치'와 '사람다움의 추구'를 불가분의 관계로 연결시키고 있었다.

---

19) 정전법(井田法)은 중국 최초의 토지제도로서 주(周)나라때 실시되었다. 정방형의 토지를 우물 정(井)자 형(1정＝900무)으로 9등분하여 8가구가 제각기 사전(私田)으로 경작하고 중앙의 토지 100무는 공전(公田)으로 경작하여 그 수확물을 모두 세금으로 국가에 바치는 제도였다.

부록 1

플라톤(Plato)과 아리스토텔레스(Aristotle)의 철학 비교

아리스토텔레스(Aristotle)는 플라톤(Plato)의 이데아(Idea)를 형상(形相)이라고 불렀다. 그는 형상(Form)과 질료(Matter)가 동등한 중요성을 갖는다고 주장했다. 즉, 형상(Form)과 질료(Matter)는 영원한 것이며, 어느 한쪽도 다른 한쪽 없이는 존재할 수 없다는 것이다. 이 두 가지의 결합이 만유(萬有)의 존재이며, 우주적이고 유기체적인 모든 진화(進化)는 형상(形相)과 질료(質料)의 상호 작용의 결과라는 것이다.

플라톤(Plato)은 감각(感覺)의 역할을 무시하였고 수학적인 측면을 중시하였던 반면에, 아리스토텔레스(Aristotle)는 감각(感覺)과 경험(經驗)을 모두 강조했다. 아리스토텔레스(Aristotle)의 '자연관'은 한편으로는 플라톤(Plato)의 정신주의와 초월주의, 그리고 다른 한편으로는 원자론자들의 기계론적 유물론 사이의 중간에 위치한다고 말할 수 있다.

아리스토텔레스(Aristotle)는 자연과 수학은 다른 범주에 속한다고 보고 있었기 때문에 그의 '경험주의적 자연관'은 본질적으로 비(非)수학적인 특징을 지니고 있었다. 그러나 그의 '경험주의적 자연관'의 밑바탕에는 자연(自然)에는 질서가 있다는 생각이 깔려 있었다.

또한, 플라톤(Plato, BC 427~347)과 아리스토텔레스(Aristotle, BC 384~322)의 차이는 윤리학(倫理學)에서도 드러난다. 플라톤(Plato)이 추구한 것은 '선(善)의 이데아(Idea)'였다. 그것은 오로지 하나이며 영원한 가치를 갖는 것이었다. 그러나 아리스토텔레스(Aristotle)는 그러한 선(善)이 애매한 것이라고 주장했다. 왜냐하면 선(善)의 존재를 인정하더라도 인간은 선(善)을 실현할 수 없기 때문이라고 한다. 즉, 선(善)은 모든 사물의 목적(目的)이라는 것이다. 결국, 모든 질료(質料, Matter)에는 '목적(目的)'이 있다는 형이상학적 명제가 윤리학(倫理學)에도 똑같이 적용된다는 것이다.

[표 1] 플라톤(Plato)과 아리스토텔레스(Aristotle)의 철학 비교

	플라톤(Plato, BC 428~348)	아리스토텔레스(Aristotle, BC 384~322)
진리(眞理)	진리를 깨닫는 것이 중요	진리의 목적을 위한 실천이 중요
선(善)	선(善)을 추구하는 것이 중요	선(善)을 실현하기 위해 실천하고 노력하는 것이 중요
형이상학 (존재론)	이데아론, 이원론: 이데아(Idea)의 세계 + 사물의 세계	• 사물 내에 존재하는 사물의 본질='이데아'(형상), • 사물: 질료(Potentiality, 가능태)와 형상(Actuality, 현실태)의 결합,: 질료(밀가루) → 형상(빵), 만유(萬有)의 존재, 목적지향적(Telelogical) 힘의 의하여 진화
자연철학 (自然哲學)	관념적 자연철학	사실과 관찰을 중시하는 경험주의적(Empirical) 자연철학, 비(非)수학적 감과 경험, 원인과 결과 사이의 인과 관계를 강조하는 결정론적(Deterministic) 경향, 우주의 영원성
감각(感覺)	감각의 역할을 중시	감각과 경험을 모두 중시
정의(正義) 혹은 행복(幸福)	덕(德)=지식[자아(自我)를 아는 것, 즉, '너 자신을 알라' 나아가 사회 전체의 공동선(共同善)에 관한 것] → '정의론': 개인적 정의와 사회적 정의	'행복론': 이성(理性) → 덕(德)=중용(中庸)
주요 저서	『국가론』(Politeia), 『법률』(Nomoi), 『티마이오스』(Timaeos), 『대화편』 (Dialogues)	『윤리학』, 논리학 · 형이상학 · 수사학 · 자연과학 · 정치학 등에 관한 많은 저서

02 국가(國家)의 존재 이유와 '바람직한' 역할

모름지기 국가의 존재 이유는 국민의 기본권(基本權) 보장 내지 보호에 있다. 1919년 바이마르 헌법(Weimar Constitution)[20]에서 최초로 사회적(社會的) 기본권(基本權)을 규정한 후, 오늘날 대부분의 민주주의 국가에서는 자유권적 기본권과 더불어 사회적 기본권을 보편적 권리로 인정하고 있다.

우선, '자유권적 기본권(自由權的 基本權)'이란 헌법이 보장하는 기본권으로서 신체적 자유, 양심의 자유, 표현의 자유, 종교의 자유 등을 포함한다. 일반적으로 헌법 제12조의 신체의 자유부터 제22조 학문과 예술의 자유까지를 자유권적 기본권이라고 칭한다. 대부분의 자유권들은 헌법에서 보장할 뿐만 아니라, 언급되지 아니한 자유권도 헌법 제37조 제1항에 따라 보호되고, 나아가 의회가 입법하는 개별 법률들에서 그 보장의 정도가 보다 구체화되고 있다. 예컨대 제12조 신체의 자유는 형사소송법의 관련조문에서 구체화되거나, 제13조는 형법에서 구체화되고, 제18조는 통신비밀보호법에서 구체화되는 등이 개별 법률을 통한 구체화의 사례이다.

다음으로, '사회권적 기본권'(社會權的 基本權)이란 헌법이 설정한 상황을 국가가 실현하도록 적극적인 행위를 요구하는 것을 보호하는 기본권을 각각 의미한다. 사회적(社會的) 기본권(基本權)은 복지국가(福祉國家)에서 국민의 인간다운 생활을 보장하기 위하여 국민

---

20) 바이마르 헌법(Weimar Constitution)은 1918년 11월 7일에 발생한 독일 11월 혁명이후 독일 제국이 붕괴하는데 혁명 이후 이듬해 8월에 만들어진 헌법이다. 이 헌법을 바탕으로 의회민주주의적인 바이마르 공화국이 탄생했다. 바이마르 헌법(Weimar Constitution)은 독일 헌법 전통에 따라 기능적으로 3개 부분으로 나뉜다. 첫째로 국가와 연방주의 권한을 규정한다. 둘째는 국가 조직을 서술한 부분이다. 이 부분에는 국가 조직을 규정하고 그 권한을 서술한다. 마지막으로 국가와 시민 간의 관계를 규정하는 부분이다. 〈비스마르크 헌법〉과 달리 바이마르 헌법(Weimar Constitution)은 2부에서 많은 기본권(基本權) 조항을 포함하고 있다. 다음으로 국가의 권한을 먼저 검토하고, 국가 조직(국가 상원, 국가 대통령과 국가 수상, 국가 의회, 국가 법원)을 개관하고 그 권한을 살피는 것이다. 마지막으로 국가와 시민의 관계(기본권, 기본의무)를 검토하는 것이다. 바이마르 헌법(Weimar Constitution)의 몇몇 조항은 현재의 독일 헌법에 그대로 남아 있다. 바이마르 헌법(Weimar Constitution)은 근대헌법상 처음으로 소유권의 의무성(사회성)을 강조하고 인간다운 생존(생존권)을 보장하는 등 20세기 현대 헌법의 전형이 되어 많은 민주주의 국가 헌법에 영향을 주었다.

에게 일정한 급부를 제공하는 것을 국가의 당연한 의무로 하고, 아울러 이러한 급부에 대한 권리를 국민에게 보장함으로써 사회정의(社會正義) 실현을 목적으로 하는 헌법상의 권리이다. 프랑스 시민혁명 당시 인간과 시민의 권리선언(1789년) 제2조와 미국 독립선언(1776.07.04) 등에서도 국가권력의 존재 목적이자 그 정당성의 근거가 바로 국민의 인권보장이라는 점을 확인하고 있다.

그러면, 현행 헌법상 대한민국은 국민에 대하여 어떤 의무가 있는가? 국가는 국민을 보호하고 국가를 보위하며 국민의 권리를 보호할 당연한 의무가 있다. 대한민국의 헌법(憲法)에 규정하고 있는 국가의 구체적 의무는 다음과 같다:

① 국가는 법률이 정하는 바에 의하여 재외국민을 보호할 의무를 진다(2조 2항).
② 모든 국민은 인간으로서의 존엄과 가치를 가지며, 행복을 추구할 권리를 가진다. 국가는 개인이 가지는 불가침의 기본적 인권을 확인하고 이를 보장할 의무를 진다(10조).
③ 국가는 청원에 대하여 심사할 의무를 진다(26조 2항).
④ 국가는 사회보장·사회복지의 증진에 노력할 의무를 진다(34조 2항).
⑤ 국가는 노인과 청소년의 복지향상을 위한 정책을 실시할 의무를 진다(34조 4항).
⑥ 국가는 지역간의 균형있는 발전을 위하여 지역경제를 육성할 의무를 진다(123조 2항).

'사회권적 기본권'(社會權的 基本權)과 관련하여, 플라톤(Plato, BC 427~347)에 의하면 국가(國家)는 의·식·주(衣·食·住)문제를 효과적으로 해결하는 기능을 수행해야 하며, 한 국가 단위의 경제체제를 이끌어 가야 하는 국가는 그래서 지속적인 성장, 발전, 확장을 추구하지 않을 수 없다는 것이다.

여기서 유의할 것은 다음과 같다: 아리스토텔레스(Aristotle, BC 384~322)의 '행복한 공동체'와 맹자(孟子, BC 372~289)의 '민본주의적(民本主義的) 국가관'은 여러 모로 궤를 같이 한다는 점이다. 맹자(孟子)는 국가의 첫째 과제는 백성들의 '항산(恒產)'을 보장하는 것이요, 그 다음에는 이를 바탕으로 '인륜(人倫)'을 실현해야 한다고 주장했다.

상술하면, 아리스토텔레스(Aristotle, BC 384~322)는 사람들이 처음에는 '단순한 생존' 즉 '자급자족(自給自足)의 생존(生存)'을 위해서 국가를 만들게 되지만, 일단 국가가 형성되면 '좋은 생활'(Good Life)을 추구하게 된다고 주장했다.

한편, 맹자(孟子, BC 372－289)는 '민본주의적(民本主義的) 국가관'을 주장했었다. 이를 실현하기 위해서는 백성이 먼저 항산(恒產), 즉 생업(生業)에 종사하는 것이 보장되어야 하고 그들의 경제적 기반이 안정되어야 한다고 주장했다. 즉, 항산(恒產)으로 백성들의 의·

식·주(衣·食·住)가 넉넉해지면 그들은 절로 예의범절을 지키고, 서로 관용하고, 용서하고, '변하지 않는 도덕심(道德心)'을 유지하게 된다는 것이다. 이에 정전법(井田法)과 같은 민생 정책을 통해 군주는 백성들의 항산(恒産)을 보장하고 그 바탕 위에서 항심(恒心)을 가진 공민(公民)을 육성함으로써 백성들과 즐거움을 같이하는 민본주의(民本主義)를 실현해야 한다고 주장했다. 다시 말하면, 맹자(孟子, BC 372~289)는 '곳간에서 인심 난다'라는 말처럼, 군주가 백성들을 전쟁터로 내몰지 말고 열심히 생업에 종사하도록 보장해 주면, 무조건적 복지를 제공하지 않더라도 백성을 부양할 수 있고 부양된 백성은 공민의 도리를 다하게 된다는 것이다. 즉, 백성들의 생활 안정에 기반하여 공동체의 통합이 이루어지고 인본주의적 공동체로 발전할 것이라고 주장했던 것이다.

한편, 사회계약설(社會契約說)은 국가는 자유롭고 평등한 개인 사이의 계약에 의하여 성립된다고 본다. 즉, 국가권력의 원천을 국민의 동의에 두고 국민과 정부의 계약에 의하여 국가권력이 구성된다는 입장이다. 사회계약설(社會契約說)에 기반을 둔 계몽주의(啓蒙主義) 사상가(예 홉스, 로크, 루소)들은 국가의 존재이유는 개인의 자유보장이라고 말한다. 국가가 없는 자연 상태는 위험하거나 불안정하므로 생명, 안전, 재산을 보호하기 위해 자연권의 일부나 전부를 국가에 양도 혹은 위임하기로 합의하여 국가가 성립된다고 주장한다.

계몽주의(啓蒙主義, Illusionism) 철학자들은 르네상스의 초점이었던 단순한 수학적 인식 요소보다는 감각적 인식 요소에 의거하여 자연의 실재(實在)로부터 인간 정신의 구조에 대한 관심을 돌리고, 다시 인간 정신의 구조를 경험적으로 설명하였다. 이러한 계몽주의 철학은 소위 영국의 경험론(Empiricism) 학파에 의하여 제창되었다. 계몽주의(啓蒙主義, Illusionism) 사조는 임마누엘 칸트(Immanuel Kant, 1724~1804) 시대 이전까지 철학을 주도하였다.

계몽주의(啓蒙主義, Illusionism)는 17세기 영국의 경험주의(經驗主義), 18세기 프랑스의 계몽주의(啓蒙主義)를 포괄한다. 계몽주의 사상가들은 사물보다는 관념을, 본유적 원리보다는 경험을 기반으로 철학을 연구했다. 또한, 계몽주의(啓蒙主義)는 인간의 이성(理性)으로 수립된 과학을 신뢰하고 세상의 모든 것을 변화시킬 수 있다는 낙관적 전망을 가지고 있었다. 이성(理性)을 중시하는 계몽주의(啓蒙主義)는 현대 프랑스 철학에서 '이성'(理性)의 폭력적인 힘이 비판받기 시작했던 20세기까지 유럽 전체를 지배했다.[21]

---

21) 당시 계몽주의(啓蒙主義) 사상을 잘 표현해 주는 것이 프랑스의 『백과전서』였다. 디드로와 달람베르 (Jean Le Rond d'Alembert, 1717~1783)의 주도로 편찬된 백과전서는 흔히 프랑스 혁명(1789)년의 사상적 배경이 된 저작인데, 그들의 목적은 모든 지식을 포괄하는 보편적 사전을 만드는 데 있었다. 1751년에서 1772년 사이에 발간된 프랑스의 『백과전서』는 이성(理性)의 중요성을 강조하고 가톨릭 교회를

계몽주의(啓蒙主義, Illusionism) 사상가들은 '인간의 이성(理性)에 대한 확신'을 가진 사람들이었다. 그들의 사상은 르네 데카르트(Rene Descartes, 1596~1650)의 합리주의(合理主義), 인간 이성(理性)을 통하여 사물을 설명하는 물리적 자연의 법칙을 찾을 수 있음을 증명한 아이삭 뉴턴(Issac Newton, 1643~1727), 또한 인간 이성(理性)을 통하여 사회 문제를 해결하고 조정할 수 있다고 믿었던 존 로크(John Locke, 1632~1704)의 영향을 각각 받았다. 계몽주의(啓蒙主義) 사상가들은 종교나 풍습을 미신으로 간주하고 사유의 기준을 인간의 이성(理性)에서 찾자고 주장했다.22)

대부분의 계몽주의(啓蒙主義, Illusionism) 사상가들은 정치적 열망이 강한 사람들이었다. 그들은 인간의 국가가 신(神)의 나라를 모방한 것이라는 근대 이전의 신학적 정치관을 완전히 파기했다. 그리고 '자연권(自然權)'과 '사회계약론(社會契約論)'을 통하여 새로운 정치이론을 제시했다. 그러나 정치에 대한 철학적 사유는 상기와 같이 발전하고 있었지만 현실의 정치는 그대로 머물러 있었다. 이러한 정치적 현실은 계몽주의 사상가들로 하여금 비판과 개혁, 심지어 혁명을 지향하는 시민운동가들로 변모하게 만들었다.

따라서 계몽주의(啓蒙主義) 사상가들은 독단적이고 권위주의적인 국가를 비판하면서, 자연권(自然權)에 기반을 둔 '정치적 민주주의'를 구상하기 시작했다. 예로서 영국의 존 로크(John Locke, 1632~1704), 프랑스의 프란시스 볼테르(Francis Marie Arouet de Voltaire, 1694~1778), 에마뉘엘 조제프 시에예스(Emmanuel-Joseph Sieyès, 1748~1836), 샤를-루이

강하게 비판하는 내용을 담고 있었기 때문에 결국 발행이 금지되었다. 이 저작의 목적은 프랑스 사회를 광범위하게 개혁하는 것이었는데, 이는 프랑스 혁명(1789년)의 사상적 배경이 되어 구(舊)체제의 권위를 무너뜨리는 데 결정적인 역할을 하였다. 프랑스 계몽사상가들은 종종 '백과전서 파'로 불리운다. 사실, '백과전서 파'는 단순히 학파라기보다 범(汎) 계몽적 지식인들의 연합체로서 상당히 정치적 의미를 가지고 있었다. 안-로베르 자크 튀르고(Anne-Robert-Jacques Turgot, 1727~1781), 프란시스 볼테르(Francis Marie Arouet de Voltaire), 장-자크 루소(Jean Jacques Rousseau), 샤를-루이 드 스콩다 몽테스키외(Montesquieu) 등 184명의 사상가와 학자가 참여하여 만든 『백과전서』는 실제 당시 프랑스의 학문과 기술을 집대성한 것이었다. 상기의 저서는 하나의 통일적 관점으로 이루어진 것은 아니었지만 근대적 지식과 이성(理性) 중심의 사고를 전개했다는 점에서 큰 의미가 있었다.

22) '계몽주의'(啓蒙主義, Illusionism)는 인간의 이성(理性)을 통하여 사유하는 사상이다. 독일의 위대한 철학자인 임마누엘 칸트(Immanuel Kant, 1724~1804)는 계몽주의(啓蒙主義)를 *"인간이 다른 사람들의 의견에 굴종하는 것으로부터 해방되어, 자기 자신이 스스로 이성(理性)을 행사하는 마음의 준비가 되어 있는 것"*이라고 정의하였다. 당시까지만 해도 사람들은 종교적 혹은 정치적 권위에 무조건적으로 복종해 왔었다. 그러나 '계몽주의'(啓蒙主義, Illusionism)는 더 이상 신(神)의 은총이나 보살핌에 의존하는 것이 아니라, 인간이 자신의 이성(理性)을 활용하여 세계를 이해하고, 지식과 자유를 얻고, 행복으로 나아갈 수 있다고 믿는 것이다. 따라서 르네상스에서 출발했던 근대(近代)는 '계몽주의'(啓蒙主義, Illusionism)에 와서 비로소 이성(理性)의 능력을 긍정함으로써 현실화되기 시작했다고 말할 수 있다.

드 스콩다 몽테스키외(Charles-Louis de Secondat, 1689~1755), 데이비드 흄(David Hume, 1711~1776), 장-자크 루소(Jean-Jacques Rousseau, 1712~1778), 그리고 미국의 토마스 제퍼슨(Thomas Jefferson, 1743~1826) 등을 들 수 있다.

1) 토마스 홉스(Thomas Hobbes, 1588~1679): 국민주권주의(國民主權主義)

17세기 영국에서 토마스 홉스(Thomas Hobbes, 1588~1679)[23]의 주요 저서인『철학원리』는 3부: ① 1부『물체론』(1655년), ② 제2부『인간론』(1658년), ③ 제3부『시민론』(市民論)(1642년 및 1647년)으로 나누어져 있다.[24]

---

23) 토마스 홉스(Thomas Hobbes, 1588~1679)는 조산아로 태어났는데, 그 이유는 스페인 함대가 쳐들어온다는 말을 듣고 그의 어머니가 몹시 전전긍긍했기 때문이었다고 전해진다. 그는 자신의 불안한 정서에 대해 "두려움과 나는 쌍둥이다"라고 말했다고 한다. 그러나 그는 날카롭고 공격적인 저술가였으며, 유달리 독창적인 사상가였다. 그가 성장했던 시기의 영국은 엘리자베스 1세가 통치하였고, 여왕이 죽은 뒤 스튜어트 왕조의 지배와 영국의 시민전쟁으로 점철되었다. 그는 옥스퍼드대학에서 스콜라 철학을 전공하였다. 나중에, 그는 디본셔 백작의 아들의 가정교사로 일했다. 이 경험을 통하여, 그는 일류 도서관에 출입할 수 있는 기회를 얻었고, 폭넓은 외국 여행을 할 수 있었으며 수준 높은 사람들과 폭넓게 교류할 수 있었다. 예를 들어, 그는 칩거하고 있었던 프랜시스 베이컨(Francis Bacon)을 종종 방문했었다. 그리고 이탈리아에서는 갈릴레오 갈릴레이(Galileo Galilei)를 방문하기도 했다. 나중에는 찰스 2세가 아직 황태자였던 시절 2년에 걸쳐 그의 가정교사가 되어 수학을 가르쳤다. 토마스 홉스(Thomas Hobbes)가 스튜어트 왕조를 지지하는 정치가로 지목되자, 청교도혁명 직전에 프랑스로 망명하여 유물론자 피에르 가상디(Pierre Gassendi)와 철학자 르네 데카르트(René Descartes) 등과 교우했었다. 그 후, 그는 런던으로 돌아와 올리버 크롬웰(Oliver Cromwell)의 정권하에서, 정쟁(政爭)에 개입하지 않고 오직 학문연구에 힘썼다. 왕정복고(王政復古) 후에도 찰스 2세 통치하에서 여생을 보냈다.

24) 토마스 홉스(Thomas Hobbes, 1588~1679)의 철학방법론은 '분해와 결합의 방법(resolutive-compositive method)'라고 불린다. "철학에서 방법은 알려진 원인으로부터 결과를 또는 알려진 결과로부터 원인을 찾아내는 가장 빠른 지름길이다. 사물들의 원인을 알아내는 데는 분해와 결합 또는 부분적인 분해와 결합 이외의 방법은 없다. 결합을 종합적이라 부르는 것처럼 분해는 보통 분석적 방법이라 부른다." 토마스 홉스(Thomas Hobbes)에 따르면 모든 존재하는 현상들을 가장 잘 이해할 수 있는 방법은 그 현상들을 가능한 가장 작은 부분으로 분해한 다음, 엄밀한 추론의 과정을 거쳐서 다시 결합하는 것이다. 따라서 분해와 결합의 과정에는 논리적 비약이 있을 수 없고 논증적 설득만이 존재해야 한다는 것이다. 여기서 가장 작은 부분으로 분해한다는 말은 더 이상 논증이 요구되지 않는 1차적 원리를 찾아낸다는 것을 의미한다. 토마스 홉스(Thomas Hobbes)의 경우, 그것은 개념들을 정확하게 정의(definition)하는 일이다. 그것은 '복합적인 개념을 그것의 가장 보편적인 부분으로 분해하는 것'이다. 그리고 결합한다는 것은 정확한 정의를 전제로 삼아 논리적 추론을 하는 것을 의미한다. 그러나 칼 포퍼(Karl Popper)는 이러한 논리실증주의를 비판했다. 그는 검증가능하지 않은 이론이 형이상학적임이 드러난다고 해서 그

제1부 『물체론』(1655년)에서, 토마스 홉스(Thomas Hobbes)는 자연학(自然學)을 철학(哲學)의 기초에 두었고, 아리스토텔레스(Aristotle)의 형상인(形相因)·목적인(目的因)을 버리고 전실재(全實在)를 물체와 그 운동이라는 동력인(動力因)만으로 설명하려는 유물론 (즉, 자연주의 입장)을 선택했다. 나아가, 그는 자연적 물체에 대한 유물론적 사유를 인위적 물체인 '인간'이나 '국가'에도 적용하였다.

특히, 토마스 홉스(Thomas Hobbes)는 그의 저서 『리바이어던』(Leviathan, 1651년)에서 국민주권주의(國民主權主義)나 기본적 인권사상 존중에 관한 근대적 민주주의 이론을 최초로 제기하였다. 그는 청교도 혁명기의 비참한 상황을 경험하면서 인간에게 최고의 가치는 '생존의 권리'(자연권)과 '생명의 존중'(자기보존)이라고 말하고, '싸움이 없는 평화로운 정치사회'를 확립할 필요성과 방법을 제안하였다.

그리고 토마스 홉스(Thomas Hobbes)는 국가존립의 타당성을 옹호하고 개인의 자연권 (自然權)을 국가가 제한하는 것을 합리화하였으며 전제군주제(專制君主制)가 '이상적 국가' 형태라고 주장하였다. 그 이유는 모든 사람이 자기 이익만을 끝까지 추구하는 자연상태 (自然狀態)에서는 '만인(萬人)의 만인에 대한 투쟁'이 발생하기 마련이라고 생각했기 때문이었다. 즉, '자연상태'(自然狀態))에서는 "모든 사람이 다른 모든 사람에게 적대한다"고 생각했다. 따라서 사람들은 전반적 보호와 법적 통치제도의 대가로 모든 사적 권리를 한 사람의 주권자에게 양도하는 '사회계약'(社會契約)에 동의했다고 토마스 홉스(Thomas Hobbes)는 주장했다.[25]

또한, 토마스 홉스(Thomas Hobbes)의 저서 『자연법과 국가의 원리』(The Elements of Law, Natural and Politic, 1640년)는 '자연상태'(自然狀態)에 관한 철학적 개념을 최초로 제시

이론을 무의미하다고 여겨서는 안 된다고 주장했다. 그에 따르면 형이상학적 이론은 과학적 이론이 아닐 뿐이지 무의미한 것은 아니다. 형이상학적 이론은 '참'일 수도 있다. 다만 그것은 반증(反證)가능하지 않을 뿐이라고 한다.

25) 토마스 홉스(Thomas Hobbes, 1588~1679)는 그의 다른 저서 『자연법과 국가의 원리』(1640년) 등이 있다. 상기 저서 『자연법과 국가의 원리』(The Elements of Law, Natural and Politic, 1640년)에서 '자연상태'(自然狀態)에 관한 철학적 개념을 최초로 제시하였다. 그가 말하는 '자연상태'란 간단히 말해서 '사회가 없는 상태'이다. 즉, 지배도 없고 질서도 없으며 정의도 없는 상태에서 '인간은 인간에게 늑대'이며, 삶은 '만인의 만인에 대한 투쟁'이라는 것이다. 즉, '자연상태'(自然狀態)는 일종의 '전쟁상태'이다. 이러한 상황은 폭력과 교활한 술수 또는 그가 말한 대로 '힘과 기만'에 따라 결정된다는 것이다. 다시 하면, 인간은 본래 이기적이어서 '자연상태'(自然狀態)에서는 아무것도 금(禁)할 수 없다. 개인의 힘이 바로 권리이다. 그러나 모든 사람이 자기 이익만을 끝까지 추구하는 '자연상태'에서는 '만인(萬人)의 만인에 대한 투쟁'이 전개되어, '사람은 사람에 대하여 이리(狼)'가 되기 때문에 자기 보존(自己保存)을 보증할 수 없다고 토마스 홉스(Thomas Hobbes)는 주장했다.

하였다. 그가 말하는 '자연상태'란 간단히 말해서 '사회가 없는 상태'이다. 즉, 지배도 없고 질서도 없으며 정의도 없는 상태에서 '인간은 인간에게 늑대'이며, 삶은 '만인의 만인에 대한 투쟁'이라는 것이다. 즉, '자연상태'(自然狀態, State of Nature)는 일종의 '전쟁상태'이다. 이러한 상황은 폭력과 교활한 술수 또는 그가 말한 대로 '힘과 기만'에 따라 결정된다는 것이다.[26]

상술하면, 인간은 본래 이기적이어서 '자연상태'(自然狀態)에서는 아무것도 금(禁)할 수 없다. 개인의 힘이 바로 권리이다. 그러나 모든 사람이 자기 이익만을 끝까지 추구하는 '자연상태'에서는 '만인(萬人)의 만인에 대한 투쟁'이 전개되어, '사람은 사람에 대하여 이리(狼)'가 되기 때문에 자기 보존(自己保存)을 보증할 수 없다고 토마스 홉스(Thomas Hobbes)는 주장했다.

토마스 홉스(Thomas Hobbes)는 인간이란 본래 이기적이어서 '자연상태'(自然狀態)에서는 개인의 힘이 권리라고 주장했다. 모든 사람이 자기 이익만을 끝까지 추구하는 '자연상태'(自然狀態)에서는 '만인(萬人)의 만인에 대한 투쟁'이 벌어지고, '사람은 사람에 대하여 이리(狼)'이기 때문에 자기 보존(自己保存)의 보증마저 없다고 주장했다. 그러므로 각자의 이익을 위해서 사람은 사회계약으로써 국가를 만들어 '자연권(自然權)'을 제한하고, 국가를 대표하는 의지에 그것을 양도하여 복종한다는 것이다.

토마스 홉스(Thomas Hobbes)는 권력이 신(神)에게서 나오는 것이 아니라 국민으로부터 나온다는 것을 명백하게 밝히고 사람들은 특히 자신들의 개인적 자유와 안전의 측면에서 자신들의 이익을 극대화시킬 수 있다고 여기기 때문에 권력을 국가에게 인계한다는 것을 분명히 했다.[27] *"공동의 권력을 세우는 유일한 길은 사람들이 자신의 모든 권력과 힘을 한 사람 또는 하나의 합의체에 부여하는 일이다. 하나의 공동체 안에서 통일된 군중은 '국가'(commonwealth)라고 불린다. 이것이 위대한 '리바이어던'(Leviathan) 또는 '유한한 신'(mortal God)의 탄생이다. 우리들이 평화를 유지하고 방어하는 것은 유한한 신(神) 덕*

---

26) 토마스 홉스(Thomas Hobbes, 1588~1679)의 '자연상태'에 관하여 장-자크 루소(Jean-Jacques Rousseau, 1712~1778)는 그의 저서 『인간불평등 기원론』(1755년)에서 다음과 같이 비판했다: '자연상태'의 인간은 선량하고 악에 젖어 있지는 않다. 인간은 이기적 동인 말고도 동정심에 따라 행동한다. '자연상태'의 인간은 악하지만은 않다. 자연상태의 인간은 오히려 순진하다. 사회악은 이성의 산물이다. 이성이 발달하지 못한 자연인은 남을 착취하려는 악(惡)을 행하지는 않는다. 그들은 자기애만을 추구한다.

27) 장-자크 루소(Jean-Jacques Rousseau, 1712~1778)는 그의 저서 『인간불평등 기원론』(1755년)에서 사회계약은 부자와 권력자들의 기만책에 불과하다고 주장했다. 그의 『인간불평등 기원론』에 따르면 사회계약은 인간 사이에 예속을 야기시키며, 부자들의 힘을 보장해주고 증가시키며 불평등을 정당한 것으로 확립함으로써 '정의롭지 못한 사회'를 정립한다는 것이다.

분이다. 국가란 하나의 인격체로서, 다수가 사회계약에 의해 스스로 그 인격체가 하는 행위의 본인이 되며, 그 목적은 그가 공동의 평화와 방어에 필요하다고 생각할 때 다수의 모든 힘과 수단을 이용할 수 있도록 하는 데 있다. 이 인격체를 이끌고 있는 사람이 통치자며 통치권을 가지고 있다고 말한다. 그 밖의 모든 사람은 그의 신민(神民)이라 부른다.”

토마스 홉스(Thomas Hobbes)는 인간이 사회를 형성하는 이유는 죽음에 대한 두려움 때문이라고 주장했다. “가장 나쁜 것은 지속적인 공포, 즉 폭력에 따른 죽음에 대한 공포이며, 인간의 삶은 고독하고 가난하며, 추잡하고 야만적이고, 덧없는 것이다.” 그가 말하는 ‘자연상태’(自然狀態, State of Nature)란 ‘사회가 없는 상태’이다. 즉, 지배도 없고 질서도 없으며 정의도 없는 상태에서, ‘인간은 인간에게 늑대’, ‘만인의 만인에 대한 투쟁’이 전개된다는 것이다.

토마스 홉스(Thomas Hobbes)는 다음과 같이 주장한다: “무력이 없는 계약은 단지 말뿐이다. 따라서 이는 궁극적으로 인간을 보호하기 위한 힘을 가지고 있지 않다.”

왜냐하면 누구든지 계약을 깨는 편이 더 유리하다고 생각되면 그렇게 할 것이기 때문이라고 한다.

상기한 딜레마에서 벗어날 수 있는 유일한 방법은 사회계약(社會契約)을 깨는 행동이 누구에게도 이익이 되지 않는 상황을 만드는 것이다. 이렇게 하기 위해서는, 토마스 홉스(Thomas Hobbes)에 따르면, 법을 강제하고, 법을 어기는 사람을 단호하게 처벌하는 일을 수행할 중심적인 권위에 권력을 인계하는 일에 모든 사람이 동의해야 한다는 것이다.

그러한 권위가 효과를 발휘하기 위해서는 어떠한 개인 또는 결사보다도 더 많은 권력을 가져야하며, 그 안에서 사회는 저항할 엄두를 낼 수 없는 상태, 즉 절대적인 권력을 가지는 상태에 도달할 수 있다는 것이다. 이는 사회를 구성하는 개인들의 자유와 안정을 모두 극대화할 수 있는 유일한 길이라고 한다. “자기 자신에 대하여 다른 사람들의 자유를 허용하는 것처럼, 다른 사람들에 대하여 내 자유가 허용되는 것에 만족해야만 한다.”

여기서 토마스 홉스(Thomas Hobbes, 1588~1679)가 말하는 자연법(自然法)의 내용은 자연권(自然權)의 확보, 즉 ‘자연상태(自然狀態)의 자기보전’에 필요한 여러가지 조건들인 것이다. 그리고 그러한 조건들은 ‘인권보장(人權保障)’의 규정으로서 각국 헌법(憲法)에 반영되어 있다. 그런데 ‘공통의 권력’ 즉, ‘주권(主權)’을 설정하였을 때 ‘국가(Commonwealth)＝정치사회’가 형성되는데, 이 공동사회를 운영하려면 공동사회의 이익을 대표 및 행동하는 누군가가 필요하며, 그것의 대표인격을 토마스 홉스(Thomas Hobbes)는 ‘주권자(主權者)’라고 정의하였다. 그는 주권자(主權者)가 제정하는 법률(法律)에 따라 모든 인간이 행동한다면 '평화로운 사회'가 보장된다고 주장했다.

상기와 같은 토마스 홉스(Thomas Hobbes)의 사회계약(社會契約)에 기반을 둔 정치권력이나 국가의 설립이라는 사상이 오늘날 '국민주권주의(國民主權主義)'의 모델이 되었다. 또한 '대표 인격'이라는 개념은 '의회정치(議會政治)의 원형(原形)'이라 할 수 있다. 나아가 그가 '주권자=대표인격'이 창출하는 자연권과, 자연법에 바탕을 둔 법률에 따라 행동하라고 한 것은 근대적 의미로서의 '법의 지배'(Rule of Law) 즉 법치국가(法治國家)의 개념을 정립한 것이다.

상기한 토마스 홉스(Thomas Hobbes, 1588~1679)와 법치국가(法治國家)의 개념과 관련하여, 동 시대의 제임스 해링턴(James Harrington, 1611~1677)은 그의 저서『오세아나 공화국』(1656년)에서 전제화(專制化)하기 쉬운 왕정(王政)을 부정하고 국민적 규모(중산계층 이상의 성년 남자)로 선출되는 새로운 형태의 입법부의 확립을 제한하고, 정치목적을 '법의 지배'의 실현에 두었다. 즉, 그는 '사람의 지배'가 아닌 '법의 지배'(Rule of Law) 즉 법치국가(法治國家)가 민주주의(民主主義)의 주요 내용 중 하나로 첨가하였던 것이다.

인간은 자연상태(自然狀態)에서 각자의 자유를 누리며 자신의 이익을 위하여 행동하는데, 이러한 경우 사람들의 자유가 서로 충돌하여 갈등이 발생한다. 이를 해결하기 위하여 사람들은 절대적인 힘을 가진 국가를 만들고, 정해진 법과 질서를 따르기로 계약을 맺음으로써 국가를 형성하였다는 입장이다.

또한, 토마스 홉스(Thomas Hobbes)는 '자연법(自然法)'을 인간의 생명과 종족을 지키기 위해 이성을 통해 해야 할 일과, 하지 말아야 할 일을 결정하는 것이라고 주장했다. 그는 자연법(自然法)을 다음과 같이 단계적으로 구분했다: 제1의 자연법(自然法)은 모든 인간은 생존을 위해 평화를 추구하고 그것을 따라야 한다는 것이다; 제2의 자연법(自然法)은 인간은 결국 최소한의 자유에 만족할 수밖에 없다는 것이다. 즉, 평화를 유지하기 위해서는, 타인이 적대적 권리를 포기한다는 전제 하에 모두가 그러한 적대를 포기해야 한다는 것이다. 이러한 포기는 평화를 지킬 수 있는 권력에 자연권(自然權)을 양도한다는 것이다; 제3의 자연법(自然法)은 사람들 사이에 맺어진 약속인 법(法)은 반드시 이행되어야 한다는 것이다.

여기서 유의할 것은 토마스 홉스(Thomas Hobbes)는 법을 준수하는 것이 '정의'(正義)라고 주장했다는 점이다. 즉, 그에게는 법(法)이 정의(正義)보다 우선적인 것이다. 따라서 정의는 법을 판단하는 기준이 될 수 없다고 한다. 그렇게 확고한 법률로 사회의 평화와 안전을 유지해야 한다는 것이다. 법률이 무너질 때 평화는 무너지고 이성은 약화되어 사람들은 '자연상태'(自然狀態)로 돌아갈 수밖에 없다는 것이다. 설혹, 평화와 안전을 보장하지 못하는 악법이 있다고 해도 그 법에 불복종하는 것은 있을 수 없는 일이다. 왜냐하면 주권자의 부정행위는 신(神)과 주권자 사이의 문제일 뿐, 시민은 그것에 대해 왈가왈부할 수 없기 때문이라고 한다.

결론적으로, 토마스 홉스(Thomas Hobbes, 1588~1679)에게 중요한 과제는 '자연상태'(自然狀態)를 피하는 것이었다. '자연권(自然權)'의 양도를 통해 성립한 국가는 확고한 법률로 다스려져야 하며, 그 시점에서 개인들은 자연권(自然權)을 포기해야 한다. 바로 이것이 그가 말하는 '사회계약(社會契約)'의 과정인 것이다.

토마스 홉스(Thomas Hobbes)의 '사회계약(社會契約)'은 개인의 자연적 권리와 자유를 권력에 양도함으로써 강력한 공화국을 만들어 내는 데 그 목적이 있다. 그렇게 함으로써, '영생(永生)의 존재'인 '리바이어던'(Leviathan)이 탄생하게 된다고 그는 주장했다. 또한, 그는 '사회계약(社會契約)'이란 평화를 위한 것이라고 주장했다. 즉 '사회계약'은 '자연상태'(自然狀態)를 피하여 인간이 시민으로 거듭나는 과정으로서 개인들 간의 합의가 만인의 사회계약(社會契約)으로 확장된 것이라고 했다. 그의 '사회계약'은 구체적으로 다음과 같다: 타인들이 그들의 지배권을 통치자에게 양도하고 그의 모든 행동을 승인한다는 조건하에서 자신 역시 자신의 지배권을 통치자에게 양도하고 위탁하는 것이다. 이러한 '사회계약'(社會契約)을 통해 개인들은 자신의 권리를 어떤 사람이나 집단에게 위임함으로써 개인의 자연권(自然權)은 소멸되는 것이다.

토마스 홉스(Thomas Hobbes)는 '자연상태'(自然狀態, State of Nature)와 같은 무정부 상태를 극복할 수 있는 유일한 방법은 여러 시민 집단을 하나로 통합하는 것이라고 주장했다. 그러한 통합을 다수의 다양한 의지를 단일한 의지로 변환하기 위해 주권자를 설정하고, 주권자의 단일 의지와 판단이 모든 시민의 판단이라고 합의하는 것이라고 주장했다.

따라서 사람들이 평화를 위해 능동적으로 지배당하는 것을 선택한다는 점에서 토마스 홉스(Thomas Hobbes)의 '사회계약(社會契約)'을 '능동적 피지배의 계약'이라고 부른다. 일단, 이러한 사회계약의 상태에 놓이게 되면 시민은 권력을 양도 받은 주권자에게 저항할 수 없게 된다. 왜냐하면 자신이 양도한 권력에게 저항하는 것은 곧 자기 자신에 대한 저항이 될 뿐만 아니라 자신의 독자적인 판단에 의하여 자연상태(自然狀態)로 되돌아가는 것을 의미하기 때문이다. 또한, 주권자의 권력은 분할될 수 없으며 질서와 평화를 수호하기 위한 군주의 힘은 절대적이어야 한다는 것이다.

2) 존 로크(John Locke, 1632~1704): 근대 민주주의(民主主義)

존 로크(John Locke, 1632~1704)[28]는 영국의 철학자[29]임과 동시에 정치사상가로서 사회계약론(社會契約論)과 삼권분립(三權分立)을 주장하여 의회제도와 민주주의 사상에 크게 공헌하였다. 그는 가장 영향력있는 계몽주의(啓蒙主義) 사상가이자 근대 자유주의(自由主義) 이론가로 널리 알려져 있다. 그의 저서로는 당시 '새로운 과학' 즉 근대과학을 포함한 인식의 문제를 다룬 그의 주요 저서 『인간오성론』(An Essay concerning Human Understanding), 『시민정부론』(Two Treatises of Government), 『관용에 대한 편지』(A Letter concerning Toleration) 등이 있다. 그의 저서들은 볼테르(Voltaire)와 장-자크 루소(Jean-Jacques Rousseau), 스코틀랜드 계몽주의(啓蒙主義) 사상가들에게 지대한 영향을 끼쳤다.

특히, 존 로크(John Locke)의 『시민정부론』(Two Treatises of Government)은 토마스 홉스(Thomas Hobbes)가 주창했던 사회계약론(社會契約論)을 바탕으로 주권재민(主權在民) 사상을 확립시켜 민주주의의 이론적 기반을 마련했다. 상기 저서는 1688년 영국의 명예혁명[30]을 정당화하는 정치이론이 되었다.

---

28) 존 로크(John Locke, 1632~1704)는 1632년 섬머셋셔(Somersetshire)의 작은 마을 라잉턴(Wrington)에서 법조인의 아들로 태어났다. 부모로부터 청교도의 엄한 교육을 받았으며 유년시절 브리스톨 근교의 펜스포드(Pensford)에서 보냈다. 1647년 웨스트민스터 기숙사학교에 입학하여 우수한 성적으로 졸업했었다. 1652년 옥스퍼드 대학의 크리스트 칼리지에 장학생으로 입학하여 언어, 논리학, 윤리학, 수학, 천문학을 두루 공부하면서 르네 데카르트(Rene Descartes) 철학을 배웠다. 1656년 학사학위를 받은 후 2년간 석사학위 과정을 밟았었다. 1660년 옥스퍼드 대학의 튜터로 5년간 활동한 후 4개월간 정부 특사로 독일을 방문했었다. 이를 계기로, 그는 약 10여년간 정치무대에서 활동했다. 처음 백작 에쉴리(Ashley)의 서기로 발탁되어 1675년에는 심지어 무역 식민위원회의 서기장에 임명되었다. 이 시기에, 그는 심한 천식으로 정계에서 은퇴한 후 프랑스의 몽펠리에르에서 약 4년간에 걸쳐 휴양 생활을 한 후 1679년 영국으로 귀국했었다. 존 로크(John Locke, 1632~1704)는 정치사상가임과 동시에 영국의 철학자로서 가장 영향력있는 계몽주의(啓蒙主義) 사상가이자 자유주의(自由主義) 이론가로 불리운다. 그의 저서로는 당시 '새로운 과학' 즉 근대과학을 포함한 인식(認識)의 문제를 다룬 그의 주요 저서 『인간오성론』(An Essay concerning Human Understanding, 1690년), 『시민정부론』(Two Treatises of Government, 1690년), 『관용에 대한 편지』(A Letter concerning Toleration) 등이 있다.

29) 존 로크(John Locke, 1632~1704)는 영국의 최초 '경험론(經驗論)' 철학자이다. 그의 유명한 철학 저서인 『인간오성론』은 아무 것도 각인되지 않은 백지(白紙) 상태(타뷸라 라사, tabula rasa)에서 태어나 경험(經驗)을 통해 자신을 완성해 간다는 주장이다. 그의 인간 정신에 관한 이론은 '자아 정체성'에 관한 근대적 개념의 기원으로서 데이비드 흄(David Hume), 장-자크 루소(Jean-Jacques Rousseau), 임마누엘 칸트(Immanuel Kant)과 같은 이후의 철학자들의 연구에 큰 영향을 주었다.

30) '명예혁명'(1688년)은 당시 왕(王)이었던 제임스 2세의 폭정에 대항하여 1688년 영국에서 일어난 혁명이다. 의회의 다수당인 휘그당과 토리당에 의해 일어나 오렌지 공 윌리엄과 메리부부를 왕(王)으로 앉히

(1) 정치철학: 『시민정부론』(1690년)

존 로크(John Locke)는 그의 저서 『시민정부론』(Two Treatises of Government, 1690년)는 토마스 홉스(Thomas Hobbes)의 저서 『리바이어던』(Leviathan, 1651)과 달리, 절대왕정을 비판하고 자연상태(自然狀態)에서 인간들이 합리적 존재로서 '공동선(共同善)'을 위한 공동체'로 시작한 것이 사회라고 주장했다.[31]

존 로크(John Locke)는 통치권(統治權)이 군주나 행정부의 소유가 아니라고 주장했다. 그는 다수를 위해 통치권을 입법부의 손에 넘겨주기를 원했다.[32] 그에게 행정부는 법(法)의 아래에 있는 것이고, 행정부의 권력은 경우에 따라 제한받기도 한다. 여기서 유의할 것은 존 로크(John Locke)는 행정부가 시민의 신뢰에 어긋나는 행위를 할 경우, 그 행정부를 교체하는 최고의 권력이 시민에게 주어져 있다고 주장했다는 점이다. 즉, 사회계약설(社會契約說)은 사회구성원의 권리에 반(反)하는 지도자를 내쫓을 수 있다는 것이다. 이것은 시민들에 의한 저항의 권리를 인정한 것으로써 그에게 있어 가장 혁명적인 사상이라고 말할 수 있다. 그가 시민의 저항권(抵抗權)을 인정함으로써 1688년 명예혁명(名譽革命)은 정당화됐다. 이와 같이 시민 개개인의 권리를 신성한 것으로 인정한 그의 『시민정부론』(Two Treatises of Government, 1690년)은 자본주의적(資本主義的) 의회민주주의(議會民主主義) 사상의 기초가 되었다.[33]

고 제임스 2세는 국외로 도피하였다. 유혈 사태가 일어나지 않아 '명예혁명'이라고 불리운다.

31) 존 로크(John Locke, 1632~1704)의 정치사상과 토마스 홉스(Thomas Hobbes)의 정치철학은 상호대립적이라는 점이다. 양자의 대립은 바로 '자연상태(自然狀態)'에 관한 개념에 있다. 또한, 존 로크(John Locke)의 국가관(國家觀)은 토마스 홉스(Thomas Hobbes)의 국가관(國家觀)과 다르다는 점이다.

32) 이것은 영국에서 벌어졌던 국왕의 전횡을 경계하는 의미를 지니고 있는 것이라고 말할 수 있다.

33) 존 로크(John Locke, 1632~1704)가 이러한 자신의 사상을 발표한 때는 1688년으로, 의회에 의해 제임스 2세가 쫓겨난 명예혁명(名譽革命)이 일어난 해이다. 그의 정치철학이 집중적으로 제시되어 있는 『정부에 관한 두 가지 논고(Two Treaties of Goverment)』가 출판된 것은 영국 명예혁명 이후인 1689년이었지만, 그가 이 책을 저술한 것은 1683년이었다. 그는 영국 정부가 유럽 전역에 지명 수배한 84명의 반역자들 중 한 사람이었다. 그의 정치철학은 혁명의 기운이 팽배하고 "산업혁명을 목전에 둔, 자본주의 생산양식의 승리가 이미 명백해지던 시대 속에서 사회-경제적 권력을 장악한 부르주아의 정치이념을 피력하였다. 이렇게 새롭게 성장하던 부르주아적 세계는 더 이상 공동체라는 공간과 경작을 통해 "토지에 긴박되어 있는 개체들"의 세계가 아니었다. 그 세계의 새로운 주인은 "자유롭게 대지를 가로지르며 자신의 욕망에 따라 스스로 행동하며, 더 이상 '경제외적 강제력'이 작동하지 않는 인격적으로 자유로운 자들이었다." 이제 안전의 지속과 부를 향한 인간의 욕망은 탐욕스러운 '사적 소유의 욕망'이 되었으며, 생산활동은 '경제적 규칙'을 따라 이루어졌다. 신분 질서를 중심으로 '인신적 구속'이 강하던 봉건적 공동체와 달리 새롭게 출현한 자본주의는 "동등한 개체들이 사적이고 물질적인 유인 동기에 의해 움직이

토마스 홉스(Thomas Hobbes)만 하더라도 그의 저서 『리바이어던』(Leviathan, 1651)의 권력(왕이든 의회든)에 정당성을 부여하는 존재는 국민이지만, '양도'된 권력은 극단적일 만치 특별한 경우 외에는 행정의 안정과 최저 효율의 보장을 위해 도로 빼앗아 갈 수 없어야 한다고 했었는데, 이를 통해 존 로크(John Locke)의 사상이 당시로서 얼마나 급진적이고 비타협적이었는지 알 수 있다. 이러한 원칙적인 태도는 후대의 계몽주의 학자들에게도 높은 평가를 받았으며, 미국 헌법의 기초가 되었고, 프랑스 혁명이 일어나서는 시민 혁명 시대를 이끈 개념이 되었다.

존 로크(John Locke)는 정치이론을 신학에서 해방시키려고 했던 토마스 홉스(Thomas Hobbes)의 문제의식을 그대로 이어받으면서도 〈홉스의 사회과학적 연구방법〉에서 〈절대 군주제의 옹호라는 결론〉을 분리하려고 노력한 사상가였다. 존 로크(John Locke)는 "국왕 대권"이라는 이름으로 "이전부터 있어 왔던" 기존의 군주 권력의 절대성이라는 인습적(전통적) 사고에 반대하여 권력의 절대성을 비판했다. 존 로크(John Locke)는 현재의 정치권력을 이해하려면, 그것이 본래 어떠한 것이었는지를 살펴보아야 하고, 모든 인간이 자연적으로 어떤 원초적 상태에 있었던가를 고찰해야 한다고 주장한다. 즉, 현재의 사회 상태를, 가장 단순하고 원초적인 상태 내지는 부분으로 환원해서 논의를 전개해야 한다고 주장했다.

(2) 민주적 정치제도로서 '의회제도'

존 로크(John Locke, 1632~1704)는 최초로 '헌정(憲政) 민주정치(民主政治)'와 '자연권(自然權)'을 주장한 경험주의 철학자이며 근대 민주주의 이론의 선구자이다. 특히, 그는 민주적 정치제도로서 '의회제도(議會制度)'를 이론화하였다. 18세기는 민주주의 혁명의 시대였다. 정치문제는 자유(自由)와 평등(平等)에 관한 문제였으며, 정치이론은 양도할 수 없는 자연권(自然權)의 관점에서 전개되었다.

존 로크(John Locke)는 상기 저서 『시민정부론』(Two Treatises of Government, 1690년)에

는 사회"였다. 이처럼 자본주의는 이전 사회에 비해 훨씬 더 높은 '해체가능성'을 가지고 있었던 것이다. 그런데 이러한 '해체의 위험성'에 주목한 사람이 토마스 홉스(Thomas Hobbes)라면, '경제적 유인동기'에 주목한 사람이 존 로크(John Locke)였다. 이들의 '근대 사회계약론'이라는 정치철학의 패러다임이 가진 특징은 바로 이러한 문제의식에서 기인한다. 그 새로운 정치 전략은 더 이상 고대 그리스나 로마처럼 "윤리적 덕성이나 도덕적 가치, 인간적인 유대에 호소하지 않는다." '계약'이라는 말이 보여주듯이 철저하게 자신에게 '이익'이 되는 행위로서 '국가와 정치'는 이제 거래 행위의 산물로서 간주되는 것이다.

서 그가 말하는 자연상태란 무엇이며, 입법권의 범위와 국가권력의 종속 관계는 어떠한지 논술하고, 이를 통해 정치권력이란 법을 만드는 권리이며, 그 모든 것의 목적은 공익(公益)에 있어야만 한다는 점을 강조하고 의회민주주의(議會民主主義)의 원리와 이론을 다룸으로써 민주주의의 기본원리인 권력분립에 대해 설명했다. 그는 입법권이 국민에게서 나오기 때문에 입법권(立法權)을 최고의 권력으로, 입법기구를 최고의 권력기구로 보았다.

존 로크(John Locke)의 정치이론은 왕(王)의 신성한 권리(왕권신수설)와 주권자의 절대권력을 분명하게 거부했다. 그는 모든 사람이 자유(自由)와 평등(平等)의 자연권(自然權)을 가지고 있다고 주장했다. 존 로크(John Locke)는 그의 저서 『통치이론』(1690년)에서 영국에서의 최고권력은 국왕과 상원·하원으로 이루어지는 입법부(의회)에 있다고, 의회와 행정부(국왕)의 관계에 있어서는 의회(議會)가 우위에 있다고 각각 주장하였다. 이것은 오늘날 '의회제 민주주의(議會制 民主主義)'와 '의원내각제(議員內閣制)'의 원형(原型)이 되었다. 그는 1688년 명예혁명(名譽革命) 후의 영국 부르주아 국가를 변론하고 그의 사상은 영국 민주주의의 근원이 되었다. 그가 '민주주의의 아버지'로 불리는 이유는 바로 여기에 있다.

또한, 존 로크(John Locke)는 사회계약(社會契約)을 맺고 국가와 정부를 설립하는 것은 각 개인의 소유권(所有權)을 보호하기 위한 것이며, 만약 입법부나 행정부 등의 국가기관이 개인의 소유권을 침해하는 중요한 사태가 발생하면 그것에 대항하여 혁명을 일으켜도 좋다고 주장하였다. 이 주장은 일반국민의 안전을 도모하기 위하여 국가는 일반국민의 재산권(財産權)을 보장하여야 한다는 정치사상의 원리를 말한 것이다.

(3) 사회계약론(社會契約論): 인간의 자연권(自然權)

전술한 바와 같이, 토마스 홉스(Thomas Hobbes, 1588~1776)는 존 로크(John Locke, 1632~1704)보다 먼저 '사회계약론(社會契約論)'을 주장하였다. 토마스 홉스(Thomas Hobbes)는 그의 대표적 저서인 『리바이어던』(Leviathan, 1651년)에서 국가존립의 타당성을 옹호하고 국가가 개인의 자연권(自然權)을 제한하는 것을 합리화하였으며 전제군주제(專制君主制)를 '이상적인 국가형태'라고 주장하였다.[34] 그 이유는 모든 사람이 자기 이익만을 끝까지

---

34) 토마스 홉스(Thomas Hobbes, 1588~1776)는 자연상태(自然狀態)에서는 각 개인이 자연권(自然權)을 가지고 있었지만, 자연법(自然法)이 충분히 기능하지 않았기 때문에, '만인(萬人)의 만인(萬人)에 대한 투쟁(鬪爭)' 상태가 발생했다고 가정한다. 따라서, 이 투쟁 상태를 극복하기 위해 어쩔 수 없이 여러 개인이 자연적 이성의 발현에 의하여 자연상태(自然狀態)에서 가지고 있던 자연권(自然權)을 포기하고 사회계약(社會契約)을 체결하고 그 계약에 따라 발생한 주권(主權)에 의해 국가(國家)가 성립되었다고 본

추구하는 자연상태(自然狀態)에서는 '만인(萬人)의 만인(萬人)에 대한 투쟁(鬪爭)'이 전개되기 마련이라고 그는 생각했었기 때문이다. 토마스 홉스(Thomas Hobbes)에게 '자연상태'(自然狀態)란 공포와 죽음의 위협으로 얼룩진 아주 부정적인 것이었다.[35] 그가 말하는 '자연상태(自然狀態)에서의 자기 보전' 즉 자연권(自然權)의 확보에 필요한 여러가지 조건들이 자연법(自然法)이라는 것이다. 그리고 자연법(自然法)의 내용들은 '인권보장(人權保障)'의 규정으로서 각국 헌법(憲法)에 반영되어 있다.

이와 대조적으로, 존 로크(John Locke)가 말하는 '자연상태'(自然狀態)란 인간을 심판하고 벌하는 어떠한 권위도 존재하지 않는, 함께 어우러져 사는 인간의 사회라는 것이다. 그는 '자연상태'(自然狀態)를 '완전히 자유롭고 평등한 상태'로 정의하였다: *"그것은 사람들이 다른 사람의 허가를 얻는다든가 또는 다른 사람의 의지에 의존하는 일이 없이, 자연법의 범위 내에서, 스스로 적당하다고 생각하는 대로, 자신의 행동을 규율하며, 또한 그 소유물(possessions)과 신체를 처리할 수 있는 완전히 자유로운 상태"*이다(『시민정부론』 II, 제2장). 그리고 '자연상태'(自然狀態)에서는 '평등한 상태'로서 *"일체의 권력과 권한은 상호적인 것이며, 어느 누구도 다른 사람들보다 더 많은 것을 갖는 일은 없다."* 요컨데, 인간은 본래 자유롭고 평등한 존재라는 것이다.

상기와 같이, 존 로크(John Locke)의 '사회계약론(社會契約論)'은 '자연상태'(自然狀態)에 관한 그의 기본 인식에 근간을 두고 있다. 그는 '자연상태'(自然狀態)에서 인간은 '정치적 존재'가 아니라고 말한다. 인간은 '자연상태'(自然狀態)에서 인간에게는 신(神)으로부터 주어진 공평한 권리가 있는데 그것은 바로 자신의 재산을 가질 수 있다는 것이다. 이 사상은 당시 다른 철학자들과 비교된다. 그 이유는 '자연상태'(自然狀態)에서의 인간의 소유는 '이웃의 동의를 받아야 한다'는 다른 철학자들의 주장과는 상충되기 때문이다.

다. 계약 당사자에 왕(王)은 포함되어 있지 않는다. 그러나 홉스는 군주는 만능일 뿐만 아니라 분할 양도 불가능한 것이므로, 사회계약(社會契約)에 의해 임금이 일단 주권하게 된 이상, 이를 변경할 수 없다고 주장하면서 왕정(王政)뿐만 아니라 국왕(國王) 주권을 정당화했다.

35) "국제법의 아버지" 혹은 "자연법의 아버지"로 불리는 네덜란드의 법학자 휴고 그로티우스(Hugo Grotius, 1583~1645)를 비롯한 고전적 사회계약론자들은 자연상태(自然狀態)에서 사람은 자연권(自然權)을 가지며, 자유가 평등한 인간이 사교성(社交性)을 가진 집단에서 목가적인 평화스럽게 살고 있었다고 추정한다. 게다가 사람의 사교성(社交性)의 연장으로 자연발생적으로 신민(臣民)이 자기의 피난처를 추구한 나머지, 왕(王)에게 복종하는 '통치 계약'(contract of government)를 체결함으로써 국가(國家)가 성립되었다고 주장한다. 이와 같이, 고전적 사회계약론은 중세 사회계약론에서 한 걸음 나아가, 자연권(自然權) 보장을 목적으로하는 등 그 내용은 계몽사상 과 지속적인 접촉을 갖고 있었지만, 사회계약(社會契約)의 일방 당사자는 왕(王)이며, 이미 왕정(王政)을 필연적으로 정당화하는 이론이었다.

존 로크(John Locke)는 철저히 인간의 자연권(自然權)을 중심으로 국가와 정부에 관해서 논술했다. 즉, 인간은 사회를 이루면서 국가를 통해 결속하고 자신의 생명과 재산을 보호하기 위해서 정부의 지배를 받아들이게 된다. 인간의 권리는 절대적인 것이다. 즉, 본래 인간은 자유롭고 평등하기 때문에 당사자의 동의 없이 재산을 강탈할 수 없고, 어떠한 정치권력도 인간을 예속시킬 수 없다는 것이다.

존 로크(John Locke)가 말하는 '자연상태'(自然狀態)에서는 인간의 도덕적 법칙은 달성될 수 있으며, 만인(萬人)이 모두 평등하고 자유롭기 때문에 인간의 생명·재산·자유를 누구도 침해할 수 없다는 것이다. 존 로크(John Locke)는 자연권(自然權)을 개인의 생명·건강·자유·재산에 대한 권리로서 다른 사람에게 침해받을 수 없다고 주장한다. 그중에서도 그가 가장 중요시 한 자연권(自然權)은 바로 '재산권(財産權)'이라는 것이다.[36] 상기한 시각의 차이로 인하여, 존 로크(John Locke)의 '자연권(自然權)'의 내용은 토마스 홉스(Thomas Hobbes)의 그것과는 정반대이다.

존 로크(John Locke)는 자연권(自然權)에 대한 확신은 단지 당위의 수준에 머무르는 것이 아니라 이성(理性)을 구현함으로써 얼마든지 가능하며 이성(理性)을 구현한 것이 바로 '법(法)'이라고 결론지었다. 그는 상기한 '법(法)'을 '자연법'(自然法, Natural Law)이라고 불렀다.

존 로크(John Locke)의 '자연법'(自然法, Natural Law)은 토마스 홉스(Thomas Hobbes)가 주장하듯이 자신을 보존하기 위한 법(法)이 아니라, 각 개인의 가치를 신(神)이 부여한 성스러운 것으로 간주하는 법(法)이다. 바로 이러한 전제하에서 인간이 태어날 때부터 '자연권(自然權)'은 주어진다고 존 로크(John Locke)는 주장했다.

존 로크(John Locke)는 인간은 노동(勞動)을 통하여 신(神)이 주신 자연(自然)을 '이웃의 동의 없이' 소유할 수 있다는 것이다. 다시 말하면, '자연상태'(自然狀態)에서의 자연물은 모든 사람이 공유하고 있는 상태이다. *"하느님께서 아담에게 그리고 노아와 그의 자손들에게 세상을 주신 것에 대한 설명을 담고 있는 계시에 따르면, 다윗 왕이 말했듯이, 하느님께서 "땅(earth)을 사람들에게 주셨다"(시편, 115, 16)는 것처럼 하느님이 그것을 인류에게 공유물로(in common) 준 것은 명백하다"*(John Locke, 1698, section 25).

따라서 '재산권(財産權)'에 관한 존 로크(John Locke)의 견해는 '자연상태'(自然狀態)에서 어떻게 '사유재산권(私有財産權)'으로 변경되는가에 대한 논증으로 구성되어 있다. 존 로크(John Locke)에 의하면 개인의 '사적소유권(事績所有權)'은 자신의 인신에 대한 소유권에서

---

36) 이것은 자본주의적 윤리와 정치관을 그대로 보여 주는 것으로서 당시 발전하고 있던 자본주의적 제도에 걸맞은 정치사상이라고 볼 수 있다.

출발한다. 즉, 자유의 상태이며 노예의 상태에 있지 않다는 것이다. 그는 자신의 재산권(財産權) 철학에서 주요한 개념 중의 하나인 '자기소유권'(self-ownership) 개념을 사용하였다. 즉, 각 개인은 자신의 인신(person) 즉, 그의 신체의 노동과 손의 작업은 당연히 그의 것이라고 말할 수 있다(John locke, 1698, section 27)는 것이다. 다시 말하면, 자신의 인신(人身)에 관해서는 자신을 제외한 다른 어느 누구도 소유권을 가지고 있지 않다는 것이다.

여기서 유의할 것은 '사적소유권(事績所有權)'이 성립되기 위해서 '자기소유권' 외에 요구되는 또 하나의 조건이 있는데, 그것은 '노동의 부가가치'라는 점이다. 즉, 존 로크(John Locke)는 노동을 가장 기본적인 재산으로 간주하고 인간의 노동이 바로 '사유재산권(私有財産權)'을 정당화시킬 수 있는 근거라고 주장했다. 인간은 기본적으로 노동을 소유하고 있는 존재이고, 노동이 그의 소유라면 노동을 통하여 변형시킨 것 역시 그의 소유가 될 수 있다는 것이다. 따라서 자신의 노동에 의하여 부가된 것에 대해서는 타인의 공통된 권리가 배제된다는 것이다.

그러나 상기한 2개 조건('자기소유권'과 '노동의 부가가치')의 성립도 사유재산권(私有財産權)이 발생될 수 있도록 하는 '완전한 조건'은 아니라고 존 로크(John Locke)는 주장했다. 나머지 조건이란 다음과 같은 '존 로크의 단서(Lockian Proviso)'이다: *"적어도 그에 못지않은 질(質)의 충분한 양(量)이 다른 사람에게도 공동의 것으로 남아 있는 경우(at least where there is enough, and as good left in common for others)에만 생산물에 대해 소유권을 인정할 수 있다"*(John locke, 1689, section 27).

다시 말하면, 사유재산권(私有財産權)의 '완전한 조건'은 자신이 사용할 수 있는 한도 내에서 소유해야 한다는 것이다. 예를 들어, 어떤 사람이 혼자 먹을 만큼 이상의 사과를 얻어 그 사과를 썩게 한다면, 그것은 자연법(Natural Law)에 어긋난다는 것이다. 따라서 잉여생산물(剩餘生産物)은 물물교환(物物交換)을 야기하는데, 그 물물교환을 간편하게 하기 위해서 화폐(貨幣)가 발명되었다는 것이다. 금, 은, 돈과 같은 것들은 썩지 않기 때문에 인간은 자연법칙을 어기지 않는 한도 내에서 자신의 재산을 증식할 수 있었다는 것이다.

요컨대, 존 로크(John Locke)는 공유상태인 자연상태(自然狀態)에서 '자기소유권'과 그 자신의 노동이 결합함으로써 그의 사유재산(私有財産)이 된다고 주장했다(John Locke, 1698, section 27). 이 결과, 노동에 의해 축적한 재산에 대한 권리는 바로 그 노동의 주인에게로 귀속되어야 한다는 것이다. 따라서 인간은 평생 자신의 노동만큼의 재산만을 축적할 수 있다는 것이다.

존 로크(John Locke, 1632~1704)는 자연법(Natural Law)이 존재하는 한, 인간은 자유(自

由)를 누를 수 있다고 주장했다. 나아가 자신의 재산이 도난을 당했을 시(時)에는 도둑에 대한 처벌을 할 수 있는 권리가 누구에게나 있다고 주장했다. 그러나 인간은 자기의 재산을 보다 더 효과적으로 안전하게 지키기 위해서 어떤 기관이 필요한데, 그 기관을 만들기 위한 중간과정이 바로 '사회계약설(社會契約說)'이라고 한다.

존 로크(John Locke, 1632~1704)의 '사회계약론(社會契約論)'은 다음과 같다: 평화(平和)·선의(善意)·상호부조(相互扶助)가 있는 낙원적(樂園的) '자연상태'(自然狀態)에서 노동(勞動)에 의한 자기 재산을 보유하는 자연권(自然權)의 안전 보장을 위한 목적으로 사회계약(社會契約)에 의하여 국가(國家)가 형성되었다는 것이다.

존 로크(John Locke, 1632~1704)의 '사회계약론(社會契約論)'에 의하면, 국가의 임무는 상기한 최소한의 안전보장에 있다고 하는 야경국가론(夜警國家論)이었다. 그것을 위한 권력으로서 국민은 사회계약(社會契約)에 의하여 국가(國家)에 그것을 신탁(信託)하였다는 것이다. 즉, 국가(國家)는 국민주권(國民主權)에 기초를 둔다는 것이다.

여기서 유의할 것은 '사회계약(社會契約)'에 의하여 성립된 국가(國家)는 절대권력을 행사하는 기관이 아니라, 입법부가 정한 법(法)에 의해 행정부가 통치하는 기관이라는 점이다. 나아가 국가(國家)는 국민의 재산을 안전하게 보호할 의무를 제대로 수행하지 못했을 경우, 국민에 의해 파기될 수 있다고 존 로크(John Locke, 1632~1704)는 주장했다.[37] 그는 1688년 명예혁명(名譽革命) 후의 영국 '부르주아 국가'를 변론하고 그의 사상은 영국 민주주의의 근원이 되었다.

(4) 파급효과

① 미국 독립전쟁(1775~1783)

국민의 저항권을 인정한 그의 자유주의(自由主義) 사상은 미국독립전쟁(American War of Independence, 1775~1783)에 사상적 기틀을 제공하였으며, 미국 정치가 토머스 제퍼슨(Thomas Jefferson, 1743~1826)에게 크나큰 영향을 주었고 미국의 『독립선언문』(1776.07.0

---

37) 토마스 홉스(Thomas Hobbes, 1588~1776)는 계약자들의 모든 권리를 한 명의 통치자에게 일임한다고 주장한다. 이와 정반대로, 존 로크(John Locke, 1632~1704)의 주장은 다음과 같다: 계약자들은 대표자를 선출하며, 대표자에게 자신의 권리를 일부양도한다. 대표자는 계약자들을 보호할 의무가 있습니다. 그러나 대표자가 계약자들의 권리를 침해하려고 할 경우에는, 양도하지 않은 권리 즉 '저항권'을 발휘하여 새로운 통치자를 선출할 수 있다. 즉, 기존의 체계를 무너뜨리고 새로운 것을 세운다. 물론, 저항권은 최후의 보루로 사용한다는 것이다.

4)38)에 반영되었다.

당시, 13개 식민지 지역의 많은 사람들은 공화주의(共和主義)의 신념을 지니고 있었다. 특히 미국의 '국부(國父)'들(새뮤얼 애덤스, 토머스 페인, 벤저민 프랭클린, 조지 워싱턴, 토머스 제퍼슨, 존 아담스 등)은 공화주의(共和主義)를 열렬히 지지하였다. 13개 식민지의 대표자들은 영국의 신분제 의회에 속해 있었으나, 이러한 귀족정(貴族政, Aristocracy)에 대해서 매우 비판적이었다. 이들에게 있어 부패(腐敗)는 더할 나위 없는 악(惡)이었다. 또한, 남자라면 자신의 욕망에 앞서 시민의 의무를 다하는 공익의 실현이 당연하다고 여겼다. 즉, 남자는 시민의 의무를 다하기 위해 나라를 위해 싸워야 하는 것이었다.

존 로크(John Locke, 1632~1704)의 자유주의(自由主義) 사상은 미국 정치가 토머스 제퍼슨(Thomas Jefferson, 1743~1826)에게 크나큰 영향을 주었고 미국독립선언문(1776.07.04)의 기초가 되었고 미국의 독립혁명의 밑거름이 되었다. 이로써, 존 로크(John Locke, 1632~1704)는 '근대 민주주의 이론의 선구자'로 칭송받게 되었다.

② 프랑스 계몽주의(啓蒙主義)

존 로크(John Locke, 1632~1704)의 자유주의(自由主義) 사상은 훗날 프랑스 계몽주의(啓蒙主義) 운동, 1789년 프랑스 혁명 등에 크나큰 영향을 주었다. 그 후, 프랑스의 계몽주의자인 프란시스 볼테르(Francis Marie Arouet de Voltaire, 1694~1778), 샤를-루이 드 스콩다 몽테스키외(Charles-Louis de Secondat, 1689~1755)는 자연권(自然權)에 기반을 둔 '정치적 민주주의(政治的 民主主義)'를 구상하기 시작했었다. 그들은 '인간(人間)의 국가'가 '신(神)의 나라'를 모방한 것이라는 신학적(神學的) 정치관(政治觀)을 완전히 파기하고 '자연권(自然權)'과 '사회계약론(社會契約論)'을 통하여 새로운 정치이론을 제시했다. 그러나 당시 정치에 대한 '철학적 사유'는 상기와 같이 발전하고 있었지만 현실의 정치는 독단적이고 권위주의적인 국가로 머물러 있었다.

'계몽주의'(啓蒙主義, Illusionism)는 인간의 이성(理性)을 통하여 사유하는 사상이다. 독일의 위대한 철학자인 임마누엘 칸트(Immanuel Kant, 1724~1804)는 계몽주의를 "인간이 다른 사람들의 의견에 굴종하는 것으로부터 해방되어, 자기 자신이 스스로 이성(理性)을 행사하는 마음의 준비가 되어 있는 것"이라고 정의하였다.

---

38) 미국의 독립선언문은 토머스 제퍼슨(Thomas Jefferson, 1743~1826)이 기초하고 벤자민 프랭클린(Benjamin Franklin, 1706~1790)과 존 애덤스(John Adams, 1735~1826)가 가필하여 1776년 7월 4일 공포한 선언문이다. 존 로크(John Locke)의 영향을 크게 받아 자연권 사상을 전개하고 "정부의 정당성은 국민의 동의에서 나온다"고 국민의 저항권을 주장한다.

당시까지만 해도 사람들은 종교적 혹은 정치적 권위에 무조건적으로 복종해 왔었다. 그러나 '계몽주의'(Illusionism)는 더 이상 신(神)의 은총이나 보살핌에 의존하는 것이 아니라, 인간이 자신의 이성(理性)을 활용하여 세계를 이해하고, 지식과 자유를 얻고, 행복으로 나아갈 수 있다고 믿는 것이다. 따라서 르네상스에서 출발했던 근대(近代)는 계몽주의(Illusionism)에 와서 비로소 이성(理性)의 능력을 긍정함으로써 현실화되기 시작했다고 말할 수 있다.

계몽주의(啓蒙主義) 사상가들은 '인간의 이성(理性)에 대한 확신'을 가진 사람들이었다. 그들의 사상은 르네 데카르트(Rene Descartes)의 합리주의, 인간 이성(理性)을 통하여 사물을 설명하는 물리적 자연의 법칙을 찾을 수 있음을 증명한 아이삭 뉴턴(Issac Newton), 또한 인간 이성(理性)을 통하여 사회 문제를 해결하고 조정할 수 있다고 믿었던 존 로크(John Locke)의 영향을 각각 받았다. 계몽주의 사상가들은 종교나 풍습을 미신으로 간주하고 사유의 기준을 인간의 이성(理性)에서 찾자고 주장했다.

계몽주의 철학자들은 르네상스의 초점이었던 단순한 수학적 인식 요소보다는 감각적 인식 요소에 의거하여 자연의 실재(實在)로부터 인간 정신의 구조에 대한 관심을 돌리고, 다시 인간 정신의 구조를 경험적으로 설명하였다. 이러한 계몽주의 철학은 소위 영국의 경험론(Empiricism) 학파에 의하여 제창되었다. 이러한 철학사조는 임마누엘 칸트(Immanuel Kant, 1724~1804) 시대 이전까지 계몽주의 철학을 주도하였다.

계몽주의(啓蒙主義, Illusionism)는 17세기 영국의 경험주의, 18세기 프랑스의 계몽주의를 포괄한다. 계몽주의 사상가들은 사물보다는 관념을, 본유적·필연적 원리보다는 경험을 기반으로 철학을 연구했다. 또한, 계몽주의는 인간의 이성(理性)으로 수립된 과학을 신뢰하고 세상의 모든 것을 변화시킬 수 있다는 낙관적인 전망을 가지고 있었다. 이성(理性)을 중시하는 계몽주의는 현대 프랑스 철학에서 '이성'(理性)의 폭력적인 힘이 비판받기 시작했던 20세기까지 유럽 전체를 지배했다.

대부분의 계몽주의(啓蒙主義) 사상가들은 정치적 열망이 강한 사람들이었다. 그들은 인간의 국가가 신(神)의 나라를 모방한 것이라는 근대 이전의 신학적 정치관을 완전히 파기했다. 그리고 '자연권(自然權)'과 '사회계약론(社會契約論)'을 통하여 새로운 정치이론을 제시했다. 그러나 정치에 대한 철학적 사유는 상기와 같이 발전하고 있었지만 현실의 정치는 그대로 머물러 있었다. 이러한 정치적 현실은 계몽주의(啓蒙主義) 사상가들로 하여금 비판과 개혁, 심지어 혁명을 지향하는 시민운동가들로 변모하게 만들었다.

3) 장-자크 루소(Jean-Jacques Rousseau, 1712~1778): '일반의지'를 위한 정치체제와 '共同善'을 위한 사회계약론

장-자크 루소(Jean-Jacques Rousseau, 1712~1778)는 스위스 제네바에서 태어난 프랑스의 낭만주의 철학자이다.[39] 그의 대표적 저서로서 『인간불평등 기원론』(Discours sur l'origine et les findements de l'inegalite parmi les hommes, 1755년), 『사회계약론』(Du Contrat social ou principes du droit politique, 1762년), 『정치경제론』(De l'économie politique, 1755년), 『에밀』(Emile ou De l'Education, 1762년) 등을 들 수 있다. 그의 사상은 프랑스 혁명(1789년)의 사상적 기초가 되었다.[40]

---

39) 장-자크 루소(Jean-Jacques Rousseau, 1712~1778)는 스위스 제네바에서 태어난 프랑스의 낭만주의(浪漫主義) 철학자이다. 그는 1712년 당시 시(市)공화국인 제네바의 그랑 뤼 40번지(Grand'rue 40)에서 시계공인 아버지 아이삭 루소(Issac Rousseau)와 쉬얀 베르나르(Suyanne Bernard) 사이에서 태어났었다. 어머니는 출산 후유증으로 열흘 뒤에 사망했었다. 아버지가 제네바 시(市)와의 불화로 말미암아 1722년 베른 시(市) 공화국의 니용(Nyon)으로 주거지를 옮겼으며, 장-자크 루소(Jean-Jacques Rousseau)는 제네바 근교의 기숙사 학교에 들어가게 됐다. 1724년부터 그는 법원 서기가 되기 위한 직업 교육을 받았다. 1728년 이탈리아의 토리노에서 로마 가톨릭 세례를 받았으며, '장 조세프'라는 세례명을 받았다. 여기서 장-자크 루소(Jean-Jacques Rousseau)는 드 베르셀리(de Vercellis) 부인의 시종과 구봉 백작의 서기를 겸직했다. 1729년 장-자크 루소(Jean-Jacques Rousseau)는 처음으로 파리를 방문한 후 리옹을 거쳐 샹베리 등지에서 생활했다. 1730년 로잔으로 이주하여 가명으로 음악사 생활을 했다. 1743년 그의 논문(Dissertation sur la musique moderne)이 출판된 후 베네치아로 이주하여, 몽테귀 백작의 서기직을 맡았지만 1년도 채 못 되어 백작과 의견이 맞지 않아 사퇴하고 파리로 돌아왔다. 1745년 장-자크 루소(Jean-Jacques Rousseau)는 여러 귀족부인과 사귀었지만, 결국 23살 세탁부 처녀와 동거했으며, 1년 뒤 그녀가 낳은 첫 아이와 1748년에 태어난 둘째 아이를 고아원에 맡겨버렸다. 1749년부터 장-자크 루소(Jean-Jacques Rousseau)는 디드로와 친교를 맺은 후, 그의 권유로 프랑스 아카데미의 학술 공모전에 원고를 제출하여 입상했었다. 1754년 디종의 학술원에서 '무엇이 인간 불평등의 근원인가?'라는 주제로 학술연구 공모전에 제출하기 위해 정치제도에 관해 골몰했다.

40) 프랑스 혁명(1789년)의 정신은 유럽 사회에 엄청난 영향을 끼쳤고, 오늘날에도 여전히 이어지고 있다. 특히 1830년 혁명과 1848년 혁명은 프랑스뿐만 아니라 온 유럽에서 동시에 일어난 것이었다. 칼 마르크스(Karl Marx)가 훗날 유럽에서의 동시다발적인 공산주의 혁명을 주창해 낸 것도 결국 프랑스 혁명(1789년)과 19세기의 연이은 혁명들의 영향을 받은 것이었다. 특히 프랑스 혁명(1789년)은 중세의 계급적 질서를 파괴하고 자유와 평등의 이념을 진리로 드러낸 것이다. 자유와 평등은 오늘날 당연한 것으로 여겨지지만 프랑스 혁명(1789년) 이전에는 아주 불온하고 위험한 사상으로 간주됐다. 그것마저도 오랜 기간 동안 많은 사람들이 피와 땀을 흘려 얻어 낸 소중한 가치인 것이다. 여기서 유의할 것은 프랑스 혁명(1789년)의 영향은 비단 정치에만 머물러 있는 것이 아니라 사유의 혁명을 낳았는데, 그 혁명은 프랑스가 아닌 독일에서 일어났다는 점이다. 독일은 당시 정치적으로 후진적인 지역이었는데, 아직 민족국가로 성립되지도 않았고 여러 개의 나라들로 복잡하게 조각나 있었다. 따라서 이러한 국가들은 곧바로 정치혁명으로 나아갈 수 없었다. 왜냐하면 독일은 당시 계몽되지도 않았고 정치적으로 성숙하지도 않았

(1) '일반의지'(국민주권)으로서 '共同善'

　장－자크 루소(Jean－Jacques Rousseau, 1712~1778)가 기존 계몽사상가들과 의견을 달리했던 것은 바로 인간의 이성(理性)이 가진 부정적 부분을 간파했기 때문이다. 그는 '인간성 회복'을 주장하여 인간의 본성을 '자연상태'에서 파악했다.[41]

　장－자크 루소(Jean Jacques Rousseau)에 따르면 인간이 자유롭고 행복하고 선량한 것은 '자연상태'에 속해 있을 때라고 한다. '자연상태'에서 벗어나 사회제도나 문화 속으로 들어가게 되면 인간은 부자유스럽고 불행한 상태로 빠져 사악한 존재가 된다고 주장했다. 그러한 시각에서, 그는 인간성을 손상시키고 있는 당시의 사회 문화를 가차 없이 비판하였고 다시 '자연상태'를 회복하여 인간성을 회복해야 한다고 주장했다.

　장－자크 루소(Jean－Jacques Rousseau)에 의하면, 개인은 이기주의자가 될 수 있고 공동체의 이익을 짓밟고 자신의 이익을 추구하지만 사회공동체의 일원이 되면 개인은 '일반의지'(volonté général, 국민주권)를 실현하기 위해 자신의 이기심을 제쳐두고 국민 주권으로서 사회의 공동선(共同善)을 결정하게 된다는 것이다.

　장－자크 루소(Jean Jacques Rousseau, 1712~1778)의 철학에서 '일반의지'(volonté général)는 '국민주권'(國民主權)의 가장 중요한 근거이다. 이것은 개개인의 이익에서 나온 것이 아니라, 자연상태(自然狀態)에서 각 개인이 자유와 평등을 누리고 있었지만 보다 더 자유롭고 평등한 상태인 '공동선'(共同善)을 실현하려는 인민의 '일반의지'(volonté général, 국민주권)에서 나온다는 것이다. 따라서 그는 '공동체주의'(Communitarianism)를 고수하는 철학자였다.[42]

기 때문이다. 따라서 독일의 경우 정치혁명이 아닌 철학혁명이 나타났던 것이다. 예로서 임마누엘 칸트(Immanuel Kant)와 게오르그 빌헬름 프리드리히 헤겔(Georg Wilhelm Friedrich Hegel)의 철학, 마르크스주의(Marxism), 오귀스트 콩트(Auguste Comte)의 사회학 등을 들 수 있다. 프랑스 혁명(1789년) 이후, 철학은 본격적으로 인간과 역사에 대해 사유하고, 인간의 권리와 정치의 원칙에 대한 구체적인 이론을 제시했다. 정치는 철학의 지평을 넓혀 주었다. 다시, 새롭게 나타난 철학은 정치를 풍요롭게 하였고 새로운 정치의 가능성을 보여주었다.

41) 장－자크 루소(Jean－Jacques Rousseau, 1712~1778)의 '자연상태'는 존 로크(John Locke, 1632~1704)의 주장과 유사한 것 같으면서도 다른 것이었다.

42) 장－자크 루소(Jean－Jacques Rousseau)의 이론은 개인주의적인 영국의 존 로크(John Locke, 1632~1704)의 자유주의적 관습과 많이 유사하지만 어떤 주요한 부분에서는 차이점도 있다. 예를 들어, 장－자크 루소(Jean－Jacques Rousseau, 1712~1778)의 국민주권의 이론은 "일반의지"라는 개념을 포함하는데, 그것은 단순히 개인의 의지를 총 합계한 것 이상의 의미를 지닌다. 따라서 개인주의적 입장이기 보다는 공동체적, 전체론적 입장이다. 즉, 개인은 이기주의자가 될 수 있고 공동체의 이익을 짓밟고

다시 말하면, 장-자크 루소(Jean-Jacques Rousseau, 1712~1778)는 그의 유명한 논문인 『사회계약설, 정치적 권리의 원칙』(1762년)에서 불가분하고 양도될 수 없는 '일반의지'(volonté général)에 의해 생성된 국민주권(國民主權)의 개념을 정립하고 이 개념을 토대로 '사회계약설(社會契約說)'을 제시하였는데, 이를 요약하면 다음과 같다: *"우리 모두는 '일반의지'라는 최고의 명령아래 공동으로 자신의 주권(主權)을 행사할 수 있다. 그리고 공동체의 한 부분으로서의 개인이 된다."*

즉, 모든 국민은 '일반의지'(국민주권)를 대표하는 '정치적 주체'라는 것이다.

여기서 유의할 것은 장-자크 루소(Jean Jacques Rousseau)는 '주권'이란 모든 국민에게서 나오는 것이기 때문에 모든 국민의 의사를 대표하지 않고 일부만을 대표하는 신분제 의회나 재산을 가진 시민만이 선거에 참여하여 구성되는 영국의 의회는 전혀 의미가 없다고 주장했다는 점이다. 그의 입장에서 보면, 모든 국민은 정치 체제와 '일반의지'(국민주권)를 대표하는 정치적 주체인 셈이다. 그렇게 성립된 정치체제는 법(法)을 제정하는 것으로 유지된다. 법의 제정은 '일반의지'(국민주권)가 행사되는 과정으로 모든 사람들을 대상으로 하는 것이고 '일반의지'(국민주권)를 유지하는 힘인 것이다.

인간이 자유롭고 행복하고 선량한 것은 '자연상태'(自然狀態)에 속해 있을 때이다. 만약 '자연상태'(自然狀態)에서 벗어나 '사회상태'(社會狀態)로 들어가게 되면 인간은 부자유스럽고 불행한 상태로 빠져 사악한 존재가 된다. '사회상태'(社會狀態)는 인간성(人間性)을 손상시키기 때문에 다시 '자연상태'(自然狀態)를 회복하여 인간성(人間性)을 회복해야 한다. 즉, '인간성 회복'은 '자연상태'(自然狀態)에서의 인간의 본성(本性)을 되찾는 것이라고 한다.

장-자크 루소(Jean-Jacques Rousseau, 1712~1778)의 대표적 저서로서 『인간불평등 기원론』(Discours sur l'origine et les findements de l'inegalite parmi les hommes, 1755년), 『정치경제론』(De l'économie politique, 1755년), 『신 엘로이즈』(1761년)[43], 『사회계약론, 정치적

자신의 이익을 추구하지만 공동체의 일원이 되면 개인은 '일반의지'(국민주권)를 실현하기 위해 자신의 이기심을 제쳐둔다는 것이다. 요컨데, 국민주권(國民主權)은 전체로서 공동선(共同善)을 결정하게 된다는 것이다.

43) 『신 엘로이즈』(1761년)은 장-자크 루소(Jean Jacques Rousseau)의 유명한 소설이다. 그는 프랑스에서 거의 혼자서 계몽주의(Illuminism)의 유물론(唯物論) 및 무신론(無神論)과 싸웠으며 장황하게 지성(知性)보다 감성(感性)이 우월하다고 논증했었다. 이 영향으로, 당시 귀족층의 숙녀와 일부 남자들 사이에서는 감상벽(感傷癖)이 유행했었고, 프랑스는 1세기 동안 문학작품의 눈물과 진짜 눈물로 흠뻑 젖었다. 그리고 18세기의 유럽에서 이성(理性)의 거대한 움직임은 1789~1848년 동안의 낭만적 주정문학(主情文學)에 밀려났다. 이 조류는 강렬한 종교적 감성을 부활시켰다. 당시 계몽주의(Illuminism)는 이성(理性)이 유물론(唯物論)의 방향으로 나아가고 있다고 주장했었다. 이에 대해 조지 버클리(George

권리의 원칙』(Du Contrat social ou principes du droit politique, 1762년), 『에밀』(Emile ou De l'Education, 1762년)[44] 등을 들 수 있다. 그의 사상은 프랑스 혁명(1789년)의 사상적 기초가 되었다.

전술한 바와 같이, 장-자크 루소(Jean Jacques Rousseau)의 철학에서 '일반의지'는 '국민주권'의 가장 중요한 근거인데, 이는 개개인의 이익에서 나온 것이 아니라 '공동선'(共同善)을 실현하려는 인간의 일반적인 의도에서 나온다는 것이다. 따라서, 그는 '공동체주의'(Communitarianism)를 고수하는 철학자였다.

여기서 유의할 것은 장-자크 루소(Jean Jacques Rousseau)는 '주권(主權)'이란 모든 국민에게서 나오는 것이기 때문에 모든 국민의 의사를 대표하지 않고 일부만을 대표하는 신분제 의회나 재산을 가진 시민만이 선거에 참여하여 구성되는 영국의 의회는 전혀 의미가 없다고 주장했다는 점이다. 그의 입장에서 보면, 모든 국민은 정치 체제와 '일반의지'(국민주권)를 대표하는 정치적 주체인 셈이다. 그렇게 성립된 정치체제는 법(法)을 제정하는 것으로 유지된다. 법의 제정은 '일반의지'(국민주권)가 행사되는 과정으로 모든 사람들을 대상으로 하는 것이고 '일반의지'(국민주권)를 유지하는 힘인 것이다.

(2) 『인간불평등기원론』(1755년)

장-자크 루소(Jean-Jacques Rousseau, 1711~1778)가 제기했었던 이슈는 일반국민의 재산권(財産權)이 사회적으로 불평등(不平等)한 경우 국가는 어떻게 해야 바람직한 것인가였다. 그리고 기층 민중(基層民衆)이 '역사의 주인'이다.

일반국민의 재산권(財産權)이 사회적으로 불평등(不平等)한 원인은 사유재산제도(私有財

Berkeley)는 '물질'(物質)이 존재하지 않는다고 반박했었다. 나아가, 데이비드 흄(David Hume)은 '정신'(情神)도 존재하지 않는다고 역습했다. 이러한 철학적 논쟁에서, 임마누엘 칸트(Immanuel Kant)의 업적은 조지 버클리(George Berkeley) 및 데이비드 흄(David Hume)의 관념(觀念)과 장-자크 루소 (Jean-Jacques Rousseau)의 감성(感性)을 결합하여 종교(宗敎)를 이성(理性)으로부터 구출하는 동시에 과학(科學)을 회의주의(懷疑主義, Skepticism)로부터 구출한 것이다.

44) 『에밀』(Emile ou De l'Education, 1762년)은 장-자크 루소(Jean Jacques Rousseau)의 획기적 교육론으로서 상기 저서에 서술되어 있는 '사보아르부 사제의 신앙고백'의 요지는 다음과 같다: 신(神)과 불사(不死)에 대한 신앙에 관하여 이성(理性)은 반대하더라도 감성(感性)은 압도적으로 찬성한다고 주장하면서 메마른 회의주의적(懷疑主義的) 절망(絶望)에 빠지지 말고 본능(本能)을 신뢰하자는 것이었다. 한편, 『에밀』(1762년)을 읽은 임마누엘 칸트(Immanuel Kant)는 다음과 같이 비판하였다: 장-자크 루소 (Jean Jacques Rousseau)는 무신론(無神論)의 어둠에서 벗어나는 길을 모색하며 초감각적 문제에서는 감성(感性)이 이성(理性)보다 우월하다고 대담하게 단언하는 인물이다.

産制度)에 있다. 유산계급이 자기들의 재산을 보전하고 축재하기 위하여 전제정치와, 소수
자에 의한 다수자(생산자) 지배의 생산양식을 이용하고 있다.

사회계약(社會契約)은 부자와 권력자들의 기만책에 불과하다. 즉, 사회계약은 인간 사이
에 예속(隷屬)을 가져와 부자들의 힘을 보장해주고 증가시킴과 동시에 불평등(不平等)을
정당화시킴으로써 '정의롭지 못한 사회'로 유도 및 유지한다. 물론, 사회계약(社會契約)은
교육, 의료, 국방, 치안, 전기, 상하수도 등과 같이 국가의 공공서비스를 많이 공급하지만,
문제는 상기 공공서비스들이 계약 주체자에게 불평등하게 분배된다는 점이다.

장-자크 루소(Jean Jacques Rousseau)는 그의 『인간불평등기원론』(Discours sur l'origine
de l'inégalité parmi les hommes, 1755년)에서 사유재산제가 인간 사이에 불평등을 야기하는
근본요인이라고 주장했다. 그에 따르면 기존의 법과 정치제도는 사유재산제를 보호하기
위한 것이므로 모두 변혁시켜야 할 대상이었다.

당시 사회계약(社會契約)은 부자와 권력자들의 기만책에 불과하다는 것이다. 왜냐하면
그는 당시 사회계약은 인간 사이에 예속을 가져와 부자들의 힘을 보장해주고 증가시킴과
동시에 불평등을 정당한 것으로 확립함으로써 정의롭지 못한 사회로 유도한다고 믿었기
때문이다. 물론, 사회계약이 정의롭지 못한 사회를 만든 것만은 아니다. 교육, 의료, 국방,
치안, 전기, 상하수도 등과 같이 국가의 혜택도 많다. 장-자크 루소(Jean Jacques
Rousseau)가 제기했던 문제는 계약 주체에게 상기의 공공서비스들이 불평등하게 분배된다
는 것이다.

상기의 시각에서, 장-자크 루소(Jean-Jacques Rousseau)는 그의 '사회계약론'을 다음과
같이 논술했다: 국가란 하나의 인격체로서, 다수가 사회계약에 의해 스스로 그 인격체(국
가)가 하는 행위의 본인이 되며, 국가의 목적은 공동의 평화와 방어에 필요하다고 생각할
때 다수의 모든 힘과 수단을 이용할 수 있도록 하는 데 있다. 그 인격체(국가)를 이끌고
있는 사람이 바로 '통치자'라는 것이다.

인간이 사회공동체에 편입된다는 것, 즉 사회의 일원이 된다는 것은 자발적으로 '일반
의지'(국민주권)의 지배를 받아들이는 것을 의미한다. 다시 말하면, 사회공동체를 형성하는
데 있어 우선적인 것은 '사회계약'이다. 이는 각 사회구성원이 자신의 권리를 사회공동체
에 양도하여 자신의 생명과 재산을 지키기 위한 것이다. 결국, '사회계약'이란 각 사회구성
원이 자신의 모든 특권을 포기하고 만인이 대등한 입장에서 만들어 낸 정치체제를 '일반
의지'가 지배하도록 하는 것이다. 이렇게 성립되는 것이 바로 '국민주권'('일반의지', volonté
général)인 것이다.

한편, 모든 시민은 사회의 '공동선(共同善)'인 '일반의지'(국민주권)라는 최고의 명령 하에 자신의 주권을 공동으로 행사할 수 있으며 사회공동체의 한 개인이 된다. 즉, 개인은 이기주의자가 될 수 있고 사회공동체의 이익을 짓밟고 자신의 이익을 추구할 수 있지만 사회공동체의 일원이 되면 개인은 '일반의지'(국민 주권)를 실현하기 위해 자신의 이기심을 제어한다는 것이다.

(3) 『정치경제론』(1755년)

이어서, 장-자크 루소(Jean Jacques Rousseau)는 그의 저서 『정치경제론』(De l'économie politique, 1755년)에서는 인간의 생존을 위한 정치체제가 필요하다고 주장하며 올바른 정치에 필수적인 것으로서 '일반의지'(국민 주권)라는 기준을 제시했다. '일반의지'(volonté général, 국민주권)란 '항상 전체(국가) 및 각 부분(개인)의 보존과 행복을 추구하는 것이며 법률의 원천이 되는 것'이라고 한다.

개인주의적(個人主義的)인 존 로크(John Locke)의 저서 『시민정부론』(Two Treaties of Civil Government, 1690년)과는 달리, 공동체주의적(共同體主義的)인 장-자크 루소(Jean-Jacques Rousseau, 1711~1778)의 국민주권(國民主權) 이론은 다음과 같다: '주권(主權)'이란 모든 국민에게서 나오는 것이다. 모든 국민이 정치체제(政治體制)와 '일반의지'(국민주권)를 대표하는 정치적 주체이다. 따라서 모든 국민의 의사를 대표하지 않고 일부만을 대표하는 신분제 의회나 재산을 가진 시민만이 선거에 참여하여 구성되는 영국의 의회는 '일반의지에 의한 정치(政治)'가 아니다.[45]

인간은 생존을 위하여 정치체제(政治體制)를 필요로 한다. '올바른 정치'를 위한 기준은 사회의 '공동선'(共同善)인 '일반의지'(volonté général)이다. '일반의지'(volonté général)란 '전체(국가) 및 각 부분(개인)의 보존과 행복을 항상 추구하는 것이다. '일반의지'(volonté général)는 법률(法律)의 원천이며, 법률 제정은 '일반의지'(volonté général)가 행사되는 과정이고 '일반의지'(volonté général)를 유지하는 힘이다.

'일반의지'(volonté général)는 단순히 개인의 의지를 총 합계한 것이 아니라 공동체적(共同體的) 의미를 지닌다. 모든 시민은 사회의 '공동선'(共同善)인 '일반의지'(volonté général)

---

45) 장-자크루소(Jean-Jacques Rousseau, 1711~1778)는 당시 소수의 유산자(有産者)에게만 선거권(選擧權)을 부여하고 그것을 기반으로 하여 구성되어 있었던 영국형 의회정치를 비판하고 중·소 생산자에게도 선거권(選擧權)을 부여하라고 주장하였다. 그는 대의민주제(代議民主制)에 대한 반감을 갖고 직접민주제(直接民主制)를 옹호했다.

라는 최고의 명령 하에 자신의 주권을 공동으로 행사할 수 있으며 사회공동체의 한 개인이 된다. 따라서 개인은 이기주의자가 될 수 있고 사회공동체의 이익을 짓밟고 자신의 이익을 추구할 수 있지만 사회공동체의 일원이 되면 개인은 '일반의지'(volonté général)를 실현하기 위해 자신의 이기심(利己心)을 제어한다. 즉, 국민주권(國民主權)은 전체로서 '공동선(共同善)'을 결정한다는 것이다. 따라서 개인은 이기주의자(利己主義者)가 될 수 있고 공동체의 이익을 짓밟고 자신의 이익을 추구하지만, 일단 공동체의 일원이 되면 개인은 '일반의지'(volonté général)를 실현하기 위해 자신의 이기심(利己心)을 제쳐둔다는 것이다.

장-자크 루소(Jean-Jacques Rousseau)의 이론은 개인주의적인 존 로크(John Locke)의 자유주의적 관습과 많이 유사하지만 어떤 주요한 부분에서는 차이점도 있다. 예를 들어, 장-자크 루소(Jean-Jacques Rousseau)의 국민주권의 이론은 '일반의지'(volonté général)라는 개념을 포함하는데, 그것은 단순히 개인의 의지를 총 합계한 것 이상의 의미를 지닌다. 따라서 개인주의적 입장이기 보다는 공동체적, 전체론적 입장이다. 즉, 개인은 이기주의자가 될 수 있고 공동체의 이익을 짓밟고 자신의 이익을 추구하지만 공동체의 일원이 되면 개인은 '일반의지'(국민주권)를 실현하기 위해 자신의 이기심을 제쳐둔다는 것이다. 요컨데, 국민주권은 전체로서 사회의 선(善)한 것을 결정하게 된다는 것이다.

여기서 유의할 것은 장-자크 루소(Jean Jacques Rousseau)는 '주권(主權)'이란 모든 국민에게서 나오는 것이기 때문에 모든 국민의 의사를 대표하지 않고 일부만을 대표하는 신분제 의회나 재산을 가진 시민만이 선거에 참여하여 구성되는 영국의 의회는 전혀 의미가 없다고 주장했다는 점이다. 그의 입장에서 보면, 모든 국민은 정치 체제와 '일반의지'(국민주권)를 대표하는 정치적 주체인 셈이다. 그렇게 성립된 정치체제는 법(法)을 제정하는 것으로 유지된다. 법의 제정은 '일반의지'(국민주권)가 행사되는 과정으로 모든 사람들을 대상으로 하는 것이고 '일반의지'(국민주권)를 유지하는 힘인 것이다.

(4) 『사회계약론』(1762년): 공동체주의(共同體主義)

장-자크 루소(Jean Jacques Rousseau, 1711~1778)의 저서 『사회계약론』(Du contrat social ou principes du droit politique, 1762년)은 '일반의지'(국민 주권)가 관철되는 정치체제를 만들어 내고, 인간이 '자연상태'에서 가지고 있었던 자유(自由)와 평등(平等)을 되찾는 것을 가장 중요한 문제로 부각시켰다. 그는 국가를 '공동선'(共同善)을 실현하기 위한, 시민들의 자유로운 계약의 결과로 간주했다. 그는 개인적 이익을 보호하는 소극적 의지가 아닌, 더 큰 테두리를 가진 '공동체'의 선(善)을 위해서 사회계약을 맺어야 한다고 주장하며 '사회계약'의 필연성을 주장했다.

장-자크 루소(Jean-Jacques Rousseau, 1712~1778)는 그의 저서 『사회계약론』(Du contrat social, 1762년)에서 그는 '국가'란 개인적 이익을 보호하는 소극적 의지가 아니라 '공동체의 선(善)'이라는 '일반의지'를 실현하기 위한 사회계약을 시민들이 자유롭게 체결한 결과로 간주했다. 그는 '일반의지'(공동선)이 관철되는 정치체제를 만들어 내고 인간이 '자연상태'에서 가지고 있었던 자유(自由)와 평등(平等)을 국가의 차원에서 확정하기 위한 이론적 근거로서 '사회계약론'을 전개하고 일반의지(국민주권)의 이론화를 완성하였다. 이것은 1789년 프랑스 대혁명과 그 후 사회주의 운동의 태동에 큰 영향을 끼쳤다.

장-자크 루소(Jean-Jacques Rousseau, 1711~1778)은 그의 저서 『사회계약론, 정치적 권리의 원칙』(Du Contrat social ou principes du droit politique, 1762년)에서 '사회계약론(社會契約論)'을 전개하고 '일반의지'(volonté général)의 이론화를 완성하였다. 즉, 그의 '사회계약론(社會契約論)'은 '일반의지'(volonté général)가 관철되는 정치체제(政治體制)를 만들어 내고 인간이 '자연상태'(自然狀態)에서 소유하고 있던 자유(自由)와 평등(平等)을 '사회상태'(社會狀態)에서 확정하기 위한 이론적 근거로서 제시되었다.

상기 저서 『사회계약론, 정치적 권리의 원칙』(Du Contrat social ou principes du droit politique, 1762년)에서 불가분하고 양도될 수 없는 국민주권의 개념을 토대로 새로운 개념의 '사회계약설'의 윤곽을 드러내었다. 즉, 주권의 불가분하고 양도될 수 없는 특성은 그의 대의민주제에 대한 반감과 직접민주제에 대한 옹호를 나타냈었다.

장-자크 루소(Jean-Jacques Rousseau)의 사회계약설(社會契約說)은 다음과 같이 요약할 수 있다: *"우리 모두는 '일반의지'라는 최고의 명령아래 공동으로 자신의 주권을 행사할 수 있다. 그리고 공동체의 한 부분으로서의 개인이 된다."*

또한, 장-자크 루소(Jean Jacques Rousseau)의 저서 『사회계약론』(Du contrat social ou principes du droit politique, 1762년)은 '일반의지'(국민 주권)가 관철되는 정치체제를 만들어 내고, 인간이 '자연상태'에서 가지고 있었던 자유(自由)와 평등(平等)을 되찾는 것을 가장 중요한 문제로 부각시켰다.

장-자크 루소(Jean Jacques Rousseau)는 국가를 '공동체'의 선(善) 즉 '공동선(共同善)'을 실현하기 위한, 시민들의 자유로운 계약의 결과로 간주했다. 그는 개인적 이익을 보호하는 소극적 의지가 아닌, 더 큰 테두리를 가진 '공동체'의 선(善)을 위해서 사회계약을 맺어야 한다고 주장하며 '사회계약'의 필연성을 주장했다.

다시 말하면, '자연상태'(自然狀態)에서의 자유(自由)와 평등(平等)을 국가(國家)의 차원에서 보장하기 위하여 상호간 계약을 맺고 '일반의지'(토마스 홉스의 '공통권력' 즉 '주권')을 형성하여, 개인이익과 공공이익을 동시에 실현하려는 '일반의지'(국민주권)에 의하여 정치사회를 운영하자는 것이다.

사회공동체를 형성하는 데 있어 가장 우선적인 것은 '사회계약(社會契約)'이다. 이 계약은 각 사회구성원이 자신의 권리를 사회공동체에 양도하여 자신의 생명과 재산을 지키기 위한 것이다. 즉, '사회계약(社會契約)'이란 각 사회구성원이 자신의 모든 특권을 포기하고 만인(萬人)이 대등한 입장에서 만들어 낸 정치체제(政治體制)는 '일반의지'(volonté général)에 의하여 지배된다는 것이다. 따라서 인간이 사회공동체에 편입된다는 것, 즉 사회의 일원이 된다는 것은 자발적으로 '일반의지'(volonté général)의 지배를 받아들이는 것을 의미한다.

국민주권(國民主權)으로서 '공동선(共同善)'을 위하여 성립된 정치체제(政治體制)는 법(法) 제정으로 유지된다. 법(法)은 '일반의지'(volonté général)의 행위이며 그 목적은 시민의 자유(自由)와 평등(平等)이다. 법(法) 제정은 '일반의지'(volonté général)가 행사되는 과정으로 모든 사람들을 대상으로 하는 것이고 '일반의지'(volonté général)를 유지하는 힘이다. 법(法) 제정의 목적은 항상 전체(국가) 및 각 부분(개인)의 보존과 행복을 추구하는 것이다.

따라서 국가(國家)란 하나의 인격체로서 개인의 이익을 보호하는 소극적 의지가 아니라 '공동체의 선(善)' 즉 '공동선(共同善)'이라는 '일반의지'(volonté général)를 실현하기 위한 사회계약(社會契約)을 시민들이 자유롭게 체결한 결과이다. 따라서 국가(國家)는 하나의 '도덕적 인격체'이고 그 인격체(국가)를 이끌고 있는 사람이 바로 '통치자'이다. 국가의 목적은 공동의 평화와 방어에 필요하다고 생각할 때 다수의 모든 힘과 수단을 이용할 수 있도록 하는 데 있다.

전술한 바와 같이, 존 로크(John Locke, 1632~1704)의 『시민정부론』(1690년)과 장-자크 루소(Jean-Jacques Rousseau, 1711~1778)의 『사회계약론, 정치적 권리의 원칙』(Du Contrat social ou principes du droit politique, 1762년)은 당시의 새로운 정치적 요구들을 바탕으로 시민의 정치 · 결사를 정당화했다.[46] 그들의 사상에서 모든 근대 자유주의의 싹(즉, 대의 민주주의에 대한 신념, 시민의 자유, 인간의 존엄 등에 대한 신념)을 확인할 수 있다. 특히 장-자

---

46) 장-자크 루소(Jean-Jacques Rousseau, 1711~1778)는 '근대 자유주의' 즉, 대의 민주주의, 시민의 자유, 인간의 존엄 등에 대한 신념을 바탕으로 그의 『사회계약론』(Du contrat social ou principes du droit politique, 1762년)을 저술했는데, 이것은 존 로크(John Locke)의 『시민정부론』(Two Treaties of Civil Government, 1690년)에 담긴 '사회계약론(社會契約論)'을 더욱 구체화시켰고 공고화하였다.

크 루소(Jean-Jacques Rousseau)의 『사회계약론』(1762년)은 1789년 프랑스 대혁명과 그 후 사회주의 운동의 형성에 크나큰 영향을 끼쳤다.

프랑스 혁명(1789년)의 정신은 유럽 사회에 엄청난 영향을 끼쳤고, 오늘날에도 여전히 이어지고 있다. 특히 1830년 혁명과 1848년 혁명은 프랑스뿐만 아니라 온 유럽에서 동시에 일어난 것이었다. 특히 프랑스 혁명(1789년)은 중세의 계급적 질서를 파괴하고 자유(自由)와 평등(平等)의 이념을 진리로 드러낸 것이다. 자유(自由)와 평등(平等)은 오늘날 당연한 것으로 여기지만 프랑스 혁명(1789년) 이전에는 아주 불온하고 위험한 사상으로 간주됐다. 그것마저도 오랜 기간 동안 많은 사람들이 피와 땀을 흘려 얻어 낸 소중한 가치인 것이다.

(5) 파급효과

장 자크 루소(Jean-Jacques Rousseau, 1711~1778)의 『사회계약론』(Du Contrat Social, 1762년)은 토마스 홉스(Thomas Hobbes, 1588~1679)가 그의 저서 『리바이어던』(The Leviathan, 1651년)에서 최초로 주장했었던 '왕권민수설'(王權民授說): *"왕(王)이란 존재는 하나님께서 정해주신 직업이 아니며, 한 사회와 국가가 안정적으로 운영되고 번영하기 위해 백성들이 계약하듯이 옹립해준 자리"*라는 것이다. 장 자크 루소(Jean-Jacques Rousseau)의 국민주권론(國民主權論)은 '왕권신수설'(王權神授說)과 정면 배치되는 이론이다.

장-자크 루소(Jean-Jacques Rousseau, 1712~1778)는 그의 저서 『사회계약론』(Du contrat social, 1762년)에서 그는 '국가'란 개인적 이익을 보호하는 소극적 의지가 아니라 '공동체의 선(善)'이라는 '일반의지'를 실현하기 위한 사회계약을 시민들이 자유롭게 체결한 결과로 간주했다. 그는 '일반의지'(공동선)이 관철되는 정치체제를 만들어 내고 인간이 '자연상태'에서 가지고 있었던 자유(自由)와 평등(平等)을 국가의 차원에서 확정하기 위한 이론적 근거로서 '사회계약론'을 전개하고 일반의지(국민주권)의 이론화를 완성하였다. 이것은 1789년 프랑스 대혁명과 그 후 사회주의 운동의 태동에 큰 영향을 끼쳤다.

① 1789년 프랑스 대혁명: 자유 · 평등 · 박애

프랑스 대혁명(1789년)은 영국의 명예혁명(1688년) 및 '미국 독립 혁명'(1775~1783)과 함께 근 · 현대 자유민주주의 체제 성립의 근간이 된 사건 중 하나이다.[47) 대외적으로는, 프랑

---

47) 17~18세기에 걸쳐 프랑스에서 일어났었던 다른 시민 혁명들(1830년 7월 혁명, 1848년 2월 혁명, 1871

스 대혁명(1789년)은 19세기 이후 유럽 시민혁명(市民革命)의 촉발제로 작용하였다.

프랑스 대혁명(1789년)은 1789년 7월 14일 시민들이 전제정치(專制政治)의 상징인 바스티유 감옥을 습격하여 혁명이 시작되었다. *"무기를 들어라 시민들이여! 모두 뭉쳐라!"*(Aux armes, citoyens, Formez vos bataillons, 프랑스의 국가(國歌) '라 마르세예즈' 중에서). 프랑스 대혁명(1789년)의 이념인 자유(自由)·평등(平等)·박애(博愛)는 모든 사람이 자유롭고 평등하며 모든 사람은 형제이니 서로 사랑해야 한다는 정신을 표현한 것이었다.

프랑스 대혁명(1789년)은 중세(中世)의 계급적 질서를 파괴하였고 자유(自由)와 평등(平等)의 이념을 '진리'(眞理)로 드러낸 것이었다. 사실, 자유(自由)와 평등(平等)은 오늘날 당연한 것으로 여기지만 프랑스 대혁명(1789년) 이전에는 아주 불온하고 위험한 사상으로 간주됐었다.

프랑스 대혁명(1789년)은 전(全)국민이 자유로운 개인으로서 '평등한 권리'를 보장받기 위하여 봉기했었던 시민혁명(市民革命)으로서 앙시앵 레짐(Ancien Régime, '구(舊)체제')의 종말(終末)을 지칭한다. 즉, 연이어 즉위했었던 왕(王): 루이 14세, 루이 15세, 루이 16세의 무능력, 사치와 권력 유지에 급급했었던 귀족들, 구(舊)체제(Ancien Régime, 앙시앵 레짐)의 모순을 뿌리뽑았었다.

상술하면, 프랑스 대혁명(1789년) 직전, 앙시앵 레짐('구(舊)체제')의 프랑스는 많은 정치·경제적인 난제들에 서달리고 있었다. 특히 경제적으로는 이미 산업혁명(Industrial Revolution)이 시작되어 비약적인 경제성장을 이루고 있었던 영국(英國)과는 달리, 루이 14세 때 '낭트 칙령(勅令)'의 폐지로 인하여 산업을 일으킬 만한 능력을 가진 위그노들이 프랑스를 이미 떠났었고, 경제발전이 정체된 상황에서 뒤를 이은 루이 15세와 루이 16세는 프랑스의 경제적 어려움을 타개하기는커녕 더 악화시켰었다.

당시, 사회적으로 가장 큰 문제는 조세(租稅) 수취(收取) 구조에 있었다. 즉, 국가예산을 확보하기 위하여, 돈이 없는 왕실이 돈 많은 귀족 내지 부르주아에게 돈을 빌리고, 그 대신에 지정한 연도 동안 일정한 영지(領地)의 세금에 대한 수조권(收租權)을 주는 방식으로 처리했었다. 이렇게 수조권(收租權)을 확보한 세리(稅吏)는 왕(王)에게 바친 돈의 본전을 뽑기 위해 농민들을 가혹하게 수탈(收奪)했었다.

1789년 5월에 개최되었었던 삼부회(三部會)에서는 처음부터 성직자 및 귀족신분과 제3신분 간의 대립이 나타났었지만 결국 제3신분의 주도로 '국민의회(國民議會)'로 개명되었다. 여기에 시에예스를 중심으로 하는 일부 성직자들과, 라파예트를 중심으로 하는 일부

년 파리 코뮌)과 구분하기 위하여, '프랑스 대혁명'이라고 부른다.

귀족층들이 '국민의회(國民議會)'에 가세한 데다 미라보 백작의 폭탄발언 때문에 루이 16세도 어쩔 수 없이 '국민의회(國民議會)'를 인정하고 전(全) 계급 의원들이 참여하여 '헌법위원회(憲法委員會)'를 창설해 본격적인 헌법 제정 작업에 들어갔다.

영국의 찰스 1세처럼 왕(王)이 의회에 눌려 처형당하기까지 했었던 전례를 염려했었던 루이 16세는 국경 수비를 담당하고 있었던 군대를 베르사유와 파리 일대로 진군(進軍)시켜 파리 시민들의 공포와 분노를 자아냈었고, 이는 1789년 프랑스 대혁명의 도화선이 되었다.

프랑스 대혁명(1789년)의 이념적 기초는 계몽주의(啓蒙主義) 사상가(장 자크 루소, 볼테르, 몽테스키외, 드니 디드로 등)과 백과전서파(百科全書派)에 의해 약 반세기에 걸쳐 배양되어 있었다. 이들 중에서 특히 장−자크 루소(Jean−Jacques Rousseau, 1711~1778)은 프랑스 대혁명(1789년)의 뿌리를 만든 대표적 사상가였다. 그의 사회계약설(社會契約說)과 국민주권론(國民主權論)은 당시 프랑스의 전제왕권(專制王權)에 반대하는 사람들의 이론적 배경이 되었다.

물론, 그 과정에서 민주주의와는 어울리지 않는 보나파르트 나폴레옹(Napoleon Bonaparte, 1769~1821)이라는 절대적 지배자가 등장하기도 했었다. 상술하면, 1791년 6월 루이 16세가 프랑스 탈출을 기도했었다. 외국에서 프랑스 혁명을 지지하는 자들을 박해하자 1792년 4월 프랑스는 오스트리아와 프로이센에 선전포고(宣戰布告)를 했었다. 혁명군과 적군이 전투를 벌였었다. 한편, 왕당파는 서부와 남동부 지방에서 백색 테러를 자행하고 파리를 장악하려고 시도했었다. 그러나 1795년 10월 5일 보나파르트 나폴레옹(Napoleon Bonapart)에 의해 격퇴됐었다. 며칠 뒤 국민공회(國民公會)는 해산되었다. 보나파르트 나폴레옹(Napoleon Bonapart)은 1799년 11월 18일 쿠데타에 의해 정부를 쓰러뜨리고 집정(執政)정부를 수립하여 군사 독재체제를 확립하고 "혁명은 끝났다"라고 선언했었다.

② 1800년대 프랑스 사회주의 혁명

프랑스 대혁명(1789년)의 정신은 유럽 사회에 엄청난 영향을 끼쳤다. 특히, 칼 마르크스(Karl Marx, 1818~1883)가 유럽에서의 동시다발적인 공산주의 혁명을 주창한 것은 프랑스 대혁명(1789년)과 19세기의 연이은 사회주의 혁명(1830.07 혁명, 1848.02 혁명, 1871년 파리 코뮌)의 영향을 받은 것이었다.

● 7월 혁명(1830년)

1830년 7월, 프랑스의 '복고(復古) 왕조'가 무너졌다. 상술하면, 유산 시민을 중심으로 한 자유주의적 정치혁명으로 왕정(王政)이 복고된 후 즉위한 샤를 10세(1824~1830)가 반동(反動)정치 즉 의회 해산, 선거권 축소, 언론-출판의 통제 등을 강행했었다. 이에 대응하여, 1830년 자유주의자 중심의 파리 시민은 시가전 끝에 샤를 10세를 추방하고 루이 필립을 추대하여 입헌군주제(立憲君主制)를 세웠었다. 상기 7월 혁명(1830년)은 벨기에를 네덜란드로부터 독립시켰고(1831년), 폴란드, 독일, 이탈리아에서의 자유-민족주의 운동과 영국의 제1차 선거법 개정(1832년)을 야기하였다.

● 2월 혁명(1848년)

1848년 2월, 왕정(王政)을 타도하고 '제2공화정(共和政)'을 수립하였다. 상술하면, 전술한 7월 혁명(1830년) 후 산업혁명(産業革命)이 본격화됨에 따라 산업 자본가와 노동자의 세력이 커졌고, 사회주의(社會主義) 사상도 보급되었다.

전술한 7월 혁명(1830년)으로 수립되었었던 루이 필립의 입헌군주제(立憲君主制)는 납세액에 따라 선거권을 제한함으로써 '금권정치(金權政治)'로 변모하여, 일부 자본가가 의회의 의석을 독점하였다. 당시, 선거법 개정안이 의회에서 부결되자, 중소 산업 시민과 노동자-사회주의자들이 왕정(王政)을 타도하였다. 이어서, 온건 공화파(共和派)에 의해 새 헌법이 제정되었으며, 프랑스 제2제국의 유일한 황제이며 프랑스의 마지막 세습군주인 나폴레옹 3세 또는 샤를 루이 나폴레옹 보나파르트(Charles Louis Napoléon Bonaparte, 1808~1873)가 최초의 프랑스 대통령에 선출되었다.

● 파리 코뮌(1871년)

1871년, 프랑스 민중들(파리 시민과 노동자들)이 봉기하여 세계 최초의 '사회주의 자치정부'를 수립했었다. 상술하면, 1870년과 1871년에 걸친 프로이센과의 전쟁(나폴레옹 3세의 보불전쟁)에서 패한 프랑스 정부의 무능(無能)함에 반발하여 프랑스 민중들이 일으킨 항쟁이 파리 코뮌(1871년)의 원동력이 되었다. 파리 시민들의 농성에도 불구하고 1871년 1월 28일 프로이센과의 휴전조약이 체결되면서 그해 2월 12일 강화조약(講和條約)을 토의할 국민의회(國民議會)가 보르도에 설치(임시행정장관: L.A.티에르)되었다. 국민의회(國民議會)는 굴욕적인 프로이센과의 강화조약(講和條約)을 비준했었다.

그러나 파리 시민은 항전(抗戰)의 뜻을 굽히지 않았었다. 3월 3일 국민방위대의 중앙위원회가 구성되었고 중앙위원회는 코뮌(인민의회) 선거를 실시했었으며, 그해 3월 28일에 코뮌(인민의회)의 성립을 선포하였고, 그 후 5월 28일까지 민중들은 파리를 자치적으로 통치하였다. 이 기간을 '코뮌 정부'라고 부른다.

1871년 파리 코뮌(인민의회)은 다양한 이념을 가진 분파로 구성되어 있었는데, 예를 들면 자코뱅파, 블랑키파, 무정부주의자, 제1인터내셔널파와 프루동파를 들 수 있었다. 이 분파들은 크게 2가지: 무정부주의(無政府主義)와 사회주의(社會主義)로 구분될 수 있었다.

그러나 1871년 파리 코뮌(인민의회)은 1871년 5월 28일 프랑스 정부군과 파리 코뮌(인민의회)의 확산을 두려워했었던 독일제국, 오스트리아-헝가리 제국, 벨기에, 영국의 연합 군대에 의해 와해(瓦解)되었다. 이 과정에서 파리의 거리마다 바리케이드를 사이에 두고 1주일간 치열한 시가전(市街戰)이 벌어졌었다. 러시아의 혁명지도자 블라디미르 레닌(Vladimir Lenin, 1870~1924)은 파리 코뮌(인민의회)을 *"세계 역사상 최초로 벌어진 노동자 계급의 사회주의 혁명 예행연습이었다"*고 평가했었다.

③ 독일의 철학혁명(哲學革命)

프랑스 혁명(1789년) 이후, 철학(哲學)은 본격적으로 인간과 역사에 대해 사유하고, 인간의 권리와 정치의 원칙에 대한 구체적인 이론을 제시했다. 즉, 새롭게 나타난 철학(哲學)은 정치를 풍요롭게 하였고 새로운 정치의 가능성을 보여주었다. 다시 말하면, 프랑스 대혁명(1789년)의 영향은 비단 정치분야에만 끼쳤던 것이 아니라 '사유(思惟)의 혁명(革命)'을 분만했었는데, 그 혁명은 프랑스가 아닌 독일에서 일어났다. 당시 독일은 당시 계몽되지도 않았고 정치적으로 후진적인 지역이었으며 아직 민족국가로 성립되지도 않았었고 여러 개의 나라들로 복잡하게 조각나 있었다. 따라서 독일은 곧바로 정치혁명(政治革命)으로 나아갈 수 없었다. 그 대신에 철학혁명(哲學革命)이 나타났었다.

예로서 임마누엘 칸트(Immanuel Kant, 1724~1804)와 게오르그 빌헬름 프리드리히 헤겔(Georg Wilhelm Friedrich Hegel, 1770~1831)의 철학, 칼 마르크스(Karl Heinrich Marx, 1818~1883)의 과학적 사회주의, 오귀스트 콩트(Auguste Comte, 1798~1857)의 사회학 등을 들 수 있다. 이 결과, 프랑스 대혁명(1789년) 이후, 철학(哲學)은 본격적으로 인간과 역사에 대해 사유하고 인간의 권리와 정치의 원칙에 대한 구체적인 이론을 제시하기 시작했다.

III

국가(國家)의 흥망성쇠(興亡盛衰) 요인: 국정철학(國政哲學)과 국가이성(國家理性)

조선(朝鮮)의 망조(亡兆), 대한제국(大韓帝國)의
자멸(自滅), 대한민국(大韓民國)의 위기(危機)

Ruins of Joseon Dynasty, Self-destruction of the
Korean Empire, and 'Total Crisis' of Republic of
Korea: A Historical/Philosophical Analysis

인도 민족 운동의 지도자인 모하메드 간디(Mohandas Karamchand Gandhi, 1869~1948)의 추모공원에는 인도 독립의 아버지이자 20세기의 성인(聖人)인 마하트마 간디(Mahatma Gandhi, 1869~1948)는 국가(國家) 멸망(滅亡)의 전조(前兆)로서 다음과 같은 7가지 사회악(Seven Blunders of the World)를 지적했다: ① 원칙 없는 정치(Politics without Principle), ② 도덕 없는 경제(Commerce without Morality), ③ 노동 없는 부(富)(Wealth without Work), ④ 인격 없는 지식(Knowledge without Character), ⑤ 인간성 없는 과학(Science without Humanity), ⑥ 양심 없는 쾌락(Pleasure without Conscience), ⑦ 희생 없는 신앙(Worship without Sacrifice)이다. 그 후 책임 없는 권리(Rights without Responsibilities)가 추가 되었다.

상기한 7가지 조건: ① 원칙이 없는 정치, ② 도덕이 없는 산업, ③ 노동 없이 이룩한 부(富), ④ 인격 없는 교육, ⑤ 인간성 없는 과학, ⑥ 양식 없는 쾌락, ⑦ 희생 없는 신앙 중에서, 과연 어느 것이 오늘날 한국 사회에서 적용되지 않는 것일까?

마하트마 간디(Mahatma Gandhi, 1869~1948)[1]는 상기한 7가지 조건들 중에서 특히 '원

---

1) 모한다스 카람찬드 간디(Mohandas Karamchand Gandhi, 1869~1948)를 존칭으로 부르는 마하트마 간디(Mahatma Gandhi)의 '마하트마'는 위대한 영혼이라는 뜻으로 1922년 12월, 인도의 대문호 라빈드라나트 타고르(Robindronath Ṭhakur)로부터 산스크리트어(語)로 '마하트마(Mahatma, 위대한 영혼)'라고 칭송한 시(詩)를 받은 후부터 '마하트마 간디'라 불리운다. 마하트마 간디(Mahatma Gandhi)는 인도의 정신적·정치적 지도자로서 인도 민족 운동의 지도자이자 사상가로 비폭력운동으로 잘 알려진 인물이다. 인도의 화폐인 루피의 초상화에도 마하트마 간디(Mahatma Gandhi)의 그림이 그려져 있다. 모하메드 간디(Mohandas Karamchand Gandhi)는 인도 서부의 작은 소공국인 포르밴더의 총리를 지냈던 아버지 카람찬드 간디의 셋째 아들로 태어났으며, 종교는 부모의 영향으로 힌두교이다. 모하메드 간디(Mohandas Karamchand Gandhi)는 1890년 영국 런던 대학교 법학과를 중퇴한 이후 1891년 귀국하여 변호사로 개업하였다. 1893년의 남아프리카 여행에서 백인에게 박해받는 인도인들을 보고 1915년 귀국할 때까지 인도인의 지위와 인간적인 권리를 위해 투쟁을 시작했다. 제1차 세계대전이 일어나자, 귀국하여 노동 운동, 민족 해방 독립 운동의 지도에 전념하였다. 1916년 영국 런던 대학교 법학과에서 명예학사 학위를 받았다. 영국의 제국주의에 맞서 반영 인도 독립운동과 무료 변호, 사티아그라하 등 무저항 비폭력 운동을 전개해 나갔다. 그는 인도의 영국 식민지 기간(1859~1948) 중 대부분을 영국으로부터의 인도 독립 운동을 지도하였다. 그는 1915년 이후 1918년까지 제1차 세계대전에서 영국의 입장을 지지하는 입장에 서기는 했지만 정치활동에는 잘 나서지 않았다. 그러나 제1차 세계대전이 끝나면 독립을 시켜주겠다고 했던 영국이 약속을 지키지 않고 1919년 롤래트 법이 제정되었다. 이 법은 반영운동을 하면 체포영장 발부 등의 적법한 절차없이 무조건 잡아갈 수 있는 즉, 반영운동을 이전보다 더욱 가혹하게 탄압할 수 있는 법이었다. 그는 영국의 지배에 다시 반기를 들고 "빵을 구하는 데 돌을 준다"고 항의하면서, 전(全) 인도인에게 영국 상품의 불매·납세 거부·공직 사퇴 등 영국에 대해 폭력없이 저항을 할 것을 호소하였다. 1919년 봄 모하메드 간디(Mohandas Karamchand Gandhi)는 사티아그라하 투쟁을 선언하고 민중운동이 발생했지만 400명의 인도인이 영국군의 무자비한 발포로 학살당하면서 운동은 주춤하기도 했다. 그는 1922년 체포되었으나 병으로 출옥하였으며, 1925년 국민 회의파 의장이 되었다. 그는 1942년 영국에 대하여 불복종 운동을 일으키다 투옥되었다. 그는 석방된 후에도 인도 독립을 위해 활동하였으며, 델리에서 인도와 파키스탄과의 융화에 전력하였다. 모하메드 간디(Mohandas Karamchand

73

칙 없는 정치'(Politics without Principles)를 '희생 없는 종교'(Religion without Sacrifice) 만큼이나 크게 잘못된 것이라고 통박했었다. 그렇다면, 원칙(原則)이 무엇인가? 그것은 철학(哲學)의 소산(所産)이다. 모름지기, 비전(미래상)과 그것을 위한 도전은 올바른 국가 정체성(政體性)에 대한 신념(信念)의 산물인 것이다.

한편, 미국의 경제학자로서 이익집단의 연구가인 맨슈어 올슨(Mancur Olson, 1932~1998)은 그의 1982년 저서:『국가의 흥망성쇠』(The Rise and Decline of Nations): 경제성장, 스태그플레이션, 그리고 사회의 경색(1982년)은 이익집단(利益集團)의 탐욕(貪慾)이 경제의 동력과 활력을 저해함으로써 국가경제가 쇠퇴한다고 갈파하였다.

대런 애쓰모글루(Daron Acemoglu) 교수(MIT 경제학과)와 제임스 A. 로빈슨(James A. Robinson) 교수(하버드 정치학과)는 그들의 공저(共著):『Why Nations Fail』(2017년)에서 권위주의적 체제하에서 정경유착(正經癒着)으로 인한 권력형(權力型) 부정(不正)·부패(腐敗)가 어떻게 '착취적 정치 경제제도'를 만들어 국민을 빈곤에 빠뜨리는가를 상세히 논술하였다.

Gandhi)는 영국의 제국정치로부터 인도의 독립을 이루기 위해 비전통적인 방식을 고수했다. 그의 가장 경이로운 독립운동 중 하나는 1930년에 아메다바드에서 아라비아 해안까지 241마일에 걸쳐 순례한 소금 행진이다. 이 운동은 인도인들의 소금 생산과 판매 활동을 허가하지 않는 영국의 정책에 항거하는 행진이었다. 그의 소금 행진은 큰 성공을 거두어 그 다음 해에는 소금 독점이 해제되었다. 오랜 투쟁 끝에 1947년 8월 15일 마침내 인도는 자주권을 되찾았다. 1947년 8월 15일 인도는 드디어 영국에서 독립을 했다. 그러나 이슬람교도는 파키스탄으로, 힌두교도는 인도로 가는 민족분열이 벌어지고 말았다. 당시 종교갈등으로 수만 명이 학살당하자, 그는 이슬람교도와 힌두교도의 화해를 위해 진력하였다. 하지만 그의 이러한 모습은 극단적 보수파 힌두교 신도들에게는 이슬람교도를 편드는 것처럼 보였다. 1948년 1월 30일 뉴델리에서 열린 저녁 기도 중에 반(反)이슬람 힌두교 급진주의 무장 단체 국민 의용단의 나투람 고드세에게 총을 맞아 암살당했다. 그의 나이는 79세였다. 모하메드 간디(Mohandas Karamchand Gandhi)는 세계에 폭력과 공포보다는 사랑과 이해를 통해 사회와 정치의 변화를 이룰 수 있다는 것을 보여줌으로써, 인류에게 위대한 유산을 물려주었다. 주요 저서로는『인도의 자치(自治)』가 있다. 1930년 모하메드 간디(Mohandas Karamchand Gandhi)는 미국 시사주간지 타임이 선정하는 '올해의 인물'에 선정되기도 했다. 그는 인류애에 의한 폭력 부정만이 최후의 승리임을 확신하고 이를 그대로 정치 활동에 실천하였다. 육체적 욕망을 극도로 제한하고, 때로는 금식에 의해 속죄하였다. 진실을 사랑하고 기만을 증오하였으며, 사회악(社會惡)에의 철저한 반항이 정치 활동의 강한 원동력이 되었다. 모하메드 간디(Mohandas Karamchand Gandhi)는 일생 동안 정치적인 목적을 위한 폭력을 거부했는데, 그의 비(非)폭력주의는 인도뿐만 아니라 국제적으로도 큰 영향을 주었다. 1918년 인도 국민회의의 지도자 역할을 맡은 것을 전후로 자유를 얻기 위한 투쟁의 선봉에 서면서, 모하메드 간디(Mohandas Karamchand Gandhi)는 인도의 상징 중 하나가 되었다. 그 때부터 '위대한 영혼'이라는 뜻의 '마하트마(Mahatma)'로 불리게 되었다. 1999년 4월 18일자 미국의 뉴욕타임스('Best Revolution; The Peacemaker')는 지난 1천 년 간의 최고의 혁명으로 영국의 식민통치에 저항한 모하메드 간디(Mohandas Karamchand Gandhi)의 비폭력 무저항운동을 선정하였다. 그는 노벨 평화상 수상 후보자에 4번이나 올랐으나 끝내 수상하지 못하였다.

다른 한편으로, 제러드 다이아몬드(Jared Diamond, 1937~현재)는 그의 저서 『문명의 붕괴』(2004년)에서 문명(文明)이 몰락하는 이유는 지도자(Leader)의 잘못된 역할 때문이라고 분석했다.

01 본 연구의 〈가설(假說)〉:
"국가의 흥망성쇠(興亡盛衰)의 요인은
국정철학(國政哲學, Governing Philosophy)과
국가이성(國家理性, Staatsvernunft)이다"

한 국가의 경세제민(經世濟民)을 도모하기 위한 실천적 방향을 제시하기 위하여, 본 연구의 '가설(假說)'은 다음과 같다: *"국가의 흥망성쇠(興亡盛衰)의 요인은 국정철학(國政哲學, Governing Philosophy)과 국가이성(國家理性, Staatsvernunft)이다"*.

우선, 상기 〈가설(假說)〉에서 국정철학(國政哲學, Governing Philosophy)의 전형적 例로서 (1) 영국의 명예혁명(1688년)과 권리장전(1688년), (2) 미국 독립선언(1776.07.04) 헌법 제정: 1781년 '연합규약'(聯合規約), 1788년에 연방헌법(聯邦憲法), 1791년 헌법의 일부로서 '권리장전(權利章典)', (3) 일본 후쿠자와 유기치(1835~1901)의 명치유신(明治維新, 1867~1889), (4) 중국 손문(孫文, 1866~1925)의 삼민주의(三民主義): ① 민족주의(民族主義); ② 민권주의(民權主義); ③ 민생주의(民生主義). (5) 싱가포르 리콴유(李光耀, 1923~2015) 수상(1959~1990)의 '12345의 나라' 등을 들 수 있다.

다음으로, '국가이성'(國家理性, Staatsvernunft)이란 무엇인가? 그것의 철학적 개념으로서 저자는 3개: ① 니콜로 마키아벨리(Niccolò Machiavelli, 1469~1527)의 『군주론』(The Prince, 1512~1513), ② 임마누엘 칸트(Immanuel Kant, 1724~1804)의 '실천이성'(實踐理性, Practical Reason)[2], ③ 요한 고트리에프 피히테(Johann Gottlieb Fichte, 1759~1831): '행동하는 의지' = '실천이성' + '도덕적 의지'이다.

상기 〈가설(假說)〉을 입증하기 위하여, 본 연구는 7개 사례: (1) 로마제국(BC 27~1453)의 멸망: ① 서(西)로마제국(395~476)의 멸망; ② 비잔티움제국(Byzantine Empire, 東로마제국)

---

2) Kant, Immanuel(1956), Critique of Practical Reason, translated by L.W. Beck. Indianapolis: Bobbs—Merrill; Kant, Immanuel(1964), Groundwork of the Metaphysics of Morals, translated by H. J. Paton. New York: Harper and Row; Kant, Immanuel(1970), Kant's Political Writings, edited by Hans Reiss. Cambridge: Cambridge University Press; Kant, Immanuel(1991), The Metaphysics of Morals, translated by Mary Gregor. Cambridge: Cambridge University Press.

의 멸망(1453년), (2) 몽골제국(대원제국, 1206~1368)의 멸망(1368년), (3) 잉카제국의 멸망(1532년), (4) 청(淸)제국(1636.04~1912.02)의 멸망(1912년), (5) 러시아제국(Romanova 왕조)의 멸망(1917년), (6) 남(南)베트남 공화국의 멸망(1975.04.30), (7) 조선(朝鮮: 1392~1897)의 망조(亡兆)와 대한제국(大韓帝國, 1897~1910)의 자멸(1910.08.29)의 원인을 규명하였다. 그들의 공통적 원인은 외부 요인(특히 침략)에 앞서 내부의 분열과 부패 즉 국정철학(國政哲學, Governing Philosophy)과 국가이성(國家理性, Staatsvernunft)의 부재(不在)였다는 점이다.

저자는 상기 가설(假說) 즉 국가는 외부 세력의 침략 보다는 이에 대한 대항력이 내부적 요인에 의하여 멸실(滅失)하였다는 점을 역사적 근거로 입증하고자 한다. 이를 위한 분석방법론은 칼 포퍼(Karl Popper, 1902~1994)의 논리실증주의(論理實證主義, Logical Positivism) 또는 논리경험주의(論理經驗主義, Logischer Empirismus)이다.[3]

---

3) 논리실증주의(論理實證主義, Logical Positivism) 또는 논리경험주의(論理經驗主義, Logischer Empirismus)은 1920년대부터 1950년대에 이르기까지 독일, 오스트리아, 영국, 미국 등에서 과학의 논리적 분석 방법을 철학에 적용하고자 하는 사상으로서 현대 분석철학의 주류의 하나이다. 상기 철학은 고전적인 관찰－귀납의 과학적 방법론을 거부하고 과학자가 개별적으로 제시한 가설을 경험적 증거가 결정적으로 반증(反證)하는 방법을 통해 과학이 발전함을 주장하였다. 1920년대 독일어권의 여러 철학자들에 의해 주도되었지만, 그중에서도 특히 빈을 중심으로 한 빈 학파(Wiener Kreis)가 유명하다. 한편, 칼 포퍼(Karl Popper)는 "귀납(歸納)이 아닌 연역(演繹)만으로 과학을 할 수 있는 방법"으로 반증(反證)을 소개했다. 반증(反證)이란 다음과 같은 것이다. 원앙새가 알을 낳았다고 하자. 그리고 '새는 알을 낳는다'라는 가설을 세웠다고 하자. 그런데 어떤 다른 새가 알을 낳지 않는 걸 발견했다고 하면 가설이 '반증'된다. 칼 포퍼(Karl Popper)는 '과학적 진술'인지 아닌지에 대해 판단할 때, 어떤 가설(假說)이 반증(反證)될 수 있는가 혹은 없는가를 보면 된다고 했다. 반증(反證)이 가능하다면 그것은 과학적인 진술이다.

02 국정철학(國政哲學, Governing Philosophy)이란 무엇인가?

우선, 철학(哲學, 고대 그리스어: φιλοσοφία, 영어: philosophy)이라는 용어는 고대 희랍어의 필로소피아(φιλοσοφία, 지혜에 대한 사랑)에서 유래하였는데 세계와 인간의 삶에 대한 근본 원리 즉 인생관, 세계관 등을 탐구하는 학문이다.[4] 베네딕투스 스피노자(Benedictus de Spinoza, 1632~1677)[5]는 그의 저서 『윤리학』(1677년)에서 '철학(哲學)'이란 삶의 지혜를 얻고 인간의 완성을 이루기 위한 개인적 및 도덕적 탐구라고 정의했다.

특히 국정철학(國政哲學, Governing Philosophy)은 국가의 존망을 결정하는 요소이다. 여기서 유의할 것은 본 저서가 초점을 두는 '국정철학(國政哲學, Governing Philosophy)'이란 중국의 경세제민(經世濟民)의 철학: 유학(儒學)·주자학(朱子學)·양명학(陽明學)이나 조선의 성리학(性理學) 혹은 서양의 데이비드 흄(David Hume, 1711~1776)의 『인성론』(1737년) 등에서 논하는 사변적(思辨的) '인식론(認識論)' 혹은 인성론(人性論)이 아니라 실증적(實證的) 및 실용주의적(實用主義的) '국가론(國家論)'이라는 점이다.

---

4) Rudner, R.S.(1966). 『Philosophy of Social Science』, Englewood Cliffs, NJ: Prentice-Hall, Inc.; Rosenberg, A.(1988). 『Philosophy of Social Science』. Boulder: Westview Press.

5) 베네딕투스 스피노자(Benedictus de Spinoza, 1632~1677)는 정신과 물질을 다음과 같은 방법으로 하나로 통합하려고 시도했었다: 그는 기하학을 그대로 자신의 철학에 적용했었다. 그의 대표작인 『윤리학』의 정확한 제목은 『기하학적 방법으로 증명된 윤리학』(Ethica in Ordine Geometrico Demonstrata, 1677년)이다. 그는 『윤리학』이 다루는 인식, 사랑, 실체와 같은 주제들을 공리, 정의, 정리, 증명 등의 체계를 통해 기하학적 시스템을 만들었다. 베네딕투스 스피노자(Benedictus de Spinoza)는 '철학'이란 삶의 지혜를 얻고 인간의 완성을 이루기 위한 개인적 및 도덕적 탐구라고 정의했다. 그는 르네 데카르트(Rene Descartes)의 기본 도구들을 많이 활용했는데, 특히 유클리드(Euclid, BC 330~275)의 BC 300년 『기하학 원리』(Stoicheia)에 나온 기하학적 본보기를 사용하여 철학을 연역체계로 바꾸려는 수학적 방법을 제시했다. 베네딕투스 스피노자(Benedictus de Spinoza)에 따르면 '신(神)에 대한 지적 사랑'을 통해 우주를 전체로서 인식할 때 철학적 지혜를 얻을 수 있다고 주장했다.

1) 철학적 개념

(1) 게오르크 빌헬름 프리드리히 헤겔(G. W. F. Hegel, 1770~1831): 역사철학(歷史哲學)과 국가이성(國家理性)

게오르그 빌헬름 프리드리히 헤겔(Georg Wilhelm Friedrich Hegel, 1770~1831)[6]은 그의 역저(1822~1831): 『역사철학강의』(歷史哲學講義, 독일어: Vorlesungen über die Philosophie der Weltgeschichte, 직역: 세계 역사의 철학에 관한 강의)[7]에서 역사철학(歷史哲學, Philosophy

---

[6] 게오르크 빌헬름 프리드리히 헤겔(G. W. F. Hegel, 1770~1831)은 관념철학을 대표하는 독일의 철학자이다. 임마누엘 칸트(Immanuel Kant, 1724~1804)의 이념(理念)과 현실(現實)의 이원론(二元論)을 극복하여 일원화(一元化)하고, 정신(精神)이 변증법적(辨證法的) 과정(過程)을 경유해서 자연·역사·사회·국가 등의 현실이 되어 자기발전을 지속해가는 체계를 종합 정리하였다. 헤겔(G. W. F. Hegel)은 1770년 8월 27일 독일 뷔르템베르크에서 태어났다. 아버지 게오르크 루트비히 헤겔(운송회계사 고문)과 어머니 크리스티네 루이제 프롬은 아들 헤겔(Hegel)을 위한 개인교수뿐만 아니라 고대어 및 현대어 그리고 학문의 기초를 가르치는 슈투트가르트의 공립 김나지움에서 수업을 받게함으로써 헤겔(Hegel)을 학문적으로 교육시키는 데 정성을 기울였다. 헤겔(Hegel)은 18세에 튀빙겐의 신학원에 입학하여 철학 석사학위를 받았으며, 그 후 3년 동안 신학(神學)과 관련된 학문을 공부한 끝에 슈투트가르트의 신교 총무원에서 실시한 신학과 입학시험에 합격하였다. 헤겔(Hegel)은 부모님의 희망에 따라 설교사직을 선택하였으며 신학이 가진 고전문학 그리고 철학과의 연계성을 고려하여 신학 공부에 충실하였다. 1778년부터 1792년까지 튀빙겐 신학교에서 수학했다. 헤겔(Hegel)은 신학과 졸업 후, 신학을 바탕으로 하는 직업들 가운데 실제 설교사직에 별로 구속되지 않는 직업, 이를테면 고전문학과 철학 연구에 필요한 여유를 얻을 수 있으며 또한 외국에서 상이한 조건 밑에 생활하면서도 짬을 낼 수 있는 직업을 선택하였다. 이러한 직업으로서 가정교사직을 베른과 프랑크푸르트에서 찾았으며, 여기에서 학문연구에 몰두할 수 있는 충분한 시간을 얻었다. 헤겔(Hegel)은 6년간 이 두 도시에서 시간을 보낸 후, 아버지가 사망하자 철학(哲學)에 마음과 몸을 바치기로 결심하였다. 헤겔(Hegel)은 피히테와 셸링 철학체계의 차이점, 전자의 불충분한 점에 관한 논문을 써 예나 대학에 지원하였으며, 얼마 후 박사학위 논문: 행성들의 궤도에 관하여 (De orbitis planetarum)의 공개 변론을 통한 심사에서 그 곳 심사위원회로부터 교수 허가를 받았다. 헤겔(Hegel)은 셸링 교수와 함께 "철학비판잡지"(Das kritische Jurnal der Philosophie) 두 권을 간행하였다. 1808년부터 1816년까지 독일 바이에른주 뉘른베르크의 한 김나지움에서 교장직을 맡았다. 2년 간 독일 바덴뷔르템베르크주 하이델베르크 하이델베르크 대학에서 교수직을 역임한 후, 1818년 독일 베를린 베를린 대학의 정교수로 취임했다. 1831년 콜레라로 사망했으며, 자신의 희망대로 피히테 옆에 안장되었다. 게오르크 빌헬름 프리드리히 헤겔(G. W. F. Hegel, 1770~1831)의 주요 저서(생존시 출간)는 다음과 같다:『정신현상학』, 『대논리학』, 『엔치클로페디』, 『법철학 강요』, 『미학 강의』, 『역사철학강의』(원 제목: 세계역사의 철학에 관한 강의, Vorlesungen über die Philosophie der Weltgeschichte) 등이 있다. 참고로, 『피히테와 셸링 철학체계의 차이』, (Differenz des Fichteschen und Schellingschen Systems der Philosophie, 1801) / 임석진 역(1989);『정신현상학』, (Phänomenologie des Geistes, 1807) / 임석진 역(1983), 허우현 역(1970);『대논리학』, (Wissenschaft der Logik, 1812~1816) / 임석진 역(1994), 임석진 역(1982);『철학강요』, (Enzyklopädie I−III, 1830) / 서동익 역(1983), 김계숙 역(1955), 전원배 역(1954).

of History)을 철학(哲學)의 한 분과이자 핵심적인 부분 가운데 하나임을 천명하고 역사철학(歷史哲學)이 다루어야 할 주제들로서 다음과 같이 명확하게 규정하였다: 역사(歷史)란 무엇인가, 역사(歷史)를 움직이는 주체는 누구인가, 누가 역사(歷史)를 인식하는가, 역사(歷史)는 어떤 목적을 향해 진행되는가, 그 진행에 따른 변화의 양상은 어떠하며 또 그것을 어떻게 확인할 수 있는가 등이다. 헤겔(G. W. F. Hegel)의 역사철학(歷史哲學, Philosophy of History) 이후, 역사(歷史)는 비로소 철학(哲學)의 연구대상으로 포함되었으며 역사철학이 철학(哲學)의 한 분야로 자리잡았다.

게오르그 빌헬름 프리드리히 헤겔(G. W. F. Hegel, 1770~1831)은 그의 역사철학(歷史哲學, Philosophy of History)[8]을 다음과 같이 논술했다: 역사(歷史)란 단순히 군중의 집합이 벌이는 여러 가지 행동의 묶음이 아니다. 역사적으로 중요한 사건과 그렇지 않은 사건이 있는데, 그것을 판별하는 기준은 역사적 사건의 '역사성(歷史性)' 즉 사물이 시대를 따라 변천한다. 그렇다면, 역사성(歷史性)을 규정하고, 그 정의에 따라 역사적 의미를 부여하는 작업이 필요하다. 그리고 그 사건이 앞으로 어떻게 전개될 것인가에 대한 전망도 가능해지게 된다.

[7] 게오르그 빌헬름 프리드리히 헤겔(Georg Wilhelm Friedrich Hegel, 1770~1831)은 그의 저서: 『역사철학강의』(세계역사의 철학에 관한 강의, Vorlesungen über die Philosophie der Weltgeschichte)는 베를린 대학에서 1822년부터 1831년까지, 모두 5회에 걸쳐 행해진 강의를 토대로 하여 쓰여졌다. 이 작품은 헤겔(Hegel)이 죽고 6년이 지나서 학생들의 강의록과 헤겔(Hegel) 자신의 강의노트를 편집하여 1837년에 편집자 에두아르트 간스(Eduard Gans)에 의해 처음으로 출판되었다. 독일어 2판은 원 강연자 헤겔의 아들인 칼 헤겔(Karl Hegel)에 의해 1840년에, 또 독일어 3판은 게오르크 라손(Georg Lasson)에 의해 1917년에 출판되었다. 상기 저서는 역사(歷史)가 이성(理性)의 지배를 따르며, 역사의 자연적 과정은 절대정신(絕對精身)의 외화(外化)에 기인한다는 것을 보이기 위하여 헤겔 철학의 용어로 세계의 역사를 제시하고 있다. 상기 저서의 서문에서 '민족(民族)' 개념을 매우 중요하게 다루었다.

[8] 게오르크 빌헬름 프리드리히 헤겔(Georg Wilhelm Friedrich Hegel, 1770~1831)의 역사철학(歷史哲學)은 그의 저서: 『역사철학강의』(歷史哲學講義, 독일어: Vorlesungen über die Philosophie der Weltgeschichte, VPW: 세계역사의 철학에 관한 강의)에 상세히 서술되어 있다. 상기 저서는 그의 주요 작품 중 하나로, 베를린 대학에서 1822년부터 1831년까지, 모두 5회에 걸쳐 행해진 강의를 토대로 하여 쓰여졌다. 이 저서는 역사(歷史)가 이성(理性)의 지배를 따르며, 역사(歷史)의 자연적 과정은 절대정신(絕對精身)의 외화(外化)에 기인한다는 것을 보이기 위하여 '세계의 역사'(헤겔 철학의 용어)를 제시하고 있다. '세계의 역사'란 지역이나 국가의 역사라기보다는 '세계' 자체의 역사이다. 일찍이 요한 고트프리트 헤르더(Johann Gottfried Herder, 1744~1803)나 요한 고틀리프 피히테(Johann Gottlieb Fichte, 1762~1814)와 같은 사상가들은 세계의 역사와 국민 의식의 개념과 중요성에 관하여 저술을 남겼다. 『역사철학강의』(歷史哲學講義)은 헤겔이 죽고 6년이 지나서 학생들의 강의록과 헤겔 자신의 강의노트를 편집하여 1837년에 편집자 에두아르트 간스(Eduard Gans)에 의해 처음으로 출판되었다. 독일어 2판은 원 강연자 헤겔의 아들인 칼 헤겔(Karl Hegel)에 의해 1840년에, 독일어 3판은 게오르크 라손(Georg Lasson)에 의해 1917년에 각각 출판되었다.

또한, 게오르그 빌헬름 프리드리히 헤겔(G. W. F. Hegel, 1770~1831)은 그의 저서: 『역사철학강의』(세계역사의 철학에 관한 강의, Vorlesungen über die Philosophie der Weltgeschichte)에서 한 민족의 정치체제(政治體制)는 종교·예술·철학·사상·일반교양과 연관되어 하나의 실체, 하나의 정신을 형성한다고 주장했다. 민족의 일반적인 정체성(正體性)의 기저를 구성하는 민족정신(民族精神)은 국가로 주어진 공동체와 국가기구 하에서 국가정신과 통일된다. 민족정신(民族精神)은 역사적 발전 과정에서 중요한 역할을 한다. 민족정신(民族精神)의 본질적 모습이 신(神)으로 형상화되어 숭배받아 수용되면 그것은 종교(宗敎)이며, 민족정신(民族精神)의 본질적 모습이 상(像)으로서 직관적으로 표현되면 그것은 예술(藝術)이며, 민족정신(民族精神)의 본질적 모습이 인식의 대상이 되어 개념화되면 그것은 철학(哲學)이라고 한다. 이와 같이 종교·예술·철학은 민족정신(民族精神)에 의해 태어난 것이라고 주장했다.

나아가, 헤겔(G. W. F. Hegel)은 역사 발전의 단계를 3단계로 나누었다: 첫째 단계에서는 외부의 선진 문명으로부터 지식과 문화를 흡수하여 내부에서 일어나는 힘과 융합되어 민족이 점진적으로 발전해 나간다. 그 끝 무렵에서는 외부로부터의 유입과 내부로부터의 분출이 성공적으로 융화되어 선행하는 문명과 대결할 수 있는 독자적 역량을 북돋운다; 둘째 단계에서는 선행 문명에 대한 승리를 거두어 행복의 시기를 구가하지만 민족이 외부를 향하게 되면 내부의 정치기구가 느슨해지고 긴장이 이완되어 내부 분열이 생겨난다; 셋째 단계에서는 좀 더 고도의 정신을 소유한 민족과 충돌하여 몰락하게 된다. 헤겔(G. W. F. Hegel)에 따르면, "세계사란 정신이 스스로를 자유라고 의식하는 자유의식의 발전과정과 이 의식에 의해서 산출되는 자유의 실현과정을 나타낸 것이다."

헤겔(G. W. F. Hegel)은 이러한 과정을 세계사의 모든 민족에게서 동일한 양상으로 발생하는 보편적 과정이라고 주장했다. 그는 *"세계사란 정신(精神)이 스스로를 자유(自由)라고 의식하는 자유의식의 발전과정과 이 의식에 의해서 산출되는 자유(自由)의 실현과정을 나타낸 것이다"*라고 주장했다. 결국, 역사(歷史)는 이성(理性)의 지배를 따르며, 세계역사가 이성적으로 진행하며, 역사의 자연적 과정은 절대정신(絕對精身)의 외화(外化)에 기인한다고 '철학적 역사'의 요지로서 결론지었다.

나아가, 헤겔(G. W. F. Hegel)은 현실에서 '정신의 완전한 실현형태'로서 국가(國家)를 제시했다. 이때 국가는 현실적으로 존재하는 공동생활로서, 공동의지 자체로서 법 및 도덕과 함께 존재한다. 국가(國家)는 일반적이고 본질적인 의지와 주관적인 의지의 통일체이고 이 안에서 공동정신이 성립하는 토대가 되는데, 이 공동체의 법칙은 우연한 존재(들)이 아니라 '이성(理性)' 자체이다. 국가(國家)의 목적은 이러한 공동정신이 인간의 현실적 생활이나 심정 안에서 생생히 존재하고 존속하게끔 하는 것이다. 나아가 '국가야말로 절대 궁극 목적인 자유(自由)를 실현한 자주독립의 존재'이고, '인간이 지니는 모든 가치와 정신의 현실성은 국가를 통해 주어지'며, '국가는 신(神)의 이념이 지상에 모습을 드러낸 것'이라고 주장했다. 그의 변증법적 역사철학은 영미권에서는 국가주의, 전체주의의 시초로도 비판받고 있는 반면에 동양의 근대 지식인들에게 국가 발전, 근대화 추진의 사상적 기반으로 수용되었다.

① 절대이성(絶代理性)과 변증법(辨證法)

게오르그 빌헬름 프리드리히 헤겔(Georg Wilhelm Friedrich Hegel, 1770~1831)은 세계사(世界史)를 절대정신(이성)이 자유(自由)를 향해 나아가는 과정이라고 정의하였다. 헤겔(Hegel)은 인간의 역사 역시 변증법적(辨證法的) 발전(發展)을 겪는다고 사유하였으며 그 결과 이성(理性)이 최고의 발전 단계에 이르러 더 이상의 변화가 필요 없는 상태를 '역사의 종말'이라 명명하였다.[9]

게오르크 빌헬름 프리드리히 헤겔(G. W. F. Hegel)은 역사적 사례들을 분석하여 이성(理性)이 어떤 합리적 과정으로 역사(歷史)를 인도하는지를 규명할려고 시도했었다. 그는 역사(歷史)를 과정(過程)이라고 이해했다. 즉, 그는 역사를 단선적 발전 혹은 일차원적 진행으로 바라보지 않았다. 왜냐하면 일정한 기간의 역사에 한정시켜 보았을 때, 발전하고 있다고만 볼 수 없는 사례들이 너무나도 많기 때문이다. 그러나 역사(歷史) 전체를 통찰하였을 때 역사(歷史)는 정신(精神)이 발현되는 방향 즉 '변증법적 방향'으로 인도된다고 말할 수 있다는 것이다.

헤겔(G. W. F. Hegel)이 말하는 변증법(辨證法)은 단순한 상승이나 발전이 아닌, 기존의 신념(信念)의 체계(정립, thesis)에 대한 반성(反省)을 통해(반정립, antithesis) 전혀 다른 차원의 사고방식(종합, synthesis)이 생성되는 것을 가리키는 말이다. 변증법(辨證法) 과정은 단 한번으로 끝나는 것이 아니라 지속적으로 진행된다. 이 과정을 총체적으로 인도하는 존재가 이성(理性)이기 때문에, 변증법(辨證法)은 이성(理性)의 작동원리(mechanism of reason)라고 부를 수 있다.

---

9) 게오르크 빌헬름 프리드리히 헤겔(G. W. F. Hegel, 1770~1831)은 당대 독일이 '역사의 종말' 단계에 들어섰다고 주장하였다가 많은 비판에 직면하기도 하였다. 이 개념은 나중에 프랜시스 후쿠야마(Francis Fukuyama, 1952~현재):『역사의 종말』(The End of History and the Last Men, 2006년)에 등장하였다.

변증법(辨證法)은 이성(理性)이 보여주는 단 하나의 과정(過程)이기 때문에 필연적(必然的)이다. 그러나 변증법적 과정이 필연적이라고 해서, 역사의 전개를 예측하는 행위를 할 수 있는 것은 아니다. 변증법적 과정은 어디까지나 역사 전체를 통찰했을 때 이끌어낼 수 있는 결론이지만, 역사의 전개를 예측한다는 것은 역사적인 맥락에 한정되어 어떤 사건이나 상황의 발생에 대해 미리 말하는 것을 뜻하기 때문이다. 다시 말하면, 변증법적 필연성과 역사적 사건의 필연성은 서로 다른 시각에서 역사를 바라보기 때문에, 변증법적 필연성이 역사적 사건의 필연성을 말해줄 수 없다는 것이다.

여기서 헤겔(G. W. F. Hegel)은 우연(偶然)과 필연(必然)을 양립시킨다. 역사(歷史)는 필연적으로 자유(自由)가 확장되는 방향으로 나아가며 그런 조건들이 역사 속에서 마련되지만, 그 조건들이 맞물려 총체적으로 폭발하는 도약의 계기는 우연적 사건에 의해 일어날 수 있다. 이 우연적인 개입은 역사 전체를 통찰하는 시각에서 바라보아야 한다. 왜냐하면 그래야 그 개입이 어떤 계기인지 의미를 해석할 수 있기 때문이다.

따라서 과거 즉 역사현상에서 일어난 구체적 사건들이나 신념의 체계들은 현재 상황을 만들기 위한 과정으로서 그 의미가 확정된다. 변증법적 과정에서 반드시 필요한 단계로 인식되는 것이다. 전혀 다른 사고방식(synthesis)을 성취한 후에는 그와 같은 신념의 체계는 신념으로서 더 이상 유지할 수 없는 것으로 간주된다. 왜냐하면 한때 이성(理性)에 따르는 합리적인 가치였을 어떤 신념의 체계가 종합(synthesis)을 통해 교체되었으므로 더 이상 합리적이라고 말할 수 없기 때문이다.

상기한 바와 같이, 게오르그 빌헬름 프리드리히 헤겔(G. W. F. Hegel)은 정반합(正反合)의 개념으로 정형화한 변증법(辨證法)을 정형화 하였다.10) 그의 변증법(辨證法)은 만물이 본질적으로 끊임 없는 변화 과정에 있음을 주장하면서 그 변화의 원인을 내부적인 자기부

---

10) 게오르크 빌헬름 프리드리히 헤겔(G. W. F. Hegel, 1770~1831)은 그의 변증법(辨證法)을 설명하기 위해 정반합(正反合)이라는 개념을 직접적으로 사용하지 않고, 그 대신 '긍정−부정−부정의 부정' 이라는 표현을 썼다. 참고로, 정반합(正反合)은 하인리히 샬리베우스(Heinrich Moritz Chalybaus, 1796~1862)가 처음으로 사용했다. 한편, 게오르크 빌헬름 프리드리히 헤겔(G. W. F. Hegel)의 변증법(辨證法)은 헤겔(Hegel) 좌파(左派) 철학자들을 거쳐 칼 마르크스(Karl Heinrich Marx)에게 심대한 영향을 주었다. 칼 마르크스(Karl Heinrich Marx)와 프리드리히 엥겔스(Friedrich Engels)는 『경제학 비판』(1859년)의 서문에서 관념론적 이데올로기는 허위적 의식이라고 규정하고 자본주의 사회의 계급구조를 '해부학적'으로 규명하면서 다음과 같이 강조하였다: ① 이데올로기(Ideology)는 본인의 사회적 존재에 따라 결정되며, ② 따라서 필연적으로 계급성·당파성을 지니고, ③ 피(被)지배계급은 지배계급의 이데올로기(Ideology)를 경제적 착취의 사실과 결부하여 폭로할 필요가 있다. 즉, "의식이 존재를 규정하는 것이 아니라 존재가 의식을 규정한다"는 유물론적 사고가 이데올로기의 근저라는 것이다. 이와 대칭적인 관념론적(觀念論的) 이데올로기는 허위적 의식이라고 비판하였다.

정, 즉 모순(矛盾)에 있다는 것이다. 원래의 상태(狀態)를 정(正)이라 하면 모순(矛盾)에 의한 자기부정(自己否定)은 반(反)이다. 만물(萬物)은 모순(矛盾)을 해결하는 방향으로 운동하며 그 결과 새로운 합(合)의 상태로 변화한다. 이 변화의 결과물은 또 다른 변화의 출발점이 되고 이러한 변화는 최고의 지점 즉 절대이성(絶代理性)에 도달할 때까지 계속된다. 따라서 절대이성(絶代理性)은 변증법(辨證法)에 의해 도달되는 최고의 지점, 즉 더 이상 변화될 필요 없는 최고의 위치를 뜻한다.

② 역사 발전의 원리: 자유(自由)

게오르그 빌헬름 프리드리히 헤겔(Georg Wilhelm Friedrich Hegel, 1770~1831)에게 정신(精神)은 물질(物質)과 반대되는 실체 개념인데, 정신(精神)은 역사(歷史)가 펼쳐지는 배경과 같은 역할을 한다. 정신은 실체이기 때문에 스스로 운동하는 고유의 법칙이 있으며, 또한 그 법칙은 역사를 움직이게 하는 법칙이기도 하다. 그 법칙이란 다름 아닌 이성(理性)이다.

헤겔(G. W. F. Hegel)은 정신(精神)에 대해 추정적, 잠정적으로라도 정의를 내려볼 것을 제안하는데, 그것이 곧 자유(自由)이다. 정신(精神)의 본성이 자유(自由)라는 것은, 자신의 운동의 모든 원인이 자신에게 있으며, 따라서 자신이 어떤 존재이며 무엇을 의식한다는 뜻이다. 그러므로 자유로운 존재는 하나의 완결된 존재이다. 자유로운 존재는 그 반대인 물질적 실체와 대비되는 속성인데, 물질적 실체는 본성으로서 질량(무게)를 지니며, 따라서 관성의 법칙에 의해 운동을 하기 위해서는 외부에서 원인이 주어져야 한다.

따라서 헤겔(G. W. F. Hegel)은 역사(歷史)의 과정이란 정신(精神)이 자유(自由)를 성취하는 과정이라고 결론짓는다. 그에 따르면, 정신(精神)의 본질이 자유(自由)라는 것은, 정신은 곧 자신의 모든 능력을 다해서 이 본질을 발현하려고 한다는 점을 함축한다. 또한 자유(自由)는 곧 자신에 대한 인식이기 때문에, 정신은 자신을 점점 더 명확하게 정의하고 알아가는 방향으로 발전한다. 만약 역사(歷史)가 정신(精神) 위에서 펼쳐지는 장(場)이라면, 역사(歷史) 또한 정신의 운동법칙(경향)의 지배를 받을 수 밖에 없다. 따라서 역사(歷史)의 과정은 본질적으로 정신(精神)이 스스로 자유로워지는 단계를 밟아나간다.

그렇다면, 자유(自由)를 그 본질로 하는 정신(精神)은 어떤 것을 매개로 자신의 과정을 구체적으로 실현시킬 것인가? 헤겔(G. W. F. Hegel)은 이에 대해 개인들의 활동이라고 답한다. 그 가운데서도 개인들의 정념(情念)에 근거한 의지(意志)를 통한 활동에 의해 정신(精神)은 역사(歷史) 속에서 구체적으로 드러난다. 개인들은 결코 역사 속에서 정신, 이성에 따라 행동하지 않는다. 그런 것처럼 보이는 경우가 있더라도 매우 우연적일 뿐이다. 인간들은 자신의 행동의 동기를 정념(情念)에 의지한다. 구체적인 역사(歷史)는 이러한 정념(情念)들이 펼쳐지는 장(場)이다.

역사에 참여하는 구체적 개인들은, 항상 자신들의 계획에 따라 목적을 설정하고 그에 가장 알맞은 행동을 함으로써 자신의 목적을 성취한다. 이 과정은 구체적이고, 그때 그때에 맞는 특수성에 부합하게끔 기획된다. 그러나 인간은 본성의 측면에 있어서 정신적이고, 자유(自由)를 소유한 추상적 존재들이다. 따라서 인간이 구체적으로 활동한다는 것은 언제나 정신의 본성, 즉 자유(自由)가 발휘되는 행동을 할 수 밖에 없다. 그것이 인간의 본성이기 때문이다. 인간의 활동에는 이 두 가지 영역이 중첩되어 있으며, 따라서 인간의 활동의 유기적 전체인 역사에도 이 두 영역이 중첩되어 있다. 이것이 바로 역사적 사건의 핵심, 그리고 그 역사적 사건을 해석하는 관점의 핵심이다. 다시 말하면, 인간은 전체 이성의 기획을 구체적으로 실현시키는, 추상과 구체 사이의 매개자로서 기능한다.

역사(歷史)는 어떤 방향이든지 끊임없이 변화하고 있다. 흔히 변화(變化)는 다음과 같이 두 가지로 분류된다. '자연의 변화'는 기존에 있었던 단위 사물들의 운동에 의존하기 때문에 기존에 없었던 것이 생기는 변화는 아니다. 이와 반면에 '정신의 변화'는 기존에 없었던 것이 생성되는 변화 즉 창조의 변화이며 신적인 변화이다. 그러나 역사의 발전은 상기한 두 가지와 같은 일차원적인 변화가 아니다.

'역사의 발전'이 보여주는 변화(變化)는 정신의 수준이나 단계가 총체적으로 바뀌며 진화에 가까운 탈바꿈을 하는 것이다. '역사의 발전'은 내재되어 있으나 드러나지 않고 있다가, 인간과 역사적 사건들을 통해서 외부로 나타난다. 안에 있던 것이 밖으로 보여지면서, 전혀 다른 존재론적 지위를 점유한다. 또한, '역사의 발전'은 자연의 운동의 법칙처럼 단선적(單線的)이지 않다. 즉, 관성(慣性)의 법칙에 의해 작동하는 것이 아니라, 인간이 의지를 가지고 끊임없이 자기에 대해 성찰하고 반성하는 과정만이 '역사의 발전'을 이끌어낼 수 있다.

게오르크 빌헬름 프리드리히 헤겔(G. W. F. Hegel)에게 '역사의 발전'이란 자연으로부터 점점 더 멀리 떨어지는 과정, 자연으로부터 정신 스스로를 소외시키는 과정이다. 즉, 자연으로부터의 소외는 인간으로서의 진정만 면모를 찾아가는 과정이다. 즉, 역사의 발전이란 다름아닌 이성(理性)의 본질인 자유(自由)의 성취, 즉 물질세계로부터 종속된 위치에서 떨어져나와 자신을 인식하고 자신의 내적 힘에 의해서 움직이는 자기원인의 존재로 재탄생하는 과정을 가리킨다.

역사를 정리할 수 있는 개념적 도구들이 발생하고 역사를 정리하기 시작하면서부터, 역사의 개념들은 스스로 변증법적(辨證法的)으로 발전한다. 정신 속에서 끊임없이 부정되면서 부적합한 개념은 교정되고 파괴된다. 그리고 새로운 개념으로 대체된다. 역사는 정신 속에서 벌어지는 이러한 개념의 역사이다. 구체적인 역사적 사건들은 이러한 개념을 통해 해석되고 또 그로써 역사라는 위치를 얻기 때문에, 역사를 철학적으로 고찰하는 작업에서는 구체적 역사를 연구하는 것이 아니라 역사 개념들의 변화와 그 법칙을 연구해야 한다. 그 개념들의 핵심은 바로 자유(自由)이다.

③ 역사철학(歷史哲學, Philosophy of History)[11]

게오르그 빌헬름 프리드리히 헤겔(Georg Wilhelm Friedrich Hegel, 1770~1831)은 역사 고찰의 종류를 3가지: '사실 그대로의 역사', '반성적 역사', '철학적 역사'로 구분했다. 그의 역저『역사철학강의』(歷史哲學講義, 독일어: Vorlesungen über die Philosophie der Weltgeschichte, 직역: 세계 역사의 철학에 관한 강의는 베를린 대학에서 1822~1831, 모두 5회에 걸쳐 행해진 강의를 토대로 하여 쓰여졌다. 이 저서는 전술한 바와 같이 역사(歷史)가 이성(理性)의 지배를 따르며, 역사의 자연적 과정은 절대정신(絕對精身)의 외화(外化)에 기인한다는 것이다.

헤겔(G. W. F. Hegel)은 '철학적 세계사'를 설명하기 위해 역사(歷史)를 다음과 같이 논술한다: 우선, '철학적 세계사'와 대비되는 '사실로서의 역사'는 인간들이 벌여놓는 여러 가지 행동들을 자신이 가지고 있는 주관적 정신의 범주에 맞게 옮겨놓는 것, 즉 물질의 운동의 영역에서 주관적 정신의 이해의 영역으로 옮겨오는 것을 뜻한다. 그러나 단순히 언어적 표현이어서만은 안되며, 명확하게 '역사(歷史)'를 한다는 자각이 있어야 한다. 따라서 문학이나 전승, 신화는 역사에서 제외되며, 보고에 대한 동기가 일차적으로 역사의 원동력이 된다. 그러나 '사실로서의 역사'는 결국 보고하는 사람의 시선에서 벗어날 수 없으며, 모든 사건이 보고하는 사람의 관념에 밀착되어 나타난다. 그러므로 그 사람이 살았던 시대에 근본적으로 제약을 받을 수 밖에 없으며, 따라서 보편성을 획득하지 못하고 기록으로만 남게 된다. 가장 특수한 것에 대한 가장 특수한 정신의 기록이 '사실로서의 역사'인 셈이다.

그러나 인간은 이런 역사(歷史)에 대한 반성(反省)을 통해서 역사를 생성하는 새로운 단계로 나아가게 되는데, 이것을 헤겔(G. W. F. Hegel)은 '반성적(反省的) 역사(歷史)'라고 말한다. '반성적(反省的) 역사(歷史)'는 다시 네 종류로 나누어진다.

---

11) 임희완,『20세기의 역사철학자들』, 건국대학교 출판부(2003)에서 헤겔(G. W. F. Hegel) 부분 요약.

첫째는 '일반적 역사'이다. 일반적 역사는 구체적인 사건들을 종합하여 서술하는 것인데, 그 서술이 구체적 사건에 매몰된 '사실로서의 역사'에 국한된 것이 아니라 반성하고 그 반성의 내용을 말하는 역사가 자신의 종합이다. 따라서 일관된 관점에서 역사를 서술하게 된다. 이 과정에는 필연적으로 사건에 대한 해석과, 해석자의 개념도구들이 역사에서 중요한 위치를 차지한다. 다시 말하면, 일반적 역사를 서술하는 서술자는 자신의 해석에 따라 사건들을 배치하는데, 여기에서 역사를 결정하는 권리를 서술자의 생각에 달려있다.

둘째는 '실용적(實用的) 역사(歷史)'이다. 역사는 단순히 과거에 있었던 일을 알려줄 뿐만 아니라, 그 사건들에 대한 지식을 통해 개인들이 현재에도 지침으로 삼을 수 있는 내용을 전해주기도 한다. '실용적 역사'는 과거로서의 역사인 동시에 현재 살고 있는 사람들의 행동에 유의미한 변화를 주기 위해 서술자가 의도적으로 기획한 것이다. 그러나 헤겔(G. W. F. Hegel)은 이런 시도에 대해서 언제나 실패할 수밖에 없다고 주장한다. 왜냐하면 과거의 역사적 조건들과 현재의 역사적 조건들이 매우 다르기 때문에, 그것을 유추하려고 하더라도 절대 그 본래의 내용에 다가설 수 없기 때문이다.

셋째는 '비판적 역사'이다. 이들은 역사에 대해 연구하는 것이 아니라, 역사를 이루고 있는 역사적 사실들에 대해 역사가가 스스로 평가하는 것이다. 그러므로 여기서는 아예 역사적 사실 자체는 뒷전으로 물러나며, 역사가 어떻게 평가하는지가 매우 중요한 사안으로 부각된다. 이것은 역사에 대한 올바른 시각이 될 수 없으며, 역사 자체에 대한 연구가 될 수도 없다는 것이 헤겔(G. W. F. Hegel)의 입장이다.

넷째는 '전문적 역사'이다. 역사에 대한 반성을 통해서, 역사 전체에 대한 지식은 불가능하다는 통찰에 다다른 사람들이 이러한 전문적 역사에 발을 내민다. 이들은 전체로서의 역사가 아니라, 각 부분의 역사에 대해 깊이 탐구하지만, 그렇기 때문에 보편성을 획득하는데는 실패한다. 특히 이들은 정신의 측면이 반영되는 분야에 대해 연구하는 경향이 강한데, 역사철학(歷史哲學)은 이러한 각각의 전문적 역사로부터 정신 자체의 본성과 그 역할에 대해 연구할 수 있는 토대를 마련할 수 있다. 그리고 이 정신 자체를 연구하는 역사를 헤겔(G. W. F. Hegel)은 '철학적 역사'라고 명명(命名)한다.

마지막으로, 헤겔(G. W. F. Hegel)이 일컫는 '철학적(哲學的) 세계사(世界史)'는 한마디로 말하면 역사(歷史)에 대한 철학적 고찰이다. 여기서 유의할 것은 역사(歷史)는 가장 구체적인 사실들에 대한 고찰인 반면에 철학(哲學)은 가장 일반적이고 보편적인 원리에 대한 탐구를 목표로 삼고 있기 때문에 역사(歷史)를 철학적으로 고찰한다는 말은 역사 속에서 보편적인 원리를 추출하는 것이며, 다시 그 원리에 따라 역사를 재배치하는 두 작업을 동시에 진행한다는 것을 뜻한다는 것이다. 여기서 말하는 '역사 속에서 보편적 원리'란 '철학이 역사를 향할 때, 이성이 세계를 지배하고, 따라서 세계 역사도 이성적으로 진행한다는 사상'이다. 따라서 철학적(哲學的) 역사(歷史)는 '역사 속에서 보편적 원리'를 역사에서 읽어내고, 그리고 그 원리에 따라 역사가 진행된다는 것을 알아내는 것을 전제이자 목표로 삼는다.

헤겔(G. W. F. Hegel)의 역사철학(歷史哲學, Philosophy of History)은 다음과 같이 주장한다: 역사(歷史)란 단순히 군중의 집합이 벌이는 여러 가지 행동의 묶음이 아니다. 역사적으로 중요한 사건과 그렇지 않은 사건이 있는데, 그것을 판별하는 기준은 역사적 사건의 '역사성(歷史性)' 즉 사물이 시대를 따라 변천하는 성질이다. 그렇다면, 역사성(歷史性)을 규정하고, 그 정의에 따라 역사적 의미를 부여하는 작업이 요청된다. 그리고 그 사건이 앞으로 어떻게 전개될 것인가에 대한 전망도 가능해지게 된다.

헤겔(G. W. F. Hegel)은 역사성(歷史性)의 기준으로서 '이성(理性)'[12]이라는 키 워드를 제시했다. 즉, 이성(理性)이 역사(歷史)의 주체이며, 역사철학(歷史哲學)의 목표는 역사(歷史)에서 드러나는 이성(reason)을 밝히는 것이다. 다시 말하면, 역사 현상은 합리적 과정(rational process)을 밟아서 일어나는데, 이 과정을 인도하고 주재하는 것이 바로 이성(理性)이라는 것이다. 따라서 이성(理性)은 그 자체로서 역사(歷史)를 전개시키는 힘이며, 역사(歷史)의 변화과정을 품고 있으면서 동시에 펼쳐보인다. 역사(歷史)의 과정은 이성적(理性的)이기 때문에 이성(理性)을 능력으로서 지니고 있는 인간은 역사적 사건의 역사성(歷史性)을 이성(理性)을 통해 파악할 수 있다는 것이다. 모든 인간들은 역사적 사건을 만드는 데 개별적으로 참여하지만, 자신들이 의도한 바와는 다르게, 그 개별적 참여로부터 의도하지 않은 거대한 결과를 야기한다. 이성(理性)은 구체적인 개인이 발휘할 수 있는 능력으로 존재함과 동시에, 그 구체적 개인들을 역사(歷史)에 참여시켜 새로운 흐름을 만들어냄으로써 실체로서 자신을 드러낸다.

여기서 유의할 것은 헤겔(G. W. F. Hegel)의 역사철학(歷史哲學, Philosophy of History)에

---

12) 이성(理性, 라틴어: ratio, 영어: reason)은 일반적으로 인간(人間)을 동물(動物)과 구별시키는 인간 특유의 뛰어난 능력으로 간주되어 왔는데, 철학적으로는 다음과 같은 의미를 내포한다: (1) 사물의 이치와 원리를 논리적·개념적으로 생각하는 지성; (2) 본능·충동·욕망 등에 통어(統御)하고 도덕적 원리에 따르도록 의지(意志)와 행위(行爲)를 규정 및 평기하는 능력. 즉 임마누엘 칸트가 말하는 실천이성(實踐理性); (3) 사물을 올바르게 경험 및 인식하는 선천적 능력. 즉 임마누엘 칸트가 일컫는 순수이성(純粹理性); (4) 우주 또는 세계를 지배하는 근본원리 즉 진리(眞理)를 표현하는 언어 자체 혹은 세계의 진리를 아는 힘(로고스) 등이다.

서 역사(歷史)를 이끄는 힘으로서의 이성(理性)은 기존 이성(理性)의 개념과는 다르다는 점이다. 기존 이성(理性)의 개념은 크게 두 가지이다: 하나는 자연과학(自然科學)을 지배하는 법칙이라는 의미를 지니는 이성(理性)이고 다른 하나는 신(神)의 섭리인 이성(理性)이다. 그런데 헤겔(G. W. F. Hegel)은 전자의 이성(理性)은 인과(因果)에 묶여있어 자유(自由)가 없다는 이유로, 후자의 이성(理性)은 초월적(超越的)이어서 역사에 이성(理性)을 전개시킬 수 없는 차원이 존재한다는 이유로 두 가지 종류의 이성(理性)에 대한 정의를 거부한다. 여기서 헤겔(G. W. F. Hegel)이 역사(歷史)를 바라보는 두 가지 관점을 확인할 수 있다. 하나는 역사가 인과율에 묶인 단선적이고 일차원적인 변화 혹은 과정을 겪지 않는다는 것이고, 다른 하나는 역사를 움직이는 힘은 역사 자체에 내재해 있는 것이지 어떤 다른 곳에 존재하지 않는다는 것이다.

헤겔(G. W. F. Hegel)의 역사철학(歷史哲學, Philosophy of History)에서 역사(歷史)를 이끄는 힘으로서의 이성(理性)은 역사 속에서 정신(spirit)을 실현시킨다. 여기에서 정신(精神)은 개인의 정신이라기보다는 인간의 정신이다. 인간의 정신이란 자연과 반대되는 개념으로서, 필연적인 숙명이나 법칙에 종속되지 않는 인간 고유의 영역을 뜻하며, 이는 곧 인간 정신의 핵심은 자유(freedom)라는 뜻이다. 그러므로 역사(歷史)는 정신(精神)의 발전 즉 자연과 대립하는 인간 자유(自由)의 확장이라는 말로 설명할 수 있다. 그러므로 역사(歷史)를 철학적으로 반성(reflection)한다는 말의 의미는, 이렇게 자유(自由)가 확장되는 과정을 발견한다는 말과 같다.

상기한 바와 같이, 헤겔(G. W. F. Hegel)의 역사철학(歷史哲學, Philosophy of History)에서 자유(freedom)의 확장은 의지(will)를 통해 역사(歷史) 속에서 발현된다. 그러나 의지(意志)는 역사의 무대 위에 있는 구체적 개인의 의지(意志)가 아니라 이성(理性)의 의지(意志)이다. 개인은 오히려 이성과 반대되는 정념(passion)에 따라 행동한다. 이성(理性)의 의지(意志)에 의하여 역사(歷史)는 합리적 과정(rational process)을 밟아나간다.[13]

만약 이성(理性)이 개인을 통해 드러날 수 없다면, 의지(意志)는 어떤 존재를 통해 역사 현상에서 드러나는가 하는 문제가 제기된다. 이 문제에 대하여 헤겔(G. W. F. Hegel)은 '국가(state)'라고 답한다. 그가 사용하는 국가(國家)라는 단어는 민족공동체 혹은 문화공유체라는 말로 번역할 수 있는데, 그는 외형적인 법이나 물리적 강제력 등이 아니라 가치체계

---

13) 게오르크 빌헬름 프리드리히 헤겔(G. W. F. Hegel, 1770~1831)이 말하는 '이성(理性)의 간계(the cunning of reason)'는 이러한 맥락에서 이해할 수 있다. 개인은 정념(情念)에 따라 움직임에도 불구하고, 그 모든 행동은 결국 이성(理性)이 정교하게 짜놓은 과정에 따라 자유(自由)가 확장되는 역사(歷史)로 나아간다는 것이 바로 '이성(理性)의 간계'라는 말의 핵심이다.

혹은 특정한 신념을 공유하는 집합체 등 국가를 정신적인 면을 중요시하여 바라보기 때문이다. 이 국가(들)은 역사현상 속에서 이성(理性)을 담지(擔持)할 수 있는 자격이 부여된 존재이고, 국가 내의 구체적 개인들을 이성(理性)의 기획에 따라 자유(自由)를 확장하는 경향으로 통제한다.

따라서 헤겔(G. W. F. Hegel)의 체계 안에서는 개인의 통제와 자유가 양립하는 모순적 상황이 가능해진다. 또한 이런 국가(들)의 신념체계를 가장 명확하게 보여준다는 점에서, 종교(宗敎)가 국가(들) 안에서 매우 중요한 요소로 부각된다. 따라서 헤겔은 국가를 구성하는 이러한 가치체계와 종교(宗敎)의 모습을 지켜보면, 그 국가(들)에서 자유(自由)가 얼마나 확장되었는지를 알 수 있다고 주장했다.

(2) 헤겔(G. W. F. Hegel)의 역사철학(歷史哲學)에 대한 저자의 논평

게오르크 빌헬름 프리드리히 헤겔(Georg Wilhelm Friedrich Hegel, 1770~1831)은 임마누엘 칸트(Immanuel Kant, 1724~1804)의 이념과 현실의 이원론(二元論)을 일원화(一元化)하고 절대정신(絕對精身)이 변증법적 과정을 경유해서 자연·역사·사회·국가 등의 현실이 되어 자기 발전을 해가는 체계를 종합 정리함으로써 그의 『역사철학강의』(歷史哲學講義, 독일어: Vorlesungen über die Philosophie der Weltgeschichte)를 제시했다.

상기 저서에서, 헤겔(G. W. F. Hegel)은 유심론적(唯心論的) 시각에서 정신, 자유, 역사의 동력의 요인을 분석하고 역사철학(歷史哲學, Philosophy of History)과 국가이성(國家理性)을 역설하고 다음과 같이 주장했다:

- 역사(歷史)는 이성(理性)의 지배를 따르며, 역사의 자연적 과정은 절대정신(絕對精身)의 외화(外化)에 기인한다. 여기서 정신(精神)이란 독일 계몽주의와 관념론의 전통에서 생각하고 잘못한 것을 반성하는 능력으로서 인간만이 갖고 있는 특징이지만 상태와 조건에 따라 달라진다. 이에 비해 절대정신(絕對精神)은 하나의 원리(原理)로서 자신의 목표를 가지고 자기 길을 가는 정신으로서 보편적 자유로움을 지니고 있다. 따라서 '절대정신(絕對精神)'인 역사(歷史)란 '正 → 反 → 合' 혹은 '긍정 – 부정 – 부정의 부정'의 '관념론적인 변증법적 과정'(Idealistic Dialectical Process)을 통하여 스스로 실현되고 완성된다.

- 세계는 역사 발전의 원리인 자유(自由)라는 국가이성(國家理性)으로 향해 나아간다.

'역사의 주인'인 절대정신(絕對精身)은 자신의 의지와 목표를 가지고 스스로 자연상태(自然狀態)에서 벗어나 역사를 창조·발전시킬 뿐만 아니라 스스로 자신을 완성해 나간다. 역사발전 과정은 국가형태와 제도, 법률 등으로 나타나는데 국민이 얼마만큼 자유를 누리고, 사회는 얼마나 좋은 제도를 바탕으로 하며 국민들은 얼마나 성숙한 도덕적 생활을 하느냐가 역사 발전의 기준이 된다. 예를 들어 국가가 국민을 잘 보호하고, 국민은 국가와 공동체의 이익을 위해 개인의 이익을 양보한 나라가 절대정신(絕對精身)이 발전한 국가이다. 요컨대, 이성(理性)은 역사의 주인이자, 지배자이다.

세계의 중요한 일과 역사는 이성(理性)의 힘에 의해 결정 및 발전된다. 역사의 발전 기준을 정신(精神)의 성숙으로 보고, 얼마나 많은 사람들이 자유(自由)를 누리느냐 하는 것에 따라 고대 유년기 사회에서는 한 사람의 자유롭고 편한 생활을 위해 수많은 사람이 노예 생활을 하는 세계로서 역사(歷史)가 미숙하고 정신(精神)이 자기자신을 발전시키지 못한 사회로 규정될 수 있다. 서구의 게르만 세계는 세계 역사가 목적하는 바대로 많은 사람들이 자유(自由)를 누리는 세계이다.[14]

게오르크 빌헬름 프리드리히 헤겔(G. W. F. Hegel)에 의하면 대체로 역사는 동쪽에서 서쪽으로 옮겨갈수록 자유(自由)가 확장되며 자유로운 사람들이 많아지는 경향을 띤다고 한다. 고대 중국(中國)은 황제(皇帝) 한 사람만이 자유(自由)를 누릴 수 있다. 뿐만 아니라 고대 중국인은 자연에서부터 파생된 우연한 가치체계를 도덕적 신념으로 삼았기 때문에 근본적으로 자연에 종속된 삶을 살았다. 인도(印度) 또한 마찬가지로 자연에 기반한 제도와 그 제도를 정당화하는 종교적 신념을 지니고 있기 때문에, 자유(自由)가 성취되지 않은 국가이다. 페르시아는 각 지역들의 자유(自由)를 보장하는 사회제도를 조직함으로써 자연

---

14) 게오르크 빌헬름 프리드리히 헤겔(G. W. F. Hegel, 1770~1831)은 루터교 신자로서 신학과 철학을 구분한 것으로 보인다. 헤겔에 의하면 고대 동양의 중국, 인도 페르시아는 정신이 자유를 누리지 못하는 유년기 단계이고, 그리스·로마는 몇몇 사람들만이 자유를 누리며 조금 더 발전된 청년기·성년기의 단계이다. 그리고 게르만 세계야말로 종교개혁으로 정신의 본성을 회복해 완성된 역사를 갖는 정신의 노년기이며 완전한 성숙단계로서 자기 자신을 완성하는 장(場)으로 보았다. 즉, 역사의 발전 기준을 정신의 성숙으로 보고, 얼마나 많은 사람들이 자유를 누리느냐 하는 것에 따라 고대 유년기 사회에서는 한 사람의 자유롭고 편한 생활을 위해 수많은 사람이 노예생활을 하는 세계로서 역사가 미숙하고 정신이 자기자신을 발전시키지 못한 사회로 규정하였고, 서구의 게르만 세계는 세계 역사가 목적하는 바대로 많은 사람들이 자유를 누리는 세계로 보았다. 역사를 자연반복적 행위가 아닌 사람이 의지를 가지고 계속 성장·발전해 가는 것으로 보는 점은 의미있는 해석이지만, 역사를 언제나 체계적인 원인과 결과의 관계로 설명할 수 있는지의 문제와 고대 동양의 풍부한 선·불·유의 사상들이 담고 있는 성숙한 정신과 자유의식은 파악하지 못했다는 한계가 있다.

에 기반하지 않은 최초의 사회제도를 탄생시켰다. 또한 인간이 이해할 수 있는 형태의 상징을 종교적인 대상으로 삼음으로써, 인간의 자유(自由)가 가장 원시적인 형태로 발현된 모습을 보여준다. 고대 그리스 국가는 자유(自由)를 통해 역사에서 가장 먼저 '철학적 반성'을 보여주기 때문에 큰 의미가 있다. 고대 그리스인들은 페르시아 인들과 조우한 뒤에 접한 최초의 자유로부터 자신을 되돌아보는 '철학적 반성'을 수행하였고, 다시 이것은 역사에서 자유(自由)를 확장하려는 '정신(精神)'을 발견하는 아주 획기적인 계기를 마련했었다. 이 정신이 발현되어 다른 국가들보다 자유(自由)가 확장된 형태로 나타난 제도가 바로 고대 그리스의 민주주의(民主主義)이다. 나아가, 로마는 고대 그리스의 민주주의의 몰락을 접하면서 강력한 통제와 국가권력을 구축할 수 있는 정신적 계기를 마련할 수 있었다. 게르만은 지금까지 역사현상에 등장했던 국가들 가운데 가장 발전된 형태의 국가다. 그 이유는 게르만 국가(민족)이 인간의 자유(自由)가 가장 확장된 제도와 기독교(基督敎)를 신념 체계로 삼고 있으며, 이 신념을 제도화시키는 데 성공했기 때문이다.

　다시 말하면, 고대 동양의 중국, 인도 페르시아는 정신이 자유(自由)를 누리지 못하는 유년기 단계이고, 그리스·로마는 몇몇 사람들만이 자유(自由)를 누리며 조금 더 발전된 청년기·성년기의 단계이다. 그리고 게르만 세계야말로 종교개혁으로 정신의 본성을 회복해 완성된 역사를 갖는 정신의 노년기이며 완전한 성숙단계로서 자기 자신을 완성하는 장(場)으로 보았다. 즉, 역사의 발전 기준을 정신(精神)의 성숙으로 보고, 얼마나 많은 사람들이 자유(自由)를 누리느냐 하는 것에 따라 고대 유년기 사회에서는 한 사람의 자유롭고 편한 생활을 위해 수많은 사람이 노예생활을 하는 세계로서 역사가 미숙하고 정신이 자기 자신을 발전시키지 못한 사회로 규정하였고, 서구의 게르만 세계는 세계 역사가 목적하는 바대로 많은 사람들이 자유(自由)를 누리는 세계로 보았다.

　그러나 저자는 감히 게오르크 빌헬름 프리드리히 헤겔(Georg Wilhelm Friedrich Hegel, 1770~1831)의 유심론적 역사철학(歷史哲學, Philosophy of History)을 다음과 같이 비판한다:

　첫째, 헤겔(G. W. F. Hegel)의 『역사철학강의』(歷史哲學講義, 독일어: Vorlesungen über die Philosophie der Weltgeschichte)은 세계가 역사 발전의 원리인 자유(自由)라는 국가이성(國家理性)으로 향해 나아간다고 주장했다. 이것은 아리스토텔레스(Aristotle, BC 384~322)의 목적론적 사유(最高善)를 차용한 것이다. 즉, 아리스토텔레스(Aristotle, BC 384~322)는 목적(目的)이라는 측면에서 모든 사물을 해석하고 그에 따라 움직인다는 세계관(世界觀)을 본격적으로 제시한 최초의 사상가이다. 그는 인간의 행위에도 목적(目的)이 있으며, 최종적인 목적으로서 최고선(最高善)이 존재한다고 보았다. 인간과 자연에 대한 그의 목적론적 접근방식은 그 후 2천 년 동안 서양 사상을 지배하였으며, 근대초 새로운 자연과학이 등장하여 그러한 세계관을 거부하기 전까지 막대한 영향을 미쳤다.

상술하면, 자연 일반은 모두 어떤 목적을 추구하고 있다. 심지어 물리적인, 무생물적인 영역조차도 나름대로의 자연적 목적을 추구하는 대상들로 구성되어 있다. 신중하게 행해진 인간의 모든 행위는 그 특성상 목표지향적 또는 목적을 추구하는 행위이다. 즉, 모든 기술과 탐구, 또한 모든 행위와 결정은 최고선(最高善)을 목표로 삼고 있다는 것이다. 인간이 행위를 통해서 추구하는 몇몇 목적들 또는 선들은 그 이상의 다른 어떤 선(善)을 얻기 위해서 필요한 것이거나 필요한 행위이다. 그렇다면 목적(目的)이나 선(善)들은 그것이 무엇을 산출하는지 또는 자신을 넘어선 그 이상의 어떤 것을 획득하는 데 도움이 되는지에 따라서 가치가 결정되는 도구적인 선(善) 또는 행위라고 할 수 있다는 것이다.

둘째, 헤겔(G. W. F. Hegel)의 역사철학(歷史哲學)은 세계가 역사 발전의 원리인 자유(自由)라는 국가이성(國家理性)으로 향해 나아간다고 주장했는데, 그렇다면 자유(自由)는 각 역사발전 단계에서 어떠한 내용인가? 그러나 헤겔(G. W. F. Hegel)은 상기한 일련의 문제에 대한 답을 주지 않았다. 특히, 자유(自由)에 대한 명확한 개념 정립을 하지 않았다. 그 결과, 헤겔(G. W. F. Hegel)의 유심론적(唯心論的) 역사철학(歷史哲學, Philosophy of History)을 유물론적(唯物論的) 역사관(歷史觀)으로 도치(倒置)시킨 마르크시즘(Marxism)과 마르크스－레닌주의(Marxism-Leninism)을 탄생시켰다. 바로, 이것이 인류의 철학사(哲學史)에서 헤겔(G. W. F. Hegel)이 본의 아니게 저질렀었던 크나큰 과오(過誤)라고 저자는 비판한다.

또한, 정치적인 의미에서의 자유(自由)는 공동체에 의해서 구속받는다고 하는 견해는 상식에 부합한다. 공동체에 참여함으로써 얻게 되는 자유(自由)는 자유라기보단 법적 권리에 가까우며 인간의 잠재적 자유를 성취했다고 하기보다는 법적으로 허용되는 범위 내에서의 행동에 대한 허가를 얻는 것에 더 가깝다. 만약 헤겔(G. W. F. Hegel)이 정신의 형이상학적(形而上學的) 자유(自由)로부터 인간의 정치적 자유를 보장받을 수 있는 정치체제를 만드는 데 그 의도가 있었다면, 그가 이론적으로 쟁취해낸 개인의 정치적 자유를 과연 자유라고 부를 수 있는지 의문이다. 요컨대, 헤겔(G. W. F. Hegel)의 자유(自由) 개념은 매우 모호하다.

따라서 헤겔(G. W. F. Hegel)의 역사철학(歷史哲學)은 정신(이성)이 독립적인 존재로서 역사에 영향을 미치고 인간은 그곳에서 결코 주체로서 행위할 수 없음을 강하게 암시하고 있다. 여기서 인간은 정신과 물질을 매개하는 존재자일 뿐이다. 또한 인간이 정신을 온전히 세계에 전개하는데, 정신이 지니고 있는 자유(自由)의 속성은 형이상학적(形而上學的) 자유(自由)이다.

2) 국정철학(國政哲學, Governing Philosophy)의 사례

사실, 인류가 가장 갈구해온 가치(value)는 자유(自由)와 평등(平等)이라고, 따라서 인류문명사는 상기 두 가치(자유와 평등)를 추구하는 역사였다고 각각 말할 수 있다. 이를 입증할 수 있는 역사적 사례로서 영국의 대헌장(Magna Carta, 1215년), 청교도 혁명(1642~1649), 명예혁명(1688년), 미국의 독립전쟁(1775~1783), 프랑스 대혁명(1789년), 미국 남북전쟁(1861~1865) 등을 들 수 있다.

인간의 권리를 위한 투쟁은 긴 역사에 걸쳐 전개됐으나 그것이 근대적 의미의 1689년 권리장전(Bill of Right)으로 문서화된 것은 1215년 대헌장(Magna Carta)에서부터 비롯된다. 영국의 국왕 존(John)이 제후들의 주청(奏請)에 의해 승인한 대헌장(Magna Carta)은 그 전문이 인민의 권리를 옹호하기 위한 내용으로 일관되어 있으나 특히 그중에서도 제38조에서는 '증인 없이는 어떠한 관리라도 국민을 처단할 수 없음'을 규정하고 제39조에서는 '적법한 판결에 의하지 않고서는 자유민이 체포·감금·약탈·추방되는 일이 없음'을 밝혔으며, 제52조에서는 '적법한 판결에 의하지 않고 토지·성채(城砦)·특권·기타의 권리를 박탈당한 국민의 권익을 회복해 줄 것'을 명문화하고 있다. 이러한 내용은 절대왕권 앞에서 무기력하게 움츠러들기만 하던 인민의 권익을 옹호하기 위한 최초의 문전(文典)으로서 가치를 갖는 것이다.

1215년 대헌장(Magna Carta)에 명시된 이와 같은 민권사상은 그 후에도 그치지 않고 계속 지지를 받아 1628년의 권리청원(Petition of Right)과 1689년 권리장전(Bill of Right)에 그 근본 이념이 연면히 흐르고 있음을 볼 수가 있다. 그러나 대헌장이나 권리청원이나 권리장전에 포함되어 있는 민권 이념이란 하나의 특색을 동일하게 갖추고 있다. 즉, 권리장전(權利章典) 이전의 민권 투쟁이란 절대군주권의 횡포로부터 보호를 받기 위한 것이 그 본질을 이루고 있다.

그 후 미국의 1776년 버지니아 주 권리장전(The Virginia Bill of Right)에서부터 민권사상에 정의의 권리가 두드러지게 부각되기 시작하였다. 즉, 버지니아 주 권리장전 제14조에 의하면 "정의와 중용과 절제와 질소(質素)와 덕성을 굳게 지키지 않거나 근본적인 원리에로 되돌아가서 생각하지 않는다면 어떠한 자유통치도 어떤 자유의 축복도 생성·유지될 수 없다"고 규정함으로써 민권이나 통치권은 정의의 원리, 바꾸어 말한다면 사회 정의에 입각하지 않고서는 그 본연의 참뜻이 이루어지지 않는다는 점을 명백히 밝히고 있다. 이러한 청교도적(淸敎徒的) 정의감은 미국의 건국 이념에로 전승되어 *"그러나 아무리 참는*

다고 하더라도 동일 목적을 추구하기 위하여 한결같이 반복되는 학대와 강탈의 계속적인 행위로 인하여 인민을 절대적 전제하에 영원히 억압하려는 계획이 명백하여질 때에는 그러한 정부를 감연히 분쇄하고 인민의 장래에 대한 안전책을 확보하는 것은 인민의 권리이며 동시에 의무이다"라고 선언하기에 이르렀다.

상기한 미국의 1776년 버지니아 주 권리장전(The Virginia Bill of Right)은 미국의 독립혁명(1775~1783)의 사상적 기초가 되었으며 1776년 7월 4일 미국 독립선언(美國獨立宣言, United States Declaration of Independence) → 1781년 미국의 '연합과 영속적 연방에 관한 규약' → 1788년에 연방헌법(聯邦憲法) → 1791년 헌법의 일부로서 '권리장전(權利章典)'으로 발전되었다.

상기한 역사적 문헌과 사상을 총망라하여 근대 민권 이념의 금자탑을 이룬 것이 1789년의 프랑스 인권선언이다. 이때로부터 민권(民權)은 천부 불가양(天賦不可讓)의 것으로 확정되기에 이르렀다. 1789년 프랑스의 인권선언에 포함되어 있는 민권(民權) 이념은 그 후에도 발전하여 오늘날에는 국가의 권력이 소극적으로 후퇴함으로써 민권(民權)을 확대하는 것이 아니라 오히려 직접 참여함으로써 민권(民權)을 북돋우는 방향으로 변화되고 있다.

(1) 일본의 명치유신(明治維新, 1868~1889)

일본은 명치유신(明治維新, 1868~1889)이 성공하여 청일전쟁(1894.06~1895.04)을 통해서 '아시아 속의 일본'이 되었던 반면에 조선(朝鮮)은 일본의 경제 식민지가 되었다. 나아가, 일본은 러일전쟁(1904~1905)을 통해서는 '세계 속의 일본'으로서 강대국이 되었던 반면에 대한제국(大韓帝國)은 경제적으로 뿐만 아니라 정치·외교적으로, 또한 군사적으로 국권을 완전히 강탈당하였다.

그 배경에는 일본 우익사상의 핵심이며 현대 일본의 정치경제계를 장악하고 있는 조슈벌(長州閥)의 사상적 아버지'로 불리우는 요시다 쇼인(吉田 松陰, 1830~1859), '일본 근대화의 아버지'로서 명치유신(明治維新, 1868~1889)의 정신적 지도자인 후쿠자와 유키치(福澤諭吉, 1835~1901), 조선(朝鮮)의 국정이 문란해 동양평화를 해친다며 정한론(征韓論)을 편 하얼빈에서 안중근(安重根, 1879~1910) 의사에게 피격돼 죽기 직전 조선인이 자신을 쏘았다고 듣자 "일본을 자극해 망국(亡國)을 앞당길 것"이라고 했다던 이토 히로부미(伊藤博文, 1841~1909), 조선은 자립할 수 없다며 병합을 강행했던 가쓰라 다로(桂 太郞, 1848~1913) 내각총리대신(제11, 13, 15대), 조선인은 몽매(夢寐)해서 힘으로 눌러 다스려야 한다며 무단통치

(武斷統治)에 나섰던 데라우치 마사다케(寺內 正毅, 1852.02.24~1919) 조선총독(1910.08.29, 한일 합방 즉 경술국치~1916.10.14)이 있었다.

① 한·중·일의 16~19세기 시대적 상황 비교

일본은 16세기 전국시대 때부터 지방/중앙 정부 차원에서 유럽과 직접 교류를 해오며 가톨릭을 받아들이거나 조총(鳥銃)과 같은 근대식 기술을 도입하였고 에도 막부(江戶 幕府) 시절에도 네덜란드와는 여전히 교류하면서 주기적으로 들어오던 국제정세에 관한 최신 정보와 난학(蘭學)을 통해 지식인층 뿐만 아니라 민중들에게도 서양의 사상과 문물이 주입되고 있었다.

막부(幕府)의 사실상 수도였던 에도(江戶)는 인구가 100만에 육박하는 당시 세계에서 매우 큰 도시 중 하나였다. 임진왜란(1592~1598) 이후 발전한 자기(瓷器) 생산 및 은광(銀鑛) 개발 등 상공업이 급속도로 발전하여 경제적으로 크게 번영하고 있었고 이를 바탕으로 인구증가도 꾸준했다. 19세기까지는 공식적으로 쇄국하였으나 네덜란드와 교류을 이어왔다. 나가사키에 인공섬 데지마 설치해서 사실상 무역특구가 조성되었다.

당시 일본은 서양의학을 가르치는 학교(난숙)를 설립했으며, 정밀한 인체골격도를 일본어로 번역하였고, 도자기나 우키요에같은 일본의 문화예술이 유럽으로 수출하였다. 일본인들은 적어도 서구의 과학기술(科學技術) 문명이 자신들 보다 뛰어나다는 현실 자체를 인식하고 있었다. 특히 일본의 집권층은 국제정세를 직시할 줄 알았다.

이와 대조적으로, 조선(朝鮮)은 서양과의 직접적 교류는 아예 전무했으며 조정은 안동 김씨(安東金氏)와 풍양 조씨(豊壤趙氏)의 세도정치(勢道政治)에 의해 시달려 제 기능을 하지 못했으며, 제25대 철종(哲宗, 1849~1864) 시대에서 삼정(三政): 전정(田政)·군정(軍政)·환곡(還穀)의 문란으로 인하여 1862년 '임술농민항쟁'(壬戌農民抗爭)이 연이어 일어나고 있었다.

1543년, 조선(朝鮮)의 제13대 왕 명종(明宗, 재위: 1545~1567) 시대인 1545년 을사사화(乙巳士禍)가 일어났었을 때, 아편전쟁(阿片戰爭, 1839~1842; 1856~1860)이 일어나기 전 무려 300년 전, 일본은 부국강병(富國强兵)을 위하여 포르투갈로부터 조총(鳥銃)을 수입하여 군대를 조련했다. 또한, 일본은 제14대 선조(宣祖, 재위: 1567~1608) 시대에 임진왜란(1592~1598) 당시 조선(朝鮮)의 도공(陶工)들을 마구잡이로 끌고가서 그들의 자기(瓷器) 가마를 만들었던 원천 기술로써 용광로(鎔鑛爐)를 만들어 철제(鐵製) 무기 제작에 성공하여 대포와 군함을 생산했다. 이를 위한 군비(軍費)는 국내·외로 도자기(陶瓷器)를 팔아 모은 돈으로 충당했다.

일본은 네덜란드를 통해 중국이 아편전쟁(阿片戰爭, 1839~1842; 1856~1860)으로 두들겨 맞고 있다는 것을 다 알고 있었다. 아편전쟁(阿片戰爭, 1839~1842; 1856~1860) 도중인 1854년 일본은 미국의 압력에 의해 문호를 개방하였다. 이와 동시에 일본 막부(幕府)와 각 번(藩)은 기민하게 군사 근대화(近代化)에 착수해 강병(强兵) 모드에 돌입했었다. 일본 막부(幕府) 고문인 경제학자 사토 노부히로(佐藤信淵)는 "아편전쟁(阿片戰爭)에서 청(淸)의 참패는 천지개벽 이래 미증유(未曾有)의 사건"이라며 "그 옛날 십만 몽골 강병을 물리쳤듯이, 포대를 쌓고 실탄을 터뜨려야 한다"고 막부(幕府)에 주장했었다.15)

19세기 중반, 당시 청(淸)나라는 '우물 안 개구리'였다. "중화사상(中華思想)이 최고이다!" 청(淸) 황제를 비롯한 대신들은 자기네 나라가 제일이라고 생각하고 있었다. 영국(英國)은 산업혁명(産業革命)을 통해 대량살상무기를 대량생산했었다. 아편전쟁(阿片戰爭, 1839~1842; 1856~1860)은 당시 국제질서를 뒤집었다. 영국 함대에 대청(大淸) 제국은 '발톱도 이빨도 없는 늙은 호랑이'라는 사실이 폭로됐다. 결국, 1842년 영국이 아편전쟁(阿片戰爭)으로 중국과 강제로 통상 관계를 맺고, 이어 1860년에는 영국과 프랑스의 연합군이 베이징을 점령하고 〈베이징 조약〉을 체결하였다. 이 결과, 청(淸)나라 황제 천자(天子)가 다스리던 '천하(天下)'는 붕괴되고 아시아는 서양의 제국주의(帝國主義) 사냥터로 변했다.

조선(朝鮮)은 최강대국이라고 인식하고 있었던 중국이 아편전쟁(阿片戰爭, 1839~1842; 1856~1860)으로 쉽게 무너지는 모습을 보면서 위기감이 고조되었다. 제국주의 열강의 침략적인 접근에 어떻게 대응할 것인가 하는 것이 조선(朝鮮)이 당면한 가장 큰 과제였다. 결국, 그로부터 7년 후 1875년 조선(朝鮮) 강화도(江華島)에 일본 운요호(雲揚號)가 포격을 퍼부었다. 1년 후, 고종(高宗) 13년 병자년(丙子年) 1876년 12개 조항의 강화도조약(江華島條約)이 체결되었다. 1876년 조선이 개항(開港)한지 6년 후 1882년 미국과 조선이 조미수호통상조약(朝美修好通商條約)을 체결했다. 이어서 서양 열강 중 두 번째로 영국(英國)이 1883년 11월 26일 조선과 조영우호통상조약(朝英友好通商條約)을 체결했다.

② 일본의 개방 · 개혁과 근대화

조선(朝鮮)이 1866년 병인양요(丙寅洋擾)와 1871년 신미양요(辛未洋擾)로 2번이나 문을 걸어 잠갔었던 당시, 1871년 12월 23일, 일본은 고위 관료로 구성된 근대(近代) 견학단을 서양으로 보냈다. 외무대신 이와쿠라 도모미(岩倉具視)를 비롯한 국장급 공무원 46명과 유학생 107명이 일본 요코하마 항(港)에서 미국 국적 화륜선 아메리카 호(號)를 타고 샌프란

---

15) 하정식(2001), '아편전쟁과 조선, 일본', 근대중국연구.

시스코로 출발했다. 이 고관대작 호화 여행단 이름은 '이와쿠라 사절단(岩倉使節團)'이었다. 실세 정치가와 국장급 공무원이 대거 사절단원으로 출국해버려 2년 동안 일본정부는 '유수(留守) 정부'라 불렸다. 즉, '남아서 자리 지키고 있는' 정부라는 뜻이다. 당시 일본의 한 해 예산은 5,773만 엔이었고, 이들의 여행 예산은 50만 엔이었다. 국가 예산 1%가 투입된 사절단 여행이었다(조선일보, 2019.04.10).

당시 태정대신(국무총리) 산조 사네토미(三條實美) 송별사는 다음과 같다: *"앞날의 대업 성공 여부가 이 출발과 그대들에게 달려 있다. 사명을 완수해야 한다. 가라! 바다에서 증기선을 옮겨 타고 육지에서 기차를 갈아타며 만리 각지를 돌아 그 이름을 사방에 떨치고 무사히 귀국하기를 빈다"*(허동현, '19세기 한일 양국의 근대 서구 문물 수용 양태 비교연구', 조선일보, 2019.04.10).

일본은 '이와쿠라 사절단(岩倉使節團)'에 사활(死活)을 걸었다. '이와쿠라 사절단(岩倉使節團)'은 샌프란시스코에서 미(美) 대륙을 횡단하고 대서양을 건너 12개국(영국·프랑스·벨기에·네덜란드·독일·러시아·덴마크·스웨덴·이탈리아·오스트리아·스위스)을 돌아보고 요코하마로 돌아왔다. 장장 1년 10개월(1871.12.23~1873.09.13)에 걸친 여행에서 미국을 비롯한 서양과의 불평등조약 개정은 실패했지만 '이와쿠라 사절단(岩倉使節團)'은 난생처음 본 근대(近代)의 풍경에 큰 충격을 받았다. 대표인 외무대신 이와쿠라 도모미(岩倉具視)는 샌프란시스코에서 일본 전통 복장과 상투를 하고 기념사진을 찍었으나 한달 뒤인 1873년 2월 26일 대륙 동쪽 시카고에서 상투를 잘라버리고 양복을 입었다. '이와쿠라 사절단(岩倉使節團)'은 자기 분야의 충격을 꼼꼼하게 관찰하고 기록했다. 영국 신문 더 타임스는 "세계에서 전례가 없는 중대한 실험을 하고 있다"고 했다(이영석, '이와쿠라사절단이 바라본 영국의 산업도시', 조선일보, 2019.04.10).

외무대신 이와쿠라 도모미(岩倉具視)를 비롯한 국장급 공무원 46명들은 정부에 복귀하여 영국의 산업·미국의 언론·스위스의 교육·독일의 법률을 그대로 일본 정책에 적용했다. 1878년 사절단은 '미구회람실기(米歐回覽實記)'라는 100권짜리 보고서를 만들어 '국민의 일반적 이익과 개발을 위해' 공개 출판했다. 적합한 일본어가 없어 그림을 많이 쓴 덕에 오히려 이해가 쉬웠다.

그 후, 일본은 명치유신(明治維新, 1868~1889)을 통하여 개방·개혁과 근대화(近代化)를 각각 이루었다. 서구유럽이 200~300년 동안 성취한 다방면의 근대화(近代化)를 일본은 왕성한 번역작업과 위로부터의 정치적 개혁을 통해 불과 20~30년 안에 소화하여 일본식 근대화(近代化)를 선보였다.

명치유신(明治維新, 1868~1889)은 아편전쟁(阿片戰爭, 1839~1842; 1856~1860) 도중인 1854년 에도 막부(幕府)가 미국(美國)의 개항 압력에 견디지 못하고 굴복하여 조약을 체결하고 강제 개항을 당하자, 이에 반발한 막부(幕府) 타도 세력과 천황(天皇) 복벽(復辟) 세력에 의해 막부(幕府)가 실권(失權)하고 천황(天皇) 중심의 국가 '일본제국'을 수립한 후, 서구화를 진행하여 근대국가로 발전된 일련의 대사건이다.16)

명치유신(明治維新, 1868~1889)은 메이지(明治) 연호가 시작된 1868년에서 시작되어 1871년 폐번치현(廢藩置縣), 1873년 지조개정(地租改正), 1877년 세이난 전쟁(西南戰爭), 1889년 헌법 발표로 마무리되었다. 메이지 유신(明治維新, 1868~1871) 3걸(사이고 타카모리, 오쿠보 도시미치, 기도 다카요시)로 대표되는 신흥 세력에 의해 서구의 문물을 받아들인 일본은 동아시아의 강국으로 성장하였다. 그 배후에는 조슈벌(長州閥)의 사상적 아버지'로 불리우는 요시다 쇼인(吉田 松陰, 1830~1859)이 있었고, 그의 제자들이 에도 막부를 타도하고 개국을 추진하였다. 원래 메이지 유신(明治維新, 1868~1889)을 시작한 세력들의 의도는 나라의 지도자(실권자)를 막부에서 고메이 덴노로 바꾸고 쇄국은 이어가자는 순수한 존황양이 사상이었지만, 사쓰마의 코마츠 타테와키의 삿초 동맹에서 삿토 맹약, 마지막으로 사카모토 료마의 '신정부강령팔책'에 따른 도쿠가와 막부(江戶 幕府) 타도 직후 갑자기 전면 개국(全面開國)이라는 결론으로 귀결되었다.

다시 말하면, 일본도 도쿠가와(江戶) 막부시대(1603~1867)에서 어느 정도 서양화가 이뤄졌지만, 화혼양재(和魂洋才): '화혼(和魂)'이란 일본의 전통적 정신을, '양재'(洋才)란 서양의 기술이라는 명목 하에 그다지 큰 성과를 내지 못했다. 이에 이와쿠라 토모미, 이토 히로부미 등 대규모 사절단을 파견하여 직접 견학하고 서양의 문물, 제도 등 많은 걸 배웠는데, 이런 배움 속에서 내린 결론은 전면 개방(開放) 외에는 답이 없다는 것이었다.

---

16) 17세기 에도 시대(江戶時代, 1603~1868) 혹은 일명 도쿠가와 시대(德川時代)부터 막부(幕府)는 네덜란드와의 정기적 교역과 그 무역항구인 데지마의 상관을 통해 서구의 정세와 기술, 문화에 대해 정기적으로 보고를 받고 있었다. 이 때문에 다른 어떤 아시아 국가들보다 빠르고 정확한 서구의 정보를 접할 수 있어 합리적 판단이 가능했었다. 봉건적 구체제로서 근본적 개혁에 한계를 보였던 에도 막부를 사쓰마, 조슈 등의 웅번의 실력자들과 하급 무사들이 뒤엎는 데 성공하여 구(舊)체제 자체를 갈아엎었다. 신정부 측의 각 번들도 무진전쟁 이전까지는 존황양이를 주장하거나 막부 편이었지만, 전부 서양문물을 받아들여 일본을 개혁하는 것으로 생각이 바뀌었다. 신정부는 현명하게도 덴노의 권위를 인정하는 반면 정작 권력은 내주지 않았기 때문에 실질적인 권력은 메이지 유신(明治維新, 1868~1889)을 이끈 신정부의 실력자들이 그대로 가졌고, 이들은 당연히 신정부가 제대로 자리를 잡은 뒤 작정하고 총체적인 서구화를 진행시켰다. 덴노라는 민심 장악 수단과 실제 성과가 이어져 불만도 거의 없었고, 그나마 당시 대표적 보수파인 사이고 다카모리의 입장도 너무 급한 개혁과 사무라이들의 집단 실권만 막자는 입장이었지 적극적 개혁 자체는 찬성하는 경우였다.

일본의 조정은 실권이 없었으며 막부(幕府)가 통치하는 불안정한 체계였다. 체계를 정당화하는 철학적 근거도 미약했고, 무력적 우위를 바탕으로 각종 지방세력들을 굴복시켰던 막부(幕府)가 크게 쇠퇴해가고 있던 상황이었다. 이런 상황에서 대외 위기에 제대로 대처하지 못하는 막부(幕府)의 실정에 대해 반기(反旗)를 들 수 있는 지방세력들이 이미 준비되어 있었으며, 이들이 존왕과 문명개화를 새 캐치프레이즈로 내걸 수 있었던 것이다. 그러나 막부(幕府) 역시 서양화를 꾸준히 추진했다. 단지 중국의 중체서용(中體西用), 조선의 동도서기(東道西器)와 비슷한 화혼양재(和魂洋才)로 각각 표방되었을 뿐이었다. 이러한 일본의 사상적 변화는 에도 시대 중·후기에 파견된 조선 통신사들에게 큰 위화감으로 작용했을 정도로 지대했었다.

일본은 명치유신(明治維新, 1868~1889)이 성공하여 청일전쟁(1894.08~1895.03)에서 승리함으로써 '아시아의 일본'이 되었으며, 러일전쟁(1904.02~1905.05)에서 승리함으로써 '세계 속의 일본'이 되어 강대국이 되었다. 이어서, 일본은 제1차 세계대전(1914.07~1918.11)을 통해서는 어부지리(漁父之利)로 시베리아에 처음으로 진출할 수 있었던 반면에 당시 조선(朝鮮)은 이를 위한 '일본의 병참기지'로 전락하였다. 일본은 제2차 세계대전(1939~1945)을 통해서는 패전(敗戰) 때문에 오히려 민주화(民主化)될 수 있었던 반면에 대한민국(大韓民國)은 겨우 광복(光復)을 얻었으나 국토가 분단됐다.

일본은 1970년대 석유파동을 통하여 산업구조 조정을 할 수 있었으며, 서구(西歐)의 1980년대 엔고(高) 압력을 통하여 일본 경제구조를 조정할 수 있었다. 당시, 한국은 비로소 산업화에 의한 고도성장과 민주화 과정을 선택하였다.

일본은 40여년을 거치는 동안 논쟁을 통하여 국가의 존립과 번영을 위해서, 어떠한 국가발전 전략을 세울 것인가 그리고 어떻게 추진해 나갈 것인가를 고민했었다. 1950년대 초에는 '무역입국'을 계속해 나갈 것인가 아니면 '국내개발'을 위주로 할 것인가 하는 국책(國策)의 선택에 관한 논쟁, 1960년대 초에는 '개방(開放)에 대한 논쟁', 1970년대 초에는 '성장의 한계론'에 대한 논쟁, 1980년 초에는 '일본의 국제공헌'에 대한 논쟁, 1960년대~1980년대의 플라자 합의(1985.09.22)까지의 기간 동안 '탈아'(脫亞)의 서방 선진국으로 행세하였다가 1997~1998년의 아시아 경제위기 이후 '귀아'(歸亞)로 선회하였다.

③ 저자의 평가

저자는 다음과 같은 화두(話頭)를 던진다: 어떻게 일본은 부국강병(富國强兵)할 수 있었는가? 나아가, 일본은 명치유신(明治維新, 1867~1889)이 성공하여 청일전쟁(1894.08~1895.03)

에서 승리함으로써 '아시아의 일본'이 되었으며, 러일전쟁(1904.02~1905.05)에서 승리함으로써 '세계 속의 일본'이 되어 강대국이 될 수 있었던 근본요인은 무엇인가? 그것의 근본적 요인은 다음과 같다고 저자는 주장한다: 도쿠가와(江戶) 막부시대(1603~1867)에 당시 새로운 사상·철학인 신유교(新儒敎) 즉 지행합일(知行合一)의 양명학(陽明學)이 도입되어 개혁·개방의 사상적 기초가 마련되어 있었기 때문에 일본이 중국과 조선보다 20여년 일찍 개혁/개방함으로써 부국강병(富國强兵)에 의한 동아시아 강국이 될 수 있었던 것이다.

상기한 사상적 배경으로, 일본은 대내적으로는 1867년 왕정(王政) 복고 및 메이지 정부 출범과 부국강병(富國强兵) 정책을 추진하였으며 대외적으로는 1853년 매튜 페리(Matthew Perry) 제독(미국 동인도함대 사령관)의 미국 대통령의 대(對)일본 개국 요구의 국서 전달, 1854년 미·일 화친조약과 1858년 미국·영국·러시아·네덜란드·프랑스와 통상조약을 체결하였다. 특히, 일본은 미국에게 강제로 문호가 개방된 이후 서구 제국의 제국주의적 양태를 답습하여 조선을 개항시키면서 동아시아의 강국으로 성장하였다.

일본은 명치유신(明治維新, 1868~1889) 이후 근대 육군과 해군을 창설하였다. 일본 육군은 1873년(고종 10)에 서양식의 징병 군대를 창설하였다. 1890년대 일본은 서양식으로 훈련되고 장비가 잘 갖추어진 육군을 운용하였다. 일본 해군은 영국을 모델로 하였다. 영국 해군 교관의 연습과 지도로 일본은 포술과 조종술에 능한 해군을 보유하였다. 또한 주요 군함은 영국과 프랑스의 조선소에서 제작되었다. 이러한 과정을 통해 청일전쟁(1894.08~1895.03)의 전운(戰雲)이 감돌던 1890년대의 일본은 더 이상 청국(淸國)을 두려워할 필요가 없었을 정도로 동아시아의 군사대국이었다.

명치유신(明治維新, 1868~1889)이 시작된 1868년은 병인양요(丙寅洋擾)로부터 2년 후, 1871년 신미양요(辛未洋擾)가 발발하기 3년 전이었다. 명치유신(明治維新, 1868~1889)은 헌법 제정으로 종료되었다. 그 후 1870년대부터 일본 조야(朝野)에서는 조선(朝鮮)을 정복하여 힘을 기르고 그 힘으로 대륙으로 진출하자는 정한론(征韓論)이 불을 뿜듯 일어났다.

1894년 7월 25일 일본 함대가 조선에 파견되어 있던 청국 함대를 공격하면서 청일전쟁(1894.08~1895.03)의 서막이 시작되었다. 이어서 1894년 8월 초 일본군은 아산만에서 청군(淸軍)을 격파한 후, 9월 평양에 대부대를 결진하고 장기전을 준비하고 있던 청군(淸軍)의 주력을 완전히 제압하여 전쟁의 승기를 잡았다. 일본군은 파죽지세(破竹之勢)로 압록강 연변의 구련성(九連城)을 점령하고 만주(滿洲)까지 진출하였다. 잔존한 청군(淸軍)의 부대들은 장비도 제대로 갖추지 못한 지방군이었다. 청군(淸軍)은 계속 패전을 이어갔고 일본군은 1894년 10월 24일 압록강을 건너 만주(滿洲)로 진격하고 11월 6일 금주(錦州), 11월 22일

여순(旅順)을 점령하였다. 일본은 청국이 전세를 장악하고자 파견한 북양함대를 격멸한 뒤 여순항을 점령하여 청국(淸國)의 전쟁 수행 능력을 제거하였다. 당시, 청국(淸國)은 운남으로 침입하는 프랑스, 이리 지역의 러시아 등을 상대하면서 국력이 소진되고 분산되었으므로 일본을 상대하기에 부족한 상황이었다. 나아가, 일본군은 대만(臺灣)도 점령하였다.

상기한 일본의 해외 침략전쟁은 사실상 영국(英國)을 비롯한 서구 제국의 묵인하에 이루어졌다. 영국은 러시아를 동아시아에서 영국의 이권을 위협할 상대로 지목하고 러시아에 대항할 동맹세력으로 일본을 선택하였다. 따라서 청일전쟁(1894.08~1895.03)은 서구 열강의 묵인하에 일어난 동아시아 강국이었던 청국(淸國)과 일본(日本)의 대결장이었고, 그 피해는 조선(朝鮮)이 고스란히 당하였다. 일본군은 청국군 외에 조선 내 동학(東學) 농민군도 진압하여 한반도 내 반일(反日)세력을 전멸시키고자 했었다. 동학(東學) 농민군은 일본군의 침략을 물리치기 위해 재차 봉기하여 1894년 11월에 공주 공격을 개시하였다가 1894년 12월 우금치 전투에서 일본군에게 괴멸적 타격을 받았다. 특히 우금치 전투에서 많은 동학(東學) 농민군을 학살하고 1894년 12월 말에는 전봉준(全琫準, 1855~1895)을 비롯한 동학 지도자들을 체포함으로써 동학(東學) 농민군을 진압하여 사실상 조선 내에 일본 세력을 구축하였다.

1895년 4월 17일 청나라와 일본 사이에 시모노세키 조약이 체결되었다. 양국은 조약문의 서두에서 조선이 완전한 자주독립국임을 확인하였다. 그러나 이 내용은 조선(朝鮮) 내 청국(淸國) 세력의 일소와 일본 세력의 부식을 의미하는 것이었다(『고종실록』, 고종 32.05.10). 청국(淸國)은 배상금 2억 냥을 일본에 지불하였으며, 요동반도(遼東半島)와 대만(臺灣), 팽호제도(澎湖諸島) 등을 할양하는 것을 승인하였다. 그러나 러시아가 개입한 삼국(러시아·독일·프랑스)간섭으로 요동반도(遼東半島)의 할양이 취소되고 조선 내 친러세력이 등장하는 계기가 되었다.

청일전쟁(1894.08~1895.03)의 결과, 조선에서 청나라의 퇴보와 무력함을 여실히 드러냈으며, 동아시아에 대한 주도권은 중국으로부터 일본으로 옮겨졌으며, 청나라 조정과 중국 중심의 중화사상에 치명타를 주었다. 이것은 1911년 신해혁명(辛亥革命)을 유발하였다. 신해혁명(辛亥革命)은 1911년 청나라를 무너뜨리고 중국사에서 처음으로 공화국인 중화민국(中華民國)을 성립시켰다.

요컨대, 청일전쟁(1894.08~1895.03)은 일본의 명치유신(明治維新, 1868~1889) 이후의 근대화(近代化)와, 청나라의 양무운동(洋務運動) 이후의 근대화(近代化)를 비교해볼 수 있는 역사적 사건이라 할 수 있다.

(2) 중국 손문(孫文, 1866~1925)의 삼민주의(三民主義)

손문(孫文, 1866~1925)[17]의 삼민주의(三民主義)는 중국을 외세로부터 해방시키고 국권
회복의 사상적 기초가 되었다. 중국 신해혁명(辛亥革命, 1911년) 당시의 중국은 3가지 목표:
① 대외적으로는 열강 극복, ② 대내적으로는 황권을 무너뜨려 국민주권을 획득하고, ③
빈곤에 허덕이고 있는 국가를 부강하게 하는 것을 목표로 하였다. 그리고 손문(孫文)은 중

---

17) 손문(孫文, 1866~1925)은 1866년 11월 12일 광둥성의 췌이헝이라는 마을에서 태어났다. 췌이헝 마을은
관광지로 유명한 마카오에서 30리정도밖에 떨어지지 않은 곳으로 당시 포루투갈의 지배를 받고 있던 곳
이었다. 당시 마카오는 서양의 문화와 동양의 문화가 공존하는 곳이었고, 덕분에 손문(孫文)은 동양문화
와 서양문화를 동시에 바라보며 성장할 수 있었다. 손문(孫文)의 시선으로 바라본 중국은 너무나도 변
화가 필요한 상황이었고, 결국 당시 지배층의 무능에 대한 분노와 무너져가는 청(淸)에 대한 위기의식
으로 인해 나라를 바꿔야한다는 생각을 갖게 됐다. 그는 1892년에는 의사 면허까지 취득했었지만 의과
대학 재학중에 혁명에 뜻을 품고 1894년 미국 하와이에서 흥중회를 조직하여 이듬해 광저우에서 최초
로 거병(擧兵)했으나 실패했다. 그 후 미국·일본·영국 등에서 망명하면서 서구의 사상과 중국의 사상
을 접목시킨 삼민주의(三民主義)를 창안할 수 있는 배경이 되었다. 손문(孫文)은 1911년 신해혁명(辛亥
革命)을 성공시킴으로써 1912년 1월 중화민국 임시대총통에 취임한 뒤 중화민국(中華民國)의 성립을 공
포하였다. 그러나 혁명군의 세력이 그리 크지 않았고, 외국 열강의 침입을 걱정한 쑨원은, 북양군벌의
거두 위안스카이(袁世凱, 1859~1916)가 청(淸)의 황제를 퇴위시키고 공화국을 받아들인 뒤 수도를 난
징으로 바꾼다면 대총통 자리를 물러나겠다고 동시에 선언했다. 결국, 위안스카이(袁世凱)는 선통제를
퇴위시켰다. 그렇게 300년간 이어져온 중국의 왕조는 끝나게 되고, 약속대로 위안스카이(袁世凱)는 새
로운 대총통이 됐다. 그 후 손문(孫文)은 난징에서 국민당 결성대회를 열고, 위안스카이(袁世凱)가 삼민
주의(三民主義)에 따른 공화정(共和政)을 잘 시행하는지 살피려 했으나, 위안스카이(袁世凱)는 지배자
로 군림하기 위하여 국민당을 심하게 탄압했다. 결국, 손문(孫文)은 제2의 혁명을 일으켜 위안스카이(袁
世凱)에게 맞서려 했지만 결국 실패하고, 다시 수배자의 몸이 되어 일본으로 피신하였다. 손문(孫文)은
위안스카이(袁世凱)에게 맞서기 위해 중화혁명당(中華革命黨)을 결성하여 반원(反遠, 反원세개) 운동을
계속했다. 1917년 광저우에서 군정부를 수립, 대원수에 취임하고, 1919년 중화혁명당을 개조하여 중국
국민당(中國國民黨)을 결성했다. 당시 위안스카이(袁世凱)는 독재권력의 맛을 보고 자신이 새로운 황제
가 되겠다며 새로운 왕조를 선포하게 되고 결국 스스로 몰락하였다. 그를 따르던 가장 가까운 장군들조
차도 그에게서 등을 돌렸다. 결국 좌절한 위안스카이(袁世凱)는 병사하고, 중국은 중앙권력을 잃은 무정
부 상태가 10년이나 지속됐다. 손문(孫文)은 위안스카이(袁世凱)의 죽음 이후로 광둥으로 돌아와 국민
당 정부를 수립하고 진정한 중화민국을 건립하려 했으나, 당시 혼란스러웠던 상태에서는 너무나 어려운
일이었다. 그러다 러시아에게서 원조 제의가 들어오게 되고, 서구 열강들에게 늘 거절당했던 손문(孫文)
은 러시아(구.소련)의 제안을 받아들이게 됐다. 1924년 국민당대회에서 '연소, 용공, 농공부조'의 3대 정
책을 채택, 제1차 국공합작(國共合作)을 실현시켰다. 이어 '북상선언'을 발표하고 '국민혁명'을 제창, 국
민회의를 주장했으나, 이듬해 1925년 베이징에서 간암으로 일생을 마감했다. 많은 명언을 남긴 손문(孫
文)은 죽기 직전까지 "중국을 구하라"라는 말을 남겼다. 손문(孫文)의 죽음을 들은 당시 북경대학생들은
무척이나 슬퍼했었고, 오늘날 중화인민공화국(中華人民共和國)과 중화민국(中華民國)에서 '근대 중국의
아버지', 국부(國父)로 추앙받고 있으며 본토 중국에서는 '중국 혁명의 아버지', '혁명선행자'로서 존경받
고 있다.

국의 당면 목표를 3가지: ① 국제적 지위의 평등, ② 정치적 지위의 평등, ③ 경제적 지위의 평등으로 보았으며, 각각의 목표 달성을 위한 당위성과 추진 방향으로서 삼민주의(三民主義): ① 민족주의(民族主義), ② 민권주의(民權主義), ③ 민생주의(民生主義)를 포방했던 것이다. 결국, 중국의 완벽한 통일은 이루지 못했지만, 손문(孫文, 1866~1925)이 중국 근대사에 있어서 큰 업적을 세우고 사상적 기초가 되었다는 사실은 변함이 없을 것이다.

손문(孫文, 1866~1925)은 1905년 중국동맹회를 결성하면서 '삼민주의'(三民主義): ① 민족주의(民族主義), ② 민권주의(民權主義), ③ 민생주의(民生主義)를 발표했다. 이것은 1911년 신해혁명(辛亥革命)과, 이로 인해 성립된 중화민국(中華民國)의 사상적·정치적 기반이 되었다.

※ 손문(쑨원, 孫文, 1866~1925)의 삼민주의(三民主義)

자유 = 민족주의: (국가의 자유를 추구)
평등 = 민권주의: [국민의 정치적 지위의 평등과 군권 타파를 통한 전(全) 국민 평등 추구]
박애 = 민생주의: [전(全) 국민의 행복을 도모하는 박애 사상]

제1의 민권: 선거권: 선출하는 것.
제2의 민권: 파면권: 선출된 자를 파면하는 것.
제3의 민권: 창제권(創製權): 유리한 법률을 시행토록 하는 것.
제4의 민권: 복결권(複決權): 불리한 법률을 폐지 또는 개정토록 하는 것.

요컨대, 삼민주의(三民主義)는 민유(民有)·민치(民治)·민향(民享)으로 국가를 국민이 공동 소유하고, 정치를 국민이 공동 관리하고, 이익을 국민이 공동으로 누리자는 사상이다. 상기한 삼민주의(三民主義) 사상은 마르크스주의(Marxism)를 신봉하는 공산당(共産黨)에 의해서도 높은 평가를 받고 있으며 중화민국(中華民國)의 지도이념으로 오늘날까지도 유지 및 발전되고 있다.[18]

① 민족주의(民族主義)

손문(孫文, 1866~1925)의 '민족주의(民族主義)'란 자연적·정치적·경제적 화(禍)로부터 중국의 멸망을 막고 중국을 부강하게 하기 위하여 한 민족, 한 국가의 중국인이 힘을 하

---

18) 손문(孫文, 1866~1925)의 삼민주의(三民主義)와 대비되는 조소앙(趙素昂, 1887~1958)의 '삼균주의'가 있으나 이에 관한 논술은 지면의 한계로 생략한다.

나로 결집하자는 주장을 말한다.[19] 따라서 민족주의(民族主義)의 목표는 중국인의 단결을 도모하고, 궁극적으로는 이를 통해 중국의 독립을 달성하는 것이다.

민족주의(民族主義)를 내세우게 된 동기는 크게 두 가지이다: 첫째, 서구에 의한 인구역전과 정치·경제적 억압에 의한 중국의 멸망이 우려된다. 둘째, 이를 극복하기 위한 단결이 필요한데 비해 중국인이 흩어진 모래와 같기 때문이다. 이에 대한 근본 원인과 극복대안이 동시에 민족주의인 것이다.

손문(孫文, 1866~1925)은 세계의 진화와 민족의 흥망 요인을 자연력(인구 증감)과 인위력에 의한 요인으로 구분했다. 민족의 흥망은 이중 인구 증감에 크게 기인하나, 때로는 인위력이 자연력을 능가한다고 했다. 이러한 인위력에는 정치력과 경제력이 있다. 과거 중국은 정치력에 의해 두 차례(원과 청) 망한 적이 있으나, 침략민족이 소수민족이었기에 모두 중국에 동화(同化)되었다. 그러나 1900년 초반 중국은 인구 감소와 열강의 정치적·경제적 억압을 동시에 받고 있었기 때문에 중국인이 아메리카 인디언과 같은 운명을 맞게 될 것을 크게 우려하였다.

모든 것을 서구로부터 배우려는 풍조 속에 당시 중국에는 세계주의(Cosmopolitan)가 풍미하고 있었다. 서구의 세계주의(Cosmopolitan)는 과거 중국의 천하주의(天下主義)와 같은 의미로 패권국가에게 유리한 사상이다. 그러나 중국은 패권국에 의해 존망을 위협받는 국가였기 때문에 세계주의(Cosmopolitan)만을 부르짖다가는 자칫 생존을 위협받을 수 있다. 세계주의(Cosmopolitan)를 실현하기 위해서는 중국인의 단결을 통해 패권 열강으로부터 중국을 보호하고자 하는 민주주의(民主主義)가 선행조건이라는 것이다.

중국의 민족주의(民族主義)를 회복하는 방법은 2가지: ① 현실을 전 국민에게 알리는 것과 ② 단결을 실행하는 것이다. 손문(孫文)은 행동이 용이하기 위해서는 먼저 아는 일이 급선무라고 인식하여 '지난행이(知難行易, 알기는 어렵고 행하기는 쉽다)'를 줄곧 강조했다. 또한, 알려야 할 중국의 현실(禍)은 앞서 언급한 외세로부터의 정치적·경제적 억압과 열강의 인구증가로 인한 위협 등이다. 중국인의 단결은 중국의 성씨(400여 개)를 중심으로 범국가적 단체(민족)를 결성을 통하여 실현하고, 이후 민족정신 중흥과 간디(Mahatma Gandhi)의 인도가 사용했었던 비협력 방법 등을 제시했다.

손문(孫文)은 민족주의(民族主義) 회복을 위해 중국 고유의 도덕, 지식, 능력을 되찾아야 한다고 주장했다. ① 고유의 도덕으로 충효(忠孝)·인애(仁愛)·신의(信義)·평화(平和)가 있

---

19) 민족주의(民族主義)는 초기에 만주족(滿洲族)에 대한 한족(漢族)의 자유를 주장했으나 나중에는 제국주의(帝國主義) 침략에 대한 중화민족의 자유로 확대 발전하였다.

으며, 이 중 '충(忠)' 사상이 되살아나야 한다고 강조했다. ② 고유의 지식(정치철학)으로『대학(大學)』의 '격물치지성의정심 수신제가치국평천하(格物致知誠意正心 修身齊家治國平天下)'를 들면서 치국(治國), 평천하(平天下)를 하려면 먼저 '수신(修身)'이 중요함을 강조했다. ③ 과거 중국의 능력은 세계를 선도했기 때문에 이를 알고 자신감을 회복해야 하며, 이 세 가지를 회복한 후에는 ④ 서구의 장점인 과학(科學)의 최첨단을 배워 중국이 세계의 선두를 치고 나가 제1의 지위에 설 수 있다고 했다.

② 민권주의(民權主義)

손문(孫文, 1866~1925)의 '민권주의(民權主義)'란 국가의 근본적인 문제 해결과 강력한 국가건설을 동시에 이루기 위해서는 완벽한 정부를 갖추면서 국민의 완전한 정부통제에 입각한 전민정치(全民政治)를 구현해야 한다는 사상이다. 그것의 실천 방법으로 강한 정부를 위한 '오권헌법'(五權憲法)과 국민의 정부통제권인 '4대 민권(民權)'을 실현하는 것이다.

여기서 '오권헌법'(五權憲法)이란 다섯 가지의 권(權) 즉 치권(治權)을 포함하고 있는 헌법을 말하며, 다시 다섯 가지 치권(治權)은 행정권·입법권·사법권·감찰권·고시권을 말한다. 이 중 감찰권은 탄핵권과 같으며, 타국은 이를 입법권 내에 포함하고 있다. 또한 고시권(考試權)은 고시를 행하여 유능한 인재를 뽑는 것으로 중국 고유의 제도이다. 또한, '4대 민권'이란 선거권·파면권·창제권(創製權)·복결권(複決權)을 말한다.

정치에는 정권(政權)과 치권(治權)이 있다. 정권(政權)은 많은 사람들의 힘으로 정부를 관리하는 민권을 말한다. 치권(治權)은 많은 사람의 일을 관리하는 힘으로 정부권을 말한다. 손문(孫文)은 강력한 국가 건설을 위해선 강한 정부가 있어야 하며, 이런 정부가 국민에게 위협이 될 수도 있으므로 국민이 이를 완벽히 통제할 수 있어야 한다고 했다.

민권주의(民權主義)는 '강한 정부'에 의한 '강한 국가' 건설과 민권에 입각한 '전민정치' 구현을 목표로 하고 있다. 민권주의는 바로 정치와 관련된 내용으로 삼민주의(三民主義) 중 가장 핵심적인 부분이며, 손문(孫文)의 사상을 대표하고 있다고 할 수 있다.

손문(孫文)은 혁명의 사상적 기반을 서구로부터 얻으려 했으나 서구의 사상이 여전히 근본적 문제를 해결하지 못하고 있음을 깨달았다. 이에 사회 모든 문제를 야기하면서 어떤 한 곳으로 수렴하는 방향을 찾았는데, 그것이 바로 민권(民權)이며, 민권이 실현되지 않는 한, 중국의 당연문제는 궁극적으로 해결될 수 없다고 결론을 지었다.

사실, 민권(民權) 문제는 곧 정치의 문제이다. 민(民)은 단체나 조직 속의 여러 사람을 말하고, 권(權)은 힘·위세·명령을 행사할 수 있는 힘임과 동시에 군중을 제압하여 복종시킬 수 있는 힘이다. 따라서 민권(民權)은 '국민의 정치적 힘'을 말한다.

정(政)은 여러 사람의 일을 말하고, 치(治)는 관리하는 것이다. 따라서 정치(政治)는 여러 사람의 일을 관리하는 것이다. 여러 사람을 관리하는 것은 하나의 힘으로 정권(政權)이며, 민권(民權)은 이러한 힘이 국민에게 있음을 뜻한다.

손문(孫文)은 인류의 투쟁사를 크게 4개의 기간으로 분류하였다: 원시시대는 인간과 동물의 싸움시대, 신권시대는 인간과 자연의 싸움시대, 군권시대는 인간과 인간의 싸움시대임과 동시에 나라와 나라의 싸움시대이며, 민권시대는 국내의 싸움시대이며, 국민과 군주, 선과 악, 정의와 횡포의 싸움의 시대이다.

손문(孫文, 1866~1925)은 민권(民權)이란 장－자크 루소(Jean Jacques Rousseau)가 주장하듯이 천부적인 것이 아니라 국민의 의식이 성숙하여 스스로 정치를 할 수 있게 된 것과, 시대의 조류(필요)에 따라 형성된 것으로 보고 있다.

여기서 유의할 것은 프랑스 혁명(1789~1794)의 '자유·평등·박애'와 중국혁명의 '민족·민권·민생'은 개념상으로 유사하다는 점이다.

일반적으로, 민권(民權)이 자유(自由)와 함께 논의되는데 그 이유는 서구의 혁명이 자유(自由)를 위한 것이었으며 이를 추구하다가 민권(民權)이 달성되었기 때문이다. 그러나 손문(孫文)은 중국에 절실한 것은 자유보다는 궁핍과 빈곤의 극복이라 사유했다.

불평등(不平等)에는 자연적 불평등과 인위적(정치적) 불평등이 있다. 모든 만물이 같을 수 없듯이 인간도 태어날 때부터 불평등(자연적 불평등)하기 마련이며, 여기에 인위적 불평등이 더해져 그 격차가 커지게 된다. 따라서 평등(平等)은 인위적 불평등을 없애는 방향으로 추구되어야 하며, 이것은 바로 정치적·사회적 평등을 의미한다.

자유(自由)와 평등(平等)을 추구하기 위하여 혁명이 발발했지만 여전히 문제가 발생하는 것은 민권(民權)이 실행되지 않았기 때문이다. 결국, 문제해결의 궁극적 방향은 민권(民權)이 되어야 하며, 자유와 평등은 민권의 기초 위에 세워져야 한다. 즉, 자유와 평등은 민권 안에 포함되는 개념인 것이다.

손문(孫文)은 전(全) 국민의 행복은 정치적 문제에 달려 있다고, 따라서 민권(民權)이 실현되지 않는 한 평등(平等)도 일시적인 것에 불과하게 된다고 사유했다. 그는 민권을 연구함에 있어 선진국의 것을 참고할 수는 있으나 그대로 따를 수는 없다고 판단했다. 왜냐하면 정치는 인간의 문제이며, 역사를 통해 내려온 사회의 실정, 풍토, 관습이 서로 다르기 때문이다. 따라서 서구(西歐)로부터 배울 것은 정치철학(政治哲學)이 아니라 발전된 물질과학(物質科學)이라고 그는 사유했다. 당시 서구(西歐)의 민권(民權)은 대의제(代議制)를 이룬 것에 머무르나 중국(中國)이 원하던 목표는 민권주의(民權主義)에 입각한 전민정치(全民政治)의 구현이었다.

정부로부터 억압을 받아왔던 국민은 민권이 발달하면서 정부의 힘을 약하게 하고자 하고 있고, 이것은 무능한 정부를 만들어 국가의 발전을 저해하고 있다. 따라서 손문(孫文)은 유능한 정부를 가지면서 국민을 전제(專制)하는 우려를 없애기 위해서 '권(權)'과 '능(能)'을 구별해야 한다고 주장했다.

다시 말하면, 세계 인류는 크게 3가지: ① 선지선각자(先知先覺者, 발명가), ② 후지후각자(後知後覺者, 선전가), ③ 부지부각자(不知不覺者, 실행가)로 분류된다. 국민은 대부분 부지부각자(不知不覺者)로 '권'(權)은 있으나 '능'(能)이 부족하며, 정부는 '능'(能)은 있으나 '권'(權)은 없다. 따라서 국가의 일은 선지선각자(先知先覺者)의 정부에게 맡기고, 부지부각자(不知不覺者)로 '권'(權)을 갖고 있는 국민을 다스리면 되는 것이다.

③ 민생주의(民生主義)

손문(孫文, 1866~1925)의 민생주의(民生主義)는 민생(民生) 즉 '국민의 삶'(생존, 생계, 생활)이 모든 사회문제의 시작이자 역사의 중심이므로 사회문제의 근본적 해결을 위해 민생(民生) 문제를 해결해야 한다는 주장을 말한다. 민생주의(民生主義)의 목표는 곧 국민의 빈곤(貧困)을 퇴치하는 것이다.

상술하면, 민생(民生)은 곧 국민의 생활, 사회의 생존, 국민의 생계, 대중의 생명을 뜻한다. 사회문제는 곧 민생문제이므로 민생주의(民生主義)는 사회주의(社會主義)를 뜻하고 대동주의(大同主義)를 말한다. 사회주의의 영역은 사회경제와 인류생활의 문제이기 때문에 사회주의의 근본은 바로 민생(民生)이다. 따라서 손문(孫文)은 민생(생존의 문제)이 사회진화의 중심이자 역사의 중심이라고 주장하면서 칼 마르크스(Karl Marx)의 물질 중심의 역사관을 비판하였다.

민생주의(民生主義)는 지권(地權) 균등과 자본(資本)의 제한을 통해 중국민중의 경제생활을 보호하는 것인데 자본주의(資本主義) 결함을 극복한다는 점에서 다분히 사회주의적(社會主義的) 속성(屬性)을 지니고 있다. 하지만 집단이 아닌 개인을, 그리고 프롤레타리아 계급만이 아닌 모든 민중의 경제생활을 강조한다는 점에서 사회주의와는 다르다. 즉, 민생주의(民生主義)는 국민의 생활 안정을 위한 자본의 억제와 지권의 평균을 통하여 궁극적으로 대동사회(大同社會)를 실현하자는 것이다.

손문(孫文, 1866~1925)은 민생문제를 해결하는 방법으로 2가지: ① 지권(地權)의 평등과

② 자본의 절제를 제시하였다. 우선, 지권의 평등은 정부가 토지의 시가에 따라 세금을 거두고 시가에 따라 매수함으로써 이루어진다. 이때 시가는 주인이 책정하고 책정된 시가보다 상승한 만큼의 가치는 완전 공유로 한다. 주인이 시가를 낮게 정하면 매입을 하고, 높게 정하면 세금을 징수하므로 시가는 적정선으로 정해진다. 다음으로, 자본의 절제는 소득세의 징수로 이루어지는데, 중국은 빈곤하기 때문에 이것만으로는 부족하고 국가를 부유하게 하는 것이 보다 중요하다고 보았다.

손문(孫文, 1866~1925)은 먹는 것과 입는 것을 민생(民生) 문제의 예로 설명하고 대안을 제시했다. 우선, 먹는 문제는 민생문제 중 가장 기본적인 것으로 간주했다. 따라서 그는 중국의 식량부족 문제를 농민 90%가 소작농인 구조와 후진적 생산 설비 및 방식, 분배 등에 기인한다고 사유했다. 이를 해결하기 위해서는 '경작자에게 땅을 준다(耕者有其田)'는 원칙을 실현하고, 농업생산 증대방법을 적용하여 생산량을 늘림과 동시에 식량 부족 시 해외로의 수출을 제한하고, 3년분의 식량을 비축해야 한다고 주장했다. 다음으로, 부족한 의복 문제를 해결하기 위해서는 의복재료의 저렴하고 양질의 원료를 대량 생산할 수 있도록 농업과 공업문제가 동시에 해결되어야 한다고, 또한 의복은 사치가 아닌 몸의 보호, 미관상 아름다움, 편리성을 갖춘 완전한 기능을 달성해야 한다고 각각 주장했다.

④ 손문(孫文)의 삼민주의(三民主義)에 대한 저자의 평가

중국은 서구와의 충돌이었던 아편전쟁(阿片戰爭: 1839~1842; 1856~1860)의 패배, 서양의 근대문명을 주체적으로 수용하려고 했던 양무운동(1861~1894)의 실패, 제도와 법의 개혁을 취하였던 변법자강운동(變法自彊運動, 1898년)의 실패로 인하여 본질적인 변화를 요구하고 있었다. 이에 손문(孫文)의 삼민주의(三民主義)는 시대적 요청에 의한 자강(自彊)의 노력 중에서 최선의 방법론이라고 할 수 있다. 결국, 삼민주의(三民主義)는 신해혁명(1911년)의 형태로 표출되었다.

삼민주의(三民主義)는 민족·민권·민생을 강령으로 하였다. 신해혁명(1911년) 후 비록 만청(滿淸) 정부를 타도하기는 하였으나 신해혁명(1911년)은 제국주의의 반(半)식민지 아래에 있는 중국의 위상을 바꾸지 못했다. 따라서 손문(孫文)은 혁명의 성공을 위하여 제국주의와 손잡고 청나라가 체결했던 불평등조약(不平等條約)을 그대로 인정하지 않으면 안 되었다.

결과적으로, 신해혁명(1911년)은 봉건제도를 무너뜨리고 공화제를 이룩하였지만 중국의 사회와 경제에 본질적 변화가 일어난 것은 아니었다. 즉, 반(半)식민지 반(半)봉건 사회

의 성격을 근본적으로 바꾸지 못하였다. 이러한 측면에서, 신해혁명(1911년)은 실패하였다거나 또한 미완성된 것이라고 비판을 받고 있다.

민족주의(民族主義)는 초기에 만주족에 대한 한족의 자유를 주장했으나 나중에는 제국주의 열강의 침략에 대한 중화민족의 자유로 확대 발전하였다.

민권주의(民權主義)는 중국민중의 권리를 회복한다는 의미인데, 서양의 입법, 사법, 행정의 3권 분립에다가 중국의 전통적인 감찰원과 고시원을 독립시켜 5권 분립으로 구성하고 있다. 그러나 민권주의는 중국의 역사 이래 전제군주가 무너지고 공화정이 수립되었다는 것으로 어느 정도 달성되었다고 볼 수 있다. 그러나 마지막 황제에 대한 예우문제를 비롯하여 황실우대조건은 구(舊)세력을 인정하는 것이어서 혁명의 의의를 반감(半減)하게 하기도 하였다.

민생주의(民生主義)는 지권균등과 자본의 제한을 통해 중국민중의 경제생활을 보호하는 것인데, 자본주의 결함을 극복한다는 점에서 다분히 사회주의적 속성을 지니고 있다. 그러나 집단이 아닌 개인을, 그리고 프롤레타리아 계급만이 아닌 전(全) 민중의 경제생활을 강조한다는 점에서 사회주의와는 다르다. 그러나 민생주의(民生主義)는 평균지권문제가 강령으로 제정될 때부터 문제가 많았으므로 실현하기가 어려웠다. 따라서 신해혁명(1911년)이 일어났다 하더라도 사회·경제적으로 큰 변화를 기대할 수 없었기 때문에 원세개를 중심으로 한 구(舊)관료가 그대로 권력을 장악할 수 있게 하였다.

상기한 손문(孫文, 1866~1925)의 삼민주의(三民主義) 사상; ① 민족주의(民族主義), ② 민권주의(民權主義), ③ 민생주의(民生主義)은 5·4 운동(1919년), 반(反)제국주의, 반(反)봉건주의 형태로 나타났다. 또한, 삼민주의(三民主義) 사상은 공산당의 기본 사회주의 속성을 가지고 있기 때문에 국공(國共) 합작의 논거가 되었다. 1927년 중국 국민당 정부와 중국 공산당이 분열되자, 장개석(蔣介石)은 삼민주의(三民主義)에서 공산주의를 추구하는 민생부분을 배제하고 반공적(反共的) 내용을 부여했다. 이것은 국민당의 일당독재(즉, 정치적으로는 독재체제, 경제적으로는 독점체제)와 국민당 지도 아래 군사체제를 확립하기 위한 논거를 마련하기 위한 것이었다.

요컨대, 손문(孫文, 1866~1925)의 삼민주의(三民主義) 사상: ① 민족주의(民族主義), ② 민권주의(民權主義), ③ 민생주의(民生主義)은 당시 중국이 처한 상황이 봉건세력과 제국주의 열강의 압력으로부터 벗어나는 것을 최우선적으로 요구하고 있으며, 중국이 처한 시대적 상황 속에서의 자구의 노력 중에서 최대의 방법론으로서 발전하고 변화해 나갔다.

손문(孫文, 1866~1925)은 비록 혁명의 완성을 보지 못하였으며 삼민주의(三民主義) 역시 사상적 완성을 이루지 못한 상태에서 그의 후계자들에 의해 자의적으로 계승되고, 본질적인 완성을 이루었다고 확신할 수 없다. 그럼에도 불구하고, 마르크스주의자인 공산당에 의해서도 높은 평가를 받고 있으며 중화민국의 지도이념으로 오늘날까지도 유지 및 발전되고 있다. 즉, 삼민주의(三民主義)의 사상은 1949년 공산정권의 수립 전까지 현대 중국혁명의 근간을 이루는 혁명이념이자 이론체계였던 것이다.

또한, 손문(孫文, 1866~1925)은 '대(大)아시아주의자'였다. 대(大)아시아주의는 기본적인 목표가 있어서 일본의 그것과는 구별될 수 있다. 일본의 대(大)아시아주의가 '일본의 팽창을 합리화하기 위한 도구'로 등장한 것이었던 반면에, 손문(孫文)의 대(大)아시아주의는 그 출발점을 서구 열강(列強)의 침략에 대한 대항에 두고 있었다. 다만, 손문(孫文)의 초기 대(大)아시아주의는 유럽 백인종의 침략에 대항하기 위해 황인종들의 단결을 주장했던 것으로, 서구 열강(列強)의 침략을 백인종의 침략이라고 본다는 점에서 진정한 의미의 반(反)제국주의(帝國主義) 인식을 가지지 못한 채 황인종인 아시아인들의 단결만을 강조하고 있었다는 한계점을 가지고 있었다.

참고로, 손문(孫文, 1866~1925)은 한국의 독립운동 지원과 대한민국 임시정부 창립에 커다란 일조를 하기도 했다. 상하이에 위치한 손문(孫文)의 집이었던 곳은 당시 프랑스 조계지역으로 손문(孫文)은 이곳에서 한국의 독립운동가들하고 많은 친분을 쌓았다. 이러한 공로로 1962년과 1968년 두차례에 걸쳐 대한민국 정부로부터 건국훈장 중장이 추서되었다.

(3) 싱가포르 리콴유(李光耀) 수상(1965~1990): '12345의 나라'

싱가포르 리콴유(李光耀, 1923~2015)[20])는 수상(1959~1990) 취임 연설에서 *"싱가포르를*

---

20) Lee Kuan Yew, "The Singapore Story", Time Asia, Hong Kong, 21 September 1998. 싱가포르 리콴유(李光耀) 수상(1959~1990)은 싱가포르의 초대 총리와 인민행동당의 총재)로 재직했다. 그는 싱가포르에 가장 큰 영향을 미친 정치인으로 기억되고 있다. 퇴임 후에도 싱가포르의 두 번째 총리인 고촉통 내각에서도 수석 총리로서 정치에 관여했다. 싱가포르의 세 번째 총리가 된 그의 아들 리센룽 총리를 조언하는 특별직을 맡기도 했다. 그의 가장 가까운 친구들과 가족은 리콴유를 "해리"(Harry)라고 불렀다. 최근 그는 자신이 세상을 떠난 뒤 자신의 집이 '국가 성지'로 지정되는 일이 없도록 자신의 사후에 집을 허물라고 지시했다. 그는 1965년부터 1990년까지 유소프 빈 이샥과 벤저민 헨리 시어즈와 데반 나이르와 위킴위가 싱가포르의 대통령으로 재임하던 시기에 싱가포르의 실권자이자 싱가포르의 총리로 재임하였다. 리콴유는 자신의 자서전에서 자신이 4세대 중국계 싱가포르인이라고 하였다. 리콴유(李光耀)의 증조할아버지 리복분(1846년 태어남)은 하카계 사람으로 중국 광둥성으로부터 영국의 동남아 해협 식민지(Straits Settlements)로 1862년 이민을 갔다. 리친쿤과 추아짐니의 큰아들인 리콴유는 싱가포르의 캄풍 자바 가의 92번지에 있는 큰 방갈로에서 태어났다. 어릴적 리콴유(李光耀)는 그의 할아버지

리훈령이 가르쳐준 영어로 인해 영국 문화에 많은 영향을 받았다. 리콴유(李光耀)의 할아버지는 그에게 콴유라는 중국 이름에 덧붙여 "해리"라는 영어 이름을 더해주었다. 리콴유는 텔록 쿠라우 초등학교와 래플즈 학교 및 래플즈 대학교에서 수학하였다. 제2차 세계 대전 중 1942년부터 1945년간의 일본의 지배로 인해 대학을 다니는 것은 미룬 채 타피오카를 이용해 만든 "스틱파스"라는 접착제를 암거래하며 생계를 유지했다. 1942년부터는 일본어와 중국어 수업을 듣고 동맹군의 전보를 번역하는 일과 일본의 호도부(정보 및 선전 부서)에서 영어 편집인으로 일했다. 전쟁이 끝난 후 영국 런던 정치경제대학교와 케임브리지 대학교 피츠윌리엄 칼리지에서 법학을 전공했다. 리콴유(李光耀)는 1949년에 싱가포르로 돌아와 법률 회사에서 변호사로 일했다.

리콴유(李光耀)와 그의 아내 과걱추는 1950년 9월 30일 결혼하였다. 둘 사이에는 두 아들과 하나의 딸을 두었다. 그의 자녀들은 싱가포르 내에서 대부분 정부 고위관료로 재직하고 있다. 전 육군 장성이었던 큰아들 리셴룽은 2004년도부터 싱가포르의 총리이자 재무부 장관이 되었다. 그는 또한 싱가포르 정부 투자 회사의 부의장을 맡고 있다(리콴유가 의장). 역시 전 육군 장성인 둘째 아들 리셴양은 싱가포르 최대의 회사인 싱텔의 최고 경영자이다. 싱가포르 항공이나 DBS 은행과 같은 정부 관련 회사들의 지분을 가지고 있는 테마섹 지주회사가 현재 싱텔의 지분 중 56%를 가지고 있다. 테마섹 지주 회사는 리콴유(李光耀)의 첫째 며느리인 호칭이 최고 경영자로 재직하고 있다. 국립 신경 학회를 운영하고 있는 리콴유의 딸 리웨이링은 여전히 미혼이다. 리콴유(李光耀)의 아내 과걱추는 예전에 법률 회사 리&리를 리콴유와 공동 운영했었다. 그의 동생 데니스, 프레디, 수전 유 또한 같은 회사의 파트너였다. 또한 여동생 모니카가 있다. 그러나 리콴유(李光耀)자신은 지속적으로 친척에 대한 특혜에 대해 부인해왔으며, 그의 가족들의 현재 위치는 그들의 성품에 의한 것이라고 말하고 있다.

1954년 11월 21일 리콴유(李光耀)는 "맥주 마시는 부르주아들" 이라고 그가 지칭하던 영어를 배운 일군의 사람들과 함께 인민행동당(People's Action Party, PAP)을 결성하였다. 인민행동당(People's Action Party, PAP)은 친(親)공산주의적 무역 노조와 정략적인 연계를 통해 만들어졌는데, 이는 영어를 사용하는 계층은 친(親)공산주의자들의 대량의 지지가 필요했던 반면, 공산주의자들은 말레이시아 공산당이 불법이었기 때문에 이를 가리기 위한 지도층이 필요했기 때문이었다. 리콴유(李光耀)는 이 정략적 연합을 편리를 위한 결혼이라고 말하기도 했다. 이 두 계층의 공동의 목적은 독자적인 정부를 구성하고 영국 식민 지배를 끝내기 위해 대중을 선동하는데 있었다. 창당식은 빅토리아 기념홀에서 1500명의 지지자와 무역 노조들로 가득찬 채로 이뤄졌다. 리콴유(李光耀)는 이 당의 사무총장이 되었으며 이 직책을 1957년의 잠시간을 제외하고는 1992년까지 유지하게 된다. 창당식에는 통일말레이국민기구(UMNO)의 툰쿠 압둘 라만과 말레이시아중국인연합(MCA)의 탄청록이 신당에 신뢰를 주기 위해 초청되었다. 리콴유(李光耀)는 1955년 선거에서 탄종 파가르 선거구의 의석을 획득하였다. 야당의 당수로서 데이비드 솔 마셜의 노동 전선 연립 정부와 대항한 리콴유(李光耀)는 싱가포르의 미래 정세에 대한 런던에서 열린 두 차례 회의에도 인민행동당의 대표로 참가하였다. 첫 번째 회의는 마셜이 주최하였고 두 번째는 마셜의 후임자인 림유혹이 개최했는데, 이 시기에 리콴유(李光耀)는 이 두 라이벌들과 정치적인 대립을 하고 있었다. 리콴유(李光耀)의 친(親)공산주의적 측근들은 간혹 폭력적이기도 한 대중 집회에 활발히 참여하였기에 적절한 거리를 둔 반면, 여당의 연립 정부는 정권을 유지할 수 있도록 하였는데, 종종 그들을 무능력하다고 공세를 펼치기도 하였다. 하지만 1957년 친(親)공산주의자들이 가짜 당원들을 이용해 당권을 장악하자 리콴유(李光耀)의 인민행동당에서의 위치는 심각한 위기를 맞게 되었다. 다행스럽게도 림유혹은 친(親)공산주의자들을 대거 구속하도록 명령하였고, 리콴유(李光耀)는 사무총장으로 복직하였다. 공산주의자들의 당내 위협은 다음 선거를 준비하는 동안 일시적으로 중단되었다. 이 시기에 리콴유(李光耀)는 공산주의 진영의 리더이자 그가 플렌이라고 불렀던 퐁충픽(또는 팡추앙파이)과 처음으로 비밀리에 만나게 된다. 1959년 7월 1일 열린 선거에서 인민행동당은 51개 의석 중 43개의 의석을 차지하였

*'12345의 나라': '1명의 아내, 2명의 자녀, 3개의 침실, 4개 바퀴달린 자동차, 주당 500달러'를 만들겠다"*라고 선언했었다.

싱가포르는 동남아시아에 있는 도시국가, 미니국가이자 섬나라이다. 말레이 반도 끝자락 같지만 엄연히 사면이 바다로 북쪽의 좁은 조호르 해협을 두고 말레이시아의 조호르바루와 다리로 이어지며, 남쪽에는 인도네시아와 말라카 해협을 사이에 두고 있다. 간척지를 포함한 국토 면적은 721.5㎢로 부산광역시(769.89㎢)보다 약간 작고 진주시(712.95㎢)와 비슷하다. 2018년 기준 인구는 약 576만 명으로 유럽의 도시국가 모나코와 세계 1, 2위의

다. 싱가포르는 국방과 외교를 제외한 국내 문제에 관한 자치권을 갖게 되었으며 리콴유(李光耀)는 1959년 7월 3일에 수석장관(Chief Minister)이었던 림유혹을 대신해 싱가포르 최초의 국무 총리가 되었다. 국무총리가 되기 전에 리콴유(李光耀)는 림유혹 정부 시절 구속되었던 림친시옹과 데반 나이르의 석방을 요청했다. 리콴유(李光耀)는 영국으로부터 자치권을 획득한 이후 교육, 주거, 실업 등 많은 문제에 부딪히게 된다.

말라야 연방의 총리 툰쿠 압둘 라만이 1961년에 말라야 연방, 싱가포르, 사바, 사라와 간의 연방을 제안했을 때, 리콴유(李光耀)는 말레이시아와 합병하고 영국의 식민지 통치를 끝내기 위한 사전 작업을 시작했다. 리콴유는 70%가 투표에 찬성한 1962년 9월 1일에 열린 국민 투표 결과를 이용해 국민들이 자신의 계획을 지지한다고 이야기했다. 1963년 9월 16일, 싱가포르는 말레이시아 연방의 일원이 되었다. 하지만 이 연방은 오래 지속되지 못했다. 말레이연합 국가조직(UMNO)는 싱가포르에 있는 다수의 화교가 말레이시아에 통합되어 인민행동당이 영향력을 갖게 되는 것을 걱정했다. 리콴유는 말레이계를 우대하는 부미푸트라 정책에 반대했고, 이를 주장하기 위해 말레이시아 연대회의의 "말레이시아 사람의 말레이시아!"라는 유명한 구호를 사용했다. 말레이계는 말레이시아의 토착 민족이고, 말레이시아는 다양한 민족이 통합된 나라를 뜻한다. 1964년의 싱가포르 인종분쟁은 무하마드의 생일(1964년 7월 21일)에 칼랑 가스회사 부근에서 일어났다. 이 분쟁에서 중국인들과 말레이인들이 서로를 공격하며 23명이 죽었고 수백명이 부상을 당했다. 분쟁의 원인에 대해서는 다양한 견해가 있는데, 그중 중국인이 무슬림 행렬에 병을 던졌다는 설도 있고, 말레이인이 이 분쟁을 시작했다는 설도 있다. 1964년 9월에는 더 많은 분쟁이 일어나서 사람들이 차량과 상점을 약탈하기까지 했다. 이에 따라 툰쿠 압둘 라만과 리콴유(李光耀)는 이 사태를 진정시키기 위해 대중 앞에 나서야 했다. 툰쿠는 이 위기를 해결할 수 없다고 판단해 싱가포르를 말레이시아 연방에서 쫓아내며 "중앙 정부에 어떤 존경심도 보이지 않은 싱가포르주 정부와의 모든 관계를 단절하기로" 결정했다고 발표했다. 리콴유(李光耀)는 연방에 계속 머물기 위한 타협을 성사시키기 위해 노력했으나 그 시도는 실패로 돌아갔다. 리콴유는 1965년 8월 7일, 말레이시아와의 분리 뒤 관계를 다룬 분리 협정에 서명했다. 이 협정에서 싱가포르와 말레이시아는 분리 뒤에도 상호 국방과 교역 부문에서 협력하기로 했다. 합병의 실패는 합병만이 싱가포르가 생존할 수 있는 길이라 믿었던 리콴유에게 매우 중대한 위기를 가져왔다. 텔레비전으로 방영된 기자회견에서 리콴유(李光耀)는 분리를 발표하며 감정을 추스르지 못하는 모습을 보였다.

2015년 2월 5일 폐렴으로 병원에 입원한 뒤, 인공호흡기에 약 1달 동안 의존해오다 당해 3월 23일 오전 3시 18분 향년 91세에 서거하였다. 리콴유의 서거는 그의 장남이자 지금의 싱가포르 총리인 리셴룽 총리에 의해서 발표되었다. 리콴유의 장례식은 3월 29일에 국장으로 치러졌으며, 박근혜 대통령과 빌 클린턴 전 대통령 등 여러 유명 정치인들이 참석해 그의 죽음을 애도했다. 시신은 그의 유언대로 만다이 화장장에서 화장되었다.

인구밀도를 다투고 있다. 정부가 강력한 행정력으로 국민을 통솔하는 경찰국가이자 엄격한 사법 집행을 내세우는 영미법계 엄벌주의 국가로, 경제적으로는 자원이 부족하고 주변국의 영향력을 강하게 받을 수밖에 없는 도시국가의 특성상, 정치가 적극적으로 시장에 관여하고 나아가 나라 전체가 하나의 기업체처럼 활동하는 기업국가를 지향하고 있기도 하다. 사회적으로는 유교와 청교도적 가치에 기반한 엄숙주의를 모토로 삼아 국가권력이 국민의 생활양식을 검열, 계도하고 있으며, 자유권적 기본권의 침해라는 국내외의 비판을 감수하면서도 독자적인 정체를 운영하고 있다. 이에 대해서는 '성공한 도시국가 모델', '동남아시아의 선진국과 같은 찬사가 존재하는 반면, 리버럴 진영 일각에서는 '잘 사는 북한', '사형제도가 있는 디즈니랜드', '리콴유 주식회사' 등의 혹독한 평가를 하기도 한다. 문화적으로는 중국계가 다수 있는, 넓은 의미의 한자문화권 국가다. 이 때문에 문화를 기준으로 한 지역 구분의 경우 동아시아에 대만이나 베트남과 함께 싱가포르를 포함시키는 경우가 많다. 실질적으로는 한자 문화권을 바탕으로 동남아 토속 문화와 영미권 문화가 섞인 형식이다. 지리적으로 남쪽 바다에 적도가 지나가기 때문에, 지리적으로는 동아시아라고 보기 힘들다.

리콴유(李光耀)는 싱가포르의 독립을 국제적으로 인정받기 위해 노력했다. 싱가포르는 1965년 9월 21일, 유엔에 가입했고, 다른 4개의 동남아시아 국가들과 함께 1967년 8월 8일 동남아시아 국가 연합(ASEAN)를 세웠다. 리콴유(李光耀)는 수카르노 집권 시절 보르네오를 두고 인도네시아와 말레이시아가 전쟁을 벌인지 몇 년 뒤인 1973년 5월 25일, 처음으로 인도네시아에 공식적으로 방문했다. 이 방문을 통해 싱가포르와 인도네시아 간의 관계가 급격히 발전했다. 싱가포르에서는 말레이어가 다수가 쓰는 언어이긴 했지만, 다양한 이민자들이 함께 공유할만한 주된 문화를 갖고 있지는 못했다. 정부와 여당의 협력을 통해 리콴유(李光耀)는 1970년과 1980년 동안 다문화와 다인종에 바탕을 둔 독특한 싱가포르의 문화를 만들기 위해 노력했다. 리콴유(李光耀)는 종교에 대한 이해와 인종간의 화합의 중요성을 역설했고, 인종과 종교에 대한 폭력을 일으킬만한 위협에 대한 법을 통과시킬 준비가 되어있었다. 예를 들어, 리콴유(李光耀)는 기독교인들의 말레이인들에 대한 전도를 "무감각적인 복음 전도"라며 경고했다. 1974년, 정부는 싱가포르 바이블 소사이어티가 말레이인들에게 종교적 매체를 출판하는 것을 중단하도록 권고했다. 공산주의자, 인도네시아(대결 구도를 통해), 싱가포르를 말레이시아로 다시 통합하려는 UMNO 극단주의자들의 위협은 싱가포르의 취약한 국방에 큰 골치거리였다. 싱가포르가 유엔에 가입한 뒤, 리콴유(李光耀)는 싱가포르의 독립된 지위를 국제적으로 인정받기를 바랐다. 그는 스위스의 모델을 따라 중립과 비동맹 정책을 선언했다. 동시에 그는 고켕쉬가 싱가포르 국군 (Singapore Armed Force, SAF)를 세우도록 부탁했고, 다른 나라들에 조언을 비롯해 훈련, 장비 지원을 부탁했다.

싱가포르도 다른 나라처럼 정치적 부패(腐敗)에서 자유롭지 못했다. 리콴유(李光耀)는 부패행위조사국(Corrupt Practices Investigation Bureau, CPIB)을 세우는 법을 통과시켰다. 부패행위조사국은 부패 용의자 및 그의 가족들의 체포와 수색, 증인 소환, 계좌 및 소득세 환급 추적 등의 권한을 갖고 있다. 리콴유는 깨끗하고 정직한 정부를 유지하기 위해서 장관의 소득이 높아야 한다고 생각했다. 1994년에 리콴유는 장관, 판사, 고위 공직자의 연봉을 사기업의 전문직에 버금가는 수준으로 맞추는 안건을 제출하며, 이런 높은 소득이 공공 부문으로 인재를 끌어오는 데에 도움을 줄 것이라고 주장했다.

1960년말, 싱가포르의 인구가 늘어나자 경제 성장에 방해가 될 것을 우려한 리콴유(李光耀)는 '둘만 낳자'는 강력한 가족 계획 캠페인을 시작했다. 두 아이를 낳은 부부는 불임 수술을 권고받았다. 셋째 또는 넷째 아이에게는 교육 혜택을 낮추었으며, 이렇게 자식들이 많은 가정은 받을 수 있는 세금 환급도 줄어 들었다. 1983년, 리콴유는 싱가포르 남자들이 고학력 여성을 배우자로 맞도록 권고했고, 이는 '대 결혼 논란'을 촉발했다. 리콴유(李光耀)는 많은 고학력 여성이 결혼하지 않는 것을 걱정했다. 대졸 이상의 여성을 비롯한 일부 사람들은 그의 관점을 불쾌히 여겼다. 하지만 결혼을 알선하는 사회개발부(Social Development Unit, SDU)가 설립되어 고학력의 남녀가 어울리는 것을 도왔다. 리콴유(李光耀)는 과도하게 성공적이었던 '둘만 낳자' 가족 계획 정책을 뒤집기 위해 고학력의 여성이 아이를 셋 내지 넷을 가질 경우 세금 환급, 교육, 주택에 인센티브를 주는 정책을 도입하기도 했다. 1990년 말, 출산률이 극심하게 떨어지자 리콴유의 후임 고촉통 총리는 이 인센티브를 모든 기혼 여성에게 확대하고, '베이비 보너스'와 같은 별도의 인센티브를 주기도 했다.

리콴유(李光耀)는 주거(住居) 문제를 해결하기 위해 대규모 주택 건설을 위한 주거 및 개발 위원회(Housing and Development Board, HDB)를 세웠다. 1961년 7월 21에는 13명의 인민행동당 의원이 당론을 따르지 않으면서 투표를 거부한 내각 불신임 투표가 있었다. 6명의 교역 조합 출신 좌파 지도자들과 함께 이들은 공산주의를 지지하는 당인 바리산 소시알리스를 창당한다. 바리산 소시알리스는 창당시기부터 인민행동당에 버금가는 지지를 얻었다. 인민행동당의 51개 지부 중 35개의 지부와 23명의 간사 중 19명이 바리산 소시알리스로 자리를 옮겼고, 이 사건은 1961년의 분당 사태로 알려져있다. 의회에서의 인민행동당은 이제 26석만을 유지해 25석을 유지한 야당에 간신히 다수를 유지하고 있었다. 1961년에 인민행동당은 두 번의 보궐선거에서의 패배와 당원들의 탈당, 좌파의 노동운동에 직면했다. 리콴유의 정부는 1962년의 말라야 연방과의 합병과 관련한 국민투표 전까지 거의 무너질 위기에 처해있었다. 1962년의 투표는 정부에 대한 대중의 신임을 시험하는 자리였다.

리콴유(李光耀)는 태형(笞刑)의 효과에 굳은 신념을 가지고 있었다. 그의 자서전 싱가포르 이야기에서 그는 1930년대 래플스 학교에서 그의 끊임없는 지각에 학생주임 D. W. 맥레오드씨에게서 매를 맞았던 것을 묘사했다. "나는 의자에 엎드려 바지를 입은 채로 세게 세대를 맞았다. 나는 그가 살살 때린 것 같지는 않다. 나는 서양 교육계에서 왜 매질에 그렇게 부정적인지 이해할 수 없다. 내 친구들이나 나에게는 체벌이 아무런 해를 끼치지 않았다." 리콴유(李光耀)정부는 영국으로부터 사법적 태형을 물려받았지만, 적용되는 범위를 훨씬 더 넓혔다. 영국에서는 태형(笞刑)이 개인적 폭력이 수반되는 경우에 한해 처벌을 위해 일 년에 몇 번의 태형(笞刑)을 선고했다. 리콴유(李光耀)가 이끄는 인민행동당 정부는 더 많은 종류의 범죄에 대해 태형을 선고할 수 있게 했다. 1993년에는 42개의 범죄에 대해 태형(笞刑)을 의무화했고, 42개에 대해서는 선택적으로 적용했다. 법원에서 태형(笞刑)이 자주 선고되는 범죄는 약물 중독이나 불법 이민 등이 있다. 1987년에는 602번의 태형(笞刑)이 선고되었지만, 1993년에는 3,244번으로 증가했고, 2007년에는 6,404번이나 선고되었다. 1994년에 미국 청소년인 마이클 페이가 기물 파괴법 위반 혐의로 태형(笞刑)을 선고받자, 이 사법적 태형(笞刑)은 전 세계의 이목을 끌었다. 학교 신체형(남학생에게만 해당됨)은 역시 영국에서 물려받은 것이지만, 1957년에 제정된 법에 의해 반항하는 학생들을 다스리기 위한 방법으로 여전히 많이 쓰인다. 리콴유(李光耀)는 싱가포르 국군에도 태형(笞刑)을 도입했고, 싱가포르는 군(軍) 규율을 위해 신체형을 사용하는 몇 안되는 국가 중 하나다.

리콴유(李光耀) 수상(1965~1990)을 중심으로 한 인민행동당 설립자들은 당초 영국의 노동당과 페이비언 사회주의(Fabian Society)의 영향을 받았다. 리콴유(李光耀)는 정치적 안정은 미래의 경제 및 사회 발전을 위한 필수조건이고, 국민들의 높은 생활 수준을 달성하기 위해서는 경제발전이 반드시 필요하다고 생각했다. 때문에 그는 국가의 사회경제생활에서 거시적 통제력을 강화하는 한편, 공정성과 사회정의를 견지하며 국민들에게 최소한의 생활수준·교육·취업·주택·의료 등을 보장하는 '싱가포르 특색의 사회민주주의(社會民主主義)'를 주창했다.

리콴유(李光耀) 수상(1965~1990)은 국가가 정치적 안정과 사회적 안정을 보장하는 대신 국민들은 일치단결하여 경제발전에 총력을 기울여야 하며, 대신 이에 따른 모든 결실을 국민 모두가 공유(共有)하도록 했다. 리콴유는 취약한 그룹에게 교육·주택·공공보건·의료에 보조금을 제공하기 위해 국민수입이 반드시 적당하게 재분배되어야 한다고 생각했다. 그래서 싱가포르 정부는 국민의 복지를 위한 중앙공적금 제도와 주택소유권 제도를 추진했다. 취약계층들이 주택을 소유하고, 자녀교육의 혜택과 의료혜택을 받을 수 있도록 다양한 정책을 추진하고 있다.

특히 주목할 만한 것은 중앙공적금 제도다. 이는 고용주와 노동자가 매월 노동자의 월급에 비례하여 일정액씩 강제적으로 저축하여 조성한 기금이다. 중앙공적금 가운데 의료계좌는 한국의 건강보험과 기능이 비슷하지만, 일반계좌는 주택 구매나 교육은 물론 투자 등에도 사용할 수 있다. 특별계좌는 양로와 은퇴 관련 상품 투자나 비상 시 목적으로 사용한다. 55세 이후에는 은퇴계좌를 개설한다. 노사(勞使)가 함께 기금을 조성한다는 점에서는 한국의 국민연금이나 국민건강보험과 흡사하지만, 국민들이 자기의 필요에 따라 운용할 수 있다는 점이 다르다. 또 자기 책임 아래 운용하기 때문에 유럽의 복지제도처럼 국민을 정부에 의타적으로 만들지도 않는다.

여기에서도 국민들에게 주택·의료·교육 등 기본적인 복지와 기회균등은 보장해 주는 한편, 자유·경쟁·효율도 강조하면서 각 개인에게 전력을 다하도록 요구하는 싱가포르식 사회민주주의(社會民主主義)의 특색이 잘 드러난다.

상기한 실적을 바탕으로 리콴유(李光耀) 수상(1965~1990)은 싱가포르의 노조(勞組)를 설득하고 순치(馴致)시킬 수 있었다. 건국 초기 리콴유는 "변하겠느냐 아니면 죽겠느냐", "만약 이렇게 하면 집을 가질 수도 있고, 자녀들이 학교에 갈 수도 있고, 정부로부터 도움을 받을 수도 있다"고 조합원들을 설득했다. 리콴유는 외자(外資) 유치 등에 도움이 될 수 있게 노동법·고용법·노동조합법을 개정했다. 조합원들은 파업하기 전에 투표를 해야만 했다. 대신 리콴유는 부패가 없는 청결한 도시국가, 범죄가 없는 살기 좋은 나라를 창조하겠다는 의지를 노조 원들에게 보여주었다. 이런 노력의 결과 싱가포르산업노조(SIGO), 선진산업 고용노조(PIEU) 등 좌익 성향의 노조들은 도태되고, 정부에 협조적인 전국노동조합총회(National Trade Union Congress·약칭 전국노총)가 뿌리를 내렸다.

1972년에 정부는 고용주·노조·정부대표로 구성된 국민임금협의회(National Wage Council)를 만들었다. 국민임금협의회는 임금체계 유연화, 공정한 고용규칙, 고용창출의 문제 등 모든 노동현안을 대화로 풀어 정책방향을 결정하기 위해 만든 심의체였다. 여기에서 "결코 임금인상이 노동 생산성 증가율을 초과해서는 안 된다"는 분명한 원칙이 마련되었다. '성장이 먼저냐 분배가 먼저냐'의 논의에 대해 싱가포르는 돈을 벌어야 나눌 수 있다는 것을 국민 모두의 원칙으로 삼았다. 국정철학임금협의회의 임금결의안은 고용주는 물론 대다수 노동자의 지지를 얻었다. 싱가포르 정부는 노조를 동반자로 인정하면서 노조의 교육 기능을 강화함으로써 노조의 운동방향이 정부 정책을 수렴하도록 주력했다.

상기한 실용주의적(實用主義的) 국정철학 때문에 싱가포르에서는 민주주의조차도 공동선(共同善)을 추구하기 위한 수단의 하나일 뿐이라는 생각이 강하다. 리콴유(李光耀) 수상 (1965~1990)과 인민행동당 지도자들은 국가발전을 위해서는 정치적 안정이 전제되어야 한다고 생각했다. 이들은 서양 문화에 바탕을 둔 서구민주주의가 반드시 모든 국가에 적합한 것은 아니라고 여겼다. 인민행동당은 싱가포르의 안정과 질서가 민주주의나 인권보다 우선해야 한다고 주장했다.

리콴유(李光耀) 수상(1965~1990)은 가부장적 권위주의에 입각하여 통치해 왔으며, 그의 아들에게 권력을 세습했다는 비평을 듣기도 한다. 하지만 이는 사실과 다르다. 리콴유(李光耀)는 후계자를 선정할 때, 기성세대와 생각이 다른 젊은 세대의 동향을 잘 파악하여 결정해야 하며, 새 지도자가 현 장관들과 팀을 만들어 팀 안에서 성장할 수 있는 시간을 가져야 한다고 생각했다.

실제로 제2대 총리 고촉통(吳作東, 재임: 1990~2004)이나 제3대 총리 리셴룽(李顯龍·재임 2004~현재) 모두 장기간에 걸쳐 각료로 일하면서 능력을 인정받은 사람들이다. 리콴유(李光耀) 수상(1965~1990)은 권좌에서 물러난 후에도 선임장관(senior minister), 고문장관(mentor minister)으로 내각에 남아 후임자들을 지켜보면서 조언했다. 이렇게 후계자 선정에 있어 정책의 일관성·연속성을 중시하고 정치적·사회적 안정을 유지했기 때문에 싱가포르는 일류 국가로 성장할 수 있었다.

싱가포르가 추구해 온 실용주의(實用主義)가 잘 나타나는 부문 가운데 하나가 국방(國防)이다. 싱가포르가 총병력 35만 명(직업군인 2만 명, 의무복무병 4만5,000여 명, 상근예비군 25만 명, 민방위대 2만3,000명, 경찰 1만2,000명)에 달하는 강군(强軍)을 가지고 있다는 것은 잘 알려져 있지 않다. 상비군과 예비군을 조화시킨 병력 구조를 비롯해 소수정예로 구성된 장교단, 효율적인 방위산업 등은 이스라엘을 벤치마킹한 것이다. 말레이시아, 인도네시아 등 싱가포르와는 비교도 할 수 없는 큰 나라들에 둘러싸인 싱가포르는 건국 초기부터 비밀리에 이스라엘로부터 군사고문단을 받아들여 국방력을 건설했다. 국토가 작아 군사훈련을 하기 어려운 상황을 극복하기 위해 육군은 대만과 미국에서, 공군은 미국 등에서 훈련받고 있다. 『제인정보리뷰』는 "싱가포르 군대는 동아시아에서 가장 잘 훈련되고, 가장 잘 장비를 갖추었으며, 잠재적으로 가장 효율적인 군대 가운데 하나로 발전했다"고 평가하고 있다.

싱가포르는 국제적으로도 국익(國益)을 추구하는 실용주의(實用主義) 원칙을 고수해 왔다. 정부는 외국 기업의 이권을 법으로 보장하고 불공정한 간섭을 하지 않음으로써 외국 기업의 투자를 유치하여 경제를 활성화시켰다. 이념·종교·정치체제와 상관없이 모든 국가와 선린 관계를 유지하고 있다. 역대 싱가포르 외무장관들은 지적 능력과 교양, 국제전략에 대한 식견 등이 뛰어난 것으로 국제 외교가에서 높은 평가를 받아 왔다. 그러면서도 싱가포르는 외교정책에서 원칙과 신의를 고수하는 것을 중시해 왔다. 싱가포르는 국방력 건설 과정에서 이스라엘에 크게 신세를 졌지만, 점령지 문제를 둘러싼 이스라엘-아랍 점령지 분쟁에서는 아랍 측 입장을 지지하곤 했다. 또한, 미국과 정치·경제적으로 밀접한 관계에 있으면서도 1983년 그레나다 침공이나 아프가니스탄 침공 등에 반대했다. 이는 영토주권의 보전이라는 원칙이 유린되면 큰 나라들에 둘러싸인 싱가포르의 독립도 보장받기 어렵게 된다는 판단에 따른 것이다. 실용주의(實用主義)를 취하면서도 원칙과 신의를 중시하는 외교노선 덕분에 싱가포르는 국제적으로 그 누구도 무시하지 못하는 '외교강국'으로 인정받고 있다.

리콴유(李光耀) 수상(1965~1990)은 덩샤오핑(鄧小平, Dèng Xiǎopíng, 1904~1997) 이래 역대 중국 지도자들과 밀접한 관계를 맺어왔다. 그는 생전에 33번이나 중국을 방문했다. 싱가포르는 중국에 많은 투자를 하고 있다. '하나의 중국' 원칙을 고수해 온 중국은 싱가포르에도 대만과의 관계를 축소할 것을 요구해 왔다. 싱가포르가 대만에서 군사훈련을 하는 것을 불편하게 여긴 중국은 자기들이 훈련장을 제공해 줄 수 있다고 제안했지만, 리콴유(李光耀)는 이를 거절했다. 어려웠던 시절에 싱가포르에 군사훈련장을 제공해 준 장징궈(蔣經國) 대만총통에 대한 고마움을 잊을 수 없다는 것이 그 이유였다. 리셴룽 현 총리는 총리 취임 한 달 전인 2004년 7월, 중국의 항의를 무릅쓰고 대만을 방문하기도 했다.

리콴유(李光耀) 수상(1965~1990)은 1989년 톈안먼 사태를 보면서 결국 중국은 개혁개방으로 갈 수밖에 없으며, 중국과 싱가포르의 합작이 상호학습의 가장 좋은 방법이라고 생각했다. 그는 1992년 덩샤오핑에게 양국 합작으로 쑤저우공업단지를 개발, 싱가포르의 경험을 무상으로 제공하겠다고 제안했다. 리콴유(李光耀)는 이를 통해 중국의 차세대 지도자들에게 친(親)싱가포르 정서를 심어주어야겠다는 계산도 했다.

물론, 싱가포르가 완벽한 나라는 아니다. 특히 정치적으로는 서방 기준에서 보면 갈 길이 멀다. 정부와 집권당이 일체화되어 있고, 야당이 견제받고 있으며, 언론의 자유가 제한되어 있다. 싱가포르 언론은 각각 독립된 관점으로 보도하는 것은 용인되는데, 행정부 정책을 약화시키거나 국가를 비난하는 것은 용납되지 않는다. 하지만 싱가포르가 가까운 시일 내에 서방 민주국가 수준의 복수(複數) 정당제와 언론의 자유가 보장되는 민주주의를 하지는 않을 것이다. 지금의 정치 시스템이 일반 국민들이 만족할 만한 수준으로 맞추어져 있기 때문이다. 경제가 파탄 수준으로 무너지지 않는 한, 싱가포르는 앞으로도 현재의 플랫폼을 가지고 발전할 가능성이 높다.

한편, 중국 지도자들이 싱가포르에 매력을 느끼는 이유는 싱가포르가 권위주의 사회이면서도 경제 수준과 시민생활 수준은 매우 양호하고, 관료사회가 청렴하며, 사회질서가 확립되어 있기 때문이다. 많은 이가 이러한 성과가 나온 것은 서양식 민주주의가 아닌 일당 장기 집권체제 덕분이라고 분석한다. 그 밖에 중국이 싱가포르에 대해 관심을 가지는 이유를 정리해 보면 다음과 같다.

첫째, 싱가포르는 인구 74% 이상의 조상이 중국에서 건너간 화인(華人·중국인) 사회다. 싱가포르의 아시아적 가치관, 난양이공대학에 가면 중국어로 강의를 들을 수 있다는 친밀감과 공동체 의식이 중국 관료들로 하여금 싱가포르에 더욱 관심을 가지게 했다고 볼 수 있다.

둘째, 싱가포르의 총리 리콴유가 뛰어난 지도자라는 점이다. 싱가포르의 인민행동당이 50여 년간 장기집권하고 있지만 관료의 청렴도는 아시아에서 으뜸이다. 중국계·말레이계·인도계 등으로 구성된 다민족(多民族) 국가임에도 불구하고 민족 간 갈등이 거의 없었다. 경제 상황이나 국민들의 생활 수준도 양호하고 사회 노령화에 대한 준비 또한 잘 되어 있다. 리콴유가 어떻게 싱가포르를 이런 국가로 건설하고 관리하였는가가 중국 지도자들이 배우고 싶은 점이라고 볼 수 있다.

셋째, 중국 지도자들은 작은 섬나라로 제3세계 개발도상국이었던 싱가포르가 선진국과 견주어도 손색이 없는 부강한 나라가 된 것은 서양 모델을 따르지 않고 독자적인 노선을 추구하여 '경제가 먼저이고 민주는 나중'이라는 싱가포르 정황에 맞는 노선을 선택한 결과라고 보았다. 중국 공산당 정권도 '중국식의 사회주의'를 기치로 하여 민주주의보다 경제발전을 우선하기 때문에 '싱가포르 모델'에 더욱 주목했다고 볼 수 있다.

넷째, 일당이 장기집권하는 싱가포르식의 정치운영은 국가가 개방의 진전 과정과 속도를 조절할 수 있어 집권당이 충분한 시간을 가지고 당내(黨內) 정치를 조정·처리할 수 있다. 이 때문에 중국 지도자들이 '싱가포르 모델'에 대하여 친근감과 매력을 느낀다고 볼 수 있다.

다섯째, 싱가포르는 엄격하게 법치를 실현하여 공직자들이 청렴과 효율을 유지하기 때문에 "정책을 실행하여 효과를 보는 국가"로 인정받고 있다. 중국에서도 추진하고 있는 정책들이 효과를 보려면 싱가포르식으로 중국 사회에 만연한 부정부패(不正腐敗)부터 척결하고 법치국가(法治國家)를 건설해야 하기 때문에 중국 지도자들은 '싱가포르 모델'에 관심을 가질 수밖에 없다.

싱가포르의 선거제도는 서방 자유민주주의 국가의 관점에서 볼 때에는 다소 불공평한 점이 있는 것은 사실이다. 하지만 선거는 합법적으로 운영되고 있으며 반대당이 있다. 5년마다 치르는 총선에서 인민행동당은 선거를 통해 선거구민 다수의 지지를 얻어 집권하고 있다.

인민행동당 정부가 건국 이래 국가발전에 성공하고 이를 바탕으로 계속 국민의 지지를 획득할 수 있었던 비결은 리콴유(李光耀) 수상을 비롯한 지도자들의 '실용주의(實用主義)' 노선 때문이다. 홍콩의 사오루산(邵盧善) 사회정책연구고문유한공사 총재는 "리콴유는 어떤 주의나 어떤 국제적 표준을 높이 주장하지 않았고 다만 국가의 필요에 따라 번영하고 안정된 사회를 만들어 다수 국민이 안정된 생활을 누리며 즐겁게 일하게 했다"고 말한다.

리콴유(李光耀) 수상(1965~1990)을 위시한 지도자들은 전통에 매달리거나 맹목적으로 서방 민주주의 모델을 복사하지 않았다. 세계에서 그들에게 적합한 제도를 찾아 연구하고 좋은 점은 받아들이고 또한 그들에게 적절하게 응용하면서 그들의 상황에 적합한 제도를 창조해 왔다.

가장 대표적인 예가 마리나베이에 건설한 20만m² 넓이의 도박장이다. 2000년대 초 싱가포르의 관광산업은 경쟁력을 잃어가고 있었다. 외국 관광객들이 싱가포르에 머무는 시간은 사흘에 불과한 것으로 나타났다. 이런 상황을 극복하기 위해 싱가포르 정부는 2005년 센토사와 마리나베이에 도박장을 짓기로 결정했다. 싱가포르에 도박장은 절대로 건설하지 않겠다던 국부(國父) 리콴유의 선언을 뒤집는 조치였다. 리콴유(李光耀) 수상도 경제발전을 위해 이에 동의했다. 2009년, 2010년 개장한 두 휴양지는 3만5,000개의 일자리를 창출했다.

마리나베이와 센토사의 성공은 싱가포르 자체의 개조와 변화를 촉진했다. "도박장도 건립하는데, 무엇인들 못하랴" 하는 도전정신은 싱가포르에 새로운 활력을 주었다. 세계도 싱가포르의 높은 효율성과 실무체제, 경제적 활력을 새삼 확인하게 되었다. 이는 싱가포르에 대한 투자로 이어졌다. 싱가포르는 사회민주주의를 지향하면서도 경제운영에서는 자본주의의 장점을 최대한 살리고 있다.

03 '국가이성'(國家理性, Staatsvernunft) 이란 무엇인가?

국가이성(國家理性, Reason of State; 독일어: Staatsvernunft; 프랑스어: raison d'État)은 국가 행동의 공리(公理)이며 국가의 행동법칙(行動法則)이다. 즉, 자기목적적 존재인 국가(國家)가 국가이기 위하여 국가를 유지 및 강화해가는데 있어서 반드시 지켜야 할 행동기준(行動基準)이다. '국가이성'(國家理性, Staatsvernunft)의 중요성은 다음과 같은 사례로서 입증할 수 있다:

첫째, 소크라테스(Socrates, BC 469~399)의 사형 사례를 보면 인간과 다수의 판단이 얼마나 감성적이고 비논리적인지 보여준다. 처음 소크라테스가 자신을 변론할 때는 소크라테스(Socrates) 사형파와 사형 반대파가 의외로 팽팽하게 대립하다가 그 후 소크라테스의 일부 발언들 중 자신에 대한 자화자찬 등이 섞여있던 것에 자극을 받아 사형파가 압도적으로 늘어났다. 당시 다수결의 원칙으로 소크라테스에게 사형을 선고한 사람들은 해당 사안들이 별개임을 인식하길 거부했다.

둘째, 아돌프 히틀러(Adolf Hitler, 1889~1945)가 이끈 나치(Nazis, 국민사회주의 독일노동자당)가 독일 제국과 독일군 점령지 전반에 걸쳐 계획적으로 유태인과 슬라브족, 집시, 동성애자, 장애인, 정치범 등 약 1천1백만 명의 민간인과 전쟁포로를 학살(虐殺)하였다. 사망자 중 유태인은 약 6백만여명으로, 그 당시 유럽에 거주하던 9백만 명의 유대인 중 약 2/3에 해당한다. 유태인 어린이 약 1백만 명이 죽었으며, 여자 약 2백만 명과 남자 약 3백만 명이 죽은 것으로 파악된다.

그러나 아돌프 히틀러(Adolf Hitler)는 결코 강압과 협박, 폭력만으로 권력을 잡지 않았다. 그가 제1차 세계대전(1914~1918)의 패전국으로 베르사유 체제, 대공황 이후 나치(Nazis) 독일의 총통으로 독일 권력의 정점에 도달하고, 나치(Nazis)가 집권한 것은 독일 국민에 의한 지지와 투표의 결과였다. 이것은 국민의 다수결에 의해 독재자가 뽑혀서 민주주의가 자멸해버린 사례임과 동시에 군중의 비(非)이성적 선택이 스스로를 파멸시킬 수 있다는 것을 보여준 대표적인 사례이다.

또한, 1942년 유태 인종을 유럽에서 완전히 말살하려는 이른바 "유태인 문제에 대한 최종해결책(Final Solution of the Jewish Question)"이 수립되면서부터 유럽 전역의 유태인들이 유태인 대(大)학살지(Holocaust)인 아우슈비츠(Auschwitz)로 이송되기 시작했다. 독일 점령하의 폴란드, 헝가리, 체코 슬로바키아, 유고슬라비아, 루마니아, 소련, 프랑스, 이탈리아, 북유럽국, 그리스 등에 거주하는 각국 국적을 지닌 유태인들과 정치범들, 소련군 전쟁포로, 동성연애자, 여호와의 증인, 집시, 범법자들이 아우슈비츠(Auschwitz)로 끌려왔다. 잡혀온 이들 중 25~30%만이 숙련공으로 인정되어 수용소로 끌려가 강제 노역에 시달렸고 나머지는 곧 바로 '샤워실 또는 소독실'이라 위장된 가스실로 끌려가 "싸이클론 B(Cyclon B)"라는 화학가스에 의해 처형되었다. 젓먹이 어린아기부터 남녀노소 멋도 모르고 와서는 모두가 가스로 독살당했다. 나치(Nazis)가 죽인 사람의 숫자가 자그만치 400만 명이다.

상기한 학살(虐殺)은 단계적으로 진행되었다. 먼저, 1935년 9월 15일 제정된 뉘른베르크법(法)을 비롯하여 유태인을 사회에서 배척하는 각종 법령들이 제2차 세계대전(1939~1945) 발발 전에 제정되었다. 이러한 전인공노(天人共怒)한 야만적 학살(虐殺)이 세계 철학의 본산지며 문명 국가인 독일 국민이 저질렀다는 것은 '국가이성'(國家理性, Staatsvernunft) 즉 시민의 '집단지성'(集團知性, Collective Intelligence)이 얼마나 중요한가를 말해준다.

또한, 제2차 세계대전(1939~1945) 당시, 나치(Nazis) 독일과의 전쟁에서, 소련은 2천만 명 이상의 인적 피해를 당했었다. 그리고 폴란드는 당시 인구 3천 4백만 중 6백만의 사상자와 크라쿠프를 제외한 전(全)도시의 초토화(焦土化)와 아울러 20만에 달하는 사람들이 독일 1천 개의 군수업체(대표적 예로서 크라이슬러사이다)에 끌려가 징용에 시달려야 했었다.

따라서 시민이 '집단지성'(集團知性)을 합리적으로 발휘할 수 있기 위해서는 우선 국가이성(國家理性, Staatsvernunft)과 '시대정신'(時代精神, Zeitgeist; the spirit of the age)이 함양되어야 한다. '시대정신'(時代精神)이란 한 시대에 지배적인 지적·정치적·사회적 동향을 나타내는 정신적 경향이다. 그리고 정당(政黨)의 새로운 역할(이념적 구별이 아니라)과 시민단체(市民團體)의 정치·사회적 역할이 정립 및 실천되어야 한다.

1) 철학적 개념

본 연구가 주장하는 '국가이성'(國家理性, Staatsvernunft)의 사상·철학적 기초는 게오르그 빌헬름 프리드리히 헤겔(Georg Wilhelm Friedrich Hegel, 1770~1831)이 그의 저서: 『역사철학강의』(歷史哲學講義, 독일어: Vorlesungen über die Philosophie der Weltgeschichte)에서 일컬었던 '이성적 국가'(A Rational State)를 위한 '국가이성'(國家理性)이 아니다. 그 대신에, 본 연구는 '국가이성'(國家理性, Staatsvernunft)의 사상·철학적 기초로서 ① 니콜로 마키아벨리(Niccolò Machiavelli, 1469~1527)가 현재 이태리의 국가존립(國家存立)을 위해 그의 저서 『군주론』(이탈리아어: Il Principe; 영어: The Prince, 1512~1513)에서 갈파했던 국가이성(國家理性), ② 임마누엘 칸트(Immanuel Kant, 1724~1804)의 '실천이성'(實踐理性, Practical Reason), ③ 요한 고트리에프 피히테(Johann Gottlieb Fichte, 1759~1831): '행동하는 의지' = '실천이성' + '도덕적 의지', ④ 위르겐 하버마스(Jürgen Habermas, 1929~현재): '의사소통적 이성과 윤리'(Communicative Reason and Ethics)를 주장한다.

상기한 사상·철학적 배경하에서 본 연구는 정의한다: '국가이성'(國家理性)이란 반지성주의(反知性主義, Anti-intellectualism)와 현대의 포퓰리즘(Populism)으로부터 국가의 정체성(政體性)을 준수함으로써 중우정치(衆愚政治)를 배격 및 예방하는 '집단지성'(集團知性, Collective Intelligence)정신이다.

(1) 니콜로 마키아벨리(Niccolò Machiavelli, 1469~1527): 『군주론』(The Prince, 1512~1513)

이탈리아의 니콜 마키아벨리(Niccolò Machiavelli, 1469~1527)[21]는 르네상스 시대의 이탈리아 사람들의 마음속에 고대 로마의 영광을 소생시키고 이탈리아에 새로운 정치·사회질서를 수립하려는 자신의 이상을 실현하기 위하여 그의 저서 『군주론』(Il Principe, 1512~1513)에서 정치적 공동체의 질서와 안전을 보장할 '국가이성'(國家理性)을 주장했다. 왜냐하면 국민의 생명과 재산, 자유와 권리를 보장해야 할 국가가 현실을 직시하지 못하고 오히려 왜곡하기 때문이다.

니콜 마키아벨리(Niccolò Machiavelli, 1469~1527)는 '국가이성(國家理性)'을 '도덕성(道德性)'보다 높이 평가하고 권력을 획득하고 유지할 수 있는 기법을 제시했었다.[22] 즉, 군주

---

21) 이탈리아의 외교관이자 정치철학자인 니콜로 마키아벨리(Niccolò Machiavelli, 1469~1527)의 『군주론』(이탈리아어: Il Principe; 영어: The Prince)은 16세기의 정치학 저술이다. 군주론은 모든 정치적 행위의 목적은 국가의 자기 보존과 권력의 장악이라고 주장했다. 따라서 국가 유지와 발전이라는 목적의 달성을 위해 어떠한 수단도 허용된다는 것이다. 따라서 상기 저서는 때로 근대 철학, 특히 어떠한 관념적 이상보다도 실질적인 진리를 이끌어 내는 것이 더 중요하게 여겨지는 근대 정치 철학에 관해서 선구자적 저서라 일컬어진다. 그러나 니콜 마키아벨리(1469~1527) 역시 '국가이성'(國家理性)을 강조하였지만 '도덕성(道德性)'을 무시했기 때문에 본서의 주제와 거리가 멀다.

는 권력을 유지·강화하기 위하여 여우와 같은 간사한 지혜(책략)와 사자와 같은 힘(무력)을 사용할 필요가 있으며, 신의가 두텁고 종교심도 깊으며 인격도 고결한 사람처럼 보여야 하지만 실제로 그럴 필요는 없다고 주장했었다.

'마키아벨리즘(Machiavellism)'이라고 부르는 마키아벨리 주의(Machiavellism)는 일반적으로 국가의 발전과 인민의 복리증진을 위해서는 어떠한 수단이나 방법도 허용된다는 국가 지상주의적인 정치 이념을 뜻한다. 옥스퍼드 영어사전에서는 "국가의 운영이나 일반적인 행위에서 속임수와 표리 부동한 방법을 동원하는 것"이라 설명하고 있다.

주지하다시피, "목적이 수단을 정당화한다"는 명제(命題)는 모든 목적이 아닌 정치적으

---

22) 니콜 마키아벨리(Niccolò Machiavelli, 1469~1527)의 『군주론』(Il Principe, 1512~1513)은 권력과 도덕을 분리시켜 생각한 책이다. 결코 정치와 도덕을 분리한 책이 아니다. 마키아벨리가 말하는 군주의 미덕은 권력과는 확연하게 구분되는 개념이다. 아주 뚜렷하고 명확하며 좋은 목적을 위해 사용될 경우 어느 정도는 절대자에게 용서받을 수 있다는 것이다. 그러니까 목적이 수단을 정당화하는 게 아니라, 좋은 목적을 가졌을 때 '어쩔 수 없는 경우에는' 그나마 상대적으로 가벼운 도덕적 가치부터 포기해야 한다는 것이다. 니콜 마키아벨리(Niccolò Machiavelli)는 부도덕한 것이 아니라, 단지 권력을 획득하고 싶으면 '냉철'해져야 하는 것이고, 그것이 선이든 악이든 간에 그것은 또 다른 문제이다. 즉, 권력 획득이라는 것은 하나로 분리시켜 본 것일 뿐 부도덕한 시점에서 본 것은 아니라는 것이다. 그리고 마키아벨리는 정치인이 부도덕한 수단을 남용하면, 그는 권력을 얻을 수 있을지는 몰라도 (종교적 의미에서) 영광은 얻을 수 없다고 봤다. 그런데 마키아벨리는 정치인이 추구해야 할 가장 큰 목표가 영광이라고 봤다. 그러므로 부도덕한 수단을 남용하여 영광을 얻지 못한 권력자는 '성공한 정치인'이라고 볼 수 없다는 게 마키아벨리적 시선이다. 보다 구체적으로 말한다면, 마키아벨리의 주장은 도덕에 대해 신경쓸 필요가 없다는 것이 아니라, 권력을 얻는 것은 선악과는 별개이며, 그렇다고 정치인이 권력만 차지하면 성공한 인생은 아니다라는 것에 가깝다. 가장 중요하게 여긴 것은 (종교적)영광이었다. 강한 힘(권력)을 통해 선한 일을 하는 것이 악한 일을 하는 것보다 좋은 것은 당연하지만, 만약 어쩔 수 없는 경우라면 그나마 가벼운 도덕적 가치부터 포기해야 한다는 것. 즉 마키아벨리는 엄밀히 말해 정치와 도덕을 분리했다기보다는, 권력과 도덕을 분리한 것이다. 문제는 르네상스 시대 사람들이라면 모를까, 현대의 세속적인 정치인들은 "영광? 그게 뭐임?"이라는 태도로 나올 수밖에 없고, 권력과 도덕의 분리에만 눈이 돌아간다는 것이다. 결과적으로, 도덕과 윤리를 배제한 권모술수를 공개적으로 강권하고, 그 수단이 탈법적인 측면에 대해서는 닥치고 결과지상주의인데다 그 결과를 평가할 기준도 없었으므로 마키아벨리를 오직 "군주론"에 한정해서 읽은 사람들에게 이러한 비판을 받기도 한다. 그러나 이러한 해석, 혹은 오독의 문제는 마키아벨리의 사상은 오직 "군주론"만을 읽는다고 해서 이해할 수 있는 것이 아니라는 점이다. 군주론이 그의 가장 유명한 저서이며, 정치가 윤리와는 별개의 영역으로 권력이라는 고유한 작동원리를 갖고 있다는 그의 주장을 가장 명징하게 (그리고 때로는 가장 충격적으로) 드러낸 저작인 것은 사실이다. 하지만 오늘날 그의 가장 주목받는 저서인 "로마사 논고"를 천천히 읽어보면 그가 현실 정치에서 윤리의 문제에 완전히 무관심했다고 말하는 것은 불가능하다. 그는 열정적으로 공화주의를 옹호했으며, 이는 단순히 공화주의가 조국에 부와 힘, 명예를 가져다 주기 때문만이 아니라 인민들에게 자유를 보장하기 때문이었다. 이것은 명백히 윤리적 차원에서의 공화주의에 대한 지지다. 니콜 마키아벨리(Niccolò Machiavelli, 1469~1527)가 정치와 윤리가 서로 구분되는 별개의 영역이라고 주장했으며 정치적 영역의 자율성을 강조했음은 사실이지만 그것만으로 그가 윤리적 문제를 완전히 도외시했다고 볼 수는 없다.

로 좋은 목적을 절대적으로 전제하는 말이다. 공동체와 공공의 이익을 위해서만 권모술수의 정치도 통할 수 있다는 것이다. 그것은 좋은 목적을 실현하기 위해서는 좋은 수단만으로 충분하지 않기 때문이다. 좋은 수단만으로는 결코 좋은 목적을 달성할 수 없다는 냉혹하고 정직한 현실 인식은 현실에 적용해도 틀린 것이 아니다. 그러나 상기 격언: "목적이 수단을 정당화한다"의 문제는 좋은 목적, 즉 공공의 이익을 누가, 어떻게 결정할 수 있냐는 것이다. 마키아벨리는 "군주론"에서 공익을 논하기는 했지만 그 공익이란 무엇인가에 대해서는 구체적으로 설명하지 않았다.

요컨대, 이탈리아의 국력 통합과 옛 영광 회복을 추구했었던 니콜 마키아벨리(Niccolò Machiavelli, 1469~1527)는 지도자가 성공을 거두기 위해서는 반드시 능력을 갖춰야 한다고 주장하면서 국가이성(國家理性)을 현실의 정치·정치학에 국가이유(國家理由) 혹은 국가술수(國家術數)로 사용했다. 그 배경은 다음과 같다: 그의 연구 동기는 이탈리아를 완전히 통일하려는 애국적 희망과, 당시 르네상스 시대에서 이탈리아의 낮은 도덕 수준을 끌어올리기 위한 시도였다. 따라서 니콜 마키아벨리(Niccolò Machiavelli)는 흔히 전체주의와 독재를 옹호했다고 비판받고 있다. 그러나 그는 분열되고 타락한 이탈리아의 현실을 보고 자신의 조국(이탈리아)을 프랑스나 스페인과 같은 통일된 강력한 절대주의 국가로 만들기를 희구했었다.[23]

당시 이탈리아에서는 종교의 위선과 온갖 기만이 지배했었으며, 모든 도덕적 규범과 정치적 현실 사이의 괴리가 도저히 메워질 수 없었고 이탈리아가 통일을 이루지 못하고 사분오열(四分五裂)되어 있었다. 당시 종교의 타락상이 부패한 사회를 만들었기 때문에 그러한 부패에서 벗어나 강력한 군주가 필요했었고, 따라서 니콜 마키아벨리(Niccolò Machiavelli, 1469~1527)는 철저하게 목적의 달성을 추구하는 강력한 군주에 의한 통치를 강조했었던 것이다.

참고로, 이탈리아의 혁명가이자 철학자인 안토니오 그람시(Antonio Gramsci, 1891~1937)는 니콜 마키아벨리(Niccolò Machiavelli)를 그의 가장 중요한 근대정치의 이론가로 삼았고, 오늘날에도 프랑스와 이탈리아에서는 마키아벨리에 대한 연구가 활발히 이루어지고 있다.

---

23) 니콜 마키아벨리(Niccolò Machiavelli, 1469~1527)는 이탈리아 통일에 매우 적극적이었다. 그의 『군주론』(Il Principe, 1512~1513년)의 말미에서도 지금이 바로 기회니 메디치 가문이 나서라고 종용하며, 그의 『로마사 논고』에서 분열을 조장하는 교황청의 행태에 대해 비난을 퍼붓는 그의 모습은 극단적으로 해석하면 일단 이탈리아가 통일만 한다면 군주정도 용인하는 태도라고 볼 수 있다. 이렇게 그가 이탈리아 통일을 적극적으로 요구한 이유는 당시 분열 상태였던 이탈리아의 소국들이 프랑스나 스페인 같은 대국의 정치적, 군사적 압력에 심하게 휘둘리고 있었기 때문이라고 짐작할 수 있다.

(2) 임마누엘 칸트(Immanuel Kant, 1724~1804)의 '실천이성'(實踐理性, Practical Reason, 1788년)

임마누엘 칸트(Immanuel Kant, 1724~1804)는 이성(理性)을 어느 한 영역만이 아니라 그 것을 사용하는 각 영역에서 고찰하였는데, 이성(理性)을 비판적으로 고찰하는 일은 사유 (과학)에서는 『순수이성 비판』(Kritik der reinen Vernunft, 1781년)을, 의지(윤리학)에서는 『실천이성 비판』(Kritik der praktischen Vernunft, 1788년)을, 감성(미학)에서는 『판단력 비판』(Kritik der Urteilskraft, 1790년)을 각각 다루었다.[24]

다시 말하면, 임마누엘 칸트(Immanuel Kant, 1724~1804)는 『순수이성 비판』(Kritik der reinen Vernunft, 1781년)에서 형이상학(Metaphysics)에서 확실한 인식을 얻을 수 있는 가능성을 부인하고 자연과학을 설명하였으며, 『실천이성 비판』(Kritik der praktischen Vernunft, 1788년)에서는 도덕적 자아의 본성을 탐구했었으며, 『판단력 비판』(Kritik der Urteilskraft, 1790년)에서는 전체로서 우주의 합목적성을 제안했었다. 특히, 『순수이성 비판』(1781년)은 '우리는 무엇을 알 수 있는가?'라는 질문에 대한 대답이었다. 그는 상기의 질문을 통해 당시까지는 근대 철학을, 나아가 철학사 전체를 비판하고 종합했었다.

한편, 임마누엘 칸트(Immanuel Kant)는 인류 철학사에서 '합리론'(Rationalism)과 '경험론'(Empiricism)을 종합하고 '순수이성 비판'·'실천이성 비판'·'판단력 비판'을 통하여 근대 철학의 새로운 지평선을 열었다. 실로, 그는 독일 철학의 반석과 같은 철학자이다. 그를 통하여 이른바 '독일 관념론'이라는 철학 사조가 등장하게 되었고, 그 덕분으로 독일 철학은 마침내 황금기에 진입하게 되었다.

(3) 요한 고트리에프 피히테(Johann Gottlieb Fichte, 1759~1831): '행동하는 의지' = '실천이성' + '도덕적 의지'

요한 고트리에프 피히테(Johann Gottlieb Fichte, 1759~1831)는 '독일 관념론' 초기의 철학자로서 임마누엘 칸트(Immanuel Kant, 1724~1804)와 게오르그 빌헬름 프리드리히 헤겔

---

24) Kant, Immanuel(1956), Critique of Practical Reason, translated by L.W. Beck. Indianapolis: Bobbs-Merrill.
  ; Kant, Immanuel(1964), Groundwork of the Metaphysics of Morals, translated by H. J. Paton. New York: Harper and Row; Kant, Immanuel(1970), Kant's Political Writings, edited by Hans Reiss. Cambridge: Cambridge University Press; Kant, Immanuel(1991), The Metaphysics of Morals, translated by Mary Gregor. Cambridge: Cambridge University Press.

(Georg Wilhelm Friedrich Hegel, 1770~1831)이라는 두 거성(巨星)의 철학사를 잇는 징검다리의 역할 즉, '실천적 지식학': Die Wissenschaftslehre을 수행했다.

요한 고트리에프 피히테(Johann Gottlieb Fichte)는 임마누엘 칸트(Immanuel Kant)의 비판철학에 머물지 않고 그것을 형이상학적 관념론으로 변형시키려고 시도했다. 임마누엘 칸트(Immanuel Kant)는 '실천이성'(Practical Reason)을 인식(認識)과 분리시키는 반면에 요한 고트리에프 피히테(Johann Gottlieb Fichte)는 '실천이성'(Practical Reason)과 '도덕적 의지'를 결합시켜 인식(認識)은 '행동하려는 의지'에서 나오는 것이라고 주장했다. '행동하려는 의지'로부터 나타나는 행위로써 인간은 '자아'(自我)를 정립한다는 것이다.

요한 고트리에프 피히테(Johann Gottlieb Fichte, 1759~1831)는 임마누엘 칸트(Immanuel Kant, 1724~1804)의 비판철학을 발전시켜 정신과 자아를 근원적인 것으로 삼는 '자아(自我)의 형이상학(形而上學)'을 수립하여 자아(自我)가 갖는 '행동하는 의지' = '실천이성' + '도덕적 의지'를 정립했다. 요한 고트리에프 피히테(Johann Gottlieb Fichte)의 철학적 입장은 다음과 같다:

첫째, 경험의 규칙성에 사로잡혀 있는 결정론적 입장이다. 요한 고트리에프 피히테(Johann Gottlieb Fichte)는 이를 메커니즘에 사로잡힌 입장이라고 말했다. 즉, 모든 것은 앞서 일어난 것들에 의해 결정되어 있고 자기 자신조차도 전체 속의 하나의 개체가 된다는 것이다. 자신의 존재를 자신이 아닌 외부의 필연적인 원인을 통해서 설명하는 그의 철학적 입장은 필연성의 지배를 받는다고 말할 수 있다.

둘째, 지각주의(知覺主義)의 입장이다. 이 입장에 따르면 외부의 모든 대상들은 지각(知覺)되지 않고 오로지 계속 이어지는 순간적 감각들과 관념들만을 지각(知覺)하는 것이며 영속하는 사물이나 영원한 자아(自我)는 결국 완전한 환상일 뿐이다.

셋째, 지성과 감각을 모두 주체의 의지를 통해 설명하는 입장이다. 이 입장을 가진 사람은 객관적인 지성(결정론)이나 감각(지각주의)보다 더 근원적인 것을 발견하게 되는데, 그것은 다름 아닌 '행동하려는 의지'이다. 즉, 지성을 믿는 것은 세계를 이해하려는 의지의 결과이고, 감각을 인정하는 것은 경험을 소중히 여기려는 의지의 결심이라는 것이다.

특히, 지성과 감각을 모두 주체의 의지를 통해 설명하는 입장은 요한 고트리에프 피히테(Johann Gottlieb Fichte, 1724~1804)에게 가장 중요한 것인데, 이 입장이 말하는 의지는 '도덕적 의지'이다. 올바른 행위를 위한 수단을 얻기 위해 인간은 세계에 대한 인식을 필요로 한다는 것이다. 이렇게 인식의 배경에 행동에 대한 의지가 있고, 그 의지가 '도덕적인 의지'라면 지성에 앞서 양심이 중요시된다. 인식을 포함하는 모든 행위는 '도덕적 의지'

를 통해 설명되므로 '순수이성'(Pure Reason)은 '실천이성'(Practical Reason)과 밀접하게 연결된 것이고 '실천이성'(Practical Reason)의 명령은 인식보다 중요한 것이다. 일단 무엇인가 활동한다는 것은 '자아'(自我)를 정립하고 활동의 상대방이 되는 자아가 아닌 것, 즉 '비아'(非我)를 역시 만들어 낸다는 것이다. 그러나 '비아'(非我)는 '자아'(自我)와 자아의 활동을 통해서만 나오는 것이기 때문에 활동의 원인은 역시 '자아(自我)의 정립'인 것이다. 결국, 인간은 자신의 도덕적 삶을 진전시키고 자신의 도덕적 목적을 값진 것이 되게 하기 위해 자기 자신을 세계에 비추는 것이라고 한다.

일단 무엇인가 활동한다는 것은 '자아'(自我)를 정립하고 활동의 상대방이 되는 자아가 아닌 것, 즉 '비아'(非我)를 역시 만들어 낸다는 것이다. 그러나 '비아'(非我)는 '자아'(自我)와 자아의 활동을 통해서만 나오는 것이기 때문에 활동의 원인은 역시 '자아(自我)의 정립'인 것이다. 결국, 인간은 자신의 도덕적 삶을 진전시키고 자신의 도덕적 목적을 값진 것이 되게 하기 위해 자기 자신을 세계에 비추는 것이라고 한다. 따라서 모든 것은 자아(自我), 그리고 그 자아가 갖는 '행동하려는 의지'를 통하여 설명된다고 그는 강조하였다.

이와 같이, 요한 고트리에프 피히테(Johann Gottlieb Fichte, 1724~1804)에게 모든 것은 자아(自我), 그리고 그 자아가 갖는 '행동하려는 의지'를 통하여 설명된다. 그는 임마누엘 칸트(Immanuel Kant, 1724~1804)의 비판철학을 발전시켜 정신과 자아를 근원적인 것으로 삼는 '자아(自我)의 형이상학'을 수립하였다.

1807년 독일은 프랑스 나폴레옹(Napoleon Bonaparte)과의 전쟁(1803~1815)[25]에서 참담

---

25) 나폴레옹 전쟁(1803.05.18~1815.07.08)은 프랑스 제1제국 및 그 동맹국과 영국이 재정적으로나 군사적으로 주도하는 연합군 사이에서 벌어지는 일련의 전쟁이다. 1799년 프랑스 통령정부의 첫 통령이었던 나폴레옹은 프랑스 제1공화국을 다스리는 동안 안정적인 재정을 확보하고 강력한 관료체제를 만들었으며 잘 훈련된 군대를 육성했다. 1805년 오스트리아 제국과 러시아 제국은 프랑스를 상대로 전쟁을 재개했고, 나폴레옹(Napoleon Bonaparte)은 이에 맞서 1805년 12월 아우스터리츠 전투에서 러시아-오스트리아 연합군을 격파했다. 그러나 영국은 1805년 10월 트라팔가르 해전에서 스페인-프랑스 연합함대를 격파해 나폴레옹(Napoleon Bonaparte)의 영국 침공 계획을 무산시켰다. 한편 프로이센은 중립적 입장을 지키고 있었으나, 라인 동맹의 성립으로 인해 나폴레옹의 패권이 중부 독일에까지 미치게 되자, 1806년 7월 영국, 러시아, 스웨덴 등과 더불어 제4차 대프랑스 동맹을 결성하고, 10월 9일 프랑스에 선전포고를 하였다. 그러나 10월 14일 예나-아우어슈테트 전투에서 프로이센군은 괴멸적인 타격을 입었다. 예나에서 프랑스군 주력이 프로이센군 후위부대를 격파하고, 아우어슈타트에서 프로이센군 주력이 2배의 병력을 갖추고, 다부 군단에게 공격을 가했으나 격퇴 당했다. 프랑스군은 추격에 나섰고, 10월 27일 베를린에 입성하였다. 11월 21일 나폴레옹(Napoleon Bonaparte)은 베를린에서 대륙봉쇄령(『베를린 칙령』)을 발표했다. 이것은 산업 혁명이 발흥하고 있던 영국과 유럽대륙 여러 나라와의 교역을 금지시켜, 영국을 경제적으로 고립시키려는 의도였다. 그러나 오히려 교역 상대를 잃어버린 유럽 여러 나라측이 경제에 큰 타격을 입는 결과를 낳았다. 프랑스군은 프로이센 국왕 프리드리히 빌헬름 3세를 추적하

하게 패(敗)하였다. 독일의 국토는 분할되었고 프랑스에 대한 독일의 전쟁 배상금이 엄청 났었다. 독일 국민들은 희망을 잃고 절망의 늪에 빠졌다.

　이때, 요한 피히테(Johann Fichte, 1762~1814)는 나폴레옹 전쟁(1803~1815)에서 독일이 패배한 근본적 원인은 독일인의 이기심(利己心)이고, 이를 해결하기 위해서는 국민교육(國民敎育)이 중요하다고 주장하였다. 그는 당시 문부상이었던 칼 훔볼트(Karl Wilhelm Humboldt, 1767~1835)와 함께 독일의 교육개혁에 커다란 사상적 영향을 끼쳤다. 칼 훔볼트(Karl Wilhelm Humboldt)는 페스탈로치(Johann Heinrich, Pestalozzi, 1746~1827)의 교육사상과 프랑스 교육개혁을 본받아 초등학교 제도의 정비, 중등교육의 개혁에 몰두하였다. 그리고 칼 훔볼트(Karl Wilhelm Humboldt)는 1801년 베를린 대학을 창설하여 요한 고트리에프 피히테 (Johann Gottlieb Fichte)를 총장으로 삼는 한편, 1821년에는 기술교육의 실시를 위해 베를린 실업학교(Gewerbe Akademie)를 설립하였다. 이러한 교육개혁의 정비와 개혁은 독인 전역 에 확대되어 각지에서 중등교육 단계의 기술교육학교들이 생겨나게 되었다.

　나폴레옹(Napoleon Bonaparte)과의 전쟁(1803~1815) 당시, 베를린대학 총장 요한 피히 테(Johann Fichte, 1762~1814)는 다음과 같은 「독일국민에게 고함」(1807년)이라는 제목의 연설을 하였다: *"독일의 패망 요인은 독일 군대가 약해서가 아니라 독일인의 이기심과 도*

여 동프로이센으로 향했다. 프랑스군과 프로이센을 구원하러 온 러시아군 사이에 아일라우 전투(1807. 02.07~08)가 벌어졌다. 눈바람속의 전투는 양군 모두 적지 않은 사상자가 속출했고, 결판은 나지 않았 다. 그 후 프랑스군은 체제를 정비하고, 6월 14일 프리틀란트 전투에서 러시아군을 포착하여 격멸시켰 다. 그 결과, 프랑스 제국과 러시아 제국 간에(07.07) 및 프랑스 제국과 프로이센 왕국 간에(07.09) 각각 틸지트 조약이 체결되었다. 폴란드 분할(1772, 1793, 1795)로 인해 독립을 상실한 폴란드는 프랑스의 도 움으로 옛 영토의 일부를 되찾아 바르샤바 공국(1807~15)으로 되살아났다. 러시아는 대륙봉쇄령에 참 가했다. 프로이센은 엘베강 서쪽의 영토를 잃고 거액의 배상금을 지불해야 했다. 프로이센의 옛 영지는 베스트팔렌 왕국이 설치(1805)되고, 나폴레옹의 동생 제롬 보나파르트가 왕위에 올랐다. 한편 굴욕적인 패배를 겪은 프로이센은 철학자 피히테가 〈독일국민에게 고한다〉라는 강연을 시작하고, 또 게르하르트 폰 샤른호르스트와 아우구스트 나이트하르트 폰 그나이제나우에 의해 군제개혁이 실시되었다. 프로이센 은 1815년 이후 라인 동맹의 영토 중 상당한 지역을 차지하게 되었으며, 프랑스와의 전쟁으로 강력한 육군이 탄생하게 되었다. 프로이센은 1809년 프랑스의 패배 문제를 다루는 빈 회의에 참석할 권한이 있 었다. 프로이센은 폴란드 분할 당시 얻었던 영토와 그 이전에 확보한 영토를 얻을 수는 없었으나, 작센 왕국의 40%, 그리고 라인란트와 베스트팔렌의 대부분을 확보할 수 있게 되었다. 이는 프로이센의 영토 를 엘베강 너머로 확장시키는 계기가 되었다. 이후 신성 로마 제국을 대체한 독일 연방에서 프로이센은 맹주가 되었다. 종교적 측면에서 프로이센은 칼뱅파와 루터파, 그리고 기타 신교들을 1817년 통합하였 으며, 이는 독일 종교의 결속력을 높이기 위함이었다. 이러한 내부의 움직임 속에서 1848년 혁명이 발 생하자, 프로이센은 1848년 프로이센 의회를 설립한다. 프로이센은 이러한 원동력을 바탕으로 19세기 후반 유럽의 강국으로 성장하게 되었으며 독일의 통일을 주도하는 국가가 되었다. 그러나 이러한 성장 속에서 오스트리아 제국과 주도권을 두고 경쟁하기도 했으며, 덴마크와 전쟁을 벌이기도 했다.

덕적 타락 때문이다. 따라서 독일을 재건하기 위해서는 국민교육을 통한 도덕 재무장과 민족 혼을 깨우쳐야 한다.", "자주독립을 상실한 민족은 시대의 조류를 자유스럽게 결정할 수 있는 능력까지도 상실한 민족이다. 만약 이와 같은 상태가 지속된다면 그 민족은 시대의 운명뿐만 아니라 시대와 더불어 그 민족 자체의 운명도 외세에 의하여 좌우되고 또한 지배되고 말 것이다."26)

그 후, 63년 후 1870년, 독일은 프로이센 – 프랑스 전쟁에서 대승을 거두어 파리를 점령하고 스당 전투에서 프랑스의 나폴레옹 3세(Charles Louis Napoléon Bonaparte, 1808~1873, 프랑스 초대 대통령, 프랑스 제2공화국의 마지막 황제)를 포로로 잡았다.27)

---

26) 저자가 무려 30년전에 출판했던 『外債危機의 克服과 自立經濟로의 挑戰』라는 제목의 저서에서 베를린 대학교 총장 요한 고트리에프 피히테(Johann Gottlieb Fichte)의 「독일국민에게 고함」(1807년)을 소개한 적이 있다. 임양택(1985), 『外債危機의 克服과 自立經濟로의 挑戰』, 대전: 한밭출판사; 임양택(1995), 『비전없는 국민은 망한다: 21세기 통일한국을 위한 청사진』, 서울: 매일경제신문사 출판부.

27) 프로이센 – 프랑스 전쟁(독일어: Deutsch – Französischer Krieg, 프랑스어: Guerre franco – allemande de, 1870) 전쟁은 오스트리아 제국을 패배시킨 오토 폰 비스마르크(Otto Eduard Leopold Fürst von Bismarck – Schönhausen, 1815~1898)가 독일 통일의 마지막 걸림돌인 프랑스를 제거하여 독일 통일을 마무리하고자 했던 목적으로 일으킨 프랑스 제2제국과 프로이센 왕국 간의 전쟁이다. 한자문화권 국가에선 보불전쟁(普佛戰爭)이라고도 불린다. 이 전쟁은 1871년 1월, 파리시 교외에 위치한 베르사유 궁전의 〈거울방〉에서 독일 제국의 성립을 선포하고, 프로이센 국왕이었던 빌헬름 1세가 초대 독일 제국 황제로 추대되는 것으로 마무리되었다. 그 외에 독일은 알자스로렌 지방을 획득하였으며 많은 전쟁 보상금을 받았다. 그러나 이 전쟁을 계기로 독일 – 프랑스 관계는 제2차 세계대전 종전 직후까지 적대적인 사이가 되었다. 프랑스 국민과 프로이센 국민 모두 서로 분노하였고, 프랑스는 먼저 1870년 7월 14일 군대에 동원령을 내렸고, 7월 19일 공식적으로 전쟁을 선포하였다. 비스마르크는 이 전쟁이 방어 전쟁임을 주장하면서 맞대응을 하였다. 프랑스는 외교적으로 고립되어 있을 뿐만 아니라 전쟁준비가 되지 않은 상태였다. 프랑스 군은 마르스라투르 전투와 그라블로트 전투에서 참패해 괴멸되었다. 스당 전투에서 나폴레옹 3세는 포로가 되었고, 티에르(Thiers)가 1871년 2월 26일에 프로이센과 평화 조약을 체결했으나 파리 시민들은 파리 코뮌을 세우고 저항했다. 프랑스 제3공화국 군대가 파리시로 들어가 코뮌을 진압했다. 프로이센 군은 파리에서 시가행진을 하였다. 1871년 1월 18일, 베르사유 궁전 거울의 방에서 독일 제국의 수립을 선포하고 빌헬름 1세를 독일의 황제로 선언했다. 이는 프랑스 국민들에게 아주 굴욕적인 일이었다. 한편, 러시아는 전쟁이 끝나기도 전에 1856년에 맺은 해협에 관한 협정을 파기한다. 1871년 1월 프로이센의 빌헬름 1세가 독일 제국의 황제가 되었으며, 비스마르크는 19년간 제국의 총리로 통치하였다. 이 기간 동안 독일은 프랑스를 대신하여 대륙의 중심국가로서 외교상의 중심 국가가 된다. 상징적인 사건으로, 1878년 러시아 – 터키 분쟁의 조정을 베를린 회의를 통해 해결한 것을 들 수 있다. 이전에는 이런 종류의 회의는 대개 파리에서 개최되곤 했다. 비스마르크는 19년간 제국 수상직에 있으면서 독일 제2제국의 기초를 다졌다. 비스마르크는 프랑스의 복수를 염려하여, 재임 기간 중 복잡한 외교 관계를 형성하여 프랑스를 외교적으로 고립시키는데 모든 외교 노력을 기울였다. 그러나 그가 이룩한 외교 체계는 최소한 비스마르크 정도 되는 인물이 관리하지 않으면 유지되기 힘든 체제였고, 결국 제1차 세계 대전의 한 원인이 되었다. 한편, 프랑스는 전쟁 후 공화국을 선포했고, 나폴레옹 3세는 퇴위했다. 그러나 이러한 전쟁을 기회로 삼는 듯 부르주아들로 구성된 임시정부와 노동자, 사회주의자, 파리 빈민들이 주

2) 직접민주주의의 도래와 자유민주주의적 세계질서의 붕괴 위기

최근에 대의민주주의(代議民主主義)의 근간이 흔들리고 있다. 그것의 주요 요인은 시민 각자가 소셜네트워크서비스(SNS)로 정치에 대한 의견을 쏟아내는 직접민주주의(直接民主主義)가 도래하였기 때문이며, 이와 함께 정치인들의 인기영합주의적 선거공약이 쏟아지고 있기 때문이다. 일반적으로, 국민소득 2만 달러를 넘어서는 시기부터 소득이 행복도와 비례하지 않으면서 그 격차를 복지에 기대려는 심리가 커지는 경향이 있다고 한다.

● 래리 다이아몬드(Larry Diamond) 스탠퍼드대학 교수는 외교 전문지 『포린 어페어스』(Foreign Affairs)에 기고한 '민주주의의 쇠퇴'란 칼럼에서 서구 민주주의가 '내재적 모순' 즉 합리적이고 이상적인 개인과 정부라는 잘못된 가정 때문에 *"2000~2015년 러시아·터키·태국·케냐 등 27개국이 권위주의 국가로 회귀했다"*고 지적했다.

● 맨커 올슨(Mencur Olson, 1932~1998)의 『국가흥망성쇠론』(1982년), 밀턴 프리드먼(Milton Friedman, 1912~2006)의 『자유주의 위기론』 등에 서술되어 있다. 또한, 제러드 다이아몬드(Jared Diamond, 1937~현재)는 그의 저서 『문명의 붕괴』(2004년)에서 문명이 몰락하는 이유는 지도자(Leader)의 잘못된 역할 때문이라고 분석했다.

최근에 의회정치제도는 직접 민주주의의 도래와 현대의 인기영합주의(포퓰리즘, Populism) 복지정책에 의하여 붕괴될 수 있는 상황이다. 그 요인은 ① 중우정치(衆愚政治, Ochlocracy), ② 반지성주의(反知性主義, Anti‐intellectualism), ③ 정치적 무관심(Political Apathy)이다.

우선, 정치적 측면에서 보면, 1980년대 후반 구(舊)소련을 비롯한 동구 공산권이 몰락한 이래 민주주의가 범세계적으로 확산되어 왔다. 이 결과, 1975년까지 민주주의를 실현하고 있었던 국가는 불과 30개국에 지나지 않았으나 1980년대 후반 후 세계적으로 확산

축이 된 파리 코뮌 간에 내전이 발발했다. 파리 코뮌은 근대 역사상 최초로 시민들이 세운 사회주의 정권으로, 정부군의 무차별 학살과 투옥으로 진압당했다. 그렇다고 하여 프랑스에서 사회주의 운동이 완전히 침묵한 것은 아니었다. 프랑스에서는 제3공화정이 수립되었지만, 왕당파, 공화파, 사회주의자들 간의 갈등은 한동안 계속되기도 했다. 그리고 전쟁의 패배로 자존심이 상할대로 상한 프랑스 국민들은 프랑크푸르트 조약에 따라 프랑스가 배상금을 모두 갚기 전까지 프로이센군이 프랑스에 주둔한다는 내용을 듣고 프로이센군을 몰아내기 위해 전쟁배상금을 갚고자 기부금을 비롯한 금, 은, 구리 등 닥치는 대로 돈이 되는 물건이란 물건을 모두 배상금 갚는 데 사용했다. 그리하여 불과 석 달도 안 되어 50억 프랑을 모두 갚는 놀라운 일이 발생한다. 비스마르크는 애초에 갚을 능력이 없다고 판단하여 프로이센군을 계속 주둔시켜 독일의 영토로 삼고자 했으나 이 소식을 듣고 매우 놀랐다고 한다. 어쩔 수 없이 비스마르크는 석 달도 안 되어 군대를 철수시켰다.

되어 온 민주화의 물결로 인하여 적어도 50여개국이 민주주의로 전환하였다. 이제 민주주의가 지구촌을 이끌어 가는 보편적 지배원리로 확고히 자리를 잡아 가고 있었다.

이와 관련하여, 새뮤얼 필립스 헌팅턴(Samuel Phillips Huntington, 1927~2008) 교수의 주장을 인용하면[28], '민주주의의 제3물결'(Democracy's Third Wave)로 반(反)민주주의(民主主義) 세력은 세계적으로 약화되고 있으며, 민주주의(民主主義)에 대항할 수 있는 지정학적 또는 이데올로기적 경쟁자는 더 이상 존재하고 있지 않다. 특히 동구 공산권의 몰락으로 민주주의(民主主義)는 현존 이데올로기로서 유일한 대안으로 받아들여지고 있다.

상기와 같이 지구촌의 보편적 이데올로기로 정착된 민주주의(民主主義)의 성격이 최근에 기존 '간접(間接)민주주의'에서 '직접(直接)민주주의'로 전환되고 있다.[29] 휴대전화와 SNS 등의 모바일 혁명은 지리적 장벽을 무너뜨렸고 모두가 동시에 참여하는 의사결정을 가능하게 하고 있다. 즉, 스마트폰을 통한 '모바일 빅뱅'은 초연결 사회, 초지능화 시대를 초래한 것이다. 이 결과, '엘리트 주도 사회'에서 '시민 주도 사회'로 바뀌어가고 있다. 마치, 현재 지구촌에서는 약 3,000년 만에 '아테네의 직접민주주의(直接民主主義)'가 도래하고 있는 듯하다.

(1) 중우정치(衆愚政治, Ochlocracy)

중우정치(衆愚政治, Ochlocracy) 또는 떼법(mob rule, mob justice)이란 다수의 어리석은 민중이 이끄는 정치를 이르는 말이다. 즉, 중우정치(衆愚政治, Ochlocracy)는 올바른 판단력을 상실한 대중(大衆)에 의해 좌지우지되는 정치를 의미한다. '무리'라는 뜻을 가진 '중(衆)'에 어리석다는 뜻을 가진 '우(愚)'의 결합어이다. 영어로 '몹 룰(mob rule)'이라고 경멸조로 부르기도 하는데 라틴어에도 '모빌레 불구스'(mobile vulgus)라고 '변덕스러운 군중들'이란 용례가 있다. 다른 말로 '폭민정치(暴民政治)'라고도 부른다. 중우정치(衆愚政治, Ochlocracy)는 올바른 민주제가 시행되지 못하고, 하나 또는 몇몇 집단이 수를 앞세워 정치를 이끌어가는 형태이다. 가장 대중적으로 알려진 '우민화(愚民化) 정책(政策)'은 바로 로마 제국의 빵과 서커스 정책을 들 수 있다.

중우정치(衆愚政治)를 플라톤(Plato, BC 427~347)은 다수의 난폭한 폭민들이 이끄는 정치

---

28) Samuel P. Huntington(1993), "The Clash of Civilizations?", Foreign Affairs(vol. 72 NO.3).

29) 장-자크 루소(Jean-Jacques Rousseau, 1712~1778)가 간접민주주의(間接民主主義)보다 직접민주의(直接民主主義)를 선호했었지만, 그 이유는 선거권을 유한계급에게만 부여했었던 영국의 의회민주주의 제도를 비판하였기 때문이었다.

라는 뜻의 '폭민정치'(暴民政治)라고 하였고, 그의 제자 아리스토텔레스(Aristoteles, BC 384~322)는 다수의 빈민들이 이끄는 '빈민정치'(貧民政治)라고 각각 칭하였다. 플라톤(Plato, BC 427~347)은 아테네의 몰락을 보면서, 그 원인으로 '중우정치(衆愚政治)'를 꼽았다.

상기 두 철인(哲人)은 아테네의 몰락 원인으로 중우정치(衆愚政治, ochlocracy)를 지적했었다. 그것의 병폐(病弊)로서 ① 대중적 인기에 집중하고 요구에 무조건 부응하는 사회적 병리현상; ② 개인의 능력·자질·기여도 등을 고려하지 않는 그릇된 평등관; ③ 개인이 절제와 시민적 덕목을 경시하고 무절제와 방종으로 치닫는 현상이다. 참고로, 저자는 '중우정치(衆愚政治, ochlocracy)'로 인하여 국가 경제를 망친 사례로서 다음과 같이 제시한다:

1789년 프랑스 대혁명을 주도했었던 로베스 피에르(Maximilien François Marie Isidorede Robespierre, 1758~1794)는 장 자크 루소(Jean Jacques Rousseau, 1712~1778)의 계몽사상(啓蒙思想) 숭배자로서 독신으로 청빈하게 살면서 민생문제를 해결하려고 노력했었다. 그러나 그는 시장경제에 무지했었던 탓에 재앙(災殃)을 자초했었다. 즉, 그는 '반값 우유(牛乳)' 정책에 대한 국민 불만이 들끓으면서 로베스 피에르(Robespierre)의 인기는 추락했었고 결국 그는 정적(政敵)들에게 이끌려 단두대(斷頭臺)에서 처형(處刑) 당했었다.

상술하면, 어느 날 '반값 우유(牛乳)' 정책을 발표했다. 생필품 가격상승으로 고통받는 국민 여론을 의식한 조처였다. 막시밀리앙 로베스 피에르(Maximilien François Marie Isidore de Robespierre)는 우유값을 내리지 않으면 단두대(斷頭臺)로 보내겠다는 엄포도 놓았다. 그 결과 전혀 예상하지 못한 현상이 나타났다. 축산 농가들이 젖소 사육(飼育)을 포기한 것이다. 우유값을 절반으로 내리면 적자가 불을 보듯 뻔하자 소를 도축(屠畜)해서 고기를 내다 팔았다. 젖소가 사라지니까 정부의 기대와 반대로 우유값이 폭등했다. 이렇게 되자 건초(乾草)값을 내리라고 막시밀리앙 로베스 피에르(Maximilien François Marie Isidore de Robespierre)는 명령했다. 농민들이 비싼 건초값을 견디지 못해 폐업한다고 판단했었던 것이다. 그러나 이 조치는 더 큰 문제를 야기했다. 수지(收支)가 맞지 않는다는 이유로 건초(乾草) 생산이 중단되거나 축소되는 바람에 건초(乾草)값이 되레 폭등했다. 건초(乾草)와 우유(牛乳) 공급(供給)이 줄어들자, '반값 우유'는 오래가지 못하고 예전 가격의 10배까지 치솟았다. 가격 통제 전에 아동들까지 마셨던 우유를 심지어 갓난 아이들에게도 먹일 수 없게 되었다.

포르투갈은 제2공화국 시기의 안토니우 드 올리베이라 살라자르(António de Oliveira Salazar, 1889~1970, 집권: 1932~1968) 총리로 36년간 독재정권 당시 3F 정책을 시행했었다. 이 3요소는 Futebol(축구), Fatima(파티마-가톨릭), Fado(파두-음악)이다. 아이러니한 사실은, 살라자르(Salazar) 정권에 가장 가열차게 대항한 이들 중 하나가 바로 파두(Fado) 가수들이었다. 결국 살라자르(Salazar)는 1968년 심장마비로 물러났고 그가 세운 체제 역시 마르셀루 조제 다스 네베스 알베스 카에타누(포르투갈어: Marcelo José das Neves Alves Caetano, 1906~1980, 집권: 1968~1974) 등 후임자들에 의해 계승되어오다가 1974년 '카네이션 혁명'으로 붕괴되었다.

참고로, 상기 혁명의 시작을 알리는 암호곡이 바로 살라자르(Salazar)가 방송 금지를 먹였던 파두 가수 제카 아폰수(Zeca Afonso)의 "그란둘라, 타버린 마을(Grândola, Vila Morena)"이었다. Fado(파두-음악)로 흥한 자 Fado(파두-음악)로 망한 셈이다. 이 정책의 영향으로 포르투갈의 국민들은 국가에 대한 관심이 없어짐은 물론이고 문맹률이 치솟기도 하면서 우민화(愚民化)되고 말았다. 이 여파로 포르투갈은 서유럽에서 가장 국민 소득이 낮은 국가로 전락했다.

멕시코는 매스미디어 등을 통해서 우민화 정책을 간접적으로 수행해왔다. 멕시코 시티 등 대도시 지역에서는 교육열이 높고 멕시코 내에서 가장 진보적인 지역인데다 교통, 통신의 발달로 인해 잘 넘어가지 않지만, 정보를 얻을 수 있는 채널이 제한되어있고, 교육 수준이 낮은 중소 도시에서는 어느 정도 먹힌다. 그래서 제도혁명당 등의 이빨에 대도시 사람들은 잘 넘어가지 않지만 외곽지역과 농촌지역의 금권선거 등의 영향으로 PRI당 후보가 당선되는 결과를 낳기도 한다.

(2) 포퓰리즘(Populism)

포퓰리즘(Populism)이라는 단어는 '국민'이라는 의미를 가진 라틴어 'populus'에서 파생된 말로서 '인민', '대중', '민중'이라는 뜻이다. 따라서 포퓰리즘은 '대중주의', '민중주의' 정도로 직역할 수 있는 말이다. 캠브리지 사전은 포퓰리즘(Populism)을 "보통사람들의 요구와 소망을 대변하려는 정치 사상, 활동"이라고 정의한다. 포퓰리즘(Populism)은 대중(大衆)이 이끄는 정부를 지지한다. 이는 대중에 비해 소수의 특별한 계층이 이끄는 정부를 지지하는 이념인 귀족정치 또는 권위주의와는 대조적이다. 포퓰리즘(Populism)은 엘리트 특권층에 의해 착취당하는 일반인들의 문제를 해결하기 위한 정치적인 소통의 형태이다. 포퓰리즘(Populism)을 주장하는 사람들의 주요 사상은 좌파, 우파, 혹은 중도일 수 있다.

미국과 라틴 아메리카에서 포퓰리즘(Populism)은 일반적으로 좌파(左派)와 관련이 있는 반면에, 유럽 국가에서는 포퓰리즘(Populism)이 우파(右派)와 더 관련되어 있다. 이는 민주주의가 국민의 순수하고 정확한 의지를 반영해야한다는 포퓰리즘(Populism)의 중심 교리가 좌우(左右) 모두의 이념으로 쉽게 적용될 수 있다는 것을 의미한다.

1891년 미국에서 결성된 인민당(People's Party)은 누진소득세, 상원의원 직선제, 교통 및 통신에 대한 정부 규제, 거대 기업 간 담합 금지 등의 정책을 주장했다. 남부 농민들이 주축이 된 인민당은 기업가, 은행가, 대지주 등에 대항해 소농과 숙련 노동자들의 권익을 찾으려 했다. 인민당은 20년도 안 돼 해체되었지만 이들의 주장은 뒷날 민주당의 강령으로 흡수됐고 현재는 모두 실현됐다.

부록 2

현대의 포퓰리즘(Populism) 복지정책[30]

① 베네수엘라

산유국인 베네수엘라는 1999년 우고 차베스(Hugo Rafael Chávez Frías, 1954~2013)의 포퓰리즘(Populism) 정권이 들어서면서 석유산업을 국영화하고 여기서 나온 돈을 무상복지에 돌렸다. 경제 성장을 위한 투자가 아닌 퍼주기식 복지에 국가 자원을 무제한 투입한 셈이다. 그 결과 경제성장률이 마이너스 10% 수준으로 경제가 얼어붙고 엄청난 인플레이션이 뒤따랐다. 이를 감당하지 못한 정부가 사회주의식 가격 통제에 들어가자 당연히 공급이 줄었다. 이로 인해 식량과 생필품은 바닥이 났다.

② 브라질

브라질의 전(前) 대통령 루이스 이나시오 룰라 다 실바(Luiz Inácio Lula da Silva, 1945~현재)의 정책들은 포퓰리즘(Populism)이라는 공격을 받았지만 퇴임 시 지지율이 80%에 달했다. 룰라의 대표적인 포퓰리즘 정책은 한 가족의 월 소득이 최저생계비에 미치지 못하면 정부가 현금을 주는 보우사 파밀리아(Bolsa Familia)정책이다. 이 같은 소득보조정책은 국가 재정을 고려하지 않는 선심성 정책이라는 비판을 받았었다.

그러나 당시 브라질은 절대 극빈층이 5천만 명이고 5분마다 어린이 한 명이 기아로 죽는 상황이었다. 이런 상황에서 루이스 이나시오 룰라 다 실바(Luiz Inácio Lula da Silva, 1945~현재)는 사회적 약자를 위한 복지정책을 현실화하기 위해 인플레이션 극복, 공무원 연금제도 개편, 외화보유액 확대, 계층간 합의 도출, 조건부 빈곤층 지원 등의 개혁 정책을 추진했다. 그 결과 그의 임기 동안 브라질의 빈곤율(소득이 최저생계비에 미치지 못하는

---

30) 한국의 포퓰리즘(Populism) 복지정책에 관해서는 별도로 제Ⅶ장 '대한민국의 경제위기(經濟危機)와 극복 방안'에서 논술할 것이다.

가구의 비율)은 34%에서 22%로 떨어졌고 경제성장률은 집권 전 3.4%에서 7.5%까지 올랐다. 루이스 이나시오 룰라 다 실바(Luiz Inácio Lula da Silva, 1945~현재) 재임 8년간 브라질 국내총생산 성장률은 연평균 5% 전후를 기록했고, 총 GDP는 3배 넘게 커졌으며, 외환보유액은 10배 가깝게 늘었다. 물가 상승률은 12.5%에서 5.6%로 낮아졌다. 브라질은 채무국에서 채권국으로 전환하면서 세계 8위의 경제대국으로 급성장했고 룰라 정권의 포퓰리즘은 성공한 포퓰리즘으로 평가 받는다. 그러나 2014년부터 시작된 브라질의 불경기와, 2018년 룰라의 구속으로 인해서 룰라와 브라질 노동자당의 포퓰리즘적 정책은 다시 재평가받고 있다.

③ 아르헨티나

아르헨티나 현대사는 포퓰리즘(Populism)과 재정 위기의 악순환 역사다. 1946년 등장한 페론 정권의 임금 인상과 산업 국유화 정책은 국가주도 복지 포퓰리즘의 시작이었다. 그 후 70년간 주로 좌파 정권이 집권하면서 나랏돈을 경제개발 대신 복지와 공짜 시리즈에 써버렸다. 20세기 전반만 해도 세계 5대 부국(富國)으로 꼽히던 아르헨티나는 8차례 디폴트(채무 불이행)에 빠졌고, 20여 차례나 IMF에 손을 벌렸다. 지금도 IMF 구제금융 없이는 파산을 피할 수 없다.[31]

아르헨티나는 1970년대 초 라틴아메리카 지역에서는 이례적인 60%에 달하는 두터운 중산층이 있었으며, 빈곤율이 6% 정도에 그쳐 '남미의 유럽국가'로 일컬어졌다. 하지만 아르헨티나 군사정권은 무분별하게 외자 유치를 했고, 자신들의 집권에 협력한 다국적기업을 불러들였다. 어느 정도 실속을 챙긴 해외자본과 기업들이 썰물처럼 빠져나가 버리자 천문학적인 외채와 살인적인 인플레이션으로 인한 경제파탄이라는 비참한 결과를 가져왔다. 군사정권이 물러난 1983년 아르헨티나의 중산층은 완전히 붕괴됐으며, 실질실업률이 18%, 빈곤율이 40%로 치솟았다. 총 외채는 1978년 1백25억 달러에서 1982년 4백36억 달

---

31) 그러나 노벨 경제학상 수상자 조지프 스티글리츠(Joseph Eugene Stiglitz, 1943~현재) 교수는 포퓰리즘(Populism)이 2002년 아르헨티나 디폴트 위기를 초래했다는 시각은 잘못됐다고 비판한다. 아르헨티나의 디폴트 위기는 1990년대 신자유주의(新自由主義) 정책 실패로 인한 결과로 이해해야 한다는 것이다. 또한, 최근 아르헨티나의 지식인들은 태환법, 민영화, 규제완화, 무역개방을 내용으로 하는 메넴 정부의 신자유주의(新自由主義)가 아르헨티나 경제를 경제위기로 몰고 갔다는 연구결과를 내놓고 있다. 1990년대 아르헨티나의 메넴 정부는 IMF의 권고에 따라 고정환율제도, 긴축재정정책, 고금리정책을 충실하게 따랐다. 1994년 말까지 아르헨티나 전체 공기업의 98%가 민영화됐고 총 4백억 달러 상당의 외화가 유입됐다. 여기에다 메넴 대통령이 자국의 국제경쟁력을 무시한 채 1991년 미 달러화와 페소화의 교환비율을 1대1로 고정시킨 "태환 정책"을 쓰면서 페소화가 고평가되어, 막대한 무역적자에 직면하게 됐다.

러로 급증했으며, 외채 상환을 위해 다시 외채를 끌어들이는 악순환은 이때부터 시작됐다.

다른 한편으로, '페론주의'(Peronism)가 아르헨티나의 산업화(産業化)와 두터운 중산층 (中産層) 형성에 커다란 기여를 했다는 견해도 존재한다. 즉, 1949년부터 1976년까지 아르헨티나의 국민총생산은 127%의 성장을 기록했고, 개인소득은 232%가 증가했다. 페론은 가장 많은 산업투자를 단행했으며, 아르헨티나가 농업국가에서 공업화로 가는 데 이바지했다는 것이다.

아르헨티나에서는 매번 선거철이면 '페론주의'(Peronism)가 고개를 든다. "에비타 효과 때문"이다.[32] 페론주의는 1946년 집권한 후안 도밍고 페론 대통령과 부인 에바 두아르테가 10여년간 펼친 대규모 무상복지 정책을 말한다. 아르헨티나 대선 예비선거에서 좌파 포퓰리즘(대중영합주의) '페론주의'(Peronism)를 내세운 중도좌파연합 '모두의 전선' 알베르토 페르난데스 후보가 48.1% 득표율로 마우리시오 마크리(득표율 40.4%) 현(現) 대통령을 꺾고 당선됐다. 즉, 12년간 집권한 좌파 정권이 나라를 거덜낸 후, *"포퓰리즘(Populism)에서 나라를 해방하겠다"*고 선언하고 각종 보조금과 무상 복지를 줄이고 정부 부처를 절반으로 통폐합했던 현(現) 대통령 마우리시오 마크리가 패배하고, 복지 확대와 임금 인상 등을 공약한 좌파 후보 알베르토 페르난데스가 당선됐다. IMF의 재정 긴축 요구를 이행하지 않으면 국가부도에 몰리는데도 포퓰리즘 정권을 선택한 것이다. 아르헨티나 선거는 복지의 단물에 맛 들린 국민이 중독에서 빠져나오기가 얼마나 힘든지를 보여준다.

신임 대통령 알베르토 페르난데스가 과거 총리였던 좌파 정권은 전기·수도료에 보조금을 퍼붓고 청소년 360만 명에게 수당을 지급하는 등 곳곳에 세금을 살포했다. 연금 지급 대상을 두 배로 늘리고 학생에게 노트북을 무상 지급하는 등의 '공짜 시리즈'를 남발했다. 일자리를 주겠다며 공무원 수를 2배나 늘렸다. 이름만 걸어놓고 월급을 타가는 유령 공무원 급여로 매년 200억 달러(약 23조 원)가 새 나갈 정도다. 모자란 재원을 충당하려 돈을 마구 찍는 바람에 물가가 매년 30% 이상 치솟았다. 나랏빚은 외환보유액의 5배 규모로 부풀었다(조선일보, 2019.08.21). 아르헨티나의 총외채는 2,800억 달러(328조 원)를 웃돈

---

32) '에비타'(Evita)는 후안 페론(Juan Domingo Perón, 1895~1974; 제29대 대통령: 1946년 6월 4일~1955년 9월 21일; 제40대 대통령 1973년 10월 12일~1974년 7월 1일)의 아내 에바 페론(1919~1952)의 별명이다. '작은 에바'라는 뜻이다. 그녀는 후안 페론(Juan Domingo Perón)의 가장 강력한 정치적 무기였다. 작은 마을에서 사생아로 태어나 15세에 부에노스아이레스에 올라와 배우가 됐었다. 1944년 자선 행사에 참석했다가 당시 떠오르는 정치인 후안 페론(Juan Domingo Perón)과 만나 이듬해 결혼했다. 대통령 부인이 된 뒤 자선 사업과 여성 참정권 운동을 펼쳤다. 그런 그녀가 1952년 33세로 요절하면서 후안 페론(Juan Domingo Perón)은 큰 타격을 받았다. 결국 아내가 죽은 지 3년 만인 1955년 권력을 잃었다.

다. 아르헨티나 정부는 이 가운데 1,010억 달러의 상환을 미루겠다고 2019년 8월 일방적으로 발표했다(중앙일보, 2019.10.29).

아르헨티나 통계청(INDEC)에 따르면 2018년 하반기 국민 빈곤율은 32%로 국민의 3분의 1 정도가 병원비와 전기료도 제대로 못 내는 상황이다. 2019년 6월 소비자 물가는 1년 전보다 55.8% 뛰었다. 신임 페르난데스 행정부는 아르헨티나의 경제위기를 극복하기 위해 가장 먼저 '채무 재조정'부터 해야 한다. 문제는 국제통화기금(IMF)마저도 아르헨티나 정부의 정책 변화 없인 더는 지원해주기 힘들다며 비협조적으로 나오고 있다. 아르헨티나 정부는 IMF에 이 부채의 상환을 연기해달라고 요청했다.

④ 그리스

2010년 중반부터 나타난 '유럽발 경제위기'로 세계는 또 하나의 위기를 겪었는데 그 단초가 바로 그리스다. 그리스 경제는 2010년 하반기 IMF와 EU로부터 구제금융을 받고 있다. 그리스는 관광업을 주를 이루는 국가이다. 제조업보다는 관광쪽으로 생계를 유지하는 사람들이 다수이다. 국가 전체적으로 인구노령화가 심하고, 젊은층의 실업률 또한 높은 나라이다. 그리스 공무원은 61살에 퇴직을 하고 퇴직후에 원래 받는 임금의 무려 80%를 수령하는 비정상적인 국가이다. 그리고 평균수명도 무척 길다. 이 결과, 그리스의 채무액은 무려 3,500억 유로, 391조 원이다. 전국민이 한푼도 안쓰고 1년반을 모아야 갚을 수 있는 금액이다. 대부분을 유로존 금융 쪽에서 빌렸고, 그중에서도 독일에 대한 채무가 가장 많다. 따라서 독일은 국가빚을 갚게 할려고 공무원 임금 줄이고, 연금도 대폭 줄이는 등 강경한 긴축정책을 제안하였다.[33] 이에, 그리스는 유로존을 탈퇴하고 예전 화폐단위인 드라크마 경제체제로 운영하겠다고 강경하게 맞섰다. 결국, 유로존에서 독일과 각 국가들이 조율을 잘해서 우선적으로 단기자금 71억 유로를 지원받아 42억 유로를 상환하고 IMF에 체납한 11억 유로도 갚아버려서 한숨을 돌렸다.

그리스 위기는 포퓰리즘(Populism)이 아니라, 지나친 감세(減稅)로 인한 세수(稅收) 부족과 지속적인 경상수지 적자, 단일통화 체제, 부동산 거품 붕괴 등 전혀 다른 데 원인이

---

33) 그리스의 민간부문에서 일하는 국민들이 포함된 근로자사회보험기금(IKA)의 경우에는 자신이 낸 금액의 1.1배를 연금으로 받는 반면 공무원과 공공기관 종사자 등 공공부문은 연금기여액의 2~5배를 연금으로 돌려받고 있다. 하지만 그리스의 공공복지지출 비중은 GDP의 21.3%로, OECD 평균(19.3%) 수준에 불과하다. 그리스의 방만한 연금운영은 비판대상이지만, 실제로 국가재정에서 연금을 포함한 공공복지지출 비중은 높지 않다. 그리스는 가족주의가 강해 국가복지가 발달하지 못하면서 오히려 유럽 내에서 복지 수준이 뒤떨어진 나라에 속한다.

있다. 상술하면, 유로 단일 통화권 가입은 그리스 경제를 악화시켰다. 유로화 도입 이후 화폐가치가 상승하면서 수출 경쟁력은 더욱 떨어졌다. 저금리로 자금조달이 가능해지면서 정부는 해외에서 부채를 끌어와 만성적인 재정적자를 메우는 데 사용했다. 흘러온 자금은 부동산 산업으로 흘러가 거품 경제를 유발했다.

그리스의 재정은 그리스의 지하경제 총생산(GDP)의 25%에 이를 정도로 세금 누수가 심각한 상황에서도 그리스의 보수정당인 신민주주의당은 2004~2007년 법인세율을 35%에서 25%로 무려 10%포인트나 낮췄다. 개인소득세율의 면세점을 높여 세금을 내지 않는 사람들을 늘린데다 친척 간 부동산 상속세 폐지 등 여러 감세정책을 폈다. 이 때문에 세입이 지출을 따라잡지 못하는 구조가 고착화됐다. 2004~2009년 총리를 맡은 신민주주의당 대표 코스타스 카라만리스가 집권하는 동안 감세 조치와 부정부패(不正腐敗)로 인해 그리스 정부부채는 두 배로 늘었다.

⑤ 일본

2009년 8월 일본 총선은 반세기 만의 정권교체 열기로 후끈 달아올랐다. 일본 민주당은 과거 50여 년 동안 여당이었던 자민당으로부터 정권을 빼앗기 위해 장밋빛 복지를 공약을 전면에 내걸었다. 예를 들어, 2009년 고속도로 요금을 공짜로 해주고 중학생 이하 모든 어린이에게 1인당 매월 2만6,000엔의 수당 지급, 출산 격려금을 42만 엔에서 55만 엔으로 인상, 공립고등학교의 전면 무상화, 사립고교생에게 연간 12만 엔 지급, 저소득 가구 고교생에게 연간 24만 엔 지급 등이다. 또한, 월 7만 엔의 최저보장연금 신설, 유가(油價)에 대한 잠정세율 폐지, 연금수급자의 세금 부담 경감, 구직자 생활비 지원, 최저임금 인상, 2012년부터 고속도로 통행료 전면 철폐 등의 공약을 걸고 집권했다.

그러나 최근에 일본은 복지 정책을 대폭 손질했다. 모든 한 부모 가정에 지급되던 아동 부양수당을 2012년부터 소득에 따라 차등 지급하고 있다. 높은 복지 수준으로 유명한 북유럽 나라들도 최근 현금 복지 지출을 대폭 줄이는 추세다. 1995년 GDP(국내총생산) 대비 현금 복지 비율이 20%를 넘었던 핀란드는 2014년 18%로 떨어졌다. 16%를 웃돌던 스웨덴과 덴마크도 같은 기간 12~14% 선으로 비중이 축소됐다. 실업수당·병가수당·기초연금 등의 명목으로 정부가 국민들에게 현금을 나눠 주던 모습이 상당 부분 자취를 감췄다.

⑥ 태국

한 번 뿌려진 인기영합주의(Populism) 씨앗은 정권이 바뀐 뒤에도 사회 혼란의 원인이 된다. 예로서 2006년 부패 혐의로 축출됐었던 태국의 탁신 친나왓(Thaksin Shinawatra) 전(前) 총리는 재임 시절 전(全)국민 의료보험을 실시해 한국 돈 1,000원 정도면 누구나 병원에 갈 수 있도록 했고, 농가부채 원리금 상환 유예로 240만 가구에 혜택을 주며 국민들에게 복지 환상(幻想)을 심어줬다. 1996년부터 2001년까지 집권한 이탈리아의 좌파 연합은 아무리 일해도 가난을 탈출하지 못하는 근로빈곤층(working poor)을 위한 대책을 내놓겠다고 공약했다. 이들은 집권 후 근로 빈곤층에 새로운 일자리와 최저생계비를 보장하는 복지 프로그램을 만들어 3만4,000가구를 상대로 2년간 실험했다. 그러나 실험결과 경제가 활성화된 지역엔 효과가 있었지만 경제가 침체된 도시에선 거의 효과가 없었다. 즉, '성장 없는 복지는 효과가 없다'.

04 국가멸망(滅亡)의 사례연구

본 연구는 국가 멸망(滅亡)의 사례연구로서 4가지[34]: (1) 몽골제국(대원제국, 1206~1368)의 멸망(1368년), (2) 로마제국(BC 27~1453)의 멸망: 서(西)로마제국(AD 395~476)의 멸망; 동(東)로마제국(Byzantine Empire)의 멸망(1453.05.29), (3) 청(淸)제국(1636.04~1912.02.12)의 멸망, (4) 러시아제국(Romanova 왕조, 1613~1917)의 멸망을 각각 논술하고자 한다. 한편, 본서(本書)의 주제와 직결되는 조선(朝鮮, 1392~1897)의 망조(亡兆)와 대한제국(大韓帝國, 1897~1910)의 자멸(1910.08.29)은 다음의 제Ⅳ장에서 별도로, 집중적으로 다루고자 한다.

1) 몽골제국(대원제국, 1206~1368)의 멸망[35]

몽골 제국의 건국자인 칭기즈 칸(Ghingiz Khan, 1162~1227)은 1219년부터 1225년까지 남(南)으로는 인더스 강 유역에, 서(西)로는 오스트리아의 빈(Wien)에서부터 카스피 해(海)를 넘어 러시아 남부에 이르는 중앙아시아 전역을 거의 지배하에 두고 1227년 서하를 정복하였다. 서하는 중국사 오호(五胡) 중 하나로 티베트의 전신인 강족(羌族)의 또 다른 분파가 중국과 중앙아시아 사이에 세운 대하(大夏)라는 나라였다. 동쪽 끝으로 일본의 후쿠오카까지 몽골 제국군의 말발굽에 짓밟히지 않은 유라시아 국가는 인도와 동남아시아 등의 몇몇 국가 정도뿐이었다.

---

34) 잉카제국(1438~1533)의 멸망(1533년)에 관한 연구는 지면(紙面)의 제약으로 삭제되었으며, 남(南)베트남 공화국의 멸망(1975년)에 관한 연구는 제Ⅴ장: 한반도의 분단과 한국사회의 이념갈등(理念葛藤)하에서 제2절: '이념(Idealogy)의 허구성(虛構性)과 잔혹상(殘酷相)'에서 논술된다.

35) 김호동, 『몽골제국과 세계사의 탄생』, 돌베개, 2010은 '실크로드와 유목제국', 몽골이 세계를 지배하면서 찾아온 평화의 시기였던 '팍스 몽골리카' 등 몽골제국이 세계사에 끼친 다양한 영향들에 관한 논문들을 인문 교양서 수준에 맞게 재편집한 책이다. 역사 전공자가 아닌 일반 사람들이 읽기에도 무난하다; 김호동, 『아틀라스 중앙유라시아사』, 사계절, 2016은 스키타이부터 근대 중앙아시아 공산주의 혁명기까지 지도를 중심으로 서술한 통사이며, 한국인에 의해 한국어로 출간된 최초의 중앙유라시아(내륙아시아) 통사이다. 몽골제국만을 다루진 않으나, 몽골제국이 유목국가 역사에서 차지하는 비중도 크고, 저자가 몽골제국사의 권위자인 만큼 한 챕터를 몽골제국사에 할애하고 있다. 지도와 함께 간단하게 몽골제국사를 알아보기에 적절하다.

　전(全) 세계가 유럽과 아시아, 아프리카 밖에 없었던 시대에서 진정한 의미의 세계를 경험한 국가는 몽골 제국이 유일하다. 단기간에 정복으로 세워진 거대 제국이라는 점에서 나폴레옹 제국, 알렉산드로스 제국과 흔히 비교되기도 하지만, 한 세대만에 붕괴한 이들에 비해 백 년 이상이라는 나름대로 긴 시간 동안 몽골 중심의 패권을 구대륙에서 유지하였다.

　제2대 오고타이 칸은 1239년 숙원이었던 대금(大金)을 완전히 멸망시키고 하(河)를 석권하였으며 그 원정군은 러시아와 동유럽까지 뻗어나갔다. 제4대 몽케 칸은 아바스 왕조를 멸망시켜 그 영역은 동(東)으로는 동해부터 서(西)로는 러시아 남부까지 이르렀다.[36] 이어서, 칭기즈 칸(Ghingiz Khan)의 손자이며 대원(大元)의 제5대 카안(재위: 1260~1294) 쿠빌라이 칸(Qubilai Khan)은 1276년 중국 남송(南宋)을 멸망시켜 최대 판도를 이룩하였다.

　상기한 바와 같은 대제국 몽골 제국의 광활한 영토는 몽골족 관습에 따라 여러 자제들에게 4개 칸(Khan)국으로 나누어졌다. 몽골 초원과 금(金)나라가 있던 중국 북부는 황제의 직할령이 되었고, 러시아 남부에서는 장남 주치의 아들 바투가 세운 킵차크 칸국(훗날 투르크 동화), 서(西)아시아에는 막내 툴루이의 아들 훌라구의 일 칸국(훗날 이란 동화), 西투르키스탄에는 차남 차가타이의 차가타이 칸국, 東투르키스탄에는 오고타이 칸국이 들어섰다. 그 밖의 지역도 칭기즈 칸(Ghingiz Khan)의 일족과 귀족들에게 배분되었다. 쿠빌라이 칸(Qubilai Khan)을 주축으로 하는 대제국 몽골 제국이 출현하였다. 12세기 몽골족이 세운 제국. 인류 역사상 가장 큰 단일 제국, 가장 큰 유목 제국이자 최대의 영토를 가진 군주국이었다. 수도는 칭기즈 칸(Ghingiz Khan)때는 오논, 2대~4대 칸때는 카라코룸, 5대 쿠빌라이 칸(Qubilai Khan) 이후부터는 대도(베이징). 원(元)나라와 함께, 몽골 역사상 전무후무한 황금기이자 최전성기였다. 이러한 느슨한 칸국들의 연맹으로서 제국적 연대감과 일체성을 상당 부분 보존은 칸국들 사이에 활발하고 빈번한 정치, 경제, 문화적 교류를 가능케 했고, 그리하여 '팍스 몽골리카(Pax Mongolica)'를 탄생시켰다.

　칭기즈 칸(Ghingiz Khan, 1162~1227)은 1206년 몽골 초원을 통일한 뒤부터 대외원정을 시작했지만 그는 영토 확장을 목적으로 전쟁을 벌이지 않았다. 칭기즈 칸(Ghingiz Khan) 시대의 몽골군은 1214년 대금(大金)과 화친을 맺은 뒤 바로 철군하였고 1225년 호라즘 원

---

36) 몽케 칸(칭기즈 칸의 막내아들 툴루이의 장남)이 남송(南宋)을 맡은 쿠빌라이 칸(Qubilai Khan)이 세력을 가지는 것을 경계하여 직접 江으로 남하하는 원정에 참가하였지만 1259년 급사하였고 뒤이어 벌어진 내전에서 쿠빌라이 칸(Qubilai Khan)은 아리크부카를 제압하고 몽골 제국 5대 칸으로 즉위하였다. 그는 1276년 애산 전투(崖山 戰鬪)를 승전으로 이끌어 남송(南宋)을 멸망시키고 몽골 제국의 칸(Khan)이자 동시에 중국의 천자(天子)가 되었다.

정이 끝난 뒤에도 즉각 초원으로 귀환하였다. 그는 군사적 위협을 통해 상대로부터 안정적으로 약탈하기 위해 전쟁을 벌였다. 그러나 칭기즈 칸(Ghingiz Khan, 1162~1227) 사후 몽골족의 전쟁은 정치적 응징이나 군사적 위협이 아닌 상대국가의 영토에 대한 정치적 복속을 목적으로 하는 쪽으로 크게 변하였다. 칭기즈 칸(Ghingiz Khan) 사후 후손들이 추진한 대외원정은 정복을 통한 세계 제국을 건설하고자 하는 의지의 표명으로 몽골 제국의 지배를 받아들이는 정권에 대해서는 일단 명맥을 보존시키되 일련의 의무조항을 이행할 것을 요구하였다: ① 국왕 친조, ② 질자 파견, ③ 호적 제출, ④ 역참 설치, ⑤ 병력 파견, ⑥ 물자 공출, ⑦ 다루가치(당시에는 지방 정권을 장악한 군대의 사령관을 뜻했다) 주재 등으로 구성되었다. 물론, 상기 의무조항들이 받아들이지 않으면 전쟁이었고 그 전쟁은 정복을 통한 몽골 제국 영역의 확대를 목표로 한 것이었다.

사실, 몽골 제국은 흉노 이래의 몽골 제국 유목 국가의 전통을 따라 지배하던 유목민을 병정일치(兵政一致)의 사회제도로 편성하였다. 몽골에 있어 유목집단의 기본 단위는 천호(千戸)라고도 불린 1,000명 정도의 병사를 차출할 수 있는 유목집단을 다스리는 장군이나 부족장을 그 수장, 즉 천호장으로 임명하였다. 천호(千戸) 가운데 100인 정도의 병사를 차출할 수 있는 백호(百戸), 백호 안에는 10인 정도의 병사를 차출할 수 있는 십호(十戸)가 설치되어, 각각의 장에는 그 소속 천호장의 근친 가운데 유력한 자가 지명되어 십호 이상의 유목 전사가 몽골 제국의 지배층이었던 유목 귀족(노얀)을 형성하였다. 천호장 가운데 가장 유력한 자는 다수의 천호를 거느린 만호장이 되어, 전시(戰時)에는 군사령관직을 맡았다.

칭기즈 칸(Ghingiz Khan, 1162~1227)과 그 형제들은 황금씨족(알탄 우룩)이라 불리며, 영지 백성(우르스)으로 나뉜 천호·백호·십호 집단의 위에 상급 영주 계급으로써 군림했고, 몽골 황제 즉 대칸은 크고 작은 우르스의 가장 큰 부분을 가진 맹주였다. 대칸이나 왕족들의 막영은 오르도라 하여, 유력한 후비마다 오르도를 갖고 있었다. 각각의 오르도에는 게린 코우(게르 백성)라 불리는 영민이 있었는데 그 관리는 오르도의 수장인 황후가 관리하였다.

한편, '팍스 몽골리카' 시대에 인간과 물자의 광역적인 교류를 가능하게 했던 가장 중요한 기반은 단연 '역참(驛站)' 제도였다. 오늘날 역(驛)을 뜻하는 중국어 단어 '참(站)'의 기원이 된 몽골어 '잠(jam)'은 본래 초원을 지나다가 잠시 쉬어갈 수 있는 숙소 시설을 지칭했는데, 이것이 제국의 교통 네트워크로 채택되어 체계적인 모습을 갖추게 된 것은 오고타이 칸 때부터였다. 그는 카라코룸을 수도로 정하고 서쪽의 차가타이 칸국·킵차크 칸국과 연락을 하기 위해 역참제를 실시했다. 또한 몽골 초원과 북중국 사이에는 '나린(narin; 秘道)', '모린(morin; 馬道)', '테르겐(tergen; 車道)'이라는 세 역로를 설치하였다. 이후 제국의 영역이 점점 확대됨에 따라 역참망도 유라시아 대륙의 주요 부분을 연결하는 교통망으로 발전하여, 고려나 러시아와 같은 속국에도 역참(驛站)이 설치되기에 이르렀다.

칭기즈 칸(Ghingiz Khan, 1162~1227)의 손자이며 대원(大元)의 제5대 쿠빌라이 칸(Qubilai Khan, 재위: 1260~1294) 시대에 이르면 가한 울루스 내부에만 1,400여 개의 역참(驛站)이 설치되었고 역참(驛站)을 관리하는 참호(站戶)와 35~70만 호 정도가 배정되고 있었다. 배정되는 사람은 마필 선박 수레 등의 교통수단과 사신들이 머무는 숙소를 책임졌으며 식량과 사료를 항시 준비했다. 또 역참(驛站)을 사용하는 자들에게도 규정이 있어 역참(驛站) 사용자는 신분증인 패자와 포마차찰이라는 문건을 소지하도록 규정되어 있었다. 일반 사무와 별개로 군사적인 긴급 사무를 신속하게 수행하기 위해 급체포라는 제도를 마련하기도 했다. 당시 몽골 제국이 운영한 역참제(驛站制)는 마르코 폴로의 동방견문록(東方見聞錄)에서 경탄어린 어조로 상세히 묘사된 바 있다. 이런 네트워크는 유라시아 내륙교통의 활성화에 크게 기여하였으며 중앙아시아에서 전쟁이 격화된 1280년대 말부터 10여 년 정도를 제외하고는 대체로 원만하게 운영되었다.

몽골이 동(東)에서 서(西)에 이르는 무역로를 단일 세력권으로 통합하면서 동서 무역로는 본격적으로 가동될 수 있었다. 마르코 폴로(Marco Polo, 1254~1324)[37]가 『동방견문록

<hr/>

[37] 마르코 폴로(Marco Polo, 1254~1324)는 이탈리아의 상업도시 베네치아에서 무역상의 아들로 출생하였으며 17세 시절(1271년)에 고향을 떠나 아시아를 탐험하고 1292년에 향리로 돌아왔다. 그의 아버지 니콜로 폴로는 아직 마르코 폴로가 출생하기 5개월 전에 실크 로드 원정을 떠나서 1259년 콘스탄티노플에 도착하였으며 마르코 폴로의 삼촌인 마페오 폴로와 1260년 콘스탄티노플을 출발하여 킵차크 칸국, 부하라를 거쳐 쿠빌라이 칸의 조정에 머무른 뒤 1269년 베네치아로 돌아왔다. 그 와중에 아버지를 아직 한 차례도 목도치 못한 어린 시절의 마르코 폴로는 1261년 조부상(할아버지 장례)을 치렀고, 1268년 계조모상(새할머니 장례)을 치렀으며 그 후 1269년 당시 15세였던 마르코 폴로는 아버지 니콜로 폴로(당시 39세)와 이복 숙부 마페오 폴로(당시 17세)를 베네치아에서 처음으로 함께 상봉하게 되었다. 그 후 1271년 당시 17살 된 마르코 폴로는 아버지 니콜로 폴로(당시 41세)와 숙부 마페오 폴로(당시 19세) 이 둘과 함께 모두 다시 본격적으로 중국을 향해 여행을 떠난다. 그 후 1275년 11월에서 1292년 2월까지 마르코 폴로는 관리로서 원나라를 위해 일하면서 17년 동안 중국의 여러 도시와 지방을 비롯하여 몽골·부르마·베트남까지 다녀왔다. 그 후 1292년 고향으로 돌아왔으며, 그 후 제노바와의 해전에서 가리 함대에 민간 종군원으로 예속되어 출전하였지만 결국 전쟁에서 패하여 포로가 되었다. 그러나 결국 재탈출하여 1295년에 고향으로 재귀환을 하게 되었다. 그 와중에 그의 아버지 니콜로 폴로는 고향 베네치아에서 이미 1294년에 병으로 하세하였다. 마르코 폴로는 제노바 전쟁 포로 시절 1년간 감옥 생활을 하면서 아시아 국가 거류 시절의 재미있는 이야기를 동료들에게 구술로써 들려주었는데, 이때 작가 루스티치아노(Rusticiano, 루스티켈로 다 피사)가 그의 이야기를 글로 옮겼었다.

(東方見聞錄)』을 쓸 수 있었던 것도 몽골 제국이 동방 무역로를 완전히 통제하는 상황이었기에 가능했다. 유럽과 아시아는 서로 붙어있었음에도 그동안 상호 직접적인 교류가 없었지만 이후 역참제(驛站制)가 중앙 아시아까지 확장되고, 13세기 말에는 흑해와 지중해를 잇는 해상로와 연계되어 전례없는 원거리 무역 발달의 원동력이 되었다. 마르코 폴로 이외에도 기욤 드 루브룩 등의 선교사나 이븐 바투타와 같은 여행가들, 아르메니아 국왕 헤톰 1세와 같은 사절단도 이 역참로(驛站路)를 이용하였다. 이슬람 역사가 아불 가지는 당시 상황을 가리켜 '모든 나라들은 누구도 누구한테서도 어떠한 폭행도 당하지 않은 채 황금 쟁반을 머리에 이고 해가 뜨는 땅에서 해가 지는 땅까지 여행할 수 있었다.'고 기록하고 있다. 교황 인노첸시오 4세의 사자 카르피니는 쿠릴타이와 대칸 구유크의 즉위식까지 참가하여 몽골인들의 쿠릴타이를 직접 묘사한 거의 유일한 기록으로 인정받고 있다.

예로서 칭기즈 칸(Ghingiz Khan, 1162~1227)의 3남 오고타이가 가한의 칭호를 받은 1231년 무렵 고려로 보낸 국서에 이런 방침 변화가 드러난다. 몽골 제국이 *"'영원한 하늘의 가호'를 받아 정복전쟁을 수행하기 때문에 이에 저항하는 사람이나 국가는 모두 멸망할 것"* 이라는 언사와 함께 고려 국왕이 직접 자신에게 찾아와 항복하라는 의사를 표시하라는 요구가 함께 포함되어 있었다. 후일 가한으로 즉위한 귀위크 칸이나 몽케 칸이 교황과 프랑스 국왕에게 보낸 서한에서도 완전히 똑같은 요구가 확인된다. 칭기즈 칸(Ghingiz Khan) 사후의 몽골제국은 세계 정복을 목적으로 한 전쟁을 벌인 것이다. 따라서 몽골 제국의 소위 '세계정복' 전쟁은 2대 오고타이 칸이 즉위한 1229년부터 5대 쿠빌라이 칸(Qubilai Khan)이 남송(南宋)을 멸망시킨 1279년까지 반세기에 걸쳐 지속적으로 추진되었다.

몽골제국의 세계지배는 사실상 14세기 중반을 전후하여 붕괴하기 시작했다. 인류 역사상 가장 넓은 영토를 가졌던 대제국이 90년 만에 망한 이유는 무엇일까? 학자들은 그 이유를 말(馬)이 군사력의 근간이었던 몽골제국이 다른 제국과는 달리 말(馬)때문에 근거지인 몽골초원을 떠날 수 없었고, 그러다 보니 정복한 국가에 지배력을 강화시키지 못해 몽골제국이 유지되기 힘들었다는 것이다.

그러나 저자는 몽골 제국의 멸망 요인은 무력(武力)에 의한 세계정복으로 광활한 영토만 넓혔을 뿐, 피(被)지배 민족을 동화(同化)시킬 수 있는 몽골 제국의 문화적 흡인력 즉 '국정철학'(國政哲學)의 부재(不在)와 내부 분열 때문이었다고 주장한다. 이 결과, 칭기즈 칸(Ghingiz Khan) 사후 그의 후예들의 탐욕(貪慾)으로 내전(內戰)을 치르면서 각 지역별로 분열하게 되었다. 흔히 몽골이 쇠퇴한 것은 원(元)과 4칸국의 분할 상속으로 인한 집중적 권력의 약화로 알려져 있지만, 그 정도 규모의 거대 제국이 일원적 통치 하에 움직이는 것도 쉽지 않은 일임을 감안하면 분할 통치도 나름대로 일리 있는 조치였다. 그러나 종주권의 계승을 놓고 4칸국이 서로 물어뜯은 것은 몽골 제국의 쇠퇴에 큰 영향을 미쳤다.

2) 로마제국(BC 27~AD 1453)의 멸망[38]

독일의 법학자 루돌프 폰 예링(Rudolf von Jhering, 1818~1892)은 그의 저서 『로마법의 정신』의 첫머리에서 다음과 같이 서술하였다: *"로마는 세 번 세계를 통일하였다. 첫 번째는 무력(武力)에 의하여 국가를 통일하였고, 두 번째는 기독교(基督教)로써 교회를 통일하였고, 세 번째는 로마법(法)으로 세계를 통일하였다."*

레오폴트 폰 랑케(Leopold von Lanke, 1795~1886)는 로마가 인류역사에 끼친 영향에 대하여 다음과 같이 웅변적으로 표현했었다: *"고대 모든 역사가 로마라는 호수로 흘러 들어 갔고, 근대의 모든 역사가 로마의 호수로부터 다시 흘러 나왔다."*

로마는 BC 753년 도시국가에서 시작하여 왕정(BC 753~AD 509)과 공화정(BC 510~AD 27)을 통해 당시 지중해의 패권을 쥐고 있던 카르타고(BC 146)를 손에 넣고 지중해의 새로운 주인이 되었다. 하지만 로마공화정으로는 지중해 밖으로 넓혀진 새로운 영토를 관리하기에 역부족이었다. 이에 로마 원로원은 율리우스 카이사르(Julius Caesar, BC 100~AD 44)[39]에게 군 통수권과 권력을 가진 독재관(Dictator)과 군사령관의 지위를 주어 이 문제를

---

38) 지동식 편역(1982), 『로마제국은 왜 멸망했는가?』, 대학문화사; 김영진역(1990), 에드워드 기번, 『로마제국쇠망사』, 8권 대광서림; M.I. Rostovtsev(1971), History of the Ancient World, vol II, Rome, Connecticut

39) 율리우스 카이사르(Julius Caesar, BC 100~44)는 로마 공화국의 정치가, 장군, 작가이다. 그는 로마 공화국이 로마 제국으로 변화하는 데 중요한 역할을 하였다. 정치적으로 율리우스 카이사르(Julius Caesar)는 민중파의 노선에 섰다. 기원전 60년대 말에서 50년대에 이르기까지 그는 마르쿠스 리키니우스 크라수스, 그나이우스 폼페이우스 마그누스와 소위 제1차 삼두 정치라는 초법적 정치 연대를 이루어 수년간 로마 정계를 장악하였다. 이들 파벌은 자신들끼리 권력을 분점하고자 하여, 원로원 내에서 마르쿠스 포르키우스 카토, 마르쿠스 칼푸르니우스 비불루스 등 벌족파의 반대를 받았으며, 마르쿠스 툴리우스 키케로가 이에 가세하기도 하였다. 율리우스 카이사르(Julius Caesar)는 갈리아를 정복(기원전 58년~52년)하여 로마 제국의 영토를 북해까지 넓혔으며, 기원전 55년에는 로마인 처음으로 브리타니아 침공을 감행하였다. 이러한 공훈 덕분에 율리우스 카이사르(Julius Caesar)는 강력한 세력가로 입지를 굳혀 폼페이우스를 위협하게 되었으며, 카라이 전투에서 크라수스가 전사하면서 삼두정의 두 정치가 사이에 긴장이 높아졌다. 이와 같이 로마 정계가 재편되면서 카이사르와 폼페이우스는 서로 대치하게 되었으며, 폼페이우스는 원로원의 대의를 내세웠다. 율리우스 카이사르(Julius Caesar)는 자신의 군단으로 하여금 루비콘 강을 건너게 하는 결단을 내려 기원전 49년에 내전이 일어났으며, 파르살루스 전투, 탑수스 전투 등에서 승리한 그는 로마 세계에서 무소불위의 권력자로 등극하였다.

해결하려 하였으나 그가 암살당하므로 진전을 보지 못했다.

그러나 율리우스 카이사르(Julius Caesar)의 암살사건은 로마가 공화정에서 제정(황제)시대로 진입하는 계기가 되었다. 율리우스 카이사르(Julius Caesar) 암살 이후, 로마 원로원은 이어진 내전에서 승리한 율리우스 카이사르(Julius Caesar)의 양자인 옥타비아누스(BC 63~AD 14)에게 '아우구스투스(Augustus)'라는 칭호를 주었다. 임페라토르 카이사르 디비 필리우스 아우구스투스(Imperator Caesar divi filius Augustus)는 로마 제국의 초대 황제(재위: BC 27~AD 14)로 즉위하였다. 이로써 로마 공화정(共和政, BC 510~AD 27)은 붕괴하고 제정(帝政) 시대(BC 27~AD 1453)가 1453년 비잔티움제국(Byzantine Empire, 동로마제국: AD 395~1453)이 멸망할 때까지 무려 1,480년 동안 존속되었다. 로마제국(帝國)의 몰락은 크게 세 가지 과정을 거치게 된다: AD 395년 동서(東西) 로마제국의 분열, 476년 서(西)로마제국의 멸망, 그리고 1453년 동(東)로마제국(Byzantine Empire, AD 395~1453)의 멸망이다.

로마제국의 흥망성쇠(興亡盛衰)를 보면 로마의 건국자이자 초대 왕(王)인 로물루스(Romulus: BC 772~716)가 세운 도시국기 로마가 지중해익 패권국가가 되어 2천여 년 전 유럽과 영국까지 정복하여 다스린 성공의 비결은 무엇인가? 전성기의 로마가 문(文)보다 무(武)를 숭상했던 것은, 〈힘의 원리〉야말로 세상을 지탱해 나가는 기본원리라는 것을 믿고 있었기 때문이었다. 그런 까닭에 그들은 수많은 전쟁을 통해 로마의 영토를 확장시켜 나갈 수 있었고, 식민지들로부터 막대한 경제적 이득을 취할 수 있었다.

로마인들은 전쟁에서 흡수한 상대 민족을 흡수하고 시민권을 주었고 노예나 이방인, 적(敵)들의 것들까지도 모두 자기 것으로 만드는 개방성(開放性)과 포용성(包容性)이 있었다. 따라서 거대한 로마 제국내에 수많은 민족이 로마의 법을 따르게 됐고 로마인들이 건설한 길인 '로마가도'를 걷게 되었다. "모든 길은 로마로 통한다"라는 말이 있다. 로마의 법은 12표법-시민법-만민법 순으로 발달했고 로마는 건축이 발달해 도로 건설 외에도 서양의 합리주의(合理主義)와 실용주의(實用主義) 전통이 밑바탕 된 건축이 발달하여 아치형 건축, 다리, 돔(판데온이 대표적) 등이 발달했다. 로마시대 지어져 아치형 로마 건축이 남아있는 프랑스의 가르교, 오늘날에도 로마인들이 고대시대에 서양 곳곳에 건설한 도로나 다리들이 사용되고 있다.

로마의 황제들 가운데 가장 뛰어난 인물로 숭앙되는 인물은 마르쿠스 아우렐리우스(Marcus Aurelius, 121~180)이다. 그는 로마의 황제로 플라톤이 꿈꾸던 철인 황제를 구현한 전설적인 인물로 평가받았다. 그의 『명상록』은 '철학자 황제'라고도 불릴 만큼 철학(哲學)에 심취했었던 마르쿠스 아우렐리우스(Marcus Aurelius)가 골치 아픈 국정(國政) 수행 기간 동안 사색하여 얻은 내용을 모아 둔 책이다. 그는 전쟁터에서 자신 또한 언제 죽을지 모른다는 생각에 "죽음은 아무것도 아니다. 그저 원자가 분해되어 흙으로 돌아가는 것이다."라고 담담하게 일기에 쓴 듯하다. 마르쿠스 아우렐리우스(Marcus Aurelius) 황제시대는 로마가 그 융성기를 끝내고 쇠망기로 접어드는 분수령에 속하는 시대였다. 각종의 반란과 내전으로 그는 시달렸고, 그 결과 그에게는 허무주의적 인생관이 구축될 수밖에 없었다.

로마 제국의 제3대 황제 칼리귤라(Caligula, Gaius Julius Caesar Augustus Germanicus, 재위: 37~41)[40]와, 제5대 황제이며 율리우스−클라우디우스 왕조의 마지막 황제 네로(Nero, 재위: 54~68)[41]와 같은 폭군황제들의 등장으로 인해 로마제국은 잠시 내전(內戰) 시기에 돌입 하지만, 곧 5현제(賢帝) 시대[42]가 시작되어 로마의 황금시대가 시작되어 평화와 번영

---

40) 로마인들의 방탕과 잔인성을 극렬하게 묘사한 영화는 틴토 브라스 감독의 영화 〈칼리귤라〉이다. 이 작품은 면밀한 고증을 거쳐서 만들어진 영화로서, 폭군 제3대 황제 칼리귤라(Caligula, Gaius Julius Caesar Augustus Germanicus, 재위: 37~41)의 변태적 성생활과 로마귀족들의 극단적 쾌락추구를 리얼하게 묘사해 내고 있다. 그러나 칼리귤라가 보여 주고 있는 변태성욕은 칼리귤라의 황제시절 당대에만 한정된 것은 아니었다. 칼리귤라가 황제가 되기 전에 로마의 황제로 있던 티베리우스 황제(14~37)의 궁중생활이 이 영화의 초두에 잠깐 등장하는데, 그 역시 칼리귤라 못지않게 지독하게 변태적인 음락(淫樂)을 즐기는 황제로 나온다. 티베리우스 황제는 로마제국의 황금시대라고 할 수 있는 로마 제국의 초대 황제(재위: BC 27~AD 14) 아우구스투스(Imperator Caesar divi filius Augustus) 바로 다음의 황제로서, 로마의 기틀을 굳건하게 다져 나갔던 인물이었다. 칼리귤라가 부하들에 의해 암살된 것은 그의 변태적 방탕 때문이 아니라, 그가 궁중의 대신들을 정치적으로 잘 컨트롤하지 못해 왕위 찬탈의 명분을 주었기 때문이라고 볼 수 있다.

41) 제5대 황제이며 율리우스−클라우디우스 왕조의 마지막 황제 네로(Nero, 재위: 54~68)는 로마 부자들과 원로원 의원들에게 날조된 죄를 뒤집어 씌워 그들의 재산을 강탈했고 황실 사람들도 반역죄를 씌워 처형하고 재산을 빼앗았다. 물론 이때까지만 해도 로마 상류층 내부의 분쟁이었는데 64년 로마시(市)에 유래가 없는 대화재가 있었고 5일에 걸쳐 로마는 불타올랐다. 이때 로마인들 사이에서 네로가 파괴된 도시를 보고 즐기려 일부로 불을 질렀다는 소문과 네로가 불타는 로마를 보며 궁중 높은 누각에서 리라를 타며 노래를 불렀다는 소문이 돌았다. 당시 기독교인들은 로마의 나라 행사나 군대에도 불참하고 대화재때에도 신전에서 울부짖는 로마시민들과 달리 신전에 모습을 드러내지도 않아 로마 시민들은 기독교 시민들에 분통을 터뜨리고 있었고 네로는 이를 이용하기로 결정하고 기독교인들이 로마 방화 주범이라 죄를 뒤집어 씌워 처형하기 시작했다. 이에 오늘날까지 기독교인들 사이에서 네로는 곧 희대의 폭군을 의미하는 대명사가 됐다. 일단 대화재 이후부터 네로의 인기가 추락했고 네로는 원로원의 반발 및 반란으로 도망치다가 자살했다. 그러나 네로 황제가 로마시에 불을 질렀다는 것은 역사적으로는 아무런 근거가 없는 이야기다. 정사(正史)에 나오는 기록을 보면 네로는 로마교외의 별궁에서 쉬고 있다가, 로마시에 불이 난 것을 알고 허둥지둥 로마시로 달려와 진화작업에 총력을 기울였다고 전해진다. 폴란드 작가 쎙키에비치가 쓴 소설 [쿠오바디스]에 나오는 네로의 행적은 문학적으로 과장되게 서술된 것이다.

42) 로마 제국의 '5현제(賢帝)'란 로마 시민들의 생활을 안정시킨 네르바(재위: 96~98), 로마 제국의 영토 확장에 힘쓴 트라야누스(98~117), '팍스 로마나'(Pax Romana)를 이루기 위해 힘쓴 하드리아누스(117~138), 경건한 황제 안토니누스 피우스(138−161), '철학자 황제'라고도 불리우는 마르쿠스 아우렐

을 맞았고 사람들은 이 시기를 로마에 의한 평화라는 뜻의 '팍스 로마나'(Pax Romana)라고 부른다. 5현제 시대에 이르러 로마는 그 전성기를 맞았으며 아프리카에서부터 북부 잉글랜드까지 그 세력을 뻗쳤으며 세계 인구의 1/4이 로마 제국 하에 있었다. 이 시기는 지중해 세력 전부를 제패한 로마가 전쟁을 통한 영토확장을 최소화하면서 오랜 평화를 누렸던 1~2세기경의 시기를 말하며 초대 황제 아우구스티누스(Augustinus, 354~430) 시대부터 5현제(賢帝) 마지막 황제 시대까지 약 200년의 기간동안이다. 고대 로마 최전성기를 이끈 5현제(賢帝)는 평화와 태평성대를 누렸고 많은 서양인들에게 황금시대, 평화 번영기로 이야기되고 있다.

그러나 5현제(賢帝) 시대 이후부터 내부적 모순들은 폭발하기 시작해 군단(군대)에 대한 봉급 지급이 지연되는 등 지역 주둔군에 대한 불만이 커져가고 지방에 대한 로마 제국 수도의 통제력이 약화되었으며 지방 군단을 통솔하는 상급지휘관들은 독자적인 행보를 보이며 점차 자신들이 황제가 되려 했고 결국 내전을 반복하며 로마제국은 점차 군국주의, 전제군주화가 진행됐다.

결국, 로마는 235년부터 284년까지 '군인 황제 시대'가 시작되는데 황제가 되기 위한 군벌들의 계속되는 싸움으로 49년동안 18명의 황제가 바뀌었다. 이러한 혼란의 시대가 시작되자 게르만족들은 이전과는 비교도 안될 정도로 강하고 호전적으로 로마 국경경비를 뚫고 약탈을 일삼았으며 동방에는 로마에 호전적인 사산왕조 페르시아가 등장하자 로마군은 게르만족, 사산왕조를 이중으로 막아야 해서 군대 예산도 늘려야 하는데 로마의 경제 수입을 제공하던 노예가 줄자 화폐를 찍어내게 되고 인플레이션이 계속 일어났다.

이후 로마에는 게르만족과 사산왕조 페르시아의 위협에 대응하기 위해 4명의 황제를 뽑는 '사두정치'가 시행되기도 했고 이후 4명의 황제는 내전을 일으키고 콘스탄틴 대제(大帝)(Constantinus, 재위: 306~337)이 이 내전에서 승리해 로마 제국을 재통일하고 로마 제국은 다시 1인 황제 체제로 바뀌었다.

콘스탄틴 대제(大帝)(Constantinus, 재위: 306~337)은 로마와 세계사에 큰 이름을 남기는 인물인데 가톨릭 성인(聖人)이라고 불리운다. 그는 313년 밀라토 칙령을 내려 오랫동안 로마에서 탄압받은 기독교(基督敎)를 공인해 기독교 박해를 끝냈고 기독교 및 다른 종교에 대한 관용령을 내렸다. 그는 국가통일을 위해 기독교 세력을 이용하려 했고 325년 '니케아 공의회'를 열어 정리되지 않은 기독교 교리 체계화를 시행해 아리우스파를 이단으로 선고 후 파문하고 성부(하나님), 성자(예수님), 성령(성스러운 영혼)이 하나의 하나님의 실체

리우스(Marcus Aurelius, 121~180)을 일컫는다.

라는 '삼위일체론'을 교리로 선포했다. 그 후 392년에 테오도시우스 대제(大帝)(Theodosius, 재위: 379~395)가 기독교를 국교(國敎)로 공인함에 따라 기독교는 전(全) 유럽에 전파됐다.

콘스탄틴 대제(大帝)(Constantinus, 재위: 306~337)는 내부적으로 분열을 막고, 외부적으로 유럽으로 진출해 오려는 페르시아와 이슬람의 세력을 막을 수 있는 요충지로 판단하여, 330년 동(東)로마제국의 수도를 동방지역의 비잔티움 시(市)로 옮겼다. 그러나 이때부터 로마제국은 돌이킬 수 없는 분단의 길로 접어든다. 우수한 자원은 모두 황제가 거처하는 동(東)로마로 몰렸다. 이 결과, 콘스탄티노플(Constantinople)은 정치적인 중심이 되었던 반면에 종교적인 정통성은 로마에 있었다. 그 후 로마 교회와 비잔티움 황제들 간에 서로 종교와 정치적인 입장을 달리하면서 분열은 더욱 가속화 되었다. 그 후 유럽은 한동안 동(東)로마제국으로부터 불신과 이슬람 세력의 침입에 시달려야 했다.

그럼에도 불구하고, 콘스탄티노플(Constantinople)은 군사적으로 서유럽의 방파제 역할을 감당해 왔다. 또한, 동(東)로마제국(Byzantine Empire)은 수백 년 동안 그리스의 철학과 문화, 로마의 법과 문명 그리고 기독교의 전통을 다듬고 보존해서 유럽에 전해 주었다. 그럼에도 불구하고, 유럽은 제4차 십자군 원정(1202~1204)을 결성하여 콘스탄티노플을 점령하여 약탈과 패륜을 저질렀다. 참으로, 역사의 역설이 아닐 수 없다.

사실, 콘스탄티누스 황제(Constantinus 재위: 306~337)이 기독교를 공인한 AD 313년을 전후로 하여 로마제국은 서서히 붕괴되어 가기 시작했다. 그의 313년 밀라토 칙령은 종교적 신앙심에 의한 것이라기보다는 정치적 계산에 의한 것이었다고 짐작된다. 당시, 거대한 로마제국의 판도 안에서는 이 종교 저 종교가 여러 민족들 사이에 잡다하게 퍼져 나가고 있었다. 그러자 콘스탄티누스 황제(Constantinus 재위: 306~337)은 스코틀랜드로부터 소아시아에 걸쳐 광대한 지역을 차지하고 있는 로마제국을 하나로 뭉치게 하는데 기독교(基督敎)가 가장 적합한 종교라고 판단했었던 것 같다.

그 후, 테오도시우스 대제(大帝)(Theodosius, 재위: 379~395)는 392년 기독교(基督敎)를 로마 제국의 공식적인 국교(國敎)로 만들었다. 그의 강력한 기독교 부흥 정책 때문에 그는 기독교계 역사가들로부터 '대제(大帝)'의 칭호를 받았다. 기독교를 국교(國敎)로 공인하자, 기독교회는 곧바로 놀라운 조직력을 과시하기 시작했다. 정치적 행정 단위와 비슷한 여러 교구(敎區)로 구성된 교회는 잡다한 로마제국의 인종들을 하나로 통일시키는 데는 성공하였다.

이어서, 테오도시우스 대제(大帝)(Theodosius, 재위: 379~395)는 그라티아누스 황제로부터 동(東)로마 제국을 다스릴 것을 임명받은 이후 서(西)로마 제국의 황제 발렌티니아누스

2세가 죽은 후, 동(東)로마와 서(西)로마 모두를 통치한 마지막 황제였다. 테오도시우스 대제(大帝)(Theodosius, 재위 379~395)는 넓혀진 땅을 혼자서 통치할 수 없다고 판단하여 로마제국을 동서(東西)로 분할하여 자신의 두 아들: 아르카디우스(동로마)와 호노리우스(서로마)에게 맡겼다. 테오도시우스 대제(大帝)(Theodosius)는 동서(東西) 로마제국을 함께 통치한 마지막 황제로, 395년 그가 죽은 후 동·서(東·西) 로마제국은 완전히 분열되어 다시 통일되지 못했다.[43] 분할 통치는 분열로 이어지고 말았다. 서(西)로마제국은 동(東)로마제국에 비해 허약한 경제와 내전으로 인해 피폐해진 군대로 동(東)로마제국보다 넓은 국경을 방위해야만 하는 약점을 극복하지 못하고 일찍이 패망의 길을 걷게 되었다.

상기한 역사적 배경으로 395년 로마가 동·서(東·西) 로마제국으로 나눠진지 겨우 81년 후인 476년 서(西)로마 제국의 마지막 황제, 로물루스 아우구스투스(Romulus Augustus, 재위: 475~476)은 게르만의 용병대장 오도아케르에 의해 멸망한다. 그 후 유럽에는 그리스·로마 문명 보다는 오로지 가톨릭의 종교문화만 강조되는 등 쇠락(衰落)의 길로 갔다. 한편, 동(東)로마제국(Byzantine Empire)은 로마제국을 계승하여 한층 발전된 문화를 꽃피우기도 했었으나 11세기 이후 동쪽의 투르크족의 침입으로 급격히 퇴색하고 있었다. 결국, 395년 로마가 동서로 나눠진지 약 1,000년 후 1453년 동(東)로마제국(비잔티움제국, AD 395~1453)의 멸망으로 로마제국은 끝을 맺는다.

(1) 서(西)로마제국(395~476)의 멸망

세계사에서 서(西)로마제국(395~476)의 멸망의 원인은 훈족(흉노적)의 침입과, 훈족에 밀려 게르만 민족의 대이동이라고 말한다. 이로 인해 서(西)로마제국(395~476)은 궁핍한 재정으로 국경이 숭숭 뚫리다가 여러 이민부족들의 침공으로 쇠퇴하다가 서(西)로마제국(395~476)의 마지막 황제 로물루스 아우구스투스(Romulus Augustus, 재위: 475~476)는 476년 게르만족 용병대장 오도아케르에 의해 강제퇴위 당함으로써 서(西)로마 제국(395~476)은 허망하게 멸망하였다. 테오도시우스 1세(Theodosius, 재위: 379~395)가 그의 두 아들 아르카디우스(동로마)와 호노리우스(서로마)에게 동서(東西)로마제국을 분리 통치하게 한 지 겨우 81년만에 서(西)로마제국(395~476)이 멸망한 것이었다.

---

43) 테오도시우스 1세(Theodosius, 재위: 379~395) 황제 사후인 395년부터 로마는 결국 동로마(비잔티움제국)와 서로마로 분열했고 물론 편의상 그렇게 부르는 것이지만 제국 서부와 제국 동부는 서로 다른 국가로 인식하지는 않았고 공식적으로는 갈라지지는 않았다. 모든 포고령은 동서로마 황제 이름으로 공표됐고 동서(東西) 로마 궁정은 서로 내정간섭을 할 권리도 있었다.

그러나 엄연히 동(東)로마제국이 존속하고 있었기 때문에 서(西)로마 속주(屬州)가 사라진 것이지 로마제국 멸망을 의미하는 것은 아니었다. 멸망한 서(西)로마 자리에는 이민족들이 세운 나라들이 들어섰지만 동(東)로마제국(AD 395~1453)은 무려 1,000년 동안 존속하여 1453년 수도 콘스탄티노플이 오스만 제국에 함락당하였다. 그 후부터는 유럽 세계의 사회중심은 지중해에서 대서양으로, 이탈리아나 그리스에서 스페인지역이나 영국, 프랑스와 같은 서유럽으로 각각 이동하였다.

로마제국은 중간에 지중해를 둔 도넛 모양의 지리적인 구조를 가지고 있었다. 여러가지 면에서 지중해는 로마제국에 있어서 큰 자산이었다. 왜냐하면 지중해는 고대 세계에 있어서 가장 유용한 해상수송이라는 가장 유용한 운송수단을 제공했고 지중해 연안 전역을 단일 제국으로 묶어둘 수 있게 했기 때문이었다. 이와 반면에, 육지의 약 2,400km 국경선이 지나치게 길었다. 따라서 방어해야 하는 국경선은 넓고 극심해져 가는 야만족의 침입은 많은 인력수요를 유발하였다. 이에 비하여 로마제국의 인구는 정체됨으로 극심한 인력의 부족이라는 문제점을 유발하였다. 왜 인구가 증가하지 않았는가? 로마제국이 부유해져 감에 따라 출산율이 크게 저하되었다. 따라서 국경지대에 심각한 위협이 있을 때 그것들을 방어하는데 막대한 인원과 자원이 소모되었다. 이러한 국경선 방어의 난점은 동(東)로마제국보다는 서(西)로마제국에서 더욱 극심하였고 이 때문에 서(西)로마제국(395~476)이 먼저 멸망한 것이었다.

서(西)로마제국(395~476)의 멸망 과정에서 내부적 반란이 많이 일어났다. 예로서, 서(西)고트족 알라리크의 표면적인 반란 이유는 테오도시우스 1세(Theodosius, 재위: 379~395) 황제로부터 내려주던 보조금의 삭감이었다. 서(西)고트족 알라리크는 전쟁을 피하는 로마인의 타성을 꿰뚫고 있었다. 그리고 동(東)로마제국의 실권자 루피누스와 내통하여 손쉽게 그리스로 진군할 수 있었다. 뒤늦게 서(西)고트족 알라리크를 격퇴하고 협상을 끌어낸 인물이 '로마의 마지막 명장' 서(西)로마제국 사령관 스틸리코다. 그는 서고트족을 진압할 충분한 능력이 있었다. 그러나 그의 정적, 동(東)로마제국의 실권자 루피누스의 탐욕과 질시의 종말을 지켜보았음에도 불구하고 그 역시 이를 이겨내지 못했다. 결국, 서(西)로마제국 사령관 스틸리코 역시 408년 자신의 사위인 호노리우스 황제에 의해 참수당했다.

또한, 아프리카의 코메스(황제의 지방 사령관) 길도가 반란을 일으켰다. 서(西)로마제국 사령관 스틸리코는 밀라노에 피신해 있던 반란군 길도의 동생 마스케젤을 보냈다. 재능이 뛰어난 마스케젤은 형의 위협을 피해 도망쳐 있었다. 그러자 길도가 남아 있던 자신의 아이들을 죽였기에 원한이 사무쳐 있었다. 그러나 길드의 반란을 진압한 마스케젤은 귀환하는 도중에 어이없이 사망하였다.

　다신교 사회였던 로마가 모든 신(神)들을 위해 지은 '판테온'과, 국교로 지정된 기독교(基督敎) 교회 간 갈등은 동(東)로마 제국 멸망 시 가장 큰 변수로 등장한다. 야만족은 결혼을 통해 로마인과 한 핏줄을 이루었다. 일종의 신분 상승이다. 그러나 로마의 집권층도 인척 관계가 된 야만족을 통해 개인적 탐욕을 관철하려 했다. 대표적인 사례가 서기 451년 발렌티니아누스 황제의 누이 호노리아가 훈족을 로마로 불러들인 일이다. 호노리아 공주는 개인적인 복수심으로 훈족의 왕 아틸라에게 청혼했고, 훈족의 왕(王) 아틸라는 서(西)로마를 그녀의 몫으로 요구했다. 그는 호노리아 공주의 지참금 명목으로 막대한 액수를 내놓으면 물러나겠다고 했다. 453년 훈족과 평화조약을 체결했다. 발렌티아누스 3세는 여전히 무능했고 쾌락만 좇았다. 그는 오히려 전쟁 일등 공신 아이티우스를 살해했다. 이어 발렌티아누스 3세는 원로원 의원 페트로니우스 막시무스의 아내를 짓밟았다. 결국, 아이티우스를 추종했던 야만족 두 명이 황제의 심장을 찔렀고, 원로원 의원 페트로니우스 막시무스가 새로운 황제가 되었다. 이번에는 페트로니우스 막시무스 신임 황제가 거꾸로 발렌티니아누스의 황후 에우독시아에게 폭력을 행사했다. 그녀는 카르타고 쪽으로 눈을 돌려 반달족 왕 가이세리크에게 도움을 요청했다. 그녀는 페트로니우스 막시무스 황제의 최후를 지켜볼 수 있었다. 하지만 곧 자신의 성급한 결정을 후회했다. 큰 딸 에우도키아와 함께 야만족 왕을 따라 카르타고로 가야만 했다. 그리고 그녀는 그곳에서 큰딸 에우도키아를 가이세리크에게 시집보냈다. 이런 상황에선 어느 사회에서든 신의와 존경은 자취를 감춘다. 귀족들은 안위에만 급급했고, 백성은 비명에 귀 기울이지 않는 정부 대신에 차라리 단순한 야만인의 폭정을 반겼었다.

　그러나 타락한 시대에도 위대한 인물은 나타나기 마련이다. 서(西)로마 황제(재위: 457~461) 마요리아누스(Julius Valerius Majorianus)는 법률을 재정비하고, 속주 아프리카를 수복하려고 가이세리크에게 맞섰다. 그는 위장을 한 채 적진 카르타고를 방문했고, 457년 대형 갤리선 300척을 건조하여 에스파냐 카르타헤나의 넓은 항구에 집결시켰다. 그러나 마요리아누스(Julius Valerius Majorianus) 황제의 성공을 질시하는 리키메르를 비롯한 몇몇 내부 유력인사들이 배신했다. 그들로부터 정보를 입수한 가이세리크는 로마 함대를 기습했다. 3년에 걸친 마요리아누스 황제의 준비는 물거품이 되었다. 리키메르는 야만족의 폭동으로 폐위된 마요리아누스를 대신해 자질이나 품성이 미흡한, 즉 자신에게 위협이 되지 않는 인물 리비우스 세베루스 세펜티우스 아우구스투스(Flavius Libius Severus Serpentius Augustus)를 황제(재위: 461~465)로 추대했다. 서(西)로마제국(AD 395~476)은 이렇게 자유,

미덕, 명예를 잃고 결국, 스스로 멸망의 길로 들어섰다.

다른 한편으로, 테오도시우스 대제(大帝)(Theodosius, 재위: 379~395)가 392년 기독교(基督敎)를 서(西)로마제국(AD 395~476)의 공식적인 국교(國敎)로 공표한 후, 기독교(基督敎)가 로마를 지배하게 되면서, 중세기적 암흑시대의 전조(前兆)가 생겨나기 시작했다. 기독교의 교부(敎父)들은 우민정책(愚民政策)을 폈기 때문에 읽고 쓰는 일은 오직 귀족과 승려들의 전유물이 되어 갔고, 일반 백성들에게는 전혀 교육을 베풀지 않았다. 또한 무엇을 읽고 무엇을 쓸 것인가 하는 문제가 순전히 교회의 결정에 따라 좌우되었기 때문에, 다양한 문화의 발전은 생각할 수조차 없게 되었다. 현실적 쾌락을 최고의 선(善)으로 인정하지 않고 현실을 헛된 신기루로 보고 밤낮없이 금욕생활과 기도로만 일관할 것을 강요받았다. 그 결과, 사람들은 오직 죽은 뒤에 내세(來世)에서 받을 하나님의 심판에만 목을 매고 살아가는 인질의 신세로 전락해 버리고 말았다.

서(西)로마제국(AD 395~476)의 멸망에 대해 가장 예민한 사람은 바로 이교도들이었다. 그들은 서(西)로마제국이 가장 무력해진 시기가 기독교(基督敎)가 가장 번성한 시기였다는 점을 주목했다. 한편 기독교인들은 이교도들의 비난에 대해 변명하기에 바빴다. 이런 상황 가운데서 기독교인과 이교도들 모두에게 바른 해답을 제시한 사람이 『하나님의 도성』(De civitate Dei)의 저자 아우구스티누스(Augustinus, 354~430)[44]였다. 그는 교회의 역사 안에서 사도 바울 다음으로 교회에 큰 영향을 끼친 인물이다. 성 어거스틴(St. Augustinus, 354~430)은 410년 게르만 족의 침입으로 로마가 함락, 약탈되는 것을 보고 『신국론』(De Civitate Dei)[45]을 서술하여 기독교가 로마 쇠퇴의 원인이 아님을 역설하였다.

로마가 기독교로 개종하기 전의 이교(異敎) 시대에서 로마에는 여러 번 가공할만한 사건들(예 갈리아 인의 침입이나 네로 황제의 로마 방화 등)이 많이 있었다는 것이다. 따라서 성 어거스틴(St. Augustinus, 354~430)은 로마 제국의 쇠퇴는 오히려 기독교(基督敎)를 진실하게 믿지 않는 이교도들 때문이라고 주장했다. 그는 서(西)로마제국의 멸망을 그리스도인들에게 돌리는 이교도들과 그 비난이 무서워 변명하는 그리스도인들에게 다음과 같이 말했

---

44) 하버드 대학의 철학교수 알프레드 노스 화이트헤드(Alfred North Whitehead, 1861~1947)가 *"현대의 모든 철학(哲學)은 플라톤의 주석이고 현대의 모든 신학(神學)은 어거스틴의 주석이다"*라고 말했다.

45) 『성 어거스틴의 고백록』(The Confessions of St. Augustine)은 한 위대한 성자의 인간적이고 진솔한 고백이 담긴 불후의 명저이다. 그는 타락과 방황과 불신앙적인 삶을 살다가 인류사에서 위대한 성인(聖人)이 되었다. 그는 자신에 대한 인기와 존경심이 최고에 달했을 때 『고백록』을 출판해서 자신이 죄인임을 고백했다. 그리고 자기의 어린 시절을 회상하며 그 배후에서 역사하시고 인도하셨던 하나님의 은혜를 찬양했다.

다: "로마가 멸망하게 된 원인은 로마의 부(不)도덕성과 무(無)신앙에서 왔지만 오직 '하나님의 도성(De civitate Dei)'만이 영원함을 사람들에게 보여주기 위함이다. 로마는 신실하신 하나님을 기쁘시게 하는 미덕을 발휘할 때 남보다 뛰어나다는 것을 보여주신 것이다."

또한, 길다스 살비아누스(400~480)는 그의 『신정론』에서 로마 쇠망의 원인이 죄악과 부정 부패에 대한 하늘의 심판이라고 주장하였다.

오직 신(神)만이 관심을 끌던 중세(中世)를 거쳐 다시 인간적인 것으로 눈을 돌리던 르네상스 시대가 되면 다시 고전 고대에 대한 관심이 증가하면서 로마제국의 멸망론도 다시 새로운 관점에서 다루어지게 되었다. 이 시대 이탈리아 시인·인문주의자 프란체스코 페트라르카(Francesco Petrarca, 1304~1374)는 로마가 당한 모든 해악의 근원을 로마 공화국이 로마 제국으로 변화시키면서 시민의 자유(自由)를 파괴한 임페라토르 율리우스 카이사르(Imperator Julius Caesar: BC 100~44)에게로 돌렸다. 프란체스코 페트라르카(Francesco Petrarca)는 또한 고대 로마 문화의 몰락을 이민속에 의한 야만화에서 찾고, 최초로 '암흑시대(Dark Age)'란 용어 사용한 사람이다.

(2) 동(東)로마제국(Byzantine Empire)의 멸망(1453.05.29)

동(東)로마제국(Byzantine Empire, AD 395~1453)은 395년 테오도시우스 1세(Theodosius, 재위: 379~395) 황제가 사망하고 동서(東西)로마가 분할된 이후부터 1453년까지 천년이 넘는 기간 동안 약 90여명의 황제와 125명에 이르는 대주교가 지배했다. 서(西)로마제국(AD 395~476)이 게르만족에게 점령당해 느린 속도로 문명화되는 동안에 동(東)로마제국(Byzantine Empire)은 그리스와 로마의 문명을 오롯이 보존하고 발전시켰다. 그 결과 동(東)로마제국(Byzantine Empire, AD 395~1453)은 대체로 로마제국의 고전적 전통을 따랐고, 정치제도는 로마의 이념과 철학을 이어받았고 종교적으로 그리스도교를 국교(國敎)로 삼았다. 예술에서는 비잔틴 양식을 확립하였으며 언어와 문화와 생활은 그리스의 전통을 많이 따랐다.

비잔티움과 콘스탄티노플, 이스탄불은 로마의 법과 그리스의 철학, 기독교가 완벽하게 결실한 곳이라 할 만하다. 4개 종교: 로마교회, 개신교회, 희랍정교회와 이슬람교는 모두 비잔티움과 콘스탄티노플 그리고 이스탄불에서 뿌리를 두고 각기 지중해로 뻗어 나갔다.

다른 한편으로, 14세기에 태동한 오스만 투르크 제국(Osman Turk Empire)은 처음에는 소아시아의 조그만 제후국에 불과했지만 빠르게 성장해 영역을 확장하고 이어 동(東)로마제국(Byzantine Empire)이 장악하고 있던 소아시아 전체를 차지하였다. 허약해진 동(東)로마제국(Byzantine Empire)은 그 영토들을 방어할 힘조차 없었다. 오스만 투르크 제국(Osman Turk Empire)은 계속해서 동(東)로마제국(Byzantine Empire)을 압박하여 제국의 대부분을 장악하고 이어 수도인 콘스탄티노플을 우회하여 에게해(海)를 건너 발칸반도로 영토를 확장했다. 마치 동(東)로마제국(Byzantine Empire)이 오스만 제국 영토에 파묻힌 것과 같은 모습이 되었다.

결국, 1453년 4월 2일, 오스만 투르크 제국(Osman Turk Empire)의 제7대 술탄 메흐메트 2세(1432~1481)는 동(東)로마제국(Byzantine Empire)의 수도, 콘스탄티노플을 공략을 위해 출정하였다. 그 이전에 메흐메트 2세는 많은 병사들을 동원해 보스포러스 해협의 유럽쪽 땅에 거대한 성채(城砦)를 짓게 했다. 이것은 오스만 투르크 제국(Osman Turk Empire)가 콘스탄티노플의 목줄을 움켜쥐고 전쟁을 시작한 셈이었다. 오스만 해군 역시 콘스탄티노플의 남쪽 바다인 마드리드 해(海)를 가득 메워 포위했다. 이에 대항한 콘스탄티노플의 군사는 겨우 콘스탄티누스 11세(Constantinus XI, 1405~1453.05.29)의 징집병과 용병으로 이루어진 약 7,000명의 병사는 10만 명 내외의 오스만 군에 비해 턱없이 약했다. 그나마 콘스탄티노플의 성벽은 무려 20km에 달하고 '3중 성벽'으로 유명해 유럽 최고의 성벽이라는 명성이 남아 있었다. 1453년 5월 29일, 오스만 군의 총공격이 시작되었다. 메흐메트 2세(1432~1481)는 이러한 콘스탄티노플의 방어를 뚫기 위해 거대한 대포를 제작하고[46] 땅굴을 파는 등 다양한 전술을 고안한다. 공성전(攻城戰)은 오스만 군에 상당한 피해를 강요했다. 오스만 특유의 부대인 예니체리 군단이 분전했었지만 수는 많아도 유럽에 비해 빈약한 무장을 갖춘 오스만 군의 피해가 늘어났다. 수 주에 걸친 엄청난 포격에도 콘스탄티노플의 성벽은 좀처럼 뚫리지 않았다. 그러는 동안 메흐메트의 함선은 금각만(Golden Horn) 안으로 들어갈 수 없었는데, 그 요인은 동(東)로마제국이 금각만(Golden Horn) 입구에 쇠사슬을 설치하여 봉쇄하였기 때문이었다. 메흐메트 2세(1432~1481)는 기상천외한 발상을

---

46) 콘스탄티노플 전쟁에서 가장 큰 역할을 담당했던 것은 대규모 화포(火砲)였다. 대구경 화포의 효과를 투르크인들은 유럽인들보다 더 빨리 파악했다. 콘스탄티노플의 삼중 성벽은 중세 요새들 가운데 가장 튼튼한 요새로서, 웬만한 대포로는 효과가 없었기 때문이다. 투르크인들은 성벽을 부수는 데 대포만큼 적합한 수단이 없다는 것을 확신하고 최고의 대포를 개발하는 데 역점을 두었다. 그런데 이런 대포를 만든 기술자의 예화가 있다. 우르반(Urban)이라는 헝가리 기술자가 콘스탄티누스 황제를 찾아와 그러한 대포 제작을 제의했다. 그러나 황제는 값이 비싸다는 이유를 들어 그 제의를 거절했다. 그러자 우르반은 메흐메트에게 접근했고, 이때 메흐메트는 우르반이 요구한 액수의 4배까지 지불하고 가능한 모든 방법을 동원하여 지원함으로써 결국 1453년 초에는 원하던 최대의 대포를 얻을 수 있었다.

한다. 금각만(Golden Horn) 입구를 우회하여 산 능선에 기름칠한 통나무를 늘어놓고 그의 함대를 굴려서 금각만(Golden Horn)으로 들여보냈다. 즉, 바다에 있는 배를 능선을 통과시킨 것이다. 그리하여 방어준비가 되어 있지 않은 내부를 직접 공격하게 하였다. 이로써 외부에서 제공하던 보급선을 저지하자 방어 측의 사기가 떨어졌고 안 그래도 열세인 병력을 금각만(Golden Horn)과 성벽으로 나누어 방위에 임할 수 밖에 없었다. 1453년 5월 들어 각종 땅굴공격과 포격으로 견고했던 3중 성벽이 서서히 무너져가고 식량난까지 겹쳐 콘스탄티노플 시민들의 불안은 가중되고 오랜 공성전(攻城戰)으로 방어군의 전사자와 부상자 역시 엄청나게 늘어 났었다.

1453년 5월 29일, 오스만 군의 총공격이 시작되었다. 약해진 성벽으로 비집고 들어온 오스만 군은 성벽을 점령하고 성문을 활짝 열었다. 이렇게 열린 돌파구를 향해 더 많은 오스만 군들이 밀려들고 살육이 시작된다. 붉은 황제복을 입고 백마에 올라타 끝까지 오스만군과 싸우던 황제 콘스탄티누스 11세(Constantinus XI, 1405~1453.05.29)는 장렬히 전사해 시체도 찾지 못하고 실종되었다. 도시 대부분이 철저히 약탈되고 방화되었으며 학살이 벌어졌고 포로들은 노예로 팔렸다.

메흐메트 2세(1432~1481)는 시내를 둘러보고 아름다운 성 소피아 성당을 허물지 말고 모스크로 개조할 것으로 명한다. 또한 콘스탄티노플을 재건하고 오스만 제국의 수도로 삼아 그 이름을 '이스탄불'로 바꾸었다. 이로써 콘스탄티노플은 동(東)로마제국(Byzantine Empire) 전(前) 시대의 '비잔티움', 동(東)로마제국 때의 '콘스탄티노플', 그리고 '이스탄불'이라는 세 번째 이름을 가지게 된 것이다.

콘스탄티노플의 함락은 서구 유럽인들에게 큰 충격을 주었다. 왜냐하면 콘스탄티노플은 동(東)로마 자체였고 자신들의 뿌리와도 같은 로마의 계승자로 남아있던 동(東)로마제국(Byzantine Empire, AD 395~1453)이 멸망했기 때문이었다. 사실, 비잔티움과 콘스탄티노플, 이스탄불은 로마의 법과 그리스의 철학, 기독교가 완벽하게 결실한 수도였다. 또한, 4개의 종교: 로마교회, 개신교회, 희랍정교회, 이슬람교는 모두 비잔티움, 콘스탄티노플, 이스탄불에서 뿌리를 두고 각기 지중해로 뻗어 나갔다.

그 후 오스만투르크제국(Osman Turk Empire)은 현재 터키 최대의 도시인 이스탄불에 도읍하여 서쪽의 모로코부터 동쪽의 아제르바이잔에 이르러 북쪽의 우크라이나에서 남쪽의 예멘에 이르는 광대한 영토를 지배했으며 대항해시대까지 유럽과 아시아의 제국들 사이에서 문화를 꽃피웠고 세계의 중개자 역할을 했다. 제1차 세계대전(1914~1918)에서 패전한 후 쇠락할 때까지 이슬람교를 수호하는 중동(中東)의 대국으로 유럽과 아시아의 실질적인 영향력을 행사했다.

(3) 로마제국의 멸망 요인

독일의 문화 철학자로서 『서구의 몰락』(Untergang des Abendlandes, 1918)의 저자인 오스발트 슈펭글러(Oswald Spengler, 1880~1936)는 사회 역시 인간과 마찬가지로 청년기 → 장년기 → 노년기의 과정을 겪는다고 보면서, 로마의 멸망을 유기체적 숙명론적으로 해석하였다. 또한, 영국의 역사학자로서 『역사의 연구(Study of History)』의 저자인 아놀드 조지프 토인비(Arnold Joseph Toynbee, 1889~1975)는 역시 일종의 '숙명론'에 입각하여, 그리스 로마 문화를 헬레니즘(Hellensim) 문화권으로 분류하고, 이 문화권의 자살 시기를 이미 펠로폰네소스 전쟁시기로 규정하였다. 다시 말하자면 로마제국은 만들어지기도 전에 이미 몰락하도록 되어있었다는 것이다.

상기한 문명사관(文明史觀)과는 대조적으로, 수많은 로마연구가와 역사학자들 역시 로마는 나라가 일어난 원인도, 멸망 원인도 로마인들의 '개방성(開放性)'을 지적한다. 영국의 역사가 에드워드 기번(Edward Gibbon, 1737~1794)은 그의 저서: 『로마 제국 쇠망사』에서 "로마는 노예나 이방인, 심지어 적까지도 모두 자기 것으로 만든 개방성(포용성)이 로마제국을 만들게 했고 또한 개방성이 제국을 멸망하게도 했다."라고 말하며, 그는 로마제국의 멸망의 원인을 로마 제국의 도덕적 타락, 군사력의 무기력화, 재정 곤궁, 동서(東西)로마의 분열과 상호간의 질시, 기독교와 게르만 족의 침입 등에 대해 논하였다.

또한, 〈로마인 이야기〉 15권을 집필한 일본의 시오노 나나미(塩野七生, 1937~현재)가 제1권 서문에서 다음과 같은 화두(話頭)를 던진다: "지성은 그리스인보다 못하고 체력은 켈트인이나 게르만인보다 못하고, 기술력은 에트루리아인보다 못하고 경제력은 카르타고인보다 뒤떨어진 로마가 어떻게 역사의 중심이 될 수 있었을까?" 그녀가 찾은 해답은 '로마의 개방성(포용성)'이었다.

로마인들은 전쟁에서 흡수한 상대 민족을 흡수하고 시민권을 주었고 노예나 이방인, 적들의 것들까지도 모두 자기것으로 만드는 개방성과 포용성이 있었고 이에 거대한 로마제국내에 수많은 민족이 로마의 법을 따르게 했고 로마인들이 건설한 길을 걷게 되었다. "모든 길은 로마로 통한다"라는 말이 있다. 오늘날에도 로마인들이 고대시대에 서양 곳곳에 건설한 도로나 다리들이 사용된다.

또한, 가히 법의 나라라 할 수 있는 로마의 법은 12표법－시민법－만민법 순으로 발달했고 로마는 건축이 발달해 도로 건설 이외에도 서양의 합리주의(合理主義)와 실용주의(實用主義) 전통이 밑바탕 된 구조 실용주의 건축이 발달해 아치형 건축, 다리, 돔(판테온이 대표적) 등이 발달했었다. 예로서 로마시대에 지어져 아치형 로마 건축이 남아있는 프랑스의 가르교를 들 수 있다.

그렇다면, 과연 로마는 왜 멸망한 것일까? 사실, 어떤 나라든지 영원히 계속적으로 번영할 수 없으므로, 우리의 관심은 로마가 왜 그렇게 급격히 쇠락하게 되었는가 하는 점이다. 우선, 로마 멸망과 관련된 여러 견해들을 주제별로 정리해보면 다음과 같다.

첫째, 로마제국 멸망 요인의 하나는 바로 로마제국의 부패한 정치문화였다. 야만족이 쳐들어오는 긴급한 상황에서조차도 후기 로마인들은 제위(帝位)를 계승하기 위한 전쟁을 벌였고 관리들은 착복, 뇌물수수에 몰두하였다. 특히 군인 황제기의 혼란 속에서, 황제들의 '영원한 로마(Roma Aeterna)'와 '황금시대로의 복귀'라는 거창한 구호에도 불구하고, 로마인들은 로마의 쇠망을 피할 수 없는 것으로 느끼고 있었다. 제위(帝位) 계승을 위한 권력투쟁은 국경의 방어를 약화시켰다. 출신성분이 대귀족이 아니었던 사람들도 대귀족처럼 행동하며 생활하기를 원하였는데 로마제국 후기에 그렇게 할 수 있는 유일한 방법은 군대나 정부의 고위직에 오르는 것이었고 이렇게 군대나 정부에 진출한 사람들은 권력을 이용하여 압제와 독직을 일삼아 치부(致富)를 하였고 이깃이 사실상 로마제국 후반기에 관료와 군대 내부에서 부패(腐敗)가 횡행하였던 원인 중의 하나였다. 로마제국의 관리들은 끊임없이 부정부패(不正腐敗)를 저질렀고 부자나 권력자들은 자신들이 가진 부(富)와 권력을 이용하여 그들에게 부과되는 세금과 같은 재정부담은 모두 피하였다. 이 재정부담은 모두 중하층 농민이나 상인들에게로 전가되었다.

둘째, 로마 공화정은 중산층과 자영농과 귀족의 나라였고 로마 제국은 황제와 노예와 군인의 나라였다 할 수 있다. 로마제국의 크기에 비하여 로마제국의 경제는 매우 취약하였다. 과거에는 제국의 번영이 정복전쟁을 통한 전리품의 유입으로 유지되었다. 그러나 5현제 시기 후 로마 제국의 팽창력, 통치력 한계로 로마인들은 더 이상 영토확장이 불가능했다. 아우구스티누스(Augustinus, 354~430) 이후 로마의 정복전쟁이 중지되었다. 로마제국의 팽창이 멈췄다. 더 나누어줄 전리품이나 봉토(封土)가 없었다. 또한, 노예경제 사회였던 로마에는 노예 공급이 줄어들기 시작했고 경제활동과 세수확보가 감소됐다. 그러나 귀족들의 탐욕은 멈출 줄 몰랐고, 고리 대금업으로 세습 재산을 불렸다.

고대 로마귀족들은 부유한 지주가 되어 전쟁이나 공직에 참여하지 않을때는 문화 생활을 즐기며 편안하게 사는 것이 최고라는 생각이 자리잡고 있었다. 또한 귀족들은 또한 여러 가지 실무(농업, 상업, 과학)에 종사한다는 것을 매우 천하게 여겼고 관심조차 두지 않았다. 실제적으로 제국을 이끌어가는 노동을 창출하고 생산성을 높이는 것은 농민들이나 상인들로서 대자본으로부터 유리되었다. 과학기술을 발전시켜 생산성을 높이는 문제에 대하여 귀족들은 관심조차 없었고 실제 생산을 담당했던 계층에서는 과학을 발전시킬 역량이 없었다. 자금도 없었고 교육도 받지 못한 사람들이 과학적인 혁신을 이끌어 낼 수는 없었다. 이러한 이유로 인해서 로마제국의 과학기술 발전은 정체되었고 경제도 침체되었다.

또한, 로마의 경제가 농업과 노예제에 의존함으로써 공업이 후진성을 면치 못했다. 생산 증대와 생활 향상을 위한 기술의 발명이 없었다. 이와 함께, 노예 노동은 기술개발을 촉진시키지 못하였고, 사회 전체에 노동을 천시하는 풍조가 만연하였다. 노동을 천시하게 된 평민들은 나태심과 맞물려 정복지에서 노예와 값싼 식량이 밀려들면서 땅을 팔아버릴 수밖에 없는 처지가 되었다. 자영농이 줄어들었고, 귀족에 대한 예속이 심화하였다. 강제노동으로 인한 생산의 비능률성, 노예반란 혹은 태업 등이 장기적으로 제국의 생산력을 저하시켰다. 또한, 저급한 기술과 일반 대중의 구매력 하락, 노예제도의 폐단, 부(富)의 정당한 분배가 이루어지지 못했다. 게다가 로마제국 후반기에 이르러 로마인의 정신적 도덕적 타락으로 인한 퇴폐적이고 향락적 생활은 임신, 출산, 육아 등으로 나타났다. 인구의 감소는 바로 경제력의 약화, 혹은 지배권력의 약화로 연결된다.

게다가 국방상의 이유로 재정상의 필요가 폭증하게 됨에 따라 로마의 후기로 가면 갈수록 농민들에 대한 세금은 점점 무거워지게 되었다. 이에 따라 자영농의 몰락과 농민의 소작농화 현상이 점점 더 심해져갔다. 국가에서 세금 징수를 위해 직업과 신분을 고정시킴으로써, 자유로운 경제의 흐름이 차단되었다. 또한 대규모 관료체제와 군사력의 증강은 막대한 재정의 지출을 초래하였는데, 이는 과중한 징세로 연결되었다. 이러한 과중한 징세와 국가 재정 타개의 방안으로 주조된 악화(惡貨)의 강제유통은 바로 화폐경제 혼란을 초래하여 제국의 경제를 돌이킬 수 없는 파탄으로 몰아갔다. 나아가 이러한 현상들은 로마제국에 대한 지방민의 애착을 약화시켰다. '군인 황제 시대'를 거치면서 군단과 정치의 중심이 상당부분 지방에 분산되어 있었던 것도 이러한 지방의 이탈을 조장하는 데 기여하였다.

로마의 경제는 기본적으로 농업과 사치품의 교역이었는데 사치품의 교역도 더 이상 정복전쟁으로 확보할 수 없게 되었다. 당시 로마 화폐였던 은(銀)이 점차 고갈났었는데 은(銀)의 주요 공급지였던 히스파니아(스페인)의 은광이 고갈되고 외부 원정을 통한 귀금속 유입이 감소되자 3세기에 들어서며 금화와 은화의 질이 하락하였다. 게다가 로마황제들의 악화(惡貨)의 남발은 화폐가치의 하락과 인플레이션을 야기했었다. 이에 따라 인플레이션(물가폭등)이 발생했지만 폭동을 두려워한 로마 황제들은 로마 시민들의 불만을 억제하기 위해 시민권 소유자에 한정해 매달 빵과 콜로세움 경기 티켓을 주는 '빵과 서커스' 라는 우민화(愚民化) 정책을 시행했다. 5~8만 로마시민들이 참여할 수 있는 콜로세움 투기장에서 관객들을 위한 점심도시락, 포도주가 무료 배급됐고 타락한 로마인들은 노예 검투사들이 서로 죽이는 대결을 그저 스포츠 보듯이 구경했고 검투사들이 세계 곳곳이나 아프리카 등에서 온 거대 동물, 맹수들과 싸우는 것을 구경하고 동물들의 재주묘기인 서커스같은 공연이 이뤄졌다.

콜로세움(Colosseum)은 로마의 대표적 고대 문화유산이지만 로마의 비인륜성, 부패와 타락의 상징이었다. 상기한 우민화(愚民化) 정책으로 민중은 배급되는 공짜 음식을 먹고 잔인한 콜로세움 검투사 경기나 서커스 등에 열광하며 점차 민주주의 의식에서 멀어져갔고 황제나 귀족들은 이런 문란한 사회 속에서 세계 곳곳에서 들어오는 진미 요리들을 즐겼고 식사도중 종종 먹은 음식을 뱉거나 토해냈는데 그 이유는 체해서가 아닌 먹은 것을 게워내 속을 비운 뒤 더 먹기 위해서였다. 로마인들은 점차 옛날에 자영농 생활을 하며 올리브유와 채식요리를 먹는 소박한 생활에서 멀어져가고 로마 제국시기 이러한 타락은 극에 달했고 로마 시민들 스스로가 부패와 타락에 무너지며 이러한 빵과 서커스 정책 등에 놀아나고 있음을 깨달았을 때는 이미 로마가 망해가고 있었을 때였다. 이렇게 로마 사회는 사치와 나태로 병들어갔다. 예로서, 콘스탄티누스 황제는 로마의 교황청과 로마의 많은 상업도시들에게 지원을 요청했으나 묵살되었다. 다만, 함락 직전에 지원하러 가던 35척의 베네치아 함대만이 뒤늦게 출발했다가 함락 소식에 본국으로 회항했다. 고대 카르타고의 한니발 바르카(Hannibal Barca, BC 247~183)가 로마를 포기하고 카르타고로 돌아가며 그토록 칭찬했었던 로마인의 '불굴의 용기'는 거짓말처럼 사라졌다.

전성기의 로마가 문(文)보다 무(武)를 숭상했던 것은, 〈힘의 원리〉야말로 이 세상을 지탱해 나가는 기본원리라는 것을 믿고 있었기 때문이었다. 따라서 그들은 수많은 전쟁을 통해 로마의 영토를 확장시켜 나갈 수 있었고, 식민지들로부터 막대한 경제적 이득을 취할 수 있었다. 게다가 기독교 교리는 원수를 사랑하라고 가르쳤기 때문에, 전성기의 로마인들이 가졌던 용맹스런 무협심과 야성적인 투쟁력을 상실시켜 버렸다. 심지어, 로마제국의 후기에 들어서 군인들은 무거운 갑옷과 투구를 입으려 하지 않았고, 아예 병역을 기피하는 지경에 이르렀다. 이 결과, 야만족 출신 용병에 대한 의존도가 더 깊어질 수밖에 없었다. 즉, 로마 시민보다 속주 이민족 출신의 군인이 많아짐으로써 군대가 로마 시민이 아닌 속주 출신의 이민족의 손에 넘어가게 된 것이다. 이 결과, 로마 군대의 질 저하와 게르만 족의 유입 문제가 발생하였다. 결국, 로마제국은 게르만 족의 손에 의해서 어이없게도 너무나 갑자기 멸망해 버릴 수밖에 없었다.

3) 청(淸)제국(1636~1912)의 멸망

　　중국 명(明)나라(1368~1644) 제11대 황제(재위: 1521~1567) 가정제(嘉靖帝)[47] 치세의 기간은 대내적으로 민란(民亂)이 끊이지 않았으며 대외적으로는 몽골과 왜구들이 명(明)제국의 강역(疆域)을 위협하던 혼란의 시기였다. 게다가 만력제(萬曆帝)와 천계제(天啓帝)를 거치며 정치의 문란과 부패는 끊이지 않았다. 이 결과 명(明)제국은 점점 쇠락해 갔었다. 결국, 가정제(嘉靖帝)가 붕어한 지 채 100년이 안된 1644년에 숭정제(崇禎帝)를 끝으로 명(明)제국(1368~1644)은 멸망하였다.

(1) 건국과 150년 강·옹·건 성세(康·雍·乾 盛世)

　　서기 1500~1600년대 동아시아는 격동의 시대였다. 조선(朝鮮)을 중심으로 보면 1592년 임진왜란(1592~1598)이 발발하면서 동아시아 국제전이 일어났다. 이를 통해 일본은 도요토미(豊臣) 정권에서 도쿠가와(德川) 막부체제로 넘어가게 되었고 조선(朝鮮)은 서인(西人)의 인조반정(仁祖反正, 1623년)이 일어나 제15대 광해군(재위: 1608~1623)을 몰아낸 후 성리학적 질서가 공고해져 갔다.

　　한편, 조선의 임진왜란(1592~1598)을 전후하여 만주(滿洲)에 대한 명(明)나라의 통제력이 이완된 틈을 타서 건주좌위(建州左衛)의 수장(首長) 누르하치(1559~1626)가 건주여진(建州女眞)의 여러 부족을 통일하고 1616년 스스로 한(汗)의 위(位)에 올라 국호를 후금(後金)이라 하고 선양(瀋陽)에 도읍하였다. 그는 1636년 새삼스레 황제(皇帝)의 위에 올라 국호도 대청(大淸)으로 고치고 중국 최후의 통일왕조(1636~1912)인 청(淸)을 세웠다.[48]

---

47) 가정제(嘉靖帝, 1507~1567)는 중국 명나라 제11대 황제(재위: 1521~1567)이며 휘는 후총(厚熜)이다. 묘호는 세종(世宗)이며 흥헌왕(興獻王)인 주우원(朱祐杬)의 차남으로 태어나 후사가 없던 정덕제의 뒤를 이어 황위에 올랐다.

48) 당시 명(明) 왕조의 사회적 모순은 궁정의 당쟁과 농민반란으로 집중되어 나타났는데, 1644년 이자성(李自成)을 지도자로 하는 농민군은 드디어 베이징(北京)에 진입, 명(明)나라를 멸망시켰다. 이때 농민군을 두려워한 지배계급은 청군과 강화(講和)하고 산하이(山海關)을 지키고 있던 오삼계(吳三桂, 1612~1678)가 자진하여 청군을 관내로 안내하여 베이징을 함락시켰다. 즉, 1644년 유적(流賊) 이자성(李自成)이 베이징(北京)으로 쳐들어오자, 오삼계(吳三桂)는 평서백(平西伯)에 봉하여져 베이징 방어의 명을 받고 구원에 나섰다. 그러나 베이징이 함락되고 숭정제(崇禎帝)가 자살하였다는 소식과 함께, 이자성(李自成)의 협박을 받은 아버지로부터 이자성(李自成)에게 귀순하라는 편지를 받았으나 듣지 않았다. 오삼계(吳三桂)는 즉시 청군과 결탁하여 청군의 선도(先導)가 되어 베이징을 탈환하였고, 청나라의 중국 본토 진출에 중대한 역할을 함으로써 평서왕(平西王)에 봉하여졌다.

이 결과, 만주대륙에서 새롭게 일어난 후금(後金)의 누르하치(勞爾哈赤, 1559~1626) 즉 청(淸)의 태조(太祖, 재위: 1616~1626)와, 쇠락해가는 명(明)제국 사이에 한판 승부가 일어나고 있었다. 승승장구 백전백승을 구가하였던 누르하치(1559~1626)는 거듭된 승전으로 교만에 빠지면서 1626년 요령의 흥성(興城) 전투에서 명(明)나라의 명장(名將)인 원숭환(袁崇煥)에게 패배하고 큰 상처를 입었다. 이로 인해 우울증과 고민에 시달렸고 울분에 찬 끝에 사망함으로써 천하통일의 대업은 8남(男) 홍타이지(皇太極), 청(淸) 태종(崇德帝, 재위: 1592~1643)에게 넘어갔다.

누르하치(1559~1626) 즉 청(淸)의 태조(太祖, 재위: 1616~1626)의 뒤를 이은 청(淸) 태종(崇德帝) 홍타이지(재위: 1592~1643)는 여러 개혁을 통해 체제를 완비하였다. 국호를 대금(大金)에서 대청(大淸)으로, 종족 명을 여진(女眞)에서 만주(滿洲)로 개칭하였다. 그는 명(明)나라 정복에 몰입하기 위해 후방의 위험이 될 수 있는 조선을 두 차례: 정묘호란[丁卯胡亂, 1627년(인조 5년)]과 병자호란(丙子胡亂, 1636.12.28~1637.02.24)에 걸쳐 정복하였다. 조선은 굴욕적인 화친을 맺고 청나라와 군신지맹(君臣之盟)을 맺었다. 청(淸) 태종(崇德帝)은 반간계(反間計)를 이용하여 명(明)나라의 명장(名將)인 원숭환(袁崇煥)을 제거하여 청(淸)나라의 천하통일을 위한 초석을 닦았다.

그 후, 청(淸)나라는 제4대 성조 강희제(康熙帝, 재위: 1661~1722), 제5대 세종 옹정제(雍正帝, 재위: 1722~1735), 제6대 고종 건륭제(乾隆帝, 재위: 1735~1796)의 3대에 걸쳐 현군(賢君)의 치세 아래 '강옹건 성세(康雍乾 盛世)'라는 최대 전성기를 맞이하게 된다. 이 시기 청나라는 문화 예술이 부흥하는 등 세계 최강대국의 면모를 드러냈다. 건륭제(乾隆帝) 중기 하남 순무인 아사합(阿思哈)은 "강희제(康熙帝) 60년 통치는 국가의 토대를 마련하였고, 옹정제(雍正帝)는 건전한 기풍을 확립하고 개혁을 통해 백성들의 질곡을 제거하였으며, 건륭제(乾隆帝)는 전대를 계승하여 유종의 미를 화려하게 거두었다"라고 3대의 관계를 정의하였다. 강희제(康熙帝)에 의해 전성기에 진입한 청(淸)제국이 옹정제(雍正帝, 재위: 1722~1735)의 치세를 거치며 더욱 반석 위에 올라서고, 건륭제(乾隆帝, 제6대 황제(재위: 1735~1796) 때 그 영화를 누렸다.

강희제(康熙帝, 1661~1722)의 훌륭한 정치는 후대에게도 큰 본보기가 되었다. 아들인 옹정제(雍正帝, 1722~1735)는 부황 강희제(康熙帝)가 이룩한 태평성대에서 내치(內治)를 더욱 다져서 청나라를 안정시켰으며, 강희제(康熙帝)의 손자이자 옹정제(雍正帝)의 아들인 건륭제(乾隆帝, 1735~1796)는 조부인 강희제(康熙帝)처럼 내정(內政)에 신경을 썼을 뿐만 아니라 외정(外廷)에도 적극적이어서 위구르와 준가르를 완전히 복속시켰다. 건륭제(乾隆帝)는

10차례에 걸친 정복 사업을 펼쳐 준가르와 위구르를 복속시키고 티베트, 버마, 베트남, 네팔까지 진출하는 등 현재 중국 영토의 틀을 만들었다. 건륭제(乾隆帝)는 이를 자랑스럽게 여겨 '십전노인(十全老人)'이라는 별호를 지었다. 사실, 건륭제(乾隆帝, 제6대 황제, 재위: 1735~1796)의 시기는 청대에서 최고로 강성했던 시기이자 쇠퇴의 기점이었다.

① 청(淸) 태종 숭덕제(崇德帝, 재위: 1592~1643; 後金의 제2대 칸)

청 태종 홍타이지(청 태조 누르하치의 여덟 번째 아들, 후금의 제2대 칸, 청 제국의 창업 군주 崇德帝, 1592~1643)는 누르하치(1559~1626) 즉 청(淸)의 태조(太祖, 재위: 1616~1626)의 여러 아들 중 머리가 가장 뛰어나 한문을 자유자재로 구사할 수 있는 교양을 갖췄고, 중국 고전을 섭렵한 결과 지략에도 능란했다. 신중하면서 용맹했던 그는 10대 후반부터 참전하여 전장에서 공(功)도 탁월하였다. 1619년 사르후 전투 당시 누르하치가 '사람들이 홍타이지에게 의지하기가 인체로 말하면 눈(眼)과 같다'고 칭찬할 정도로 전공이 컸다.

당시는 후금(後金)이 명(明)나라와 패권을 겨루고 있는 상황이었다. 후금(後金)의 경제는 어렵고 백성들은 굶주리고 있었다. 명(明)나라 원숭환(袁崇煥, 1584~1630) 장군이 지키는 영원성에서의 패배로 후금(後金)의 군사들은 위축돼 있었다. 후금(後金)의 홍타이지(후금의 제2대 칸, 청 제국의 창업 군주 崇德帝, 1592~1643)가 제2대 칸이 된 후 우선 추진한 것이 명(明)나라에 평화제의였다. 그것은 시간을 벌기 위한 책략이었다. 명(明)나라도 이를 받아들였다.

후금(後金)의 홍타이지(후금의 제2대 칸, 청 제국의 창업 군주 崇德帝, 1592~1643)는 다민족 협화(協和) 사상을 지녔다. 그는 만주족만의 나라가 아니라 몽골과 조선, 나아가 명(明)의 한족까지 포괄한 다민족 제국을 그리고 있었다. 민족 차별을 폐지하고, 과감한 포용 정책을 폈다. 그래서 요동 지역 한족들에게 마음놓고 농사를 짓게 하고 일정한 세금만 바치게 하였다. 농업 생산이 회복되어 식량 사정이 개선되자, 상공업도 장려하였다. 그러던 1627년 정묘년에 홍타이지(崇德帝)는 조선을 침공했다. 바로 정묘호란[丁卯胡亂(1627년, 인조 5년)]이었다. 명(明)과 교역이 끊긴 상황에서 식량과 소금, 의복 등을 조선에서 충당하고자 하는 욕구가 침공의 가장 큰 이유였다. 따라서 조선(朝鮮)이 후금(後金)과 활발한 교역으로 그들의 경제적 어려움을 풀어 주었다면 일어나지 않았을 전쟁이었다. 홍타이지(崇德帝)는 조선(朝鮮)으로부터 급한 물자를 확보하였다. 1636년 당시 홍타이지(崇德帝)가 제위에 올랐다고 선포하는 '황제 즉위식'에 참석한 조선 사신들은 홍타이지(崇德帝)에게 세 번 무릎 꿇고 아홉 번 머리를 조아린다는 삼궤구고두(三跪九叩頭禮)의 예를 거부했다. 이에 분노한 홍타이지(崇德帝)는 조선을 침략하여 병자호란(丙子胡亂, 1636.12.28~1637.02.24)을 일으켰다.

홍타이지(후금의 제2대 칸, 청 제국의 창업 군주 崇德帝, 1592~1643)는 後金의 제2대 칸으로 즉위한 후 아직 강력한 왕권이 세워지지 않았다. 그는 서두르지 않으면서도 차근차근 자신의 권력을 키워 나갔다. 황제를 정점으로 잘 조직화된 중국식 관료제를 차용하였다. 그러면서 군대의 절반을 장악을 했다. 항복한 한족 관료와 지식층을 우대하면서 중앙집권 정책을 실현시켜 나갔으며, 만주족과 몽골족은 물론이고 한족까지 다수 참여한 관료 조직은 황제에 대한 충성을 최우선하는 조직으로 기능하였다.

내부 정비를 통해 절대 권력자의 입지를 다진 홍타이지(崇德帝)는 동아시아를 패권하기를 원했다. 우선 '홍이포'라는 신식 화기를 확보하였다. 후금(後金)은 기존 철기의 돌파력에 막강한 화력의 홍이포와 수군까지 확보하면서 명(明)나라와 군사적 균형에서 우위에 서게 되었다. 이제 홍타이지(崇德帝)는 중원 정복을 더욱 자신하게 되었다. 1635년 4월 홍타이지(崇德帝)는 먼저 내몽골을 격파하였다. 이 과정에서 내몽골이 홍타이지(崇德帝)의 후금(後金)으로 들어왔다. 몽골 초원의 지배자가 된 홍타이지(崇德帝)는 새로운 통치술로 몽골족을 단단히 묶어 나갔다. 거친 몽골족을 잘게 나눠 통치하여 소규모 추장들이 수없이 할거하는 지역이 되게 하였다. 몽골족 지도자들은 연명으로 홍타이지(崇德帝)에게 '복드 세첸 칸'이라는 존호를 바치며 칭기즈칸의 정통을 승계하는 몽골 대칸으로 공식 인정하였다. '성스럽고 현명하고 인자한 칸'이라는 뜻이다.

1636년 45살의 홍타이지(후금의 제2대 칸, 청 제국의 창업 군주 崇德帝, 1592~1643)는 제국의 국호도 금(金)에서 청(淸)으로 바꾸고 황제(崇德帝)에 즉위하였다. 그는 국호를 대청(大淸)으로 변경하여, 여러 민족을 아우르는 '다민족 세계 제국'의 출범을 선포하였다. 청(淸)은 만주 일원에서 벗어나 요동과 내몽골 지배를 기반으로 명(明)과 대등한 국가 체제를 열었다. 이제 명(明)나라 정복이 남았다. 명(明)을 정복하기 위해서 8차례에 이를 정도의 대규모 연타(連打) 공격으로 명(明)의 국력을 쇠약하게 만들었다.

1643년 홍타이지(崇德帝)가 52세로 사망하였다. 그는 문무(文武) 양 방면에서 탁월한 업적을 이루었다. 위기에 놓인 후금(後金)의 국가조직을 정비하여 대제국으로 발전시켰고, 여진족 통일 전쟁을 완수하였으며, 조선과 몽골을 복속시켰으며 명(明)나라를 무너트릴 확실한 디딤돌을 놓았다. 그가 죽은 후 1년만에 명(明)나라는 패망하고 청(淸)나라로 교체가 된다.

② 제3대 황제 순치제(順治帝, 재위: 1643~1661)

제3대 황제 순치제(順治帝, 재위: 1643~1661)는 청(淸) 제국의 창업 군주인 숭덕제(崇德帝)의 아홉 번째 아들로 어머니는 숭덕제(崇德帝)의 후궁이었던 효장문황후(孝莊文皇后)이다. 1643년(숭덕 9년) 10월 8일 대정전(大政殿)에서 겨우 6세의 나이로 황위(順治帝)에 올랐다. 제3대 황제 순치제(順治帝, 재위: 1643~1661)가 즉위하게 된 것은 강력한 외가와 숙부 도르곤이 강력하게 추천한 덕분이었다. 숙부인 예친왕 도르곤과 종숙 지르가랑이 섭정으로서 국사를 도맡았다.

도르곤은 1644년(순치 원년, 명 숭정 17년) 명(明)나라의 마지막 황제 숭정제가 죽고 명(明)나라가 멸망하자, 투항한 명(明)나라의 장수 오삼계(吳三桂)의 도움으로 산해관(山海關)을 넘어 함께 이자성(李子晟)을 공격하여, 어부지리로 중국 대륙을 거의 통일하였으며, 명(明)의 수도 북경에 들어가 자신들이 명(明)의 정통성을 이어받은 황조(皇祖)라고 선포하였다. 도르곤은 이자성(李子晟)을 추포(追捕)하라고 명령하였으나 이자성(李子晟)은 탈출이 어려워지자 자결하였다. 1650년 섭정왕 도르곤이 병으로 죽자 순치제(順治帝)는 비로소 청나라를 통치할 수 있게 되었다.

이민족 청(淸)의 지배에 대한 한족(漢族)의 저항은 그 후 복왕(福王)·노왕(魯王)·당왕(唐王)·계왕(桂王) 등 구왕족 소위 남명(南明)의 움직임으로 나타났으나 그 명운이 짧아 대세를 회복시키지는 못하였다.[49] 순치제(順治帝)는 중국 대륙을 통치하기 시작하면서 강경책과 유화책을 골고루 사용하고, 한족의 문화와 생활 관습을 존중하였으며 중요한 상소문에도 만주어와 한문의 병용을 허락하였으나 한족(漢族) 백성들에게는 변발(辮髮)을 강요하여 청(淸) 제국의 정통성을 다지기 위해 노력하였다.

또한, 순치제(順治帝)는 독일 출신의 로마 가톨릭교회 사제 아담 샬 폰 벨(Johann Adam Schall von Bell, 1591~1966)과 같은 예수회 선교사를 골고루 등용하여 천문대와 화포 개발

---

49) 당시 청조(淸朝)의 중국 통일에 있어서의 적(敵)은 중국 정복에 협력한 평서왕(平西王) 오삼계(吳三桂), 평남왕(平南王) 상가희(尙可喜), 정남왕(靖南王) 경중명(耿仲明)의 삼번(三藩)이었으며, 수 년에 걸친 삼번(三藩)의 난(亂)의 진압하였다. 즉, 삼번(三藩)이 청나라의 중국 지배체제와 대립함으로써 강희제(康熙帝)는 상가희가 요동으로 은퇴하였음을 핑계로 철번(撤藩)을 명하였다. 1673년 평서왕(平西王) 오삼계(吳三桂, 1612~1678)가 반란을 일으키고, 이어서 1674년 경계무의 아들 경정충(耿精忠)이, 1676년에는 상가희의 아들 상지신(尙之信)이 각각 반란에 호응하였다. 각지에서 반청(反淸)세력이 이에 동조하여 한때는 양쯔강(揚子江) 이남 일대, 쓰촨(四川)·산시(陝西)가 그들 지배에 들어갔다. 1678년 오삼계(吳三桂, 1612~1678)가 후난[湖南]에서 고립되어 그해 8월에 죽고, 그를 이은 오세번(吳世藩)도 1681년에 자살하자 모두 청조에 의해 평정되었다. 그리고 거의 때를 같이하여 명(明)나라 최후의 유신(遺臣) 정성공(鄭成功)의 자손이 귀순하였다.

에도 힘을 기울였으며 이러한 서양 문화에 대한 호감은 뒷날 그의 아들인 강희제(康熙帝)에게도 영향을 끼치게 되어 '강건성세(康乾盛世)'의 발판이 되었다. 그리고 순치제(順治帝)는 운남성 등에 흩어져 있던 명(明)나라의 잔존 세력인 남명(南明)을 궤멸시키기 위해 군사를 파견하였다.

③ 제4대 황제 강희제(康熙帝, 재위: 1661~1722)

1661년(순치 18년) 부친인 제3대 황제 순치제(順治帝, 재위: 1643~1661)가 천연두로 붕어하자, 강희제(康熙帝, 제4대 황제, 재위: 1661~1722)는 여덟 살의 어린 나이에 황제로 즉위하여 1722년(강희 61년)까지 61년간 재위함으로써 중국 역사상 가장 긴 재위기간을 누렸다. 청(淸)나라는 제4대 황제 강희제(康熙帝)에 이르러 비로소 전(全)중국을 통일하였다.[50] 9년

---

50) 강희제(康熙帝)는 막강한 세력인 삼번(三藩)을 염려하기 시작하였다. 원래 번(藩)은 청나라의 특수 행정구역으로 주로 변방에 설치되어있는데, 그중에서도 삼번(三藩)은 남명에 대비한 것으로 운남, 귀주 지역을 담당한 평서왕 오삼계(吳三桂), 광동의 평남왕(平南王) 상가희(尙可喜), 복건의 정남왕(靖南王) 경중명(耿仲明)이 관할하였다. 이들은 모두 한족 출신이었으나, 순치제(順治帝) 때 청나라의 중국 통일을 크게 도와 번왕에 책봉됨과 동시에 막강한 군사권과 남해에서 다른 나라들과의 무역으로 엄청난 돈을 축적하고 있었다. 강희제(康熙帝)가 친정을 시작할 무렵 정남왕의 직위는 경중명의 손자 경정충(耿精忠)이 승계하였다. 강희제 즉위 무렵에는 이미 남명이 멸망하고 반청 세력이 일소된 상황이었으나 삼번(三藩)은 여전히 막강한 세력을 유지하고 자신이 다스리는 지방에서의 행정권, 사법권까지 모두 가지고 있었다. 삼번(三藩)이 사실상 독자적인 정치세력으로 성장하자 중앙집권제를 강화하려는 청나라 조정과의 대결을 피할 수 없게 되었다. 특히, 오삼계(吳三桂)는 삼번왕 가운데 품계가 가장 높고 홍타이지의 막내딸이자 강희제(康熙帝)의 막내 고모인 화석건녕 공주를 며느리로 둔 황실 인척이어서 쉽게 통제할 수도 없는 위치에 있었다. 또한 조정이 걷은 세금 가운데 백은(白銀) 2천만 냥이 오삼계(吳三桂)에게 제공되었는데 이는 국가 총 수입의 절반이 넘는 양이었기 때문에 중앙정부인 조정의 재정에 부담을 주는 원인이 되었다. 평남왕(平南王) 상가희(尙可喜)는 아들 상지신과 불화를 겪자 고향인 요동으로 돌아가고자 은퇴를 요청하며 자신의 작위를 아들에게 물려달라고 상소하였다. 청나라 조정은 은퇴는 허락하지만 작위의 세습은 불허하였다. 이러한 조치는 스스로를 독자적 정치세력으로 여기고 있던 삼번(三藩)의 왕들에게 충격을 주었고, 오삼계(吳三桂)와 경중명(耿仲明)은 조정의 진의를 확인하기 위해 모두 은퇴를 요청하였다. 조정은 이들이 모반을 일으키려한다고 판단하여 대책을 논의하였다. 강희제(康熙帝)는 철번을 승인하여도 모반할 것이고 불허하여도 모반할 것이라면 일찌감치 모반을 확인하는 것이 좋다는 이유로 삼번(三藩)의 철번을 명하였다. 1673년(강희 12년) 7월 철번의 명이 내려지자 오삼계 등은 모반을 결정하였고 그해 11월 오삼계(吳三桂)는 명나라의 갑옷을 입고 영력제의 능에서 반청복명(反淸復明)을 이유로 거병하였다. 그러나 영력제를 죽인 사람이 다름 아닌 오삼계(吳三桂) 자신이었기 때문에 모반의 명분은 공감을 얻지 못하여 명나라 황족을 옹립하지는 못하였다. 삼번(三藩)의 난(亂)이 일어나자 중원 이남은 물론이고 섬서 몽골 등 여러 지역의 반청세력이 가담하여 전란이 확대된 후 삼번(三藩)의 난(亂)은 9년 동안 계속되었다. 강희제(康熙帝)는 오삼계(吳三桂)에게 조정에 진출해 있던 오삼계(吳三桂)의 장남이자 평서왕세자 오응웅을 건네줄 테니 회군하라 권유하였으나 삼번(三藩) 연합군은 이를 듣지 않고 계속 진군하였다. 그리고 얼마 뒤에 오응웅과 그 아들 오세림은 체포되어 참수되었다. 한편, 평남왕

에 걸친 '삼번(三藩)의 난(亂)'을 평정한 후 강희제(康熙帝)는 번(藩) 제도 자체를 폐지하고 친왕(親王)들과 군왕(君王)들에게 최소한의 사병만을 남겨두고 나머지는 모두 녹영이나 팔기군에 배속시켜 친왕(親王)들의 군 지휘권을 거의 뺏어 버렸다. 이로써 강희제(康熙帝)의 황권과 군 통수권은 더욱 강화되었다.

또한, 강희제(康熙帝, 제4대 황제, 재위: 1661~1722)는 경제를 회복시키기 위하여 팔기군의 둔전지로 쓰던 권지(圈地)를 모두 몰수하고 그 땅을 모두 소작농들에게 무상으로 나누어 주었으며, 소작지와 소작농을 함께 매매하는 것을 법으로 금지해 소작농들을 보호하였고, 백성들이 지주의 수탈 없이 편안히 살 수 있게 하였다. 또한, 흉년이 들었을 때는 흉작의 정도에 따라 세금을 일부 감면, 또는 전원 감면하였다.

강희제(康熙帝, 제4대 황제, 재위: 1661~1722)는 61년간의 통치를 통해 청(淸) 제국의 성장과 안정에 비범한 개인적 영향력을 발휘했다. 청(淸) 제국을 근세(근대 초기)의 제국들

(平南王) 상가희(尙可喜)는 오삼계(吳三桂)의 호응 요청을 거절하고 이를 강희제(康熙帝)에게 알려 자신의 결백함을 입증하고자 했으나, 이에 반발한 아들 상지신이 상가희를 연금시키고 오삼계(吳三桂)와 합류하였다. 3개월 내에 삼번(三藩) 연합군은 중국 남부를 거의 점령하였고, 지금의 섬서성과 하남성까지 진군하였다. 섬서와 하남 지역을 지키는 녹영의 장군들은 거의 삼번(三藩)에게 협조적이어서 삼번(三藩) 연합군의 진군에 큰 저항은 없었다. 그 군세가 엄청나 몽골의 칸들이 반역자인 오삼계(吳三桂)에 대항하기 위해 지원을 해주겠다 하였으나 강희제(康熙帝)는 이를 거절하고 자신의 힘으로 국난을 헤쳐가려 하였다. 그러나 오삼계(吳三桂)는 돌연 북경으로 향하는 군사들의 진군 속도를 늦추었다. 왜냐하면 청나라 조정의 군사를 너무 만만히 봐서 거만해졌기 때문이다. 당시 섬서성, 감숙성을 관장하던 제독인 왕보신(王輔臣)은 오삼계(吳三桂)의 삼번 연합군을 잘 막았으나, 오삼계(吳三桂)를 물리쳤다는 자신을 역시 너무 과신하여 조정에 반대하고 독자 세력을 구축하였다. 그러나 뒤이어 양기륭(楊起隆)이란 사람이 자신을 명나라의 마지막 황제 숭정제의 셋째 아들인 주자형(朱慈炯), 즉 주삼태자(朱三太子)로 자칭하고 사람을 모아 북경을 몰래 기습하였고 강희제(康熙帝)는 효장태황태후를 모시고 옛 수도 성경(盛京)으로 도망가려 하였다. 그러나 양기륭(楊起隆)이 북경에 쳐들어올 것이란 정보를 알아챈 청군이 양기륭(楊起隆)의 군대를 기습 공격하여 와해하였다. '삼번의 난' 역시 곧 시간이 갈수록 물자가 많은 조정에 유리해져 갔고, 곳곳에서 도해(圖海)·주배공(周培功) 등 훌륭한 장수들과 팔기군의 활약으로 나태해진 삼번(三藩)의 군사들을 대파할 수 있었다. 강희제는 삼번(三藩)의 군사들을 물리치는 데 한족 장수들을 대거 등용하였다. 이들 한족 장수들은 만주족이 잘 모르는 삼번(三藩)의 약점들을 잘 알아 더욱 손쉽게 격파할 수 있었다. 그 때문에 1676년(강희 15년) 평남왕(平南王) 상가희(尙可喜)의 아들 상지신은 겁을 먹고 자살하고 경정충이 관군에 항복하였다. 그러나 경정충은 곧 청군에게 끌려와 1681년(강희 20년)에 반역에 공모한 죄로 사형당했다. 1678년(강희 17년)에 삼번의 맹주 오삼계(吳三桂)는 스스로 황제를 칭하고 국호를 주(周), 연호를 소무(昭武)라고 하였으나 노환으로 그해 8월에 죽었다. 이로 말미암아, 오삼계(吳三桂)의 군세는 크게 약해졌고, 1681년(강희 20년)에 오삼계(吳三桂)의 손자이자 오씨의 주나라, 즉 오주(吳周)의 두 번째 황제인 오세번이 곤명(昆明)에서 자살을 하고 청군이 곤명(昆明)을 함락시킴으로써 9년에 걸친 '삼번의 난'은 끝이 났다. 이 반란 이후에 강희제(康熙帝)는 번(藩) 제도 자체를 폐지하고 친왕들과 군왕들에게 최소한의 사병만을 남겨두고 나머지는 모두 녹영이나 팔기군에 배속시켜 친왕들의 군 지휘권을 거의 뺏어 버렸다. 이 반란은 강희제(康熙帝)의 황권과 군 통수권을 더욱 강화하였다.

가운데 가장 큰 국가로 만든 것은 대체로 그의 굉장한 지적 능력, 정치적 직감, 체력 덕택이었다. 또한, 황후 4명 등 총 64명의 후비(后妃)와 잉첩(媵妾)을 거느려서 청(淸) 제국의 역대 황제 중 가장 많은 후궁(後宮)을 둔 황제이며 아들 35명과 딸 20명을 두어 중국 역대 황제 중 가장 많은 자식들을 둔 황제이기도 하다.

강희제(康熙帝, 제4대 황제, 재위: 1661~1722)의 융성기(隆盛期)를 거친 후 넷째 아들 옹정제(雍正帝, 제5대 황제, 재위: 1722~1735), 손자 건륭제(乾隆帝, 제6대 황제, 재위: 1735~1796)의 75년의 전성기(全盛期)를 맞이하였다.

우선, 강희제(康熙帝, 제4대 황제, 재위: 1661~1722)의 경세제민(經世濟民)의 사상철학적 기초는 유교(儒敎)였다. 아버지인 제3대 순치제(順治帝)와 아들인 제5대 옹정제(雍正帝)가 만주족이 믿던 불교, 즉 라마교를 중요시하였다면 강희제(康熙帝)는 오히려 불교를 억제하고 유교를 더욱 중시, 즉 숭유(崇儒) 억 불(抑佛)을 국시로 삼았는데 그 방식은 청나라 이전에 중국을 다스린 한족 출신의 황제와 그 통치 이념이 비슷하였다. 그러나 강희제(康熙帝)는 그 자신도 불교를 믿어 불교를 그리 심하게 탄압하지는 않았다.

강희제(康熙帝, 제4대 황제, 재위: 1661~1722)는 군주가 모범을 보여야 백성이 군주를 믿고 따를 것이라 하여 백성을 위해 헌신하는 이른바 '섬기는 리더십'(Servant Leadership)을 자신의 통치 철학으로 삼았다. 삼국시대(後漢이 멸망한 3세기초~위·촉·오가 다투던 3세기 후반, 즉 220~280) 때 촉한의 승상 제갈량(諸葛亮)의 후출 사표의 한 구절인 '국궁진력'(鞠窮盡力), 즉 '모든 것을 쏟아 붇는다'와 국궁진력(鞠窮盡力)한 후 '안거낙업'(安居樂業), 즉 '백성을 편안하게 살게 해주고 즐겁게 일에 종사하게 해준다'를 자신의 평생의 좌우명으로 삼았다. 유교적 사상을 중시한 강희제(康熙帝)는 백성들에게 언제나 효(孝)를 중시하여 백성에게 유교(儒敎) 지침서를 내렸고 아버지 순치제(順治帝)와 어머니 효강장황후가 떠난 후 자신의 양육을 책임진 조모 효장태황태후(孝壯太皇太后)를 모시는 데에도 부족함이 없이 효도를 다하려 노력하였다. 효장태황태후(孝壯太皇太后)는 1688년(강희 27년) 76세를 일기로 세상을 떠날 때까지 강희제(康熙帝)에게 지대한 영향을 끼치며 손자인 강희제(康熙帝)와 증손자들인 황자들에게 큰 존중을 받았다.

또한 강희제(康熙帝)는 인(仁), 덕(德), 예(禮) 중심의 인자한 정치를 펼치고 되도록 과격한 정치를 펴지 않으려 주력하였다. 강희제(康熙帝)는 본래 명(明)나라 홍무제가 만들고 순치제(順治帝)가 바꾼 『육유(六諭)』를 확대한 『성유십육조』(聖諭十六條)를 1667년(강희 6년)에 반포한 뒤 백성들에게 이 내용을 토론하고 실천하도록 하였다. 그리고, 강희제(康熙帝)의 뒤를 이은 넷째 아들 옹정제(雍正帝)는 『성유십육조』(聖諭十六條)의 매 조마다 친히 설명을 붙이고 그 의의를 보다 알기 쉽게 해설한 『성유광훈』(聖諭廣訓)을 편찬하여 전국에 반포하여, 유교(儒敎) 통치이념을 더욱 굳건히 하였다.

강희제(康熙帝)는 강화된 황권으로 거의 황제 중심의 독단적으로 나라를 이끌어 갔기에 자칫 전제 독재의 가능성이 보일 수도 있었으나, 스스로 황권을 조절하고 정치의 일부는 재상들이나 대신들과 의논하였으며 당시 궁핍하게 살고 있는 한족들의 사정을 잘 알고 있던 한족 대신들의 의견을 수용하여 정책을 실행하고 선정을 베풀었다.

강희제(康熙帝, 제4대 황제, 재위: 1661~1722) 자신이 직접 쓴 『근검록』에서 다음과 같이 서술했다: "모든 비용은 백성들의 피땀으로 얻어진 것이니 주인된 황제로서 절제하고 절제함은 당연한 것이 아닌가" 그는 황하(黃河)와 장강(長江)을 보수하여 근처 백성들의 근심을 덜어주었다. 당시까지도 이 두 강은 여름에 계속 범람하여 많은 인명 피해를 냈다. 그러나 재빨리 이에 대한 대책을 마련한 후 완성시키자 한 해에 범람 횟수가 아예 없거나 그 전에 비하여 현저히 줄어들었다. 강희제(康熙帝)는 자금성에만 머무르지 않고 중국 곳곳을 돌아다니고 장강 이남으로 순행을 많이 떠나 북방과 남방의 교류를 활발히 만들었다. 그는 언제나 자신보다는 공익(公益)이 먼저였고 자신이 실정(失政)한 것이 있으면 그것을 겸허히 수렴하여 즉시 시행하였고 황제로서의 책임을 솔선수범하여 군주의 모범을 보였다. 실로, 자신의 재위 기간인 61년간의 기나긴 희생으로 당시 백성들의 삶은 그 뒤로 70여 년간 윤택해지고 안정되었다.

강희제(康熙帝, 제4대 황제, 재위: 1661~1722)는 자신에게 올려지는 상소문과 보고서, 비망록 등 하루에 무려 300개에서 400개의 문서들을 모두 읽은 뒤 결재하고, 일일이 그 상소에 대한 비답도 적어주었는데, 심지어는 전시(戰時)에도 하루에 200개 이상의 문서들을 결재하여 성실함을 보여주었다. 9년에 걸친 '삼번(三藩)의 난(亂)' 때에는 무려 하루에 500여 개의 문서들을 본 뒤 다 처리하고 때로는 밤을 새울 때도 많았다고 한다. 학식이 높은 황제의 적절한 대안은 성지(聖旨)가 내려오는 즉시 수행하여 백성들이 살기 편안해졌다.

이와 같이 '소통하는 정치', '검소한 삶'을 실천한 강희제(康熙帝)의 인자한 정치는 한족(漢族)이 만주족의 청나라를 지지하게 만드는 데에 크게 일조하였다. 1717년(강희 56년) 강희제(康熙帝)는 『고별상유』(告別上諭), 즉 마지막으로 백성들에게 바치는 글을 남겼는데 강희제(康熙帝)는 "한 가지 일에 부지런하지 않으면 온 천하에 근심을 끼치고, 한 순간에 부지런하지 않으면 천추만대에 우환거리를 남긴다."라고 역설하였다. 또한 "제왕이 천하를 다스림에 능력이 있는 자를 가까이 두고, 백성들의 세금을 낮추어 주어야 하며, 백성들의 마음을 하나로 묶고, 위태로움이 생기기 전에 나라를 보호하며, 혼란이 있기 전에 이를 면

저 파악하여 잘 다스리고, 관대하고 엄격함의 조화를 이루어 나라를 위한 계책을 도모해야 한다."라고 후대의 황제에게도 이를 훈계하였다. 강희제(康熙帝)는 황제로서 자식과 같은 백성들에게 이런 당부의 말을 남겨 황제로서의 도리를 다하려 하였다.

강희제(康熙帝, 제4대 황제, 재위: 1661~1722)는 평생 배움에 뜻을 두어 학식 역시 뛰어났다. 명(明)나라의 역사서인 『명사(明史)』를 편찬하여 명(明)나라의 정통성을 계승하였다. 강희제(康熙帝)의 학식과 논리정연한 질문을 듣고 경연에 참가한 재상들과 대신들이 모두 대답을 제대로 못하였다. 그리고 수학 등 서양 학문까지 공부한 강희제(康熙帝)는 더욱 학식이 풍부하였다. 만주족과 한족의 구별을 없애려 하였듯이 선교사들에게도 큰 호의를 베풀어준 강희제(康熙帝)는 남방 순행에도 선교사들을 대동하고 떠났다.

또한, 강희제(康熙帝, 제4대 황제, 재위: 1661~1722)는 강궁(强弓)을 자유자재로 다룰 만큼 활의 명수였다. 그는 엄청난 양의 정무의 스트레스를 타파하기 위해 자주 사냥에 나갔으며 피서산장 근처의 황실 사냥터에서 대신들과 외국 사신들에게 자신의 사냥 솜씨를 마음껏 뽐내어 자신이 정무에만 시달리는 문약(文弱)한 군주가 아님을 보여주었다.[51] 실제로 그가 몽골에 친히 원정을 간 것 역시 그의 강건함을 볼 수 있는 좋은 예이다. 강희제(康熙帝)는 문(文)과 무(武)를 모두 중시하고 문(文)이 필요할 땐 문사(文士)를, 무(武)가 필요할 땐 무사(武士)를 더 썼지만 언제나 힘의 균형을 잃지 않게 하였다. 이렇게 그는 한쪽에만 치우침이 없이 걸맞은 인재들을 등용하였기에 태평성대(太平聖代)를 이룩할 수 있었다.

강희제(康熙帝, 제4대 황제, 재위: 1661~1722)는 1689년 러시아제국과 네르친스크 조약(Treaty of Nerchinsk)[52]을 맺음으로써 19세기 중엽까지 러시아제국이 동진(東進)과 남하(南下)하는 것을 억제하였다. 또한 1712년 조선(朝鮮)과의 경계도 정하여 백두산(白頭山)에 정계비(定界碑)를 세웠다. 중앙아시아의 중가르부(準部)를 토벌하고 이에 따라 칭하이(靑海)의 속령화(屬領化)와 티베트 보호와 평화를 정착시켰다. 1759년에는 중가르부·위구르(回紇: 후의 新疆省)의 지배를 확립하였다. 오늘날 중국 영토의 조형(祖型)이 되는 중국 사상 최대의 판도를 확립함과 동시에, 동아시아 거의 전역을 그 위령(威領)하에 두었고, 내정의 충실에도 힘입어 그 극성기(極盛期)를 가져왔다. 이로써 국가가 통일되고 정권은 공고해졌

---

51) 강희제(康熙帝, 제4대 황제, 재위: 1661~1722)는 노년기에 자신이 평생동안 사냥해서 잡은 맹수들을 열거하기를 호랑이 135마리, 멧돼지 132마리, 늑대 96마리, 표범 25마리, 곰 20마리, 그리고 원숭이 10마리를 잡았다 한다. 또한 하루에 토끼 310마리를 잡았으며 꿩, 너구리, 사슴은 그 수를 헤아릴 수 없을 정도로 많이 잡았다고 전한다.

52) 네르친스크 조약(Treaty of Nerchinsk)으로 청(靑)나라와 러시아의 동부지역 국경을 아른군 강(江)과 게르비치 강(江), 외흥안령(스타노보이) 산맥으로 확정하였다.

으며, 사회가 안정되고 생산이 회복되면서 경제·문화 모두 번영하게 되었다.

강희제(康熙帝)의 정치는 백성들을 중심으로 그에 맞는 정치를 펼치면 역사 또한 그를 성군(聖君)으로 평가하게 되는 좋은 예였다. 강희제(康熙帝, 제4대 황제, 재위: 1661~1722)의 붕어(崩御)가 세상에 알려졌을 때, 당시 많은 백성들과 대신들이 부음(訃音)을 접하자마자 바로 무릎을 꿇고 엎드려 대성통곡을 하였다.

참고로, 대만 문제와 맞물려서 '하나의 중국' 정책을 내세우고 있는 중화인민공화국에서 강희제(康熙帝)의 대만 수복과 몽골 정복 등 그의 민족 융합 업적과 백성을 중히 여기는 이른바 '섬기는 리더십'(Servant Leadership)을 높이 사고 있다. 중화인민공화국 국가주석인 장쩌민과 후진타오, 국무원 총리를 지낸 주룽지 역시 중국을 발전시키기 위해서는 강희제(康熙帝, 제4대 황제, 재위: 1661~1722)에게서 본받아야 한다고 역설하였다.

④ 제5대 황제 옹정제(雍正帝, 재위: 1722~1735)

옹정제(雍正帝, 제5대 황제, 재위: 1722~1735)는 아버지 강희제(康熙帝, 제4대 황제, 재위: 1661~1722)의 넷째 아들로서 청(淸)의 전성기를 이끌었던 황제다. 옹정제(雍正帝)는 당시 유럽이 '중국이야말로 이 세상의 유토피아'라는 평가를 내리게 만든 군주다. 강희제(康熙帝)의 61년 치세가 워낙 길었기 때문에 1722년 옹정제(雍正帝)가 즉위했을 때 그의 나이가 이미 45세였으며, 그 후 13년 동안 재위했다.[53]

옹정제(雍正帝)는 지독한 일 중독자(워커홀릭)였고, 신하들도 자기처럼 일하길 원해서 이를 강요하다시피한 '악덕 고용주'였다. 그는 13년 통치 중 선제(先帝)인 강희제(康熙帝)를 본받아 정무에 주력했는데 이게 도가 넘어서 잠도 고작 4시간 밖에 안 자는 정도로까지 심해졌다. 보통 매일 새벽 4시에 일어나 정무를 보기 시작하여 늦은 밤까지 대신들조차 질릴 만큼 철저하게 집무에 임했다. 특히 제위에 오른 이후 죽을 때까지 한번도 순행(巡行)을 가지 않고 그저 수도인 북경에서 일만 계속 했다. 아직 어린 아이였던 8세에 즉위해 16세에 친정을 시작한 아버지 강희제(康熙帝)나, 팔팔한 청년이었던 25세에 즉위한 아들 건륭제(乾隆帝)와 달리, 인생의 장년기인 44세에 즉위해서 황제의 업무를 집행한 시점이 다른 황제들에 비해 늦었음에도 재위: 13년 만에 57세로 사망한 원인은 바로 과로사였다.

아버지 강희제(康熙帝)가 문무(文武)가 비교적 균형을 이루었던 데 반면에 아들 옹정제

---

53) 일본의 동양사학자 미야자키 이치사다는 옹정제(雍正帝, 제5대 황제, 재위: 1722~1735)를 다룬 책에서 13년이 옹정제(雍正帝) 본인과 관료들이 버틸 수 있는 최대 한계로 봤다. 관료들을 꽉 휘어잡아 그들의 역량을 인정사정 없이 쥐어짠 무시무시한 독재 군주였다. 하지만 그 목적은 자신의 권력 보호 외에 어디까지나 국정 운영과 제국의 발전에 있었다.

(雍正帝)는 철저할 만큼 문치(文治)에 비중을 두었다. 강희제(康熙帝)가 '삼번(三藩)의 난 (亂)' 평정, 대만 정복, 러시아와의 분쟁 해결, 외몽골 정복 등을 감행하고 준가르와 전쟁 을 치르는 등 외정(外廷)에 직접 관여하여 성과를 내고 이와 함께 내치(內治)도 돌보았던 것과 대조적으로, 옹정제(雍正帝)는 철저하게 평화주의(平和主義)나 부전주의(不戰主義)로 일관하면서 강희제(康熙帝)때 마무리가 안 된 수준의 내정(內政) 체계를 크게 정비하였 다.54) 예로서, 1727년 러시아와 캬흐타 조약을 맺어 국경선을 명확히 그었으며, 팔기군 체제를 손보고 군기처를 설치하는 등의 개혁으로 권력을 황제에 집중시켰다.

청(淸)나라의 통치 체제는 하나의 중앙정부가 여러 세력들을 각각의 방식에 맞춰 통치 하는 시스템이었는데, 청(淸)나라의 황제는 만주와 몽골의 대칸이자 한족들의 천자이며 티 베트의 보호자, 서남지역 토사들의 우두머리를 겸하는 동군연합 통치 체제의 최정점에 있 었다. 청나라는 매우 정교하면서 유기적이고 다원적으로 작동되는 물적 동군연합 통치체 제로 운영되고 있었다.55) 무력과 경제력을 확실하게 장악해야 이러한 통치 체제를 안정적 으로 운영할 수 있었기 때문에 그 핵심인 화폐주조권(Seigniorage)을 장악하기 위해서라도 서남지역에 대한 장악력을 높일 필요가 있었다.

따라서 옹정제(雍正帝, 제5대 황제, 재위: 1722~1735)는 중앙집권제를 강화하고 서남지역 의 토착 소수민족 세력을 견제하고, 나아가 이들을 중국화시키기 위해 정부에서 파견한 관리인 유관으로 하여금 지방을 다스리게 하고 조정이 파견한 군대로 지방군을 대체하게 했으며 토지를 통일적으로 측량하고 세수표준을 통일시켰으며 세습적인 토사제를 폐지하

---

54) 물론, 옹정제(雍正帝, 제5대 황제, 재위: 1722~1735)는 즉위 초기에는 연갱요가 서북에서 군사 작전을 벌여 승리를 거두었지만, 1731년 티베트의 갈단 체링에게 청군이 대패한 뒤로는 군사적인 정복 활동을 벌이는 작업에서 거의 손을 놓았다.

55) 각 타이틀은 하나 같이 모두 유기적으로 연결되어 있었다. 구체적으로, 만주와 몽골의 대칸 자리는 청나 라 황실의 강력한 지지기반, 특히 무력기반인 팔기군을 제공했는데, 이는 만주와 몽골의 귀족들이 많이 믿는 티베트 불교의 보호자라는 타이틀을 통해 정통성을 확보했다. 한족의 천자 자리는 청나라의 재정 적 기반을 제공받는 기반인데, 여기서 징수하는 세금을 통해 만주와 몽골의 빈약한 경제력을 보완하여 귀족들을 실질적으로 통제함과 동시에 그들이 제공하는 무력으로 한족들을 통제했다. 티베트의 보호자 자리는 제정일치 체제인 티베트의 상징적 통치자인 달라이 라마와 단월(檀越) 관계(종교적 지도자: 세 속적 군주)를 맺어 한족(漢族)에게서 비롯되는 경제력과 만주와 몽골에서 제공되는 무력으로 티베트의 보호자 역할을 하는 대가로 티베트의 실질적인 통치권, 그리고 티베트 불교를 믿는 만주-몽골의 귀족 들에 대한 통치 정당성을 종교적으로 부여받았다. 상기의 관계로써 몽골은 전쟁없이 티베트를 몽골제국 에 편입시키고 싸카파 종파는 티베트에서 정교합일(政敎合一) 정권을 수립할 수 있었다. 남지역 토사들 의 우두머리 자리는 한족의 경제력과 만주와 몽골의 무력으로 통제하여 반란 세력을 통제함과 동시에 일정한 자치권을 부여하여 경제의 혈액과 같은 화폐, 그것도 실질적으로 많이 쓰이는 동전의 주조에 필 요한 구리를 안정적으로 수급했다.

고 부역제도를 개혁하는 등 일련의 조치를 취했다.

옹정제(雍正帝, 제5대 황제, 재위: 1722~1735)는 철저하게 지방관을 관리 감독하고 이중 삼중으로 감시망을 펼쳐서, 모반 가능성을 염두에 둬 세밀하게 관리들을 통제했으며 전국의 수많은 관리들이 보내는 보고서를 빠짐없이 읽고 모두 황제 전용의 붉은 먹으로 주석을 덧붙여 써서 돌려보내는 방식으로 업무를 보았다.[56] 사실 이것은 선제(先帝) 강희제(康熙帝)가 도입한 제도였는데 옹정제(雍正帝)는 아버지가 만든 이 제도를 십분 활용했다.

또한, 옹정제(雍正帝, 제5대 황제, 재위: 1722~1735)는 매년 경작에 들어가기에 앞서 직접 농사를 지었는데, 보여주기 식이지만 일전의 제왕들은 한두 번 하다 마는 일이 많았다. 옹정제(雍正帝)는 자신뿐만 아니라 관리들에게도 강요했고, 하지 않은 사람들은 처벌했다. 심지어, 옹정제(雍正帝)는 농민에게 벼슬을 내려주는 새로운 제도를 만들었다. 물론, 중국의 왕조는 농업을 중시했으나, 이는 생산량과 수탈하는 문제의 이야기지 농민의 사회적 지위나 이익하고는 무관했다. 당시 지방에서는 세금을 징수하는 관리는 있어도, 생산을 지도하는 관리는 없었다. 옹정제는 경험 많고 모범적인 농민들을 8품의 벼슬에 임명하고, 농민들의 농사에 도움을 주게 했다. 물론 이런 제도도 금세 폐단이 나타나 가짜 농부들이 이 벼슬을 받고 행세하는 일도 있었지만, 옹정제는 이런 사람들을 탄압함과 동시에 자수를 하면 용서해주겠다고 말하여 이런 가짜 농부들을 없앴다.

특히, 옹정제(雍正帝, 제5대 황제, 재위: 1722~1735)는 관리들의 부정부패(不正腐敗) 문제를 가장 많이 손봤다.[57] 그는 현실적인 사람이었기에 부정부패(不正腐敗)를 막으면서도

---

56) 옹정제(雍正帝, 제5대 황제, 재위: 1722~1735)는 형편없이 일하는 관리에게 '월급만 축내는 밥버러지'라는 등 대놓고 면박하였다. 원문에는 '無知(멍청한 놈)', '無識小人(무식한 소인배)', '覽, 笑之(쭉 훑어봤는데 웃기는구나)' 등의 표현들이 있다. 마치 뒷날 조선의 정조(正祖)가 신하에게 보낸 비밀 어찰을 연상케 하는 수준이다. 이것들을 보면 옹정제는 상당한 독설가였다. 이 때문에 신하들 입장에선 죽어나는데 내용을 빼먹고 쓰면 나중에 귀신 같이 알아서 그걸로 까고, 쓸데없이 장황하게 써서 진짜로 중요한 내용을 못 보고하면 또 그걸로 욕먹었다. 하루는 한 신하가 신나게 도박을 하고 놀았다. 그런데 마작패 하나가 사라져서 아무리 찾아도 안 보이자 퇴근해서 집에 돌아왔다. 다음날 출근했을 때 옹정제(雍正帝)가 그를 불러 어제 뭐하고 놀았냐고 묻자 놀란 그 신하는 감히 황제를 속일 엄두가 안 나서 이실직고를 했다. 그러자 갑자기 옹정제(雍正帝)가 사라진 마작패를 그에게 던지면서 솔직하게 말했으니 이번은 봐주겠다고 말했다고 한다. 이에 그 신하는 공포에 질려서 그 뒤로는 도박할 엄두를 못냈다. 또 한 가지 에피소드로는 형부의 신하가 황제를 알현했는데, 옹정제(雍正帝)가 담당하는 부서가 어떻게 돌아가는지를 물어보기에 그 신하는 대충 "잘 돌아갑니다."라고 대답했다. 조금 뒤 옹정제(雍正帝)는 다시 "그래, 거기 부서에 걸린 현판도 잘 있더냐?" 하고 물어봤을 때도 신하는 "예, 제대로 걸려 있습니다."라고 말했다. 그러자 옹정제(雍正帝)가 그 관청 건물에 걸려있던 현판을 가져오게 해 그 신하 앞에 집어던졌다. 옹정제(雍正帝)가 전날 밤에 측근을 시켜 관청의 현판을 떼어 가져오게 했던 것이다. 형부의 현판은 본보기 삼아 한동안 원위치에 돌아가지 못했다.

57) 명(明)·청(淸) 시대에는 모선(耗羨)이라는 공공연한 관행이 있었는데, 본래 지정한 세금보다 쌀이나 은

'모선'(耗羨) 대신에 모선귀공(耗羨歸公)제도를 실시해서 '모선'(耗羨)을 정규 세금화하여 '모선'(耗羨)의 징수 과정과 징수량을 국가에서 파악해 부정부패가 일어날 소지를 줄였다. 그리고 관료들의 '모선'(耗羨) 징수를 합법화하는 대신에, 그 수치를 정해 놓고 그 범위 안에서만 징수하게 했다. 또한 관료들에게 양렴은을 지급해서 관료들에 대한 대우를 개선하면서 부정부패를 저지르는 관리들은 가혹하게 처벌했다.

옹정제(雍正帝, 제5대 황제, 재위: 1722~1735)는 각 성(省)의 지세(地稅) 보유량을 확실하게 파악하면서, 측근들을 모아 적자 상황을 관리시켰다. 적자가 나면 책임자가 자기 돈으로 채워야 했다. 그리고 조사해서 세금을 착복한 사람이 나오면 옹정제(雍正帝)는 만주족이든 몽골의 귀족이든 한족 신사층이든 예외없이 모조리 처벌했고, 해당 관리들은 추징금을 납부하기 위해 자기 재산을 털어 메꿔야 했다. 심지어 아버지 강희제(康熙帝)의 자식들까지 착복한 세금을 메꾸기 위해 가재 도구와 집까지 팔아 황제에게 돈을 바쳤다. 중앙과 마찬가지로 지방에서도 이러한 조사는 철저했다.

옹정제(雍正帝, 제5대 황제, 재위: 1722~1735)는 심지어 "몰수왕"이라는 별명이 붙을 만큼 각 부와 주현에서 세금을 횡령한 관리들의 재산을 몰수하여 모조리 국고에 집어넣고, 은닉한 재산까지 찾아내서 몰수해 경매에 붙여서 팔았다. 지주의 착취로 부당하게 천민이 된 사람은 확실히 조사해서 다시 원래 신분을 회복시키고, 못된 지주는 강력히 처벌했는데 심지어 사형까지 시켰다. 이전까지의 관행으로는, 횡령죄가 드러나도 횡령금을 채워놓으면 관직을 유지했다.

옹정제(雍正帝)는 상기 제도의 허점(횡령한 금액을 채워놓기 위해 관리들이 백성들의 주머니를 털어서 돈을 마련함)을 깨달았다. 옹정제(雍正帝)는 즉위하자마자 횡령 사실이 드러나면

을 조금 더 걷는 것이었다. 이 관행은 기본적으로 행정 비용을 충당하기 위한 부가세의 필요성과 관리들의 봉급이 너무 적다는 문제 때문에 발생한 것이었다. 관료에게는 봉은 외에 봉미도 지급했다. 봉은 1량 당 봉미 10말을 추가했는데, 외직에 나간 문관들은 봉미가 없었고, 무관의 봉은은 북경에 있는 무관의 절반이었다. 이 계산으로 보면, 지방 최고의 수장인 총독은 연봉이 180량, 포정사는 150량, 안찰사와 염운사는 130량, 도원과 지부는 105량, 동지와 지주 80량, 통판과 주동 60량, 현령과 학부교수 45량, 현승, 교유, 훈도 각기 40량, 주부 33량 1전, 전사와 순검 31량 5전이었다. 재부는 12량, 포병 8량, 문자, 마부, 고사, 옥졸은 연봉이 6량이었다. 청나라 시대의 소설인 홍루몽을 보면, 제법 무난하고 사는 농민이 1년에 20량 정도를 버니 말단 관리들은 봉급만으로 생활하자면 사실상 빈민이었다. 이런 상황에서 세금을 규정액보다 조금 더 걷는 '모선'(耗羨)은 관리들 입장에서는 생계와 임무 수행을 위해서 어쩔 수 없이 하는 일이었다. 강희제는 이런 문제에 대해서 "1량을 걷을 때 1할만 걷는다면 청렴한 관리"라고 말하였다. 하지만 '모선'(耗羨)은 정규 세금이 아닌 부가세이고 필요할 때마다 걷는 것이다보니 내는 사람은 내고 안 내는 사람은 안 내는지라, 지방의 막강한 향신과 지주들이 갖은 수를 써서 내지 않으려 하여 다른 농민들에게 세금이 전가되는 폐단이 심했다.

곧바로 관리들을 파직시켰고, 옹정제(雍正帝) 3년에 호남성에서 조사를 시작하자 무려 호남성의 관원들 중 절반 이상이 부패 혐의로 쫓겨났다. 허베이 성에서도 3년 이상인 고참 관리들 대부분이 파직으로 밀려났다. 관리가 백성들의 돈을 뺏어먹으면, 그 혜택은 관리만이 아니라 가족과 친구, 친척들까지 돌아간다. 따라서 옹정제(雍正帝)는 횡령 사실이 드러나면 가족과 친구는 물론 이런 친척들까지 다 털어 재산을 뺏어갔다. 그러자 탐관오리(貪官汚吏)들은 자기 가족들, 친척들, 친구들까지 연루시키지 않기 위해 꼼짝도 못했다. 또한, 옹정제(雍正帝)는 다른 사람이 대신 횡령금을 배상하는 제도도 없앴다. 그리고 죄를 추궁받아 자살한 사람마저도 철저하게 털어서 가족들에게 책임을 물었기에, 탐관오리(貪官汚吏)는 자살해도 그 죄를 벗어날 수 없었다. 특히 조금이라도 흠을 보이는 관리는 곧바로 파면하고, 후임자를 바로 임명했기에 많은 관리들은 얼마든지 자신을 대신할 존재가 있다는 생각에 두려움에 떨어야만 했다. 비리가 너무나도 심한 관리나 지주의 경우엔 배상이고 뭐고 할 것 없이 처형했다. 적자로 적자를 메우는 편법을 쓴 사람도 마찬가지였다.

상기한 부정부패(不正腐敗) 근절 정책들은 놀라운 성과를 내어, 옹정제(雍正帝, 제5대 황제, 재위: 1722~1735) 10년 후 적자에 시달리던 하남성은 70만 량의 은(銀)을 보유하며 완연한 흑자로 돌아섰다. 훗날 역사학자 장학성(章學誠)은 이렇게 말했다: *"옹정제(雍正帝)가 관료 사회를 개혁하여 기강을 바로잡은 일은, 실로 천 년에 한 번 있을 만한 쾌거로다!"*

그러나 옹정제(雍正帝, 제5대 황제, 재위: 1722~1735)의 개혁에도 한계가 있었다. 모선귀공(耗羨歸公) 제도와 '양렴은'(養廉銀) 제도인데, 이름 자체가 '청렴을 배양하는 돈'이니 간단히 '청렴결백수당'제도이다. 즉, 부정으로 받을 돈을 아예 지급해버리는 제도였다. 그래서 부패에 들어갈 돈을 세금으로 걷으면 된다는 생각을 했다. 옹정제(雍正帝) 사후의 청(淸) 조정이 물가와 행정 비용 상승률에 맞춰 제도를 개정하지 않았기 때문에 시간이 흐른 뒤에는 제도 자체가 거의 유명무실한 것이 되어 버렸다. 결국, 관료들은 다시 부가세를 추가로 징수해야 했고, 관료 사회의 기강은 다시 무너지고 부정부패(不正腐敗)가 퍼져나갔다.

상기한 바와 같이, 옹정제(雍正帝, 제5대 황제, 재위: 1722~1735)는 심한 '일 중독자'(workaholic)다 보니 육신이 지탱할 수가 없었고 말년엔 과로로 몸과 마음이 다 망가져 요양을 해야할 지경까지 되었다. 그 와중에도 일을 손에 놓지 않아 이게 수명을 더욱 갉아먹고 있었다. 결국, 1735년에 자금성 건청궁에서 대신들과 조회를 하다가 갑자기 쓰러져 치료받았으나 차도를 보지 못하고 58세를 일기로 붕어했다.

옹정제(雍正帝, 제5대 황제, 재위: 1722~1735)의 인품을 잘 알 수 있는 한 마디가 한국의 도덕 교과서에도 있다: *"이 한 몸을 위해서 천하를 희생시키지는 않으리라."* 일본의 동양

사학자 미야자키 이치사다(宮崎 市定, 1901~1995)는 옹정제(雍正帝)를 '엄청난 권력을 휘두르는 독재자라기보다 구도하는 수도자처럼 경건하고 치열한 자세로 정치에 임하며, 전제군주제와 독재체제가 만들어낼 수 있는 최고의 선(善)을 실천한 군주'로 평가했다.

⑤ 제6대 황제 건륭제(乾隆帝, 재위: 1735~1796)

제6대 황제 건륭제(乾隆帝, 재위: 1735~1796)는 제5대 황제 옹정제(雍正帝, 재위: 1722~1735)의 넷째 아들이며 제4대 황제 강희제(康熙帝, 재위: 1661~1722)의 손자이다. 건륭제(乾隆帝)는 옹정제(雍正帝)의 후궁 출신인 효성헌황후 뇨후루씨(孝聖憲皇后 鈕祜祿氏)의 소생이다. 어릴 때부터 제왕이 지녀야 할 자질이 보여 할아버지 강희제(康熙帝)와 아버지 옹정제(雍正帝)에게 인정을 받았다. 1735년(옹정 13년), 옹정제(雍正帝, 제5대 황제, 재위: 1722~1735)가 급사하자 건륭제(乾隆帝, 제6대 황제, 재위: 1735~1796)가 26세에 황위에 올랐다.[58]

1796년(건륭 60년) 말, 손자 건륭제(乾隆帝, 제6대 황제, 재위: 1735~1796)은 감히 할아버지인 강희제(康熙帝, 제4대 황제, 재위: 1661~1722)의 재위 기간(61년)을 넘을 수 없다며 재위 60년째에 태상황(太上皇)으로 물러났지만, 막후에서 정책 최고 결정권을 행사하여 여전히 실권을 쥐고 있었다. 재위기간 60년에다가 태상황(太上皇)으로서 실권을 장악한 4년까지 합치면 건륭제(乾隆帝)는 중국 역사상 가장 오랫동안 실권을 장악한 황제였다. 즉, 중국 최후의 태평성세인 '강건성세(康乾盛世)'의 마지막을 장식한 황제이다. 또한, 중국의 역대 황제 중 가장 장수한 황제이다. 혈기왕성한 청년의 건륭제(乾隆帝)는 인시(寅時, 새벽 4시)에 일어나 조회에서 대신들이 올린 각지에서의 보고를 받고 이를 수결(手決)하였다. 무엇보다도, 그는 만주족과 한족 대신들의 갈등을 조정하며 내치(內治)를 다졌다.

제6대 황제 건륭제(乾隆帝, 재위: 1735~1796)는 보갑제(保甲制)[59]와 이갑제(里甲制)[60]라

---

58) 제6대 황제 건륭제(乾隆帝, 재위: 1735~1796)는 즉위하자 먼저 아버지 옹정제(雍正帝, 재위: 1722~1735)가 연금하거나 귀양보낸 자신의 숙부들을 사면하였다. 특히 강희제(康熙帝)의 14남이자 옹정제(雍正帝)가 황위에 오르기 전 경쟁자로 불리던 순군왕 윤제(恂郡王 允禵)는 건륭제(乾隆帝)의 배려로 풀려날 수 있었다. 그 후 건륭제(乾隆帝)는 아버지가 재위기간 내내 추진하던 종친들을 정치 일면에서 배제시키는 정책에 박차를 가했다. 강희제(康熙帝)나 옹정제(雍正帝)때만 하더라도, 대부분의 황자들과 일부 세력있는 방계 황족들은 군이나 육부를 통솔하였으나 그 당시의 골육상쟁을 잘 알고 있던 건륭제(乾隆帝)는 황족들을 대부분 군과 육부, 군기처에서 배제시켰고 그의 아우들마저도 정치적 발언을 규제하여 공사를 구별하였다.

59) 보갑제(保甲制)는 100 가구를 모아서 갑(甲), 그리고 그 10개의 갑을 모아 보(保)로 나누어 같은 공동체에서 사는 사람끼리 서로 질서와 치안의 책임을 지게 하는 제도였다.

60) 이갑제(里甲制)는 보(保)와 갑(甲)에서 세금을 인구에 따라 모아서 재정을 충당하는 제도였다. 본래 북

는 제도를 다음과 같이 뜯어고쳤다: 보(保)와 갑(甲)의 장들은 자신이 맡은 구역의 백성들의 호적을 조사하고 그 기록을 관아에 바쳤다. 그러나 지방 관리들이 인구와 세수를 일부러 줄여서 보고하고 뒤로는 세금을 무겁게 매겨 막대한 사익을 취하자, 1740년(건륭 5년), 건륭제(乾隆帝)는 정확한 인구조사를 위해 각지의 보(保)와 갑(甲)의 장에게 가구당 세는 사람의 수를 군역을 지는 장정이 아닌, 집안의 여자들까지 모두 다 계산하였는데 계산한 백성들의 수는 나이, 성별과 이름을 패에다 적어 각자의 집 문 앞에 걸어놓았다. 패를 대문에 걸어놓으면 보(保)와 갑(甲)의 장(長)들이 가구를 돌아다니면서 기록을 하고 그 기록을 모두 지방의 순무부, 또는 총독부에 보냈고 이들은 또 자신의 관할 인구 기록을 모두 추려서 북경의 군기처와 호부로 보냈다.

상기한 개혁으로써, 제6대 황제 건륭제(乾隆帝, 재위: 1735~1796)는 청나라의 총 인구수를 보다 정확히 알게 되었고 지방 관리들이 인구와 세수를 일부러 줄여서 보고하여 사익을 취하려 한 경우를 차단하여 또한 이를 방치하거나 세금을 빼돌린 총독이나 순무에게도 중징계를 내려 특히 이 중 그 행태가 심한 자는 참형에 처하기도 하였다. 이러한 건륭제(乾隆帝)의 강력한 정책은 청대 후기까지 지속되었으나 사실상 부정부패(不正腐敗)가 시작되는 건륭제(乾隆帝)의 치세 후기까지만 지속되었다. 보갑제(保甲制)와 이갑제(里甲制)의 덕분으로 어느 정도 내치(內治)를 다져서 그 성과를 본 건륭제(乾隆帝)는 국고의 은자가 풍족하고 인구도 크게 늘어나 농작도 잘되어 백성들의 호응을 받았다.

건륭제(乾隆帝, 재위: 1735~1796) 시대 초기부터 선대(先代) 강희제(康熙帝)와 옹정제(雍正帝)의 강력한 내치(內治)와 더불어 새로운 작물과 농작 방식이 도입됨에 따라 농업 수확률이 대폭 상승함에 따라 상업이 번창해져 경기가 활성화되었다. 특히 신대륙에서 전래되어 유럽 선교사들이 가져온 작물들이 서서히 재배되기 시작하였는데 특히 고구마는 어느 땅에서나 잘 자라서 백성의 기근(飢饉)을 면하게 해주어 이때 들여온 작물 중 가장 큰 영향을 끼쳤다.

대외적으로는 무역을 늘렸는데 면(綿), 칠기, 도자기, 비단 등이 주요 특산품으로 세계에 수출되었고 이에 따라 재정은 물론 백성들의 삶의 질도 크게 상승하였다. 차(茶)의 생산량도 크게 많아져 영국에 수출하는 차(茶)의 생산률이 건륭제(乾隆帝) 즉위 80년 후인 1815년(가경 20년)에는 50배까지 증가하였고 유럽 선교사와 상인들은 고가인 칠기 가구나

송(北宋)의 왕안석(王安石)이 신법으로 쓰려다가 수포로 돌아간 이후 명(明)나라를 거쳐 청(淸)나라 제3대 순치제(順治帝) 치세의 섭정왕이었던 도르곤의 명령으로 다시 시작하였고 강희제(康熙帝)와 옹정제(雍正帝)를 거치면서 전국적으로 시행되었다.

질 좋은 종이와 서적에 큰 관심을 가져 구입한 후 본국에 다시 팔았다.

　　건륭제(乾隆帝, 재위: 1735~1796)는 이러한 무역정책을 크게 장려하여 유럽 상인들로부터 은(銀)이 많이 들어와 1760년(건륭 25년) 총 85,000kg의 은(銀)이 국고에 있었으나 20년 후인 1780년(건륭 45년)에는 450,000kg의 은(銀)이 국고에 들어와 있었다. 이러한 국부(國富)와 새로운 농작 방식을 바탕으로 인구도 크게 늘어났는데 1722년(강희 61년) 1억 5천만 명이었던 인구가 68년 뒤인 1790년(건륭 55년)에는 3억 명을 넘어서 배가 되었다. 18세기로 들어서면서 백성들이 문화·예술을 즐기기 시작하면서 여가 시간은 많아지고 각지가 부유해져 인구가 급속도로 상승할 수 있었다.

　　나라가 부유해지자 건륭제(乾隆帝, 재위: 1735~1796)는 자신의 위엄을 더욱 떨치기 위해 원정에 나섰다. 건륭제(乾隆帝)는 자신이 이긴 모든 10번의 원정을 십전무공(十全武功)이라 하고 이를 기념해 책을 썼는데 그 책이 『십전무공기』로 청군의 강력한 군사력과 자신의 군사적 지도력을 자찬한 저서였다. 또한 자신을 십전노인(十全老人)이라 스스로 칭하였고 자금성 안의 무영전(武英殿)에 청군이 원정에서 얻은 화려한 진상품이나 조공품 등을 전시해 놓았다.

　　건륭제(乾隆帝)의 십전무공(十全武功)을 상술하면 다음과 같다: 1747년(건륭 12년), 대금천(大金川)을 시작으로 1755년(건륭 20년), 1757년(건륭 22년) 두 번에 걸쳐 강희제(康熙帝, 제4대 황제, 재위: 1661~1722) 이후 세력이 미미해졌으나 여전히 몽골 고원을 호령하던 중가르를 완전히 복속시켰고 1769년(건륭 33년)에는 버마, 1776년(건륭 41년)에는 대금천(大金川)과 소금천(小金川), 뒤이어 1788년(건륭 53년) 대만, 1789년(건륭 54년) 베트남, 1791년(건륭 56년), 1792년(건륭 57년) 두 차례에 걸쳐 네팔을 원정함으로써 자신의 권위와 청나라의 국위를 선양하였다.[61]

　　건륭제(乾隆帝, 재위: 1735~1796) 자신은 몽골의 군사를 직접 지휘해 격파한 조부 강희제(康熙帝)와는 달리 전선 근처를 순시하며 병사들을 독려하였다. 이때 당시 청(淸)나라의 군사 상당수는 개국때 혁혁한 공을 세운 팔기군이 아니라 강희제(康熙帝)때 신설된 한족(漢族) 출신의 군대 녹영(綠營)의 군사들로서 남송(南宋)의 명장 악비(岳飛)의 후손인 사천 총독 악종기(岳鍾琪)와 만주족 출신의 장수 아계(阿桂)가 지휘관으로 활약하였다.

　　그중 가장 성과가 있었던 원정은 바로 두 번에 걸친 준가르 원정과 대금천(大金川)과 소금천(小金川) 원정이었다. 준가르 원정으로 청(淸)나라는 외몽골을 얻었고, 이 기세를 몰

---

61) 건륭제(乾隆帝, 재위: 1735~1796)는 베트남, 네팔 등 정복한 영토에는 무단 통치를 단행하여 현지인들에게 분란의 싹을 틔웠으며 실제로 건륭제(乾隆帝)가 죽은 뒤, 베트남과 버마는 독립하였다.

아 위구르족을 공격해서 그들을 복속시킴으로써 크나큰 영토를 얻게 되었다. 건륭제(乾隆帝)는 새로 얻은 영토를 새롭게 번성하라는 뜻의 신강(新疆)으로 명명하였다. 또한 티베트 일대에도 큰 영향력을 행사할 수 있게 되었다. 대금천(大金川)과 소금천(小金川) 원정에서도 소수의 병력으로 공격하여 성과를 보았으나, 대금천(大金川)과 소금천(小金川)의 영토는 몽골에 비하여 턱없이 작았고, 군비도 예상에 비해 너무 많이 지출되었다. 또한 금천 일대에는 1747년(건륭 12년) 금천의 일부 영토를 점령하였음에도 현지 주민들의 반란도 빈번히 일어났다. 주민들은 티베트인들의 지원을 얻어서 항쟁을 계속하였다. 건륭제(乾隆帝)는 29년 후에 유럽의 선교사들이 제작한 최신형 대포로 대금천(大金川)과 소금천(小金川)을 초토화시킨 다음에야 강제로 주민들의 항복을 받아내어 조공품을 얻은 뒤 완전히 통치할 수 있었다. 이로써 건륭제(乾隆帝)는 청나라의 영토를 약 460만km² 늘려 중국 역사상 원(元)나라 이후 가장 큰 영토를 가진 제국의 통치자가 되었다.

한편, 버마에서는 콘바웅 왕조가 다스리고 있었으나 청나라와는 불편한 관계에 있었다. 청군이 쳐들어오자 버마도 역시 군사를 내보내 대응하게 하였으나, 시암의 국왕 딱신이 군사를 내보내 버마와 싸워서 버마군을 대파하였다. 이 덕분에 청나라는 어부지리(漁父之利) 격으로 버마를 손쉽게 평정하고 버마를 조공국으로 삼았다.

그 후 1786년(건륭 51년) 대만에 발생한 대만 토호 '임상문의 난'은 천지회(天地會)라는 종교적 색채를 가진 단체가 주도하여, 청나라의 정통성을 부정하고 군사를 일으켜 대만의 여러 도시를 점령했다.[62] 이들은 반청복명(反淸復明)을 기치로 거사를 일으켰으나, 건륭제(乾隆帝)는 빠른 대처로 천지회(天地會) 반란군은 궤멸시키고 그 지도자들을 잡아 처형하였다.

대만을 진압한 다음해 1789년(건륭 54년), 베트남에서는 후 레 왕조 말기에 접어들었으나 떠이선 왕조가 잠시 들어서면서 후 레 왕조를 멸망시켰다. 후 레 왕조의 마지막 군주인 레 민제는 광서성으로 도망쳐 청(淸)나라로 망명하여 건륭제(乾隆帝)에게 도움을 요청하였다. 건륭제(乾隆帝)는 그의 요청을 수락하여 양광총독 손사의가 이끄는 대군을 보내 탕롱을 공격하여 다시 레 민제를 복위시켰으나, 그는 이미 건륭제(乾隆帝)에게 조공을 맹세하고 실권을 청나라에 넘겨 허수아비 신세로 전락하고 말았다. 이에 분개한 떠이선 왕조의 응우옌후에는 1789년(건륭 54년) 기습적으로 탕롱을 공격하여 양광총독 손사의의 청군을 상대로 승리를 거두었다. 놀란 레 민제 군주는 다시 청(淸)나라로 망명하고 떠이선

---

62) 1786년(건륭 51년) 발생한 대만 토호 '임상문의 난'은 삼합회(三合會)라고도 부르는 천지회(天地會)와 밀접하게 관련되어 있었다. 이때 건륭제(乾隆帝)는 만주족 군사가 아니라 한족 군사의 도움을 받는다. '임상문의 난'은 만주 팔기가 아니라 채대기, 손사의가 지휘하는 한족 녹영의 군대의 힘을 빌려 2년 만에 진압한다. 천지회(天地會)의 일부는 악명 높은 삼합회(三合會)로 발전한다.

왕조의 응우옌후에는 황제로 즉위한 후 청(淸)나라의 승인을 받아 조공국이 되었다.

　네팔을 점령할 때는 이미 네팔의 구르카 부족이 쳐들어와 1788년(건륭 53년) 티베트 남부를 점령하고 라사를 향해 진격해오고 있었다. 티베트 주재 청군은 판첸 라마 텐페이 니마를 납치하여 다른 곳에서 요격할 태세를 갖추었다. 한편 건륭제(乾隆帝)는 사천성에 주재하던 군사들에게 티베트 남부에 있는 구르카 군사들을 몰아내라고 명령하였으나 이미 구르카 부족은 퇴각한 상태였다. 그러나 1791년(건륭 56년) 겨울, 구르카는 다시 티베트로 진격해 들어왔다. 이에 맞서 건륭제(乾隆帝)는 팔기군과 녹영의 군사들을 파병하고 그 사령관에 자신의 처조카인 복강안(福康安)을 임명하여 구르카 군을 몰아내도록 하였다. 복강안의 군대는 청해성으로 진격해 티베트 분지로 들어가려 하였으나 날씨가 춥고 고지 분대라서 눈이 녹지 않아 날이 풀릴 때까지 기다리다가 봄이 되어 다시 진격한 후 1792년(건륭 57년) 여름에 구르카 군을 섬멸하고 그들을 히말라야 산맥의 카트만두 계곡으로까지 압박하였다. 1793년(건륭 58년) 복강안은 구르카 족의 항복을 받고 철군하여 북경으로 돌아갔다.

　한편, 조부 강희제(康熙帝)와 같이, 건륭제(乾隆帝, 재위: 1735~1796)는 여러 곳을 순행(巡行)하는 것을 좋아하였다. 순행(巡行)은 황제가 백성들에게 위엄을 보여줄 수 있는 가장 좋은 행사였다. 건륭제(乾隆帝)는 개인적인 여가를 보낼 때나 중대한 정책을 결정할 때 심신을 달래러 주로 떠났는데 1751년(건륭 16년), 1757년(건륭 22년), 1762년(건륭 27년), 1765년(건륭 30년), 1780년(건륭 45년), 1784년(건륭 49년) 등 대대적인 강남 순행, 즉 남순(南巡)을 모두 여섯 번 단행하였다. 그동안 북경에서는 장성한 황자나 여러 명의 군기대신이 남아서 국사를 처리하였다.

　건륭제(乾隆帝, 재위: 1735~1796)는 순행(巡行)할 때 황자와 공주, 대신, 환관, 시녀, 요리사, 호위병 등 3,000명을 대동하였는데 여기에다가 건축가, 화가, 시인 등까지 데리고가 그들과 더불어 강남의 절경을 즐겼다.[63] 남순(南巡) 이외에 사천성, 청해성 인근을 돌아보

---

63) 건륭제(乾隆帝, 재위: 1735~1796)의 순행의 주요 동선은 남경, 양주, 항주, 그리고 소주였다. 이 네 도시에서 건륭제(乾隆帝)는 대운하나 다른 명승고적을 돌아다니며 담론을 즐겼고 저녁에는 호화로운 행궁에서 지역 유지들과 관리들이 주최하는 호화로운 만찬을 즐겼다. 그리고 매일 거르지 않고 사치스럽고 호화로운 만찬을 벌려 자신이 가져온 내탕금이나 상인들과 지역 관리들이 바친 돈까지 모두 떨어지자 지역 관리들과 상인들의 하수인들이 자원하여 백성들로부터 돈을 뜯어내어 충당을 하였고 몇 개의 행궁을 짓는 데에도 백성들을 강제로 동원하여 큰 원성을 샀다. 조부 강희제(康熙帝)가 순행 때 가져간 내탕금만으로 모든 경비를 충당하고 북경으로 돌아올 때도 다 쓰이지 않았던 것과 상반된다. 실제로 건륭제(乾隆帝)는 순행 때 강희제(康熙帝)가 쓰던 비용의 평균 열 배 이상을 써서 국고의 돈을 지나치게 낭비하였다.

는 서순(西巡)을 4번 하였고 산동성, 호북성 인근을 도는 동순(東巡)도 5번이나 진행하며 각지의 교류를 트게 하였다.[64] 건륭제(乾隆帝)는 자신을 수행하는 시인, 화가 등을 불러 황실에서만 마시는 좋은 차(茶)를 대접하며 시(詩) 한 수를 읊거나 써 줄 것을 권유하였다. 특히 자신이 데려온 시인과 강남에서 살던 시인들과도 문예 대결을 펼치게 하는 등 문예 활동을 활발히 벌이고 자신의 탁월한 예술적 안목으로 예술가들의 지지를 받을 수 있었 다. 또한 강남의 골동품을 모으는 것을 좋아하여 환관들로 하여금 특정한 골동품을 수소 문하여 어떤 값을 치르더라도 사서 가져오라 할 만큼 수집욕이 매우 컸다.

건륭제(乾隆帝, 재위: 1735~1796)는 시(詩)를 짓는 것을 좋아하여 정무를 본 오전과는 달 리, 오후와 저녁에는 시(詩)를 지으며 낙으로 삼아 평생 4만 수(首)가 넘는 시(詩)를 지었 다. 간행된 시문집으로는 『낙선당전집』, 『청고종어제시집』 등이 있다. 특히 서예(書藝)에 는 실력이 뛰어나 자금성 안의 여러 편액(扁額)들을 썼으며 대신들의 생일 때에는 자신이 손수 쓴 글귀를 선물해주기도 하였다. 또한 그리기를 좋아하여 여러 그림을 남겼는데 자 신이 좋아하던 후원과 정자를 주로 그렸다.

건륭제(乾隆帝, 재위: 1735~1796)는 1770년(건륭 35년) 중국에 있는 모든 고(古)서적들을 수집할 것을 칙령으로 반포하였다. 그는 학자들에게 모든 고서적들의 이름을 목록으로 작 성하고 고(古)서적들을 4개 분류: 사서오경(四書五經)과 같은 고전인 '경'(經), 역사서인 '사'(史), 제자백가(諸子百家)를 포함한 철학서인 '자'(子), 그리고 문집인 '집'(集) 등으로 나 누었다. 모은 서적을 모두 학술기관인 한림원(翰林院)과 황실 도서관인 문연각(文淵閣)에 비치한 후 조사하여 분류하고 일람에 적어놓는 작업만도 2년이 넘게 걸렸다.

건륭제(乾隆帝, 재위: 1735~1796)와 군기처는 이러한 사업이 세금도 적게 들고 국가의 문화적 위치를 한층 발전시킬 것이라 여겨 전폭적으로 지원하였다. 1773년(건륭 38년), 이 렇게 모인 3,503부에 79,337권 33,054책의 서적을 한데 모아 3,800여 명의 학자들이 필사

---

64) 건륭제(乾隆帝, 재위: 1735~1796)는 순행을 하면서 그는 가정적으로 큰 일을 두 번 겪었다. 1748년(건 륭 13년) 건륭제(乾隆帝)는 자신의 정실 부인인 효현순황후 부찰씨와 더불어 동순(東巡)을 나가 제남을 거쳐 공자(孔子)의 고향 곡부까지 내려가 공림을 참배하였으나 효현순황후는 배 위에서 연회를 즐기는 도중에 강물에 빠져 북경으로 급히 가다가 덕주에서 오한(惡寒)에 걸려 사망하였다. 효현순황후를 매우 사랑하고 아꼈던 건륭제(乾隆帝)는 크게 상심하여 순행을 떠나는 것을 몇 년간 중지하였고 동순(東巡) 을 갈 때에도 덕주를 경유하지 않고 우회하여 갔다. 그 후 건륭제(乾隆帝)는 한황귀비 오랍나랍씨를 황 후로 새로 맞아들였으나 1765년(건륭 30년) 네 번째 남순(南巡)때, 연회 후 함부로 머리를 자르고 여승 이 되려 하였다는 이유로 건륭제(乾隆帝)의 노여움을 사서 강제로 북경으로 보내졌다. 그 후 오랍나랍 씨는 황후로서의 권위를 박탈당한 채 유폐되어 1768년(건륭 33년)에 사망하였고 황후가 아닌 귀비로서 의 장례로 지내지고 황후로서의 시호도 받지 못하는 등 건륭제(乾隆帝)로부터 홀대를 받았다.

를 하기 시작하였는데 이것이 바로 『사고전서』(四庫全書)이며 이 『사고전서』에 실린 서적들을 분류해 놓은 일람을 『사고전서총목제요』라고 한다. 『사고전서』(四庫全書)는 9년 뒤인 1782년(건륭 47년)에 가서야 완성이 되었다. 건륭제(乾隆帝)는 『사고전서』(四庫全書)의 양이 매우 방대하였기 때문에 편찬 작업 중 새로 요약본을 편찬할 것을 명하였는데 이것이 바로 『사고전서회요』(四庫全書薈要)로 이 역시 12,000여 권에 달한다. 『사고전서』(四庫全書)는 자금성의 문연각, 심양의 문소각(文溯閣), 열하의 문진각(文津閣), 원명원의 문원각(文源閣) 등 4곳에서 보관하였을 뿐만 아니라 양주, 진강, 항주 등으로 보내 한림원(翰林院)의 원로 학사가 책임을 지고 관리하도록 하였다. 이때 만들어진 『사고전서』(四庫全書)는 명나라 영락제때 만들어져 당시까지만 해도 중국 역사상 최대의 편찬사업인 『영락대전』의 3배가 넘는 양이었으며 강남에 보존된 3부는 남방의 학자들이 언제든 열람할 수 있도록 하였다. 이 밖에도 건륭제(乾隆帝)는 『대청일통지』, 『황조문헌통고』, 『대청회전』 등 방대한 도서를 많이 편찬하게 하였다.

건륭제(乾隆帝, 재위: 1735~1796)는 『사고전서』(四庫全書)를 편찬하기 시작한 1773년(건륭 38년)부터 모든 책들을 2년간 24번 조사하여 청나라의 정책과 그 뿌리에 정통성을 제기하는 서적은 모두 불온서적으로 지정하고 불태워버렸다. 소각된 책들은 모두 538종에 13,860부에 달하는 상당한 양이었다. 이 책들은 대부분 명(明)나라 말엽에 쓰인 것으로 선황인 태조 누르하치의 근본에 의문을 제기하거나 '북방 민족은 한족을 다스릴 권리가 없다', '명나라 만이 중원을 다스릴 유일한 정통 황조이다'라는 등 청나라의 중국 지배에 의문을 제기하거나 비난하는 내용을 담고 있었다. 건륭제(乾隆帝)는 이러한 행위를 대역죄로 처리하여 책을 쓴 저자와 그의 가족들을 변방으로 유배보내거나 노예로 삼았고 노골적으로 공격한 경우에는 주동자는 능지처참(陵遲處斬)형에 처하고 그 삼족이나 구족을 멸하는 등 엄정하게 다스렸다. 당시 시인인 호중조(胡中藻)가 '일파심장논탁청'(一把心腸論濁淸, 나의 마음으로 청탁을 논하고 싶다)이라는 문구에서 '탁청'(濁淸)이 바로 탁한 청나라라는 뜻으로 해석하여 참형에 처해지기도 하였다. 건륭제(乾隆帝)는 한족에게도 만주어를 가르치기 위해 『청문감』(淸文鑑)이라는 책을 지어 보급하였다.

또한, 건륭제(乾隆帝, 재위: 1735~1796)는 조부 강희제(康熙帝)와 부황 옹정제(雍正帝)와 같이 궁정의 선교사들을 우대하며 그들에게 부분적인 선교 활동을 허락하였다. 그는 조부와 부황과 같이 가톨릭교회의 가르침에는 전혀 관심이 없었고 선교사들의 예술적, 과학적 지식만을 이용하려고 하였다. 건륭제(乾隆帝)의 증조부인 제3대 순치제(順治帝)부터 이미 아담 샬 폰 벨을 시초로 건륭제(乾隆帝)때에도 이그나츠 쾨글러, 안토 고가이슬 등의 예수회 선교사들이 천문대인 흠천감을 이끌며 중국의 천문학과 지리학에 도움을 주었다. 1769년(건륭 34년) 이들의 도움으로 완성된『건륭황여전람도』(乾隆皇與全覽圖)는 서양식으로 그린 지도로 청나라의 강역을 세밀히 그려냈다. 프랑스 선교사인 조제프마리 아미오는 여러 개의 황실 정원을 프랑스식으로 꾸며주고『손자병법』과 같은 중국의 유명한 고서적이나 건륭제(乾隆帝)가 지은 시 등을 프랑스어로 번역하여 출판하기도 하였다. 건륭제(乾隆帝)는 부분적으로나마 예수회 선교사들의 선교를 허락하였고 선교사들은 이에 따라 교세를 확장시키고 가톨릭으로 개종한 신자들에겐 조상의 제사 등 본래의 관습을 어느 정도 지킬 수 있도록 배려하였다.[65]

다른 한편으로, 건륭제(乾隆帝, 재위: 1735~1796) 집권 후반기에 들어서면서 사치, 반란, 서방과의 부실한 외교, 그리고 희대의 탐관오리(貪官汚吏)로 평가받는 호부상서(戶部尙書) 뇨후루 허선(鈕祜祿 和珅, 1750~1799)을 20여 년간 총애하여 말년엔 매관매직(賣官賣職)과 부정부패(不正腐敗)가 빈번히 일어나고 국고가 비어 결국 청(淸) 제국은 쇠락의 길로 접어들었다.

건륭제(乾隆帝, 재위: 1735~1796)는 청나라 각지의 궁전, 행궁, 도로, 운하, 성벽, 사원 등을 새로 짓거나 증축하는 데에도 힘썼다. 그는 본래 자신이 태어난 잠저인 옹친왕부였으나 아버지 옹정제(雍正帝, 제5대 황제, 재위: 1722~1735)때 라마교 사원과 행궁으로 개축된 옹화궁을 대폭 증축하였고 명(明)나라때 지어진 자금성이 너무 인위적이고 낡아서 큰 연못과 나무 등이 많은 거대한 후원 공사를 시작하였다. 그는 최고의 장인, 석공, 목공 등을 불러 후원을 만들었는데 그때 처음 만들어진 후원이 북경 서북쪽에 있는 청의원(淸漪園)으로 훗날 이화원으로 개명되었다. 다른 한 후원은 바로 원명원(圓明園)으로 아버지 옹정제(雍正帝)가 가지고 있던 작은 후원을 대폭 증축하고 옆에는 그 부속 후원인 장춘원(長春園)과 기춘원(綺春園)을 새로 지었다.

건륭제(乾隆帝, 재위: 1735~1796)는 원명원(圓明園)을 서양과 동양이 만나는 궁전이 되길 원하여 조부 강희제(康熙帝, 제4대 황제, 재위: 1661~1722) 때부터 궁정에서 일하던 예수회 선교사 중 최연장자 주세페 카스틸리오네[중국 이름 랑세녕(郎世寧)]와 프랑스에서 온 천문학자 미셸 베누아에게 원명원(圓明園)의 개·보수를 명하였다. 카스틸리오네는 프랑스 베

---

65) 그러나 1742년(건륭 7년) 교황 베네딕토 14세는『각 경우에 따라서』(Ex quo Singulari)라는 칙서를 내려 가톨릭으로 개종한 신자들이 풍습을 유지할 수 있던 관행을 금지시키고 1744년(건륭 9년) 다시 또 다른 칙서『옴니움 솔리키투디눔』(Omnium Solicitudinum)를 내려 이를 재확인하였다. 상기한 교황(敎皇)의 칙령이 내린 후로는 가톨릭 신자의 수가 늘어나지 않았고 예수회 선교사들도 제대로 선교 활동을 펴지 못하였다. 그 후 중국 내의 가톨릭 교세는 조정의 탄압과 유학자들의 공격으로 청나라 멸망 때까지 크게 성장하지 못하였다.

르사유 궁전의 바로크 양식과 로코코 양식을 본따 지었는데 지붕은 중국식, 건물 외벽은 서양식으로 지어 혼합 양식을 따서지었고 안에는 유럽 왕실에서 쓰는 진귀한 물건을 가져 다놓아 전시하는 등 매우 화려하였다.

이와 더불어, 즉위 당시 나쁜 정치 상황과 국고의 돈마저도 넉넉지 않았던 강희제(康熙帝)와 옹정제(雍正帝)와는 달리 건륭제(乾隆帝, 재위: 1735~1796) 때에는 국고의 돈이 풍족하였기에 불필요한 사치가 잦았다. 건륭제(乾隆帝)는 연회, 후원 건설 등에 막대한 비용을 쓰고 재위 기간 내내 원정을 단행하는 등 국고의 돈을 크게 낭비하여 청나라의 재정 상황은 악화되어갔다. 특히 자신의 정통성과 세를 과시하기 위해 여러 번의 전국 순행으로 다시 많은 돈을 낭비하기도 하였다.

건륭제(乾隆帝, 재위: 1735~1796) 자신도 재위 초반기에 옹정제(雍正帝)의 기풍을 이어받아 관리들을 잘 단속한 것과 달리, 말년에는 재산의 축적에 크게 집착하여 자신의 생일 때에 황금 불상 1만 개를 받았다. 부황 옹정제(雍正帝)가 전국의 관리들에게 잡은 엄격한 기풍을 이어가지 않고 그들에게 유화책을 씀으로서 관리들의 일체 행동에 대한 감시가 소홀해졌는데 이로 인해 부정부패(不正腐敗)가 만연해지고 중앙 정부와 지방 정부의 기강이 크게 훼손되었다.

건륭제(乾隆帝, 재위: 1735~1796)가 청년과 중년 때에는 부황 옹정제(雍正帝)처럼 주필(朱筆)을 하여 관리들을 항상 감찰하는 등 기강을 엄정히 하여 관리들의 횡령이나 탈세같은 일이 거의 일어나지 않았고 일어나더라도 그 금액은 적었다. 그러나 건륭제(乾隆帝)가 노년에 이르러 중앙과 북경 주변의 정무만 처리하고 주필(朱筆)을 쓰는데 소홀해졌으며 각 성의 탄원이나 정책은 각 성의 총독, 순무가 재량껏 처리하게 내버려 두는 등 느슨하게 대하였다. 이에 따라 건륭제(乾隆帝)의 감시망에서 벗어난 지방 관리들이 백성들과 상인들을 상대로 착복과 횡령, 탈세를 자주하였고 그 연관된 금액도 매 건당 수십만 냥을 웃돌았다.

건륭제(乾隆帝, 재위: 1735~1796)의 치세 동안 황하에서 7건의 홍수 범람 사태가 발생하여 건륭제(乾隆帝)가 구호 자금을 보내주었으나 중간에서 관리들이 모두 횡령한 바람에 치수 공사가 진척을 이루지 못한 적도 있었다. 그 이후로는 점점 심해져 중앙에서 처리해줄 강력하고 청렴한 고위 관리들이 나타나지 않아 지방의 말단관리부터 재상급인 수석군기대신(首席軍機大臣)까지 연관되어서 집단 뇌물수수 사건까지 발생하는 등 심각해졌다. 건륭제(乾隆帝) 치세 중기 때부터 군기대신 우민중은 청렴과는 거리가 멀고 스스로 막대한 사익을 취하며 대신들 사이에서도 뇌물이 오가기 시작하였다. 이에 하급 관리들 역시 서로 뇌물수수를 눈감아주고 과거시험에서도 일정한 돈을 지불한 대가로 그 응시자에게 합격시켜 주는 등 그 비리가 계속되면서 감숙성에서 청 제국 최대의 뇌물수수 사건인 감숙모진안(甘肅冒賑案)이 발생하였다.[66]

건륭제(乾隆帝, 재위: 1735~1796)는 자신의 재위 후반기 내내 큰 영향력을 행사한 호부상서(戶部尙書) 뇨후루 허션(鈕祜祿 和珅, 1750~1799)에게 절대적 신임을 보냈다. 허션(和珅)은 금군의 삼등시위로 시작하여 27세인 1776년(건륭 41년) 호부시랑, 이어서 불과 31세에 호부(戶部)의 수장인 호부상서(戶部尙書)가 되어 호부를 장악하며 국고를 책임졌으며 감숙 순무인 왕단망(王亶望)의 뇌물수수사건을 철저히 밝혀내어 그 돈을 국고(國庫)로 환수하는데 일조하였다. 그는 중국어, 만주어, 몽골어, 티베트어 등 4개 국어에 능통하여 건륭제(乾隆帝)가 내리는 국서를 직접 번역하여 보내는 등 업무처리능력이 뛰어나 수상급인 영시위내대신, 수석군기대신과 여러 문관과 무관의 관직을 겸직하며 크나큰 영향력을 행사하였고 강희제(康熙帝)와 옹정제(雍正帝) 내내 크게 위축되어 온 신권(臣權)을 다시 강화하였다. 또한 뇨후루 허션(鈕祜祿 和珅)의 장남인 풍신은덕이 건륭제(乾隆帝)가 65세에 얻은 가장 총애하던 막내 딸인 고륜화효공주와 혼인함으로써 황실의 인척이 되어 무소불위(無所不爲)의 권력을 휘둘렀다.

이에 힘입어, 뇨후루 허션(鈕祜祿 和珅, 1750~1799)은 백성들의 세금을 대폭 올리고 관리들에게 자주 뒷돈을 받아서 반대파 대신들에게는 중상모략을 일삼는 부정부패(不正腐敗)의 원상이었으며, 각지의 총독·순무에게 일정한 돈을 지불하면 대역죄를 제외한 모든 죄를 사면하는 방식으로 돈을 모아 자신의 창고에다가 쌓아두었다. 또한, 황제에게 바쳐지는 1등급 진상품을 빼돌려 자신의 집에 보내고 건륭제(乾隆帝)에게는 2등급을 대신 바쳤다.

상기와 같이 부정부패(不正腐敗)가 계속되자 반청(反淸) 세력이 계속 나타났는데 1774년(건륭 39년) 왕륜(王倫)이라는 자가 관리들의 부정부패, 무거운 세금 등으로 사람들을 규

---

66) 상술하면, 1774년(건륭 39년) 당시 감숙성은 가난한 지역으로 매년 북경의 군기처나 호부로부터 구호자금을 받아서 사무를 처리하였다. 그리고 감숙 순무인 왕단망(王亶望)이 매년 그러하듯 건륭제(乾隆帝)에게 도움을 요청하여 구호 자금을 얻었으나 돈은 정작 구호에 쓰이지 않고 왕단망의 창고로 넘어갔다. 그러나 왕단망(王亶望)은 이러한 사실을 숨기고 구호 내역을 조작하여 건륭제(乾隆帝)에게 올렸고 이러한 사실을 모르는 건륭제(乾隆帝)는 왕단망(王亶望)을 절강성 순무로 바꿨으나 후임자에 이르러 뇌물수수 사건이 밝혀졌는데 1774년(건륭 39년)에서 1781년(건륭 46년)까지 7년 동안 왕단망(王亶望) 개인이 착복한 돈은 2백만 냥이 넘었고 감숙성의 전체 관리가 축적한 돈은 1500만 냥이나 되었다. 왕단망(王亶望) 순무가 자신을 속였다는 것을 안 건륭제(乾隆帝)는 대노하여 왕단망(王亶望)을 비롯한 2만 냥 이상을 빼돌린 감숙성의 관리들은 모조리 사형에 처하는 등 강수를 두었다. 그 이후 건륭제(乾隆帝)는 군기처에게 각 성의 총독·순무가 제대로 보고를 올리는지 그 작년의 것과 대조하라 지시하였으나 자신이 직접 진두지휘하지는 않았기에 흐지부지되었다.

합하고 이미 쇠망한 백련교(白蓮敎)를 다시 일으켰었다. 이에 건륭제(乾隆帝)가 수석군기대신 뇨후루 허션(鈕祜祿 和珅)을 호북성 녹영을 이끄는 대장군으로 파견하였고 청나라에 호의적인 호족들을 중심으로 민병대인 향용이 녹영과 협공을 하여 백련군을 대파하였다. 그러나 백련교도들은 끊임없이 반란을 일으켰고 6년 뒤인 1804년(가경 9년)에야 전멸하였다.

그러나 건륭제(乾隆帝, 재위: 1735~1796)는 뇨후루 허션(鈕祜祿 和珅, 1750~1799)의 전횡을 방치하여 허션(和珅)을 비롯한 여러 관리들의 부정부패(不正腐敗)를 내버려두는 실책을 범하였다. 건륭제(乾隆帝, 제6대 황제, 재위: 1735~1796)가 60년간 재위하고 4년간 태상황제로서 1799년(가경 4년) 2월 7일 붕어한 다음 비로소 최고권력자가 된 금상황제 가경제(嘉慶帝, 제7대 황제, 재위: 1796~1820)는 건륭제(乾隆帝)의 비호로 20년 넘게 조정을 장악하고 있었던 권신(權臣) 뇨후루 허션(鈕祜祿 和珅)을 장의도감으로 명하여 국상(國喪)을 처리하게 한 후 곧 파직시키고 권력을 농단하고 부정축재(不正蓄財)하였다는 등의 20개의 죄목을 발표하고 건륭제(乾隆帝) 붕어 보름 뒤인 2월 22일에 뇨후루 허션(鈕祜祿 和珅)에게 자진(自盡) 명령을 내렸다. 뇨후루 허션(鈕祜祿 和珅)은 비단으로 목을 매고 자살하였고 그가 평생 모아놓은 재산은 모두 내탕금(內帑金)으로 환수되었다. 이때 처분된 그의 재산은 모두 9억 냥이 넘어서 12년의 국가 총예산을 훌쩍 뛰어넘는 금액이었다.

사실, 건륭제(乾隆帝, 제6대 황제, 재위: 1735~1796)의 시기는 청대에서 최고로 강성했던 시기이자 쇠퇴의 기점이었다. 그는 10차례에 걸친 정복 사업을 펼쳐 준가르와 위구르를 복속시키고 티베트, 버마, 베트남, 네팔까지 진출하는 등 현재 중국 영토의 틀을 만들었다. 그러나 1795년(건륭 60년) 말 건륭제(乾隆帝)는 스스로 황위를 물러날 준비를 하고 있었다. 건륭제(乾隆帝)는 조부 강희제(康熙帝)를 평생 모범으로 삼고 감히 조부를 뛰어넘을 수 없다하여 강희제(康熙帝, 제4대 황제, 재위: 1661~1722)의 재위 기간인 61년보다 적은 재위 60년 만에 퇴위를 하였다. 그것은 바로 자신이 1735년(옹정 13년) 당시 즉위할 때 쓴 칙서에서 즉위 60년 째에 황위에서 물러나겠다고 선언하였다: *"짐의 할바마마(강희제)께서는 61년간 재위하셨으나 짐은 감히 그 기록을 깰 수 없도다. 짐이 그 정도로 오래 살아 있으면 건륭 60년째 되는 해, 즉 짐의 나이 85세 되는 해에 황자에게 황위를 넘기고 물러나겠다."*

본래 건륭제(乾隆帝, 제6대 황제, 재위: 1735~1796)는 즉위할 때 첫 번째 부인 효현순황후 소생의 차남 영련(永璉)을 후계자로 염두에 두었으나 영련(永璉)이 1738년(건륭 3년)에 죽은 이후로는 건저(建儲)를 오랫동안 보류하였다. 그 후 건륭제(乾隆帝)는 한족(漢族) 출신 후궁인 영의황귀비를 사랑하여 그 아들인 15남 영염(永琰)을 1773년(건륭 38년) 은밀히 후계자로 세우고 영염(永琰)의 이름이 담긴 함을 건청궁 정대광명 편액 뒤에 넣어놓았다. 1789년(건륭 54년) 건륭제(乾隆帝)는 영염(永琰)을 가친왕(嘉親王)에 봉한 뒤 정무와 군무를 처리하도록 하였고, 1795년(건륭 60년) 9월 4일 편액에 넣어놓은 유조를 꺼내어 영염(永琰)을 황태자로 봉하였다. 그리고 1795년(건륭 60년) 음력 12월 30일, 양력으로는 1796년 2월 9일 건륭제(乾隆帝)는 황위에서 내려왔고 그 다음 날인 1796년 음력 1월 1일(양력 1796.02.10)에 자금성 태화전에서 열린 양위식에서 전위조서를 내리고 황위를 황태자 영염(永琰)에게 넘겨주니, 그가 제7대 가경제(嘉慶帝, 재위: 1796~1820)이다.

"짐은 감히 할바마마의 재위기간을 뛰어넘을 수 없는 바 이에 조칙을 반포하여 병진년(1796년)을 가경 원년으로 정하노라. 황태자 영염을 병진년 정월 초하룻날 황제에 즉위토록 할 것이며 짐이 직접 태화전에 나가 황상에게 옥새를 건네는 그 순간부터 짐을 태상황제로 칭하도록 하라. 그러나 아직 중요한 정무와 군무, 인사권은 짐이 직접 처리할 것이다."

건륭제(乾隆帝, 제6대 황제, 재위: 1735~1796)는 태상황(太上皇)으로 물러남에도 여전히 군국대사를 처리하는 등 막강한 위세를 자랑하였다. 비록 제7대 가경제(嘉慶帝, 재위: 1796~1820) 역시 친정을 할 수 있었으나 중요한 일은 반드시 태상황(太上皇)에게 물어보고 실행하였다. 이렇게 건륭제(乾隆帝)는 중국 역사상 태상황(太上皇) 중 유일하게 금상(今上) 황제보다 더 많은 실권과 책임을 가졌다. 1796년(가경 원년) 정월 6일, 건륭제(乾隆帝)는 가경제(乾隆帝), 친왕·군왕, 조정의 전·현직 원로대신들을 모두 불러 조부 강희제(康熙帝)가 열던 천수연(千叟宴)을 열며 대신들에게 만수무강의 축원을 받았다. 건륭제(乾隆帝)는 이미 80이 넘은 노구였으나 여전히 정무를 처리하고 조회에도 자주 참가하는 등 왕성히 활동하였다. 그러나 건륭제(乾隆帝)는 태상황(太上皇)이 된 후로 점점 기력이 쇠약해져 갔다. 결국, 1799년(가경 4년) 2월 7일, 음력으로는 1월 4일에 60년간 재위하고 4년간 태상황제로서 황제보다 더 많은 실권을 장악하였던 건륭제(乾隆帝)는 노환으로 89세를 일기로 자금성 양심전(養心殿)에서 붕어하였다.

(2) 제11대 광서제(光緖帝, 1871~1908)의 1898년 무술 변법자강운동 (戊戌 變法自疆運動) 실패와 청조(淸朝)의 멸망(1912년)

제8대 도광제(道光帝, 재위: 1820~1850) 때 제1차 아편전쟁(阿片戰爭, 1839~1842)에서 청나라가 완패함으로 본격적인 서세동점(西勢東漸)의 시대가 개막되었다. 이어서, 제9대 함풍제(咸豊帝, 재위: 1850~1861) 시대에서 1860년 영국 상선 애로(Arrow)호 사건을 빌미로 제2차 아편전쟁(阿片戰爭, 1856~1860)이 터졌다.

영국의 알렉산드리아나 빅토리아(Alexandriana Victoria) 여왕(재위: 1837~1901)과 프랑스의 나폴레옹 3세(Charles Louis Napoleon Bonaparte, 1808~1873, 프랑스 초대 대통령, 프랑스 제2국의 마지막 황제)가 청(淸)에 대한 침략을 본격화했다. 영·불 연합군에 의해 북경이 점령당하고 원명원(圓明園)까지 침략당했다. 이 결과, 청조(淸朝)는 북경의 인후(咽喉)에 해당하는 천진(天津)을 개방하여야 했고, 홍콩 섬을 마주보고 있는 주룽반도까지 영국에 할양하고 엄청난 배상금을 지불하고 나서야 1860년 10월 18일 청나라가 영국·프랑스·러시아 제국과 북경조약(北京條約)을 맺을 수 있었다.

설상가상으로, 제9대 함풍제(咸豊帝, 재위: 1850~1861)의 치세 중, '태평천국(太平天國)의 난'(1850~1864)이 일어나, 한때 무적을 자랑하던 팔기군(八旗軍)은 제대로 싸워보지도 못하고 무너졌다. 당시, 교전 상대는 만주족 황실의 청(淸)나라 조정과, 홍수전(洪秀全, 1814~1864)이 세운 기독교 신정(神政) 국가인 태평천국(太平天國)이었다. 이 내전은 명(明)·청(淸) 전쟁 이후 중국 역사상 가장 대규모 전쟁이었으며, 인류 전체 역사를 통틀어도 가장 유혈낭자한 내전 중 하나로 손꼽힌다. 당시, 청조(淸朝)는 증국번(曾國藩)과 이홍장(李鴻章) 등의 한족 출신들이 지휘하는 군대로 가까스로 버티고 있었다.

제9대 함풍제(咸豊帝, 재위: 1850~1861)는 평화로운 시기였다면 백성을 위한 좋은 군주가 될 수 있었겠지만, 침략열에 불타는 서구 열강들에 맞서기에는 유약한 성격의 소유자였다. 자포자기에 빠진 함풍제(咸豊帝)는 정사를 돌보지 않고 주색잡기에 몰두하다 열하에서 31세로 병사하였다. 사망하기 직전, 장남인 재순(載淳)을 황태자로 삼고 재원, 단화, 숙순 등 8명을 찬양정무대신으로 임명해 보좌하도록 함으로써 자신의 사후 여러 세력들이 서로 견제하게 하는 구도를 만들었다.

다른 한편으로, 서태후(西太后, 1835~1908)[67]는 스물한 살에 제9대 함풍제(咸豊帝, 재위:

---

67) 서태후(西太后, 1835~1908)는 만주 양남기(만주의 팔기군 체제 중 하나) 출신이며 부친은 엽혁나랍 혜정으로 이부에서 필첩식(筆帖式, 인사부의 비서)을 지내다 승진되었다. 증조부 지랑아는 일찍이 호부에서 원외랑을 지냈는데 부채만 잔뜩 남기고 세상을 떠났고, 조부 경서는 형부 산동사에서 낭중을 지냈다.

1850~1861)의 독자(獨子)인 재순(載淳)을 낳았다. 재순(載淳)은 제10대 황제 동치제(同治帝, 재위: 1861~1874)이다. 그는 제9대 함풍제(咸豊帝, 재위: 1850~1861)의 유조(遺詔)에 따라 5세에 즉위하였으나 18세 때 천연두에 걸려 사망하였다.

당시 26세의 서태후(西太后, 1835~1908)는 제9대 함풍제(咸豊帝, 재위: 1850~1861)가 사망하기 직전, 장남인 재순(載淳)을 황태자로 삼고 그를 보좌하도록 임명한 8명의 찬양정무대신(재원, 단화, 숙순 등)의 특권에 불만을 품었다. 따라서 서태후(西太后, 1835~1908)는 강력한 카리스마를 가지고 있으며 추종자도 많이 거느리고 있어 제위에 도전할 가능성이 큰 함풍제(咸豊帝)의 동생 공친왕 혁흔(奕訢, 1833~1898) 등 귀족 관료들과 합세하여 북경에서 신유정변(辛酉政變)을 일으켜 3명의 찬양정무대신(재원, 단화, 숙순)를 죽이고 나머지 5명은 실각시켜 버렸다. 그리고 유일한 아들인 재순(載淳)을 제위에 올리고 황제의 연호를 동치(同治)로 하였으며 양심전(養心殿)에서 수렴청정을 실시하였다. 또한, 함풍제(咸豊帝)의 동생 공친왕 혁흔(奕訢, 1833~1898)을 의정왕(議政王) 겸 군기대신으로 임명하고, 그로 하여금 새로 설립된 총리각국사무아문(總理各國事務衙門)을 책임지며 대외 업무를 총괄하도록 했다. 이 시기부터 제9대 함풍제(咸豊帝, 재위: 1850~1861)의 정실 황후였던 자안태후(慈安太后)는 동쪽의 종수궁(鍾粹宮)에 기거하여 동태후(東太后)로, 자희태후(慈喜太后)는 서쪽의 저수궁儲秀宮에 기거하여 서태후(西太后)로 불리게 됐다.[68] 이로써, 역사적으로 유래가 매

서태후(西太后)는 이런 성장배경에서 어린 시절부터 관직 사회의 생리를 터득하며 자랐다. 어려서는 유복하게 생활했으나, 1847년 아버지가 호부에 재직할 때 진 빚을 갚지 못해 파직되어 화병으로 세상을 떠나자 허드렛일로 생계를 꾸려나갔다. 서태후(西太后)는 수려한 외모로 열여섯 살 때 하위계급의 궁녀인 수녀(秀女)로 선발되어 황궁에 들어갔다. 이때부터는 자희(慈喜)라는 이름으로 불리게 되었다. 자희(慈喜)는 처세에 능했고, 고속으로 승진하여 1854년 의빈(懿嬪), 1856년 의비(懿妃)가 되었다가 자희(慈喜)는 1857년 의귀비(懿貴妃)로 책봉되어 그 지위가 황후인 유호록씨(紐祜錄氏) 자안태후(慈安太后) 바로 다음이었고, 제9대 함풍제(咸豊帝, 재위: 1850~1861)의 총애를 받아 정사에 관여하기 시작했다. 그녀는 책을 많이 읽었으며 글 짓는 솜씨도 뛰어났고, 노래를 잘 부르고, 부드러운 목소리와 몸짓으로 사람을 감동시키고, 주도면밀한 여인이었다.

68) 정사(正史)의 기록에 의하면, 동태후(東太后) 자안(慈安)과 서태후(西太后) 자희(慈喜) 두 사람의 사이는 좋은 편이었다. 공친왕 혁흔(奕訢, 1833~1898)까지 가세한 이 삼두체제의 리더는 서태후(西太后)가 아니라 동태후(東太后)였다. 서태후(西太后)는 분주하게 갖가지 정사에 직접 관여하고 사람을 모아 파당도 만들었지만, 동태후(東太后)의 경우에는 가만히 있어도 사람을 끌어들이는 마력이 있어 강력한 카리스마를 자랑하는 공친왕조차 그녀를 어려워하고 있었다. 동태후(東太后)는 평소에는 온화하고 자애로운 성격이었고 정사에 적극적으로 관여하려고 하지도 않았지만, 정도를 벗어난 경우에는 가차없이 처단했다. 그렇기 때문에 어려운 순간에 결정을 내리는 일은 항상 동태후(東太后)의 몫이었다. 동태후(東太后)는 전형적인 외유내강의 성격을 가지고 있었다. 신유정변(辛酉政變)의 와중에 황실의 종친인 숙순의 신병을 처리하면서 서태후(西太后)와 공친왕은 그의 신분 때문에 쉽게 결정을 내리지 못하고 있었지만, 동태후(東太后)는 그가 황실의 권위에 도전했다는 이유로 단호하게 참수형으로 다스렸다.

우 드문 두 황후: 동태후(東太后)와 서태후(西太后)의 동시 수렴청정, 여기에 실질적으로는 공친왕까지 세 사람이 동시에 국가를 이끌던 시기는 무려 20년간이나 유지되었다. 이 시기를 역사는 '동치중흥(同治中興)'이라고 부른다.[69]

동치중흥(同治中興)의 기간 동안, '태평천국(太平天國)의 난'(1850~1864)을 진압했었던 증국번(曾國藩)과 이홍장(李鴻章)을 필두로 장지동(張之洞)·좌종당(左宗棠)과 같은 개방주의자들이 발탁되어 '양무운동(洋務運動)'이라고 하는 개혁정책을 주도했다. 양무운동(洋務運動)은 위로부터의 개혁이었다는 한계는 있었지만, 서구 열강의 산업을 받아들이는 근대적이고 점진적인 변혁이었다. 서태후(西太后)의 독자(獨子)인 제10대 황제 동치제(同治帝, 1856~1875; 재위: 1861~1874) 치세인 1860년대를 기점으로 하여 광공업, 해운, 조선 등의 분야에서 근대적인 산업을 도입하였다. 새로운 교육체제가 도입되고 해외유학생들이 파견되기 시작했다. 아편전쟁(阿片戰爭, Opium Wars, 1차 1839~1842; 2차 1856~1860)에서 쓰라린 패배를 당하며 서구의 근대적 포함(砲艦)에 놀랐었던 경험이 있기에 가장 심혈을 기울인 부분은 해군 함정 도입과 같은 군비 확충이었다. 서구 열강들도 양무운동(洋務運動)에 우호적이었으며 특히 영국은 세 사람의 권력자: 동태후(東太后)·서태후(西太后)·공친왕 혁흔(奕訢, 1833~1898) 즉 의정왕(議政王) 겸 군기대신과 밀접한 관계를 유지했다.

그렇지만 동치중흥(同治中興)은 1881년 동태후(東太后)의 급작스러운 죽음으로 갑자기 방향을 잃고 말았다. 당연히 서태후(西太后)의 암살 배후설이 제기되었으나, 밝혀진 바는 없었다.[70]

동태후(東太后)의 죽음을 계기로 권력은 서태후(西太后)에게로 이동하기 시작했다. 이때부터 권력욕을 노골적으로 드러낸 서태후(西太后)는 공친왕 혁흔(奕訢, 1833~1898) 즉 의정왕(議政王) 겸 군기대신을 제거할 기회만 노리고 있었다. 당시, 청나라는 서구 열강들의 눈치만 보고 있었고, 공친왕 혁흔(奕訢, 1833~1898) 즉 의정왕(議政王) 겸 군기대신은 20년 이상 외교 책임자로 일하면서 영국을 위시한 서구 열강들의 신뢰를 받고 있던 인물이었다.

1874년 12월 5일 병에 시달리던 제10대 동치제(同治帝, 재위: 1861~1874)가 19세 나이

---

69) 임계순(2001), 『청사―만주족이 통치한 중국』, 신서원; 서은숙 옮김(2014), 이리에 요코 지음, 『자금성 이야기』, 돌베개.

70) 만약 동태후(東太后)의 죽음에 서태후(西太后)가 관련이 있다면 이는 권력축의 이동 때문이었을 것이다. 당시 동태후(東太后)와 공친왕은 점점 더 긴밀해져 가고 있었으며, 서태후(西太后)는 서서히 밀려나고 있었다. 그것은 두 여인의 성격 차이에 기인한 자연스러운 현상이었다고 말할 수 있다. 동치제(同治帝, 재위: 1861~1874)조차 철이 들고 나서는 친어머니인 서태후(西太后)와는 소원해지면서, 동태후(東太后)와 가까워져 문안인사를 가서도 오래도록 동태후(東太后)와 함께 머물곤 했다고 한다.

로 숨을 거두었다.[71] 뒤를 이은 제11대 광서제(光緖帝, 1871~1908; 재위: 1874~1908)는 청(淸)제국의 실제적으로 마지막 황제로서 청나라 역사상 최초의 방계 혈통 출신 제왕이었다. 동치제(同治帝)는 4세에 황위에 올라 34년간 재위하였고 38세에 의문의 죽음을 당했다.[72]

서태후(西太后)는 광서제(光緖帝)를 엄격히 교육하는 한편, 사소한 부분까지 직접 신경쓰며 돈독하게 모자관계를 유지하려 애썼다. 하지만 광서제(光緖帝)에게 서태후(西太后)는

---

71) 1874년 12월 5일 병에 시달리던 제10대 동치제(同治帝)가 19세 나이로 숨을 거두었다. 후사가 없었기 때문에 당시 실권을 쥐고 있었던 큰어머니인 동태후(東太后, 제9대 咸豊帝의 황후)와 또 다른 큰어머니이자 이모인 서태후(西太后, 제9대 咸豊帝의 후궁이고 동치제의 생모)는 함풍제(咸豊帝)의 동생인 순친왕의 4살배기 아들을 함풍제(咸豊帝)의 양자로 들여 대통을 잇게 하였다. 이 사건은 조정을 크게 놀라게 하였다. 황위 계승 순서와 절차가 모두 바뀐 것이다. 그 원인은 광서제(光緖帝)의 할아버지인 제8대 도광제(道光帝)로부터 찾을 수 있다. 도광제(道光帝)에게는 9명의 왕자가 있었다. 장자인 혁위(奕緯)와 차남, 3남이 일찍 요절하여 4남이었던 함풍제가 즉위하였다. 5남은 돈친왕이 양자가 되어 돈군왕 작위를 세습하고 친왕이 되었고, 6남 공친왕은 의정왕(議政王)과 군기대신이 되었다. 7남 순군왕 혁현은 동치 11년 친왕이 되었으며 8남 종군왕은 동치 7년에 죽었다. 9남은 부군왕이다. 청나라는 만주 귀족회의를 통한 천거나 전(前) 황제가 미리 정한 태자밀건제에 따라 황위 승계를 정했는데, 이에 의하면 황제 사망 후 자식이 없을 때는 황족 중 다음 항렬(청 황제의 항렬 순서는 永영 綿면 奕혁 載재 溥부 毓육 恒항 啓계이다)을 선택하여 황태자의 신분으로 황위를 잇게 하였다. 동치제(同治帝)의 이름은 재순이었으므로, 그 다음은 부溥자 항렬에서 황위를 이어야 했다. 도광제(道光帝)의 증손자이며 장손인 부륜(溥倫)이 있었지만, 서태후(西太后)는 그의 종지(宗支)가 멀다는 이유로 반대하였다(부륜은 道光帝의 장남인 혁위(奕緯)의 아들인 재치(載治)의 아들이다. 부(溥)자 항렬 중 당시 연장자로 나이 17세에 적당했다. 그런데 재치(載治)는 혁위(奕緯)의 친아들이 아니라, 혁위(奕緯)의 양자로 후사를 이은 경우로 방계에 해당하였다). 수렴청정을 통해 권력을 이어가고자 했던 서태후(西太后)는 도광제(道光帝)의 7남 순현친왕(醇賢親王) 혁현[혁현의 5남인 재풍의 아들이 청제국 마지막 제12대 황제 선통제(宣統帝) 부의(溥儀)이다]의 적차남(嫡次男)인 재첨(載湉)을 후사로 정하니 바로 광서제(光緖帝)이다. 혁현의 부인이자 광서제(光緖帝)의 생모인 예허나라 완전(葉赫那拉 婉貞)은 서태후(西太后)의 동생이었다. 재첨의 황위 계승은 만주 귀족회의를 통한 천거도 태자밀건법(太子密建法)에 의한 것도 아닌 오직 '황태후의 한마디'로 정해진 것이었고, 이는 광서제(光緖帝)의 앞길에 드리워진 파란을 예고하는 것이기도 했다(이 때문에 광서제가 西太后의 조카가 아니라 숨겨진 아들이라는 소문이 돌기도 했다).

72) 제11대 광서제(光緖帝, 1871~1908; 재위: 1874~1908)는 나이 4세, 실제로는 3세 반이었던 광서 원년(1875년) 정월 29일에 태화전(太和殿)에서 황제 즉위식을 갖고 제사를 지냈다. 이듬해부터는 육경궁(毓慶宮)에서 독서를 시작하였다. 사부로는 서시랑 내각학사 옹동화(翁同龢)와 시랑 하동선이 배치되었다. 옹동화는 독서를, 하동선은 작문을 책임졌다. 어전대신은 만주어와 몽골어, 기마와 사격술을 가르쳤다. 처음에는 익숙하지 않은 환경과 스트레스로 인해 울기도 하고 떼를 쓰기도 하며 책을 팽개치기도 하였다. 하지만 나이가 들면서 독서에 적응하고 심지어 독서에 열중하는 모습을 보여 서태후는 칭찬을 아끼지 않았다. 광서제(光緖帝)는 학문을 좋아하여 능동적으로 학습하였다. 규정된 시간 외에도 휴식이나 과외시간에도 배움을 게을리하지 않고 언제나 손에서 책을 놓지 않았고 입에선 경전(經), 역사(史), 제자백가(子), 문집(集)의 구절이 떠날 줄 몰랐다.

혈육으로는 이모이자 자신을 제위에 세운 은인인 동시에, 자신의 애첩 진비를 죽게 한 원수이고 자신의 황권을 쥐고 흔들며 언제든지 자신을 폐위시킬 수 있는 두렵기만 한 정적이었다.[73]

광서제(光緖帝) 재위 기간(1871~1908) 중 1875년부터 1881년까지는 큰어머니인 동태후(東太后)와 서태후(西太后)가 공동으로 섭정하였고, 동태후(東太后)가 사망한 후인 1881년부터 1889년까지는 큰어머니이자 이모인 서태후(西太后)가 섭정을 하였다. 실질적인 광서제(光緖帝)의 친정(親政)은 1889년부터 1898년까지로, 무술 변법자강운동(戊戌 變法自彊運動)[74]에 대한 반발로 1898년 서태후(西太后)가 일으킨 궁중 정변으로 인해 유폐되어 1908년 붕어할 때까지 광서제(光緖帝)는 허수아비 황제 신세로 지내야 했다.

한편, 1881년 동태후(東太后)가 사망하고 3년 후에 프랑스가 베트남을 침공하면서 그곳에 주둔 중이던 청나라 군대가 쫓겨나자 프랑스와의 전쟁이 발발했는데, 이 전쟁과 관련해서 서태후(西太后)는 1884년 공친왕(恭親王) 혁흔(奕訢, 1833~1898) 즉 의정왕(議政王) 겸 군기대신에게 책임을 물어 그를 해임하고 권력을 독점하는 데 성공했다.[75]

---

73) 광서 15년인 1889년 정월 20일 제11대 광서제(光緖帝, 1871~1908; 재위: 1874~1908)는 대혼(大婚)을 치렀다. 황후와 비첩 2명을 모두 서태후(西太后)가 선택했다. 광서제(西太后)의 융유황후(隆裕皇后)는 서태후(西太后)의 남동생인 계상(桂祥)의 여식으로 미인이 아닌데다 체구도 빈약하고 허리까지 약간 굽었다. 서태후(西太后)가 자신의 조카를 황후로 들인 이유는 대궐 내에서 황제를 통제하고 조종하며 수렴청정의 기초를 마련하기 위함이었다. 이런 혼인 뒤의 계략을 알고 있는 광서제(西太后)는 줄곧 황후와 불만족스러운 혼인생활을 영위해야만 했다. 2명의 비첩인 근비(瑾妃)와 진비(珍妃)는 친(親)자매지간이지만 생김새와 성격은 달랐다. 근비(瑾妃)는 수수한 외모에 성격도 온화하고 나약하였지만, 진비(珍妃)는 열정적이고 성격 또한 시원시원하여 광서제(西太后)의 총애를 한 몸에 받았다. 하지만 이런 광서제(西太后)와 진비(珍妃)의 사랑은 서태후와 황후에게는 달갑지 않았다. 광서제(西太后)는 황후에 대해서는 관심은커녕 혐오감을 느낄 정도였기에, 황후와 진비의 감정의 골은 깊어만 갔고 급기야는 원한관계로 변해 버렸다. 그래서 훗날 광서 26년 1900년 7월 21일 의화단의 난 당시 8국 연합군이 북경을 공략하자 서태후(西太后)는 광서제(西太后)를 대동하고 시안(西安)으로 도주하게 된다. 이때 서태후(西太后)는 내관 최옥귀에게 진비를 영수궁 외곽 우물에 빠뜨려 죽이라고 명령하였다. 사실 여부를 떠나 이 무렵 진비(珍妃)는 죽음을 맞이했고, 이후 자료에서도 진비 관련 기록은 보이지 않았다. 진비(珍妃)의 죽음은 연금생활에다 마음까지 울적한 서태후(西太后)에게는 커다란 충격으로 다가왔다.

74) 『청사―만주족이 통치한 중국』(임계순, 신서원, 2001); 『글로벌 CEO누르하치』(전경일, 삼성경제연구소, 2005); 『서태후의 인간경영학』(리아오, 강성애 옮김, 지식여행, 2008); 『자금성 이야기』(이리에 요코 지음, 서은숙 옮김, 돌베개, 2014); 『청나라, 제국의 황제들』(옌 총니엔 지음, 장성철 옮김, 산수야, 2014).

75) 서태후(西太后)는 첫 위기부터 제대로 수습하지 못했다. 프랑스와의 전쟁을 전적으로 두 나라의 문제로 간주한 다른 열강들은 중립적인 태도를 취했는데, 이때 청나라의 군사들과 백성들은 단결하여 놀라운 투지를 발휘해서 근대적인 프랑스군을 상대로 연승을 거두며 전쟁을 주도하고 있었다. 이런 와중에 서태후(西太后)는 갑자기 이홍장(李鴻章)에게 서둘러 종전 협상을 벌이도록 지시했다. 비록 이 전쟁에서

그런 다음, 공친왕(恭親王) 혁흔(奕訢, 1833~1898) 즉 의정왕(議政王) 겸 군기대신의 자리에 청나라 역사상 최초의 방계 혈통 출신(西太后가 세 살의 어린 조카를 양자로 입양)인 제11대 황제 광서제(光緖帝, 1870~1908)의 아버지인 순현친왕(醇賢親王) 혁현을 앉혔다. 백성 및 서양 대표들과도 친분이 있고 자신의 군대를 갖고 있던 공친왕 혁흔(奕訢, 1833~1898) 즉 의정왕(議政王) 겸 군기대신보다는, 성격도 심약하고 아들이 볼모나 다름없는 상태로 황위에 있는 순현친왕(醇賢親王) 쪽이 다루기 쉽다는 계산에서였다. 그러나 서태후(西太后)의 권력 독점은 청(淸)제국의 몰락의 신호탄이 되었다.

서태후(西太后, 1835~1908)는 끼니마다 100가지의 요리를 차리도록 했다. 그러니 매일 그녀의 식비로만 은화 200냥이 지출되었는데, 당시 서민들 100명의 월급에 해당하는 금액이 하루의 식비로 책정된 것이다. 또한 프랑스와의 전쟁이 클라이맥스에 있을 때, 서태후(西太后)는 거금을 들여 자신의 거처인 저수궁을 신축했다. 또한 자신의 은퇴를 위해 광서제(光緖帝, 1870~1908)에게 명(明) 왕조부터 조성되어 있던 황실의 휴양지인 서원(西苑)을 대대적으로 확장해 줄 것을 요구했다. 서태후(西太后)의 은퇴 이후를 대비한 건설공사에 당시 북양대신(北洋大臣) 이홍장(李鴻章)은 혼신의 노력으로 확보한 북양함대에 투입된 비용의 4배 이상을 지출해야 했다. 이 부담은 훗날 청일전쟁(淸日戰爭, 1894.07~1895.04)의 참패를 가져오게 되었다.

광서 12년 1886년, 광서제(光緖帝)가 친정(親政)에 나설 나이가 되었다. 청나라 황실의 전통에 따르면, 황제가 열다섯 살이 되면 당연히 수렴청정(垂簾聽政)을 거두어야 했다. 하지만 훈정(訓政)이라는 이름으로 계속 정치에 관여하던 서태후(西太后, 1835~1908)는 광서제(光緖帝)가 장성해서 혼례를 치른 이후에도, 또 그 이후에도 계속 중요한 사안에 대해서는 자신이 직접 재가를 하였다.

광서제(光緖帝)의 친정 시기(1887~1898)에는 제국주의 열강들의 중국 침탈이 한창이었던 시기였다. 이 기간(1887~1898)에도 여전히 서태후(西太后)는 국정을 통제하였다. 특히 자안태후(동태후)가 죽은 이후에는 서태후(西太后)가 전권을 휘둘렀다. 광서제(光緖帝)로 하여금 격일로 정무를 보고하게 하고 훈시를 받도록 규정하는 등 무늬만 황제이지 사실은 꼭두각시에 지나지 않았다. 서태후(西太后)는 광서제(光緖帝)의 권한을 제한하고 모든 국사는 반드시 자신의 의지에 따라 처리하도록 하는 한편 자신의 조카인 융유황후와 심복인

청나라의 궁극적인 승리를 원하지 않았던 서구 열강의 입장을 고려한 것이라고 해도 자신의 안위, 자신과 서구 제국과의 관계만을 생각해 이기고 있는 전쟁에서 굴욕적인 협상을 선택한 것이다. 서태후(西太后)에게는 자신의 권력이 민족적 자긍심보다 우선이었던 것이다. 이 전쟁의 여파로 서태후(西太后)는 민중들로부터의 신망을 잃게 되었지만, 달콤한 권력의 맛에 빠진 그녀는 이 점을 전혀 의식하지 못했다.

내관 이련영(李蓮英)을 통해 광서제(光緖帝)의 행동을 감시하였다. 국내외에서 광서제(光緖帝)가 부딪쳤던 어려움은 상상을 초월하였다.

예로서, 서태후(西太后, 1835~1908)는 1884년 청프전쟁 기간에 순현친왕 혁현과 협력하여 공친왕 혁흔을 중심으로 하는 다섯 명(공친왕 혁흔, 보윤, 이홍주, 경렴, 옹동화)의 군기대신을 몰아내고 그 자리에 평범한 재능을 가진 예친왕 세탁, 손육문, 액륵화부 등을 임명했다. 이때부터 조정은 황제파와 태후파로 갈려 대립하며 서로의 세력을 형성하였다. 청일전쟁(淸日戰爭, 1894.07~1895.04) 때는 주전(主戰)과 주화(主和)로, 변법 유신개혁때에는 유신(維新)과 법조(法祖)를 각각 주장하며 서로 맞섰다. 광서제(光緖帝)를 중심으로 하는 황제파는 대학사 군기대신 옹동화, 이홍조 등이 중심인물이었고, 서태후(西太后)를 중심으로 하는 태후파는 대학사 병부상서 겸 보군초령 영록과 군기대신 손육문, 서용의 등이 대표적 인물이었다.

당시 청(淸)을 둘러싼 국제 정세는 심각하였다. 명치유신(明治維新, 1868~1889 헌법 제정으로 종료)을 통해 급성장한 일본은 대외로 세력을 팽창하였다. 그 방향은 조선과 청나라 동북지역이었다. 극동지역과 청나라의 북쪽지역 전반을 향해서는 끊임없이 러시아의 세력 팽창 시도가 있었고, 영국과 프랑스 등의 서구 열강들은 해상을 통해 청나라에 대한 침략을 감행하였다.

이러던 중 조선(朝鮮)에서는 1894년 동학혁명(東學革命)이 일어났다. 이를 제대로 해결하지 못한 조선(朝鮮) 조정은 청(淸)나라에 도움을 청했다. 그런데 1882년 임오군란(壬午軍亂) 때 청나라와 일본 사이에 전투가 발생하였고 그 결과 1885년(고종 22년) 체결된 톈진조약(天津條約)에서는 '청나라와 일본 중 어느 일방이 군대를 조선에 파병하면 상대편도 파병할 수 있다'는 조항이 있었는데, 1894년 동학혁명(東學革命)이 일어나자 이를 기회로 일본 역시 조선에 군대를 파병하였다. 당시 일본은 조선에 대한 지배권을 장악하기 위해 만반의 준비를 이미 마친 상태였다.

당시, 프랑스와의 청·프전쟁(中·法戰爭, 1883.11~1885.06.22, 天津條約 체결로 종결)이 끝나고 청나라는 해군아문(海軍衙門)을 창립하여 북양, 남양, 복건, 광동 등에 4대 수사(水師, 해군사령부)가 있었고, 대소(大小) 군함 70여 척을 갖는 등 해군 군비확충에 박차를 가하고 있었다. 이른바 서양 군수기술을 도입하여 근대화(近代化)를 추진하는 동도서기(東道西器) 정신을 바탕으로 한 양무운동(洋務運動)이다. 특히 청나라의 북양 수사(水師, 해군사령부)는 20여 척의 군함을 가졌고 주력함은 영국과 독일에서 수입하였다. 이에 일본도 명치유신(明治維新, 1868~1889 헌법 제정으로 종료) 이후 연합 해군함대를 창설하였다. 일본의 침략

야욕이 구체화되자, 광서제(光緖帝)는 일본과의 항전을 강력하게 주장하였다.

1895년은 서태후(西太后, 1835~1908)가 환갑을 맞이하는 해였다. 서태후(西太后)는 자신의 60세 생일 축전을 위해 이화원을 건축하는 기금으로 수천만 냥의 해군비를 전용했고, 그녀가 신임하던 환관들은 공금횡령 등 불법행위를 자행하였다. 서태후(西太后)는 청나라 역사상 가장 호화스러운 축하연을 그것도 3일 동안이나 즐기고 있었다. 이 때, 청일전쟁(淸日戰爭, 1894.07~1895.04)이 발발하였다. 이홍장(李鴻章)의 북양함대는 일본 해군의 기습을 받아 전멸하였고, 일본군이 대련항에 상륙해서 대대적인 민간인 살육과 약탈행위를 벌이고 있는 동안, 청일전쟁(淸日戰爭, 1894.07~1895.04)에서 당한 참패는 세계적으로 큰 충격을 주었다. 거액의 전쟁 배상금과 함께 요동반도까지 일본에 할양하는 조건으로 1895년 3월 20일 '시모노세키조약(下關條約)'을 체결했다. 비록 요동반도는 러시아, 독일, 프랑스의 삼국간섭으로 돌려받았지만 백성들은 분노했다. 이제 민중들은 청나라를 도와 서양을 물리치자는 부청멸양(扶淸滅洋)의 기치를 내걸고 외세 배척 운동인 의화단운동(義和團運動, 1899.11~1901.09)을 전개하였다. 중국의 민중은 이 패전을 계기로 각성하기 시작했었지만, 당연히 패전의 책임을 져야 하는 서태후(西太后)는 아랑곳하지 않았다.[76]

일본은 1894년 갑오년 9월 15일에 천황(天皇)의 인솔로 대본영을 히로시마에 진출시키고 일사불란한 지휘체계와 대대적인 병력 증강 등 국가차원에서 전쟁을 수행했다. 9월 16일에는 평양을 점령함으로써 조선 전체를 제압하였다. 이어 9월 17일 황해 해전에서 승리해 황해의 제해권(制海權)을 장악하였다. 일본군의 압도적인 승리가 이어지는 전황 속에서, 마지막 기대를 짊어지고 북양함대가 위해위(威海衛)를 출발했으나, 동양 최대라는 독일제 전함 '정원(定遠)'마저 전투 능력을 상실하고 2월 5일 스스로 침몰하였다.

이홍장(李鴻章)에게 전권을 위임한 청(淸) 조정은 마침내 화의(和議)에 응한 일본 측의 요구대로 조선의 독립 승인, 요동반도, 대만, 팽호(澎湖) 열도 및 인근 도서를 일본에게 할양하고 청나라 3년 재정수입에 맞먹는 은화 2억 냥을 일본에게 배상하였다. 그 후 이것은 일본의 세력 팽창을 견제하려는 러시아, 독일, 프랑스의 3국 간섭으로 요동반도는 중국에게 반환되었다. 이를 본 조선에서는 일본세력을 압도하는 러시아 세력에 의탁하는 아관파천(俄館播遷, 1896.02.11~1897.02.20)이 일어났었다.

청일전쟁(淸日戰爭, 1894.07~1895.04)에서 패배하자 양무운동(洋務運動)[77]을 주도했던 이

---

76) 강성애 옮김(2008), 리아오 지음,『서태후의 인간경영학』, 지식여행.

77) 양무운동(洋務運動)은 19세기 당시 청나라는 밖으로는 아편전쟁, 애로호 사건 등으로 여지없이 약체를 드러냈고, 안으로는 태평천국의 난으로 위기에 빠져 있었다. 이에 증국번, 이홍장 등 관료들이 중심이

홍장(李鴻章)은 실각하고, 서태후(西太后)를 중심으로 한 보수세력이 정권을 장악함으로써 정국이 더욱 혼미하게 되었다. 이는 곧 30여 년간 추진한 양무운동(洋務運動)의 실패를 의미하였다. 그 후 일본, 러시아, 독일, 프랑스 등이 철도부설권과 광산이권의 쟁탈, 주요 도시의 조차(租借) 등을 자행함으로써 청나라는 이들 열강의 반(半)식민지로 전락하였다. 이에 대응하여, 청나라 내부에서는 강렬한 구국의식이 변법자강운동(變法自彊運動)과 반(反)제국주의 운동, 나아가 혁명운동이 일어났다.

청일전쟁(淸日戰爭, 1894.07~1895.04) 당시 제11대 광서제(光緖帝, 1871~1908; 재위: 1874~1908)의 나이는 24세로서 열혈청년이었다. 황제의 권위에 대한 의식도 뚜렷했고 백성들에 대한 애정도 강했던 이상주의자였다. 다만 그 이상을 실천할 만한 실질적인 권력이 없는 것이 문제였다. 그럼에도 불구하고, 광서제(光緖帝)가 내정을 개혁하고 국력을 신장시키기 위해 일대 정치개혁을 실시했다. 광서 24년인 1898년 무술년 4월 23일 광서제(光緖帝)는 서태후(西太后)의 동의를 얻어 개혁 지향을 표명하는 '국시(國是)'를 정하여 알리는 조서(定國是詔)'를 발표하였다. 이른바 1898년 '무술 변법자강운동(戊戌 變法自彊運動)'이다. 일본의 메이지 유신(明治維新, 1868~1889 헌법 제정으로 종료)을 본뜬 급진적인 변법(變法)이 진행되던 103일 동안 광서제(光緖帝)는 184개의 유지를 내려 중국사회에 널리 알렸다.

광서제(光緖帝, 1871~1908; 재위: 1874~1908)는 개혁파인 캉유웨이(康有爲, 1856~1927)[78], 량치차오(梁啓超, 1873~1929)[79], 탄스퉁(譚嗣同, 1865~1898)[80]을 등용하여 개혁을 추진하였

되어 군사 중심의 근대화 운동을 벌였는데 이를 양무운동이라 한다. 양무(洋務)는 청과 서양 여러 나라의 관계 교류를 일컫는 말이다.

78) 캉유웨이(康有爲, 1856~1927)는 유가경전의 권위를 이용하여 제도개혁을 주장했다. 그것이 당시 중국을 구제할 길이라고 생각했다. 1891년에 만목초당을 설립하여 교육활동을 하였는데, 여기에 변법(變法) 운동과 입헌(立憲) 운동의 주역들이 수학하게 되었다. 그는 공자(孔子)의 '춘추'(春秋)가 과거를 기록한 역사서 형식을 가장해서 실은 미래의 제도개혁을 위해 쓴 책이라고 주장했다. 강유위(康有爲)의 주장에 의하면, 공자(孔子)는 세상이 거란세(據亂世)에서 승평세(升平世)로 진화하고 승평세(升平世)에서 대동세(大同世)로 진화한다고 예언했으며, 사람은 그 시대의 변화를 알아채고 각각의 세상에 맞는 제도로 개혁해야 한다고 주장했다. 그는 『대동서(大同書)』에서 역사발전 단계를 밝힌 삼세설(三世說)에 의하면, 혼란의 시대인 거란세(據亂世)는 전제군주(專制君主)가 통치하는 시대이며, 평화로 향하는 시대인 승평세(升平世)는 입헌군주(立憲君主)가 지배하는 시대이며, 평화의 시대인 대동세(大同世)는 공화정(共和政)의 시대이다. 강유위(康有爲)는 당시 중국을 승평세(升平世)라고 판단했으며, 따라서 중국은 군주제(君主制)를 청산하고 입헌군주제(立憲君主制)를 채택해야 한다고 주장했다. 한편 국가가 주도하여 공업을 발전시켜야만 가난과 낙후된 생활로부터 벗어나 부강하게 될 수 있다고 인식하여 국가의 부(富)뿐만이 아니라 국민의 생활수준까지 향상시켜야 한다는 '부국양민(富國養民)'을 주장하였다. 강유위(康有爲)는 이와 같은 골자의 주장을 광서제(光緖帝)에게 상소로 올렸으며, 결국 광서제(光緖帝)가 강유위(康有爲)와 함께 도모한 개혁이 1898년의 무술변법운동(戊戌變法運動)이다.

다. 이들은 일본의 명치유신(明治維新, 1868~1889 헌법 제정으로 종료)과 같은 급진적인 개혁정책을 취하였다. 단순한 무기 도입이나 신식 군대의 설립보다는 부국강병(富國强兵)의 바탕이 되는 제도개혁에 관심을 기울였다. 이때 캉유웨이(康有爲, 1856~1927)의 중요한 활동은 황제에게 개혁 내용을 건의하는 일이었다. 그의 개혁 내용을 보면 '제도국' 개설, 개혁파 관리의 임용, 사민(士民)의 상서(上書) 허용, 상업 진흥, 신식학교 설치와 자유로운 의복제도 등이었다. 개혁운동의 중심이 되는 '제도국' 설치는 보수적인 대신들의 반대에 부딪혀 진전이 없었으나 과거제(科擧制)에서 팔고문(八股文, 여덟 개의 짝으로 이루어진 한시 문체. 중국 명나라 초기에서 청나라 말기에 이르기까지 과거의 답안을 기술하는 데에 썼다)의 폐지, 서원(書院)의 학당(學堂) 전환 등 몇 가지 개혁은 추진되었다.[81]

---

79) 량치차오(梁啓超, 1873~1929)는 캉유웨이(康有爲, 1856~1927)를 도와 변법자강운동(變法自疆運動)을 적극 추진한 사상가로 기술개혁에 앞서 정치개혁이 선행되어야 하며 정치개혁의 관건은 교육제도의 철저한 개혁에 있다고 주장하였다. 제1차 세계대전 뒤에 폐허가 된 유럽을 방문한 경험은 양계초(梁啓超)의 후기 학술작업의 성격을 결정하는데 가장 중요한 요소였다. 제1차 세계대전의 참화와 국가주의의 대표주자 독일의 패배는, 양계초(梁啓超)로 하여금 동양과 서양을 정신문명과 물질문명으로 양분하게 했으며, 동양의 정신을 앞으로의 세계를 지도해 갈 세계정신으로서 전면에 내세우게 했다. 미국에서 실용주의(實用主義)를 공부하고 돌아와 과학적으로 접근해야 한다고 주장하는 젊은 호적(胡適)의 「중국철학사대강(中國哲學史大綱)」(1919년)과 대결하면서, 양계초(梁啓超)는 유가(儒家)가 정신적 지도자의 역할을 하는 미래를 꿈꾸며 「선진정치철학사(先秦政治哲學史)」(1923년)를 완성했다. 그래서 민중에게 글을 가르치고 지식을 보급하기 위하여 과거제도를 폐지하고 전국적으로 학교를 건립해야 한다고 주장하였다. 서양의 정치경제제도와 사상을 받아들이는 한편 본래 중국의 학문을 강조하여, 서구문명에서 우수한 것들만 선택하여 받아들일 것을 주장했다. 그는 변법자강운동(變法自疆運動)의 중앙에 서서, 1895년부터 변법을 추진하는 거인(擧人)들의 모임인 강학회(强學會)의 서기가 되어 활동했으며, 1896년에는 『시무보(時務報)』라는 잡지의 주필을 담당하면서 변법을 설명하고 선전하는 글인 「변법통의(變法通議)」를 연재했다. 그러나 세계는, 그리고 중국은 그가 예견한 대로 유가(儒家)가 지도하는 '정신적'인 방향으로 흐르지 않았다. 특히 중국에서는 호적(胡適)을 능가하는 더욱 '물질적'인 마르크스주의가 점점 중국을 매료시키고 있었다. 중국공산당의 성립(1921년), 군벌타도를 공동목표로 한 국민당과 공산당의 연합(1924~1927), 손문(孫文)의 후임 장개석의 공산당 배신(1927년), 모택동의 홍군(紅軍) 창설(1928년) 등, 그의 말년에 그가 본 것은 어느 때보다도 앞날을 짐작할 수 없는 혼돈이었다.

80) 탄스퉁(譚嗣同, 1865~1898)는 물리학과 수학에 관심을 가졌는데, 뛰어난 안목과 지각력을 발휘하여 동서사상을 융합하고자 하였다. 서양에 대한 인식은 관망자에서 문화상대론자로, 그리고 보편주의자로 바뀌었다. 또한 대승불교(大乘佛敎)의 영향을 받아 죽음에 대해 초연한 자세를 가지고 개혁을 위해 기꺼이 생명을 바칠 각오가 되어 있었다고 한다.

81) 정부 주도하에 이뤄진 개혁 중 시급한 개혁이 교육이었다. 청조(淸朝)는 국외 유학을 장려하고 전국의 학당(서원)을 신식 학교로 바꾸도록 하여 점차 과거 시험 준비 기관이었던 재래식 학당이 신식 학교로 바뀌어 갔다. 그러나 교육 개혁은 커다란 성과를 거두지 못했다. 기하급수로 학교 수와 학생 수는 늘어갔지만 정작 가르칠 신식 교사는 태부족하여 전체 교사의 반이 신식 교육을 전혀 알지 못하는 구식 교원들이었다. 여기에 또 다른 문제로 사립학교든 공립학교든 간판만 바꿔 단 과거 학당(學堂)이었고 그

캉유웨이(康有爲, 1856~1927)는 1898년 7월 19일 개혁에 방해가 되는 수구파(守舊派) 대신의 숙청을 요청하였고, 광서제(光緒帝, 재위: 1874~1908)는 예부상서를 비롯한 고급관리를 서태후(西太后)의 재가도 없이 파직시켰다. 이어 탄스퉁(譚嗣同) 등 개혁파 관리를 '군기장경(軍機章京)'으로 임명하여 제도국 설치 방향으로 나아갔다. 광서제(光緒帝)는 탄스퉁(譚嗣同) 등으로 하여금 신정(新政)을 주관하게 하고 캉유웨이(康有爲)를 접견하면서 개혁에 박차를 가하였다. 이런 개혁은 부패한 관료계층과 사회 기득권 세력의 촉각을 건드리게 되었다.

광서제(光緒帝, 재위: 1874~1908)는 1898년 7월 27일 '제2차 개혁'을 단행하여 유명무실한 관료기구의 철폐, 제도국의 성격을 갖는 '무근전(懋勤殿)'을 개설하고 황제의 군사력을 강화할 목적으로 친위군을 창설하여 '신건육군(新建陸軍)'의 창설자인 위안스카이(袁世凱, 1859~1916)[82]에게 친위군을 맡기고자 하였다.[83] 변법파(變法派)는 서태후(西太后)의 간섭

설립자나 운영자는 거의 향토 지식인으로 이들은 근본으로 과거제도 폐지를 반대하여 신식 학교의 설립도, 국외 유학도 반대해 왔던 세력이다. 이들은 교육개혁에 따라 과거 학당(學堂) 존재가 위험해져 기득권을 잃을까 두려워 학당(學堂)을 신식 학교로 개조해 교묘하게 기득권을 유지하려고 하였으므로 외양만 바꾸었지 내용은 거의 바뀌지 않은 허울 좋은 교육개혁이었을 뿐, 신식 학교도 과거 준비라는 과거 기능에서 크게 달라지지 않았다. 그래서 청조(淸朝)는 1905년 과거제도를 완벽히 폐지하였으나 청조가 시행한 교육개혁은 여러 한계점이 속속 드러났다. 예컨대 신식 학교로 바뀌긴 했어도 가르치는 내용에 과거 교과가 그대로 포함되어 있었다는 점, 학업의 기본이 유학이고 일주일 수업시간 30시간 중 12시간을 유교(儒敎) 경전(經典) 학습에 할당했을 정도였다. 초등 교육 과정에서는 외국어를 가르치지 못하도록 했고 중국어의 순수를 유지하려고 외래어 사용을 일절 금하였으며 여성 교육도 금지되어 있다가 러일전쟁 후 1907년이 되어서야 허용되었다. 정부가 주도한 교육개혁으로 신식으로 교육하려는 학교가 대대로 늘어나고 과거 시험 준비 학당이 마지못해 신식 학교로 변신하긴 했어도 청조(淸朝)는 개혁의 본의를 전혀 반영하지 않았다. 결국 이런 청조의 교육개혁은 실효가 전무하여 일본 유학생들이 중심이 되어 청조를 성토하고 열렬히 비판하였다. 특히 러일전쟁에서 일본이 승리하고서 중국인 유학생들 간에서 청조의 무능에 불만을 품은 목소리가 고조됐고 일본 내 중국 유학생 단체들이 반청, 공화 혁명 주창에 영향을 미쳤다.

82) 위안스카이(袁世凱, 1859~1916)는 청나라 말기에서 신해혁명(辛亥革命) 직후까지 중국 정치사에서 중요한 인물이다. 조선과도 관계가 깊어 임오군란(壬午軍亂) 이후 조선에 주재하면서 제11대 광서제(光緒帝, 1871~1908; 재위: 1874~1908를 대신함으로 내정 간섭을 수행하였다. 청일전쟁(淸日戰爭) 발발 직전 도망치듯 귀국한 이후, 청나라 군대의 신식군대화에 큰 역할을 하였다. 귀국 후 무술 변법자강운동(戊戌 變法自疆運動)을 계기로 청나라의 실권을 차지하였다. 쑨원(孫文, 1866~1925)과의 대타협으로 선통제(宣統帝)를 제위에서 끌어내려 중국 2천 년의 역사에 종지부를 찍은 장본인이기도 하다. 1912년 1월 1일 중화민국(中華民國) 성립 후 같은 해 4월 쑨원 임시 대총통으로부터 실권을 위임받았고 이듬해 1913년 4월 1일 쑨원과의 약정에 따라 대총통직을 넘겨받아 임시 대총통에 올랐다. 하지만 제위의 욕망이 있었던 그는, 만년에 스스로 황제가 되기 위하여 중화제국 제제운동(帝制運動)을 일으켜 칭제(稱帝)를 감행하였으나, 중국 전체에서 "토원(討袁)"의 깃발이 세워지자 이내 제위를 포기한다. 이후 얼마 안가 지병으로 사망하였다. 이 제제운동은 지방 군벌의 세력이 중앙에서 독립하여 독자적인 군벌 세력으

을 받는 광서제(光緖帝)의 신임만으로는 한계가 있었기에 무력을 얻기 위해 군사를 총 지휘하는 위안스카이(袁世凱, 1859~1916)에게 서태후(西太后)가 있는 이화원을 포위해 줄 것을 부탁하였으나, 위안스카이(袁世凱)는 탄스퉁(譚嗣同)의 제의에 넘어가는 척하였다가 곧바로 서태후(西太后)에게 이 사실을 고(告)하였다.

당시 군권(軍權)을 장악하고 있었던 서태후(西太后, 1835~1908)의 10만 대군을 상대하는 광서제(光緖帝)의 개혁가들은 단지 나약한 선비 몇 명에 불과하였다. 서태후(西太后)는 1889년 광서제(光緖帝, 재위: 1874~1908)의 혼례 후 공식적으로 수렴청정을 거두었지만 여전히 실권을 장악하고 있었다. 광서제(光緖帝)는 아직 황권을 구축하지 못했으며, 특히 보수적인 군기처와 병권을 장악하고 있던 직예총독 등과 우호적인 관계를 형성하지 못했었다. 서태후(西太后)는 광서제(光緖帝)의 생모(生母)는 아니지만 정식 모후(母后)였고, 효(孝)를 으뜸으로 여기는 황실에서 모후(母后)의 명(命)을 어길 수는 없었다. 더구나 광서제(光緖帝)는 보수파의 중심인물인 예부상서를 비롯한 6명의 고위관료를 모두 파면하여 서태후(西太后)의 심기를 거슬렀다.

또한, 1898년 무술 변법자강운동(戊戌 變法自疆運動)의 주장은 너무 급진적이고 이상적이어서 현실과 동떨어져 서양의 제도를 그대로 받아들이면 개혁이 되리라고 생각한 부분이 많았고, 실제 행동보다는 말 뿐의 개혁들이 많았다. 그들은 광서제(光緖帝)의 이름을 빌려 하나씩 개혁을 단행하면 쉽게 무술 변법자강운동(戊戌 變法自疆運動)에 성공할 것으로 생각했었지만 청(淸) 조정의 완고하고 보수적인 관료들은 전력을 다해 개혁을 저지했고, 각 성의 총독과 순무 대부분도 개혁 내용을 이행하지 않았다. 즉, 구(舊)사회제도가 너무나 견고하고 보수 세력이 너무 강한 데에 비해, 황제를 지지하는 변법파(變法派)는 정치세력이 너무나 미약하였다.

결국, 1898년 무술 변법자강운동(戊戌 變法自疆運動)은 불과 103일 만에 좌절되었다. 군

로 움직이게 되는 계기가 되었다. 위안스카이(袁世凱)는 군벌 시대의 토대를 마련한 인물로서 군벌로 잘 알려져 있는데, 후일 북양군벌이 되는 북양군을 창설했다. 그는 실제로는 군벌이 아니다. 그가 창설한 북양군은 청나라의 정규군이었기 때문이다. 그는 다만 군을 강하게 사병화하고 군대 내에 심복을 두는데, 1916년 위안스카이(袁世凱)가 죽은 후, 그들 심복들이 본격적인 군벌이 된다. 1912년 청나라가 멸망한 후 중화민국(中華民國)이 들어서면서, 그 행정적인 공백을 각 지방군이 군정을 통해서 통치권을 행사함으로 군벌의 토대가 마련되었다. 군벌들이 벌인 내전은 위안스카이의 사후인 1916년 이후 시작되었고, 1920년대에 들어서면 본격화 되며, 1928년까지 계속되었다.

83) 위안스카이(袁世凱, 1859~1916)은 톈진(天津)에 주둔하던 신식무기와 훈련을 받은 정무군(定武軍)을 신건육군(新建陸軍)으로 바꿨다. 나라의 군대를 사병화(私兵化)하여 많은 심복을 양성하였고 그들은 훗날 북양 군벌로 또는 중화민국 초기 정계 및 군계 인물로 활약하였다.

권을 쥐고 있던 서태후(西太后)는 야심가인 위안스카이(遠世凱)를 움직여 1898년 8월 4일 수구파의 정변(무술정변)을 일으켜 개혁파를 모두 숙청하고, 광서제(光緒帝, 재위: 1874~1908)를 겨울에는 삼해(三海, 자금성 서쪽의 황실 정원) 가운데에 위치한 조그마한 섬 영대(瀛臺)에, 여름에는 이화원의 옥란당(玉瀾堂)에 각각 구금시켰고 다시 수렴정치를 시작하였다. 서태후(西太后, 1835~1908)는 또 다시 훈정(訓政)을 선포하고 광서제(光緒帝, 재위: 1874~1908)를 폐위시키려 했지만, 지방의 총독과 순무, 그리고 외국 사신들의 반대로 단왕 재의의 아들 부준을 황태자로 삼는 데 그쳤다. 1898년 8월 6일 캉유웨이(康有爲) 체포령을 내리고 이른바 '무술육군자(戊戌六君子)': 탄스퉁(譚嗣同, 1865~1898), 양예(楊銳), 유광제(劉光第), 임욱(林旭) 등 4명의 군기사경(軍機四卿)과 캉유웨이(康有爲)의 아우 강광인(康廣仁), 양심수(楊深秀) 등을 처형하였다. 1898년 변법유신운동(變法維新運動) 주도자인 캉유웨이(康有爲, 1856~1927)와 량치차오(梁啓超, 1873~1929)는 영국인의 도움으로 가까스로 일본으로 피신하였다. 특히, 참수형에 처해진 담사동(譚嗣同, 1865~1898)은 망명을 거부하고 *"중국 개혁을 위해 피를 흘리는 자, 나로 시작하리라."*는 말을 남기고 기꺼이 수구파(守舊派)에게 잡혀 죽임을 당했다.

그리고 서태후(西太后, 1835~1908)는 먼저 광서제(光緒帝, 재위: 1874~1908)가 가장 신임했던 옹동화(캉유웨이를 광서제에게 소개했던 광서제(光緒帝)의 사부이며 호부상서 겸 군기대신)를 파면시켰다. 이는 광서제(光緒帝) 편에 서서 서태후(西太后)에게 중재해줄 사람이 없게 되었다는 것을 의미했다. 이어서, 서태후(西太后)는 2품 이상의 대신들에 대한 실질적인 인사권을 장악함으로써 모든 조정대신들의 인사 여탈권을 손에 쥐게 되었다. 또한 자신의 심복인 영록을 직강총독으로 임명하였고, 형부상서 숭례(崇禮)를 보군통령에 임명하여 수도경찰권을 장악하였다.

중국의 1898년 무술 변법자강운동(戊戌 變法自疆運動)은 일본의 메이지 유신(明治維新, 1868~1889 헌법 제정으로 종료)이나 조선의 1884년 갑신정변(甲申政變)처럼 엘리트 위주의 개혁으로 민중의 지지를 얻지 못했기 때문에 실패했다. 그 보다, 무력(武力)을 갖지 못하는 개혁은 결코 성공할 수 없음을 무술 변법자강운동(戊戌 變法自疆運動)은 확인시켜 주었다.

그러나 중국의 1898년 무술 변법자강운동(戊戌 變法自疆運動)은 실패로 끝났지만 당시 중국의 사회발전에 큰 영향을 미쳤다. 정치 분야에서 광서제(光緒帝)는 변법(變法) 요강을 전면적으로 받아들여 언론 출판의 자유를 주어 전통적인 사고에서 벗어날 수 있는 길을 터 주었다. 다양한 서구의 사상과 가치관이 중국 지식층에게 소개되었고, 많은 학교 설립으로 교과과정을 개정하고 새로운 사상을 소개하였다.[84] 이런 새로운 지식과 사상을 전파하는데 강학회 같은 민간조직이 앞장섰다. 또한, 경제분야에서 민족자본주의 발전을 위한 노선 정비 외에도 학당(學堂)을 열고 과거제도를 개혁하고, 외국 시찰단을 파견하여 지식인들의 시야를 넓혀주었다. 광서제(光緒帝)는 근대 중국에서 처음으로 서구를 본받아 중국을 변혁하려 한 진보적인 황제였다.[85] 그러나 광서제(光緒帝)는 오랫동안 깊숙한 궁전에만 머물러 있었던 탓에 정치 경험이 부족하여 노회한 서태후(西太后)의 적수가 되지 못했다.

1898년 무술 변법자강운동(戊戌 變法自彊運動)이 좌절된 후, 의화단(義化團)운동(1899.11~1901.09)이 일어났다. 당시, 서태후(西太后)는 진압 명령을 내렸지만 성과를 거두지 못하자 마지못해 진압에서 회유로 정책을 바꾸었다. 또한 의화단(義化團)의 반(反)제국주의 애국 열정을 이용해 대외 전쟁을 선포하였다. 이것은 일종의 도박이었다. 이런 선전포고는 서구 열강의 힘으로 의화단(義化團)을 분쇄하려는 비열한 노림수였다. 청군과 의화단(義化團)은 연합해서 서구의 군대와 전면전을 벌일 것처럼 보였지만, 그 전에 밀사를 각국 공사관으로 파견하여 공사관을 보호할 것을 확약하고 경친왕과 이홍장을 시켜 서양 연합군과의 화의를 교섭하게 했다. 1901년 7월 20일 8개국 연합군이 북경을 공격해 오자, 21일 서태후(西太后)는 변장한 채 광서제(光緒帝)만 데리고 서안(西安)으로 도피하면서 다시 의화단(義化團) 진압 명령을 내렸었다.

1901년 신축년에 독일, 오스트리아, 벨기에, 스페인, 미국, 영국, 프랑스, 이탈리아, 일본 등의 국가와 신축조약을 맺고 각 국에 4억 5천 냥을 배상하였다. 이를 위해 주요 재정원인 관세(關稅)와 염세(鹽稅)는 모두 차압당했고, 외국군이 주요 도시에 진주하게 되었다. 이런 중에 광서제(光緒帝)는 영대에 또다시 감금되었고, 서태후(西太后)는 예전의 호사스럽

---

84) 청조(淸朝)가 추진한 교육개혁으로 신식 학교가 설립되고 유학생이 대거 파견된 결과, 전통 독서인과 유형이 다른 지식 계층이 탄생했다. 1908년에는 전국에 학교 47,000여 개가 있었고 학생은 약 130만 명, 교원은 약 63,500여 명에 달했다. 이들 새로운 지식 계층은 차츰 혁명 사상과 입헌 사상으로 기울어졌다. 특히 일본으로 유학을 간 중국인 유학생들은 급속하게 입헌 사상과 혁명 사상을 수용했다.

85) 중국의 반(反)체제 인사이자 학자인 류샤오보(劉曉波, Liu Xiao Bo)는 캉유웨이(康有爲, 1856~1927)가 무술 변법자강운동(戊戌 變法自彊運動)을 주도했다는 것은 역사적 오류이며, 무술 변법자강운동(戊戌 變法自彊運動)을 단순히 여론에 의한 정치적 변화로 해석하는 것 또한 잘못이라고 지적하고 있다. 그는 무술 변법자강운동(戊戌 變法自彊運動)은 1895년 5월 8일 청일전쟁에서 완패한 뒤 맺어진 '시모노세키 조약(下關條約)'의 비준이 끝난 3일 후부터이며 무술 변법자강운동(戊戌 變法自彊運動)을 주도한 사람은 제11대 광서제(光緒帝, 1871~1908; 재위: 1874~1908)였다고 주장한다. 광서제(光緒帝)는 일찍이 새로운 사조에 깊은 관심을 가지고 있었다. 일본에 항거할 힘이 없는 청나라의 나약함에 무거운 자책감을 느껴 1895년 5월 11일 와신상담의 각오로 옛것을 몰아내고 새로운 것을 수용하겠다는 칙령을 공포하였다. 이런 위로부터의 개혁은 전국적으로 급속히 확대되어 1898년까지 문화, 교육, 경제, 행정, 군사 분야에서 추진되었다. 즉, 광서제(光緒帝)는 3년간에 걸쳐 개혁을 지속적으로 진행하였고, 이 개혁의 속도를 촉진하려다가 오히려 역풍을 맞고 실패로 돌아가게 된 것이다.

고 안락한 생활로 돌아갔다.

그러나 의화단운동(義和團運動, 1899.11~1901.09)과 '8국 연합군의 북경 점령'이 초래한 피해는 고스란히 백성들에게 돌아갔다. 의화단운동(義和團運動)으로 말미암아 서양 열강에 막대한 배상금을 지불해야 했을 뿐만 아니라 '신정(新政)' 실행에도 많은 재원이 필요하여 각종 세금이 새로 생겨나 민중 고통이 상당히 심해졌다. 더욱이 의화단운동(義和團運動) 이후 열강의 침략이 한층 강화되는 가운데 청(淸)나라 조정은 정치개혁을 꾀하는 이른바 '신정(新政)' 운동을 일으켰으나 세금 안 내기, 기독교 배척 등의 대중운동이 전국적으로 번져나가 입헌군주제(立憲君主制)를 향한 운동으로 발전되었다. 농민 봉기가 1906년에 199회, 1907년에 188회, 1909년에 112회, 1910년에 266회나 일어날 정도로 만연했고 1911년 이후에는 더욱 급속히 증가했다.

1898년 무술 변법자강운동(戊戌 變法自彊運動) 이후 개혁은 정치체제의 변혁을 추구하였다. 입헌군주제(立憲君主制)가 되었든 혹은 공화제(共和制)가 되었든 간에, 전제군주정(專制君主政)을 종식시켜야만 했었고 청 황실과 만주 귀족은 '혁명의 대상'이 되었다. 그러나 청나라는 변화를 거절하면서 망국(亡國)의 길로 가게 되었다.

'신정(新政)'이 실시되는 가운데 청조(淸朝)를 유지하면서 입헌군주제(立憲君主制)로 국가 부흥을 꾀하자는 입헌 운동도 전개됐다. 특히 러일전쟁(日露戰爭, 1904.02.08~1905.09.05)에서 일본이 승리한 사태를 계기로 "아시아인도 입헌(立憲)하면 유럽을 이길 수 있다"는 량치차오(梁啓超, 1873~1929)의 주장이 널리 호응을 얻었다. 실업 진흥 기치하에 민족자본이 어느 정도 성과를 거둬 발전하기는 했으나 외국 자본에 대항하기에는 역부족해서 신흥 자본가 계층은 입헌 개혁을 지지했다. 입헌(立憲)을 주장하는 목소리가 퍼져가는 가운데 대세를 관망하던 위안스카이(袁世凱, 1859~1916)는 1905년에 황족과 귀족을 국외에 파견해 정치를 시찰시키면서 입헌(立憲)하려는 준비해야 한다고 황실에 상주했다. 서태후(西太后)의 측근 대신들도 "입헌(立憲)해야 군권(君權)이 영구히 굳건해진다"고 서태후(西太后)를 설득했다. 이에 청(淸) 조정은 1905년 7월 헌정시찰단을 유럽, 미국, 일본에 파견했고 1906년에는 9년 뒤에 입헌군주제(立憲君主制)를 실시하겠다고 약속하는 '상유(上諭)'를 선포했으며, 1908년 8월에는 『흠정헌법대강』(欽定憲法大綱)을 공포하여 9년 후에 헌정을 실시하겠다고 약속했다. 『흠정헌법대강』은 일본 제국의 메이지 헌법을 모형으로 황제의 만세일계(萬世一係)와 신성불가침, 황제의 광범위하고 강대한 권한을 규정했다.

그러나, 입헌군주제(立憲君主制)를 추진한 지 몇 달이 지나지 않아 1908년 10월 21일 '비운(悲運)의 황제' 광서제(光緖帝, 재위: 1874~1908)는 향년 38세의 장년으로 함원전(涵元

殿)에서 승하하였다. 당시 광서제(光緖帝)는 서태후(西太后, 1835~1908)로부터 폐출(廢黜), 연금되어 10년 간 울적하게 지내던 중이었다. 평소 몸이 허약했다고 되어 있는데,[86] 황실 어의 관련 자료를 편성한 『자희광서의방선의(慈禧光緖醫方選議)』를 보면 광서제(光緖帝)와 관련된 처방만도 182개에 달한다.[87] 그러나 정사(正史)에서는 광서제(光緖帝)가 병세가 점차 가중된 상태에서 죽음을 맞이한 것으로 되어 있다. 청(淸)나라는 광서제(光緖帝, 1871~1908)를 끝으로 실질적인 명운(命運)이 다하였다.

한편, 서태후(西太后, 1835~1908)는 1908년 무신년 11월 14일 순친왕(醇親王) 재풍의 세 살 먹은 아들 부의(溥儀)를 선통제(宣統帝)로 선포하고 그의 생부(生父)인 순친왕(醇親王) 재풍을 섭정으로 임명했다. 그 다음날 11월 15일 서태후(西太后)도 지병인 이질로 향년 74세에 사망하였다. 자신처럼 여인이 정사에 관여하는 일이 없도록 하라는 유조(遺詔)를 남겼다. 서태후(西太后)의 장례는 120만 냥에 달하는 금액을 들여 성대하게 치러졌고 수천 명의 사람이 동원되었다.

---

86) 제11대 광서제(光緖帝, 1871~1908; 재위: 1874~1908)가 잔병이 많았던 것은 그의 불우했던 삶을 통해 보면 어쩌면 당연한 일일 수도 있을 것이다. 3살 반의 어린 유아시절 입궁하여 자신의 부모를 더 이상 보지 못하게 되었을 때 느꼈을 외로움과 고독. 광서제(光緖帝)는 서태후(西太后)의 양자로 들어가 서태후를 파파(아버지)로 부르게 되었다. 여기에 엄격한 서태후(西太后)의 훈육은 어린 광서제(光緖帝)의 정서에 큰 영향을 주었을 것이다. 입궁한 뒤로는 생모(生母)를 보지 못하다가 1896년 모친의 병이 위중해 져서야 겨우 어머니의 임종을 지켜볼 수 있었다. 게다가 진정으로 사랑했던 진비(珍妃)가 의화단의 난 으로 인한 혼란 속에서 정적이었던 서태후(西太后)에 의해 죽음을 당할 때 느꼈을 인간적인 괴로움은 가히 미루어 짐작할 수 있다.

87) 그중 신경쇠약 처방이 64개, 골격과 관절 관련 처방이 22개, 후사와 장수 관련 처방(광서제가 후사가 없는 이유를 발기부전이나 유정(遺精), 요통 때문이라고 한다) 17개였다. 잔병에 시달리긴 했지만 돌연사할 만큼 심각했던 것은 아니었다. 특히, 권력욕과 주도면밀한 권모술수를 갖춘 여인 서태후(西太后) 사망 1일 전에 일어났다는 점이 심상찮다. 2007년 12월 4일 화요일 홍콩의 시사잡지 『자형(紫荊)』은 중국의 국가중점문화프로젝트가 최신 과학기술을 이용, 광서제(光緖帝)의 유체를 대상으로 화학검사를 실시한 결과 머리 유골에서 치명적인 비소 성분을 발견했다고 보도했다. 광서제(光緖帝)의 두개골의 비소(砒素) 함유량은 정상 수준의 1천~2천 배를 넘었고 두개골의 특정 부위에서만 집중적으로 발견됐다. 이는 광서제(光緖帝)가 의도적이고 돌발적인 사건에 의해 유독성 화학물로 절명했을 가능성을 보여주고 있다. 지병을 앓고 있던 서태후(西太后)가 자신의 사후 광서제(光緖帝)가 다시 권력을 잡게 되면 모든게 되돌려질까 두려워 독살을 했을 가능성이 크다. 그렇지 않으면 서태후(西太后) 사후 광서제가 집권 하게 되면 화를 입을 것을 염려한 이련영이나 위안스카이[무술변법 당시 광서제의 신임을 저버리고 배신하여 서태후(西太后)의 신임을 받았다] 등이 독살했을 가능성이 크다. 특히나 어의(御醫)로 지냈던 굴귀정은 민국시기에 발간한 잡지 『일경』에서 자신은 광서제(光緖帝) 임종 3일 전에 입궐하여 마지막으로 광서제(光緖帝)를 진맥하였다고 밝혔다. 그는 호전되었던 광서제(光緖帝)의 병세가 갑자기 악화되었고 침상에서 데굴데굴 구르면서 복통을 호소했고 며칠 되지 않아 운명하였다고 한다. 그러면서 누가 살해 했다고 단정할 순 없지만 누군가가 살해한 것은 분명하다고 말하고 있다.

서태후(西太后, 1835~1908)가 권력을 잡고 있던 기간은 48년으로 청 제국 268년 역사에서 보면 짧지 않은 기간이었다. 권력을 독점했던 기간도 무려 28년이나 되었다. 실질적으로 청(淸)제국의 마지막 통치자였던 서태후(西太后)는 여러 가지 면에서 당(唐)제국의 측천무후(則天武后)와 비교되는 인물이다. 그렇지만 측천무후(則天武后)가 '사악한 찬탈자'인 동시에 '훌륭한 통치자'였던 반면에, 서태후(西太后)는 '사악한 찬탈자'였을 뿐만 아니라 국익보다는 자신의 권력과 개인적 사치를 추구했었던 '탐욕스러운 통치자'였다. 실로, 여우같은 외모에 이리 같은 마음을 가진 악독하고 무지막지한 여자였다.

물론, 서태후(西太后, 1835~1908)의 치적(治績)도 있다. 예로서, 만주족과 한족을 평등하게 대해 국초부터 제약하던 통혼(通婚)·남자들의 단발을 허용하였고, 여인들의 전족(纏足)·인신매매·아편을 금지하였으며, 광서제(光緖帝) 유폐 후에는 신정(新政) 개혁의 이름으로 과거제 개편·학당 설립·상업과 광산업 추진하였고, 1916년에 입헌군주제(立憲君主制) 실시를 공개적으로 선포했다. 만약 서태후(西太后)가 자신의 능력과 권력을 사욕을 채우는 일보다는 자신이 세운 제10대 동치제(同治帝, 재위: 1861~1874)나 제11대 광서제(光緖帝, 재위: 1874~1908)와 협력하여 나라의 중흥을 이끌었다면 서태후(西太后, 1835~1908)에 대한 평가는 사뭇 달라졌을 것이다.

그 후, 푸이(溥儀), 마지막 12대 황제 선통제(宣統帝, 재위: 1908~1912)이자 만주국의 집정 및 황제(재위: 1932~1945)가 즉위한 후, 입헌파는 국회를 조기에 개설을 청원했으나 거절당했다. 이를 계기로 청조(淸朝)를 타도하려는 혁명파의 입지가 강화되었다. 쑨원(孫文, 1866~1925)은 1905년 중국혁명동맹회(중국동맹회)를 결성하고 삼민주의(三民主義)를 제창하고 혁명파를 지휘하여 반청 무장투쟁을 전개했다.

1911년 청조(淸朝)는 철도 국유령을 내려 당시 민영이었던 철도를 담보로 열강으로부터 차관을 얻어 재정난을 타개하고자 했으나, 이에 대한 광범한 반대운동이 일어나 마침내 대규모의 무장투쟁인 쓰촨(四川) 폭동으로 발전했다. 이를 계기로 1911년 10월 10일 혁명파의 공작으로 무창(武昌)에서 신군이 우창 봉기를 일으킴으로써 신해혁명(辛亥革命)의 불길이 댕겨져 약 한달 만에 14성(省)이 이에 호응하여 궐기했고 12월 말에는 17성(省)으로 확대되어 청조(淸朝)로부터 독립을 선포하였다.

무창(武昌)에서 최초로 봉기가 일어난 1911년 10월 10일은 중화민국(中華民國)에서는 중요한 국경일인 "쌍십절"(雙十節)로 기념하며, 중화인민공화국(中華人民共和國)에서는 '신해혁명 기념일'로 지킨다. 신해혁명(辛亥革命)은 중국 역사에서 처음으로 공화국을 수립한 혁명이기 때문에 공화혁명이라고도 불린다.

1912년 1월 난징에서 쑨원(孫文, 1866~1925)을 임시대총통으로 하는 중화민국(中華民國) 임시정부가 수립되었다. 그러나 혁명세력의 단결과 힘이 군건하지 못함으로 인해 청조(淸朝)로부터 대권을 부여받은 위안스카이(袁世凱, 1859~1916)와 타협하여 청나라 마지막 12대 황제 선통제(宣統帝, 재위: 1908~1912)의 퇴위로 청나라를 멸망시키는 데는 성공했으나 그 대신에 쑨원(孫文, 1866~1925)이 사임하고 위안스카이(袁世凱, 1859~1916)가 대총통이 되었다. 이 혁명(제1차 혁명)으로 공화정(共和政)이 세워졌지만 곧 위안스카이(袁世凱, 1859~1916)가 대총통이 되면서 이후 제제(帝制)의 야심을 가지고 혁명파를 탄압하는 한편 위안스카이(袁世凱, 1859~1916)의 독재정치가 시작되었다. 이에 대응하여 1913년 7월 국민당에서 '원세개 타도' 운동을 벌이며 혁명을 호소, 봉기를 일으켰다. 이를 '제2차 혁명'이라 한다. 그러나 위안스카이(袁世凱, 1859~1916)는 군대를 동원해 이를 진압해버렸다. 그 후 위안스카이(袁世凱, 1859~1916)는 1915년 일본의 '21개조 요구'를 수락하는 등 매판성을 드러냄으로써 이러한 위안스카이(袁世凱, 1859~1916)의 독재정치에 대해 민중들은 극심한 반발이 일어났는데 이를 '제3차 혁명'(호국전쟁)이라 불린다. 1916년 위안스카이(袁世凱, 1859~1916) 사후(死後) 내전과 군벌들의 할거로 혼란이 계속되었다.

상기와 같이, 청(淸)나라는 1911년 10월 10일 신해혁명(辛亥革命)에 의해 1912년 2월 12일 종말을 고했다. 이는 대청제국 뿐 아니라 동양의 제왕(帝王) 문화가 막을 내리는 순간이기도 했다. 이때부터 18세기에 유럽에서 조짐을 보인 군주정치(왕정)의 붕괴가 지구촌에 급속하게 퍼져나가 계급제도가 타파되는 대변혁이 일어나기 시작했다.

또한, 러시아의 차르 체제는 1917년 블라디미르 일리치 레닌(Vladimir Ilich Lenin, 1870~1924)의 볼셰비키(Bolsheviki) 혁명이 성공함으로써 니콜라이(Nikolai) 2세를 마지막으로 그 종막을 고했다. 제1차 세계대전(1914~1918)에서 패한 독일과 오스트리아에서도 군주정(君主政)이 붕괴되고 공화정(共和政)이 들어섰다. 영국처럼 군주제(君主制)가 유지된 극소수 나라는 왕(王)의 실권이 없는 입헌군주제(立憲君主制)로 바뀌었다.

4) 러시아제국(Romanova 왕조)의 멸망(1917년)

러시아 제국(Romanova 왕조, 1613~1917)의 시초는 루스(Rus) 지역에 존재했던 군소 국가 중에서 하나였던 모스크바 대공국(大公國)이다.[88] 모스크바 대공국(大公國)은 14세기에

---

88) 러시아는 그 역사가 정확하게 어느 시점에서 시작되었다고 단정적으로 말하기가 어려운 나라이다. 러시아라는 이름 자체가 파생되어 나온 '루스(Rus)'라는 사람들은 현재의 북서부 러시아에서 남하한 바이킹

서 15세기에 걸쳐 타타르족이나 주변의 루스 국가들과 싸우면서 세력을 확대하여 모스크바 대공(大公) 이반 3세(Ivan Ⅲ)때 처음으로 스스로를 '차르'(Tsar, 황제, 전제군주)라고 자처했다.[89]

키예프의 뒤를 이어 교역 요충지나 넓고 비옥한 농지를 중심으로 우랄 산맥 서쪽에는 '공(公, Prince)'이 통치하는 여러 개의 독립적인 공국이 세워졌고, 이들은 서로 경쟁하면서 발전해 나갔다. 공국들 중에서 패권을 잡은 통치자는 '대공(大公, Grand Prince)'이라는 지위를 차지했다. 키예프 대공의 패권은 13세기에 류리크 왕조의 블라디미르 대공과 모스크바 대공에게 넘어갔다.

14세기에는 칭기즈 칸(Chingiz Khan)의 손자 바투의 정복으로 러시아 전체가 몽골의 지배를 받았다. 당시 러시아는 몽골의 지배보다는 약화된 러시아를 노리고 자주 침공한 게르만의 튜튼 기사단과 스웨덴으로 인해서 더 큰 괴로움을 받았던 약소국이었다.

러시아의 제국은 1721년, 표트르 대제(大帝, Peter the Great, 1672~1725)가 선포한 이후부터 제1차 세계대전(1914~1918) 도중 러시아 혁명(1917.03)에 의해서 러시아 제정(帝政)이 붕괴될 때까지 197년간 존속했었다. 넓은 의미에서 보면, 러시아 로마노프(Romanova)[90] 왕조(1613~1917) 출신의 표트르 대제(大帝, Peter the Great)의 적극적인 서구화 및 북방전쟁의 승전으로 인한 영토 확장으로 겨우 '열강 클럽'에 끼어들면서 바뀌게 된다.

부족들의 후예로 슬라브 계열의 언어가 아니라 게르만 계열의 언어를 사용했다. 이들은 9세기 후반에 비잔틴 제국으로부터 기독교를 받아들이면서 현재 우크라이나 공화국의 수도인 키예프에 최초로 공국(公國)을 세웠다.

89) 러시아는 그 역사가 정확하게 어느 시점에서 시작되었다고 단정적으로 말하기가 어려운 나라이다. '러시아'라는 이름 자체가 파생되어 나온 '루스(Rus)'라는 사람들은 현재의 북서부 러시아에서 남하한 바이킹 부족들의 후예로 슬라브 계열의 언어가 아니라 게르만 계열의 언어를 사용했다. 이들은 9세기 후반에 비잔틴 제국으로부터 기독교를 받아들이면서 현재 우크라이나 공화국의 수도인 키예프에 최초로 공국(公國)을 세웠다.

90) 로마노프(Romanova) 왕조는 1613년부터 1917년까지 304년 동안 러시아 제국을 통치한 왕조이다. 미하일 1세부터 니콜라이 2세까지 이어졌다. 이 왕조의 시작은 다음과 같다: 대내적인 전제 정치와 대외적인 팽창 정책을 통해 강력한 전제 군주로 군림했던 이반 4세가 죽자 그의 후계자 자리를 둘러싸고 귀족들 간에 치열한 다툼이 벌어졌다. 한동안 혼란이 거듭되다가 1613년 러시아 전국회의에서는 이반 4세의 아내 아나스타샤의 가문인 미하일 로마노프를 새 황제로 선출하였는데, 이것이 로마노프 왕조의 시작이다. 이반 4세가 초안을 잡은 대내외 정책을 이어받음과 더불어 폴란드와 스웨덴이 쇠퇴한 틈을 타서 명실상부한 근대국가로서의 러시아를 창건한 미하일 로마노비치의 정책 이후 로마노프 왕조는 20세기 초 러시아 제국이 멸망할 때까지 러시아를 통치하게 되었다. 로마노프 정통 왕조의 남계는 표트르 2세가 사망하면서, 단절되었다. 후에 홀슈타인고트로프 가문의 칼이 표트르 3세가 되자, 홀슈타인고트로프마노프 왕조가 된다. 로마노프 왕조가 입헌군주제(立憲君主制)를 받아들인 것은 1906년이며, 11년 뒤에 러시아의 군주제가 폐지되었다.

(1) 러시아 제국의 성립과 융기(隆起):
표트르 대제(大帝, Peter the Great, 1672~1725)

약소국이었던 러시아를 강대국으로 변모시킨 주역은 두 사람의 통치자: 류리크 왕조의 이반 4세(Ivan Ⅳ)와 로마노프(Romanova) 왕조의 표트르 1세(Peter the Great, 1672~1725)였다. 우선, 류리크 왕조의 이반 4세(Ivan Ⅳ)는 러시아 역사상 처음으로 '차르'(Tsar, 황제, 전제군주)라는 명칭을 사용한 강력하고 유능한 통치자였다. 그는 전제주의적인 강력한 왕권을 세워 몽골 제국의 잔재인 두 개의 작은 칸국을 정복했으며 태평양을 향한 동진(東進)을 시작했었다.[91)]

이반 4세(Ivan Ⅳ)가 사망한 후, 치열한 권력 투쟁에서 마지막 승자가 바로 새로운 왕조를 이룬 로마노프 가문(Romanova 왕조, 1613~1917)이었다. 이 새로운 왕조는 여러 세력 사이에 이루어진 타협의 산물이었다. 수십 개의 동등한 명문가 중 하나였을 뿐인 로마노프 가문(Romanova 왕조)은 왕권 기반도 단단하지 못한 상황에서 군사 강국들인 독일 튜튼 기사단령 프로이센, 폴란드, 스웨덴, 오스만튀르크를 동시에 상대해야 했다. 또한, 러시아 제국으로부터 독립하려는 분리주의자들과 높은 세금과 함께 갖가지 의무와 지주들의 착취에 신음하는 농민들의 거센 도전도 헤쳐 나가야 했다. 이러한 상황에서 등장한 사람이 바로 러시아 역사상 최초로 '대제(the Great)'의 칭호를 얻게 될 표트르 1세(Peter the Great, 1672~1725)였다.[92)]

---

91) 이반 4세(Ivan Ⅳ)에는 '광제(狂帝, the Terrible)'라는 별명이 붙어 있듯이 그는 심각한 정신질환을 앓고 있었다. 그는 어린 시절부터 스스로 분노를 통제하지 못해서 폭발적으로 난폭함을 드러내는 증상을 보이곤 했다. 이반 4세(Ivan Ⅳ)의 비극은 아들의 죽음으로 절정을 맞이했었다. 그는 며느리가 얇은 옷차림으로 나타나자 발작을 일으켜 그녀를 때려 임신 중이던 아이를 유산하게 만들었다. 이 처사에 대해 아들 이반이 항의하자 그는 다시 이성을 잃고 아들을 폭행하기 시작했다. 젊은 이반은 치명상을 입었다. 정신을 차린 이반 4세(Ivan Ⅳ)는 아들을 꺼안고 통곡했지만 아들 이반은 사흘 후에 세상을 떠나고 말았다. 이반 4세(Ivan Ⅳ)도 그로부터 3년 후에 세상을 떠났으며 이것으로 9세기 중엽 노브고르드(Novgord) 대공으로 시작된 류리크 왕조는 실질적으로 막을 내렸다.

92) 표트르 1세(Peter the Great, 1672~1725)는 1672년 알렉세이 미하일로비치 차르와 그의 두 번째 황후인 나탈리아 키릴로브나 나르이쉬키나 사이에서 태어났다. 키가 2m나 될 정도로 매우 컸고 잘생겼으며 체력도 강했다. 표트르 1세(Peter the Great)는 어린 시절에 아버지를 여읜 탓으로 소년기와 청년기를 크레믈린 밖에 있는 외인촌에서 지내야 했다. 그래서 화려한 의식이나 불합리한 전통을 싫어했고 실리적이며 과학적인 것들에 관심을 기울였다. 뿐만 아니라 외인촌 생활은 여러 외국기술자들과 접촉할 수 있는 기회를 만들어 주었다. 12세 때에는 석공술과 목수일을 배우는 데 많은 시간을 보내기도 했다. 때문에 젊은 나이에 십여 가지 이상의 전문적이고 특수한 기능을 소유할 수 있게 되었다. 말에 편자를 능수능란하게 박는 일, 주거 공간을 힘들이지 않고 짓는 일, 대포를 주조하는 일 등의 기술을 익히게 되었

다. 이렇게 여러 방면에 관심을 쏟으며 생활하던 표트르 1세(Peter the Great)는 1689년 모스크바 대귀족의 딸 로푸하나와 결혼했다. 이때부터 러시아 관습에 따라 성년의 시기를 맞이하였으나 국사에는 참여하지 않았다. 소년병 부대들과 병정놀이를 하거나 기계 기구를 관찰하는 일이 생활의 전부였다. 그러던 중 1695년 모스크바 정부는 흑해 진출로를 학보하기 위해 터키와의 전쟁을 시작했다. 이 전쟁을 계기로 표트르 1세(Peter the Great)는 실전에 참여하게 되었다. 그는 러시아 군대가 전쟁 초기에 돈 강하구의 터키 요새 아조프를 포위할 때 포병의 신분으로 참여했다. 이 전쟁에서 아조프 포위 작전은 3개월이나 계속되었지만 쉽사리 터키 요새를 공략할 수가 없었다. 터키는 당시 그들의 함대를 이용하여 바다를 충분히 활용했기 때문이었다. 탄약이나 식량 공급은 물론 보충 병력까지도 바다를 통해 지원했다. 그러므로 함대를 소유하지 않은 러시아로서는 이를 저지하기가 어려웠다. 그러나 어린 시절부터 바다를 가까이 해왔고 특히 백해에 있을 때 영국이나 네덜란드 선장들로부터 항해술 및 선박에 관한 제반 지식을 습득했던 표트르 1세(Peter the Great)가 이러한 난국의 타개책으로 함대 건설을 생각하게 된 것은 너무도 자연스러운 일이었다. 그는 우선 함대 건설 기지를 위한 적정 장소를 물색했다. 그 결과 보로네즈가 선정되었고, 구체적 세부계획이 완성되자마자 바로 기지 건설에 착수했다. 표트르 1세(Peter the Great)가 이처럼 함대 건설에 적극적으로 참여한 것은 그 부문에 지식을 갖고 있었다는 이유도 있었지만 그의 성격적인 면이 더 크게 작용했다. 그는 빠른 속도로 함선을 건조하면서 한편으로 해군 병사들을 조직하기 위해 수천 명의 젊은이를 강제로 끌어들여 훈련에 총력을 기울였다. 그리고 1696년 봄 해군을 편성하여 다시 아조프를 공략해 쉽게 함락시킬 수 있었다. 이렇게 터키와의 전쟁은 일단락지었고 이 전쟁으로 표트르 1세(Peter the Great)는 유럽 여러 나라에 알려지게 되었다. 표트르 1세(Peter the Great)는 이전의 차르들과는 달리 비잔틴의 후광을 거부했으며 행동이 매우 소박했다. 맥주 한 잔을 놓고 조선공이나 상트페테르부르크를 방문한 외국선원들과 대화를 즐기기도 했다. 활동적이고 정력적이었으며 충동적이었던 그는 움직이는 데 걸리적거리는 화려한 옷을 좋아하지 않았다. 종종 낡은 구두와 모자를 쓰고 나타났으며 자주 군인복장을 하고 다녔다. 그는 환락(歡樂)을 좋아했으며 즐겁게 노는 법을 알고 있었다. 때로는 엄청나게 술을 마셔댔으며 그의 손님들도 그렇게 마시도록 만들었다. 정직하지 못함을 참지 못하는 정의(正義)의 사나이였던 그는 화를 낼 때는 무서웠으며, 반대에 직면하면 잔인해지기도 했다. 그런 순간에는 그와 친밀한 사람들만이 그를 달랠 수 있었다. 그가 사랑했던 2번째 부인 예카테리나가 그런 면에서는 최고였다. 그래서 사람들은 표트르 1세(Peter the Great)의 마음을 움직이기 위해 자주 그녀에게 부탁했다. 때때로 표트르 1세(Peter the Great)는 고위 관리들을 매로 때리기도 했다. 심지어 그와 가장 가까운 친구였던 멘시코프 공도 많이 얻어맞았다. 정치가로서 표트르 1세(Peter the Great)의 뛰어난 재능의 하나는 최고 귀족가문의 사람이건 사회의 밑바닥 사람이건 고위직에 재능 있는 인물을 선택해 쓸 줄 아는 능력이었다. 통치자로서 표트르 1세(Peter the Great)는 전제적 영주의 방법, 즉 채찍과 자의적인 지배를 자주 사용했다. 표트르 1세(Peter the Great)는 국가의 강제력이 기적을 창출할 수 있다고 확신하는 전제군주(專制君主)로 행동했다. 그러나 지칠 줄 모르고 일을 할 수 있었던 그는 자신이 '국가의 머슴'이라고 생각했으며 그가 아래 사람들의 위치에 자신을 둘 때마다 다른 사람들에게 요구하는 정직함을 갖고 자신의 의무를 다하려고 했다. 표트르 1세(Peter the Great)는 그의 군(軍) 경력을 가장 낮은 계급으로부터 시작했으며 다른 사람들에게도 마찬가지로 자신의 직업을 기본부터 시작해서 완벽하게 익히고 실질적으로 수행한 봉사에 따른 승진만을 기대할 것을 요구했다. 표트르 1세(Peter the Great)의 인격은 러시아의 전 역사에 그 영향을 미쳤다. 독창적이고 명민한 지성을 소유하고 원기왕성했으며 용기있고 근면했으며 강철같은 의지를 지닌 그는 러시아의 전반적인 이익과 그 자신의 특별한 계획을 일관성 있게 지탱하기 위해 복잡하게 변화하는 상황을 냉정하게 평가할 수 있었다. 물론, 표트르 1세(Peter the Great)는 러시아와 서유럽 국가들 간의 격차를 메우지는 못했지만 국민 경제·교역·교육·과학·문화·대외정책 등에 있어서는 상당한 진보를 이룩했다. 러시아는 강국이 되었로마노프 왕조(1613~1917)의 표트르 대제(大帝, Peter the Great, 1672~1725)는 러시아 역사상 가장 뛰어난 통치자이자 개혁자이며 세계에서 가장 넓은 영토를 가진 근대 러시아를 설계한 주역이었다.[93] 대내적으로는 진보된 행정 체제를 갖추게 되었고 대외적으로는 영

으며 그때부터 러시아의 협력이 없이는 어떠한 유럽의 문제도 해결될 수 없게 되었다.

[93] 표트르 알렉세예비치 로마노프(Pyotr Alexeyevich Romanov)는 열 살의 나이로 후사가 없이 죽은 이복형 표도르 3세(Fyodor Ⅲ)를 계승해서 차르가 되어 43년간 러시아를 통치했다. 그렇지만 그의 치세는 처음부터 잘 풀리지 않았다. 그의 아버지 알렉세이(Alexei)는 두 부인으로부터 12명의 자녀를 두었는데, 알렉세이(Alexei)가 죽고 나서부터 명문가 출신이었던 부인들의 가문 사이에서 권력 투쟁이 벌어졌다. 이 투쟁은 결국 유혈 충돌을 불러왔다. 표트르 1세(Peter the Great)의 외가 친척 두 사람이 그가 보는 앞에서 살해되었으며, 만성질환으로 인해서 사실상 황제의 직위를 수행하기가 불가능했던 표트르의 형 이반 5세(Ivan Alexeyevich Romanov)가 표트르 1세(Peter the Great)와 공동 황제로 즉위하고 표트르 1세(Peter the Great)의 외가인 나르시킨(Narshkin) 가는 권력에서 제외되었다. 심신이 허약한 청년과 열 살 먹은 소년을 명목상의 차르로 세워 놓고 실질적으로 권력을 장악한 사람은 이복누나인 소피아(Sofia Alexeyevna)였다. 아버지 알렉세이(Alexei)가 사망하고 이복형인 표도르 3세가 차르를 계승했을 때 그는 세 살이었다. 이때에 그는 어머니 나탈리야(Nataliya Narshkina)와 함께 왕궁에서 나와 모스크바의 외국인 거주지 부근에서 살았으며 그리 오래는 아니지만 백해 연안에서 살기도 했다. 표트르 1세(Peter the Great)는 차르가 된 이후에도 한동안 왕궁으로 옮기지 않고 줄곧 일반인들과 함께 생활했다. 표트르 1세(Peter the Great)는 활발하고 호기심이 많은 장난꾸러기였다. 그는 부근의 상가와 수공업 지역을 돌아다니면서 일반인들과 함께 인쇄, 석공, 목공 일을 배웠다. 그는 특히 외국을 오가는 항해사들과 무역상들에 대해서 호기심이 무척 많았다. 차르가 된 이후에도 정치에는 전혀 관심이 없는 듯 보였다. 그는 장난감 무기로 아이들을 무장시켜서 군대를 조직하여 병정놀이를 하는 데 열중했다. 표트르 1세(Peter the Great)는 열일곱 살이 되었을 때 세 살 위의 아름다운 에우도키아 로푸키나(Eudoxia Lopukhina)와 결혼했다. 이 결혼은 표트르 1세(Peter the Great)의 어머니 나탈리야가 실질적인 권력자인 소피아(Sofia Alexeyevna)를 상대로 거둔 정치적인 승리였다. 소피아는 당시의 최정예 근위대 스트렐치(Streltsy)의 지지를 받고 있었으나 크림 전쟁에 개입해서 좋은 결과를 내지 못하는 바람에 인기를 잃어 가고 있었다. 권력을 잃고 있다는 사실을 깨달은 누나 소피아(Sofia Alexeyevna)는 근위대 스트렐치(Streltsy)를 동원해서 쿠데타를 시도했다. 소피아는 이미 한 번 쿠데타에 성공해서 병약한 이반 5세(Ivan Alexeyevich Romanov)를 표트르 1세(Peter the Great)와 함께 차르로 세우고 자신이 직접 정권을 장악했던 전력을 가지고 있었다. 그렇지만 이번에는 스트렐치도 그녀를 전적으로 지지하지 않아 수백 명 정도가 쿠데타에 가담했을 뿐이었다. 여기에다 스트렐치 내부에서 표트르 1세(Peter the Great)를 지지하는 사람들이 은밀하게 쿠데타 계획을 표트르 1세(Peter the Great)에게 알렸다. 소피아(Sofia Alexeyevna)는 쿠데타의 불발로 실각했다. 그녀는 수녀원에 갇히게 되었으며 그곳에서 신분이 노출되지 않도록 엄중한 감시를 받으면서 남은 평생을 베일을 쓰고 살게 되었다. 그렇지만 이 사건으로 표트르 1세(Peter the Great)가 권력을 잡지는 못했다. 열일곱 살의 표트르 대신 권력을 장악한 사람은 어머니인 나탈리야였다. 표트르 1세(Peter the Great)는 여전히 정치에는 무관심한 채 외국인 거주 지역을 들락거리면서 분주한 일과를 보냈다. 그가 정치 전면에 나서게 된 시기는 어머니 나탈리야가 사망한 1696년 1월이었다. 이즈음에 표트르와 로푸키나의 결혼도 그리 좋은 결말을 맺지 못하고 끝장났다. 그들은 결혼 이듬해 후계자인 알렉세이(Alexei Petrovich)를 낳았지만 두 사람의 개성은 서로 어울리기 힘들었다. 표트르 1세(Peter the Great)와 달리 로푸키나는 전형적인 대귀족의 취향을 고수했다. 그는 로푸키나에게 그녀의 직위와 신분을 포기하도록 강요하고 수녀원에 집어넣어 버렸다. 표트르 1세(Peter

토 확장, 문호 개방 등 강력한 국제적 지위를 다져가게 되었다. 이것은 모스크바 공국 표트르 대제(大帝, Peter the Great, 1672~1725)가 과감하게 전개한 개혁 정책의 결과였다.

당시 후진국이었던 러시아는 경제발전과 얼지 않는 해로(海路)를 확보하기 위해 서유럽의 발전을 따라잡아야 했다. 절대주의 왕정을 확립하고 행정·산업·상업·기술·문화 등 나라의 모든 부분을 개혁했다. 또한 근대 정규군을 창설하고 서유럽의 역법을 도입했으며, 러시아 정교회를 국가에 예속시키고 귀족의 지위를 관등표로 수정해 혈통이 아닌 업무에 따른 승급 체계를 갖추었다. 제조업과 야금업을 바탕으로 러시아의 교역량은 7배 증가했다.

군사 기술이 향상되자 주변의 여러 지역들을 잇달아 병합하면서 거대한 규모로 팽창하였다. 시베리아 및 중앙아시아 정복과 진출이 더욱 가속화되었다. 또한 1773년과 1795년에는 폴란드 분할에서 가장 큰 영역을 차지했고, 1783년에는 크림 칸국을 병합했다. 오스만 제국에 대해서도 공세를 시작해서 1792년에는 동(東)으로는 카프카스 지방의 조지아와 아르메니아, 서(西)로는 드네스트르 강에 이르렀다. 북(北)으로는 1790년에 스웨덴을 격파하고 핀란드로 진출했다. 결국, 프리드리히 대왕의 군사활동으로 가장 큰 덕을 본 것은 프로이센도 영국도 아닌 러시아였던 셈이다. 제정(帝政) 시대의 러시아와, 그 후 소련의 일부인 러시아 소비에트연방 사회주의 공화국을 구분하기 위해 "제정(帝政) 러시아"라고 부른다.

표트르 대제(大帝, Peter the Great, 1672~1725)가 특히 관심을 가졌던 분야는 바다를 이용한 교역의 확대였으며 이를 위해서는 발트해와 흑해로의 진출이 우선적인 과제였다. 그런데 이는 각각 스웨덴과 오스만튀르크가 모두 봉쇄하고 있었다. 따라서 그는 해군과 함대의 중요성을 깨달았다. 그는 아조프에서 철군한 다음 곧바로 함대를 만들기 시작해 우격다짐으로 30척의 어설픈 전함을 만들었다. 그는 이 전함들을 이용해 튀르크 해군에 대항하여 1696년 7월 아조프 요새를 함락했다.

the Great)의 잔인성은 혈육이나 친지에게도 예외일 수 없었다. 그의 아내 에우도키아 로푸키나가 고풍스럽고 마음이 너그럽지 못하다는 이유로 1698년 강제로 수녀원에 보내졌다. 그녀와의 사이에서 태어난 아들 알렉세이(Alexei Petrovich)도 그가 추진하는 개혁에 반대했다는 이유로 심한 고문을 가해 옥에서 죽게 했다. 그리곤 아들의 체온이 채 식기도 전에 자신이 설계한 선박의 진수식에 참여하기 위해 냉정하게 그 자리를 떠났다. 그 당시 표트르 1세(Peter the Great)는 리투아니아 농민 출신의 에카테리나라는 여자와의 사이에 또 다른 자식을 낳고 수년 동안 함께 지냈다. 1712년에는 그녀와 정식으로 결혼하여 황후 칭호까지 주었다. 그녀와의 결혼 생활은 뒤에도 매우 순조로웠다. 그러나 표트르 1세(Peter the Great)는 죽을 때까지 안면신경통에 시달렸고 때로는 갑작스런 발작을 일으키는 간질병과 유사한 병을 앓고 있었으며 중년이 되었을 때는 알코올 중독증에 걸리기도 했다. 후에 표트르 1세(Peter the Great)는 합병증이 생겨 1725년 2월에 53세의 나이로 생을 마감했다.

표트르 대제(大帝, Peter the Great, 1672~1725)는 1699년 그동안 사용하던 러시아식 달력을 폐지하고 율리우스력을 채택함으로써 자신의 정책 방행을 상징적으로 선언했다. 이 정책의 목표는 그동안 러시아가 고수해 오던 폐쇄적인 전통주의를 포기하고 유럽 사회의 일원이 되는 것이었다. 이를 위해서는 흑해와 발트해를 확보해야 하는데, 표트르 대제(大帝, Peter the Great)는 먼저 튀르크와의 전쟁이 불가피한 흑해로의 진출을 뒤로 미루고 스웨덴이 지배하고 있는 발트해에 초점을 맞췄다.

표트르 대제(大帝, Peter the Great, 1672~1725)의 최대 업적으로 꼽히는 상트 페테르부르크의 건설은 스웨덴과의 전쟁 도중에 시작되었다. 이 도시가 들어선 네바강의 하구는 원래 대단히 척박한 지역이었다. 황량한 습지는 파도가 높은 날이면 바닷물이 들이치고, 겨울이면 차가운 북풍을 정면으로 맞는 지역으로, 스웨덴군이 건설한 요새 니엔스칸스(Nyenskans)만 외롭게 서 있을 뿐이었다. 표트르 대제(大帝, Peter the Great)는 이 척박한 습지에 미래 러시아의 수도를 건설하기로 작정했다. 표트르 대제(大帝, Peter the Great)는 1703년 이 지역을 확보하자마자 도시 건설에 착수했다. 이전의 표트르 대제(大帝, Peter the Great)는 다혈질이기는 했어도 뚜렷한 목적이 있지 않은 한, 다른 사람에게 두려움을 주거나 폭력을 행사하는 사람은 아니었다. 그러나 이곳에서는 그의 잔혹한 일면이 드러났다.

표트르 대제(大帝, Peter the Great)는 상트 페테르부르크 외의 지역에서는 석조 건물의 건축을 금지시키고 동원할 수 있는 모든 자원을 여기에 퍼부었다. 그가 투입한 자원에는 스웨덴 출신의 전쟁 포로들과 러시아 각지에서 강제로 동원된 농노 수만 명도 포함되어 있었다. 사실 상트 페테르부르크는 이 도시를 건설하다 죽어 간 수만 명의 목숨과 바꾼 거대한 '위령비'였다. 표트르 대제(大帝, Peter the Great)는 사람들을 무기로 위협하면서 강제로 고된 노동을 시켰다. 질병과 과로와 추위를 견디지 못한 이들은 한겨울에 수백 명 단위로 죽어 나갔다. 상트 페테르부르크가 러시아의 새로운 수도로 선언되던 당시는 건설이 한창 진행 중인 상태였으며 스웨덴과의 전쟁도 마무리되지 않아 영토의 소유권을 주장하기에는 무리가 있는 시점이었지만 표트르 대제(大帝, Peter the Great)는 다음 해에 수도 이전을 강행했다.

1721년 스웨덴과의 평화협정이 체결되고 나서 표트르 대제(大帝, Peter the Great)는 '모든 러시아의 황제'라는 칭호를 사용하기 시작했다. 처음 '동방의 황제'라는 칭호를 제의받았지만 거절했다. 그에게 붙는 '大帝(the Great)'라는 칭호에는 절차가 수반된다. 어느 나라든 먼저 국내에서 국민들에게 선출된 대의기관의 의원들이 먼저 의결하고 나서 다른 국가에서 외교적으로 인정받는 절차를 거쳐야 하는 것이다. 표트르 대제(大帝, Peter the Great)

의 경우는 스웨덴과 폴란드가 즉시 이 칭호를 승인했고 점차 유럽 각국이 따랐으며 마지막까지 승인을 보류하고 있던 프랑스는 그가 죽은 지 25년 후에 외교문서를 통해서 공식적으로 이 칭호를 사용하여 국제적인 공인 절차를 마쳤다.

표트르 대제(大帝, Peter the Great, 1672~1725)는 실질적으로 차르가 되었던 스물네 살 이후로 혼자서 거대한 러시아를 상대로 치열하게 투쟁하고 있는 것이나 마찬가지였다. 아무리 강철 같은 신경을 가지고 있는 인간이라도 지속적으로 스트레스를 받게 되면 견디지 못하는 법이다. 표트르의 심신은 젊은 시절부터 서서히 무너져 가고 있었다. 그는 술에 의존해 현실세계에서 벗어나려고 했고, 알코올은 야금야금 그의 정신과 육체를 먹어 들어갔다. 알코올 중독 증상이 나타나면서 표트르 대제(大帝, Peter the Great)는 점차 분노를 제대로 통제하지 못했고 의심이 많아지면서 잔인하고 괴팍한 사람이 되어 갔다. 명석했던 판단력도 급속도로 빛을 잃었다. 정신적인 결함은 육체적으로도 이상을 일으키기 시작했다. 안면 신경통에 시달리는가 하면 뚜렷한 이유도 없이 수시로 간질과 유사한 발작을 했다. 위험한 상태로 간신히 버텨 오던 상황은 결국 비극적인 사건으로 귀결되고 말았다.

일찌감치 후계자로 정해져 있던 황태자 알렉세이(Alexei Petrovich)는 첫 번째 부인 에우도키아가 낳은 왕자로, 표트르 대제(大帝, Peter the Great)의 열다섯 자녀 가운데 유아기를 무사히 넘긴 셋 중 하나였으며, 그중에서도 유일한 아들이었다. 강제로 왕궁에서 쫓겨난 어머니와 얼굴도 보기 힘든 아버지 밑에서 반동주의적인 성직자들에게 교육받은 알렉세이(Alexei Petrovich)는 아버지에 대한 적개심을 가슴에 품고 살았다. 이러한 아들에게 표트르 대제(大帝, Peter the Great)는 가혹하게 황태자 수업을 강요했다. 알렉세이(Alexei Petrovich)는 열세 살에 사병으로 군에 입대해서 그다음 해에 실제 전투에 직접 참가했고, 열여덟 살에는 모스크바 시(市)의 성곽 공사를 책임져야 했다. 그 후 표트르 대제(大帝, Peter the Great)는 알렉세이(Alexei Petrovich)에게 수행하기 쉽지 않은 임무를 계속 맡겼으며 어린 알렉세이는 (당연하게도) 번번이 실패했다. 그러면 표트르 대제(大帝, Peter the Great)는 열정이 부족하다며 아들을 비난하고 알렉세이(Alexei Petrovich)는 아버지에게 반발했다. 알렉세이는 개혁에 반대하는 전통주의자들과 어울리다 아예 이마저 포기하고 국정에는 개입하지 않으려고 했다.

상기한 부자(父子)의 갈등이 표면으로 드러나게 된 계기는 알렉세이(Alexei Petrovich)의 결혼이었다. 1710년 표트르 대제(大帝, Peter the Great)는 스무 살의 알렉세이(Alexei Petrovich)를 그보다 네 살 연하인 독일의 명문 브라운슈바이크 공작의 둘째 딸 샬로트(Chalotte Christine Sofie of Brunswick−Wolfenbuttel)와 결혼시켰다. 샬로트의 언니 엘리자베트는 신성로마 제국의 황제인 합스부르크 가의 칼 6세와 결혼한 상태였다. 알렉세이(Alexei Petrovich)는 자신의 의사는 전혀 반영되지 않은 결혼에 크게 반발했으며 결혼 생활은 당연히 초기부터 삐걱거렸다. 샬로트(Chalotte)가 1715년 둘째 아이인 후일의 표트르 2세(Pyotr Alexeyevich)를 낳고는 며칠 만에 그 후유증으로 세상을 뜨자 그녀의 장례식 날 표트르 대제(大帝, Peter the Great)는 아들을 호되게 질책하는 편지를 보냈다. 편지를 받은 알렉세이(Alexei Petrovich)의 반응은 해외 도피였다. 그는 핀란드 출신 정부와 함께 동서인 오스트리아의 칼 6세에게로 피신했으며 칼 6세는 알렉세이(Alexei Petrovich)의 말만 듣고 표트르 대제(大帝, Peter the Great)가 아들을 암살하려 한다고 굳게 믿어 그를 나폴리로 빼돌리기까지 했다. 결국, 부자(父子)의 오랜 갈등은 파국을 맞이했다. 1718년 알렉세이(Alexei Petrovich)의 측근이나 친구들은 모두 기소되어 유죄 판결을 받고 러시아의 전통적인 반역자 처형 방식에 따라 긴 창으로 꿰어 매달아 놓는 페일 형(Pale)이나 바퀴에 묶여 온 몸이 부서지는 잔인한 방식으로 처형되었다.

알렉세이(Alexei Petrovich)의 어머니 에우도키아(Eudokia)는 근거 없는 간통죄로 기소되었으며 알렉세이(Alexei Petrovich)도 법정에서 반역죄로 사형을 선고받았다. 알렉세이(Alexei Petrovich)가 정부에게 보낸 편지 중에서 "나는 기필코 옛사람들을 다시 불러 모을 것이요"라는 구절이 문제가 되었다. 알렉세이(Alexei Petrovich)는 끝이 갈라진 채찍으로 등을 맞는 나우트 형(knout)에 처해져 두 번에 걸쳐 마흔 대를 맞고 나서 이틀 만에 사망했다.

알렉세이(Alexei Petrovich)의 처형은 망가진 표트르 대제(大帝, Peter the Great)의 정신 상태를 반영한 것이지만 그에게도 회복이 불가능한 정신적 상처를 남겼다. 1721년 힘겨웠던 스웨덴과의 대북방 전쟁이 승리로 마무리되고 평화 시기가 도래하면서 표트르 대제(大帝, Peter the Great)는 이미 세상사에 지칠 대로 지쳐버린 중증의 알코올 중독자가 되어 있었다.

표트르 대제(大帝, Peter the Great)에게 유일하게 위안이 되었던 인물은 두 번째 부인인 예카테리나(Yekaterina I) 뿐이었지만 그녀에게는 러시아라는 거대한 배의 유일한 방향타인 표트르 대제(大帝, Peter the Great)를 움직일 수 있는 지성이 결여되어 있었다. 그러나 예카테리나(Yekaterina I)는 보잘 것 없는 위치에서 시작해서 시간이 지나면서 표트르 대제(大帝, Peter the Great)에게 점점 더 중요한 사람이 되었다. 그녀는 표트르 대제(大帝, Peter the Great)의 친구 알렉산드르 멘시코프가 그에게 선물로 보낸 '성적 노리개' 정도의 존재였다. 예카테리나(Yekaterina I)는 본명이 '마르타 엘레나 스코브론스카(Martha Elena Scowronska)'로, 에스토니아 인(人)인데다 러시아 정교도가 아니라 루터파 신교도였다. 열일곱 살의 나이에 스웨덴 군인과 결혼한 그녀는 결혼 직후 러시아 군이 스웨덴 점령지 잉그리아를 정복하면서 포로로 잡혔으며 여러 명의 장군들을 거쳐 최종적으로 표트르 대제(大帝, Peter the Great)에게 보내졌다. 그녀는 비록 비천한 신분이었고 교육도 충분히 받지 못했지만 선량한 품성과 진한 모성애를 가지고 있던 여인이었다. 마르타(Martha)는 아이를 여러 명 낳았지만 모두 유아기를 넘기지 못했다. 표트르 대제(大帝, Peter the Great)와 마르타(Martha)는 이것이 결혼식을 올리지 않고 부부 생활을 한 데 대한 신(神)의 징벌이라고 생각하고 친구 알렉산드로 멘시코프 부부만 증인으로 참석한 비밀 결혼식을 올렸다. 그들은 튀르크와의 전쟁에서 패배한 후 귀환한 이후에야 상트 페테르부르크에서 정식으로 결혼식을 올렸다. 이때 마르타(Martha)는 예카테리나(Yekaterina I)로 개명하고 러시아 정교도로 개종했다. 그녀는 정신적으로 피폐해진 표트르 대제(大帝, Peter the Great)에게 유일한 안식처가 되었다. 표트르 대제(大帝, Peter the Great)는 모두 열다섯 명의 합법적인 자녀들을 낳았지만 그들 중에서 아버지보다 오래 산 아이는 예카테리나(Yekaterina I)가 비밀 결혼식 이후에 연년생으로 낳은 두 딸 안나(Anna Petrova)와 옐리자베타(Yelizaveta)뿐이었다.

1722년에 표트르 대제(大帝, Peter the Great, 1672~1725)는 자신에게 닥쳐오는 어두운 그림자를 감지하고, 왕위 계승을 둘러싼 혼란이 벌어질 것을 염려해 차르가 스스로 후계자를 결정하도록 하는 왕위 계승법을 제정했다. 표트르 대제(大帝, Peter the Great)의 건강은 1723년 겨울부터 악화되기 시작했다. 그는 다음 해 여름 예카테리나(Yekaterina I)를 공동 통치자로 내세우고 자신은 뒤로 물러났다. 그는 그 시기에 방광에 이상이 생겨서 몹시 고통스러워했으며 목숨을 건 대수술을 받고 간신히 위기를 넘겼다.

그렇지만 그로부터 불과 여섯 달 후에 닥친 두 번째의 위기는 극복하지 못했다. 그해 가을 핀란드 만 부근을 시찰하던 도중 물에 빠진 병사를 보고 그를 구출하기 위해 차가운 물에 뛰어든 것이 병세를 악화시킨 것이다. 1725년 2월 새벽에 급작스럽게 사망한 표트르 대제(大帝, Peter the Great)는 후계자를 명확하게 지정하지도 못했다. 마지막 순간, 그는 후계자 문제를 문서로 남기기 위해서 애를 쓰다 기력이 떨어져 결국 마무리하지 못하고 큰 딸 안나를 불러 달라는 부탁을 했으나 그녀가 도착하기 전에 숨을 거두었다.

요컨대, 표트르 대제(大帝, Peter the Great)는 분명히 '위대한 지도자'였다. 러시아 역사에 그가 없었다면 제정 러시아나 소비에트연방공화국은 존재할 수 없었을 것이다. 18세기 러시아제국은 유럽의 패자로 떠올랐다. 전술한 바와 같이, 표트르 대제(大帝, Peter the Great, 1672~1725)는 스웨덴 제국을 스칸디나비아비아 제도로 몰아 넣고 신성로마제국과 아시아를 몰아내며 자신만의 영토를 구축했었다. 그리고 상트페테르부르크라는 도시를 만들며 러시아 제국의 시대가 왔음을 알렸다. 로마 황제의 정식 칭호인 임페라토르(Imperator)를 러시아 황제의 칭호로 채용하고, 정식으로 '러시아 제국'이라는 국호를 제정하였다. 또한, 표트르 대제(大帝, Peter the Great) 시대에 러시아는 급격한 서유럽화를 추진했었다. 프랑스의 나폴레옹조차 러시아를 침공했다가 수십만 대군을 날리고 본국으로 처량하게 돌아갔었다. 17세기 말, 차르로 즉위한 표트르 대제(大帝, Peter the Great)가 서구화 정책을 실시하면서, 모스크바는 간신히 유럽의 일원으로 인정받을 수 있게 된다.

그러나 러시아의 팽창을 보다 못한 영국의 빅토리아 여왕과 프랑스의 나폴레옹 3세는 이들의 팽창을 막기 위해 크림반도로 진군했고 러시아는 영·불(英·佛) 연합군에게 대패하며 세력이 점차 꺾이게 됐다.

다만 당시 러시아에서 표트르 대제(大帝, Peter the Great) 단 한 사람만 러시아의 찬란한 미래를 보고 있었다는 사실이 문제였다. 표트르 대제(大帝, Peter the Great)는 오직 자신만이 보고 있던 러시아의 미래를 위해서 자신이 추진하는 개혁에 방해가 된다면 귀족, 평민을 가리지 않고 처형하거나 생존조차 어려운 땅으로 유배를 보냈다. 적(敵)이라고 판단되면 아예 그 뿌리를 뽑아 버렸다.

표트르 대제(大帝, Peter the Great, 1672~1725)가 좀 더 오래 살았거나 후계 절차가 매끄러웠더라면 러시아는 훨씬 더 일찍 개명한 강대국으로 탈바꿈했을지도 모를 일이었다. 그렇지만 표트르 대제(大帝, Peter the Great)와 동 시대를 살았던 러시아 인들의 생각은 분명히 달랐을 것이다. 그들은 대단히 억압적이고 권위적인데다 변덕스럽고 난폭한 통치자를 섬기면서 어려운 시기를 보내야 했었을 것이다. 러시아 인들은 표트르 대제(大帝, Peter the Great, 1672~1725)가 죽고 나서 한참 후에야 그의 업적을 깨달았다.

표트르 대제(大帝, Peter the Great, 1672~1725) 사후, 예카테리나 1세(Yekaterina I) → 표트르 2세(1715~1730, 재위: 1727~1730) → 예카테리나 2세(Yekaterina II, 1729~1796, 재위: 1762~1796) → 파벨 1세(1796~1801) → 알렉산드르 1세(1801~1825) → 니콜라이 1세(1825~1855) → 알렉산드로 2세(1855~1881)로 이어졌다.[94]

---

94) 예카테리나(Yekaterina I)의 짧은 통치 이후 러시아는 10년이 넘게 '반동의 시대'를 보냈다. 그 후 표트르 2세(1715~1730, 재위: 1727~1730)는 로마노프 왕조의 3번째 군주다. 표트르 대제(大帝, Peter the Great, 1672~1725)의 손자다. 표트르 1세의 정책에 반대해서 죽은 알렉세이(Alexei Petrovich) 황태자의 아들이다. 아버지가 할아버지에 의해 죽임을 당했기 때문에 평생 할아버지를 싫어했고 예카테리나 1세(Yekaterina I)의 뒤를 이어 로마노프 왕조의 3대 황제로 오르자마자 자신은 할아버지의 정책에 반대한 다면서 할아버지가 행했던 정책들을 엎었다. 만약 표트르 대제(大帝, Peter the Great, 1672~1725)가 알렉세이(Alexei Petrovich) 황태자를 계속 살려뒀다면 표트르 2세 말고도 또 다른 자녀들이 있었을 것이고, 그러면 표트르 2세가 자녀를 못 얻고 죽더라도 다른 자녀들이 계승하여 로마노프 왕조의 직계 혈통

(2) 러시아 제국의 멸망(1917년): 니콜라이 2세(재위: 1894~1917)

알렉산드르 2세(1855~1881)는 본격적인 러시아의 근대화(近代化)에 착수했다. 그것의 동기(動機)는 러시아가 남하(南下) 정책을 추진하는 과정에서 영국과 프랑스와의 크림 전쟁이 발발했을 당시 영국과 프랑스의 지원을 받은 오스만 제국에 패한 영향이 컸었기 때문이었다.

알렉산드르 2세의 대표적인 근대화 작업은 농노(農奴) 해방령(1861년)이었는데, 이는 지주들에게는 물론이고, 지나치게 높은 토지 상환금을 강요받고 지나치게 좁은 토지를 분배받은 농노(農奴)들에게조차 인기가 없었다. 이 무렵 러시아의 도시들에서는 해방 농노 출신의 빈곤한 노동자들이 등장했다. '위로부터의 혁명'으로서 허울 뿐이었던 농노(農奴) 해방령은 큰 효과를 보지 못했다. 알렉산드르 2세는 농노(農奴) 해방 외에도 군비 증강에도 힘을 기울였다. 귀족과 부르주아, 중산층 자제들에게도 병역의 의무를 부과하기 시작했고 (국민 개병제), 병역 기간을 25년에서 6년으로 줄였다.

그러나 알렉산드르 2세(1855~1881)는 공화주의자들에 의해 1881년에 암살당했고, 그의 아들인 로마노프 왕조의 13번째 군주 알렉산드르 3세(1881~1894)는 아버지 알렉산드로 2

이 끊어지지는 않았을 것이다. 표트르 3세(1728~1762, 재위: 1762~1762)는 로마노프 왕조의 7번째 군주다. 표트르 대제(大帝, Peter the Great, 1672~1725)의 딸인 안나 페트로브나와 홀슈타인 공작 칼 프리드리히의 아들이다. 표트르 3세는 적장과 적국의 문화에 영혼을 판 사람이었다. 러시아 군대는 프러시아 군에 못지않는 전통과 전투력을 가졌는데 최고 사령관이 적군에 굴종적 자세를 취하면서 고립된 적에 탈출로를 내어주어 다 이긴 전쟁을 망치고 적장을 승자(勝者)로 만들어 주었다. 1762년 6월 28일, 표트르 3세가 덴마크와의 전쟁으로 잠깐 상트페테르부르크를 비운 사이, 러시아 제국의 황후 예카테리나 2세(1729~1796)는 귀족들과 장군들과 함께 반란을 일으켰고 황실 근위대를 이끌고 어진 회의에 난입했다. 남편 표트르 3세를 황제에서 폐위시켰다. 예카테리나 2세(Yekaterina II, 1729~1796)는 로마노프 왕조의 8번째 군주(1762~1796)가 되었다. 예카테리나 2세(Yekaterina II)는 독일 출신에 남편 표트르 3세의 황위를 찬탈하고 제위에 올랐지만 러시아인들, 심지어 소련인들에게도 찬미의 대상이며 민족 자긍심의 근원으로 간주된다. 영토를 서쪽과 남쪽으로 20만 평방 마일(258,000km^2) 이상 확장시켰고, 행정개혁 계획에 따라 29개주를 재조직했다. 100개가 넘는 새 도시들을 건설했으며, 옛 도시들은 새롭게 단장시켰다. 이를 통해 무역이 활발하게 행해졌으며 교통의 발달도 이루어졌다. 문학을 적극 후원해 문학평론을 하나의 영역으로 자리잡게 했고 러시아의 문화적 발전을 크게 촉진했다. 또 과학을 장려하고 많은 학교를 건립했다. 파벨 1세(1754~1801)는 로마노프 왕조의 9번째 군주로 러시아 제국의 황제(재위: 1796~1801)이다. 표트르 3세와 예카테리나 2세의 아들이다. 그러나 그의 생부(生父)가 누군가에 대해서는 계속 의혹이 제기되었다. 알렉산드르 1세(1801~1825)는 어머니 예카테리나 2세(Yekaterina II, 1729~1796)와 사이가 안좋던 파벨 1세(1796~1801)의 장남으로 태어났다. 1818년 4월 29일, 당시 황제 알렉산드르 1세(1801~1825)의 동생이었던 니콜라이 1세(1825~1855)와 프로이센의 샤를로테 공주(알렉산드라 표도로브나)의 장남으로 출생했다. 선황 니콜라이 1세(1825~1855)는 크림 전쟁 중이었던 1855년 3월 2일에 죽었고 알렉산드르 니콜라예비치 황태자가 알렉산드르 2세(1855~1881)로 즉위했다.

세의 피살에 충격을 받아 그간 아버지가 행했던 대학 자치제 등의 자유주의를 일부 제한하고 과거 전제정권의 러시아로 회귀하는 시대 역행적인 정책들을 대대적으로 추진했었다. 그리고 자신을 반대하던 세력을 전부 숙청하였다. 이 결과, 러시아 사회는 더욱 더 혼란해졌다. 결국, 평소 건강이 매우 안좋았던 알렉산드르 3세가 급사하였다.

이어서, 러시아 제국의 마지막 차르인 니콜라이 2세(1868~1918; 재위: 1894~1917)가 1894년 20대 중반의 나이로 즉위하였다. 니콜라이 2세 역시 알렉산드르 3세(1881~1894) 못지않게 전제정치(專制政治)를 행했다. 그는 자신의 러시아 제국이 어떠한 변화를 원하지 않았으며, 격동하는 시대에 변화하는 것에 오히려 두려워 했다.

20세기에 접어들면서 러시아 제정(帝政)은 더욱 더 혼란 속으로 빠져들고 있었다. 1904년 한반도 영향력을 두고 일본 제국과 전쟁을 치뤘지만 러시아는 대패하고 물러났다. 게다가 국가 내부에서는 주요 관료들에 대한 암살과 테러가 계속 일어나며 니콜라이 2세(1894~1917)는 궁지에 몰리게 되었다.

한편, 근대 러시아 역사를 흔들었던 요승(妖僧) 그레고리 라스푸틴(Grigori Yefimovich Rasputin, 1872~1916)[95])은 니콜라이 2세 황태자 알렉세이의 혈우병(血友病)을 앓고 있다는 것을 알게 되었다. 그는 뛰어난 언변으로 왕자를 따듯하게 대하며 마음의 안정을 주고 혈우병(血友病)이 호전되어 황후 알렉산드라(Alexandria)의 믿음을 얻게 되었으며 심지어 니콜라이 2세도 완전히 신임하게 되었다. 그레고리 라스푸틴(Grigori Yefimovich Rasputin)은 정치에 간여하며 니콜라이 2세가 실정을 하도록 만들었다.

1901년, 이러한 투쟁을 바탕으로 러시아 국내에 '사회혁명당(SR)'이 결성됐었다. 사회혁명당(社會革命黨)은 기관지『혁명 러시아』를 발간하여 전제정권에 대해 투쟁을 열망하나 정치적으로 자각되지 않은 사람들 사이에서 큰 영향력을 발휘했다. 또한 이들은 테러를 통해 전제정권과 투쟁할 것을 주장하며 당 전투단을 조직했고 반동적인 관료들을 암살하며 차르주의(Tsarism, 전제군주주의)[96])에 저항하였다.

---

95) 제정 러시아의 러시아의 요승 그리고리 라스푸틴(Grigori Yefimovich Rasputin, 1869~1916)은 1869년 1월 10일 시베리아 포크로프스코예에서 농부의 아들로 태어났다. 어릴 때부터 방탕한 생활을 하였기에 글도 읽을 줄 몰랐고, 수도승을 자처하며 방랑생활을 하던 자였다. 15년을 돌아다니던 그는 1900년대에 당시 러시아의 수도였던 상트페테르부르크로 갔다. 황제 니콜라이 2세(재위: 1894~1917)의 아들인 알렉세이 니콜라예비치 로마노프 황태자의 혈우병(血友病)을 호전시킨 일로 황제의 신임을 얻으면서부터 황제의 배후에서 정치가 겸 외교관으로 국정을 제멋대로 휘둘러 제정 러시아의 몰락에 일조하였다. 마침내 반대파들은 라스푸틴을 파티장소로 유인해서 죽이기로 했다. 몰래 독약을 타 먹여도 죽지 않자 권총으로 쏘았고, 그래도 죽지 않자 곤봉으로 때렸지만 죽지 않았다. 결국 얼음 덮인 강에 던졌는데, 나중에 사인을 조사해 보니 독살도 총살도 아닌 익사였다.

러일전쟁(1904.02.08~1905.가을)[97])에서 러시아 군의 패배는 차르주의(Tsarism) 즉 전제정치(專制政治)의 한계를 여실히 보여주었다. 러시아 제국은 근대화된 지 30년도 안 된 일본 제국에게 패하여 남(南)사할린을 할양하고 대한제국(大韓帝國)에서의 영향력을 상실하는 굴욕을 맛보았다. '피의 일요일'이라고 불리우는 1905년 1월 22일, 사회개혁론자이자 러시아 정교회 사제인 게오르기 가폰 신부를 필두로 무려 30만 명의 노동자와 그 가족들이 상트 페테르부르크의 겨울 궁전으로 몰려들었다. 불평등한 사회체제로 억눌린 러시아 민중들은 차르 니콜라이 2세의 초상화와 기독교 성화상 그리고 노동조합의 설립과 근로 조건의 개선을 요구하는 청원서를 손에 들고 비폭력시위를 벌였다. 이들은 전제정치(專制政治)를 타파하고 입헌군주제(立憲君主制)를 실시할 것을 요구했고 농민과 노동자들도 열악한 경제 상황을 개선시켜 줄 것을 요구하였다.

당시 실권자 그리고리 라스푸틴(Grigori Yefimovich Rasputin, 1869~1916)이 그 요구에 무력 진압으로 답했다. 비무장한 시위대를 상대로 차르의 군대가 발포하였고, 달아나는 군중들을 기마대가 추격하여 학살하였다. 죽은 사람만 500~600명, 부상자가 수천 명이나 된 대규모 유혈사태였다.

니콜라이 2세(재위: 1894~1917)는 시민들에게 발포했고, 기마대를 보내서 닥치는대로

---

96) 차르주의(Tsarism)는 모스크바 공국, 모스크바 대공국, 그리고 이후 루스 차르국 및 러시아 제국의 전제군주제를 말한다. 차르주의 전제군주제에서는, 국가의 모든 부(富)와 권력이 차르에 의해 제어되고 분배되었다. 러시아의 군주제에서는 의회를 비롯한 제어수단이 존재하지 않았기에 차르는 서유럽의 군주들에 비해 더 막강한 권력을 누렸으며, 심지어 서유럽 군주들이 독점하지 못한 종교적 권위까지 가질 수 있었다. 보통 이반 3세를 차르주의(Tsarism)의 시조로 보며, 1917년 러시아 혁명으로 무너진 것으로 취급된다. "차르"라는 말은 라틴어 카이사르(Caesar)에서 유래했다. 이것은 황제에 거의 비슷한 의미에 가깝지만, 서양 전통에서 황제(皇帝)란 로마 황제의 후예를 의미하는 것으로서 다른 황제(비잔티움 황제나 신성로마황제) 또는 종교적 절대권위자(교황)의 승인을 받아야 황제라고 할 수 있다. 때문에 서유럽에서는 동유럽의 "차르"를 황제로 인정하지 않고 왕작급, 또는 왕 이상 황제 미만 정도의 작위라고 여겼다. 결국 근대 이후로는 러시아에서 군주 칭호를 라틴어식으로 "황제(임페라토르)"를 칭하였다.

97) 러일전쟁(1904.02.08~1905.가을)은 한반도 진출 문제를 사이에 두고 라시아와 일본 간에 벌어진 전쟁이다. 20세기 러시아와 일본은 한반도와 그 주변 지역에 욕심을 내고 있었다. 러시아는 모스크바와 아시아 지역을 연결하는 시베리아 횡단 열차를 완성할 계획을 가지고 있었는데, 일본은 1902년에 영국과 동맹을 맺으며 이를 견제했다. 그러던 중 1904년 1월 26일, 일본이 뤼순 항에 정박한 러시아 함대를 기습 공격하여 러일전쟁이 시작되었다. 강한 군사력을 가진 러시아가 이길 것으로 예상한 것과 달리 일본이 무서운 기세로 러시아 군을 몰아붙이며 승리로 이끌었다. 러시아는 1905년에 혁명이 일어나는 바람에 혼란스러웠고, 일본은 그 틈을 타서 순식간에 만주까지 진격에 나갔다. 안팎으로 위기에 처한 러시아는 어떻게 해서든 강화 조약을 맺고 전쟁을 끝낼려고 했다. 이에 미국이 나서서 두 나라 사이에 포츠머스 조약을 체결하고 전쟁을 마무리 했다. 러일전쟁으로 조선은 일본의 식민지가 되었고 일본은 아시아의 강대국에서 세계 강대국이 되었다.

시위대를 학살했다. 농민과 노동자들은 '피의 일요일' 사건(1905.01.22)으로 큰 충격을 받았고 수백 년간 러시아 국민들의 머릿속에 뿌리깊게 박혀 있던 황제 숭배 사상이 일시에 무너졌었다. 무려 1천 명의 시민들이 순식간에 목숨을 잃었다. 일반 대중들은 황제에 대한 믿음이 완전히 박살난다. 그리고 평화적인 입헌군주정을 꿈꿨던 사회주의, 자유주의 계열의 사상가들은 더 이상 황제의 황포를 두고볼 수 없다고 생각했다.

'피의 일요일' 사건(1905.01.22)을 계기로 차르에 대한 러시아 민중의 환상[98]이 깨어지고 러시아 제국에 대한 불만이 폭발하였다.[99] 자본가의 착취와 노동자의 인권이 존중되지 않는 열악한 근무환경에 맞선 온갖 파업 투쟁이 끊이지 않았고 1905년 5월 흑해의 러시아 전함 타우리스 공작 포템킨의 선원들이 반란을 일으켰다가 루마니아 정부에 항복하기도 했다. 1906년 한 해 동안 100만 명이 파업을 일으켰고 농민 반란이 2,600건이나 일어났다.

이전에는 단순히 차르주의(Tsarism) 즉 전제정치(專制政治)에 반하는 것이 투쟁의 목적이었지만, 이 사건 이후 혁명은 군주정을 아예 부정하고 차르의 퇴위를 요구하는 방향으로 흘러가기 시작했다. 여름까지 농민들은 전 러시아의 1/5를 장악했고 가을에는 절반을 점령했다. 노동자와 농민의 투쟁은 전제정권의 기둥이었던 군대마저 흔들어 놓았다. 러일전쟁(1904.02.08~1905.가을)의 패전과 혁명세력의 공작이 군대의 동요를 가속화 했다. 결국 6월 전함 포템킨에서 수병들이 반란을 일으키면서 이 같은 우려는 현실이 되었다. 비록 반란은 실패했으나 노동자와 군대의 결합이 이루어졌다는 점에서 그 의의가 있으며 이는 훗날 2월 혁명이 성공하는 데 가장 큰 원동력이 된다.

한편, 니콜라이 2세(재위: 1894~1917)는 인민들을 달래기 위해 〈두마의회〉를 설치했다. 그래서 일종의 자유민주주의(自由民主主義) 체제가 시작되었다. 물론 눈속임이기는 했었지만, 두마의회의 설립으로 잠깐이나마 경제가 나아지기 시작했었다. 경제성장률이 6%를 기록하기도 했다. 결국, 니콜라이 2세는 더 이상의 혼란을 막고 군주정을 지키기 위해 1905년 10월 헌법이 공포되고 전제군주가 두마(하원)와 국가평의회(상원)의 협조를 얻어 입법

98) 당시 러시아 민중은 러시아 정교회의 영향 하에 황제 숭배의 관념을 가지고 있었다. 이것은 황제의 권력(왕권)은 신으로부터 받은 것이며, 또한 러시아 제국의 황제는 동로마 제국을 계승한 기독교(정교회)의 수호자라는 사상이다. 따라서 민중은 황제 니콜라이 2세(재위: 1894~1917)에게 직접 탄원을 하면 정세가 개선된다고 믿었다.

99) 1905년 '피의 일요일'의 학살은 '1905년 혁명'을 활성화시킨 국면의 시작으로 간주되고 있다. 게다가 1905년 혁명의 시작은 라이오닐 코찬과 같은 사학자는 그의 저서 『1890~1918년 러시아 혁명』(Russia in Revolution 1890~1918)에서 피의 일요일 사건을 1917년 러시아 혁명으로 이끈 핵심 사건으로 간주하고 있다.

권을 행사하는 입헌군주제(立憲君主制)가 선언됐다. 또한, 투표권 확대를 약속하였으며, 언론·출판·결사·조합 결성의 자유·인권보장이 선언되었다. 11월에는 두마선거법이 공포되었다. 그러나 공포된 선거법은 많은 국민들에게 선거권을 주지 않았다. 여성은 물론, 25세 미만, 군인, 학생, 종업원 50인 미만의 소기업 노동자, 일용직 노동자, 소규모 수공업자, 농업노동자에게는 선거권이 없었다. 선거권이 주어진 사람들도 불평등이 심했다. 국민 전체를 지주, 도시민, 농민, 노동자의 네 등급으로 나누어 등급별로 선거인을 선출했는데, 선거인 1명을 선출하는 사람 수가 각각 달랐다. 지주의 1표는 도시민의 2표, 농민의 15표, 노동자의 45표에 해당했다.

그러나 니콜라이 2세(재위: 1894~1917)가 여전히 행정과 군사, 외교 등의 실권은 물론 법률 거부권, 비상시 입법권, 두마 해산권까지 장악한 사이비 '입헌군주제'(立憲君主制)였다. 또한 두마의회에서 통과된 법안은 차르에게 충성하는 국가평의회의 인준을 받아야 했다. 무엇보다 니콜라이 2세(재위: 1894~1917)는 공식적으로 전제군주로서의 자신의 직함을 포기하지 않았다. 사회주의자들과 자유주의자들은 이러한 사이비 개혁에 반발했었지만 반쯤 중세사회나 다름없었던 제정 러시아에 국회(國會)란 것이 생긴 것만 해도 대단히 고무적인 사건이었기 때문에 결국 이들은 타협할 수밖에 없었다.

1914년 제1차 세계대전(1914.07~1918.11)이 발발할 무렵, 차르(Tsar, 황제, 전제군주)에 대한 불만세력이 여전하다고 여긴 니콜라이 2세(재위: 1894~1917)는 이러한 국내의 불만을 진정시키기 위해 많은 병력을 파병하도록 독려했다. 처음에 러시아 민중들은 애국심에 불타서 제1차 세계대전(1914.07~1918.11)에 많은 지지를 하였고, 무려 1,500만 명이나 전선에 나가 지원했다. 하지만, 지휘관들의 무능함으로 탄넨베르크 전투에서 자멸적인 대패를 초래했을 뿐만 아니라, 수많은 젊은이들이 군에 지원하여 러시아의 노동력은 급격히 저하되었으며, 민중의 복지에 써야 할 국가예산이 전쟁에 사용되면서 민중들의 생활은 오늘 먹을 빵과 우유조차 없을 정도로 아주 어려워졌다. 이는 러시아 제국이 얼마나 무능한가를 말해주는 증거였으며 1917년 러시아 민중들에 의해 공산주의 혁명이 일어나는 원인이 되었다.

제1차 세계대전(1914.07~1918.11)이 벌어졌다. 그 배경은 다음과 같다: 오스트리아-헝가리 제국이 세르비아의 땅을 넘보고 있었다. 그런데 세르비아는 러시아의 친구여서 맘대로 공격하면 러시아한테 크게 질 것이 분명했다. 그래서 독일과 이탈리아와 동맹을 맺었다. 이를 3국 동맹이라고 한다. 러시아, 영국, 프랑스는 이에 대항해 3국 협상을 체결한다. 세르비아의 한 청년이 세르비아의 수도 사라예보에서 오스트리아-헝가리 제국의 황태자를 암살했다. 오스트리아−헝가리 제국은 세르비아에 선전포고했다. 그랬더니 세르비아의 친구 러시아가 선전포고를 했다. 오스트리아−헝가리 제국의 친구였던 독일제국이 러시아 한테 선전포고했고, 러시아의 친구였던 프랑스가 독일에 선전포고했으며 프랑스의 친구였던 영국이 선전포고했다.

러시아는 전쟁 준비를 위해 막대한 군비를 조달해야 했는데 가뜩이나 재정난에 허덕이고 있었던 러시아는 천청벽력과 같은 소식이었다. 노동자들은 없는 살림에 전쟁을 위한 세금이 늘어나고, 징병 대상으로 지목돼 전쟁에 참여해야 하는 현실을 도저히 받아들이기 어려웠다. 혁명의 바람이 다시 한번 거세게 불기 시작한 것이다.

그럼에도 불구하고, 니콜라이 2세(재위: 1894~1917)는 황후에게 정치를 맡긴 채 전선으로 나갔는데, 이때부터는 괴승 그리고리 라스푸틴(Grigori Yefimovich Rasputin)을 중심으로 국정도 파탄지경에 이르렀다. 심지어, 그가 꿈에 신의 계시를 받았다며 니콜라이 2세에게 작전지시를 내릴 정도였다. 그의 지시를 충실히 따른 결과 전황이 불리하게 기울었다. 러시아 국정도 엉망이 되었다. 장관들을 며칠 간격으로 바꾼 탓에 내각의 해산이 반복되었고 그리고리 라스푸틴(Grigori Yefimovich Rasputin)이 보리스 슈티르머라는 인물을 수상으로 임명하였다. 그리고리 라스푸틴(Grigori Yefimovich Rasputin)은 세율을 올려서 국민을 도탄에 빠지게 했었다. 국정혼란이 지속되자 민심이 이반했고 귀족들도 새 황제 옹립을 거론했다. 위기를 느낀 차르 측근들은 펠릭스 유스포프 대공을 앞세워 1916년 12월 그리고리 라스푸틴(Grigori Yefimovich Rasputin)을 식사에 초대하여 암살했다.

초기 민족주의에 고무되어 있었던 러시아 민중은 니콜라이 2세(재위: 1894~1917)를 지지하며 독일 제국과의 전쟁에 참여했다. 그러나 독일제국은 예상 외로 강력했으며 탄넨베르크 전투에서 12만5천 명의 러시아군이 전사하며 패퇴하고 1915년 초여름 러시아령 폴란드의 수도 바르샤바가 함락, 벨로루시와 발트해 연안까지 독일군에 진주하는 등 오히려 러시아가 열세에 놓이는 상황에 이르렀다. 결정적으로 제정 러시아가 모든 물자와 병력을 몰빵하여 준비한 브루실로프 공세까지 매우 좋지 않은 결과로 종결되자 러시아에선 차츰 혁명적 분위기가 조성되기 시작하였다.

그러나 제1차 세계대전(1914.07~1918.11)이 장기화 됨에 따라 러시아 제국 민중들의 생활이 더욱 어려워졌다. 당연히 러시아 민중들은 민중운동으로 그들의 생존권을 쟁취하고자 하였는데, 1917년 3월 8일 페트로그라드 시위가 벌어졌다. 당시 페트로그라드의 민중들은 밀가루 반입량이 절반으로 줄어듦에 따라 빵을 살 수 없었고, 어린이들에게 먹일 우유도 절반으로 줄어들었다. 빵과 우유를 배급받고자 시민들은 새벽부터 밤까지 줄을 서야 했다. 러시아 민중들의 시위는 전쟁에서 돌아오거나 민중시위 진압을 거부한 일부 사병들이 참여하면서 '페트로그라드 노동자, 병사 소비에트'로 단결하는 혁명로 발전하였다.

제1차 세계대전(1914.07~1918.11) 당시의 러시아군은 프로이센의 동부 지역을 침공하여 점령하기도 했다. 그러나 탄넨베르크 전투에서 자멸적인 대패를 당하고, 그 후 동맹국 세력에게 패퇴하여 동부 전선은 프로이센에서 우크라이나로 점차 후퇴했고, 1917년 제국은 전쟁에 따른 엄청난 경제적 손실과 혼란 속에서 군대의 사기마저 저하되었다.

1916년 말까지 러시아는 900만의 병력을 투입했지만 무려 500만의 병사가 죽거나 부상당했다. 게다가 경제상황이 좋지 않았을 때 전쟁에 참여했던지라 막대한 전비를 감당하지 못했다. 그래서 러시아 정부는 전비의 충당을 위해 막대한 양의 루블을 찍어내었는데 이로 인해 화폐가치가 하락했으며 물가가 하늘 높은 줄 모르고 치솟게 되었다. 특히, 빵을 비롯한 생필품의 물가는 엄청나게 치솟았다.

나중엔 거의 모든 국민이 전쟁을 혐오했고, 반전(反戰) 감정은 차르주의(Tsarism) 즉 전제정치(專制政治)에 대한 반발로 이어졌었다. 노동운동도 다시 급격히 고조되어 1916년에 100만 명 이상의 노동자가 파업에 참여했고 전장터에서도 병사들의 탈영과 프래깅도 빈번해졌다. 1917년 들어서는 파업이 더욱 빈번해져 1월에는 25만, 2월에는 40만의 노동자가 참여했다. 이를 진압해야 할 군대까지 전쟁에 지치면서 진압을 거부하고 파업에 호의적이게 반응하기까지 했다. 1917년 초, 페트로그라드는 점점 무정부 상태에 빠지고 니콜라이 2세와 정부는 상황을 수습할 능력을 잃어버렸다.

러시아의 경제가 다시 나빠지기 시작했고, 물자도 부족해 전쟁에서 지기 시작했다. 결국 바르샤바나 리가같은 대도시들이 함락당했고 니콜라이 2세의 지지율로 다시 추락했다. 심지어, 두마의회 무용론(無用論)까지 나오며 러시아는 최악의 위기에 빠져있었다. 전쟁 4년차 들어서는 물자 부족이 절정에 달해, 러시아 병사들은 참혹한 상황에서 전선을 지켜야했다. 니콜라이 2세를 버리고 반전주의(反戰主義) 정당을 지지하기 시작했었다. 그중 하나가 블라디미르 레닌(Vladimir Ilich Lenin, 1870~1924)의 볼셰비키(Bolsheviki)였다. 블라디미르 레닌(Vladimir Ilich Lenin)은 자기가 집권한다면 당장 전쟁은 끝내고, 독일과 평화 협상을 체결하고, 급속한 공산주의화로 자본가에게 집중된 자본을 노동자의 것으로 만들겠다고 주장했다.

1917년 차르 정부는 전쟁을 도저히 부담할 능력이 없었다. 이에 자유주의자, 기업가, 장군, 귀족 모두가 차르 정부에 등을 돌렸다. 빈곤한 노동자 계층들은 보다 적극적으로 차르의 퇴진을 원하였다. 1917년 2월, 결국 레닌주의파, 멘셰비키, 온건 개혁파가 페트로그라드에서 혁명을 일으켰다. 소비에트(노동자 평의회)와 더불어 자본가와 지주 세력을 기반으로 하는 임시정부가 탄생했다. 1917년 2월 27일 밤, 두마는 임시위원회를 선출하고 위원회의 수도의 질서확립을 요청했다. 또한 임시위원회는 전선에 나가있던 니콜라이 2세에게 대표단을 파견해 황태자 알렉세이 니콜라예비치 로마노프에게 재위를 양위하고 퇴위할 것을 설득했다.

인민들은 오랜 전쟁에 지치다 못해 분노해 '2월 혁명'을 일으켰다. 무려 8만 명이 모여 왕정(王政)의 폐지와 전쟁 중단을 외쳤다. 1917년 2월 23일, '세계 여성의 날'을 맞아 비보로크의 방직공업 여성 노동자들과 푸틸로프 공장의 노동자들이 '전제타도', '빵을 달라', '전쟁 반대' 등의 슬로건을 내걸고 파업을 시작했고 25일에는 페트로그라드 전 도시의 총파업이 발생해서 군경과 시위대의 충격이 본격화 되었다. 이들은 경찰에 의해 저지된 다리를 건너는 것을 포기하고 얼어붙은 네바강을 건너 시내로 진입하며 자신들에게 빵을 달라는 슬로건을 내세우게 된다. 무려 13만 명의 노동자들이 참여한 이 운동은 다음날 21만여명으로 확대된다.

니콜라이 2세(재위: 1894~1917)는 수도방위사령관 하발로프에게 군대를 보내 진압하도록 하였으나 2월 27일과 28일 볼린스키 연대 등 진압을 명령받은 모든 병사들이 혁명편에 섰다. 러시아제국의 군대 역시 러시아 사람들로 구성되어 있었다. 자신들이 발포해야 하는 대상이 자신들의 가족이었다. 한 하사관은 시민들을 상대로 발포하라는 명령을 거부하고 장교를 살해한 뒤 반란을 선언하기도 했다. 이를 계기로 제국의 군대들도 스스로 해산하거나 시민군의 일부로 참여하였다.

이윽고, 니콜라이 2세(재위: 1894~1917)는 3월 2일 남동생인 미하일 대공(大公)에게 양위할 것을 선언했다. 그러나 미하일 대공(大公)은 사태의 위중함을 파악하고 재위 계승을 거부하였다. 결국, 니콜라이 2세와 그 일가는 폐위되었고, 러시아 제정(帝政)체제가 붕괴되었다. 결국, 1917년 3월 4일에 러시아 공화국(共和國)이 선포되어, 305년 로마노프 왕조(1613~1917, 305년간 17대를 이어 루스 차르국, 러시아 제국을 통치한 왕조)와 러시아제국은 역사 속으로 사라졌다. 볼셰비키(Bolsheviki)는 러시아 내전기간 중 백군(白軍)의 니콜라이 2세 구출 계획을 듣자, 시베리아에 유배되었던 황제와 황후, 4녀 1남(14세, 17세, 19세, 21세, 23세) 온 가족이 같이 총살당했다.

(3) '볼셰비키 혁명'(1917.11.07)

러시아의 권력은 게오르기 르보프 공(公)과, 7월에 총리로 취임한 알렉산드르 표도로비치 케렌스키(Alexander Fyodorovich Kerensky, 1881~1970)[100]의 임시정부로 넘어갔다. 즉, 부르주아와 사회주의자들의 연합 정권인 알렉산드르 표도로비치 케렌스키(Alexander Fyodorovich Kerensky) 임시정부가 탄생하였다. 임시정부가 내놓은 정책은 아주 파격적이

---

[100] 알렉산드르 표도로비치 케렌스키(Alexander Fyodorovich Kerensky, 1881~1970)는 제정 러시아의 정치가로 러시아 혁명 때 트루도비키의 영수이자 총리를 지냈다. 볼셰비키에 의한 10월 혁명 후 핀란드와 영국을 거쳐 프랑스로 망명했고, 1939년 제2차 세계 대전이 터지자 나치 독일을 피해 대서양을 건너 미국에 정착했다. 향년 89세로 뉴욕에서 사망했다. 상트페테르부르크 대학교 출신의 변호사였던 그는 정치범 변론으로 이름을 얻은 1905년 사회주의혁명당에 가입해 정치 활동을 시작했고, 1912년 제4차 두마(제정 러시아의 의회)에 러시아노동당 소속으로 진출해 제도권 정계에 발을 들여놓았다. 아직 전선에서는 독일군과 치열한 혈투를 벌이던 1917년 3월 15일, 이른바 2월 혁명 니콜라이 2세가 퇴위했다. 혁명 직후 사회주의혁명당으로 복귀해 상트페테르부르크 소비에트 부의장을 맡으며 새 러시아의 권력 중심부로 들어갔다. 혁명의 결과로 러시아에 공화정 형태의 임시정부가 수립되자 법무부 장관, 국방부 장관을 거쳐 7월에는 총리가 되었다. 정치 활동 초기부터 온건 사회주의자로 일관한 그는 법무부 장관이 되자마자 사형제를 폐지하고 언론 자유를 확대하고 보통선거제 도입을 꾀하는 등 민주주의 개혁에 박차를 가했다. 러시아의 전 역사를 통해 사형제가 없었던 시절은 그가 정부에 머물러 있던 7개월 남짓 뿐이었다. 그러나 전선에서는 계속 사형제가 유지되었다. 그러나 전쟁에 지친 군인들과 일반 민중의 뜻을 거스르며 독일과의 강화에 반대했다. 러시아력으로 4월 18일에 임시정부 외무장관 밀류코프가 혁명으로 러시아가 전선에서 이탈할 것을 우려하는 서방연합국에게 전쟁 지속을 밝힌 바 있는데, 케렌스키도 이 입장을 지지했다. 실제로 7월에는 오스트리아-헝가리 육군을 공격하라는 명령을 내리기도 했다. 점차 케렌스키가 주도하는 공화정에 대해 좌우 양측으로부터 위기가 닥쳐왔다. 먼저 9월에는 라브르 코르닐로프 장군이 우익독재 수립을 위한 쿠테타를 일으켰다. 전선의 군부대를 동원, 모스크바로 진격했지만, 정쟁을 중단한 볼셰비키와 멘셰비키가 진압하는 데 성공했다. 그러나, 케렌스키는 이 음모에 연루되었다는 비난을 면치 못했다. 이 무렵 레온 트로츠키가 볼셰비키에 가담했다. 이미 독일의 지원으로 망명지 스위스에서 핀란드를 거쳐 러시아로 돌아온 블라디미르 레닌이 지도하는 볼셰비키는 정국의 주도권을 잡아가고 있었고, 트로츠키의 가담으로 군사 부문도 강화되었다. 트로츠키의 지도로 탄생한 적위대가 훗날 붉은 군대의 전신이 되는 적위대이다. 전쟁을 지속하려던 알렉산드르 표도로비치 케렌스키(Alexander Fyodorovich Kerensky, 1881~1970)는 제정 러시아처럼 배고픔 문제를 해결하지 못하자 볼셰비키는 "평화와 빵을"이라는 구호로 점점 세력을 넓혀나갔다(독일이 레닌을 이때 러시아로 보낸 것은 케렌스키의 정책이 환영받지 못할 것이라는 분석 하에 러시아를 전선에서 이탈시키기 위한 것이었다. 덕분에 1920년대 독일과 소련은 상당히 사이가 좋았다). 결국 10월, 대중의 지지를 잃은 케렌스키는 볼셰비키가 주도한 10월 혁명으로 여자로 변장한 채 모스크바에서 탈출한다. 탈출 후 자신을 겨냥하며 쿠테타를 일으켰던 코르닐로프 장군은 1918년 4월에 적군한테 전사당했다. 결국 케렌스키는 프랑스로 망명했고, 1940년에는 미국으로 망명했다. 독·소(獨·蘇)전쟁 이 발발하자, 그는 스탈린에게 서한을 보내 지지를 표했으나, 스탈린은 이에 대해 답장을 보내지 않았다. 그러나 케렌스키는 전쟁기간 동안 BBC에서 소련의 전쟁노력을 지지하는 방송에 종사하였다. 스탈린의 반대 세력이었다가 멕시코시티에서 암살당한 트로츠키와 달리, 알렉산드르 표도로비치 케렌스키(Alexander Fyodorovich Kerensky, 1881~1970)는 89세까지 살아남았고, 『러시아혁명 회상록』과 『사료집』을 집필하였다.

었다. 제정 러시아 시절에는 언론이 자유롭지 못하였고, 의회는 예산 심의권만 행사할 수 있었다. 그리고 알렉산드르 표도로비치 케렌스키(Alexander Fyodorovich Kerensky) 내각은 법무장관에 재직할 당시 사형제 폐지를 주장하였는데, 이것은 아주 혁신적인 것이었다. 그러나 임시정부는 오래 가지 못했다. 노동자들의 현실은 전혀 나아지지 않았으며. 전쟁은 지속되었고, 내각 구성은 지지부진했다.

심지어 러시아제국의 장군 중 한명이었던 라브로 코로닐로프가 쿠데타를 일으키며 상기 내각을 위협했다. 특히, 상기 내각은 연합국과의 약속을 깨지 말자는 이유로 휴전을 반대했다. 당시 전쟁 상황은 러시아 군에게 매우 불리했다. 러시아 군은 여전히 동맹국 군에게 계속 패배하고 있었고, 식량은 여전히 부족했다. 전쟁 결과, 사망자 170만, 부상자 665만을 기록했다. 결국, 브레스트－리토프스크 조약을 맺어 엄청난 영토를 내주는 등 사실상의 패배로 전쟁을 끝내고 말았다.

이 결과, 볼셰비키(Bolsheviki)가 다시 한번 대중들에게 지지를 받게 된다. 그리고 볼셰비키(Bolsheviki)의 지도자 레프 트로츠키(Lev Trotsky, 1879~1940)는 소비에트 내부에서 다시 한번 세력을 결집시켰다. 이들은 붉은 근위대를 조직해 무장 투쟁을 이어갔다. 결국, 알렉산드르 표도로비치 케렌스키(Alexander Fyodorovich Kerensky, 1881~1970)의 임시정부에 실망한 국민에 의해 소수파였던 볼셰비키(Bolsheviki)가 다수파가 되며 소비에트를 장악한다.

블라디미르 일리치 레닌(Vladimir Ilich Lenin, 1870~1924)[101])도 망명을 마치고 급히 귀국

---

101) 블라디미르 일리치 레닌(Vladimir Ilich Lenin, 1870~1924)은 러시아 제국과 소비에트연방의 혁명가, 정치경제학자, 정치철학자, 정치인, 노동운동가로 볼셰비키의 지도자였다. 그는 1870년 러시아 제국 심비르스크에서 블라디미르 레닌이 출생했다. 아버지는 비록 농노 출신이었지만 수준높은 교육을 받아 교육 공무원을 지냈고, 능력을 인정받아 하급 귀족의 신분을 누릴 수 있었다. 이러한 신분 상승이 바탕이 되어 레닌과 그의 형제자매들을 유복한 환경에서 매우 수준높은 교육을 받을 수 있었다. 레닌은 4명의 형제 중 둘째였다. 어린 시절 아버지가 일찍 죽고 그의 형이었던 알렉산드르 울리야노프는 혁명사상에 빠져 알렉산드르 3세 암살 계획을 짜게 된다. 이 계획이 들통나 22살의 나이로 처형당한다. 이로 인해 블라디미르 일리치 레닌(Vladimir Ilich Lenin)은 대학에서 쫓겨나게 되고, 겨우 17세의 나이에 집안의 가장이 된다. 대학에 재입학 신청을 했으나 제대로 받아들여지지 않자 곧바로 변호사 자격증을 취득해 변호사 사무실을 연다. 이 시기에 주로 맡았던 일들이 토지 분쟁이었다. 그 과정에서 블라디미르 레닌은 자연스럽게 농노들의 현실에 대해 느낄 수 있던 중요한 계기가 되었다. 레닌은 하층민들을 위해서 무료 변론도 해주며 이들의 문제를 해결하기 위해 많은 노력을 했다. 형과 마찬가지로 블라디미르 레닌 역시 혁명사상에 깊이 빠지게 된다. 러시아 내에 있는 마르크스주의 조직인 러시아 사회민주노동당에 가입했다. 그리고 1895년 서유럽에 있는 다른 마르크스주의 사상가들과 접촉하기 위해 프랑스, 독일, 스위스 등지를 여행다녔다. 6개월간의 여행을 마치고 그는 다시 상트페테르부르크로 돌아오게 된다. 그해 12월 레닌은 마르크스주의의 온건파 멘셰비키의 리더 율리우스 L. 마르토프를 만

나 차르 반대 운동을 계획한다. 이들은 '노동자계급 해방투쟁동맹'을 결성해 혁명에 대한 계획을 세운다. 레닌을 비롯해 게오르기 플레하노프와 마르토프 역시 이 혁명에 가담하였다. 그러던 와중 결국 러시아 비밀경찰들에게 계획이 발각 되고 1년간의 투옥 생활과 5년간의 유배 생활을 한다. 레닌은 시베리아로 유배를 떠나게 되고, 약혼자 나데즈나 크룹스카야도 같이 시베리아로 이동한다. 유배 생활 중 레닌은 그녀와 결혼을 하게 된다. 그리고 유배 시기에 그의 저서 중 하나인 『러시아 자본주의의 발달』을 집필한다. 1900년 서른살이 된 레닌은 독일로 떠나 망명생활을 시작한다. 첫번째 혁명 시도가 실패한 레닌은 사람의 필요성을 느끼게 되었다. 자신과 같이 마르크스주의를 실현 시킬 사람들이 많이 부족하다고 느낀 그는 마르토프와 『불꽃』이라는 잡지를 창간해 많은 지식인들을 포섭할 계획을 세운다. 그리고 1902년 자신의 혁명 사상을 집대성하여 『무엇을 할 것인가』라는 책을 집필한다. 이는 러시아 마르크스주의자 사이에서 격렬한 논쟁을 불러 일으켰다. 레닌은 자신의 저서에서 혁명의 전제는 무산계급에 의한 정권 탈취와 체제 변혁이 되어야 된다고 말했다. 이는 훗날 레닌 주의의 기초 사상이 된다. 이는 같은 러시아 사회민주노동당 내에서도 많은 논란을 불러일으켰다. 결국 1903년 제2차 당대회에서 레닌과 마르토프는 격렬한 대립을 하게 된다. 레닌의 경우 러시아 비밀경찰들의 감시를 피하기 위해 소수 혁명가들의 당을 만들 것을 요구했고, 마르토프의 경우 서유럽의 공산주의 정당처럼 다수의 개방적인 정당이 되어야 한다고 주장했다. 이로 인해 당은 블라디미르 레닌을 지지하는 세력과 마르토프를 지지하는 두 세력으로 분리되었고, 레닌을 지지하는 세력을 다수파라는 이름의 '볼셰비키', 마르토프를 지지하는 세력을 소수파라는 이름을 가진 '멘셰비키'로 명명하였다. 그리고 이들의 대립은 러시아 혁명이 끝나는 그 순간까지도 좁혀지지 않게 된다. 폭력혁명론은 레닌의 사상을 설명하는 대표적인 사상이다. 그는 마르크스주의를 기반으로 하는 새로운 사회 건설을 위해서는 노동자들의 힘을 합쳐 구세력을 전복시켜야 된다고 주장했다. 마르크스주의는 우리가 익히 알고 있는 공산주의 개념과 거의 유사하다. 사실 우리가 아는 공산주의라는 사상을 집대성한 사람이 바로 마르크스와 프리드히리 엥겔스이다. 이 둘은 노동자들이 우선시 되고, 모든 국가적 산업이 국유화 되어야 한다고 주장했다. 그리고 이것이 가능하기 위해서는 자본주의 사회에서 지속적으로 산업 발전을 이룩해야하는 선제적인 힘이 반드시 필요했다. 자본주의 사회가 극도로 발달하다가 사회적 모순이 발생해 결국 붕괴가 될 것이고, 이 과정에서 노동자들의 주도적으로 혁명을 이끌어 그들의 국가를 만들어야 한다. 이것이 바로 마르크스 주의의 핵심인 프롤레타리아 독재체제이다. 하지만 블라디미르 레닌은 생각이 달랐다. 물론 레닌의 사상 역시 최종적으로 노동자들에 의해 완성되는 이상적 국가를 세우는 동일한 목표가 있었다. 다만 그는 자본주의 사회로의 부르주아 혁명 과정이 생략되고 노동자들이 폭력적인 방법으로 사회를 차지하는 방식의 혁명을 주장했다. 이러한 폭력적 사상으로 인해 레닌은 같은 사회주의 지도자들과도 틀어지게 된 것이다. 멘셰비키들은 이러한 폭력적인 방식에서 많은 사람들의 희생을 불러 올 것이라고 지적했다. 블라디미르 일리치 레닌(Vladimir Ilich Lenin)은 공산주의자이면서도 특별히 마르크스의 과학적 사회주의 사상을 발전시킨 레닌주의 이념의 창시자이다. 그는 1917년 3월 15일에서 1918년 3월 3일까지 러시아 임시정부 국가원수로 재임하였고, 1918년 3월 3일에서 1922년 12월 30일까지 러시아 소비에트 사회주의 연방공화국 국가원수를 지냈으며 1922년 12월 30일에서 1924년 1월 21일까지 소비에트연방 국가원수를 지내는 등 1917년 3월 15일에서 1923년 4월 30일까지는 6년간 레닌 시대를 펼치며 6년간의 최고권력자로 실권하였지만 1923년 4월 30일에서 1924년 1월 21일을 기하여 향년 54세로 병사할 때까지 조지프 스탈린(Joseph Stalin, 1878~1953)이 1년간 국정 관련 실권을 잡았다. 조지프 스탈린(Joseph Stalin)은 1924년에서 1941년까지 소련의 최고 국정 관련 실권자로, 그리고 1941년에서 1953년까지 소련의 국가원수 겸 최고 국정 관련 실권자로 군림하는 등 1923년 4월 30일(레닌이 아직 사망하기 9개월 전)에서 1953년 3월 5일(스탈린이 사망한 일자)까지 30년간을 스탈린 시대로 군림하였다.

했다. 독일 제국의 지원을 받아 블라디미르 일리치 레닌(Vladimir Ilich Lenin)을 비롯한 볼셰비키(Bolsheviki) 혁명가 32명이 봉인 열차를 타고 러시아의 수도 페트로그라드에 도착했다. 볼셰비키(Bolsheviki)는 소비에트 임시정부에게 있어서 불청객이었다. 부르주아와 멘셰비키(Mensheviks)는 이들의 사상을 반기지 않았다. 블라디미르 일리치 레닌(Vladimir Ilich Lenin)은 '4월 테제'를 발표했는데 아래와 같은 내용이 포함되어 있었다.

"우리는 혁명의 첫 단계에 도달했을 뿐입니다. 2월 혁명으로 수립된 공화국은 진정한 공화국이 아닙니다. 자유주의 국가가 아닌 프롤레타리아 독재 체제를 만들어야 할 것입니다. 우린 자유주의, 민주주의, 부르주아를 일체 거부할 것입니다. 이것이야 말로 국제 혁명의 시작입니다. 농민에게 토지를, 모든 권력은 소비에트로, 즉각적인 전쟁 종결이 필요합니다."

당연히 소비에트의 자유주의자와 사회주의자들은 블라디미르 일리치 레닌(Vladimir Ilich Lenin, 1870~1924)의 상기 주장을 헛소리로 치부했다. 소비에트의 중심이었던 멘셰비키(Mensheviks)는 임시정부와 부르주아와 협력하며 자유가 보장된 새로운 국가를 형성하기로 결정하며 볼셰비키(Bolsheviki)가 주장한 '모든 권력은 소비에트로'를 부정한다. 볼셰비키들의 활동은 결국 임시정부에 의해 진압되었고, 알렉산드르 표도로비치 케렌스키(Alexander Fyodorovich Kerensky) 총리는 블라디미르 일리치 레닌(Vladimir Ilich Lenin)에 대한 체포 명령을 내린다. 블라디미르 일리치 레닌(Vladimir Ilich Lenin)은 상황이 좋지 않게 흘러가자 7월 다시 핀란드로 도망가 세번째 망명 생활을 시작했다.

1917년 11월 7일(구력 10.25) 오전 10시, 볼셰비키 군사혁명위원회(위원장 트로츠키)가 러시아 수도 상트페테르부르르크에서 볼셰비키(Bolsheviki) 1,000명의 적위대를 이끌고 급습함으로써 알렉산드르 표도로비치 케렌스키(Alexander Fyodorovich Kerensky, 1881~1970)의 임시정부 타도에 성공하고, 소비에트 정권이 수립됐음을 선언했다. 이 혁명은 '볼셰비키 혁명'이라고 부르는 최초의 마르크스주의 혁명이다. 프롤레타리아 독재 공산국가(러시아 소비에트연방 사회주의 공화국)가 수립되었다.

소비에트(혁명 위원회)는 임시정부가 성립되었음에도 해산하지 않았고, 그중 블라디미르 일리치 레닌(Vladimir Ilich Lenin, 1870~1924)이 이끄는 볼셰비키파는 인민들로부터 많은 지지를 받았다. 1917년 10월 볼셰비키는 수도인 페트로그라드를 장악하고 소비에트라는 이름으로 집권했다. 소비에트를 장악한 트로츠키는 서들러 레닌을 다시 불렀다. 블라디미르 일리치 레닌(Vladimir Ilich Lenin)은 드디어 무장봉기를 시작할 적기가 찾아 왔다고 판단했다. 1917년 10월 25일 레닌은 다시 한번 대중 앞에 섰다. 레프 트로츠키(Lev Trotsky, 1879~1940)는 독일군을 막는다는 명분 아래 군사 혁명위원회를 구성하여 주요 시설에 군대를 투입했다. 이들은 성공적으로 국가 주요 시설들을 장악했다. 붉은 근위대는 수도 상트페테르부르크를 완전히 장악했다.

블라디미르 일리치 레닌(Vladimir Ilich Lenin, 1870~1924)이 망명지 스위스에서 독일 제국이 제공한 봉인 열차편으로 귀국한 지 6개월여 만의 일이었다. 그는 혁명의 기운이 타오르던 도시 페트로그라드에 도착하였다. 이때 그는 자신을 함성과 박수로 환영하는 민중들에게 병사들이 가져온 장갑차에 올라가서 이렇게 연설하였다: *"친애하는 병사와 노동자 여러분! 저는 여러분들(노동자, 병사들의 소비에트를 뜻함)을 러시아 혁명의 승리자, 세계 노동자 군대의 전위로 보고 경의합니다. 제국주의자들의 약탈전쟁은 유럽 전역에 내란을 일으키고 있습니다. 세계는 공산주의 혁명의 여명을 향해 달려가고 있습니다. 유럽의 제국주의는 금명간 무너져 버릴 것입니다. 여러분이 이루어낸 러시아 혁명은 이미 새로운 시대를 열었습니다. 세계 공산주의 혁명 만세!"*

1918년, 볼세비키(Bolsheviki)는 브레스트－리토프스크 조약에서 독일과의 불평등 조약을 맺음으로써, 국내외적인 고립에서 벗어나고자 했으며, 이와 동시에 제정(帝政)을 지지하는 세력을 격파하여야만 했다. 볼세비키(Bolsheviki)는 1920년 1,300만 명의 희생자를 내고 내전에서 승리했다. 러시아 제국은 이로써 소비에트연방으로 이어지게 되었다.

러시아 제국을 계승한 소련은 적백내전과 공산당의 분열, 대숙청 등 내부 분열에 시달렸으며 25년 뒤에는 독·소(獨·蘇)전쟁(1941.06.22~1945.05.09)이 발발했다.

그러나, 러시아 로마노프 왕조 붕괴(1917.02) 즉 러시아제국의 멸망(1917년), 1917년 러시아 볼세비키 혁명의 성공의 '진정한' 원인은 마르크스－레닌주의(Marxism-Leninism)에 대한 러시아 인민들의 지지가 아니라 러시아제국의 대내적 모순과 마지막 황제 니콜라이 2세(니콜라이 알렉산드로비치 로마노프; 1868~1918; 재위: 1894~1917)의 무능(無能)과 불평등한 사회체제하에서 러시아 민중의 기아(飢餓)때문이었다.

블라디미르 티호노프(Vladimir Tikhonov, 1973~현재)는 그의 저서 『러시아 혁명사』(2017년)에서 다음과 같이 주장한다: 이오시프 스탈린(Iosif Stalin, 1879~1953) 체제가 그나마 제정(帝政) 러시아보다 나았다. 이오시프 스탈린(Iosif Stalin) 시절 70만 명에 가까운 사람들이 정치적인 이유로 총살되었다. 게다가 제2차 세계대전(1939.09.01~1945.09.02) 당시 사람들이 또한 엄청나게 죽었다. 이렇게 많은 사람들이 살육당했음에도 이오시프 스탈린(Iosif Stalin, 1879~1953)이 자연사(自然死)할 때까지 전복되지 않은 이유는 제정(帝政) 러시아의 시대가 이오시프 스탈린(Iosif Stalin, 1879~1953) 시대보다 더한 잔혹함 때문이었다.

IV

조선(朝鮮: 1392~1897)의 망조(亡兆)와 대한제국(大韓帝國, 1897~1910)의 자멸(1910.08.29)

조선(朝鮮)의 망조(亡兆), 대한제국(大韓帝國)의 자멸(自滅), 대한민국(大韓民國)의 위기(危機)

Ruins of Joseon Dynasty, Self-destruction of the Korean Empire, and 'Total Crisis' of Republic of Korea: A Historical/Philosophical Analysis

제Ⅳ장은 본서(本書)의 주제와 직결되는 부분이다. 조선(朝鮮) 500년 역사(1392~1897)를 배경으로 대한제국(大韓帝國, 1897~1910) 자멸(自滅)의 요인을 분석하고 그 시사점을 도출해야 하는 실로 방대한 작업을 필요로 한다. 따라서 저자는 조선(朝鮮)과 대한제국(大韓帝國)의 통합적 인과(因果)의 시각에서, 또한 세계사적 비교(比較) 시각에서, 한국의 역사를 제대로 통섭(統攝)할 수 있었다. 그러나 본서(本書)의 지면(紙面)의 한계로 원본의 본래 분량을 대폭 줄이고 핵심적 메시지를 중심으로 압축하느라고 큰 고통을 겪지 않을 수 없었다.

01 조선(朝鮮: 1392~1910)의 망조(亡兆)

1) 역사의 파노라마: 시대별 망조(亡兆)

조선(朝鮮)의 망조(亡兆)는 다음과 같은 역사의 파노라마를 거쳐 파멸(破滅)의 길로 줄 달음쳤었다[1]:

● 조선(朝鮮) 중기 폭군(暴君) 연산군(燕山君, 1494~1506)때부터 시작하여 제11대 왕 중종(中宗, 재위: 1506~1544) 14년, 명종(明宗) 즉위년까지 47년 동안 신료(臣僚)들은 기성세력(훈구파)과 신진세력(사림파)으로 분파되어 대립하다가 훈구파(勳舊派) 세력의 불만이 폭발하여 사림파(士林派) 세력이 화(禍)를 당한 4대 사화(士禍): ① 1498년(燕山君 4년) 김종직(金宗直)의 〈조의제문(弔義帝文)〉 사건으로 무오사화(戊午史禍), ② 1504년(燕山君 10년) 폐비 윤씨(尹氏) 사건으로 갑자사화(甲子士禍), ③ 1519년(中宗 14년) 조광조(趙光祖)의 개혁 정치에 대한 반발로 기묘사화(己卯士禍), ④ 1545년(明宗 즉위년) 소윤(小尹)과 대윤(大尹)의 권력 싸움으로 을사사화(乙巳士禍)가 일어났다.

상기한 조선(朝鮮)의 4대 사화(史禍)를 겪으면서 훈구파(勳舊派)와 사림파(士林派)가 정치적·사상적으로 대립하였다. 그 와중에서 사림파(士林派)는 많은 피해를 입었다. 그들은 정치에 참여하기를 꺼리고 산림에 은거하였으며 서원(書院)을 중심으로 학파(學派)가 형성되기 시작하였다. 그러나 사림파(士林派)는 지방사회를 중심으로 입지를 계속 확산해 나갔고, 1565년 문정왕후(文定王后) 사망 후 외척정치(外戚政治)가 종식되면서 본격적으로 사림정치(士林政治)가 전개됐다. 조선 중기 이후 당파(黨派) 즉 붕당(朋黨)은 점차 시간이 흐르면서 서로를 견제하는 수준을 넘어 서로를 난정(亂政)이나 사도(邪道)로 낙인찍기에 여념이 없었다. 정쟁(政爭)은 피를 부르는 복수극으로 발전하였으며 상대방이 죽고 사라질 때까지 집요하게 계속됐다.[2]

---

1) 박영규(1998), 『한권으로 보는 조선왕조실록』, 서울: 들녘.

2) 이덕일(1998), 『당쟁으로 보는 조선사』. 서울: 석필; 이태진(2006), 『붕당정치의 성립과 전개』. 서울: 서울대학교 출판부.

- 제14대 왕 선조(宣祖, 재위: 1567~1608) 시대에서, 1589년(宣祖 22년) 대마도주 평의지(平義智)가 조선(朝鮮) 정부에 조총(鳥銃)을 헌상했으나 무기고에 조총(鳥銃)을 집어넣고 방치함으로써 부국강병(富國强兵)에서 '강병(强兵)'을 포기하였으며, 1600년(宣祖 33년) 당시 최대 은광인 단천 은광 채굴 금지(1600.04.24, 『선조실록』)로 부국강병(富國强兵)에서 '부국(富國)'을 포기하였다. 이 결과, 일본의 철포(鐵砲)와 조선의 화포(火砲)의 전쟁이었던 임진왜란(1592~1598)으로 인하여 조선군 300,000명 사망과 전(全)국토가 황폐화되었다.

- 제16대 왕 인조(仁祖, 재위: 1623~1649) 시대에서 1624년 이괄(李适)의 난(亂), 정묘호란(丁卯胡亂, 1627년)과 병자호란(丙子胡亂, 1636.12.28~1637.02.24)을 각각 치렀다. 이 결과, 국토는 황폐화되었다.

- 제18대 왕 현종(顯宗, 재위: 1659~1674) 시대의 경신(庚辛) 대기근(大飢饉, 1670~1671)으로 인하여 당시 조선 인구의 1200~1400만 명 중에서 약 90만에서 150만 명(3.5~10.7%)이 아사(餓死)하였다.

- 제19대 왕 숙종(肅宗, 재위: 1674~1720) 시대에서도 1695년 다시 심각한 대기근(大飢饉)으로 인하여 약 142만 명의 인구가 감소(1693~1699)하였다, 1678년 금속화폐인 상평통보(常平通寶)가 발행되었으며, 대동법(大同法)이 전국적으로 확대 시행되었다. 대동법(大同法)의 전국 확대 시행에 이르기까지 만 100년: 1608년(광해군 즉위년) → 1708년(숙종 34년)이 소요되었다.3)

그리고 탕평정치(蕩平政治)가 시작되었다.

- 제21대 왕 영조(英祖, 재위: 1724~1776) 시대에서 '이인좌(李麟佐)의 난'(1728년)이 일어났으며, 탕평정치(蕩平政治)가 완성되었다.

- 제22대 왕 정조(正祖, 재위: 1776~1800)는 자신의 권력과 정책을 뒷받침할 수 있는

---

3) 『조선왕조 재정사연구』Ⅲ(김옥근, 일조각, 1988; 『조선후기경제사연구』, 서문당, 1977); 『대동법에 대한 일연구』(정형우, 『사학연구』 2, 1958); Kim Yuk and the Taedong bop Reform(Ching Young Choe, The Journal of Asian Studies 23−1, 1963); 『대동법의 시행을 둘러싼 찬반양론과 그 배경』(김윤곤, 『대동문화연구』 8, 1971); 『16·17세기 공납제 개혁의 방향』(고석규, 『한국사론』 12, 1985); 『조선후기의 공물무납제』(德成外志子, 『역사학보』 113, 1987)이정철, '대동법-조선 최고의 개혁', 2010년.

강력한 정치기구로서 즉위 초(1776년)에 창덕궁 안에 문예 부흥과 개혁 정치의 산실로서 규장각(奎章閣) 즉 왕실 도서관을 세웠다. 정조(正祖)는 규장각(奎章閣)을 자신의 권력을 뒷받침할 수 있는 강력한 정치기구로 육성했다. 즉, 규장각(奎章閣)을 통해 정치·사회·경제 등의 현실 문제를 학문으로 해결했던 것이다. 이곳은 역대 왕들의 글, 글씨 등과 어진(御眞)을 보관하였으며 수만 권의 한국 책과 중국 책을 모았다. 젊은 학자들을 학사(學士)로 임용하여 그들에게 문한(文翰)의 기능, 비서실의 기능, 그리고 과거 시험 주관 기능 등 여러 특권을 부여하였다.

정조(正祖, 재위: 1724~1776)는 100권의 방대한 저술을 남긴 '학자 군주'로서 왕세손 때부터 닦은 학문적 자신감을 바탕으로 '스승'의 입장에서 신하들을 양성하고 재교육시키는 정책을 추진하였다. 특히 초계를 통해 등용시킨 당하관 등의 관리자의 재교육을 위해 초계문신제(抄啓文臣制)를 시행하여 시험 성적에 의해 승진시킴으로써 정조의 학문과 정치 노선을 강하게 주입시켰다. 그리고 『대전통편』, 『동문휘고』, 『탁지지』, 『추관지』, 『규장전운』 등을 편찬하였다.

또한, 정조(正祖)는 이앙법(移秧法)과 골지법(骨脂法)이라는 농사법(農事法)을 개량하여 농업 생산량을 증진하였으며, 금난전권(禁亂廛權)을 전면 폐지하여 상업(商業)의 자유화를 도모하고 경제발전을 촉진하였고, 전국 각지의 광산(鑛山) 개발을 장려하였다. 또한, 정조(正祖)는 실학(實學)을 중시하여 다산(茶山) 정약용(丁若鏞, 1762~1836)을 비롯한 여러 실학자들을 등용, 신분상 제약으로 정계진출에 제한이 있었던 서얼(庶孽)들에게 문호를 개방하였다.

● 제23대 왕 순조(純祖, 1800~1834) 시대에서 안동(安東) 김씨(金氏) 세도정치(勢道政治)가 개막되었으며, 1801년 신유박해(辛酉迫害), 1815년 을해박해(乙亥迫害), 1811년 '홍경래(洪景來)의 난(亂)'이 일어났다. 1832년(순조 32년) 6월 26일 영국(英國)의 통상 요구를 거절했다.

● 제24대 왕 헌종(憲宗, 1834~1849) 시대에서 1839년 기해사옥(己亥邪獄)과 1846년 병오박해(丙午迫害)가 일어났다.

● 제25대 왕 철종(哲宗, 1849~1863) 시대에서 삼정(三政): 전정(田政)·군정(軍政)·환곡(還穀)의 문란으로 인한 1862년 '임술농민항쟁'(壬戌農民抗爭)이 일어났다.

● 흥선대원군(興宣大院君 李昰應, 섭정: 1863~1873)은 조선(朝鮮)의 제26대 마지막 왕(재위: 1864~1897) 및 대한제국(大韓帝國)의 초대 황제(재위: 1897.10.12~1907.07.19)의 생부(生父)였다. 그는 붕당정치(朋黨政治)를 척결하고 안동 김씨(安東 金氏)의 세도정치(勢道政治)를 분쇄하여 쇠락한 왕권을 다시 공고히 하며, 외세에 대적할 실력을 키워 조선을 중흥할 혁신정책을 강력히 추진하였다. 또한, 당색과 문벌을 초월해 인재를 등용하였으며, 당쟁을 유발하고 양반 토호들의 민폐를 저지르고 있었던 서원(書院)을 대폭 정리하였다. 그리고 탐관오리의 처벌, 무토궁방세(無土宮房稅)의 폐지, 양반·토호의 면세전의 철저한 조사와 징세, 무명잡세(無名雜稅)의 폐지, 진상제도(進上制度)의 폐지, 은(銀)광산의 개발 허용 등 경제·재정개혁을 단행하였다.

또한, 흥선대원군(興宣大院君)은 군포제(軍布制)를 호포제(戶布制)라는 균일세(均一稅)로 개혁해 양반도 세부담을 지도록 하였다. 사회의 악습 개량에 힘쓰고 복식을 간소화했으며 사치를 금하였다. 『대전회통(大典會通)』·『육전조례(六典條例)』·『양전편고(兩銓便攷)』 등 법전을 편찬해 법질서를 확립하였다. 의정부를 부활하고 비변사(備邊司)를 폐하고 삼군부(三軍府)를 두어 정무(政務)와 군무(軍務)를 분리하였다.

그러나 흥선대원군(興宣大院君)은 왕권의 위엄을 드러내고자 경복궁(景福宮) 중건(1865~1872)의 대역사를 위해 원납전(願納錢)을 징수하고 문세(門稅)를 거두었다. 소유자에 관계없이 전국에서 거목(巨木)·거석(巨石)을 징발하고 역역(力役)을 부담시켜 민중의 원성이 높았다.

또한, 흥선대원군(興宣大院君)은 '천주교도 박해령'을 내려 전후 6년간(1866~1872)에 걸쳐 8,000여 명의 천주교도를 학살하는 박해를 감행하였다. 1866년 1월 병인사옥(丙寅邪獄), 1866년 9~10월 프랑스의 병인양요(丙寅洋擾), 1866년 7월 미국 상선 제너럴 셔먼 호(General Sherman 號) 사건, 1871년 5월 미국의 신미양요(辛未洋擾)를 겪었다.

흥선대원군(興宣大院君)은 한성부의 종로 네거리를 비롯한 전국 주요 도시에 척화비(斥和碑): *洋夷侵犯 非戰則和 主和賣國*(서양 오랑캐가 침범하였는데 싸우지 않는 것은 화의를 주장하는 것이고, 화의를 주장하는 것은 나라를 파는 것이다) *戒我萬年子孫 丙寅作 辛未立*(이를 자손 만대에 경계한다. 병인년에 비문을 짓고 신미년에 세운다)를 세우고 결사항전을 준비했다.[4] 그의 쇄국(鎖國)의 강화는 결과적으로 근대화(近代化)의 길을 지연시켰다. 1873년 11월 흥선대원군(興宣大院君)에 대한 탄핵으로 그는 실각하였다.

---

4) 이때 세운 척화비는 흥선대원군 실각(1873년) 직후와 한일 합방(1910년) 직후에 파괴·매장되었다.

2) 조선(朝鮮)의 붕당정치(朋黨政治)와 당쟁(黨爭)[5]

원래 '붕당(朋黨)'이란 붕당(朋 벗 붕; 黨 무리 당)이라는 단어로서 원래 『시경(詩經)』에는 <무리> <동류(同類)>라는 뜻으로 쓰였으나 『관자(管子)』 <법금(法禁)>에는 <붕당을 만드는 것을 벗을 사귄다 하고, 악(惡)을 가리는 것을 인(仁)을 실천한다>고 하여 당파적 의미를 띠게 되었다.

본래 중국에서는 유교적 정치이념 하에서 붕당(朋黨)을 형성하는 것은 범죄로 인식되었다. 고대 중국의 『순자(荀子)』 <신도(臣道)>에서는 <붕당(朋黨)을 만들어 끼리끼리 친하며 임금을 둘러싸고 사사로운 이익만을 도모하기를 일삼는다>고 하여 붕당(朋黨)의 부정적 측면을 지적하고 있다. 맹자(孟子)의 성선설(性善說)과 대립되는 성악설(性惡說)을 주장한 순자(荀子)의 지적대로 중국에서는 예로부터 고관들이 자기 파의 사람들을 규합하여 붕당(朋黨)을 만들고, 자기 붕당(朋黨)과 의견이나 이해(利害)를 달리하는 사람들을 서로 붕당(朋黨)이라고 공격하며 죄인으로 몰아서 추방하거나 처형한 일이 종종 일어났다. 그러므로 송(宋)나라 때의 구양수(歐陽修)는 이러한 부정적 당파성을 지닌 붕당정치(朋黨政治)를 지양하기 위하여 『붕당론(朋黨論)』을 썼으며, 청(淸)나라 때의 옹정제(雍正帝, 재위: 1723~1735)는 『어제붕당론(御製朋黨論)』을 지었다.

그러나 성리학(性理學)의 주창자 주희(朱熹, 1130~1200)는 붕당정치(朋黨政治)를 권장했다. 상술하면, 유학(儒學)을 주(主) 학문으로 삼은 선비들은 유학(儒學)을 숭상하고 기타 불교나 도교같은 혹세무민(惑世誣民)의 학문을 배척하는데는 의견을 일치하지만 현실정치를 적용함에 있어서는 각기 의견이 맞는 사람끼리 당(黨)을 결성하여 서로 견제하고 논의를 함으로써 가장 합리적인 의견을 도출하기를 주자(朱子)는 붕당정치(朋黨政治)를 오히려 권장하였다. 따라서 송(宋)나라 이후 성리학(性理學) 이념은 군자(君子)끼리 모인 '군자당'(君子黨)이 소인(小人)을 배제하고 정치를 주도하여야 한다는 논리가 지배했었다.

한편, 조선(朝鮮)의 유학자들은 상기한 성리학(性理學)의 주창자 주희(朱熹, 1130~1200)의 붕당정치(朋黨政治) 권장을 그대로 받아들이고 조선 중기 이후 당파(黨派) 즉 붕당(朋黨)을 결집하기 시작하였다.[6] '붕당(朋黨)'이란 특정한 학문적 · 정치적 입장을 공유하는 양반

---

5) 박영규, 『한권으로 보는 조선왕조실록』, 들녘, 1998; 이덕일, 『당쟁으로 보는 조선사』, 석필, 1998; 신복룡, 『당쟁은 식민지사학의 희생양』, 서울: 도서출판 풀빛, 2001; 이태진, 『붕당정치의 성립과 전개』, 서울: 서울대학교 출판부, 2006; 한영우, 『사림의 성장과 그 문화』, 서울: 경세원, 2008 등을 참조하여 저자가 분석목적에 따라 재구성하여 비판했다.

6) 배종호(1989), 『한국유학의 철학적 전개』, 원광대학교 출판부.

들이 모여 구성한 정치집단이다. 붕당정치(朋黨政治)는 공론(公論)에 입각한 상호 비판과 견제를 원리로 하면서 정치적 이해 관계는 물론, 구성원 사이에 학문적 유대 또한 공유했다. 물론, 붕당정치(朋黨政治)는 학문적 유대를 바탕으로 공론(公論)에 입각한 상호 비판과 견제를 원리로 한다. 이것은 현대의 정당정치(政黨政治)와 유사하다. 그러나 조선 시대의 붕당정치(朋黨政治)는 정치적인 이해 관계는 물론, 구성원 사이에 학문적 유대 또한 공유했다는 점이 현대의 정당정치(政黨政治)와는 다르다.

조선(朝鮮) 중기 이후 당파(黨派) 즉 붕당(朋黨)은 점차 시간이 흐르면서 서로를 견제하는 수준을 넘어 서로를 난정(亂政)이나 사도(邪道)로 낙인찍기에 여념이 없었다. 정쟁(政事)은 피를 부르는 복수극으로 발전하였으며 상대방이 죽고 사라질 때까지 집요하게 계속됐다. 심지어, 도요토미 히데요시(豊臣 秀吉, 1537~1598)가 일본을 통일하고 조선을 침략할 기미를 보이자 조선은 일본에 사절단을 파견하였으나, 당시 조선은 일본이 침략할 가능성이 있는지 없는지를 놓고 소모적인 정쟁을 벌이기도 하였다.

시데하라 아키라 등은 한국인의 민족성이 본래 싸움을 좋아하고, 잔혹하고, 사람의 목숨을 경시하기 때문에 당쟁(黨爭)이 가열되었다고 주장하였다.[7] 또한, 조선(朝鮮)이 임진왜란(壬辰倭亂) 초반에 기민하게 대응하지 못하고 패배를 거듭한 이유가 동인(東人)과 서인(西人) 사이의 대립 때문이라고 보기도 했다. 또한, 폐원탄(幣原坦)과 같은 관학자는 '한국 정쟁지'에서 *"조선인의 오늘날 작태를 이해하려면 그 원인을 과거의 역사에서 찾아야 하는데, 그 근원은 고질적인 당쟁(黨爭)이었다"*고 주장하며 한국인의 분열적 속성이 당쟁(黨爭)에서 기인함을 노골적으로 서술하였다.[8]

(1) 당쟁(黨爭)의 시원(始原): 제14대 왕 선조(宣祖, 재위: 1567~1608)

제14대 왕 선조(宣祖, 재위: 1567~1608)는 공신(功臣)과 왕실의 외척(外戚) 즉 훈구세력(勳舊勢力)을 물리치고 성리학(性理學) 이념에 충실한 사림(士林)을 대거 등용하였다. 그 후 역사 속에서 훈구파(勳舊派)라는 용어는 사라지고 일부 훈구파(勳舊派)는 사림파(士林派)로 전

---

7) 여기서 유의할 것은 조선왕조실록(朝鮮王朝實錄)에는 당쟁(黨爭)이라는 단어가 없으며, 그 대신에 조정에서 이루어지는 의견의 교환과 대립을 당의(黨議)라고 표현했다는 점이다.

8) 신복룡(2001), 『당쟁은 식민지사학의 희생양』, 서울; 도서출판 풀빛. 일제강점기의 일제 식민주의 사학자(史學者)들은 그들의 식민통치정책에 발맞추어, 한국의 정치적 전통을 왜곡하고 잠재적 정치역량을 말살하기 위하여 조선시대 정치사를 이용하여 붕당정치(朋黨政治)의 부정적 측면만을 강조하는 이른바 식민주의(植民主義) 역사관(歷史觀)을 강요하였다. 당연히, 상기한 식민주의(植民主義) 역사관(歷史觀)이 잘못된 것이지만, 심히 부끄러울 뿐이다.

향했다. 1519년(중종 14년) 기묘사화(己卯士禍) 이후에 위축되었던 사림(士林)이 대거 정계에 진출했고, 1545년(명종 즉위년) 을사사화(乙巳史禍)때 죄인의 누명을 썼던 노수신, 유희춘 등은 다시 관직에 등용되었다. 역사상 본격적인 사림정치(士林政治)의 시대가 열렸다.

선조(宣祖, 재위: 1567~1608)는 명유(名儒) 이황(李滉)과 이이(李珥) 등을 극진한 예우로 대하여 침체된 정국에 활기를 불러일으키고자 힘을 다하였다. 문신들로 하여금 독서당(讀書堂, 호당)에서 공부하면서 매달 글을 지어 바치게 하였다. 이이(李珥)의 『동호문답』(東湖問答)이 독서당(讀書堂)에서 제출된 것이다. 사림정치(士林政治)가 확산되면서 많은 인재가 배출되어 이른바 '목릉성세(穆陵盛世)'로 불리는 문치주의(文治主義)의 절정을 꽃피웠다.[9]

그러나 사림(士林)이 많아지면서 기성 사림(士林)과 신진 사림(士林)으로 분화되고 붕당(朋黨)을 형성하여 대립하였다. 즉, 학파의 성향이나 지역적 기반에 따라 서로 다른 정치적 색깔을 드러내게 된 것이었다. 결국, 사림파(士林派)는 훈구 vs 사림 → 훈구의 분열: 대윤 vs 소윤과 사림 → 사림(士林)의 분열: 동인 vs 서인 → 동인의 분열: 북인 vs 남인과 서인 → 북인의 분열: 대북 vs 소북과 서인, 남인 → 서인 vs 남인의 시대 → 서인 분열: 노론 vs 소론 → 시파 vs 벽파로 분파되었다.

조선(朝鮮)의 붕당정치(朋黨政治)에 의한 당쟁(黨爭)의 시원(始原)은 제14대 왕 선조(宣祖, 재위: 1567~1608)[10] 시대이다. 즉, 당쟁(黨爭)은 1568년(선조 1년) 문신(文臣)의 인사권(人事權)을 장악하는 이조전랑(吏曹銓郎)[11] 관직을 둘러싸고 훈구파(勳舊派)인 심의겸(沈義

---

9) 선조(宣祖)는 당시 사유(師儒)를 선발함에 문사(文詞)에만 치중하는 경향이 두드러져 있는 데다 관리를 뽑는 데도 오직 과거에 의거해 선비의 습속이 문장에만 치우쳐 있었다. 이러한 병폐를 없애기 위해 학행(學行)이 뛰어난 사람을 발탁하여 각 고을을 순행하며 교회(敎誨)에 힘쓰도록 하였다. 또한, 유일(遺逸)을 천거하도록 하여 징사(徵士) 조식(曺植)·성운(成運) 등 유능한 인재들을 관계(官階)에 구애받지 않고 초서(超敍)하기도 하였다. 그리고 선조(宣祖)는 『유선록(儒先錄)』·『근사록(近思錄)』·『심경(心經)』·『소학(小學)』 등 치도(治道)에 관계되는 서적과, 윤기(倫紀)를 부식(扶植)하기 위하여 『삼강행실(三綱行實)』을 짓도록 하고 이것을 모두 간행하여 널리 읽히도록 하였다.

10) 선조(宣祖, 재위: 1567~1608)는 중종(中宗)의 서손(庶孫)이며 명종(明宗)의 이복 조카이고 아버지 덕흥대원군(德興大院君) 이초(李岧)와 하동부대부인(河東府大夫人) 정씨(鄭氏)의 아들로서 조선 최초의 서자(庶子) 출신 임금이며 최초의 방계(傍系) 혈통의 임금이다. 선조(宣祖)는 재위기간(1567~1608) 내내 상기한 2가지 정통성(正統性) 콤플렉스에 시달렸다. 명종(明宗)의 사랑을 받았으며 성장하자 하성군(河城君)에 봉해졌고, 1567년 명종(明宗)이 후사(後嗣)없이 죽자 즉위하였다. 즉위 초년에 오로지 학문에 정진하여 매일 강연(講筵)에 나가 경사(經史)를 토론하였다. 밤늦도록 독서에 열중하여 제자백가서(諸子百家書)를 읽지 않은 것이 없었으며, 만년에는 특히 『주역(周易)』 읽기를 좋아했다. 서화에도 뛰어났다.

11) 이조전랑(吏曹銓郎)은 5품·6품의 낮은 자리이지만, 삼사(三司)의 하나인 홍문관(옥당) 출신의 관료가 임명되는 것이 관례로 삼사(三司)의 공론(公論)을 수렴하여 대신들을 견제하고, 또 물러날 때에는 후임자를 스스로 천거할 뿐만 아니라, 이 자리를 거치면 재상(宰相)으로 쉽게 오를 수 있는 요직이었다. 따

謙)의 아우(심충겸)와 신진 사림파(士林派)인 김효원(金孝元)이 암투를 벌임으로써 조정이 이 두 인물을 중심으로 서인(沈義謙) vs 동인(金孝元)으로 갈라진 것에서부터 비롯되었다.[12]

그 후, 1589년 '정여립(鄭汝立, 1546~1589) 모반 사건'으로 기축옥사(己丑獄事, 1589~1591)가, 그로부터 2년 후 1591년(宣祖 24년) '건저의 사건(建儲議 事件)'이 각각 일어났다.

(2) 정여립(鄭汝立)의 역모사건과 기축옥사(己丑獄事, 1589~1591)

1583년 계미삼찬[13]에 이어서, 1589년 정여립(鄭汝立, 1546~1589) 모반 사건은 동인(東人)과 서인(西人)이 다시 당쟁(黨爭)에 총력을 집중하는 계기가 되었다. 동인(東人)에서 연루자가 많이 생겨나자 당시 정국에서 수세에 몰려있었던 기성 훈구파(勳舊派)인 서인(西人)은 1589년 정여립(鄭汝立) 역모 사건을 서인(西人)이 권력 쟁취를 꾀할 수 있는 절호의 기회로 인식하고 이 사건을 동인(東人) 공격에 적극 이용하였다. 이것이 1589년 10월 기축옥사(己丑獄事)이다.[14]

라서 문반 관료의 인사권을 쥔 이조전랑직을 둘러싸고 기성 훈구파(勳舊派)인 심의겸(沈義謙)의 아우(심충겸)와 신진 사림파(士林派)인 김효원(金孝元)이 서로 다툰 데서 시작되었다.

12) 최초의 붕당(朋黨) 대립 구도인 서인(西人) 대 동인(東人)의 분파는 심의겸(沈義謙)이 서울 서쪽에, 김효원(金孝元)이 동쪽에 살았기에 이러한 이름이 붙었다. 서인과 동인의 분당은 문반 관료의 인사권을 쥔 이조전랑(吏曹銓郎) 자리를 둘러싸고 심의겸(沈義謙)의 아우(심충겸)와 김효원(金孝元)이 서로 다툰 데서 비롯되었다. 이조전랑(吏曹銓郎)은 5품·6품의 낮은 자리이지만, 삼사(三司)의 하나인 홍문관(옥당) 출신의 엘리트 관료가 임명되는 것이 관례로서 삼사(三司)의 공론(公論)을 수렴하여 대신들을 견제하고, 또 물러날 때에는 후임자를 스스로 천거할 뿐 아니라, 이 자리를 거치면 재상(宰相)으로 쉽게 오를 수 있는 요직이었다. 따라서 이조전랑(吏曹銓郎)의 자리를 누가 차지하느냐는 권력 경쟁의 핵심 과제였다. 이 사건에는 서인(西人)과 동인(東人)의 분당 배경에는 기성 관료와 신진 관료의 이해와 충돌, 학연과 지연의 차이, 그리고 척신 정치에 대한 강·온의 태도 차이가 밀접히 관련되어 있었다.

13) 선조 16년 서인(西人)인 이이(李珥)가 죽자 이이(李珥)에 대한 동인(東人)의 공격이 집중되었다. 그러자 이이(李珥)에 대한 선조(宣祖)의 믿음도 점차 변하여 이른바 '삼찬 사건'이 일어났다. 즉, 1583년 이이(李珥)를 탄핵한 송응개, 박근원, 허봉을 유배시킨 사건으로 이들 셋을 '삼찬(三竄)'이라고 불렀으며 '계미변란'이라고도 한다.

14) 1589년 10월 기축옥사(己丑獄事)는 조선 선조(宣祖) 22년 때의 옥사로 1589년 10월의 정여립(鄭汝立)이 모반을 꾸민다는 고변으로부터 시작되어 정여립(鄭汝立)과 함께 3년여간 그와 연루된 많은 동인(東人)이 희생된 사건이다. 정여립(鄭汝立)은 호남 지역에 대동계(大同契)를 조직하여 무술 연마를 하며 1587년에는 왜구(矮軀)를 소탕하기도 하였다. 대동계(大同契)의 조직은 더욱 확대되어 황해도까지 진출했다. 이들의 동정이 주목을 받게 되고, 마침내 역모를 꾸미고 있다는 당시 황해도 관찰사의 고변이 임금에게 전해지자 조정은 파란을 일으켰다. 고변(告變)의 내용은 정여립(鄭汝立)이 한강의 결빙기를 이용해 황해도와

1589년 정여립(鄭汝立) 모반 사건의 국문(鞠問)을 담당했었던 서인(西人)의 강경파인 송강(松江) 정철(鄭澈, 1536~1593) 등이 앞장서서 동인(東人) 세력에게 강경한 처벌을 가하였다. 상기 기축옥사(己丑獄事)는 1589년(기축년, 선조 22년)으로부터 1591년(신묘년, 선조 24년)까지 3년 동안 '피의 광풍'(狂風)을 불러왔다. 이 결과, 서인(西人)은 기축옥사(己丑獄事)를 계기로 동인(東人)을 축출하고 정권을 잡는 데 성공하였다. 왜냐하면 이 사건에는 동인(東人) 중 일부 급진 세력이 관련되어 처벌을 받았기 때문이었다. 이 사건으로 동인(東人)이 몰락하였으며, 이 사건에 연류되었던 남명 조식(曺植) 학파와 화담 서경덕(徐敬德) 학파가 큰 피해를 입었으며, 호남(湖南) 지역은 '반역의 향'으로 낙인찍혀 중앙 정계로 진출하는 일이 급격히 줄어들었다.

허목(許穆, 1596~1682)[15]의 증언에 의하면, 1589년 정여립(鄭汝立) 모반 사건 당시 호남의 선비들 중 정개청을 추존한 사실 때문에 죄인으로 억울하게 몰린 자가 50명, 그중 유배형을 당하고 혹은 목숨을 잃은 자 20명, 금고된 자 400명에 이르렀다고 한다. 남인과 북인의 분파, 정승에서부터 천민에 이르기까지 남녀노소를 가리지 않고 무자비하게 숙청된 기축옥사(己丑獄事, 1589~1591)는 조선의 4대 사화: 무오사화(연산군 4년, 1498년), 갑자사화(연산군 10년, 1504년), 기묘사화(중종 14년, 1519년), 을사사화(명종 즉위년, 1545년)에서 희생된 500여명의 두 배가 넘는 1천여 명이 희생되었다고 한다.

조선 후기의 실학자 완산(完山) 이긍익(李肯翊)이가 집필한 『연려실기술(燃藜室記述)』[16]

전라도에서 동시에 봉기하여 대동계(大同契) 사병을 이끌고 도성으로 와서 선조(宣祖)를 몰아내고 왕위를 차지하려 한다는 것이었다. 한편, 선조 16년 서인(西人)인 이이(李珥)가 죽자 이이(李珥)에 대한 동인(東人)의 공격이 집중되었다. 이때 정여립(鄭汝立)은 이이(李珥)에 대한 선조(宣祖)의 변심을 헤아려 경연에서 이이(李珥)를 공격하는데 앞장 선 적이 있었는데, 이 일은 궁지에 몰린 서인(西人)들에게 절호의 빌미를 제공하였다. 선조 16년 서인(西人)인 이이(李珥)가 죽은 뒤엔 동인(東人)이 집권함에 따라 서인(西人)이었던 정철(鄭澈)은 중앙 정계에서 밀려나 절치부심중이었을 때 정여립(鄭汝立) 역모사건이 고변되었다. 따라서 정여립(鄭汝立) 역모사건은 서인(西人)과 정철(鄭澈)에겐 반전(反轉)의 기회가 됐다.

15) 허목(許穆, 1596~1682년)은 조선 후기의 문신 및 유학자, 역사가이자 교육자, 정치인이며, 화가, 작가, 서예가, 사상가이며 공조정랑(工曹正郎)을 역임했다. 북인(北人)이었다가 남인(南人)으로 전향했었다. 그는 자신이 태어나기 전에 있었던 1589년 선조 22년 정여립(鄭汝立) 모반 사건을 계기로 기축옥사(己丑獄事)에 대한 것을 접하고 정여립 사건 당시 억울하게 죽은 선비가 많다며 이들의 신원과 복권을 주장하기도 했다. 또한, 허목(許穆)은 "일찍이 정개청이 정철을 가리켜 소인이라고 지탄한 그 한마디의 화가 이토록 심하였다"고 적고 있는데, 당시 1589년 정여립(鄭汝立)의 모반 사건으로 얼마나 많은 수의 사람들이 무고하게 피해를 입었는지 알 수 있다.

16) 『연려실기술』(燃藜室記述)은 조선 후기의 실학자 이긍익이, 그의 아버지 이광사가 유배되었던 곳인 신지도(薪智島)에서 42세 때부터 집필하기 시작해 세상을 떠날 때까지 약 30년에 걸쳐 편찬한 조선시대 야사(野史)의 총서이다. 기사본말체(記事本末體)로 서술되어 있다. 이 책은 원집(原集), 속집(續集), 별

은 "기축옥사(己丑獄事)에서 북인(北人)이 많이 죽은 것은 정여립(鄭汝立)이 북인(北人) 계열이었기 때문이다"라고 지적했듯이, 정여립(鄭汝立)은 북인(北人)으로 파악되었으며, 따라서 북인(北人)의 모집단이었던 조식(曺植)의 남명학파와 서경덕(徐敬德)의 화담학파는 1589년 기축옥사(己丑獄事)로 큰 피해를 당했다. 따라서 이들은 자파의 인사들이 엄청나게 당하는데도 수수방관하는 퇴계학파의 세력들에게 더 큰 원망을 했다.

일제 강점기의 독립운동가이자 역사가·언론인이었던 단재(丹齋) 신채호(申采浩, 1880~1936)는 그의 명저 『조선상고사(朝鮮上古史)』에서 1135 고려시대 묘청(妙淸)의 서경 천도 운동을 '조선 역사상 1천년래 제1대 사건'으로 높이 평가하였던 반면에 1589년 조선시대 정여립(鄭汝立) 모반 사건 즉 기축옥사(己丑獄事)를 '조선 500년 제일사건'이라고 규정하고 *"전민족의 항성(恒性)을 묻고 변성(變性)만 키우는 짓이다"*라고 개탄했다.

(3) 1591년(宣祖 24년) '건저의 사건(建儲議 事件)'

1589년 기축옥사(己丑獄事)로부터 2년 후 1591년 건저문제(建儲問題)를 두고 사림파(士林派) 중에서 온건파인 유성룡(柳成龍) 중심의 이황(李滉)계인 남인(南人)과, 신진 세력인 강경파(급진파)인 이산해(李山海) 중심의 조식(曺植)·서경덕(徐敬德)계인 북인(北人)이 대립하였다. 이 결과, 신진 사림파(士林派)인 동인(東人)은 당파로서 이황(李滉)의 퇴계학파 중심의 남인(南人)과 조식(曺植)의 남명학파와 서경덕(徐敬德)의 화담학파 중심의 북인(北人)으로 분파되었다.

그 후 동인(東人)과 그 후신인 북인(北人), 남인(南人)이 집권했을 시 정여립(鄭汝立)의 옥사에 희생된 사람들에 대한 복권 시도가 이루어졌으나, 광해군(光海君) 퇴출 후 북인(北人)이 숙청당하고, 1728년 이인좌(李麟佐)의 난으로 남인(南人)마저 숙청당하면서 상기 사

집(別集)의 세 편으로 되어 있는데, 원집은 총 33권으로, 조선 태조 때부터 18대 왕 현종 때에 이르기까지 일어난 일들을 왕조별·사건별로 수록하고, 각 왕조 기사의 끝에는 그 왕조의 상신(相臣)·문형(文衡)·명신(名臣)의 전기를 쓰고 있다. 속집은 총 7권으로, 제19대 왕 숙종(肅宗)의 재위 47년 동안(1674~1720)에 있었던 일들을 원집의 형식대로 수록하고 있다. 별집은 총 19권으로, 조선시대의 관직을 비롯하여 전례(典禮)·문예(文藝)·천문·지리·변위(邊圍)·역대 고전 등으로 편목(篇目)을 나누어 연혁을 수록하였고, 인용서명을 부기하고 있다. 원집·속집은 정치편이라 볼 수 있고, 별집은 문화편이라고 볼 수 있다. 『연려실기술』에서 흐르고 있는 기본 정신은 '술이부작(述而不作)'이다. 그러기에 가능한 자료만을 나열하여 독자들의 이해를 돕게 하는 한편, 자신의 견해는 거의 밝히지 않은 특색을 가지고 있다. 더구나 인용된 서책을 취사선택했다는 점에서는 저자의 생각이 전혀 없다고 할 수는 없었지만 최대한 객관적인 입장을 보였다는 것이다. 『이긍익(李肯翊)과 연려실기술(練藜室記述)에 대한 편찬』(이존희, 『진단학보』 61, 1986).

건은 '정여립(鄭汝立)의 옥사 혹은 반란'으로 규정되었다.[17]

그러나 2년 뒤 1591년 동인(東人)은 서인(西人) 정철(鄭澈, 1536~1594)이 세자 책봉을 왕에게 잘못 건의한 사실(建儲問題)을 문제 삼아 지난 1589년 기축옥사(己丑獄事) 관련 역모 가담자를 색출하는 총 책임자로서 국문(鞠問)을 담당했었던 서인(西人)의 강경파였던 정철(鄭澈)의 처벌을 강경하게 주장하였다. 당시, 선조(宣祖)는 동인(東人)과 서인(西人)을 번갈아가며 힘을 실어주었는데, 선조(宣祖)가 1591년 건저문제(建儲問題)에서는 동인(東人)의 편을 들어주면서 서인(西人)의 정철(鄭澈) 일파가 실각함에 따라 동인(東人)은 다시 세력을 회복하게 되었다.

(4) 저자의 평가

조선(朝鮮)의 붕당정치(朋黨政治)에 의하여 야기됐었던 당쟁(黨爭)은 예컨대 복상문제(服喪問題)나 세자책봉(世子冊封) 문제 등 사회성이 결여된 관념적(觀念的) 정치론을 주제로 하여 매우 편협한 배타적 태도로 대립하였다. 이 결과, 올바른 인재 등용의 길이 막히고 사회적 개혁이나 문화적 발전도 기약할 수가 없었으며, 국리민복(國利民福)을 돌보지 않음으로써 국력(國力)이 쇠잔(衰殘)되어 가고 있었다.

그러나, 놀랍게도, 조선말기 문신이자 문장가였던 영재(寧齋) 이건창(李建昌, 1852~1898)이 지은 『당의통략(黨議通略)』의 맨 마지막 『원론(原論)』에 따르면, 50년 동안 당쟁(黨爭)에 의하여 희생된 사람의 수는 모두 79명으로 1년에 약 1.6명인데, 서양(西洋)에서 당파 사이의 대립이 격심했던 때에 비하면 매우 적은 수가 희생되었다고 서술했다.[18] 따라서 조선시

---

17) 그 후 1589년 정여립(鄭汝立)의 난이 서인(西人)에 의한 조작이라는 주장이 나타났다. 현재는 송익필(宋翼弼)이 조작했다는 설, 정철(鄭澈)이 조작했다는 설, 서인(西人) 전체가 조작에 가담했다는 설, 정여립(鄭汝立)의 혁명적인 주장이 옥사를 초래했다는 설 등 여러 가지 주장이 공존하지만 정설은 없다. 사실, 정여립(鄭汝立)의 사상인 천하공물설(天下公物說): '천하는 공물(公物)인데 어찌 정해진 임금이 있겠는 가'와 하사비군론(何事非君論): '누구라도 임금으로 섬길 수 있다'는 그의 급진적인 사상을 나타낸다. 그의 반(反)주자학적 학문 성향 내지 정치사상은 성리학적 명분주의를 초월하여 합리적이고 현실적인 것이었다. 이러한 합리적이고 진보적인 사상이 조선사회에서 쉽게 수용될 수 없었다. 그러나 정여립(鄭汝立)의 대동사상(大同思想)은 근대 민주주의 사상과도 일맥상통하고 공화제와 유사하다. 영국에서 청교도가 중심이 되어 일으킨 최초의 시민혁명으로서 1649년 공화정을 선포했던 영국의 청교도 혁명(1640~1660)보다 60여년 앞섰다. 청교도 혁명으로 1649년 1월 30일 찰스 1세의 목에 도끼가 내리쳐졌다. 자국민의 손으로 적법하게 즉위한 국왕을 처형하는 일은 사상 최초였다. 영국의 올리버 크롬웰이 수립한 영국의 공화정은 정여립 사후 60년 뒤인 1649(기축년)에 처음 실시됐다.

18) 물론, 1789년 프랑스 대혁명 당시인 1792년 8월 10일 하루에만 무려 1천3백 명이 정치적 이유로 희생되었으며, 파리 코뮌(1871년) 기간, 흔히 "피의 주간"이라 불렸던 1871년 5월 21일부터 28일까지 7일 동

대의 당쟁(黨爭)에 의하여 희생된 사람의 수는 상대적으로 보잘 것 없다고 주장했다.

저자는 상기한 이건창(李建昌, 1852~1898)의 『당의통략(黨議通略)』을 신봉하는 일부 역사학자들의 사유와 한국사에 관한 무지(無知)에 아연실색(啞然失色)할 뿐이다. 그 근거로서 전술한 1589년 10월 선조(宣祖) 22년 정여립(鄭汝立, 1546~1589)[19] 모반 사건을 계기로 일어났었던 1589년 기축옥사(己丑獄事)을 계기로 무려 1천여 명이 처형되었다. 나아가, 기축옥사(己丑獄事)는 3년 후 임진왜란(壬辰倭亂, 1592~1598)의 배경 및 원인이 되었다.

안 2만5천 명이 희생되었다. 또한, 러시아의 "피의 일요일"이라 불리는 1905년 1월 22일 당일에는 150명이 사형에 처해졌다. 그러나 프랑스는 '아래로부터의 혁명'을 통하여 자유와 평등을 위한 민주주의를 세웠으며 단단한 민주주의적 기반하에서 유럽 강국으로서 현재 유럽 중심국가가 되었다.

[19] 정여립(鄭汝立, 1546~1589)의 본관은 동래(東萊), 자는 인백(仁佰)이다. 전라북도 전주(全州)에서 첨정(僉正)을 지낸 정희증(鄭希曾)의 아들로 태어났으며, 통솔력이 있고 명석하였으며, 경사(經史)와 제자백가에 통달하였다. 1570년 과거(科擧)에 급제하여 예조좌랑을 거쳐 이듬해 수찬(修撰)이 되었다. 처음에는 이율곡(李栗谷)과 성혼(成渾)의 문하에 있으면서 서인(西人)에 속하였으나, 율곡(栗谷)이 죽은 뒤에는 동인(東人)에 가담하여 율곡(栗谷)을 비롯하여 서인(西人)의 영수(領首)인 박순, 성혼을 비판하였다. 이로 인하여 선조(宣祖)의 미움을 받아 관직을 물러났었다. 이후 전북(전북) 진안군의 죽도(竹島)에 서실(書室)을 세워 활쏘기 모임(射會)을 여는 등 전라도, 황해도 일대의 세력을 규합하여 대동계(大同契)를 조직하고 무력(武力)을 길렀다. 이때 죽도(竹島)와의 인연으로 죽도선생(竹島先生)이라고 불리었다. 1587년에는 전부부윤 남언경(南彦經)의 요청으로 손죽도에 침입한 왜구(倭寇)를 물리치기도 하였다. 이후 황해도 안악(安岳)의 변숭복(邊崇福), 해주(海州)의 지함두(池函斗), 운봉의 승려 의연(義衍) 등의 세력을 끌어모아 대동계(大同契)의 조직을 전국적으로 확대하였다. 1589년(선조 27) 황해도 관찰사 한준(韓準)과 안악군수 이축(李軸), 재령군수 박충간(朴忠侃) 등이 연명하여 정여립(鄭汝立) 일당이 한강(漢江)이 얼 때를 기다려 한양으로 진격하여 반란을 일으키려 한다고 고발하였다. 이에 관련자들이 차례로 잡혀가자 정여립(鄭汝立)은 아들 옥남(玉男)과 함께 진안군 죽도(竹島)로 도망하였다가 관군(官軍)이 포위하자 정여립(鄭汝立)은 죽도로 도망했다가 자살하고, 아들 옥남(玉藍)은 체포되어 처형되었다. 그리고 동인(東人)의 영수인 이발(李潑)을 비롯하여 이호(李浩), 백유양 등이 정여립(鄭汝立)과 가깝다는 이유만으로 처형되는 등 동인 세력(東人勢力)이 크게 위축되었다. 이를 기축옥사(己丑獄事)라고 하는데 이 사건을 계기로 전라도(全羅道)는 반역향(叛逆鄉)이라 불리게 되었고, 이후 호남(湖南) 인물의 등용(登龍)이 제한되었다. 한편, 정여립(鄭汝立)은 "목자망존읍흥(木者亡尊邑興): 이씨는 망하고 정씨는 흥한다"는 정감록(鄭鑑錄) 류(流)의 설을 퍼뜨려 왕조(王朝)를 전복시키려 한 인물로 평가되어 왔었다. 반면에 "천하공물설(天下公物說): 천하는 일정한 주인이 따로 없다"과 누구라도 임금으로 섬길 수 있다는 "하사비군론(何事非君論)" 등 왕권체제하(王權體制下)에서 용납될 수 없는 혁신적(革新的)인 사상을 품은 사상가(思想家)이기도 하였다. 그는 천하(天下)는 공물(公物)이라는 전제 아래 혈통(血統)에 의한 왕위계승(王位繼承)이 결코 절대성을 가질 수 없다고 하고, 주자학적(朱子學的)인 불사이군론(不事二君論)에 대하여 매우 회의적이었다. 그의 모역(謀逆)은 사전에 발각되었고, 이때 정철(鄭澈) 등 서인세력은 사건을 처리하면서 이를 정권장악의 기회로 삼아 동인(東人)을 제거하고자 옥사(獄事)를 확대하였다. 그가 대동계(大同契)를 조직하여 무력(武力)을 기른 것은 이율곡(李栗谷)의 십만양병설(十萬養兵說)에 호응하였기 때문이라는 견해도 있다. 한편, 정여립은 서인(西人)과 동인(東人) 사이에 벌어진 당쟁(黨爭)의 희생자로서 그가 주도했다는 역모(逆謀)는 조작(造作)되었다는 견해도 있다.

　　그렇다면, 왜 조선(朝鮮) 시대에 붕당정치(朋黨政治)가 치열하게 전개되었는가? 그 근본적 원인으로서, 저자는 다음과 같이 2가지를 지적한다: ① 토지(土地) 문제를 에워싼 신·구파 즉 훈구파(勳舊派)와 사림파(士林派)의 대립, ② 관직(官職) 쟁취를 위한 권력 투쟁이다.

　　첫째, 양반의 수는 늘어가는데 양반에게 수급권을 줄 토지(土地)가 부족했다. 이 와중에 과전법(科田法)은 직전법(職田法)으로 바뀌면서 기성세력(훈구파)과 신진세력(사림파) 사이에 알력이 발생할 수 밖에 없었다. 이 결과, 훈구파(勳舊派)와 사림파(士林派)의 대립이 시작됐다. 상술하면, 조선의 제7대 왕 세조(世祖, 1455~1468)때 현직자와 퇴직자에게 아울러 주던 과전법(科田法)을 폐지하고 현직자에게만 주는 직전법(職田法)으로 개편한 것은 조선시대의 토지제도가 가지는 한계 때문이었다. 그러나 그것조차 실시할 수 없어서 직전법(職田法)도 폐지되고, 이제는 새로이 관리가 되더라도 국가로부터 아무런 땅도 받을 수가 없게 되었다. 그가 가질 수 있는 것은 조상으로부터 물려받은 것뿐이었다. 따라서 신진관료는 여기에 불만을 가지지 않을 수 없게 되었고, 불건전한 토지제도를 개혁하자는 주장이 그들 사이에 점차로 일어나게 되었다. 이렇게 토지(土地) 문제를 에워싼 신·구의 대립이 귀족간의 분열과 파쟁을 일으킨 주요 원인이었다.

　　이와 관련하여, 맨슈어 올슨(Mancur Olson, 1932~1998)은 그의 저서:『집단행동의 논리』(The Logic of Collective Action, 1965년)와 그의 1993년 논문(American Political Review에 게재):『독재, 민주주의, 그리고 개발(Dictatorship, Democracy, and Development)』에서 국가는 '도적(혹은 강도로 번역됨) 집단'에서부터 출발한다고 논술했다. 상기한 맨슈어 올슨(Mancur Olson)의 소위 '도적(혹은 강도) 집단이론'은 조선(朝鮮)의 붕당정치(朋黨政治)로 인한 당쟁(黨爭)에 매우 유효하게 적용될 수 있다. 즉, 성리학(性理學)이라는 허울좋은 슬로건 하에서 훈구파(勳舊派)와 사림파(士林派)의 사리사욕(私利私慾)을 위한 권력투쟁이었을 뿐이었다.

　　둘째, 관직(官職) 쟁취를 위한 권력 투쟁이다. 조선 영조(英祖, 1694~1776; 제21대 왕 재위: 1724~1776) 때의 조선 실학자 이익(李瀷, 1681~1764)은 자신의 형 잠(潛)이 당쟁으로 희생된 이유도 있었지만, 중국의 붕당정치(朋黨政治)의 폐해를 지적하고 부정적 당파성을 가진 붕당(朋黨)을 없애기 위하여 송(宋)나라 때의 구양수(歐陽修)가『붕당론(朋黨論)』을 지은 것처럼, 이익(李瀷) 자신의 저서『붕당론(朋黨論)』을 통해 당쟁(黨爭)의 폐단을 지적했으며, 당쟁(黨爭)의 원인은 관직(官職)을 차지하기 위한 싸움이라고 비판했다.

　　회고해보면, 조선 성리학(性理學)과 예학(禮學)의 태두(泰斗)인 퇴계 이황(退溪 李滉, 1502~1571)은 리(理)의 역할을 강조하여 12세기 남송(南宋)이 배출한 중국 최고의 천재 주희(朱熹, 1130~1200)가 집대성한, 성즉리(性卽理)의 주자학(朱子學)의 근간인『사서집주(四

書集註)』를 조선(朝鮮)의 성리학(性理學)으로 변형하였다. 그리고 퇴계 이황(退溪 李滉)은 일본에게 성리학(性理學)을 전수했다. 그 후, 조선(朝鮮)의 최고 천재(9회의 장원급제) 율곡 이이(栗谷 李珥, 1536~1584)는 기(氣)의 역할을 강조하여 상기한 퇴계 이황(退溪 李滉, 1502~1571)의 성리학(性理學)을 뒤엎었다. 율곡 이이(栗谷 李珥)의 이론적 핵심은 ① 理氣論, ② 理氣之妙, ③ 氣發理乘一途, ④ 理通氣局; 인성론(人性論): ① 本然之性과 氣質之性, ② 四端과 七情, ③ 人心과 道心이다.

그 후, 조선(朝鮮) 후기 성리학(性理學)을 계승하던 학자들 중에서 정약용(丁若鏞, 1762~1836)으로 대표되는 실학파(實學派)에 의해서 성리학(性理學)의 관념과 자질구레한 논쟁이 무슨 소용이 있겠는가 하며, 실용적 학문 즉 실학(實學)을 주장하였다. 이와 동시에, 조선 후기 200년간 이어진 대보단(大報壇) 제례(祭禮)는 당대 엘리트층의 뿌리 깊은 존명의리(尊明義理) 사상을 담고 있었으며, 이것이 조선으로 하여금 '근대의 문턱'을 넘지 못하게 한 '의식의 족쇄'였다. 그 결과, 조선은 '우물안 개구리'가 되었다.

모름지기, 한국인들(특히 위정자들)은 1575년(선조 8년) 조선의 붕당정치(朋黨政治)에 의한 당쟁(黨爭)의 시작부터 1910년 한일합방(韓日合邦)으로 대한제국(大韓帝國)이 멸망할 때까지 무려 335년 동안 '우물안 개구리들이 하늘을 가리고 서로 살육하고 민중(民衆)을 착취했었던' 조선(朝鮮)의 붕당정치(朋黨政治)를 부끄럽게 생각하고 깊히 반성해야 할 것이다.

조선(朝鮮)은 민중의 정치적·경제적·사회적 현상은 종전대로 유지된 채, 왕도정치(王道政治) 체제하에서 조신(朝臣) 내의 당파(黨派)에 의한 정권 장악 암투를 벌이다가 결국 1910년 대한제국(大韓帝國)은 자멸(自滅)하였다. 이 평가는 식민주의(植民主義) 역사관(歷史觀)을 대변하는 것은 결코 아니다.

3) 외침(外侵): 임진왜란, 정묘호란, 병자호란

아비규환(阿鼻叫喚)의 임진왜란(壬辰倭亂, 1592~1598)으로부터 만 30년 후 정묘호란(丁卯胡亂, 1627.01~03)이, 그로부터 만 10년 후 병자호란(丙子胡亂, 1636.12~1637.01)이 각각 터졌다. 그러나 조선(朝鮮)은 속수무책이었고 산하(山河)와 민중(民衆)은 유린(蹂躪)되었다.

(1) 제14대 선조(宣祖, 재위: 1567~1608): 임진왜란(1592~1598)

1591년(선조 24년) '건저의 사건(建儲議 事件)'으로 인하여 서인(西人)의 정철(鄭澈) 일파가 실각하고 동인(東人) 특히 북인(北人)이 우세한 가운데, 딱 1년 후 임진왜란(1592~1598)이 발발하여 조선 강토가 아비규환(阿鼻叫喚)이 되었다.

임진왜란(壬辰倭亂, 1592~1598)은 조정과 양반 지배층들의 무능한 모습을 적나라하게 노출시킨 사건이었다. 대내적으로, 16세기 조선은 사회·경제·정치가 매우 어지럽고 질서가 없던 때였다. 질서와 예법과 제도가 무너지고 마음의 긴장과 규율 등이 풀리어 느스러진 지배계층, 그로 인한 정치혼란, 백성의 경제파탄 등이 심각한 사회문제로 두드러지게 드러나기 시작했다.

제14대 선조(宣祖, 재위: 1567~1608)와 신하들은 조선(朝鮮)을 멸망 직전까지 몰아넣었다. 외침(外侵)을 알리는 숱한 정보가 있었는데도 조정은 한사코 무시했다. 당시 일본에서는 도요토미 히데요시(豊臣秀吉, 1537~1598)는 120여 년간 분열돼 있었던 일본을 통일한 후, 영주들의 불만을 나라 밖으로 돌려 국내 정치를 안정시키고 명(明)과의 무역을 독점하기 위해서 대륙침략을 계획하고 있었다. 일본은 조총과 병선을 대량 생산하는 등 전쟁 준비에 박차를 가했다.

상기의 배경에서, 당시 병조판서(兵曹判書) 율곡 이이(栗谷 李珥, 1536~1584)는 임진왜란(1592~1598)이 일어나기 10년 앞선 1583년 전쟁 위험을 경고하면서 '10만 양병설'을 건의했다. 그는 "나라가 오래 태평하여 태만함이 날로 더해 안팎이 텅 비고 군대와 식량이 모두 부족하니, 큰 적이 침범해 온다면 아무리 지혜로운 자도 계책을 쓸 수가 없을 것"(『선조실록』)이라고 주장했다. 실로, 율곡(栗谷) 이이(李珥)는 다가오는 국가의 대변란을 일찍이 내다보았고, 국가의 존망의 변란 앞에서도 권력 다툼에 여념이 없던 당쟁(黨爭)을 뛰어넘어 삶을 지킬 방책을 줄곧 역설하던 지성인이 율곡(栗谷) 이이(李珥)였다(조선일보, 2017.09.04).

첫째, 율곡(栗谷) 이이(李珥)는 "미리 밝게 살펴서 변란이 일어나기 전에 다스리고 위태로움이 있기 전에 보전하는 것이 상지(上智)"라고 강조하면서 "변란을 당하고도 다스릴 생각을 하지 않고 위태로움을 보고도 안정시키려 하지 않는 것은 하지(下智)"라고 경고하고 있다(『율곡전서』 권 7).

둘째, 율곡(栗谷) 이이(李珥)는 변란을 미리 다스리지 못했다면 변란의 와중에라도 스스로 반성하고 그간의 잘못을 겸허히 돌아볼 것을 강조했다. "천재를 당했을 적에도 자신을 돌이켜보며 스스로 반성하고 정치를 잘못한 게 없는가 두루 살피되… 절대로 잘못이 없다 하여 스스로를 용서해서는 안 된다."(『율곡전서』 권 5).

셋째, 율곡(栗谷) 이이(李珥)는 변란을 헤쳐 가기 위한 구체적 방도는 결국 폭넓은 의견 수렴임을 강조한다. *"반드시 여러 사람의 의견을 요구해 지식과 견문을 넓히고, 현명한 사람을 등용해 부족한 능력을 메우고… 힘써야 할 것이다."*(『율곡전서』권 5).

　그러나 율곡(栗谷) 이이(李珥)의 건의는 빈약한 국가 재정 탓에 시행되지 못했다. 오히려, 병조판서(兵曹判書) 율곡(栗谷) 이이(李珥)가 '당쟁을 조장한다'는 동인(東人)의 탄핵에 의하여 관직에서 물러나야 했다.

　심지어, 임진왜란(1592~1598)이 일어나기 5년 앞선 1587년 도요토미 히데요시(豊臣秀吉, 1537~1598)는 조선에 수교와 통신사 파견을 요구했지만 일본을 '오랑캐의 나라'로 업신여기던 조선은 통신사(通信使) 파견을 놓고 갑론을박(甲論乙駁)을 계속했다. 결국 '교섭이 되지 않으면 전쟁이 일어날지 모른다'는 일본 사신의 암시를 받고 선조(宣祖)는 1590년 서인(西人)의 정사(正使) 황윤길(黃允吉)과 동인(東人)의 부사(副使) 김성일(金誠一) 등을 통신사(通信使)로 파견하였다.

　1589년 정여립(鄭汝立) 모반 사건이후 바로 다음 해인 1590년 4월 조선 통신사 정사(正使)로 일본에 파견되었다가 1591년 3월 귀국하여 어전회의(御前會議)에서 서인(西人) 황윤길(黃允吉)은 *"도요토미 히데요시(豊臣秀吉)이가 눈에 광채가 있으니 담력과 지력을 겸비한 사람과 같았으며 그는 분명히 전쟁을 이르킬 것 같다"*고 보고하고 *"왜적은 많은 병선을 준비하고 있어 반드시 병화가 있을 것이오니 대비책을 마련하심이 옳을 듯하옵니다"*라고 진언했었다. 이와 반면에 부사(副使)인 동인(東人) 김성일(金誠一)은 *"도요토미 히데요시(豊臣秀吉)은 쥐 눈을 가진 원숭이와 같은 자로 그럴만한 위인이 못된다"*라고, *"그런 정황은 발견하지 못했다"*고 보고하면서 *"황윤길(黃允吉) 정사(正使)께서 과장되게 아뢰어 민심을 동요시키는 것은 잘못인 듯하옵니다"*라고 반박했었다. 결국, 당시 동인(東人)이 조정을 장악한 상황에서 선조(宣祖)는 정사(正使) 황윤길(黃允吉)을 포함한 3명이 *"일본이 침략할 것이다"*라는 보고를 묵살하고 부사(副使) 김성일(金誠一)의 보고가 채택하였다.

　또한, 조선(朝鮮)의 통신사(通信使)와 함께 온 일본 사신을 맞이한 선위사(宣慰使) 오억령(吳億齡)은 일본사신으로부터 "1년 후에 일본이 조선(朝鮮)의 길을 빌려 명나라를 칠 것(假道入明)이다"는 말을 들었다. 이를 조정에 알렸으나 그가 '민심을 소란하게 한다'는 이유로 오히려 파직됐다. 뒤늦게 경상도·전라도 연안의 여러 성(城)을 수축하고 각 진영(鎭營)의 무기를 정비하는 등 대비책을 마련했으나 실효를 거두지 못했다. 그 후 1594년 훈련도감(訓鍊都監)을 설치하고 조총과 탄환을 만드는 기술을 배우도록 했다.

　결국, 임진왜란[1592(선조 25년)~1598(선조 31년)] 이 발발했다. 근대적 신무기인 조총으로 무장한 20만 명의 왜군(倭軍)이 부산에 상륙한 지 나흘이 지나서야 조정에 첫 보고가 도착했다. 황망해진 조정이 군사를 긁어모은 병력은 수백명에 불과했다. 조선은 연산군(재위: 1494~1506) 이후 훈구파와 사림 세력 간의 정쟁으로 정치적 혼란이 거듭됐다. 군인을 왕릉 축조와 성곽 보수에 동원하는 군역의 '요역화'가 나타나면서 군역 기피가 만연했다. 이에 따라 국방체제가 사실상 붕괴되어 있었다. 왕(王)은 무능하고 신하들은 말(言)로만 싸우는데 나라 지킬 군대는 없었다. 선조(宣祖)가 도성(都城)을 탈출하자 백성은 욕하며 궁궐에 불을 질렀다. 의주(義州)로 도주한 선조(宣祖)가 애절하게 명(明)에 망명을 구걸했었다. 선조(宣祖)는 국권(國權)보다 왕권(王權)의 안위에만 매달렸다.

1597년 일본은 명(明)과 진행되던 강화회담이 깨지자 다시 침입하여 정유재란(丁酉再亂)을 일으켰다. 다시 명나라에 원병을 청하는 한편, 훈련도감을 설치, 군사 훈련을 강화시키고 투항해 온 왜군에게 조총(鳥銃) 쏘는 방법과 탄환 만드는 기술을 관군에게 가르치도록 하였다. 다행히 이순신(李舜臣)이 이끄는 조선 수군(水軍)의 승리로 전세는 다시 역전되었고, 때마침 도요토미 히데요시(豊臣秀吉, 1537~1598)가 사망하여 일본군이 총 퇴각함으로써 7년(1592~1598)에 걸친 전쟁은 끝났다. 그러나 국토가 황폐화되고 전국이 7년 동안 전장터가 되어 조선(朝鮮) 개국이래 내외적으로 가장 혼란한 상황을 맞았다.

(2) 제16대 인조(仁祖, 재위: 1623~1649)

당시 조선(朝鮮)은 임진왜란[1592(선조 25년)~1598(선조 31년)] 이후의 사회복구사업, 1624년(인조 2년) '이괄(李适)의 난'으로 인한 정예병의 손실 등으로 어려운 상황이었다. 특히 '이괄의 난'(1624년)으로 인한 1만6천 명의 북방군의 손실은 매우 큰 타격이었다. 당시 4영군을 제외한 정규군은 북방군이 유일했는데, '이괄의 난'(1624년)으로 7천 500명의 정예병이 손실되었고, 수천의 속오군(束伍軍) 병력도 피해를 입어 조선군의 전력이 약해져 있었다.

인조(仁祖)의 국방정책으로 인해 조선군은 1만 명의 훈련도감군, 2만 명의 충융군, 1만 4천 명의 수어군을 확보하였다. 7천 명의 어영군(御營軍)은 전국에 분산되어 속오군(束伍軍)에 편제함으로써 속오군(束伍軍)의 전력을 더 강화시켰다. 전국적으로도 약 9만 명이 속오군(束伍軍)이 확보되었으며, 3만 명의 수군(水軍)과 약 600척의 전선(戰船)을 확보했다. 그리고 조선(朝鮮)의 대외정책은 광해군(光海君)의 중립적 외교정책에서 친명배금정책(親明排金政策)으로 급선회하였다. 서인(西人)은 실리(實利)보다는 명분(名分)을 중시했고 종전대로 명(明)을 받들어 모셨다.

① 정묘호란(丁卯胡亂, 1627년 1월~3월)

당시 '청(淸)나라'는 '후금(後金)'이라는 이름으로 세력을 키우고 있었다. 후금(後金)의 '여진족'은 고려시대에는 '금(金)나라'였다가 멸망하여 만주 일대에 뿔뿔이 흩어져 살더니 후금(後金)을 세웠다. 여진족(女眞族)의 뿌리인 말갈족은 몽골계통이므로 우리민족과 먼 친척뻘이 된다. 그들은 힘이 약할 때는 조선(朝鮮)의 영향력 아래에 있었다. 그러나 임진왜란[壬辰倭亂, 1592(선조 25년)~1598(선조 31년)]으로 인하여 조선(朝鮮)과 명(明)의 군사 동원은 각각 치명적이어서 힘이 약해졌으며 그 틈에 후금(後金)이 강해졌다.

그 후 후금(後金)은 몽골까지 점령하며 여러 나라를 거느린 황제국이 되었다. 즉, '말갈족' → '여진족' → '금나라' → '후금' → '청(淸)나라'로 발전한 것이다. 후금(後金)은 이름을 '청(靑)나라'로 고친 후 조선(朝鮮)에 대한 태도가 달라졌다. 따라서 조선에 대한 강경책을 주장해 왔던 홍타이지가 청태종(淸太宗, 崇德帝, 재위: 1592~1643)으로 즉위하여 청(淸)의 대(對)조선정책이 급변하였다.

청(淸)은 당시 기세등등했으나 산해관(山海關)조차 넘지 못하고 있었으며, 누르하치가 조공무역을 독점하며 쌓아올린 경제력이 고갈되는 중이었다. 게다가 내몽골을 평정한 이후 1626년까지 만주에 2~3년 연속의 대기근(大飢饉)이 닥치면서, 청(淸)은 심각한 경제적 위기에 처했다. 1627년에는 식량값이 8배로 뛰어 군대를 유지하기도 벅찬 지경에 이르렀다.

청(淸)은 내부에 필요한 자금을 명(明)나라와의 인삼, 모피 등의 무역으로 마련해왔다. 그러나 청(淸)은 명(明)과의 전쟁으로 교역로가 끊겨 생필품 가격 등이 치솟아서 백성의 불만이 높아졌다. 더구나 기상 악화로 식량사정까지 나빠졌다. 따라서 청(淸)은 조선과의 통교를 이용하여 생필품 부족 문제를 타개해야 할 처지에 있었다. 또한, 후방을 안정시키기 위해서는 조선(朝鮮) 평북 철산(鐵山)의 가도(椵島)에 주둔하여 랴오둥(遼東)을 수복하려는 모문룡(毛文龍)과 조선을 정벌할 필요성을 강하게 인식하였다.

그러나 제15대 왕 광해군(光海君) 시대(재위: 1608~1623)의 조선은 이미 광해군(光海君)과 박승종(朴承宗)의 명을 받은 정충신(鄭忠信)이 후금(後金)의 정보를 캐내고, 홍타이지를 집중적으로 경계해 그가 후계자가 되기 이전부터 주목하며 철통 같은 방비를 하고 있었기에, 홍타이지는 조선을 칠 생각은 전혀 하지 못했다.

때마침 1624년(인조 2년) '이괄(李适)의 난'을 일으켰다가 후금(後金)으로 달아난 이괄(李适)의 잔당이 광해군(光海君)은 부당하게 폐위되었다고 호소하고 조선의 군세가 약하니 속히 조선을 정벌해달라고 종용하였다. 이에, 청(淸) 태종은 더욱 결전할 뜻을 굳히어 1624

년 '이괄(李适)의 난' 때 후금(後金)에 투항한 한명윤의 아들, 한윤·한택과 1619년 부차 전투에서 항복한 강홍립(姜弘立)을 데리고 1627년(인조 5년) 광해군(光海君)을 폐위한 1623년 인조반정(仁祖反正)을 보복한다는 명분으로 군사 3만 명을 일으켜 조선을 공격했다. 이것이 정묘호란(丁卯胡亂, 1627.01~03)이다.

1627년 1월 아민(阿敏)이 이끄는 3만의 후금(後金) 군(軍)은 앞서 항복한 강홍립(姜弘立) 등 조선인을 길잡이로 삼아 압록강을 건너 의주(義州)를 공략하고 이어 용천(龍川)·선천(宣川)을 거쳐 청천강(淸川江)을 넘었다. 후금(後金) 군(軍)은 안주(安州)·평산(平山)·평양(平壤)을 점령하고 황주(黃州)를 장악하였다. 조선(朝鮮)에서는 장만(張晚)을 도원수(都元帥)로 삼아 싸웠으나 평산(平山)에서부터 후퇴를 거듭, 그 본진이 개성으로 후퇴하였다. 인조(仁祖) 이하 조신(朝臣)들은 강화도(江華島)로 피하고 소현세자(昭顯世子)는 전주(全州)로 피란하였다.

1624년(인조 2년) '이괄의 난'으로 말미암아 북변의 군사 체계가 붕괴된 상태였던 조선은 수세에 몰렸다. '이괄의 난' 이후 강화된 기찰(譏察)은 북방 무관들이 제대로 된 훈련조차 맘놓고 못하게 만들었다. 군 지휘관들은 본인들 안위를 위해서 군 훈련 자체를 피하였다. 게다가 후금(後金)과의 사이는 다시 나빠져서, 인조(仁祖)는 후금(後金)과의 국교 단절까지 고려하였다. 도원수 김시양(金時讓)과 부원수 정충신(鄭忠信)이 전쟁나면 큰일난다고 후금(後金)과의 국교 단절을 막았지만, 결국 둘은 인조(仁祖)의 눈 밖에 나 유배되었다. 후임으로 도원수에 김자점(金自點)을, 요충지인 강화도(江華島)의 방비를 위하여 장신과 김경징같은 무책임과 무능력자들을 각각 임명했는데, 그 이유는 최소한 반란을 일으키지는 않을 것이라는 믿음 때문이었다. 정묘호란(丁卯胡亂) 중 자폭하면서까지 분전한 영변부사 남이흥(南以興)은 *"조정에서 나로 하여금 마음대로 군사를 훈련하지 못하게 하였으니, 강한 적을 만나 죽는 것이 진실로 내 일이지만, 이것이 한스러울 뿐이다."* 라고 유언을 남겼다.

조정은 강화도(江華島)로 천도했다. 조선 조정 내에서도 화의론(和議論)이 대세를 이루고 후금(後金)도 오랜 기간에 걸치는 출병이 곤란했으므로 최명길(崔鳴吉)의 강화 주장을 받아들여 양국의 대표가 만나 하기의 강화조약(정묘화약)을 체결하고 '형제지맹'을 맺고 철수했다:

① 명(明)나라의 연호 '천계(天啓)'를 쓰지 말 것, ② 왕자를 인질로 할 것 등의 조건으로 화의를 교섭하게 하였다. 이에 양측은 ① 화약 후 후금(後金) 군(軍)은 즉시 철병할 것, ② 후금(後金) 군(軍)은 철병 후 다시 압록강을 넘지말 것, ③ 양국은 형제국으로 정할 것, ④ 조선은 후금과 화약을 맺되 명나라와 적대하지 않을 것 등을 조건으로 정묘조약(丁卯

條約)을 맺고 3월 3일 그 의식을 행하였다. 이에 따라 조선측은 왕자 대신에 종실인 원창군(原昌君)을 인질로 보내고 후금(後金) 군(軍)도 철수하였다.

한편, 조선(朝鮮)은 정묘호란(丁卯胡亂) 이후 후금(後金)의 요구를 들어 1628년(인조 6) 이후 중강(中江)과 회령(會寧)에서의 무역을 통해 조선(朝鮮)의 예폐(禮幣: 외교관계에서 교환하는 예물) 외에도 약간의 필수품을 공급해 주었다. 그러나 후금(後金)은 당초의 맹약을 위반하고 식량을 강청하고 병선(兵船)을 요구하는 등 온갖 압박을 가해왔다. 그뿐 아니라 후금(後金) 군이 압록강을 건너 변경 민가에 침입해 약탈을 자행하므로 변방의 백성과 변방 수장(守將)들의 괴로움은 말로 형언하기 어려웠다.

② 병자호란(丙子胡亂, 1636.12.28~1637.02.24)

조선(朝鮮)은 1627년 정묘호란(丁卯胡亂) 이후 청(淸)과 형제의 관계를 맺었으나 강화조약에 따라 명(明)과의 관계에는 변함이 없었다. 그러나 청태종(淸太宗, 崇德帝, 재위: 1592~1643)이 조선(朝鮮)에 사신을 보냈을 때 조정이 사신의 접견조차 거부하였을 뿐만 아니라 아버지 누루하치 다음의 청(淸)나라 제2대 황제 '청태종(淸太宗)'에게 배례(拜禮)하지 않는 등 친명(親明) 정책을 변경할 의사가 없는 것을 확인하자 명(明)과의 전면전(全面戰)을 전개하기 전에 조선(朝鮮)을 확실히 굴복시켜 배후의 위협을 제거하고자 1636년 12월 2일, 12만 8천여명의 군사로 조선을 침공했다. 즉, 이참에 1627년 정묘호란(丁卯胡亂) 때 맺은 '형제(兄弟)'의 관계를 '군신(君臣)'의 관계로 바꾸자는 청태종(淸太宗)의 제의를 거부하자, 청나라는 다시 침입하여 불과 5일만에 한양(漢陽)을 점령했다.[20] 이것이 바로 1627년 정묘호란(丁卯胡亂)으로부터 약 10년 후에 일어났었던 병자호란(丙子胡亂, 1636.12.28~1637.02.24)이다. 청태종(淸太宗)은 인조(仁祖)가 1637년 1월 19일까지 항복하지 않자 강화

---

20) 당시, 조선의 방어전략은 청야견벽(淸野堅壁)이었다. 즉, 강한 청(淸)의 기병과 직접 맞부딪치는 것을 피하고 침공로 주변의 성(城)에 군사를 집결하여 공성전(攻城戰)으로 유도함으로써 전쟁을 장기전으로 이끄는 것이었다. 이 전략은 명(明)이 아무리 약체화 되었더라도 이를 배후에 두고서는 청(淸)이 장기전을 벌이기 어려운 약점을 노린 것이었다. 유사시에는 수군(水軍)이 약한 청(淸)의 공세를 피할 수 있도록 강화도(江華島)에 파천하는 계획도 포함되어 있었다. 그러나, 1627년 정묘호란(丁卯胡亂) 당시 인조(仁祖)가 강화도로 파천하는 것을 지켜봤던 청(淸)의 팔기군을 중심으로 한 청군은 조선군이 지키고 있던 산성을 우회해서, 한양으로 신속히 남하하여 인조(仁祖)와 조정이 강화도(江華島)로 피난하는 길을 차단해버렸다. 청군이 기병 중심의 편제였던 데다가 그 진격 속도가 매우 신속했으므로, 전국 각지에서 청군은 신출귀몰한다는 소문이 돌았다. 봉화를 통한 긴급 통신체계가 제대로 작동하지 않아 조정이 청군의 침공을 인지한 것은 1636년 12월 13일이었으며, 인조(仁祖)는 청군이 한양(漢陽)에 거의 접근한 12월 14일에서야 파천(播遷)에 나섰으나 강화도(江華島)로 향하는 길이 이미 차단당한 이후였기 때문에 남한산성(南漢山城)으로 피할 수 밖에 없었다.

도(江華島) 공격을 명령하였고[21], 청군은 1637년 1월 22일 강화산성(江華山城)을 함락시켰다.[22]

조선(朝鮮) 조정은 남한산성(南漢山城)과 강화도(江華島)가 항전하는 동안 전국 각지의 관군이 집결하여 청군의 포위를 풀 것을 기대하였으나, 1636년 12월 19일 충청도 근왕병(勤王兵)의 진격이 죽산(竹山)에서 멈추었고, 1636년 12월 27일에는 강원도 근왕병(勤王兵)이 검단산 전투에서 청군에게 패배하였으며, 수원 광교산 전투에서 청군에게 승리를 거둔 전라도 근왕병(勤王兵)마저 탄약 부족으로 퇴각함으로써 남한산성(南漢山城)의 고립은 심화되었다. 또한, 평안도와 황해도에서 청야견벽(淸野堅壁) 전략에 따라 수성을 준비하다 허를 찔린 조선군은 청군의 뒤를 쫓아 남하하였으나 12월 25일 도르곤이 이끄는 청(淸)의 우익군에게 기습을 당하여 양근 미원으로 퇴각하였다. 그러나 양근 미원에는 약 1만 7천여 명의 조선군이 집결하였으나 청군과 정면으로 대결하지 못했다.

이러한 상황에서, 제16대 인조(仁祖, 재위: 1623~1649)와 조정은 남한산성(南漢山城)에서 청(淸)의 포위로 인한 굶주림과 추위, 왕실이 피난했었던 강화도(江華島)의 함락(1637.01.26), 남한산성(南漢山城)의 포위를 풀기 위한 근왕병(勤王兵)의 군사작전 실패로 항복하였다. 당

21) 당시, 강화도(江華島)에는 세자빈과 봉림대군(후일 孝宗)을 비롯하여 왕실과 역대 임금의 신주가 피난해 있었다. 인조(仁祖)와 조정은 수전의 경험이 적은 청군이 강화도(江華島)를 공략하기 어려울 것으로 판단하였다. 그러나, 1627년 정묘호란(丁卯胡亂) 때는 수군(水軍)이 없어서 강화조약 정도로 끝냈었지만, 명(明) 수군(水軍) 출신의 공유덕과 경중명이 함선과 홍이포 등을 가지고 투항해 왔었기 때문에 이들을 앞세워 강화도(江華島)를 공격할 수 있었다. 일단 전쟁이 끝을 맺자 전후 처리 문제가 거론되지 않을 수 없었다. 강화도의 실함이 인조(仁祖)의 남한산성 출성(出城)을 재촉케 했으니 우선 강화도 방수에 직임을 맡았던 장수들의 책임을 묻지 않을 수 없었다. 먼저 강화유수 겸 주사대장(舟司大將)으로 해상의 방어를 맡았던 장신은 바다를 지키지 않고 도주한 죄로 왕명에 의해 스스로 자살하도록 했다. 검찰사로서 강화 수비의 총책을 맡았던 김경징이 사사(賜死)되었으며, 강화 수비의 부책임자였던 이민구(李敏求)는 영변에 위리안치(圍籬安置)되었다. 충청수사 강진흔(姜晉昕)은 사력을 다해 바다를 지켰으나 억울한 죽음을 당했다. 한편, 강화 부성이 함락될 때 전현직 관료나 아직 벼슬에 나가지 않은 많은 선비들이 순절했고, 부녀자들이 바다에 뛰어들거나 목을 메어 절개를 지켰는데 난이 끝나자 이들의 충절과 절개를 기리기 위해 나라에서 벼슬을 추증하거나 정문(旌門)을 내렸으며, 단(壇)을 설치해 죽은 자들의 영혼을 위로했다. 또 전장에서 싸우다 전사한 자에게까지 휼전(恤典)을 베풀고 시상했다.

22) 남한산성(南漢山城)은 천혜의 요새로 1만 3천여 명의 조선군이 수성(守城)에 나서 청군이 이를 공략하기는 쉽지 않았다. 그러나 조선군은 당초 전쟁 준비가 전혀 되어 있지 않은 상태에서 왕과 조정이 남한산성(南漢山城)으로 도망쳤으므로 성(城) 내부로 퇴각한 군사 1만3천 명과 백성 수만 명을 지탱할 비축 물자가 없었다. 쌍령 전투 이후 남한산성(南漢山城)은 완벽히 고립되었으므로 더는 보급을 기대할 수 없어서 조선군의 사기는 점점 저하된 데다가 겨울철의 추위 탓에 수많은 사람이 얼어죽었고 식량이 바닥을 드러내기 시작했다. 인조(仁祖)조차 결국 죽 한 그릇으로 하루 끼니를 이어가는 상황에 이르렀고 기근(饑饉)에 지친 군사들은 군마를 죽여 먹기까지 했으나 굶어 죽는 사람이 속출하기 시작했다.

시 남한산성(南漢山城)과 강화도(江華島)에서 약 3만 명의 군사가 항전하다가 전사하였다.

여기서 저자는 곧 멸망(1644.04.25)하게 되어 있었던 명(明, 1368~1644)에 대한 사대주의(事大主義)와 재조지은(再造之恩)을 중시하되 대륙 정세 동향에 눈 감고 있었던 서인(西人) 세력들을 경멸한다. 왜냐하면 그들은 오로지 정권 탈취에만 혈안이 되어 있었다. 병자호란(丙子胡亂) 당시 남한산성에서 입만 놀렸던 신료들 중에서 어느 누가 전장에 나갔었는가? 이러한 참혹한 시련을 겪었음에도 불구하고, 국가존립(國家存立)의 근원을 곧 멸망(滅亡)하게 되어 있었던 중국 명(明)의 지원에서만 찾고 의지하려 했으니, 조선(朝鮮)은 한마디로 나라가 아니었다.

결국, 제16대 인조(仁祖, 재위: 1623~1649)는 1637년 1월 30일(양력 02.24) 출성하여 삼전도(三田渡)에서 청태종(淸太宗)에게 항복하고 삼배구고두례(三拜九叩頭禮, 3번 무릎 꿇고 9번 머리를 조아리는)의 굴욕(1637.02.24, 인조 15년)을 치루면서 군신(君臣)의 예를 맺었다. 명(明)과의 국교를 단절하고 청조(淸朝)로부터 '조선 국왕'으로 책봉됨으로써 군신(君臣) 관계가 재확인됐다. 이로써 조선은 명(明)과의 관계를 완전히 끊고 청(淸)나라에 종번관계(宗藩關係)로 복속하게 되었다. 이와 같은 관계는 1895년 청일전쟁(淸日戰爭)에서 청나라가 일본에 패할 때까지 계속되었다.

또한, 삼전도(三田渡)에서 청태종(淸太宗)의 공덕을 칭송하고 청군의 승전을 기념하기 위한 비(碑)를 건립하였다. 인조(仁祖)가 남한산성 출성(出城)에 앞서 합의한 강화조약의 기본 원칙에는 연호(年號) 문제가 주요 사안으로 채택되었다. 그것은 조선이 지금까지 사용해오던 명(明)의 '숭정(崇禎)'이란 연호를 버리고 청(淸)의 '숭덕(崇德)'이라는 연호를 사용한다는 약속이었다. 당시, 조선(朝鮮)의 항복 조건은 다음과 같았다:

① 조선은 청(淸)에 대해 신(臣)의 예를 행할 것.
② 명(明)에서 받은 고명책인(誥命冊印)을 바치고 명(明)과의 교호(交好)를 끊으며 조선이 사용하는 명(明)의 연호를 버릴 것.
③ 조선 왕(王)의 장자와 차자 그리고 대신의 아들을 볼모로 청(淸)에 보낼 것.
④ 청(淸)이 명(明)을 정벌할 때 조선은 기일을 어기지 말고 원군을 파견할 것.
⑤ 가도(椵島, 椵島라는 설도 있음)를 공취할 때 조선은 배 50척을 보낼 것.
⑥ 성절(聖節)·상삭(上朔)·동지(冬至)·중궁천추(中宮千秋)·태자천추·경(慶)·조(弔) 사신의 파견은 명(明)의 구례(舊例)를 따를 것.
⑦ 압록강을 건너간 뒤 피로인 중에서 도망자는 전송할 것.
⑧ 내외제신과 혼인을 맺어 화호(和好)를 굳게 할 것.

⑨ 조선은 신구(新舊) 성원(城垣)을 보수하거나 쌓지 말 것.

⑩ 올량합인(兀良合人)은 마땅히 쇄환할 것.

⑪ 조선은 기묘년(1639)부터 세폐(歲幣)를 보낼 것 등이었다.

(3) 저자의 평가

제14대 선조(宣祖, 재위: 1567~1608) 시대의 임진왜란(1592~1598), 제16대 인조(仁祖, 재위: 1623~1649) 시대의 1624년 '이괄(李适)의 난(亂)' → 1627년 정묘호란(丁卯胡亂) → 병자호란(丙子胡亂, 1636.12.28~1637.02.24)으로 인하여 약 10년 동안 마치 지옥처럼 황폐화된 조선 팔도에, 제18대 현종(顯宗, 재위: 1659~1674) 시대에서는 온갖 자연재해(세계적 이상 저온 현상, 즉 소빙기 현상)가 집중적으로 발생하여 흉년(凶年)이 들어 당시 조선 인구의 1200~1400만 명중 약 90만에서 150만 명(3.5~10.7%)이 아사(餓死)하였다. 실로, 1670년(경술년)과 1671년(신해년)에 있었던 경신(庚辛) 대기근(大飢饉, 1670~1671)은 조선 역사상 전대미문의 기아(飢餓) 사태였다.

설상가상으로, 각종 전염병(傳染病)이 창궐하는 등의 사태가 발생하였다. 1670년 2월 11일, 평안도에서 역병(疫病)이 창궐해 1천 3백 명이 감염되었다. 2월 15일, 충청도에서 전염병이 창궐해 80여 명이 죽었다. 3월 7일, 경상도에 역병(疫病)이 창궐해 1천 명 이상이 감염되었다. 4월 1일에 충청도에 또다시 역병(疫病)이 돌아 죽는 자가 연달았다. 4월 5일에는 제주에 역병(疫病)이 돌아 역시 죽는 자가 연달았다.[23] 당시의 전염병이 얼마나 대단했는가는 이 시기의 인구 감소에서 드러난다. 김문기 부경대 연구교수의 논문 '17세기 중국과 조선의 재해와 기근'은 이렇게 말한다. 아래의 수치는 전염병으로 인한 사망자뿐 아니라 기근 및 자연재해로 인한 사망자까지 합한 것이다.

"수한(수재·한재) 재해와 냉해 그리고 전염병이 덥치면서, 경신대기근은 유례가 없는 엄청난 사망자를 낳았다. 현종 13년(1672)의 호적을 현종(顯宗) 10년의 수치와 비교하면, 가호(가구)는 16만 5357호(12.3%), 인구는 46만 8913명(9.08%) 감소했다. (호적에서) 누락된 인구가 많았던 점을 고려하면 경신 대기근(庚辛 大飢饉) 때 실제적인 사망자는 약

---

23) 1392년부터 1917년까지 『조선왕조실록』에 수록된 전염병 발병을 햇수로 따지면 320년에 달하고 연평균 2.73회 발생했다는 연구가 있다. 전염병 기사는 1,455건이나 된다. 가히 '전염병의 시대'라 해도 과언이 아니다. 김영환, '조선시대 역병발생기록에 관한 분석연구', 『보건과학논집』 제27권 2호, 2001; 이준호, '조선시대 기후변동이 전염병 발생에 미친 영향', 『한국지역지리학회지』 25권 102호, 한국지역지리학회, 2019.

140만 정도로 전체 인구의 11~14%로 추정된다."(이화여대 이화사학연구소가 2011년 발행한 『이화사학연구』 제43집).

그럼에도 불구하고, 백성은 가뭄·전염병·추위로 고생하고 있을 때, 조선(朝鮮) 군주(君主)와, 성리학(性理學)이 뼈 속 깊이 박힌 신료(臣僚)들은 자각 및 성찰하지 않았다. 사실, 저주받아야 할 인간 족속들은 살아 남았으나 죄없는 백성들만 죽어나갔다. 당시, 1674년(현종 15년) 효종(孝宗) 왕비 인선왕후(仁宣王后, 1618~1674)의 국상(國喪)에 자의대비(慈懿大妃)가 입을 상복(喪服) 문제에 관한 예송(禮訟) 논쟁으로 서인(西人)과 남인(南人)이 1659년 기해예송(己亥禮訟)과 1674년 갑인예송(甲寅禮訟)에 걸쳐 격렬하게 대립하였다. 도대체, 이런 나라가 국가인가?

① 제14대 선조(宣祖, 재위: 1567~1608)

선조(宣祖)의 재위기간(1567~1608) 중에서, 사림(士林)의 정계 장악이 확고해지고 동·서인 붕당으로 인해 당쟁이 시작되었다. 1575년(선조 7년) 하급관리 인사권을 쥐고 있는 이조전랑(吏曹銓郞)이라는 직책을 두고 김효원(金孝元)과 심의겸(沈義謙)이 다투게 되었다. 이 다툼을 계기로 사림(士林)은 동인(東人)과 서인(西人)으로 분열하였다. 동인(東人)은 유성룡(柳成龍)을 필두로 주로 퇴계(退溪) 이황(李滉)과 남명(南冥) 조식(曺植)에게 학문을 배운 영남지방 출신이었던 반면에 서인(西人)은 윤두수를 필두로 율곡(栗谷) 이이(李珥)와 성혼(成渾) 김장생(金長生)의 학풍을 같이 한 기호지방 출신들이었다.

선조(宣祖)의 재위기간(1567~1608)의 무능(無能)으로 당했던 임진왜란(壬辰倭亂, 1592~1598) 당시 피아(彼我)의 피해 상황은 다음과 같다: 우선, 일본군의 경우 1차 침입(1592~1593) 약 160,000~235,000명, 2차 침입(1597~1598) 약 140,000명이었으나 사망자 합계는 130,000명이었다. 이와 대조적으로, 조선군의 경우 전쟁 초반에 340,000명(약 22,600여 명의 지원군 포함)이었으나 사망자 합계는 300,000명이었다. 한편, 명(明)나라의 1차 원병(1592~1593) 43,000명, 2차 원병(1597~1598) 100,000명이었으나 사망자 합계는 30,000명이었다. 실로, 임진왜란(壬辰倭亂)은 한반도를 중심으로 한 '동북아시아(한·중·일)의 전쟁'이었다.

여기서 유의할 것은 다음과 같은 사실이다; 세계사에서 전쟁은 일어날 수 있지만, 동서고금을 막론하고 백성과 도성을 버리고 도망친 선조(宣祖)와 같은 왕(王)을 찾아보면 거의 없다는 점이다. 임진왜란(壬辰倭亂, 1592~1598)이 발발한 1592년(선조 25년) 4월 선조(宣祖)는 의주파천(義州播遷)을 결행했다. 5월 평양성을 거쳐서 6월 평안북도 의주(義州)로 몽진(蒙塵)했다. 1592년 6월 22일 의주(義州) 행재소에서는 명(明)나라로 망명을 계획하고 사신을 보내 6월 27일 망명 허락을 명(明)나라로부터 받았지만 조정 대신들의 반대로 무산되었다.

도성에서 몽진(蒙塵)하기 전, 군주는 어디로 피신할지를 신하들에게 물었다. 이에 도승지 이항복(李恒福)은 평안북도 북서쪽의 압록강에 접한 의주(義州)에 가서 어가(御駕)를 멈추고 있다가 만약 어려운 상태에 빠져서 힘이 다 없어지고 조선 팔도(八道)가 적에게 모두 함락된다면, 즉시 명(明)나라 조정에 가서 사태의 위급함을 호소해야 한다면서 중국과 가까운 의주(義州) 쪽으로 피난할 것을 건의했다. 4월 28일 선조(宣祖)는 이원익, 최흥원, 우부승지 신잡, 주서 조존세, 가주서 김의원, 봉교 이광정, 검열 김선여 등을 만나 파천(播遷)을 선언했다. 한편, 천도(遷都)를 반대하는 상소가 올라오는가 하면 4월 29일 해풍군 이기(海豊君 李耆) 등은 궐문(闕門)을 두드리며 통곡했다. 이에 선조(宣祖)는 "짐(朕)은 가지 않고 마땅히 경(卿)들과 더불어 목숨을 바칠 것이다"며 이들을 돌려보냈다. 그러나 천도(遷都)는 이미 결정되었고 4월 30일 궁인들을 소집한 선조(宣祖)는 궐문을 나섰다. 한양에서 백성을 두고 도망친 선조(宣祖)와 백관 일행은 임진강을 건너자 일본군의 추격을 늦추려고 나루터를 방해하고 배 여러 척을 침몰시켰다. 선조(宣祖)와 백관 일행은 일본군이 한강 이남까지 진격해 오자 다시 도망쳤으며, 개성(開成)을 거쳐 평양성에 도착하여 광해군(光海君)을 왕세자로 책봉하였다. 당시 선조(宣祖)는 도읍지를 평양(平壤)으로 옮기는 천도(遷都)를 계획했다가 대신들의 반대로 무산되었다.

왜군(倭軍)이 수도 한양(漢陽)을 점령하는 데는 불과 20일이 채 걸리지 않았다. 부산진을 필두로 각 고을이 무너지고 왜군이 침략한 지 보름 만에 한성(漢城)도 위급하게 되자 수성(守城) 계획을 포기하고 개성(開成)으로 물러갔다. 도성이 무너지자 다시 평양(平壤)으로 퇴각했으며, 임진강의 방어선도 무너져 의주(義州)로 피난하는 한편, 고급사(告急使)를 명(明)나라에 보내 원병을 요청하였다. 이와 동시에 세자 광해군(光海君)에게 분조(分朝)를 설치하게 하여 의병과 군량 확보에 열중하도록 하였다.

각처에서 의병(義兵)이 봉기해 적의 후방을 위협했고 무기력했던 관군(官軍)도 전력을 가다듬어 각처에서 승첩(勝捷)을 거두었다. 바다에서는 이순신(李舜臣) 등 수군(水軍)이 제해권(制海權)을 완전 장악했고, 명(明)나라 원군이 와서 조선(朝鮮) 관군과 함께 빼앗겼던 평양성(平壤城)을 수복하였다. 또한, 권율(權慄)의 행주대첩으로 적의 사기가 꺾여 1593년 4월에 강화(講和)를 조건으로 한성(漢城)에서 철수하여 남으로 퇴각하자, 이해 10월 왕이 환도하였다.

사실, 조선(朝鮮)이 멸망하지 않았던 요인은 현실을 직시한 이순신(李舜臣)과 류성룡(柳

成龍) 등과 같은 성리학자(性理學者)가 아니라, 실용주의자(實用主義者)들이 존재했었기 때문이었다. 이순신(李舜臣)은 '정신력'이 아니라 '준비된 실력'으로 싸운 현실주의자였다. 또한, 각지에서 일어난 의병장(義兵將)들은 활과 칼로 국가를 지키겠다는 자강(自彊) 의식의 소유자였다.[24] 류성룡(柳成龍)은 신분제를 넘는 실용주의적 개혁방안과 군량미 조달로 전쟁을 뒷받침했다.

그러나 선조(宣祖)는 이순신(李舜臣)을 모함해 삭탈관직(削奪官職)하고 도원수 권율(權慄)을 파직(罷職)했으며 전라도 의병장(義兵將) 김덕령(金德齡)을 살해하고 경상도 의병 영웅 곽재우(郭再祐)를 귀양보냈다. 이순신(李舜臣)은 마지막 해전(海戰)에서 전사하였고, 같은 날 류성룡(柳成龍)은 파면당했다. 수많은 의병장(義兵將)들이 목숨 걸고 칼을 들었지만 공신(功臣)으로 책봉받은 이는 단 한 명도 없었다. 그 대신에 선조(宣祖)의 도주 행렬을 수행한 신하 120명이 줄줄이 논공행상(論功行賞)을 꿰어찼다. 냉대받은 의병장(義兵將)들은 초야에 묻혔다.

② 제16대 인조(仁祖, 재위: 1623~1649)

병자호란(丙子胡亂)은 비록 한달 남짓한 짧은 기간(1636.12.28~1637.02.24)의 전쟁이었으나 그 피해는 임진왜란[1592(선조 25년)~1598(선조 31년)]에 버금가는 것이었으며 조선(朝鮮)으로서는 일찍이 당해보지 못한 일대 굴욕이었다.

제16대 인조(仁祖, 재위: 1623~1649)와 당시 집권세력인 서인(西人)은 친명배금정책(親明排金政策)을 추진한 결과, 우둔한 군주(君主)와 모진 시대를 만난 죄로, 남한산성(南漢山城)과 강화도(江華島)에서 약 3만 명의 군사가 항전하다가 전사하였다.

청태종(淸太宗)은 두 왕자: 소현세자(昭顯世子)·봉림대군(鳳林大君)을 볼모로 삼고 삼학사(三學士): 홍익한(洪翼漢)·윤집(尹集)·오달제(吳達濟)를 척화(斥和)의 주모자로 중국 선양(瀋陽)으로 끌고 갔으며, 청군(淸軍)이 철병한 후 조선(朝鮮) 조정은 한성(漢城)으로 환도했다. 상기 삼학사(三學士)는 심양(瀋陽)에서 모진 고문과 회유에도 척화(斥和)의 뜻을 굽히지 않음으로써 결국 참형(斬刑)을 당하였다.[25] 또한, 조선(朝鮮)의 부녀자 50만 명(당시 조선 인구 1,200~1,400만 명의 3.5~4%)이 전쟁 포로로 청(淸)나라 수도 심양으로 끌려가 노예로

---

24) 임진왜란 리더십을 연구한 사회학자 송복은 이들을 '자강파(自強派)'로 규정했다.

25) 조선(朝鮮) 조정은 삼학사(三學士): 홍익한(洪翼漢)·윤집(尹集)·오달제(吳達濟)의 충절을 기려 홍익한에게는 충정(忠正), 윤집에게는 충정(忠貞), 오달제에게는 충렬(忠烈)이라는 시호를 각각 내리고 모두 영의정을 추증하였다.

생애를 마감했었다.[26)]

여기서 저자는 제16대 인조(仁祖, 재위: 1623~1649)와 당시 집권세력인 서인(西人)에 대하여 다음과 같이 비판한다:

첫째, 오랑캐로 얕보았던 청(淸)나라는 1635년 10월 13일에 공식적으로 건립되었다. 그 후, 뛰어난 황제들(강희제, 옹정제, 건륭제)이 연달아 즉위하며 150년 동안 강건성세(康乾盛世)의 전성기를 맞이 하였다. '떠오르는 해'와 같았던 청(淸)은 '지는 해'와 같았던 명(明)의 영토를 모두 정복하고, 더 나아가 주변의 내몽골, 위구르, 티베트를 모두 정복하였으며, 유라시아 육상 제국을 이룩하였다. 또한, 1689년 네르친스크 조약으로 러시아 제국의 침입을 저지하였다. 1683년부터 1830년까지 인구가 급격히 증가하고, 경제가 발달하면서 강력한 군사력과 국력을 자랑하며 약 200년 동안 청(淸)나라의 평화, 즉 '팍스 시니카'(Pax Sinica)를 이룩하였으며, 1912년에 청(淸) 제국의 마지막 12대 황제 선통제(宣統帝, 재위: 1908~1912, 황제의 칭호는 1924년까지 유지)이자 그 후 만주국의 집정 및 황제(재위: 1932~1934, 1934~1945)가 퇴위하였고 1924년 공식적으로 청(淸) 제국(帝國)의 황실이 해체되어 멸망할 때까지 무려 290년 동안 존속한 청(淸) 제국(帝國)의 미래를 예견하지 못했던 제16대 인조(仁祖, 재위: 1623~1649)와 당시 집권세력인 서인(西人)의 골수(骨髓)에는 중국의 주자학(朱子學)을 벤치마킹한 성리학(性理學)에 기초한 왕도정치(王道政治)뿐이었음을 지하(地下)에서도 부끄러운줄 알아야 한다.

---

26) 전후에 처리해야 될 심각한 문제는 청군(靑軍)에게 강제 납치된 수만(다른 기록에는 50만)인의 속환 문제였다. 특히, 청군(靑軍)도 납치한 남녀노소의 양민을 전리품으로 보고 속가(贖價: 포로를 풀어주는 대가로 내는 돈)를 많이 받을 수 있는 종실과 양반의 부녀를 되도록 많이 잡아가려 했다. 그러나 대부분 잡혀간 사람들은 속가(贖價)도 마련할 수 없는 가난한 사람들이었다. 속가(贖價: 포로를 풀어주는 대가로 내는 돈)는 싼 경우 1인당 25 내지 30냥이나, 대개의 경우 150 내지 250냥이었고, 신분에 따라 비싼 것은 1,500냥에 이르렀다. 여기에 순절(殉節)하지 못하고 살아서 돌아온 것은 조상에게 죄를 짓게 된다고 해 속환 사녀(士女)의 이혼 문제가 정치·사회 문제로 대두되기도 했다. 한편, 바람피운 여자를 뜻하는 '화냥년'이라는 욕은 이때 끌려간 부녀자들이 고생 끝에 고국으로 돌아오면 환향녀(還鄕女)라고 불렀다는 데서 유래했다. 모진 고생끝에 목숨을 걸고 탈출하여 고향으로 돌아온 환향녀(還鄕女)들이 사회문제가 되자 인조(仁祖)는 이들이 홍제원(弘濟院)의 냇물(오늘날 연신내)에서 목욕을 하고 한양(漢陽)으로 들어오면 그 죄를 묻지 않겠다고, 이와 동시에 환향녀(還鄕女)들의 정조(貞操)를 거론하는 자는 엄벌하겠다고 선언했다. 그러나 환향녀(還鄕女)들의 남편들은 이혼은 왕명 때문에 못하고 갖은 핑계를 대서 스스로 집을 나가도록 유도하였으며 처녀들은 스스로 자결하거나 문중을 더럽혔다는 이유로 쫓겨났다. 당시, 인조(仁祖)의 친척인 부원군이자 영의정 장유의 며느리도 환향녀(還鄕女)였다. 이는 병자호란뿐 아니라, 임진왜란과 일제강점기때에도 위안부로 고통받은 것은 결국 힘없는 여성이었다. 그들에게는 죄가 없지 않은가? 하지만 왜 그들이 숨어야 하고, 감춰야 하는가? 왜 피해자가 죄인이 되어야 하는가? 그들에겐, 죄가 없다.

둘째, 제16대 인조(仁祖, 재위: 1623~1649)의 뒤를 이은 봉림대군(효종)은 왕위에 오른 뒤 볼모 생활의 굴욕을 되새기며 재야의 인사를 발탁하고 군비를 확장하는 등 북벌(北伐)의 원대한 계획을 세웠다. 그러나 그 역시 재위: 10년 만에 세상을 떠나자 실천에 옮기지 못했다. 여기서 저자는 조선(朝鮮)의 제17대 임금 효종(孝宗, 재위: 1649~1659)과 당시 집권세력인 서인(西人)에게 질문한다: 왜 '북벌론(北伐論)'이 국시(國是)인가? 경세제민(經世濟民)이 국정철학(國政哲學)이 아닌가? 한때, 대한민국에서 '반공(反共)'이 국시(國是)인가라는 논란이 있었다. 저자가 가슴을 치고 싶은 점은 400년 전(前)과 후(後)가 달라진 것이 거의 없다는 점이다. 한마디로, 국정철학(國政哲學)의 부재(不在)라는 것이다.

결국, 청(淸)이 한족(漢族)의 반발을 누르면서 대(對)중국 지배를 공고히 하고 강력한 군사력을 유지하였으므로, 북벌(北伐)을 실천에 옮기지는 못하였다. 조선으로서는 강대국으로 부상한 청(淸)과 관계 개선이 불가피하여 경제상·문화상 자주 교류하였다. 18세기 후반에는 청(淸)의 발달한 문화를 받아들여야 한다는 주장이 대두하여 적극적으로 수용하였다. 이 무렵, 러시아가 침략해오자 청(淸)은 이를 격퇴하려고 조선에 원병을 명하자 조선은 두 차례에 걸쳐 조총 부대를 출병하여 큰 전과를 올리기도 했다.

그럴 바에는, 왜 제16대 인조(仁祖, 재위: 1623~1649)와 당시 집권세력인 서인(西人)은 처음부터 친명배금정책(親明排金政策)을 추진하였으며, 빈 주먹을 허공에 휘두르듯이 요란하게 '북벌론(北伐論)'을 외쳤는가? 그토록, 성리학(性理學)의 의리론(義理論)에 투철했었던 서인(西人)은 소현세자(昭顯世子)와 강빈(姜嬪) 및 두 아들(석철과 석린)과 친정식구(강빈의 친정 노모와 4형제)의 죽음에 대하여서는 왜 냉담하였는가? 모두가 왕권(王權)과 서인(西人)의 권력 유지를 위한 위선(僞善)이었다. 그들이 주장한 안민(安民)은 결국 일부 사대부의 기득권(旣得權) 수호 논리에 불과했다.

여기서 저자는 질문한다: 인조(仁祖)는 명(明)에 대한 의리는 그토록 중시했었지만, 조선(朝鮮) 민중의 생명과 재산에 대한 책무는 없었는가? 인조(仁祖)가 저지렀었던 짓거리는 북벌(北伐)이 아니라 자신의 장남 소현세자(昭顯世子) 의문사(疑問詞)·강빈(姜嬪) 사사(賜死), 강빈(姜嬪)의 신원(伸冤)을 상소한 김홍욱(金弘郁) 장살(杖殺)이었다.

상술하면, 소현세자(昭顯世子)는 1637년 병자호란(丙子胡亂)으로 치욕의 항복을 겪은 후, 부왕 제16대 인조(仁祖, 재위: 1623~1649)를 대신하여 장자 소현세자(昭顯世子) 내외는 모진 고초를 겪으면서 청(淸)나라와 신뢰관계를 구축하는 한편 농장을 일구고, 무역을 일으켜 막대한 부(富)를 축적했다. 이 돈으로 거대한 농장을 일구어 청(淸)나라에 포로로 잡혀간 백성들을 속환(贖還: 노예에서 벗어나게 함)시키는 한편 외교자금으로 사용했었다고 조선왕조실록(朝鮮王朝實錄)은 전한다. 그때 기품있고 유능한 사업가이자 외교관으로 빼어난 능력을 발휘하였던 세자빈(世子嬪) 강씨(姜氏)의 활약은 참으로 컸다. 어느새 청인(淸人)들은 소현세자(昭顯世子)를 소군(小君: 작은 임금)이라 칭하며 그를 인정했다. 소현세자(昭顯世子) 부부의 활동이 활발해질수록 인조(仁祖)의 노여움과 불안감은 커져 갔다. 왜냐하면 소현세자(昭顯世子) 내외는 자신의 아들과 며느리가 아니라 청(淸)나라를 뒤에 업은 강력한 정적(政敵)으로 보였던 것이다.

소현세자(昭顯世子)는 심양관에서는 조청(朝淸) 양국간에 제기된 문제를 해결하는 조정자로서 상당한 재량권을 행사하였다. 현실적으로 청(淸)의 존재를 인정하면서 청(淸)의 왕족 및 장군들과 친교를 맺고 양국 관계를 정상화하는 데 노력하였다. 또한, 독일인 예수회 선교사 아담 샬(Schall, J. A., 중국명 湯若望)과 사귀면서 천주교(天主敎)에 깊은 관심을 가졌고 서양의 문물을 익혔었다. 그러나 삼전도에서 치욕을 당한 인조(仁祖)와 조정 대신들(주전파)은 소현세자(昭顯世子)의 활동을 친청(親淸) 행위라고 크게 비난하였다.

소현세자(昭顯世子)가 8년 동안 볼모의 생활에서 벗어나서 1645년 2월 18일 북경에서 화포(火砲)·천리경(千里鏡)·과학서적·천주교 서적 등을 가지고 돌아온 지 불과 3개월 후 5월 21일(음력 04.26) 의문의 변사를 당했다. 『인조실록(仁祖實錄)』(인조 46권, 23년)에는 시신(屍身)은 9혈에서 출혈하고 있었으며 진한 흑색으로 변해 있었다고 하여 은연 중에 독살되었음을 시사한다. *"온몸이 전부 검은 빛이었고 이목구비의 일곱 구멍에서는 모두 검은 선혈이 흘러나오므로, 검은 멱목으로 그 얼굴 반쪽만 덮어 놓았으나, 곁에 있는 사람도 그 얼굴 빛을 분변할 수가 없어서 마치 약물에 중독되어 죽은 사람 같았다"*라고 쓰여 있다.

설혹, 소현세자(昭顯世子)의 죽음이 평소 지병(『승정원일기』의 기록으로 추론하자면 폐렴)과 관련된 자연사(自然死)라고 가정하더라도, 다음 해 1646년, 인조(仁祖)를 독살하려고 했다는 김자점(金自點)의 모함으로 소현세자(昭顯世子)의 민회빈(愍懷嬪) 강씨(姜氏)를 사사(賜死)했다. 또한, 소현세자(昭顯世子)의 두 아들(석철과 석린)과 친정식구(강빈의 친정 노모와 4형제), 세자빈의 궁녀(계향과 계환)을 죽였다. 인조(仁祖)는 소현세자(昭顯世子)의 아들을 후계자로 정하지 않고 둘째 아들인 봉림대군(鳳林大君)을 세자로 세웠다. 이것은 그 후 현종·숙종 때 예론(禮論)의 불씨가 되었다.

이러한 상황으로 볼 때, 소현세자(昭顯世子)를 죽인 장본인은 바로 부왕(父王) 인조(仁祖)일 가능성이 높다. 과연, 인조(仁祖)와 당시 집권세력인 서인(西人)은 소현세자(昭顯世子)의 의문사(疑問詞)에 대하여 진정코 무관한가? 물론, 최명길(崔鳴吉)은 인조(仁祖)가 소현세자(昭顯世子)의 장례를 약식(略式)으로 치르려 하자 반대하였으나 인조(仁祖)가 듣지 아니하였고, 강빈(姜嬪)이 사사(賜死)될 때에도 목숨만은 살려줄 것을 간청하였으나 역시 인조(仁祖)의 마음을 돌릴 수 없었다.

셋째, 저자는 1637년 1월 10일 종전(終戰)을 위해 청(淸)과의 협상 과정에서, 예조판서 김상헌(金尙憲, 1570~1652)[27]을 필두로 한 주전파(主戰派)와, 이조판서 최명길(崔鳴吉, 1586~1647)[28]의 주화파(主和派) 사이의 격렬한 논쟁에 대하여 다음과 같이 평가한다:

과연 누가 옳았는가? 작가 김훈(장편소설 '남한산성')은 평가를 유보한다: 살아서 죽을 것인가? 죽어서 살 것인가? 죽어서 아름다울 것인가? 살아서 더러울 것인가? 실천불가능한 정의(正義)인가? 실천 가능한 치욕(恥辱)인가?

실리(實利)를 중시하여 선화후전론(先和後戰論)을 주장한 최명길(崔鳴吉)은 명분(名分)에

---

27) 김상헌(金尙憲, 1570~1652)은 조선 중·후기의 문신이며 학자이다. 병자, 정묘호란시 척화대신으로 이름이 높았으며 효종의 묘정에 종사되었다. 조선후기 세도가의 직계 선조(先祖)로 그의 후손에서 13명의 재상과 수십 명의 판서, 참판이 배출되었고, 순조비, 헌종비, 철종비 등 왕비 3명과, 숙종의 후궁 영빈 김씨가 모두 그의 후손이었다. 1636년 예조판서로 재임할 때, 병자호란이 일어나자 남한산성으로 인조를 호종하였으며 주화론(主和論)을 배척하고 끝까지 주전론(主戰論)을 펴다가 대세가 기울어 항복하는 쪽으로 굳어지고 인조(仁祖)가 항복하자 최명길(崔鳴吉)이 작성한 항복문서를 찢고 통곡하였다. 정축하성(소위 삼전도 굴욕)때 인조(仁祖)를 따라가지 않고 남한산성 뒷문으로 나가 안동의 학가산(鶴駕山)에 들어갔다. 와신상담해서 치욕을 씻고 명(明)나라와의 의리를 유지해야 한다는 내용의 상소를 올린 뒤 안동 소산으로 은퇴하였다. 김상헌(金尙憲)은 1640년 심양으로 압송되어 만주 심양감옥에서 4년. 그리고 평안도 의주감옥에서 2년 옥고 후 6년뒤에야 완전히 풀려났다. 선양(瀋陽)에 잡혀 있을 때, 청나라 사람이 수시로 회유하였으나, 그는 강직한 성격과 기개로써 청인들의 타협 요구를 거절하고 끝내 조금도 굽히지 않아, 청나라 사람이 의롭게 여기고 칭찬해 말하기를 "김상헌은 감히 이름을 부를 수 없다"라고 했다. 1645년 소현세자(昭顯世子)와 함께 귀국하였지만, 김상헌(金尙憲)을 탐탁지 않게 여기는 인조(仁祖)와의 관계가 원만하지 못하여 벼슬을 단념하고 낙향하여 은거하였다. 효종(孝宗)이 즉위하여 북벌(北伐)을 추진할 때 그 이념적 상징으로 대로(大老)라고 존경을 받았으며, 1649년 대학자로 존경을 받는 가운데 의정부좌의정에 임명되었다. 그러나 수차례 거절하며 은퇴의 뜻을 밝히고 효종(孝宗)에게 인재를 기르고 대업을 완수할 것을 강조하였다. 그는 올곧고 강직하지만 조선 왕조의 최고 개혁이었던 김육(金堉)의 대동법(大同法)의 시행을 김집 등과 함께 강력 반대하였다.

28) 최명길(崔鳴吉, 1586~1647)은 조선 중기의 문신, 성리학자, 양명학자, 외교관, 정치가이다. 1605년 생원시에 입격한 후 그해의 문과에 급제하여 관직에 올랐으며 젊은 나이에 요직을 두루 거쳤다. 1614년 병조좌랑에서 삭직된 뒤 복권되었으나 1617년 인목대비 폐모론에 반대하여 관직을 사퇴했다. 광해군의 정치에 반발하여 그 뒤 1623년 인조반정(仁祖反正)에 참여하여 정사공신(靖社功臣) 1등으로 완성군(完城君)에 봉군되었다. 정묘호란 당시 화의론을 펼쳤으며 항복이 결정된 후 항복문서의 초안을 작성했다. 이후 청나라와의 협상을 성사시켜 인조의 신임을 얻었다. 이후 대명, 대청 외교를 맡고 개혁을 추진하면서 국정을 주도했다. 1636년 병자호란 때는 청나라군 선봉장을 만나 시간을 끌어 인조의 남한산성 피신 시간을 벌었다. 그 뒤 화의와 항전을 놓고 김상헌 등의 척화신에 맞서 화의론을 주장했다. 이때 직접 항복문서를 지었는데, 척화신 김상헌이 이를 찢고 통곡하자 항복문서를 다시 모았다. 전쟁 중 주화론(主和論)을 주장, 화의가 끝나 청나라군이 돌아간 후 많은 지탄을 받았으나 인조의 각별한 신뢰를 받았다. 최명길(崔鳴吉, 1586~1647)은 이괄의 난과 정묘호란 때에도 위험을 무릅쓰고 활약하여 공로를 인정받았다.

입각하여 선전후화론(先戰後和論)을 주장한 김상헌(金尙憲)에게 *"나는 명예를 버릴터이니, 당신은 목숨을 내주시오"*라고 말한다. 인조(仁祖)는 야심한 밤에 영의정 김류(金瑬)·김상헌(金尙憲)·최명길(崔鳴吉)을 행궁으로 불렀다. 그들은 최명길(崔鳴吉)의 항서(降書)를 돌려 읽었다. 김상헌(金尙憲)이 소리쳤다: *"전하! 명길의 문서는 글이 아니옵고…"*

최명길(崔鳴吉)이 응답했다: *"그러하옵니다. 전하. 신의 문서는 '글'이 아니옵고 '길'이옵니다. 전하께서 밟고 걸어 가셔야 할 길바닥이옵니다".*

영의정 김류(金瑬)가 말했다: *"명길이 자신의 문서를 '길'이라고 하는데, 성 밖으로 나아가는 '길'이 어찌 '글'과 같을 수 있겠습니까. 하지만 '글'을 밟고서 나갈 수 있다면 '글' 또한 '길'이 아니겠습니까?"*

그날 밤 인조(仁祖)는 승지를 불러 문서에 국새를 찍었다. 행궁에서 물러 나오며 김상헌(金尙憲)은 행궁 앞뜰에서 최명길(崔鳴吉)의 항복문서를 찢는다. 최명길(崔鳴吉)은 *"나라에 이런 글을 쓰는 사람도 있어야 하고, 이런 글을 찢어야 하는 사람도 있어야 한다"*는 말을 남기면서 찢어진 종이 조각을 다시 붙인다. 이를 바라다 보며 인조(仁祖)는 *"찢는 자도 충신이요, 주워 붙이는 자도 충신이로다"*라고 말하며 눈물을 글썽이었다.

여기서 저자는 다음과 같은 '주관적 판단'을 밝힌다: 인조(仁祖)의 서인(西人) 정권은 흔히 '친명(親明) 배금(排金)' 정책을 고수했지만, 오히려 1623년 인조반정(仁祖反正)을 일으키고 인조(仁祖)가 중용한 인사들은 '주화론자(主和論者)'였다. 병자호란(丙子胡亂, 1636.12.28~1637.02.24) 직전까지 인조(仁祖) 정권이 (후대의 효종 같은 경우와 비교해) 적극적인 반청(反淸) 정책을 일으킨 적은 없었다. 1623년 인조반정(仁祖反正)을 일으킨 서인(西人)들은 광해군(光海君) 시절의 북인(특히 대북)들보다 더 현실주의적인 세력들이었다. 그들은 정권의 정통성을 인정받기 위해 친명배금정책(親明排金政策)을 바꾸지 못했다. 모두 서인(西人)인데도 불구하고, 왜 김상헌(金尙憲, 1570~1652)는 주전파(主戰派)로서 명분(名分)에 입각한 선전후화론(先戰後和論)을, 최명길(崔鳴吉, 1586~1647)은 주화파(主和派)로서 실리(實利)를 중시한 선화후전론(先和後戰論)이라는 극명한 대립을 보였는가? 그 요인은 두 대신의 철학(哲學)의 차이였기 때문이라고, 즉 김상헌(金尙憲)은 성리학(性理學)을, 최명길(崔鳴吉)은 양명학(陽明學)을 각각 신봉했기 때문이라고 저자는 짐작한다. *"죽을지언정, 굴복은 있을 수 없다"*는 김상헌(金尙憲)은 국치(國恥)를 한탄하며 식음을 전폐하고 자결을 기도하였던 반면에, *"굴복을 할지라도, 살아야만 한다"*는 최명길(崔鳴吉)은 영의정에 올라 인조(仁祖)가 있던 남한산성과 청(淸) 군영을 부지런히 오가며 강화(講和)를 준비하였다.

그러나 실리(實利)를 중시하여 선화후전론(先和後戰論)을 주장한 최명길(崔鳴吉)과, 명분

(名分)에 입각하여 선전후화론(先戰後和論)을 주장한 김상헌(金尙憲)은 각각 실리(實利)와 명분(名分)에서 머물었을 뿐, 명(明)과 청(淸)의 대외정세를 제대로 파악할 수 있는 지력(智力)이 없었다. 즉, 당시 조선(朝鮮)은 임진왜란 후 기근과 전염병이 창궐하여 황폐화되어 있었지만, 당시 기아(飢餓)로 인하여 정권 붕괴 위기에 처한 청(淸)에게 조금의 식량을 제공하였더라면 조선(朝鮮) 전체의 식량이 탈취당하지 않았을 것이며 인명 피해도 훨씬 적었을 것이다.[29] 참으로, 김상헌(金尙憲)과 최명길(崔鳴吉)의 인품보다 글 재주가 아까울 뿐이다. 그리고 그들의 높은 벼슬에 고개 숙이고 살아갔었던, 못 배웠고 힘없는 백성들만 불쌍할 뿐이다.

그 후, 최명길(崔鳴吉)은 1642년(인조 20)에 명(明)나라와 내통(內通)하였다는 죄목[30]으

---

29) 피터 C. 퍼듀(Peter C. Perdue) 교수의 『중국의 서진: 청의 중앙 유라시아 정복사(China Marches West: The Qing Conquest of Centural Eurasia)』는 당시 후금(後金)의 조선 공격에서 경제적인 이유가 얼마나 중요했는지 보여준다. 1621년 이후 후금(後金)의 만주족과 한족 사이에 대립이 극심해지면서 불평등한 대우를 받은 한족(漢族)들이 식량 공급에서도 심각한 위협을 느끼자 폭동의 가능성을 보였다. 1621년에서 1622년으로 넘어가는 겨울 동안 먹을 곡식이 없었던 한족(漢族)들은 식량을 은닉했고, 만주족은 그것을 빼앗으면서 갈등이 절정으로 치달았다. 경제적 압박 아래서 만주족의 착취가 이어지자 1623년, 1625년 연이어 한족(漢族)들의 반란이 일어났다. 1627년에 이르면 후금(喉衿)의 경제는 재앙에 가까운 상태가 되어 한계에 달한 인구를 부양할 방법이 없었다. 군사를 보급할 수도 없었고, 1627년의 곡물값은 4년 전에 비해 무려 여덟 배 폭등했다. 사람을 잡아먹는 일이 생겼으며 곡식 창고는 비어버리고, 말은 너무 지치고 약해져 적을 추격할 수 없었다. 당시 만주족 정권은 정권 붕괴의 위협마저 느끼고 있었다. 이 상황에서 조선(朝鮮)에 대한 약탈은 후금(後金) 입장에선 아주 매력적인 옵션이었으며, 따라서 적어도 1627년 정묘호란(丁卯胡亂)은 후금(後金) 체제 내적 문제로 사실상 필연적이었다. 상기한 피터 C. 퍼듀(Peter C. Perdue) 교수의 지적은 매우 설득력이 있다.

30) 최명길(崔鳴吉, 1586~1647)이 1642년(인조 20)에 명(明)나라와 내통(內通)하였다는 죄목은 사실이다. 최명길(崔鳴吉)은 한선(명나라 배)과 접촉해 외교 문서를 주고받고 청나라에 항복한 조선의 상황을 해명했다. 당시 조선은 청(淸)나라와의 전쟁에서 패하고 군신(君臣) 관계를 맺었지만, 아직도 중원에는 명(明)나라가 떡하니 버티고 있었고 중원의 상황이 어찌될지는 당시만 하더라도 누구도 장담할 수 없었다. 이런 상황에서 명(明)나라와의 관계를 완전히 끊는 것은 의리적인 측면에서뿐만 아니라 실제로도 위험한 선택이 될 수 있었기 때문에 비공식적으로나마 외교관계를 유지하려 한 것이었다. 그러나 명(明)나라의 홍승주(洪承疇)가 청(淸)나라에 항복하면서 조선과 내통한 것을 실토하였고, 이어 명(明)나라 상선과 거래하다가 청(淸)나라에 발각된 선천부사 이계가 자기 한 목숨 살기 위해 조선이 명(明)나라와 비밀리에 연락한 것을 고자질했다. 이계는 청(淸)나라의 신하가 되겠다고 애걸했으나, 정작 청(淸)나라는 조선에서 알아서 처분하라며 이계를 돌려보내 버렸다. 이계는 국경을 넘자마자 '나라와 정승을 팔아넘긴 놈!'이라며 분노한 백성들에게 두들겨 맞았고, 법을 집행하러 간 관료들이 백성들한테 사정하다시피 해서 죽기 직전의 이계를 간신히 인수받아 참수형에 처했다. 그러나 청(淸)나라는 여기에 대해 아무런 반응을 보이지 않았다. 이것을 이른바 '횡의' 사건이라 하는데, 이 때문에 최명길(崔鳴吉)은 *"나와 임경업(林慶業)이 벌인 일이다."* 라고 말하며 심양에 끌려가 고초를 겪게 됐다. 이때 청(淸)나라 관리들이 누구 소행이냐고 심문하자 *"간첩은 필요한 거 아니냐. 근데 우리 임금은 그런 거 싫어해서 내가 혼자 한 거고 신하들도 모른다. 임경업(林慶業)도 내 말만 들은 거다. 모든 책임은 내게 있으니 벌을 줄거면*

로 청(淸)나라에 소환되었다. 최명길(崔鳴吉)은 용골대(龍骨大)의 심문을 받았다. 그는 인조(仁祖)는 모르는 일이고 자기가 전적으로 한 일이라고 하였다. 이윽고 수갑과 쇠사슬이 채어진 상태로 사형수를 가두어두는 감방인 심양(瀋陽) 북북관(北關)에 갇혔다. 이듬해 1643년 4월, 최명길(崔鳴吉)은 북관(北關)에서 남관(南關)으로 이관되었는데, 당시 남관(南關)에는 척화파(斥和派)의 거두 김상헌(金尙憲)이 수감되어 있었다. 주화파(主和派)와 척화파(斥和派)의 대표가 나라를 위하다가 청(淸)나라의 감옥에서 벽 하나를 사이에 두고 운명적으로 다시 만난 것이었다. 최명길(崔鳴吉)은 김상헌(金尙憲)이 명예만을 위하는 자라 판단하고 정승 천거에서 깎아버리기까지 하였는데, 같이 구금된 상황에서 죽음이 눈앞에 닥쳐도 확고하게 흔들리지 않는 모습을 보고 그의 절의(節義)를 믿고 탄복하였다. 김상헌(金尙憲) 역시 최명길(崔鳴吉)을 남송(南宋)의 진회(秦檜)[31]와 다름없는 인물로 보고 있었는데, 그가 죽음을 걸고 스스로 뜻을 지키며 흔들리거나 굽히지 않는 것을 보고 그의 강화론(講和論)이 오랑캐를 위한 것이 아님을 알게 되었다. 두 사람은 상대에 대한 적개감을 풀고 시(詩)를 지으며 우정을 나누었다. 머나먼 타국에서 옥살이를 하는 동안 그들은 서로 방법이 달랐을 뿐, 나라를 위한 마음은 같았다는 것을 새삼 깨닫고 화해하였다.[32]

심양(瀋陽)의 옥중에서 최명길(崔鳴吉)은 김상헌(金尙憲)에게 화답했다; "……탕빙구시수(湯氷俱是水): "끓는 물과 얼음 모두 같은 물이고", "……어묵각천기(語默各天機): "말없이 각자 하늘의 이치를 지켜 나가세".

마침내 최명길(崔鳴吉)은 1645년 3월에 풀려나 다시 서울로 돌아왔다. 그의 나이 60세. 이제 병들고 늙은 몸만 남아있는 노인이었다. 귀국한 지 2년 후 1647년 5월 병으로 누운 뒤 인조(仁祖)가 직접 문병을 갔으나 일어나지 못하고 5월 17일 62세를 일기로 조용히 눈

내게만 달라" 라고 말해서 청나라 사람들도 모두 그 기개에 감탄했다.

31) 진회(秦檜, 1090~1155)는 남송(南宋)의 재상으로 금(金)나라와의 외교 정책에 있어 화평을 진행하고, 강화를 주창하였지만, 그 과정에서 당시 '구국의 영웅'으로 추앙받던던 악비(岳飛)를 반역죄로 몰아 처형하고 주전파인 한세충 같은 군벌을 탄압했다. 남송(南宋)이 망한 이후에도 악비(岳飛)가 영웅시되었다. 남송(南宋)의 재상이었던 진회(秦檜)는 그러한 반대파에 대해서는 철저한 탄압을 하는 공포 정치를 펼쳐 반대파에 대한 강경 탄압을 했었다. 진회(秦檜)는 다음 해 1142년에 드디어 금(金)과의 화친을 추진시켰다. 그러나, 이 화친조약으로 황하 강 이북의 땅을 금나라에게 양보했을 뿐만 아니라 매년 25만 냥의 은과 25만 필의 비단을 조공바쳐야 했고, 남송(南宋)의 황제가 금(金)의 황제한테 '신하의 예'를 취하였다. 이 때문에 그 후에 진회(秦檜)는 매국노, 즉 한간(漢奸)으로 지탄받았고, 그 후에도 진회에 대한 비난은 그치지 않았다. 지금도 중국인들은 이름에 회(檜)를 쓰지 않는다.

32) 이때 심양(瀋陽)의 옥중에서 최명길(崔鳴吉, 1586~1647)과 김상헌(金尙憲, 1570~1652)이 서로 간에 갖고 있던 오해를 풀고 서로를 이해하는 모습을 본 청태종(淸太宗)은 "청나라에도 없는 저런 충신이 조선 같이 작은 나라에 있다는 것이 부럽다."고 하며 그들을 풀어줬다고 한다.

을 감았다. 자신의 왕권(王權) 수호를 위해서는 자신의 장자와 며느리 등을 죽였던 패륜아인 인조(仁祖)는 자기가 최명길(崔鳴吉)을 못 믿고 삭탈관직(削奪官職)했었던 것은 싹 잊어먹고 "최상(崔相)은 재주가 많고 진심으로 국사를 보필했는데 불행하게도 이 지경에 이르렀으니 진실로 애석하다"고 탄식하며 특히 후하게 장례를 치러주었다. 시호는 문충(文忠)이다.

4) 현종(顯宗) 재위 기간(1659~1674):
   경신(庚辛) 대기근(大飢饉, 1670~1671)

   동시다발적 대재앙(大災殃)으로 인하여, 조선(朝鮮) 팔도 전체가 모두 흉년(凶年)이 들었다. 경신 대기근(庚辛 大飢饉)은 제18대 임금 현종(顯宗, 재위: 1659~1674)인 1670년(경술년)과 1671년(신해년)에 있었던 대기근(大飢饉)이다. 『조선왕조실록』·『현종실록』·『현종개수실록』을 살펴보면 1670년 한 해동안 온갖 자연재해(세계적 이상 저온 현상. 즉, 소빙기 현상)가 집중해서 일어났다. 당시 조선 인구의 1,200~1,400만 명 중 약 90만에서 150만 명(3.5~10.7%)이 아사(餓死)하였다. 조선 역사상 전대미문의 기아(飢餓) 사태였다. 이듬해인 1671년에 조정에서 구휼(救恤)에 적극적으로 나섬에도 불구하고 엄청난 수의 백성들이 죽어갔다.

   상술하면, 제18대 현종(顯宗, 재위: 1659~1674)의 시대인 1669년 말부터 '불길한 징조'가 많이 나타났다. 1669년 12월 29일 평안도에 흰 무지개가 뜨고 삼중 해무리가 나타났다. 1670년 1월 1일, 해무리가 졌는데 안쪽이 붉은 색이고 바깥쪽이 푸른 색이었다. 1월 11일에 또 달무리가 생겨 목성과 달을 동시에 둘렀으며, 2월 9일에 달무리가 지고, 2월 12일에는 해무리가 졌으며, 2월 14일에 또 다시 해무리가 졌다. 한양과 황해도에서 거의 동시에 호우(豪雨)가 쏟아졌다. 1670년 1월 6일부터 한 달 가까이 금성(金星)이 낮에도 보여 불안감을 자아냈었고, 1월 8일에 한양에, 1월 9일에는 평안도에, 1월 10일에는 한양에 유성(流星)이 각각 나타났으며, 평안도에서는 운석(雲石)이 떨어졌다. 21일에도 꼬리가 2~3척이나 되는 유성(流星)이 나타나 땅으로 떨어졌으며, 유성(流星)은 2월 5일에 또 다시 나타났다. 같은 달 29일에는 꼬리가 5~6장(丈)이나 되는 유성(流星)이 떨어졌으며, 한참 뒤인 5월 13일에는 또 다시 유성(流星)이 발견되었다. 2월 11일, 오시부터 유시까지(대략 정오경에서 저녁 식사때 즈음까지) '마치 먼지가 내리는 듯' 날이 컴컴해졌다.

　　윤달 2월 16일에 경상도 거창에, 2월 21일 경기도 교동에서, 23일에 경기도 통진에서, 5월 12일 황해도에서 각각 지진이 일어났다. 한편, 윤달 2월 26일, 한양에 때늦은 눈과 우박이 내렸다. 윤달 2월 28일, 경상도에 크기가 새알만한 우박이 내렸다. 3월 25일, 평안도에 서리가 내렸으며 3월 27일, 4월 6일, 4월 7일에 연이어 서리 우박이 내려 곡식의 싹이 죽고 목화·삼베가 모두 피해를 입었다. 4월 6일에는 경기도에 우박이 내려 밀과 보리가 피해를 입었다. 전라도와 경상도는 4월 8일에 서리가, 4월 9일에 우박이 내렸으며, 동시에 매우 가물었다. 4월 16일에 함경도에 우박이 내렸다. 4월 23일에는 전라도에서 밤마다 서리가 내려 농작물이 피해를 입었다. 4월 28일에는 원양도(현대의 강원도)에 우박이 내렸다. 5월 7일, 평안도에 연일 우박이 내려 땅에 반 자(약 15 cm)나 쌓였으며, 동시에 가뭄이 너무 심각하여 농사가 가망이 없었다. 5월 9일에는 경기도에 우박이 내렸다. 5월 16일에는 원양도와 황해도에 우박이 내렸다. 5월 17일에 평안 감사의 보고를 올렸는데, 그 내용은 우박으로 인해 벼가 상한 것은 물론, 오리알 만한 크기의 우박이 쏟아져 반 자나 쌓이고, 네 살짜리 아이가 그 우박에 맞아 죽었으며, 꿩·토끼·까마귀·까치 등 짐승들이 숱하게 죽었다.

　　또한, 살인적인 가뭄이 계속되던 5월 22일에 갑자기 큰 비가 내렸고, 다음날 23일에도 비가 계속내렸다. 가까스로 가뭄을 견뎌낼 수 있었으나 이미 절기(節氣)를 넘겼기 때문에 파종 시기를 놓쳐 농사를 망치고 말았다. 비록 이미 농사는 망쳤지만, 5월 말에 내린 비로 가뭄이 끝나는가 싶더니, 이번에는 홍수(洪水)가 닥쳤다. 6월 1일, 전라도에 큰 비가 연일 내려 들판이 강이 될 지경이었다. 6월 8일에는 경상도에 참혹한 홍수가 닥쳤다. 6월 20일 전국 각 도에 모두 홍수(洪水)가 일어났는데, 주요 식량 생산지인 호남(湖南)이 그 피해가 특히 심했다. 불과 한 달 전까지만 해도 비가 안 와서 기우제(祈雨祭)를 지냈는데, 이제는 비가 너무 쏟아져서 기청제(祈晴祭)를 지내자는 말이 나왔다. 7월 1일 함경도의 수재(水災)가 아주 참혹했다. 7월 2일, 황해도에 홍수가 났으며, 홍수로 인한 산사태로 사람이 깔려 죽었다. 7월 11일 평안도에 큰비가 내려 곡식이 손상되었다. 같은 날 함경도에 수재가 매우 참혹했다. 강원도에 9월 1일부터 3일까지 비와 바람이 크게 일어났으며, 같은 달 8일에는 광풍이 불고 비와 우박이 동시에 내렸다. 같은 달 17일에는 강원도에 큰 바람이 불고 큰비가 내려 지붕의 기와가 모두 날아가고 도로가 시내로 변했으며, 벼가 떠내려가 모든 들판이 비었다. 11월 17일 나주 영산강에 천둥과 번개와 함께 큰 비가 내려 영산강 일대의 밀과 보리가 모두 잠겼다.

　　제18대 현종(顯宗, 재위: 1659~1674) 시대의 1970년 8월 전라감사 오시수(吳始壽)는 "백성들이 뿔뿔이 흩어졌으며 굶어 죽은 시체가 길에 깔렸고, 무리를 지어 겁탈까지 했으며, 조금 익어 가는 곡식이 있으면 전주(田主)를 묶어 놓고 공공연히 베어 가며 들판에 방목하는 소와 말을 대낮에 잡아먹지만 감히 물어보지도 못합니다"(『현종실록』, 현종 11년 08.10일)라고 보고했다. 전라감사는 "굶주림과 추위가 몸에 절박해 서로 모여 도둑질을 하는데 집에 조금의 양식이 있는 자는 곧 겁탈의 우환을 당하고 몸에 베옷 한 벌이라도 걸친 자 또한 강도의 화를 당합니다. 심지어 무덤을 파내 관을 쪼개 시신의 염의(斂衣)를 훔치기도 합니다"(『현종개수실록』, 현종 12년 01.11)라고도 보고했다.

"이달에 한양에서 굶거나 병을 앓아 죽은 자가 1,460여 명이었고 각 도에서 죽은 수가 1만7,490여 명이었다…도적이 살해하고 약탈하지 않는 곳이 없었는데 호남·영남이 가장 심했고, 두 도에서 돌림병으로 죽은 소와 가축도 다 헤아릴 수 없었다."(『현종실록』, 현종 12년 06.30)

심지어, 기근(饑饉)이 진행되면서 곳곳에서 자식이나 부모를 버린다든가, 아니면 죽인다든가, '사람이 사람을 잡아먹는 일'이 나타나기 시작했다. 1670년(경술년) 1월 11일에는 전라 감사 오시수는 갓난아이를 도랑에다 버리는 사람이 있다고 보고했으며, 3월 21일에는 "연산(連山: 현 충청남도 논산시)에 사는 사노비 순례(順禮)가 그의 죽은 다섯 살 된 딸과 세 살 된 아들을 먹었다"라고 보고했다(『현종실록』 현종 12년 06.30). 4월 3일에는 예닐곱 살 된 아이를 나무에 묶어 두고 가는 사람도 있었으며, 같은 달 6일에는 선산부(善山府: 현 경상북도 구미시 선산읍)의 한 여자는 그의 여남은 살 된 어린 아들이 이웃집에서 도둑질했다는 이유로 물에 빠뜨려 죽이고, 또 한 여자는 서너 살 된 아이를 안고 가다가 갑자기 버리고 가기도 했다. 또한 겨울에는 어떤 사람이 자신의 늙은 어머니를 길에다 버리는 일도 있었다.

상기와 같이, 제18대 현종(顯宗, 재위: 1659~1674) 11년(1670: 경술년)~12년(1671: 신해년)의 경신 대기근(庚辛 大飢饉)은 유례를 찾을 수 없는 참변이었다. 한해(旱害: 가뭄)·수해(水害)·냉해(冷害)·풍해(風害)·충해(蟲害)의 오재(五災)에 전염병이 가세한 칠재(七災)였다. 여기에 겨울 혹한(酷寒)까지 팔재(八災)가 되었다. 가뭄이 끝나고 홍수(洪水)가 찾아오기 시작한 6월 5일, 대사헌 김수항(金壽恒)이 사표를 내며 각종 민생구제책을 건의했었다. 김수항(金壽恒)뿐만 아니라 여러 신하가 진언했는데, 이 중에서 실제로 채용된 건의안은 하나도 없었다. 6월 21일, 충청도의 수재민 구제를 위해 특전을 내렸다. 이런 와중에도 백성들을 수탈하는 못된 무리가 있어, 백성을 수탈한 벼슬아치가 처벌을 받았다.

조정은 경술년(庚戌年) 1670년 3월 11일에 경기도의 고을에 쌀 8천석을 구휼(救恤)이랍

시고 내놓았는데, 모두 썩은 쌀이라 백성들이 괴로워했었다. 다음날 남인(南人) 당수 허적 (許積)이 산골에 둔전(屯田)을 만들고 유이민들을 모아 군부대를 만들 것을 건의했었는데, 이것은 일개 부대를 만들 수 있을 정도로 유랑생활하는 백성이 많았음을 의미한다. 3월 20일에 강화 유수 김휘(金輝)가 갑진년 이전의 환곡(還穀)을 탕감해 줄 것을 현종(顯宗)에 게 청했었다. 그러나 현종(顯宗)은 윤허하지 않았었다. 세금을 납부하지 못하는 지경이 되 었는데도 지배층은 아직 위기의식을 느끼지 못했었다. 4월 3일에 조운선(漕運船)이 침몰하 자 평안 감사가 장계를 올려 환곡미 탕감을 요청했고, 침몰한 배의 530석, 미납된 환곡 160석을 탕감했었다.

제18대 현종(顯宗, 재위: 1659~1674) 1670년 8월 전라감사 오시수(吳始壽)는 *"이달에 서 울에서 굶거나 병을 앓아 죽은 자가 1,460여 명이었고 각 도에서 죽은 수가 1만 7,490여 명이었다…도적이 살해하고 약탈하지 않는 곳이 없었는데 호남·영남이 가장 심했고, 두 도에서 돌림병으로 죽은 소와 가축도 다 헤아릴 수 없었다."*라고 보고했다(『현종실록』, 현 종 12년 06.30).

이어서, 제19대 숙종(肅宗, 재위: 1674~1720) 시대에서도 1674년 8월 전국 각지에 우박 이 내렸고, 9월에는 평안도에 긴 가뭄 끝에 홍수가 들고 서리와 우박이 겹쳐서 전야(田野) 가 쑥밭이 되었다. 같은 달에는 황해도·평안도·원양도(原襄道: 강원도)·함경도에 비둘기 알만 한 우박이 내려 곡식을 해쳤다. 경신 대기근(庚辛 大飢饉)을 기억하고 있는 안주(安州) 백성은 "내년 봄에 굶어 죽느니 오늘 자진(自盡)하는 것이 낫다"면서 자살하는 사건까지 발생했다. 1695년 다시 심각한 대기근(大飢饉)을 겪었다. 이때 사람들은 농사기구인 소(牛) 를 관청에 신고하지 않고 도살했으며, 심하면 사람고기까지 먹었다고 한다. 그러나 조정 은 처벌도 하지 못했다고 한다.

사실, 1694년(숙종 20년)부터 1720년(숙종 46년)에 이르는 기간은 세계적으로 소빙기(小 氷期)로 불리는 냉해(冷害)가 계속되었는데 조선(朝鮮)도 예외가 아니었다. 이 결과, 계속된 흉년과 홍수·질병으로 인구는 1693년에서 1699년 사이에 약 142만 명의 인구가 감소하 였다.

여기서 저자는 다음과 같은 화두(話頭)를 던진다: 왜 현종(顯宗) 재위 기간(1659~1674) 인 1670년(경술년)과 1671년(신해년)에 상기와 같은 경신(庚辛) 대기근(大飢饉, 1670~1671) 의 대재앙이 발생하였을까?

물론, 그 원인은 자연재해이다. 즉, 인간의 능력으로 어쩔 수 없는 17세기 세계적 기상 이변으로 인한 저온 현상 즉 '소빙기(小氷期)' 현상이다. 그러나 여기서 저자는 '일부함원오

월비상'(一婦含怨五月飛霜)이란 말을 떠 올린다. 즉, 한 여자가 한(恨)을 품으면 5월에도 서리가 내린다는 것이다. 물론, 이것은 비(非)과학적 사유이지만, 시아버지 제16대 인조(仁祖, 재위: 1623~1649)와 당시 집권세력인 서인(西人)에 대한 소현세자(昭顯世子)의 민회빈(愍懷嬪) 강씨(1611~1646)의 저주(咀呪)가 내렸던 것은 아닐까? 1623년 인조반정으로 집권한 인조(仁祖)와 당시 집권세력인 서인(西人)은 인조(仁祖)와 인열왕후(仁烈王后) 한씨의 장남 소현세자(昭顯世子, 1612~1645)의 의문사(疑問詞)에 대하여 진정코 무관한가?

회고해보면, 1645년 5월 21일 남편 소현세자(昭顯世子)가 의문사(疑問詞)를 당하고 다음 해 1646년 김자점(金自點)의 모함으로 소현세자(昭顯世子)의 민회빈(愍懷嬪)은 물론 두 아들(석철과 석린)과 친정 식구(강빈의 친정 노모와 4형제), 세자빈의 궁녀(계향과 계환)도 죽었다. 궁녀(계향과 계환)은 압슬(壓膝)로 죽어가면서도 끝내 자신 상전, 민회빈(愍懷嬪)을 지켜내었다. 인조(仁祖)는 끝내 어느 궁녀로부터도 자백을 받아내지 못하자 비망기(備忘記)를 내려 민회빈(愍懷嬪) 강빈(姜嬪)을 처단토록 했었다. 뒤채에 가두어 일체 사람들과 접촉하지 못하게 하면서 구멍을 뚫어 음식을 그곳으로 넣어주었다.

1646년(인조 24년) 1월, 2월의 『인조실록』은 인조(仁祖)의 무리수와 신료들의 만류로 가득 채워져 있다. 2월 29일 드디어 두 오빠 문성·문명은 곤장을 맞고 죽었다. 3월 2일에는 민회빈(愍懷嬪) 강씨(1611~1646)의 재산이 몰수됐었다. 1645년 5월 21일 남편 소현세자(昭顯世子)가 의문사(疑問詞)를 당한 후 불과 1년도 되지 않은 1646년(인조 24년) 3월 15일 강빈(姜嬪)은 옛집으로 쫓겨 나가 사사(賜死)되었다. 이어서, 1647년 4월 25일 강빈(姜嬪)의 어머니를 비롯하여 14명이 처형당했고, 무수한 사람들이 고문에 죽었다. 이로써, 강빈(姜嬪) 친정은 멸문지화(滅門之禍)를 당했다.

만약 소현세자(昭顯世子, 1612~1645)의 민회빈(愍懷嬪) 강씨(1611~1646)의 저주(咀呪)가 내렸던 것이 아니라면, 황해감사 김홍욱(金弘郁, 1602~1654)의 원한이 실현된 것이 아닐까? 그는 제17대 임금 효종(孝宗) 즉위 후 5년째 되던 1654년 소현세자(昭顯世子)의 민회빈(愍懷嬪) 강씨 옥사(獄死)의 조작을 탄원하며 억울하게 죽은 강빈(姜嬪)의 신원(伸冤) 회복과, 소현세자(昭顯世子)의 살아있는 셋째 아들 석견(경안군)의 석방을 청원하였으나 소현세자(昭顯世子, 1612~1645)의 동생이며 조선의 제17대 임금인 효종(孝宗, 1619~1659, 재위: 1649~1659)은 황해감사 김홍욱(金弘郁)을 국문(鞫問) 끝에 장살(杖殺)로 죽였다. 그는 대신(大臣)과 삼사(三司)를 부르며 *"어찌하여 말하지 않는가? 어찌하여 말하지 않는가? 옛날부터 말하는 자를 죽이고도 망(亡)하지 않은 나라가 있었는가? … 내가 죽거든 내 눈을 빼내어 도성 문에 걸어 두면 국가가 망(亡)해 가는 것을 보겠습니다"*(『효종실록』, 효종 05년

07.13)"고 울부짖었다.

그러나 하늘은 죄없는 백성들에게만 경신(庚辛) 대기근(大飢饉, 1670~1671)의 대재앙을 내렸으나 뻔뻔스럽고 사악한 군주(君主): 제16대 인조(仁祖, 재위: 1623~1649)와 제17대 임금인 효종(孝宗, 재위: 1649~1659), 또한 성리학(性理學)의 위선(僞善) 속에 탐욕(貪慾)으로 가득찬 서인(西人)들에게는 끝내 침묵하였다.

다행히, 제19대 숙종(肅宗, 재위: 1674~1720)은 노론(老論)의 영수 송시열(宋時烈, 1607~1689)이 소현세자(昭顯世子, 1612~1645)의 민회빈(愍懷嬪) 강씨(1611~1646)의 억울함을 주장하여 신원(伸冤)을 청하는 상소와, 그 후 영의정 김수항(金壽恒, 1629~1689)의 신원(伸冤) 상소로 1718년 강빈(姜嬪)의 '무혐의'를 인정하고, 민회(愍懷)라는 시호를 내려 복권시켰다. 이것은 강빈(姜嬪)이 억울하게 죽은 지 80년 만이었다. 또한, 숙종(肅宗)은 1691년에는 사육신(死六臣)을 복관시키고, 이어 1698년에 노산군(魯山君)의 묘호를 단종(端宗)으로 올렸다.

참고로, 중국의 전한(前漢) 중기 시대, 동중서(董仲舒, 기원전 176~104)[33]는 천인상감설(天人相感說)·재이설(災異說)을 주장했다. 동중서(董仲舒)는 천(天)·인(人) 양자의 기(氣) 사이에는 일종의 자연감응작용이 발생한다고 주장하고, 하늘은 재이(災異)로서 국왕에게 선정을 유도하는 동시에 악정(惡政)을 경고한다고 주장하였다. 다시 말하면, '재이설(災異說)'을 바탕으로 하늘과 사람이 서로 느끼고 반응한다는 고대 중국 사상의 특징인 유기체적 자연관인 '천인상감설(天人相感說)'을 주장하였다.

---

33) 동중서(董仲舒, 기원전 176~104)는 중국 전한(前漢) 중기의 대표적 유학자이다. 그는 춘추전국시대(春秋戰國時代) 유가사상의 연구를 통해서 경학시대(經學時代)의 유가사상(사서오경)을 개막한 유학자이다. 즉, 한나라 초기 사상계가 제자백가(諸子百家)의 설로 혼란하고 유교(儒敎)가 쇠퇴하였을 때, 도가(道家)의 설을 물리치고 유교(儒敎) 독립을 추구했다. 무제(武帝)를 섬겨 총애를 받아 유교를 채용하고 교육 행정으로 공헌하였다. 동중서(董仲舒)의 사상은 삼통설(三統說), 대일통설(大一統說), 천인감응설(天人感應說), 재이설(災異說)이다. 우선, 유가사상의 교화를 바탕으로 덕치(德治)를 강조하고, 삼통설(三統說)을 통해 한나라의 정통성을 확보할 뿐만 아니라 제도개혁의 기준도 마련하게 되었다. 다음으로, 그는 '군권신수설(君權神受說)'과 함께 대일통설(大一統說)을 통해서 천자는 하늘의 뜻을 따르고, 백성과 제후왕은 황제의 명령을 따르게 하는 중앙집권군주 통치체제를 제시했다. 이어서, 그는 천인감응설(天人感應說), 재이설(災異說)을 주장했다. 특히 그는 기(氣)이론과 음양오행 개념을 가지고 만물의 변화를 설명하였으며, 하늘과 인간 사이에 추상적 덕목, 감정, 심지어 외모와 구조의 공통점까지 있다고 보고 천인합일(天人合一)을 주장하였다. 『춘추번로』에 담긴 동중서(董仲舒)의 사상은 왕권 강화 논리이면서 동시에 왕권에 대한 견제 역할을 했다. 이것은 대일통설(大一統說)을 통해서 부여한 군주의 막강한 권한에 대한 견제장치로서, 이러한 군주의 권력을 올바르게 사용할 수 있도록 유도하는 것이라고 볼 수 있다. 또한, 그는 사회경제정책인 한전(限田) 정책을 통해 빈부격차 해소를 주장했으며, 노비해방을 주장함으로써 인권존중사상도 일깨워 주었다. 그리고 국가전매사업인 염철사업을 국민에게 환원하여 부역을 줄여야 한다고 강조했다.

이와 대조적으로, 후한(後漢) 시대 왕충(王充, 27~100)은 그의 저서 『논형(論衡)』[34]에서 실증적, 과학적 사고를 바탕으로 '천인상감설(天人相感說)'의 종교 신비주의를 비판하고 목적론적 세계관을 부정하였다. 즉, 인간의 행위가 우주자연의 움직임에 영향을 준다는 사상을 부정하면서 그는 『논형(論衡)』을 통해 동중서(董仲舒, BC 176~104)처럼 천지만물이 기(氣)로 이루어져 있다고 보면서도 하늘이 만물을 낳는 것이 아니라 음양(陰陽)의 두 기(氣)가 어울려 생겨나는 것이라고 보았다. 자연(自然)은 비인격적이며 목적의식 없는 무위(無爲)의 존재이지만, 인간(人間)은 유위(有爲)와 욕망을 갖는다는 것이다. 따라서 동중서(董仲舒, BC 176~104)의 목적론적 세계관과 달리 기계적인 움직임으로 자연을 이해하였다. 따라서 하늘이 인간에게 벌을 준다는 것도 인간이 만든 주관적 생각에 지나지 않는다고 비판하였다.

그러나 저자는 고대 중국의 전한(前漢) 중기 시대 동중서(董仲舒, BC 176~104)의 천인상감설(天人相感說)·재이설(災異說) 뿐만 아니라 후한(後漢) 시대 왕충(王充, 27~100)의 『논형(論衡)』도 수용하지 않는다. 그 대신에, 본 연구의 가설(假說) 1: *"국가의 흥망성쇠(興亡盛衰)의 요인은 국정철학(國政哲學, Governing Philosophy)과 국가이성(國家理性, Staatsvernunft)이다"*를 역사철학적 시각에서 주장한다. 왜 인간(특히 왕조시대에서 군주)의 잘못을 '하늘의 뜻'으로 전가(轉嫁)하고 인간의 성과(왕의 치적)는 자신의 능력으로 뽐내는가?! 사후(死後)에는 역사가 평가할 것이고, 그때 비로서 하늘이 심판할 것이다.

---

34) 후한(後漢) 시대 왕충(王充, 27~100)이 지은 『논형(論衡)』은 중국 역사상 불후(不朽)의 유물주의적(唯物主義的) 철학 저작으로 평가받고 있으며 85편으로 구성되어 있다. 여기서 형(衡)이라 함은 저울에 달아서 공평하게 중량을 재는 것이다. 『논형(論衡)』의 주제는 허위 지식 일체를 검토하고 비판하여 공정한 진리를 끌어내는 데에 있었다. 실제로 이 책에는 당시의 주요한 철학 문제(자연관·지식론·인성론·운명론·정치사상)가 전부 포함되어 있다. 자연관(自然觀)에서는 대상이나 현상의 모든 범위에서 일어나는 사건 일체를 목적과 관련지어 설명하는 방식인 하늘의 의지를 부정하여 동중서(董仲舒, BC 176~104)가 주장한 '천인상감설(天人相感說)'의 '군권신수설(君權神授說)'을 비판하고 오행재이사상(五行災異思想)을 부정하였다. 그리하여 물질과 관련된 자연의 고유한 운동을 인식하고 나아가 사회현상을 놓고도 정치와 관련된 과도한 간섭을 배격한 도가(道家)의 무위자연(無爲自然) 상태를 존중하였다. 또한, 사후(死後)의 영혼의 존재를 부정하여, 사람의 정신 활동도 육체의 생명과 함께 물질상 생멸한다는 이론을 설명하여 무신론(無神論)을 주장하였다. 한편, 지식론(智識論)에서는 모든 경험에 앞선 인식이 태어날 때부터 존재한다고 간주하는 관점을 부정하고 태어난 후에 얻어진 학습 경험에 토대한 지식의 집적(集積)에 기초하여 그것에 기본하는 이성(理性)에 근거한 판단을 존중하여 당시 유행한, 이치에 맞지 않는 여러 가지 설화나 전문(傳聞)의 허망성(虛妄性)을 폭로했다. 심지어, 공자나 맹자의 언행도 비판하였다. 이 결과, 왕충(王充, 27~100)의 『논형(論衡)』은 송 대(宋 代)이후 체제교학(體制敎學)에 격렬히 비난받았다. 그러나 역대 지식계급에게 지지받아 왔고 유교 교학체제(儒敎敎學體制)가 붕괴한 근대 이후에서 정당한 평가를 받고 있다.

5) 1659년 기해예송(己亥禮訟)과 1674년 갑인예송(甲寅禮訟)[35]

예송(禮訟)은 예절(禮節)에 관한 논란으로, 효종과 효종비 인선왕후에 대한 계모 자의대비(慈懿大妃)의 복상기간을 둘러싸고 현종(顯宗) 시대(1659~1674)와 숙종(肅宗) 시대(1674~14720)에 발생한 서인(西人)과 남인(南人)간의 논쟁이다.

조선(朝鮮) 후기에 차자(次子)로 왕위에 오른 효종(孝宗, 재위: 1649~1659)의 정통성과 관련하여, 두 차례 예송(禮訟)이 일어났다: ① 1659년 효종(孝宗)이 승하했을 때의 기해예송(1차)과, ② 1674년 효종비(妃) 인선왕후(仁宣王后)의 승하했을 때의 갑인예송(2차)이다. 이때 인조(仁祖)의 계비 자의대비(慈懿大妃)의 복제가 쟁점이 되었기 때문에 복상문제(服喪問題)라고도 부른다.

당시, 서인(西人)은 효종(孝宗)이 적장자가 아님을 들어 왕과 사대부에게 동일한 예(禮)가 적용되어야 한다는 입장에서 1년설과 9개월설을 주장하였고, 남인(南人)은 왕에게는 일반 사대부와 다른 예(禮)가 적용되어야 한다는 입장에서 3년설과 1년설을 각각 주장하여 대립하였다. 당초 허목 및 윤휴 등의 남인(南人) vs 송시열 및 송준길 등의 서인(西人)의 예론대결로 흘러가던 중 윤선도가 송시열은 효종(孝宗)의 정통성을 부정했다고 지적하였고, 이 사건을 계기로 예송(禮訟)은 토론에서 이념 대립으로 격화되었다.

성리학(性理學) 도입 이후 고려 후기부터 일반 사대부와 평민은 주자(朱子)가 편찬한『주자가례』(朱子家禮)를 따라 관혼상제의 사례로 따랐고, 왕가는 성종(成宗) 초반까지도『주자가례』(朱子家禮)를 따르다가 성종(成宗) 대에 제정한『국조오례의』(國朝五禮儀)를 기준으로 했다. 그런데『국조오례의』(國朝五禮儀)에는 효종(孝宗)처럼 차자(次子)로서 왕위에 올랐다가 죽었을 경우 어머니가 어떤 상복을 입어야 하는지에 관해 규정이 없었다. 이게 논란의 시발점이었다.

국상(國喪) 직후 정권을 잡고 있었던 서인(西人)들은 기해예송(己亥禮訟) 때처럼 자의대비(慈懿大妃, 趙大妃)를 차자부(次子婦)로 다루어 9개월짜리인 대공복(大功服)을 주장하였으나, 1674년 7월 6일 남인계의 대구 유생 도신징(都愼徵)이 상소(그 요지는 기해예송에서 효종을 중자로 간주한 적이 없었다는 것이다)하여 대공복(大功服)의 오류를 지적하고 인선왕후(仁宣王后)를 인조(仁祖)의 장자부(맏며느리)로 다루어 1년짜리인 기년복(朞年服)을 주장했다. 이에 현종(顯宗)은 조정의 대신과 중신들을 불러 9개월짜리인 대공복(大功服)으로 정한 이

---

35) 허권수(1992),『17世紀 文廟從祀와 禮訟에 관한 研究: 近畿南人과 嶺南南人의 提携를 中心으로』, 成均館大學校.

유를 추궁하고 재검토할 것을 지시하였다.

서인(西人)은 송시열(宋時烈)의 '체이부정(體而不正)'논리(고려 – 조선시대 庶子를 후사로 세운 경우, 또는 적자이지만 장자가 아닌 경우로, 몸은 종통(宗統)을 이었으나 가통을 이은 적장자가 아닌 경우)에 따라 인선왕후(仁宣王后)를 인조(仁祖)의 중자부로 보고 계속 9개월짜리인 대공복(大功服)을 주장하였다.

1659년 기해예송(己亥禮訟)과 1674년 갑인예송(甲寅禮訟)은 표면상으로는 예학과 관혼상제의 문제였지만, 사실은 왕위 계승의 정당성 문제와 왕위계승 원칙인 종법의 이해 차이가 얽힌 서인(西人)과 남인(南人) 간의 논쟁이었다. 처음에 예론을 이견으로 접수했던 송시열과 송준길, 김수항은 이 사건을 계기로 남인(南人)을 대하는 태도가 경직된다. 예송(禮訟) 논쟁이 일어나기 전에는 서인(西人)과 남인(南人)이 기본적으로 서로의 학문적 입장을 인정하는 토대 위에서 상호 비판적인 공존 체제를 이루어 나갔다. 이러한 건전한 공존의 붕당정치(朋黨政治)는 예송(禮訟) 논쟁을 기점으로 무너지고, 서인(西人)과 남인(南人) 사이의 대립은 격화되었다. 이러한 대립의 격화는 훗날, 숙종(肅宗) 시대(1674~1720)에 환국(換局)으로 이어진다.

(1) 1659년 기해예송(己亥禮訟)

첫 번째 예송(禮訟)인 기해예송(己亥禮訟)이 효종(孝宗, 재위: 1649~1659)의 승하(1659년)를 계기로 현종(顯宗)이 즉위하자마자 일어났다. 효종(孝宗)의 국상(國喪)에 자의대비(慈懿大妃)가 계모로서 1년짜리 상복인 기년복(朞年服)을 입어야 하는가 혹은 3년짜리 참최복(斬衰服)을 입어야 하는가 하느냐로 벌였던 논쟁이었다. 송시열과 송준길 등 서인(西人)은 1년 상복을 주장했다. 그 논리는 효종(孝宗)이 차남이고 장남인 소현세자(昭顯世子)가 사망했을 때 자의대비(慈懿大妃)가 이미 장자(長子)에 해당하는 3년 상복을 입었고 효종(孝宗)이 인조(仁祖)와 그의 제1비였던 인열왕후(仁烈王后)의 둘째아들이므로 1년 상복이 타당하다는 것이었다. 이에 반하여, 허목(許穆) 및 윤휴(尹鑴) 등의 남인(南人)은 반박 논리를 폈다. 효종(孝宗)이 왕인 점을 강조하면서 효종(孝宗)이 비록 차남이지만 왕위를 계승한 인물이므로 왕권 강화를 위해 자의대비(慈懿大妃)는 왕이 사망했을 때 적용하는 3년 상복을 입는 것이 옳다고 맞섰다. 결국, 1659년 현종(顯宗, 재위: 1659~1674)은 서인(西人)의 손을 들어줬다. 왜냐하면 즉위한지 얼마 되지 않는 상황에서 집권 세력인 서인(西人)의 논리를 무시하는 것은 정치적으로 큰 부담이었기 때문이었다.

결국, 1659년 기해예송(己亥禮訟)에서 공식적으로 채택된 것은 효종(孝宗)의 장자와 차자의 지위를 구분하지 않는 영의정 정태화(鄭太和)의 '국제(國制) 기년복(朞年服)'이었다. 서인(西人)의 정치적 입지는 더욱 강화됐다. 그러나 1659년 기해예송(己亥禮訟)에서 당시 집권세력인 서인(西人)이 결과적으로는 이겼지만 서인(西人)이 주장했던 '신권(神權) 강화'의 논리는 아들이긴 하지만 적장자는 아닌(體而不正) 효종(孝宗)을 왕이 아닌 차남으로 인정하는 모순을 지니고 있던 만큼, 서인(西人)은 현종(顯宗)에게 미운 털이 박히게 되었다. 왜냐하면 1623년 인조반정(仁祖反正)과 소현세자(昭顯世子)의 죽음으로까지 되짚다 보면 효종(孝宗, 재위: 1649~1659)과 현종(顯宗, 재위: 1659~1674)의 정통성을 건드려졌기 때문이었다.

(2) 1674년 갑인예송(甲寅禮訟)

1670년(경술년)과 1671년(신해년), 경신대기근(庚辛大饑饉, 1670~1671)으로 약 100만여 명의 백성들이 굶어 죽었다. 나라에는 전염병이 들끓었다. 조선 팔도 360개 고을 전체가 지옥(地獄)이 됐다. 18대 왕 현종(顯宗, 1641~1674; 재위: 1659~1674)의 현종실록(顯宗實錄)을 보면, 호적의 인구는 3년(1670~1672) 사이에 약 500,000명이 감소했다. 이어서 1695년(숙종 21)부터 1700년까지 진행된 을병대기근(乙丙大饑饉)으로 다시 약 1,400,000명이 감소했다.[36]

그럼에도 불구하고, 1674년(현종 15년) 효종(孝宗, 재위: 1649~1659) 왕비 인선왕후(仁宣王后, 1618~1674)의 국상(國喪)에 시어머니 자의대비(慈懿大妃)가 입을 상복(喪服) 문제로 1659년 기해예송(己亥禮訟)과 똑같은 분쟁인 '2차 예송(禮訟)'인 갑인예송(甲寅禮訟)이라는 당쟁(黨爭)을 벌였다.[37] 『가례』에 따르면 인선왕후(仁宣王后)를 장자부(長子婦)로 보면 1년

36) 참고로, 인터넷 자료에 의하면, 1347~1353년 동안 흑사병(黑死病, Black Plague)은 중국에서 발원하여 실크로드를 따라 유럽에 전파 및 창궐하여 7,500만~2억 명의 목숨을 앗아간 전염병이다. 이때 흑사병으로 유럽의 총 인구의 30~60%가 목숨을 잃었다. 흑사병 이전의 세계 인구는 4억 5천만 명 정도로 추산되는데, 14세기를 거치며 3억5천만 명~3억7,500만 명 정도로 거의 1억 명이 감소했다. 이는 당시 유럽의 인구의 약 30%에 달하는 숫자이다. 흑사병으로 인해 줄어든 세계 인구가 흑사병 이전 수준까지 회복되는 데는 17세기까지 시간이 걸렸다.

37) 1674년(현종 15년) '2차 예송'인 갑인예송(甲寅禮訟) 논쟁의 핵심은 효종(孝宗)의 왕비이자 현종(顯宗)의 어머니인 인선왕후(仁宣王后)를 인조(仁祖)의 장자부(長子婦)로 볼 것인가 혹은 중자부(衆子婦)로 볼 것인가 하는 문제였다. 즉, 경국대전(經國大典)이 장남과 차남을 같게 취급해 1년짜리 기년복(朞年服)을 입어도 그렇게 큰 문제가 되지 않았으나, 장자부(長子婦)는 기년복(朞年服)인데 중자부(衆子婦)는 9개월짜리인 대공복(大功服)을 입도록 규정해 문제가 되었다.

짜리인 기년복(朞年服)이지만 『경국대전』(經國大典)에 따르면 맏아들·중자의 구별 없이 부모는 아들을 위해 기년복(朞年服)을 입는다고 규정했으나 며느리의 경우 맏며느리는 1년짜리인 기년복(朞年服), 중자처는 9개월짜리인 대공복(大功服)으로 구별해 규정하였다.

1674년 갑인예송(甲寅禮訟) 논쟁의 핵심은 효종(孝宗, 재위: 1649~1659)의 왕비이자 현종(顯宗)의 어머니인 인선왕후(仁宣王后)를 인조(仁祖)의 장자부(長子婦)로 볼 것인가 혹은 중자부(衆子婦)로 볼 것인가 하는 문제였다. 즉, 경국대전(經國大典)이 장남과 차남을 같게 취급해 1년짜리 기년복(朞年服)을 입어도 그렇게 큰 문제가 되지 않았으나, 장자부(長子婦)는 기년복(朞年服)인데 중자부(衆子婦)는 9개월짜리인 대공복(大功服)을 입도록 규정해 문제가 되었다.

이에 대하여, 현종(顯宗, 재위: 1659~1674)은 '전에는 지금의 법(아들에 대해서 기년복이라는 국조오례의)을 적용했었는데 이제는 옛날 법(맏며느리에 대해서 대공복이라는 주례·의례)을 쓰라니 일관성이 없지 않냐'는 논리로 서인(西人)의 주장을 반대하였다. 현종(顯宗)은 이번에는 남인(南人)의 손을 들어줬다. 그는 서인(西人)의 거두 송시열(宋時烈)에게 싸늘하기 그지없는 비망기를 내려 송시열(宋時烈)을 질책했다. 왜냐하면 현종(顯宗)은 더 이상 서인(西人)에 끌려갈 수 없다고 판단했었고, 예법에서도 왕권 강화를 강조하는 남인(南人)의 입장에 동조했었기 때문이었다. 이로써 현종(顯宗)은 1659년 기해예송(己亥禮訟)때 서인(西人)의 압력으로 달성하지 못했던 자신과 부모의 정통성을 확립할 수 있었다. 결국, 1674년 갑인예송(甲寅禮訟)을 계기로 서인(西人)이 실각하고 남인(南人)이 정권의 실세로 자리를 잡는 정국의 변화가 일어났다.

현종(顯宗, 재위: 1659~1674)은 1659년 기해예송(己亥禮訟)에서 장자와 차자를 구분하지 않는 '국제 기년설'을 채택했음을 이유로 1674년 7월 15일 자의대비(慈懿大妃, 趙大妃)의 복제를 1년짜리인 기년복(朞年服)으로 개정하였으며 종통(宗統)을 비하하는 대공복(大功服)의 논리에 분노하였다. 남인(南人)은 복제의 오례(誤禮)와 종통(宗統)을 문란시킨 죄를 물어 송시열(宋時烈)과 김수흥(金壽興) 등 서인(西人)의 핵심 인사들을 탄핵하였으며 현종(顯宗)은 서인(西人) 당로들을 유배보냈다.

그 후, 현종(顯宗, 재위: 1659~1674)은 예송(禮訟) 논쟁이 마무리된 시점인 1674년 갑인예송(甲寅禮訟)의 복제를 개정한지 한 달여 만인 1674년(현종 15) 8월 18일 창덕궁에서 갑자기 승하하였다. 이에 따라 숙종(肅宗, 재위: 1674~1720)이 즉위하자, 송시열(宋時烈)과 그를 옹호하는 서인(西人)들을 대거 축출하고 윤휴(尹鑴)·허적(許積) 등의 남인(南人)들을 등용하여 1623년 인조반정(仁祖反正) 이후 50여 년 만에 정국이 개편되었다. 이러는 가운데,

송시열(宋時烈)을 제거하고 정권을 주도하려던 현종비의 장인 서인(西人) 김우명(金佑明)과 그의 조카 김석주(錫胄)가 남인(南人)과 연계하여 남인(南人)의 장자부 기년복(朞年服)을 찬성하였으나 오히려 남인(南人) 세력에게 밀려 위태롭게 되자 다시 서인(西人) 세력과 연결해 허적(許積)·윤휴(尹鑴) 등을 역모로 몰아 남인세력을 제거하는 1680년(숙종 6년) 경신대출척(庚申大黜陟)이 일어나면서 예송(禮訟)은 일단락되었다.

현종(顯宗, 재위: 1659~1674)은 자신의 모후(母后) 인선왕후(仁宣王后, 1618~1674)가 죽은 지 얼마 안 돼서 한창 슬퍼할 시기에 눈물도 참아가며 논쟁을 해결하느라 애를 써야 했으니 병이 악화되기 충분한 환경이었고 실제로 현종(顯宗)은 모후(母后)의 빈소(殯所)에서 죽었다.

그나마 현종(顯宗, 1641~1674; 재위: 1659~1674)의 공헌이 있다면, 그것은 왕비 명성왕후(明聖王后)와의 사이에서 적장자 숙종(肅宗)을 낳고 그에게 왕위를 물려줌으로써 문종(文宗)과 단종(端宗)에 이어 조선 역사상 두 번째로 적장자(嫡長子)가 연이어 왕위를 계승하는 전통을 만들었고, 그의 아들 숙종(肅宗)이 이 같은 정통성을 바탕으로 강력한 정사를 돌볼 수 있었다는 점이다.

6) 조선(朝鮮) 후기(1661~1910) 세도정치(勢道政治): 조선 멸망의 가속화

전술한 사림(士林)의 붕당정치(朋黨政治)와 당쟁(黨爭)에 이어서, 조선 후기(1661~1910)[38] 세도정치(勢道政治)가 조선(朝鮮)의 멸망(滅亡)을 가속화시켰다. 그 이유는 순조 시대(1800~1834) → 헌종 시대(1834~1849) → 철종 시대(1849~1863)부터 기존의 지배체제 구성원들이 조선 왕조로부터 본격적으로 등을 돌리기 시작했기 때문이었다고 저자는 사유한다.

상술하면, 세도정치(勢道政治)는 조선시대 왕(王)의 신임과 직접적인 위임(委任)을 받는 형식으로 정권을 잡고 나라를 다스리던 일이다. 세도정치(勢道政治)는 그 형태에 따라 정조(正祖) 이전과 이후로 나누어 볼 수 있다.

우선, 조선 제22대 왕 정조(正祖, 재위: 1776~1800) 때 홍국영(洪國榮, 1748~1781)[39]이

---

38) 조선(朝鮮) 후기(1661~1910)란 제19대 왕 숙종(肅宗, 1661~1720; 재위: 1674~1720), 제21대 왕 영조(英祖, 1694~1776; 재위: 1724~1776년), 제22대 왕 정조(正祖, 1752-1800; 재위: 1777~1800) 이후 1910년 대한제국의 멸망 때까지를 의미한다.

세도정치(勢道政治)를 하기 전(前)의 세도(世道)는 단순한 정치권력보다는 어떤 지도이념과 공정한 언론을 주체로 하여 세도인심(世道人心)을 바로잡으려는 사상적·도의적 일면이 있었다. 그러므로 이런 일을 감당하기 위해서는 훌륭한 인격과 뛰어난 학식이나 덕망을 가져야만 되었고, 따라서 왕(王)도 높은 관직을 주어 우대하였다. 예를 들면 중종(中宗) 때의 조광조(趙光祖, 1482~1520)는 교학(敎學)의 최고위 직인 지성균관사(知成均館事)를 거쳐 대사헌(大司憲)에 임명되었으며, 효종(孝宗)·현종(顯宗) 때의 송시열(宋時烈, 1607~1689)은 예조참판에서 신임을 받기 시작하여 이조판서를 역임하고, 뒤에 우의정·좌의정 등의 요직에 있으면서 세도(世道)의 신임과 위임을 받았다.

　그러나 사도세자(思悼世子)의 아들인 제22대 정조(正祖, 재위: 1776~1800) 때에 이르러서는 치세(治世)의 도리를 주장하여 정신적으로 왕을 보좌하기보다는 실지로 정치권력의 행사를 위임받아 권세를 부리는 정치 형태로 변질되면서 '세도(世道)'는 흔히 '세도(勢道)'로 일컫게 되었다. 정조(正祖) 시대의 홍국영(洪國榮, 1748~1781)은 정조(正祖)가 왕세손으로 있을 때 정후겸(鄭厚謙)·홍인한(洪麟漢) 등의 위협에서 그를 보호하여 무사히 왕위에 오를 수 있게 한 공로(功勞)로 도승지 겸 금위대장에 임명되어 정조(正祖)의 신변 보호를 맡는

---

39) 홍국영(洪國榮, 1748~1781)의 생애는 그야말로 드라마틱하다. 당시 집권세력이었던 노론(老論)은 정조(正祖)의 아버지 사도세자(思悼世子)를 죽음에 몰아넣었던 주범들로 사도세자(思悼世子)의 아들인 정조(正祖)가 만약 왕위에 오른다면 자신들의 권력은 물론 목숨까지도 보존할 수 없을 거라는 생각하고 정조(正祖)가 왕위계승자로서의 권리를 가질 수 없도록 공격하는 것은 물론, 정조(正祖)를 세손의 자리에서 내려앉고자 끊임없이 도발했다. 이때 홍국영(洪國榮)은 노론(老論)의 횡포 속에서도 세손(世孫) 정조(正祖)를 보호한 공로로 세손의 두터운 총애와 신임을 얻게 되었고, 마침내 정조(正祖)가 왕위에 오르게 되자 홍국영(洪國榮)은 곧 도승지(都承旨)에 올라 정책 결정을 통제했으며, 군사권까지도 장악하는 벼슬에 올랐다. 홍국영(洪國榮)은 임금을 경호하는 숙위대장과 금위대장(요즘의 경호실장), 군권을 쥐는 훈련대장, 그리고 왕명을 출납하는 도승지(요즘의 비서실장)를 겸직하게 되었다. 국정의 모든 사안은 홍국영(洪國榮)을 거치지 않으면 왕에게 보고되지 않을 정도였고, 3정승도 임금을 뵙고자 하면 홍국영(洪國榮)에게 허락을 맡아야 했고 홍국영(洪國榮)의 여동생이 정조(正祖)의 후궁이 되면서 그의 권력은 최고 정점으로 높아졌다. 하지만 정조(正祖)의 후궁인 그의 여동생이 갑자기 죽게 되자 그녀의 의문스러운 죽음을 파헤치는 과정과 정조(正祖)의 서조카였던 완풍군(完豊君)을 죽은 여동생의 양자로 입적(入籍)시켜 그로 하여금 정조(正祖)의 뒤를 잇게 하여 자신의 권력을 공고히 하려고 하였는데 이를 자신의 왕권에 대한 도전으로 보게 된 정조(正祖)의 심기를 건드리게 되어 권력의 최고 정점에서 한 번 제대로 휘둘러보지도 못하고 나락으로 떨어졌다. 홍국영(洪國榮)의 방종과 전횡이 그의 몰락을 가져온 하나의 이유임에는 분명하지만, 결정타를 날린 것은 그가 후계 문제라는 임금의 역린을 건드렸기 때문이었다. 정조(正祖)는 자신을 지킨 공을 잊을 수 없었기 때문인지 홍국영(洪國榮)이 자진사퇴 형식으로 물러날 수 있도록 배려했지만 홍국영(洪國榮)은 곧 탄핵을 받아 가산을 몰수당하고 강릉으로 추방되었다. 마침내 1781년 4월, 홍국영(洪國榮)은 33살의 나이로 울화병으로 세상을 떠났다. 29살 때부터 32살 때까지 약 3년 간 만인지상(萬人之上), 일인지하(一人之下)의 권력을 누렸던 홍국영(洪國榮)의 최후는 그렇게 쓸쓸하고 허무했다. 홍국영(洪國榮)은 자기 자신의 권력욕에 희생된 많은 권력자들의 전철을 밟았다.

한편, 모든 정사도 그를 거쳐 상주(上奏)하고 결재하는 권한을 위임받았다. 그래서 요즘 흔히 쓰이는 뜻으로서의 세도정치(勢道政治)는 홍국영(洪國榮, 1748~1781)에서 시작된다. 그러나 홍국영(洪國榮)의 세도(勢道)는 그의 부정부패(不正腐敗)로 1780년(정조 4년)에 추방당하고 말았다.

최초의 세도정치(勢道政治)로 불리는 홍국영(洪國榮, 1748~1781) 물론, 남인(南人) 계열인 시파(時派)인 김조순(金祖淳)과 안동 김씨 또한 노론(老論) 계열인 벽파(僻派)에 대항하기 위해 정조(正祖)가 의도적으로 키웠다가 그렇게 된 것이니, 결국, 세도정치(勢道政治)의 원인은 정조(正祖)의 왕권 강화 정책에 원인이 있다고 봐야 타당하다.

실제로, 정조(正祖)는 개인의 역량을 기반으로 정치세력의 개편을 꾀했으나, 정조(正祖, 재위: 1776~1800)가 갑자기 승하하고 순조(純祖, 재위: 1800~1834)가 조선 역사상 2번째로 어린 나이(11세)에 즉위하자 당시 조선 왕실에서 가장 큰 어른이었던 영조(英祖, 재위: 1724~1776)의 계비이자 대왕대비 정순왕후(定順王后) 김씨(金氏)가 수렴청정(1800~1803)을 통하여 경주 김씨(慶州 金氏) 중심의 세도정치(勢道政治)를 시작하였다. 정순왕후(定順王后)는 수렴청정 기간(1800~1803) 동안 조선 후기의 신분질서 변화를 추인하는 정책 즉 궁방(宮房)과 관아(官衙)에 예속되어 있던 공노비(公奴婢)를 혁파하고 서얼허통(庶孽許通)을 시행했다. 또한, 사교(邪敎) 금압을 명분으로 200여 명의 천주교 신자들을 학살한 신유박해(辛酉迫害) 때, 당시 정권을 장악했던 벽파(僻派, 思悼世子를 무고한 노론의 일파)가 정조(正祖, 1776~1800) 때 집권세력이었던 시파(時派, 思悼世子를 동정한 노론의 일파)를 숙청했다. 심지어, 은언군과 은언군의 아내까지 천주교로 통해 역모를 몰아서 죽였다. 1805년 사망 시까지 자신의 친정인 경주 김씨(慶州 金氏)와 노론(老論) 벽파(僻派)의 이익을 대변하는 역할을 수행했다.

(1) 안동(安東) 김씨(金氏)의 60년 세도정치(勢道政治)

조선 제22대 왕(재위: 1776~1800) 정조(正祖)는 자신의 예상보다는 급격히 건강이 악화되자 어린 세자[후일 순조(純祖)]를 보호할 외척(外戚)이 필요했었다. 정조(正祖)의 아버지인 사도세자(思悼世子)를 동정한 남인(南人) 계열인 시파(時派) 명문의 거족 김조순(金祖淳)의 딸을 세자비로 낙점했다. 결과적으로, 자신이 그렇게 반대하던 외척 정치를 복구시킨 것이다.

정조(正祖, 재위: 1776~1800)는 훌륭한 업적을 이루던 과정에서 갑작스럽게 49세의 일기로 서거했다. 정조(正祖)의 죽음으로 11세의 어린 나이인 순조(純祖, 재위: 1800~1834)가 등극했다. 영조(英祖, 재위: 1724~1776)의 계비였던 정순왕후(定順王后) 김씨(1745~1805)가 수렴청정(垂簾聽政)을 할 때 정조(正祖)의 아버지인 사도세자(思悼世子)를 무고(誣告)한 노론(老論) 계열인 벽파(僻派)와 경주(慶州) 김씨(金氏)가 정권을 잡고 남인(南人) 계열인 시파(時派)를 몰아냈으나, 정순왕후(定順王后) 김씨(金氏)가 정조(正祖)의 유지에 따라 끝까지 시파(時派)인 김조순(金祖淳)을 보호하면서 반격의 불씨를 남겨놓았다. 결국, 정순왕후(定順王后) 김씨(1745~1805)가 수렴청정(垂簾聽政)을 거둔 후 얼마 못가 사망하자, 남인(南人) 계열인 시파(時派) 김조순(金祖淳)은 노론(老論) 계열인 벽파(僻派)를 몰아내 사실상 붕당정치(朋黨政治)를 끝내고 세도정치(勢道政治)의 막을 열었다.

제23대 왕(재위: 1800~1834) 순조(純祖)는 정순왕후(定順王后) 김씨(1745~1805)의 수렴청정(垂簾聽政)하에서 경주(慶州) 김씨(金氏) 일문아래 있다가 정순왕후(定順王后)의 죽음 이후에는 순조(純祖)의 장인인 안동 김씨(安東 金氏)의 김조순(金祖淳)의 일문하에 놓이게 됐다. 그러나 김조순(金祖淳)은 전면에 나서기보다는 철저하게 막후 실세로서만 움직였기 때문에, 실질적으로 세도정치(勢道政治)가 본격화된 것은 김조순(金祖淳)의 아들 김좌근(金左根) 때부터라고 볼 수 있다.

1803년 음력 12월, 수렴청정(垂簾聽政)을 맡았던 대왕대비 정순왕후(定順王后) 김씨(金氏)는 국구(國舅, 왕비의 아버지) 김조순(金祖淳)의 일파에 의해 실각되었으며, 정조(正祖, 재위: 1776~1800)의 유명(遺命)을 받들어 노론(老論)인 안동 김씨(安東 金氏)의 영안부원군 김조순(金祖淳)이 국구(國舅)로서 정권을 잡아 경주 김씨(慶州 金氏) 세력을 숙청하고 이듬해에 그의 딸인 순원왕후(純元王后)[40]가 제23대 순조(純祖, 1800~1834)의 비(妃)가 되었다. 이로써, 외척 안동 김씨(安東 金氏)가 행하는 세도정치(勢道政治)의 기틀이 잡히게 되어 중앙의 요직은 그의 일족(一族)이 모조리 독점하였다.[41] 안동 김씨(安東 金氏)의 60년 장기 집

---

40) 순원왕후(純元王后)는 정조(正祖) 24년 세자빈 삼간택 중에 갑자기 정조(正祖)가 승하한 뒤 정순왕후(定順王后)의 오빠인 경주김씨 김관주 등의 방해로 간택에 어려움을 겪다가 순조 2년에 이르러서야 왕비로 채택됐다.

41) 세도정치(勢道政治)가 여러 세도 가문에 의해 이루어졌지만 그중에서도 안동 김씨(安東 金氏)는 독보적이었다. 제23대 순조(純祖, 1800~1834), 제24대 헌종(憲宗, 1834~1849), 제25대 왕(재위: 1849~1864) 철종(哲宗)의 3대에 걸쳐서 순원왕후, 효현왕후, 철인왕후를 배출한 왕실의 외척 가문이었다. 안동 김씨(安東 金氏)였던 김조순(金祖淳)이 세도정치(勢道政治)의 문을 열었고 철종조의 마지막 세도정치 시기도 안동 김씨(安東 金氏)의 세상이었다. 세도정치의 시작과 끝이 안동 김씨(安東 金氏)의 천하였다해도 과언이 아니다. 다른 가문들은 어디까지나 경쟁자나 협력자의 위치에 머물렀을 뿐이었다. 안동 김씨(安東 金氏) 다음 가는 가문이라면 풍양 조씨(豐壤 趙氏)이다. 대리청정을 했던 효명세자의 비인 신정왕후

권은 조선(朝鮮)의 멸망(滅亡)을 가속화하는 촉매 역할을 했다.

김조순(金祖淳)이 1803년부터 1804년까지 1년간 섭정을 맡은 후, 비로소 순조(純祖)는 1804년부터 직접 국정을 관장했으나 여전히 권력의 핵심은 김조순(金祖淳)을 비롯한 안동(安東) 김씨(金氏) 일문이 장악했다. 김이익(金履翼)·김이도(金履度)·김달순(金達淳)·김희순(金羲淳)·김명순(金明淳) 등이 조정의 요직을 모두 차지하고 전횡(專橫)과 뇌물을 받는 행위를 일삼았다. 이로써 인사제도의 기본인 과거제도가 문란해지는 등 정치기강이 무너졌다. 김조순(金祖淳)이 정권을 장악할 당시에는 그나마 안정이 되었다. 김조순(金祖淳)은 반남 박씨나 풍양 조씨 등을 기용하며 권력을 분산시켰다.

안동 김씨(安東 金氏)의 세도정치(勢道政治)는 흥선대원군(興宣大院君 李昰應, 집권: 1863~1873)의 섭정(攝政)에 의하여 종식되었지만, 갑오개혁(甲午改革) 이후까지도 척신들이 조정 곳곳에 내린 뿌리는 없어지지 않았다. 예를 들어 흥선대원군(興宣大院君)의 집권 후인 1872년에도 영의정은 김병학(金炳學)이었고, 1884년 갑신정변(甲申政變) 당시 호조판서 김병시(金炳始)는 1896년 아관파천(俄館播遷)때 총리대신까지 역임했다.

제23대 순조(純祖, 1800~1834)의 개혁정치 노력에도 정치와 사회 기강은 과거제도가 문란해지고 매관매직(賣官賣職)이 성행하면서 무너져내렸다. 1811~1812년 '홍경래의 난'을 비롯한 각종 민란이 꼬리를 물고 일어났다. 또한, 이 시기에 본격적인 천주교 탄압이 시작됐는데 오가작통제(五家作統制)[42]가 그것이다.

가 풍양 조씨 조만영(趙萬永)의 딸이다. 신정왕후는 고종(高宗)을 왕위에 올린 인물이기도 하다. 3위 정도 되는 가문이라면 반남 박씨가 있다. 제23대 순조(純祖, 1800~1834)의 친모인 정조(正祖)의 후궁 수빈 박씨가 반남 박씨 박준원의 딸이었다. 세도정치(勢道政治) 시기의 시작이었던 제23대 순조(純祖, 1800~1834)의 처가가 안동 김씨라면 외가는 반남 박씨가 되는 막강한 가문이었다. 그래서 가문의 여러 인물이 순조와 헌종 시기 요직을 차지하였다. 그 외의 가문은 달성 서씨, 연안 이씨, 풍산 홍씨 등이 있다. 또한, 여흥 민씨(명성황후가 속한 성씨)도 구한말 이 범주에 넣는 경우도 있다. 사실 조선 역사를 보면 척신 세력이 날뛰었던 시기는 이전에 한 번 존재한 바 있었다. 명종(明宗) 시기 문정왕후(文定王后)와 윤원형 세력이 득세할 때가 그 때이고, 그 때도 부정부패(不正腐敗)가 만연하며 민생은 파탄지경이었다. 하지만 그 때는 사림파가 성리학(性理學)을 중심으로 사회개혁론을 내놓으면서 정치를 개편하려 노력하였다. 당시 서경덕, 이황, 기대승, 조식 등 유학자의 전성기였다. 또한, 당시 윤씨 가문 일당 독재가 아니라 정순붕, 임백령, 최보한, 이기 등의 다른 공신들이 건재하였고 윤씨라고 마구 설치는 그런 분위기는 아니었다.

42) 오가작통법(五家作統法)은 조선에서 시행된 행정 구역 체계이다. 세조(世祖) 때 실시하여 중앙 집권을 강화하였다. 1485년, 한명회에 의해 채택되어 "경국대전"에 등재되었다. 경국대전에 기재된 내용에 의하면 수도인 한성에서는 5개의 호(戶)를 1개의 통(統)으로 구성하고 리(里)는 5개의 통(統)으로 구성하며 면(面)은 3~4개의 리(里)로 구성하여 통에는 통주(統主) 또는 통수(統首)를 두어 조직을 강화하였다. 지방에서도 한성과 동일하게 5개의 호(戶)를 1개의 통(統)으로 구성하고 리(里)는 5개의 통(統)으로 구성

제23대 순조(純祖, 1800~1834)는 34년 4개월의 재위 기간 동안 수렴청정과 세도정치로 많은 정치적 혼란을 겪었고, 그 때문인지 한창 일할 나이인 45세에 생(生)을 마감했다. 장례는 왕세손이었던 제24대 헌종(憲宗, 1834~1849)이 대보를 이어받아 국장을 치러야 했었지만, 나이가 어려서 순조(純祖) 비(妃)인 순원왕후(純元王后)가 수렴청정해 치렀다.

한편, 1809년(순조 9년), 효명세자(孝明世子, 翼宗, 1809~1830) 이영이 순조(純祖)의 큰아들로 태어났다. 1819년(순조 19년) 왕세자로 책봉된 효명세자(孝明世子)는 풍은부원군 조만영(趙萬永)의 큰딸 풍양 조씨(豊壤 趙氏, 神貞王后 조대비, 1809~1890)와 혼인했다. 효명세자(孝明世子)의 부인이 된 세자빈 풍양 조씨(豊壤 趙氏)는 1827년(순조 27) 아들 이환(조선 24대 왕 憲宗)을 낳았다. 효명세자(孝明世子) 이영(翼宗, 1809~1830)은 1827년(순조 27년) 19살이 되던 해 안동(安東) 김씨(金氏)의 세도정치(勢道政治)를 견제하기 위해 순조(純祖)가 대리청정을 명한다. 효명세자(孝明世子) 이영(翼宗, 1809~1830)은 부인 풍양 조씨(豊壤 趙氏, 神貞王后 조대비) 일족과 소론 등을 등용한다. 그가 약 4년간 대리청정을 하면서 안동 김씨(安東 金氏)의 세도정치(勢道政治)는 잠시 주춤한다. 이리하여 헌종(憲宗)때에는 풍양 조씨(豊壤 趙氏) 일문이 정권을 장악하게 되어 조씨는 많은 관직을 역임하였던 것이다.

제24대 헌종(憲宗, 1834~1849) 시대에는 할머니 순원왕후(純元王后)가 실권을 갖고 자신의 친정인 안동 김씨(安東 金氏)와 헌종(憲宗)의 외가인 풍양 조씨(豊壤 趙氏) 간에 암투가 벌어졌다. 그러다가 1830년(순조 30년) 효명세자(孝明世子) 이영(翼宗, 1809~1830)이 22살의 젊은 나이에 요절하였다. 그 후 효명세자(孝明世子)의 아들, 제24대 헌종(憲宗, 1834~1849)이 자식 없이 젊은 나이에 승하하자 다시 수렴청정을 하게 된 순원왕후(純元王后)는 자신의 친정세력 안동 김씨(安東 金氏)를 원상(院相·어린 임금을 보좌하며 정사를 다스리던 것) 정치세력으로 만들었다. 사도세자(思悼世子)의 증손자이며 강화에서 농사를 짓던 강화도령 원범(哲宗)을 지목해 왕위를 잇게 하여 철종(哲宗)을 세우고 그의 비(妃)를 자신의 친가인 김문근(金汶根)의 딸로 간택해 세도정치(勢道政治)의 절정기를 누렸다.

하여 3~4개의 리(里)들로 면(面)을 형성하여 면에는 권농관(勸農官)이라는 관리관을 두었으나 초기에는 제대로 정착되지 못하고 조선 중기부터 본격적으로 활성화되었다. 오가작통법(五家作統法)은 주로 호구를 밝히는 동시에 범죄자의 색출과 조세 징수, 부역 동원 등을 목적으로 만들었으나 운영관리가 제대로 되지 않아 숙종 때인 1675년에는 '오가작통법 21조'를 작성하여 오가작통제(五家作統制)를 강화하였다. 조선 후기에 이르러서는 호패와 함께 호적의 보조수단이 되었으며 역(役)을 피하여 호구의 등재 없이 이사와 유랑을 반복하는 유민(流民)들과 도적들의 행태를 방지하는 데 주로 이용되었고 제23대 순조(純祖, 1800~1834)와 제24대 헌종(憲宗, 1834~1849)때에는 오가작통제(五家作統制)의 연대 책임을 강화하여 '한 집에서 천주교도가 적발되면 다섯 집을 모조리 처벌하는 방식'으로 천주교도를 색출하는데 이용되는 수단으로 변질되었다.

제25대 왕(재위: 1849~1864) 철종(哲宗)이 즉위하면서 비(妃)가 김문근(金汶根)의 딸이었으므로 다시 세도(勢道)가 안동 김씨(安東 金氏)에게로 돌아가게 되었다. 이러한 형세였으므로 종실(宗室)이라하더라도 안동 김씨(安東 金氏) 일문의 세력에 억눌려 살아야 했으며, 다른 세력이 안동 김씨(安東 金氏)의 힘을 빌리지 않고서 정치에 참여할 기회가 희박해졌다. 예로서 왕족인 도정궁 경원군 이하전(都正宮 慶原君 李夏銓, 1842~1862)이 과거 시험장에서 안동 김씨(安東 金氏)의 자제와 싸워 패하였으며 그 후 죽음을 당하기도 하였다.[43] 따라서 정치 기강이 극도로 문란해져서 유교적인 관료 정치라는 무너지고, 붕당(朋黨) 사이의 세력 투쟁 시대로부터 척족(戚族)이 정권을 농단하는 세도정치(勢道政治)의 시대로 변화했었던 것이다.

(2) 반란(反亂)과 민란(民亂)

세도정치(勢道政治)의 서막이자 본산인 제23대 순조(純祖, 1800~1834)의 장인 김조순(金祖淳)을 시작으로 안동(安東) 김씨(金氏)가 정권을 잡으면서 250년 이어온 사림(士林)의 붕당정치(朋黨政治)가 종식되었지만 안동(安東) 김씨(金氏)의 세도정치(勢道政治)가 시작되었다.

김조순(金祖淳)은 막후에서 권력 행사를 하면서 그가 관직을 추천하는 과정에서 뇌물과 매관매직(賣官賣職)이 성행하였다. 특히 지방의 수령직으로 내려가게 된 부패 관리들은 권세가에게 바친 많은 재물들의 빚을 갚고 본전을 뽑기 위해 수많은 백성들의 고혈(膏血)을 쥐어짰다. 이 결과, 농사가 풍작이건 흉작이건 수령들의 약탈로 농민들은 굶주릴 수 밖에 없게 되었고 유랑하게 되거나 도적이 되었다 막후에서 권력 행사를 하면서 그가 관직을 추천하는 과정에서 뇌물과 매관매직(賣官賣職)이 성행하였다. 특히 지방의 수령직으로 내려가게 된 부패 관리들은 권세가에게 바친 많은 재물들의 빚을 갚고 본전을 뽑기 위해 수많은 백성들의 고혈(膏血)을 쥐어짰다. 이 결과, 농사가 풍작이건 흉작이건 수령들의 약탈로 농민들은 굶주릴 수 밖에 없게 되었고 유랑하게 되거나 도적이 되었다.

심지어, 양반과 중인 그리고 평민 출신이지만 사실상 기득권에 가깝던 상인 및 부농(富農)들, 즉 지역 토호(土豪)들까지 수탈(收奪)의 대상이 되었다. 이전에는 일반 백성들을

---

43) 도정궁 경원군 이하전(都正宮 慶原君 李夏銓, 1842~1862)은 제24대 헌종(憲宗, 1834~1849) 시대에 그는 유력한 왕위 계승 후보자였으나, 안동 김씨 세도 기간 중 제25대 왕(재위: 1849~1864) 철종(哲宗)에게 이 나라 조선이 전주 이씨의 나라인가 안동 김씨의 나라인가 하는 항의를 하였다가 이 발언이 결국 문제가 되어 1862년 김순성, 이극선 등의 추대를 받았다는 무옥(誣獄)으로써 제주도로 원지 부처(付處)되었고, 끝내 역모로 몰려 사사(賜死)되었다.

잘 통제하라고 이들에게 적당히 권력을 밀어줬고 토호(土豪)들은 중앙정부의 뜻을 충실히 따랐는데, 이들까지 수탈 대상이 되면서 토호(土豪)들도 반발하며 오히려 백성들 편에 서서 기득권층을 적대시하였다.

농업을 위주로 한 자연경제를 재정적 기초로 삼은 조선은 국고 수입에서 많은 부분을 농민에게 의존했다. 따라서 재정적 수요가 증가함에 따라 농민의 부담은 과중해지고 특히 조선 말기 '삼정(三政): 전정(田政)·군정(軍政)·환곡(還穀)의 문란'44)과 지배층의 가혹한 착취, 세도정치에 따른 정치적 모순, 문호 개방 이후 급속히 증가된 지출비 등은 농민에게 2중·3중의 부담을 겹치게 하였으며 무엇보다도 조세를 징수하러 오는 아전들의 행패는 실로 막심하였다. 구체적으로, 초가 4칸을 가지고 있는 자도 1년 세납이 1백여 금(金)에 달하였고, 토지 5·6마지기를 가지고 있는 자가 4섬 이상의 조세를 바치는 실정이었다.

당시 재정을 확충하는 제도는 전정(田政)·군정(軍政)·환곡(還穀)이었으며, 통틀어 삼정(三政)이라 한다. 세도 정치와 맞물려, 삼정은 날로 문란해졌다. 전정에서는 삼수미·대동미·결작·도결 등의 폐해가 극심했고, 군정에서는 황구첨정·백골징포·족징·인징 등의 각종 편법이 생겨서 농민을 괴롭혔다. 환곡 또한 고리(高利)로 이익을 착취하는 수단이 되었으며, 반작·허류 등 여러 가지 방법으로 농민을 괴롭혔다. 이러한 삼정(三政)의 문란은 농민에게 과중한 부담이 되었을 뿐 아니라, 국가의 재정까지 위협했고, 곳곳에서 민란(民亂)이 발생하게 되었다.

'이인좌의 난'(1728년, 영조 4년)과 '홍경래의 난'(1811년, 순조 11년 음력 12.18~1812년, 순조 12년 음력 04.19)은 정치적 반감과 지역 차별에서 비롯된 것이었던 반면에, 순조 시대(1800~1834) → 헌종 시대(1834~1849) → 철종 시대(1849~1863)에서는 삼정(三政): 전정(田政)·군정(軍政)·환곡(還穀)의 문란과 관리들의 부정부패(不正腐敗)의 만연 및 일상화에 대한 반감(反感)으로 인하여 1862년(철종 13년) '임술농민항쟁'(壬戌農民抗爭)을 야기됐었다.

① 1811~1812년(순조 11~12년) '홍경래(洪景來)의 난(亂)'

실로, 제23대 왕 순조(純祖)의 시대(1800~1834)는 난세(亂世)의 시작이었다. 1811~1812년 평안도에서 '홍경래(洪景來)의 난(亂)'이 일어났다. 평안도 용강(龍岡) 출신인 홍경래(洪

---

44) 삼정문란(三政紊亂, 1670~1671)으로 불리는 그 당시에는 아예 진사 3천냥, 군수 3만 냥 등으로 금액이 정해져 있을 정도였고, 민비(閔妃) 집권기간(1884~1885) 중에는 정치자금 마련을 위해 관직을 공개입찰에 붙이는 일까지 있었다고 한다. 예로서, 1896년 9월 17일자 『독립신문』 보도에 의하면 이날 부임한 경남 거창군수 김봉수가 "이 자리는 3만 냥 짜리"라고 공언했다고 한다. 강기준(2008), 『역사에서 배우는 경영과 리더십』, 도서출판 다물.

景來)는 부농(富農)·사상(私商)을 규합하여 봉건체제의 수탈에 시달리던 농민들과 더불어 중앙정부에 반기를 들었다. 홍경래(洪景來)의 난(亂)이 장기화되자 초조해진 관군은 최후의 방법으로 땅굴을 파서 16일만에 정주성의 성벽에 도달하고 1812년 4월 19일 땅굴 속에 1800근의 화약을 폭파시켜 성벽을 무너 뜨리고 일제히 공격을 시도하여 배고픔과 피로에 지친 홍경래(洪景來) 군(軍)을 제압하였다. 이로써 1811~1812년 홍경래(洪景來)의 난(亂)은 정주성에서 농성을 시작한지 100여일, 거병한지 5개월만에 막을 내렸다. 전투가 끝난 뒤 정주성에는 모두 2,983명의 사람들이 살아 남았는데 관군은 이들 중 여자 842명과 10세 이하 어린이 224명만을 석방하고 나머지 1,917명은 즉결 처형했다.

그러나 조정은 사회경제적인 근본 수습책을 마련하지 않았으므로 1811~1812년 '홍경래(洪景來)의 난(亂)'이 진압된 후에도 전국 각지에서 크고 작은 민란(民亂)이 끊임없이 계속되었다. 따라서 홍경래(洪景來)의 이름은 입에서 입으로 전해져 전설적인 영웅이 되었다. 반란 주모자들 중에는 스스로를 홍경래(洪景來)라고 자처하거나 "홍경래는 죽지 않았다."며 민중을 현혹시키는 자들도 나타났다. 이렇듯 홍경래(洪景來)가 죽은 후에 더욱 유명하게 된 요인은 안동(安東) 김씨의 세도정치(勢道政治)와 삼정(三政): 전정(田政)·군정(軍政)·환곡(還穀)의 문란으로 극도로 피폐해진 민중의 생활고와 지방 차별에 대한 억울함에서 연유된 민중의 반항을 대변했기 때문이었다.

역사학계에서는 1811~1812년 '홍경래(洪景來)의 난(亂)'이 일어난 원인을 2가지로 파악하고 있다. 하나는 사회적인 모순이고 또 하나는 한때 지역감정으로 남아 있던 서북 지방의 사회 경제적 특징이다.

우선, 사회·경제적 변화는 19세기가 되면서 더욱 심화되어 봉건사회의 해체를 촉진시켰다. 특히, 정치적으로 치열했던 17~18세기의 당쟁이 끝나고 노론에 의한 안동 김씨 척족의 일당 전제가 성립됨으로써 삼정(三政): 전정(田政)·군정(軍政)·환곡(還穀)의 문란은 농민층 분해를 더욱 촉진시켰고, 특권 상인과 지방 사상인간의 대립도 심화되었다. 더욱이 평안도 지방은 대청무역(對淸貿易)이 정부의 규제에도 불구하고 더욱 활발해져서 송상(松商)·만상(灣商) 가운데는 대상인으로 성장한 사람들이 많았다. 또한, 18세기를 전후한 시기부터 견직물업·유기(鍮器) 등 수공업 생산과 담배 등 상품작물의 재배, 금·은의 수요 급증으로 인한 광산 개발이 활발하였다. 그에 따라 양반지주·상인층에 의한 고리대업의 성행으로 소농민의 몰락도 심화되었다. 이와 반면에 일부 농민층은 부(富)를 축적해 향촌의 향무층(鄕武層)으로 진출했으며, 빈농·유민들이 잠채광업(潛採鑛業)에 몰려들고 있었다. 이와 같은 사회·경제적 상황에서 1811~1812년 '홍경래(洪景來)의 난(亂)'은 10여 년 간

준비되었던 조직적 반란이었다. 여기에는 홍경래·우군칙·김사용(金士用)·김창시(金昌始) 등으로 대표되는 몰락 양반·유랑지 식인들의 『정감록(鄭鑑錄)』 등에 의한 이념 제공이 있었다. 그리고 농민층 분해 과정에서 새로이 성장한 향무 중의 부호, 요호(饒戶)·부민(富民) 등 부농·서민지주층과 사상인층의 물력(物力) 및 조직력이 결합되었던 것이다.

다음으로, 서북 지방은 북방 민족과의 전쟁에서 최전선으로서 지속적으로 수난을 당해왔으며, 몽골의 침략에 따라 동녕총관부라는 이름으로 편입되기도 하였다. 심지어 북방 출신인 태조와 태종 시기부터도 무시당하였고 중종(中宗) 대에 이르러서부터는 죄인의 가족을 서북 지방으로 보내 버리는 형태로 변질되면서 완전히 유배지로 낙인찍혔다. 10년에 걸쳐 들키지 않고 만반의 준비를 마친 이들은 1,000명의 군사를 이끌고 봉기하여 불과 열흘만에 청천강 이북의 가산, 박천, 정주, 태천, 곽산, 선천, 철산, 남창, 용천 등을 장악하였다. 이는 1811~1812년 '홍경래(洪景來)의 난(亂)'이 보통 우발적으로 일어나는 일반적인 농민 봉기와 크게 다르다는 점을 잘 보여주며, 치밀한 계획하에 정부 전복의 목적을 강하게 가지고 있다는 것을 알려준다.

② 1862년(철종 13년) '임술농민항쟁'(壬戌農民抗爭)

제23대 순조(純祖, 1800~1834)는 1811~1812년 '홍경래(洪景來)의 난(亂)'에 엄청난 충격을 받으면서 지독할 정도의 무기력함을 보였다. 그 후 노회한 신료들(김재찬, 남공철, 심학규, 이시수 등)이 가득 차 있는 비변사(備邊司)에 국정(國政)의 대부분을 맡기었다. 그나마 김조순(金祖淳)이 살아있던 시절엔 김재찬(金載瓚) 등 안동(安東) 김씨(金氏)의 입김이 닿는 대신들을 통한 간접적 막후 통치를 했었으나 순조(純祖) 32년 김조순(金祖淳) 사후 그의 아들과 조카들이 권력을 잡으면서 안동(安東) 김씨(金氏)가 아예 모든 것을 전횡(專橫)하였다. 그들은 권력을 장악하며 부정적인 방법을 재산을 늘리고 하층민을 착취하였다.

안동(安東) 김씨(金氏)의 세도정치(勢道政治)로 뇌물수수(賂物授受) 등 부정부패(不正腐敗)가 극에 달했으며, 관직에 나아가기 위해서는 안동(安東) 김씨(金氏) 일족에 줄을 대는 것이 지름길이 되었다. 이에 과거제도가 문란해지는 등 양반관료체제가 안정을 잃었을 뿐 아니라, 중간 수탈의 가중으로 말미암아 국가의 조세체계도 크게 흔들렸다. 탐관오리(貪官汚吏)의 중간 수탈이나 토호(土豪)의 세금 전가는 주로 일반 농민층에 집중되어 그렇지 않아도 지주제의 압박에 시달리던 농민층의 몰락을 촉진했다. 이른바 '삼정(三政): 전정(田政)·군정(軍政)·환곡(還穀)의 문란'이 그것이다. 또한, 그동안 축적되었던 '삼정(三政): 전정(田政)·군정(軍政)·환곡(還穀)의 문란'과 같은 제도적 병폐가 한꺼번에 폭발하여 곡산 민란, 쌀 폭동을 비롯한 농민 봉기가 자주 일어나게 된다. 물론, 본격적인 민란은 제25대 왕 (재위: 1849~1864) 철종(哲宗) 시대의 말이었지만, 제23대 순조(純祖, 1800~1834) 시대는 조선의 쇠퇴가 명확해지는 시기였다고 볼 수 있다.

예로서 쌀 폭동은 순조(純祖, 1800~1834) 말년에 한양의 쌀 상인들이 쌀을 가져다놓고도 없다면서 팔지 않으며 쌀값으로 농간을 부리다가 분노한 한양 주민들이 쌀 폭동을 일으켜 싸전(쌀가게)들을 약탈한 사건이다. 이에 순조(純祖)는 민심이 하도 흉흉해서 폭동 주모자 7인과 함께 폭동의 원인을 제공한 상인 2명도 처형하여 민심을 달래야 했다. 설상가상으로, 1821년에는 서부지방에 전염병(傳染病)이 크게 번져 10만여 명이 목숨을 잃었다. 이렇게 제23대 순조(純祖, 1800~1834) 재위 34년 중 19년에 걸쳐 수재(水災)가 일어나는 등 크고 작은 천재지변이 잇달아 발생했다.

결국, 1862년(철종 13년) 3월 4일(음력 02.04) 경상도 단성현(丹城縣)에서 단성민란(丹城民亂)45)을 시작으로 한 해 동안 무려 전국 71곳(제주를 포함)에서 농민들이 전국적으로, 동시 다발적으로 민란이 발생하였는데, 이것을 통틀어서 '임술농민항쟁'(壬戌農民抗爭)이라고도 부른다.

상기 1862년(철종 13년) 3월 4일 단성민란(丹城民亂)이 발생한지 열흘 후 3월 14일(음력 02.14)의 진주민란(晋州民亂)으로 폭발한 농민들의 분노는 3개월 이상 삼남(경상도·전라도·충청도)과 중부·북부 지방 일부(광주·함흥 등)를 휩쓸었다. 음력 3월에는 전라도 익산, 음력 4월에는 경상도 개령, 전라도 함평, 음력 5월에는 충청도 회덕·공주·은진·연산·청주, 전라도의 여산·부안·금구·장흥·순천, 경상도의 단성·함양·성주·선산·상주·거창·

45) 경상도 단성현은 3,000호밖에 안 되는 작은 읍 가운데 하나였고, 경제적으로도 풍요하지 못하였다. 그럼에도 불구하고 환곡(還穀)의 양은 이런 경제 사정에 비해 터무니없이 많았다. 호수가 3,000호에 불과한 읍이지만 환곡(還穀)의 수가 무려 10만 여 섬에 이르렀다. 그 와중에서도 관아의 관리들은 거둬들인 원곡을 좋지 못한 방법으로 수탈하면서 곡식을 축내기까지 하였던 것이다. 또한, 제반 세금을 내는 과정에서도 부세를 토지에 부과하는 도결(都結)을 정한 금액보다 많이 물리는 등 농민들을 괴롭히는 부정이 갈수록 기승을 부렸다. 1861년 감영에서는 이른바 이무미(移貿米)라는 것이 관리들 사이에서 행해지고 있었는데, 이무미(移貿米)란 것은 부정한 방법으로 곡식을 탐하던 수단이다. 값이 오른 자기 고을의 곡식을 내다 팔고, 대신 다른 고을의 싼 곡식을 사다가 채워 넣는 방법으로 이익을 남기는 일을 말한다. 이런 사정인데도 수령들은 힘없는 농민의 편을 들지 않았고, 감사 또한 이러한 나쁜 제도를 고치려 하지 않았다. 그저 다른 고장의 곡식을 이용하여 환곡(還穀)을 채우려고만 하였을 뿐이다. 특히, 수탈한 곡식을 충당하기 위해서 농민들에게 곡식이라고 할 수도 없는 풀이나 식물 따위를 강제로 배급하거나 무게를 속이기 위하여 돌 등의 잡티를 섞는 방법까지 동원하여 농민들을 울렸다. 이런 관리들의 부정 속에서 농민들의 생계는 점점 막막해져 갔다. 자연히 농민들은 반발하게 되었고, 그 반란이 폭발하여 민란(民亂)으로까지 이어지게 된 것이다.

울산·군위·비안·인동 등지에서 계속적으로 폭동이 일어났다.

1862년(철종 13년) 3월 14일(음력 02.14) 진주민란(晉州民亂)의 경우 농민들은 물론 진주(晉州)의 상인, 부농, 양반들까지도 가혹하게 수탈당하여 맨 처음 이의를 제기했던 것은 진주(晉州)의 양반들이었다. 그 후 삼남(경상도·전라도·충청도) 전역에서 벌어진 대부분의 민란의 지도부가 양반이었다. 진주민란(晉州民亂)의 직접적인 동기는 병사(兵使) 백낙신(白樂莘)의 착취와 박해에 있었는데 그는 횡령·취잉(取剩: 환곡의 이식을 많이 받는 것)·공갈·늑징(勒徵: 불법으로 전세를 받는 것)·배호백징(排戶白徵: 호별로 강제 징수하는 세금) 등을 감행, 민원(民怨)을 사니 전 교리(敎理) 이명윤(李命允)과 같은 양반 지식인이 주모자의 한 사람으로 나서서 향리의 간부들을 가담시키고 머슴살이의 나무꾼·목동까지 규합하여 어느 정도의 조직과 훈련을 갖게 한 다음 그들을 전위부대로 외촌(外村)에서부터 읍내로 진격했다.

여기서 유의할 것은 양반 계층에서도 자신들에게 불리한 관아의 정책에 대해 불만의 소리가 나오기 시작하였다는 점이다. 1862년 1월, 단성현 신등면에서 양반층인 김령·김인섭(1827~1903) 부자는 환곡(還穀) 제도를 개선해 보려는 생각을 갖게 되었다. 이들이 환곡(還穀) 제도의 심각성을 깨닫고 적극적으로 투쟁하기로 한 것은 이미 위험 수위를 넘은 관리들의 부정부패(不正腐敗)를 더 이상은 두고 볼 수가 없었기 때문이었다. 사간원 정언을 지냈던 김인섭은 두 번 관직에서 물러나 귀향하였고, 1854년 다시 사직하고 학문에 전념하기 위해 고향에 머물렀다. 이때 탐관오리(貪官汚吏)가 농민을 수탈하는 것을 보고, 1861년 감사와 현감에게 여러 차례 편지를 보내며 시정을 요구하였으나 묵살되자, 아버지와 함께 농민을 지도하여 부정한 현감과 아전을 쫓아냈다.

사건의 발단은 현감 임병묵(林昺默)이란 자가 이무미(移貿米)를 3,000석이나 횡령한 사실이 드러나면서부터였다. 감영에서는 이를 해결하기 위해 부정하게 모아들인 곡식을 단성(丹城)의 농민들에게 나누어 줄 것을 권하는 공문을 발송하였다. 그러나 현감은 이를 시행하지 않았고, 이에 김인섭을 비롯한 지식층이 먼저 나서서 빈민들을 구제하고 자신들의 이익도 꾀할 것을 궁리하였던 것이다. 이후 평민들과 함께 1월 25일 읍내에서 보다 많은 인원들이 모여 회의를 개최하게 되었다. 이 모임을 위해 각 면마다 통문을 돌렸으며, 많은 사람들을 불러모으기 위해 참석하지 않는 자에게는 벌금 5냥이 부과된다는 내용도 함께 알렸다. 이렇게 모여든 양반과 농민들은 함께 관가로 몰려가 시위를 일으켰다.

관아에 복종만 하던 농민들의 원한은 커질 대로 커져, 곡식을 쌓아둔 창고에 불을 지르면서 공격하였다. 관아의 이서들은 몽둥이와 돌을 가지고 농민들을 진압하였다. 단성읍

농민들은 이런 이서들을 보고 더욱 분노하여 현감에게 직접적인 모욕을 주면서 이방의 집을 불태우고, 늦은 밤까지 시위를 벌였다. 이런 큰 충돌 끝에 현감과 관리들은 도주하였고, 시위를 주도한 양반들이 관아의 행정을 맡게 되었다. 이후, 암행어사 이인명과 안핵사·선무사 등이 파견되어 단성(丹城) 민란을 진압하였다. 다른 민란(民亂)과는 달리 양반(兩班)들이 주도한 것이 이 민란의 특징이었다. 이것은 다시 30년 후 동학농민혁명(1894~1895)을 격발하였다.

(3) 동학혁명(東學革命, 1894~1895)

1884년 12월 갑신정변(甲申政變) 이후 조선(朝鮮)의 제26대 마지막 왕(재위: 1864~1897) 및 대한제국(大韓帝國)의 초대 황제(재위: 1897.10.12~1907.07.19)와 명성황후(明成皇后)는 10년 가까이 내정이나 외교에 있어 별다른 모습을 보이지 않았고, 그 사이 탐관오리(貪官汚吏)들이 조선을 장악했다.

상기한 시대적 상황에서, 동학(動學) 농민운동(1894~1895)은 외세와 탐관오리가 판을 치는 혼돈의 시기였던 1894년(고종 31년) 전라도 고부군(古阜郡)의 동학접주(東學接主) 전봉준(全琫準, 1855~1895)을 중심으로 동학(東學)교도와 농민들이 합세하여 보국안민(輔國安民)·제폭구민(除暴救民)의 기치로 분연히 일어선 농민운동이다. 초기에서는 동학혁명(東學革命, 1894~1895)은 1864년 혹세무민(惑世誣民)의 죄로 처형된 교주(敎主) 수운(水雲) 최제우(崔濟愚, 1824~1864)의 신원운동(伸冤運動)을 통하여 정치운동으로 발전하였으며, 그 후 민란(民亂)과 결합하여 '동학(東學)농민운동'으로 전개되었다. 나아가, 동학(東學)은 신분제 철폐와 세금제도 개혁 등을 주장함으로써 종교를 넘어 사회개혁 운동으로 발전되었다.

동학혁명(東學革命, 1894~1895)의 시대적 배경은 다음과 같다: 1860년(철종 11년) 몰락한 양반의 서자(중인) 출신인 교주(敎主) 수운(水雲) 최제우(崔濟愚, 1824~1864)가 서학(기독교)에 대립하는 민족종교로서 창도(唱導)하였던 동학(東學)은 외세(外勢)에 대하여 적극적으로 비판 및 대항하면서 전통문화와 기존체제도 비판 및 개혁하려는 사상이다. 수운(水雲) 최제우(崔濟愚, 1824~1864)는 1860년 영국과 프랑스 연합군이 북경을 점령했다는 소식에 큰 충격을 받고 민족적 위기를 절감하여 보국안민(輔國安民)하고 광제창생(廣濟蒼生)하는 새로운 사상과 종교로서 동학(東學)을 창도하였다. 최제우(崔濟愚)는 1861년부터 본격적으로 동학(東學)을 포교함과 동시에 『동경대전(東經大全)』과 『용담유사(龍潭遺詞)』의 가사들을 지어 보급하였다. 그의 사상은 지기일원(至氣一元)을 주장하고 수심정기(守心正氣)

를 수도의 기초로 정립했으며, 그때까지의 천인합일사상(天人合一思想)을 새로이 창조적으로 발전시켜 시천주사상(侍天主思想)과 인시천사상(人是天思想)을 정립하였다. 그것을 바탕으로 독특한 구조의 평등사상을 형성하여 양반신분제도를 폐지하는 사상을 만들고 후천개벽(後天開闢)의 시작을 설파하였다.

수운(水雲) 최제우(崔濟愚, 1824~1864)의 동학사상(東學思想)에 의하면, 인간은 모두 똑같은 한울님을 각각 마음속에 모시고 있다고 한다. 즉, 양반도 한울님을 마음에 모시고 있고, 평민·천민도 똑같은 한울님을 마음에 모시고 있으므로, 양반·평민·천민은 모두 본질적으로 평등(平等)하다는 것이다. 또한, 한울님이 지고(至高) 지귀(至貴)하신 것처럼 한울님을 마음에 모시고 있는 인간도 똑같이 지고지귀(至高至貴)한 존재라고 그는 설파하였다. 동학(東學)의 평등(平等) 사상은 당시 사회신분제도를 폐지하고 평등(平等)이 실현되기를 바라던 농민층에게 큰 환영을 받아 교세가 급속히 성장하였다. 그러나 동학(東學)의 성황을 불온하게 본 조선 왕조는 그에게 혹세무민(惑世誣民)이라는 죄명을 씌워 1864년 3월 10일 대구에서 처형하였다.

그 후, 교주(敎主) 수운(水雲) 최제우(崔濟愚, 1824~1864)의 뒤를 이어 1863년 제2대 교주(敎主)가 된 해월(海月) 최시형(崔時亨, 1827~1898)은 사인여천(事人如天)을 주장하고 「내수도문(內修道文)」과 「내칙(內則)」을 지어 평등(平等) 사상을 부녀층과 어린이층에도 확대하면서 성실하게 포교에 힘쓴 결과, 교세(敎勢)가 삼남지방을 비롯하여 전국에 확대되었다. 최시형(崔時亨)이 사망하자 동학(東學)의 제3대 교주가 된 손병희(孫秉熙, 1861~1922)는 동학(東學)을 재정비하였다. 즉, 그는 문명개화를 통한 부국강병이 조선의 국운을 살리고, 동학을 재건하는 길로 규정하고 기존의 동학(東學)과 이용구(李容九, 1868~1912)의 일진회(一進會)와 차별성을 갖기 위해 1905년 12월에 동학(東學)을 천도교(天道敎)로 개칭하였다. 그리고 1906년 1월에 천도교대헌(天道敎大憲)을 발표하고 근대적 교리 체계를 세웠는데 핵심적 교의(敎義)로 삼은 종지(宗旨)가 바로 인내천(人乃天)이었다.

'사람이 곧 하늘'이라는 인내천(人乃天)은 교주(敎主) 수운(水雲) 최제우(崔濟愚, 1824~1864)의 시천주(侍天主)와, 제2대 교주 최시형(崔時亨, 1827~1898)의 사인여천(事人如天) 사상을 계승하면서도 서구 근대 사상(진화론)의 영향을 함께 받은 것이었다. 특히 이돈화(李敦化, 1884~1950)는 인내천(人乃天) 사상을 체계화하는 데 큰 역할을 하였다. 이돈화(일제강점기 천도교 중앙종리원 상주선도사, 천도교청년회 지육부장, 천도교청년당 중앙집행위원 등을 역임한 천도교인)는 인내천(人乃天) 사상에 유신주의적(有神主意的) 경향을 강화시킴으로써 신도 대중의 신앙적 욕구에 부응하는 한편 인간을 '신인합일(神人合一)'적 존재이면서, 현실

에서는 '신(神)과의 합일(合一)'을 위해 부단히 노력하는 존재로 규정했다.[46]

따라서 동학사상(東學思想)에 개화사상(開化思想)의 요소를 도입하여 문명 진보를 통해 보국안민(輔國安民)을 달성하기 위한 사상으로 도전(道戰)·재전(財戰)·언전(言戰)의 삼전론(三戰論)을 제기하였다. 또한 1905년 12월 동학(東學)의 정통을 계승하는 교단으로 천도교(天道敎)를 선포함으로써 동학(東學)은 종교(宗敎)로 귀결되었다.

한편, '녹두장군(綠豆將軍)'의 별명을 가졌던 해몽(海夢) 전봉준(全琫準, 1855~1895)은 전라북도 태인(泰仁) 출생으로 그의 아버지 전창혁은 선비여서 마을 일을 보기도 하고 향교 장의(공립 교육기관의 책임자) 노릇을 했으나 민란의 주모자로 처형되었다. 당촌에서 유년시절을 보낸 전봉준(全琫準)은 가세(家勢)가 기울자 순창, 임실 등을 떠돌다가 서른 살쯤 고부(현재 정읍시)로 들어와 서당(書堂)을 열고 한약방(韓藥房)을 차려 생계를 꾸렸다. 당시 고부는 호남에서도 으뜸가는 곡창지대였다. 이런 조건은 탐관오리(貪官汚吏)가 선호하는 곳이 됐고, 실질적으로 가혹한 수탈(收奪)이 자행됐다. 30여세에 동학(東學)에 입교하여 고부접주(古阜接主)로 임명되었다.

1892년(고종 29년) 고부 군수로 부임한 조병갑(趙秉甲)이 농민들로부터 과중한 세금을 징수하며 재산을 갈취하고 만석보(萬石洑) 밑에 다시 보(洑)를 축조하여 불법으로 700섬의 수세(水稅)를 징수하는 등의 탐학(貪虐)을 자행하였다. 이에 농민 대표와 함께 그 시정(是正)을 진정했으나 거부당하자 1894년 1월 1,000여 명의 농민과 동학교도를 이끌고 관아(官衙)를 습격하고 무기를 탈취하여 강탈당했던 세곡(稅穀)을 농민에게 배분하고 부패한 관원들을 감금하였다. 이 보고를 받은 정부는 조병갑(趙秉甲) 등 부패한 관리를 처벌하고 이용태(李容泰)를 안핵사(按覈使)로 보내어 사태를 조사·수습케 했으나 이용태(李容泰)는 민란의 책임을 동학교도에게 돌려 체포·투옥·살해하고 가옥을 파괴하는 등 오히려 동학교도를 탄압하였다.

이에 해몽(海夢) 전봉준(全琫準, 1855~1895)은 보국안민(輔國安民)의 기치를 내세우고 인

---

46) 그러나, 불행하게도, 이돈화(李敦化, 1884~1950)는 친일(親日) 반민족(反民族) 행위자였다. 그는 1937년 '조선신궁 국위선양 기원제 준비' 발기인을 맡았고, 지방순회강연대에서 활동하였다. 1938년 종교단체연합회가 주최하는 강연회에서 내선일체의 정신을 고취하였다. 1939년부터 1940년까지 국민정신총동원천도교연맹 이사, 1940년부터 1944년까지 국민총력천도교연맹 평의원을 맡으면서 일제(日帝)의 전시(戰時) 동원체제에 협력하였다. 1941년 조선임전보국단의 발기인이 되어 '미·영 타도 대연설회' 강사로 활동하였고, 임전(臨戰) 대책협력회의 채권가두판매 활동을 전개하였다. 『친일반민족행위진상규명 보고서』 IV−12(친일반민족행위진상규명위원회, 현대문화사, 2009). 그 후 천도교 이북교회의 책임을 맡아 북한에서 거주하던 중 한국전쟁때 평안남도 양덕 천도교수도원에서 북한군에게 납치되었고, 1950년 12월을 전후하여 사망한 것으로 추정된다.

근 각지의 동학접주들에게 통문을 보내어 궐기를 호소하였다. 고부에 인접한 태인(泰仁)·무장(茂長)·금구(金溝)·정읍(井邑)·부안(扶安) 등지의 동학교도와 농민들이 봉기하여 8,000여 명이 고부 백산(白山)에 모여 제폭구민(除暴救民)·진멸권귀(盡滅權貴)·축멸왜이(逐滅倭夷)를 내세우고 금구·부안을 점령, 전주를 향해 진격 중 황토현(黃土峴)에서 관군을 격파하고 계속 정읍·고창·무장 등을 장악하였으며 1894년 4월 28일 전주를 점령하였다. 해몽(海夢) 전봉준(全琫準)은 전주성 안에 농민군의 총본부인 전라좌우도 대도소(大都所)를 설치하고 관민상화책(官民相和策)에 따라 군현단위로 집강소(執綱所)를 두도록 하였다. 나주·남원·운봉 등 몇 곳은 양반 지주들의 강력한 반대에 부딪혀 설치되지 못한 곳도 있지만, 호남 대부분의 고을에 집강소(執綱所)가 설치되었다.[47]

1894년 봄 전라도에서 제1차 동학농민군(東學農民軍)이 봉기하자 조선 정부는 양력 5월 7일 홍계훈(洪啓薰)을 양호초토사(兩湖招討使)로 임명하고 동학농민군(東學農民軍)의 봉기를 진압하도록 명하였다. 그러나 장성에서 정부군을 격파한 동학농민군(東學農民軍)은 5월 31일 전주(全州)까지 함락시켰다. 6월 2일 전주(全州)가 함락되었다는 보고를 받은 조정은 자력으로는 동학농민군(東學農民軍)의 봉기를 진압할 수 없다고 판단하고 1882년 8월 임오군란(壬午軍亂)을 진압했었던 전례에 따라 당시 조선을 지배하고 있었던 청국의 주차조선총리교섭통상사의(駐箚朝鮮總理交涉通商事宜) 위안스카이(袁世凱, Yuán Shìkǎi, 1859~1916)에게 원병을 요청하였다('갑오실기' 양력 06.04). 그 아이디어는 고종(高宗)이 냈고(1893.05.10, 『고종실록』) 그것을 실행에 옮긴 자는 병조판서 민영준(閔泳駿)이었다.

위안스카이(袁世凱)로부터 조선 조정의 파병 요청을 전달받은 청국의 직례총독 겸 북양대신(直隷總督兼北洋大臣) 이홍장(李鴻章)은 1894년 6월 6일, 1885년 톈진조(天津條約)에 의거하여 일본에 파병 사실을 통고하는 한편, 직례제독 예즈차오(葉志超)와 딩루창(丁汝昌) 휘

---

47) 집강소(執綱所)는 지방행정을 원활히 수행하려고 수령의 보조기구로서 마을 단위에 두었던 집강에서 유래한 것이지만 이후의 집강소(執綱所)는 농민군의 지방 통치조직으로서 역할하였다. 각 고을의 관아 안에 설치된 집강소는 1인의 집강 아래 서기·성찰(省察)·집사·동몽(童蒙) 등의 인원을 두어 각 지방의 대민 행정업무를 처리하였다. 각 군현에는 비록 군수나 현령·현감 등의 지방관이 있었지만 농민군이 호남 일대를 장악한 상태에서 그들의 지위는 형식적인 것에 불과했고 집강소(執綱所)가 사실상 지방행정을 좌우하였다. 집강소(執綱所)는 주로 관민상화책에 따라 무기관리와 치안유지 그리고 합법적인 범위 안에서 폐정개혁활동을 벌였지만, 곳에 따라서는 부정한 지방관과 아전들에 대한 반관투쟁(反官鬪爭), 지주들에 대한 반부민투쟁(反富民鬪爭) 그리고 양반을 대상으로 하는 신분해방투쟁을 벌이기도 하였다. 지방행정을 실질적으로 장악했던 집강소(執綱所)는 1894년 10월 농민군의 2차 봉기 때 농민군을 조직·동원하는 중요한 기능을 수행하였고, 이후 농민군이 전쟁에서 패함으로써 집강소(執綱所) 체제도 무너지고 말았다. 집강소(執綱所)는 제한적이기는 하지만 농민의 입장을 대표하면서 폐정개혁의 시행을 지향한 농민군의 지방 자치기구였다.

하의 군사 2,800명을 충청도 아산에 급파하였다. 일본 정부는 6월 2일 서울주재 임시대리공사 스기무라(杉村濬)로부터 조선이 청국에 파병을 요청하였다는 보고를 받고 일본군도 1885년 텐진조약(天津條約)을 빙자하여 일본거류민 보호를 구실로 1894년 6월 7일에서 12일 사이에 인천에 상륙하여 서울로 진입하였다. 이리하여 조선(朝鮮)을 둘러싸고 청(淸)·일(日)은 조선에서 전쟁을 벌였다. 이들의 군사 충돌에서 청(淸)이 퇴각하고 일본이 승리했다.

상기와 같이 국가운명이 위태롭게 되자, 해몽(海夢) 전봉준(全琫準)의 동학농민군(東學農民軍)은 양호초토사(兩湖招討使) 홍계훈(洪啓薰)의 선무(宣撫)에 응하기로 결정하고 탐관오리의 응징, 노비의 해방, 토지균분제 실시 등 12개 조목의 시정개혁(施政改革)에 대한 확약을 받고 해산하였다. 그리고 전라도 지방에 집강소(執綱所)를 설치하여 동학(東學)의 조직 강화에 힘쓰고 도정(道政)에 참여, 감시하였으나 근본적인 시정개혁이 실현되지 않아 재궐기를 계획하던 중 일본이 청일전쟁(淸日戰爭, 1894.07.25~1895.04)에서 우세를 이용하여 침략행위를 노골화하자 이에 격분하여 재봉기하였다.

해몽(海夢) 전봉준(全琫準)은 남도접주(南道接主)로 12만의 병력을 지휘, 북도접주(北道接主) 손병희(孫秉熙)의 10만과 연합하여 교주(教主) 최시형(崔時亨)의 총지휘하에 항일구국(抗日救國)의 대일전(對日戰)을 시작했다. 한때는 중부·남부 전역과 함남·평남까지 항쟁 규모가 확대되었으나 관군과 일본군의 반격으로 패배를 거듭하였으며 공주(公州)에서 일본군과의 대격전 끝에 대패(大敗)하고 10월 금구싸움을 끝으로 종식되었다.

그렇다면, 1894년(고종 31년) 봄, 외세(外勢)와 탐관오리(貪官汚吏)들이 판을 치는 혼돈의 시기에 보국안민(輔國安民)·제폭구민(除暴救民)의 기치로 분연히 일어선 동학(東學) 농민운동의 지도자 '녹두장군' 전봉준(全琫準, 1855~1895)이 꿈꿨던 새로운 세상은 어떠한 것이었나? 조선정부는 짧은 기간 동안이지만, 동학(東學) 농민들의 요구대로 전라도 47~53개 고을에 '집강소(執綱所)'를 세웠으며, 농민들이 중심이 되어 개혁을 실시하게 해 주었다. 당시, 집강소(執綱所)에서 시행한 주요 개혁 내용은 다음과 같다:

● 동학 교도와 정부는 서로 화해하고 공동으로 일을 한다.
● 그동안 농민을 괴롭힌 탐관오리, 횡포한 부자들, 불량한 양반을 벌줄 것, 훌륭한 인재를 뽑아 쓸 것
● 노비 문서를 불태우고 천민을 차별하던 여러 가지 문제를 폐지할 것
● 남편이 죽은 과부는 바로 재혼하게 해 줄 것
● 잡세(雜稅)를 모두 없애고, 농민이 그동안 진 빚은 모두 없던 것으로 할 것
● 토지를 모두 거두어 골고루 나눌 것

동학혁명(東學革命, 1894~1895)은 '척왜양이(斥倭洋夷)'를 기치로, 안으로는 양반 중심의 봉건체제에 대항하고 밖으로는 일본상인의 경제적 침입에 대항하였다. 물론, 전봉준(全琫準)을 비롯한 농민군의 지도자들이 비록 근대화(近代化)에 대한 구체적인 청사진을 제시하지는 못했지만, 아래로부터의 내발적인 힘에 의한 근대적 변혁을 기도했다는 점에서 높이 평가할 수 있다. 사실, 동학(東學)농민운동은 구(舊)체제의 골격(骨格)인 명성황후(明成皇后)의 수구파 정권과 사회신분제도를 폐지하는 데 큰 성과를 내고 갑오경장(甲午更張)을 시행하는 데도 원동력이 되었다.

나아가, 1894~1895년 동학(東學)농민혁명을 계기로 민족 내부의 모순이 전면으로 등장한 당시의 사회적 상황에 따라 농촌과 도시지역 민중의 반외세·반봉건적 근대화 운동은 1890년대 후반부터 집단적인 활동으로 전개되었다. 예로서 1894년과 1895년의 동학(東學)농민혁명과 광무 연간의 영학당운동(英學黨運動)·활빈당운동(活貧黨運動) 등 무장 농민집단의 운동, 서울을 비롯한 대도시를 무대로 한 만민공동회(萬民共同會)의 소시민운동과 황국중앙총상회(皇國中央總商會)의 상권수호운동 등으로 나타났다. 농촌지역에서는 영학당(일명 서학당)과 활빈당·남학당 등이 중부 및 삼남지방을 무대로 활약했고, 특히 활빈당은 독자적인 구국안민책, 즉 국정과 민원(民寃)에 관한 13개 조목의 개혁안을 제시하기도 했다. 그들은 직접 생산 농민의 처지에서 일본의 경제적 침략에 대한 저항을 전개하면서 농민의 토지소유 발전을 위해 반(反)봉건투쟁을 전개하였다.

불행하게도, 전봉준(全琫準, 1855~1895)은 하찮은 부하의 밀고와 무지몽매한 장정들의 손에 잡혀 1894년 12월 한양으로 압송되어 이듬해 1895년 3월 29일 손화중·김덕명 등과 함께 효수(梟首)되니 향년 41세였다. 비록 처절한 패배로 막을 내렸지만, '녹두장군' 전봉준(全琫準, 1855~1895)의 민중사상(民衆思想)은 이후 의병(義兵)과 1919년 3·1 운동 등으로 면면히 이어졌다.

전봉준(全琫準)은 한(恨) 많은 이승과 이별하기 전, 다음과 같은 '절명시(絶命詩)'를 후세에 남겼다(일요조선, 2018.01.15).

> '때를 만나서는 하늘과 땅도 힘을 합하더니
> 운이 다하니 영웅도 어쩔 수가 없구나
> 백성을 사랑하고 정의를 위한 길이 무슨 허물이랴
> 나라 위한 일편단심 그 누가 알리'

　　본 연구는 하기와 같이 전봉준(全琫準, 1855~1895)의 동학(東學) 농민운동을 높이 평가하면서 '녹두장군'의 넋을 위로한다: 1894년과 1895년의 동학(東學)농민혁명이 제기했었던 사회적 이슈는 140년전 장-자크 루소(Jean-Jacques Rousseau, 1711~1778)의 저서 『인간불평등기원론』(Discours sur l'origine de l'inégalité parmi les hommes, 1755) 및 『사회계약론, 정치적 권리의 원칙』(Du contrat social · ou principes du droit politique, 1762)의 사상: 기층민중(基層民衆)이 '역사의 주인'이라는 것과 일맥상통한다.

　　장-자크 루소(Jean-Jacques Rousseau, 1711~1778)가 제기했었던 이슈는 일반국민의 재산권(財産權)이 사회적으로 불평등(不平等)한 경우 국가는 어떻게 해야 바람직한 것인가였다. 사회계약(社會契約)은 부자와 권력자들의 기만책에 불과하다는 것이다. 즉, 사회계약(社會契約)은 인간 사이에 예속(隸屬)을 가져와 부자(富者)들의 힘을 보장해주고 증가시킴과 동시에 불평등(不平等)을 정당화시킴으로써 '정의롭지 못한 사회'로 유도 및 유지한다. 물론, 사회계약(社會契約)은 교육, 의료, 국방, 치안, 전기, 상하수도 등과 같이 국가의 공공서비스를 많이 공급하지만, 문제는 상기 공공서비스들이 계약 주체자에게 불평등(不平等)하게 분배된다는 점이다.

7) 흥선대원군(興宣大院君)의 섭정(1863~1873)과 쇄국(鎖國)

　　흥선대원군(興宣大院君) 이하응(李昰應, 1821~1898; 집권: 1863~1873)은 안동 김씨(安東 金氏)와 풍양 조씨(豊壤 趙氏)의 세도(勢道) 하에서, 난(蘭)과 그림을 그려 양반가에 매각함으로써 생계를 유지하였다. 심지어, 안동(安東) 김씨의 왕족 숙청을 피해 건달 행세를 해야 했던 파락호(破落戶) 시절도 있었다. 실로, 흥선대원군(興宣大院君)은 한국 근대사(세도정치 시대부터 대한제국 출범 시기까지 조선 말기의 역사)에 가장 큰 영향을 끼친 풍운아(風雲兒)였다. 그는 당대는 물론 오늘날까지도 평가가 확연히 엇갈리는 파란만장한 역사적 인물이다.

　　흥선대원군(興宣大院君, 섭정: 1863~1873)은 조선(朝鮮)의 제26대 마지막 왕(재위: 1864~1897) 및 대한제국(大韓帝國)의 초대 황제(재위: 1897.10.12~1907.07.19)의 생부(生父)이다. 그러나 법적으로 고종(高宗)은 익종(효명세자)의 양자(養子)라는 명목으로 국왕이 되었기 때문에, 흥선대원군(興宣大院君)은 말 그대로 대원군(大院君)일 뿐, 상왕(上王)이 아니었다. 또한, '살아있는 대원군'은 흥선대원군(興宣大院君)이 처음이었기 때문에, 대원군(大院君)에게 주어지는 권한은 당연히 정해진 것이 없었다. 따라서 흥선대원군(興宣大院君, 집권:

1863~1873)의 섭정(攝政)은 공식적인 것이 아니었다. 명목상으로는 신정왕후(神貞王后) 조대비(趙大妃)가 고종(高宗)의 법적 어머니의 위치에서 대왕대비(大王大妃) 자격으로 3년간 수렴청정(垂簾聽政)을 하였고, 일반적으로 조선 왕이 성년으로 인정되는 15세가 되자 물러났다. 따라서 그때부터는 고종(高宗)의 친정(親政)이 공식적으로 시작되어야 했다. 즉, 대왕대비(大王大妃)의 수렴청정(垂簾聽政)과 고종(高宗)의 친정(親政) 사이에 흥선대원군(興宣大院君)이 끼어들 근거는 전혀 없었던 것이다. 그럼에도 불구하고, 고종(高宗)의 생부(生父)인 흥선대원군(興宣大院君, 1821~1898)은 1864년 1월부터 1873년 11월까지 어린 고종(高宗)을 대신하여 국정(國政)을 주도했다.

자신의 아들 고종(高宗)을 잘못 키우고 그릇되게 가르쳤던 결과, 아버지 흥선대원군(興宣大院君, 집권: 1863~1873) → 아들 고종(高宗) + 며느리 명성왕후(明聖王后)가 번갈아 가며 나라를 망쳐버렸던 권력추구형 인간, 이하응(李昰應)! 아버지(흥선대원군)가 아들(고종)을 끌어내리고 장남 완흥군 이재선을, 이어서 장손 이준용(李埈鎔)을 조선 군주로 옹립하려는 쿠데타를 수차 시도하였고, 며느리(명성황후)가 시아버지를 원수로 여기고……

심지어, 1895년 가을 일본 공사로 부임한 미우라 고로와 스기무라 후카시(杉村濬), 궁내부 고문관 오카모토 류노스케(岡本柳之助)에게 며느리 명성황후(明成皇后)의 제거를 청탁함으로써 1895년 8월 20일(양력 10.08) 을미사변(乙未事變) 당시 조선인 주요 협력자의 한 사람이 바로 시아버지 흥선대원군(興宣大院君)이었다. 또한, 아버지(흥선대원군)의 장례식에 아들(고종)이 참석하지 않았다. 고종(高宗)은 매관매직(賣官賣職)과 부정부패(不正腐敗)의 원흉(元兇)이었고 명성황후(明成皇后)는 부정부패(不正腐敗)의 동업자였다.

도대체, 이러한 '콩가루 집안'이 세계 어느 나라에서 찾아볼 수 있을까?! 성리학(性理學)의 가르침은 '수기(修己) − 치인(治人)'이 아니련가! 조선 군주와 신료들의 대부분이 '오랑케'였다.

조선이 '오랑케'라고 그토록 멸시했던 청(清)제국의 경우, 전술한 바와 같이, 강희제(康熙帝, 제4대 황제, 재위: 1661~1722)의 융성기(隆盛期)를 거친 후 넷째 아들 옹정제(雍正帝, 제5대 황제, 재위: 1722~1735), 손자 건륭제(乾隆帝, 제6대 황제, 재위: 1735~1796)의 75년의 전성기(全盛期)를 맞이하였다.

강희제(康熙帝, 제4대 황제, 재위: 1661~1722)는 유교적 사상을 중시하여 백성들에게 언제나 효(孝)를 중시하여 백성에게 유교(儒敎) 지침서를 내렸고 아버지 순치제(順治帝)와 어머니 효강장황후가 떠난 후 자신의 양육을 책임진 조모 효장태황태후를 모시는 데에도 부족함이 없이 효도를 다하려 노력하였다. 효장태황태후는 1688년(강희 27년) 76세를 일기로 세상을 떠날 때까지 강희제(康熙帝)에게 지대한 영향을 끼치며 손자인 강희제(康熙帝)와 증손자들인 황자들에게 큰 존중을 받았다.

또한, 강희제(康熙帝)는 인(仁), 덕(德), 예(禮) 중심의 인자한 정치를 펼치고 되도록 과격한 정치를 펴지 않으려 주력하였다. 강희제(康熙帝)는 본래 명(明)나라 홍무제가 만들고 순치제(順治帝)가 바꾼 「육유(六諭)」를 확대한 「성유십육조(聖諭十六條)」를 1667년(강희 6년)에 반포한 후 백성들에게 이 내용을 토론하고 실천하도록 하였다.

그리고, 강희제(康熙帝, 제4대 황제, 재위: 1661~1722)의 뒤를 이은 넷째 아들 옹정제(雍正帝, 제5대 황제, 재위: 1722~1735)는 「성유십육조(聖諭十六條)」의 매 조마다 친히 설명을 붙이고 그 의의를 보다 알기 쉽게 해설한 「성유광훈(聖諭廣訓)」을 편찬하여 전국에 반포하여, 유교(儒敎) 통치이념을 더욱 군건히 하였다.

이어서 건륭제(乾隆帝, 제6대 황제, 재위: 1735~1796)는 청나라의 영토를 약 460만km² 늘려 중국 역사상 원나라 이후 가장 큰 영토를 가진 제국의 통치자였다. 그는 가족을 매우 중히 여겨 자신의 모후인 효성헌황후 뉴후루씨(孝聖憲皇后 鈕祜祿氏)에게 효도를 다하였다. 매일 거르지 않고 3번 어머니가 거처하는 자녕궁에 가서 문후드렸고, 여러 순행에도 모후(母后)를 모시고 가는 등 어머니를 크게 봉양하였다. 효성헌황후 뉴후루씨(孝聖憲皇后 鈕祜祿氏)는 1777년(건륭 42년) 86세로 사망할 때까지 내명부를 오랫동안 통솔하며 아들과 며느리, 손자들, 대신들에게까지 큰 존경을 받았으나 정치에는 일체 간섭하지 않았다. 조선의 역대 군주 중에서 '오랑케 두목' 강희제(康熙帝)와 건륭제(乾隆帝)와 같은 효자(孝子)와 통치자(統治者)가 있었던가?!

또한 건륭제(乾隆帝)의 황자들은 선대강희제(康熙帝)와 옹정제(雍正帝)의 황자들과는 달리 황위를 놓고 세력다툼을 벌이지 않아, 가경제(嘉慶帝)가 황태자가 되고 황제에 즉위할 때까지 별다른 항의를 하지 않고 제7대 가경제(嘉慶帝, 재위: 1796~1820)의 등극을 받아들였다.

(1) 세도정치(勢道政治) 타파와 일대 개혁

사실, 붕당정치(朋黨政治)와 뒤이은 세도정치(勢道政治)의 폐해로 인하여 조선(朝鮮)은 특히 순조(純祖)시대(1800~1834)부터 본격적으로 자멸(自滅)하고 있었다. 그러나 고종(高宗)의 생부(生父)인 흥선대원군(興宣大院君, 섭정: 1863~1873)은 세도정치(勢道政治)를 종결하였다.

흥선대원군(興宣大院君)은 세도정치(勢道政治)를 결코 거부하지 않았다. 단지 세도가의 대상을 안동 김씨(安東 金氏)나 풍양 조씨(豊壤 趙氏)에서 자신의 처가인 여흥 민씨(驪興閔氏)로 바꾸었을 뿐이었다.[48] 즉, 흥선대원군(興宣大院君)은 제25대 왕(재위: 1849~1864) 철종(哲宗)의 처가인 안동 김씨(安東 金氏)를 몰아내고, 자신의 처가 여흥 민씨(驪興 閔氏)를 그 자리를 채운 것이었다. 이 실수는 흥선대원군(興宣大院君) 자신을 몰락시켰고, 조선을 사상 최악의 족벌 정치와 부정부패(不正腐敗)로 몰아갔다. 나중에, 여흥 민씨(驪興閔氏) 세력이 권력을 독식하기 위하여 유림(儒林)과 손잡고 흥선대원군(興宣大院君, 섭정: 1863~1873)을 축출(1874년) 함에 따라 흥선대원군(興宣大院君)이 다시 권력을 획득하려는 과정에서 권력쟁탈전이 발생하였다. 1895년(고종 32년) 명성황후(明成皇后) 민씨(閔氏)가 시해된 뒤에도 국가의 요직을 차지한 여흥 민씨(驪興閔氏) 세력이 1천 명을 넘었다. 비록 갑신정변, 동학농민운동, 갑오개혁, 독립협회 등 민씨(閔氏) 외의 세력들이 활동하기는 했지만, 여흥 민씨(驪興閔氏)의 세도정치(勢道政治)와 그로 인한 개혁의 미비함은 조선이 일본의 식민지가 되는 요인 중 하나임은 부인할 수 없다.

한편, 조정의 권력을 장악한 흥선대원군(興宣大院君, 섭정: 1863~1873)은 사색(四色) 당파(노론, 소론, 남인, 북인)을 가리지 않고 고루 인재를 중용하였다.[49] 안동 김씨(安東 金氏)와 풍양 조씨(豊壤 趙氏) 일색이던 조정에 노론(老論)뿐만 아니라 노론(老論), 소론(少論), 남인(南人), 심지어 300년간 정권에서 배제당한 북인(北人)도 중용하여 거국내각(擧國內閣)을 구성하였다.

흥선대원군(興宣大院君, 섭정: 1863~1873)은 행정부의 최고기관 의정부(議政府)의 기능을 부활시키고, 중종(中宗) 때부터 군국(軍國)의 사무를 보던 비변사(備邊司)를 완전 폐지하고 삼군부(三軍府)를 두어 군사 업무를 맡게 하여 정권과 군권을 분리하는 등 군제(軍制)를 개혁하였다. 흥선대원군(興宣大院君)은 삼군부(三軍府)를 부활시킴과 동시에 자신의 친위군으

---

48) 명성황후(明成皇后) 민씨(閔氏)의 집안은 완전히 몰락한 양반가가 아니었다. 명성황후(明成皇后)가 여덟 살 때 아버지 민치록(閔致祿)이 사망했지만, 여흥민씨(驪興閔氏) 가문은 조선 시대에 왕비를 세 번이나 배출한 명문가였고, 명성황후(明成皇后)는 그중에서도 핵심 인물인 민유중(閔維重)의 직계 자손이다. 흥선대원군(興宣大院君)의 부인인 여흥부대부인(驪興府大夫人) 민씨(閔氏) 또한 민유중(閔維重)의 5대손인 민치구(閔致久)의 딸이다. 명성황후(明成皇后)의 아버지 민치록(閔致祿)은 아들이 없어 민치구(閔致久)의 아들 민승호(閔升鎬)를 양자로 삼았다. 명성황후(明成皇后)는 시어머니 여흥부대부인(驪興府大夫人) 민씨(閔氏)와 언니·동생 뻘의 같은 항렬이며 가까운 사이였다. 민승호(閔升鎬)와의 인연도 남달랐다. 고종(高宗)도 어렸을 때 명성황후(明成皇后)를 '안국동 이모'라고 불렀다.

49) 흥선대원군(興宣大院君, 1800~1834)은 정도전(鄭道傳)을 복권하고 '유종공종'이라는 사액(賜額) 현판을 내리기도 했다. 정몽주(鄭夢周)를 종주로 여기고 그 학통의 계승자를 자처하던 각지의 노론과 소론은 노론과 소론 인사 중용에 찬성하였으나, 남인과 북인도 중용하고 정도전(鄭道傳)에 대한 복권 의사를 피력하자 그의 지지세력(이항로 등)도 반발했다.

로 양성하였다. 삼군부(三軍府)의 무장(武將)을 발탁할 때는 척족 출신을 완전히 배제하고 무과(武科) 출신의 전문 군인과 종친, 흥선대원군(興宣大院君)이 신뢰하는 무장(武將) 등이 임명되었다. 흥선대원군(興宣大院君)은 무반을 차별하는 오랜 관행에 타파하고 무부(武夫), 진짜 군인들을 우대하고 중용했다. 이때 흥선대원군(興宣大院君)이 보여주었던 군인들에 대한 각별한 예우는 후일 별기군(別技軍) 창설후 멸시당하던 구식 군인들은 흥선대원군(興宣大院君)에 대한 향수를 느끼게 됐다.

또한, 흥선대원군(興宣大院君, 섭정: 1863~1873)은 비변사(備邊司)를 폐지하고 의정부(議政府)와 삼군부(三軍府)를 부활시키는 과정에서 안동(安東) 김씨(金氏) 세력이 자연스럽게 퇴출당했다. 영의정 김좌근(金左根)이 사직하고 이조판서를 역임한 김병기(金炳冀)는 광주부 유수로 좌천당했다. 김좌근(金左根)의 후임으로는 조두순(趙斗淳)이 취임하였다. 그러나 흥선대원군(興宣大院君)과 사돈 약속을 맺었던 김병학(金炳學)과 김병국(金炳國)은 안동(安東) 김씨(金氏) 세력들이 퇴출당하는 과정에서 정승(政丞)을 역임하는 등 밀월관계를 지속하였다. 사실, 그들은 실무 행정에 능숙한 엘리트들이었지만, 권력의 역학관계를 보면 조 대비의 풍양 조씨(豊壤 趙氏)의 세도를 막을 세력으로 안동 김씨(安東 金氏)가 반드시 필요했다.

중농적 실학사상(實學思想)의 영향을 받은 흥선대원군(興宣大院君, 섭정: 1863~1873)은 문란한 삼정(三政)을 바로잡고 안정을 꾀하는 획기적인 토지개혁을 단행하였다. 토지대장에 올라 있지 않은 땅을 찾아내고 지역 토호와 유지들의 토지 겸병(兼倂)을 금지하였으며, 토지조사를 통해 부분적으로 양전(量田)을 실시하여 전정(田政)을 바로잡고자 했다. 1867년(고종 4년) 지방 수령과 토호의 농간이 가장 심했던 환곡제도(還穀制度)는 사창제(社倉制)로 개혁하여 환곡(還穀)을 합리적으로 운영함으로써 국가 재정 확보와 민심 안정을 도모했다. 또한 감찰의 목적에서 타락한 도장(導掌)·궁차(宮差) 등의 파견을 금지하고, 신설 궁방에 토지 지급을 폐지하여 궁방전(宮房田)을 억제하였다. 상기한 개혁정책은 1811년 '홍경래(洪景來)의 난(亂)'과 1862년 9월 진주민란으로 피폐해졌었던 민심의 환영을 받았다.

또한, 흥선대원군(興宣大院君, 섭정: 1863~1873)은 『대전회통』, 『육전조례(六典條例)』 등과 『삼반예식(三班禮式)』, 『양전편고』, 『오례편고(五禮便攷)』 및 『종부조례(宗府條例)』 등의 법전을 편수하여 정치 기강을 확립하고 중앙집권적인 국가체제를 완비하려 했다. 지방관직에 대한 매관매직(賣官賣職)을 금지하였고, 지방관의 근무성적을 평가하여 행정의 중앙집권화를 추진했다. 각 고을을 다스리는 수령(守令)에 대한 고과(考課)를 엄격히 하고 수령(守令) 재임시의 부정(不正) 여부를 살피기 위해 해유문기(解由文記)의 작성도 직접 보고받는 등 철저하게 실시했다. 또한, 유명무실화된 암행어사(暗行御史)를 다시 파견하여 지방관들의 비리행위를 조사하여 탐관오리 일소에 노력하였으며, 지방 토호들의 백성에 대한 학대를 엄금하였다. 향리(鄕吏)에 대한 통제와 조세횡령자에 대한 처벌을 강화하였으며, 의복제도를 개량하는 등 사치를 엄금하였다. 길게 늘어진 양반들의 도포 자락을 짧게 자르게 하였는데, 그 주된 이유는 도포 자락에 뇌물을 숨겨서 왕래한다고 해서였다. 긴 담뱃대도 대를 짧게 잘라 피우게 하였으며 긴 갓도 줄이는 등 의식 개혁운동을 시행하였다.

흥선대원군(興宣大院君, 섭정: 1863~1873)은 성리학(性理學)에 대해 적대적인 태도를 보이지는 않았지만, 임진왜란(壬辰倭亂, 1592~1598) 때 조선에 원군을 파병한 명(明)나라 신종(神宗)과 마지막 황제인 의종(毅宗)을 제사지내기 위해 1704년(숙종 30년) 충청북도 괴산군 청천면 화양동에 세운 사당인 만동묘(萬東廟)를 철폐하였다.[50]

사실, 역대 조정으로부터 많은 혜택을 받은 만동묘(萬東廟)는 서원(書院) 폐단의 온상 중 하나로 지목받았다. 지역의 백성들에게 역(役)을 빼주겠다고 돈을 받아내고 만동묘(萬東廟)의 제사 비용을 부담시켰으며 할당된 비용을 내지 못한 백성들을 함부로 붙잡아서 폭행하거나 고문하는 등 만행이 심했고 심지어 사형(私刑)시켜도 처벌받지 않았다. 사실, 만동묘(萬東廟)는 유생들의 소굴이 되어 그 폐단이 서원(書院)보다 더하였다. 따라서 흥선대원군(興宣大院君)은 만동묘(萬東廟)를 철폐할 구실로 대보단(大報壇)을 세우고 소장 물건

---

50) 만동묘(萬東廟)의 '만동(萬東)'이란 물이 만 구비를 꺾어 흘러 마지막에는 동해(東海)로 들어간다는 말로서 존명의식(尊明意識)을 표현한 것이다. 권상하가 선조(宣祖)의 어필인 '만절필동'(萬折必東)에서 취한 것이다. 이 사당은 명을 정벌하고 조선까지 침략한 이민족 청을 사상적으로 부정하기 위해 만든 것이다. 만동묘(萬東廟) 설립은 노론(老論)의 영수인 송시열(宋時烈)로부터 거슬러 올라간다. 인조(仁祖)때 민정중이 청나라에서 구한 명(明)나라 마지막 황제 의종(毅宗) 숭정제의 친필 '비례부동(非禮不動)'을 전해 받은 송시열(宋時烈)이 1674년(현종 15) 그 글씨를 화양동의 암벽에 새기고 1674년(현종 15년) 화양리에 운한각, 화양 서원 등을 지어 후학들을 가르쳤다. 송시열(宋時烈)이 1689년(숙종 15년) 사사(賜死)되기 전 '이자성의 난'으로 멸망한 지 오래였던 명(明)나라의 신종(神宗) 만력제와 의종(毅宗) 숭정제의 사당을 세워 제사 지내라고 제자인 권상하(1641~1721)에게 유명(遺命)으로 남겼다. 권상하는 1703년(숙종 29년) 인근 유생들의 협력을 얻어 화양서원 내 만동묘(萬東廟)를 창건하고 만력제와 숭정제의 신위를 봉안하여 제사를 지내기 시작했다. 이후 조정에서는 명(明)에 대한 보은의 의리와 병자호란의 치욕을 씻고자 만동묘(萬東廟)에 땅과 노비를 주었고 예조에서 90명이 돌아가며 묘우를 지키게 하는 등 여러 가지로 지원했다. 영조(英祖)때는 만동묘(萬東廟)를 증수했으며, 정조는 직접 사필(史筆)을 내리기도 했다. 헌종(憲宗)때는 관찰사가 제사를 지내기도 했다. 흥선대원군(興宣大院君)이 정계에서 물러나고 명성황후(明成皇后)와 외척인 여흥 민씨 세력이 정권을 잡자 1874년(고종 11년) 고종(高宗)은 만동묘(萬東廟)만 복구했다. 그러나 1907년에는 의병을 토벌하기 위하여 일본군이 환장암과 운한각을 불태웠으며, 이듬해에는 만동묘(萬東廟)를 폐철하는 동시에 만동묘(萬東廟)에 소속된 재산을 국가와 지방 관청에 귀속시켰다. 1942년엔 명나라에 대한 보은 명목으로 세워진 만동묘정비의 글자를 모조리 없애고 만동묘 건물을 불태웠으며 비석은 묻어 버렸다. 그 후, 이 비석은 1983년 홍수로 인해 다시 세상에 모습을 드러내지만 일제(日帝) 강점기 당시 일본인들이 글자를 모두 쪼아 없애버렸기에 해석은 불가능하다.

들은 모두 대보단(大報壇) 경봉각(敬奉閣)에 갖다 두었다.

또한, 흥선대원군(興宣大院君, 섭정: 1863~1873)은 1871년 5월 9일 붕당(朋黨)의 근거지이고 당쟁(黨爭)과 연계되고 면세의 특권을 누리며 백성들을 괴롭히는 등 병폐가 잇따르자 집권 직후 서원(書院) 철폐령을 내렸다. 도산서원(陶山書院)과 소수서원(紹修書院) 등 전국에서 47개의 서원을 제외한 8백여 개의 서원(書院)이 철폐되었다. 흥선대원군(興宣大院君)은 서원(書院)을 헐고 신주를 묻으라며 위패(位牌) 처리에 대한 지시까지 직접 내렸다. 따라서 서원(書院)에서 모시던 선현들의 위패(位牌)는 모두 옹기 등에 의해 싸여져서 서원(書院) 근처에 매장되었다. 서원(書院) 철폐령을 취소해 달라는 전국 유림들의 집단 상경집회가 있었으나 이때마다 흥선대원군(興宣大院君)은 유림들의 집회를 강제 진압하였고, 유림들을 강제로 노량진 밖으로 축출하였다. 흥선대원군(興宣大院君)은 "진실로 백성에게 해(害)가 되는 것이 있으면, 비록 공자(孔子)가 다시 살아나서 나를 위협한다 해도 이 정책은 끝까지 밀고 나가겠으니 그리 알라"면서 강행하였다. 그 여파로 흥선대원군(興宣大院君)을 지지했었던 이항로(李恒老) 등도 이때부터 등을 돌리기 시작했다. 훗날 이항로(李恒老)의 문인 최익현(崔益鉉)은 민씨(閔氏) 정권과 손잡고 흥선대원군(興宣大院君)을 탄핵하였다.

상기한 흥선대원군(興宣大院君, 섭정: 1863~1873)의 강력한 내정 개혁은 결과적으로 많은 반발을 일으켜 며느리인 명성황후(明成皇后)와 유림(儒林) 세력의 담합을 유도한 셈이었다. 명성황후(明成皇后)는 한편으로 흥선대원군(興宣大院君)에 의해 숙청되었던 안동 김씨(安東 金氏)나 풍양 조씨(豊壤 趙氏) 등의 세도가 및 노론 세력과 손잡고 실력을 비밀리에 키우고 있었던 것이다.

(2) 경복궁(景福宮) 중건(1865~1872)과 원납전(願納錢) 강제 징수

흥선대원군(興宣大院君, 섭정: 1863~1873)은 유교의 위민정치(爲民政治)를 내세워 전제왕권의 재확립을 위한 정책을 과감하게 추진하였다. 그동안 세도를 부리고 부정·부패를 일삼던 안동 김씨(安東 金氏) 일족의 대부분을 몰아내고, 노론(老論)의 일당 독재를 타도하고 파벌과 신분의 귀천을 가리지 않고 역량에 따라 인재(남인과 북인)를 등용했다. 또한, 당쟁(黨爭)의 온상이었던 서원(書院)을 철폐·정리하여 양반·기득권 토호들의 민폐를 근절했다. 상기한 개혁정책은 중화사상의 탈피와 이를 통한 자주 의지라는 점에서 높이 평가받을 수 있다. 또한, 흥선대원군(興宣大院君)의 개혁정책은 순조(純祖, 1800~1834) 시대인 1811년 평안도 '홍경래(洪景來)의 난(亂)'과, 철종(哲宗, 1849~1864) 시대의 삼정(三政): 전정

(田政)・군정(軍政)・환곡(還穀)의 문란으로 인한 1862년 '임술농민항쟁'(壬戌農民抗爭)으로 피폐해진 조선 민중의 지지를 받았다.

그러나 상기한 개혁정책은 흥선대원군(興宣大院君, 집권: 1863~1873) 권력의 중앙집권화를 위한 것이었을 뿐이었다. 왜냐하면 흥선대원군(興宣大院君)은 전국 곳곳에서 농민반란이 일어날 정도로 민중의 원성(怨聲)이 높았던 삼정(三政): 전정(田政)・군정(軍政)・환곡(還穀)의 문란을 제도적으로 개혁한 것이 아니라, 왕권(王權)의 위용을 과시하기 위한 목적으로 경복궁(景福宮) 중건(1865~1872)을 위하여 원납전(願納錢) 등을 강제 징수하고 지급보증 없이 당백전(當百錢)을 마구 발행하고 밀수품인 청전(淸錢)을 유통시켰던 결과, 상기 악화(惡貨)는 양화(良貨)인 상평통보(常平通寶)를 구축(驅逐)하였고 물가(物價)를 폭등시켜 국가경제를 파멸로 몰아넣었고 민중의 삶을 더욱 더 파탄시켰다. 초(超)인플레이션은 가혹한 조세 수취보다도 더 치명적인 결과를 야기했다. 국가가 발행하는 화폐에 대한 불신이 쌓여, 상평통보(常平通寶)는 창고로 들어갔다. 결국, 당백전(當百錢)은 5개월만에 주조 중단, 그리고 2년 만에 무려 1,600만 냥이 폐지됐으며 조선 조정은 당백전(當百錢)을 회수(교환비율은 당백전 1개로 상평통보 또는 청전 1냥)하여 회수된 당백전을 녹였다. 이 결과, 당백전(當百錢)이나 청전(淸錢)을 사용하는 사람들만 손해를 보았고, 상평통보(常平通寶)를 자기 창고에 쌓아두었던 사람들은 이득을 보았다.

실로, 경복궁(景福宮) 중건(1865~1872) 사업은 조선 민중의 고혈(膏血)을 빨아들인 최대의 '블랙홀'이었으며 국가재정 파탄의 원흉이었다. 악화(실질 가치의 1/3)인 청전(淸錢)과 당백전(當百錢)을 유통시킴으로써 이익을 얻은 조정은 민중을 대상으로 벌였던 일대 '화폐사기극'이었다. 이로써 흥선대원군(興宣大院君)이 10년(1864.01~1873.11) 동안 쌓아둔 재정(財政)을 고종(高宗)과 명성황후(明成皇后)가 단 1년만에 탕진했고 고종(高宗) 초기에는 국가재정 파탄과 초(超)인플레이션에 직면하게 되어 조정은 세수(稅收) 확보를 위해 발악하였다(황현의 『매천야록』). 심지어, 매관매직(賣官賣職)이 성행했다.

또한, 1860년(철종 11년) 경주 지방의 잔반(殘班)인 최제우(崔濟愚, 1824~1864)가 무극대도와 후천개벽을 선포하고 상제님 강세를 외치며 신흥 종교인 동학(東學)을 창시하여 새로운 세력으로 부상하자, 안동 김씨(安東 金氏) 세도정치 세력은 교조(敎祖) 최제우(崔濟愚)를 체포하여 왕권에 대한 도전과 유교 사상을 부정하는 몇 가지를 수정하라며 무죄 방면시켜줬으나 결국 '혹세무민'(惑世誣民)의 죄목으로 1864년(철종 14년) 경상도 대구 감형에서 참형하여 효수(梟首)함으로써 동학(東學) 농민운동(1894~1895)을 탄압하였다. 최제우(崔濟愚)의 처형 이후 동학(東學)에서는 상소와 연판장을 올려 교주가 역적이 아니라며 신원(伸

冤)을 요구하였다. 그럼에도 불구하고, 실각(失脚)된 흥선대원군(興宣大院君)은 전봉준(全琫準, 1855~1895)을 운현궁에서 은밀히 만나 동학(東學) 농민군을 이용하여 권력 탈환과 재집권을 시도했다.

(3) 쇄국정책(鎖國政策)

흥선대원군(興宣大院君)의 섭정 시기(1863~1873)에 1866년 9~10월 병인양요(丙寅洋擾), 1866년 7월 미국 제너럴 셔먼 호(General Sherman 號) 사건, 1868년 독일인 오페르트(Oppert, Ernst Jacob)의 남연군(南延君) 묘(墓) 도굴 사건, 1871년 5월 신미양요(辛未洋擾)가 일어났다.

이에 대응하여, 흥선대원군(興宣大院君, 섭정: 1863~1873)은 척화비(斥和碑)[51]를 제외하고는 외세(外勢)의 침략에 아무런 방비를 하지 않았다.

당시, 제1차 아편전쟁(1839~1842)과 제2차 아편전쟁(1856~1860)이 연이어 터졌다. 영국 함대에 대청(大淸) 제국은 발톱도 이빨도 없는 늙은 호랑이라는 사실이 폭로됐다. 그럼에도 불구하고, 청(淸)나라는 '우물 안 개구리'처럼 지내고 있었다. "중화사상(中華思想)이 최고이다!" 황제를 비롯한 대신들은 자기네 나라가 제일이라고 생각하고 있었다.

당시 국제정세를 보면, 1840년 영국(英國)이 청(淸)나라를 공격한 아편전쟁(阿片戰爭)은 당시 국제질서를 뒤집은 사건이었다. 영국(英國)은 산업혁명(産業革命)을 통해 대량살상무기를 대량생산한 나라였다. 그 군사력에 청(淸)나라가 참패했다. 서양 함대에 대청(大淸) 제국은 발톱도 이빨도 없는 늙은 호랑이임이 폭로됐다. 이 결과, 청(淸)나라 황제 천자(天子)가 다스리던 '천하(天下)'는 붕괴되고 아시아는 서양의 제국주의(帝國主義) 사냥터로 변했다.

1840년 아편전쟁(阿片戰爭)으로부터 5년 후 1845년 3월 28일 청(淸)나라에서 돌아온 사신 이정응은 조선(朝鮮) 조정에 "無事矣(무사의)" '아무 일 없다'고 보고했다(1845.03.28, '승정원 일기'). 조선 정부 대책은 신유박해(1801)·기해박해(1839)에 이어 병오박해(1846)와 병인박해(1866)까지 천하 질서를 파괴하는 천주교(天主敎)를 틀어막고 그 뿌리인 서양에 나

---

51) 척화비(斥和碑)는 1871년(고종 8년) 흥선대원군(興宣大院君)이 병인양요(丙寅洋擾)와 신미양요(辛未洋擾)를 통해 통상 수교 거부 의지를 널리 알리기 위하여 종로 네거리를 위시한 전국 교통 요충지 200여 개소에 화강석으로, 높이 4자 5치, 너비 1자 5치, 두께 8치 5푼이 되는 비석(碑石)을 세웠다. 1871년도에 전국의 요지에 세우도록 실시했으며 후에 외국과의 소통이 실시되면서 철거되어 현재는 서울에 있는 경복궁의 앞뜰 그리고 부산, 전라북도 고창 등 몇군데밖에 남지 않았다고 한다.

라 문을 잠그는 쇄국(鎖國)이었다.

홍선대원군(興宣大院君, 섭정: 1863~1873)은 개항(開港)을 요구하는 서구 열강의 침략에 대하여 강경한 쇄국정책(鎖國政策)으로 대응하였다. 또한, 홍선대원군(興宣大院君)이 대외개방을 염두에 둔 흔적은 남아있으나(천주교 신자를 통해 프랑스와 접촉 시도)[52], 1866년 프랑스 극동함대에 의하여 병인양요(丙寅洋擾), 그로부터 5년 후 1871년 미국 아시아 함대에 의하여 신미양요(辛未洋擾), 독일인 오페르트(Oppert, Ernst Jacob)의 남연군(南延君) 묘(墓) 도굴 사건(1868년)을 겪으면서 쇄국정책(鎖國政策)은 더욱 더 공고해졌다.

이와 대조적으로, 일본 막부(幕府) 고문인 경제학자 사토 노부히로(佐藤信淵)는 *"천지개벽 이래 미증유(未曾有)의 사건"*이라며 *"그 옛날 십만 몽골 강병을 물리쳤듯이, 포대를 쌓고 실탄을 터뜨려야 한다"*고 막부(幕府)에 주장했다(하정식, 『아편전쟁과 조선, 일본』, 근대중국연구, 2001). 일본 막부(幕府)와 각 번(藩)은 기민하게 군사 근대화에 착수해 강병(强兵) 모드에 돌입했다.

상기한 국제정세 변화에 까막눈이었고 귀머거리였던 홍선대원군(興宣大院君)의 집권 시기(1863~1873)였던 1866년(고종 3년) 병인양요(丙寅洋擾)를 치룬 직후, 조선(朝鮮)은 '*어떤 곤란에도 서양 오랑캐에게 문을 열지 않겠다*'고 청(淸)에게 보고한 사흘 후, 일본 막부(幕府)에 다음과 같은 전문을 보냈다:

"서양 배 30여 척이 백성을 살해하고 책들을 약탈해 갔다. 여러 성(城)을 습격했는데 성(城)을 지키는 장수들에 의해 격퇴당했다. 저 오랑캐들이 장차 사달을 일으키려는 것이

---

52) 홍선대원군(興宣大院君, 집권: 1863~1873)은 원래 천주교(天主敎)를 이용해 당시 두만강을 넘나들던 러시아를 견제하려 했다. 아내 민씨(閔氏)도 천주교도였고, 아들 명복(고종)의 유모 마르타 또한 세례 신도였다. 1864년 양력 8월 18일 프랑스 신부 베르뇌(Berneux)가 북경 외방전교회 조선교구 주교에게 보낸 편지에 따르면 홍선대원군(興宣大院君)은 운현궁에서 천주교 신도인 전(前) 승지(承旨) 남종삼(南鍾三)을 만나 "러시아인을 몰아내면 종교 자유를 주겠다"고 제안했었다. 남종삼(南鍾三)이 "수도에 세울 큰 교회 짓는다"며 흥분할 정도였다(강상규, '대원군의 천주교 탄압에 대한 정치학적 고찰'). 그런데 청(淸)나라에서 천주교 탄압사건이 발생하고 이를 빌미로 반(反)대원군파가 상기한 대원군(大院君)의 시책에 이의를 제기하자 상황이 돌변했다. 홍선대원군(興宣大院君)이 성리학(性理學)과 노론(老論)의 상징인 만동묘(萬東廟)를 철폐(1865년 3월 29일)한 후 권력 집단 틈에 반(反)대원군파가 급증하고 있었다. 따라서 사학(邪學)인 서학(西學)을 탄압해야 정통성이 회복될 수 있었다. 즉, 홍선대원군(興宣大院君)의 권력 유지를 위해 천주교 탄압이 필요했던 것이다. 이러한 상황에서, 홍선대원군(興宣大院君)이 서구 열강에게 개항과 개화를 추진할 수 있었을까? 이 경우 사림(士林) 세력들이 "홍선대원군(興宣大院君)이 양이(洋夷)와 손을 잡아 천주교를 공식적으로 인정하려고 한다"는 식의 명분으로 그를 축출했을 것이다. 사례로서, 광해군(光海君) 때 중립외교(中立外交)로 인해 서인(西人)들에게 덜미를 잡혀 1623년 인조반정(仁祖反正)이 일어났다. 이토록 중화사상(中華思想)에 심취되어 있었던 조선(朝鮮)은 실로 '아편 중독자'였으며 스스로 '소중화(小中華)'라고 일컫는 '몽유병(夢遊病)' 환자였다.

다. 귀국은 방비를 갖추고 변란에 대처하고 있는가(貴國 設備而待變歟)?"(1866.10.15, 『고종실록』). 이것은 참으로 웃기고 부끄러운 '우물안 개구리'의 조치였다.

또한, 상기한 1866년 병인양요(丙寅洋擾)와 제너럴 셔먼 호(General Sherman 號) 사건과 관련한 내용은 1866년(고종 3년) 10월 15일 예조 참의(禮曹參議) 임면호(任冕鎬)가 일본국 대마도 태수(對馬島太守)에게 보낸 편지에서 그 경과를 알 수 있다:

"… 또 이러한 때에 ① 서양 배 1척이 서해로부터 평양부(平壤府) 양각도(羊角島)에 들어가 물건을 약탈하고 사람들을 살해하고 가축들을 죽였다. 그래서 도신(道臣)이 화공(火攻) 전술을 써서 모두 무찔렀다. ② 8월 16일에 2척의 서양 배가 남쪽 바다에서 곧바로 경강(京江)에 들어와 사흘 밤을 묵고 돌아갔는데 … 9월 6일에 크고 작은 서양 배 30여 척이 또 경기 일대에 도착하여 혹 부평부(富平府) 앞바다에 정박하기도 하고 혹은 강화부의 갑곶진(甲串津)으로 곧바로 향하여 망루(望樓)를 파괴하고 공해(公廨)를 불태워버리고 백성들을 살해하고 소와 가축을 약탈하였으며 사고(史庫)에 있는 책들을 배로 모두 약탈하여 실어갔다. 우리는 … 저들에게 격문을 보내 싸움을 청하고 약속한 날짜에 보니, 적들은 그 무리를 모두 모아서 포구에 집결해 있으면서 서로 맞붙어 싸움할 생각은 없이 우리 연해와 포구의 배들을 모두 불태워버리고 간간이 혹은 몰래 문수산성, 정족산성 등 여러 성을 습격하였는데 번번이 성을 지키는 장수들에 의해 격퇴당하고 말았다. 우리나라에서 무기와 의장(儀狀)들을 수리하고 버리기도 하고 전선(戰船)을 수리하였으며, 또 삼로(三路)의 수군(水軍)으로 하여금 힘을 합쳐 공격하게 하였는데 10월 12일에 크고 작은 서양 배들은 이어 즉시 무리를 거두어 외양(外洋)을 향해 물러갔다. 이것이 우리나라에서 적의 침입을 받은 대략적인 내용이다 …"

당시, 일본은 1853년 미국 페리 함대가 들어오기 전, 조선(朝鮮) 도공이 자기(瓷器) 가마를 만든 원천 기술로 용광로(鎔鑛爐)를 만들고 철제 무기(대포와 군함) 제작에 성공했으며 국내·외로 그릇을 팔아 모은 돈을 군비로 투입했다(조선일보, 2019.04.10). 1866년 병인양요(丙寅洋擾)의 12년 전 1854년, 일본은 미국을 시작으로 서양에 개항(開港)했으며 대포와 군함으로 무장한 상태였고 미국과 유럽으로 일본청년들이 집단으로 유학을 간 사실도 흥선대원군(興宣大院君)은 전혀 모르고 일본 막부(幕府)에게 상기한 충고를 하였으니, 참으로, 웃기는 '우물안 개구리'의 독창곡(獨唱曲)이었다.

훗날, 독립운동가이자 의열단(義烈團) 단장인 김원봉(金元鳳, 1898~1958)은 흥선대원군(興宣大院君, 섭정: 1863~1873)의 쇄국정책(鎖國政策)이 조선의 발전을 저해하였다고 비판했다: *"프랑스 함대와 미국 함대를 격퇴시킨 병인양요(1866년)와 신미양요(1871년)는 그 나름대로 민족적,*

국수주의적 견지에서 통쾌한 일이었지만, 그러나 세계정세에서 살펴보면 민족의 장래를 그르치게 한 어리석은 짓이었다".

홍선대원군(興宣大院君, 섭정: 1863~1873)의 쇄국정책(鎖國政策)과는 극명하게 대조적으로, 건륭제(乾隆帝, 제6대 황제, 재위: 1735~1796)는 할아버지 강희제(康熙帝, 제4대 황제, 재위: 1661~1722)와 아버지 옹정제(雍正帝, 제5대 황제, 재위: 1722~1735)와 같이 궁정의 선교사들을 우대하며 그들에게 부분적인 선교 활동을 허락하였다. 건륭제(乾隆帝)는 조부와 부황과 같이 가톨릭교회의 가르침에는 전혀 관심이 없었고 오직 선교사들의 예술적, 과학적 지식만을 이용하려고 하였다. 건륭제(乾隆帝)의 증조부인 제3대 순치제(順治帝)부터 이미 독일 출신의 예수교 선교사(로마 가톨릭교회 사제) 아담 샬 폰 벨(Johann Adam Schall von Bell, 중국名: 湯若望, 1591~1666)을 시초로 건륭제(乾隆帝)때에도 이그나츠 쾨글러, 안토 고가이슬 등의 예수회 선교사들이 천문대인 흠천감(欽天監)을 이끌며 중국의 천문학과 지리학에 도움을 주었다. 1769년(건륭 34년) 이들의 도움으로 완성된 『건륭황여전람도』(乾隆皇與全覽圖)는 서양식으로 그린 지도로 청나라의 강역을 세밀히 그려냈다. 프랑스 선교사인 조제 프마리 아미오(중국名: 錢德明)는 여러 개의 황실 정원을 프랑스식으로 꾸며주고 『손자병법』과 같은 중국의 유명한 고서적이나 건륭제(乾隆帝)가 지은 시 등을 프랑스어로 번역하여 출판하기도 하였다. 건륭제(乾隆帝)는 부분적으로나마 예수회 선교사들의 선교를 허락하였고 선교사들은 이에 따라 교세를 확장시키고 가톨릭으로 개종한 신자들에겐 조상의 제사 등 본래의 관습을 어느 정도 지킬 수 있도록 배려하였다.[53]

이와 대조적으로, 홍선대원군(興宣大院君, 섭정: 1863~1873)은 성리학(性理學)에 근간을 두고 있는 왕도정치체제(王道政治體制)를 고수하고 자신의 권력기반을 강화하기 위하여 1866년 1월 병인사옥(丙寅邪獄) 당시 수많은 천주교 신자를 죽였다. 당시, 천주교 신자 12명을 색출한다는 명목으로 당시 천주교 교인 8,000명과 그들을 돕는 부녀자와 아이들까지 최소 2만 명, 최대 12만 명을 처형하였다(황현, 『매천야록』). 이로써, 그는 조선을 '순교자의 나라'로 기록되게 하였다(Isabella Bird Bishop, Korea and Her Neighbors, 1897년). 그 죄(罪)를 어떻게 다 감당할 수 있으랴!

---

53) 그러나 1742년(건륭 7년) 교황 베네딕토 14세는 「각 경우에 따라서」(Ex quo Singulari)라는 칙서를 내려 가톨릭으로 개종한 신자들이 풍습을 유지할 수 있던 관행을 금지시키고 1744년(건륭 9년) 다시 또 다른 칙서 「옴니움 솔리키투디눔」(Omnium solicitudinum)를 내려 이를 재확인하였다. 상기한 교황의 칙령이 내린 후로는 가톨릭 신자의 수가 늘어나지 않았고 예수회 선교사들도 제대로 선교 활동을 펴지 못하였다. 그 후 중국 내의 가톨릭 교세는 조정의 탄압과 유학자들의 공격으로 청나라 멸망 때까지 크게 성장하지 못하였다.

02 대한제국(大韓帝國)의 자멸(自滅)

을사늑약(乙巳勒約, 제2차 한일협약, 1905.11.17) 즈음의 대한제국(大韓帝國, 1897~1910)은 명목상으로만 독립국이었을 뿐, 사실상 일본의 식민지와 다름 없었던 상태였다. 당시 상황은 구체적으로 다음과 같다: 1906년 일제(日帝)는 조선 황실의 평화를 유지한다는 명분으로 한국 통치기구 '통감부(統監府)'를 설치하고 완전한 한일(韓日) 병탄(倂呑)을 준비하였다. 또한, 1907년 정미7조약으로 행정권(行政權)을 박탈당하고 군대가 강제적으로 해산되었다, 이어서 제3차 한일협약(1907.07), 기유각서(1909.07)로 사법권(司法權)과 감옥사무권을, 1910년 6월에는 경찰권(警察權)을 각각 박탈당하였다.[54]

1) 대한제국(大韓帝國)의 자멸(自滅)을 향한 역사의 파노라마

대한제국(大韓帝國, 1897~1910)의 자멸(自滅, 1910.08.29)을 향한 역사의 파노라마는 다음과 같다: 제26대 고종(高宗), 친정; 1873~1910; 대한제국 초대 황제 재위: 1897.10.12~1907.07.19)[55] 시대의 1875년 운요호 사건 → 1876년 강화도 조약(江華島 條約) 체결에 의

---

54) 강만길(1978), "대한제국의 성격", 『창작과 비평』48; 김도형(1994), 『대한제국기의 정치사상연구』, 지식산업사.

55) 고종(高宗)은 영조(英祖)의 현손(玄孫)인 흥선대원군(興宣大院君) 이하응(李昰應)의 둘째 아들로 태어났는데, 철종(哲宗)이 후사(後嗣) 없이 1863년 승하하자 추존된 익종(翼宗)의 비(妃)였던 당시 존장자(尊長者)인 조대비(趙大妃: 신정왕후)의 전교(傳敎)로 익종(翼宗)의 대통을 계승하는 것으로 지명해 12세의 나이에 즉위했다. 처음에는 조대비(趙大妃: 신정왕후)가 수렴청정(垂簾聽政)하였으나, 국정(國政)을 협찬하게 한다는 명분으로 정권이 흥선대원군(興宣大院君)에게 넘어가 이로부터 흥선대원군(興宣大院君)의 10년 집정시대(1863~1873)가 열렸다. 전술한 바와 같이, 흥선대원군(興宣大院君, 집권: 1863~1873) 집권 초기에는 세도정치(勢道政治)와 붕당문벌(朋黨門閥)의 타파, 비변사(備邊司)의 폐지 및 삼군부(三軍府)의 설치, 한강 양화진(楊花津)의 포대(砲臺) 구축, 양반에게 신포징수(身布徵收) 등의 치적도 있었지만, 경복궁 중수(重修)를 위한 당백전(當百錢) 대량 발행에 따른 국가재정의 파탄을 야기했으며, 1866년 1월 병인사옥(丙寅邪獄)으로 천주교도를 탄압하였고 1866년 9~10월 병인양요(丙寅洋擾), 1871년 5월 신미양요(辛未洋擾) 등을 겪었다. 1873년(고종 10년) 흥선대원군(興宣大院君)이 최익현(崔益鉉)의 상소로 실각(1873년 11월)한 후 섭정(攝政)에서 물러나 고종(高宗)이 고종(高宗)의 친정(1873~1910)이 시작되었으나 조정은 왕후 민씨(閔氏)의 척족들에 의해 장악되었다. 이때부터 정권은 명성황후(明成皇

한 개항 → 1882년 미국과 조선의 조미수호통상조약(朝美修好通商條約) 체결 → 1882년 8월 임오군란(壬午軍亂) → 영약삼단(另約三端) → 제물포조약(濟物浦條約)·조일수호조규속약(朝日修好條規續約) → 1883년 11월 26일 영국(英國)과 조선의 우호통상조약(友好通商條約) 체결 → 러시아와 조선의 수호조약(1884.07.07) 체결 → 1884년 12월 4~7일 갑신정변(甲申政變) → 영국의 거문도(巨文島) 점령(1885.04.15~1887.02.27) → 동학혁명(東學革命, 1894.02~1895.05) → 청일전쟁(淸日戰爭, 1894.07~1895.04) → 일본과 청(淸)의 시모노세키 조약(Japan–China Peace Treaty, 下關条約, 1895.04.17) → 3국(러시아·프랑스·독일) 간섭(1895.04.23) → 을미사변(乙未事變, 1895.10.08) → 아관파천(俄館播遷, 1896.02.11~1897.02.20) → 대한제국(大韓帝國) 출범(1897.10.12) → 독립협회(獨立協會)·만민공동회(萬民共同會) 탄압 및 강제해산(1898.12.23) → 『大韓國國制』를 제정·공포(1899.08.17) → 일본과 러시아의 니시·로젠 협정(Nishi–Rosen Agreement, 1898.04.25) → 제1차 영일동맹(英日同盟, 1902.01.30) → 고종(高宗) 황제의 국외중립(局外中立) 선언(1904.01.22) → 가쯔라 테프트 밀약(1905.07.29) → 제2차 영일동맹(英日同盟, 1905.08.12) → 러일전쟁(日露戰爭, 1904.02.08~1905.09.05) → 미국 시어도어 루스벨트(Theodore Roosevelt) 대통령(26대 재임: 1901~1909)의 주도로 포츠머스 강화조약 체결(1905.09.05) → 일본과 프랑스의 '루비–버티협의'(1905.09.09) → 제2차 한일협약 즉 을사늑약(1905.11.17)에 의거하여 대한제국의 외교권(外交權) 박탈 → 고종(高宗) 황제의 만국평화회의(萬國平和會議) 특사 파견(1907.06)과 강제 퇴위(1907.07.19) → 한일병합조약(韓日倂合條約, 발효: 1910.08.29) → 대한제국(大韓帝國, 1897.10.12~1910.08.29)의 자멸(自滅)이다.

한국에서는 국권피탈(國權被奪), 경술국치(庚戌國恥) 등으로 호칭되는 한일병합조약(韓日倂合條約, 발효: 1910.08.29)이 조약의 전문은 〈부록 3〉과 같다:

后)와 그 일족인 민씨(閔氏) 척족(戚族)의 세도정치가 다시 시작되어 고종(高宗)은 명성황후(明成皇后) 민씨(閔氏)와 아버지 흥선대원군(興宣大院君)의 세력다툼 와중에 놓이게 됐다. 이태진, 『고종시대의 재조명』, 태학사, 2000.

부록 3

한일병합조약(韓日併合條約, 1910.08.29)

　　한국 황제 폐하(皇帝陛下) 및 일본국 황제 폐하(皇帝陛下)는 양국간의 특별히 친밀한 관계를 고려하여 상호 행복을 증진하며 동양의 평화를 영구히 확보하기 위하여, 이 목적을 달성하려고 하면 한국을 일본국에 병합하는 것 만한 것이 없음을 확신하여 이에 양국 간에 병합 조약을 체결하기로 결정한다. 이를 위하여 한국 황제 폐하는 내각 총리대신(內閣總理大臣) 이완용(李完用)을, 일본 황제 폐하는 통감(統監) 자작(子爵) 데라우치 마사타케(寺內正毅)를 각각 그 전권위원(全權委員)에 임명한다. 위의 전권 위원은 회동하여 협의하여 다음의 여러 조항을 협정한다.

　　제1조: 한국 황제 폐하는 한국 전부(全部)에 관한 일체 통치권을 완전히 또 영구히 일본 황제 폐하에게 양여한다.

　　제2조: 일본국 황제 폐하는 전조에 게재한 양여를 수락하고 또 완전히 한국을 일본 제국에 병합하는 것을 승낙한다.

　　제3조: 일본국 황제 폐하는 한국 황제 폐하, 태황제 폐하, 황태자 전하와 그 후비 및 후예로 하여금 각각 그 지위에 따라 상당한 존칭, 위엄 및 명예를 향유케 하고 또 이를 보지(保持)하는 데 충분한 세비(歲費)를 공급할 것을 약속한다.

　　제4조: 일본국 황제 폐하는 전조 이외에 한국의 황족(皇族) 및 후예에 대하여 각각 상당한 명예 및 대우를 향유케 하고 또 이를 유지하는 데 필요한 자금을 공여할 것을 약속한다.

　　제5조: 일본국 황제 폐하는 훈공이 있는 한인(韓人)으로서 특히 표창하는 것이 적당하다고 인정되는 자에 대하여 영예 작위를 주고 또 은금(恩金)을 준다.

　　제6조: 일본국 정부는 전기(前記) 병합의 결과로 한국의 시정(施政)을 전적으로 담임하여 해지(該地)에 시행할 법규를 준수하는 한인의 신체 및 재산에 대하여 충분히 보호하고

또 그 복리의 증진을 도모한다.

제7조: 일본국 정부는 성의 있고 충실히 새 제도를 존중하는 한국인으로서 상당한 자격이 있는 자를 사정이 허락하는 범위에서 한국에 있는 제국(帝國)의 관리에 등용한다.

제8조: 본 조약은 한국 황제 폐하 및 일본국 황제 폐하의 재가를 경유한 것이니 반포일로부터 이를 시행한다.

이를 증거로 삼아 양 전권 위원은 본 조약에 기명(記名)하고 조인(調印)한다.

융희(隆熙) 4년 8월 22일

내각 총리대신(內閣總理大臣) 이완용(李完用)

메이지(明治) 43년 8월 22일

통감(統監) 자작(子爵) 데라우치 마사타케(寺內正毅)

1910년 8월 16일, 제3대 한국 통감 데라우치 마사타케(寺內正毅)는 당시 총리대신이었던 이완용(李完用)을 비밀리에 만나 합병조약안을 제시했다. 6일 후, 1910년 8월 22일, 일본군의 삼엄한 경계 속에서, 순종(純宗) 융희제(隆熙帝)는 내각총리대신 이완용(李完用)에게 한일병합조약(1910.08.29)의 전권을 맡기는 위임장을 내어 주었다.[56] 그러나 순종(純宗) 융희제(隆熙帝) 역시 침묵시위를 벌였고 상기 한일강제병탄조약(韓日强制倂呑條約)을 결코 비준하지 않았다. 한일병탄조약시 전권위임장에 관례와는 다르게 순종(純宗)의 이름(坧)이 서명에 들어갔다. 그러나 '坧'은 순종(純宗)의 친필이 아니다.

여기서 유의할 것은 1910년 8월 29일 발표된 조칙에는 칙명지보(勅命之寶)라는 행정 결재에만 사용하던 옥새(玉璽)가 찍혀있었을 뿐, 대한제국의 국새(國璽)가 찍혀있지 않았고 순종(純宗) 황제의 서명조차 없었다는 점이다. 이는 한일병합조약(韓日倂合條約, 1910.08.29)이 대한제국의 정식 조약이 될 수 없으며, 따라서 '조약은 원천 무효'라는 주장의 근거가 되기도 한다. 또한, 적법한 비준 절차를 무시하고 일제(日帝)의 강압 속에서 진행된, 국제법상으로도 무효인 불법조약이었다.

그러나 대부분의 일본(日本) 법학자들은 한일병합조약(韓日倂合條約, 1910.08.29)을 합법적이라고 주장하고 있다. 그들이 주요한 근거로 내세우는 것은 '조약문 자체에서 형식적인 문제가 없으며, 국제법상 조약에 준수한 조약이라는 것'이다. 즉, 일본제국은 을사늑약(乙巳勒約, 1905.11.17)이 가졌던 여러 가지 부당함을 의식했던 것이지 한일병합조약(韓日倂合條約, 1910.08.29)에는 위임장, 조약문, 황제의 조칙 등 형식적인 문서들이 갖추어져 있기 때문에 한일병합(韓日倂合)은 불법적인게 아닌 합법적이라는 것이 주 견해이다. 불법론에서 주장하는 국제법상의 조약불(不)성립론은 주로 조약법에 관한 빈 협약에 근거를 두고 있는데, 이것은 1980년에 발효된 것이므로 무효(無效) 사유로서의 적용은 소급적용이 되며, 불가능하다. 또 당시의 국제관습법을 어긴 것이라는 주장에 대해서도 당시 제국주의

---

56) 그 전애, 내각총리대신 이완용(李完用)은 통감부 외사국장 고마쓰 미도리(小松緑)와 조선 병탄 문제의 교섭에 나섰다. 그는 일본어를 할 줄 모르기 때문에 일본제국에 유학했던 이인직을 심복 비서로 삼아 고마쓰 미도리(小松緑)와 교섭에 나서도록 했다. 이 무렵 통감부(統監府)에서는 이완용(李完用) 내각을 와해시키고 그와 대립 관계에 있던 송병준으로 하여금 내각을 구성하도록 할 것이라는 소문을 퍼뜨리고 있었다. 일제(日帝)에 대한 두 사람의 충성 경쟁을 부추기려는 전술이었다. 송병준 내각이 성립된다면 보복당할 우려가 있을 뿐만 아니라, 합방의 주역을 빼앗길 것을 두려워한 이완용은 "현 내각이 붕괴되어도 그보다 더 친일적인 내각이 나올 수 없다."면서 자기 휘하의 내각이 조선 합방 조약을 맺을 수 있음을 자진해서 통감부에 알렸다. 사실, 송병준은 1909년 2월 일본 제국으로 건너가 매국흥정을 벌였다. 여러 차례 이토 히로부미에게 '합병'을 역설한바 있었으나 일본제국 측의 병탄 계획 때문에 일이 늦어지게 되자 직접 일본 제국으로 건너가서 가쓰라 다로 수상 등 일본제국의 조야(朝野) 정객들을 상대로 '합병'을 흥정하였던 것이다. 일제(日帝)는 이용구·송병준 등을 이용하여 '합방청원서'를 만들도록 부추겼다.

적 침략이나 국가 지도자에 대한 매수, 위협이 성행하던 시대상을 고려하면, 해당 사항에 대한 법적 확신이 부족하므로 국제관습법 또한 아니라는 주장을 펼쳤다.

이와 반면에, 대부분의 대한민국 법학자들은 한일병합(韓日倂合) 늑약이 불법이라고 주장한다. 불법론자들은 이 조약에는 순종 황제의 최종 승인 절차에 결정적인 결함이 있는 것으로 나타났다고 주장한다. 즉, 이완용에게 전권을 위임한다는 순종(純宗)의 위임장은 강제로 받아낼 수 있었으나 가장 중요한 최종 비준을 받는 절차가 생략되었다는 것이다. 불법론자들은 그 증거는 조약문 안에 고스란히 남아 있다고 주장한다. 조항 제8조에는 '양국 황제의 결재를 받았다'라고 적고 있으나, 조약문의 어떤 내용도 최종 비준 이전에는 효력을 발휘할 수 없다는 점을 상기할 때 재가 사실을 미리 명시하는 것은 상식 밖의 일이라는 주장이다. 또한 병탄을 최종적으로 알리는 조칙에 옥새는 찍혀 있지만 순종의 서명이 빠졌다는 점이다. 불법론자들은 조칙이 성립하려면 옥새와 함께 서명이 들어가야 하는데, 결국 한일병합조약(韓日倂合條約, 1910.08.29)이 불법적이라는 것은 옥새와 그에 따르는 의전 절차가 무시되었다는 것을 통해서도 입증할 수 있다고 주장한다.[57]

그 후, 대한민국과 일본은 1965년 6월 22일 한일기본조약에서 한일병합조약(韓日倂合條約, 1910.08.29)을 포함하여 대한제국과 일본 제국 간에 체결된 모든 조약 및 협정이 이미 무효임을 한 번 더 확인하였다. 즉, 1965년 한일기본조약(대한민국과 일본국간의 기본관계에 관한 조약) 제2조에서는 이 조약의 불법성을 시사하는데, 이는 평화조약을 새로 맺는 시점에 무효화된 것이 아니라 조약체결 당시부터 원천무효라고 주장한다. 그러나, 이에 관한 해석은 양자에 있어서 서로 다르다. 대한민국 측에서는 '체결부터 원천적 무효'임을 주장한 반면, 일본 측에서는 '대한민국 정부 수립으로 인해 현 시점(1965년)에서는 이미 무효'라고 주장한 것이다. 대한민국 대법원은 2018년 10월 30일에 한일병합(倂合)이 원천적으로 무효임을 확인하면서, 강제징용 피해자의 일본 기업에 대한 손해 배상 청구권을 인정

---

57) 서울대 이태진 교수는 "한일합방조약을 알리는 황제의 칙유가 일본정부에 의해 작성됐으며, 순종이 이에 대한 서명을 거부했거나 하지 않은 사실이 자료로 확인됐다"고 주장했다. 이 교수는 그 근거로 8월 29일 공포된 황제칙유에는 대한국새가 아닌 1907년 7월, 고종황제 강제 퇴위 때 일본이 빼앗아간 칙명지보가 찍혀 있다는 점을 들었다. 국가간의 조약에는 국새가 찍혀야 하는데, 칙명지보는 행정결제용 옥새이기 때문에 순종의 정식 제가가 이루어졌다고 보기 힘들다는 것이다. 또, 1907년 11월 이후 황제의 조칙문에 날인해온 황제의 서명 '척(拓)'(순종의 이름)이 빠져 있는 점을 들었다. 당시 순종은 일본 제국 측의 병탄에 직면해 전권위원위임장에는 국새를 찍고 서명할 수밖에 없었으나 마지막 비준절차에 해당하는 칙유서명은 완강히 거부했다. 이어서 이태진 교수는 "한일강제합방조약의 법적결함은 결국 국제법 상으로만 보아도 조약불성립론을 입증하며 1910년 이후 한국과 일본의 관계는 식민통치도 아니고 일본이 한국을 불법적으로 강점한 상태"라고 주장했다.

하였다.

다행히, 2010년 5월 10일, '한일 강제병탄' 100주년을 맞아 한국의 대표 지식인 109명은 서울 중구 프레스센터에서, 일본 지식인 105명은 도쿄 일본교육회관에서 각각 기자회견을 열고 '한일 병합이 원천무효'라는 내용의 성명을 발표했다. 이들은 *"한국병합은 대한제국의 황제로부터 민중에 이르기까지 모든 사람의 격렬한 항의를 군대의 힘으로 짓누르고 실현한 제국주의 행위이며 불의부정(不義不正)한 행위"*라며 *"조약의 전문(前文)도 거짓이고 본문도 거짓"*이라고 밝혔다. 이들은 *"조약 체결의 절차와 형식에도 중대한 결점과 결함이 보이고 있으며, 한국병합에 이른 과정이 불의부당하듯이 한국병합조약도 불의부당하다"*라고 지적했다. 성명서에는 한일병탄 조약을 애초부터 불법 무효로 해석한 한국정부의 해석이 맞으며, 한국의 독립운동 역시 불법운동이 아니라는 취지의 내용도 포함됐다.

2) 대한제국(大韓帝國)의 자멸(自滅) 요인

일본은 중국(청나라)과의 청일전쟁(淸日戰爭, 1894.07~1895.04)에서, 또한 러시아와의 러일전쟁(日露戰爭, 1904.02.08~1905.가을)에서 각각 승리함에 따라 일본의 한반도 장악에 방해가 되는 국제 세력들을 모두 제거했고, 1904년 2월 한일의정서(韓日議定書)를 시작으로 대한시설강령(1904.05), 제1차 한일협약(1904.08), 제2차 한일협약(1905.11) 즉 을사늑약(乙巳勒約, 1905.11.17)을 맺어 대한제국(大韓帝國, 1897~1910)의 외교권(外交權)을 박탈하였다.

당시, 고종(高宗)은 제2차 한·일협약 즉 을사늑약(乙巳勒約, 1905.11.17)이 강제로 서명되기 하루 전, 1905년 11월 16일 밤, 일본 전권대사 이토 히로부미(伊藤博文)에게 말했다: *"의정부에 의견을 물어야 한다."* 이에 대하여 이토 히로부미(伊藤博文)가 말했다: *"조선은 전제군주정이 아닌가. 폐하가 결정하면 그게 법이다."* 전제군주 고종(高宗)은 말문이 막혔다.

이토 히로부미(伊藤博文)가 물러나고 전제군주 고종(高宗)에게 대신들이 몰려왔다. 머뭇대는 고종(高宗)에게 '을사오적(乙巳五賊)'의 하나인 농상공부 대신 권중현(權重顯)이 말했다: *"'황실의 안녕과 존엄에 손상 없도록 한다'는 내용이 없으니 넣도록 하자."*

고종(高宗)이 말했다: *"참으로 좋다."*

대신들이 일제히 *"하지만 의당 조약은 '불가(不可)'라는 두 글자로 물리치겠다"*고 했다. 고종(高宗)의 대답은 뜻밖이었다. *"비록 그러하나 방금 전 이미 짐의 뜻을 말하였으니 모양 좋게 조처하라."*(1905.12.16, 『고종실록』)

조약은 황실 존엄 유지 조항을 넣고 통과됐다. 결국, 35년간의 일제(日帝) 지배를 부른 1차적 책임은 고종(高宗)에게 있다(조선일보, 2018.12.18). 1905년 12월 3일 친일파(親日派) 이근명(李根命) 등 원로들이 상소(上疏)했다: *"강토와 신민은 폐하가 창조한 게 아니라 물려받은 국가다. 폐하가 먼저 죽어 사죄하라."*(『주한일본공사관기록』 24권, 1905.12.06, '시국에 관한 건').

여기서 저자는 상기한 원로들이 상소(上疏)는 진정 옳았다고, 또한 당시 고종(高宗)은 자결(自決)했어야 옳았다고 사유한다.

대한제국(大韓帝國)의 내각총리대신 이완용(李完用)과 제3대 한국 통감인 데라우치 마사타케(寺內正毅)가 1910년 8월 22일 형식적인 회의를 거쳐 '경술국치(庚戌國恥)' 즉 한일병합조약(韓日倂合條約, 1910.08.29)이 체결되었다. 한국민의 반발을 두려워한 일제(日帝)는 정치단체의 집회를 철저히 금지하고 원로 대신들을 연금한 후 1910년 8월 29일, 조약을 공포했다. 이날 일본 제국 천황이 한국의 국호를 고쳐 조선(朝鮮)이라 칭하는 건과 한국 병합에 관한 조서를 공포하였다. 상기한 한일병합조약(韓日倂合條約, 1910.08.29) 제1조: "한국 전부에 관한 일체의 통치권을 완전히 또 영구히 일제에게 넘길 것"에 의하여 그 후 36년간 지속된 암울한 일제강점기가 시작되었다.

그 후 이른바 '경술국적(庚戌國賊)'이라고 불리는 친일파(親日派) 8명 대신: 내각총리대신 이완용(李完用), 시종원경 윤덕영(尹德榮), 궁내부대신 민병석(閔丙奭), 탁지부대신 고영희(高永喜), 내부대신 박제순(朴齊純), 농상공부대신 조중응(趙重應), 친위부장관 겸 시종무관장 이병무(李秉武), 승녕부총관 조민희(趙敏熙)은 조약 체결에 찬성 및 협조하였다. 이들은 모두 한일병합조약(韓日倂合條約, 1910.08.29) 체결 이후 공로를 인정받아 조선귀족 작위를 수여받았다.

이와 반면에, 한일병합조약(韓日倂合條約, 1910.08.29) 직후 황현(黃炫), 한규설(韓圭卨), 이상설 등 일부 지식인과 관료층은 이를 일방적 압력에 의해 이루어진 늑약으로 보고 극렬한 반대의사를 보였다. 한일병합조약(韓日倂合條約, 1910.08.29) 직후 무려 14만 명이 독립운동에 참여하였다.[58]

(1) 대내적 요인

대한제국(大韓帝國, 1897.10.12~1910.08.29)의 멸망(滅亡)의 대내적(對內的) 요인은 잘못된

---

58) 국사편찬위원회(1971), 한국독립운동사자료.

국정철학(國政哲學)과 국가이성(國家理性)의 부재(不在)로 서세동점(西勢東漸)의 시대적 상황 즉 19세기 제국주의(帝國主義)의 침탈 야욕에 대한 고종(高宗)의 무지(無知)·무능(無能)·방탕(放蕩)과, 1905년 11월 17일 조선 외교권의 접수와 통감부(統監府)의 설치 등을 골자로 한 을사조약(乙巳勒約, 1905년)의 체결을 찬성했던 을사오적(乙巳五賊)[59]: 박제순(朴齊純, 외부대신), 이지용(李址鎔, 내부대신), 이근택(李根澤, 군부대신), 이완용(李完用, 학부대신), 권중현(權重顯, 농상부대신)과, 한일병합조약(韓日倂合條約, 1910.08.29)을 찬성했었던 '경술국적(庚戌國賊)'이라고 불리는 친일파(親日派) 8명 대신: 내각총리대신 이완용(李完用), 시종원경 윤덕영(尹德榮), 궁내부대신 민병석(閔丙奭), 탁지부대신 고영희(高永喜), 내부대신 박제순(朴齊純), 농상공부대신 조중응(趙重應), 친위부장관 겸 시종무관장 이병무(李秉武), 승녕부 총관 조민희(趙敏熙)의 탐욕(貪慾)과 부패(腐敗)였다.

무엇보다도, 저자는 대한제국(大韓帝國, 1897.10.12~1910.08.29)의 멸망(滅亡)을 야기했었던 가장 중요한 대내적(對內的) 요인은 조선 26대 군주 고종(高宗, 친정: 1873~1910; 대한제국 초대 황제 재위: 1897.10.12~1907.07.19)의 매관매직(賣官賣職)과 부정부패(不正腐敗)를 꼽는다. 고종(高宗)은 부정부패(不正腐敗)의 원흉(元兇)이었고 명성황후(明成皇后)는 부정부패(不正腐敗)의 동업자였다. 특히, 고종(高宗)은 직접 매관매직(賣官賣職)을 주도했는데 대한제국 선포 이후 그 정도는 더욱 심해졌다. 오죽 했으면, 청(淸)나라 공사(公使) 서수봉이 고종(高宗)을 알현하면서 "벼슬을 팔아먹은 지 30년이 되어도 임금의 자리가 건재하니 어찌 풍속이 아름답다 하지 않겠소"라고 고종(高宗)을 놀렸다.

구한말 3대 문장가이자 우국지사인 매천(梅泉) 황현(黃炫, 1855~1910)은 고종(高宗)과 명성황후(明成皇后)가 국고를 탕진했다는 점과, 매관매직(賣官賣職)을 성행하게 했다는 점을 비판하였다: "관찰사 자리는 10만 냥~20만 냥이었고, 일등 수령자리는 적어도 5만 냥 이하를 내려가지 않았다."면서 "부임하면 빚을 갚을 도리가 없어 다투어 공전(公錢)을 낚

---

59) 조선 말기 제국주의 일본은 조선을 점령하기 위해 1894년 청일전쟁을 일으켜 무력행사로 청나라 세력을 꺾고, 다음의 경쟁 세력인 러시아를 1904년 러일전쟁으로 격파한 다음, 미국, 영국 등 열강들과 침략 상호 묵인체제를 구축했다. 그리고는 조선의 실질적 침략인 외교권을 박탈하기 위한 한·일 협약(제2차 한·일협약/을사늑약)을 1905년 11월 17일 강제로 체결했다. 당시 이토 히로부미[伊藤博文]는 주조선일 본군사령관인 하세가와(長谷川好道)를 대동하고 헌병의 호위를 받으며, 어전회의에 참석한 각료들을 강압적으로 압박해 조약에 찬성할 것을 강요했다. 고종(高宗)은 건강상 참석하지 못한 상태에서 이토의 강압에 못이겨 일부 대신들이 찬성을 했다. 참정대신 한규설(韓圭卨)은 반대하고 임금께 고하러 가다가 졸도까지 하였다. 당시 총 9명의 대신 가운데, 5명의 대신은 약간의 내용 수정을 한 다음에 최종 찬성하고 서명했다. 그들은 박제순(朴齊純, 외부대신), 이지용(李址鎔, 내부대신), 이근택(李根澤, 군부대신), 이완용(李完用, 학부대신), 권중현(權重顯, 농상부대신)으로서, 조국을 왜적에게 팔아먹은 매국노(賣國奴)라하여 역사상 '을사오적신(乙巳五賊臣)'이라 칭한다.

아내어 상환하였다"고 기록했다. 밀양 사람 박병인은 고종(高宗)에게 35만 냥을 내고 경주 군수 자리를 받았다. 돈독이 오른 고종(高宗)은 수령을 빈번히 교체했다. 수령은 임기가 너무 짧아 바친 돈을 채 거둬들이지 못하는 지경이었다. '부패자금의 유통속도'가 너무나 빨랐었다는 것이다.

민영환(閔泳煥)은 고종(高宗)의 총애를 받는 신하였다. 그가 외숙 서상욱에게 군수 자리를 하나 달라고 여러 번 고종(高宗)에게 아뢰었다. 고종(高宗)은 "*너의 외숙이 아직까지 고을살이 하나 하지 못했단 말이냐?*"면서 곧 벼슬을 내릴 것처럼 이야기했다. 하지만 벼슬이 내려오지 않자, 민영환(閔泳煥)이 다시 고종(高宗)에게 청했다. 고종(高宗)은 광양군수 자리를 서상욱에게 하사했다. 민영환(閔泳煥)이 집에 돌아와 그의 어머니에게 고했다: "*오늘 임금이 외숙에게 군수 자리를 허락하셨으니, 천은(天恩)이 감격스럽다*"고 했다. 그의 어머니가 실소(失笑)하면서 "*네가 이처럼 어리석고도 척리(戚里)란 말이냐? 임금이 한 자리도 은택(恩澤)으로 제수한 적이 있더냐? 어찌하여 너에게만 특별히 은덕이 미친단 말이냐? 내가 이미 5만 냥을 바쳤단다*"라고 말했다(황현, 『매천야록』 3권).

고종(高宗)은 이렇게 매관매직(賣官賣職) 등의 방법으로 개인 비자금인 내탕금(內帑金)을 형성하였다. 이렇게 마련된 황제의 개인 비자금이 본래 자금을 관리하는 탁지부(度支部)의 예산보다 훨씬 비대해졌지만, 정작 정상적인 방법으로 재정을 마련하는 징세제도는 광무개혁을 실시하였음에도 전혀 정비되지 않아 세수는 항상 부족하였다. 게다가 매관매직(賣官賣職)으로 관직을 얻은 지방 관리나 수령, 이서배 등이 백성들을 착취하여 개인재산을 축적하였지만 정부에 납부해야될 세수를 중간에서 횡령하면서 재정 부족에도 일조하였다. 공명첩(空名帖) 제도와 달리 고종(高宗)은 실직을 매관매직 했다는게 문제였다. 따라서 부정부패(不正腐敗)가 이전보다 더욱 심해졌다.

동학(東學) 농민군을 진압하는 과정에서 일본군의 개입과 학살을 조선 관군이 아예 직접적으로 지원해주었는데, 이것은 한 나라의 국왕이 자국민을 보호하는 것이 아니라 외국군을 동원해 학살한 것이나 다름없었다. 게다가 후속 조치도 더욱 형편없는데, 동학혁명(東學革命)의 직접적인 원인인 탐관오리의 대명사 조병갑(趙秉甲)은 사태가 종식된 후 1년간 유배형을 갔지만 곧 고종(高宗)이 직접 사면하여 법무 민사국장에 이어 고등재판소 판사까지 승승장구하였다. 고등재판소 판사가 된 조병갑(趙秉甲)은 동학(東學) 농민 운동의 지도자이자 2대 교주였던 최시형(崔時亨)에 직접 사형을 언도하고 집행했다. 이와 같이 고종(高宗)은 전제 군주의 권력 유지를 위해서라면 민생을 도탄에 빠트린 탐관오리(貪官汚吏)건 누구건 별로 상관하지 않았다. 왜냐하면 고종(高宗) 자신이 '탐관오리(貪官汚吏)의 우두머리'였기 때문이었다.

임오군란(壬午軍亂) 때 반란군이 민겸호(閔謙鎬)의 집을 습격하니 진귀한 물건이 산더미처럼 쏟아졌다. 마당에 쌓아놓고 불을 지르자 비단, 주옥, 패물들이 타는 불꽃에서 오색이 빛났고 인삼, 녹용, 사향노루의 향기는 수 리 밖에서 맡을 수 있었다. 당시 도주했었던 민겸호(閔謙鎬, 1838~1882)는 반란군에 붙들렸다. 반란군과 함께 온 흥선대원군(興宣大院君)에게 목숨을 구걸했었만 흥선대원군(興宣大院君)은 쓴웃음을 띠며 *"어찌 대감을 살릴 수 있겠소"*라고 했다. 그 말이 채 끝나기도 전에 반란군이 달려들어 민겸호(閔謙鎬)를 난도질했다. 민겸호(閔謙鎬)는 명성황후(明成皇后)의 친척 오라버니이며 흥선대원군(興宣大院君)의 처남, 돈령부판사 민치구(閔致久, 흥선대원군의 장인, 1795~1874)의 셋째 아들, 척족세력의 중심인물이었던 병조판서 민승호(閔升鎬, 1830~1874)가 1874년 일가족과 함께 폭탄에 의해 사망한 후, 형 민승호(閔升鎬)에 이어서 척족세력의 중심인물이었다.

조선 26대 군주 고종(高宗)은 전술한 무지(無知)·무능(無能)뿐만 아니라 방탕(放蕩)하게 '한 나라의 갑부 황제' 노릇을 했다. 1902년은 고종(高宗)이 왕위에 오른 지 40년이 되는 해였다. 그해 8월 17일 대한제국 정부는 9월 26일 황제어극 40년 기념식 날짜를 공고했다. 1902년 국가 예산은 약 759만 원이었다. 잔치 준비가 한창이던 1903년 1월 주재 외국 공사관 모임은 '현재 재정상 칭경예식은 무모한 짓'이라고 결론을 내렸다(주한일본공사관기록 20권 '칭경식 거행에 관한 각국대표자 의견 보고'). 그럼에도 불구하고, 고종(高宗)은 경운궁(慶運宮)에 중화전(中和殿)을 짓고 서양식 석조전(石造殿)을 착공했다. 폐허가 된 경희궁(慶熙宮)까지 돌다리를 만들고(1902년), 프랑스제 촛대와 그릇을 구입해 잔치를 벌이고(황현, 『매천야록』 3권), 평양에 360칸짜리 궁궐 풍경궁(豊慶宮)을 지었다(1902.05.06, 『고종실록』). 또한, 임오군란(壬午軍亂)으로부터 1년 전인 1881년 신사년에 고종(高宗)은 민태호의 딸이자 황태자비인 순명효황후 민씨와 순종(純宗)의 가례를 위한 혼수품으로 대량의 비단을 일본 회사로부터 구입하였다. 나라를 지키는 군인들의 급여는 그전부터 체불되었는데 아들 순종(純宗)의 혼수품 장만에는 거액의 돈을 들인 것이다.[60]

1899년 10만1,431냥이던 내장원(內藏院) 수입은 1901년 158만606냥으로, 1904년 3,004만2,433냥으로 300배 폭증했다. 지출 가운데 황제 고종(高宗)이 영수증 없이 쓸 수 있는 내입금 또한 2만5,847냥(1899년)에서 1,030만9,631냥(1904년)으로 400배 폭증했다. 1902년 전환국(典圜局)에서 찍어낸 백동화는 280만 원으로, 이 가운데 150만 원이 황실 금고로 입고됐다. 황실 업무비 소관 부서인 궁내부에도 40만 원이 입고됐다. 정작 국가 예산을 다루

---

60) 이윤상(1996), 『대한제국기 내장원의 황실재원운영』, 『한국문화』 17.

는 탁지부(度支部)는 군인과 경찰에 줄 월급이 없어서 전환국(典圜局)에서 거듭 돈을 빌려야 했다[『고종시대사』 5집(1902.12.31); 『황성신문』(1903.01.06)]. 고종(高宗)은 내장원(內藏院)을 통해 물고기, 소금, 선박, 인삼, 땔감, 풀, 갈대, 소나무, 밤, 대나무는 물론 완도 우뭇가사리와 서천 연어와 동해안 함경북도 염전까지 세금을 거두게 되었고 팔도 광산에서 나오는 돈은 대부분 황제 차지가 되었다(이윤상, 「대한제국기 황제 주도의 재정 운영」). 내장원경(內藏院卿) 이용익(李容翊)은 1899년 이래 1904년까지 삼정감독(홍삼), 광무감독(광산)을 겸직했다. 황실을 견제해야 할 탁지부(度支部) 협판(차관급)도 겸직했다. 백성의 고혈(膏血)을 쥐어짠 세금은 황실 주머니로 들어갔다.[61]

매천(梅泉) 황현(黃炫, 1855~1910)의 매천야록(梅泉野錄)은 다음과 같이 기록하고 있다: 명성황후(明成皇后)는 아들 순종(純宗)에게 모든 것을 쏟아부었다. 명성황후(明成皇后)는 아들이 잘되기를 비는 제사를 팔도강산을 두루 돌아가며 지냈다. 하루에만 천금(千金)의 비용을 썼고 결국 1년이 채 못돼 흥선대원군(興宣大院君)이 비축해 놓은 재물을 모조리 탕진했다. 이후 매관(賣官) 매직(賣職)이 기승을 부리기 시작했다. 순종(純宗)은 부인을 두 명이나 뒀지만 고자(鼓子)여서 자식이 없었다. 명성황후(明成皇后)는 충청도 무당을 대궐로 불러들여 진령군(眞靈君)에 봉하고 그의 말을 따랐다. 벼슬이 무당한테서 나오니 고관들이 몰렸다. 무당은 무뢰배 이유인이 귀신을 부릴 줄 안다며 명성황후(明成皇后)에게 아뢰어 양주목사를 하사하도록 했다.

명성황후(明成皇后)는 홍종우(洪鍾宇)가 갑신정변(甲申政變)을 일으킨 김옥균(金玉均)을 살해해 시신을 갖고 왔을 때 갑신정변(甲申政變)에서 죽은 인사들의 자제들이 김옥균(金玉均)의 배를 가르고 간(肝)을 씹지 않는다고 격분했다. 시아버지 흥선대원군(興宣大院君) 등 정적에게 생명의 위협을 받아 신분 노출을 꺼렸던 명성황후(明成皇后)는 사진·초상화를 거의 남기지 않았다. 명성황후(明成皇后)를 제거키로 한 일본은 명성황후(明成皇后)의 측근인 일본 여자 고무라를 시켜 명성황후(明成皇后)의 초상화를 여러 장 그렸다. 궐 밖에서는 시해사건이 있기 전부터 명성황후(明成皇后)를 죽이려는 음모가 있다는 소문이 파다했다. 명성황후(明成皇后)의 도움으로 높은 벼슬에 오른 정병하가 명성황후(明成皇后)를 배신해 달아나지 못하게 막았다. 명성황후(明成皇后)는 자신의 측근인 일본 여자 고무라에게 살려달라고 애걸하면서 죽어갔다. 매천(梅泉) 황현(黃炫)은 *"영리하며 권모술수가 풍부해 정사에 간여한 지 20년 만에 나라를 망쳤다"*고 개탄했다.

---

61) 전봉덕(1996), 『대한제국국제의 제정과 기본사상』, 『법사학연구』 1,1974; 이윤상, 『대한제국기 내장원의 황실재원운영』, 『한국문화』 17.

참으로 이해할 수 없는 남자는 바로 고종(高宗)이다. 을미사변(乙未事變) 때, 자신의 아내 명성황후(明成皇后)가 무참히 살해당하는 것을 빤히 지켜만 보았던 강심장의 사나이는 아내가 죽은 지 불과 5일 만에 명성황후(明成皇后)가 쫓아냈던 상궁 엄씨(嚴氏)를 데려왔다. 입궁한 엄씨(嚴氏) 또한 정사에 간여하고 뇌물(賂物)을 챙기는 정도가 명성황후(明成皇后) 못지않았다. 왜냐하면 고종(高宗)은 부정부패(不正腐敗)의 원흉(元兇)으로서 부정부패(不正腐敗)의 동업자였던 명성황후(明成皇后)가 죽었어도 부정부패(不正腐敗)의 새로운 동업자가 지속적으로 필요했었기 때문이었다. 즉, 고종(高宗)의 우둔한 머리에는 부부 사랑과 같은 인륜보다 오직 황금으로 가득차 있었다. 얼마나 황금이 좋았으면, 일제(日帝) 강점 시절 일본의 황적(皇籍)에 편입되는 것을 스스로 받아들였을 뿐만 아니라 일본으로부터 이태왕(李太王)이라는 직책과 메이지 천황이 주는 은사금(恩賜金)까지 수령하였다. 그는 돈주머니만 차고 쓸개도 없는 인간 쓰레기였다.

심지어, 고종(高宗)은 직접 매관매직(賣官賣職)과 광산(鑛山) 개발권이나 삼림(森林) 채굴권 등을 외국에 팔아먹었는데, 대한제국 선포 이후 그 정도는 더욱 더 심해졌다. 전형적 예로서 평안북도 운산군 북진로 동자구에 소재하는 운산광산(雲山鑛山)을 1895년 8월 15일 미국에게 우스꽝스러운 가격으로 양도한 것을 들 수 있다.[62] 운산(雲山) 금광(金鑛)은 일시금 25만 원에 년간 2만5천 원으로 25년간 특허권을 주었는데, 순수익은 30년간 1500만 달러였다.[63] 또한, 미국 공사관 서기관 호러스 뉴턴 알렌(Horace Newton Allen,

---

[62] 운산광산(雲山鑛山)은 오래전부터 알려져 왔으나 본격적으로 개발되기 시작한 것은 구한말의 일이다. 1884년 미국 공사관의 조지 C. 포크(George C. Foulk)와 스미소니언 박물관의 J.B. 버나도우(J.B. Bernadou)가 전국 각지의 유망 금광상을 탐사하여 운산금광에 대한 보고서를 내기 시작한 것이 근대적인 개발의 시발점이다. 이후 호러스 뉴턴 알렌(Horace Newton Allen)의 주선으로 조선 정부는 미국 실업가 J.R. 모스(J.R. Morse)에게 1895년 운산금광 채굴특허를 주었다. 그러나 J.R. 모스(J.R. Morse)가 자본 부족으로 개발에 소극적 태도를 보이자 호러스 뉴턴 알렌(Horace Newton Allen)은 L.S.J.헌트(Leigh S. J. Hunt)를 끌어들여 운산금광 개발권을 인수하도록 하고 L.S.J.헌트(Leigh S. J. Hunt)는 1897년 동양광업개발주식회사(東洋鑛業開發株式會社, Oriental Consolidated Mining Company)를 설립하였다. 이후 동양광업개발주식회사는 40여년간 900만 톤의 광석을 채굴해 5,600만 달러의 금을 생산하였고 1,500만 달러의 순이익을 올렸다. 이후 일미관계가 악화되면서 1939년 대유동금광을 운영하던 일본광업주식회사에 800만 달러 가격으로 인수되었다. 전후 1958년에는 처리능력 4만~9만 톤의 선광조업이 시작되었으며 1986년에는 조총련 계열 상공인들이 투자를 하기도 하였으며 1995년에는 미국 모빌사와 모리슨 앤드커누슨 사가 탐사하기도 하였다. 2004년에는 중국 자오진 그룹이 공동개발을 추진하였다.

[63] 계약서 '운산광약' 초안에는 '자본 가운데 25%를 궁내부를 통해 대군주에게 진상한다'고 돼있다.(통감부 문서 2권, '운산광산 채굴권 계약서 한국측 서명자 보고 건') 고종(高宗)이 원했던 현금 200만 달러가 빠진 것이다. 1899년 3월 27일 현금이 필요했던 조선 정부는 '운산금광회사'와 '조선정부 지분을 전부 매각하고 해마다 2만5,000원을 받는다'고 조건을 수정했다. 1900년 1월 1일에는 일시불 1만2,500달러에

1858~1932)[64]의 소개로 에디슨의 회사에 전차와 전기에 대한 권리를 팔아먹기도 했다.

상기와 같이 고종(高宗)은 매관매직(賣官賣職)과 광산(鑛山) 개발권이나 삼림(森林) 채굴

채굴 기한을 25년에서 40년으로 연장했다. 또 '필요할 경우 채굴 허가 기간을 1954년 3월 27일까지 연장할 수 있다'는 조항도 넣었다(이배용, '한국근대광업침탈사연구'). '조선이 겪고 있는 재정 곤란을 영원히 없앨 것'이라 했던 미국공사 실(Sill) 예측(1895.08.15, 편지)은 얼토당토않았다. 7월 15일, 미국공사 존 실이 미 국무부에 전문을 보냈다. '명성왕후(明聖王后)의 주선으로 고종(高宗)이 조선에서 매장량 최고인 운산금광 채굴권을 미국 시민에게 양여했다(1895.08.15, '존 실이 국무부에 보낸 편지', '한미관계 1896~1905 자료집').

64) 호러스 뉴턴 알렌(Horace Newton Allen)은 미국 북장로교 선교 의사이자 조선 왕실부 의사를 지낸 인물이다. 이후 한반도에서 미국 공사, 즉 외교관으로 활동하기도 했다. 한국 이름은 안련(安連). 1884년 선교사로 조선에 입국한 호러스 뉴턴 알렌(Horace Newton Allen)은 바로 그해 갑신정변(甲申政變)을 계기로 왕실과 연을 맺었다. 1884년 12월 4일 서울 종로 우정국에서 왕비 민씨의 조카 민영익(閔泳翊)이 개화파 자객에게 칼을 맞았다. 이 실세(實勢)를 죽음에서 구해준 의사가 호러스 뉴턴 알렌(Horace Newton Allen)이었다. 그는 이듬해 1월 27일 살아난 민영익(閔泳翊)으로부터 사례금 10만 냥을 받고 (알렌일기 1895년 1월 27일), 이어 병원 설립까지 허가를 받았다. 이 병원이 조선 최초 근대병원인 광혜원(廣惠院)이다. 개원은 4월 10일이었다. 3월 27일 알렌은 궁궐로 들어가 고종(高宗) 부부를 치료했다. 부부는 천연두 증세를 앓고 있었다. 한 달 뒤 왕비로부터 하사품이 왔다. 100야드짜리 비단 한 필과 황금빛 비단 두루마기 하나였다. 호러스 뉴턴 알렌(Horace Newton Allen)은 곧 왕실 주치의 겸 고종 정치고문이 됐다. 1887년에는 정2품 참찬 벼슬을 받고 조선 사신들과 함께 미국을 다녀왔다. 그리고 3년 뒤 호러스 뉴턴 알렌(Horace Newton Allen)은 주한 미합중국 공사관 서기관에 임명됐다. 조선 권력구조와 재정을 손바닥처럼 알고, 고위층과 깊은 연대를 가진 미국 외교관이 되었다. 호러스 뉴턴 알렌(Horace Newton Allen)이 살려준 민영익(閔泳翊)은 현금 10만 냥만 준 게 아니다. 1885년 민영익(閔泳翊)은 호러스 뉴턴 알렌(Horace Newton Allen)에게 광산 이권에 대해 언질을 줬다(알렌문서 MF 365, 이배용, '한국근대광업침탈사연구' 재인용). 그리고 조선 정부는 호러스 뉴턴 알렌(Horace Newton Allen)에게 병기창과 화약공장 특허권도 제안했다. 1888년 미국에 있던 호러스 뉴턴 알렌(Horace Newton Allen)은 광산기사 피어스를 파견해 운산금광을 조사했다. 1889년에도 기사 5명이 내한했다. 조선 정부 예산으로 조선 광산 정보를 모은 사람은 조선 외교관 호러스 뉴턴 알렌(Horace Newton Allen)이었고 그 금광을 미국 소유로 만든 사람은 미국 외교관 호러스 뉴턴 알렌(Horace Newton Allen)이었다. 운산 금광 채굴권, 경인선 철도 부설권, 서울 시내 전등·전차 부설권 등, 그리고도 1904년에 고종(高宗)은 미국과의 관계가 좀 나아지지 않을까 해서 호러스 뉴턴 알렌(Horace Newton Allen)에게 훈일등 작위와 태극대수장을 수여했다. 그러나, 이 당시 호러스 뉴턴 알렌(Horace Newton Allen)은 고종(高宗)을 혹평했다. 특히 왕비의 한마디에 운산 금광의 채굴권을 하루 아침에 하사받게 된 호러스 뉴턴 알렌(Horace Newton Allen)은 자본금 10만 달러를 들여 조선 개광 회사를 설립, 설비와 자재에 대한 무관세 통관은 물론 법인세, 소득세까지 일체의 세금을 면제받았는데 아무래도 운산 지역의 도로나 물류 상태가 미비했기 때문에 10만 달러로는 개발이 택도 없었다. 결국엔 동업자를 모집하여 1897년 헌트는 웨스트 버지니아에서 자본금 500만 달러를 들여 '동양합동광업주식회사(Oriental Consolidated Mining Company: OCMC)를 설립했다. 이 회사는 일제가 중일 전쟁으로 미국 자본의 자국 송금을 제한한 1937년까지 30여년 동안 자본금 투자의 3배에 달하는 수익 당시 시세로 1,500만 달러를 남겼다. 현재 시세로는 당시 투자금 500만 달러는 2014년 기준 약 1.3억 달러에 해당하고, 수익금 1500만 달러는 2억~3억 달러 정도에 해당한다.

권 등의 매각으로 개인 비자금인 내탕금을 형성하였다. 이렇게 마련된 황제의 개인 비자금이 본래 자금을 관리하는 탁지부(度支部)의 예산보다 훨씬 비대해졌지만, 정작 정상적인 방법으로 재정을 마련하는 징세 제도는 광무개혁(光武改革)을 실시하였음에도 전혀 정비되지 않아 세수(稅收)는 늘 부족하였다.[65] 게다가 매관매직(賣官賣職)으로 관직을 산 지방 관리나 수령, 이서배(吏胥輩) 등이 백성들을 착취하여 개인재산을 축적하였지만 정부에 납부해야될 세수(稅收)를 중간에서 횡령하면서 재정 부족에도 일조하였다. 이렇게 비정상적으로 모은 자금조차 제대로 쓰지 않았다. 양무호(揚武號) 등 외국산 무기를 구입한다는 등의 이유로 무분별하게 돈을 썼고, 그러면서 재정 운영 관리는 엉망으로 해 일본이 억지로 차관(借款)을 도입시켜 거액의 빚을 지게했을 때도 제대로 갚지 못하여 국채보상운동(國債報償運動)까지 일어났다. 그나마 비자금으로 독립운동을 도우려 했지만, 그마저도 완전히 성공하진 못했고 실패했다(헐버트 문서 참조).

황실 재정을 담당하는 내장원(內藏院) 권한도 대폭 확대됐다. 홍삼, 광산 사업 수익은 물론 동학혁명의 원인이던 각종 잡세를 부활시켜 내장원이 거둬들였다. 관세까지 탁지부에서 빼내 황제 직속으로 만들려던 시도는 당시 세관 고문인 영국인 브라운이 반발해 실패했다. 돈을 만드는 전환국 또한 내장원 소속으로 만들었다. 돈 들여 키운 군사는 황궁 수비와 치안에 투입되고 황제 눈에 든 근왕파들이 요직을 차지하고 서로 싸우며 '주식회사 대한제국'을 경영했다. 전제군주 황제는 모든 것을 다 소유했다.[66]

1904년 의회가 아니라 의정부 자문기관으로 전락한 중추원 의관 안종덕이 "폐하의 마음에 신의가 부족해 걱정"이라며 "썩어빠진 내장원과 원수부를 없애라"고 상소했다(1904.07.15, 『고종실록』). 열흘 뒤 봉상사 부제조 송규헌이 상소했다. "간신 10명이 조정 대신을 돌아가며 하고 있다." 간신 중에는 동학혁명 당시 안핵사 이용태(내부대신)도 있었고 무당 진령군

---

65) 1899년 10만1,431냥이던 내장원(內藏院) 수입은 1901년 158만606냥으로, 1904년 3,004만2,433냥으로 300배 올랐다. 지출 가운데 황제 고종(高宗)이 영수증 없이 쓸 수 있는 내입금 또한 2만5,847냥(1899년)에서 1,030만9,631냥(1904년)으로 400배 올랐다. 1902년 전환국(典圜局)에서 찍어낸 백동화는 280만 원으로, 이 가운데 150만 원이 황실 금고로 입고됐다. 황실 업무비 소관 부서인 궁내부에도 40만 원이 입고됐었다(『고종시대사』 5집, 1902.12.31). 정작 나라 예산을 다루는 탁지부(度支部)는 군인과 경찰에 줄 월급이 없어서 전환국(典圜局)에서 거듭 돈을 빌려야 했다(1903.01.06, 『황성신문』). 고종(高宗)은 내장원(內藏院)을 통해 물고기, 소금, 선박, 인삼, 땔감, 풀, 갈대, 소나무, 밤, 대나무는 물론 완도 우뭇가사리와 서천 연어와 동해안 함경북도 염전까지 세금을 거두게 되었고 팔도 광산에서 나오는 돈은 대부분 황제 차지가 되었다(이윤상, '대한제국기 황제 주도의 재정 운영') 내장원경 이용익(李容益)은 1899년 이래 1904년까지 삼정감독(홍삼), 광무감독(광산)을 겸직했다. 황실을 견제해야 할 탁지부(度支部) 협판(차관급)도 겸직했다. 백성의 고혈(膏血)을 쥐어짠 세금은 황실 주머니로 들어갔다.

66) 김옥근(1988), 『조선왕조 재정사 연구』Ⅲ, 일조각.

에 빌붙어 권세를 누리던 이유인(궁내부 특진관)도 있었다. 고종(高宗)은 "옳지만 시의(時宜)도 생각해야 한다"고 답했다. 상황이 상황이라 할 수 없다는 뜻이다.

고종(高宗)이 왕위에 오른 지 40년이 되는 해였던 1902년 여름 콜레라가 퍼졌다. 10월 본 행사는 1903년 4월 30일로 연기됐다. 1903년 초 지방에 있던 군사 1,500명을 상경시켜 의장대로 훈련시키고 일본으로부터 VIP용 인력거 100대를 수입했다. 바로 그달 50만 원짜리 군함 양무호를 수입했다. 예포용 공포탄과 '화려한 서양물품이 완비된' 기념식용 고물딱지 배였다. 그런데 여섯 살 먹은, 한국사의 마지막 황태자(英親王) 이은(李垠)이 천연두에 걸리자 이마저 연기했다. 그해 8월 17일 대한제국 정부는 9월 26일로 다시 기념식 날짜를 공고했다(전우용, '1902년 황제어극 40년 망육순 칭경예식과 황도 정비'). 러·일 사이에 불어오는 피비린내 속에, 황제어극 40년 기념식은 무산됐다.

또한, 대한제국 정부는 50만 원짜리 대한제국의 첫 번째 근대식 군함(1903.04.15)을 대한제국 고종(高宗) 황제가 발주하고 일본의 미쓰이물산합명회사가 납품)이었던 양무호(揚武號)를 6년 뒤 4만2,000원에 팔아버렸다.

한편, 이토 히로부미(伊藤博文)가 안중근(安重根, 1879~1910) 의사에게 피살됐다는 소식이 서울에 이르자 사람들이 숨어 술을 마시며 통쾌해했다. 그러나 아비(고종)의 유전인자를 정히 물려받은 순종(純宗)은 친히 통감부(統監府)에 행차해 이토 히로부미(伊藤博文)의 죽음을 슬퍼하고 문충공(文忠公)이라는 시호를 줬으며 장례비로 3만 원(4억 원), 유족 위로비로 10만 원(13억 원)을 지급했다. 이것은 순진무구한 것인가? 아니면 백치(白癡)인가? 천만 다행으로, 조선의 제27대 국왕, 대한제국의 제2대 황제이며 한국사의 마지막 군주인 순종(純宗, 1874~1926)은 부인을 두 명이나 뒀지만 고자(鼓子)여서 자식이 없었다.

요컨대, 고종(高宗)은 자신의 권력과 황금을 쫓는 '벌레'였으며, 국권침탈의 최대 원인 제공자였다. 실로, 그는 군주는커녕 인간으로서 태어나지 않았어야 할 종자였다. 이러한 '벌레'를 지키기 위해 관군(官軍)은 신미양요(辛未洋擾), 병인양요(丙寅洋擾), 동학(東學) 농민운동 등을 막느라고, 또한 의병(義兵)들은 일본군과 교전하면서 수없이 죽어갔다.

고종(高宗)은 갑신정변(甲申政變)·동학혁명(東學革命) 같은 고비마다 외국 군대를 끌어들였다.[67] 고종(高宗) 21년 1884년 갑신정변(甲申政變) 때는 청나라 군대가 고종(高宗)을

---

67) 1894년 고부 군수 조병갑(趙秉甲)이 물세(物稅)를 받아먹다가 농민들에게 혼쭐이 났었다. 조정에서 파견한 안핵사 이용태가 농민들을 위협하다가 혁명으로 번졌다. 문란한 삼정을 수습하기는커녕, 조선 조정은 민란을 진압하기 위해 청나라에 군사를 청했다. 그 아이디어는 고종(高宗)이 냈고(1893.05.10, 『고종실록』) 실행에 옮긴 자는 병조판서 민영준(閔泳駿)이었다. 민영준(閔泳駿)은 당시 조선을 지배하고 있었던 원세개에게 군사를 청했다(『갑오실기』, 양력 06.04). 그 후 청나라와 일본이 조선에서 전쟁을 벌였

구출했다. 갑신정변(甲申政變)에서 살아 돌아온 고종(高宗) 부부는 임오군란(壬午軍亂)때 왕비 민씨(閔氏) 눈에 든 장호원 무당 박창렬의 주술(呪術)에 기댔다. 무당은 진령군(眞靈君)이라는 군호까지 받고 창덕궁에 함께 살았다. 노론(老論) 거두 우암 송시열(宋時烈) 집터에 지은 사당 이름은 북묘(北廟)다. 무당 진령군(眞靈君)은 수양아들(내연남이라는 말도 있다) 이유인(궁내부 특진관)과 함께 살며 국정(國情)을 농단했다.[68]

고종(高宗) 부부는 이들 말을 듣고 금강산 일만이천 봉에 봉봉이 쌀 한 섬씩 바치며 국태민안(國泰民安)을 빌었다. 밤에 무당이 왕비와 왕에게 한 말은 다음 날 어명(御命)으로 내려오곤 했다. 1894년 전 형조참의 지석영(池錫永)은 *"요사스러운 계집 진령군(眞靈君)의 살점을 사람들이 씹어 먹으려 한다"*고 상소했다. 진령군(眞靈君)은 갑오경장(甲午更張) 때 사형을 선고받았다(조선일보, 2017.08.10, '땅의 역사' 참조).

심지어, 무책임한 고종(高宗, 1852~1919; 재위: 1864~1906)은 나라가 풍전등화(風前燈火)일 때마다 나라와 백성을 버리고 파천(播遷)을 일곱 차례 시도했다. 상술하면, 1895년 10

다. 청(淸)이 퇴각하고 일본이 이겼다.

68) 명성황후(明成皇后)가 의지했던 장호원 무당 박창렬 진령군(眞靈君)은 러시아제국(로마노프 왕조)의 멸망으로 이끌었던 요승 그리고리 라스푸틴(1872~1916)와 유사하다. 그는 떠돌이 수도자에 불과했으나 황제 니콜라이 2세의 아들인 알렉세이 니콜라예비치 로마노프 황태자의 혈우병을 치료한 계기로 황후와 차르는 '라스푸틴은 실제로 하늘이 내려준 성스러운 사람'이라고 믿게 되었다. 라스푸틴은 황실의 총애를 얻게 되자 황후와 가까이 지내던 귀족 부인들은 물론 수녀와 여러 여인을 희롱하는 범죄를 저질렀었다. 교회 지도자와 여러 사람이 라스푸틴을 고발하면서 이 사실이 드러났고, 라스푸틴도 자신의 죄를 인정했었다. 그러나 라스푸틴을 총애한 황후가 그를 처벌하지 못하게 가로막았다. 러시아 수상 스톨리핀은 라스푸틴이 요사스럽고 수상한 인물이라고 차르에게 보고했지만, 니콜라이 2세는 "아마도 경이 한 말은 모두 진실일 것이오. 그러나 라스푸틴에 관해서는 다시는 나에게 말하지 말 것을 부탁해야겠소. 여하간 나는 그것에 관해서 아무 조치도 취할 수 없소." 제1차 세계대전이 일어나자 니콜라이 2세는 황궁의 일을 황후에게 맡기고 직접 전쟁터에 나가 군대를 지휘했다. 이 틈에 라스푸틴은 황후를 마음대로 조종하며 러시아 정부의 모든 실권을 장악했다. 심지어 "꿈에서 신의 계시를 받았다"며 전쟁터에 나가 있는 니콜라이 2세에게 '군사 명령'을 전하기도 했다. 차르는 전쟁이나 전략은 전혀 모르는 라스푸틴의 명령을 충실히 따랐고, 그 결과 전쟁 상황은 러시아에 점점 더 불리해지기만 했다. 차르가 자리를 비운 사이 러시아의 국정(國政)도 엉망이 되었다. 라스푸틴이 황후를 조종해 며칠 간격으로 장관들을 바꾼 탓에 내각이 해산되는 일이 반복됐다. 당시 러시아 제국은 유럽 주요 국가들 중에서도 가장 후진적인 전제왕정 체제에 지나지 않았고, 니콜라이 2세는 러시아 제국이 당면한 수많은 문제를 원만하게 해결할 만한 수완과 능력이 전혀 없었던 무능한 군주였다. 대내외적 문제를 해결하지 못한 러시아 제국에는 이미 망국의 요인이 가득 쌓여가고 있었는데, 그 뇌관을 제대로 터뜨린 자가 바로 라스푸틴이었다. 국정 혼란이 계속되면서 차르와 황후는 민심을 완전히 잃고 말았다. 급기야 차르를 따르던 귀족 사이에서도 차르를 몰아내고 다른 사람을 황제로 옹립하려는 움직임이 나타났다. 위기감을 느낀 차르의 측근들은 차르의 조카사위였던 펠릭스 유스포프 대공을 앞세워 1916년 12월, 유스포프 대공과 차르의 측근들은 라스푸틴을 식사 자리에 초대한 뒤 그를 암살하였다.

월 8일 을미사변(乙未事變) 다음 해 1896년 아관파천(俄館播遷, 1896.02~1897.02)은 성공하였으나 1894년 청일전쟁 와중에 미국 공사관으로 미관파천(美館播遷)과 영국 공사관으로 영관파천(英館播遷) 미수 각 1회, 1897년 대한제국(大韓帝國) 선포 직후 미관파천(美館播遷) 미수 1회, 1904년 러일전쟁 직전 미관파천(美館播遷) 미수 1회, 심지어 중국 칭다오와 러시아 블라디보스토크로 망명 기도, 제물포에서 들리는 러일전쟁(1904.02~1905.09)의 포성(砲聲) 속에서 '미관파천(美館播遷)', '불관파천(佛館播遷)', '영관파천(英館播遷)' 미수 각 1회 4개국에 일곱 차례였다(조선일보, 2019.11). 고종(高宗)은 러일전쟁(1904.02~1905.09) 때는 '중립국 선언'으로 위기를 넘기려 했다. 그러나 일본군이 진주하면서 휴지 조각이 됐다. 만약 고종(高宗)이 국력을 모아 헌법과 의회, 근대적 사법체제를 마련하고 나라 살림을 키워 근대 문명 국가로 전환했다면 대한제국(大韓帝國)은 그토록 무력하게 식민지 신세로 추락하진 않았을 것이다.

상기한 조선 26대 군주 고종(高宗, 1852~1919; 재위: 1864~1906)의 무지(無知)·무능(無能)·방탕(放蕩)·부정부패(不正腐敗)와는 극명하게 대조적으로, 강희제(康熙帝, 제4대 황제, 재위: 1661~1722)는 군주가 모범을 보여야 백성이 군주를 믿고 따를 것이라 하여 백성을 위해 헌신하는 이른바 '섬기는 리더십'(Servant Leadership)을 자신의 통치 철학으로 삼았다. 삼국 시대 때 촉한의 승상 제갈량(諸葛亮)의 후출 사표의 한 구절인 '국궁진력'(鞠躬盡力), 즉 '모든 것을 쏟아 붇는다'와 국궁진력(鞠躬盡力)한 후 '안거낙업'(安居樂業), 즉 '백성을 편안하게 살게 해주고 즐겁게 일에 종사하게 해준다'를 자신의 평생의 좌우명으로 삼았다. 또한, 그는 자신이 직접 쓴 『근검록』에서 다음과 같이 서술했다: *"모든 비용은 백성들의 피땀으로 얻어진 것이니 주인된 황제로서 절제하고 절제함은 당연한 것이 아닌가".* 1717년(강희 56년) 강희제(康熙帝)는 「고별상유」(告別上諭), 즉 마지막으로 백성들에게 바치는 글을 남겼는데 강희제(康熙帝)는 *"한 가지 일에 부지런하지 않으면 온 천하에 근심을 끼치고, 한 순간에 부지런하지 않으면 천추만대에 우환거리를 남긴다."*라고 역설하였다. 또한 *"제왕이 천하를 다스림에 능력이 있는 자를 가까이 두고, 백성들의 세금을 낮추어 주어야 하며, 백성들의 마음을 하나로 묶고, 위태로움이 생기기 전에 나라를 보호하며, 혼란이 있기 전에 이를 먼저 파악하여 잘 다스리고, 관대하고 엄격함의 조화를 이루어 나라를 위한 계책을 도모해야 한다."*라고 후대의 황제에게도 이를 훈계하였다.

상기와 같이, 강희제(康熙帝, 제4대 황제, 재위: 1661~1722)는 황제로서 자식과 같은 백성들에게 이런 당부의 말을 남겨 황제로서의 도리를 다하려 하였다. 이와 같이 '소통하는 정치', '검소한 삶'을 실천한 강희제(康熙帝)의 인자한 정치는 한족이 만주족의 청나라를 지지하게 만드는 데에 크게 일조하였다.

이어서, 아들 옹정제(雍正帝, 제5대 황제, 재위: 1722~1735)는 관리들의 부정부패(不正腐敗) 문제를 가장 많이 손봤다.[69] 그는 현실적인 사람이었기에 부정부패(不正腐敗)를 막으면서도 '모선'(耗羨) 대신에 '모선귀공'(耗羨歸公)제도를 실시해서 '모선'(耗羨)을 정규 세금화하여 '모선'(耗羨)의 징수 과정과 징수량을 국가에서 파악해 부정부패가 일어날 소지를 줄였다. 그리고 관료들의 '모선'(耗羨) 징수를 합법화하는 대신에, 그 수치를 정해 놓고 그 범위 안에서만 징수하게 했다. 또한 관료들에게 양렴은을 지급해서 관료들에 대한 대우를 개선하면서 부정부패를 저지르는 관리들은 가혹하게 처벌했다.

상기한 부정부패(不正腐敗) 근절 정책들은 놀라운 성과를 내어, 옹정제(雍正帝, 제5대 황제, 재위: 1722~1735) 10년 후 적자에 시달리던 하남성은 70만 량의 은(銀)을 보유하며 완연한 흑자로 돌아섰다. 훗날 역사학자 장학성(章學誠)은 이렇게 말했다: *"옹정제(雍正帝)가 관료 사회를 개혁하여 기강을 바로잡은 일은, 실로 천 년에 한 번 있을 만한 쾌거로다!"*

(2) 대외적 요인

한편, 대외적(對外的) 측면에서 본 대한제국(大韓帝國) 패망의 요인은 다음과 같다: 영국·미국·프랑스·독일은 일본의 대한제국(大韓帝國) 국권찬탈에 있어서 '협력자'였다. 상기의 일제(日帝)의 만행을 저지를 수 있었던 당시 국제환경은 일본과 서구 강대국들과의 협약이 있었다. 상술하면, 제1차(1902.01) 및 제2차(1905.08) 英·日동맹, 美·日 가쓰라-테프트(Katusura-Taft) 밀약(1905.09.27)[70], 일본과 프랑스와의 '루비에-버티 협의'(1905.09.09) 중

---

69) 명(明)·청(淸) 시대에는 모선(耗羨)이라는 공공연한 관행이 있었는데, 본래 지정한 세금보다 쌀이나 은을 조금 더 걷는 것이었다. 이 관행은 기본적으로 행정 비용을 충당하기 위한 부가세의 필요성과 관리들의 봉급이 너무 적다는 문제 때문에 발생한 것이었다. 관료에게는 봉은 외에 봉미도 지급했다. 봉은 1량 당 봉미 10말을 추가했는데, 외직에 나간 문관들은 봉미가 없었고, 무관의 봉은은 북경에 있는 무관의 절반이었다. 이 계산으로 보면, 지방 최고의 수장인 총독은 연봉이 180량, 포정사는 150량, 안찰사와 염운사는 130량, 도원과 지부는 105량, 동지와 지주 80량, 통판과 주동 60량, 현령과 학부교수 45량, 현승, 교유, 훈도 각기 40량, 주부 33량 1전, 전사와 순검 31량 5전이었다. 재부는 12량, 포병 8량, 문자, 마부, 고사, 옥졸은 연봉이 6량이었다. 청나라 시대의 소설인 홍루몽을 보면, 제법 무난하게 사는 농민이 1년에 20량 정도를 버니 말단 관리들은 봉급만으로 생활하자면 사실상 빈민이었다. 이런 상황에서 세금을 규정액보다 조금 더 걷는 '모선'(耗羨)은 관리들 입장에서는 생계와 임무 수행을 위해서 어쩔 수 없이 하는 일이었다. 강희제는 이런 문제에 대해서 "1량을 걷을 때 1할만 걷는다면 청렴한 관리"라고 말하였다. 하지만 '모선'(耗羨)은 정규 세금이 아닌 부가세이고 필요할 때마다 걷는 것이다보니 내는 사람은 내고 안 내는 사람은 안 내는지라, 지방의 막강한 향신과 지주들이 갖은 수를 써서 내지 않으려 하여 다른 농민들에게 세금이 전가되는 폐단이 심했다.

에서 한국 관련 내용의 수용, 미국(당시 Theodore Roosevelt 대통령)의 극동정책에 대한 독일(Wilhelm II)의 공동보조에 관한 합의(1905.09.27), 일본의 대한제국 지배에 대한 러시아의 묵인(포츠머스 조약, 1905.09.05) 등이 뒷받침되었다. 특히, 미국은 테프트-가츠라 조약(1905.07)에 따라 대한제국(大韓帝國)을 필리핀과 맞바꾸어 일본에 넘겨주었다. 물론, 대한제국(大韓帝國)의 패망은 직접 가해자인 일본뿐만 아니라 미국을 비롯한 영국·프랑스·독일·러시아에게도 책임이 크며 그러한 여건을 제공한 조선(朝鮮) 왕조 및 집권세력의 책임은 더욱 더 크다.

당시, 미국 26대 대통령(1901~1909) 시어도어 루스벨트(Theodore Roosevelt. Jr., 1858~1919)는 일본의 한국 지배를 용인하는 대가로 필리핀에 대한 미국의 지배를 인정받으려 했었다. 그가 몇 년 후 심정을 술회한 내용을 보면 더욱 정확히 상황을 파악할 수 있다. *"한국의 독립이 유지되어야 한다는 사실이 조약상으로 엄숙하게 명문화되었던 것은 틀림없다. 그러나 자신을 위태롭게 하면서까지 아무런 이해관계도 업이 자신을 위해서 아무것도 할 수 없는 한국민을 위해서 뭔가를 하려는 국가가 있다고 생각하는 것은 문제의 핵심을 벗어나는 일이다."* 즉, 시어도어 루스벨트(Theodore Roosevelt. Jr.) 대통령은 1882년 조미수호통상조약(朝美修好通商條約)을 인정하기는 하지만, 한국은 이미 자치(自治)가 부적절하다고 믿고 있었던 것이다.

러일전쟁(日露戰爭, 1904.02.08~1905.09.05) 당시 미국 26대 대통령(1901~1909) 시어도어 루스벨트(Theodore Roosevelt. Jr., 1858~1919)은 러시아와 일본의 동의를 얻어 포츠머스에서 강화회담을 유치하고 협상과정에 개입하였다. 이 사실을 알게 된 고종(高宗)은 회담에서 주권의 행방이 결정될 것이 확실하므로 회담에 참여하고자 하였다. 민영환(閔泳煥)과 한규설(韓圭卨) 등의 주선으로 1905년 여름 이승만(李承晚)을 미국에 밀파하였다.[71] 그러

---

70) 美·日 가쓰라-테프트(Katusura-Taft) 밀약(1905.09.27)은 1905년 7월 맺어진 미국과 일본간의 비밀협약이다. 그 내용을 보면, ① 일본은 필리핀에 대하여 하등의 침략적 의도를 품지 않고, 미국의 필리핀 지배를 확인한다. ② 극동의 평화를 위해 미, 영, 일 삼국은 실질적인 동맹관계를 확보한다. ③ 러일전쟁(1904년 2월~1905년 9월)의 원인이 되었던 한국은 일본이 지배할 것을 승인한다는 등의 내용으로 되어 있다. 『국제관계로 본 러일전쟁과 일본의 한국병합』(최문형, 지식산업사, 2004); 『러일전쟁과 한국문제』(신복룡·이우진 외, 『한국외교사』, 1993)을 참조.

71) 당시, 이승만(李承晚)은 독립협회(獨立協會) 활동을 하다가 체포되어 복역중 1904년 8월 4일 특사로 풀려나 민영환(閔泳煥) 한규설(韓圭卨) 등의 추천을 받아 미국으로 떠났는데, 그의 파견 목적은 일본 및 러시아의 형세를 탐색하여 러일전쟁(日露戰爭, 1904.02.08~1905.가을)이 끝나고 강화회의가 열릴 때 미국의 중재로 조선의 독립을 보장받기 위해서였다. 이승만(李承晚)은 워싱턴포스트지를 방문하여 일본의 한국침략음모를 폭로하는 내용을 기사로 게재토록 하였고, 민영환(閔泳煥)과 한규설(韓圭卨)의 편지를 전(前)주한미국공사였으며 한국에 우호적이었던 H. A. Dinsmore에게 전달하여 주선을 부탁하였다. 그

나 시어도어 루스벨트(Theodore Roosevelt. Jr.) 대통령은 특명전군 자격을 위임받지 못한 결함을 들어 대한제국 대표의 회담 참가요청을 거절하였다.

의 주선으로 1905년 2월 20일 국무부에서 국무장관 Hay를 만날 수 있었다. 이 자리에서 이승만(李承晩)은 한국독립을 위해 힘써줄 것을 부탁하자 Hay는 미국이 한국에 대한 조약상의 의무를 다하도록 개인적으로나 미국정부 대표자로서 최선을 다하겠다는 호의적인 대답을 들었다. 그러나 그해 7월 1일 Hay가 사망하고 국무장관에 E. Root가 취임함에 따라 이승만의 노력은 허사가 되고 말았다(Robert T. Oliver, Syngman Rhee, The Man Behind the Myth(Dodd Mead, 1954), pp. 78~83).

03 조선·대한제국의 역사에 대한 저자의 평가

임진왜란(壬辰倭亂, 1592~1598)과 병자호란(丙子胡亂, 1636.12.28~1637.02.24)을 겪은 17세기 초·중반 조선의 국가 시스템 자체가 흔들렸고, 민생과 재정은 파탄났다. 농민들은 파산하여 유리(流離)하는 등 국가체제를 유지하기 힘들 정도로 경제질서·사회질서가 붕괴 위기에 놓여 있었다. 조선은 그냥 망(亡)해 가고 있었다.

게다가 '삼정(三政): 전정(田政)·군정(軍政)·환곡(還穀)의 문란'이 나타나면서 민심은 도탄에 빠지게 되었다. 1862년(임술년)에 조선의 절반을 휩쓴 동시다발적 민란(民亂)은 조선 후기 사회경제적 변화 와중에 몰락 양반들을 주축으로 한 농촌 지식인과 억압받은 농민층이 연합하여, 그동안 누적된 봉건적 수탈과 부패한 관료들에게 저항한 사건이었다. 당시 빈농(貧農)의 몰락에는 지주(地主)의 과다한 소작료뿐 아니라 각종 세금도 큰 원인을 차지했고, 세금의 징수 과정에는 부패한 관료와 아전들의 농간이 횡행했다.

조선의 군주(君主)는 왕권 유지에만, 신료(臣僚)는 권력 쟁취와 민중 착취에만 각각 몰두하였고 위민(爲民)과 경세제민(經世濟民)은 성리학(性理學) 교본에서만 존재할 뿐이었다.

1) 군주와 신료의 망국적 부정부패(不正腐敗)

참으로, 저자가 조선·대한제국/대한민국 역사에서 도무지 이해할 수 없는 것은 다음과 같다: 제18대 현종(顯宗, 재위: 1659~1674) 시대의 경신 대기근(大飢饉, 1670~1671), 철종(哲宗, 1849~1864) 시대의 삼정(三政): 전정(田政)·군정(軍政)·환곡(還穀)의 문란과 1862년(철종 13년) '임술농민항쟁'(壬戌農民抗爭), 제26대 고종(高宗, 친정: 1873~1907) 시대의 동학(東學)농민혁명(1894~1895) 등은 모두 불합리한 토지제도 하에서 조선 관리들의 부정(不正) 부패(腐敗)와 농민 착취로 인하여 역사가 왜곡되고 패망의 길로 줄달음치고 있었는데 불구하고, 조선의 군주들과 성리학(性理學)에 몰입되어 있었던 신료들은 관리들의 부정부패(不正腐敗) 근절에 매우 미온적이었다는 점이다. 즉, 조선사회에서는 성리학(性理學)의

인의예지(仁義禮智)만 존재하고 사회정의(社會正義)는 줄곧 죽어있었다. 예를 들면 다음과
같다:

● 조선의 제4대 국왕 세종대왕(世宗大王, 재위: 1418~1450)은 당시 기준으로 충분히 죽
  을 죄(罪)를 저지른 신하라도 본인의 마음에 들고 능력이 있는 인재라면 요식행위로
  솜방망이 처벌만 내리고 다시 중용하는 경향이 있었다. 대표적인 사례가 황희(黃喜)
  와 조말생(趙末生)의 사건을 들 수 있다. 상술하면, 황희(黃喜)는 비리를 저지르는 가
  솔들을 감싸고 자기 사위가 저지른 살인을 은폐하려고 피해자에게 공갈협박, 관계
  자에게 뇌물공여에 임금님께 올리는 보고서까지 날조한 바가 있고, 조말생(趙末生)
  은 뇌물수수 관련 사형선고 기준의 10배에 달하는 뇌물을 받아먹다가 걸렸다. 황희
  (黃喜)와 조말생(趙末生)에게 중벌을 내려야 마땅하나 세종대왕(世宗大王)은 적극적으
  로 이들을 두둔하면서 황희(黃喜)를 계속 중용했다. 또한, 이순몽(李順蒙)이라는 관리
  가 사회적으로 엄청난 물의를 일으키며 돌아다녀도 세종대왕(世宗大王)은 그저 싸고
  돌기만 한 것이 『세종실록』에 기록되어있다.

세종(世宗)은 일단 조말생(趙末生)을 충청도 회인으로 귀양보냈으나 여론은 가라앉지
않았다. 법대로 교형을 선고하라 요구해도, 혹은 예를 갖춰 죽게 사약(賜藥)을 내려 죽이
라는 상소에도, 세종(世宗)은 선대왕이 아꼈던 신하라는 이유로 허락하지 않았다. 그렇다
면 조말생(趙末生)을 살리되, 이마에 낙인을 찍으라는 청을 올리기도 하고 평생 한양에 들
어올 수 없게 하라는 상소에도 세종(世宗)은 그 모든 상소들을 끝내 거절했다.

귀양가고 얼마 안 돼 조말생(趙末生)은 바로 사면됐고 고향집에서 2년을 쉬었다. 세종
(世宗)은 1430년에 다시 직첩(職牒)을 돌려줬다. 대간들은 가만있지 않았다. 언관들이 궁
앞에 멍석을 깔고 전원 사직 시위를 벌였다. 결국 세종(世宗)은 "권도로 행하겠다"(내 마음
대로 하겠다)라는 말까지 하며 1432년 조말생(趙末生)은 동지중추원사로 복귀할 수 있었다.
이미 조말생(趙末生)의 나이 63세였다. 1433년에는 함길도 관찰사로 북방에가 여진족들을
격퇴하기도 했다. 그해 겨울에 병으로 사직해 집으로 돌아갔다. 그 후로도 지중추원사, 예
문관 대제학 등을 겸임했으며 3도 도순문사로 충청도나 전라도, 경상도 일대의 축성 작업
을 총괄하기도 했다.

한편, 제14대 임금 선조(宣祖, 1552~1608)는 1589년 서인(西人) 정철(鄭澈, 1536~1594)이
주도한 '피의 광풍'(약 1,000여명의 희생자)을 일으켰었던 기축옥사(己丑獄事)를 저지르고 조

선사회를 완전히 아비규환(阿鼻叫喚)으로 빠뜨렸던 임진왜란(壬辰倭亂, 1592~1598) 당시 백성을 버리고 도망간 '야비한 군주'였다.

임진왜란(壬辰倭亂, 1592~1598)으로 재정이 탕진되었기 때문에 납속(納贖)의 필요성이 절실하게 되었다. 1593년(선조 26년) 제14대 임금 선조(宣祖, 1552~1608)는 호조(戶曹)의 건의로 납속사목(納贖事目)을 결정하였다. 그 내용은 향리(鄕吏)는 3섬(石)의 납속으로 3년 면역(免役), 15년 간 매년 1섬씩 15섬의 납속이면 기신면역(己身免役), 30섬이면 참하영직(參下影職), 40섬이면 참하영직과 그의 아들의 신역 면제, 45섬이면 상당한 군직(軍職), 80섬이면 동반실직(東班實職)을 주고, 사족(士族)은 3섬이면 참하영직, 8섬이면 6품 영직(六品影職), 20섬이면 동반 9품(東班九品), 25섬이면 동반 8품, 30섬이면 동반 7품, 70섬이면 동반 종3품, 100섬이면 동반 정3품, 현직자는 매10섬이면 승품(陞品), 자궁자(資窮者)는 30섬이면 당상(堂上)에 승진되었다. 서얼(庶孽)은 5섬이면 겸사복(兼司僕)·우림위(羽林衛) 군직 6품, 15섬이면 허통, 20섬이면 전소생의 허통, 30섬이면 참하영직, 40섬이면 6품 영직, 50섬이면 5품 영직, 60섬이면 동반 9품, 80섬이면 동반 8품, 90섬이면 동반 7품, 100섬이면 동반 6품을 주도록 규정되었다.

1594년 사목 중 사족 및 무고한 평민만 60세 이전부터 매년 1섬씩 납속(納贖)하면 80세까지 생존을 예상하고 당상(堂上)에 승진시켜 납속(納贖)의 모집 범위를 확장시켰고, 1595년 사목을 개정하였다. 납속책(納粟策)에 의하여 부족한 재정을 메우려는 데서 많은 모순이 생겼다. 예로서 납속(納贖)으로 관직을 얻었던 군기주부(軍器主簿) 김윤창(金允昌)·경상우수사(慶尙右水使) 유형(柳珩) 등이 1600년(선조 33)에 파직(罷職)된 것이다. 죄인들의 형면(形免)은 사회의 많은 물의를 일으켰으므로 1583년(선조 16) 강섬(姜暹)은 북도(北道)의 죄인이 납속(納贖)으로 면죄되는 폐를 지적하였다.

또한, 제21대 영조(英祖, 재위: 1724~1776) 시대에 공명첩(空名帖)의 이름으로 여러 번 발행하여 돈을 얻어 백성을 구제하였고 제23대 왕 순조(純祖, 재위: 1800~1834)시대에도 김재찬(金在瓚)의 적극적인 주장에 따라 공명첩(空名帖)을 발행하였다. 이것은 '유전무죄 무전유죄'의 표본이었다. 그리고 사회가 극도로 혼란되었을 때에 매관매직(賣官賣職)을 합리적으로 조장했다.

상기와 대조적으로, 조선(朝鮮)이 그토록 깔보았던 '오랑캐' 청(淸)제국(1636.04~1912.02.12)의 옹정제(雍正帝, 제5대 황제, 재위: 1722~1735)는 아버지 강희제(康熙帝, 제4대 황제, 재위: 1661~1722)의 넷째 아들로서 강희제(康熙帝)에 의해 전성기에 진입한 청(淸)제국을 더욱 반석 위에 올려놓고, 자신의 아들 건륭제(乾隆帝, 제6대 황제(재위: 1735~1796)때 그 영화를 누리도록 하였다.

옹정제(雍正帝, 제5대 황제, 재위: 1722~1735)는 당시 유럽이 '중국이야말로 이 세상의 유토피아'라는 평가를 내리게 만든 군주였다. 어떻게 그들은 150년 동안 강건성세(康乾盛世)를 이룰 수 있었는가? 그 비법은 무엇이었는가? 그 해답은 오직 하나이다! 성리학(性理學)의 자폐증(自閉症) 환자이든 혹은 그것도 잘 모르는 오랑캐이든 간에 인간 종자(種子) 즉 유전인자(遺傳因子)가 달랐다는 것이다. 다시 말하면, 탐욕(貪慾)에 가득찬 위선(僞善)과 경세제민(經世濟民)을 위한 지행합일(知行合一)의 차이였다.

옹정제(雍正帝, 제5대 황제, 재위: 1722~1735)는 무엇보다도 관리들의 부정부패(不正腐敗) 문제를 가장 많이 손봤다. 그는 부정부패(不正腐敗)를 막으면서도 '모선'(耗羨) 대신에 '모선귀공'(耗羨歸公)제도를 실시해서 '모선'(耗羨)을 정규 세금화하여 '모선'(耗羨)의 징수 과정과 징수량을 국가에서 파악해 부정부패(不正腐敗)가 일어날 소지를 줄였다. 그리고 관료들의 '모선'(耗羨) 징수를 합법화하는 대신에, 그 수치를 정해 놓고 그 범위 안에서만 징수하게 했다. 또한 관료들에게 양렴은을 지급해서 관료들에 대한 대우를 개선하면서 부정부패(不正腐敗)를 저지르는 관리들은 가혹하게 처벌했다.

옹정제(雍正帝, 제5대 황제, 재위: 1722~1735)는 각 성(省)의 지세(地稅) 보유량을 확실하게 파악하면서, 측근들을 모아 적자 상황을 관리시켰다. 적자가 나면 책임자가 자기 돈으로 채워야 했다. 그리고 조사해서 세금을 착복한 사람이 나오면 만주족이든 몽골의 귀족이든 한족 신사층이든 예외없이 모조리 처벌했고, 해당 관리들은 추징금을 납부하기 위해 자기 재산을 털어 메꿔야 했다. 심지어 아버지 강희제(康熙帝, 제4대 황제, 재위: 1661~1722)의 자식들까지 착복한 세금을 메꾸기 위해 가재 도구와 집까지 팔아 황제에게 돈을 바쳤다. 중앙과 마찬가지로 지방에서도 이러한 조사는 철저했다. 옹정제(雍正帝)는 심지어 "몰수왕"이라는 별명이 붙을 만큼 각 부와 주현에서 세금을 횡령한 관리들의 재산을 몰수하여 모조리 국고에 집어넣고, 은닉한 재산까지 찾아내서 몰수해 경매에 붙여서 팔았다. 지주(地主)의 착취로 부당하게 천민이 된 사람은 확실히 조사해서 다시 원래 신분을 회복시키고, 못된 지주(地主)는 강력히 처벌했는데 심지어 사형까지 시켰다. 이전까지의 관행으로는, 횡령죄가 드러나도 횡령금을 채워놓으면 관직을 유지했다. 하지만 옹정제(雍正帝)는 이러한 제도의 허점(횡령한 금액을 채워놓기 위해 관리들이 백성들의 주머니를 털어서 돈을 마련함)을 깨달았다. 옹정제(雍正帝)는 즉위하자마자 횡령 사실이 드러나면 곧바로 관리들을 파직시켰고, 옹정제(雍正帝) 3년에 호남성에서 조사를 시작하자 무려 호남성의 관원들 중 절반 이상이 부패 혐의로 쫓겨났다. 허베이 성에서도 3년 이상인 고참 관리들 대부분이 파직으로 밀려났다. 관리가 백성들의 돈을 뺏어먹으면, 그 혜택은 관리만이 아니라 가족과 친구, 친척들까지 돌아간다. 따라서 옹정제(雍正帝)는 횡령 사실이 드러나면 가족과 친구는 물론 이런 친척들까지 다 털어 재산을 뺏어갔다. 그러자 탐관오리(貪官汚吏)들은 자기 가족들, 친척들, 친구들까지 연루시키지 않기 위해 꼼짝도 못했다. 또한, 옹정제(雍正帝)는 다른 사람이 대신 횡령금을 배상하는 제도도 없앴다. 그리고 죄를 추궁받아 자살한 사람마저도 철저하게 털어서 가족들에게 책임을 물었기에, 탐관오리(貪官汚吏)는 자살해도 그 죄를 벗어날 수 없었다. 특히 조금이라도 흠을 보이는 관리는 곧바로 파면하고, 후임자를 바로 임명했기에 많은 관리들은 얼마든지 자신을 대신할 존재가 있다는 생각에 두려움에 떨어야만 했다. 비리가 너무나도 심한 관리나 지주의 경우엔 배상이고 뭐고 할 것 없이 처형했다. 적자로 적자를 메우는 편법을 쓴 사람도 마찬가지였다.

상기한 부정부패(不正腐敗) 근절 정책들은 놀라운 성과를 내어, 옹정제(雍正帝) 10년 후 적자에 시달리던 하남성은 70만 량의 은(銀)을 보유하며 완연한 흑자로 돌아섰다. 훗날 역사학자 장학성(章學誠)은 이렇게 말했다: *"옹정제(雍正帝)가 관료 사회를 개혁하여 기강을 바로잡은 일은, 실로 천 년에 한 번 있을 만한 쾌거로다!"*. 미야자키 이치사다는 옹정제(雍正帝)를 '엄청난 권력을 휘두르는 독재자라기보다 구도하는 수도자처럼 경건하고 치열한 자세로 정치에 임하며, 전제 군주제와 독재 체제가 만들어낼 수 있는 극한의 선을 실천한 군주'로 평가했다. 옹정제(雍正帝)의 인품을 잘 알 수 있는 한 마디가 있다: *"이 한 몸을 위해서 천하를 희생시키지는 않으리라."*

이어서, 건륭제[乾隆帝, 제6대 황제(재위: 1735~1796)]의 치세 동안 황하에서 7건의 홍수 범람 사태가 발생하여 건륭제(乾隆帝)가 구호 자금을 보내주었으나 중간에서 관리들이 모두 횡령한 바람에 치수(治水) 공사가 진척을 이루지 못한 적도 있었다. 그 이후로는 점점 심해져 중앙에서 처리해줄 강력하고 청렴한 고위 관리들이 나타나지 않아 지방의 말단관리부터 재상급인 수석군기대신(首席軍機大臣)까지 연관되어서 집단 뇌물수수(賂物授受) 사건까지 발생하는 등 심각해졌다. 건륭제(乾隆帝) 치세 중기 때부터 군기대신 우민중은 청렴과는 거리가 멀고 스스로 막대한 사익을 취하며 대신들 사이에서도 뇌물이 오가기 시작하였다. 이에 하급 관리들 역시 서로 뇌물수수를 눈감아주고 과거시험에서도 일정한 돈을 지불한 대가로 그 응시자에게 합격시켜 주는 등 그 비리가 계속되면서 감숙성에서 청 제국 최대의 뇌물수수 사건인 감숙모진안(甘肅冒賑案)이 발생하였다.

건륭제[乾隆帝, 제6대 황제(재위: 1735~1796)]는 자신의 재위 후반기 내내 큰 영향력을 행사한 뇨후루 허선(和珅)에게 절대적 신임을 보냈다. 허선(和珅)은 금군의 삼등시위로 시작하여 27세인 1776년(건륭 41년) 호부시랑이 된 이후로 계속 호부(戶部)를 장악하며 국고를 책임졌고 감숙 순무인 왕단망(王亶望)의 뇌물수수사건을 철저히 밝혀내어 그 돈을 국고(國庫)로 환수하는데 일조하였다.

건륭제(乾隆帝, 제6대 황제, 재위: 1735~1796)의 뒤를 이은 제7대 가경제(嘉慶帝, 재위: 1796~1820)는 건륭제(乾隆帝)의 비호로 20년 넘게 조정을 장악하고 있었던 권신(權臣) 뇨후루 허션(鈕祜祿 和珅, 1750~1799)[72]을 장의도감으로 명하여 국상(國喪)을 처리하게 한 후 곧 파직시키고 권력을 농단하고 부정축재(不正蓄財)하였다는 등의 20개의 죄목을 발표하고 건륭제(乾隆帝) 붕어 보름 뒤인 2월 22일에 허션(和珅)에게 자진(自盡) 명령을 내렸다. 허션(和珅)의 재산은 모두 9억 냥이 넘어서 12년의 국가 총예산을 훌쩍 뛰어넘는 금액이었다고 한다. 이렇듯 매관매직(賣官賣職)과 부정부패(不正腐敗)가 빈번히 일어나고 국고가 비어 결국 청 제국은 쇠락의 길로 접어들었다.

---

72) 건륭제(乾隆帝, 재위: 1735~1796)는 자신의 재위 후반기 내내 큰 영향력을 행사한 호부상서(戶部尙書) 뇨후루 허션(鈕祜祿 和珅, 1750~1799)에게 절대적 신임을 보냈다. 허션(和珅)은 금군의 삼등시위로 시작하여 27세인 1776년(건륭 41년) 호부시랑, 이어서 불과 31세에 호부(戶部)의 수장인 호부상서(戶部尙書)가 되어 호부를 장악하며 국고를 책임졌으며 감숙 순무인 왕단망(王亶望)의 뇌물수수사건을 철저히 밝혀내어 그 돈을 국고(國庫)로 환수하는데 일조하였다. 그는 중국어, 만주어, 몽골어, 티베트어 등 4개 국어에 능통하여 건륭제(乾隆帝)가 내리는 국서를 직접 번역하여 보내는 등 업무처리능력이 뛰어나 수상급인 영시위내대신, 수석군기대신과 여러 문관과 무관의 관직을 겸직하며 크나큰 영향력을 행사하였고 강희제(康熙帝)와 옹정제(雍正帝) 내내 크게 위축되어 온 신권(臣權)을 다시 강화하였다. 또한 뇨후루 허션(鈕祜祿 和珅)의 장남인 풍신은덕이 건륭제(乾隆帝)가 65세에 얻은 가장 총애하던 막내 딸인 고륜화효공주와 혼인함으로써 황실의 인척이 되어 무소불위(無所不爲)의 권력을 휘둘렀다. 이에 힘입어, 뇨후루 허션(鈕祜祿 和珅, 1750~1799)은 백성들의 세금을 대폭 올리고 관리들에게 자주 뒷돈을 받아서 반대파 대신들에게는 중상모략을 일삼는 부정부패(不正腐敗)의 원상이었으며, 각지의 총독·순무에게 일정한 돈을 지불하면 대역죄를 제외한 모든 죄를 사면하는 방식으로 돈을 모아 자신의 창고에다가 쌓아두었다. 또한, 황제에게 바쳐지는 1등급 진상품을 빼돌려 자신의 집에 보내고 건륭제(乾隆帝)에게는 2등급을 대신 바쳤다. 상기와 같이 부정부패(不正腐敗)가 계속되자 반청(反淸) 세력이 계속 나타났는데 1774년(건륭 39년) 왕륜(王倫)이라는 자가 관리들의 부정부패, 무거운 세금 등으로 사람들을 규합하고 이미 쇠망한 백련교(白蓮敎)를 다시 일으켰다. 이에 건륭제(乾隆帝)가 수석군기대신 뇨후루 허션(鈕祜祿 和珅)을 호북성 녹영을 이끄는 대장군으로 파견하였고 청나라에 호의적인 호족들을 중심으로 민병대인 향용이 녹영과 협공을 하여 백련군을 대파하였다. 그러나 백련교도들은 끊임없이 반란을 일으켰고 6년 뒤인 1804년(가경 9년)에야 전멸하였다. 그러나 건륭제(乾隆帝, 재위: 1735~1796)는 뇨후루 허션(鈕祜祿 和珅, 1750~1799)의 전횡을 방치하여 허션(和珅)을 비롯한 여러 관리들의 부정부패(不正腐敗)를 내버려두는 실책을 범하였다.

2) 조선(朝鮮, 1392~1897)의 부국강병(富國强兵) 포기

본 연구는 조선(朝鮮)의 군주(君主)가 '부국강병(富國强兵)'을 포기함으로써 조선(朝鮮)의 망조(亡兆)와 대한제국(大韓帝國)의 자멸(自滅)을 자초한 역사적 사례로서 다음과 같이 2가지를 지적한다.

(1) '부국(富國)'을 포기한 사례

'부국강병(富國强兵)'에서 '부국(富國)'을 포기한 사례를 들면 다음과 같다: 조선(朝鮮)의 왕(王)과 지배층은 백성의 경제활동을 탐욕이라고 규정하며 상업과 공업을 억압하고 조선(朝鮮) 팔도에 널린 금·은광을 폐쇄했다.

1503년 조선 김감불(金甘佛)과 장례원(掌隷院) 종 김검동(金儉同)이가 은(銀) 제련법 '회취법'(灰吹法, 銀 제련법)을 발명했었다.[73] 그러나 1507년 조선 정부는 '회취법(灰吹法)'을 금지하였고 단천(丹川) 은광(銀鑛)을 폐쇄했다. 이것은 '부국강병(富國强兵)'에서 '부국(富國)'을 포기한 것이었다. 이와 반면에, 일본(日本)은 1533년 조선 기술자로부터 '회취법'(灰吹法, 銀 제련법)을 전수받아 세계 2위 은(銀) 생산국이 되었으며, 1542년 조선(朝鮮)에 일본(日本)의 은(銀)이 급증하여 사회문제가 되었다.

1600년 제14대 선조(宣祖, 재위: 1567~1608)는 당시 최대 은광인 단천(丹川) 은광(銀鑛)을 채굴한 자는 전 가족을 국경으로 추방하고 감사(監司)는 파직하라고 명했다(1600.04.24, 『선조실록』). 1706년 숙종 때 만든 '전록통고'는 금과 은을 미리 국경도시 의주에 숨겨둔 자를 신고하면 면포 50필 혹은 면천(免賤) 포상을 규정했다.

---

73) 예로부터 은광석에서 순수 은(銀)을 뽑는 방법은 고급 기술이었고 대부분의 나라는 은(銀)광석을 그냥 계속 가열해서 잿더미에서 은(銀)을 뽑아내는 방법을 썼는데 투자 대비 결과물이 시원치않아 순수 은(銀)은 고가(高價)의 화폐로 사용되었다. 그러나 양인(良人) 김감불(金甘佛)과 장례원(掌隷院) 종 김검동(金儉同)이 납[鉛鐵]으로 은(銀)을 불려 연산군(燕山君)에 바치며 아뢰기를, "납 한 근으로 은(銀) 두 돈을 불릴 수 있는데, 납은 우리 나라에서 나는 것이니, 은(銀)을 넉넉히 쓸 수 있게 되었습니다"(연산 9년 5월 18일). 이들은 자신들이 개발한 화학적 방법이라며 금속의 녹는 점 차이를 이용해 납과 은이 섞여있는 저품질 은광석 덩어리에서 순수한 은(銀)을 뽑아내었다. 연산군은 크게 기뻐하며 즉시 함경도의 은광에서 이 방법을 이용해 은을 대량으로 뽑아내라고 지시하였다. 그런데 호조판서가 한발 더 나아가 이 기술을 민간에 뿌려서 민간사업자가 은을 생산하게 하고 우리는 세금을 높여 앉아서 돈벌자고 연산군에게 제시, 연산군은 좋은 생각이라며 즉시 시행하라고 명령하였다. 결국, 연산군의 후궁 장숙용 집안이 채굴권도 받고 면세혜택도 받는 등 국정농단에 악용되어 조선조정이 실제로 벌어들인 돈은 많지 않았다고 전해진다.

18세기 제21대 영조(英祖, 재위: 1724~1776)는 새 은광이 발견됐다는 보고에 개발을 금했고(1740.11.20, 『영조실록』), 또한 19세기 제24대 헌종(憲宗, 1834~1849)은 "금은 채굴 금지는 농사철에 방해가 되고 백성이 이익을 다투게 되니 행한 조치"라는 보고에 채굴 금지 정책을 이어갔다(1836.05.25, 『헌종실록』).

한편, 일본은 믈라카에 집단 거주지까지 만들어 포르투갈 상인과 무역을 했다. 1543년 9월 포르투갈 상인을 태운 중국 상선이 일본 가고시마 다네가시마(種子島)에 도착했다. 도주(島主) 다네가시마 도키타카(種子島時堯)가 이들로부터 철포(鐵砲) 2정을 구입했다. 1549년 오다 노부나가(織田信長)가 철포 제작 노하우를 전수받은 쿠니토모(國友)에서 철포 500정을 구입했다. 철포로 무장한 노부나가에 이어 도요토미 히데요시(豊臣 秀吉, 1537~1598)가 통일을 완성했다. 그는 이와미 은(銀)으로 은화 '문록석주정은(文祿石州丁銀)'을 만들었다. 히데요시는 이 은화(銀貨)로 철포(鐵砲)와 군선(軍船)을 구입했다. 1592년 음력 4월 13일 새벽 철포(鐵砲) 부대를 포함한 1만8,000여 일본군이 700척이 넘는 배를 타고 대마도 오우라(大浦) 항구를 빠져나갔다. 임진왜란(1592~1598)은 조선이 무시한 철포(鐵砲)와, 조선(朝鮮)이 부도덕하다고 몰아붙였던 은(銀)의 역습(逆襲)이었다.

1503년(연산군 9년) 조선(朝鮮)에서는 세계 광업사상 획기적인 기술이 개발되었다. 은광석에서 납(鉛)을 제거해 순은을 추출하는 제련기술이었다. 무쇠 화로나 냄비 안에 재를 둘러놓고 은광석을 채운 다음 깨진 질그릇으로 사방을 덮고, 숯불을 피워 녹이는 것이 핵심이었다. 연은분리법(鉛銀分離法), 또는 회취법(灰吹法)이라 불렸던 그것은 당시로는 최첨단 제련술이었다.

당시, 기술개발의 주인공은 양인 김감불(金甘佛)과 장예원(掌隸院)의 노비 김검동(金儉同)이었다. 일찍부터 중국의 은(銀) 징색(徵索)에 시달렸던 데다 천한 신분의 인물들이 개발한 것이라서 그런지 조선에서는 이 기술의 가치를 제대로 주목하지 않았다. 오히려 16세기 중엽 조선을 드나들던 일본 상인들이 조선(朝鮮)의 장인들을 '스카우트'해 관련 기술을 일본으로 빼돌린다. 16세기 판 '첨단기술 유출'이었다.

당시 전국시대(戰國時代)를 맞아 재정 확보에 열을 올리던 일본의 다이묘(大名: 넓은 영지를 가진 무사)들은 경쟁적으로 이 기술을 활용했다. 전국적으로 은광(銀鑛) 개발의 붐이 일었고, 16세기 후반 일본의 은(銀) 생산은 전 세계 총량의 3분의 1을 점하는 수준까지 높아졌다. 그리고 1590년 철포(鐵砲)로 무장한 도요토미 히데요시(豊臣秀吉, 1537~1598)가 일본을 통일하고 조선(朝鮮) 침략을 자행했다. 그의 돈줄은 은광(銀鑛) 개발이었다. 일본의 당시 국가목표는 부국강병(富國强兵)이었다. 일본은 조선(朝鮮)에서 도입한 은(銀) 제련법으로 세계 2위 은(銀) 생산국이 되었으며 유럽 학문을 수용해 강병을 하고 부유한 나라가 되었다.

이와 대조적으로, 은광 개발에 소극적이었던 조선(朝鮮)은 임진왜란(壬辰倭亂, 1592~1598)을 맞아 곤혹스러운 처지로 내몰린다. 조선에 참전했던 명군이 은(銀)을 화폐로 사용했던 데다 조선 정부에 은(銀)을 내놓으라고 요구했기 때문이었다. 명군(明軍) 장병들은 월급을 은(銀)으로 받았고, 모든 거래를 은(銀)으로 했다. 그들이 민가에 나타나 은(銀)을 내밀며 술과 고기를 달라고 했을 때 조선 백성들은 손사래를 쳤다. 은(銀)을 이용한 거래에 익숙지 않았기 때문이다. 명군(明軍) 장졸들은 "돈이 있어도 물건을 살 수 없다"며 불만을 터뜨렸다.

16세기 이후 은(銀)은 오늘날의 달러처럼 세계의 기축통화(基軸通貨)였다. 따라서 무역을 통해 전 세계의 은(銀)을 흡수했던 중국과, 은(銀)을 다량으로 캐냈던 일본이 각각 번영했었다. 조선은 첨단기술로 남 좋은 일만 시킨 셈이었다. 징세에 대한 피해의식과 16세기 이후 심화된 장인에 대한 천대가 맞물려 빚어진 결과였다.

(2) '강병(强兵)'을 포기한 사례

'부국강병(富國强兵)'에서 '강병(强兵)'을 포기한 사례를 들면 다음과 같다: 1543년 8월 25일, 일본에 마침내 유럽인이 상륙했다.[74] 명(明)나라 상선 한 척이 일본 가고시마 남쪽에 있는 다네가시마(種子島)라는 작은 섬에 도착했다. 도주(島主) 다네가시마 도키타카(種子島時堯)는 거금을 주고 유럽인 선원들이 가지고 온 철포(鐵砲) 2자루를 샀다. 한 자루는 대장장이 야이타 긴베(八板金兵衛)가 역설계해 1년 만에 국산화에 성공했다. 한 자루는 당시 무로마치 막부(室町幕府)에 헌상했다. 1년 후 1544년 다네가시마(種子島) 도주(島主) 다네가시마 도키타카(種子島時堯)는 오사카에서 온 상인에게 철포(鐵砲) 제조법을 공개함에 따라 철포(鐵砲)는 삽시간에 일본 전역으로 퍼져나갔다.

한편, 제14대 선조(宣祖, 재위: 1567~1608) 1555년 음력 5월 21일, 왜인(倭人) 평장친(平長親)이 총통(銃筒) 한 자루를 들고 부산에 상륙하여 귀화를 요청했다. 그 정교함과 파괴력을 조선(朝鮮)의 대신들이 "낡은 종을 녹여 총통을 제작하자"고 왕(王)에게 건의했다. 당시, 제13대 임금 명종(明宗, 재위: 1545~1567)은 *"옛 물건은 신령한 힘이 있다"*며 거부했

---

74) 선장 이름은 명나라 사람 오봉(五峯)이고, 100명이 넘는 선원은 모두 외모가 기이했고 말도 달랐다. 선장 오봉(五峯)은 이들이 '서남만인(西南蠻人)'이라고 했다. 동남아시아보다 더 서쪽, 유럽에서 왔다는 뜻이다.

다.75) 그로부터 34년 후, 제14대 선조(宣祖, 재위: 1567~1608) 1589년 대마도주 평의지(平義智)가 조선(朝鮮) 정부에 조총(鳥銃)을 헌상했다. 그러나 제14대 임금 선조(재위: 1567~1608)은 무기고에 조총(鳥銃)을 집어넣고 아무런 조치를 취하지 않았다. 이것은 굴러들어온 철포(鐵砲)를 팽개쳤던 것이다.

그로부터 딱 1년 후, 1590년 철포(鐵砲) 특히 소총(小銃)으로 무장한 도요토미 히데요시(豊臣秀吉, 1537~1598)가 일본을 통일하고 2년 후 선조(宣祖) 25년, 1592년 4월 13일 조선(朝鮮)을 침략하여 1598년(선조 31년)까지 7년에 걸쳐 조선 강토를 짓밟았다. 이 전쟁은 조선, 일본, 중국 세나라 30만 명 이상 참전했던 16세기 세계 최대규모의 국제전쟁이었다. 다행히 충무공 이순신(李舜臣)이 이끄는 조선 수군(水軍)의 승리로 전세는 다시 역전되었고, 때마침 도요토미 히데요시(豊臣秀吉, 1537~1598)가 사망하여 일본군이 퇴각함으로써 7년(1592~1598)에 걸친 전쟁은 끝났다.

임진왜란(壬辰倭亂, 1592~1598)의 '7년 전쟁'은 조선(朝鮮)과 명(明)나라 vs 일본(日本) 사이에서 일어났던 16세기~17세기 동아시아의 역사를 뒤흔든 세계 최대규모의 국제전쟁이었다. 참고로, 칼레 해전(Naval Battle of Calais)은 1588년 영국 함대(197척, 15,000명)이 스페인 무적함대(130척, 28,000명)을 물리친 전투인데, 당시 동원된 양국의 병력을 합하여 약 4만 3천 명 정도였다.76) 여기서 유의할 것은 과학기술(科學技術)의 측면에서 보면 임진왜란

75) 박종인, 『세상을 바꾼 서기 1543년 무슨 일이 벌어졌나』, 조선일보, 2019.01.02.

76) 1592년 8월 14일(선조 25년) 한산도 대첩(閑山島大捷)은 조선 수군이 한산도 앞바다에서 포위 섬멸 전술 형태인 학익진(鶴翼陣)을 처음으로 해전(海戰)에서 사용하여 왜군을 크게 무찌른 해전이다. 임진왜란 당시, 일본군은 당시 동아시아 최고의 정예군이었다. 한산도 해전이 실패하여 수륙병진작전이 진행되었다면, 조선은 멸망했을 것이고 그들은 조선(朝鮮)을 병참기지 삼아 그대로 명(明)나라으로 진격했을 것이다. 후금(後金)의 팔기군에게도 망했던 명군(明軍)이니 승패는 장담할 수 없을 것이다. 이 전쟁이 실패로 끝나면서 도요토미 히데요시의 정권이 망하고 에도 막부가 들어서고, 그 후 일본은 쇄국 정책을 고수하게 된다. 한산도 대첩(閑山島大捷)은 영국해군에서 가르치던 해전사에 등장하는 세계 3대 해전(海戰): 기원전 480년 9월 페르시아 제국과 그리스 도시 국가 연합군 사이에 벌어진 살라미스 해전(Battle of Salamis), 1588년 영국 vs 스페인의 칼레 해전(Naval Battle of Calais), 1805년 10월 21일 나폴레옹의 전쟁기간 프랑스의 나폴레옹 보나파르트와 스페인의 연합함대를 상대로 영국해군(제독: Horatio Nelson)이 승리를 거둔 트라팔가르 해전(Battle of Trafalgar)에 추가하여 세계 4대 해전(海戰)으로 확장하기도 한다. 경우에 따라서 그리스 아테네 vs 페르시아의 악티움 해전(Battle of Actium)과 로마 제국 옥타비아누스 vs 안토니우스 & 이집트의 클레오파트라 7세의 레판토 해전(Battle of Lepanto)이 더 추가되기도 한다. 1592년 한산도 대첩(閑山島大捷)과 대비된 1588년 영국 vs 스페인의 칼레 해전(Naval Battle of Calais)의 배경은 다음과 같다: 처녀 여왕 엘리자베스 1세는 자신의 아버지인 헨리 8세의 신교(新敎)를 계승하였고 신교(新敎) 국가인 네덜란드를 지원해 주었다. 당시 스페인은 네덜란드와 주변의 플랑드르 지역에 강력한 군대를 주둔해 놓은 상태였다. 따라서 네덜란드에 있던 스페인 세력이 영국의 큰 위협요소 중 하나였다. 한편, 16세기에 스페인은 유럽에서 가장 힘이 강한 나라였으

(壬辰倭亂)은 일본의 철포(鐵砲)와 조선의 화포(火砲)의 전쟁이었다는 점이다.77)

며, 신대륙인 아메리카 대륙에도 많은 식민지를 두고 있었다. 스페인 국왕 필립 2세는 신실한 구교(舊教) 신자였으며 영국의 지배자가 되고자 하는 야망을 항상 마음에 품고 있었다. 스페인이 터키와의 전쟁에 전력을 다하고 있을 때 영국의 엘리자베스 1세 여왕은 드레이크를 보내서 스페인의 배들을 노략하도록 도와주었다. 영국인들의 지속적인 스페인 선(船)에 대한 노략으로 인해 스페인은 많은 피해를 입었다. 따라서 스페인 국왕 필립2세는 1580년 7월부터 영국 선박을 감시하고 서인도제도와 대서양에서 계속해서 노략질을 한 드레이크를 벌하라고 영국에 압력을 넣었다. 그러나 엘리자베스 1세는 오히려 드레이크에게 작위를 내렸고, 영국군을 네덜란드로 파견해서 스페인에 대항해 독립운동을 펼치던 네덜란드를 도왔다. 스페인은 영국을 다시 가톨릭 국가로 되돌리고 영국 해적들의 노략질에 대해 앙갚음 하려고 대규모 함대를 편성하여 영국을 침략을 시도했다. 그러나 스페인은 많은 지상군을 준비하였으나 영국뿐만 아니라 스코틀랜드의 어떤 항구에도 입항하지 못했다. 칼레 해전(Naval Battle of Calais)에서 스페인의 완패로 끝났다. 패주한 스페인 무적함대는 44척을 잃어버렸고, 전투함 64척 가운데 20척을 잃었다. 그 외에 귀국하는데 성공한 전투선들도 본래의 임무수행이 현저히 곤란할 정도로 심한 손상을 입었고, 수천 명의 승조 원과 수많은 전투병들을 잃어버렸다. 이때 도망간 스페인 병력들은 수리를 마치고 재정비하여 각각 1596년과 1597년에 다시 영국 침략을 시도하지만 폭풍으로 인해 실패로 끝나고 말았다. 그 후 1604년까지 국지전을 벌여오다가 양국 간에 평화협정이 체결되고, 5년 후인 1609년에는 네덜란드와 스페인 간에도 휴전협정이 맺어졌다. 그 후 1648년에 웨스트팔리아 조약(Treaty of Westphalia)으로 네덜란드가 완전히 독립하였다. 칼레 해전(Naval Battle of Calais) 이후에 스페인은 점점 해양력을 잃게 되었고 이는 영국이 새로운 해양강국으로 발전할 수 있는 기회를 만들어 주었다. 칼레 해전은 장시간 해군력을 발전시켜온 영국의 힘이었다. 영국은 헨리 8세가 왕위에 있던 시절부터 앞으로는 해전(海戰)이 세계정세에 큰 변혁을 가져올 것을 예측하고 미리 해군을 양성하기 시작했고, 엘리자베스 1세의 즉위와 동시에 그녀는 전투 함대를 만들었으며 새로운 전법(戰法)을 고안했다. 전쟁사적으로는 고대의 해전(海戰)에서부터 전통적으로 이어져 내려오던 백병전(白兵戰)을 더 이상 해전(海戰)에서 찾아볼 수 없게 되었다. 이때부터 2차 세계대전에서 잠수함과 같은 비대칭전력의 출현까지 500년 동안은 해전(海戰)의 승패를 가르는 주된 요인은 어느 나라의 화력이 더 우세한가로 변화하게 되었다.

77) 도요토미 히데요시(豊臣秀吉, 1537~1598)가 임진왜란(1592~1598)을 일으킨 이유에 대해서는 여러가지 설이 있지만 주요한 2가지 설은 다음과 같다: 선대로부터 이어져 내려온 가신이 없고 막부를 세워 쇼군의 권위로 통치하는 것도 불가능하자 영지(領地) 하사를 통한 정권안정을 확보하려고 전쟁을 일으켰다는 설, 일본 내부 갈등을 밖으로 돌리기 위했다는 설이다. 일본 내에서 최고의 세력을 장악한다 할지라도 세력가는 결국 천황의 신하에 불과하다. 다만 그 세력가가 막부(幕府)를 세운다면 천황(天皇)의 명령을 수행하기 보다는 천황(天皇)의 안전을 보호하기 위해 독자적인 권력을 행사할 수 있는 권한을 가지게 된다. 이는 12세기 겐페이 전쟁에서 승리한 겐지(源氏)에게 주어진 특권이었다. 다시 말해 겐지의 피를 이어 받은 자만이 쇼군의 지위에 올라 막부를 세울 자격이 있다는게 상례였다. 도요토미 히데요시(豊臣秀吉, 1537~1598)는 겐지는커녕 천출(무사 집안 출신이 아님)인 까닭에 상례적으로 쇼군이 될 수 없었다. 그가 쇼군 자리에 오를 수 있는 유일한 방법은 과거 자신들의 영토를 회복하고 그를 방해하는 오랑캐를 물리쳐 승전군이 되어 천황(天皇)에게 다시 대장군의 칭호를 받아 막부를 구성하는 것뿐이었다. 이를 위해 과거 영토라고 주장하는 미나미(임나)에 해당하는 조선(朝鮮) 남부를 회복(히데요시의 관점)하고 이에 반대하는 명(明)나라 군대를 섬멸하는 것만이 막부(幕府)를 구성하고 쇼군이 될 명분을 얻는 유일한 길이었다. 또한 그 과정에서 발생하는 새로운 영지(領地)들을 무사들에게 하사함으로써 천출인 까닭에 늘 불안했던 가신관계를 굳건히 만들고자 했다. 그것을 위해 도요토미 히데요시(豊臣秀吉, 1537~1598)가 임진왜란(1592~1598)을 시작하게 되었다는 게 일반적인 분석이다. 도요토미 히데요시

임진왜란(壬辰倭亂, 1592~1598) 당시 피아(彼我)의 피해 상황은 다음과 같다: 전술한 바와 같이, 일본군의 경우 1차 침입(1592~1593) 약 160,000~235,000명, 2차 침입(1597~1598) 약 140,000명이었으나 사망자 합계는 130,000명이었던 반면에, 조선군의 경우 전쟁 초반에 340,000명(약 22,600여명의 지원군 포함)이었으나 사망자 합계는 300,000명이었다. 한편, 명(明)나라의 1차 원병(1592~1593) 43,000명, 2차 원병(1597~1598) 100,000명이었으나 사망자 합계는 30,000명이었다. 실로, 임진왜란(壬辰倭亂, 1592~1598)은 한반도를 주심으로 한 '동북아시아(한·중·일)의 국제전(國際戰)'이었다.

3) 17세기 조선(朝鮮)의 '심폐소생술': 대동법(大同法) · 상평통보(常平通寶) · 토지개혁(土地改革)

전술한 바와 같이, 제18대 현종(顯宗, 재위: 1659~1674)의 재위 기간인 1670년(경술년)과 1671년(신해년)의 경신대기근(庚辛大饑饉)은 유례없는 대재앙이었다. 백성들은 굶어 죽었고 나라에는 전염병이 들끓었다. 평안도에 긴 가뭄 끝에 홍수가 들고 서리와 우박이 겹쳐서 전야(田野)가 쑥밭이 되었다. 같은 달에는 황해도·평안도·원양도(原襄道: 강원도)·함경도에 비둘기 알만 한 우박이 내려 곡식을 해쳤다. 안주(安州) 백성은 "내년 봄에 굶어 죽느니 오늘 자진(自盡)하는 것이 낫다"면서 자살하는 사건까지 발생했다.

경신 대기근(庚辛 大飢饉, 1670~1671)으로부터 20여년 후, 제19대 숙종(肅宗, 재위: 1674~1720)의 시대인 1695년 다시 심각한 대기근(大飢饉)을 겪었다. 이때 사람들은 농사기구인 소를 관청에 신고하지 않고 도살했으며, 심하면 사람 고기까지 먹었다고 한다. 그러나 조정은 처벌도 하지 못했다고 한다. 사실, 1694년(숙종 20년)부터 1720년(숙종 46년)에 이르는 기간은 세계적으로 소빙기(小氷期)로 불리는 냉해(冷害)가 계속되었는데 조선도 예외가 아니었다. 이 결과 잇단 흉년과 홍수·질병으로 인구는 1693년에서 1699년 사이에 약 142만 명의 인구가 감소했다.

설상가상으로, 1695년 대기근(大飢饉)이 발생한지 2년 후 1697년(숙종 23년)에는 10여

(豊臣秀吉)의 사망 이후, 도쿠가와 이에야스(德川 家康, 1543~1616)가 1600년 세키가하라 전투에서 동군을 지휘하여 승전한 후, 1603년 에도 막부를 개창하여 첫 쇼군(재임: 1603~1605)이 되었다. 1605년 3남 히데타다에게 쇼군직을 물려준 다음에도 오고쇼의 자격으로 슨푸에 머무르며 정치에 참여하였다. 사후에는 닛코 동조궁에 묻혔으며, 동조대권현(東照大權現)이라는 시호를 얻었다. 오다 노부나가, 도요토미 히데요시와 함께, 도쿠가와 이에야스(德川 家康)는 향토삼영걸로 불린다.

년 전부터 황해도 구월산(九月山)을 무대로 활약해 오던 장길산(張吉山) 농민군의 세력이 더욱 커져서 서북지방이 매우 어수선했고, 한양에서는 중인 및 서얼들이 장길산 부대와 연결하여 새 왕조를 세우려다 발각되는 일까지 일어났다(『조선왕조실록』, 숙종 31권).78)

1677년(숙종 3년) 제19대 숙종(肅宗, 재위: 1674~1720)은 진휼책(軫恤策)으로서 가설첩(加設帖)을 만들어 진휼청(賑恤廳)에서 매매하여 그 돈으로 영남지방의 기민(饑民)들을 구제했다. 즉, 임진왜란(1592~1598)과 병자호란(丙子胡亂, 1636.12.28~1637.02.24)으로 국가 재정이 탕진되었고 흉년이 자주 들어서 많은 백성들이 굶주리게 되니 조정에서는 이를 구제하기 위하여 부유층에게 명예직(名譽職)을 주고 그 대가로 많은 재정을 확보하여 백성을 구제하였다. 제21대 영조(英祖, 재위: 1724~1776)시대에 공명첩(空名帖)의 이름으로 여러 번 발행하여 돈을 얻어 백성을 구제하였고 순조(純祖)시대에도 김재찬(金在瓚)의 적극적인 주장에 따라 공명첩(空名帖)을 발행하였다. 이것은 사회가 극도로 혼란되었을 때에 매관매직(賣官賣職)을 합법적으로 조장했다.

여기에 백성들을 끊임없이 괴롭혀 온 공납(貢納)의 폐단은 임진왜란(壬辰倭亂, 1592~1598) 이후 극에 달했다. 호피 방석 한 개의 값이 쌀 70여석으로 폭등하기도 했다. 사망 직전의 조선에 '심폐소생술'을 한 건 다름 아닌 '대동법'(大同法)이라는 '개혁'이 있었다. 그 덕분으로, 조선(1392~1897)과 대한제국(大韓帝國, 1897.10.12~1910.08.29)은 임진왜란(壬辰倭亂, 1592~1598) 이후 기적적으로 300년 더 생명력을 유지할 수 있었다. 중국의 성공한 왕조라고 할 수 있는 당·송·명·청 등은 대략 300년 남짓이었다.

---

78) 『조선왕조실록』(숙종 31권)의 1697년의 실록 기사에서 숙종(肅宗)은 다음과 같이 하교하였다: "극적 장길산은 날래고 사납기가 견줄 데가 없다. 여러 도로 왕래하여 그 무리들이 번성한데, 벌써 10년이 지났으나, 아직 잡지 못하고 있다. 지난번 양덕에서 군사를 징발하여 체포하려고 포위하였지만 끝내 잡지 못하였으니, 역시 그 음흉함을 알 만하다. 지금 이영창의 초사를 관찰하니, 더욱 통탄스럽다. 여러 도에 은밀히 신칙하여 있는 곳을 상세하게 정탐하게 하고, 별도로 군사를 징발해서 체포하여 뒷날의 근심을 없애는 것도 의논하여 아뢰도록 하라". 장길산(張吉山)은 소위 조선 3대 도적(홍길동, 임꺽정과 함께) 중 유일하게 끝까지 잡히지 않고 몸을 피해 종적을 감춘 인물이다.

(1) 대동법(大同法), 전국 시행에 만(滿) 100년 소요: 1608년(광해군 즉위년) → 1708년(숙종 34년)[79]

우선, 15세기 조선의 건국 당시 제정된 조세제도는 당(唐)나라 때부터 내려온 '조용조(租庸調)' 체계를 따랐다. 조(租)는 땅에서 나오는 것에 대한 세금 (전조), 용(庸)은 국가에서 하는 대규모 공사에 차출되는 것이나 군에 복무하는 것을 말한다. 특히 전체 세금의 60%를 차지할 만큼 비중이 컸던 조(調)는 지방의 특산품을 바치는 것이었다. 이 조세제도는 일반 백성들에게 전세, 요역과 군역, 공납을 구별하여 거두는, 고대에서 중세까지의 동아시아 조세 제도의 완결판이라 할 수 있는 제도였다.

특히, 15세기에는 조세의 대부분을 전세, 즉 토지세(土地稅)로 거두었는데, 이는 호적의 철저한 파악을 오히려 폭정이라 간주했던 건국의 중추 세력인 신진사대부들의 사상과 농업이 기간 산업이라는 사회적 특성상 매우 타당한 것이었다. 특히 조선은 이러한 전세를 명목상으로라도 공정하게 거두기 위해 지력과 풍흉에 따른 토지 생산물의 평가 방식, 즉 공법인 전분(田分) 6등법과 연분(年分) 9등법을 시행했다. 그러나 이러한 조세 수취 구조는 16세기로 넘어가면서 차츰 변화해간다. 정부 수입에서 전세의 비중이 줄고 공납(貢納)의 비중이 매우 커지게 되었다.

공납(貢納)은 토지가 아닌 인정(人丁)과 호(戶), 즉 사람 머릿수에 맞추어 거두어들이는 인두세(人頭稅)의 성격을 지니고 있었다. 농업을 경제기반으로 삼고 토지의 겸병이 문제시되던 시대에 토지가 아닌 사람에게 직접 측정하는 이러한 제도는 지나친 학정(虐政)에 가까웠다. 공납(貢納)의 폐단은 여러 폐단 가운데서도 가장 거대한 것이었다. 실제로 효종실록 및 현종실록의 기사로 파악해 보면 대동법 시행 이전 각관이 1결당 거두는 공물가의 규모는 최소 50두, 최대 70~100두에 이르렀다. 이는 후대의 '삼정(三政)의 문란'으로 수탈해가는 액수의 절반에 달하는 액수였다. 민생 부담을 낮추기 위해 조세를 조정하여 빈부 격차를 완화시키려 해도 인정(人丁)에 따라 거두는 한, 이는 이루기 힘든 사항이었다. 빈부(貧富)의 불균등은 국가 재정의 악화와 사회적 불균등의 심화를 가져왔다.

게다가, 각 고을에 공물(貢物)을 얼마나 부과할 것인가에 대한 규정이 제대로 정해져

---

79) 『조선왕조 재정사연구』Ⅲ(김옥근, 일조각, 1988; 『조선후기경제사연구』, 서문당, 1977); 『대동법에 대한 일연구』(정형우, 『사학연구』 2, 1958); Kim Yuk and the Taedong bop Reform(Ching Young Choe, The Journal of Asian Studies 23-1, 1963); 『대동법의 시행을 둘러싼 찬반양론과 그 배경』(김윤곤, 『대동문화연구』 8, 1971); 『16·17세기 공납제 개혁의 방향』(고석규, 『한국사론』 12, 1985); 『조선 후기의 공물무납제』(德成外志子, 『역사학보』 113, 1987).

있지 않았다. 전세나 군역의 경우 1년에 몇번을 거둘 것인지, 그리고 얼마를 거둘 것인지에 대한 법적 규제가 존재했다. 그러나 공납(貢納)은 그런 것이 없었다. 이로 인해 수취자들의 자의성을 막을 수 있는 제도적 장치가 없었다. 거기다 중앙정부는 각관, 즉 주와 현 단위까지만 공물(貢物)을 분정(分定)하고, 그 내부에서 개별 고을 내에서 어떻게 공물(貢物)을 분정(分定)할 것인지에 대해서는 신경쓰지 않았는데, 이로 인해 고을 내 세력가들은 자신들에게 할당된 공물(貢物)을 다른 이에게 전가하였다.

제10대 연산군(燕山君, 재위: 1494~1506)이 등장하면서 내수사(內需司) 직계제의 실시, 공납(貢納)의 비중 확대를 통해 왕실 재정을 과도하게 확대시키면서 이러한 변화는 결정적인 상황에 치닫게 된다. 그러나 1506년 9월 18일 중종반정(中宗反正)에 의하여 연산군(燕山君)이 폐위되고 진성대군 이역(李懌)이 중종(中宗)으로 옹립됐다. 그후에도 공납(貢納) 문제는 전혀 고쳐지지 않았고, 이 문제 해결을 추구했던 조광조(趙光祖, 1482~1520)를 비롯한 사림파(士林派)를 1519년 기묘사화(己卯士禍)를 일으켜 대규모로 숙청하였다. 제13대 명종(明宗, 재위: 1545~1567) 치세에 문정왕후(文定王后) 윤씨·윤원형(尹元衡) 남매가 실권을 잡고 휘두르면서 내수사(內需司)의 전횡은 극한에 이르렀다. 상기한 조세제도의 구조적 문제를 가장 잘 나타내는 것은 제16대 인조(仁祖, 재위: 1623~1649) 11년에 박지계(朴知誡)가 올린 만언소(萬言疏)인데, 여기서 나타난 문제점을 보면 다음과 같다:

① 설령 수령이 청백리(淸白吏)라고 해도 경각사에 상납하는 공물의 양에 대해서는 어쩔수 없다. 청백리(淸白吏)가 할 수 있는 건 자기 사욕을 챙기지 않는 것뿐이다.

② 설령 청백리(淸白吏)라고 해도 재상, 명사, 옛 친구, 친척들에게 관례대로 사례하지 않으면 단순히 원망을 사는 정도가 아닌, 개인적 인간 관계가 모조리 끊어져 버리기 때문에 사례를 안할 수가 없다. 거기다 이들 서울의 경대부들은 급료가 박하기 때문에 수령의 뇌물이 없으면 일가를 부양하기가 상당히 팍팍하다는 문제가 있어 뇌물을 자연스럽게 받게 되며, 뇌물바친 수령들을 옹호한다.

③ 이러한 문제를 감찰하고, 저지해야 할 감사(監司)는 다수의 수령에 비해 결국 소수, 때로는 한둘 뿐이기 때문에 개인의 힘으로는 이를 막기 힘들다.

상기한 시대적 상황에서, 율곡(栗谷) 이이(李珥)는 제14대 선조(宣祖, 재위: 1567~1608) 즉위 초인 1569년(선조 2년)에 올린 '동호문답(東湖問答)'에서 '지금 아전들은 대개 봉급이 없다. 아전들이 뇌물받는 것을 마땅히 근절해야겠지만, 경작을 대신할 만한 생활 자료를 주어야만 한다'고 하여 이러한 가렴주구(苛斂誅求)에 대해 단순히 엄정한 감시만이 해답이 아닌, 제도적 진단과 대안을 내놓아야 함을 지적하였다. 그는 방납(防納)의 폐단을 지적하고 공안(貢案)을 개혁하기 위해 '대공수미법(代貢收米法)'을 시행할 것을 건의하였다. 즉, 징수된 공납미를 정부가 지정한 공납 청부업자에게 지급하고, 이들에게 왕실·관아의 수요물을 조달하게 해 종래 불법적으로 관행되던 방납(防納)을 합법화시켜 정부의 통제 아래 두고 이를 통해 재정을 확충하자는 것이었다.[80]

이 계기로 제14대 선조(宣祖, 재위: 1567~1608) 3년 11월 당시 영의정인 이준경(李浚慶)의 건의로 정공도감(正供都監)을 설치해 공납(貢納)의 균등화를 시도했으나 조정 대신들은 이에 미온적 태도를 보였고, 결국 2년을 채 못 버티고 혁파되었다. 그 후 선조(宣祖) 6년에 여러 논의를 거쳐 공판(公辦)을 금지하였지만 선조(宣祖) 9년 8월에 관리들이 이 때문에 제대로 일하지 않는다는 이유로 다시 공판(公辦)이 실시되었다.

이런 식의 미봉책이 거듭되자 율곡(栗谷) 이이(李珥)는 제14대 선조(宣祖, 재위: 1567~1608) 7년 1월 1일에 직접적으로 만언봉사(萬言封事)를 올려 1545년 '을사사화(乙巳士禍)'를 일으켜 공신이 된 자들은 위훈이니 이를 삭제해야 한다.'고 주장하면서 구신들이 미온적으로 미봉책만을 연발하는 것을 비판했고, '공안(貢案)'을 개혁하여 심하게 거두어들이는 폐해를 근절하는 개정론을 포함하는 여러 사회 개혁안을 건의했다. 이러한 율곡(栗谷) 이이(李珥)의 개혁 시도는 선조(宣祖) 10년 을사사화(乙巳士禍, 1545년)로 인한 공신들이 공적에서 삭제되면서 이들과 연관된 구신들이 물러나면서 위훈 개혁이 실시되고, 이를 주도한 율곡(栗谷) 이이(李珥)가 정국의 주도권을 잡으면서 거의 현실화되기 시작하였으나, 동서(東西) 붕당(朋黨)이 일어나면서 중립파였던 율곡(栗谷) 이이(李珥)의 주장에 정치적 의도가 있던 것이 아니냐는 의혹을 품은 반대파의 시각에 의해 지지부진했고, 결국 율곡(栗谷) 이이(李珥)가 낙향했다가 제14대 선조(宣祖, 재위: 1567~1608) 17년 1월 사망하면서 결국 실패로 돌아가게 되었다.

그 후 임진왜란(壬辰倭亂, 1592~1598)이 발생해 군량미 확보가 다급해지자, 모든 공물(貢物)을 쌀로 받기로 결정하고, 1594년까지 이를 유지했었다. 여기에 조정이 의주(義州)까지 피란갔다가 한성(漢城)으로 돌아온 직후 제14대 선조(宣祖, 재위: 1567~1608) 27년 1월 1일에 조정은 기존의 공안(貢案)을 분실했고 민심도 좋지 않다는 이유로 공안(貢案)안 상정 및 작미(공물을 쌀로 받음)의 논의를 시작했다. 그 후 몇달 뒤 조정은 류성룡(柳成龍)의 주도 하에 결당 2두로 정해 걷기로 하는 등 대동법(大同法)과 일견 유사한 대공수미법(代貢收米法)의 형태로 1594년 가을부터 전국에 시행되었으나 1년도 못가서 폐지되었다. 이처럼 개혁

---

80) 고석규(1985), "16·17세기 공납제 개혁의 방향", 『한국사론』 12.

이 번번이 좌절된 것은 당시의 사회적·경제적 형편이 어려웠던 이유도 있었지만 세도가(勢道家)들과 방납업자들이 자신들의 이권을 지키기 위해 방해 책동했기 때문이었다.

상기와 같이, 조선의 건국 당시 제정된 조세제도인 '조용조(租庸調)' 체계의 문제는 바로 세 번째 세금제도 조(調)였다. 왜냐하면 풍년과 흉년으로 생산이 일정치 않을 경우 납부에 문제가 많았기 때문이었다. '공납(貢納)'으로도 불린 조(調)는 이른바 백성을 가장 괴롭히는 '가렴주구(苛斂誅求)'의 수단이 됐다. 상인이나 관원이 대신 내주고 막대한 이익을 챙기는 '방납(防納)', '대납(代納)'의 폐단이 컸다. 대동법(大同法)은 이 '공납(貢納)'을 바로잡는 데서 출발했다. 관료들이 공납(貢納)을 토지 소유에 따라 일률적으로 쌀로 바치게 하고 이 쌀로 조정이 직접 지방특산품을 구입하자는 것이었다.

제15대 광해군(光海君, 1608~1623)은 1608년(광해군 즉위년) 음력 5월 조선 최고의 명신(名臣) 영의정 이원익(李元翼, 1547~1634)의 상소를 수용하여 임진왜란(壬辰倭亂, 1592~1598)으로 전국의 토지가 황폐화되자, 부족한 국가재정을 보완하고 농민의 부담을 경감시키기 위하여, 토지 조사 사업과 호적 조사 사업을 실시하고, 중앙에 선혜청(宣惠廳)을, 경기도에 경기청을 각각 설치하고 방납(防納)의 폐해가 가장 큰 경기도부터 시작하여, 공납제(貢納制)를 대동법(大同法)으로 바꾸어 처음으로 경기도에서 '선혜법(宣惠法)' 혹은 '대동법(大同法)'이라는 이름으로 시행하였다.

구체적으로, 공물(貢物)을 호(戶) 단위로 징수하던 것을 대동미(大同米) 곧 1결당 쌀 두 수로 환산하여 징수하였다. 이때의 세율은 봄·가을 2기로 나누어 땅 1결(結)에 대해서 8말씩 도합 16말을 징수하여, 그중 14말은 선혜청(宣惠廳)에서 경납물의 구입비용으로 공인(貢人)에게 주어 납품하게 하고, 나머지 2말은 수령(守令)에게 주어 그 군·현의 공·사 경비로 쓰게 하였던 것으로 나타난다. 그리고 공납(貢納)으로 징수하던 수요 물품은 공인(公人)을 선정하여, 그로 하여금 구입·납부케 하고, 그 대금은 선혜청(宣惠廳)에 간직한 대동미(大同米)로 지불하였다.

그 후, 인조반정(仁祖反正, 1623년)으로 왕위에 오른 제16대 인조(仁祖, 재위: 1623~1649)와 서인(西人) 집권세력은 정국의 안정을 위해 민심을 다독이고, 더 나아가 당시 문제가 되던 재정 문제 해결을 위한 방안을 마련할 필요가 있었다. 이에 인조(仁祖, 재위: 1623~1649) 집권 초 제기됐었던 사업이 '양전 사업'과 '호패법'(號牌法) 그리고 '대동법(大同法)'의 확대였다. 사실 이 사업들은 광해군(光海君) 초기에 다 제기됐고 일부분 실행된 사업들이었다. 조정 일각에서는 청나라의 군사 위협과 재정 문제 해결이라는 2마리 토끼를 잡는 차원에서 호패법(號牌法)의 시행을 주장했다. 그러나 인조(仁祖, 재위: 1623~1649)는 당장의 불만을 초래할 호패법(號牌法)보다는 대동법(大同法)이 더 낫다는 판단으로 결국 인조(仁祖) 2년(1624년)에 '삼도대동법'으로 확대 실시했다. 여기서 대동법(大同法)의 확대란 광해군 대에 시도된 경기 선혜법(宣惠法)을 강원, 전라, 경상도로 확대 실시하는 것을 의미했으며, 이는 인조반정(仁祖反正, 1623년) 직후 민심을 얻기 위한 제스쳐 중 하나였다.

그러나 '삼도대동법'도 적잖이 한계가 있었다. 비록 곡창 지대인 호남과 영남에 대동법(大同法)을 시행해보았다는 점에서는 의미가 있었으나, 이 지역은 주요 곡창 지대여서 흉년에 따른 리스크가 훨씬 컸고, 지주들의 반발도 거세서 삼남 중에서도 특히 호남 산군 지역 지주층들이 격심하게 반발했다. 대동법(大同法)의 시행 자체에도 문제가 있었던 탓에 결국 주도자였던 이원익(李元翼) 스스로 삼도대동법의 철폐를 주장하기에 이르렀다. 다만 강원도에선 대동법 체제에 일반 백성들이 환영하고 반대도 크지 않아서 그대로 시행되었다.

제16대 인조(仁祖, 재위: 1623~1649) 2년(1624년)에 실시했었던 '삼도대동법'이 실패한 후 대동법(大同法)은 한동안 공안(貢案) 개정론에 밀리는 모양새를 보인다. 이는 전통적인 공납(貢納) 문제 해결책이 공안(貢案) 개정론이었기 때문이었다. 그러나 공안(貢案) 개정으로는 문제를 해결할 수 없다는 인식이 차츰 확산되었고, 결정적으로 공안(貢案) 개정에서 가장 큰 부분을 차지하는 것은 왕실 공안(貢案) 개정이었는데, 제16대 인조(仁祖, 재위: 1623~1649)는 공납 문제의 심각성은 인식했지만 정권 안보 차원에서 왕실의 공안(貢案)을 개정하는 것을 거부하였다. 결국, 인조(仁祖) 치세 말기에는 공안(貢案) 개정론이 소멸되었다.

그 후, 제17대 효종(孝宗, 재위: 1649~1659) 시대에, 영의정 김육(金堉, 1580~1658)의 주장으로 호서대동법(湖西大同法)이 시행되었다. 1655년 충청도에서, 1658년 전라도 연해에서 각각 실시되었다. 1638년 김육(金堉)[81]은 충청관찰사에 임명되자마자 '굶주린 백성을 구제하는 방법에는 대동법(大同法)보다 좋은 것이 없다'면서 대동법(大同法)을 건의했다. 제17대 효종(孝宗, 재위: 1649~1659)은 김육(金堉, 1580~1658)의 강력한 건의를 받아들여 상

---

81) '김육 평전'(민음사)을 낸 이헌창 교수(고려대 경제학과)는 그를 '조선 최고의 개혁가'로 부른다. 김육(金堉)은 개혁(改革)을 주저하고 수신(修身)이라는 관점에서 절약으로 공납(貢納)의 폐단을 해결하려는 움직임에 대해 '뜻을 성실히 하고 마음을 바르게 하는 것(誠意正心)'만으로는 나라를 다스릴 수 없다고 생각했다. 김육(金堉)의 사상에 영향을 받은 실학자 유형원(柳馨遠)도 수신(修身)의 원칙만으로는 경세(經世)의 영역을 온전히 포괄할 수 없다고 보았다. 김육(金堉)의 말에 따른다면 "농민은 전세와 대동세를 한 차례 납부하기만 하면 세납의 의무를 다하기 때문에 오로지 농사에만 힘을 쓸 수 있는" 민생안전의 조치였고, 또 상업과 수공업을 발달시키고 고용증대도 가져올 수 있는 제도였으며, 국가는 재정을 확보하면서 합리적으로 운영할 수 있는 최선의 방법이었던 것이다. Ching Young Choe(1963), "Kim Yuk and the Taedong bop Reform", The Journal of Asian Studies 23–1; 김윤곤(1971), 『대동법의 시행을 둘러싼 찬반양론과 그 배경』, 『대동문화연구』 8.

평통보(常平通寶)를 주조·유통시켰으며 대동법(大同法)의 실시지역을 확대해 1652년에는 충청도, 1653년에는 전라도 산군(山郡) 지역, 1657년에는 전라도 연해안 각 고을에서 대동법(大同法)을 실시했다.[82] 이와 함께 전세(田稅)도 1결(結)당 4두(斗)로 고정하여 백성의 부담을 크게 경감시켰다. 또한, 1655년에는 신속(申洬)이 편찬한 『농가집성』(農家集成)을 간행·보급하여 농업생산에 이용하도록 했다.

대동법(大同法)의 시행 초기, 김장생(金長生)과 김집(金集)을 중심으로 결사 반대했었으며 효종대에는 대동법 확대를 놓고 산당과 한당으로 나뉘어 피터지게 싸우기도 했었다.

---

82) 제17대 효종(孝宗, 재위: 1649~1659) 즉위년 당시 우의정 김육(金堉)이 양호(兩湖: 전라·충청)에 대동법(大同法) 확대 실시를 주장했을때 이조판서 김집(金集)과 송시열(宋時烈)·송준길(宋浚吉) 등이 일제히 반대했다. 대동법(大同法)은 토지 소유의 많고 적음에 따라 세금을 내자는 안민책인데 양반 지주의 입장에 서서 반대한 것이었다. 이때 효종(孝宗)은 "대동법(大同法)을 시행하면 대호(大戶: 부자)가 원망하고 시행하지 않으면 소민(小民: 가난뱅이)이 원망한다는데 그 원망의 대소(大小)가 어떠한가?"(『효종실록』 즉위년 11.05)라고 물었다. "소민(小民)의 원망이 더 큽니다"고 대답하자 효종(孝宗)은 "그 대소를 참작해 시행하라"고 사실상 실시 명령을 내렸다. 그럼에도 양반 사대부의 반발 때문에 효종 2년(1651)에야 겨우 충청도만 확대 실시될 수 있었다. 안민(安民)은 결국 일부 사대부의 기득권(旣得權) 수호 논리에 불과했다. 효종(孝宗) 2년(1650) 대동법(大同法) 실시 문제로 김집(金集)과 논쟁하다가 사직했으나 효종(孝宗) 6년(1655)에는 영의정이 되었다. 대동법의 실시를 한층 확대하고자 〈호남대동사목(湖南大同事目)〉을 구상하고, 이를 1657년 7월에 효종에게 바치면서 전라도에도 대동법을 실시할 것을 건의하였다. 한국 최초의 태양력인 시헌력을 도입하여 양력 사용을 보급시키기도 했다. 또한, 화폐 이용의 필요성을 역설하여 주전사업을 건의, 민간에 주전(鑄錢)의 유통에도 성공하였다. 1651년부터 1654년, 1655년부터 1658년까지 의정부영의정을 역임하였다. 대동법(大同法)의 실효성이 입증되자 차츰 각 지방에 확대 적용시켰다. 제16대 인조(仁祖, 재위: 1623~1649)가 1623년 인조반정(仁祖反正)으로 등극한 후 조익(趙翼)의 건의로 강원도, 충청도, 전라도에도 대동법을 실시되었으나 강원도를 제외한 충청도·전라도의 대동법은 다음해 폐지되었다. 충청도에는 1651년(효종 2)에 김육의 주장으로 실시되었는데 춘추 2기로 나누어 땅 1결(結)에 대해서 5말씩, 도합 10말을 징수하다가 뒤에 2말을 증가하여 12말을 바치게 하였다. 산군 지역에는 쌀 5말을 무명(木棉) 1필로 환산하여 바치게 했다. 전라도에는 1658년(효종 9) 정태화(鄭太和)의 건의로 절목(節目)을 만들어 도(道)의 의견을 물은 뒤 1결(結)에 13말을 결정하여 해안 지방부터 실시했으며, 산군 26읍에는 1662년(현종 3)부터 실시했는데 부호들의 농간으로 1665년(현종 6)에 일시 폐지하였다가 다음해에 다시 복구하였다. 뒤에 1말을 감하여 1결에 대하여 12말을 징수하였다. 경상도에는 1677년 숙종 때부터 실시하여 땅 1결에 13말을 징수하였는데, 다른 지방이 12말이므로 부당하다 하여 1말을 감하였다. 변두리 22읍은 쌀, 산군 45읍은 돈(錢)과 무명(棉布) 반반, 그외 4읍은 돈과 베 반반으로 바치게 하였다. 황해도에는 1708년(숙종 34) 대동법을 모방한 상정법(詳定法)을 실시하였는데, 1결에 대하여 쌀 12말을 징수하는 외에 별수미(別收米)라 하여 3말을 더 받았다. 대동미는 수요에 따라 일부는 중앙의 선혜청에 옮기고 일부는 지방 관청에 두어 쓰게 하였다. 상기 세 지역(함경도·평안도·제주도)의 경우 모두 벼농사가 잘 안됐다. 제주도에는 그곳이 번속(藩屬)으로 여겨진 연유로 해서 실시되지 않았고, 또 평안도에는 민고(民庫)의 운영과 함께 1647년(인조 14)부터 별수법(別收法)이 시행되어 이미 대동법의 효과를 대신하고 있었던 때문에 시행되지 않았던 것으로 알려져 있다. 일부 산간 지방에서는 쌀 대신 베(대동목)나 동전(대동전)으로 걷기도 하였다.

그 이전으로 거슬러 올라가면 광해군(光海君) 대의 집권당인 대북 사이에서도 찬반 논쟁이 벌어져서 장세철(張世哲) 같은 이는 적극적인 전국 8도로의 확대를 주장한 반면 유공량(柳公亮) 같은 이는 선혜청(宣惠廳) 폐지를 주장했었다. 애초에 대동법(大同法)과 가장 직접적으로 연관된 계층은 지주와 소농이었고 이들이 다시 상류층과 연을 맺으며 찬반에 영향을 끼쳤다. 이렇듯 찬반 논란이 거셌기 때문에 대동법(大同法)은 첫 도입부터 무려 100년이나 걸려서야 안착할 수 있었으며 그 과정에서 무수한 논란을 감수하지 않을 수 없었던 것이다. 송시열(宋時烈)이 대동법(大同法)을 반대했다는 오해를 받지만 그는 방납(防納)의 폐단을 지적하며 대책을 마련해야 한다는 데 동의했다. 그 대책으로 공안(貢案)을 바로잡아 백성들의 부담을 덜어줄 것을 왕에게 요청했다. 그는 동시에 대동법 실시에도 반대하지 않았다(『대동법, 조선 최고의 개혁』, p.186). 물론 대동법(大同法)에 가장 반대했던 세력은 지방 지주층이었다. 그런데 지방 지주층과 달리 중앙 관료들은 대동법(大同法)을 일관하게 지지하고 있었다.

대동법(大同法)의 핵심은 공납의 기준을 사람에서 토지로 바꾸고 부과 비율을 토지 1결당 12말로 고정하는 것이다. 토지 1결은 300두의 쌀을 수확하는 땅으로, 1결당 12말은 4%의 세율을 뜻했다. 1결은 대략 논 8,000평이고, 12말은 요즘 기준으로는 5말 정도니까 세금 내는 입장에선 괜찮은 수준이었다. 중앙정부는 세수(稅收)가 20% 정도 늘었고, 납세자는 평균 절반, 최대 5분의 1 이하로 부담이 줄었다. 이전 사람 중심인 호수별로 세금을 부과하던 것을 토지 결수에 따라 부과하자 조세의 공평성이 크게 높아져 서민들의 부담은 대폭 경감됐고, 부자와 양반들의 부담은 증가했다. 과거 경기 지방에 시행된 '선혜법(宣惠法)'은 애초 전국적으로 확대할 의도가 없었지만, 호서대동법(湖西大同法)은 그렇지 않았다. 다행히, 호서대동법(湖西大同法)이 성공하자 법 시행 직전까지 대동법(大同法)의 정책 효과를 확신하지 못했던 사람들이 대동법(大同法)을 지지하게 되는 결정적 계기가 됐다.

(2) 숙종(肅宗) 시대(1674~1720):
상평통보(常平通寶) 주조와 토지개혁(土地改革) 추진

전술한 대동법(大同法)은 1608년(광해군 즉위년) 경기도, 1624년(인조 2년) 강원도, 1651년(효종 2년) 충청도, 1658년(효종 9년) 전라도의 해읍(海邑), 1662년(현종 3년) 전라도의 산군(山郡), 1666년(현종 7년) 함경도, 1677년(숙종 3년) 경상도, 1708년(숙종 34년) 황해도로 확대됐다. 대동법(大同法)이 전국적으로 실시되기까지 딱 100년이 걸렸다. 이처럼 1608년에서 1708년까지 총 100년 동안 이원익(李元翼)과 김육(金堉)의 유지가 이어져 결국 숙종(肅宗)때 제15대 광해군(재위: 1608~1623) 이후 계속 시행되었던 대동법(大同法)을 함경도·평안도·제주도를 제외한 전국에 실시하였다.

대동법(大同法)의 실시로 인하여, 국가의 수입이 증대되었고, 공납(貢納)을 호구 수가 아닌 토지를 기준으로 부과하였기 때문에 농민의 부담이 크게 줄었다. 또한, 종전에는 물품을 직접 부담하던 것을 관허상인 공인이 등장하여 대동미(大同米)를 사용하여 구매하는 과정에서 상업이 활발해지고 자본이 발달하는 등 상업의 발달에 영향을 미쳤다. 대동법(大同法)의 실시로 인한 상품 화폐 경제의 발달은 궁극적으로 농민층의 분화를 촉진시켰고 나아가 종래의 신분 질서와 경제를 와해시키는 등 양반 사회를 무너뜨리는 작용을 하였다. 그러나 대동법(大同法)은 정기적으로 부담하는 상공만이 대체 되었을 뿐, 비정기적으로 부담하는 별공과 진상은 없어지지 않았다. 따라서 공납(貢納)의 폐해가 완전히 없어진 것은 아니었다.

제19대 숙종(肅宗, 재위: 1674~1720) 말년에는 삼남(三南)지방(충청도·전라도·경상도)에서 양전(量田) 사업이 완료되어 총 66만 7,800결을 얻고, 전국의 인구는 680만 명으로 늘어났다(1720년). 또한, 17세기로 들어서면서 농업 생산 능력은 기술적으로 현저하게 발달하였다. 벼의 이앙법(移秧法)이 발달함에 따라 벼와 보리의 이모작(二毛作)이 널리 보급된 것이다. 이로 인해 많은 저수지가 새로 만들어지고 또 수리되게 되었으며, 저수지 시설은 제언사(堤堰司)가 설치되어 국가적인 뒷받침을 받았다. 한편, 상업적 농업생산이 발달하게 되고 농민들의 토지 경영에 있어서도 변화의 싹이 움트기 시작했다. 이러한 현상들은 조선 사회의 신분 질서에도 변화를 일으켰는데 납속(納粟)이나 공명첩(空名帖) 등으로 평민들은 양반 신분으로 상승하기도 하고 관직을 얻기도 하였다. 이 시대의 상공업에 있어서 공인자본(貢人資本)이 생겨났다.

17세기 이래 현저하게 나타난 난전상인(亂廛商人)의 상업활동이 어용상인의 상권(商權)을 위협했다. 개성(開城)의 송상(松商), 경강상인(京江商人) 등의 사상(私商)과 경원·회령·중강 개시의 상인들은 점차 상업자본을 축적하여 그들의 상권을 확대해갔다. 그리하여 17세기 이후에는 금제(禁制) 하에서도 늘어나는 자유상인의 상(商)행위를 제지할 수가 없게 되었다. 이 시기에도 관영 수공업은 여전히 중요하였으나 전반적으로 볼 때 점점 쇠퇴해 가고 있었다. 공장안(工匠案)은 장인세를 징수하는 대상자의 명부에 지나지 않았다. 상업의 발달에 따라 금속화폐(金屬貨幣)가 필요하게 되었다.

따라서 상업 활동을 지원하기 위하여, 제19대 숙종(肅宗, 재위: 1674~1720) 4년 허적(許

積)·권대운(權大運) 등의 건의에 따라 호조·상평청·진휼청·훈련도감에 명하여 상평통보 (常平通寶)를 주조케 하여 중앙관청·지방관아 등에 통용되도록 했다. 이 화폐는 조선 말에 신식 화폐가 주조될 때까지 근 2세기에 걸쳐 주조 발행되었는데, 그 동안 주전행정(鑄錢行 政)이 문란하였고, 조정에서도 각 관청의 재정 궁핍을 구제하기 위해 주조를 허용했으므 로 문무의 각 관청에서 이를 주조했다. 상평통보(常平通寶)가 주조된 후 17세기 말경에는 이미 화폐가 전국적으로 유통되기에 이르렀다. 이 금속화폐의 유통은 상업활동을 더욱 자 극하게 되었다.

폐한지(廢閑地)로 버려 둔 압록강변에 무창(茂昌)·자성(慈城))의 2진(鎭)을 신설하여 옛 영토 회복 운동을 시작하고, 1712년(숙종 38년) 청과 북방경계선을 확정지어 백두산 정상 에 정계비(定界碑)를 세워 서쪽으로는 압록강, 동쪽으로 토문강을 경계로 삼았다. 여기서 토문강은 다소 애매한 상태에서 정해졌지만, 조선 측은 그 후 이 강을 두만강 북쪽에 있 다고 인식하였다. 백두산 정계는 조선 측의 영토 확장에 유리한 국면을 조성하였다. 또한, 종래 4영이던 군제에 금위영(禁衛營)을 만들어 5영을 완성하였다. 서북인을 무인(武人)으로 대거 등용하고(1709년), 중인(中人)과 서얼(庶孽)을 수령에 등용하도록 조처했다(1697년, 숙 종 23년).

수군(水軍) 출신의 안용복(安龍福)이 울릉도와 우산도(독도)에 출몰하는 왜인을 쫓아내 고 일본 당국과 담판하여 조선의 영토임을 천명하고, 일본은 이를 인정했다(1696년, 숙종 22년). 안용복 사건을 계기로 조선 정부는 일본 막부와 울릉도 귀속문제를 확정하고, 적극 적으로 해방정책을 강화하면서 울릉도 경영에 나섰다. 울릉도 지도가 활발하게 제작된 것 도 이 무렵이다.

제19대 숙종(肅宗, 재위: 1674~1720) 말년에는 남구만(南九萬)의 노력에 의해 제4대 세종 (世宗, 재위: 1418~1450) 시대에서 설치되었다가 폐지된 '폐사군(廢四郡)'의 일부를 복설하여 압록강 연안이 본격적으로 개발되기 시작했다. 강화도의 농지를 대대적으로 개간하고, 강 화도 내성(內城, 1704~1709), 북한산성(1711~1712), 평양성, 안주성 등이 잇따라 축조되어 방위체제가 훨씬 강화되었다. 그리고 이순신(李舜臣, 1545~1598) 사당에 '현충(顯忠)'이라는 호를 내리고(1707년, 숙종 33년), 고려시대에서 요나라의 3차 침입을 격퇴하였던 강감찬(姜 邯贊, 948~1031) 사당을 의주에 건립하여(1709년) 국민의 애국심을 고취시켰다.

쟁쟁한 유학자들이 많이 배출되어 조선 후기 성리학(性理學)의 전성기를 이루었다. 문 화 사업 면에서도 중요한 성과가 나타났다. 『선원록(璿源錄)』·『대명집례(大明集禮)』 등의 간행과 『대전속록(大典續錄)』·『신증동국여지승람(新增東國輿地勝覽)』 등을 비롯하여 각종 국가 통치 질서를 강화하기 위한 편찬 사업이 활기를 띠었다.

또한, 숙종(肅宗, 재위: 1674~1720)은 1691년에 사육신(死六臣)을 복관시키고, 이어 1698년에 노산군(魯山君)의 묘호를 단종(端宗)으로 올렸다. 전술한 바와 같이, 송시열(宋時烈)이 소현세자(昭顯世子, 1612~1645)의 민회빈(愍懷嬪) 강씨(1611~1646)의 억울함을 주장하여 신원(伸冤)을 청하는 상소를 올렸다. 그 뒤 김수항(金壽恒)의 신원(伸冤) 상소로 복관되었다. 숙종(肅宗)은 1718년 강빈(姜嬪)의 '무혐의'를 인정하고, 민회(愍懷)라는 시호(諡號)를 내려 복권시켰다. 민회빈(愍懷嬪) 강빈(姜嬪)이 억울하게 죽은 지 80년 만이었다.

4) 조선(朝鮮)의 천재일우(千載一遇)의 기회 유실

조선(朝鮮)·대한제국(大韓帝國)의 시대(1392~1910)에서 부국강병(富國强兵)과 근대화(近代化)를 도모할 수 있었던 '천재일우(千載一遇)의 기회'[83]가 3회가 있었지만 제22대 정조(正祖, 재위: 1776~1800)의 경우 단명(短命)하여 천운(天運)이 뒷받침되지 않았었고, 매관매직(賣官賣職)과 부정부패(不正腐敗)의 온상이었던 제26대 왕 고종(高宗, 친정; 1873~1910; 대한제국 초대 황제 재위: 1897.10.12~1907.07.19)의 경우 무지몽매(無知蒙昧)하여 2회의 '천재일우(千載一遇)의 기회'를 스스로 말살하였다.

첫 번째 기회는 「조영수호통상조약」(朝英修好通商條約, 1883.11.26)이 체결된 상황에서 러시아의 남하(南下)에 대응한 영국(英國)의 거문도(巨文島) 불법 점령(1885.04.15~1887.02.27)을 자연스럽게 '영조동맹(英朝同盟)' 체결로 유도하여 제1차 영일동맹(英日同盟, 1902.01.30)과 제2차 영일동맹(英日同盟, 1905.08.12), 가쯔라 테프트 밀약(The Taft-Katsura Agreement, 1905.07.29)에 대응할 수 있었다.

두 번째 기회는 고종(高宗, 친정: 1873~1907)은 독립협회(獨立協會)와 만민공동회(萬民共同會) 탄압 및 강제 해산함으로써 '입헌대의군주제'(立憲代議君主制)와 근대화(近代化)를 위한 기회를 말살했다. 독립협회(獨立協會)·만민공동회(萬民共同會)의 저항에 놀란 러시아는

---

83) 천재일우(千載一遇)란 '1,000년에 한 번 만날 수 있는 기회'를 의미한다. 그 유례를 살펴보면 동진(東晉)의 학자 원굉(袁宏)은 삼국시대의 탁월한 신하 20명의 업적을 찬양하는 『문선(文選) 원굉(袁宏) 삼국명신서찬(三國名臣序贊)』을 남겼다. 그중에서 특히 위(魏)나라의 순문약(荀文若)을 다음과 같이 칭송하였다: "만 년에 한 번의 기회는 이 세상의 통칙이며, 천 년에 한 번의 만남은 현군(賢君)과 명신(名臣)의 진귀한 해후다"; [夫萬歲一期 有生之通途(부만세일기 유생지통도)][千載一遇, 賢智之嘉會(천재일우 현지지가회)]. 따라서 "명마(名馬)를 가릴 줄 아는 백락(伯樂)을 만나지 못하면(夫未遇伯樂則), 천 년이 지나도 천리마(驥) 한 필을 찾아내지 못한다(千載無一驥)"라고 읊었다. 즉, 어진 임금과 뛰어난 신하의 만남이 결코 쉽지 않다는 것이다.

절영도(絶影島) 조차(租借) 요구를 철회하였고, 한러은행과 군사교관·재정고문을 철수하였으며, 부산·마산 일대에 부동항(不凍港)과 군사기지를 설치하려던 계획을 철회하고 그 대신에 따리엔(大連)과 뤼순(旅順)에서 부동항(不凍港)과 군사기지를 설치하기로 결정하였다. 또한, 일본도 원미도 석탄고기지를 대한제국에 반환하였다. 이것은 조선 민중(民衆)의 단합으로 외세 침략을 물리쳤었던 쾌거였다.

(1) 제22대 정조(正祖, 재위: 1776~1800): 과학기술(科學技術)과 상공업(商工業)에 바탕을 둔 조선(朝鮮) 근대화(近代化)의 기회와 좌절

제22대 왕 정조(正祖, 재위: 1776~1800)는 11세 때 아버지 사도세자(思悼世子)가 죽었으며, 할아버지인 제21대 영조(英祖, 1724~1776)가 요절한 효장세자(孝章世子)의 양자로서 정조(正祖)를 입적해 왕통(王統)을 계승하게 했다.

정조(正祖, 재위: 1776~1800)는 왕권 강화를 위해서 반대 세력을 무력으로 제압할 수 있는 친위부대의 필요성을 절감하고 장용청(壯勇廳) 즉 왕권강화를 위한 왕실의 친위대 군대 조직을 설치하였다. 또한, 정조(正祖)는 재야 사림(士林)이 주관하던 군·현 단위의 향약(鄕約) 즉 권선징악(勸善懲惡)을 위한 향촌의 자치규약을 지방 수령에게 맡겨 지방 사족(士族)의 발호를 억제하고 백성에 대한 국가의 통치력을 강화하였다 이로써, 정조(正祖)는 스스로 만천명월주인옹(萬川明月主人翁)을 자처하면서 '초월적 군주'로 군림하였다. 또한, 정조(正祖)는 탕평책(蕩平策)의 일환으로 각 분당(分黨)의 주장이 옳은지 혹은 그른지를 명백히 가리는 '준론 탕평책'을 적극적으로 추진하여 영조(英祖)시대에서 지나치게 강화된 탕평파 대신과 척신/환관을 배제하고 당색에 구애받지 않고 인물 본위로 노론·소론·일부 남인을 중용했다.

정조(正祖, 재위: 1776~1800)는 자신의 권력과 정책을 뒷받침할 수 있는 강력한 정치기구로서 즉위 초(1776년)에 창덕궁 안에 문예부흥과 개혁정치의 산실로서 규장각(奎章閣) 즉 왕실 도서관을 세웠다. 정조(正祖)는 규장각(奎章閣)을 자신의 권력을 뒷받침할 수 있는 강력한 정치기구로 육성했다. 즉, 규장각(奎章閣)을 통해 정치·사회·경제 등의 현실 문제를 학문으로 해결하였던 것이다. 이곳은 역대 왕들의 글, 글씨 등과 어진(御眞)을 보관하였으며 수만 권의 한국 책과 중국 책을 모았다. 젊은 학자들을 학사(學士)로 임용하여 그들에게 문한(文翰)의 기능, 비서실의 기능, 그리고 과거 시험 주관 기능 등 여러 특권을 부여하였다.

특히, 저자는 다음과 같은 정조(正祖, 22대 왕; 1776~1800)의 업적을 높이 평가한다: 이앙법(移秧法)과 골지법(骨脂法)이라는 농사법(農事法)을 개량하여 농업 생산량을 증가시켰다. 경제적으로는 재정 수입을 늘리고 상·공업(商·工業)을 진흥시키기 위해 금난전권(禁亂廛權)을 전면 폐지하여 상업(商業)의 자유화를 도모하고 경제발전을 촉진하였으며, 전국 각지의 광산(鑛山) 개발을 장려하였다. 이 결과 상·공업(商·工業)이 크게 발전하였고 한양(漢陽)에 인구가 집중돼 도성 밖에 새마을(신촌)이 곳곳에 형성되었으며 한강(漢江)에는 많은 상선(商船)들이 출입하면서 포구가 늘어났다.

정조(正祖)는 실학(實學)을 중시하여 다산(茶山) 정약용(丁若鏞, 1762~1836)을 비롯한 여러 실학자들의 정계 진출을 지원하였다.[84] 그 결과, 실사구시(實事求是)인 실학(實學) 연구가 많이 발달하였다. 예로서 정약용(丁若鏞)에게 후한 녹봉을 주고 연구에 몰두하게 한 결과, 정약용(丁若鏞)은 서양의 기구를 본떠 개발한 거중기(擧重機)를 활용하여 수원화성을 축조하였다.

정조(正祖, 22대 왕; 1776~1800)의 업적은 다음과 같다: 정조(正祖)는 민생 안정과 문화 부흥을 위해 계지술사(繼志述事)를 내걸고 전통문화를 계승하면서 중국과 서양의 과학기술(科學技術)을 받아들여 국가 경영을 혁신하였다. 또한, 이앙법(移秧法)과 골지법(骨脂法)이라는 농사법(農事法)을 개량하여 농업 생산량을 증가시켰다. 경제적으로는 재정 수입을 늘리고 상·공업을 진흥시키기 위해 금난전권(禁亂廛權)을 전면 폐지하여 상업(商業)의 자유화를 도모하고 경제발전을 촉진하였으며, 전국 각지의 광산 개발을 장려하였다. 이 결과 상·공업이 크게 발전하였고 한양(漢陽)에 인구가 집중되어 도성 밖에 새마을(신촌)이 곳곳에 형성되었으며 한강(漢江)에는 많은 상선(商船)들이 출입하면서 포구가 늘어났다.

그러나, 애석하게도, 막강한 군권(軍權)으로 신권(臣權)을 다스렸던 '개혁 군주' 정조(正祖, 22대 왕; 1776~1800)의 치세는 불과 24년으로써는 과학기술(科學技術)과 상공업(商工業)에 바탕을 둔 조선의 근대화(近代化)를 이루기에는 48세의 수명(1752.10.28~1800.08.18)은 너무나 짧았다.

---

84) 조선(朝鮮) 실학파(實學派) 학자들은 정치·경제·종교 및 문화 등의 제반 제도를 개선하여 임진왜란(1592~1598) 및 병자호란(1636~1637)으로 인한 절박한 민생문제와 사회문제를 해결하자는 데 치중하였다. 당시, 남인(南人)은 중농학파로, 북인(北人)은 중상학파로 각각 분류된다. 중농학파에는 대표적으로 정약용, 유형원, 이익이 있었으며 그들의 대표저서에는 정약용('목민심서', '흠흠심서', '여유당전서', '경세유포'), 유형원('반계수록', '반계유형원') 그리고 이익('성호사설')이 있다. 한편, 중상학파에는 대표적으로 유수원, 박지원, 박제가가 있었으며 그들의 대표저서에는 유수원('우수'), 박지원('열하일기') 그리고 박제가('북학의')이 있다.

① 세계사(世界史)의 분기점: 동양(東洋)의 '격물치지설'(格物致知說) vs
　서양(西洋)의 기계론적 '자연철학'(自然哲學, Natural Philosophy)

저자는 세계사의 발전방향과 양상을 자연철학(自然哲學, Natural Philosophy)이 갈랐었다고 믿고 주장한다. 우선, 동양(東洋)의 자연철학(自然哲學)은 다음과 같은 역사적 과정: ① 유학(儒學)의 인간중심주의적 자연관(自然觀) → ② 도가(道家)의 탈(脫)인간중심주의적 자연관(自然觀) → ③ 宋代(960~1279) 주자학(朱子學)의 격물치지설(格物致知說) → ④ 明代(1368~1644) 양명학(陽明學)의 격물치지설(格物致知說) → ⑤ 조선(朝鮮) 성리학(주자학)의 중화주의적 세계관·음양오향적 자연관 → ⑥ 조선(朝鮮) 후기 정제두(鄭齊斗)의 '자연학적(自然學的) 격물치지설'(格物致知說)을 거쳐 '격물치지설'(格物致知說)로 수렴되었다.

한편, 서양(西洋)의 자연철학(自然哲學, Natural Philosophy)은 다음과 같은 발전 과정을 통하여 형성되었다: ① 플라톤(BC 427~347): '관념주의적 자연철학' → ② 아리스토텔레스(BC 384~322): '경험주의적 자연철학' → ③ 스토아 학파(BC 340~160): '결정론적 및 목적론적 자연철학'과 '윤리적 철학'(無慾) → ④ 에피쿠로스 학파(BC 341~270): '비(非)결정론적 및 기계론적 자연철학' → ⑤ 아르키메데스(BC 287~212): '기계론적 자연철학' → ⑥ 스콜라 철학(14~16세기): 아리스토텔레스(BC 384~322)의 '경험주의적 자연철학'의 再수용 → ⑦ 니콜라스 코페르니쿠스(1473~1543): '태양중심설'('지동설') → ⑧ 요하네스 케플러(1571~1630): '행성운동법칙' → ⑨ 갈릴레오 갈릴레이(1564~1642): '천문학과 근대 동력학(지상 역학)' → ⑩ 르네 데카르트(1596~1650): '기계론적 자연관과 二元論' → ⑪ 아이작 뉴톤(1642~1727)의 기계론적 '자연철학': 케플러 '천체 물리학'과 갈릴레이 '지상 역학'의 통합, 아리스토텔레스의 '경험주의적 자연철학'의 붕괴, 동력학: '만유인력법칙'(1697) → ⑫ 현대 물리학의 태동: 고전적 전자기학, 알버트 아인슈타인(1879~1955)의 '상대성 이론'과 어윈 슈뢰딩거(1887~1961)의 '양자역학'이다.

그렇다면, 당시 유럽을 비롯한 바깥 세계는 어떠하였는가? 1590년 철포(鐵砲)로 무장한 도요토미 히데요시(豊臣 秀吉, 1537~1598) 세력이 일본을 통일했다. 明代(1368~1644)의 양명학(陽明學)이 조선(朝鮮)에 전개된 시기는 중종(中宗) 16년(1521년)인데, 이 시기에, 유럽에서는 근대과학(近代科學)이 시작되고 있었다. 즉, 이황(李滉, 1501~1570)과 이이(李珥, 1536~1584)가 활동하고 있을 때, 유럽에서는 르네상스 운동(14~16세기)[85])이 전개되고 있

---

85) 르네상스(프랑스어: Renaissance, 영어: Renaissance, 이탈리아어: Rinascimento)의 의미는 재생(再生) 혹은 부활(復活)로서 유럽 문명사에서 14세기부터 16세기 사이 일어난 문예부흥(文藝復興) 운동을 말한다. 과학 혁명의 토대가 만들어져 중세(中世)를 근세(近世)와 이어주는 시기가 되었다. 여기서 문예부흥(文藝復興)이란 구체적으로 14세기에서 시작하여 16세기 말에 유럽에서 일어난 문화, 예술 전반에 걸친

었고, 과학기술 문명이 발아(發芽)하고 있었다.

당시, 유럽에서는 나침반의 덕분으로 대(大)항해시대가 열려 바스코 다 가마(Vasco da Gama, 1469~1524)가 1497년 인도(印度)에 도착하였고, 활판 인쇄술(印刷術)이 발명되어 마르틴 루터(Martin Luther, 1483~1546)가 1517년 종교개혁(宗教改革)을 부르짖었다.

특히, 1543년은 실로 근대과학(近代科學)이 시작된 해라고 말할 수 있다. 그 이유는 1543년에 동시적으로 2개의 저서 즉 ① 근대(近代) 의학(醫學)의 기초를 만들었던 엔드레스 베살리우스(Andreas Vesalius, 1514~1564)의 『인체의 구조에 대하여』(De Humani Corporis Fabrica, 파브리카)와 ② 근대(近代) 천문학(天文學)의 길을 열었던 니콜라스 코페르니쿠스(Nicolaus Copernicus, 1473~1543)의 『천구의 회전에 대하여』(Derevolutionibus orbium coelestium)가 출판되었기 때문이다.

엔드레스 베살리우스(Andreas Vesalius, 1514~1564)의 『인체의 구조에 대하여』(De Humani Corporis Fabrica, 파브리카)는 1,300년 동안 서구 의학계를 지배한 클라우디오스 갈레노스(라틴어: Claudius Galenus, 129~199)[86]의 해부학(解剖學) 이론을 뒤집은 책으로 현대

고대 그리스와 로마 문명의 재인식과 재수용을 의미한다. 옛 그리스와 로마의 문학, 사상, 예술을 본받아 인간중심(人間中心)의 정신을 되살리려 하였다. 이점에서 르네상스는 일종의 시대적 정신운동이라고 말할 수 있다. 당시, 역사적인 측면에서, 유럽은 르네상스(Renaissance)의 시작과 더불어 기나긴 중세시대의 막을 내렸으며, 동시에 르네상스를 거쳐서 근세시대로 접어들게 되었다. 르네상스 운동은 이탈리아에서 비롯되었으며, 얼마안가 알프스를 넘어 유럽의 다른 국가, 즉 프랑스, 네덜란드, 영국, 독일, 스페인 등지로 퍼져나갔다. 그러나 스칸디나비아 반도의 나라들은 르네상스 운동에 거의 영향을 입지 않은 것으로 알려져 있다. 16세기 초 르네상스 운동의 인문주의자들이 종교개혁의 원동력이 되어 교회 개혁과 학문적 방법에 큰 영향을 주었다.

86) 클라우디오스 갈레노스(Claudius Galenus 129~199년)는 그리스 출신으로 2세기 경 로마 제국 당시의 고대 그리스의 의학자이자 철학자이다. 그는 의사에 대해 '최고의 의사는 철학자'라는 유명한 말을 남겼다. 그는 페르가몬에서 출생하였으며 스미르나·알렉산드리아 등지에서 의학을 배운 후 출생지에서 의료 활동을 시작했다가 로마로 이주하여 마르쿠스 아우렐리우스 황제를 비롯한 4명의 황제의 시의(侍醫)가 되었으며 히포크라테스 이래 최고의 의학자로 꼽혔다. 그는 생체 해부를 실시하였고, 특히 신경계에 관해서는 실험적인 연구를 많이 하였으며, 고대 의학의 완성자이다. 그는 검투사들의 전담의로 검상을 입은 검투사들을 치료하면서 상처를 통해 보이는 인체의 '내부'를 많이 접할 수 있었다고 한다. 클라우디오스 갈레노스(Claudius Galenus)가 서양 의학계를 1,300년 동안 지배할 수 있었던 것은 해부학, 생리학, 병리학, 치료학 등 의학 분야별로 400권 이상의 철학 및 의학 관계 저술을 남겼기 때문이다. 그의 저작은 엔드레스 베살리우스(Andreas Vesalius, 1514~1564)의 1543년 『인체의 구조에 대하여』(De Humani Corporis Fabrica, 파브리카)가 나오기 전까지는 서양 의학계를 지배했다. 그런데 클라우디오스 갈레노스(Claudius Galenus)가 살았던 당시 로마에서는 법(法)으로 인체(人體)를 해부하는 것을 법으로 금지했다. 그래서 그는 원숭이나 돼지 등 동물을 해부한 것을 토대로 해부학 저술을 남겼다. 따라서 그의 해부학(解剖學) 이론은 당시의 수준에 비추어 훌륭하고 놀라운 통찰을 담은 것도 많았지만, 인체와 다른 오류도 상당히 많았다. 엔드레스 베살리우스(Andreas Vesalius)는 클라우디오스 갈레노스(라틴어:

의학이 발전할 수 있는 토대를 쌓은 책이다.[87]

니콜라스 코페르니쿠스(Nicolaus Copernicus, 1473~1543)의 『천구의 회전에 대하여』(Derevolutionibus orbium coelestium)는 그의 태양중심의 우주체계 즉 지동설(地動說)로서 1500년 동안 서구인의 인식에 '코페르니쿠스적 전환'을 가져왔다. 이 책은 아리스토텔레스[88]의 지구중심의 우주체계(天動說)에 대응하여 '태양중심설'(Heliocentricism, 지구의 자전운동과 태양주위로의 공전운동)을 주장했다.

다시 말하면, 니콜라스 코페르니쿠스(Nicolaus Copernicus, 1473~1543)의 '태양중심설'(Heliocentricism)은 근대 천문학뿐만 아니라 나아가 근대과학(近代科學)의 발단을 이루었다. 즉, 니콜라스 코페르니쿠스(Nicolaus Copernicus)의 등장으로 암흑기(暗黑期)에서 과학혁명(科學革命)으로의 길로 나아갈 수 있는 계기가 되었다. 이어서 요하네스 케플러(Johannes Kepler, 1571~1630)가 그의 저서 『우주의 신비』(The Mystery of the Universe, 1597)을 출판함에 따라, '근대 천문학'의 문이 열렸다. 그 후, 아이작 뉴턴(Isaac Newton, 1642~1727)은 기계론적 자연철학(Mechanical Natural Law)으로 집대성하여 서양세계에 과

Claudius Galenus)가 설명한 잘못된 해부학 설명이 인체가 아닌 원숭이, 개, 양에서 나왔다는 것을 알게 되었다. 그 결과를 토대로 엔드레스 베살리우스(Andreas Vesalius)는 1543년 "파브리카"를 출간했다. 상기 저서는 실제 인체(人體)를 해부한 것을 토대로 클라우디오스 갈레노스(Claudius Galenus)의 오류를 바로잡은 책이다.

87) 니콜라스 코페르니쿠스(Nicolaus Copernicus, 1473~1543)의 『천구의 회전에 관하여』(De revolutionibus orbium coelestium)는 1권부터 6권까지 총 6권으로 이루어져 있으며, 태양중심설(太陽中心說) 사상은 제1권에 서술되어 있다. 제2권에서는 구면천문학에 대한 내용을 서술했고, 제3권에서는 지축의 선회운동에 의한 세차운동을 포함한 지구의 운동, 춘분점의 이동에 대한 수학적인 설명을 담고 있다. 또한 제4권에서는 달의 운동, 제5권에서는 행성들의 경도 방향 운동, 제6권에서는 행성들의 위도방향에 대한 내용을 서술했다. 제1권은 총 14장으로 이루어져 있었는데, 제1~3장에서는 우주나 여러 천체, 지구 역시 구형이라는 점, 제4장에서는 천체가 원운동을 한다는 점, 제5장에서는 지구도 자전하면서 태양을 원운동 한다는 점, 즉 태양중심설에 대해 언급하고 있다. 제6~8장에서는 태양중심설(太陽中心說)에 대한 지구중심설(地球中心說) 입장의 반론을 들어 이것을 논박하고, 제9~11장은 태양중심설(太陽中心說)의 입장에서 어떻게 천계의 여러 현상이 합리적으로 설명되는가를 총괄하고 있다. 제12~14장은 제2권에 대한 수학적 준비로서 원호의 표와 삼각법의 기초정리를 들고 있다. 제2권에서 제6권까지는 제1권과는 달리 복잡한 계산들과 수식들로 이루어져 있다.

88) 과거 인간중심의 지구중심설(地球中心說)과 관련하여 아리스토텔레스(Aristoteles, 384~322BC)는 우주를 크게 두 부분으로 나누었다. 지구를 중심으로 두고, 달을 기준으로 지구와 가까운 공간을 '지상계', 달 윗 공간을 '천상계'로 구분했다. 그에 따르면 두 세계는 각각을 이루는 물질부터 다른데, 지상계는 흔히 볼 수 있듯 불, 물, 흙, 공기의 4원소로 이루어져 있고, 천상계는 눈에 보이지 않는 에테르로 차있다. 두 세계에서 일어나는 운동도 차이가 난다. 지상계에서 일어나는 운동은 직선운동이 주를 이루고, 천상계에 있는 천체들은 등속원운동을 한다고 믿었다.

학적 사고의 골격을 제공했다.

여기서 유의할 것은 다음과 같다: 1543년 니콜라스 코페르니쿠스(Nicolaus Copernicus, 1473~1543)의 『천구의 회전에 대하여』(Derevolutionibus orbium coelestium)가 출판된지 약 70년 후인 1614년(광해군 6년)에 편찬된 『지봉유설(芝峰類說)』에서 이수광(李睟光, 1563~1629)[89]은 『만국여도』와 『천주실의』 등을 인용하여 지구가 둥글다는 것과 천주교 교리를 소개함으로써, 중국 중심의 화이사상(華夷思想)으로부터 새로운 세계관(世界觀)을 갖게 하였다는 점이다.

② 서세동점(西勢東漸)으로 서양(西洋) 과학기술(科學技術)의 전래

그렇다면, 당시 유럽을 비롯한 바깥 세계는 어떠하였는가? 1590년 철포(鐵砲)로 무장한 도요토미 히데요시 세력이 일본을 통일했다. 양명학(陽明學)이 조선(朝鮮)에 전개된 시기는 중종(中宗) 16년(1521년)인데, 이 시기에, 유럽에서는 르네상스 운동(14~16세기)이 전개되

---

89) 이수광(李睟光, 1563~1629)은 조선(朝鮮) 중기의 왕족 출신 문신이자 성리학자, 실학자, 외교관이다. 그는 실학(實學)의 1세대라 할 수 있으며, 남인(南人) 실학(實學)의 토대이기도 하다. 그는 뛰어난 외교력과 문장능력을 인정받아 28세때 성절사(聖節使)의 서장관(書狀官)으로, 35세때 진위사로 각각 명(明)나라 파견되었으며, 49세때인 1611년에도 중국을 다녀왔다. 당시의 선진국 중국에서 그 문화를 보고 배우는 한편, 세 차례의 사행 기간 중에 안남(安南, 베트남)·유구(琉球, 류큐)·섬라(暹羅, 시암) 사신들과 교유하면서 국제적인 안목을 키울 수 있었다. 이수광(李睟光)은 1611년(광해군 3년) 5월 다시 대사헌(大司憲)이 되었다가 그해 명(明)나라에 파견되는 주청사(奏請使)로 연경(燕京)에 왕래하였으며, 당시 명(明)나라에 와 있던 이탈리아 신부 마테오 리치의 저서 『천주실의』 2권과 『교우론(交友論)』 1권 및 유변(劉汴)의 『속이담(續耳譚)』 6권을 얻어 가지고 돌아와 한국 최초로 서양 학문을 도입하였다. 그는 실학(實學)의 선구자로서 다양한 분야의 학문을 연구하고 국가 증흥을 위한 사회·경제정책을 수립하는 데 일생을 바쳤다. 그는 무엇보다도 실천·실용의 학문에 힘썼다. 특히 무실(務實)을 강조하면서 실생활에 유용한 학문을 섭렵하고 정리했다. 상술하면, 이수광(李睟光)은 『조진무실차자』에서 정치의 효과를 이루지 못하고 사회가 어지러워지는 것은 모두 부실한 병때문이라 지적하였다. 또한, 모든 일을 처리하는 관건은 성(誠)에 있으며 성(誠)이 곧 실(實)임을 밝히고, 실심(實心)으로 실정(實政)을 행하고 실공(實功)으로 실효(實效)를 거둘 것을 주장하면서, 생각마다 모두 실(實)하고 일마다 실(實)할 것을 요구하는 무실(懋實)을 강조하였다. 즉, 이수광(李睟光)의 무실론(務實論)은 구체적 현실의 성(誠)이면서 동시에 도덕적 성실성의 요구이며, 성(誠)을 모든 것에 일관하는 원리로 삼고, 성(誠)의 현실적 실현을 추구하는 것은 실학정신의 근원적 사유 방법을 보여준다. 그는 주자학(朱子學)을 존중하는 입장에 있으면서도 당시 주자학(朱子學)의 기본 문제인 태극·이기·사단·칠정 등의 성리학(性理學) 이론에 뛰어들지 않고, 심성(心性)의 존양(存養)에 치중하는 수양론을 학문적 중추 문제로 삼은 사상적 특징을 보여주었다. 그는 선현들의 사적을 모으는 한편 이를 현재에 어떻게 적용할 것인지 고민했다. 지봉(芝峯)이라는 호를 딴 『지봉유설(芝峯類說)』은 이러한 고민의 결과물이다. 비록 성리학(性理學)의 이론적 분석과 논변이 조선 후기를 통해 지속적으로 발전하였지만, 이수광(李睟光)은 이러한 전통적 성리학파의 입장으로부터 벗어나려는 새로운 방향을 탐색하고 있었다.

고 있었고, 과학기술 문명이 발아(發芽)하고 있었으며, 근대과학이 시작되었다.

'르네상스(Renaissance)'의 의미는 재생(再生) 혹은 부활(復活)로서 유럽 문명사에서 14세기부터 16세기 사이에 일어난 문예부흥(文藝復興) 운동을 말한다. 과학혁명의 토대가 만들어져 중세(中世)를 근세(近世)와 이어주는 시기가 되었다. 여기서 '문예부흥(文藝復興)'이란 구체적으로 14세기에서 시작하여 16세기 말에 유럽에서 일어난 문화, 예술 전반에 걸친 고대 그리스와 로마 문명의 재인식과 재수용을 의미한다. 옛 그리스와 로마의 문학, 사상, 예술을 본받아 인간중심(人間中心)의 정신을 되살리려 하였다. 이 점에서 르네상스(Renaissance)는 일종의 시대적 정신운동이라고 말할 수 있다. 당시, 역사적인 측면에서, 유럽은 르네상스(Renaissance)의 시작과 더불어 기나긴 중세시대의 막을 내렸으며, 동시에 르네상스(Renaissance)를 거쳐서 근세시대로 접어들게 되었다. 르네상스 운동은 이탈리아에서 비롯되었으며, 얼마안가 알프스를 넘어 유럽의 다른 국가, 즉 프랑스, 네덜란드, 영국, 독일, 스페인 등지로 퍼져나갔다. 16세기 초 르네상스 운동의 인문주의자들이 종교개혁의 원동력이 되어 교회 개혁과 학문적 방법에 큰 영향을 주었다.

당시, 유럽에서는 나침반의 덕분으로 대(大)항해시대가 열려 바스코 다 가마(Vasco da Gama, 1469~1524)가 1497년 인도(印度)에 도착하였고, 활판 인쇄술(印刷術)이 발명되어 마르틴 루터(Martin Luther, 1483~1546)가 1517년 종교개혁(宗敎改革)을 부르짖었다.

특히, 1543년은 근대과학이 시작된 해라고 말할 수 있다. 그 이유는 1543년에 동시적으로 2개의 저서 즉 ① 근대(近代) 의학(醫學)의 기초를 만들었던 엔드레스 베살리우스(Andreas Vesalius, 1514~1564)의 『인체의 구조에 대하여』(De Humani Corporis Fabrica, 파브리카)와 ② 근대(近代) 천문학(天文學)의 길을 열었던 니콜라스 코페르니쿠스(Nicolas Copernicus, 1473~1543)의 『천구의 회전에 대하여』(Derevolutionibus orbium coelestium)』가 출판되었기 때문이다.

엔드레스 베살리우스(Andreas Vesalius, 1514~1564)의 『인체의 구조에 대하여』(De Humani Corporis Fabrica, 파브리카)는 1,300년 동안 서구 의학계를 지배한 클라우디오스 갈레노스(라틴어: Claudius Galenus, AD 129~199)의 해부학(解剖學) 이론을 뒤집은 책으로 현대 의학이 발전할 수 있는 토대를 쌓은 책이다.

니콜라스 코페르니쿠스(Nicolaus Copernicus, 1473~1543)의 『천구의 회전에 대하여』(Derevolutionibus orbium coelestium)는 그의 태양중심의 우주체계 즉 지동설(地動說)로서 1,500년 동안 서구인의 인식에 '코페르니쿠스적 전환'을 가져왔다. 이 책은 아리스토텔레스, 프톨레마이오스의 지구중심의 우주체계(天動說)에 대응하여 '태양중심설'(Heliocentricism,

지구의 자전운동과 태양주위로의 공전운동)을 주장했다.

과거 인간중심의 지구중심설(地球中心說, Geocentrism 즉 天動說)과 관련하여 아리스토텔레스(Aristoteles, BC 384~322)는 우주를 크게 두 부분으로 나누었다. 지구를 중심으로 두고, 달을 기준으로 지구와 가까운 공간을 '지상계', 달 윗 공간을 '천상계'로 구분했다. 그에 따르면 두 세계는 각각을 이루는 물질부터 다른데, 지상계는 흔히 볼 수 있듯 불, 물, 흙, 공기의 4원소로 이루어져 있고, 천상계는 눈에 보이지 않는 에테르(aether)로 차있으며, 두 세계에서 일어나는 운동도 차이가 나는데, 지상계에서 일어나는 운동은 직선운동이 주를 이루고 천상계에 있는 천체들은 등속원운동을 한다고 믿었다.

이와 대조적으로, 니콜라스 코페르니쿠스(Nicolaus Copernicus)의 '태양중심설'(太陽中心說, Heliocentricism 즉 地動說)은 근대 천문학 뿐만 아니라 나아가 근대과학의 발단을 이루었다. 즉, 니콜라스 코페르니쿠스(Nicolaus Copernicus)의 등장으로 암흑기(暗黑期)에서 과학혁명(科學革命)으로의 길로 나아갈 수 있는 계기가 되었다. 이어서 요하네스 케플러(Johannes Kepler, 1571~1630)가 그의 저서 『우주의 신비』(The Mystery of the Universe, 1597)을 출판함에 따라, '근대 천문학'의 문이 열렸다. 나아가, 아이작 뉴턴(Isaac Newton, 1642~1727)은 기계론적 자연철학(Mechanical Natural Law)으로 집대성하여 서양세계에 과학적 사고의 골격을 제공했다.

여기서 유의할 것은 다음과 같다: 1543년 니콜라스 코페르니쿠스(Nicolaus Copernicus, 1473~1543)의 『천구의 회전에 대하여』(Derevolutionibus orbium coelestium)가 출판된지 약 70년 후인 1614년(광해군 6년)에 편찬된 『지봉유설(芝峰類說)』에서 이수광(李睟光, 1563~1629)은 『만국여도』와 『천주실의』 등을 인용하여 지구가 둥글다는 것과 천주교 교리를 소개함으로써, 중국 중심의 화이사상(華夷思想)으로부터 해방되어 새로운 세계관(世界觀)을 가질 수 있는 사상적 기초를 제시하였다.

한편, 당시 국제정세의 변동은 서세동점(西勢東漸)의 현상으로 설명된다. 서세동점(西勢東漸)의 결과로 중국에 전해진 서학(西學) 사상은 조선(朝鮮)에도 전파되었다. 조선(朝鮮) 사람들이 서양의 존재를 구체적인 실체로 의식하기 시작한 것은 17세기 초였다.

1603년 이광정(李光庭)이 북경에 사신으로 다녀오면서 가지고 온 세계지도는 서양의 존재를 조선에 알리는 신호탄이었다. 1610년과 1614년 두 차례에 걸쳐 중국을 다녀온 허균(許筠)도 세계 지도와 『게십이장』(偈十二章)을 얻어왔다. 그 후 정두원(鄭斗源)은 1631년에 각종 서양 과학기기와 더불어 『천문략』(天問略) 등 10여 종의 책과 지도를 가져 왔다.

1644년에는 청(淸)나라에 볼모로 잡혀가 있던 소현세자(昭顯世子, 1612~1645)가 귀국하면서 아담 샬(Adam Schal)로부터 그가 번역한 천문학과 수학에 관한 책과 그가 지은 천주교 교리에 관한 책들을 비롯한 서학서(西學書)와 지구의(地球儀)와 같은 물품을 받아 왔다.

상기와 같이 17세기 초부터 유입되기 시작한 한역(漢譯) 서학서(西學書)들은 18세기에 이르러서 널리 유포됨에 따라 이를 통해 유입된 새로운 지식은 조선(朝鮮) 지식인들의 의식 속에 큰 영향을 주었다. 이 사실은 *"서양의 책이 선조(1567~1607) 말년에 조선에 전래된 이후, 그것을 보지 않은 유명 인사와 대학자가 없다"*고 한 안정복(安鼎福, 1712~1791)의 언급에서 확인할 수 있다. 그의 스승인 대학자 이익(李瀷, 1681~1763)은 20여 종의 한역(漢譯) 서학서(西學書)들을 열람했다고 한다.

서학서(西學書)는 크게 보아 2가지 종류, 즉 ① 천주교(天主敎)와 관련된 서적, ② 천문, 지리, 역법 등을 포함한 과학기술(科學技術)과 관련된 책으로 나뉘어진다. 조선 학자들에게 잘 알려진 책으로서 예를 들면 다음과 같다:

로마 가톨릭교회의 사제이며 중국을 비롯한 아시아 대륙에 기독교 신앙을 정착시킨 이탈리아 출신 예수회 선교사 마테오 리치(Matteo Rich, 1552~1610)[90]가 중국 북경에서 호교론(護敎論)적 입장에서 한역(漢譯)하여 제작(1603년)한 서학서(西學書)인 『천주실의』(天主實義)[91]는 중국 학자와 서양 학자의 문답 형식으로 이루어진 일종의 천주교 교리서이다. 이

---

90) 마테오 리치(Matteo Richi, 중국어: 利瑪竇, 1552~1610)는 로마 가톨릭교회의 사제이자, 중국을 비롯한 아시아 대륙에 기독교 신앙을 정착시킨 이탈리아 출신 예수회 선교사이다. 호(號)는 서강(西江), 청태(淸泰)·존칭은 태서유사(泰西儒士)이다. 또 다른 중국식 이름은 '이마두'(利瑪竇), 별호는 서방에서 온 현사(賢士)라는 뜻의 서태(西泰)(서강 청태의 줄인 말), 마테오(Matteo)는 그의 세례명이다. 『곤여만국전도』와 『천주실의』로 유명하다. 1587년 남경(南京)으로가 고관 명사들에게 천문·지리·수학을 가르쳤다. 1601년 그는 중국 북경에 도착하는데, 신종 황제를 만나 황제의 호의로 선무문(宣武門) 안에 천주당(중국에서 천주교회를 가리키는 말)을 세워도 된다는 허가를 받았다. 1605년 북경에 천주당을 세우고 200여 명의 신도를 얻어, 비로소 천주교(天主敎)라는 이름을 붙였다. 이는 예수회의 전통선교방법에 의한 것이었다. 예수회에서는 '위에서 아래로의 전도'라고 하여 상위계급이나 지식인들에게 먼저 전도하여 복음이 확대되게 하려는 전도 방법을 갖고 있었다. 하지만 예수회의 이러한 전도 방식은 '아래로부터 위로의 전도방법'을 갖고 있던 프란체스코 수도회와 갈등을 빚었으며, 명나라 황제 만력제(萬曆帝)는 외국 사람들에게 무관심했기 때문에 마테오(Matteo)가 원하는 방향으로 일이 진행되지 못했다. 그 대신 나라의 쇠락을 걱정하는 개혁파 사대부들과의 교제를 하였고, 서광계(1562년-1633년), 이지조(1565~1630), 양정균(1562~1627) 등 일부 사대부 지식인들은 천주교인이 되었다. 그는 천주교(天主敎) 서적을 저작하는 한편, 서광계·이지조의 협력을 얻어 과학기술 서적을 번역하였으며, 중국 최초의 세계지도로서 유명한 '곤여만국전도'를 제작하였다. 그는 일생을 중국에서 활약하였다. 한국 실학파(實學派) 학자들에게도 많은 영향을 주었다. 1610년 별세하여 북경에 묻혔다.

91) 『천주실의』(天主實義)는 모두 8편으로 나누어 174항목에 걸쳐 서사(西士)와 중사(中士)가 대화를 통하여 토론하는 형식으로 꾸며진 가톨릭 교리서이며 호교서(護敎書)이다. 상권의 제1편에서는 인간 지능을 설명하고, 인류의 공통사상과 운동력과 질서의 논증으로 신의 존재를 증명하는 한편, 인간은 신과 그 속

서적은 동북아시아 유교전통사회에 가톨릭 신앙을 심어 준 책이며, 중국 고대사상과 서구 윤리사상의 습합논리(習合論理)의 첫 작품이었고, 동양문화권에 그리스도교 가치체계를 첨가하는 시발을 이룬 점에서 사상사·문화사적으로 중요한 가치를 지닌다.[92]

요컨대, 마테오 리치(Matteo Ricci, 1552~1610)의 『천주실의』(天主實義)는 기독교 교리 소개를 위한 본격 교리서라기보다는 중세 스콜라 철학의 개념과 이론을 바탕으로 쓰여진 기독교 입문서라고 할 수 있다. 당시, 중국의 포교를 위한 예수회의 전략은 천주교(天主敎)의 가르침이 유교(儒敎)와 별개의 것이 아니라 오히려 유교(儒敎)를 보완하는 것이라는 믿음을 중국인들에게 심어주는 것이었다. 예로서, 천주교(天主敎)의 신(神), 즉 천주(天主)가 유교(儒敎) 경전에 등장하는 상제(上帝)라는 주장을 들 수 있다. 이러한 예수회의 전략은 중국 명(明)나라 후기의 서광계(徐光啓, 1562~1633)[93]와 이지조(李之藻, 1571~1630)[94]와 같은 대학

성(屬性)에 대한 소극적 인식을 가졌음을 논하였다. 제2편에서는 불교·도교를 논박하고, 유교에 대하여는 제1질료(第一質料)라 할 태극설(太極說)을 제하고는 대체로 찬동하는 논리를 폈다. 실체(實體)와 우연을 설명하면서 신은 모든 완전성을 지닌 실체임을 역설하고, 중국 고대사상에서의 상제(上帝)의 성격을 11종의 중국 고대문헌을 들어 설명하고 있다. 제3편에서는 천국의 필요성을 말하고 식물의 생장력, 동물의 감각력, 인간의 지적 영혼(知的靈魂)의 차이를 명확히 규정하고, 그것의 단성(單性)·영성(靈性)·불멸성(不滅性)을 논증하고 있다. 제4편에서는 중국 고전에서 예를 지적해 가며 고대신령(古代神靈)에 대한 신앙을 논증하여 인간 영혼이 신령하다는 것을 지적하고 능과 불능의 차이를 보여주고, 악마와 지옥의 기원에 대한 범신론적 일신론(汎神論的一神論)을 논박하였다. 하권의 제5편에서는 윤회설의 창시자가 피타고라스(Pythagoras)이며 불교가 그것을 채용하여 윤회설을 중국에 전한 것이라고 하고, 만물이 모두 인간을 위하여 창조된 것이므로 불교에서 살생을 금함이 옳지 않음을 밝혔다. 그리고 그리스도교의 재계(齋戒)의 동기와 본질을 설명하였다. 제6편에서는 참된 뜻에서의 소망과 두려움의 정당성을 밝히고, 그것은 사후(死後)의 상벌로만 옳게 실현됨을 강조하고, 지옥·천국 및 연옥에 관한 교리를 설명하며 이에 대한 비방을 논증적으로 반박하였다. 제7편에서는 천주에 대한 인간성과 선악, 자유의지와 인간의 목적을 설명하고, 천주에 대한 사랑과 이웃에 대한 사랑을 주축으로 하는 그리스도교설을 펴 하느님에 대한 신앙은 가장 확실한 지식이고, 사랑은 가장 고귀한 덕행임을 설명하고, 종교적 무관심주의의 오류를 갈파하였다. 제8편에서는 유럽의 관습과 천주교 성직자들의 독신제를 설명하고, 중국에서의 잡다한 종교생활을 개탄하면서 중국 고대는 사정이 달랐음을 밝히고 있다. 끝으로, 원죄(原罪)를 말하고 천주강생(天主降生)과 신법공포(神法公布)를 설명하고, 진리의 생활을 원하는 사람은 『천주교 해략』(天主敎 解略, Doctrina Christiana)으로 공부하고 천주교에 귀의하여야 한다고 결론짓고 있다. 이상의 내용을 요약하면, 첫째 우주만물에는 창조주와 주재자가 존재하여 끊임없이 만물을 안양(安養)하고 있으며, 둘째 인간 영혼은 불멸한 것으로 후세에 각자의 행실에 따라 상선벌악(賞善罰惡)의 응징이 있음을 밝혔다.

92) 『천주실의』(天主實義)에서 현세에서의 윤리·도덕 실천의 가치를 인간 당위성에서 논하는 공자(孔子)의 유교사상을 반대하지 않고 오히려 찬양하면서 천주교설을 폈고, 우상론적인 불교와 도교를 논박하여 중국사상계에 큰 파문을 던졌다. 청나라 건륭제(乾隆帝)는 『천주실의』(天主實義)가 비록 이질문화인의 저술이나 중국인에게 큰 영향을 준 양서로 보고, 이를 『사고전서』(四庫全書)에 수록하게 하였다. 참고로, 송영배 외 역(1999), 마테오 리치 저, 『천주실의』, 서울대학교 출판부; 張曉林(2005), 『天主實義與中國學統 － 文化互動與詮釋』, 學林出版社.

자들의 지지를 이끌어낼 만큼 중국인들의 관심을 끌어내는 데 어느 정도 성공하였다.

마테오 리치(Matteo Ricci, 利瑪竇, 1552~1610)는 중국 지식인들을 합리적 논리로 설득시키기 위해 삼위일체(三位一體)나 예수의 부활 등 계시 신앙적 요소를 최소화하는 한편, 중국 경전(經典)에 관한 해박한 지식을 바탕으로 『시경』(詩經)이나 『서경』(書經) 등 고대 경전(經典)에 등장하는 상제(上帝)가 곧 기독교의 신(神) 천주(天主)라고 주장하는 등, 전략적으로 기독교를 유교적 전통에 연결하고자 한다.95)

마테오 리치(Matteo Ricci, 1552~1610)는 상기한 연결 과정에서 신유학(新儒學) 이론을 강력히 비판하는데, 그 이유는 신유학(新儒學)의 태극(太極)이나 리(理)가 인격적 창조주와 다른 비(非)인격적 원리이기 때문이다. 마테오 리치(Matteo Ricci, 利瑪竇)는 『천주실의』(天

---

93) 서광계(徐光啓, 1562~1633)는 중국 명나라 후기의 정치가이자 학자이다. 상하이에서 출생했다. 그는 이지조, 양정균과 함께 당시의 뛰어난 엘리트였다. 1600년 마테오 리치(Matteo Ricci, 利瑪竇)를 처음 만났고, 1603년에는 그에게 세례를 받아 로마 가톨릭 교회로 개종해 천문학과 수학을 배웠다. 그는 한림원의 서길사로 있으면서 선교사들과 협력하여 포교서와 유럽의 역서 등을 번역하고, 서양학(西洋學)을 철저히 연구하여, 유클리드의 기하학을 마테오 리치(Matteo Ricci, 利瑪竇)와 함께 번역하여 『기하학 원본』 전 6권을 간행하였다.

94) 이지조(李之藻, 1571~1630)는 1598년, 조정 관직에 처음 발을 들여놓고 1601년, 마테오 리치를 만나 같이 과학 기술 활동을 시작하였으며, 1610년, 로마 가톨릭 교인이 되었다. 1621년 서광계(徐光啓)의 천거로 광록사소경이 되었다. 1602년에 예수회 이탈리아인 신부 마테오 리치(Matteo Ricci, 利瑪竇)와 명나라 학자 이지조(李之澡)가 함께 「곤여만국전도」(坤輿萬國全圖)을 제작하였다. 이것은 목판으로 찍어 펴낸 지도로서, 가로 533센티미터, 세로 170센티미터이며, 「리치 지도」라는 이름으로도 불린다. 이 지도는 아시아, 유럽, 아프리카, 남북아메리카, 묵와랍니가(오세아니아+남극)를 나타내고 있고, 각지의 민족과 산물에 대해 지리지의 방식으로 서술하였다. 한국에 대한 지식이 별로 없었기 때문에 한국은 간단하게 처리하고 역사적인 설명을 첨가하였다. 그러나 일본에 대해서는 자세하게 그려졌고 동해의 일본 쪽을 일본해, 태평양 쪽은 소동양이라고 표기하였다. 또한 타원형의 세계지도 바깥에는 남반구와 북반구의 모습, 아리스토텔레스의 천체 구조론에 의한 구중천설, 일월식도, 천지의도 등이 그려져 있다. 중국에서 만들어진 이 지도는 조선에서도 필사된 뒤 목판인쇄되었는데, 그중 대표적인 것이 숙종 34년(1708) 관상감에서 제작한 「곤여도병풍」이다. 관상감에서는 이때 천문도와 함께 그려 「건상도」라 하여 짝을 이루었는데, 경기도 봉선사에 보관되어 있던 것이 한국전쟁(1950~1953)때 없어졌다가 최근 일본에서 발견되었다.

95) 중국 고대의 상제(上帝)가 곧 천주(天主)이며 인간의 혼(魂)이 불멸(不滅)한다는 마테오 리치(Matteo Ricci, 利瑪竇)의 주장은 신유학에 토대를 둔 중국과 조선 지식인들의 비판을 받았다. 이러한 『천주실의』의 논리에 대하여 유·불·도교자들의 반박이 격렬하게 일어났다. 중국에서는 종진지(鍾振之)의 『천학초징』(天學初徵)·『천학재징』(天學再徵) 등 척사론(斥邪論)의 논설이 쏟아져 나왔고, 이런 역사적 문헌을 수합한 『벽사집』(闢邪集)이 나왔다. 또 일본에서도 1861년 같은 성격의 책으로 『벽사관견록』(闢邪管見錄)이 간행되었다. 한편, 천주교 내에서도 마테오 리치의 보유론적 그리스도교리 해설은 영합주의적인 오류를 범하는 것이라는 반박이 일어나, 뒷날 중국교회에서 배공제조(拜孔祭祖)의 해석문제로 전례문제(典禮問題)가 야기되는 불씨가 되기도 하였다.

主實義)에서 고대 중국인들이 천주(天主)를 신앙했지만 무신론적인 신유학(新儒學)이 등장해 고대 중국의 유신론적 전통을 훼손했다고 주장한다. 또한, 상제(上帝)가 곧 천주(天主)라는 주장과 더불어 중국과 조선의 지식인들 사이에서 가장 논쟁이 된 것은 『천주실의』(天主實義)에 등장한 스콜라 철학의 영혼론이었다.

마테오 리치(Matteo Ricci, 1552~1610)는 아리스토텔레스-토마스 아퀴나스 이론에 따라 만물에게는 영양과 생식을 담당하는 '생혼(生魂, 식물혼, anima vegetabilis)', 감각과 운동 등을 담당하는 '각혼(覺魂, 동물혼, anima animalis)' 그리고 이성적 판단과 추론의 토대인 '영혼(靈魂, 이성혼, anima rationalis)'이 있다고 설명한다. 여기서 마테오 리치(Matteo Ricci, 利瑪竇)는 인간만이 '생혼(生魂)', '각혼(覺魂)'과 더불어 이성적 활동을 할 수 있는 '영혼(靈魂)'을 가지고 있으며 '영혼(靈魂)'은 사후(死後)에도 소멸하지 않는다고 주장함으로써 전통적인 신유학(新儒學)의 심성론(心性論)과 다른 인간관(人間觀)을 전개한다.

마테오 리치(Matteo Ricci, 1552~1610)의 『천주실의』(天主實義)는 간행 직후부터 조선과 일본에 전해졌다. 즉, 출간 다음해인 1604년에 이미 일본에 전해졌고, 조선에서도 유몽인(柳夢寅)의 『어우야담』에 상·하 8편의 편목이 소개되고 촌평이 실려 있다. 그러나, 조선(朝鮮)에서는, 천주교(天主敎)가 18세기 후반에 이르기까지 그다지 사회적 파급효과를 낳지 못했다. 그 이유는 천주교(天主敎)가 조선 성리학자들의 엄격한 주자학적 세계관과 양립하기에는 너무도 이질적이었기 때문이었다. 인격적인 신(神)의 존재, 천지의 창조, 천당과 지옥의 존재, 영혼 불멸 등의 관념은 주자학의 도덕주의와 현세 중심주의에 익숙해져 있던 조선 유학자들의 눈에는 사람들을 황당한 말로 현혹하는 것으로 간주되었다.

베이징에서 활동하던 마테오 리치(Matteo Rich, 1552~1610) 신부를 보좌한 스페인 출신 예수회 신부 디에고 데 판토하(Diego de Pantoja, 1571~1618)의 칠극(七克)은 1614년 북경에서 출판된 책으로서 한문으로 쓰여진 400면의 수양서(修養書)이다. 칠극(七克)의 내용은 '칠죄종'을 극복해야 한다는 내용을 주제로 한다. '칠죄종'이란 교만, 질투, 인색, 분노, 탐욕, 음란, 게으름으로 죄(罪)의 근원이 되는 '사악'을 의미한다. 토마스 아퀴나스(Thomas Aquinas, 1224~1274)는 칠죄종에 대비되는 칠추덕으로 신중, 정의, 자비, 강건, 정결, 순결, 온유를 들었다. 이것은 디에고 데 판토하(Diego de Pantoja)의 칠추덕과 표현상의 차이는 있어도 내용은 거의 같다.

마테오 리치(Matteo Rich, 1552~1610) 신부에게 중국어와 한문을 배운 명(明) 황실에서 천문역산서(天文歷算書)의 편찬에 참여한 우르시스(Ursis, 1575~1620)의 『태서수법』(泰西水法, 1612)은 아고스티노 라멜리(Agostino Ramelli, 1530~1600)가 1588년에 저술한 『여러 기계들』(Diverse et Artificiose Machine)을 참조해서 치수(治水)와 저수(瀦水) 등 물을 다스리는 법을 소개한다.

스위스 출신의 예수회(耶穌會) 선교사로 중국 명(明) 왕조 말기 중국에 왔던 요한 테렌츠 슈렉(Johann Terrenz Schreck, 1576~1630)의 『기기도설(奇器圖設)』(1627년)은 역학(力學)의 원리를 이용한 간단한 기계의 원리를 그림으로 설명한 책으로서 명(明)의 사인(士人) 왕징(王徵, 1571-1644)의 도움을 얻어 1627년에 당시 서양의 기계 지식에 대해 중국어로 소개한 백과사전이다. 『기기도설(奇器圖設)』에는 『동심』(重心, 무게중심), 『공간』(槓桿, 지렛대), 『치륜』(齒輪, 기어) 등 적지 않은 기계공학 관련 명사들이 한역되어 실려 있는데 이들 가운데 일부는 후세에까지 전해져 사용되었다. 서양의 문자와 서양의 부호를 사용해 서양의 역학에 대해 소개한 첫 번째 서적으로써 그 원리를 해석함에 있어 전통적 중국 자연철학의 개념을 사용하였기에 소위 '예수회 과학'의 초기 양상을 드러내고 있다. 훗날 정약용(丁若鏞, 1762~1836)이 기중기(起重器)를 고안한 수원(水原) 화성(華城)을 건설하는데 이용되기도 하였다.

이탈리아 출신의 예수회 선교사 알레니(Giulio Aleni, 1582~1649)가 유럽의 학문과 교육 제도를 동양 사회에 소개하기 위하여 저술한 『서학범』(西學凡)은 유럽 대학에서 가르치는 각 학과의 과정 등이 소개되어 있다. 알레니(Giulio Aleni)의 『서학범』(西學凡)의 내용은 일반적으로 대동소이한 중세 유럽의 대학 교육 과정과 교수 내용, 졸업 후의 고시(考試) 임용 과정을 차례로 설명하는 형태로 되어 있는데, 우선 문과·이과(理科)·의과·법과·교과(敎科)·도과(道科) 등 6개의 교수 내용과 각각의 학문적 특징을 소개한 다음, 그 교육 과정은 3단계인 초학(初學) 과정·철학 과정·전문 과정으로 되어 있다고 하였다. 다음으로 초학 과정인 문과는 기초 교양을 얻기 위한 문예지학(文藝之學)으로, 이를 이수하고 학업 성취 여부를 판정받은 뒤에야 철학 과정인 이과에 진학하며, 여기에서 다시 3~4년을 공부한 뒤 시험을 치르고 각자의 원의에 따라 전문 과정인 의과·법과·교과·도과에 진학한다고 설명하였다. 아울러 유럽에서는 국왕이 이러한 학교를 각지에 설립해 놓고 있으며, 학생들을 후대하여 학문의 부흥을 도모하고 있으므로 교육 활동이 활발히 이루어지고 있음을 지적하였다.

또한, 예수회 선교사 알레니(Giulio Aleni, 1582~1649)의 『직방외기』(職方外記)는 1623년에 간행된 신대륙 발견의 성과를 설명한 세계 지리서(地理書)이다. 그의 〈자서〉(自書)에서 마테오 리치(M. Ricci, 1552~1610)가 간행한 『만국도지』(萬國圖誌)와, 디에고 데 판토하(Diego de Pantoja)가 황제의 명으로 서양 지도에 대해 번역한 미간행 〈도설〉(圖說) 등 옛

글에 자신의 자료를 더하여 『직방외기(職方外記)』를 저술한 경위를 밝히고, 이 책이 중국 학자들에게 유용하게 쓰일 것을 소망하는 내용을 담았다.

아마도, 이러한 지리서(地理書)는 김정호(金正浩, 1804~1864)가 서울지도인 〈수선전도〉 등 전국 지도, 〈청구도〉 등과 전국지리인 대동여지도(大東輿地圖, 1985년 지정번호 대한민국의 보물 제850-2호) 등을 편찬하는데, 큰 영향을 끼쳤을 것으로 짐작된다. 조선조의 지도와 지지를 집대성한 학자이며, 행적구역을 기준으로 만든 지도에서 좌표에 의거하여 구분한 대축척지도첩(對軸尺地圖牒)을 발달시켰다.

한편, 유럽인으로서 최초로 희망봉에 도달했던 포르투갈의 탐험가 바르톨로메우 디아스(Bartolomeu Diaz, 1451~1500)의 『천문략(天問略)』은 프톨레마이오스의 중세적 우주설을 소개한 책으로 그의 12중천설은 티코 브라헤(Tycho Brahe, 1546~1601)의 우주설이 등장할 때까지 기독교의 기본적 우주관(宇宙觀)을 나타낸다.

지아코모 로(Giacomo Rho)의 『오위역지(五緯曆指)』는 조선 학자들의 우주관 변화에 결정적인 역할을 하였다. 이 책은 티코 브라헤(Tycho Brahe, 1546~1601)의 우주설을 소개하고 있다. 조선 후기의 실학자 홍대용(洪大容, 1731~1783)은 티코 브라헤(Tycho Brahe, 1546~1601)의 태양계 모형과 우주무한설을 결합하여 홍대용(洪大容) 자신만의 독특한 우주설(宇宙說)을 제시하였다.

1763년에 출판된 마이클 브노아(Michel Benoit)의 『곤여도설(坤輿圖說)』과, 영국의 천문학자 허셜(J. F. W. Herschel)의 저서를 번역하여 1859년에 『담천(曇天)』이 간행되었다. 전자는 니콜라스 코페르니쿠스(Nicolaus Copernicus, 1473~1543)의 태양중심설(太陽中心說)을 정설로 소개하고 있으며, 후자는 아이작 뉴턴(Isaac Newton, 1642~1727)의 중력(重力) 원리로 천체의 운영을 설명하고 있다. 상기의 두 책: 『곤여도설(坤輿圖說)』과 『담천(曇天)』은 조선 후기의 실학자 최한기(崔漢綺, 1803~1877)에게 많은 영향을 주었다.

조선 후기의 실학자 김만중(金萬重, 1637~1692)은 서양의 '지구구형설(地球球形說)'을 믿지 않을 수 없다는 견해를 피력했다. 또한, 조선 후기의 실학자 김석문(金錫文, 1658~1735)은 '지구구형설(地球球形說)'과 '지구자전설'(地球自轉說)을 주요 내용으로 하는 새로운 우주설을 제시하였다.

한문 서학서(西學書)를 통해 조선 후기 실학자들에 흡수된 천주교(天主敎)의 종교사상[96]은 그들의 철학적 사유에 일정한 영향을 미쳤다. 그들은 대체로 성리학(性理學)에 대

---

96) 마테오 리치 저·송영배 외 역, 『천주실의』, 서울대학교 출판부, 1999; 張曉林, 『天主實義與中國學統-文化互動與詮釋』, 學林出版社, 2005; 김선희, 『마테오 리치와 주희, 그리고 정약용』 심산, 2012.

해 비판의식을 가지고 있었으며, 선진유학에 기초하여 원초유학적 입장에서 성리학적 가치체계를 변혁시켜 보려던 인물들이었다. 그들이 주로 논하고 있던 내용은 원초유학의 신관(神觀)에 대한 수용을 뜻하는 보유론적(補儒論的) 천주교 신앙이었다. 보유론(補儒論)은 서학(西學)이 유학(儒學)에 대립되는 사상이 아니라 유학의 부족한 점을 보충해준다는 이론이었다. 따라서 그들은 자신이 기초하고 있던 원초유학적 입장을 포기하지 않고서도 서학(西學)에 접근할 수 있었다.

나아가, 조선 후기 천주교(天主敎)의 종교사상을 수용한 실학자들은 서학서(西學書)에서 논의하는 인간관(人間觀) 등의 개념을 원용하여 자신의 이론을 발전시켜 나가기도 하였다. 그들은 선진유학의 재검토를 기초로 하여 성리학(性理學)의 사상체계를 개혁하고자 시도하였고, 여기서 그들은 서학(西學) 자체도 변혁의 이념으로 파악하고 이를 연구하였던 것이다. 그리하여 서학(西學)은 실학(實學)이 성리학(性理學)과 구분되는 독자적인 사상체계로 발전하는 데에 일정한 도움을 줄 수 있었다.

예로서, 1614년(광해군 6년) 간행된 이수광(李睟光)의 유서(類書) 『지봉유설』에 『천주실의』(天主實義)의 대략적인 내용이 소개되어 있다. 그 후 이익(李瀷)은 『천주실의발(天主實義跋)』을 지어 『천주실의』(天主實義)의 핵심 내용에 대해 객관적으로 논평하였다. 이익(李瀷)이 『천주실의발(天主實義跋)』을 지어 이 책에 대한 큰 관심을 일으키자 그의 학문을 따르던 신후담(愼後聃)·안정복(安鼎福)·이헌경(李獻慶) 등이 『천주실의』(天主實義)와 그 밖의 서교서(西敎書)를 읽고 각기 『서학변(西學辨)』·『천학고』(天學考)·『천학문답』(天學問答) 등을 엮어 유학적 관점에서 예리하게 논평하였다.

이익(李瀷)의 문인이었던 신후담(愼後聃)은 『서학변(西學辯)』을, 안정복(安鼎福) 등은 『천학고』(天學考)와 『천학문답』(天學問答) 등을 각각 저술하여 천주교(天主敎)를 이단(異端)의 사악한 학설로 보는 척사론적(斥邪論的) 입장에서 비판하였다. 그러나 안정복(安鼎福, 1712~1791)이 천주교(天主敎)를 맹렬하게 비판하면서도 과학기술(科學技術)의 측면은 칭찬할 만하다고 평가하였던 것은 곧 서양(西洋)의 과학기술(科學技術)이 중국의 그것에 비해 우수하다고 인식하였기 때문이었다.

한편, 마테오 리치(Matteo Ricci, 1552~1610)의 『천주실의』(天主實義)에 담겨져 있는 천주교(天主敎) 교리를 이해 및 소화하여 마침내 천주교 신앙에 도달하게 된 학자들도 있었다. 이벽(李檗)·권철신(權哲身)·권일신(權日身)·정약종(丁若鍾)·정약용(丁若鏞)·이승훈(李承薰) 등이 천주교 신앙 실천운동을 일으켜 1784년(정조 8년) 조선천주교회를 창설하게 된 데에도 이 책이 결정적 영향을 주었다.

천주교(天主敎)가 조선(朝鮮) 후기 역사에서 갖는 적극적인 의미는 그것이 지닌 '평등(平等)'의 이념이었다. 당시 천주교(天主敎)에서는 모든 사람이 똑같은 인격을 가지고 있음을 주장하였고, 이는 신분제도적 질서에 대한 회의와 비판으로 이어짐으로써 실제로 신분제도(身分制度) 질서의 동요와 해체에 일정한 기여를 하였다.

(2) 고종(高宗, 친정: 1873~1907): 영국(英國)의 거문도(巨文島) 점령을 영조동맹(英朝同盟) 체결로 유도하여 영일동맹(英日同盟)에 대응할 수 있었던 절호의 기회 유실

전술한 바와 같이, 대한제국(大韓帝國, 1897~1910)의 자멸(自滅)은 러일전쟁(日露戰爭, 1904.02.08~1905.09.05)에서 승리한 일본이 을사늑약(1905.11.17)과 한일병합조약(韓日倂合條約, 1910.08.29)으로 대한제국(大韓帝國, 1897~1910)을 삼킨 것이었다. 그 배경은 일본이 메이지 유신(明治維新, 1868~1871)에 따라 부국강병(富國强兵)의 일환으로 만주(滿洲)에서 벌였던 러시아와의 전쟁에서 승기(勝機)를 잡자 대한제국(大韓帝國)의 주권을 완전히 빼앗기 위해 열강으로부터의 동의를 얻기 시작했다.

1905년 7월 27일 미국과 가쓰라-태프트 밀약(Taft-Katsura agreement)을 맺어 미국의 필리핀 지배를 허용하는 대신 일본이 대한제국을 지배할 것을 약속하였으며, 1905년 8월 12일 제2차 영일동맹을 통해 인도를 공격하는 않는다는 조건으로 1902년 1차 영일동맹에서 약속하였던 대한제국의 독립을 보장한다는 조항을 삭제하고 일본이 대한제국을 지배할 것을 동의 받았다. 그리고 1905년 9월 5일 러일전쟁(日露戰爭, 1904.02.08~1905.09.05)을 끝내면서 맺은 포츠머스 강화조약(1905.09.05)을 통해 대한제국 지배의 걸림돌이었던 러시아를 한반도에서 완전히 배제시켰다. 마침내, 청일전쟁(淸日戰爭, 1894.07~1895.04)으로부터 이어진 일본의 한반도 침략 프로젝트는 마무리지었다. 상기한 일본의 국력은 메이지 유신(明治維新, 1868~1889)에 의한 근대화(近代化)였다.

상기한 역사적 배경하에서, 본 연구는 다음과 같은 가설(假說)을 세운다: 1797년 정조(正祖) 21년, 영국은 자국의 어선용 프로비던스(The Providence) 호(號)가 원산 근해를 항해했던 것을 시작으로, 1832년(순조 32년) 6월 26일 영국(英國)의 로드 암허스트(The Lord Amherst) 호(號)가 통상을 요구했었다. 만약 조선(朝鮮)이 이것을 수락했었더라면 일본의 메이지 유신(明治維新, 1868~1889)보다 무려 30년이나 일찍 개화(開化)하여 조선(朝鮮)의 근대화(近代化)를 도모할 수 있었으며, 따라서 오히려 조선이 일본을 침탈하지는 않았더라도 대한제국(大韓帝國, 1897~1910)의 자멸(自滅)은 당하지 않았을 것이다. 오호통재(嗚呼痛哉)라!

상술하면, 조선(朝鮮)에서는 전술한 1862년(철종 13년) '임술농민항쟁'(壬戌農民抗爭)으로 국가 기반이 무너지고 있을 때, 일본에서는 메이지 유신(明治維新, 1868~1889)이 일어났다. 물론, 메이지 유신(明治維新, 1868~1889) 직전에는 일본의 각 번(藩)들이 서로 대립하고 여기에 막부와 토막파까지 대립하는 분열 양상을 보였다. 이때 서구 열강이 개입해서 더욱 분열을 조장했더라면 일본의 근대화는 까마득했을 것이다. 그런데 무진전쟁(戊辰戰爭, 1868~1869)과 같은 일본의 내전 등 일본의 분열이 극에 달한 1860년대 무렵의 시기는, 하필이면 미국, 영국, 프랑스, 러시아 등 주요 서구 열강들이 모두 일본에 신경을 쓸 수 없던 시기였다.

미국은 남북전쟁(南北戰爭, 1861~1865)이 한창이었고, 영국은 세포이 항쟁 및 애로호 사건으로 인한 제2차 아편전쟁(1856~1860), 태평천국운동(1850.12~1864) 등으로 인해 인도와 중국에 눈길이가 있었다. 프랑스는 멕시코 내전 개입, 베트남 침략, 프로이센–오스트리아 전쟁으로 인한 중부 유럽 정세의 변화 등으로 바쁜 상태였다. 러시아 역시 이제 막 연해주를 차지한 상태인데다 그레이트 게임(The Great Game)이라는 영국과의 대립 상황으로 인해 아직 일본에 관여할 수 있는 상태가 아니었다. 사실 각종 서구 열강들이 제대로 침략의 손아귀를 뻗칠 수 없는 상황에 빠진 이런 천금 같은 시기에 개항(開港)한 나라는 동양 각국에서 일본이 유일하였다.

이렇게 일본이 천재일우(千載一遇)의 기회 속에 개항(開港)할 수 있었던 상황은 미국에 의해서 유발되었는데, 당시 미국은 초강대국이 아니라 아직도 노예제(奴隸制)를 운영하며 농산품과 원자재를 유럽 공업국들에 수출하는 게 주요 산업이던 국가로, 미국의 5번째 대통령(1817~25) 제임스 먼로(James Monroe, 1758~1831)의 '먼로 독트린(Monroe Doctrine)' 즉 아메리카 대륙에 어떤 나라도 간섭하지 말 것을 제창한 '먼로 선언'이 나온지 불과 30년밖에 지나지 않았을 시기였으며 유럽 각국들에 비하면 열강에 포함시키기도 어려운 상태였다. 그러던 중 19세기 중반 영국 등 서구 열강들의 세력이 동남아시아를 넘어 중국으로 본격 침투해 들어오기 시작하자, 이렇게 되면 미국 입장에서 어물쩡대다간 태평양 너머에서는 자국의 지분을 하나도 요구할 수 없는 상황이 되기 일보직전이었다.

따라서, 미국은 국력이 아직 태평양 너머 본격적으로 세력을 뻗어나가기에는 한참 미치지 못함에도 불구하고, 일단 태평양 너머에 자국의 지분을 확보해 두기 위해 먼저 일본을 강제 개항(開港)시키기로 1853년 매튜 페리(Matthew Calbraith Perry, 1794~1858) 제독이 이끄는 함대가 출동했던 것이다. 이렇게 일본을 강제로 개항 시킨 미국은 정작 얼마 못

가서 곧바로 남북전쟁(南北戰爭, 1861~1865)에 빠져들며 자국 내부상황을 수습하기 바빠 일본에 신경 쓸 상황이 되지 못했기 때문에 일본이 20년간 문제 없이 개혁을 할 수 있는 시간을 벌어준 유례없는 행운이 되어준 것이었다. 그 후, 역사의 파노라마는 다음과 같이 전개되었다:

우선, 1854년 미국의 압력에 의해 일본의 문호 개방

→ 미국의 남북전쟁(1861~1865) → 메이지유신(明治維新, 1868~1889)

→ 1866년 프랑스와 병인양요(丙寅洋擾) → 1871년 미국과 신미양요(辛未洋擾)

→ 1882년 미국과 조선이 조미수호통상조약(朝美修好通商條約)을 체결

→ 1883년 11월 26일 영국(英國)과 조선(朝鮮)이 조영수호통상조약(朝英修好通商條約)을 비준

→ 조선과·러시아의 수호조약(1884.07.07)

→ 영국에게 전략적 요충지, 거문도(巨文島) 점령 사건(1885.04.15~1887.02.27)

→ 제1차 영일동맹(1902년), 제2차 영일동맹(1905년)

→ 일본과 프랑스와의 '루비−버티협의'(1905.09.09)

→ 러일전쟁(日露戰爭, 1904.02.08~1905.09.05)

→ 제3차 영일동맹(1911년)

① 1832년(순조 32년) 6월 26일 영국(英國)의 통상 요구

1832년(순조 32년) 6월 26일 영국 동인도 회사의 상선(商船) 로드 암허스트(The Lord Amherst)가 조선(朝鮮)의 공충도(公忠道·충청도) 홍주 고대도에 들어와 한달 정도 머물면서 감자를 재배하는 신농법을 가르쳐주고 의료 봉사를 해주면서 조선(朝鮮) 역사상 최초로 조선(朝鮮) 조정에 통상(通商)을 아무런 무력적 압박 없이 평화롭게 요구했으나 조선(朝鮮)정부는 매몰차게 거절하였다.

홍주 목사 이민회(李敏會)와 서울에서 온 역관 오계순은 다음과 같이 답했다(『순조실록』, 1832.07.21): "번신은 외교가 없다(藩臣無外交)." 여기서 번신(藩臣)이란 황제국 명(明)에 대한 조선 국왕을 의미한다. 사대(事大)에 근거한 거듭된 통상 거부를 듣고 영국 상선(商船) 로드 암허스트(The Lord Amherst)는 "글러먹었다(evidently fruitless)"고 결론 내리고 철수했다.

조선(朝鮮) 정부는 상기 사실을 청(淸) 황실에 보고했다. 이듬해 청(淸) 황제는 "대의를 크게 밝혀 가상하다"며 번신(藩臣)인 조선 국왕에게 갖가지 비단 30필을 상(償)으로 내렸다(1833, 양력 02.14, 『순조실록』).

이로써, 조선에게 개화(開化)하기 가장 좋은 골든타임을 제23대 왕 순조(純祖, 재위: 1800~1834)와 당시 안동(安東) 김씨(金氏) 세도가들이 절호의 기회를 놓쳐버렸다. 이와 같이 혼군(昏君) 순조(純祖)의 시대는 두드러지는 조선의 붕괴가 아닌 장장 34년(1800~1834)간 진행된 평화로운, 그러나 서서히 몰락의 늪으로 빠져드는 침체기였다. 마치, 명(明)나라의 제13대 황제 만력제(萬曆帝, 재위: 1572~1620)와 비슷했었다. 그는 48년간 재위하였다. 만력제(萬曆帝)의 치세는 역대 명(明)나라 황제들의 통치 기간 중 가장 길었으며 명(明)나라가 건국된 지 200년쯤 지나고 명(明) 왕조가 서서히 몰락해가는 시기였다.

결국, 순조(純祖, 1800~1834)는 신하들 앞에서 스스로 무능한 임금임을 자처하며 아들 효명세자(孝明世子)에게 대리청정(代理聽政)하게 함으로써 안동(安東) 김씨(金氏)의 세도를 견제하려 했다. 효명세자(孝明世子)는 조정의 기강을 잡으며 신하들과 순조(純祖)의 기대를 한몸에 샀지만 불과 2년 좀 넘어서 병에 걸려 일찍 죽었고 얼마 지나지 않아 순조(純祖)의 두 딸도 사망했는데, 이로 인한 충격 탓인지 다리에 난 종기가 악화되어 순조(純祖)도 얼마 후에 사망했다. 이 때문에 왕위는 순조(純祖)의 장손이자 효명세자(孝明世子)의 아들인 8살 헌종(憲宗, 재위: 1834~1849)이 제24대 왕으로 계승했었다.

② 고종(高宗, 친정: 1873~1907): 〈조영수호통상조약〉(朝英修好通商條約, 1883.11.26)

그 후, 조선의 제26대 마지막 왕 고종(高宗, 재위: 1864~1897; 친정: 1873~1907) 시대에서, 잠시 공백을 두었던 영국(英國) 상선은 1876년 〈조일수호조약〉을 계기로 러시아의 남하(南下) 정책을 견제하기 위해 다시 통상 요구를 하기에 이르렀다. 조일(朝日) 수교가 성립되어 제1차 수신사로 김기수가 일본에 파견되었는데, 주일 영국공사로 있던 해리 파크스는 김기수와 만나 통상수교를 위한 담판을 하였으나 역시 실패하였다.

그러나, 1876년 가을부터 영국(英國)의 실비어호(The Sylvia)와 스윙거호(The Swinger)가 경상도를 실측 조사하였고, 또한 바바라 테일러호(The Babara Taylor)가 제주도 근해에서 난파되어 조선측에 의하여 구조되었으므로 영국(英國)은 나가사키의 영국 영사관을 조선에 파견하여 사의를 표명하였다. 이어서, 1881년 6월에는 페가서스 호(Pegasus)가 지방 관원과 다시 담판을 시도하였으나 실패하였다.

영국(英國)과 조선 사이에 본격적인 통상조약이 체결된 것은 1882년 조미(朝美) 수호통상조약(修好通商條約)이 체결이 타결된 직후였다. 영국(英國)은 1882년 조지 윌리스 제독(Admiral George O. J. Willes)을 전권으로 임명하여 조선에 파견하였고, 조선에서는 조영하를 전권대신, 김홍집을 부관, 서상우를 종사관으로 하여 1882년 4월 21일 인천에서 조영

(朝英) 회담을 개시하도록 하였다. 이들은 1882년 6월 6일자로 청나라 마건충(馬建忠)·정여창(鄭汝昌) 등의 임석 하에 영국(英國)의 조지 윌리스 제독(Admiral George O. J. Willes)과 전문 14조로 된 조영(朝英) 수호통상조약(修好通商條約, Treaty of friendship and Commerce Between Great Britain and Corea)에 조인하였다.

그러나 영국 정부는 조지 윌리스 제독(Admiral George O. J. Willes)이 체결한 상기 조약은 조일(朝日) 수호통상조약(修好通商條約)에 비하여 *"영국의 무역과 영국민의 지위 보장이란 견지에서 커다란 결함을 내포하고 있다"*는 이유를 들어 비준을 유보하였다가, 1883년 10월 27일에 당시 주청 영국 공사로 있던 해리 스미스 파키스(Harry Smith Parkes)를 파견하여 조선의 전권대신 민영목과 더불어 상세한 수정을 가한 다음, 1883년 11월 26일 전문 13조의 〈조영수호통상조약〉(朝英修好通商條約, Treaty of friendship and Commerce Between Great Britain and Corea) 원문과 부속통상장정(附續通商章程), 세칙장정(稅則章程), 선후속약(善後續約)의 영문 조약 필사본과 함께 체결되었다. 이듬해 1884년 4월 28일 해리 스미스 파키스(Harry Smith Parkes)와 김병시(金炳始) 사이에 비준이 교환되었다. 이 조약문은 당시에 영문 필사본으로 작성되었으며, 고종(高宗)의 어보(御寶)가 찍혀있다. 1884년 4월 4일 영국 공사 해리 스미스 파키스(Harry Smith Parkes)가 주한 영국 총영사관을 열고 상주하였다.

③ 영국의 거문도(巨文島) 불법 점령(1885.04.15~1887.02.27)

영국(英國)과 조선(朝鮮)이 〈조영수호통상조약〉(朝英修好通商條約, 1883.11.26)을 체결한 후, 1884년 4월 4일 영국 공사 해리 스미스 파키스(Harry Smith Parkes)가 주한 영국 총영사관을 열고 상주하였다. 그로부터 딱 1년 후 영국의 거문도 사건(巨文島 事件, 'Port Hamilton Incident' 혹은 'The British Occupation of Komundo', 1885.04.15~1887.02.27)가 일어났다. 또한, 조·러 수호조약(1884.07.07)이 체결된지 1년이 안 되는 시점인 1885년 4월 27일, 영국은 러시아 해군의 동태를 감시하고 유사시 러시아 함대의 남하(南下)를 막기 위한 일종의 중간 보급 기지 및 해안포 진지로서, 자기들이 명명하기로는 포트 해밀턴(Port Hamilton), 바로 거문도(巨文島)를 무력으로 불법 점령했다.

영국 해군은 거문도(巨文島)를 불법(不法) 점령하자마자 거문도(巨文島)와 양자강 입구 상하이까지의 600km를 통신선으로 연결하는 공사를 시작했다. 그 결과 1885년 5월 28일 상하이와 거문도(巨文島) 간의 통신선이 설치됐고, 거문도(巨文島)와 홍콩의 영국 해군 중국본부 사이의 1,800km에 통신선이 같은 해 6월 2일에 연결됐다.[97]

---

97) 당시 거문도(巨文島)와 양자강 입구 상하이까지의 600km를 통신선으로 연결하는 공사는 실로 대단히

이와 같이 영국은 조선(朝鮮)에는 아무런 의미가 없는 조그만 섬 하나를 관리하기 위해 당시로서는 최신 기술과 자본을을 아낌없이 투하하였다. 영국은 이어 중국 주둔 함대를 거문도에 속속 진입시켜 많을 때는 군함 13척, 총 병력 2천 명을 상회하였다. 이들 해군은 내항에 목책을 설치하고 막사를 건설하는 등 여섯 개 처에 포대와 병영을 쌓아 요새를 구축했다. 섬 주위에 수뢰(水雷)를 부설하고 3개의 항만 출입구에 방어시설을 구축하였다. 당시에 거문도 상주인구는 약 2,000여 명으로 그중에서 성인 남자 300여 명이 일당 6펜스(조선엽전 75푼)씩 받고 동원되었다. 물론 일부는 물자로 지급되기도 했다. 당시 영국 해군대위의 일당이 4펜스로 일 값은 제대로 지불, 주민과 마찰이 없었다고 한다.

사실, 영국은 거문도 사건(巨文島 事件, 1885.04.15~1887.02.27)을 저지르기 45년 전인 1845년 영국은 사마랑(Samarang)함 선대(船隊)의 에드워드 벌처 제독에게 거문도(巨文島) 조사를 명한다. 선대는 바로 거문도와 인근을 샅샅이 조사했고 심지어는 거문도 항(港)에 정박하면서 주민 성향까지 파악해 보고했다.[98] 물론, 영국이 이를 조선 조정에 사전 통보했다는 영국측 기록도 없고, 조선 조정에 거문도(巨文島)로부터의 보고가 있었다는 기록도 찾을 수 없다. 단지 영국 해군이 남긴 기록들에 의해 '조선 영토에 대한 외국 군대의 일방적인 첫 무단 순방'으로 기록되어 있을 뿐이다. 영국은 조사 이후 당시 해군성 장관 조지 해밀턴(George Hamilton)의 이름을 따서 해밀턴 항(港)이라고 명명해 놓고 유사시 점령을 위한 작전계획까지 수립했다. 거문도 사건(巨文島 事件, 1885.04.15~1887.02.27)을 6개월도 안 남긴 1884년 12월 영국 해군은 메를린함 선장 레지날드 캐리-브랜톤 대위를 시켜 거문도(巨文島)를 다시 상세하게 조사했다. 당시 보고서에는 고도, 동도, 서도 등 거문도(巨文島)를 이루는 세 섬의 지리적인 개요뿐 아니라 주민들의 성향까지도 기록돼 있다. 상기 보고서에는 '거문도에 사는 수백 명(당시 조선 기록에는 2,000여 명)의 어부와 농부들은 아무런 정치적 견해도 갖고 있지 않고 자신들이 조용하고 평화롭게 생선을 잡고 쌀로 밥을 지으며 살 수만 있다면 (우리가 점령을 해도) 아마도 계속해서 그럴 것이다'라고 서술되어 있다. 그 후 정확하게 30년 뒤 1885년 4월 15일 거문도(巨文島)를 아예 강점해 버린 것이다. 이와 같이 영국은 아주 오래전부터 착실하게 거문도 강점을 준비해 온 것이다.

빠른 속도였다. 조선(朝鮮)에 전화가 들어 온 것은 이로부터 11년 뒤인 1896년 덕수궁과 인천 사이를 연결한 전화가 최초였다. 영국과 프랑스 간 43km의 도버해협 해저에 전화선이 연결된 것이 1879년이다.

98) 1845년 사마랑(samarang)호를 이끌고 제주도에서 거문도(巨文島) 해역까지 약 1개월 간 탐사했던 영국 해군 에드워드 함장은 『사마랑호 탐사 항해기』(Narrative of the Voyage HMS Samarang)를 발간했다. 거문도를 당시 해군성 장관 이름을 따서 '해밀턴항(Port Hamilton)'으로 명명한 영국은 1859년 대마도 근처를 몇 주간 정밀 조사했다.

영국이 거문도 사건(巨文島 事件, 'Port Hamilton Incident' 혹은 'The British Occupation of Komundo', 1885.04.15~1887.02.27)을 결정하기까지는 몇 가지 요인들이 작용했다. 1884년부터 영국에서는 러시아의 야심을 경계하는 책이 수만 부씩 팔리며 러시아에 대한 공포가 극에 달해 있었다. 1885년 1월 28일 영국 외무부는 당시 러시아 주재 영국 대사가 보내온 러시아 잡지 노보스티의 기사 번역문을 해군성에 전해주었다. 그 내용은 러시아가 조선(朝鮮) 남부 해안의 섬 중 하나를 점령할 계획이라는 것이었다. 그 대상지역은 아마도 쿠엘파트(Qualpart) 섬(유럽에서 당시 濟州島를 부르는 이름)일 가능성이 높다고 했다. 또한, 조선이 러시아와 밀약을 맺었다는 일본 주재 영국대사관의 보고까지 전해졌다.

그러던 중, 1885년 3월 30일 아프가니스탄의 조그만 오아시스 마을 펜제 소유권을 둘러싸고 충돌이 벌어져 영국군이 강군으로 육성한 아프가니스탄 군대가 러시아군에 의해 전멸되는 사건이 벌어졌다. 이 사건을 계기로 영국 내 여론은 걷잡을 수 없는 지경으로 치달았다. 당시 영국 정부 총리 윌리엄 글래드스톤은 자신이 속한 자유당 당론이 전쟁을 지지하지 않는 것임에도 불구하고 어쩔 수 없이 여론에 밀려 러시아의 동방(東方) 남진(南進) 정책을 견제하는 첫 단추를 거문도(巨文島)를 통해 끼울 것을 결정했다.

러시아와 아프가니스탄을 통한 간접적인 충돌이 일어난 지 2주 후, 또한 영국 해군이 거문도(巨文島)를 첫 조사한 지 정확하게 30년 뒤인 1885년 4월 14일 드디어 영국 해군 중국본부에 정부의 거문도(巨文島) 강점 명령이 하달되었다. 당시 일본 나가사키에 주둔하고 있던 윌리엄 다울 해군 중장은 중국본부로부터 명령을 전달받자마자 기다렸다는 듯이 아가멤논, 메가수스, 파이어브랜드 3척의 전함을 거문도(巨文島)로 급파했다. 영국 해군은 1885년 4월 15일 하루 만에 거문도(巨文島)를 점령하고 주둔해버렸다.

영국은 거문도(巨文島) 점령 5일 뒤인 1885년 4월 20일에야 중국과 일본 정부에 거문도 점령 사실을 통보했다. 그러면서도 정작 당사자인 조선 조정에는 한달 후 5월 20일에야 통보했다. 영국은 1883년 11월 26일 조선과 우호통상조약을 맺어서 1884년 4월 4일 영국 공사 해리 스미스 파키스(Harry Smith Parkes)가 주한 영국 총영사관을 열고 상주했음에도 불구하고 조선을 무시했다. 그것도 영국이 일본으로부터 조선에 통보를 정식으로 했느냐는 문의를 받고서야 북경 주재 영국대사관을 통해 조선 정부에 간접적으로 통보하고 거문도(巨文島) 점령 이유를 '예방 차원의 선점 점령(preventive, pre-emptive occupation)'이라는, 조선의 입장으로서는 해괴망측한 이유를 들었다. 또한, 거문도(巨文島) 점령에 따른 협상도 당사자인 조선은 제쳐두고 중국을 통해 러시아와 진행했었다.[99]

---

99) 그 요인은 당시 전신선이 없었기 때문이었는데, 청(淸)에서 정보가 건너오느라 직통으로도 6일 차이가

따라서 영국의 거문도(巨文島) 점령 소식을 제일 먼저 접한 국가는 청(淸)나라였다. 영국은 청나라의 도움을 받으려고 청의 조선 종주권을 지지한다는 유화적 제스처에 나섰으나, 청(淸)의 이홍장(李鴻章) 역시 조선에게 '한번 조차(租借)시켜 주면 끝이 없다'며 영국의 거문도(巨文島) 조차(租借)를 막으려 나섰다. 조선은 관련 당사국(러시아, 청, 일본, 조선) 중에서 가장 뒤늦게 사태를 파악했다. 조선은 뒤늦게 항의를 했지만 영국은 이를 개의치 않았다.

사실, 조선(朝鮮) 정부는 이미 1866년 프랑스와 병인양요(丙寅洋擾)를, 1871년 미국과 신미양요(辛未洋擾)를 각각 치룬 적이 있기 때문에 남해의 조그만 섬, 거문도(巨文島) 때문에 당시 무적(無敵)의 영국 해군과 일전(一戰)을 겨룰 능력도, 의욕도 없었다.

사실, 거문도(巨文島) 주민들은 오히려 영국 해군을 환영했다. 영국 해군은 진지 보수나 포대 설치 작업시 부족한 인원을 보충하기 위해 거문도(巨文島) 주민들을 고용하여 작업에 동원했다. 하지만 본토의 탐관오리들과는 달리 백성을 마구잡이로 착취하지 않고 언제나 정당한 비용과 보상을 치른데다가 식량 배급과 의료 혜택까지 무료로 베풀었기 때문이었다.[100]

있었다. 1885년 양력 4월 28일 조선으로 전문이 갔지만, 조선(朝鮮)이 전문을 받아본 때는 주(駐) 조선 영국 대사관의 직원 스콧이 전달한 양력 5월 16일이었다. 그러나 당시 기준으로는 당연한 일이었다. 게다가 사실 '거문도(巨文島)'라는 엄연한 명칭을 두고(혹은 의식조차 하지 않고) 영국 스스로가 붙인 해밀턴(Hamilton), 즉 합미돈(哈米笸)이라는 명칭을 들이밀었으니 조선(朝鮮)으로서는 상황 판단이 더 늦어졌다.

100) 영국군과 거문도(巨文島) 주민들은 우호적이었다. 주민들은 막사 등을 짓는 데 필요한 노동력을 제공하였고 영국군은 주민들에게 노동에 대한 임금을 지불했다. 또한, 영국군은 주민들에게 의료지원을 해주었다. 상술하면, 거문도(巨文島)에 상륙한 영국 해군에 급했던 것은 우선 장병들이 묵을 막사였다. 거문도 주민 300명을 동원해 10여채의 막사, 병원, 창고, 통신시설 등의 건물을 지었다. 서울 영국영사관에서 조선말을 할 줄 아는 영국 외교관이 해군을 도우러 왔다. 영국군은 자신들이 무력으로 강점했음에도 불구하고 막사와 병원을 짓기 위한 토지를 대여하면서 대가를 지불하려고 섬주민들과 협상에 들어갔다. 거문도(巨文島) 주민들은 영국군이 무력점령군임에도 불구하고 토지를 강제 징발해 사용하는 것이 아니라 토지 사용료를 지불하겠다는 우호적인 조치를 취하자 감격했다. 영국군에 아주 협조적이었고 가격도 좋게 해주었다. 영국군은 거문도(巨文島) 주민들에게 자신들은 착취를 하러 온 것이 아니라며 사용하려는 토지에 대한 보상은 물론 본토의 탐관오리(貪官汚吏)로부터도 보호해주겠다는 약속을 했다. 그리고는 10에이커(4만㎡ · 1만2,000평)를 1년에 174달러(현재가치 4,420달러 · 488만 원)에 빌리기로 계약을 하고 사용했다. 거문도(巨文島) 주민들은 감지덕지했다. 심지어, 영국군이 대포를 쏴서 고기가 다 도망가 버려서 손해가 막심하다며 배상을 청구해 받아냈다. 영국군은 거문도(巨文島) 주민들이 요구한 금액이 너무 적자 문제를 일으키지 않으려고 이를 지불했다. 당시 영국 해군은 보고서에 '거문도 주민들이 바다에서 고기를 잡지 않는 사이에도 일본인들은 고기를 잡고 있음으로 미뤄 고기가 없어서 못 잡는 것이 아니라 게을러서 잡지 않는 것 같다'고 적었다. 알고서도 속아준 것이었다. 사실, 거문도(巨文島) 주민들에게 영국 해군은 구세주였다. 영국 해군이 들어오던 4월은 거문도(巨文

거문도(巨文島)에 주둔한 영국 해군은 러시아 '전함'이 보이기 전까지는 영국 국기를 게양하지 말라는 정부의 지시를 그대로 실천한다. 자신들이 외국의 영토를 합당한 명분 없이 강점하고 있다는 인식과 함께 실효점령하고 있으니 굳이 당사자인 조선을 비롯해 러시아, 일본, 중국을 자극할 이유는 없다고 여긴 듯하다. 영국은 거문도(巨文島) 강점 기간 동안 자신들의 거문도 주둔이 '급박한 상황으로 인한 임시조치'임을 극구 강조했다. 영국은 조선에 1년에 5,000파운드(현재가치 24만1,550파운드, 4억1,000만 원)를 조차(租借) 대금으로 지불하겠다는 금전적인 조건도 내걸었다. 중간 협상자인 중국은 이 조차대금을 받아들이기를 권했으나 조선 정부는 거부했다. 왜냐하면 러시아로부터의 반응도 고려했고 동시에 잘못하면 영원히 거문도(巨文島)를 잃어버릴 수도 있다는 우려 때문이기도 했다.

그러나 러시아는 거문도 사건(巨文島 事件, 'Port Hamilton Incident' 혹은 'The British Occupation of Komundo', 1885.04.15~1887.02.27)에 대해 민감한 반응을 보였다. 만약 청나라가 영국의 거문도(巨文島) 점령을 시인한다면 러시아도 한반도의 일부를 점령하겠다고 위협하는 한편, 조선 정부에 대해서도 영국에 항의할 것을 요구하였다.

상기와 같이 영국의 거문도(巨文島) 점령(1885.04.15~1887.02.27)은 19세기 동아시아에서 영국과 러시아가 벌였던 '거대한 게임'(The Great Game)의 일환이었다. 1853년 이래 1907년까지 무려 50년 동안 영국은 러시아 제국의 남하(南下)에 맞서 전 지구적 규모의 대치 상태를 만들고 있었다. 1878년 발칸 반도로의 남하(南下)가 좌절된 러시아는 중앙아시아

島)뿐만 아니라 조선 전체가 춘궁기(春窮期)였다. 거의 굶다시피 하고 있었는데 막사를 짓는 일을 해주면 그에 상응하는 임금을 지불하겠다고 했으니 거문도(巨文島) 주민으로서는 하늘에서 내린 은혜 같았다. 거문도(巨文島) 주민들은 처음에는 쌀과 함께 곡식을 임금으로 요구했으나 곡식이 충분해져서 쌀값이 떨어지자 현금을 요구했다. 그러자 영국 해군은 조선 동전을 구해와 지급했다. 영국 해군은 섬에서 조달할 수 없는 육류 공급을 위해 거의 모든 동물을 수입해 왔다. 소, 돼지, 양, 염소 심지어는 오리를 비롯한 가금류까지 들여와서 키웠다. 동물들은 예상보다 거문도(巨文島) 환경에 잘 적응해서 영국군의 식량조달에 큰 보탬이 됐다. 물론 그것만으로는 영국 해군의 물자조달이 부족해서 수송선이 동원되어야 했다. 자신들의 전함이 정박하고 있는 가까운 일본 나가사키로부터 물자를 들여오면 제일 쉬운데 일본은 영국의 요청을 거절했다. 러시아와의 사이에서 중립을 지키고 싶어한 이유도 있었지만 거문도(巨文島)가 조선의 영해 안에 있어 조선과 외교적 문제로 마찰을 일으키고 싶어하지 않았기 때문이다. 영국군은 거문도(巨文島)에서도 무인도(無人島) 섬에 주로 주둔해 주민들과의 직접적인 접촉은 많이 없었다. 거기다가 영국군은 '엄격한 교류금지 규칙(strict non−intercourse system)'을 시행하고 있었다. 이것은 직접적 교류로 인한 문제 발생 가능성을 사전에 방지한다는 뜻과 함께 건강상의 문제도 고려한 조치였다. 당시 영국인의 입장에서 조선인의 건강이나 위생 상태는 바람직하지 않았다고 판단한 것이다. 그런데 영어의 '교류(intercourse)'라는 단어에는 성적 접촉도 담고 있기 때문에 당시 영국 장병들의 거문도(巨文島) 여인들과의 성적 접촉도 당연히 엄격하게 금지되었다. 주둔 장교의 한 보고서는 '만일 영국군이 장기적인 주둔을 계획한다면 모든 주민을 섬에서 내보내야 한다'고 권하기도 했다. 특히 콜레라와 천연두 문제는 심각해서 '그냥 같이 살 수가 없다'고 했다.

와 동아시아로의 남하(南下)에 관심을 가졌고, 이는 영국으로서는 묵과하긴 어려운 일이었다. 영국은 도저히 잃을 수 없는 인도(印度)를 수호하기 위해서는 남진(南進)해 오는 러시아와의 일전(一戰)을 미룰 수 없는 상황이었다. 2차례의 아프가니스탄 전쟁은 러시아 제국의 남하(南下)를 저지하기 위한 방파제를 확보하려는 영국의 목적으로 수행되었다.

한편, 극동에서 영국과 러시아의 긴장이 고조되자 부담을 느낀 것은 청(淸)이었다. 청(淸)의 북양대신 이홍장(李鴻章)은 러시아의 남하를 저지하려는 영국을 내심 지지했지만, 청(淸)의 영향력이 약화될 수 있는 상황에서 노골적으로 영국의 편을 드는 것도 무리한 일이었다. 그래서 영국과 러시아 사이에서, 러시아의 남하(南下)는 없을 것이며 러시아와 조선의 밀약도 헛소문이라고 확인시켜줘서 영국을 안심시키려 했다. 영국은 조선 측이 보낸 속국 인정 전문을 받아들여, 청(淸)을 통해 러시아에게 조선을 점령하지 않을 것과 조선의 현상 유지를 요구했다. 한편 청(淸)은 러시아에게 영국의 지지를 받는 것처럼 위장하며 두만강 하류, 즉 연해주 끄트머리의 영유권을 회복하려고 들었고 그 덤으로 자그만치 청(淸)과 조선의 종속관계를 러시아에게 인정받으려고 했다. 이렇게 청(淸)이 두 열강 영국과 러시아 사이에서 자신의 목적을 달성하기 위해 시간을 끄는 동안 영국의 거문도(巨文島) 점령은 1886년 가을까지 지속되었다. 조선은 그해 7월에 러시아에게 다시 보호를 요청했으며, 위안스카이(袁世凱, 1859~1916)는 고종(高宗)을 폐위하려는 건의까지 올린 상황이었다. 청(淸)은 국제 외교 무대에서 조선이 속국이므로 외교권이 없다는 것을 주장하였으나 이를 인정하는 나라는 없었지만 거꾸로 이를 반대하는 나라도 없었다.

다른 한편으로, 영국이 조선을 식민지화하여 동북아의 균형이 깨질 것을 우려한 서구 열강들은 앞을 다투어 거문도(巨文島)로 군함을 파견했었는데, 이 결과 거문도(巨文島)는 흡사 세계 각국의 '군함 전시장'처럼 변했다. 청나라 정부도 중재에 나섰다. 결국, 1886년 12월에야 협상이 이루어졌다. 러시아는 장차 조선의 영토를 점거할 의사가 없다는 약속했으며, 이에 따라 영국 함대는 점령 22개월만인 1887년(고종 24년) 2월 5일 거문도(巨文島)에서 철수했다.[101] 조선 정부는 영국의 거문도(巨文島) 점령 시작 때처럼, 영국 해군의 거문

---

101) 영국은 거문도(巨文島) 점령을 계기로 러시아와 협상을 해서 향후 10년간 러시아가 더 이상 대한해협(大韓海峽)을 위협하지 않는다는 확약을 받고 철수를 결정한 듯하지만 사실은 영국 해군 내부에서 거문도(巨文島) 주둔에 대한 비판이 주둔 초기부터 있었다. 거문도(巨文島)의 해군기지로서의 취약성에 대한 비판이 제기되었고 막대한 유지비도 지적됐다. 그런 비판도 있고 하니 못 이기는 척 실리를 얻고 철수를 결정하였던 것이다. 현재 거문도(巨文島)에는 영국 군인 12구의 사체가 묻힌 무덤이 있다. 일제강점기에 일본군이 이 영국군 무덤의 비석을 훼손해서 현재는 거문도(巨文島) 주둔 시 사망한 영국 해군 비석 두 개와 1903년 거문도(巨文島)를 지나던 영국 알비온 전함에서 사망한 해군 1명을 추모하는 나무 십자가만 남아 있다. 서울 주재 영국대사관은 매년 이곳을 성묘하고 인근 초등학교 학생들에

도(巨文島) 철수 소식을 가장 늦게 접했다.

결과적으로, 영국은 러시아의 남하(南下)에 대해 여전히 예의주시하고 있다는 것을 분명한 행동으로 보여주었으며, 이는 러시아에 부담이 되었다. 러시아는 영국의 거문도(巨文島) 강점을 자신들에 대한 강력한 결전 의지로 보고 러시아의 태평양 함대가 대양(大洋)으로 나아가기 위한 길목이 차단되어 대한해협(大韓海峽)과 극동에서 해군의 활동이 제한된다는 것을 깨달았다. 따라서 러시아의 남하(南下)정책에 제동이 걸렸다. 따라서 러시아는 육군을 극동에 보내 세력을 확장하기로 마음 먹었고, 이에 따라 시베리아 횡단철도의 완공을 서둘렀으며, 1896년 만주(滿洲)에서 동청 철도 부설권을 따냈으며, 1895년 삼국간섭으로 일본이 확보했던 랴오둥 반도를 반환하도록 한 뒤 1898년 러시아 자신이 집어삼켰다. 그 후 아관파천(俄館播遷, 1896.02.11~1897.02.20)을 활용하여 대한제국의 절영도(絕影島)를 조차(租借)하고 1903년 대한제국의 용암포(龍巖浦)를 점령 · 조차(租借) · 개항함으로써 한국을 보호국으로 만들 의향을 보였다. 또한, 러시아 제국은 1900년 청(淸)의 의화단 운동을 진압한 뒤 만주(滿洲)에서 철수하지 않고 점령을 지속하여 만주(滿洲)를 식민지로 만들었다.

상기한 러시아의 움직임은 러시아의 남하(南下)를 경계하던 영국과, 신흥국으로 부상한 일본에게 커다란 걱정거리가 되었다. 따라서 영국과 일본은 1902년 영일동맹을 맺었다. 2년 뒤인 1904년 러일전쟁의 결과 러시아의 극동에서의 남하(南下)는 완전히 좌절되었으며, 영국 · 미국과 협상을 맺고 '그레이트 게임'을 끝내게 된다. 그리고 대한제국(大韓帝國)은 을사늑약(1905.11.17)으로 일본의 보호국으로 전락한다.

④ 고종(高宗)의 무지(無智)와 무능(無能)

저자는 다음과 같이 주장한다: 실로, 영국의 거문도 사건(巨文島 事件, 'Port Hamilton Incident' 혹은 'The British Occupation of Komundo', 1885.04.15~1887.02.27)은 오히려 당시 조선(朝鮮)이 개화(開化)하여 부국강병(富國强兵)할 수 있었던 천재일우(千載一遇)의 기회였다. 또한, 이것은 오히려 영국에게 더 이로운 것이었다.

전술한 바와 같은 시대적 상황(특히 영국과 러시아의 그레이트 게임)에서, 만약 조선이 거문도 사건(巨文島 事件, 'Port Hamilton Incident' 혹은 'The British Occupation of Komundo', 1885.04.15~1887.02.27)을 계기로 영국에게 전략적 요충지인 거문도(巨文島)를 조차(租借)하도록 했더라면, 나아가 이를 계기로 영조동맹(英朝同盟)을 맺어 영국의 지원으로 조선(朝

게 장학금을 전달하고 있다.

鮮)이 부국강병(富國强兵)을 했더라면, 조선은 러시아의 남하(南下)를 효과적으로 저지할 수 있었다면, 영국의 일본과의 영일동맹(英日同盟): 제1차 영일동맹(1902년), 제2차 영일동맹(1905년), 제3차 영일동맹(1911년)은 존재하지 않을 수도 있었다.

이 경우 일본이 감히 러일전쟁(日露戰爭, 1904.02.08~1905.09)을 일으킬 필요가 없었을 것이며, 따라서 일본이 을사늑약(1905.11.17)과 한일병합조약(韓日倂合條約, 1910.08.29)으로 대한제국(大韓帝國, 1897~1910)은 자멸(自滅)하지 않았을 것이다. 그러나 일본과 미국은 필리핀을 두고 가쓰라-태프트 밀약(Taft-Katsura agreement, 1905.07.27)을 체결할 수도 있었을 것이지만, 조선이 그 미끼로 사용되지는 않았을 것이다.

상기한 본 연구의 가설(假說)이 실제로 일어났더라면, 조선(朝鮮)의 근대화(近代化)는 일본의 근대화보다 훨씬 앞설 수 있었을 것이며, 대한제국(大韓帝國)은 자멸하지 않았을 것이며, 한반도는 분단되지 않았을 것이며, 한국전쟁은 일어나지 않았을 것이며, 대한민국(大韓民國)의 민주화(民主化)는 훨씬 일찍이 성숙될 수 있었을 것이며, 거문도(巨文島)는 동아시아의 무역·물류·금융 도시가 있었을 것이다. 또한, 미국은 태평양 전쟁을 치루지 않았을 것이며, 일본은 원자 폭탄의 세례를 받지 않았을 것이다.

사실, 거문도(巨文島)는 군사전략상 중요한 길목에 위치하고 있어서 열강들이 탐을 내는 섬이었다. 거문도(巨文島)는 당시 부동항(不凍港)을 찾아 남하(南下)하려던 러시아의 목줄을 쥘 수 있는 천혜(天惠)의 요지였다. 영국 해군은 거문도(巨文島)를 '동부 아시아의 주요 전쟁터(The cockpit of Eastern Asia)'로 칭했다. 러시아는 1857년 거문도(巨文島)의 전략적인 중요성을 인식해 석탄 수송항으로 이용하겠다고 항구 사용 허락을 조선 정부로부터 받았으나 실행에 옮기지 못하고 중단했다. 1882년 조미수호통상조약(朝美修好通商條約)을 체결한 미국 전권대사(全權大使) 로버트 윌슨 슈펠트(Robert Wilson Shufeldt, 1821~1895)는 거문도(巨文島)를 '동쪽의 지브롤터(이베리아반도 남단의, 지중해로 들어가는 해협 길목의 작은 영국 영토)'라는 별명으로 부르기도 했다. 따라서 미국 해군성은 1884년 거문도(巨文島)에 해군 항구 설치 허가를 조선 정부로부터 받고도 러시아와 마찬가지로 결단을 못하다가 포기했다. 일본도 제2차 세계대전 패전으로 만신창이가 된 처지에서도 1951년 샌프란시스코 강화조약 당시 거문도(巨文島)를 자신의 영토로 할양해 달라고 요구하였다가 거절당했다.

한편, 러시아는 1884년 12월 갑신정변(甲申政變) 이후 중국의 중재를 거치지 않고 조선과 독자적으로 1884년 7월 7일 수교(조·러 수호조약)하였다. 영국은 조선과 러시아의 조·러 수호조약(1884.07.07)을 극동 방면에서 부동항(不凍港)을 확보하기 위한 러시아의 남하(南下)로 간주하였다. 당시, 러시아 제국이 사용할 수 있었던 유일한 부동항(不凍港)은 블라디보스토크 항(港)으로서 여름에 주로 이용되었지만 여순항(Port Arthur)은 연중 사용할 수 있었다. 상기와 같이, 조선과 러시아의 연대 가능성이 높아지자, 이를 확인한 영국(英國)은 도저히 좌시할 수 없다고 판단했다.

그렇다면, 왜 영국(英國)은 거문도(巨文島)를 무력으로 불법 점령했을까? 1861년 러시아가 군함을 블라디보스토크(海蔘葳)에 집결시키고 부동항(不凍港) 확보를 위한 1차 목표로서 조선의 강원도 동해안 영흥만 소재 원산(元山, 당시 러시아는 元山을 라자레프항(port of Lazaref라고 불렀다)을 노리고 나아가 일본의 대마도(對馬島)를 점령할까봐 무척 걱정하고 있었다. 러시아는 1861년 3월부터 6개월간 대마도(對馬島) 항구 사용을 요구하며 버티다가 영국의 개입으로 철수한 일이 있었다. 물론, 영국도 1859년 대마도(對馬島) 근처를 수주 동안 정밀조사하고 다녀서 일본을 자극한 일도 있었다. 나아가, 영국은 러시아가 더욱 더 남하(南下)하여 홍콩을 침략할까 봐 거문도(巨文島)에 군사와 군함을 주둔시키고 러시아의 남하(南下)를 저지할 필요가 있었다. 따라서 1877년 홍콩에 주둔한 영국 해군 중국본부(China Station) 본부장이었던 라이더 제독은 '러시아를 견제하고 중국·일본과의 무역을 보호하기 위한 해군 거점으로 거문도(巨文島)를 점령해야 한다'는 보고서를 올렸다.

사실, 여수와 제주도 중간 지점에 위치한 거문도(巨文島)는 면적 12㎢인 다도해의 최남단 섬으로 고도, 동도, 서도 세 섬으로 이루어 있어 삼산도(三山島)라 불렸다. 작은 섬들로 둘러싸인 내해는 언제나 파도가 잔잔하고 간조 때도 수심이 14~16m로 유지되는 천혜의 양항(良港)인데다, 아늑한 만이 요새처럼 숨어 있어 지정학적으로 군항조건에 안성맞춤이었다. 거문도(巨文島)는 남해안과 제주도의 중간 해역이자 대한해협의 문호로서 제주도와 한반도, 일본 큐수와의 삼각지점에 위치한 전략적 요충지였다. 한·일 간 해상통로이며, 러시아 동양 함대의 길목에 위치해 서구열강에 동북아 군함과 무역선이 중간 기착하는 군항(軍港)으로 완벽한 조건을 갖춘 항구로 평가됐다.

참고로, 일부 한국의 역사학자들은 다음과 같은 '헛소리'를 지껄인다: 어차피 당시 대한제국(大韓帝國)이 국력상 식민지가 되었어야만 했다면, 차라리 일본이 아니라 서구 열강의 식민지가 되었으면 현대 대한민국의 실상이 더 좋았을 것이 아닌가? 구체적으로, 1866년 병인양요(丙寅洋擾)에서 프랑스가 재침공하여 조선이 프랑스의 속령이 되었다면, 혹은 1866년(조선 고종 3년) 제너럴 셔먼호 사건 이후 1871년 신미양요(辛未洋擾)에서 미국이 재(再)침공하여 조선이 미국의 속령이 되었다면, 어떻게 되었을까?

그러나 저자는 상기한 2가지 가설보다도 쌍방의 현실적 필요성이나 조선·대한제국의 실익의 측면에서 보면, 영국(英國)의 거문도(巨文島) 점령 사건(1885.04.15~1887.02.27)은 '천재일우(千載一遇)의 기회'였다고 판단한다. 그렇다면, 조선(朝鮮)은 왜 상기한 천재일우(千載一遇)의 기회를 활용하지 못했었을까? 그 요인은 고종(高宗)은 저능아 수준의 두뇌 소유자였고 자신의 권력유지에만 탐닉했었고 신료들은 설익은 성리학(性理學) 지식에 매몰된 채 '우물안 개구리'로서 오직 자신의 지위와 재물 축재에만 몰두해 있었기 때문이었다. 상기한 요인 외에 중국과 일본이 각각 조선과 영국이 밀착되는 것을 한사코 방해했기 때문이었다. 그 증거는 하기와 같은 중국 청나라 말기 최고의 권력자였던 직례총독 이홍장(李鴻章, 1823~1901)의 서신내용이다:

'귀국의 제주 동북쪽으로 100여 리 떨어진 곳에 거마도(巨磨島)가 있는데, 그 섬이 바로 거문도(巨文島)입니다. 바다 가운데 외로이 솟아있으며 서양 이름으로는 해밀톤(哈米敦)섬이라고 부릅니다. 요즘 영국과 러시아가 아프가니스탄(阿富汗) 경계 문제를 가지고 분쟁을 일으키고 있습니다. 러시아가 군함을 블라디보스토크(해삼위: 海蔘葳)에 집결시키므로 영국은 그들이 남하하여 홍콩(香港)을 침략할까봐 거마도(巨磨島)에 군사와 군함을 주둔시키고 그들이 오는 길을 막고 있습니다. 이 섬은 조선의 영토로서 영국 사신이 귀국과 토의하여 수군을 주둔시킬 장소로 빌린 적이 있습니다. 그러므로 잠시 빌려서 군함을 정박하였다가 예정된 날짜에 나간다면 혹시 참작해서 융통해 줄 수도 있겠지만, 만일 오랫동안 빌리고 돌아가지 않으면서 사거나 조차지(租借地)로 만들려고 한다면 단연코 경솔히 허락해서는 안 됩니다.

구라파(歐羅巴) 사람들이 남양(南洋)을 잠식할 때에도 처음에는 다 비싼 값으로 땅을 빌렸다가 뒤에 그만 빼앗아서 자기소유로 만들었습니다. 거마도는 들건대 황폐한 섬이라 하니, 귀국에서 혹시 그다지 아깝지 않은 땅으로 볼 수도 있겠지만 홍콩 지구 같은 것도 영국 사람들이 차지하기 전에는 남방 종족 몇 집이 거기에 초가집을 짓고 산 데 불과하였습니다.

그런데 지금은 점차 경영하여 중요한 진영(鎭營)이 되었고 남양의 관문이 되고 있습니다. 더구나 이 섬은 동해의 요충지로서 중국 위해(威海)의 지부(之罘), 일본의 대마도(對馬島), 귀국의 부산(釜山)과 다 거리가 매우 가깝습니다. 영국 사람들이 러시아를 방어하기 위한 것이라고 변명하지만 어찌 그들의 생각이 따로 있지 않을 줄을 알겠습니까?

이토 히로부미는 이전에 나와의 담화에서 영국(英國)이 만약 오랫동안 거마도(巨磨島)를 차지한다면 일본에 더욱 불리하다고 하였습니다. 만일 귀국이 영국에 빌려준다면 반드시 일본 사람들의 추궁을 받을 것이며, 러시아도 곧 징벌하기 위한 군사를 출동시키지는 않더라도 역시 부근의 다른 섬을 꼭 차지하려고 할 것이니 귀국이 무슨 말로 반대하겠습니까?

　이것은 도적을 안내하여 문으로 들어오게 하는 것으로 이웃 나라에 대하여 다시 죄를 짓게 되며 더욱이 큰 실책으로 됩니다. 그뿐 아니라 세계정세로 보아서도 큰 관계가 있으니, 바라건대, 전하는 일정한 주견을 견지하여 그들의 많은 선물과 달콤한 말에 넘어가지 말기 바랍니다.

　이제 정 제독(丁提督)에게 군함을 주어서 이 섬에 보내어 정형(情形)을 조사하게 하는 동시에 귀 정부와 함께 진지하게 토의하게 하니, 잘 생각해서 처리하는 것이 필요합니다.”

(『고종실록』 고종 22년, 1885.03.20)

(3) 고종(高宗, 친정: 1873~1907): 독립협회(獨立協會)와 만민공동회(萬民共同會)의 육성·발전에 의한 ‘입헌대의군주제’ (立憲代議君主制)와 근대화(近代化)를 위한 기회 말살[102]

　고종(高宗)은 아관파천(俄館播遷, 1896.02.11~1897.02.20)으로부터 1년 만인 1897년 2월 20일 경운궁으로 환궁하고 조선의 자주독립을 강화하는 하나의 방법으로서 ‘칭제건원(稱帝建元)’을 추진하였다. 왕위 등극 40주년 행사의 의식장소인 환구단(圜丘壇)을 짓고 하늘에 고하는 제사를 지내고 8월 16일 연호 ‘건양(建陽)’을 ‘광무(光武)’로 고쳐 ‘건양(建陽) 2년’을 ‘광무(光武) 원년’으로 고치고 10월 12일 국호를 대한(大韓)으로 바꾸고 대한제국(大韓帝國, 1897.10.12~1910.08.29)[103]임을 선언하고 초대 황제로 즉위하였다. 또한, 1897년 12월 24일 고종(高宗)은 극비리에 내시(內侍) 한 명을 미국 공사관에 보내 미관파천(美館播遷)을 요청했다.[104] 이에 공사 알렌은 “최악의 상황이 될 것”이라며 파천(播遷)을 거부했다.

---

102) 『대한제국기의 정치사상연구』(김도형, 지식산업사, 1994); 『대한제국기의 민족운동』(유영열, 일조각, 1997); 『대한제국국제의 제정과 기본사상』(전봉덕, 『법사학연구』 1, 1974); 『대한제국의 성격』(강만길, 『창작과 비평』 48, 1978); 『대한제국의 성립과 열강의 반응』(이구용, 『강원사학』 1, 1985); 『대한제국의 성립과정과 열강과의 관계』(이민원, 『한국사연구』 64, 1989); 『칭제논의와 대한제국의 성립』(이민원, 『청계사학』 5, 1988).

103) 대한제국(大韓帝國, Korean Empire) 또는 구한국(舊韓國)은 1897년(광무 원년) 10월 12일 부터 1910년 8월 29일까지 한반도와 그 부속 도서를 통치하였던 제국이며, 한국사의 마지막 군주국이다. 광무(光武)개혁 등 근대화(近代化)를 추진했으나 실패했고 일본제국에 의하여 멸망하였다. 그러나 대한(大韓)의 명칭은 대한민국 임시정부를 거쳐, 오늘날의 공화국인 대한민국(大韓民國) 국호로 이어지고 있다. 참고로, 강만길, 『대한제국의 성격』, 『창작과 비평』 48, 1978); 김도형, 『대한제국기의 정치사상연구』, 지식산업사, 1994; 전봉덕, 『대한제국국제의 제정과 기본사상』, 『법사학연구』 1,1974; 이민원, 『대한제국의 성립과정과 열강과의 관계』, 『한국사연구』 64, 1989.

그리고 1904년 1월 21일 고종(高宗)이 중립(中立)을 선언했다. 그러나 대한제국의 중립(中立)을 러시아도 거부했고 일본도 거부했다.

고종(高宗)은 구본(舊本) 신참(新參)의 기치 하에 광무개혁(光武改革)을 실시하였다.[105] 정치적으로는 전제군주권을 강화하고자 하였으며 대한제국 국제를 선포하여 교전소와 법규 교정소를 설치하고 시위대와 진위대의 증강을 통해 국방력을 강화하고자 원수부를 설치하였다. 한청통상조약을 통해 청나라와 대등한 입장에서 통상조약을 체결하였다. 1900년에는 파리에서 열리는 만국박람회에 대표를 파견하였고, 만국우편연합에 가입하였다. 울릉도와 독도를 울도군으로 승격시켰다. 1902년에는 간도에 간도시찰원을, 1903년에는 이범윤을 간도관리사로 각각 파견하였다.

고종(高宗)을 환궁시키고 '칭제건원(稱帝建元)'하여 대한제국(大韓帝國)을 건립시킬 수 있었던 것은 개화파인 독립협회(獨立協會)와 집권파인 친(親)러시아 수구파(守舊派) 사이에 연합과 협조가 비교적 잘 이루어졌기 때문이었다. 그러나 이들은 대한제국(大韓帝國)의 정치체제(政治體制)를 놓고 정치적 견해가 크게 대립되어 갈등이 격화되었다.

집권파인 친(親)러시아 수구파(守舊派)는 자주독립을 수호할 수 있는 자강(自彊)에 총력을 집중하지 않고, 강대한 제정러시아에 의뢰하는 성향을 보였다. 즉, 대한제국의 외교정책은 다분히 친러적 색채를 띠게 되었다. 그 결과 대한제국은 제정러시아에게 여러 가지 이권을 강탈당했으며, 여기에 반발하는 일본을 무마하기 위해 일본에게도 이권을 넘겨줘야 했다.

예로서, 대한제국(大韓帝國)은 1899년 3월 동해 포경권을 러시아에 빼앗겼고 1900년 마산항 일부 토지를 러시아에 조차(租借)하였다. 대한제국은 1901년 프랑스에게 평안북도 창성광산채굴권을 허여하였다. 1902년 러시아공사관에서 러시아·독일·프랑스 3국의 한국에서의 이권 탈취 모의가 있었다. 1903년 러시아가 용암포(龍巖浦)를 점령하고 그 조차(租借)를 요구해왔다. 한편, 대한제국은 1900년 일본에게 경상도·강원도·함경도·경기도의 어업권을 빼앗기고, 역시 같은 해 인삼위탁판매권을 일본에게 허여했으며, 1901년 일본에게 직산금광채굴권을 빼앗기고, 1902년 일본제일은행권을 법정통화로서 한국에 통용하도록 허용하였다.

---

104) 1897년 9월 22일 고종(高宗)은 1892년 미국공사관에 무상(無償)으로 줬던 북쪽 길 소유권을 공식적으로 넘겨줬다. 이 길이 지금 '고종의 길'로 복원된 옛 대사관저 내부 소로(小路)다.

105) 송병기, 『광무개혁연구』, 『사학지』10, 1976; 신용하, 『'광무개혁론'의 문제점』, 『창작과 비평』49, 1978.

1896년 망명지 미국에서 귀국한 계몽주의자(啓蒙主義者) 서재필(徐載弼)은 독립신문(獨立新聞)을 만들었고, 무악재에 있던 청나라 사신 영접용 영은문(迎恩門)을 헐고 독립문(獨立門)을 세웠다. 이를 위해 만든 단체가 독립협회(獨立協會)였다. 1897년 3월 독립협회(獨立協會)는 종로에서 만민공동회(萬民共同會)를 개최했다. 만민공동회(萬民共同會)는 백정까지 참가하였으며 연일 자발적으로 열렸었다. 한글 신문과 토론을 통해 대중은 개화(開化)가 악(惡)이 아님을 깨달았다. 세상은 바야흐로 *"몇 명의 박영효(朴泳孝), 몇 명의 서재필(徐載弼)이 있는지 모를 만큼(不知幾泳孝幾載弼)"* 각성을 하고 있었다(1898.11.23, 『고종실록』). 만민공동회(萬民共同會)의 가장 큰 주장은 의회인 중추원(中樞院) 설립과 자유(自由) 민권(民權)이었다.[106]

상기한 시대적 상황에서, 독립협회(獨立協會)는 대한제국을 전제군주제로 발전시키는 것은 취약하기 때문에 '입헌대의군주제'(立憲代議君主制)로 개혁해야 한다고 주장하였다.[107] 왜냐하면 열강이 황제를 위협하여 황제의 동의만 얻으면 나라의 귀중한 권리와 이권이 박탈되고 국권까지 쉽게 빼앗길 위험이 있기 때문이었다. 따라서 독립협회(獨立協會)는 전제군주제(專制君主制)를 폐지하는 대안으로 국민에게 참정권(參政權)을 주고 의회(議會)를 설립하여 국정의 중요한 사항과 외국과의 모든 조약은 반드시 의회의 동의를 얻어 통과해야 효력을 발생하는 '입헌대의군주제'(立憲代議君主制)를 수립해야 한다고 주장하였다.[108] 이에 집권파인 수구파는 친러정책을 채택하여 러시아와 밀접한 관련을 가지면서 독립협회의 '입헌대의군주제'(立憲代議君主制)로의 개혁안을 반대하며, 전제군주제(專制君主制)를 그대로 유지해야 한다고 주장하였다. 그 논거는 의회를 개설하여 '입헌대의군주제'(立憲代議君主制)를 만드는 것은 불가피하게 민권(民權)을 신장시키고 황제(皇帝)의 지위를 약화시키기 때문이라는 것이었다.

그러나 고종(高宗)은 전제군주제(專制君主制)를 입헌대의군주제(立憲代議君主制)로 개혁하면 왕권이 감소되고 민권이 증대된다는 수구파의 주장에 설득되어 친러 수구파의 전제군주제(專制君主制) 주장을 지지하고, 독립협회의 입헌대의군주제(立憲代議君主制) 주장에는

---

106) 신용하(1973), 『독립협회의 사회사상연구』, 서울대학교 한국문화연구소; 신용하(1974), 『독립협회의 민족운동연구』, 서울대학교 한국문화연구소; 신용하(1975), "만민공동회의 자주민권자강운동", 『한국사연구』 11.

107) 신용하(1985), "독립협회의 의회주의사상과 회설립운동", 『한국사회의 변동과 발전』.

108) 신용하, 『독립협회의 사회사상연구』, 서울대학교 한국문화연구소, 1973; 신용하, 『독립협회의 민족운동연구』, 서울대학교 한국문화연구소, 1974; 신용하, 『독립협회의 의회주의사상과 회설립운동』, 『한국사회의 변동과 발전』, 1985.

동의하지 않았다.

한편, 1898년 초, 친(親)러시아 수구파 정부가 제정러시아의 요구에 동의하여 절영도 (絶影島)의 토지를 석탄고기지로 러시아에 조차(租借)해주려고 하였다. 독립협회(獨立協會) 는 이에 대한 반대운동을 시작하면서 본격적인 전제군주제(專制君主制) 개혁운동을 전개하 였다. 독립협회(獨立協會)는 국토의 일부를 외국에 조차(租借)해주는 것은 침략을 당하는 시작이라 하여 이를 격렬하게 비판하는 토론회를 개최하고 이에 대해 반대하는 공한을 정 부에 보냈다.

또한, 독립협회(獨立協會)는 1898년 3월 10일 한양 종로에서 조선 역사상 처음으로 당 시 서울 인구의 17분의 1에 해당하는 1만 여명의 시민들을 모아 '만민공동회(萬民共同會)' 라는 시민궐기대회(제1차 만민공동회)를 개최하여 러시아의 절영도(絶影島) 조차(租借) 요구 반대, 러시아의 군사교관 및 재정고문의 철수, 한러은행의 철폐 결의, 일본의 조선지역내 석탄고기지 철수, 대한제국의 자주독립 강화 등을 결의하였다. 실로, 만민공동회(萬民共同 會)는 1898년 일본 및 서구 열강의 이권 침탈과 침략정책에 대항하여 대한제국의 서울 시 민들이 자주독립의 수호와 자유민권의 신장을 위하여 조직·개최하였던 시민궐기대회 또 는 민중대회라고 할 수 있다.[109]

이어서, 1898년 3월 12일 독립협회(獨立協會)가 직접 지도하지 않았음에도 불구하고, 이 틀 전(03.10)보다 더 많은 수만 명의 한양 시민들이 운집하여 서울 종로에서 자발적으로 제 2차 만민공동회(萬民共同會)를 개최하여 제1차 만민공동회(1898.03.10)와 동일한 결의: 러시 아와 모든 외국의 간섭을 규탄하고 대한제국의 자주독립 강화를 채택하였다.

만민공동회(萬民共同會)의 자발적 집회에 놀란 친러 수구파의 조정과 서구 열강 사이에 복잡한 외교교섭과 각축이 벌어져 마침내 러시아의 절영도(絶影島) 조차(租借) 요구가 철 회되었고, 한러은행과 군사교관·재정고문도 철수하였으며, 러시아는 독립협회(獨立協會)· 만민공동회(萬民共同會)의 저항에 부닥치자 부산·마산 일대에 부동항(不凍港)과 군사기지 를 설치하려던 계획을 바꾸어 3월 27일 청국으로부터 랴오둥반도(遼東半島)를 조차(租借) 한 다음, 따리엔(大連)과 뤼순(旅順)에서 부동항(不凍港)과 군사기지를 설치하기로 결정하 였다. 일본도 독립협회의 강경한 요구에 응하여 할 수 없이 그들의 원미도 석탄고기지를 대한제국에 반환하였다.

상기와 같이, 러시아와 일본은 한반도에서 그들의 세력이 후퇴되자, 러시아와 일본은 상호견제를 위하여 1898년 4월 25일 니시 도쿠지로(西德二郎) 일본 외무대신과 로만 로젠

---

109) 신용하, 『만민공동회의 자주민권자강운동』, 『한국사연구』 11, 1975.

(Roman Romanovitch Rosen) 주일 러시아 공사 사이에 '니시 · 로젠 협정(Nishi−Rosen Agreement)'110)을 체결하여, 양국이 대한제국의 주권과 완전한 독립을 확인하고 내정에 간섭하지 않기로 합의함과 동시에 대한제국이 군사교관이나 재정고문을 초빙하는 경우에도 양국의 사전동의 없이는 응낙할 수 없도록 협약하였다.

'니시 · 로젠 협정(Nishi−Rosen Agreement, 1898.04.25)'의 주요 내용은 러일 양국은 한국의 내정에 간섭을 삼가고 한국 정부의 요청으로 군사나 재정 고문을 파견할 때에는 사전에 상호 승인을 구하도록 한 것 등이다. 특히 러시아는 한국의 경제 발전을 위해 일본이 투자하는 것을 방해하지 않을 것을 서약하여 러시아는 조선(朝鮮)이 일본의 세력권에 속함을 인정했고, 반대로 일본은 만주(滿洲)가 러시아의 세력권에 포함됨을 인정하였다.

당시, 청일전쟁(淸日戰爭, 1894.07~1895.04)에서 승리를 거둔 일본은 한국의 내정에 대한 영향력을 증대시켰고 이는 한반도에서 주도권을 쥐고 싶어하는 러시아와의 긴장을 촉발시켰다. 특히 주한 러시아 공사가 칼 베베르(Karl Ivanovich Weber)에서 알렉세이 스페에르(Alexey Nikolayevich Shpeyer)로 교체된 뒤, 조선의 재정권을 장악하고자 영국인 고문 브라운(Sir John McLeavy Brown)을 해직시키고 그 자리에 러시아인 키릴(Kiril A. Alexeev)을 임명할 것을 강요하자, 이에 반발한 영국이 동양함대를 인천에 파견하여 항의하는 사건이 일어났다.

독립협회(獨立協會)는 상기한 세력균형 상태를 '절호의 기회'로 간주하고 대한제국의 자주독립을 지킬 수 있는 근대적 실력을 양성하고, 갑오경장(甲午更張) 때 설치된 중추원을 우선 상원으로 개편하여 의회를 설립하여 현행 전제군주제(專制君主制)를 입헌대의군주제(立憲代議君主制)로 개혁하려고 하였다. 이에 고종(高宗)과 수구파(守舊派) 정부는 중추원에 자문원을 두어 행정부를 자문하면 언로(言路)가 열려 국정이 바르게 된다고 하여 의회 설립에 반대하였다. 그 결과 논쟁과 대립의 초점은 중추원을 의회로 개편할 것인가, 자문원으로 그냥 둘 것인가라는 문제로 집중되었다.

독립협회(獨立協會)는 중추원을 의회로 개편하려면 먼저 친러 수구파(守舊派) 정부를 퇴진시키고 의회 설립에 동의할 수 있는 개혁파 정부를 수립하는 것이 선결문제라고 판단하였다. 따라서 1898년 4월부터 자유민권운동을 전개함과 동시에 의회설립의 필요성을 계

---

110) 니시 · 로젠 협정(Nishi−Rosen Agreement, 1898년 4월 25일)'의 주요 내용은 러일 양국은 한국의 내정에 간섭을 삼가고 한국 정부의 요청으로 군사나 재정 고문을 파견할 때에는 사전에 상호 승인을 구하도록 한 것 등이다. 특히 러시아는 한국의 경제 발전을 위해 일본이 투자하는 것을 방해하지 않을 것을 서약하여 러시아는 조선(朝鮮)이 일본의 세력권에 속함을 인정했고, 반대로 일본은 만주(滿洲)가 러시아의 세력권에 포함됨을 인정하였다.

몽하는 운동을 전개하다가, 7월 3일 역사상 처음으로 '의회 설립'을 요구하는 상소를 올렸다. 고종(高宗)은 수구파 정부각료들과 의논한 뒤 이를 거부하는 회답을 내렸다. 이에 독립협회(獨立協會)는 굴하지 않고 7월 12일 다시 의회 설립을 요구하는 상소를 올렸으나 고종(高宗)과 수구파 정부의 반대로 받아들여지지 않았다.

독립협회(獨立協會)는 1898년 10월 1일부터 궁궐을 에워싸고 철야 상소시위를 전개하여, 10월 12일 친러 수구파(守舊派) 정부를 붕괴시키고 박정양(朴定陽)·민영환(閔泳煥)을 중심으로 한 개혁파 정부를 수립하는 데 성공하였다. 외국공사관들은 이러한 정권교체와 개혁파 정부의 수립을 대한제국에 '하나의 평화적 혁명'이 실현되었다고 본국에 보고하였다. 독립협회(獨立協會)는 신정부와 즉각 의회 설립을 추진하여, 10월 15일 합의하고 10월 24일 의회설립안을 정부에 제출하였다. 개혁파 정부는 이를 받아들여 약간의 수정을 가한 뒤, 1898년 11월 2일 역사상 최초의 의회설립법인 『중추원신관제』를 공포하였다.

전문 17조로 된 『중추원신관제』는 '상원(上院)' 설치를 내용으로 의원 50명 중 25명은 황제와 정부가 임명하고, 나머지 25명은 인민협회에서 투표로 선거하되 당분간 독립협회가 인민협회를 대행하기로 하였다. 중추원은 입법권, 조약비준권, 행정부 정책에 대한 동의권, 감사권, 행정부 건의에 대한 자순권(諮詢權), 건의권 등을 가지게 되어 근대 의회의 권한을 모두 부여받았다. 대한제국의 개혁파 정부는 1898년 11월 5일 민선의원 선거일로 정하여, 전제군주제(專制君主制)를 입헌대의군주제(立憲代議君主制)로의 대개혁을 단행하려고 준비했다.

1898년 10월 28일 일부 대신이 참가한 관민공동회(官民共同會)가 열렸는데 그날 '입헌군주정(立憲君主政)'이 제기되었다. 헌법으로 황제권(皇帝權)을 제한하자는 논의에 고종(高宗)과 수구 세력이 즉각 행동했다. 의회가 설립되고 개혁파 정부가 입헌대의군주제(立憲代議君主制)를 수립하면, 정권에서 영원히 배제될 것으로 판단한 친러 수구파들의 방해를 받아야 했다. 군부대신 민병석(閔丙奭)과 탁지부대신 민영기(閔泳綺)가 자금 2,000원을 들여 독립협회(獨立協會) 파괴를 선동했다(1898.12.24,『고종실록』). 친러 수구파들은 모략전술을 써서 독립협회(獨立協會)가 1898년 11월 5일 의회를 설립하려는 것이 아니고, 황제 고종(高宗)을 폐위하고 박정양(朴定陽)을 대통령, 윤치호(尹致昊)를 부통령으로 한 공화제를 수립할 것이라는 전단을 독립협회(獨立協會)의 이름으로 시내 요소에 뿌렸다.

상기 거짓 보고에 놀란 황제는 경무청과 친위대를 동원하여 11월 4일 밤부터 5일 새벽까지 독립협회 간부 430여 명을 긴급체포하고 개혁파 정부를 붕괴시킨 다음, 조병식(趙秉式)을 중심으로 하는 수구파 정부를 수립하였다. 이 결과, 대한제국의 전제군주제(專制君主

制)를 입헌대의군주제(立憲代議君主制)로 개혁하려던 독립협회 등 개혁파의 운동은 성공 일보직전에서 좌절당하였다.

고종(高宗)은 군대를 동원해서 만민공동회(萬民共同會)를 강제 해산시킬 경우의 각국 반응을 타진하였다. 러시아 측은 군대 사용을 권하였고, 다른 외국공사들은 언급을 회피하였다. 오직 일본공사만이 명치유신(明治維新) 초기에 군대를 이용하여 효율적으로 민회를 해산시킨 전례가 있음을 들면서 군대를 동원하여 만민공동회(萬民共同會)를 일거에 탄압할 것을 적극적으로 주장하였다. 즉, 일본측은 그들의 한국침략정책에 대한 한국내의 궁극적 저항 세력을 만민공동회(萬民共同會)·독립협회(獨立協會) 세력이라고 판단하고 이를 없애려고 한 것이었다. 고종(高宗)은 1898년 12월 24일 11가지 불복종의 죄목을 들어 만민공동회와 독립협회를 불법화시키고 해산령을 포고했으며 430명의 만민공동회(萬民共同會)와 독립협회(獨立協會) 간부들을 일거에 체포·구금하였다. 고종(高宗)은 마침내 군대를 동원하여 서울시 일원에 비상계엄을 선포하고 만민공동회(萬民共同會) 회중은 총검에 쫓기어 해산하였다. 이로써 독립협회(獨立協會)·만민공동회(萬民共同會)의 대한제국 정치체제개혁운동은 1898년 12월 25일 완전히 좌절되고 말았다.

독립협회·만민공동회 해산 후 고종(高宗) 황제와 정부는 관인(官人)만이 정치를 논할 수 있는 것이며, 인민이 정치를 논하는 것은 부당한 것이므로, 백성들의 정치적 집회와 언론과 결사를 엄금한다고 포고하였다. 또한 대한제국은 전제군주국이므로 이를 고치려고 하는 모든 종류의 시도는 반역행위로 처벌할 것임을 공포하였다. 이에 대한제국의 정치체제에 대한 논쟁과 대립은 수구파의 승리와 개혁파의 패배로 귀결되어, 대한제국은 전제군주국가로의 길을 가게 되었다. 대한제국의 수구파 정부는 1898년 독립협회 등 개혁파의 체제개혁운동이 다시 대두되지 않도록 하고, 대한제국의 정치체제를 전제군주제로 굳히기 위해, 1899년 8월 17일 『大韓國 國制』를 제정·공포하였다. 나아가 고종(高宗)은 황제권(皇帝權) 강화를 위하여 1899년 4월 갑오경장(甲午更張) 때 폐지됐던 연좌제(連坐制) 부활을 시도했었다. 국내는 물론 일본으로 망명 중인 개화파 국사범을 멸족시키겠다는 의도였다. 이는 1899년 6월 주재 외국 공사들의 일치된 반대로 무산됐었다('주한일본공사관기록' 13권, 기밀본성왕, 1899.06.15).

전문 9조로 된 『大韓國 國制』의 특징은 대한이 자주독립한 제국(帝國), 즉 '대한제국'이며, 정치는 황제가 무한한 군권을 가지는 전제군주제(專制君主制)이고, 전제군권을 침해하거나 감손하는 행위는 반역행위임을 선언하면서 전제군주권의 기본내용을 규정한 것이다. 『大韓國 國制』에서 규정된 군권의 기본내용은 육해군 통수권, 입법권·사면권·행정권, 관리임면권과 포상권, 조약체결권과 사신임면권 등으로 구성되어 있다. 대한제국의 정치체제는 황제가 입법권·행정권·사법권 등 3권은 물론, 군통수권과 기타 모든 절대권한을 장악하도록 규정한 것이다. 『大韓國 國制』의 제정·반포로 대한제국은 전제군주국가로서의 체제를 확고하게 정착시키게 되었다. 1899년부터 시행된 정책은 『대한국국제』의 기본이념과 직결된 방향으로 수립·집행되었다. 『大韓國 國制』가 제정된 전후부터 러일전쟁(日露戰爭, Russo-Japanese War, 1904.02.08~1905.가을)에 의해 대한제국이 일본군의 직접적 간섭하에 들어간 1904년 2월까지 대한제국의 주요 정책은 다음과 같다:

첫째, 황제가 국내 육·해군을 직접 통수하는 체제를 만들고, 1899년 7월 군부(軍部) 외별도로 원수부(元帥府)를 신설하여, 직접 서울과 지방의 모든 군대를 지휘하게 하였다. 이듬해인 1900년 6월 원수부 내에 육군 헌병대를 설치하고, 전국 군대의 헌병 업무를 관할하도록 하였다. 이 시기 시위 기병대를 설치하여 병력은 약간 증가하였으나, 국방보다는 황실 호위를 위한 군사정책에 집중되었다.

둘째, 대한제국과 황제의 위엄·권위를 높이는 상징적 의미의 정책에 많은 노력을 하였다. 대한제국 국가(國歌) 제정(에케르트 작곡), 황제의 어기(御旗)·친왕기(親王旗)·군기(軍旗) 등을 제정하였다. 또한, 황제를 대원수(大元帥)로 칭하고 프러시아식 복장과 관복을 제정하여 착용하게 하였다.

셋째, 종래 탁지부 혹은 농상공부에서 관할하던 전국의 광산·철도·홍삼제조·수리관개사업 등은 궁내부 내장원에서 관할하도록 이관시키고, 수입은 정부의 예산과 관계없이 황제가 내탕금으로 전용하도록 하였다. 이 부분의 조세수입은 정부에서 분리되어 황제의 직접적 수입으로 되었으며, 때로는 황실이 직접 광산 등을 관리하고 직영하기도 하였다.

넷째, 상업(商業)은 자유상업을 허락하지 않고 정부의 승인을 얻도록 하였다. 그리고 종래 보부상(褓負商)을 상무사(商務社)로 개편하여 상업 특권을 부여하고, 때로는 영업세의 징수권도 허여하였다.

다섯째, 공업(工業)은 황실이 직영하는 방직공장·유리공장·제지공장 등의 설립을 시도하고, 일반민간인의 공장설립은 정부의 허가를 받도록 하였다. 그러나 황실이 직영하려는 업종 이외의 부문에 대해서는 제한하지 않고 허가해 주려고 하였으나 민간공업은 발흥하지 못하였다.

여섯째, 농업부문에서 양전사업(量田事業)과 지계사업(地契事業)을 대대적으로 실시하였다. 대한제국 정부는 1898년 양지아문(量地衙門)을 설치하고 미국인 측량기사까지 초빙하여 1899년부터 양전사업(量田事業)을 실시하였다. 원래 전국적으로 실시할 계획이었으나 함경북도·함경남도·평안북도·평안남도·강원도 등에서는 전혀 시행되지 못하였고, 그 밖의 도(道)에서도 일부지역에서만 시행되었다. 그 이유는 양전사업(量田事業)이 궁방전(宮房田)과 역둔토(驛屯土)가 많은 지역을 중점적으로 실시되었기 때문이었다.

대한제국(大韓帝國)은 1901년 토지 측량을 맡고 있었던 양지아문(量地衙門)을 혁파하고 지계아문(地契衙門)을 설치하여 토지측량조사와 함께 토지소유권 증명을 발급하였다. 지계아문(地契衙門)의 설치 자체가 종래의 토지측량조사보다는 토지소유권을 재확인하여 증명서를 발급하는 사업을 동시에 시행하기 위해 설치된 것이었다. 대한제국의 지계사업(地契事業)은 근대적 토지소유권 증명제도를 만들었다는 점에서 의의가 있었다.[111] 대한제국의 양전·지계 사업은 정부가 가장 많은 자금과 인력을 투입하여 근대적 토지소유권 증명제도를 수립한 대사업이었다.

그러나 대한제국(大韓帝國)의 지계사업(地契事業)은 처음부터 조세징수에 목적을 둔 것이었기 때문에 토지개혁(土地改革)의 성격이 전혀 없는 것이었으며, 도리어 봉건적 지주의 지배권을 강화시키는 한계를 지니고 있었다. 또한, 양전사업(量田事業)이 황실의 궁방전(宮房田)과 정부의 역둔토(驛屯土)를 중심으로 조세와 지대 징수의 증가를 목적으로 시행되었기 때문에, 양전사업 과정에서 농민의 토지가 다수 궁방전(宮房田) 등에 혼입, 탈입되어 황실·정부와 농민 사이에 끊임없이 크고 작은 분쟁이 일어났다. 대한제국의 양전·지계 사업은 대사업이었음에도 불구하고 농업생산력이나 농민후생의 증대에는 기여하지 못하고, 농민으로부터 황실과 정부의 수취만 증대시켰다는 의미에서 개혁정책의 성격은 매우 약한 것이었다.

고종(高宗)이 추진한 일련의 개혁들이 실패한 근본적인 원인은 '위에서부터의 개혁'의 태생적 한계에 있다. 고종이 잘못 추진해서 일어난 '정책적 실패'이며 제대로 추진했으면 성공할 공산이 높았으리라 생각하는 건 몰이해다. 여타 국가들에서도 국왕, 즉 구체제가 주도해서 서구 열강을 어설프게 따라하려는 개혁 시도란 것들이 성공한 일은 거의 없다. 수백년 동안 서유럽을 따라가려고 노력한 러시아조차도 결국 제대로된 서구식 체제 개혁에 성공하지 못하고 후진적인 농노제와 전제정에 의존하다 몰락했는데, 아예 단절되어있

---

111) 지계아문(地契衙門)에서 계속하여 양전사업과 지계사업을 시행한 군을 보면 다음과 같다. ① 경기도: 시흥·남양·양주·양근·지평. ② 충청남도: 덕산·신창·예산·대흥·해미·면천·당진·서산·태안·홍주·비인·서천·결성·직산·회덕·평택. ③ 전라북도: 전주·여산·익산·임피·부안·무주·진안·진산·옥구·만경·용담. ④ 경상북도: 상주·성주·김산·선산·인동·순흥·칠곡·풍기·용궁·개령·문경·함창·지례·고령. ⑤ 경상남도: 동래·창원·김해·함안·함양·고성·양산·기장·초계·칠원·거제·진해·안의·단성·웅천·진남·합천·진주·하동·삼가·산청. ⑥ 강원도: 전도 등이었다.

던 문화권에서는 개혁 방안을 이해하는 것조차 힘든게 당연하다. 중간 계급(부르주아)의 충분한 성장 없이는 근대 국가 시스템을 제대로 이끌어갈 수가 없고, 근대를 거치며 산업혁명으로 중산층이 든든하게 생겨난 서구 열강이 아닌 타 문명권에겐 실상 구조적으로 불가능한 일이었다.[112]

요컨대, 심히 무능한 고종(高宗)을 대신하여 자발적으로 분연히 궐기한 독립협회(獨立協會)·만민공동회(萬民共同會)의 저항에 놀랐던 러시아는 절영도(絕影島) 조차(租借) 요구를 철회하고 한러은행과 군사교관·재정고문도 철수하였으며 부산·마산 일대에 부동항(不凍港)과 군사기지를 설치하려던 계획을 바꾸어 3월 27일 청국으로부터 랴오둥반도(遼東半島)를 조차(租借)한 다음, 따리엔(大連)과 뤼순(旅順)에서 부동항(不凍港)과 군사기지를 설치하기로 결정하였다. 일본도 독립협회의 강경한 요구에 응하여 할 수 없이 그들의 원미도 석탄고기지를 대한제국에 반환하였다. 이에 한반도를 둘러싼 국제세력균형이 성립되었으며, 이 세력균형이 1904년 1월까지 약 6년간 지속되었다. 이것은 대한제국(大韓帝國)의 자주근대화 실천에 절호의 기회였다.

그럼에도 불구하고, 축재만 탐닉했었던 고종(高宗)은 자신의 권력 유지에만 집착하여 1898년 12월 23일 서울시 일원에 비상계엄을 선포하고 12월 25일 입헌대의군주제(立憲代議君主制)를 주장하는 독립협회(獨立協會)·만민공동회(萬民共同會)의 대한제국 정치체제개혁운동을 러시아 혹은 일본의 군대가 아닌 자국 군주의 강제 해산령으로 시위대를 동원하여 완전히 압살하고 『大韓國 國制』의 전제군주제(專制君主制)를 공포하였다. 이 결과, 만 3년이 못 되는 개혁의 기회는 사라졌다. 순식간에 세상은 '보부상 무리와 최악의 패거리로 구성된 반(反)개혁적 정부'가 장악했으며, 대한제국(大韓帝國)의 근대화(近代化)를 위한 개혁은 포말(泡沫)로 사라졌다. 오로지 전제군주국의 왕권 유지에 몰두했었던 고종(高宗)은 아예 태어나지 말았어야 할 졸자(拙者)였다.

비록 독립협회(獨立協會)와 만민공동회(萬民共同會)는 암군(暗君) 고종(高宗)에 의하여 해산되었지만, 일본제국이 대한제국을 경제적으로 예속시키고자 제공한 차관 1,300만 원을 국민들이 갚기 위한 전국적인 국권 회복운동이었던 국채보상운동(國債報償運動, 1907~1908)으로 이어졌다.[113]

---

112) 송병기(1976), "광무개혁연구", 『사학지』 10; 신용하(1978), "'광무개혁론'의 문제점", 『창작과 비평』 49.

113) 1907년 국채보상운동(國債報償運動)은 1907년 1월 29일 대구의 광문사에서 김광제(金光濟)·서상돈(徐相燉) 등에 의하여 시작되었다. 민간에서 이 같은 운동이 전개되었던 것은 1904년 8월 일제의 강압으로 체결되었던 한일협정서에 의하여 대한제국의 재정고문으로 목하전종태랑(目賀田種太郎)이 임명된 이래 일본으로부터의 차관도입이 급격히 이루어진 것과 무관하지 않았다. 특히 1906년 일제는 통감

여기서, 1898년 10월 12일 대한제국(大韓帝國)의 독립협회(獨立協會) 및 만민공동회(萬民共同會)의 개혁파 정부를 수립 성공과 같은 해 11월 2일 역사상 최초의 입헌대의군주제(立憲代議君主制)를 위한 『중추원신관제』를 공포했었던 역사적 사실과, 청(淸) 제국의 경우 스승 강유위(康有爲, 1858~1927)의 입헌군주제(立憲君主制)와 1898년 무술 변법자강운동(戊戌 變法自疆運動) 실패 후 제자 양계초(梁啓超, 1873~1929)의 개명전제(開明專制)를 비교해보면, 당시 한국인들은 중국인들에 비하여 높은 수준의 시민의식을 가지고 있었다고 저자는 평가한다. 당시, 한국 역사상 처음으로 만민공동회(萬民共同會)라는 새로운 형태의 민중집회가 생기고 시민들이 자주독립권 수호를 위한 확고한 결의를 내외에 과시하였다. 만민공동회(萬民共同會)를 관람한 러시아 공사는 물론이요, 다수의 외국 공·영사들과 외국인들은 한국 민중의 정치의식의 성장에 모두 큰 충격을 받고 놀라움을 표시하였다.

이와 대조적으로, 1898년 무술변법자강운동(戊戌 變法自疆運動) 시기에서, 양계초(梁啓超, 1873~1929)의 정치적 주장은 스승 강유위(康有爲, , 1858~1927)와 공유한 입헌군주제(立憲君主制) 수립이었다. 그러나, 양계초(梁啓超, 1873~1929)가 일본에 망명한 후, 일본의 요코하마(橫濱)에서 발행한 반월간 잡지 『신민총보(新民叢報)』에 1902년 2월에서 1906년 1월에 걸쳐 연재되었던 '신민설(新民說)'에서 중국인들이 공화국(共和國)의 국민이 될 수 있는 자질을 갖출 때까지 개명(開明)된 군주에 의한 전제정치(專制政治)를 채택하자고 주장했다. 즉, 양계초(梁啓超)는 그의 저서: 『신민설(新民說)』114)에서 공화제(共和制) 또는 입헌군주제

_____

부를 설치하자 한국의 시정개선이라는 명목으로, 실제로는 한국침략에 소요되는 경비를 고율의 국채를 기채하여 일본차관으로 조달하였던 것이다. 1907년 초 한국정부의 대일차관은 1,300만 원에 이르렀는데 그 액수는 정부의 1년 예산과 맞먹는 정도였다. 따라서 정부에 의한 국채보상은 사실상 불가능한 상태였다. 김광제와 서상돈 등은 이러한 상황에서 2천만 동포가 담배를 3개월 동안 끊어 모금한 돈으로 민간에서 국채를 보상하자고 주장하였던 것이다. 대구에서 시작된 이 운동은 곧 전국적인 규모로 확대되어 갔다. 2월 22일에 서울에서 김성희(金成喜)·유문상(劉文相)·오영근(吳榮根) 등의 주도로 국채보상기성회(國債報償期成會)가 조직된 것을 비롯하여 전국에 국채보상을 목적으로 한 단체들이 결성되기 시작하였다. 국채보상운동(國債報償運動)은 전국민의 전폭적인 호응으로 모금이 시작된 지 3개월 뒤인 5월에는 모금액이 20만 원에 달하였다. 1907년에 불같이 일었던 국채보상운동(國債報償運動)은 일제의 방해로 말미암아 지속되지 못하였다. 그러나 실패의 원인은 그밖에도 참가세력의 조직적 통일이 이루어지지 못하였고, 지도논리와 구체적 발전전망이 모자랐던 점에서도 찾을 수 있다. 지도층은 분열되었을 뿐 아니라, 모금 자체에만 주목하였고 보상방안에 대한 구체적인 계획을 가지고 있지 못하였다. 그러나 일제(日帝)의 국권침탈이 전개되던 시기에 대중운동으로 전개되면서 애국심의 고취와 항일의식의 고조는 충분히 의의를 가질 수 있었다.

114) 양계초(梁啓超, 1873~1929)의 『신민설(新民說)』은 중국의 근대적 민족국가의 건설을 목적으로 한 정치사상서로서 1898년 무술 변법자강운동(戊戌 變法自疆運動)에 실패하고 일본에 망명해 있던 상황에서 반(半)월간 잡지인 『신민총보』에 1902년 2월 창간호부터 1906년 1월까지 연재했던 글을 묶은 것이

(立憲君主制)로 지향하는 중간 단계로서 일시적인 개명전제(開明專制)의 실시를 주장한다. 그러한 입장의 변화는 손문(孫文, 1866~1925)을 필두로 하는 혁명파와의 대립되어 있었다.

양계초(梁啓超, 1873~1929)는 중국인들이 근대 국가의 국민으로서 갖춰야 할 자질을 민지(民智)·민덕(民德)·민력(民力), 즉 지·덕·체(智·德·體)로 정리했다. 『신민설(新民說)』은 그 가운데 특히 민덕(民德) 부분을 다룬 글이다. 스스로 법에 복종하고 국가에 봉사하는 자율적이고 자유로운 근대국가의 국민, 그 국민의 창출을 위해 양계초(梁啓超)는 근대국가의 국민으로 갖춰야 할 자격, 근대국가를 이룩할 수 있는 조건으로서 '근대적 도덕'들을 나열했다. 그 근대적 도덕은 공덕(公德)이라는 이름으로 불렸으며, 공덕(公德)은 과거의 구도덕과는 질적으로 다른 것이었다. 공덕(公德)의 본질은 단체를 이롭게 한다는 것이었고, 이는 결국 당시 양계초(梁啓超)가 단체의 최고 단위로 여기고 추구하던 민족국가(民族國家)를 이롭게 하는 것이었다.

양계초(梁啓超, 1873~1929)가 『신민설(新民說)』을 통해 구상한 근대국가와 국민의 모습은, 실제로 일본을 비롯해 타이완과 한국에서 채택되었던 근대국가와 그 국민의 전형을 보여준다. 서양의 제국주의적 진출에 촉발되어 주목하게 된 근대, 아시아에서 그 근대의 학습은 제국주의의 두 지지대인 사회진화론(社會進化論)과 민족주의(民族主義)를 수입하고 그것을 내면화하는 것을 의미했다. 생존경쟁(生存競爭)과 적자생존(適者生存)의 사회진화론(社會進化論)은 제국주의(帝國主義)의 식민지 확장을 정당화하는 침략자의 이념이었으며 민족주의(民族主義) 역시 국민 통합을 위해 자국 내에서 포기한 예속노동을 해외에서 찾기 위한 식민지 정벌을 촉진하는 것이었다.

다. 전체 20절로 구성되었다. 『신민설(新民說)』은 근대적 민족국가로서 '강한 중국'을 이룩할 초석을 놓기 위한 프로젝트였다. 자유와 평등으로 상징되는 근대적 시민의 이념과, 강자의 권리로 표상되는 제국주의적 힘의 원리는 강자가 갖추고 있는 우성(優性)으로 사유되었다. 양계초(梁啓超)에게 도덕적 원리와 힘의 원리는 구분되지 않고 문명, 진화라는 이름으로 불렸다. 중국은 문명국가가 되기 위해, 그리고 살아남기 위해, 유럽의 근대국가처럼 자유와 평등, 강자의 권리, 민족제국주의의 팽창력, 그 모든 것들을 갖춰야만 했다.

5) '중립외교(中立外交)'의 오판(誤判): 광해군(光海君, 1608~1623)의 1619년 '중립적 외교'와 고종(高宗, 친정: 1873~1907)의 '국외중립(國外中立) 선언'(1904.01.22)

주변 강대국들에 둘러싸인 한반도는 지정학적 위치 때문에 임진왜란(1592~1598) → 1627년 정묘호란(丁卯胡亂) → 병자호란(丙子胡亂, 1636.12~1637.02) → 청일전쟁(淸日戰爭, 1894.07~1895.04) → 러일전쟁(日露戰爭, 1904.02.08~1905.09.05) 등 역사적으로 끊임없이 침략을 당하며 엄청난 대가를 치렀다.

이에 대응한 현상 모면용 임기대응책으로서, 광해군(光海君, 1608~1623)의 1619년 '중립적 외교'와 고종(高宗, 친정: 1873~1907)의 '국외중립(國外中立) 선언'(1904.01.22)을 전형적 사례를 들 수 있다: 전자는 청(淸)·명(明) 전쟁에, 후자는 러일전쟁(日露戰爭, 1904.02.08~1905.09.05)에 각각 대응한 조치였다. 그러나 대한제국(大韓帝國)의 내부가 허약하기 짝이 없었던 상황에서 대외적 중립(國外中立) 선언은 실효성이 전혀 없었다. 어느 주변국이 그것을 인정하랴! 그저 우습게 보일 뿐이었다. 이것은 현재 대한민국(大韓民國)의 시대에서도 마찬가지이다. 대한민국(大韓民國)이 '동양의 스위스'가 되기 위해서는, 우선, 가까이 있는 중립국 싱가포르를 배워야 한다.

우선, 동아시아의 중립국(中立國)인 싱가포르는 국제적으로 영세중립국(永世中立國)으로 공인받지는 않았지만 일반 중립국들 중에서는 싱가포르가 가장 발언권이 강한 국가이다. 리콴유(Lee Kwan-Yew, 李光耀, 1923~2015, 집권: 1959~1990)가 나라를 건국한 이후 공식적으로 외교노선에서 중립국(中立國)을 표방하고 있다. 화교권 국가이지만 친(親)중국 노선에는 거리를 두고 있다. 싱가포르의 중립국 노선은 리콴유 시절에는 공식 모토였지만 현실적으로 경제개발이 필요했기 때문에 서방권에 가까운 모습을 보였다. 그러나 경제가 상당히 성장한 제2대 총리를 고촉통(Goh Chok Tong, 吳作棟, 1941~현재) 집권기(1990~2004)부터 기미가 보이더니 제3대 총리(2004~현재) 리셴룽(Lee Hsien Loong, 李顯龍, 1952~현재)이 집권하면서 이제 싱가포르는 친(親)서방 국가들과도 선을 긋기 시작한다. 이 결과 스위스처럼 수많은 국제기구의 아시아 지부를 휩쓸었다. 리셴룽(Lee Hsien Loong, 李顯龍) 수상은 직접 중립국(中立國) 노선을 위한 수준의 자국의 군사력을 확보하고, 외교 무대에서는 싱가포르의 경제력을 바탕으로 여러 분쟁국가의 중재를 시도하겠다는 독트린을 내세웠다. 리셴룽(Lee Hsien Loong, 李顯龍)의 중립국(中立國) 독트린이 명시적으로 나오면서 본격적으로 마잉주-시진핑 정상회담, 도널드 트럼프-김정은 정상회담 등 외교관계가 첨예한

국가들의 중재역할을 하고 있다. 중국과 일본이라는 전통의 대립구도, 대한민국과 북한의 대립구도, 그리고 인도, 파키스탄 등 남아시아쪽 분쟁국가, 심지어는 중동의 사우디아라비아, 이란과 같은 이해관계가 충돌하는 국가들의 중앙점에 있다. 이젠 싱가포르는 일종의 완충지구로서 '아시아의 정치수도'와 같은 역할을 수행하겠다는 것이다.

다음으로, 스위스는 1515년 프랑스와의 전투 후 1815년 비인 회의까지 꼭 300년 동안 각고의 노력을 경주함으로써 주변국의 신뢰를 쌓은 후 1815년 비인 회의에서 영세중립국(永世中立國)으로 인정받았다. 상술하면, 그 결과, 스위스는 1515년 프랑스와의 전투 후 현재 2020년까지 무려 505년 동안 전쟁이 없고, 국제회의가 가장 많이 개최되고, 세계 최고의 부자 나라가 되었다. 그것은 우연히 된 것은 결코 아니다. 국가의 목표를 분명히 정하고, 온 국민이 마음을 모아 300년 동안 초심으로 노력하며 만들어 낸 결실이다. 지금도 전 국민의 85% 이상이 중립(中立) 정책을 지지하고 있다.

스위스는 유럽 심장부에 마치 파라솔을 펼친 듯이 자리한 세계제일의 관광명소로서 1인당 국민소득이 8만 달러가 넘는 세계 최상위 부자나라다. 스위스는 강소국(强小國)이다. 인구는 850만 명이다. 이웃의 대국 프랑스와 독일이 함부로 넘보지 못한다. 국토의 대부분이 산(山)이고, 토지와 자원도 빈약하지만 스위스의 금융산업은 세계 최고수준이고, 국제정치의 중요한 무대이다. 예로서 스위스 제네바에는 세계무역기구(WTO), 국제적십자사(Red Cross), 국제보건기구(WHO), 국제노동기구(ILO) 등 30여 개의 주요 국제기구가 있고, 250개의 NGO가 있다. 그 외에도 각국의 대사관 및 대표부 172개가 있는 명실상부한 국제도시로 '세계외교의 수도'로 불린다. 또한, 스위스 용병은 아주 용맹하고 강인한 것으로 인식되어, 르네상스 시대 이탈리아의 대표적 조각가, 건축가, 화가인 미켈란젤로 디 로도비코 부오나로티 시모니(Michelangelo di Lodovico Buonarroti Simoni, 1475~1564)가 디자인한 화려한 제복을 차려입고 바티칸 왕국의 궁성을 지키고 있다.

(1) 제15대 광해군(재위: 1608~1623): 1619년 중립적 외교

제14대 선조(宣祖, 재위: 1567~1608)는 임진왜란(壬辰倭亂, 1592~1598)이 끝나고도 9년이나 더 재위한 다음 타계했으며, 1608년에 세자 광해군(光海君, 1608~1623)이 그 뒤를 이어 왕위에 올랐다. 광해군(光海君)은 유능한 왕자로서 왜란 때에는 항일(抗日)의 공로도 매우 컸으나, 혈통상으로는 이복동생인 영창대군(永昌大君)에 비해 불리한 조건에서 왕위에 올랐다. 이것이 광해군(光海君) 시대를 어렵게 만든 요인이 되었다.

광해군(光海君)의 세자 책봉을 둘러싸고 영창대군(永昌大君)의 혈통을 존중하면서 훈척(勳戚)의 정치 간여에 비판적 입장을 지닌 명분주의자가 소북(小北)을 형성하고, 광해군(光海君)의 혈통상 약점보다는 항일(抗日)의 공적과 능력을 존중하여 부국강병(富國强兵)을 추구하려는 현실주의자가 대북(大北)을 형성했다. 대북파(大北派)는 임진왜란(壬辰倭亂) 중에 의병 활동을 적극적으로 전개했고, 그 여세를 몰아 소북파(小北派)를 압도해 광해군(光海君)을 추대한 후 권력을 잡았다.

광해군(光海君, 재임: 1567~1608)은 붕당정치(朋黨政治)의 폐단을 극복하기 위해 처음에는 이원익(李元翼)을 비롯한 남인(南人)과 정인홍(鄭仁弘)·이이첨(李爾瞻)·이산해(李山海) 등 대북파(大北派)를 골고루 등용했으나, 자신의 친형인 임해군(臨海君)과 인목대비(仁穆大妃)의 아들인 영창대군(永昌大君)을 왕으로 옹립하려는 움직임에 위협을 느껴 1613년(광해군 5년) 인목대비(仁穆大妃)를 폐위시키고 영창대군(永昌大君)을 살해하는 등 반대파 정적들을 과격한 수단으로 제거했다. 이를 계축옥사(癸丑獄死)라고 부른다. 특히 1611년(광해군 3년)에 정인홍(鄭仁弘)의 주장으로 남인(南人)의 추앙을 받던 이언적(李彦迪)과 이황(李滉)을 문묘제사에서 삭제하고, 이를 반대하는 성균관 유생들을 축출한 사건은 유생들의 반발을 사는 계기가 되었다. 결국, 광해군(光海君)의 급진적 개혁은 왕권을 강화하고 국력을 키우는 데 큰 효과를 보았으나 성리학(性理學)의 명분론에 어긋나는 점이 많아 사림(士林)의 불만을 사게 되었다.

광해군(光海君, 재임: 1567~1608)의 정책 중에서 가장 돋보이는 것은 대외정책(對外政策)이었다. 우선, 임진왜란(壬辰倭亂, 1592~1598)을 일으킨 도요토미 히데요시(豊臣 秀吉, 1537~1598) 정권이 붕괴하고 들어선 에도 막부는 조선과 선린 관계를 구축하길 원했다. 광해군(光海君)은 즉위 이전부터 이미 그것을 긍정적으로 검토했고, 쓰시마(對馬島)의 영주 소 요시토시(宗義智)도 매우 적극적이었다. 결국, 광해군(光海君)은 즉위 직후 남방을 안정시키고자 격렬한 반대를 무릅쓰면서 1609년 일본과 일본송사약조(日本送使約條) 즉 기유약조(1609년, 광해군 1년)를 체결하고 임진왜란(壬辰倭亂, 1592~1598) 후 중단되었던 외교를 재개했으며, 1617년 오윤겸(吳允謙) 등을 회답사(回答使)로 일본에 파견하였다. 조약 과정에서 조선은 국서(國書) 요구, 범능적(범죄인)의 압송, 포로와 피로인(被虜人)의 송환을 확약받는 등 유리한 입장에서 서게 되었다. 그리고 일본과의 관계 및 교역은 급속도로 호전되었고, 조선 왕조는 일본 에도 막부와 250여년에 걸친 평화를 유지하게 되었다.

다음으로, 임진왜란(壬辰倭亂, 1592~1598) 당시 원병을 보내면서 조선을 도왔던 명(明)나라는 임진왜란(壬辰倭亂, 1592~1598) 후 국력이 한층 쇠약해졌다. 이 틈을 이용하여 길림성(吉林省)의 건주위(建州衛) 여진족(女眞族)의 추장 누르하치(청 태조, 天命帝, 1559~1626, 재위: 1616~1626)는 1616년(광해군 8년) 마침내 나라 이름을 '후금(後金)'이라 하고 스스로 한(왕)이라 칭하였다. 그는 계속하여 서쪽으로 세력을 뻗쳐 1618년에는 푸순(撫順)을 점령하고 명(明)나라에 대하여 전쟁을 포고했다. 1618년 후금(後金)의 태조 누르하치(청 태조, 天命帝, 1559~1626)가 심양 지방을 공격하자 명(明)의 만력제(萬曆帝)는 광해군(光海君)에게 원병을 요청하였고 이에 따라 도원수 강홍립(姜弘立)에게 1만3,000명의 군사를 주어 명(明)나라와 연합하였다. 광해군(光海君)은 도원수 강홍립(姜弘立)에게 정세를 파악하여 상황에 맞춰 행동하라 지시하였다. 도원수 강홍립(姜紅立)은 후금(後金)의 감정을 자극하지 않기 위해 후금(後金)과 휴전을 맺었고, 그 후 명(明)나라는 모문룡(毛文龍) 부대를 압록강 입구의 가도(假島)에 주둔케 하였으나 조선 측은 한편으로는 명군(明軍)에게 식량을 지원하고, 다른 한편으로는 후금(後金)과 친선을 도모하여 중립적인 정책을 취했다. 이와 동시에, 광해군(光海君)은 하자 북방의 성(城)과 병기(兵器)를 수리하고 군사를 양성하는 등 국경 방비에 힘썼다. 예로서 대포를 주조하고, 평안감사에 박엽(朴燁), 만포첨사에 정충신(鄭忠臣)을 임명해 국방을 강화하였다.

한편, 광해군(光海君, 재임: 1567~1608)의 중립외교(中立外交)에 대하여, 명(明)에 대한 사대주의(事大主義)와 재조지은(再造之恩)을 중시하던 서인(西人) 세력들은 격렬하게 반발했다. 또한, 광해군(光海君)을 왕위에 옹립한 이이첨(李爾瞻) 등이 소속되어 있던 대북(大北)이 열렬하게 광해군(光海君)의 '현상 유지론'을 반대했다. 심지어 광해군(光海君)은 1622년 거의 대부분의 신하들이 반대하는데도 후금(後金)의 누루하치(청 태조, 天命帝, 1559~1626)를 '칸'으로 호칭하는 국서(國書)를 보냈는데, 그로부터 1년 2개월만에 광해군(光海君, 재위: 1608~1623)은 서인(西人)의 인조반정(仁祖反正, 1623년)에 의해 폐위되었다.

여기서 저자는 다음과 같이 역사(歷史)에 질문하고 답변한다: 제15대 광해군(재위: 1608~1623)의 중립(中立) 외교정책은 옳았는가? 그것은 옳았지만, 한걸음 더 나아가 광해군(光海君)은 청(淸)과 조선(朝鮮)의 연합을 과감히 추진했다고 저자는 주장한다. 왜냐하면 광해군(光海君)의 중립(中立) 외교정책은 너무나도 속보이는 단견적 미봉책(彌縫策)이었기 때문이다. 물론, 저자는 광해군(光海君)의 고육책(苦肉策)을 이해한다. 1619년 후금(後金)의 누루하치(청 태조, 天命帝, 1559~1626)가 심양 지방을 공격하자 명(明)나라의 원병 요청에 따라 강홍립(姜弘立)에게 1만3천 명이나 되는 군사를 주어 명(明)나라와 연합하였다. 광해군(光海君)은 도원수 강홍립(姜弘立)에게 정세를 파악하여 상황에 맞춰 행동하라고, 즉 흉내만내고 실제로는 싸우지 말라고 지시하였다. 도원수 강홍립(姜紅立)[115]은 후금(後金)의 감정을 자극하지 않기 위해 후금과 휴전을 맺었다. 그러나 1619년 2월, 조선군 1만3,000명의 군사는 후금(後金)의 수도 허투알라를 공격했으나, 그해 3월 4일 허투알라 근처를 흐르는 심하(深河)의 부차(富車) 들판에서 사르호(薩爾滸) 전투가 벌어져 후금(後金)의 기습을 받아 7,000여명이 죽고 4,000여명이 항복해 포로가 됐다. 이 중 900여 명은 탈출하다 추위와 굶주림으로 사망, 500여 명은 포로 중 발생한 탈출자들이어서 학살당했다. 2,700여 명만이 생환할 수 있었다. 부차(富車) 전투에서 조선군의 주요 지휘관들이 전사하고 병력의 2/3가 괴멸하자 후금(後金)에 항복하였다. 광해군(光海君)은 후금(後金)에 본의 아닌 출병임을 해명하고 명(明)과 후금(後金) 중에서 어느 쪽의 편을 들지 않고 외교적 중립(中立)을 유지하였다. 이로써 후금(後金)의 침략을 모면하고 광해군(光海君)이 명(明)나라·금(金)나라와 관계를 동시에 맺는 중립외교(中立外交)를 펼쳤다.

서인(西人)의 인조반정(仁祖反正, 1623년)에 의해 폐위된 광해군(光海君)은 제주도에서 귀양 살다가 65세로 사망했다. 당쟁의 소용돌이 속에서 희생되었던 광해군(光海君)은 연산군(燕山君)과 같이 폭군(暴君)이 아니었다. 광해군(光海君)은 제14대 선조(宣祖, 재위: 1567~1608)가 임진왜란(壬辰倭亂) 당시 의주(義州)로 피난 갔을때 분조(조정의 기능 일부를 분리시킨 작은 규모의 정부)를 이끌고 한반도를 돌며 항쟁을 독려했다. 특히 1598년에 끝난 정유재란(丁酉再亂)까지 하면 명(明)나라 장수들과 함께 고락(苦樂)을 함께 했었던 광해군(光海君)은 함경도 일대에 있을 때부터 분명 건주좌위(建州佐衛)의 수장(首長) 누르하치(1616~1626)가 '동북아시아의 영웅'이라는 사실을 알고 있었을 것이고 명(明)나라의 국력도 분명 가늠하고 있었을 것이다. 누르하치(청 태조 재위: 1616~1626)는 광해군(光海君)의 재위기간(1608~1623)과 정확히 겹친다.

조선에서의 임진왜란(1592~1598)을 전후하여 만주(滿洲)에 대한 명(明)나라의 통제력이 이완된 틈을 타서 누르하치(1616~1626)가 건주여진(建州女眞)의 여러 부족을 통일하고 1616년 스스로 한(汗)의 위(位)에 올라 국호를 후금(後金)이라 하고 선양(瀋陽)에 도읍하였다. 그는 명(明) 왕조를 정복하고 1636년 새삼스레 황제의 위에 올라 국호도 대청(大淸)으로 고치고 청(淸)의 태조로서 중국 최후의 통일왕조(1636~1912)인 청(淸)을 세웠다.

누르하치(청 태조 재위: 1616~1626)는 여러번 조선에 사람을 보내 동맹을 맺어 명(明)나

---

115) 그 후 도원수 강홍립(姜弘立)은 포로로 7년을 생활하다가 1627년(인조 5) 정묘호란(丁卯胡亂)때 후금군의 선도로 입국하여 강화에서 후금(後金)과 조선(朝鮮)의 화의(和議)를 주선한 뒤 국내에 머물 수 있게 되었다. 적지에서 포로로 잡혀 고생한 강홍립(姜弘立)을 옹호하는 견해도 있었지만 삼사(三司)의 관료들은 그를 후금(後金)에 투항한 역신(逆臣)으로 몰았고 모든 관직을 삭탈하였으며 죽을 때까지 무시당하며 살았다. 1627년 7월 강홍립(姜弘立)은 병을 얻어 사망하였고 사후 복관되었다.

라에 대항하자고 요구했다. 그러나 조선은 사신도 보내지 않고 회신도 하지 않았다. 두달 만에 제15대 광해군(재위: 1608~1623)은 "후금의 국서에 회답하려 하지만, 명나라 관원들이 압록강을 순시하기 때문에 국서를 보내기가 어렵다"고 핑계를 댄 뒤, "두 나라는 전부터 원수진 것이 없으니 서로 화친하는 것이 좋겠다. 근래 조선에 투항해온 여진족(女眞族)을 받아들이지 않고 함께 돌려보낸다"는 구두 전갈을 보냈다. 누르하치(청 태조, 天命帝, 1559~1626, 재위: 1616~1626)는 크게 기뻐하며 이민환을 포함해 10명을 돌려보냈다.

제15대 광해군(재위: 1608~1623)의 중립외교(中立外交)와 제16대 인조(仁祖, 재위: 1623~1649)의 친명배금정책(親明排金政策) 중에서 어느 것이 사직(社稷)과 백성을 위한 것이었는가는 서인(西人)의 인조반정(仁祖反正, 1623년)으로 인하여 야기된 정묘호란(丁卯胡亂, 1627년)과 병자호란(丙子胡亂, 1636.12~1637.02)의 참극에서 자명하게 드러난다.

그렇다면, 왜 저자는 당시 청(淸)과 조선(朝鮮)의 연합을 주장하는가? 그 이유는 다음과 같다: 만약 조선이 청(淸)과의 연합을 했었더라면, 조선은 최대 180년(1796~1616)의 평화를 누렸을 것이며, 강희제(康熙帝, 제4대 황제, 재위: 1661~1722)의 융성기(隆盛期)를 거친 후 넷째 아들 옹정제(雍正帝, 제5대 황제, 재위: 1722~1735), 손자 건륭제(乾隆帝, 제6대 황제, 재위: 1735~1796)의 135년(1796~1661)의 전성기(全盛期)를 조선의 부국강병(富國强兵)의 기회로 활용할 수 있었을 것이다.

영조(英祖, 21대 왕, 재위: 1724~1776)와 정조(正祖, 22대 왕, 재위: 1776~1800)의 시대는 청(淸)나라의 강희제(康熙帝, 제4대 황제, 재위: 1661~1722)의 융성기(隆盛期)를 거친 후 옹정제(雍正帝, 제5대 황제, 재위: 1722~1735)·건륭제(乾隆帝, 제6대 황제, 재위: 1735~1796)의 75년의 전성기(全盛期)를 맞이하여 조선(朝鮮)과 청(淸)나라의 관계가 안정됨에 따라 영조(英祖, 21대 왕, 재위: 1724~1776)와 정조(正祖, 22대 왕, 재위: 1776~1800)가 내치(內治)에 전념할 수 있었다.

사실, 청(淸)의 근원인 여진(女眞)은 바로 발해(渤海, 698~926)이며, 발해(渤海)는 옛 고구려(高句麗)의 유민(流民)들이 고구려 정신을 계승(繼承)하여 말갈족(靺鞨族)과 함께 지금의 중국 영토인 지린성(吉林省) 둔화 시(敦化市) 지역인 동모산(東牟山)에 수도(首都)로 정하고 중앙정부(中央政府)를 세운 나라로서 우리의 민족국가이다. 고구려의 장수(將帥)로서 발해(渤海)의 시조(始祖)인 대조영(大祚榮, 재위; 698~719)의 시호는 고왕(高王)으로 처음에는 698년에 진(震)이라는 이름의 나라를 세워 왕이 되었다. 713년에는 고구려의 옛 영토를 회복한 이후에 나라 이름을 '발해(渤海)'로 고쳤다. 발해(渤海)는 우리의 고대사(古代史)에서 역사적으로 가장 큰 영토를 차지하였고 가장 큰 영향을 끼친 나라 중의 하나이다. 발해(渤

海)의 옛 영토는 한반도의 위로는 북한(北韓)과 중국(中华人民共和国, China) 영토, 그리고 러시아(Russia)가 자리잡고 있다. 발해(渤海)는 당나라(唐)와 왜(倭)와 같이 외교적으로 문화 교류를 하면서도 당나라(唐)와 수많은 전쟁을 벌였다. 발해(渤海)의 "수도"는 건국 초기를 제외하고 발해(渤海)의 제3대 왕 문왕(文王) 대흠무(大欽茂, 재위: 737~793)이 755년에 중경 현덕부(中京顯德府)에서 상경 용천부(上京龍泉府) 지역에 두었다. 이 지역은 발해(渤海) 때에 둔 오경(五京)의 하나였다. 발해(渤海)가 크게 성장하던 시기에 당시 당(唐)나라는 발해(渤海)를 '해동성국'(海東盛國)이라고 불렀다고 한다. 그러나 거란족의 '야율아보기'라는 이름의 인물이 916년에 세운 나라인 요나라(遼)에 의하여 926년에 멸망하였다.

여기서 옛 고구려(高句麗)의 유민(流民)들과 함께 발해(渤海)를 건국했던 말갈족(靺鞨族)에 관하여 설명할 필요가 있다. 말갈족(靺鞨族)은 수나라(隋) 시절부터 당나라(唐) 시절에 둥베이(東北) 지방에서 한반도 북부 지방과 중국의 만주 동부에 거주한 퉁구스 계통의 만주족(滿族, Manchu)이다. 말갈족(靺鞨族)은 만주족(滿洲族)의 선조(先祖)로서 뒤에는 7부로 나뉘져 있었으며, 속말말갈(粟末靺鞨) 민족을 중심으로 대조영(大祚榮)과 함께 발해(渤海)를 세웠는데, 여러가지 이유가 있지만 속말말갈(粟末靺鞨) 민족은 흑수말갈(黑水靺鞨) 민족과 대립하였고 나중에 이들은 금나라(金)를 세웠다. 고구려 계통의 발해(渤海) 유민들은 후삼국시대(後三國時代)를 통일하고 고려(高麗)라는 국가를 세운 "왕건"(王建) 세력에 들어갔다. 이와 같이 말갈－여진족의 후예로 일컬어지는 만주족(滿洲族)은 현재 우리나라와는 서로 다른 민족이지만, 역사적으로 가까운 위치에서 깊은 관계를 맺고 지내왔다. 금(金)나라를 세운 아골타가 '발해여진본동일가'를 내세울 정도로 고대 정치·사회적 입장을 볼 때 밀접한 관계에 있었다는 것은 사실이다.

당시 청(淸)나라는 조선의 내정에 간섭하지는 않았으나 역대 중국 왕조와 같이 사대관계에 의해 조선을 번국(藩國)에 준하여 대하였고, '삼번의 난'이 일어나자 조선의 북벌론을 문제삼으려는 움직임을 보였다. 이에 숙종(肅宗)은 청나라를 안심시키기 위해 남인(南人) 정권을 물리치고 대표적인 북벌론자 윤휴(尹鑴)를 처형하는 고육책을 써야 했다. '삼번의 난' 중에 조선은 큰 기근(飢饉)이 들었는데 강희제(康熙帝, 제4대 황제, 재위: 1661~1722)는 1671년(강희 10년, 현종 12년) 조선에서 온 동지사(冬至使) 복선군(福善君) 이남에게 다음과 같은 군약신강(君弱臣强)을 전하였다: *"너희 나라 백성이 빈궁하여 살아갈 길이 없어서 다 굶어 죽게 되었는데 이것은 신하가 강한 소치라고 한다. 돌아가서 이 말을 국왕에게 전하도록 하라."*

상기와 같이, 조선 군주는 정치적 리더십이 부족하여 신료들의 눈치만 보고 왕권이 쇠약하다는 것이다. 당시 청조(淸朝)의 중국 통일에 있어서의 적(敵)은 중국 정복에 협력한 평서왕(平西王) 오삼계(吳三桂), 평남왕(平南王) 상가희(尙可喜), 정남왕(靖南王) 경중명(耿仲明)의 삼번(三藩)이었으며, 수 년에 걸친 삼번(三藩)의 난(亂)의 진압하였다. 즉, 삼번(三藩)이 청나라의 중국 지배체제와 대립함으로써 강희제(康熙帝)는 상가희가 요동으로 은퇴하였음을 핑계로 철번(撤藩)을 명하였다. 1673년 평서왕(平西王) 오삼계(吳三桂, 1612~1678)가 반란을 일으키고, 이어서 1674년 경계무의 아들 경정충(耿精忠)이, 1676년에는 상가희의 아들 상지신(尙之信)이 각각 반란에 호응하였다. 각지에서 반청(反淸)세력이 이에 동조하여 한때는 양쯔강(揚子江) 이남 일대(四川·陝西)가 그들 지배에 들어갔다. 1678년 오삼계(吳三桂, 1612~1678)가 후난(湖南)에서 고립되어 그해 8월에 죽고, 그를 이은 오세번(吳世藩)도 1681년에 자살하자 모두 청조(淸朝)에 의해 평정되었다. 그리고 거의 때를 같이하여 명(明)나라 최후의 유신(遺臣) 정성공(鄭成功)의 자손이 귀순하였다.

당시 명(明)은 정치·사회·경제 모든 분야에 걸쳐서 모순이 심화되고 있었다. 정치는 부패했고 관료의 기강은 이완되었다. 상품경제의 발전으로 인구는 명(明) 초기에 비해 2배 정도 증가했지만 빈부(貧富)의 격차가 극심했었다. 게다가, 명(明)은 전염병, 가뭄, 홍수와 같은 자연재해들에 시달리며 사회가 급격히 불안정해저 있었으며, 또한 가혹한 세금과 잦은 군역(징집)으로 인하여 농민 반란군이 전국 각지에서 일어났다. 또한, 서북 지역의 몽골은 변경 지역을 지속적으로 침입해 왔고, 동북 지역의 여진(女眞) 세력도 명(明)의 영향력과 통제에서 벗어나고 있었다.

사실, 명(明)나라는 부패로 1644년에 무너졌다. 1631년 이자성(李自成)의 반란군이 베이징을 점령했을 때 국고는 은(銀) 40만 냥으로 텅 빈 상태였으나 황실 내탕금은 차고 넘쳤다. 숭정제(崇禎帝, 재위: 1627~1644)의 개인 재산은 은(銀) 3,700만 냥, 황금 150만 냥이 넘었다. 숭정제가 은(銀) 100만 냥만 풀었어도 사직(社稷)을 지켰을 수도 있었다. 명(明)나라 역사에 대한 방대한 저술을 남긴 역사가 담천(談遷, 1594~1658)은 숭정제(崇禎帝, 재위: 1627~1644)가 4가지(인재 등용 실패, 무원칙한 환관 활용, 의사소통 부재, 위선적 대민정책의 남발) 잘못으로 명(明)의 멸망을 초래했다고 주장했다. 예로서 명(明) 말기 농민군 영수(한족 민족주의의 상징) 이자성(李自成, 1606~1645)은 명군(明軍)에 포위 당해 죽을 위기를 맞았으나 뇌물을 받고 포위망을 느슨하게 풀어준 장수 덕분에 살아남아 1631년 베이징(北京)을 점령하여 순 왕조를 세웠고, 명(明)의 마지막 제16대 황제인 숭정제(崇禎帝, 재위: 1627~1644)가 자금성 경산에서 목을 매 자살하면서 명(明)나라는 완전히 멸망하였다.[116]

---

116) 제16대 황제인 숭정제(崇禎帝, 재위: 1627~1644)는 오랫동안 '멸청복명(滅淸復明)'의 상징으로 꼽혔다.

이자성(李自成, 1606~1645)의 농민군을 두려워한 명(明)의 지배계급은 청(淸)과 강화(講和)하고 산하이(山海關)을 지키고 있던 오삼계(吳三桂, 1612~1678)가 자진하여 청군(淸軍)을 관내로 안내하여 베이징을 함락시켰다.[117]

명(明)의 제13대 황제 만력제(萬曆帝, 재위: 1572~1620)는 임진왜란(壬辰倭亂, 1592~1598)이 끝나고 명(明)과 조선이 일본을 몰아낼 수 있었던 요인은 삼국지(三國志)의 관우(關雨)의 혼백이 돌봐주었기 때문이라고 말하고 관우(關雨)의 사당(祠堂)을 지으라고 권유했었다. 이에 조선은 3년의 공사 끝에 서울을 포함 여러 군데에 관우(關雨)의 사당(祠堂)을 지었다.

그렇다면, 관우(關雨)의 고국인 명(明)은 왜 망했으며, 관우(關雨)의 혼백을 고히 모셨던 조선은 임진왜란(壬辰倭亂, 1592~1598) 이후 어떻게 정묘호란(丁卯胡亂, 1627.01~03)과 병자호란(丙子胡亂, 1636.12~1637.01)이라는 참혹한 재앙을 맞았는가? 도대체, 관우(關雨)의 혼백은 무엇을 하고 있었는가? 조선의 사당(祠堂)에서 낮잠 자고 있었는가? 또한, 공자(孔子)는 어디로 갔었는가? 암군(暗君) 만력제(萬曆帝, 재위: 1572~1620)를 꾸짖고 있었는가?

(2) 고종(高宗, 친정: 1873~1907): 국외중립(國外中立) 선언(1904.01.22)

제15대 광해군(재위: 1608~1623)이 청(淸)과 명(明)의 전쟁에서 1619년 중립적 외교를 추진했었듯이, 그로부터 285년 후, 제26대 고종(高宗, 친정: 1873~1907)은 러일전쟁(日露戰爭, 1904.02.08~1905.09.05)에 휘말리지 않기 위하여 1904년 1월 22일 국외중립(國外中立)을 선언하였다.[118]

중립주의(中立主義, Neutralism)는 중립국(中立國)이 국제관계에서 대립하고 있는 양대 진영의 어느 한편과도 동맹관계에 서지 않고 정치적이나 외교적으로 중립적 입장을 지켜

중원을 차지한 만주족의 나라 청 조정은 숭정제(崇禎帝)의 무덤을 찾아내 황제의 예로 다시 장사지내 줬다. 백성들에게는 5일 동안 곡(哭)을 하라고 시켰다. 정복 왕조이지만 한족을 자극하거나 멸시하지 않겠다는 의사를 옛날 황제에 대한 장례로 내비친 셈이다.

117) 오삼계(吳三桂)는 평서백(平西伯)에 봉하여져 베이징 방어의 명(命)을 받고 구원에 나섰다. 그러나 베이징이 함락되고 숭정제(崇禎帝)가 자살하였다는 소식과 함께, 이자성(李自成)의 협박을 받은 아버지로부터 이자성(李自成)에게 귀순하라는 편지를 받았으나 듣지 않았다. 그는 즉시 청군(淸軍)과 결탁하여 청군(淸軍)의 선도(先導)가 되어 베이징을 탈환하였고, 청나라의 중국 본토 진출에 중대한 역할을 함으로써 평서왕(平西王)에 봉하여졌다.

118) 이구용(1985), "대한제국의 성립과 열강의 반응", 『강원사학』1; 이민원(1989), "대한제국의 성립과정과 열강과의 관계", 『한국사 연구』64.

나가는 것이다. 영세중립국(永世中立國)이란 조약에 의하여 자위의 경우를 제외하고는 영구히 타국가간의 전쟁에 참가하지 않을 의무를 부담하는 한편 다른 국가들에 의하여 자국의 독립과 영토보전이 보장된 국가를 말한다.

고종(高宗)은 1897년 10월 5일 칭제(稱帝)를 단행하였고, 1899년 8월 17일에는 일종의 헌법인 대한국국제(大韓國國制)를 반포하였다. 대한제국이 만국공법체제에 참여한다는 것은 다른 국가들의 만국공법의 틀 내에서 한국의 주권을 인정해야 함을 촉구한 것이고, 만국공법(萬國公法)에 포함되어 있는 국외중립조항은 중립화(中立化)를 추진할 수 있는 근거를 마련해 준 것이다. 나아가 1901년 대한제국이 스위스 정부로부터 제네바협정안을 입수한 것은 전쟁이 발발할 경우 적십자를 이용하여 대한제국(大韓帝國)을 중립지역으로 인정받게 하려는 의도를 가진 것이었다.

고종(高宗)은 1900년 중국의 의화단 사건으로 열강의 한국 출병 가능성이 고조되자 중립화(中立化) 외교를 추진하여, 그해 8월 특명전권공사로 일본에 파견한 조병식(趙秉式)으로 하여금 대한제국(大韓帝國)을 스위스와 벨기에와 같이 중립화(中立化)하는데 동의해 줄 것을 요청하였다. 이에 대해 일본은 부정적인 입장을 표명하였다.

러·일 양국간의 군사적 충돌위기가 고조되면서 고종(高宗)을 비롯한 집권세력은 청일전쟁(淸日戰爭, 1894.07~1895.04) 당시 전쟁터가 되고 일본군에 의해 경복궁이 점령되는 등 막대한 피해를 입었던 기억을 상기하고 열강과의 외교에 치중하는 한편 국제법이나 국제기구를 통한 중립화(中立化) 노선을 추진하였다. 러일전쟁(日露戰爭, 1904.02.08~1905.가을)의 조짐이 점차 현실화되자 고종(高宗)은 중립(中立)을 본격적으로 모색하여 1904년 1월 21일 전시(戰時) 국외중립(國外中立)을 선언하였다. 그는 러시아도 거부했고 일본도 거부했다. 그러나 영국·프랑스·독일·이탈리아·덴마크와 중국이 조선의 중립(中立) 선언을 승인하였다. 물론, 고종(高宗)은 주한 미국공사에게 미국 정부가 한국의 중립화(中立化)를 지지해 줄 것을 요청하였으나, 미국 정부는 한국 문제에 대해 철저히 불개입 원칙을 고수하였다.

그러나 일본은 대한제국(大韓帝國)의 정당한 중립선언에도 불구하고 이를 무시했다. 이듬해 1905년 을사늑약(乙巳勒約, 1905.11.17)을 강제로 체결함으로서 대한제국(大韓帝國)의 중립(中立) 노선은 백지화되었다. 상술하면, 1876년 대한제국과 일본간 체결된 우호통상조약은 제1조에서 대한제국이 일본과 동일한 권리를 향유하는 독립국가임을 천명하고 있다. 뒤이어 유럽의 열강과 미국은 독립국가인 대한제국과 통상조약을 체결하게 되었다. 그러나 1904년 협정서(제1차 한일협약)가 강제되어 대한제국에 일본에 의한 고문정치가 시작된 이후, 1905년에는 을사늑약(제2차 한일협약)으로 외교권(外交權)이 박탈되면서 통감정치가 실시되었다. 통감정치로 실질적 국권을 빼앗은 일본은 허울만 남아있던 대한제국을 1910년 병합조약을 강제하여 대한제국의 실체를 소멸시켰다.

고종(高宗)의 1904년 1월 21일 '전시(戰時) 국외중립 선언'은 일본이 1904년 2월 8일 러일전쟁(1904.02.08~1905.가을)의 발발과 함께 2개 대대를 서울로 진입시키면서 물거품이 됐다. 2월 23일 체결한 『한일의정서』 1조는 "대한제국은 일본제국을 확실히 믿고 시정개선에 관한 충고를 받아들인다"고 규정하고 있다. 일본의 '보호'와 '지도'를 명시한 한일의정서는 을사늑약(1905년)과 강제병합(1910년)의 예고편이었다. 따라서 대한제국의 중립선언을 승인했었던 열강들은 일본이 군대를 보내 이를 무력화시키는 것을 보고 곧 일본 편을 들었다.

일본은 이를 무시하고 2월 6일 러시아와 국교를 단절하고 러일전쟁(1904.02.08~1905.가을)을 일으키면서 미리 별도로 편성해 둔 한국임시파견대를 진주시켜 군사강점 상태를 만들었다. 이와 같은 군사강점 상태에서 일본은 한국의 1904년 1월 21일 전시(戰時) 국외중립 선언을 일방적으로 무시하고, 그들의 한반도 점령을 합법화하기 위하여 강제로 체결한 것이 1904년 2월 23일 체결된 소위 『한일의정서(韓日議定書)』이다.

상기 의정서는 대한제국(大韓帝國)이 '주권독립국가'임을 명문화하였으나, 동시에 일본군의 국내 주둔을 허용하였다. 제2조와 제3조를 통하여 황실의 안전과 독립 및 영토보전을 보증한다는 규정을 두기도 했으나, 제1조·제4조·제5조·제6조 등은 정치·군사·외교적 측면에 걸쳐 대한제국 주권 침탈을 합리화하는 규정이었다. 그중 제4조는 "제3국의 침해에 의해 또는 내란 때문에 대한제국의 황실의 안녕 혹은 영토의 보전에 위험이 있을 경우 일본제국 정부는 속히 필요한 조치를 취할 것이다. 그리고 대한제국 정부는 일본제국 정부의 행동을 용이하게 하기 위하여 충분한 편의를 공여한다"고 규정하고 있다. 이는 이미 대한제국 정부의 중립선언을 무시하고 군사를 파견한 일본이 러일전쟁을 수행하기 위하여 한국이 편의를 제공하라는 의미인 것이다. 이에 대하여 당시 고종(高宗)을 비롯한 조정 대신들의 극심한 반대가 있었지만, 일본의 무력시위에 의한 강제에 의하여 결국 비정상적인 방법으로 처리되었다. 따라서 대한제국(大韓帝國)은 '중립선언'을 파기한 결과가 되었고, 러일전쟁(日露戰争, 1904.02.08~1905.가을)에 간접적으로 참여하는 형국이 됨으로써 중립국의 지위를 잃게 되는 결과가 되었다.

국제법에 있어 중립(中立)이란 전쟁에 참가하지 않는 국가를 전쟁의 상태에서 본 상태를 말한다. 타국이 전쟁을 수행하는 동안 주권국가가 평화상태를 유지하는 권리는 주권의 명백한 속성이다. 중립(中立)의 권리는 그에 상응하는 의무와 연계되어 있는 바, 투쟁 중인 당사국 사이에서 공평성을 유지하여야 할 의무가 생긴다. 중립(中立)을 취하는 국가는 쌍방 교전국에 대하여 병력이나 무기의 공급을 피하고, 그 영역이 교전국에 의해 사용되는 것을 방지하고, 일방 교전국을 원조하는 중립인에 대한 타방 교전국의 일정한 제재를 묵인하는 등의 의무를 고수하여야 한다. 근대 국제법은 전쟁에 있어 제3국이 반드시 중립(中立)을 취해야 한다는 일반적인 의무를 강제하지고 않았고 또한 교전국이 중립국에 대해서 전쟁을 개시하는 것을 금지하지고 않았기 때문에 중립(中立)은 결국 중립국 자신의 결정에 달려 있는 동시에, 한편 중립국의 지위를 유지시켜 주는가의 여부는 전적으로 교전국의 결정에 달려 있었다. 따라서 그것은 국제정치의 문제였고, 직접적인 국제법상의 문제는 아니었다.

스위스는 1815년 비인 회의에서 영세중립국(永世中立國)으로 인정받았다. 당시, 나폴레옹 전쟁으로 전(全) 유럽이 혹독한 대가를 치른 후 유럽대륙이 새로운 질서와 균형을 모색하던 때였다. 당시 주변 강국들[오스트리아, 프랑스, 영국, 프러시아(현재의 독일), 러시아, 스페인]이 스위스가 강국들 사이에 완충 지역으로서 안정적인 균형추 구실을 할 수 있다고 보고 중립화(中立化)에 동의한 것이다. 1815년 비인 회의 후 스위스는 중립(中立)을 유지하려고 많은 노력을 경주하였다. 국제연맹에는 조건부로 가입하였고, 국제연합에는 영세중립국(永世中立國)의 지위와 양립되지 않는다는 이유로 가입하지 않았다가 2002년 3월 3일 유엔가입에 대한 국민투표결과 유엔가입이 통과됨에 따라 스위스도 2002년 9월 10일 190번째 회원국으로 UN에 가입하였다. 이에 따라 스위스도 UN 결의에 따라 행동할 의무를 갖게 되었다.

스위스는 유럽의 중심부에 있는 요충지로서 한반도와 마찬가지로 끊임없이 주변 강국들의 위협에 시달려왔다. 중립을 대외정책의 기조로 삼은 것은 1815년 비인 회의로부터 정확히 300년 전 1515년 프랑스와의 전투에서 대패한 직후였다. 스위스는 자국을 보호하기 위해서는 주변 국가와 전쟁을 하기보다는 분쟁을 피해야 한다는 것을 깨달았다. 그때부터 중립(中立)을 국가전략의 핵심으로 두고 주변 강국들의 야욕을 지혜롭게 이겨냈다. 그 후 300년이 지난 1815년 비인 회의에서 중립(中立)을 인정받게 된다. 이 결과, 나폴레옹 전쟁 당시 16년간(1799~1815) 영토를 침범당한 것을 제외하면, 스위스 영토에서 전쟁이 없었던 것은 1515년 프랑스와의 전투 후 현재 2020년까지 505년, 1815년 비인 회의 후 현재 2020년까지 205년이다. 그토록 오랜 기간 동안 평화(平和)를 유지했다는 것은 다른 나라에선 유례를 찾아볼 수 없다.

스위스는 강대국에 둘러싸인데다가 험준한 알프스 산지에 위치한 지리적 이점이 영세중립화(永世中立化)하는데 유리한 환경을 제공하였지만 오랫동안 스위스가 독자적으로 취해 온 중립정책의 산물이었다. 즉 스위스의 영세중립화(永世中立化)는 단지 강대국의 선물이 아니라 스스로 쟁취하였다. 강대국들은 이미 존재하고 있던 스위스의 중립상태를 인정하였던 것에 불과한 것이다. 스위스의 중립을 지키는 힘은 강력한 방위력에 있었다. 강한 군사력에 입각한 무장중립이 영세중립(永世中立)을 보장한 것이다. 스위스가 중립(中立)을 위해 존재하는 것이 아니라 중립(中立)이 스위스를 위해 존재하는 것이다. 1954년 스위스 연방정치국은 중립에 대한 공식적인 개념을 발표했던 바 중립에 대한 스위스의 입장을 잘 보여주고 있다.

제1차 세계대전(1914~1918)과, 제2차 세계대전(1939~1945)에서도 스위스는 군사적 중립을 지키면서 전쟁 피난민을 수용하고 유럽 부자들의 자금 도피처 역할을 했다. 이것이 스위스 금융산업이 융성하게 된 계기가 됐다. 지금도 스위스는 특정 국가와의 군사적 동맹은 철저히 외면한다. 유럽의 강력한 군사동맹인 NATO 회원도 아니며 EU 회원도 아니다. 그렇다면, 스위스는 어떻게 샌드위치 같은 지정학적 리스크를 어떻게 벗어날 수 있었을까. 스위스는 영국, 프랑스, 독일, 이탈리아 사이에 있다. 이웃 나라들과 지속해서 우호적인 관계를 유지하기 위해 어느 한 편의 동맹이 되는 것을 피했다.

첫째, 전쟁을 억제할 수 있는 강한 자강(自彊) 능력을 키웠다. 평화는 다른 나라의 선의에 의존하거나 협정이라는 종이 몇장이 지켜주는 것이 아니다. 성년이 되면 모든 남자는 4개월간 군사훈련을 받아야 하며, 그 이후에는 10년간 1년에 3주간씩 훈련에 참여해야 한다. 긴급한 상황이 발생하면 72시간 이내에 백만 명을 동원할 수 있다고 한다. 그 외에도 미사일·항공·정밀화기·통신 등 방위산업이 매우 발달했다.

둘째, 프랑스·독일 같은 이웃 나라들과 지속적으로 우호적 관계를 유지하면서 어느 한 편의 동맹이 되는 것을 피했다. 적대국 사이에서 철저하게 중립(中立)을 지킨 것이다. 다만 전쟁 부상자 치료, 피난민 수용, 실종자 처리, 포로 교환 등 전쟁의 상처를 치유하며 헌신적인 역할을 했다. 국제사회에 긴요한 정치·외교·경제·문화적 인프라를 제공했다. 대표적인 사례로서 국제적십자사를 유치했다.

오스트리아는 제2차 세계대전 이후 독일과 함께 패전국이 되어 미·영·불·소 4개국에 분할점령당한 상태가 되었다. 외국군의 철수와 자주독립이 오스트리아의 지상과제가 되자 스위스 모델을 수용하여 1955년 10월 26일 국내법으로 영세중립(永世中立)이 일방적으로 선언하였고, 외국군을 철수시키고 국가의 통일과 독립을 획득하는 수단으로서 활용되었다. 이에 대하여 미국이나 소련 등 강대국들의 개별적 승인으로 영세중립(永世中立)이 성립되었다.

1955년 4월 오스트리아와 소련사이에 체결된 모스크바 각서에 의해 오스트리아를 중립화하는데 동의하고 조약을 체결하기로 하였다. 이어서 1955년 5월 점령4대국이 오스트리아의 회복에 동의함으로서 독립과 통일을 달성할 수 있었다. 그해 10월 오스트리아는 연방헌법에서 중립을 규정하였다. 이러한 형식으로 영세중립(永世中立)이 성립된 것은 오스트리아가 역사상 처음이다. 오스트리아는 스위스와는 달리 UN에도 일찍 가입하였다. 영세중립국(永世中立國)이 UN 회원국의 의무와 양립하지 않는다는 샌프란시스코 회의 당시의 해석이 그 후에 변경되어, UN헌장에 있어서의 중립이 재평가됨으로써 오스트리아의 UN 가입이 가능하게 된 것이다. 오스트리아는 일단 중립국(中立國)이지만 주변국들과 역사적인 갈등으로 오스트리아에게 반감을 가진 국가들이 적지 않다. 오스트리아는 38도선으로 분단된 채 좌·우 대립을 겪었던 한국과는 달리 정치지도자들이 단결하고 일관성 있는 외교를 펼쳐 독립과 통일을 달성할 수 있었다. 분단국가가 민족통일을 성취하는 수단으로서 영세중립정책이 가지는 효용성을 볼 수 있는 모델이라고 할 수 있다.

스웨덴은 영세중립국은 아니지만 1815년 이후 국제법에 기반하지 않고 중립적인 외교정책을 수행한 나라로서 자체 중립의 전형으로서 모습을 보여주고 있다. 제1차 세계대전은 물론 제2차 세계대전에도 굳건한 중립(中立) 노선을 표방·유지하며 나치 독일의 침공을 면하였고 그 대가로 노르웨이한테 원성도 많이 샀다. 현재는 한반도에서 스위스와 함께 중립국 감독위원회 국가로 활동하며 남·북한 중재를 대변해주고 있다. 올로프 팔메 총리 집권기 때 꽃피운 중재외교 덕분에 지금도 제3세계 지원이나 국제분쟁에 많이 개입하고 있다.

인도는 1947년 영국에서 독립하게 된 이래 냉전기 중에도 미국이나 소련 어느 편도 들지 않는 비동맹중립국임을 표방하였다. 6.25 전쟁 당시에도 유엔군과 공산군 양측을 동시에 간접적으로 지원하였다. 하지만 히말라야를 사이에 둔 주변국인 중국과 영토분쟁을 벌였고 파키스탄과 앙숙(怏宿) 관계로 있는 등 중립국이면서 일부 주변국과는 사이가 좋지 않다는 단점이 있다. 요컨데 인도의 중립국(中立國) 표방이란 공산진영과 자유진영 어느 곳에도 속하지 않는 제3세계로서의 표방일 뿐, 모든 종류의 분쟁에 있어서 중립의 자세를 취한다는 뜻까지 의미한다고 볼 수는 없다.

바티칸은 1929년 이탈리아와의 라테라노 조약에 의하여 형식상 영세중립국이 되었다. 그러나 바티칸의 영세중립국 위치는 기독교를 신봉하는 국가나 국교가 없는 국가 정도에

한하며, 이슬람, 불교, 힌두교같이 다른 종교를 믿는 국가에서는 잘 인정하려고 들지 않는다. 바티칸은 교황이 다스리는 종교국가이기 때문이다. 그래서 영세중립국으로 보기에는 상당히 미묘하다. 그나마 21세기의 시점에서는 옛 교황령과 달리 지금은 그냥 성당 몇 개 짜리의 세계 최소국가이자 유럽 통합이 추진중이라 앞으로도 별 탈은 없을 듯하다.

6) 일제(日帝)의 대한제국(大韓帝國) 국권침탈(國權侵奪)에 대한 미국(美國)과 영국(英國)의 책임

청(淸)나라 말, 호남성의 변법파인 황쭌셴(黃遵憲, 1848~1905)은 1881년 주일(駐日) 청국 공사관 참관(參贊; 오늘날의 서기관)으로 있을 때, 수신사(修信使)로 일본에 간 김홍집(金弘集)에게 '러시아의 침략을 막기 위해서는 조선(朝鮮)이 '친(親)중국·결(結)일본·연(聯)미국'을 해야 한다는 내용이 적힌 『사의조선책략(私擬朝鮮策略)』, 약칭하여 『조선책략(朝鮮策略)』(1880년)을 주었다. 그 내용을 상술하면 다음과 같다:

"지구상에서 아주 큰 나라가 있는데, 이름하여 러시아라고 한다. 그 폭의 넓음은 세 대륙에 걸쳐 있고, 육군 정병이 1백여 만이고, 해군 거함은 2백여 척에 이른다. 북쪽에 나라를 세웠기 때문에 날씨는 춥고 땅은 척박하여, 그 때문에 교활하게 그 영토를 넓혀 사직에 이롭게 하고자 생각하였다. 그래서 앞서의 표트르 대제(大帝)이래 새로운 영토를 개척하여 이미 10배에 이르렀으며, 오늘에 이르러서는 사해(四海) 팔황(八荒)을 포괄하기에 이르렀으며, 특히 중앙아시아에서는 위구르의 여러 부족은 거의 병탄(倂呑)하기에 이르렀다.(중략)..오호라! 러시아가 아주 흉포한 기세로 정복 사업을 펼친 것이 300년으로 처음에는 유럽에서 시작하였다가 중앙아시아에서 그것을 계속하였고, 지금에 이르러서는 동아시아에 이르렀는데, 조선(朝鮮)이 바로 그 대상이 되고 있다. 그러므로 조선(朝鮮)의 오늘날 급무를 획책하고자 한다면 러시아를 막는 것보다 급한 것이 없다. 러시아를 막는 책략은 어떻게 해야 하는가? 그것은 중국과 친하고(친중국), 일본과 결탁하고(결일본), 미국과 연맹을 맺어(연미국) 자강(自彊)을 꾀하는 것일 수 밖에 없다".

황쭌셴(黃遵憲, 1848~1905)의 『조선책략(朝鮮策略)』(1880년)에는 다음과 같은 부연설명도 적혀 있다: 미국과 손을 잡아야 한다는 근거로 미국은 정의(正義)의 나라이기 때문에 조선(朝鮮)을 이롭게 만들어 줄 것이라 했는데, 여기엔 '애초에 미국은 영국의 폭정(暴政)에 반발하여 독립 및 건국한 것이기 때문에 누군가(열강)가 남(조선)을 소유한다는 개념 자

체를 그리 탐탁지 않게 여기는 성격을 갖고 있다'는 것이다.[119]

상기한 황쭌셴(黃遵憲, 1848~1905)의 『조선책략(朝鮮策略)』(1880년)의 내용: '친(親)중국 · 결(結)일본 · 연(聯)미국'은 간단했지만 조선에 미친 파급력은 상당하여, 조선의 개화정책 추진 과정에서 필독서가 되었다. 조정에서는 1880년 12월(양력 1881.01)에 통리기무아문(統理機務衙門), 1881년 5월에 별기군(別技軍)을 설치하였고, 1881년에는 청나라에 근대식 병기 제조, 사용법을 배우러 영선사(領選使)를 파견하고, 일본에는 근대적 일본문물을 시찰하러 조사사절단신사유람단(紳士遊覽團)을 파견하는 등 개화 정책을 추진하게 되는 동기가 되었다.

그러나 황쭌셴(黃遵憲, 1848~1905)의 『조선책략(朝鮮策略)』(1880년)의 내용을 본 위정척사파들은 만인소(萬人疏)를 쓰는 등 격렬하게 비판했다. 대표적으로, 퇴계 이황(李滉) 후손인 이만손(李晩孫, 1811~1891)은 영남 만인소(萬人疏)를 통해, '러시아는 본래 우리와 딱히 악(惡) 감정도 없고 미국은 잘 알지도 못하는 나라인데, 이를 공연히 적(敵)으로 돌렸다가 일이 틀어지면 어떻게 대처하겠느냐'는 강경한 어조로 비판했다. 황쭌셴(黃遵憲, 1848~1905)의 『조선책략(朝鮮策略)』(1880년)의 1881년 유입 · 반포를 계기로 위정척사파는 마침내 신사척사상소운동(辛巳斥邪上訴運動)을 일으키는 등 민씨(閔氏) 정부를 규탄하게 되었다. 이런 개화 과정에서 빚어진 여러 가지 갈등은 결국 1882년 8월 임오군란(壬午軍亂)으로 폭발하게 된다.

물론, 황쭌셴(黃遵憲, 1848~1905)의 『조선책략(朝鮮策略)』(1880년)은 틀렸다. 왜냐하면 청(淸)은 청일전쟁(淸日戰爭, 1894.07~1895.04) 이후 물러나고 미국은 관심도 별로 가지지 않았고 러시아는 러일전쟁(日露戰爭, 1904.02.08~1905.가을)이후 발을 빼고 결국 일본이 한일병합조약(韓日倂合條約, 1910.08.29)으로 조선을 탈취했기 때문이다.

여기서 저자가 제기하는 문제의식은 황쭌셴(黃遵憲, 1848~1905)의 『조선책략(朝鮮策略)』(1880년)의 골자 '친(親)중국 · 결(結)일본 · 연(聯)미국'에서 '연(聯)미국'와 관련하여 미국은 어떠한 전략을 갖고 있었으며 양국의 관계는 어떠하였는가이다. 즉, 조선(朝鮮)에 대한 미국과 영국의 외교기조와 전략은 각각 무엇이었는가이다.

---

119) 그러나 당시 미국은 그냥 먼로 독트린(1823년)을 깨고 식민지 개척에 착수하기 전이었을 뿐이다. 일본을 통해서 조선과 수교하려했던 미국과, 조선의 수교를 대신 중계하면서 조선에 대한 청의 우위를 보이고 싶었던 것이 『조선책략(朝鮮策略)』(1880년)의 진짜 목적이었을 수도 있다. 실제로 청의 주선 하에 조선이 미국과 수교하고 이후 여러 국가가 청을 통해서 조선과 연결되니, 이 책의 의도가 어찌됐던 간에, 청으로서는 만족스러운 상황 전개였던 셈이다.

(1) 1854년 미국의 압력에 의해 일본의 문호 개방
→ 미국의 남북전쟁(1861~1865) → 메이지유신(明治維新, 1868~1889)

우선, 당시 일본과 미국의 관계를 이해할 필요가 있다. 전술한 바와 같이, 일본(日本)이 천재일우(千載一遇)의 기회 속에 개항(開港)할 수 있었던 상황은 미국(美國)에 의해서 유발되었다. 당시 미국은 초강대국이 아니라 아직도 노예제를 운영하며 농산품과 원자재를 유럽 공업국들에 수출하는 게 주요 산업이던 국가였다. 미국 시어도어 루즈벨트(Theodore Roosevelt. Jr.) 대통령(제26대: 1901~1909)의 먼로 독트린(The Monroe Doctrine, 유럽에 대한 불간섭주의)이 나온지 불과 30년밖에 지나지 않았을 시기였으며 유럽 각국들에 비하면 열강에 포함시키기도 어려운 정도의 나라였다. 그러던 중 19세기 중반 영국 등 서구열강들의 세력이 동남아시아를 넘어 중국으로 본격 침투해 들어오기 시작하자, 이렇게 되면 미국 입장에서 어물쩍대다간 태평양(太平洋) 너머에서는 자국의 지분을 하나도 요구할 수 없는 상황이 되기 일보직전이었다. 이에 미국의 국력이 아직 태평양(太平洋) 너머 본격적으로 세력을 뻗어나가기에는 한참 미치지 못함에도 불구하고 일단 태평양(太平洋) 너머에 자국의 지분을 확보해 두기 위해 먼저 일본을 강제로 개항시키기로 1853년 매튜 페리(Matthew Calbraith Perry, 1794~1858) 제독이 이끄는 함대가 출동했던 것이다. 이렇게 일본을 강제로 개항 시킨 미국은 정작 얼마 못 가서 곧 바로 남북전쟁(1861~1865)에 빠져들며 자국 내부상황을 수습하기 바빠 일본에 신경 쓸 상황이 되지 못했고 강제개항이라는 악재가 남북전쟁(1861~1865)[120]이라는 바다건너의 사건 탓에 일본이 20년간 문제 없이 개혁을

---

120) 미국의 남북전쟁(American Civil War, 1861~1865)은 미국에서 일어난 내전(內戰)이다. 1861년 4월, 노예제를 지지하던 남부 주(州)들이 모여 남부연합을 형성하며 미(美)합중국으로부터의 분리를 선언한 뒤, 아메리카 남부 연합군(이하 '남군')이 사우스캐롤라이나주 찰스턴 항의 섬터 요새 포격을 시작으로 1861년부터 1865년까지 4년 동안 벌어진 전쟁이다. 전쟁 결과 남부연합군이 패했고, 미국 전역에서 노예제를 폐지한 중요한 계기가 되었다. 1865년 봄, 남부군이 항복하면서 미국의 노예 제도는 사실상 끝이 났다. 링컨 대통령은 『노예 해방 선언』에서 남부군 소속 지역의 노예들을 해방시킬 것을 선포했고, 이로 인해 남부의 모든 노예들은 자유의 몸이 되었다. 멕시코 접경지대와 남부 지역의 북부군 관할 구역 노예들은 주정부 시행안(state action)이나 1865년 12월 6일 비준된 수정 헌법 제13조로 하여금 해방되었다. 약 400만 명의 흑인 노예가 1861년부터 1865년 사이에 해방되었다. 북부의 완전한 복구 작업은 재건 시대라고 알려진, 전후 상당히 혼란한 시기에 이루어졌다. 남북전쟁(1861~1865)으로 인해 103만 명의 사상자(당시 인구의 3%)가 발생했고, 사상자 중 62만 명은 군인이었으며 그 가운데 2/3는 질병으로 인한 사망이었다. 남북 전쟁(1861~1865)은 미국이 지금껏 참여한 모든 전쟁에서의 사망자 수와 맞먹는 수많은 미국인들의 죽음을 초래했다. 전쟁을 유발한 원인과 그 타당성 여부는 물론이고, 남북전쟁(1861~1865)이라는 그 명칭 자체도 오늘날까지 끊임없이 이야기되는 소재이다. 1860년대의 인구조사에 따르면, 13~43세 백인 남자 전체의 8%가 전쟁으로 인해 사망했고, 이 수치는 북부 인구의

할 수 있는 시간을 벌어준 유례없는 행운이 되어 준 것이었다.

메이지 유신(明治維新, 1868~1871)이 일어나기 직전에는 일본의 각 번들이 서로 대립하고 여기에 막부와 토막파까지 대립하는 분열 양상을 보였다. 이때 서구 열강이 개입해서 더욱 분열을 조장했더라면 일본의 근대화(近代化)는 까마득했었을 것이다. 그런데 무진전쟁 등 일본의 분열이 극에 달한 1860년대 무렵의 시기는, 하필이면 미국, 영국, 프랑스, 러시아 등 주요 서구 열강들이 모두 일본에 신경을 쓸 수 없었던 시기였다. 미국은 남북전쟁(1861~1865)이 한창이었고, 영국은 세포이 항쟁 및 애로호 사건으로 인한 제2차 아편전쟁, 태평천국 운동 등으로 인해 인도와 중국에 전념하고 있었다. 프랑스는 멕시코 내전 개입, 베트남 침략, 프로이센—오스트리아 전쟁으로 인한 중부 유럽 정세의 변화 등으로 바쁜 상태였다. 러시아 역시 이제 막 연해주를 차지한 상태인데다 그레이트 게임이라는 영국과의 대립 상황으로 인해 아직 일본에 관여할 수 있는 상태가 아니었다. 사실 각종 서구 열강들이 제대로 침략의 손아귀를 뻗칠 수 없는 상황에 빠진 이런 천금 같은 시기에 개항(開港)한 나라는 동양 각국에서 일본이 유일하였다.

일본은 만주(滿洲)에서 계속되던 러시아와의 전쟁에서 승기(勝機)를 잡자 대한제국(大韓帝國)의 주권을 완전히 빼앗기 위해 열강으로부터의 동의를 얻기 시작했다.

(2) 시어도어 루스벨트(Theodore Roosevelt, 1858~1919) 대통령: 가쯔라 테프트 밀약(1905.07.29)[121]

호머 헐버트 박사(Homer Bezaleel Hulbert, 1863~1949)는 '한국문제연구회'에서 간행하는 '한국의 소리'라는 책자(1944년)에서 미국 26대 대통령 시어도어 루스벨트(Theodore Roosevelt. Jr., 집권: 1901~1909)이 을사늑약(1905.11.17) 직후 고종(高宗) 황제의 청원을 받아들이지 않아 동양의 역사가 바뀌었고, 미국의 친일(親日) 정책 때문에 '태평양 전쟁'(1941~

6%, 남부의 18%나 된다. 약 56,000명의 군인이 남북전쟁(1861~1865) 중 감옥에서 죽었다. 전쟁으로 인한 사망자가 이렇게 많은 이유 중 하나로 돌격 등과 같은 나폴레옹식 전술의 사용을 들 수 있다. 그리고 더욱 정밀한 강선의 개발과 미니에 탄환, 그리고 전쟁이 거의 끝날 무렵 북군에 의해 사용된 '스펜서 연발총'이나 시험적으로 사용되기 시작한 '개틀링 기관총'에 의해, 개활지에 포진해 있던 수많은 병사들은 전투가 시작되자마자 무참히 살해당했다. 이로 인해 제1차 세계대전 당시 주요한 전략으로 쓰인 전쟁 참호가 탄생했다.

121) Dennet, Tyler(1924), "President Roosevelt's Secret Pact with Japan", 『Current History』XXI. Esthus, Raymond A.(1959), "The Taft—Katsura Agreement~Reality or Myth?", 『Journal of Modern History』Vol. 31.

1945)[122]이 일어났다고 주장했다.

우선, 당시, 미국 26대 대통령(1901~1909) 시어도어 루스벨트(Theodore Roosevelt. Jr., 1858~1919)은 누구인가? 그는 19세기 먼로 독트린(유럽에 대한 불간섭주의) 하의 미국 대외 정책을 전환하여 20세기 공식적으로 팽창적 제국주의를 표방하였다. 과거에는 미국이 유럽의 힘이 미치지 못하는 태평양(太平洋)에 관심을 가지고 하와이 점령, 쿠로후네 사건이나 제네럴 셔먼호 사건 등의 정책을 펼치긴 했으나 소극적이었다. 물론, 전임 제25대 윌리엄 매킨리 주니어(William McKinley, Jr., 재임: 1897~1901 암살) 대통령 시절 발발한 미국－스페인 전쟁(1898년)을 미국 제국주의의 시작으로 보기도 한다. 1901년 대통령을 승계받은 시어도어 루스벨트(Theodore Roosevelt)는 전임자들보다 노골적인 팽창주의(膨脹主義) 정책을 내세우며, 미국의 제국주의(帝國主義) 노선을 공식화했다.

미국 26대 대통령(임기: 1901~1909) 시어도어 루스벨트(Theodore Roosevelt. Jr., 1858~1919)은 당시 일부 서구인들 사이에 유행하고 있었던 인종개량주의와 사회진화론(社會進化論)의 철저한 신봉자였다. 그는 미국인이야말로 가장 진보한 인종이며, 그러한 미국에 의해 세계가 지배되는 것이 옳다는 신념을 가지고 있었다. 그는 '먼로 독트린'(The Monroe Doctrine)을 수정하여 서반구에서는 미국이 국제경찰력을 행사해야 한다는 정책을 펼쳤다. 미국이 지금도 주장하는 '세계경찰론'의 기틀을 잡은 것이다. 그리고 국방 쪽에서는 해군 강화에 열을 올려 '대백색 함대(Great White Fleet)'를 창설했다. 덕분에 그가 퇴임하던 시점에 미국은 영국에 이어 세계에서 두번째로 큰 규모의 함대를 보유하게 되었다. '세계경찰론'을 자처한 그의 제국주의적 팽창정책은 카리브해를 비롯한 라틴 아메리카 국가들에 개

---

122) '태평양 전쟁'(1941~1945)은 제2차 세계 대전의 전선 중 하나로, 1941년부터 1945년까지 태평양 일대와 동남아시아 지역을 무대로 일본 제국과 미국을 중심으로 벌어진 중앙 태평양 전선과 국민혁명군이 주도한 중국 전선 및 영국군이 주도한 버마 전선, 오스트레일리아군이 주공을 맡은 남서태평양 전역을 포함한다. 일본 극우 세력은 태평양 전쟁'(1941~1945)을 '대동아 전쟁'이라고 주장한다. 대동아 공영권을 만들기 위해서 한국, 중국, 동남아시아, 인도를 일본이 몸소 이끌어주고 있는데 미국과 영국 놈들이 방해하니까 정의를 위해 반격했다는 것이 일본 우익들의 주장이다. 그래서 대동아 전쟁이라는 것이다. 최근에는 중국, 동남아시아 내륙 전선까지 포함되어 있는데(근데 어차피 대부분 태평양에 인접한 국가들이다) 태평양 전쟁이라고 부르는 것은 부적절하다 하여 아시아－태평양 전쟁이라고 부르는 경우도 있다. '태평양 전쟁'(1941~1945)의 개전은 1941년 12월 7일 일본 제국 해군이 하와이 진주만에 위치한 미 해군 태평양함대 기지를 기습 공격한 것으로 시작되었다. 이후 일본군은 파죽지세로 동남아시아와 남태평양 일대를 석권하고 인도, 호주까지 위협하였다. 그러나 미드웨이 해전과 과달카날 전투의 패배를 기점으로 점차 하락세를 타며, 필리핀 해 해전에서 그나마 복구한 전력이 전멸당하고 점령지 대부분을 상실하고 본토 앞까지 내몰리게 된다. 항복을 거부하고 비상식적인 행동을 거듭한 결과 미국의 히로시마·나가사키 원폭 투하, 소련의 만주 전략 공세 작전 직후 1945년 8월 15일 항복을 선언한다.

입하는 것으로 구체화되었다. 그는 아메리카에서 유럽의 영향력을 몰아내고 미국 패권주의(覇權主義)를 실현하려 했다. 그는 산토 도밍고, 푸에르토 리코 등 카리브 해에 진출했고, 베네수엘라, 도미니카 등 남미(南美)국가들에 개입했다. 한편, 남미(南美) 국가들의 부채를 갚아주는 유화 정책을 펼치며 그 나라들이 유럽의 영향력에서 벗어나도록 유도하기도 했다. 이것은 그의 '곤봉 외교'의 대표적인 일면으로 꼽힌다.

또한, 시어도어 루스벨트(Theodore Roosevelt. Jr., 1858~1919)는 경제적으로 커다란 가치를 가지고 있는 파나마 운하의 이권을 획득했다. 그는 파나마 운하의 획득을 자신의 최대 업적으로 생각했으며, 자서전에서 내각의 상의없이 자신이 독자적으로 추진한 업적임을 강조했다. 그는 파나마 운하의 경영권을 차지하기 위해 파나마 지역이 속해 있던 콜롬비아와 협상을 벌였으나 콜롬비아 정부가 시어도어 루스벨트(Theodore Roosevelt)의 제시액보다 더 많은 돈을 요구하자 그는 파나마 주민들을 설득하여 파나마의 독립을 배후에서 조장했다. 그 결과 1903년 파나마가 콜롬비아에서 독립에 성공했고, 미국은 신생국 파나마를 자국의 영향력 아래에 두고 파나마 운하의 운영권을 획득하게 된다.

그 외 미국－스페인 전쟁(1898년)의 결과 스페인으로부터 획득한 푸에르토리코, 괌, 필리핀 역시 적극적으로 진출하여 미국식 제국주의(帝國主義) 건설을 위해 애썼다. 시어도어 루스벨트(Theodore Roosevelt)의 궁극적인 목표는 드넓은 태평양(太平洋)에 있었다. 미국－스페인 전쟁(1898년) 직후 획득하게 된 필리핀의 처리를 두고 미국 내에서 의견이 분분할 때 시어도어 루스벨트(Theodore Roosevelt)는 필리핀을 미국이 영구 지배해야한다고 강력하게 주장했다. 대통령에 취임하고 나선 이를 구체화시켜 나갔다.

우선, 1905년 7월 27일 가쓰라－태프트 협정(Taft-Katsura agreement) 또는 가쓰라－태프트 밀약은 러일전쟁(日露戰爭, 1904.02.08~1905.09) 직후 미국의 필리핀에 대한 지배권과 일본 제국의 대한제국에 대한 지배권을 상호 승인하는 문제를 놓고 1905년 7월 29일 당시 미국 육군 장관 윌리엄 하워드 태프트(William Howard Taft, 1857~1930)와 일본 제국 내각총리대신 가쓰라 다로(桂太郎, 1848~1913)가 도쿄에서 회담한 내용을 담고 있는 대화 기록이다. 이 기록의 내용은 미·일 양국이 모두 극비에 부쳤기 때문에 1924년까지 세상에 알려지지 않았다.

상기 기록에는 서명된 조약이나 협정 같은 것은 없었고, 일본－미국 간 관계를 다룬 대화에 대한 각서(memorandum)만이 있었다. 상기 각서에 따르면 일본 제국은 필리핀에 대한 미국의 식민지 통치를 인정하며, 미국은 일본 제국이 대한제국을 침략하고 한반도를 '보호령'으로 삼아 통치하는 것을 용인하고 있다.

그러나 일부 미국 역사가들은 두 사람이 나눴던 대화에서 새로운 정책이 만들어지거나 조약이 체결된 것은 아니므로 이는 미국이 일제의 대한제국 침략에 협력한 근거가 될 수 없다고 주장하고 있다. 이들은 윌리엄 하워드 태프트(William Howard Taft, 1857~1930)가 자신의 의견이 미국을 대표하는 것은 아니고, 자신만의 의견이라고 말했다는 것을 근거로 들고 있다.

① 동아시아 전반에 관한 논의: 당시 일본 제국 내각총리대신 가쓰라 다로(桂太郎)는 동아시아의 평화가 일본 외교의 근본적인 원칙이며, 이러한 동아시아의 평화는 일본, 미국, 영국 간의 협조가 있을 때에 가장 잘 이뤄질 수 있다고 말했다.

② 필리핀에 관한 논의: 당시 미국 육군 장관 윌리엄 하워드 태프트(William Howard Taft)는 미국과 같이 강력하고 일본에 우호적인 나라가 필리핀을 점령하는 것이 일본에 최선이라며 입장을 밝혔다. 이에 대해 가쓰라 다로(桂太郎)는 일본은 필리핀에 대한 어떠한 공격계획도 가지고 있지 않다고 밝혔다.

③ 대한제국(大韓帝國)에 관한 논의: 당시 일본 제국 내각총리대신 가쓰라 다로(桂太郎)는 러일전쟁의 직접적 원인을 제공한 것은 대한제국이었다며, 일본이 대한제국에 특별한 조처를 하지 않는다면 대한제국은 또 다시 다른 세력과 조약이나 협정을 맺어 러일전쟁(日露戰爭, 1904.02.08~1905.09)을 일으켰던 것과 같은 상태로 돌아가는 경솔한 모습을 보일 것이므로, 대한제국 문제에 대한 종합적인 해결책을 도출하는 것이야말로 러일전쟁(日露戰爭, 1904.02.08~1905.09)의 논리적인 귀결이라고 주장했다. 가쓰라 다로(桂太郎)는 대한제국이 일본과 다른 나라 사이에 전쟁하도록 만드는 상황을 반복하지 않게 하도록 일본은 대한제국에 대해 적절한 조처를 할 것이며, 이는 일본에 매우 중요한 문제라고 말했다. 당시 미국 육군 장관 윌리엄 하워드 태프트(William Howard Taft)는 일본이 대한제국에 대한 보호권을 갖는 것이 동아시아의 안정에 이바지할 것이라고 동의했다.

상기와 같이, 미국은 러시아와 일본제국 사이에 포츠머스 강화조약(1905.09.05) 회담이 열리기 전에 이미 대한제국의 자치능력을 부정하고 일제가 한반도 지역을 식민지배하는 것이 미국의 이익에 들어맞는다는 입장을 보이고 있었으며, 1905년 7월 27일 가쓰라-태프트 협정(Taft-Katsura agreement) 또는 가쓰라-태프트 밀약은 이를 재확인한 것에 불과하였다. 상기 각서의 요지는 다음과 같다:

① 필리핀은 미국과 같은 친일(親日)적인 나라가 통치하는 것이 일본에 유리하며, 일본

은 필리핀에 대해 어떠한 침략적 의도도 갖고 있지 않다.

② 극동의 전반적 평화의 유지에 있어서는 일본·미국·영국 삼국 정부의 상호 양해를 달성하는 것이 최선의 길이며, 사실상 유일한 수단이다.

③ 미국은 일본이 한국에 대한 보호권을 확립하는 것이 러일전쟁의 논리적 귀결이고, 극동(極東)지역의 평화에 직접 공헌할 것으로 인정한다.

상기한 가쓰라－태프트 협정(Taft-Katsura agreement, 1905.07.27)은 대한제국에 대한 일제의 식민지배와 필리핀에 대한 미국의 식민지배를 상호 양해한 일종의 신사협정이었고, 이 합의로 대한제국에 대한 미국의 개입을 차단한 일제는 같은 해 11월 17일 대한제국에 을사조약(乙巳條約)을 강요했으며, 미국은 이를 사실상 묵인했었다. 이 비밀협정은 20세기 초 미국의 대(對)동아시아 정책의 기본 방향에서 나온 것이다. 이로써 한반도 문제에 대한 미국의 개입을 배제한 일본은 같은 해 제2차 영일동맹(1905.08.12)과 포츠머스 조약(1905.09.05)을 체결함으로써 한반도 지역에 대한 지배권을 세계의 열강들로부터 인정받게 되었다.

(3) 포츠머스 강화조약(1905.09.05)

전술한 1905년 7월 27일 가쓰라－태프트 협정(Taft-Katsura agreement) 또는 가쓰라－태프트 밀약이어서, 미국 26대 대통령(1901~1909) 시어도어 루스벨트(Theodore Roosevelt. Jr., 1858~1919)는 한반도 문제에도 개입해, 1905년 러일전쟁(日露戰争, 1904.02.08~1905.09.05)이 끝난 후 종전 회담인 포츠머스 강화조약(1905.09.05)을 주선했다. 그가 이 강화조약을 주선한 것은 궁극적으로 태평양(太平洋)에 대한 미국의 영향력을 확대하기 위해서였다. 이 회담을 주선한 공로로 그는 노벨 평화상을 수상했다. 또한 포츠머스 강화조약(1905.09.05)을 통해 일본의 한반도의 식민지화가 시작되었다.

상기한 가쓰라－태프트 밀약(Taft-Katsura agreement, 1905.07.27)을 배경으로, 러일전쟁(日露戰争, 1904.02.08~1905.가을)의 뒷마무리는 미국의 중재에 의하여 포츠머스 강화조약(1905.09.05)으로 종결된 것이다. 1905년 9월 5일, 미국 26대 대통령(1901~1909) 시어도어 루스벨트(Theodore Roosevelt. Jr., 1858~1919)의 주선으로 포츠머스 강화조약(1905.09.05)이 체결되었다. 상기 조약의 핵심적 내용은 다음과 같다:

① 러시아 제국은 대한제국에 대한 일본제국의 지도, 보호, 감독권을 승인한다.

② 러시아 제국은 뤼순과 다롄의 조차권 승인 및 장춘 이남의 철도부설권을 할양한다.

③ 일본 제국이 배상금을 요구하지 않는 조건으로 러시아는 쿠릴 열도 및 북위 50도 이남의 남(南)사할린 섬을 할양한다.

④ 러시아 제국은 일본해·오호츠크 해·베링 해의 러시아령(領) 연안의 어업권(漁業權)을 일본 제국에 양도한다.

상기 포츠머스 강화조약(1905.09.05)은 사실상 만주(滿洲)에서 일본의 손을 들어준 것이었다. 러시아는 내부적으로 일본도 이기지못했다며 무능한 황실을 비판하는 목소리가 커져 이런 황실에 대한 비판여론은 훗날 공산혁명으로 이어지게 된다. 그리고 중국에 이어 러시아마저 사라진 조선에서 사실상 조선은 일본의 식민지로 전락했다. 일본은 그 후 중국에 대한 침략을 가속화하고 조선을 병탄(併呑)하게 되어 훗날 태평양 전쟁(1941.12.07~1945.09.02)을 일으킨다. 이 전쟁(일본에서는 대동아전쟁)은 제2차 세계대전의 전역 중 하나로 태평양과 동아시아에서 벌어진 전쟁이다. 태평양 전쟁의 전역 범위는 태평양 일대의 넓은 지역과 중국, 그리고 만주 일대가 해당된다.

(4) 영일동맹(英日同盟)

한편, 영일동맹(英日同盟)은 크게 제1차 영일동맹(1902년), 제2차 영일동맹(1905년), 제3차 영일동맹(1911년)이 있다.

① 제1차 영일동맹(英日同盟, 1902.01.30)

19세기 말 러시아 제국은 만주와 한반도로 세력을 넓혀오고 있었다. 이미 청나라에게 따낸 연해주에 덧붙여 만주에는 15만 대군을 파견하여 청나라 정부를 축출하고 만주에서 군사 점령 상태에 들어갔고, 요동 반도에서 다롄과 뤼순 항 및 동청철도(東淸鐵道, 하얼빈 철도의 예전 이름)를 건설하여 실질적으로 남하(南下)하고 있었다. 또한 한국에서도 마산포, 용암포, 절영도를 조차(租借)하려 하거나 대한제국 정부에 아관파천(俄館播遷) 사건과 같이 정치적 영향력을 행사하는 등 노골적으로 친러 세력을 침투시키고 있었다. 이 시기에 일본은 반대로 북진(北進)을 추진하고 있었는데, 이들은 한반도 점령을 시작으로 만주에까지 진출하려는 야심이 있었다.

일본 제국이 청일전쟁(淸日戰爭, 1894.07~1895.04)의 승리로 한반도에서 청의 세력을 축출하고 독자적인 개입을 심화시키는 시점에서 러시아의 도전이 예상되고 있었으며, 청일전쟁(淸日戰爭)에서 승리한 일본제국이 1895년 4월 23일 강화조약인 시모노세키 조약 서명을 통해 요동 반도를 차지하게 되자, 러시아·독일·프랑스가 외교적 개입을 통해 일본제국의 철수를 요구하여 관철했던 삼국간섭(Tripartite Intervention)으로 호되게 당한 일본제국은 조선을 식민지화하는데 있어 서구 열강의 지지가 필요함을 인식하고 있었다.

이러한 상황에서 일본은 '만주의 이권은 러시아가 차지하고 한국의 이권은 일본이 차지한다'는 기본 입장을 러시아에 표명하였다. 그러나 영국은 러시아가 만주 등 중국으로 진출하는 것을 용납하려 하지 않았다. 그리고 영국은 당시 러시아 제국의 팽창을 막기 위해 터키(오스만 제국), 중앙아시아에서 수십년간 대립하고 있었는데 이를 그레이트 게임이라고 한다. 따라서 러시아의 만주, 한반도 진출에 바로 빨간 불이 들어온 영국은 동아시아에서 러시아의 견제를 위해 일본과 동맹을 맺게 된다.

한편, 1899년 미국의 헤이 국무 장관 역시 문호 개방을 주장하여 당시 열강 가운데 어느 한 나라가 만주와 중국에서 경제적 이권을 독점하려는 것을 저지하려고 했었다. 1902년 1차 영일동맹 뒤 러일전쟁(日露戰爭, Russo−Japanese War, 1904.02.08~1905.가을)이 발생하여 1905년 일본이 승리를 거두자 일본은 미국과도 대(對)러시아 협조를 위한 각서를 체결한다. 가쯔라 테프트 밀약(1905.07.29)이 이것이다. 그러나 1907년 일본이 끝내 감당하기 벅찬 러일전쟁(日露戰爭, Russo−Japanese War, 1904.02.08~1905.가을)의 전쟁 비용의 충당을 위해서 만주에서 철도, 광산 등의 이권을 독점하는 조치를 취하자, 미일 협력 관계는 무산되고 말았다.

1901년 일본의 입장은 러시아의 만주에 대한 단독 지배를 인정하지 않고, 여타 제국주의 열강과의 협조 하에 한반도 지배뿐만 아니라 중국의 이권 분할에도 참가하는 쪽으로 기울었다. 그리하여 영국과의 제휴를 모색하게 되었다. 두 나라의 이해가 결부되어, 그해 12월 양국은 일본 대표로는 영국 주재 일본 특명전권공사 하야시 다다스(林董), 영국 대표로는 외무장관 헨리 페티−피츠모리스(Henry Petty−Fitzmaurice)가 협상 교섭을 하였고, 1902년 1월 30일 런던에 있는 랜스던(Lansdowne) 후작 저택(Lansdowne House)에서 영일동맹을 체결하였다. 제1차 영일동맹(英日同盟, 1902.01.30)은 근대 일본이 세계의 대국(大國)과 체결한 최초의 군사동맹이었다. 이 군사동맹의 배경에는 양국 모두 19세기말 동아시아 지역을 둘러싼 제정 러시아와의 대립에 있었다. 특히 일본으로서는 의화단사건 이후 만주에 계속 잔류하고 있는 러시아에 항의하는 의미를 담고 있었다. 제1차 영일동맹(英日同盟, 1902.01.30) 협약문은 전문 6개조로 되어 있다123):

---

123) 국회도서관입법조사국, 『입법참고자료. 26−30』 v. 26. 구한말조약휘찬 중, 1964, 206~208쪽.

부록 4

제1차 영일동맹(英日同盟, 1902년 1월 30일) 협약문: 전문(前文)

일본국 정부와 영국 정부는 1902년 1월 30일 양국 정부 간에 체결한 협약을 대신하여 새로운 약관(約款)으로 대치하기를 희망하여,

1. 동아시아 및 인도 지역에서 전체의 평화를 확보할 것.

2. 청 제국의 독립과 영토 보전 및 청국에서 열강의 상공업에 대한 기회균등주의를 확실히 함으로써 청국에서 열강 공통의 이익을 유지할 것.

3. 동아시아 및 인도 지역에서 양 체결국의 영토권을 유지하며, 해당 지역에서의 양 조약 체결국의 특수 이익을 지킬 것을 목적으로 아래의 각 조항을 약정한다.

제1조, 일본국 또는 대영제국이 본 협약의 전문(前文)에 기술한 권리 및 이익 중 어느 것이라도 위기에 처하였다고 인정할 경우에는 양국 정부는 상호간 충분히 그리고 격의 없이 통고하고, 그 침해당한 권리와 이익을 옹호하기 위해 취할 조치는 공동으로 고려한다.

제2조, 양 조약 체결국 중 어느 한쪽이 도발하지 않았음에도 한 국가 또는 여러 국가로부터 공격을 받거나 또는 한 국가 혹은 여러 국가의 침략적 행동으로 인해 해당 조약 체결국이 본 협약의 전문에 기술한 영토권 또는 특수 이익을 지키기 위하여 교전에 이르렀을 경우에는, 공격 또는 침략적 행동이 어느 곳에서 발생했는지를 막론하고 다른 한쪽의 조약 체결국은 즉시 동맹국에 와서 원조하여 협동해 전투해야 한다. 강화(講和)도 역시 쌍방이 합의한 다음에 한다.

제3조, 일본국은 한국에서 정치상·군사상·경제상의 특별한 이익을 가지고 있으므로 대영제국은 일본국이 이 이익을 옹호 증진하기 위하여 정당하고 필요하다고 인정하는 지

도·관리 감독·보호 조치를 한국에서 취할 권리를 승인한다. 단, 해당 조치는 항상 각국의 상공업에 대한 기회균등주의에 위반하지 않을 것을 요한다.

제4조, 대영제국은 인도 국경의 안전과 관계되는 일체의 사항에 관하여 특수 이익을 가지고 있으므로 일본국은 위의 국경 부근에서 대영제국이 인도 영지(領地)를 방어하기 위하여 필요하다고 인정하는 조치를 취할 권리를 승인한다.

제5조, 양 조약 체결국은 다른 한쪽과 협의를 하지 않고 타국과 본 협약 전문에 기술한 목적을 방해할 별도의 조약을 체결하지 않을 것을 약정한다.

제6조, 현재의 러일전쟁에 대해서는 대영제국은 계속해 엄정 중립을 유지하고, 만약 다른 일개 국가 또는 수개 국가가 일본국과 교전할 경우 대영제국은 일본국에게 원조하여 협동해 전투해야 한다. 강화도 역시 쌍방이 합의한 후에 한다.

제7조, 양 조약 체결국의 어느 한쪽이 본 협약의 규정에 의하여 다른 한쪽에게 병력 원조를 하는 조건 및 해당 원조의 실행 방법은 양 조약 체결국의 육해군 당국자가 협정할 것이며, 또 해당 당국자는 상호 이해의 문제에 관하여 상호간에 충분히 그리고 격의 없이 수시로 협의한다.

제8조, 본 협약은 제6조의 규정과 저촉되지 않는 한 조인한 날부터 즉시 실시하여 10개년 동안 효력을 가진다. 10개년이 종료되는 12개월 전에 양 조약 체결국의 어느 쪽에서라도 본 협약을 파기하는 의사를 통고하지 않을 때에는 본 협약은 양 조약 체결국 한쪽이 폐기 의사를 표시한 당일로부터 1개년이 종료될 때까지 계속해서 효력을 가진다. 그러나 만약 종료 기일에 이르러 동맹국의 한쪽이 현재 교전 중일 때는 본 동맹은 강화가 성립될 때까지 당연히 계속된다.

위 증거로써 아래에 적은 이름은 각기 정부의 위임을 받아 본 협약에 이름을 적어 조인한다.

1905년 8월 12일 런던에서 본서 2통을 작성한다.

대영제국 주차 일본국 황제 폐하의 특명전권공사 하야시 다다스(林董)

대영제국 황제 폐하의 외무대신 랜스다운(Lansdown)

상기 제1차 영일동맹(英日同盟, 1902.01.30) 협약문의 주요 내용은 다음과 같다:

① 영·일(英日) 양국은 한(韓)·청(淸) 양국의 독립을 승인하고, 영국은 청에, 일본은 한 국에 각각 특수한 이익을 갖고 있으므로, 제3국으로부터 그 이익이 침해될 때는 필 요한 조치를 취한다.

② 영·일(英日) 양국 중 한 나라가 전항의 이익을 보호하기 위해 제3국과 개전할 때는 동맹국은 중립을 지킨다.

③ 위의 경우에서 제3국 혹은 여러 나라들이 일국에 대해 교전할 때는 동맹국은 참전 하여 공동 작전을 펴고 강화(講和)도 서로의 합의에 의해서 한다.

④ 본 협약의 유효 기간은 5년으로 한다.

제1차 영일동맹(Anglo Japanese Alliance, 1902.01.30)의 체결에 대항해 러시아는 '중국과 한국의 독립과 영토 보전'을 강조하면서 같은 해 3월 프랑스와 함께 러시아－프랑스 공동 선언을 발표하였으나, 러일전쟁(日露戰爭, Russo－Japanese War, 1904.02.08~1905.가을)에서 입은 타격 덕분에 국제 외교에서 크게 수세에 몰리는 입장이 되었다. 하지만 누구의 삽질 로 인해 10년 후에는 대립이 가장 심했던 영국이 언제 그랬냐는 듯이 러시아와 같은 편이 된다.

제1차 영일동맹(Anglo Japanese Alliance, 1902.01.30)의 결과, 영국은 러일전쟁(日露戰爭, Russo－Japanese War, 1904.02.08~1905.가을) 기간 동안 일본의 국채 등을 매입하는 등 전비 를 간접적으로 지원했다. 이에 그치지 않고 전함 미카사를 비롯한 최신예 영국제 군함을 일본이 수령하도록 허용했다. 당시에는 군함 제작국이 보유한 함선보다 더 좋은 군함을 타국이 구매하게 되면 당장 제작국의 해군이 태클을 넣는데, 이런 방해가 전혀 없었다. 이 런 도움에 힘입어서 일본은 러일전쟁(日露戰爭, Russo－Japanese War, 1904.02.08~1905.가을) 을 시작하면서 만주 진출의 길목에 위치한 대한제국에서 안정적인 보급로 확보를 위해서 한일의정서를 강요했고, 결국 러일전쟁에서 승리하여 한반도와 만주로부터 러시아 세력을 축출하였고, 한반도에 독자적으로 침투할 수 있는 우선권을 갖게 되었다.

이로써, 일본은 중국과 조선, 영국은 중국에서의 이익을 서로 인정하였다. 또한, 한쪽 이 다른 나라와 교전할 때에는 동맹국은 엄정중립을 지키며, 한쪽이 2개국 이상과 교전할 때에는 동맹국이 협동 전투에 임한다(방수 동맹)는 등의 내용을 체결하였다.

제1차 영일동맹(Anglo Japanese Alliance, 1902.01.30)은 기한이 5년으로 양국의 제국주의 정책을 상호 지원·보완하는 내용으로 성립되었기 때문에 러일전쟁(日露戰爭, Russo－Japanese War, 1904.02.08~1905.가을)으로 발전하는 과정에서 중요한 역할을 하였다. 독일 문제로 영국과 우호 관계를 유지하기 위해 노력하던 프랑스까지 일본의 일이라면 중립을 지키게 되었다. 청일전쟁(淸日戰爭, 1894.07~1895.04)에서 일본의 승리 후 랴오둥반도 할양 문제를 놓고 프랑스, 러시아, 독일이 청나라의 편을 들어 일본에 무력시위까지 감행했던 3국(러시아·프랑스·독일) 간섭(1895.04.23)을 참작하면 엄청난 반전이었다.

② 제2차 영일동맹(英日同盟, 1905.08.12)

러일전쟁(日露戰爭, Russo-Japanese War, 1904.02.08~1905.가을)이 일본의 승리로 끝나고 열강 중의 일원으로 인정받은 일본은 영국과 제2차 영일동맹(英日同盟)을 1905년 8월 12일에 체결하여 일본의 한국 지배를 외교적으로 보장받았다. 그 결과는 바로 앞에서 언급한 내용의 상호 동맹 조약을 겸하여 그해 3월 봉천 회전과 5월 쓰시마 해전에서 최종 결정된 일본의 러일전쟁(日露戰爭, Russo-Japanese War, 1904.02.08~1905.가을) 승리의 과실을 확인하는 것이었다.

1905년 8월 12일 영·일(英·日)양국은 협약을 개정하였는데, 일본의 조선 보호권을 확인하고, 동맹 적용 범위를 인도까지 확대하였다. 또한, 동맹국이 한쪽의 다른 1국과 전쟁을 하는 경우도 동맹국이 참전하기로 하였다(공수 동맹). 2차 조약 조인 후 제2차 한일협약이 같은 해 11월 17일에 체결된 것에 주목할 필요가 있다. 기한은 10년 동안이었으나, 1911년 7월 13일 다시 개정되어 다시 10년 동안 연장하였으며, 미국은 적용 대상에서 제외하였다. 일본은 미국과 이미 가쓰라 테프트 밀약(1905.07.29)을 통해 자신의 이익을 보장받고 있었다.

또한, 국제 상황의 변화로 대(對)러시아 동맹에서 대(對)독일 동맹으로 전환하였다. 제1차 세계대전(1914~1918)이 일어났을 때 일본은 상기 조약을 구실로 영국과 함께 연합국 진영에 참전하였다. 제1차 세계대전(1914~1918) 종전 이후인 1921년 워싱턴 회의에서 일본, 미국, 영국, 프랑스 4개국이 체결한 조약이 성립되면서 폐기되었으며 1923년 8월 17일 영일동맹은 공식 폐기되었다.

여기서 영국의 외교적 '뻘짓'이었던 인도(印度) 항목이 들어간 이유는 당시까지만 해도 러시아의 인도(印度) 침공 가능성을 영국 측에서 진지하게 고려 중이었기 때문이었다. 인도(印度) 조항은 2년 만에 러시아 제국이 외교 고립 타파를 위해 영국과 화해를 결정하며 그레이트 게임(The Great Game)을 끝내면서, 영국의 순수한 외교적 '뻘짓'이 되고 말았다. 결과적으로 한반도를 넘겨주고 일본의 세력 확대에 혁혁한 공을 세워 훗날 제2차 세계대전(1939~1945) 시기에 엄청난 치욕으로 제대로 자승자박(自繩自縛)한다.

③ 제3차 영일동맹(英日同盟, 1911.07.13)

미국은 처음에는 영일동맹(英日同盟)을 대(對)중국 문호 개방 정책으로의 지지와 방어 또는 극동에서의 러시아의 남하에 대한 방벽이 된다고 생각하여 호의적인 태도를 보였지만, 러일전쟁 후 만주의 철도 중립화 문제와 포츠머스 협정(1905.09.05)의 성립, 그리고 캘리포니아에서의 일본 이민 제한 문제 등을 둘러싸고 미일(美日) 관계가 점차 미묘해지자, 긴밀한 영미(英美) 관계가 영일동맹(英日同盟)과 모순되지 않도록 영국과 일본 양국에 강하게 요구했다. 간단히 말해서 영국과 일본이 동맹을 맺어 미국을 양면 공격하는 사태를 야기하지 말라는 것이다.

따라서 제2차 영일동맹(英日同盟, 1905.08.12)으로부터 6년 후 1911년 7월 13일 영일(英日) 양국은 미국을 그 동맹 협약에서 말하는 '제3국'에서 제외하는 내용을 골자로 하는 제3차 영일동맹을 1911년 7월 13일에 성립시켰다. 그리고 제1차 세계대전(1914~1918) 직전인 상황에서 독일과의 관계가 나빠지고 러시아가 연합군으로 가담할 확률이 높아지자 동맹의 목표를 대(對)러시아에서 대(對)독일로 바꾼다. 제3차 영일동맹(英日同盟)으로 인해 제1차 세계대전(1914~1918) 때 당시 일본은 연합국에 가담한다.

그러나 제1차 세계대전(1914~1918) 당시 일본의 참가 노력은 조약에 걸맞지 않게 너무나도 초라했다. 일본 자신의 이권 확보를 위해 독일의 칭다오 식민지와 마리아나 제도 등지를 점령하였을 뿐, 영국 등 연합국의 군사 지원 요청에도 불구하고 유럽의 지상전에는 전혀 가담하지 않았다. 일본 육군은 친독 성향이 강한 편이었기에 파병에 더 부정적이었던 반면 영국 해군의 영향을 강하게 받은 일본 해군은 영국을 도와주자는 분위기가 강한 편이었다. 일본은 육군 대신 해군 함대를 파견하게 되는데 주로 구축함이었고 기함으로 사용할 소수의 순양함이 더해졌다. 유보트 때문에 꽤 고생하던 영국 입장에서는 구축함이 더 필요했기에 실제 성능이야 어찌 되었든 잠수함을 상대할 구축함이 오는 게 반가울 수밖에 없었다. 일본은 제1차 세계대전을 절호의 기회로 삼아 유럽 열강에게 군수품을 공급하고 구축함 파견의 대가로 아시아 등지에서 독일이 누리던 이권을 그대로 챙기는 걸 인정받았으며 막대한 경제적 이득을 거두어 산업화 도약에 성공하고, 러일전쟁(日露戰爭, Russo-Japanese War, 1904.02.08~1905.가을)에서 진 빚을 완전히 청산하는데 성공한다. 사실상 일본으로서는 명목상 동맹국인 영국을 조금 지원하고 막대한 이득을 챙긴 셈이었다.

결국, 제3차 영일동맹(英日同盟)이 폐기되었다고는 하지만 상기 동맹을 바탕으로 가장 중요한 시기에 세력 균형이 일본 쪽으로 기울어, 일본의 조선(朝鮮) 점령이 공식적으로 인정되었고 그 이후 만주 장악까지도 일사천리로 진행하는 바탕을 마련하였다. 일본으로서는 득을 다 본 뒤, 제1차 세계대전(1914~1918)에서 전시(戰時) 호황을 통해 채무를 완전히 청산하는 행운까지 뒤따랐다.

　아직 산업화의 기초가 부족했었던 일본에게 지나칠 정도로 순조로운 사태 전개는 제2차 세계대전(1939~1945) 당시 일본 제국의 추축국 가담에 이르는 과도한 자만심을 낳았다. 여기에 더해서 일본군의 양대 축인 일본 해군을 세계 제3위의 해군으로 급성장시키는 원동력을 제공했다. 러일전쟁(日露戰爭, Russo-Japanese War, 1904.02.08~1905.가을)에서 최신예 영국 군함을 판매한 것을 시작으로 해서 일본 해군의 하드웨어, 소프트웨어적 기반은 영국 해군이 기준이 되었으며, 이런 관계는 사실상 일본의 초드레드노트급 전함의 초석이 되는 공고급 순양전함의 판매와, 항공모함에 적용되는 많은 기술을 입수하는 것까지 진행되었다. 만일 영일동맹(英日同盟)이 없었다면 이렇게 단시일 내에 일본 해군이 급성장을 하기 어려웠을 정도다.

　끝으로, 일본은 1941년 12월 8일 진주만 공습 직후, 폭격을 퍼부은 뒤 홍콩 섬에 해군 육전대를 상륙시키고 구룡반도를 통해 5만 대군을 투입, 점령해 버린다. 그리고 더 나아가 싱가포르, 말라카 등의 말레이 연방 식민지들도 모두 점령함으로서 영국과 일본은 적(敵)으로 돌아서게 된다.

　또한, 제3차 영일동맹(英日同盟) 이후에도, 계속 미국과 일본간의 관계가 더 안 좋아지는 등 그 후의 아시아·태평양 지역을 둘러싼 국제 정세의 변화에 따라 그로부터 10년 후인 워싱턴 해군 군축조약(1921~1922)에서 조인된 영국·일본..미국·프랑스간의 4국 조약에 의해 폐기가 결정되었다. 그리고 해당 비준서 기탁이 1923년 8월 17일에 이루어지면서 함께 실효되었다. 제3차 영일동맹(英日同盟)이 폐지된 원인은 다음과 같이 요약할 수 있다:

　① 미국은 일본 제국과 충돌할 경우, 영국이 일본 제국의 동맹국이 되는 것을 가장 경계했다.

　② 러시아 제국이 붕괴되고 소련으로 국가가 바뀌었으며, 소련의 해군이 연안 해군으로 축소됨에 따라 더 이상 영국과 이권을 가지고 충돌할 가능성이 거의 소멸되었다.

V

한반도의 분단과 한국사회의 이념갈등(理念葛藤)

조선(朝鮮)의 망조(亡兆), 대한제국(大韓帝國)의
자멸(自滅), 대한민국(大韓民國)의 위기(危機)

Ruins of Joseon Dynasty, Self-destruction of the
Korean Empire, and 'Total Crisis' of Republic of
Korea: A Historical/Philosophical Analysis

한민족의 3대 근·현대사적 비극은 ① 국권피탈(1910.08), ② 국토분단(1945년), ③ 한국전쟁(1950.06.25~1953.07)이다. 그 원인은 2가지: ① 대내적으로는 당시 국내 위정자(爲政者)들의 무지(無知)·무능(無能)과 ② 대외적으로는 외세(外勢)의 농간(弄奸)이었다는 점으로 집약할 수 있다.

다시 말하면, 한민족의 상기 3대 비극은 한반도 주변 정세의 변화를 제대로 읽지 못한 채, 구한말(舊韓末) 시대에서는 친청(親淸)·친일(親日)·친(親)러로, 그 후 1945년 해방 직후에는 좌·우(左·右) 세력으로, 또한 친탁(親託)·반탁(反託) 세력으로 각각 분열하여 극심하게 대립·암투하였다가 한민족의 2대 비극인 국권 피탈(1910.08)과 한국전쟁(1950.06.25~1953.07)을 당하였다.[1]

최근 문재인(文在寅) 정권(2017.05~현재)하에서는 친문(親文)·반문(反文) 세력으로 분열 및 격돌하고 있는 가운데, 정치·경제·사법 체제가 근본적으로 무너지고 있다. 그야말로, 대한민국(大韓民國)의 운명이 백척간두(百尺竿頭)에 놓여 있는 형국이다. '대한제국(大韓帝國)의 자멸(自滅)'과 같이, 대한민국(大韓民國)은 이념(理念) 갈등(葛藤)으로 망국(亡國)의 길로 걷고 있다. 이것은 '조선(朝鮮)의 망조(亡兆)'와 유사하다.

---

1) 임양택(1995), 『비전없는 국민은 망한다: 21세기 통일한국을 위한 청사진』, 서울: 매일경제신문사, 9월; 임양택(2007), 『한국의 비전과 국가경영전략』, 파주: 나남출판사, 10월.

01 한반도 분단(1945)과 한국전쟁(1950~1953)

스페인 내전(1936~1939)이 계급·이념 갈등에서 시작된 동족상잔(同族相殘)의 내전(內戰)이었으며 50여개국이 가세한 국제전(國際戰)으로서 제2차 세계대전(1939~1945)의 전초전(前哨戰)이었던 반면에, 한국전쟁(韓國戰爭, 1950~1953) 역시 자유민주주의 대 공산주의의 이데올로기 전쟁과 동족상잔(同族相殘)의 내전(內戰)이었으며 50개 국가가 참전한 국제전쟁(國際戰爭)으로서 제2차 세계대전(1939~1945)의 '마무리 전쟁'이었다.[2]

1) 시대적 배경

제2차 세계대전(1939.09.01~1945.09.02)이 종결되자 이전의 유럽과 세계를 관통했던 다극체제(多極體制)는 사라졌고 미국과 소련을 중심으로 한 양극체제(兩極體制)가 나타났다. 한때 파시스트 제국에 맞서 함께 싸운 전우였지만 이념(Idealogy)과 체제의 근본적인 차이는 양자 간의 균열을 야기했다.

미·소(美·蘇)는 현상유지(Status quo)를 추구했기에 냉전(冷戰)이 발생했으며 이는 핵(核) 억지력으로 말미암아 더욱 강화되었다. 1949년에 소련이 핵실험에 성공하며 미국은 1차 공격력의 우위를 상실했고, 상호확증파괴의 두려움이 새로운 형태의 전선을 형성했다. 결국, 냉전(冷戰) 체제는 자본주의와 공산주의라는 이념(Idealogy)을 수단으로써 활용하고 있지만, 미·소(美·蘇)는 서로를 붕괴시키려 노력하기보다는 상대방의 진출을 억제하여 현상유지(現狀維持)하는 데에 주안점을 두었다. 즉, 미국과 소련은 서로를 간접적으로 견제하는 선으로 각자의 대외 전략을 제한시켰다.

미국은 소련과의 적대적 공존을 위한 '봉쇄(Containment)' 전략을 선택했었으며 그 결과

---

2) 이효재, 『분단시대의 사회학』, 한길사, 1985; 유완식·김태서, 『북한 30년사』, 현대경제일보사, 1985; 김남식, 『실록 남로당』, 신현실사, 1975; 고려대학교 아세아문제연구소, 『북한공산화과정연구』, 1972; 김양명(1981), 『한국전쟁사』, 일신사.

가 트루먼 독트린(Truman Doctrine)³⁾이었다. 미국 정부는 소련이나 그 동맹국에 곧장 전력을 투사하지 않고, 자유권 내의 동맹국에게 경제, 군사 원조를 해주어 간접적으로 압박했었다. 이러한 미국의 기조는 모스크바 주재 미국대사였던 조지 케넌(George F. Kennan)의 논문(Foreign Affairs, July 1947): '소련 행동의 원천(The Sources of Soviet Conduct)'에서 잘 드러나고 있다. 그는 여기서 미국이 "정당한 확신을 가지고 확고한 봉쇄(封鎖) 정책으로 나아가야 마땅하다"고 역설했었다.⁴⁾

따라서 1940년대 후반부터 미국과 소련이라는 양대 강국을 중심으로 한 새로운 체제가 냉전(冷戰)이라는 이름으로 전 세계를 잠식했었고, 한반도(韓半島)도 이러한 흐름을 피해갈 수는 없었다. 1945년 8월 15일, 일본 제국이 패망하면서 북위 38도선을 중심으로 북쪽은 소련이, 남쪽은 미군이 한반도에 진주했다. 결국, 한반도는 미·소(美·蘇) 체제 경쟁의 '진열대'였고 국가를 수립하는 과정에도 이처럼 두 거대 강국의 외교 전략이 반영되었다. 이 결과, 미·소(美·蘇) 체제 경쟁 즉 자유권과 공산권의 체제 경쟁은 한반도를 남·북한으로 나눴다.⁵⁾

상기한 시대적 상황에서, 1948년 5월 10일 총선거로 미군정의 감독 하에 남한(南韓)에서는 단독 정부가 수립되었고, 9월 9일에는 북한(北韓)에서 조선민주주의인민공화국 정부가 출범했다. 이어서, 상이한 이념(Idealogy)으로 구성된 데다가 한국전쟁(1950~1953)을 거치며 적대감마저 강화된 상태임에도 불구하고, 남·북한은 각각 권위주의 체제를 형성하고 제도화했다. 남한(南韓)의 경우, 1950년까지의 제1공화국은 자유민주주의 수호를 위한 적극적 반공(反共)이라는 입장에서 대외정책을 전개했다. 새로이 태어난 남한 정부는 국제

---

3) 트루먼 독트린(Truman Doctrine)은 1947년 3월 미국의 제33대 대통령(1945~1953) 해리 S. 트루먼 (Harry S. Truman, 1884~1972)이 의회에서 선언한 미국 외교정책에 관한 원칙으로서 그 내용은 공산주의 확대를 저지하기 위하여 자유와 독립의 유지에 노력하며, 소수의 정부지배를 거부하는 의사를 가진 세계 여러 나라에 대하여 군사적·경제적 원조를 제공한다는 것이었다. 따라서 당시 상기 원칙에 따라 그리스와 터키의 반공(反共) 정부에 미국이 군사적, 경제적으로 원조했다.

4) 조지 케넌(George F. Kennan)은 특히 제1차 세계대전(1914~1918)으로 끝을 맺는 19세기 중반 유럽 외교 관계에 관심을 두었다. 그에 따르면, 소련 대외 정책의 근원은 공산주의 이념(Idealogy)이 아니라 앞선 서구 문명에 대한 공포심과 열등감이었다. 그는 냉전(冷戰)이 제1차 세계대전(1914~1918)의 반복이며, 전제적인 지배를 공고히 다지려는 슬라브 민족주의에 기반한 러시아 반동 세력의 획책으로 인한 것이라고 주장했다. 제1차 세계대전(1914~1918)과 제2차 세계대전(1939~1945)을 거치면서 근대 서구 문명의 마지막 보루로 등극한 미국(美國)이 어떻게 여전히 과거에 머물고 있는 슬라브 전체주의 국가 소련을 제어할 것인가란 문제를 다루었다.

5) Kihl, Young(1984), 「Politics and Policies in Divided Korea: Regimes in Contest」, Whan Boulder: Westview Press.

적으로 지지 세력을 확보하고 정통성(正統性)을 인정받기 위하여 '승인외교'를 펼쳤었다. UN 총회는 1948년 12월 12일 결의안을 통해 대한민국을 "유엔한국임시위원회가 감시한 선거가 실시된 지역에서의 유일한 합법정부"라고 승인했다(United Nations General Assembly, 1947). 이는 최소한 남한 내에서라도 봉쇄 권역을 고수하려는 미국의 의지가 반영된 것으로 해석할 수 있다.

그러나 소련도 한반도를 극동의 안보 보루로 삼으려 했으며, 그 결과로 김일성(金日成) 의 북한 정부를 구성했으므로 상기한 UN 결의안(1948.12.12) 발표에 크게 개의치 않았다. 북한도 소련을 시작으로 중국·동구권 국가들을 상대로 수교를 맺으며 국가 승인에 주력 했다. 미국은 최소한 남한 내에서라도 봉쇄 권역을 고수하였다. 소련도 북한을 극동의 안 보 보루로 삼았다.

남·북한은 진영 논리에 입각해 서로를 인식했으며 반공(反共) 또는 반미(反美)의 이데 올로기가 사회 전체에 만연했다. 이러한 부정적인 인식과 적대감의 고조는 결국 한국전쟁 (1950~1953)으로 이어졌다. 1950년 4월 초, 모스크바는 김일성(金日成)의 '조선 통일 계획' 을 찬성했고, 중국도 지원을 약속했다. 그리고 6월 25일, 북한의 침공을 시작으로 한국전 쟁(1950~1953)이 발발했다. 1950년부터 휴전협정이 맺어지는 1953년까지 남·북한은 안보 를 중심으로 전시(戰時) 외교를 펼치며 공방전을 이어나갔다.[6]

한국전쟁(1950~1953)이후, 제33대 대통령(1945.04.12~1953) 해리 S. 트루먼(Harry S. Truman, 1884~1972)이 NSC-68을 승인하며 공격적인 정책이 펼쳐지기는 했었으나, 봉쇄(封鎖)라 는 기본 교리는 변함이 없었다. 즉, *"우리는 전쟁을 초래하지 않는 방법으로 일반적인 목 표를 달성하도록 노력해야 한다"*라는 조항을 분명히 명시해 소련과의 협상 가능성을 언 제나 전제하고 있었다. 이러한 미국의 전략은 기본적으로 소련이 지속적으로 세계 혁명을 위해 팽창하려 한다는 시각에서 출발했다.

소련도 미국과 마찬가지였다. 워싱턴 주재 소련대사인 니콜라이 노비코프(Nikolai Vasilevich Novikov)는 전쟁을 선호하는 미국 제국주의의 순환 구도가 향후 있을 새로운 전 쟁에서 세계 재패의 승리를 위해 준비하고 있다고 경고했다. 그러나 소련도 미국을 상대 로 가시적인 군사 행동을 보여주지는 않았다. 비록, 한국전쟁(1950~1953)에서 북한에게 군 수물자를 지원하기는 했지만 중국과는 달리 소련은 실질적으로 전쟁에 참전하지는 않았

---

6) 변형윤 외(1985), 『분단시대와 한국사회』, 까치; 전쟁기념사업회(1992), 『한국전쟁사: 제1권 요약통사』, 서울: 행림출판사; 허남성·이종판(2002), 『한국전쟁의 진실: 기원, 과정, 종결』, 서울: 국방대학교 안보 문제연구소; 라종일(1991), 『증언으로 본 한국전쟁』 서울: 예진; 박명림(1996), 『한국전쟁의 발발과 기 원 Ⅰ.Ⅱ』, 나남출판; 서동만 옮김(1995), 와다 하루끼 지음, 『한국전쟁』, 서울: 창작과비평사.

다. 소련이 완충 지대를 형성하기 위해 제3세계와 동구권으로 진출한 면이 있기는 하지만, 니키타 세르게예비치 흐루쇼프(Nikita Sergeyevich Khrushchev, 1894~1971; 1953~1964, 소비에트연방의 국가원수 겸 공산당 서기장)은 주로 자본주의 세력 내부의 모순을 이용함으로써 공산권의 이익을 증대시키려 했다. 즉, 소련과 미국은 서로를 간접적으로 견제하는 선으로 전략을 제한시켰다.

2) 애치슨 라인(Acheson line)

제2차 세계대전(1939.09.01~1945.09.02) 이후 미국은 핵무기와 막강한 공군력을 믿고 재래식 군사력을 대폭 감축하기로 결정했다. 병력 재배치를 위해 국방부가 각 지역의 전략적 가치를 평가했는데, 한국은 대상 국가 16곳 중 13위였다.

당시 미국 국무장관 딘 애치슨(Dean Gooderham Acheson, 1893~1971)은 1950년 1월 12일 백악관 인근 내셔널 프레스 클럽에서 다음과 같이 연설하였다: *"아시아에서 미국의 방어선은 알류샨 열도에서 일본을 지나 류큐(오키나와)를 거쳐 필리핀으로 그어진다".* 즉, 태평양지역에서의 미국의 방어선(防衛線)을 알류산 열도 - 일본 - 류큐슈 - 필리핀으로 설정하고 스탈린·마오쩌둥의 공산화 야욕에 맞선 미국의 필수 방어 지역에서 한국·대만을 제외하였다.

상기 방어선(防衛線) 밖의 안보에 대해서, 딘 애치슨(Dean Gooderham Acheson)은 *"공격을 받으면 최초 책임은 그 국민에게 있다. 그 다음은 유엔 헌장에 의거해 전(全) 문명 세계의 책임이 되는 것"*이라고 말했다. 다시 말하면, 상기 미국의 방어선(防衛線)에 포함된 지역의 군사적 안보는 미국이 보장하며 기타 다른 지역에 대해서는 군사적 안전보장을 약속할 수 없다고 말하고 그러한 지역의 군사적 안보의 제1차적인 책임은 당사국에 있고 제2차적으로는 유엔헌장 하에 있는 전(全)세계 문명국들의 공약에 의존할 수 있다는 것이다. 또한, 딘 애치슨(Dean Gooderham Acheson) 국무장관은 '기타 다른 지역'에서는 군사적 안전보장의 문제보다는 내부전복이나 간접침략에 대한 취약성이라는 문제가 더 시급하며 이러한 문제는 군사적 수단으로 해결될 수 없다고 말하였다.

결과적으로, 딘 애치슨(Dean Gooderham Acheson) 국무장관이 무책임하게 한국을 태평양지역에서의 미국의 방어선(防衛線)에서 제외시킴으로써 소련 - 북한으로 하여금 한국을 침략할 계기를 만들어주었다. 심지어, 좌파와 수정주의도 딘 애치슨(Dean Gooderham

Acheson) 국무장관은 북한을 유도하기 위해 고의로 남한을 미국의 방어선(防衛線)에서 제외하는 연설을 하였고 결국 이 유도에 북한이 말려들었다고 주장한다. 즉, '애치슨 라인(Acheson line)'은 김일성(金日成)으로 하여금 '미군의 불개입'을 확신하게 하는 근거가 됐다는 것이다.

미(美) 야당 의원들은 물론 '6·25 전쟁 영웅' 매튜 벙커 리지웨이(Matthew Bunker Ridgway, 1895~1993) 사령관도 딘 애치슨(Dean Gooderham Acheson) 국무장관에게 책임을 물었다. 1952년 대선 유세 때 드와이트 데이비드 아이젠하워(Dwight David Eisenhower, 1890~1969; 제34대 대통령: 1953~1961)가 딘 애치슨(Dean Gooderham Acheson)을 공개적으로 비판하였다. 이에 대하여, 딘 애치슨(Dean Gooderham Acheson)은 훗날 회고록에서 '한국 포기설'을 강하게 부인하며 억울함을 토로했었다. 그러나 '애치슨 라인(Acheson line)'을 공개적으로 천명한 것이 전략적 대실수(?)였다는 사실은 변하지 않는다.

실제로, 미국은 딘 애치슨(Dean Gooderham Acheson) 국무장관의 연설 2주 후 한국에 대한 방위 원조를 명문화한 조약을 체결했다. 또한, 김일성(金日成)은 '애치슨 라인'(Acheson line)'이 그어지기 오래 전부터 남침(南侵)을 결정했음이 소련 문건 등을 통해 드러났다. 한국 근·현대사 석학인 제임스 매트레이(James I. Matray) 교수(미국 캘리포니아 주립대)에 따르면 더글러스 맥아더(Douglas MacArthur, 1880~1964) 사령관은 1949년 한국에 머물던 미군을 일본으로 재배치하기 위해 '애치슨 라인(Acheson line)'과 똑같은 미국의 방어선(防衛線)을 이미 그었다고 주장한다(조선일보, 2019.08.28).

3) 한국전쟁(1950~1953)의 발발(勃發)[7]과 참상(慘狀)[8]

　1945년, 한국전쟁(1950~1953)이 발발하기 5년 전, 일본으로부터 해방을 맞은 한반도는 해방 직후 타의에 의해 남과 북으로 분단되었다. 미군과 소련군의 점령이 끝나고 한반도에는 대한민국과 조선민주주의인민공화국 정부가 수립되었다. 북한은 소련과 중국을 설득하여 한반도를 적화통일하려는 계획을 수립하고 준비를 해 나갔다.

　소련은 소련군이 한반도 38선 이북에 진주한 이래, 아시아 공산화를 목적으로 북한에 소련을 대리할 수 있는 공산 정권을 세우고, 한반도의 통일을 방해하면서 침략의 기회를 엿보아 왔다. 중국 공산당은 1949년 10월 01일 중국 국민당을 대륙에서 몰아내고 중화인민공화국을 수립하였다.

　이와 반면에, 미국은 주한미군이 철수를 완료(1949.06)하고, 미국의 극동방위선이 타이완의 동쪽 즉, 일본 오키나와와 필리핀을 연결하는 선이라고 선언(애치슨 선언, 1950.01)을 하는 등 대한민국에 대한 군사 원조를 최소화해 나갔다.

　한편, 김일성(金日成, Kim Il Sung, 1912~1994; 재임: 1972~1994)은 1948년 일단 북한에 사회주의체제를 수립한 후 그의 권력을 남한까지 확장하기 위해 혈안이 되어있었다. 그는 소련으로부터 무기를 구매하기 위해 1949년부터 비밀리 북한에서 금(金)·은(銀)·동(銅)·

---

7) 『한국전쟁과 노동당전략』(김점곤, 박영사, 1973):『한국동란시의 영·미관계』(나종일, Cambridge University, 1971);『한국전쟁사』(김양명, 일신사, 1981);『한국전쟁의 기원에 대하여』(김학준, 진덕규외, 『1950년대의 인식』, 한길사, 1981);『분단과 산업구조의 비교』(변형윤 외, 『분단시대와 한국사회』, 까치, 1985):『6·25사변의 국민경제적 귀결』(이대근, 『한국경제』10, 성균관대학교 한국산업연구소, 1982); 라종일 『증언으로 본 한국전쟁』(예진 1991; 전쟁기념사업회),『한국전쟁사: 제1권 요약통사』(서울: 행림출판사, 1992); 가브릴 코로트코프 지음, 어건주 옮김, 『스탈린과 김일성 I, II』(서울: 동아일보사, 1993); 김철범 『韓國戰爭』(평민사 1989); 하기와라 료 지음, 최태순 옮김, 『한국전쟁: 김일성과 스탈린의 음모』(서울: 한국논단, 1995); 박명림 『한국전쟁의 발발과 기원 I.II』, 나남출판, 1996; 국방군사연구소, 『한국전쟁피해통계집』(서울: 국방군사연구소, 1996); 국방부 군사편찬연구소 역/편, 『소련고문단장 라주바예프의 6·25전쟁 보고서 1-3권』(서울: 국방군사편찬연구소, 2001); 국방군사편찬연구소 편, 『(6·25전쟁 북한군) 전투명령』(서울: 국방군사편찬연구소, 2001); 김광수, "한국전쟁 개전 당시 북한군의 작전계획과 옹진전투", 『군사 제41호』(2000년 12월); 와다 하루끼 지음, 서동만 옮김, 『한국전쟁』(서울: 창작과비평사, 1995). 최태순 옮김, 『한국전쟁: 김일성과 스탈린의 음모』(서울: 한국논단, 1995).

8) 군사관학교 『韓國戰爭史』 세경사 1991; 국방부 『韓國戰爭史硏究』 국방부 1960; 김철범 『韓國戰爭』 평민사 1989; 라종일 『증언으로 본 한국전쟁』 예진 1991; 와다 하루끼 지음, 서동만 옮김, 『한국전쟁』(서울: 창작과비평사, 1995); 국방군사연구소, 『한국전쟁피해통계집』(서울: 국방군사연구소, 1996); 국방부 군사편찬연구소 역/편, 『소련고문단장 라주바예프의 6·25전쟁 보고서 1-3권』(서울: 국방군사편찬연구소, 2001); 전쟁기념사업회, 『한국전쟁사: 제1권 요약통사』(서울: 행림출판사, 1992); 허남성·이종판 역, 『한국전쟁의 진실: 기원, 과정, 종결』(서울: 국방대학교 안보문제연구소, 2002).

모나자이트 등 귀금속·희귀 광산물을 소련에 보냈다. 또한, 북한에서 귀한 쌀들이 무기 결제대금으로 소련에 보내졌다. 전쟁의 발발에는 그의 '무력통일' 열망이 크게 작용하였지만 실질적으로는 한반도에서 자유민주주의 체제를 붕괴시키고, 미국의 영향력을 완전히 배제하고, 나아가 일본·동남아를 적화(赤化)하려는 이오시프 스탈린(Iosif Stalin, 1879~1953)의 세계 적화 전략이 작동하고 있었다.[9]

요컨대, 한국전쟁(韓國戰爭)은 김일성(金日成)이 소비에트연방의 이오시프 스탈린(Iosif Stalin, 1879~1953)의 승인을 받고 소련과 중화인민공화국의 군사적 지원을 등에 업고 1950년 6월 25일 오전 4시 기습적으로 대한민국을 침공하여 발발한 전쟁이다.[10] 북한의 인민군은 무(無)방비 상태였던 중부지방과 호남지방을 삽시간에 휩쓸었다. 대한민국 정부와 국군은 3일 안에 수도 서울을 점령당하였다. 정부 주요인사들은 대전·대구·부산으로 피난을 가면서 부산을 임시 수도로 정하고 조선인민군은 낙동강 부근까지 진출했다.

조선인민군의 대공세에 유엔(UN)은 미국을 주축으로 바로 유엔안전보장이사회 결의 제82호를 의결하고 이 전쟁에서 한국을 원조하기로 결정하고 파병하였다. 그리하여 1950년 7월 7일 더글러스 맥아더(Douglas MacArthur, 1880~1964) 원수를 UN군 총사령관으로 하는 유엔군이 조직되었다. 유엔(UN)은 일본 도쿄에 본부를 세웠다. 연합군은 9월 15일 인천 상륙 작전(Battle of Incheon)을 시작으로 대대적인 반격을 개시하여 9월 27일에 서울을 탈환하고 10월 1일에는 38도선까지 점령해서 원점으로 돌아갔으며 10월 10일 평양에 이어 10월 26일에는 압록강 부근까지 진출하였다.

---

9) 어건주 옮김(1993), 가브릴 코로트코프 지음, 『스탈린과 김일성 I, II』, 서울: 동아일보사.

10) 국방부 군사편찬연구소 역/편(2001), 『소련고문단장 라주바예프의 6·25전쟁 보고서 1-3권』, 서울: 국방군사편찬연구소. 김일성(金日成, Kim Il Sung, 1912~1994; 재임: 1972~1994)은 이오시프 스탈린(Iosif Stalin, 1879~1953)에게 남침(南侵)을 48번이나 건의했었으나 이오시프 스탈린(Iosif Stalin)은 시기가 적절하지 않다고 판단하여 이를 거절했었다. 결국, 미군(美軍)이 한반도에서 철수한 시점에 김일성(金日成)은 이오시프 스탈린(Iosif Stalin)의 남침(南侵) 승인을 받았다. 상기 사실은 한국과 미국의 기록뿐만 아니라 공개된 구(舊)소련의 비밀문서를 통해 증명되었다: 소련공산당의 니키타 세르게예비치 흐루쇼프(Nikita Sergeyevich Khrushchev, 1894~1971) 전(前)서기장은 그의 회고록에서 한국전쟁(1950~1953)은 김일성(金日成, Kim Il Sung, 1912~1994)의 계획과 이오시프 스탈린(Iosif Stalin, 1879~1953)의 승인으로 시작되었다는 점을 밝혔다. 그럼에도 불구하고, 북한(北韓)은 50년 동안 변함없이 '국방군'의 '북침(北侵)'에 대한 인민군의 '반격'에 의해 한국전쟁(1950~1953)이 일어났다고 주장해왔다. 또한, 소위 '수정주의 학자들'은 남한(南韓)의 '북침(北侵)'에 의해 한국전쟁(1950~1953)이 일어났을 가능성이 있다는 주장을 펴왔다. 이러한 북한(北韓)과 수정주의 학자들의 주장은 전쟁 발발의 실상과 전쟁 책임자의 규명에 많은 혼란과 억측을 자아내었다. 오늘날 한국사회에는 한국전쟁(1950~1953) 발발의 실상에 대해 제대로 알지못한 채, 북한(北韓)과 수정주의 학자들의 설명을 신뢰하고 있는 사람들조차 있다.

그러나 1950년 11월 중순 중국인민해방군이 개입하여 전세가 다시 뒤집히게 되었다. 이로 인해 혜산진까지 진격하던 한국군은 1951년 1월 4일 서울을 빼앗기고 말았으나 1951년 3월 15일에 탈환하였다. 조선민주주의인민공화국은 중국인민지원군의 개입과 소련의 지원으로 멸망의 위기를 극복하였고 한국전쟁(韓國戰爭)은 국제전의 양상을 띠며 38도선 부근에서 장기화되었다. 1953년 7월 27일 휴전협정이 체결된 후 설정된 군사분계선을 경계로 현재까지 휴전상태가 이어지고 있다.

유엔군과 중국인민지원군 등이 참전하여 세계적인 대규모 전쟁으로 비화될 뻔 하였으나, 1953년 7월 27일 22시에 체결된 한국휴전협정에 따라 일단락되었다. 현재까지 서류상으로 휴전 상태로, 협정 체결 이후에도 남북 간에 크고 작은 군사적 분쟁이 계속하여 발생하고 있다.

제2차 세계대전(1939~1945) 이후, 공산·반공 양강 진영으로 대립하게 된 세계의 냉전적 갈등이 열전으로 폭발한 대표적 사례이다. 이는 국제연합군과 의료진을 비롯해 중화인민공화국과 소비에트연방까지 관여한 최대의 국제전(國際戰)이었다.

한국전쟁(1950~1953)을 거친 후, 한국과 미국간에는 피로써 맺은 혈맹관계가 수립되었다. 휴전 직후인 1953년 8월 한국과 미국은 '한미상호안전보장 조약'을 체결함으로써 공동방위를 위한 초석을 다졌다. 한·미(韓·美) 양국은 공산주의를 막기 위해 현재까지 50년이 지나도록 한미동맹 관계를 소중히 유지함으로써 공산화 혁명을 막는데 기여하였다. 자유를 바탕으로 번영의 길에 들어선 대한민국과 억압과 통제로 가난과 피폐의 나락에 떨어진 북한을 비교할 때, 나아가 소비에트 체제가 소련과 동구에서 1990년에 자체 붕괴한 역사적 사실들을 고려하면, 대한민국의 자유민주주의 체제를 수호한 1953년 한미동맹의 진가(眞價)가 오늘에 와서 더욱 빛난다.

한편, 한국전쟁(1950~1953)은 남·북한 뿐만 아니라 국제정치(國際政治)에 큰 영향을 미쳤다:

첫째, 미국이 정치적으로나 군사적으로 세계 최강대국의 지위를 굳혔다. 흔히, 제2차 세계대전(1939.09.01~1945.09.02)이 끝나면서 미국이 그 지위를 얻은 것으로 말하고 있으나, 사실 미국의 군사력은 한국전쟁(1950~1953) 기간에 두드러지게 증강되었다. 특히, 1950년 7월 한국전쟁(1950~1953) 중에 체결된 대전협정(大田協定)은 한국군에 대한 작전지휘권을 사실상 주한미군사령관에게 이양함으로써 한국군에 대한 미국의 통제를 강화하였다. 특히, 1953년 10월 한미상호방위조약의 체결로 미국과 군사동맹이 성립됨에 따라 대한민국 군부에 대한 미국의 지원은 체계화되었다.

둘째, 미국과 소련 사이의 냉전(冷戰)을 더욱 굳혔다. 미국은 특히 국무장관 존 포스터 덜레스(John Foster Dulles, 1888~1959; 국무 장관: 1953~1959)의 강력한 반공(反共)정책을 추구해 나갔고, 소련 역시 이에 강경히 대응하여 동·서 냉전(冷戰)이 사실상 구조화되었다.

셋째, 중화인민공화국의 국제적 지위가 강화되었다. 중공(中共)은 한국전쟁(1950~1953)에의 참전으로 유엔(UN)에 의해 '침략자'로 규정되었고, 유엔(UN)에서 중국 대표권은커녕 회원국 자격도 얻지 못하였으나, 적어도 아시아문제에 대해서는 중공(中共)의 발언권을 인정하여야 한다는 인식이 국제적으로 고조되었다.

넷째, 미국의 국내 분위기를 우경화(右傾化)시켰고, '반공(反共) 히스테리' 즉 '매카시 선풍'를 조성되었다. 극우 상원의원(공화당) 조지프 레이먼드 매카시(Joseph Raymond McCarthy, 1908~1957) 상원의원이 선봉이 되어 '용공분자(容共分子) 색출' 운동을 크게 벌여, 많은 진보주의 인사들이 정부와 학계를 비롯한 여러 지도적 자리에서 쫓겨났다.11) 대외적으로는 강경한 반공(反共) 정책을 취하게 만들었다. 그리하여 미국은 세계의 많은 보수정권과 상호방위조약을 맺었고, 여러 지역에서 반공적 집단안보기구를 만들어냈다. 대표적인 예가 동남아시아조약기구(SEATO)이다.

다섯째, 미국은 북베트남(월맹)이 소련과 중국의 부추김을 받아 '아시아 적화 음모'의 한 고리로 남베트남을 '침공'하고 있다는 인식 아래, 군사 개입을 확대하였다.

다른 현편으로, 소련 역시 군사력을 키워 나갔고 자신의 동맹관계를 강화해 나갔는데, 이것은 당시 소련 국민들 사이에 일어난 소비생활 개선에 대한 욕망을 억제하는 대신에 중공업정책을 추진하였다.

중공(中共)의 경우, 중공군의 참전은 모택동(毛澤東, 1893.12.26~1976.09.09) 체제를 강화하는 결과를 가져 왔다. 공산당에 반대하는 세력은 물론이거니와 중국공산당 안에서 모택동(毛澤東)의 지도력에 대항하던 세력도 억압당하는 계기가 마련되었다.

11) 매카시즘(McCarthyism)은 1950년부터 1954년까지 미국을 휩쓴 공산주의자 색출 열풍을 말한다. 옥스퍼드 영어 사전에서는 "1950년부터 1954년 사이에 일어난, 공산주의 혐의자들에 반대하는 떠들석한 반대 캠페인으로, 대부분의 경우 공산주의자와 관련이 없었지만, 많은 사람들이 블랙리스트에 오르거나 직업을 잃었다"고 정의하고 있다. 조지프 레이먼드 매카시(Joseph Raymond McCarthy, 1908~1957)는 미국의 정치가이다. 위스콘신 주(州)의 연방 상원의원을 지냈다. 그는 매카시즘(McCarthyism)으로 알려진 미국 역사상 유례가 없는 극단적인 반공 활동과 공산주의 색채를 의심받은 미국 유명 인사에 대한 청문, 고소 및 추방으로 알려져 있다. 조지프 레이먼드 매카시(Joseph Raymond McCarthy)는 반공 선동 정치로 큰 인기를 끌었으며 미국 내의 소련 간첩을 잡는데 역할을 하였다. 하지만 그의 인기로 인한 매카시즘 때문에 선량한 사람들이 희생되기도 했다. 예로서 배우 찰리 채플린은 공산주의자로 몰려 미국에서 쫓겨났고 극작가 아서 밀러는 불려가 조사를 받았다. 그 밖에도 수많은 공직자들이 집업을 잃는 상황이 펼쳐졌다.

일본의 경우, 한국전쟁(1950~1953)은 패전국인 일본의 경제부흥과 보수체제의 안정에 크게 이바지함으로써 일본이 강대국으로 자랄 수 있는 계기를 갖게 되었다.

다음으로, 한민족에 미친 한국전쟁(1950~1953)의 영향은 다음과 같다: 인적·물적·정신적 모든 면에서 그 재해는 엄청나게 컸다.[12] 먼저 인적(人的) 손실을 살펴보기로 한다. 대한민국(大韓民國) 국군의 손실(사망·부상·실종)을 유엔군 쪽에서는 25만7,000여 명으로, 공산군 쪽에서는 58만6,000여 명으로 각각 발표하였다. 이에 비하여, 일본의 『통일조선신문』은 98만 8403명으로 추정하였다. 『북한30년사』에 따르면, 대한민국 국군은 전사 14만 7,000여 명, 부상 70만9,000여 명, 그리고 실종 13만1,000여 명을 내 전체 손실이 98만 7,000여 명에 이르렀다(이 숫자는 『통일조선신문』의 98만8,000여 명에 가깝다).

한편, 대한민국(大韓民國)의 민간인 피해를 보면, 『북한30년사』는 피학살자 12만8,936 명, 사망자 24만4,663명, 부상자 22만9,625명, 피랍자 8만4,532명, 행방불명 33만312명, 의용군 강제징집자 40만여 명, 경찰관 손실 1만6,816명 등 140여만 명으로 추계했다(이 숫자는 『통일조선신문』의 99만여 명보다 40여만 명이 많다. 『통일조선신문』의 합계에는 의용군 강제징집자와 경찰관 손실이 빠져 있다). 이로써 『북한30년사』의 자료에 따르면, 대한민국의 인적 손실은 모두 230만여 명에 이른다(『통일조선신문』의 자료에 따르면, 약 198만 명이다).

이와 반면에, 『북한30년사』에는 북한군은 52만여 명이 사망하고 40만 6,000여 명이 부상했으며, 민간인 손실은 200만여 명에 이른다고 되어 있다. 이것을 합치면 북한의 인적 손실은 292만여 명인 것으로 추정된다(『통일조선신문』은 북한군의 인적 손실을 61만1,206명, 민간인의 인적 손실을 268만 명으로 보도하였다. 이것을 합치면, 북한의 인적(人的) 손실은 약 329만 명으로 나타난다).

한편, 유엔군은 약 15만 명의 인명 손실을 내었다. 『북한30년사』는 전사 3만5,000여 명, 부상 11만5,000여 명, 실종 1,500여 명으로 파악하였고, 『통일조선신문』은 전사 3만 6813명, 부상 11만4816명, 실종 6,198명, 합계 15만7,827명으로 보도하였다.

중공군의 인적 손실에 대하여, 『북한30년사』는 약 90만 명으로 보았다. 『통일조선신문』은 전사 18만 4128명, 부상 71만 5872명, 실종 2만 1836명, 합계 92만 1836명으로 보도하였다.

상기한 통계자료들을 종합할 때, 남·북한을 합친 한국인의 인명 손실은 무려 520만 명선이다. 참으로 엄청난 인적(人的) 손실이 아닐 수 없다. 이 점은 한국전쟁(1950~1953) 당시 유엔군 초대 사령관인 더글러스 맥아더(Douglas MacArthur, 1880~1964) 장군의 증언

---

12) 국방군사연구소(1996), 『한국전쟁피해통계집』, 서울: 국방군사연구소; 이대근(1982), "6·25사변의 국민경제적 귀결", 『한국경제』10, 성균관대학교 한국산업연구소.

에서도 잘 나타나 있다. 그는 1951년의 의회 청문회에서 "평생을 전쟁 속에서 보낸 본관과 같은 군인에게조차 이러한 비참함은 처음이어서 무수한 시체를 보았을 때 구토하고 말았다"고 고백하였다.

여기서 인적 손실과 함께 지적해야 할 점은 방대한 규모의 이산가족의 발생이다. 이산가족의 수를 정확히 밝히기는 어렵다. 일반적으로 1,000만 명 규모인 것으로 말한다. 인적 손실에 못지않게 중요한 것은 물적(物的) 손실이다. 이에 관해서도 정확한 통계가 있는 것은 아니나, 한반도 전체를 통하여 학교·교회·사찰·병원 및 민가를 비롯하여 공장·도로·교량 등이 무수히 파괴되었다. 한마디로 말해서 남·북한 모두의 사회 및 경제 기반이 철저하게 파괴되었다.

우선, 북한(北韓)의 경우, 한국전쟁(1950~1953)의 피해는 북한에서 더 컸다. 왜냐하면 유엔군의 화력이 훨씬 더 강하였고, 특히 중공군의 참전 이후, 그리고 휴전협상의 막바지에서 공중에서 집중적으로 파괴했었기 때문이었다. 1949년 수준에 대비할 때, 광업생산력의 80%와 공업생산력의 60% 및 농업생산력의 78%가 감소했다. 금속제품·전기제품·건설재·어업 부문에서는 생산이 60~90%로 떨어졌다. 선철·구리·알루미늄·알칼리 화학비료 부문에서는 생산의 감소가 그것보다 훨씬 더 심하였다. 90만6,500에이커의 농지가 손상되었으며, 60만 채의 민가와 5,000개의 학교 및 1,000개의 병원이 파괴되었다.

상기와 같이, 한국전쟁(1950~1953)은 북한(北韓)의 경제를 철저히 파괴하였다. 따라서 휴전과 더불어 북한이 추구한 1차 과제는 경제복구였다. 여기서 북한(北韓)은 3단계를 설정하였다: 첫 번째 단계가 전반적 경제복구의 준비단계였다. 6개월 내지 1년 동안에 경제를 복구하기 위한 준비에 들어갔다. 두 번째 단계가 3개년 계획이었다. 이 계획에 따라 경제 각 분야에 걸쳐 전쟁 이전의 수준이 회복되었다. 세 번째 단계가 5개년 계획이었다. 이 계획은 예정기간보다 빨리 성취되었는데, 이로 인해 공업화의 기초가 마련되었다. 이러한 경제 복구작업은 대체로 북한주민의 노력동원으로 추진되었다. 그것은 소련이 5개년 계획안을 지지하지 않았을 뿐만 아니라, 소련과 동구 및 중공의 경제적 지원이 낮았기 때문이다. 1959년 3월부터 시작된 '천리마 운동'은 그러한 노력동원이 더욱더 조직화된 것인데, 이러한 노력동원을 통하여 북한은 점점 '동원체제'로 굳어져 갔다.

또한, 한국전쟁(1950~1953)은 북한(北韓)의 대외관계에도 많은 영향을 미쳤다. 김일성(金日成, Kim Il Sung, 1912~1994; 재임: 1972~1994) 정권의 출발은 원래 소련이 만든 '위성국가'이며, 또 소련의 강력한 통제 아래 있었다. 그러나 한국전쟁(1950~1953) 기간에 소련은 북한을 크게 지원하지 않았다. 이로 인해 김일성(金日成)은 소련에 대해 깊은 불신감을 가지게 되었다. 소련(蘇聯)에 비하여 중공(中共)의 지원은 적극적이었다. 1950년 10월 북한 정권이 붕괴 위기에 직면하였을 때 구출에 나선 쪽은 소련(蘇聯)이 아니라 중공(中共)이었다. 따라서, 북한(北韓)은 점차 중공(中共)과도 우의를 두텁게 하였고, 이로써 북한의 대외 관계에는 많은 변화가 일어나게 되었다.

한국전쟁(1950~1953)은 북한(北韓) 주민들 사이에 반미주의(反美主義)를 굳게 자리잡게 하였다. 김일성(金日成)은 이것을 더욱 조장하였다. 그는 '미제국주의의 재침' 위험성을 강조하면서 '미(美)제국주의와의 투쟁'을 혁명의 제1의로 삼고, 자신을 '미(美)제국주의와의 투쟁'의 선봉장으로 상징 조작하였다. 이러한 상징조작은 김일성(金日成)의 독재체제를 정당화하는 중요한 도구가 되었다. 이를 바탕으로, 김일성(金日成, Kim Il Sung, 1912~1994; 재임: 1972~1994)은 대대적 숙청을 감행하였었다.[13]

한편, 남한(南韓)의 경우, 한국전쟁(1950~1953)은 한국경제에 엄청난 타격을 주었다. 휴전 직후 집을 잃고 거리에서 방황하는 전재민의 수가 200만여 명에 이르렀고, 굶주림에 직면한 인구가 전체인구의 20~25%나 되었다. 한국전쟁(1950~1953)은 하나의 '민족 대이동'을 야기했다. 한국전쟁(1950~1953) 동안에만 약 29만 명이 월북하였거나 납북되었으며, 약 45~65만 명이 월남한 것으로 추정된다. 이러한 인구이동은 이 시기에 도시인구의 증

---

13) 한국전쟁(1950~1953) 직전, 북한의 권력구조 안에는 4개의 정치적 파벌이 공존하였다: 국내파·연안파 (친중공파)·소련파(소련에 이주하였던 한인 2세)·갑산파(김일성을 중심으로 한 세력) 등이 그것이다. 1950년 12월 김일성은 우선 연안파의 군사 지도자인 무정(武亭)을 숙청하였다. 중공군의 개입으로 말미암아 연안파가 고무되지 않을까 하는 두려움을 가지고 있던 김일성(金日成)은 평양실함의 책임을 씌워 무정을 숙청한 것으로 보인다. 그러나 이보다 더 큰 규모의 숙청은 휴전 직후에 이루어졌다. 3년 동안 계속된 한국전쟁(1950~1953)이 중단되고 휴전이 성립된 것에 대한 책임을 져야 할 '속죄양'으로 김일성 (金日成)은 국내파 곧, 남로당계열을 지목한 것이다. 여기에서 남로당계열은 1946~1948년에 월북한 남 로당 간부와 당원을 말한다. 휴전 직후인 1953년 8월 3일 북한당국은 박헌영(朴憲永)을 비롯한 12명의 남로당원들이 '미제국주의 고용 간첩'으로 '미(美)제국주의와 결탁' 아래 북한정권을 전복하려는 쿠데 타를 계획하였다고 발표하였다. 이들은 모두 중형에 처해졌다. 부수상 겸 외상이었던 박헌영(朴憲永)은 물론, 북한노동당 비서이며 인민검열위원장인 이승엽(李承燁)과 문화선전성 부상 조일명(趙一明) 등 10 명이 사형선고를 받았고, 2명이 10년 이상의 징역형을 선고받았다. 이러한 남로당계 수뇌급 외에 수많은 월북 남로당원들이 처단되거나 숙청되었다. 남로당계열의 숙청과 함께 남로당계 이외의 고위층 인사도 박헌영(朴憲永)의 반당(反黨) 행위와 관련이 있다는 이유로 적지않게 숙청되었다. 그 대표적인 보기가 소련파 허가이(許哥而)이다. 그는 소련공산당 당적을 가진 채 북한에 들어와 북한 노동당의 창당에 크게 이바지한 실력자였으며 박헌영(朴憲永)과도 가까워 김일성(金日成)에게 위협적인 존재였다. 이러한 그를 김일성(金日成)은 박헌영(朴憲永)과 연관시켜 탄압하자 그는 자살하고 말았다. 김일성(金日成)의 반대파 숙청은 여기서 끝나지 않았다. 1956년에는 연안파와 일부 소련파가 '기회주의 세력'으로 단죄되었다. 연안파의 수령으로 북한의 '국가원수'직에 있던 김두봉(金枓奉)도 이때 숙청되었다. 그리하여 1958년 초까지 김일성(金日成)의 유일독재체제가 확립되었다.

가에 영향을 미쳤다. 이처럼 도시집중이 이루어짐으로써 1950년대 중반과 후반의 실업률은 심각할 정도로 높았다. 1960년 현재 완전실업률은 8.2%이며, 잠재실업률은 26.0%로서 이 둘을 합치면 34.2%에 이르렀다.

1949년 1년의 국민총생산에 맞먹는 재산상의 피해가 발생하였으며, 농업생산은 27%가 감소했고, 국민총생산은 14%가 감소되었다. 약 900개의 공장이 파괴되었고, 제재소와 제지공장 및 금속공장을 비롯한 작은 생산소들은 거의 전부가 파괴되었다. 약 60만 채의 가옥이 파괴되었고, 특히 교통 및 체신 시설이 막대한 손해를 입었다.

산업생산시설이 파괴되었고, 일반 주거용 주택은 약 60만 호가 파괴되었으며, 철도는 전체시설의 약 47%가 손해를 입었다. 철도를 비롯한 도로와 교량 등의 사회간접자본의 훼손도 매우 컸다. 제조업의 경우에는, 경인공업지대와 삼척공업지대가 결정적인 손해를 입었고, 방직공업을 비롯하여 조선·기계 공업과 인쇄·출판업은 물론 피혁과 제지의 화학공업 부문도 큰 손해를 입었다. 1951년 말 현재 정부의 조사로는, 공업 부문의 전쟁피해는 건물이 44%, 공장시설이 42%의 원상 피해율을 나타내었다. 광업의 피해도 컸다. 1951년 8월 말 현재 남한의 전체 전쟁피해액의 23.3%를 광업 부문이 차지하였다. 전력 부문을 보면, 총 발전시설의 약 80%가 손상되었다. 이들 광공업 및 전력 이외의 다른 산업 부문, 예컨대 농업이나 기타 3차산업의 피해도 컸다.

이러한 상황에서 이승만(李承晚) 대통령은 미국의 경제원조와 그리고 미국 주도 아래 이루어진 유엔의 경제원조를 바탕으로 전후 경제를 복구해 나갔다. 사실, 미국의 원조는 1950년대 대한민국의 산업생산 활동뿐만 아니라 국민경제생활을 전반적으로 규정짓는 가장 중요한 요인이 되었다. 구체적으로, 1953~1961년 사이에 미국이 총 22억8,000만 달러의 막대한 원조를 해 주었다. 그러나 미국 원조의 내용이나 규모는 전적으로 미국측에 의하여 결정되었다. 그런데 1954~1961년 사이에 총투자율이 연평균 12.0%였으나 그 가운데 국내 저축률은 연평균 3.7%에 지나지 않았고, 대부분의 투자는 미국 원조로 이루어졌기 때문에 원조의 내용은 곧 한국 산업구조의 변화를 결정하였다.

미국의 원조는 우선 원자재로서의 소비재와 양곡이 주종을 이루었다. 미국의 원자재 원조를 세분하면, 대개 철도차량 도입을 중심으로 한 교통 부문과 기타 교육 및 후생 부문에 대한 도입에 치중되었다. 즉, 제조업에 대한 시설재의 도입은 매우 적었음을 의미한다. 수원국(受援國)의 경제적 요구나 필요와는 관계 없이 이루어진 미국의 경제원조를 바탕으로, 소비재 경공업을 뼈대로 하는 공업화가 추진됨에 따라 공업의 대외의존적 성장과 농업의 정체현상이 자라나게 되었다.

다른 한편으로, 한국전쟁(1950~1953)의 한국내 정치적 영향은 다음과 같다: 우선 반공적(反共的) 국가질서를 강화했다. 잠시 회고해보면, 1945년 8월 15일 광복(光復) 직후 남한에는 좌·우익 투쟁이 격심하였다. 그러나 좌파가 패배하고 우파가 중심이 되어 남한 단독 정부 수립을 준비해 나갔다. 이 시점에서 우파의 중요한 일부가 민족주의의 이념 아래 통일정부를 수립할 것을 강조하면서 좌우합작과 남북협상을 추진하였으나 좌절되었다. 그리하여 그들은 단독정부 수립에 참여하지 않았다. 이러한 과정을 거쳐 대한민국이 수립되었으나, 좌파와 중간파의 반발은 상존하고 있었다. 이 점은 1950년 5월에 실시된 제2대 국회의원선거에서도 나타나, 대한민국 수립을 추진한 세력이 퇴조하고 반면에 남북협상파를 비롯한 중도파가 두드러지게 진출하였다. 이승만(李承晚, 1875~1965) 대통령(제1·2·3대)에 대한 비판도 높아지고 있었다.

상기한 국내 정치적 기류에 한국전쟁(1950~1953)은 쐐기를 박았다. 우선, 북한(北韓)의 남침(南侵) 자체가 남북협상파와 중간파에 대한 국민의 믿음을 떨어뜨렸다. 한국전쟁(1950~1953)은 '적이냐 동지냐'의 양분법적 사고방식을 강하게 조장했으며, 따라서 중간노선이나 협상노선은 배척당했다. 민주사회주의(民主社會主義)와 같은 온건한 사회주의 이념조차 공산주의(共産主義)와 동일시되거나 용공시되었다. 게다가 중간노선과 협상노선을 추구한 지도자들이 대부분 월북(越北)하였거나 납북(拉北)되었다. 예로서 김규식(金奎植)·조소앙(趙素昻)·안재홍(安在鴻)·원세훈(元世勳)·김약수(金若水) 같은 정치인들을 들 수 있다. 따라서 중간노선 또는 협상노선이 정치세력으로 결집되기가 어려워졌다.

이러한 상황은 결국 반공적(反共的) 정치질서를 고착화했다. 여기서 반공(反共)은 사실상 대한민국의 대의명분인 자유민주주의(自由民主主義)를 대체했었다. 반공(反共)의 이름 아래 오히려 권위주의(權威主義)가 합리화되는 경향이 지배하였다. 이러한 분위기를 가장 효과적으로 활용한 정치인은 이승만(李承晚, 1875~1965) 대통령(제1·2·3대)이었다. 그럼에도 불구하고, 1950년대 중반 진보당(進步黨)의 등장하였으며, 진보당(進步黨) 당수 조봉암(曺奉岩, 1899~1959)이 제3대 대통령선거에서 200만 표를 득표한 사실은 갖은 탄압과 조작에도 불구하고 당시 혁신세력에 대한 민중의 열렬한 지지를 말해 준다.

02 이념(Idealogy)의 잔혹상(殘酷相)[14]

본 연구는 이념(Idealogy)의 잔혹상(殘酷相)을 논술할 사례로서 전술한 한국전쟁 (1950~1953) 및 50개국의 국제전 외에 3가지: (1) 이오시프 스탈린(Iosif Stalin, 1879~1953), (2) 공화주의자와 파시스트의 스페인 내전(1936~1939) 및 50개국의 국제전, (3) 중국의 대약진운동(大躍進運動, 1958~1961)과 문화대혁명(文化大革命, 1966~1976)을 들고자 한다.

1) 이오시프 스탈린(Iosif Stalin, 1879~1953)

초기 민족주의에 고무되어 있었던 러시아 민중은 니콜라이 2세를 지지하며 독일제국과의 전쟁에 참여했다. 그러나 독일제국은 예상 외로 강력했으며 탄넨베르크 전투에서 12만5천 명의 러시아군이 전사하여 패퇴하였으며 1915년 초여름 러시아령 폴란드의 수도 바르샤바가 함락, 벨로루시와 발트해 연안까지 독일군이 진주하는 등 오히려 러시아가 열세에 놓이는 상황에 이르렀다. 특히, 제정(帝政) 러시아가 모든 물자와 병력을 몰빵하여 준비한 브루실로프 공세까지 매우 좋지 않은 결과로 종결되자 러시아에선 차츰 혁명적 분위기가 조성되기 시작하였다.

1916년 말까지 러시아는 900만의 병력을 투입했지만 무려 500만의 병사가 죽거나 부상당했다. 게다가 경제상황이 좋지 않았을 때 전쟁에 참여했던지라 막대한 전비를 감당하지 못했다. 그래서 러시아 정부는 전비의 충당을 위해 막대한 양의 루블을 찍어내었는데 이로 인해 화폐가치가 하락했으며 물가가 하늘 높은 줄 모르고 치솟게 되었다. 특히, 빵을 비롯한 생필품의 물가는 엄청나게 치솟았다.

블라디미르 티호노프(Vladimir Tikhonov, 1973~현재)는 그의 저서 『러시아 혁명사』(2017년)에서 다음과 같이 주장한다: 이오시프 스탈린(Iosif Stalin, 1879~1953) 체제가 그나마 제정(帝政) 러시아보다 나았다. 이오시프 스탈린(Iosif Stalin, 1879~1953) 시절 70만 명에 가까운 사람들이 정치적인 이유로 총살되었다. 게다가 제2차 세계대전(1939~1945) 당시 사람

---

14) 한편, 이념(Idealogy)의 허구성(虛構性)에 관한 논술은 『정의로운 국가와 행복한 사회'를 위한 신(新)실용주의(實用主義) 철학과 정책』(도서출판: 박영사, 2021)

들이 또한 엄청나게 죽었다. 이렇게 많은 사람들이 살육당했음에도 이오시프 스탈린(Iosif Stalin, 1879~1953)이 심장마비로 사망할 때까지 전복(顚覆)이 되지 않은 이유는 오히려 제정(帝政) 러시아의 시대가 이오시프 스탈린(Iosif Stalin, 1879~1953) 시대보다 더한 잔혹함 때문이었다고 한다.[15]

'농업 집산화'의 과정에서 농촌 노동력이 도시로 빠져나가고, 공동 생산과 배급제의 여파로 생산력이 크게 하락했다. 여기에 흉작(凶作)까지 겹치며 3,000만 명 이상이 굶어 죽는 참사가 일어났다. 상기한 '농업 집산화'의 참상은 이오시프 스탈린(Iosif Stalin, 1879~1953)이 1928년 회의록: 『곡물 조달 및 농업 발전 전망』에 의거하여 1928년에 경제계획이 단행되면서 콜호스(kolkhoz)라는 집단농장 관리 체계가 도입한 결과, 홀로도모르(Holodomor, 1932~1933, 소련의 자치 공화국인 우크라이나 소비에트 사회주의 공화국에서 발생한 대기근으로 250만 명에서 350만 명 사이의 사망자가 발생된 것으로 추정)가 발생하였던 것과 같다.

2) 공화주의자 vs 파시스트의 스페인 내전(1936~1939)

스페인 화가 파블로 피카소(Pablo Ruiz Picasso, 1881~1973)[16]의 대표작 '게르니카'는 스

---

15) 제정(帝政) 러시아는 독일 제국과의 전쟁에서 1916년 말까지 900만의 병력을 투입했지만 무려 500만의 병사가 죽거나 부상당했다. 게다가 경제상황이 좋지 않았을 때 전쟁에 참여했던지라 막대한 전비를 감당하지 못했다. 따라서 러시아 정부는 전비의 충당을 위해 막대한 양의 루블을 찍어내었는데 이로 인해 화폐가치가 하락했으며 물가가 하늘 높은 줄 모르고 치솟게 되었다. 특히, 빵을 비롯한 생필품의 물가는 엄청나게 치솟았다. 결정적으로 제정 러시아가 모든 물자와 병력을 몰빵하여 준비한 브루실로프 공세까지 매우 좋지 않은 결과로 종결되자 러시아에선 차츰 혁명적 분위기가 조성되기 시작하였다.

16) 스페인 화가 파블로 피카소(Pablo Ruiz Picasso, 1881~1973)는 스페인 말라가에서 출생하였고 주로 프랑스에서 미술활동을 한 20세기의 대표적 큐비즘 작가로 널리 알려져 있으며, 대표작으로 『아비뇽의 처녀들』, 『게르니카』 등이 있다. 그는 1만3,500여 점의 그림과 700여 점의 조각품을 창작했다. 그의 작품 수를 전부 합치면 3만여 점이 된다. 그는 미술 활동을 통하여 사회적 문제를 알렸다. 대표적으로 스페인 내전에서 게르니카 민간인들이 나치 독일 공군의 폭력으로 학살당한 게르니카 학살사건(1938년)을 고발한 『게르니카』가 있다. 1904년 그는 이른바 '장밋빛 시대'를 맞는다. 이 시기의 작품들 역시 피카소가 파리에 머물 때 그려졌지만, 오늘날 그것들은 그의 초기 작품들과는 달리 스페인 화풍이 아니라 프랑스 화풍에 가까운 것으로 평가되고 있다. 이 2년의 기간 동안 그는 전과는 달리 붉은 색과 분홍 색을 많이 사용했다. 이러한 변화가 일어난 것은 그가 많은 그림들의 주제로 삼았던 페르낭드 올리비에와의 로맨스 때문이라는 의견이 지배적이다. 그는 주로 프랑스에서 활동하였지만, 프랑스 정부에서 사회주의자로 분류되어 프랑스 시민권을 갖지는 못했다. 그는 이오시프 스탈린(Iosif Stalin, 1879~1953)을 익살스럽게 그린 그림이 스탈린에 대한 조롱으로 해석되어 1957년에 제명되기까지 프랑스 공산당원으로 활동한 사

페인 내전(1936~1939)의 참상을 통해 반전(反戰)의 메시지를 담아낸 그림이다.[17] 이 그림은 이후 세계 곳곳에서 전시되면서 스페인 내전(1936~1939)에 대한 세계적인 관심을 불러일으켰다.

프랑스의 저널리스트·철학자인 알베르 카뮈(Albert Camus, 1913~1960)는 다음과 같이 술회했다: *"정의도 패배할 수 있고, 무력이 정신을 굴복시킬 수 있으며, 용기를 내도 용기에 대한 급부가 전혀 없을 수도 있다는 것을 배웠다. 바로 스페인에서!"*. 또한, 클러드 바워(Claude Bower) 미국 대사(大使)는 스페인 내전(1936~1939)을 두고 제2차 세계대전(1939.09.01~1945.09.02)의 '전초전'을 보는 것 같다고 말했다.

스페인 내전(1936~1939)은 전 세계 역사가, 작가, 시인, 영화 제작자들의 주목을 받았다. 1975년 프랑코가 사망하기 전까지 기록된 역사는 프란시스코 프랑코(Francisco Franco, 1892~1975) 정권이 기록한 '반군(反軍) 합리화' 이야기와 영국과 북미의 역사가들이 집필한 것이 유일했다. 그러나 오늘날 스페인 역사학자들은 스스로의 역사를 다시 구성하면서 스페인 내전(1936~1939)을 재평가하고 있다.

스페인 내전(1936~1939)은 한국전쟁(1950~1953)과 함께 20세기에 가장 중요한 사건 중 하나였다. 이데올로기(Idealogy)가 무력을 써서 서로 충돌했으며, 한 나라를 갈갈이 찢어놓은 잔혹한 상쟁(相爭)이었다. 내전 자체는 1936년 7월에 시작되었지만 갈등의 원인은 오래전부터 곪아가고 있었다.

회고하면, '무적함대(Armada)'는 스페인의 전성기를 상징하던 단어였다. 16세기 스페인제국의 황제 펠리페 2세는 크리스토퍼 콜럼버스(Christopher Columbus, 1450~1506)를 시켜신대륙을 발견하면서 무적함대의 전성기가 시작되었다. 그 후, 스페인제국은 멕시코와 페루를 시작으로 남아메리카 대륙을 정복해 거대 식민지를 건설했다. 그 후 에스파냐 왕국은 카스티야 지방을 중심으로 점점 커져나갔다. 카스티야 중심의 정권은 자연스레 주변 지방들의 불만을 불러일으켰다. 가장 먼저 반응한 지역은 카탈루냐였다. 카탈루냐 지방은

회주의자였으며, 한국전쟁에서 벌어진 미국의 잔학행위(囲 미군이 충청북도 영동군 노근리에서 한국인들을 전투기와 기관총으로 학살한 노근리 학살)에 대해서 비판하였다. 1951년 그는 '한국의 학살'(Massacre in Korea)을 발표하였고, 유엔과 미국의 한국전쟁의 개입을 반대하였다. 파블로 피카소(Pablo Ruiz Picasso, 1881~1973)는 1973년 92세의 나이로 세상을 떠났다.

17) 스페인 내전(1936~1939)이 한창이던 1937년 파블로 피카소(Pablo Picasso)는 파리 만국 박람회의 스페인 관에 전시될 작품을 의뢰받았다. 그는 스페인 북부 바스크 지방의 도시 게르니카가 독일 나치의 폭격으로 파괴되고 1,500명에 달하는 민간인이 학살당했다는 소식을 듣고 전쟁의 참상과 나치의 잔혹성을 알리기 위해 '게르니카'라는 제목의 그림을 그리기로 결심했다. 349×775㎝ 크기의 거대한 벽화에는 괴로워하는 사람들과 상처입은 동물들이 묘사되어 있다.

포르투갈의 독립에 자극을 받아 1640년 독립 전쟁을 일으켰다. 카탈루냐에 이어 안달루시아, 나폴리, 아라곤 등 지방의 지속적인 반란이 일어났고, 스페인은 반란 진압에 총력을 기울여야 했다. 이것이 17~18세기의 스페인 지역의 주된 흐름이었다.

이어서 프랑스에 나폴레옹 보나파르트(Napoleone Bonaparte, 1769~1821; 1804~1814, 1815년까지 프랑스 제1제국의 황제)가 등장해 전 유럽을 휩쓸고 프랑스의 강세가 이어지고, 스페인제국의 식민지였던 멕시코가 미국의 비호로 독립을 이뤄내며 스페인은 강대국의 반열에서 완전히 추락하였다.

제1차 세계대전(1914.07.28~1918.11.11) 이후 스페인은 우파와 좌파의 대립이 첨예화되어가던 중, 카탈루냐와 바스크 등의 독립 움직임도 더해져 정치적 혼란이 이어졌다. 심지어, 모로코의 독립운동도 제어하지 못할 정도로 쇠퇴했다.

스페인은 20세기 초까지도 왕(王)이 다스리는 국가였다. 당시 스페인 왕정의 무능과 정치적 부패 등으로 정세가 혼란해져 있었다. 또한, 교회세력·귀족·군부가 부(富)와 토지를 독점하고 있어 빈부 격차가 극심했었다. 설상가상으로, 세계 대공황(1929~1939)으로 국민들의 삶은 힘들어져 갔으며, 계급간 대립이 심화하자 극단적인 무정부주의나 파시즘을 따르는 사람이 많아짐에 따라 사회는 더욱 더 불안해지고 있었다.

스페인 제1공화정부터 1929년 세계 대공황 시점까지 무려 40여차례의 쿠데타와 60여차례의 정치적 위기가 있었다. 특히 군부는 심심하면 쿠데타를 일으켰다. 그러다 1929년, 미겔 프리모 데 리베라(Miguel Primo de Rivera, 1903~1936, 알폰소 13세 때 총리대신, 스페인 제2공화국에 의해 처형당했다) 장군이 사회가 혼란하다는 이유로 쿠데타를 일으켰고 알폰소 13세는 상기 쿠데타로 집권한 리베라 장군을 승인했다. 리베라(Rivera) 정권은 기득권층의 권력을 옹호했지만 이내 닥쳐온 세계 대공황(1929~1939)의 여파로 경제가 어려워진데다 리베라(Rivera) 정권의 갖가지 실책으로 결국 공화주의자들은 물론 기득권층까지 리베라(Rivera) 정권에게 등을 돌렸다. 미겔 프리모 데 리베라(Miguel Primo de Rivera)는 다시 군부에 지지를 호소했으나 실패하자 결국 총리직에서 사임했다. 알폰소 13세는 분노한 국민들을 달래기 위해 총선실시를 약속하기에 이르렀다.

1931년 총선에서 좌파(左派)인 공화파(共和派)는 대승을 거두었고 알폰소 13세는 퇴위하여 프랑스로 망명하고 스페인은 왕정에서 공화정으로 이행(스페인 혁명)하여 스페인 제2공화국이 성립했다. 초대 대통령(1931~1936) 니세토 알칼라사모라 이 토레스(Niceto Alcalá-Zamora y Torres, 1877~1949)를 중심으로 지방자치, 여성의 참정권, 토지개혁 등이 포함된 정책을 펼쳐 나갔다. 제2공화국 총리 마누엘 아사냐(Manuel Azaña, 1880~1940) 내

각에게 주어진 가장 큰 임무는 토지개혁(土地改革)이었다.[18]

스페인제국(帝國) 시절부터 부정부패(不正腐敗)가 이어지고 계급간 빈부격차가 극심했었기 때문에 시민들에게 효율적이고 공정하게 토지를 배분해주는 임무를 가지고 있었다. 마누엘 아사냐(Manuel Azaña, 1880~1940) 총리가 이끄는 공화주의적 좌파(左派) 정권이 출범했으나 기존의 기득권층인 교회세력·귀족·군부가 중심이 된 우파(右派) 보수파(保守派)는 좌파(左派)인 공화파(共和派)을 반대하고 있었다.

그러나 1933년 총선에서 공화파, 급진파, 사회주의자들의 정치적 연대가 해체되자 우파(右派)는 좌파(左派)를 밀어내고 정권이 교체되었다. 우파(右派) 정권은 토지개혁(土地改革)을 중단하고 마누엘 아사냐(Manuel Azaña) 정권의 각종 개혁정책들을 후퇴시켰지만, 군대를 동원해 무리하게 노조운동을 탄압하면서 민중의 지지도가 떨어지기 시작했다(아스투리아스 혁명). 설상가상으로, 정치 스캔들이 겹치면서 민중의 지지가 바닥으로 치닫게 되자 1936년 바야다레스 정권은 코르테스(스페인의 의회)를 해산하고 총선을 실시하기로 결정한다.

1936년 총선에 대비하여, 1933년 총선패배를 타산지석(他山之石)으로 삼은 좌파(左派)는 1933년 총선에서 우파(右派)들이 그랬던 것처럼 대동단결하기로 결정했다. 1935년에 코민테른 제7회 대회에서 인민전선 전술이 채택되자 좌파(左派) 세력의 결속이 강해졌다. 마누엘 아사냐(Manuel Azaña)가 이끄는 공화주의적 좌파와 라르고 카바예로가 이끄는 과격한 마르크스주의 좌파와 아나키스트들이 연대하여 인민전선(人民戰線)을 결성했다. 우파(右派)도 연합세력을 결성하고 치열한 선거전이 펼쳐진 끝에 선거 결과, 불과 15만표차로 인민전선(人民戰線)이 초박빙 승리를 거두었다. 이 결과, 보수적인 정권에서 사회주의노동자당, 공화파, 공산당 등이 힘을 합친 인민전선(人民戰線)의 손에 정권이 넘어갔다. 마누엘 아사냐(좌익공화당)를 대통령, 산티아고 카사레스 키로가를 수상으로 하는 인민전선 정부가 성립했다. 그러나 인민전선(人民戰線)도 크게 나누면 의회제 민주주의를 지향하는 온건파와, 사회주의 및 무정부주의 혁명을 지향하는 강경파가 존재하여 결코 하나가 될 수 없었다. 그중에서도 강경파는 더욱 한발 나아가 경찰을 세력하에 두고 있던 보수파(保守派)의 중심 인물 중 하나인 칼보 소텔로를 7월 13일에 암살하며 폭력에 의한 우파(右派)의 제거에 나

---

18) 1932년까지 0.97%의 지주(地主)가 농지의 42%를 소유했고, 1932년에 공화파에 의한 일부 농지개혁이 행해졌으나 단 9만 헥타르가 분배되었을 뿐이며 이나마도 비(非)경작지를 분배한 것이라 실제적인 효과는 거의 없었을 뿐더러 보수 세력과 중도 세력의 급격한 반발만 초래했다. 전통적으로 스페인 정계에 강력한 영향력을 발휘했던 스페인 군부 또한 공화국 정권의 군부 개혁 노력에 반발해 극우(極右)의 길을 걸었으며, 1932년에는 산홀호 장군을 필두로 쿠데타를 일으키려 했으나 사전 발각되어 실패했다.

섰다. 카사레스 키로가 정권은 암살에 비난성명을 내고 마누엘 아사냐(Manuel Azaña) 대통령을 비롯한 정권 내의 온건파는 암살이 반란의 전초가 될 것이라고 우려했는데 역시나 칼보 소텔로의 암살로 인하여 이전부터 반란을 준비하던 우파(右派)는 급속히 결집했다. 좌파(左派) 공화정권에 기댄 것은 공화제 지지자와 좌익 정당, 노동자, 바스크와 카탈루냐 자치를 요구하는 세력 등이었는데, 마누엘 아사냐(Manuel Azaña) 대통령은 우파(右派)를 달래기 위해 카사레스 키로가 내각을 사퇴시키고 7월 18일에 후임으로 온건파인 공화통일당의 디에고 마르티네스 발리오를 내세웠다. 디에고 마르티네스 발리오는 몰라 비달에게 육군장관의 자리를 주겠다고 회유했지만 몰라 비달은 이를 거부했다. 그럼에도 불구하고, 좌파(左派)정권은 이전 내각에서 지지부진 했던 토지개혁(土地改革)을 집행하였다.

그런데 인민전선(人民戰線) 정부가 수립된 지 반년도 채 되지 않았을 때인 1936년 7월 17일 스페인 군(軍) 참모총장 프란시스코 프랑코(Francisco Franco, 1892~1975) 장군[19]이 모로코에서 쿠데타를 일으켰다. 이들 반란파를 통칭해서 팔랑헤 당(黨) 또는 국가주의(Nationalist) 세력이라고 부른다. 인민전선(人民戰線)이 기득권층에 불리한 개혁 정책들을 실시했기 때문에 지주, 자본가, 귀족, 군부 등은 프란시스코 프랑코(Francisco Franco)의 반란군 편으로 돌아서면서 쿠데타는 내전(內戰)으로 확대됐다. 프란시스코 프랑코(Francisco Franco)는 독일과 이탈리아의 지원을 받은 후, 반란군의 지도자였던 몰라 비달가 사고로 사망하자 반란군의 총사령관 겸 원수로 선출되어 팔랑헤 당(창설자인 호세 안토니오 프리모 데 리베라 후작은 인민전선에 붙잡혀 처형)과 다른 정당을 통합해 당수로 취임하여 다른 정당의 활동을 금지하는 파시즘 체제를 구축했다.

스페인 내전(1936~1939)은 계급·이념 갈등에서 시작된 내전(內戰)이었다. 마누엘 아사냐(Manuel Azaña)가 이끄는 좌파(左派) 인민전선 정부와 프란시스코 프랑코(Francisco Franco, 1892~1975)를 중심으로 한 우파(右派) 반란군 사이에 있었던 내전(內戰)이었다. 스페인에서 민주적으로 선출된 정부에 맞서 반란을 일으켰던 장성(將星)들의 목표는 사회·문화·정치적 변화가 일어나기 전으로 시간을 돌리는 것이었다. 상기 쿠데타는 동족상잔

---

19) 프란시스코 프랑코(Francisco Franco, 1892~1975)는 1892년 스페인 북부 갈리시아에서 태어났다. 그는 모로코의 게릴라전에서 활약해 명성을 얻었고, 승진을 거듭해 33세에 장군으로 진급했었다. 당시 유럽의 최연소 장군이었다. 좌파정권은 만약의 경우를 대비해서 쿠데타를 일으킬 위험이 있는 우파성향의 장군들이 멀리 추방되었는데 프란시스코 프랑코는 카나리아 제도로 추방되었다. 그러나 프랑코 파 군인들이 이미 영국편을 통해 비행기를 구해 놓고, 독일을 통해 병사들을 운송할 수송기와 함선들을 확보하였기 때문에 쿠데타 발발 직후 프랑코와 당시 스페인 군에서 그나마 제대로 된 정예병들이었던 아프리카 군단 47,000명은 신속하게 스페인 본토로 건너올 수 있었다.

의 충돌로 격화되어 3년간이나 지속되었다. 이를 지켜본 많은 사람들에게 있어, 스페인 내전(1936~1939)의 국제화는 유럽 전체에서 파시즘과 민주주의 간 갈등의 씨앗이 되었다.

나아가, 스페인 내전(1936~1939)은 50여개국이 가세한 국제전으로 확대되었다. 마치, 제2차 세계대전(1939.09.01~1945.09.02)의 전초전(前哨戰) 양상을 띠었다. 국내에서는, 스페인의 로마 가톨릭교회와 왕당파는 프란시스코 프랑코(Francisco Franco, 1892~1975)를 지원하였다.[20]

국가주의파 군대에게 쏟아진 지원은 정예화된 병력의 숫자도 많았을 뿐만 아니라 야포, 전투기, 폭격기 등 중화기 등이 공급되었기 때문에 실제적인 전투력 측면에서는 소총과 경화기로 무장한 보병 중심의 공화파보다 크게 앞섰다.

파시스트(전체주의)를 내세운 나치 독일의 아돌프 히틀러, 이탈리아의 베니토 무솔리니 정권, 안토니우 드 올리베이라 살라자르가 집권하고 있던 포르투갈이 프란시스코 프랑코(Francisco Franco, 1892~1975)를 지원했다. 구체적으로, 독일은 공군인 〈콘돌 군단〉과 공군의 지휘하에 행동하는 전차부대, 몇 척의 함선, 군사고문을 파견했다. 무솔리니 정권의 이탈리아는 프란시스코 프랑코(Francisco Franco)에게 있어서 최대의 원조국이어서, 4개 사단으로 이루어진 스페인 원정군(CTV)과 항공부대, 해군부대를 보냈다. 그리고 원조금액은 당시 금액으로 14조 리라에 달하였다. 포르투갈은 최대 2만 규모의 군대를 파견했다. 또한, 인접국인 포르투갈의 살라자르 독재정권도 프란시스코 프랑코(Francisco Franco)를 도왔고, 아일랜드도 어윈 오듀프이가 이끄는 의용군을 프란시스코 프랑코(Francisco Franco)에게 참전시켰다.

이와 반면에 소련(蘇聯)을 비롯헌 각국에서 모여든 반(反)파시즘 인사들이 의용군 집단인 국제여단을 만들어 스페인 인민전선(人民戰線) 정부를 지원했다. 스페인 내전(1936~1939)이 막을 내릴 때까지 세계 50여 개국에서 자원한 4만여 명이 국제여단에 참여했었다.

따라서 스페인 공화파 정부는 영국, 프랑스, 소련, 미국 등에 지원을 요청했다. 그러나 소련을 제외한 다른 나라들은 스페인 내전(1936~1939) 참전에 큰 관심이 없었다. 스페인 공화국이 좌파(左派) 정권을 표방하고 있었기에 영국과 프랑스의 우파(右派) 세력들은 스페인 파병에 반대를 표명했다. 즉, 영국과 프랑스는 파시즘 세력이 소련의 공산주의 세력과 대립하는 것을 기대하여, 소련의 지원을 받은 인민전선 공화정부를 돕는 것은 러시아

---

20) 스페인 내전(1936~1939) 종결까지 7,000명 가량의 가톨릭 사제들이 스페인 공화파에 의하여 학살 당한 것으로 추정된다. 이것은 좌익(左翼) 공화국을 탐탁치 않게 보았던 영국과 미국의 여론이 확실하게 스페인 공화파에게 등을 돌리게 하는 효과를 불러 왔었다. 가톨릭 교회를 옹호하는 자세를 보인 로마 교회는 프랑코에 우호적인 자세를 보여 1938년 6월에 로마 교황청은 프랑코의 정권을 인정했다.

이래 소련이라는 숙적에 도움을 주는 행동으로 여겼다.

그러나 소련은 스페인 내전(1936~1939)에서 공화파로부터 돈을 받고 무기를 지원하고, 전장에서 무기실험도 충분히 했으며 실전 경험도 쌓았다. 상술하면, 소련이 보낸 대량의 소련산 군장비 및 전투요원, 고문관이 스페인으로 들어왔다. 그러나 이는 공짜가 아니어서, 이들을 보내주는 대신 이오시프 스탈린(Iosif Stalin, 1879~1953)은 스페인 정부로부터 막대한 양의 금괴(약 3억 5,000만 달러)를 그 대가로 받았다. 그리고 전세가 기울어지고 공화파가 가진 금괴가 떨어지자 이오시프 스탈린(Iosif Stalin)은 지원을 끊었다. 게다가 소련산 군장비 및 전투요원 지원을 대가로 스페인 공화국 내부의 정치적 농간질을 많이 부렸기 때문에 지원만큼 해악도 심각하게 끼쳤다. 예로서, 소련은 인민전선의 지휘권을 장악하기 위해 군사고문으로 위장한 NKVD를 현지에 파견하여 소련 및 스페인 공산당의 방침에 반대하는 세력을 차례로 체포, 처형했다. 스페인 공산당은 내전 이전에는 극소수 정당에 지나지 않았지만 소련의 지원으로 대거 세력을 확대했다.

그러나 스페인 내의 공산당 세력이 거의 붕괴상태가 되었고, 이렇게 현지 공산당과 자기 편을 뒤통수 치면서 소련의 이익만을 추구하는 모습을 유럽인 앞에 보여줌으로서 공산당(共産黨)의 세계 확장에는 큰 걸림돌이 되었다. 그리고 얼마 지나지 않아서 독소 불가침 조약을 깨고 쳐들어온 독일과 독·소(獨·蘇)전쟁 을 치르면서 스페인 내전(1936~1939)에서 파시스트 세력을 적극적으로 막지 않았었던 대가를 치루었다.

국가적 차원에서 진짜 '순수한' 의미로, 이데올로기적 동지들을 돕자는 의도로 원조를 보낸 국가는 멕시코 뿐이었다. 그러나 당시 멕시코 혁명을 겪은 라사로 까르데나스 대통령을 필두로 한 전직 혁명가들이 집권하고 있었던 멕시코는 당시 중립주의(中立主義)를 표방한 미국(美國)의 스페인 지원 중지 압력과 방해 공작에 부딪쳤다. 게다가 멕시코 자체가 대서양 너머에 있고 국력이 약하다보니 열강에 비하면 현저히 부족한 지원 능력 때문에 스페인 내전(1936~1939)의 판을 엎을 만큼의 힘은 못 되었다.

한편, 영국은 이때까지만 하더라도 집권 보수당은 독일과 이탈리아의 파쇼들보다 소련의 공산주의를 더 경계했으므로 공화국을 돕기는커녕 프란시스코 프랑코(Francisco Franco, 1892~1975)의 반란군을 카나리아 제도에서 스페인 본토로 후송한 비행기를 제공해 주는 등 은근히 반란군을 도왔다.

프랑스는 레옹 블룸(Léon Blum, 1872~1950)을 수상으로 하는 인민전선(人民戰線) 내각이 성립하여 처음에 공군을 중심으로 하는 스페인 공화정부의 지원작전에 나섰지만 내각 불일치로 정권이 무너지면서 결국 영국과 마찬가지로 중립정책으로 전환했다. 그 배경은 영국의 보수당 내각의 적극적인 반대와 '스페인 내전(1936~1939)이 프랑스 내전으로 이어진다'라는 불안 때문이었다. 이러한 상황에서 레옹 블룸 내각은 적어도 파시스트 이탈리아와 나치 독일이 국가군을 지원하는 것만 막으려고 영국·프랑스·독일·이태리·미국으로 이루어진 '스페인 사태 불(不)간섭 위원회'라는 국제기구를 만들었지만, 독일과 이탈리아는 그것을 무시하고 계속 지원을 해 주었고, 영국과 미국이 이를 암묵적으로 승인하여 결국 국제적 불(不)간섭 정책은 오히려 프란시스코 프랑코(Francisco Franco)의 반란군에게 힘만 대주었다.

또한, 미국 역시 당시엔 유럽에 큰 관심이 없었고 중립주의(中立主義)를 표방하고 있었기에 스페인 파병을 거부했다. 제1차 세계대전(1914~1918)을 겪은 시민들이 군대 참전에 동의할리 없었다. 심지어, 1937년에 교전 중인 어떤 국가에게도 무기를 판매하지 못한다는 중립주의적 법안을 통과시켰다. 그러나 미국(美國)은 공식적으로 중립을 표방했지만, 스페인 제2공화국과 지원국 소련(蘇聯)측에는 비행기를, 스페인 반란군 측에는 가솔린을 각각 팔았다. 심지어, 텍사스의 석유 재벌들과 헨리 포드 등의 기업가들은 프란시스코 프랑코(Francisco Franco, 1892~1975)의 반란군에게 거리낌 없이 헌금을 보낸 반면에, 자발적으로 스페인에 건너가 국제 여단에 투신한 미국인들은 전후 매카시즘(McCarthyism) 시절(1950~1954)에 '반(反)미국적행위 위원회'에 한번씩 붙들려 갔다.

드디어, 나치 독일과 파시스트 이탈리아는 스페인 내전(1936~1939)이 종료된 직후 제2차 세계대전(1939.09.01~1945.09.02)을 터뜨렸다. 그제서야, 루즈벨트와 처칠은 스페인 공화국을 돕지 않은 걸 후회한다고 말했다고 한다. 스페인 내전(1936~1939)의 참가로 인해 가장 이득을 본 것은 독일이었다. 당시, 베르사이유 체제하에서 군사적 제한을 받았었던 독일은 이 전쟁에서 슈투카 급강하 폭격기, 전차와 88mm 대공포 등 신병기를 대량으로 투입하여 각 병기의 장단점을 파악하고(1호 전차의 부실함 등) 여기서 얻은 실전경험을 바탕으로 새로운 전술을 개발하는데 참고하여 그 후 제2차 세계대전(1939.09.01~1945.09.02)에서 보여준 기동전의 기초를 닦을 수 있었으며 제2차 세계대전(1939.09.01~1945.09.02)의 초기 전투에서 우위를 잡을 수 있었다.

그러나 독일과 이탈리아는 제2차 세계대전(1939.09.01~1945.09.02) 당시 추축국(樞軸國)으로 세계대전을 일으켰다가 연합국에게 완전히 패망하였다. 그런데 스페인은 독일과 이탈리아 양 국가로부터 많은 지원을 받았음에도 불구하고 제2차 세계대전(1939.09.01~1945.09.02)에는 참전하지 않고 중립국을 유지했었다.[21] 그 배경은 다음과 같다: 원래 독일은 최대한

---

[21] 물론, 공식적인 중립과는 별개로 18,000명 규모의 지상군과 수백명(실전 참가는 수십명)의 조종사를 '의

프란시스코 프랑코(Francisco Franco)로부터 물물교환이나 광산 채굴권 획득 등의 형식으로 지원한 대가를 어느 정도 받는 상황이었는데, 나치 독일의 최고위층 헤르만 괴링이 당시 무기상인이었던 조세프 벨첸스(Josef Veltjens)의 중개로 비밀히 무기를 스페인 공화파에게도 팔아먹었던 것이다.

스페인 내전(1936~1939)은 프란시스코 프랑코(Francisco Franco)의 반란군의 승리로 금방 막을 내릴 줄 알았으나, 스페인 시민들이 정부를 위해 자발적으로 무장해 싸우면서 장기화되었다. 무솔리니와 히틀러로부터 자금과 군대를 적극적으로 지원받은 프란시스코 프랑코(Francisco Franco)에 비해 인민전선(人民戰線)은 물적으로나 인적으로나 열세에 놓여 있었다.

결국, 1939년 프란시스코 프랑코(Francisco Franco, 1892~1975) 장군과 우익 정당 연합체인 팔랑헤 군대가 마드리드에 입성하고 4월 1일 공화파 정부가 항복했다. 3년 동안 스페인을 둘로 갈라지게 했던 내전(內戰)이 종료되었다.

스페인 내전(1936~1939) 이후 살아남은 공화국 정권은 〈스페인 공화국 망명정부〉로서 멕시코와 프랑스에 존재했다. 인민전선(人民戰線)의 잔당에 남은 대부분은 국외로 탈출하거나 ETA등 반정부 테러조직을 결성했다. 카탈루냐에서 겨울의 피레네 산맥을 넘어 프랑스로 달아난 망명자들도 다수 나왔지만, 얼마 후 제2차 세계대전(1939.09.01~1945.09.02)이 시작되면서 프랑스가 독일에 점령당하자 이들의 운명은 순탄치 않았다.

프랑스로 망명했었던 공화파 망명자의 수는 약 50만으로 절반만이 결국 스페인으로 돌아왔다. 이들 중 많은 수가 프랑스가 독일군에게 함락되자 프란시스코 프랑코(Francisco Franco, 1892~1975)와 아돌프 히틀러(Adolf Hitler, 1889~1945)[22] 사이 협정에 따라 스페인

용군'이라는 이름으로 동부전선에 파견하고 여러 항구들을 유보트 보급기지로 제공했다. 그나마 이들 의용군 병력은 독일의 전황이 불리해지기 시작한 1944년 초에 대부분 스페인 본국으로 귀환했으며 극히 일부만 나치 친위대에 가담해서 싸웠다. 아이러니하게, 이때 동부전선에 파견된 의용군의 일부는 극렬 파시즘 성향의 팔랑헤들이었고 나머지 상당수는 구 공화파 인사들의 가족이나 친지들이었다. 팔랑헤야 나치를 도와서 참전할 이유가 있었지만 구 공화파들이 참전한 것은 연좌제를 피하고, 수감된 공화파 인사들의 처우와 형기를 조금이라도 개선하기 위해 참전한 것이다. 물론 이런 점을 악용해서 프랑코 정권이 향후에 골아파지는 문제덩이들을 전쟁에서 소모시키려고 반강제적으로 자원하게 만들었을 가능성이 높다.

22) 아돌프 히틀러(Adolf Hitler, 1889~1945)는 독일 나치스의 지도자이자 나치 독일의 총통이다. 뛰어난 웅변술과 감각의 소유자였다. 학습이나 지성에서 우러나온 것이 아닌 본능이나 감으로 상대방이나 대중심리를 잡아냈다고. 누가 정치적으로 고립되어 있는지 세력균형이 어떠한지 약점이 무엇인지 잘 파악해서 집권 시에도 블러핑으로 상대방을 현혹시켰고, 상대진영의 병립픽과 세력구도 역학관계를 잘 파악했으며 벼랑 끝 전술과 도박에 가까운 무모함에 질려 상대방을 굴복시키는 역량도 뛰어났다. 이러한 전법은

으로 반송 되어 총살 당하거나, 아니면 나치의 강제수용소의 이슬로 사라졌으며 대부분은 정치범과 외국인 전쟁 포로들이 수감된 마트하우젠 강제 수용소로 보내졌다. 독일 나치의 프랑스 점령에도 살아 남은 스페인 공화파 망명자들은 그 후 10여 년 이상 스페인의 파시스트 정부에 대한 게릴라전을 벌였다. 이 중에서 1만3천 명 가량이 제2차 세계대전 (1939~1945) 중 프랑스 레지스탕스에 가담해 싸웠으며, 샤를 드 골(Charles André Joseph Marie de Gaulle, 1890~1970)[23)]의 자유 프랑스 군단에도 3천 명 가량 입대하였다.[24)]

상기와 같이 스페인 공화파 망명 난민들이 프랑스 레지스탕스와 이토록 관계가 깊었던 덕에 종전 이후에도 프랑스는 서방 내에서도 반(反)프랑코 혐오증이 강했으며, 샤를 드 골 (Charles André Joseph Marie de Gaulle, 1890~1970) 또한 개인적으로는 프란시스코 프랑코 (Francisco Franco, 1892~1975)와 더 가까운 우익(右翼)였음에도 불구하고 프랑스에 잔류한 망명객들을 후하게 대하며, 프랑코 정권을 피하여 계속 도망 나오는 난민들을 적극 받아 주었을 뿐만 아니라 남아서 활동하는 반(反)프랑코 레지스탕스와 후일 부상한 ETA의 활동을 묵인해 주는 등 스페인 공화파와 긴밀한 사이를 유지했다. 현재까지도 매년 대통령

오스트리아와 체코 합병시까지 잘 통했다. 그는 제1차 세계대전(1914~1918)의 패전국으로 베르사유 체제, 대공황 이후 정권을 잡았다. 이후에 독일 민족 생존권 수립 정책을 주장하며 자를란트의 영유권 회복과 오스트리아 병합, 체코슬로바키아 점령, 폴란드 침공 등을 일으키며 제2차 세계대전(1939~1945)을 일으켰다. 전쟁 중 그의 유대인 말살 정책으로 인해 수많은 유대인들이 아우슈비츠 수용소와 같은 나치 강제 수용소의 가스실에서 학살당했다. 또한, 그는 상당수의 폴란드 사람들에게까지도 유대인이라고 모함하여 유대인과 마찬가지로 강제 수용소의 가스실에서 같이 학살했다. 나치 독일에 의해 학살된 사람들 가운데에는 집시와 장애인도 있었다. 승승장구하며 전세를 확장하던 독일은 스탈린그라드 전투와 북아프리카 전선에서 패배하였고 아돌프 히틀러(Adolf Hitler)는 1945년 4월 29일 소련군에 포위된 베를린에서 에바 브라운과 결혼한 뒤 이튿날 베를린의 총통관저 지하 벙커에서 시안화칼륨 캡슐을 삼키고 권총으로 자신을 쏘아 자살했다. 그러나 독약 캡슐을 쓰지 않고 권총 자살을 했다는 이야기도 있다.

23) 샤를 앙드레 조제프 마리 드 골(Charles André Joseph Marie de Gaulle, 1890~1970)은 프랑스의 레지스탕스 운동가, 군사 지도자이자 정치인이다. 1945년 6월부터 1946년 1월까지 임시정부 주석을, 1958년 6월 1일부터 6개월 총리로 전권을 행사했고 1959년 1월 8일에 제18대 대통령으로 취임하였다. 1965년 대선에서 재선하였으나 1969년 지방 제도 및 상원 개혁에 관한 국민투표에서 패하고 물러났다. 제2차 세계대전(1939~1945) 아라스 전투에서 기갑부대를 지휘하여 롬멜의 유령사단에 유일하게 성공적으로 반격하였고 국방부 육군차관을 지냈으나, 후에 망명 프랑스 자유민족회의와 프랑스 임시정부를 조직, 결성했다. 제2차 세계대전 종전 이후 총리를 2번 지내고 제18대 대통령을 역임했다. 집권 후 나치 부역자들에 대한 대대적인 숙청으로 유명하다.

24) 이 중에서도 자유 프랑스군 제2기갑여단 산하의 9중대는 대부분 망명한 스페인 공화파 출신 병사들로 구성되었는데, 1944년 파리 해방 당시 파리에 가장 먼저 입성하여 당시 해방군을 맞이하러 환호하러 나온 파리 시민들은 해방군이 "에브로", "테루엘", "게르니카", "바르셀로나 1936년 6월" 등의 이름이 도장된 전차들 위에 공화파식 주먹 쥔 경례를 하며 인터네셔널가를 부르며 파리에 들어오는 관경을 볼 수 있었다.

이 직접 참가하여 치루어지는 파리 해방 기념 행사때는 프랑스 삼색기와 더불어 스페인 공화파의 공헌을 기리는 공화국 삼색기가 같이 진열된다.

또한, 스페인 공화파 고위 인사 1,000명 가량은 전쟁 말기 소련으로 탈출하여 그중에서 수백명이 붉은 군대에 입대해서 독·소(獨·蘇)전쟁에서 싸웠다. 스페인 내전(1936~1939) 당시 공화파의 가장 유명하고 명망 높았던 엔리케 리스테르 포르한(Enrique Líster Forján, 1907~1994) 장군은 레닌그라드 공방전에도 참가하고 요시프 브로즈 티토(Josip Broz Tito, 1892~1980)[25]의 빨치산들과도 협력하여 결국 스페인, 소련, 유고슬라비아라는 3개국의 군대에서 장군 계급을 딴 진귀한 기록을 새웠다.

멕시코나 다른 중남미 국가로 망명한 공화파 인사들은 1975년 스페인 민주 정권이 성립될 때까지 망명 정부를 새웠고, 또 중남미 각지의 현지 좌파들에게 정치적, 전술적 교육을 해주어 훗날 냉전 시기 중남미 좌파(左派) 운동의 부상에 숨겨진 공로자가 되었다. 단적인 예로 체 게바라가 유년기 정치적 의식 형성에 가장 큰 영향을 준게 아버지가 매일 같이 집에 불러 같이 놀던 공화파 망명객들이었다고 회고했다.

국제여단의 말로도 그렇게 썩 좋지는 않았다. 1938년 하순쯤 되자 누가 봐도 스페인 공화국의 패전이 확실시 되어 국제여단원들은 모두 본국으로 돌려 보내졌다. 이 중에서 영국이나 프랑스 출신 여단원들은 자국내 여론이 스페인 공화국에 대해 동정적이라 국제

---

25) 요시프 브로즈 티토(Josip Broz Tito, 1892~1980)는 유고슬라비아의 독립운동가, 독재자, 노동운동가, 공산주의 혁명가이며, 유고슬라비아 연방의 전(前) 대통령이자 비동맹 운동의 전(前) 의장이었다. 제1차 세계대전(1914~1918) 때 오스트리아 육군에 강제 징집되었고, 러시아군에 생포된다. 포로 수용소에서 러시아 혁명을 목격하고, 이때부터 공산주의의 이념에 동조하게 된다. 귀국 후 유고슬라비아 사회당에 입당해 티토라는 가명으로 활동했고, 각 공장의 파업을 주도하다가 유고슬라비아의 국가보안법 위반 혐의로 체포되어 5년 간 복역한다. 그 후 스페인 내전(1936~1939)에 참가하는 등 해외를 배회하다가 제2차 세계대전(1939~1945) 때 나치 독일군이 이탈리아, 헝가리와 함께 유고슬라비아를 침공하자 귀국해 빨치산 부대를 이끌며 게릴라전으로 나치 군대와 맞서 싸운다. 요시프 브로즈 티토(Josip Broz Tito)가 지휘하는 유고슬라비아 파르티잔은 매우 효율적인 유격전을 벌였으며, 이탈리아와 헝가리, 크로아티아는 자기네 구역만 지키고 있었으므로 다른 전선에도 병력이 부족했던 나치는 이미 점령했다고 생각한 유고에 30만의 병력을 박아놔야 했다. 전쟁 후반에 독일군의 극심한 인력부족에도 이곳에서 병력을 빼낼수가 없었다. 오죽 히틀러가 열받았으면 요시프 브로즈 티토(Josip Broz Tito)를 붙잡기 위해 오토 슈코르체니가 지휘한 특공대가 투입되어 요시프 브로즈 티토(Josip Broz Tito)의 본거지를 급습하기까지 했고, 실제로 거의 붙잡힐뻔 했으나 요시프 브로즈 티토(Josip Broz Tito)는 여기서도 간신히 살아남았다. 그 후 잠시 아드리아 해의 휴양지 비스 섬에서 기거하면서 윈스턴 처칠 등 연합군 최고위층 인사들을 만나 파르티잔 임시정부의 지위를 놓고 회담을 하는 등, 거의 동맹국 수장에 준하는 대우를 받았다고 한다. 전쟁 전에는 무명인사에 불과했던 요시프 브로즈 티토(Josip Broz Tito)의 명성은 점점 빠른 속도로 높아졌고, 나치 고관인 하인리히 힘러조차 "독일에 티토같은 지휘관이 있다면 얼마나 좋을까"라고 말했다고 한다.

파시즘에 대항한 최초의 투사들로 환영 받았지만 영국이나 프랑스나 보수적 정부는 국제 여단원들을 빨갱이 취급하고 훗날 제2차 세계대전(1939.09.01~1945.09.02) 중에도 국제여단 복무 경력이 있으면 무조건 간부로 승진하는걸 금지시키는 등 탄압은 여전했다. 심지어, 미국이나 스위스, 아일랜드 출신의 국제여단원들은 자국의 중립 노선을 위반했다고 당국 에게 붙들려 가는 등의 수모를 당했다. 아예 돌아갈 나라 자체가 없었던 이탈리아나 독일, 오스트리아 병사들이야 말할 것도 없을 정도였다.

폴란드의 경우, 국제여단에 참여한 폴란드인 병사들의 국적을 박탈해 버렸다. 정작 폴 란드는 소련에 이어 2번째로 스페인 공화국에 군수물자를 많이 지원한 나라였다. 정치적 인 차원에서는 서쪽 원수(怨讎)인 독일의 영향력을 약화시키기 위해 스페인 공화국 정부 를 지원했었던 반면에, 사상적인 차원에서는 동쪽 원수(怨讎)인 공산주의 국가 러시아가 국제여단원들을 중심으로 폴란드에 침투하는 걸 방지하기 위해 취한 행보였다.

스페인 내전(1936~1939)에서의 전사자가 11만(반란군은 9만), 부상자 100만, 공습으로 인한 사망자 1만, 영양실조에 의한 사망 2만 5천, 후방지역의 암살이나 처형 13만 이상이 다. 스페인 전 지역이 황폐화됐었다. 내전의 희생자들은 마드리드 주에 있는 국립 위령시 설인 〈전몰자의 계곡〉에 이장되었다. 내전이 끝나고서도 인민전선(人民戰線)에 가담했던 사람들이 숙청되는 등 피바람은 계속됐었다.[26] 1975년에 프란시스코 프랑코(Francisco Franco)가 죽는 날까지 정치적인 이유의 사형 선고는 지속 되었다. 군사법정은 인민전선 (人民戰線)의 약 5만 명에게 사형을 언도하고, 그 절반을 실제로 처형했다.[27]

스페인 반란군의 승리를 이끈 프란시스코 프랑코(Francisco Franco, 1892~1975)는 수도 마드리드에 입성한 1939년 4월부터 1975년 11월 세상을 떠날 때까지 36년간 스페인을 통 치했다. 1938년 자신이 원하는 모든 법률을 공포할 수 있는 합법적인 권한을 스스로 부여

---

[26] 제2차 세계대전(1939~1945) 후에도 인민전선파에 대한 탄압은 이어져, 프란시스코 프랑코(Francisco Franco)가 신뢰하여 후계자로 예정되었던 루이스 카렐로 블랑코는 미국과 소련의 동서 냉전을 보고 인 민전선의 잔당을 탄압해도 공산주의 세력의 초래를 두려워하는 서구권 국가들이 자신을 지지한다고 공 공연히 말하면서 탄압을 실시하다가 후에 ETA 대원에 의해 암살당했다.

[27] 스페인 내전(1936~1939) 내내 프란시스코 프랑코(Francisco Franco)의 국가군은 자신들이 한 지역을 장악하면 그 지방의 자유주의자, 노조 가맹원, 정치적 성향이 다른 지식인들, 공화파 진영에 친지를 둔 사람들을 모조리 잡아 싸그리 처형부터 하고 보았으며, 이러한 행위는 교회와 우익 매체에 의해 "스페 인 내부의 병적 요소들의 척결과 정화"라는 축복을 받아 자행되었다. 당장 무솔리니의 처남이자 이탈리 아 파시스트 정권의 고위 인사였던 치아노 백작은 스페인 내전(1936~1939) 종결 직후인 1939년에 스페 인을 방문해 "세비야에서 80명 가량, 바르셀로나에서 150명 가량, 마드리드에서 200명 이상이 매일 총 살당하고 있다"고 충격을 표했으며, 1940년에 스페인을 방문한 나치 독일의 한 고위 관료 또한 그 잔인 함에 충격을 금치 못했었는데, 그 고위 관료가 다름 아닌 하인리히 힘러다.

했고, 반(反)프랑코 세력으로 분류되는 조직과 개인을 탄압했다.

프란시스코 프랑코(Francisco Franco, 1892~1975)의 철권통치가 끝난 후 그의 권한을 이어받게 된 국왕 후안 카를로스 1세는 신(新)헌법을 제정하고 의회 개혁을 이룩해 스페인을 민주화(民主化)했다. 1975년에 프란시스코 프랑코(Francisco Franco, 1892~1975)의 사후(死後), 국왕이 된 후안 카를로스 1세는 독재정치를 청산하기 위해 1977년 6월 15일의 스페인 국회 총선거에서 망명정부를 인정하자 망명정부도 총선거의 결과를 승인하여 대통령인 호세 말도나도 곤잘레스는 망명정부의 해산을 선언했다.

3) 중국의 대약진운동(大躍進運動, 1958~1961)과 문화대혁명(文化大革命, 1966~1976)

중국은 1949년 신중국 이후 사회주의(社會主義) 국가 건설을 위한 내부적 갈등을 겪어 왔다. 특히 마오쩌둥(Máo Zédōng, 毛澤東, 1893~1976) 사상에 입각하여 마르크스-레닌주의(Marxism-Leninism)를 주창하는 세력과, 경제건설에 치중하는 실용주의(實用主義) 중심의 세력 간의 갈등은 시대 상황의 변화와 함께 지속되어 왔다.

특히 문화대혁명(文化大革命, 1966~1976) 기간 동안 하방(下防)정책에 의해 2천만 명이 시골로 추방되고 학교가 2년간 폐쇄 정지되는 교육의 황폐화(荒廢化) 시기를 겪으면서 중국 사회는 공산주의(共産主義) 만이 유일한 사회체제가 아님을 인식하고 새로운 변화를 추구하게 된다.

이러할 즈음, 1976년 마오쩌둥(Máo Zédōng, 毛澤東, 1893~1976)이 사망하고 덩샤오핑(鄧小平, 1904~1997)이 집권하면서 현대화(現代化)를 추구하는 실용주의(實用主義) 중심의 노선이 공식화되면서 자본주의 시장경제체제를 받아들였다. 이 결과, 점차 능력주의적·실용주의적 사고방식이 확산되고 현대화(現代化)를 위해 '교육신체제'를 만들었다.

회고해보면, 마오쩌둥(Máo Zédōng, 毛澤東, 1893~1976)은 중국의 사상가·혁명가이며 초기 중국 공산당의 최고지도자였으며 1949년 중국 대륙에 공산주의 국가인 『중화인민공화국』을 건국한 초대 국가주석이다. 그는 이른바 '마오쩌둥 주의'를 창시한 사상가로서 족적을 남겼으며 시인과 서예가로서도 이름이 높다. 마오쩌둥(Máo Zédōng, 毛澤東)이 중국 현대사에 큰 영향을 미친 데에는 이견이 없으나 그에 대한 평가는 논쟁이 분분하다.

마오쩌둥(Máo Zédōng, 毛澤東, 1893~1976)은 1945년 제2차 세계대전(1939~1945)이 끝난

뒤인 중앙 제7차 전국대표대회 이후로 장제스(Chiang Kai-shek, 蔣介石, 1887~1975)와 당시 중화민국 정부에 대항한 국공(國共) 내전에서 승리를 거두고 1949년『중화인민공화국』을 수립하였다. 1949년 혁명 군사위원회 주석과 1950년 임시 국가수반을 거쳐 1954년부터 1959년까지 초대『중화인민공화국』국가주석(國家主席)으로 권력을 행사했다.

이중(李中) 총장(숭실대학교)은 그의 2002년 저서『모택동과 중국을 이야기 하다』(서울: 김영사)에서 마오쩌둥(Máo Zédōng, 毛澤東, 1893~1976)을 다음과 같이 평가했다: "*모택동(毛澤東)은 개인적으로 천재성을 가진 독특하고도 걸출한 인물이며, 역사적으로는 20세기를 통틀어 가장 큰 변화와 기적을 창출한 우뚝 솟은 봉우리다. 그는 시인이며 혁명가이며 군사전략가이며 사상가이다. 서구적 관점에서는 드골, 처칠, 루즈벨트, 스탈린, 히틀러가 걸출한 지도자이거나 영웅호걸일 수 있겠지만 모택동(毛澤東)과는 성격 자체가 다르다.*"[28]

이중(李中) 총장(숭실대학교)은 시인(詩人)답게 중국 혁명 1세대들을 다음과 같이 우아하게 비교했다: "*모택동(毛澤東)이 산이라면, 주은래(周恩來)는 물이고, 덩샤오핑(鄧小平)은 길이다. 산을 넘고 물을 건너 길을 만든 것이 오늘의 중국 혁명이었다. 그들은 각자 자기에게 주어진 소명에 충실했다. 물론 공(功)도 있고 과오(過誤)도 있는 '유공유과(有功有過)'의 경지였지만 나름으로 오늘의 중국을 일구어내는 데 결정적인 역할을 했다. 출생지만 해도 모택동(毛澤東)은 호남성 소산 출신이고, 주은래(周恩來)는 물 많은 강소성의 회안(淮安) 출신이다. 등소평(鄧小平)은 험한 '촉도(蜀道)'로 일컬어지는 사천성 광안(廣安) 출신으로 첩첩산중에서 막힌 길을 뚫어야 하는 운명을 타고났다. 산은 남 앞에 우뚝 서기를 좋아하고, 하늘 가까이 높은 데에서 전 국면을 아래로 내려다본다. 산은 실체가 분명하고 항상 비바람과 맞선다. 물은 공명정대하고 공평무사하다. 산의 독존과 아집도 삼켜버리고 자정(自淨)과 순리, 인욕과 헌신으로 일관한다. 산이 우뚝 솟아 천하를 호령할 때, 물은 그 산 그림자까지 안으며 산을 포용한다. 산에서 바로 길이 나지 않고 물을 건너서 길이 생겨난 것이 등소평(鄧小平)이 뚫은 길의 강점이다. 혁명의 이념성을 원천으로 하되 현대화와 세계화라는 여과 과정을 거쳐 '사회주의 시장경제'라는 새로운 도로를 닦은 사람이 등소평(鄧小平)이었다. 오늘의『중국공산당』은 이 새로운 길을, 중국을 세계 속에서 가장 부강한 나라로 이끌어줄 '제2의 장정'이라고 부르고 있다.*"[29](『모택동과 중국을 이야기 하다』, pp. 272~273).

---

28) 이중(2002),『모택동과 중국을 이야기 하다』, 서울: 김영사(p.8)을 저자가 재구성.
29) 이중(2002),『모택동과 중국을 이야기 하다』, 서울: 김영사(pp. 272~273)을 저자가 재구성.

마오쩌둥(Máo Zédōng, 毛澤東, 1893~1976)은 농업생산성을 높이기 위해 농촌에 대규모 집단농장인 '인민공사(人民公社)'를 설치했다. '인민공사'는 완전한 평등주의(平等主義)에 입각한 농업공동체였다. 농민의 사유재산은 모두 인민공사(人民公社)의 것이 되었다. 당시 5억의 중국 농민은 조상 대대의 재산을 처분하고 2만 6천여 개의 인민공사(人民公社)에서 공동생활을 하게 됐다. 살고 있던 집들도 부수고 그 재목으로 공동막사를 지었다. 무(無)소유의 이상적 '공산사회(共産社會)'가 마르크스－레닌주의(Marxism-Leninism)가 상상도 하지 못했던 가난한 중국 농촌에서 한때 실현됐다.

그러나 대약진 운동(大躍進運動, 1958~1961)의 실패로 약 2천 5백만 명, 문화대혁명(1966~1976)으로 약 2천~3천만 명의 인명 피해를 각각 초래하였다. 당시, 뼈만 남고 배가 불룩한 어린이들과 굶어죽은 시체를 중국에서는 어디에서나 볼 수 있었다. 인명 피해뿐만 아니라, 대약진 운동(大躍進運動, 1958~1961)과 문화대혁명(文化大革命, 1966~1976)에 이르기까지 계속된 급진적인 정책이 중국의 문화, 사회, 경제, 외교관계에 입힌 물적, 인적, 문화적 피해는 수치로 계산이 힘들 정도다. 그 밖에 국공(國共) 내전과 한국전쟁(1950~1953) 당시 기아로 사망한 약 3천 5백여만 명의 사망자까지 초래했다.

인류의 역사상 가장 많은 희생자(전쟁중 사상자는 제외)를 낸 순위를 보면 마오쩌둥(Máo Zédōng, 毛澤東, 1893~1976)에 의한 희생자 수는 약 8,000만 명 이상으로 1위이고, 이오시프 스탈린(Iosif Stalin, 1879~1953)에 의한 희생자 수는 자국내 정적 및 불순분자 제거로 약 2,000만 명 이상으로 2위이고 아돌프 히틀러(Adolf Hitler, 1889~1945)에 의한 희생자 수는 유태인 학살로 약 600만 명 이상이다. 따라서 마오쩌둥(Máo Zédōng, 毛澤東, 1893~1976)은 인류역사상 가장 악명높은 학살자로서 기록될 수 있다. 도대체 이념(Idealogy)이란 무엇인가?

(1) 대약진운동(大躍進運動, 1958~1961)

중화인민공화국(中華人民共和國)의 주석 마오쩌둥(Máo Zédōng, 毛澤東)은 1958년 '대약진 운동'(大躍進運動, 1958~1961)이라는 경제성장 계획을 야심차게 추진했다. 농촌마다 대규모 집단농장인 '인민공사'를 만들어 생산과 소유의 공동화를 꾀하고, 공업을 집중적으로 육성하기 위해 기업을 국유화했다. 중화인민공화국은 '농업 집산화' 정책을 기반으로 해서 1958년 인민공사를 설립하였다. 그러나, 농축산물 무상공출제(無償供出制)에 기반한 소련의 콜호스(kolkhoz)와 달리, 인민공사(人民公社)는 농축산물 유상공출제(有償供出制)에 기반하고 있었다는 점에서 그 차이점을 보이고 있다. 그 후 인민공사(人民公社)는 개혁개방의 영향으로 1982년에 농업을 비롯한 경제 업무에 관한 권한이 모두 사라지면서 사실상 폐지됐다.

'농업 집산화'의 과정에서 농촌 노동력이 도시로 빠져나가고, 공동 생산과 배급제의 여파로 생산력이 크게 저락하였다. 여기에 흉작(凶作)까지 겹치며 3,000만 명 이상이 굶어 죽는 참사가 일어났었다. 상기한 '농업 집산화'의 참상은 이오시프 스탈린(Iosif Stalin, 1879~1953)이 1928년 회의록:『곡물 조달 및 농업 발전 전망』에 의거하여 1928년에 경제계획이 단행되면서 콜호스(kolkhoz)라는 집단농장 관리 체계가 도입한 결과, 홀로도모르(Holodomor, 1932~1933까지 소련의 자치 공화국인 우크라이나 소비에트 사회주의 공화국에서 발생한 대기근으로 250만 명에서 350만 명 사이의 사망자가 발생된 것으로 추정)가 발생하였던 것과 같다.

상기한 '농업 집산화'의 참상를 계기로 마오쩌둥(Máo Zédōng, 毛澤東, 1893~1976)은 1959년 국가주석 자리를 내려놓고, 류사오치(劉少奇, 1898~1969)와 덩샤오핑(鄧小平, 1904~1997)을 중심으로 한 개혁 세력이 주도권을 쥐게 되었다.

중국은 사회주의 3대 개조(농업·수공업·자본주의 상공업의 사회주의 개조)를 완성하고, 중공업 우선 발전을 추진하여 국가사회주의(國家社會主義) 공업화의 기초를 달성하고자 하였다. 또한 중국이 농업국가인 점을 감안하여 농업의 발전에도 관심을 기울여 집단화(集團化) 작업을 병행하였다. 초기에는 토지개혁(土地改革)이 성공적으로 실시되고, 농업·공업 생산량이 1950년에 비해 약 70% 성장하는 등 상당한 효과가 있었으나, 후기에 이르러 중공업 정책의 무리한 추진으로 인해 경제성장에는 문제가 발생하였다.

상기한 과도기 총노선(過渡期 總路線, 1953~1957)의 실패를 만회하기 위해 1958년 중국은 '사회주의 건설 총노선'을 제기하며 마오쩌둥(Máo Zédōng, 毛澤東, 1893~1976) 방식의 대약진운동(大躍進運動, 1958~1961)을 전개하였다. 대약진운동(大躍進運動)의 기본 목표는 맹목적인 생산 대약진과 생산관계에 있어서의 일대이공(一大二公)을 추구하였다. '일대이공(一大二公)'이란 인민공사(人民公社) 체제의 기본 특징인데, 대(大)는 인민공사의 규모가 크고 사람이 많고 토지가 많아 대규모적인 생산과 건설이 행해지는 것을 말하고, 공(公)은 사회주의화·집단 소유화를 말한다. 이들 조치로 철강 생산을 강령으로 하는 주요 전략을 선택하였고, 농촌에서는 인민공사(人民公社) 운동이 전개되어 농촌의 집단화(集團化)를 통한 정사합일(政社合一) 체제가 확립되었다.

그러나 과도한 대약진운동(大躍進運動, 1958~1961)은 정책의 맹목성과 자연 재해로 인해 실패하였다. 특히 자본과 기술이 부재한 상태에서 노동력과 충성심 만으로 급진적 경제 건설을 추진하려는 대약진운동(大躍進運動, 1958~1961)은 대내적 산업 기반의 허약함과

대외적 소련 지원의 차단 등으로 인해 더욱 낭패(狼狽)를 당하였다.[30]

　마오쩌둥(Máo Zédōng, 毛澤東)의 대약진 운동(大躍進運動, 1958~1961)의 실패로 약 2천 5백만 명, 문화대혁명(文化大革命, 1966~1976)으로 약 2천~3천만 명의 인명 피해를 각각 초래하였다. 당시, 뼈만 남고 배가 불룩한 어린이들과 굶어죽은 시체를 중국에서는 어디에서나 볼 수 있었다. 인명피해뿐만 아니라, 대약진 운동(大躍進運動, 1958~1961)과 문화대혁명(文化大革命, 1966~1976)에 이르기까지 계속된 급진적인 정책이 중국의 문화·사회·경제·외교 관계에 입힌 물적·인적·문화적 피해는 수치로 계산이 힘들 정도다. 그 밖에 국공(國共) 내전과 한국전쟁(1950~1953) 당시 기아(饑餓)로 사망한 약 3천 5백여만 명의 사망자까지 초래했다.

---

30) 당시 중국 지도부는 원자탄 개발에 필요한 자금을 마련하기 위해 전국 각지의 식량을 비축하고 수출하였다. 예로서 1959년 6월 중국은 당시 중국 내 도시에 살았던 전 인민이 1년동안 먹을 식량 비축량의 약 24%인 415만 톤을 수출하였는데, 이로 인해 베이징, 톈진, 상하이 등 대도시의 식량공급이 끊기는 등 1960년 한해만 전국적으로 2,400만 명이 식량 공급을 받지 못하였다. 당시 배급상황을 보면 1달에 고기라고는 1인당 기준으로 돼지고기 100g을 배급하는 수준이었고 곡물배급량도 턱없이 부족했다. 또한, 부종으로 병원에서 진단서를 떼야 황두 1kg과 500g의 흑설탕을 배급받아서 영양을 보충할 수 있었다고 한다. 그런데도 불구하고, 중국은 소련을 견제하기 위해, 알바니아, 북한, 베트남, 쿠바, 몽골 등 사회주의 국가에 18억7,000만 위안 이상의 원조를 퍼부었고, 그밖에 아시아, 아프리카 민족주의 국가들에게 5억 위안 이상을 원조했다. 중국은 1950년대 초반 연 20%의 성장을 상정하고 소련에 160개의 산업 플랜트 건설을 비롯한 엄청난 원조를 요청했으나, 이오시프 스탈린(Iosif Stalin)은 이를 비현실적이라고 비판하고 속도조절을 요구하면서 90개 플랜트로 중국의 계획을 축소시켰다. 마오쩌둥(Máo Zédōng, 毛澤東, 1893~1976)은 이오시프 스탈린(Iosif Stalin, 1879~1953, 재임: 1924~1953)을 거스를 순 없었기 때문에, 이오시프 스탈린(Iosif Stalin)이 살아 있을 때 중국은 대약진 급의 무리한 공업화 드라이브는 나서지 않았다. 이후 1950년대를 지나며 토지개혁, 집산화, 전매제 등이 정착하고 중국 공산당이 농촌 절대 다수를 장악하게 되고 삼반운동, 반(反)우파운동으로 국내 반대파들까지 때려잡게 되면서, 마오쩌둥(Máo Zédōng, 毛澤東)은 거의 마음대로 정책을 휘두를 수 있게 되었다. 그러던 중 1953년 이오시프 스탈린(Iosif Stalin)이 사망한 후 집권한 니키타 흐루쇼프가 스탈린을 격하하고 서방과의 화해를 추진하자, 마오쩌둥은 이를 두고 "수정주의"라고 반발하였다. 마오쩌둥은 스탈린은 두려워했지만 흐루쇼프의 경우는 '나약한 인물'이라 잡아보고 혐오했으며, 이때부터 중국은 소련을 제치고 사회주의권의 우두머리로 나서기 위해 소련에 대한 노골적인 경쟁심을 보이게 되었다. 그러던 중 흐루쇼프가 "미국을 따라잡겠다"고 선포하고 처녀지 개간 운동과 경공업 진흥을 비롯한 신 경제정책을 내놓자, 마오쩌둥(Máo Zédōng, 毛澤東, 1893~1976) 역시 뒤지지 않겠다고 "영국을 따라잡겠다"고 선포했고, 이 구호는 곧 "7년 안에 영국을 추월하고 15년 안에 미국을 따라잡겠다"는 당시 중국으로써는 무지막지한 목표로 발전하게 된 것이다. 당시 공업화가 제대로 진행되지 않아 농업이 중심산업이기는 했지만, 아시아 기준으로 보았을때 일본을 제치는 1위 경제대국이었으며, 세계적으로 보아도 미국, 소련, 영국, 프랑스에 뒤이은 5위 경제대국이었다. 미국이나 소련을 당장에 따라잡는것은 무리이기는 했어도 중국보다 인구가 훨씬 적은 영국이나 프랑스와는 경제규모가 큰 차이가 나지는 않았다. 따라서 사실 계획이 제대로 진행되어서 고도성장을 이룩한다면 충분히 따라잡을 수 있는 규모였으니, 그렇게 터무니 없는 허세는 아니었다.

그러나 마오쩌둥(Máo Zédōng, 毛澤東)은 태연하게 "혁명의 대의를 위해 생명은 희생돼야 한다"고 했다. 6억 중국인을 대상으로 한 그의 실험은 5~7%의 인구를 희생하면서 철저한 실패로 끝났다. 마오쩌둥(Máo Zédōng, 毛澤東)은 한 메모에서 다음과 같이 주장했다: "레닌은 낙후된 나라일수록 자본주의에서 사회주의로의 이행이 어렵다고 말했다. 현재 보는 바와 같이 이것은 옳지 않다. 경제가 뒤떨어질수록 사회주의(社會主義)로의 이행은 수월하며 사람은 가난할수록 혁명(革命)을 하려 한다".

대약진 운동(大躍進運動, 1958~1961) 중에서 유일하게 성공한 것이 '4해(害) 퇴치운동'이었다. 마오쩌둥(Máo Zédōng, 毛澤東, 1893~1976)은 도시와 농촌의 '4해(害)', 즉 파리·모기·쥐·참새를 퇴치하는 운동을 전개했다. 이 운동에는 모든 국민이 동원됐다. 소위 '참새잡이 모택동 전술'은 기발함을 넘어서 소름이 끼친다. 모든 국민이 전국적으로 총동원돼 참새가 땅에 앉지 못하도록 쉴새없이 소리를 쳐서 쫓는다. 앉지 못하고 하늘을 빙빙 돌던 참새는 그만 지쳐 떨어져 최후를 맞게 된다. 대약진 운동(大躍進運動, 1958~1961) 중에서 유일하게 성공한 것이 '4해(害) 퇴치운동'이었다.

대약진 운동(大躍進運動, 1958~1961)이 야기한 엄청난 실패는 중국 지도부로 하여금 '조정(調整)·공고(鞏固)·충실(充實)·제고(提高)'라는 8자(字) 방침의 개량 전략을 실시하게 하였다. 조정정책(調整政策, 1961~1965) 시기에 국내 경제의 수습을 위해 유소기(劉少奇)·덩샤오핑(鄧小平, 1904~1997)이 전면에 나서 급진적 노선과 인민공사의 평균주의를 극복하는 정책을 실시하게 된다. 당시의 주요 조치로는 농업 중시·국민생활의 향상을 위한 각종 장려제도의 실시 등이 있었는데, 이들 조치로 인하여 중국 경제는 급속한 회복을 하게 된다. 그러나 권력의 제2선으로 후퇴한 마오쩌둥(Máo Zédōng, 毛澤東, 1893~1976)은 류사오치(劉少奇, Liú Shàoqí, 1898~1969; 당시 국가부주석: 1954~1959)와 덩샤오핑(鄧小平,: Dèng Xiǎopíng, 1904~1997; 당시 중국인민정치협상회의 주석: 1978~1983)을 주자파(走資派)로 비판하며, 처절한 정치권력 투쟁을 진행함으로써, 회복되어 가던 경제 상황을 마비시킨다. 이런 정치적 국면이 바로 마오쩌둥(Máo Zédōng, 毛澤東)의 급진파와 유소기(劉少奇)의 온건파 사이에 발생한 문화대혁명(文化大革命, 1966~1976)이다.

1976년 극좌파 4인방이 몰락하고 10년 내란이 종료된 후 마오쩌둥(Máo Zédōng, 毛澤東, 1893~1976)을 승계한 화국봉(華國鋒, Huà Guófēng, 1921~2008)은 또 다시 신속한 발전을 기도하는 급진정책을 입안하였다. 즉, 서양의 자금과 기술을 도입하여 크게 도약하고자 하는 정책을 실시하였는데, 이 때문에 이를 양약진(洋躍進)이라고 한다. '23년 계획'이라고도 불리는 양약진(洋躍進) 정책(1977~1979)은 2000년에 초강대국이 되겠다는 전략이었다. 그러나 당시는 화국봉(華國鋒, Huà Guófēng, 1921~2008)의 권력 기반이 취약한 관계로 인하여 효과적인 정책 집행이 어려웠으며, 그 모험적인 정책은 결국 경제를 더욱 어렵게 만들었다.

1978년 12월 중국공산당 11기 3중전회는 문화대혁명(文化大革命, 1966~1976) 기간과 그 이전의 좌경적 착오를 수정하고 '조정(調整)·개혁(改革)·정돈(整頓)·제고(提高)'라는 신8자 방침을 제기하여 근본적인 경제이론의 전환을 시도하면서 중국 경제는 새로운 국면에 접어들게 된다.

개혁·개방 이전의 중국 경제는 계획경제 자체가 계획에 의한 생산활동에 참여하는 원인으로 인하여 변동하는 각종 경제 상황에 적절히 대처하기 어려운 점, 방대한 행정계통이 경제를 관리할 수밖에 없는 약점 이외에도, 중국 자체의 정확한 경제정책 방침의 미흡 및 계속되는 시행착오에서 발생하는 심각한 좌우파 투쟁 등으로 인하여 상당히 낙후한 상태로 머물러 있었다.

(2) 문화대혁명(文化大革命, 1966~1976)[31]

1966년 마오쩌둥(Máo Zédōng, 毛澤東, 1893~1976)은 국가와 사회의 구조, 개개인의 정신을 개조하는 새로운 작업을 고안한다. 이를 위해 '옛 사상, 옛 문화, 옛 풍속, 옛 관습'을 자본주의와 봉건주의의 유물로 규정하고 '4구(舊) 타파운동'을 시작하게 되는데 이것이 바로 문화대혁명(文化大革命, 1966~1976)의 시작이다.

낡은 것들을 몰아내고, 기존 체제의 권위에 대항하라는 메시지는 마오쩌둥(Máo Zédōng, 毛澤東)의 공산주의 교육을 받고 자란 고등학생과 대학생들에게서 큰 호응을 얻었다. 칭화대와 베이징대 등 대학을 중심으로 개혁파에 맞서고 마오쩌둥(Máo Zédōng, 毛澤東, 1893~1976)을 떠받들기 위해 '홍색 정권을 보위하는 병사'라는 뜻의 '홍위병(紅衛兵)' 조직이 결성되었다. 이들은 마오쩌둥(Máo Zédōng, 毛澤東, 1893~1976)과 함께 8차례에 걸쳐 대규모 집회를 열고 점차 전국적으로 학교에 혁명 조직이 결성된다. 홍위병(紅衛兵)에 가담한 학생 수는 무려 1,000만 명이 넘었다.

홍위병(紅衛兵)은 붉은 완장을 차고 무리를 지어 다니며 각 지역 당 지도자들과 교사, 지식인들을 길거리에 끌고 나와 마구 돌팔매질을 하거나 몽둥이로 때렸다. 최고 권력자였던 류사오치와 덩샤오핑도 예외는 아니어서 모진 고초를 겪고 권력에서 물러나게 되었다.

---

31) 조선일보(2020.02.26), 문화대혁명 광기에 휩쓸렸던 '마오쩌둥의 아이들'.

그 뿐만 아니라 홍위병(紅衛兵)은 유명한 식당도 자본주의적이라면서 부수거나 죽과 만터우(중국식 찐빵)만 팔도록 하고, 혁명을 상징하는 빨간색이 신호등에선 정지신호로 쓰이는 것이 말이 안 된다며 이를 전진 신호로 바꿔야 한다고 주장하기도 했다. 아직 정치적 의식이 성숙하지 못한 홍위병(紅衛兵)의 행태는 점차 극단으로 치달았다.

홍위병(紅衛兵)으로 인한 피해가 갈수록 커지자, 기존 당 지도부는 적위대(赤位隊)를 내세워 이들에게 맞섰고 각 지역 농민들도 홍위병(紅衛兵)을 공격하기 시작했다. 이 때문에 문화대혁명(文化大革命, 1966~1976)은 점차 내란(內亂)으로 번지게 됐다. 이것은 소련에서 1917년 11월 러시아 혁명 이후 벌어진 적백(赤白) 내전(1918~1921): 레온 트로츠키(Leon Trotsky, 1879~1940)가 이끄는 적군(赤軍)과, 알렉산드르 콜차크(Aleksandr Kolchak, 1874~1920, 러시아 혁명 당시 흑해 함대 사령관)가 이끄는 백군(白軍), 볼셰비키(Bolsheviki)와 멘셰비키(Mensheviki)의 권력투쟁과 흡사했다.

'홍위병(紅衛兵)' 조직의 덕분으로 다시 권력을 잡게 된 마오쩌둥(Máo Zédōng, 毛澤東, 1893~1976)은 1968년 홍위병(紅衛兵)에 가담했던 청년들을 지방 농장으로 내려 보내는 하향운동을 실시함으로써 사태를 수습했다. 그 후 1976년 마오쩌둥(Máo Zédōng, 毛澤東, 1893~1976)이 사망하면서 문화대혁명(文化大革命, 1966~1976) 역시 공식적으로 막을 내리게 되었다.

10년 동안 이어진 문화대혁명(文化大革命, 1966~1976)으로 인한 문화적 피해도 극심했다. 건물·서적 등 역사 유산들도 홍위병(紅衛兵)에겐 파괴해야 할 구시대적 산물이었다. 중국에서 상징적 의미를 갖는 공자(孔子)의 묘가 파헤쳐지고 수많은 유교(儒敎) 경전이 소실되었다. 10년간 이어진 문화대혁명(文化大革命)으로 인한 전체 손실액이 1949년 중국 건국 뒤 30년 동안 사용한 사회기반시설 투자액의 80%에 달하는 5,000억 위안에 달한다는 추계도 있다. 실로, 문화대혁명(文化大革命, 1966~1976)은 기원전 3세기 진(秦)나라 시황(始皇)이 사상 통제를 위해 농서(農書) 등을 제외한 각종 서적을 불태우고 유생 수백명을 생매장한 '분서갱유(焚書坑儒)'를 연상케하는 '현대판 분서갱유(焚書坑儒)'이었다.[32]

---

32) 일부 문화재는 극적으로 피해를 모면하였다. 예로서 1700여년의 유구한 역사를 자랑하는 항저우의 사찰 영은사(靈隱寺)는 저장대학 학생들의 보호를 받아 큰 피해를 피할 수 있었다. 당시 문화대혁명(文化大革命, 1966~1976)에서 온건한 입장이었던 저우언라(周恩來) 총리는 자신의 능력 안에서 문화재를 지키려 노력했다. 600여년간 명(明)나라와 청(淸)나라의 황제 궁전이었던 자금성은 저우언라(周恩來)가 배치한 군대 덕에 완전한 파괴를 면할 수 있었다. 그 외 자금성, 포탈라 궁, 사찰, 문화유적, 고서 등 그의 지시로 간신히 화를 피한 게 한 두개가 아니다. 중국 사학계와 미술계의 은인인 셈이다. 마지막 청나라 황제 푸이도 저우언라이(周恩來)의 도움으로 문화대혁명(文化大革命, 1966~1976)의 화(禍)를 피했다. 또한, 중요한 산업 시설들을 지키기 위해 동분서주했었다.

문화대혁명(文化大革命, 1966~1976)의 10년 동안의 전쟁불가피론(戰爭不可避論)과 3선건설(三線建設)로 대표되는 전략이 보여주듯이 경제(經濟)에 관해서는 거의 정체상태였다. 이 시기에는 이미 실패한 문화대혁명(文化大革命, 1966~1976)의 각종 정책들을 보다 더 적극적으로 추진하였기 때문에, 중국의 국민경제는 더욱 커다란 피해를 입게 되었다. 이 결과, 문화대혁명(文化大革命, 1966~1976)은 덩샤오핑(鄧小平, Dèng Xiǎopíng, 1904~1997)이 집권한 이후 중국을 개혁·개방으로 인도하는 가장 직접적인 원인이 되었다.

1976년 1월 저우언라이(周恩來, 1898~1976) 총리[33]가 사망하자, 중국에서는 '주자파(走資派: 자본주의의 길로 나아간 實權派)' 비판운동이 일제히 일어났다. 따라서 오랜 기간 중국의 혁명과 건설 및 국제적 무대에서 공로가 컸었던 저우언라이(周恩來) 총리를 추도(追悼)하려던 중국 민중의 의지는 꺾이고, 다시 극좌적 조류가 지배하기 시작했었다.

이어서, 저우언라이(周恩來, 1898~1976)가 1976년 1월 사망한지 8개월 후인 1976년 9월 마오쩌둥(Máo Zédōng, 毛澤東)이 사망하였고, 10월에는 '베이징 정변'으로 4인방이 체포되는 등의 격동의 시기를 체험하였다. 이러한 와중에서 비(非)마오쩌둥 화(化)가 진행되어, 1978년 11월에는 1976년 '톈안먼 사건'(天安門 事件)이 혁명적 행동이었다는 대역전의 평가를 받게 되었다. 그 후 이 사건은 전술한 1919년의 역사적인 5·4 운동을 본떠서 '4·5 운동'이라 부르게 되었다.[34]

---

33) 저우언라이(周恩來, Zhōu Ēnlái, 1898~1976)는 중화인민공화국의 정치가·혁명가이다. 중국공산당 강소성 회안시에 태어나 난카이(남개)학교에 입학하여 공부하였으며, 이 시기에 5·4 운동에 적극 참여했었다. 난카이 학교 졸업 후 프랑스 파리로 유학을 떠나 공부하면서 중국공산당 프랑스 지부를 담당하게 되어 당원을 모집하는 등의 임무를 수행했었다. 1924년 귀국하여 황포군관학교의 정치부 주임을 맡았었다. 제1차 국공합작시기 장제스(Chiang Kai-shek, 蔣介石)에 적극 협력하던 도중 상해에서 봉기를 일으키는 데 성공했지만 곧 장제스(Chiang Kai-shek, 蔣介石)이 일으킨 4.12 정변으로 인해 큰 타격을 받고 도망자 신세가 됐었다. 이후 장제스(Chiang Kai-shek, 蔣介石)에 대항하기 위해 남창봉기를 일으켰으나 실패했었다. 여전히 당의 주도권을 쥔 그를 포함한 엘리트파들은 홍군(紅軍)의 역량을 과신해 전면전으로 장제스(Chiang Kai-shek, 蔣介石)의 군대와 싸우다가 실패하고 대장정을 시작하게 되는데 여기서 그는 자신들의 책임을 인정하고 마오쩌둥(Máo Zédōng, 毛澤東, 1893~1976)의 참모를 자처하고 죽을 때까지 그를 충실히 보좌했다. 중화인민공화국 건국된 후 초대 총리와 외교부장을 겸하여 외교가로 활발히 활동하였는데 제네바 회담에서 활약하고 닉슨의 방중(訪中)을 이끌어내는 성과를 이루어내었다. 마오쩌둥(Máo Zédōng, 毛澤東, 1893~1976)이 사망하기 8개월 전인 1976년 1월 8일 북경에서 사망했다.

34) 1989년 6월 톈안먼 사건(天安門 事件)의 시대적 배경은 다음과 같다: 덩샤오핑(鄧小平, 1904~1997)의 개혁·개방정책이 실시된 지 10년이 되어갈 무렵 다른 사회주의 국가들의 전반적인 경제적 퇴조와 몰락에도 불구하고 '중국식 사회주의'가 낳은 놀라운 성과는 세계적인 주목을 받게 되었다. 1980년대 중반에 이르러 지식인과 학생들의 자유화, 민주화 바람이 전국적으로 크게 일어났다. 그 후 개혁의 바람은 개방정책과 더불어 더욱 가속화되었다. 특히, 외국과의 교류가 활발하게 이루어지면서 지식인들이 정책 입

1976년 극좌파(極左派) 4인방이 몰락하고 문화대혁명(文化大革命, 1966~1976)의 10년 내란이 종료된 후 마오쩌둥(Máo Zédōng, 毛澤東, 1893~1976)을 승계한 화궈펑(華國鋒, 1921~2008)은 또 다시 신속한 발전을 기도하는 급진정책을 입안하였다. 즉, 서양의 자금과 기술을 도입하여 크게 도약하고자하는 정책을 실시하였는데, 이 때문에 이를 양약진(洋躍進) 시기의 정책(1977~1979)이라고 한다. 이 정책은 2000년에 초강대국이 되겠다는 전략이었다. 그러나 당시는 화국봉(華國鋒, Huà Guófēng, 1921~2008)의 권력 기반이 취약한 관계로 인하여 효과적인 정책 집행이 어려웠으며, 이 정책은 결국 중국경제를 더욱 어렵게 만들었다.

화국봉(華國鋒, Huà Guófēng, 1921~2008)은 사인방 실각후 위의 '량거판스(兩個凡是)': *"무릇 마오 주석의 결정은 반드시 옹호해야 하고, 무릇 마오 주석의 지시는 반드시 따라야 한다"*를 내세우며, 자신의 권력 기반을 강화하려 하였다. 사실 '량거판스(兩個凡是)'는 자신은 화국봉(華國鋒, Huà Guófēng, 1921~2008)의 정통 후계자이니 문화대혁명(文化大革命)과 마오쩌둥(Máo Zédōng, 毛澤東) 사상은 옳으니 사인방이나 극좌파처럼 과격한 숙청과 폭력적으로 하지말고 온건하고 평화로운 방식으로 노선을 걷자라는 것이었다. 이와 같이 그는 문화대혁명(文化大革命)을 청산하는데 매우 소극적이었으며, 마오쩌둥(Máo Zédōng, 毛澤東, 1893~1976) 흉내를 내면서 공산당을 장악하려 했었다. 그러나 이런 시도가 먹힐리 없었다. 왜냐하면 당내에는 당시 55세였던 화국봉(華國鋒, Huà Guófēng, 1921~2008)보다

안과 결정에 참여하고 정치개혁을 요구하였다. 이들의 민주화 운동은 확대일로에 있으며, 이 문제를 해결하기 위하여 당(當) 안에서 개혁을 주장하면서도 보수파(保守派)와, 대대적인 개혁·개방을 주장하는 개혁파(改革派)가 대립하게 되었다. 결국, 1989년 '6·4 천안문(天安門) 사건으로 개혁·개방을 주장하였던 세력은 완전히 물러났고, 덩샤오핑(鄧小平, 1904~1997)의 지지 아래 강택민(江澤敏), 이붕(李鵬)으로 이어지는 보수파(保守派)가 당권을 장악하게 되었다. 따라서 1989년 '6·4 천안문(天安門) 사건'은 다음의 강택민(江澤敏) 시대에 한동안 인권 문제로 지적되어 국제사회에서 비판의 대상이 되었다. 1989년 '6·4 천안문(天安門) 사건' 이후, 중국 공산당은 대내적으로는 시위세력을 탄압하고 개혁의 속도와 범위를 축소 조정했으며, 대외적으로는 서방세계의 정치·경제적 제재와 비난에 직면하게 되었다. 정치적으로는 안정에 최우선을 두어 학생 및 지식인 등 민주화 세력에 대한 통제를 강화하는 한편, 부르주아 자유주의자들을 소탕하기 위하여 대대적인 숙청을 개시했었다. 이 과정에서 7만 2천여 명의 공산당 당원이 제명되었고 25만6천여 명은 경고 및 징계처분을 받았다. 한편, 경제적으로는 치리정돈(治理整頓)의 일환으로 수요억제, 내핍생활 장려, 산업구조 조정, 가격개혁의 잠정적 중단을 실시하여 인플레이션을 억제하는 등 경제적 혼란을 진정시키고 생산성 향상을 위한 정책을 실시하였다. 서방세계는 중국에 대한 무역금수, 차관금지, 기술협력 제휴 중단 등의 경제적인 제재조치를 취하였다. 1990년 중반에 와서 인플레이션이 완화되었고 국민총생산액은 5%의 성장을 기록하였다. 1990년 1월 리펑(李鵬)은 계엄령 중단을 발표하고 반(反)체제 인사를 석방하기 시작했으며, 12월 7일 당(黨)중앙은 개혁·개방을 계속한다는 것을 천명하였다. 결국, 1989년 '6·4 천안문 사건'은 정치개혁과 경제개혁의 부조화, 후계자의 불확실성이라는 문제를 남긴채 매듭지어졌다.

경력이 화려하고 당시 신화적인 대장정에 참가한 당원만 해도 수십명이 살아 있었다. 덩샤오핑(鄧小平, Dèng Xiǎopíng, 1904~1997)은 당시 72세였다.

게다가, 마오쩌둥(Máo Zédōng, 毛澤東, 1893~1976) 시절 실각(失脚)했던 덩샤오핑(鄧小平, Dèng Xiǎopíng, 1904~1997)이 당에 복귀하여 점점 세력을 강화하면서 아이러니하게 그를 사면(赦免)해 준 화국봉(華國鋒, Huà Guófēng, 1921~2008)의 권력은 점점 줄어들고 있었다. 덩샤오핑(鄧小平, Dèng Xiǎopíng, 1904~1997)은 화려한 혁명가의 경력에다가 워낙 당(黨)과 군(軍)에 신망도 높았고, 무엇보다도 건국 후에 충칭 시장을 맡으며 발군의 행정 능력을 보여 저우언라이(周恩來, 1898~1976)에 의해 발탁되어 중앙 정계로 떠올랐던 인물이었다. 이렇게 혁명가로서나 행정가로서 지지자가 많았기 때문에, 아무리 무난한 지도력과 마오쩌둥(Máo Zédōng, 毛澤東, 1893~1976)의 직속 후계자라는 명분을 갖췄어도, 실질적인 권력 기반이라고는 후난성 한 곳밖에 없는 화궈펑(華國鋒)이 덩샤오핑(鄧小平)을 상대하기는 너무나 힘겨웠다.

사실, 덩샤오핑(鄧小平, 1904~1997)은 대장정과 국공내전을 이끈 건국의 영웅 중 한 명인 데다가, 그의 지지자들이 문화대혁명(文化大革命, 1966~1976) 중에 대거 숙청되었다고 해도 후야오방, 자오쯔양 등의 상당수가 건재했다. 특히 국공(國共) 내전 시절 덩샤오핑(鄧小平)과 생사고락을 같이 했던 제2야전군 출신들이 군(軍) 상층부에 대거 포진해 있어서 군부의 지지가 덩샤오핑(鄧小平)에게로 쏠려 있었다. 게다가 덩샤오핑(鄧小平)의 경제 개혁이 식량 자급 자족, 차관 전액 상환 등의 우수한 실적을 내면서 화궈펑(華國鋒)은 점점 궁지에 몰렸다. 또한, 게다가 중국 대중들이 몇십년 동안 찌들은 가난, 그리고 문화대혁명(文化大革命, 1966~1976)과 마오쩌둥(Máo Zédōng, 毛澤東) 사상에 환멸을 느끼고 있었다.

덩샤오핑(鄧小平, 1904~1997)은 오랜 정치 경력을 거치며, 권력을 다졌으며, 1970년대에서 1990년대에 이르기까지 중국에서 실질적인 지배력을 행사했다. 그의 경제정책은 실용주의(實用主義) 노선을 추진하고, 정치는 기존의 사회주의 체제를 유지하는 정경분리(政經分離)의 정책을 통해 세계에서 유례가 없는 '중국식 사회주의' 이론을 창시했다. 결국, 그는 1981년 6월 28일부터 1989년 11월 7일까지 중화인민공화국 최고권력자로 군림하였다.[35]

---

35) 1976년 마오쩌둥(毛澤東, 1893~1976)이 사망한 후, 제2대 국가주석으로 공산당 내 서열 2위였던 류사오치(劉少奇, 1898~1969)가 취임했었으나, 실권을 장악한 덩샤오핑(鄧小平, 1904~1997)은 1982년 6월 28일부터 1983년 3월 15일까지 중공 과도정부(1975.01.17~1983.06.18) 국가원수 권한대행직에 있었다. 이어서, 제3대 중국 공산당 중앙위원회 주석·초대 국가주석(1983.03.15~1983.06.18) 후야오방(胡耀邦, 1915~1989)이 마지막 후임 중공 과도정부 국가원수 권한대행직을 수행하였고 1983년 6월 18일을 기하여 8년 5개월 남짓의 중공 과도정부 체제(1975.01.17~1983.06.18)가 종식되었다. 그 후, 1983년 6월 18일, 리셴녠(李先念, 1909~1992)이 정식 중화인민공화국 제3대 국가주석 취임하였다. 한편, 덩샤오핑(鄧

03 이데올로기의 종언(終焉)

　　이데올로기(Ideology)는 그것의 어원(語源)이 Idea(이념, 이상)+logie(논리, 과학)의 의미이듯이 세계를 설명하고 변화시키는 것을 뒷받침하는 관념체계이다. 사실, 이데올로기(Ideology, 이념)이라는 개념은 불과 230년 밖에 안되는 짧은 역사를 가지고 있다. 18세기 서양에서 산업 혁명 이후의 사회적, 정치적, 이론적 격변을 겪으면서 본격적으로 등장하게 된 것이다.[36]

　　이데올로기(Ideology)라는 용어는 1789년 프랑스 혁명 당시 프랑스 계몽주의 철학자 데스튀트 드 트라시(Destutt de Tracy, 1754~1836)가 그의 저서:『The Science of Ideas』(이념들의 과학, 1801년)에서 자신의 '관념의 과학'의 약칭으로 도입하면서 처음으로 등장했다. 그는 이데올로기(Ideology, 이념)를 종교나 형이상학적 선입견에서 벗어나서 관념들의 기원을 합리적으로 연구하는 것이라고 정의하였다. 구체적으로, 그는 이데올로기(Ideology)를 ① 규범적인 이념들의 체계이면서 ② 절대적 규범들의 표상에 대한 비판을 뜻한다고 정의하였다. 즉, 이데올로기(Ideology)는 개인적 인간의 행동을 위한 규범과 집단으로서의 사회적 방향과 이상을 포괄하는 체계임과 동시에 경직화한 규범들과, 그 폐쇄적인 체계에 대한 비판이라는 것이다. 즉, 이데올로기(Ideology, 이념)은 '형이상학'에 대비되는 '과학이론'으로서의 '관념학'이라는 긍정적이고 진보적인 뉘앙스를 띤 개념이었다.

　　데스튀트 드 트라시(Destutt de Tracy, 1754~1836)가 제시한 이데올로기(Ideology)는 바

小平, 1904~1997)은 1983년 이후 국가원수직과 인민정치협상회의 주석직에서 물러났지만, 군사위원회 주석직(1981~1989)에 머무르며 실권을 쥐었다. 1989년 천안문 사태의 강경 진압을 주관하는 한편, 상기한 국가주석직의 교체에 관여하고, 군부 내에 세력을 형성한 제4대 국가주석(1988.05~1993.03)을 양상쿤(楊尙昆, 1907~1998)을 몰락시키고, 중국공산당 총서기(1987~1989) 자오쯔양(趙紫陽, 1919~2005) 후임으로 전혀 뜻밖의 인물인 상하이방의 장쩌민(江澤民, 1926~현재)을 후계자로 중국공산당 중앙위원회 총서기 겸 중국 공산당 주석(1993~2003)에 낙점하였다. 그 배경은 당내 개혁파의 몰락으로 보수파의 득세가 심해지는 것을 염려하였기 때문이었다.

36) 철학사적으로는 프랜시스 베이컨(Francis Bacon, 1561~1626)의 '우상론'을 이데올로기 개념의 출발점으로 평가하곤 한다. 베이컨 본인이 이데올로기(Ideology)라는 표현을 사용하지는 않았지만, 그가 주장하는 4대 우상은 자연에 대한 객관적 인식을 가로막는 편견이나 장애물로서 작용한다는 점에서 이데올로기(Ideology) 개념과 유사하다는 것이다.

로 1789년 프랑스혁명 이념인 자유주의(自由主義)였다. 그는 인간의 자연적 본성인 이성 (理性)을 바로 질서(秩序)와 자유(自由)의 보장으로 보았고, 이러한 자연적 본성이 바르게 이해되면 사회는 조화로운 질서 속에서 진리, 평화, 도덕을 얻을 수 있다고 주장하였다. 사실, 1789년 프랑스 혁명 후 공화정부는 자유주의(自由主義)를 바탕으로 정치의 규범적 목표를 세우고 주도적인 원리를 제시하였다.

그러나, 일반적으로, 광의(廣義)의 이데올로기(Ideology)는 체계적인 관념의 인도를 받는 모든 종류의 행동지향적 이론이나 관념 체계에 비추어 정치에 접근하는 모든 시도를 뜻한다. 이와 대조적으로, 협의(狹義)의 이데올로기(Ideology)는 다음과 같은 특징을 나타낸다: 이데올로기(Ideology)는 인간경험과 외부세계에 관한 포괄적인 설명이론을 포함하고, 일반적·추상적 용어로 사회·정치를 조직하는 프로그램을 제시하며, 이 프로그램의 실현에는 투쟁이 뒤따를 것이라고 본다. 이데올로기라는 개념은 역사적으로 긍정적인 의미로도, 부정적인 의미로도 사용되었다. 먼저 부정적인 의미로는 비현실적이며 현실을 왜곡하는 일종의 '허위 의식'이며, 사람들을 선동하는 그릇된 사상이라는 의미가 있다.

한편, 칼 만하임(Karl Mannheim, 1893~1947)는 『이데올로기와 유토피아』(1929년)에서, 다니엘 벨(Daniel Bell, 1919~2011)은 『이념의 종언(The End of Ideology)』(1960년)에서, 프랜시스 후쿠야마(Francis Fukuyama, 1952~현재)는 『역사의 종말』(The End of History and the Last Men, 2006년)에서 각각 이데올로기의 종언(終焉)을 선언했는데, 그들이 지칭한 이데올로기(Ideology)는 비단 사회주의 이데올로기(Idealogy)뿐만 아니라 자유민주주의 이데올로기(Idealogy)도 포함한다.

다른 한편으로, 프랑스 계몽주의자들은 인간의 이성(理性)을 통하여 종교적, 계급적, 전통에 근거한 사회질서에 대한 투쟁으로서 이데올로기(Idealogy)를 비판한다. 실증주의자 및 분석철학자들은 과학(科學)의 이름으로 이데올로기(Idealogy)를 비판한다. 즉, 이데올로기(Idealogy)는 가치판단일뿐이며 사실진술이 아니기 때문에 과학적 지식에서는 배제되어야 한다고 주장한다.

1) 칼 만하임(Karl Mannheim, 1893~1947): 『이데올로기와 유토피아』(1929년)

칼 만하임(Karl Mannheim, 1893~1947)[37]은 사회학자로서 마르크시즘(Marxism)의 영향

을 받았으나, 칼 마르크스(Karl Heinrich Marx, 1818~1883)의 한계를 뛰어넘어 새로운 사회학을 정립하려고 시도했다. 이런 시도의 하나로 당시까지 사회집단과 계급의 정치적 세계관적 투쟁에서 은폐와 폭로의 도구로 전락한 이데올로기(Idealogy) 개념을 문화, 사회적 측면에서 분석해 가치중립적 개념으로 재정립했다. 그에 따르면 이데올로기(Idealogy)가 현실을 정당화하는 것이며, 유토피아(Utopia)는 현실을 부정하고 미래를 지향하는 것이다.

칼 마르크스(Karl Heinrich Marx, 1818~1883)는 이데올로기(Idealogy)와 지식은 계급적 이해에 따라 규정되고 달라진다고 봤다. 이와 반면에, 칼 만하임(Karl Mannheim, 1893~1947)은 칼 마르크스(Karl Heinrich Marx, 1818~1883)의 주장을 일부 인정하면서도 계급적 이해뿐 아니라 그 외의 문화적, 사회적 요인이 중요한 영향을 미친다고 주장했다. 이러한 관점에 입각하여, 그는 '지식사회학'이라는 새로운 학문을 창시했다.

상기한 입장에서, 칼 만하임(Karl Mannheim)은 그의 저서: 『이데올로기와 유토피아』(1929년)를 제시했다. 여기서 그는 이데올로기(Idealogy)를 극복하고 유토피아(Utopia)를 실현하는 한 가지 특이한 방법을 다음과 같이 제시했다: 이데올로기(Idealogy)는 '특수적 이데올로기'와 '총체적 이데올로기'로 구분되며, '특수적 이데올로기'에는 '특정한 이데올로기'와 '보편적 이데올로기'가 포함된다. 이데올로기(Idealogy)를 극복함으로써 유토피아(Utopia)를 실현하기 위해서 극복해야 할 것은 '특수적 이데올로기'가 아니라 '총체적 이데올로기'이다. 총체적 이데올로기는 인간 의식의 형식이나 구조 또는 의식 자체에 해당하는 것으로서, 그것을 극복하는 일은 곧 그것을 실현하는 일이기도 하다.

---

37) 칼 만하임(Karl Mannheim, 1893~1947)은 헝가리 태생의 사회학자이다. 그는 부다페스트, 프라이부르크, 베를린, 파리, 하이델베르크에서 철학과 사회학을 공부했으며 특히 인식론을 전공하였다. 독일의 대학에서 공부한 후, 잠시 헝가리에 돌아와 1919년 사회주의 혁명운동에 참가하였으나 반(反)혁명군에 의해 혁명정부가 붕괴함에 따라 다시 독일로 돌아가야만 했다. 1926년 사강사(Privatdozent)가 되었고, 1930년에는 프랑크푸르트암마인 대학교의 사회학 교수가 되었다. 1933년 나치 정권 수립과 함께 그의 사상 경향 때문에 독일에서 추방되어 영국으로 망명했다. 그의 자질과 업적을 높이 평가하는 런던대학교의 모리스 긴즈버그(Morris Ginsberg)와 해럴드 래스키(Harold Laski)의해 런던 정치경제대학교의 사회학 강사로 추천되었다. 그는 민주주의에 입각한 계획적 사회를 건설하기 위해 교육을 중요시하였고 1945년에는 런던 대학교 교육학 주임 교수가 되고 또한 유네스코의 유럽 부장으로 사회적 실천 활동에 참여하기 시작하였으나 1947년 1월 9일 53세로 별세했다. 그는 '세대'라는 개념을 사회적 현상으로 주목하고 학문적으로 정립한 인물로도 유명하다. 그의 '세대 연구' 이후, 세대 문제라는 개념이 본격적으로 전파되었고 지금도 세대 갈등과 관련한 연구에 있어서 끊이지 않고 인용되고 있는 인물 중 하나이다. 그는 세대의 분류를 위해 '세대 위치', '실제 세대', '세대 단위' 등으로 구분하였다. 같은 세대위치에 있다는 것은 적어도 동일한 경험을 할 수 있는 지역적 영향력 안에 있어야 함을 의미한다. '실제 세대'는 동일한 세대위치에 속해 있으면서 서로 동일한 경험이나 사건을 공유하여 유대감이 형성될 수 있는 경우를 의미한다.

'유토피아(Utopia)'란 글자 그대로 '이 세상 어느 곳에도 없는 장소'를 의미한다. 즉, 유토피아(Utopia)란 사실상 구체적인 물질성을 지니고서 이 세상에 존재하는 어떤 공간적 대상이 아니다. 유토피아(Utopia)란 현실에 만족하지 못한 인간의 욕망이 그려내는 일종의 비현실적 장소이다. 예로서 토머스 모어(Thomas More, 1478~1535)의 『유토피아(utopia)』(1516년)[38]와 프랜시스 베이컨(Francis Bacon, 1561~1626)의 『새로운 아틀란티스』(New Atlantis, 1627년)[39]를 들 수 있다.

'이데올로기(Idealogy)'란 인간·자연·사회의 총체에 대하여 사람들이 품게 되는 의식형태이며, ① 그들의 존재에 그 근저적(根底的)인 뜻을 부여하며(가치체계), ② 자신과 객관적 제조건에 대한 현실적 인식을 가져오며(분석체계), ③ 원망(願望)과 확신에 의해 자신의 잠재적 에너지를 의지적으로 활성화함(신념체계)과 더불어 ④ 구체적인 사회적 쟁점(社會的爭點)에 대한 수단과 태도의 선택도식(選擇圖式)을 포함한다. 이러한 내용을 가진 의식형

---

38) 토머스 모어(Thomas More, 1478~1535)의 『유토피아(Utopia)』(1516년)는 1, 2권으로 구성된다. 제1권은 현실비판, 제2권은 유토피아에 대한 이야기이다. 상기 저서의 시사점은 다음과 같다: 정의(正義)는 정치(政治)를 하는데 있어서 가장 중요한 핵심이다. 공정함이 사라진 곳에서는 갈등이 발생하고 혼란스러우며 나라가 더 이상 존속하기 어려워진다. 정치 지도자는 언제나 정의(正義)를 구현하기 위해서 노력해야 한다. 정치적 지도자의 행위는 자신이 가진 행정력이 미치는 범위까지 정치적 공동체를 통해 질서(秩序)와 정의(正義)를 구현하는 것이다. 국가는 공정하지 않은 공간을 공정하게 만들어내는 것이 핵심적인 요소이다. 공정이 이루어진다면 우리는 기본적으로 서로를 믿을 수 있고 생계에 더 집중할 수 있다. 부(富)에 대한 과도한 집착과 욕심이 나라를 좀먹고 있다. 사유재산은 공정한 사회를 만드는데 있어서 사람들의 삶을 이성에 기반 하지 않고 욕구에 몰두하도록 몰아간다. 공정함은 각자의 몫을 나눠주면서도 동시에 정치체제 안에서 모두가 사회에 일정한 기여를 해야 하며 그것을 통해 사회가 전체적으로 번영하는 것에 기여해야 한다. 결국, 정의(正義)를 위해 소유를 철폐하고 각자가 노동을 통해 만족을 얻는 사회를 구성할 것을 요구한다.

39) 프랜시스 베이컨(Francis Bacon, 1561~1626)는 영국의 철학자, 과학자로 과학혁명의 시조라 불린다. "아는것이 힘이다"(Knowledge is power)라는 말로 유명하듯이 학문에 대한 굉장한 열정을 지녔다. 그는 엘리자베스 1세의 국새관이자 대법관인 니콜라스 베이컨 경의 아들로 태어나 제임스 1세시절에 국새관과 대법관을 지냈다. 1621년에 뇌물을 받은 혐의로 공직에서 물러났고 그 뒤로도 학문을 연구하다. 1627년 '새로운 아틀란티스'(The New Atlantis)에서 과학자들이 모여 귀납적(歸納的)인 방법으로 학문을 연구하는 과학 단체를 만들자고 주장했다. 이 구상은 훗날 영국 왕립학회와 프랑스 과학아카데미로 실현되었고 이는 과학 혁명의 요람이 되었다. 아틀란티스(Atlantis)란 대서양에 있다고 예로부터 상상되어 왔던 신비스러운 거대한 섬의 이름인데, 그는 이 아틀란티스(Atlantis)를 오늘날의 미국(美國)과 동일시하여 '새로운 아틀란티스'(The New Atlantis)는 그보다 더 깊숙한 곳에 있는 태평양의 한 고도(孤島)로 상정하였다. 이 나라는 그리스도교를 신봉하는 군주국으로, 종교 및 인간 관계에 있어서 예절이 존중되고 있다. 이 나라의 중심은 명군(名君)인 소라모나가 창설한 사로몬 학원으로, 이 학원의 목적은 "사물의 여러 원인과 은밀한 운동에 대한 지식이며, 인간 제국(帝國)의 영역을 확대하여 가능한 모든 것을 성취하는"것으로, 이 학원은 말하자면 과학과 기술의 연구소이다.

태가 사회집단(정당·조직·세대·계층·계급 등)에 의하여 공유되면 그곳에 '사회적 이데올로기'가 성립한다. 또 이 사회적 이데올로기가 구체적인 각 개인의 생활을 통하여 내면화하면 각 개인의 '개인적 이데올로기'가 형성된다.

사람들은 갖가지 사회적 이데올로기가 착종(錯綜)하는 가운데서 전통적 요인이나 심리적 요인의 영향을 받으면서도 기본적으로 그 사회의 구조에 조응(照應)하는 어떤 개인적 이데올로기의 담당자가 되는 것이다. 사람들은 싫든 좋든 이데올로기에 의해 현실을 파악한다. 올바른 가치와 정확한 분석을 포함하는 이데올로기는 뛰어난 현실인식을 가져오며, 그것에 의해서 사람들의 사회적 요구에 올바른 실천적 해결의 길잡이를 제공하게 될 것이다. 이에 반하여 단순한 주관적 원망이나 비합리적 확신에 크게 의존하는 이데올로기(Idealogy)는 일시적으로 폭발적 에너지를 결집하는 경우가 있다 하더라도 그 비합리성 때문에 마침내 역사의 흐름에서 빗나가고 만다. 독일에서의 나치즘이나 일본의 군국주의 또한 비합리적인 신화에 기초를 둔 이데올로기(Idealogy)의 전형이었다. 제2차 세계대전 이후 이데올로기의 존재상황은 매우 복잡하게 되었다.

첫째, 1940년의 '오퍼레이션 리서치(operation research)'에서 시작되는 기술혁신의 전개는, 한편에서는 생산과정의 자동적 기계화(automation)에 의하여 노동자의 육체적 노동을 정신적 노동으로 전환시켰으며, 다른 한편에서는 제품의 규격화와 교통의 발달에 의해 대량소비를 가능하게 하여 사람들을 소비와 레저로 몰아붙였다. 이와 같은 현상이 체제를 초월해서 나타나는 데서 자본주의 사회와 사회주의 사회의 본질적 차이가 소멸된 듯이 생각하는 다니엘 벨(Daniel Bell, 1919~2011)의 『이데올로기의 종언(The End of Ideology)』(1960년)이 대두되었다. 생활수준의 향상이나 사회복지정책의 전개에 의해 바야흐로 계층 간의 격차가 사라졌으며, 양체제의 차이를 초월한 대중사회현상이 공통화되고 있다는 것이다. 그러나 그것은 생산수단의 소유형태가 서로 다르다는 점을 무시하고 있다. 이러한 현실이 계속되는 한 이데올로기(Idealogy) 투쟁은 소멸될 수 없는 것이다.

둘째, 국제적으로 사회주의 이데올로기(Idealogy)와 자유민주주의 이데올로기(Idealogy)의 대립을 축으로 하여 미국과 소련을 중심으로 하는 평화공존의 기초가 약화되고, 양(兩)진영의 내면적 분화가 진행되고 있었으나 소련의 붕괴로 사실상 의미를 잃었다. 사회주의 이데올로기(Idealogy)는 1956년 이오시프 스탈린(1878~1953) 비판 이후 잇달은 시련 속에서 인류의 해방이라는 목적과 이를 실현하는 수단의 선택 사이에 놓인 모순을 어떻게 극복하는가 하는 문제에 직면하였다. 따라서 개개의 역사적·민족적 조건하에서 추구되는, 이른바 자주독립노선의 앞으로의 귀추가 주목된다고 할 것이다. 한편 자유민주주의 진영에서도 미국·프랑스의 대립을 비롯한 각국의 경제적 이해에 얽힌 분화가 나타나고 있으며, 미국의 세계전략에 대해서도 일치된 지지는 얻지 못하는 것이 현실이다. 또한 아시아·아프리카·라틴아메리카의 신흥 제국에서도 그 경제적·정치적 자립의 방도를 놓고 내셔널리즘과 인터내셔널리즘을 어떻게 결합하는가 하는 과제로 어려움을 겪고 있다. 거기에는 사회주의 대 자유민주주의의 이데올로기적 대립이 반영되어서 중립적 입장에서의 결속이 어려운 상황에 있다.

2) 다니엘 벨(Daniel Bell, 1893~1947): 『이념의 종언(The End of Ideology)』(1960년)

다니엘 벨(Daniel Bell, 1919~2011)은 그의 저서 『이데올로기의 종언』(The End of Ideology, 1960년)에서 "현대의 급진적인 지식인들에게 기존의 이데올로기(Idealogy)들은 더이상 '진리(眞理)'가 될 수 없고 이제 설득력을 상실하였다"고 주장하고, 현대 서구 사회에 있어서의 '이데올로기의 종언'을 선언하였다. 상기 저서는 다음과 같은 2가지의 역사적 및 사회학적 변화에 의하여 야기되었다고 진단하였다.[40)]

첫째, 모스크바에서의 반(反)체제 인사들에 대한 재판, 나치스와 소련의 조약, 나치스에 의한 유태인 학살, 헝가리의 노동자 탄압 등의 사건들이 공산주의나 전체주의에 대한 급진적 지식인들의 실망과 좌절을 가져왔다.

둘째, 자본주의의 수정체제인 복지국가(福祉國家)의 대두 등과 같은 사회변동이 급진적 이데올로기의 호소력을 약화시켰다.

따라서 오늘날에는 사회공학에 의해서 '유토피아(Utopia)'를 건설할 수 있다고 믿는 사람은 없으며, 또한 사회공학의 필요성을 철저하게 배격하는 주장도 이제는 설득력을 잃었다. 따라서 오늘날 서구의 지식인들은 복지국가, 권력의 분산, 혼합경제, 정치적 다원주의 등을 대체로 수용하고 있다. 이런 의미에서도 서구 사회의 이데올로기(Idealogy)는 이제 종식(終熄)되었다고 다니엘 벨(Daniel Bell)은 상기 저서에서 주장했다.

이젠, '이데올로기'(Ideology)는 이미 죽었다. 세계적으로 보면, 국제적으로 사회주의 이데올로기(Idealogy)와 자유민주주의 이데올로기(Idealogy)의 대립을 축으로 하여 미국과 구(舊)소련을 중심으로 하는 양(兩)진영의 내면적 분화가 진행되고 있었으나 구(舊)소련의 붕

---

40) 박희섭(1979) 역, 'D. 벨', 『현대의 사회사상가』, 한국사회과학연구소, 서울: 민음사.

괴로 사실상 의미를 잃었으며, 또한 중국의 공산당 이데올로기도 모택동(毛澤東)의 사망과 등소평(鄧小平)의 실용주의(實用主義)로서 그 의미를 상실했다.

물론, 아시아와 아프리카에서는 산업화, 근대화, 범(汎)아랍주의, 민족주의 등이 새로운 이데올로기로서 강력한 호소력을 가지고 대두되었다. 그러나 19세기의 이데올로기는 보편주의적이고 인도주의적이었으며 지식인들에 의해 형정된 것이었던 반면에, 아시아와 아프리카의 대중 이데올로기는 지역적이고 도구적이며, 해당 지역의 정치지도자들에 의해 주도되었다. 그리고 19세기의 낡은 이데올로기가 사회적 평등과 자유의 추구에 의하여 추진되었던 반면에, 신생국가들(아시아 및 아프리카)의 대중 이데올로기는 경제발전과 국력의 증진을 추구하는데 목표를 두었다.

여기서 유의할 것은 '이데올로기(Idealogy)의 종언'이 '유토피아의 종언'을 의미하는 것은 아니며 또한 그래서도 안 된다고 다니엘 벨(Daniel Bell)은 주장했다는 점이다. 그의 선언, '이데올로기(Idealogy)의 종언'에서 그가 경고하고자 한 것은 '이데올로기(Idealogy)의 함정'인 것이다. 그가 말하는 '이데올로기(Idealogy)의 함정'이란 이데올로기(Idealogy)가 사람들로 하여금 자신의 개인적인 문제를 개인적인 노력으로 직면하도록 하지 않도록 한다는 것이다. 즉, 사람들은 모든 개인적 문제들을 이데올로기(Idealogy)에 맡기고 이데올로기(Idealogy)가 제시하는 공식에만 따르려고 한다는 것이다.

요컨대, 다니엘 벨(Daniel Bell, 1893~1947)은 그의 저서 『이데올로기의 종언』(End of Ideology, 1960년)은 산업사회에 있어서 이데올로기(Idealogy)의 몰락을 선언하였다. 탈(脫)이데올로기론 등장의 배경과 이유는 제2차 세계대전 후 이데올로기(Idealogy) 대립과 냉전체제가 답답하고 불안감을 주어 탈(脫)이데올로기론이 하나의 정신적 돌파구가 되었다. 그리고 마르크시즘(Marxism) 이데올로기의 침투를 막을 수 있다고 기대되었다. 나아가 전쟁의 위협을 감소하고 평화공존의 정신적 기반이 된다고 판단하였다.

그러나 다니엘 벨(Daniel Bell)이 '이데올로기(Idealogy)의 종언'을 주장한 것은 19세기의 낡은 이데올로기(Idealogy)가 이제는 지식인들의 열정을 불러일으킬 타당성과 호소력을 갖지 못하게 되었다는 사실을 지적한 것일 뿐, 모든 이데올로기적 사고가 더 이상 필요 없게 되었다고 주장하는 것은 결코 아니라는 점이다. 사실, 탈(脫)이데올로기론 자체가 인간의 희망과 정치적 목적을 반영한 또 하나의 이데올로기(Idealogy)인 것이다. 테크놀로지라는 수단적 가치가 이데올로기(Idealogy)라는 목적적 가치를 대신할 수 없다는 것이다.

3) 프랜시스 후쿠야마(Francis Fukuyama, 1952~현재): 『역사의 종말』(The End of History and the Last Men, 2006년)

1960년대 초반에 다니엘 벨(Daniel Bell, 1919~2011)은 『이념의 종언』(The End of Ideology)(1960년)으로부터 30여년 후 프랜시스 요시히로 후쿠야마(Francis Yoshihiro Fukuyama, 1952~현재)[41]는 『역사의 종언』(The End of History and the Last Men, 1989년, 2006년)을 출판했다. 프랜시스 요시히로 후쿠야마(Francis Yoshihiro Fukuyama)는 '역사의 종말(The End of History)'을 1989년 냉전(冷戰)이 종식되는 순간이라고 정의하고 다음과 같이 논술하였다:

처음에는 중국에서, 그리고 나서 소련에서 마르크스－레닌주의(Marxism-Leninism)가 사라지고 있는 과정과 죽음은 세계사적 의미를 보여주고 있다. 역사적인 관점에서 냉전(冷戰) 기간 동안 민주주의(民主主義) 정치체제는 파시즘과 공산주의 체제로부터 많은 투쟁을 거치면서 승리를 거머쥔 만큼 더 이상 민주주의(民主主義) 체제에 도전할 수 있는 이념과 철학 체계가 없다. 따라서 역사(歷史)가 종말(終末)에 도달했다고 선언했다.

'역사의 종말'(The End of History)은 모든 인간이 물질적인 욕구를 만족시켜 가는 과정에서 세계의 시장이 하나의 공동시장으로 되고, 민주주의(民主主義) 정치체제 속에서 살아가게 되는 세계가 되어 평화로우면서도 모든 사람이 물질적인 욕구에 만족하게 되는 세계이다. 따라서 거대한 역사적 투쟁은 사라지고 오로지 부분적인 사건들로만 가득찬 세계, 그렇기 때문에 어쩌면 매우 권태로운 삶이 기다리고 있는 그러한 세계이다. 이것은 곧 냉전의 종식과 더불어 사실상 영원한 평화의 시대가 도래하게 된 것을 의미한다.

냉전(冷戰) 종식 이후의 세계를 보면 인간은 세계 공동 시장화를 통해서 경제적인 욕구를 만족시키고 있으며, 동시에 민주주의(民主主義) 체제가 보편적이고 가장 정당한 정치체제로 사실상 인정되고 있다. 인간은 심리적, 정신적인 원초적 욕구가 만족되는 세계에 도

---

41) 프랜시스 요시히로 후쿠야마(Francis Yoshihiro Fukuyama, 1952~현재)는 미국 스탠퍼드 대학교의 교수이며 철학자, 정치경제학자이다. 미국 시카고에서 태어났다. 일본계 미국인(3세)이다. 그러나 일본어는 못한다. 그는 코넬대(고전학), 예일대(비교문학), 하버드대(국제정치학 박사)를 졸업한 후 미 국무부 정책기획실 차장, 워싱턴 랜드연구소 선임연구원, 조지메이슨대 교수, 존스홉킨스대 국제관계대학원 학장 등을 지냈다. 부시 대통령 1기 때만 해도 네오콘(신보수주의)의 적극적인 지지자였다. 현재 스탠퍼드대 정치학 교수로 재직 중이다. 공산주의와 대결하는 자유주의라는 프레임을 설정하고 자본주의와 공산주의라는 이데올로기 대결의 역사를 자유주의와 공산주의라고 하면서 "자유주의의 승리로 끝났다"고 주장한 『역사의 종말』으로 유명하다.

달하였으며, 역사는 그 절정에 이르렀다는 점에서 냉전(冷戰)의 종식과 함께 '역사(歷史)의 종말'(The End of History)을 선언한 것이다.

04 한국사회의 이념갈등(理念葛藤)과 해소방향

영국의 철학자이며 자신도 한 때 공산주의자이었던 칼 포퍼(Karl Raimund Popper, 1902~1994)는 '30세 전에 볼쉐비키(급진 공산주의자)가 아닌 사람은 바보이며 30세가 넘어서도 계속 볼쉐비키인 사람도 바보'라고 말했다.

전술한 바와 같이, 칼 만하임(Karl Mannheim, 1893~1947)는 『이데올로기와 유토피아』(1929년)에서, 다니엘 벨(Daniel Bell, 1919~2011)은 『이념의 종언(The End of Ideology)』(1960년)에서, 프랜시스 후쿠야마(Francis Fukuyama, 1952~현재)는 『역사의 종말』(The End of History and the Last Men, 2006년)에서 각각 '이데올로기'(Ideology)의 종언을 선언했다.

1) 한국의 사회갈등(社會葛藤) 현황

한국은 27개 OECD 회원국 중에서 2번째로 사회갈등이 심한 국가이다. 2010년 기준으로 사회갈등지수는 0.71로서 OECD 평균 0.44를 상회하였다. 한국의 거리 시위(示威)와 사회갈등지수(社會葛藤指數)는 경제협력개발기구(OECD) 회원국 중에서 단연코 최고 수준이다(중앙일보, 2017.11.17).

한국 사회가 갈등(葛藤)으로 인한 사회적 비용(社會的 費用, Social Conflict)이 연 200조 원으로 추정된다. 삼성경제연구소(2017)에 따르면 한국의 경우 사회적 갈등(社會的 葛藤)으로 모든 국민이 매년 900만 원씩을 쓴다. 국가 전체로 따지면 연간 무려 82조 원에서 최대 246조 원 규모인 셈이다. 한 해 국가예산의 60%에 이르는 금액을 사회적 갈등(社會的 葛藤) 비용으로 낭비하고 있다는 것이다. 사실, 한국은 이미 국내총생산(GDP)의 27%를 갈등관리 비용에 쓰고 있다(한국경제, 2017.08.07).

또한, 현대경제연구원(2016)의 연구: '사회적 갈등(社會的 葛藤)이 경제성장(經濟成長)에 미치는 영향 분석' 결과에 의하면 2009~2013년 경제협력개발기구(OECD) 29개국의 경우 사회갈등지수(社會葛藤指數)가 상승하면 1인당 GDP가 하락하는 상관관계를 분석했다. 한국의 경우, 만약 사회적 갈등(社會的 葛藤) 수준이 OECD 평균 수준으로 개선된다면, 실질 GSP는 0.2%포인트 정도 추가 상승할 것이라고 분석했다. 이것은 사회적 갈등(社會的 葛藤)만 해소돼도 1인당 국민소득이 추가적으로 4,000달러는 더 올라가 3만 달러 시대를 열수 있다는 것을 의미한다.

참고로, 대통령 소속 〈국민대통합위원회〉의 발표(2015.12.29)에 의하면, 한국인이 가장 심각하다고 인식하는 사회적 갈등의 유형(類型)은 계층 갈등(75.0%), 노사 갈등(68.9%), 이념 갈등(67.7%), 지역 갈등(55.9%)의 순위로 나타났다. 여기서 유의할 것은 사회적 갈등을 악화시키는 가장 큰 요인(要因)의 순위가 응답자의가 '여·야 간 정치 갈등'(51.8%), 빈부격차(40.3%), 국민 개개인의 과도한 이기주의와 권리 주장(36.4%)으로 나타났다는 점이다.[42]

따라서 대한민국은 현재 '갈등 공화국'의 덫에 빠졌다. 글로벌 저성장 기조와 영국의 유럽연합 탈퇴에 따른 대외 경제불안에다가 국내의 안보·경제 불안까지 덮치면서 총체적 불확실성이 가중된 형국이다. 대내·외 불확실성 파고를 넘기 위해 국민통합이 요구되는 시점이지만 지역갈등, 이념갈등, 남남갈등, 세대갈등이 대한민국을 '혼돈의 블랙홀'로 몰아넣고 있다.

특히 교육·고용·의료·연금 등의 분야에서 보수(保守)와 진보(進步)의 이념간 갈등이 팽배해 있다.[43] 상술하면, 선(先)성장·후(後)분배의 계획기조 하에 추진되었던 과거 경제발전전략은 경제규모 및 경제성과의 양적 확대를 통해 절대빈곤 문제는 해결했으나, 상대적 빈곤감 및 박탈감을 증폭시킴으로써 계층간·노사간·지역간 갈등을 심화 및 표출시키고 있다. 여기에 이념간 갈등 혹은 보수 vs 진보의 갈등과 세대간 갈등까지 겹쳐 사회경제적 갈등구조가 더욱 첨예화되고 있다(파이낸셜뉴스, 2016.07.24).

더구나 정쟁(政爭)과 사회갈등을 유발하는 정치권의 폭로전과 사회분열을 겨냥한 묻지마식 카더라통신 등 선동적 여론몰이에 이어 집단이기주의에 근거한 편가르기 현상마저 심화되고 있다. 국론분열은 가속화되고 있으며 대한민국은 아무것도 못하는 무기력 상황으로 빠져들고 있다. 특히, 기업구조조정을 통한 산업경제의 체질개선을 위한 대수술이 시급한 상황에서 노동계 파업 행보는 정치적 기획 파업과 노조 이기주의를 부끄러움 없이 드러내고 있다. 영남권 신공항 백지화 결정은 객관적인 타당성 검증을 통해 불필요한 세

---

42) 상기 발표 내용은 '2015년 국민통합 국민의식 조사' 결과(2015.10.23~26, 여론조사업체 〈리서치앤리서치〉에 의뢰해 전국 19세 이상 성인남녀 2,000명을 대상으로 진행됐다. 표본오차는 95% 신뢰수준에 ±2.2%포인트)이며 대통령 소속 국민대통합위원회의 발표(2015.12.29) 내용이다(동아일보, 2015.12.30).

43) 임양택(2012), "한국 대선의 이념논쟁과 시대적 과제: 보수·진보가 아니라 비전이 문제다!", 〈월간조선〉 7월호.

금 지출을 막는 결론을 내렸지만 지역갈등 여진이 남아 있다. 한국사 교과서의 국정화를 둘러싼 찬성과 반대 갈등인 것처럼 보이지만 실제로는 특정 이념(理念)을 고집하고 부과하려는 사람들과, 그것을 거부하는 사람들의 대립이다.[44] 또한, 북한의 북핵 위협에 대응하기 위한 사드(THAAD·고고도미사일방어체계) 배치 결정이 지역간 이기주의 충돌에 이어 남남갈등으로 비화되었다.

여기서 유의할 것은 다음과 같다:

(1) 문화체육관광부의 '2019년 한국인의 의식·가치관 조사' 결과(2019.12.11)에 따르면 한국사회가 겪는 갈등(葛藤) 중에서 가장 심각한 문제로 진보와 보수 간 갈등을 꼽은 응답자가 전체의 91.8%였다. 그 다음의 순위는 정규직과 비정규직의 갈등(85.3%) 〉 대기업과 중소기업의 갈등(81.1%) 〉 부유층과 서민층의 갈등(78.9%)이다[45];

(2) 한국사회에서 갈등 유형의 순위에 관한 〈한국청년유권자연맹〉의 설문조사(2019.12.16~24)결과를 보면 이념갈등(41%) 〉 계층갈등(28%) 〉 지역갈등(21%) 〉 세대갈등(10%)으로 나타났다.[46]

이념갈등(理念葛藤)은 사회 발전을 가로막는 암적(癌的) 존재이다. 〈삼성경제연구소〉의 '한국의 사회갈등과 경제적 비용'라는 보고서(2009.06.24)에 따르면 사회갈등으로 인해 한국이 치르는 경제적 비용이 연간 최대 246조 원에 이른다고 추산했다. 이는 국내총생산(GDP)의 27%인 것으로 모든 국민이 매년 900만 원씩을 사회적 갈등 해소에 쓰고 있는 셈이다. 한국사회의 사회갈등지수는 0.71(OECD 평균은 0.44)로 터키(1.20), 폴란드(0.76), 슬로바키아(0.72)에 이어서 경제협력개발기구(OECD) 27개 회원국 중 네 번째로 높았다.

---

44) 어떤 사람들은 이번 문제가 교과서 국정화를 둘러싼 논쟁이고 이념갈등(理念葛藤)은 아니라고 할지도 모른다. 그러나 이 문제는 처음부터 정치 현안으로 제기됐고 특정 정당의 이념에 뿌리를 둔 시각으로 교과서 내용을 해석한 결과에 의한 것이었다. 애초 문제를 제기한 쪽, 그러니까 필요에 의해 갈등을 만든 쪽에서 문제를 삼은 것이 이념(理念)이었기 때문에 거기에 대한 대응은 결국 이념에 대한 문제 제기가 되어버린 것이다.

45) 이념갈등(理念葛藤)은 2016년만 해도 순위가 다섯 번째(77.3%)에 불과했으나 3년 사이 14.5% 포인트가 올라 2019년에서는 첫 손가락에 꼽혔다. 2006년에는 부유층과 서민층(89.6%), 2016년엔 정규직과 비정규직(90.0%) 등 주로 경제 분야 갈등이 부각됐지만 2019년에는 사회 분야 갈등이 표출되었다.

46) 〈한국청년유권자연맹〉은 창립 4주년 기념행사(2019년 12월 28일, 서울 중구 프레스센터)에서 상기한 설문조사 결과를 발표했다. 이번 조사는 2019년 12월 16일부터 24일까지 국내 만 19~39세 시민 840명을 상대로 SNS를 통해 진행됐다. 정치 성향을 묻는 질문에 52%가 자신을 '중도'라고 평가했으며 진보와 보수는 각각 27%, 21%를 차지했다. 특히 20~30대 젊은 층은 한국사회에서 이념(Idealogy)이 가장 큰 갈등 요인이라고 생각하는 것으로 나타났다.

이내영 교수(고려대학교), 한국사회 이념갈등의 원인: 국민들의 양극화인가, 정치엘리트들의 양극화인가?(한국정당학회보 제10권 제2호, 2011.08)의 주요 분석 결과를 요약하면 다음과 같다: (1) 우선 일반국민들의 이념성향의 분포는 역동적으로 변화하였다. 노무현 정부(2003.02~2008.02)의 출범시기인 2002년 겨울부터 국민들의 이념성향의 분포에서 진보의 비중이 증가하였지만, 이후 노무현 정부(2003.02~2008.02)에 대한 실망감이 커지면서 중도의 비율이 증가하여 가장 큰 비중을 차지해 왔다. 이 조사결과는 일반국민들 수준에서는 이념적 양극화가 나타나지 않았다는 점을 나타낸다. (2) 국회의원의 이념성향의 분포의 변화 추세를 보면 어느 당이 다수당이 되는가에 따라 진보, 중도, 보수의 비율이 크게 변화해 왔다. 가장 주목할 만한 추세는 16대 국회에 비해, 17대, 18대 국회 의원들에서 중도의 비율이 지속적으로 감소해 왔다는 점이다. 중도성향 국회의원의 비율이 감소하는 추세는 주요 정당 소속 의원들 사이에 이념적 거리와 간극이 크게 증가하였다는 사실을 나타낸다. (3) 최근 한국 사회에서 이념갈등이 심화되는 주요 이유는 일반국민들 사이에 이념대립과 양극화가 커졌기 때문이 아니라, 정당의 지도부를 구성하는 정당 소속 의원들 사이에 이념적 거리가 커져왔기 때문이다.

2) 이념갈등(理念葛藤) 해소를 위한 철학적 접근47)

사실, 이념(理念, Idealogy)은 개인 또는 집단의 정체성(正體性)이기 때문에 변하기 힘든 것이고 상대의 이념을 바꾸려고 시도하는 것 자체가 가능하지도 필요하지도 않다. 그러나 개인이나 집단은 다른 이념을 가진 사람들과 공존(共存)하는 법을 배우고 실천함으로써 이념갈등(理念葛藤)을 최소화시키면서 살 수 있다. 그렇다면, 어떻게 사회갈등(특히 이념갈등)을 최소화할 것인가? 이에 대한 답은 2개 이론: 기능주의 이론과 갈등 이론(conflict

---

47) 이규환, 최정숙 편저(2003), 『지역사회와 교육』, 서울: 한국방송대학교 출판부; 강순원 역(1983), 『교육과 사회구조』, 한울; 이화대 교육사회학연구회 역(1989), "교육의 경제적 불평등을 통해서 본 한국교육의 사회적 성격"『한국교육』, 한울 아카데미, pp.11~30; 김석원 역, E. Reimer(1971), 『학교는 죽었다.』, 한마당; 김성열 외 역, M. Carnoy and H. Levin(1991), 『국가와 교육』; 배영사. 김학노·박형준 역(1986), 『국가, 계급, 사회운동: 그람시와 현대 마르크스주의』, 한울; 박부권·이혜영 역, M. Apple(1985), 『교육과 이데올로기』, 한길사; 이규환 역, Bowles & Gintis(1986), 『자본주의와 학교교육』, 사계절; 송병순(1987), 『교육사회학』, 문음사; 윤정일·강무섭 역(1990), 『교육과 사회발전』, 대영문화사; 이규환·강순원 편역(1984), 『자본주의 사회의 교육』, 창작과 비평사; 임영일 편저(1986), 『국가, 계급, 사회운동: 그람시와 현대 마르크스주의』, 풀빛; 최명선 역, H. Ciroux(1990), 『교육이론과 저항』, 성원사; 황성모 역, 『탈 학교사회』, Illich, I(1970), Deschooling Society, New York: Harper and Row.

theory)에서 찾아볼 수 있다.

여기서 유의할 것은 구조적 기능 이론(Structural Functional Theory)과 갈등 이론(Conflict Theory)이 관점의 차이를 일으키는 2가지 중요한 대상은 ① 합의 vs 억압 ② 가치의 사회화 vs 계층 재생산이라는 점이다. 구조적 기능 이론(Structural Functional Theory)의 재능활용의 능률과 사회적 통합성을 위한 교육의 기능을 강조한 반면 갈등 이론(Conflict Theory)은 기존 학교교육에 대한 비판에 주력하여 불평등의 정당화와 지배층 문화의 주입을 논박하고 있다. 그러나 이러한 차이에도 불구하고 두 가지 이론의 비슷한 견해를 많이 찾아볼 수 있다. 따라서 구조적 기능 이론(Structural Functional Theory)과 갈등 이론(Conflict Theory)의 장점은 받아들이고 단점은 보완하여 더 좋은 교육(敎育)을 실시하는 것이다.

(1) 구조적 기능 이론(Structural Functional Theory)

구조적 기능 이론(Structural Functional Theory)[48]은 사회를 균형(均衡)과 질서(秩序) 유지 및 통합(統合)의 측면에서 이해하려는 입장으로 사회는 구성원의 합의된 가치관에 의해 유지된다고 본다. 구조적 기능 이론(Structural Functional Theory)은 어떤 사회체제가 존속하는데 필요한 기능적 요인을 중요시하여 한 사회를 유기체(有機體)에 비유하고 있다. 즉, 한 사회는 유기체(有機體)와 마찬가지로 다른 부분은 사회 전체의 존속을 위해 필요한 기능을 수행하고 있다고 보고 있다. 따라서 사회의 존속과 유지를 위해 교육(敎育)이 그

---

48) 구조적 기능이론(Structural Functional Theory)는 사회학의 아버지 콩트(A. Comte)와 사회 유기체설을 제시한 스펜서(H. Spencer)에 의해 기초가 형성되었으며 뒤르켐, 인류학자 말리노우스키(Bronislaw Malinowski), 이탈리아의 사회학자 빠레또(Vilfredo Pareto), 래드크리프 브라운(A.R. Radcliffe Brown) 등에 의해 다양하게 발전되었고 파슨스(Talcott Parsons)에 의해 매우 포괄적인 사회학 이론으로 정립되었다. 이들은 공통적으로 사회체계를 생물유기체에 비유하여 사회를 구성하고 있는 각 부분이 조화롭게 통합됨으로써 안정적으로 유지될 수 있다고 본다. 구조기능주의는 콩트와 스펜서로부터 뒤르켐을 거쳐 미국 사회학의 발전에 크게 기여한 탤컷 파슨스(Talcott Parsons)와 로버트 머튼(Robert Merton) 등에 의해 체계화되었다. 구조기능이론(Structural Functional Theory)의 대표자인 탤컷 파슨스(Talcott Parsons)는 인간 사회가 생명 유기체나 마찬가지로 상호의존되어 있는 여러 부분들로 이루어져 있고 기능적으로 통합된 하나의 체계(system)를 이루고 있으며, 균형을 유지하려는 경향이 있다고 보았다. 그에 따르면, 사회체계의 각 구성요소들은 기능적 상호의존관계를 유지하여 전체 시스템의 균형 유지와 안정에 기여하고 있으며, 사회체계의 주요 기능은 하위체계인 여러 사회제도에 의하여 분담되어 있다. 한편, 로버트 머튼(Robert Merton)은 사회제도의 기능을 체계적으로 탐색하기 위해 현재적 기능과 잠재적 기능이라는 개념을 도입하였다. 그에 따르면, 현재적 기능이란 각 제도의 목적 달성을 위해서 사회적으로 명백하게 인식되는 의도적인 기능을 말하며, 잠재적 기능은 제도의 목적 달성을 위해서 전혀 의도되지도 않았고 계획적으로 고안된 바가 없이 표면적으로는 은폐되어 있는 기능을 말한다.

사회에 맞는 사회화(社會化) 기능을 수행해야 한다고 주장한다.[49]

따라서 구조적 기능 이론(Structural Functional Theory)은 사회의가 부분은 상호의존적이며 각기 다른 기능의 수행을 통해 상호의 안정과 통합을 유지하려는 속성을 지닌다고 본다. 기능주의 접근은 교육기관을 비롯한 모든 사회기관은 상호 의존성을 지닌 부분들이며, 이들 각 사회부분은 기능적으로 총체적 사회를 유지한다고 주장한다. 사회에 대한 기능론적 이해방식은 5가지로 볼 수 있다:

① 질서유지적 관점: 사회의 질서유지적 측면을 강조하고, 이는 구성원의 합의된 가치, 관점에 의해 유지된다고 보는 것으로 사회의 존속과 유지를 위해 교육은 그 사회에 맞는 사회화 기능을 수행해야 한다는 입장이다.

② 적응 체제적 관점: 구조적 기능이론에서는 전체 사회에 대한 교육사회의 기능을 적응 체제적 기능으로 파악하여 교육사회는 사회의 변화에 따라 적응하는 기능을 제대로 수행해야 한다는 입장이다. 예를 들면, 사회가 분화될수록, 교육도 분화되어 적응한다. 그리고 사회 문제의 발생이 증가하면, 교육은 그 문제들에 적응적으로 대응해야 되고 하게 된다.

③ 기회균등과 업적주의 사회관: 현대 사회는 세습적 지위나 권위보다도 개인의 능력과 업적 및 노력의 정도가 가장 중요하게 취급되는 업적주의 사회하고 전제한다. 사회적 신분은 세습되지 말아야 하고, 개인의 노력에 의해 성취되어야 한다. 따라서 계층차, 지역차, 인종차에 구분 없이 누구나 동등한 사회적 성취기회를 가질 수 있고 가져야 한다는 기회균등의 원리를 주장한다. 상기 두 원리는 결국 기회는 균등하게, 분배는 능력에 따르는 사회형태를 추구하는 것이다. 즉 가장 능력 있는 자에게 더 높은 지위를 부여한다. 이러한 사회형태에서 교육은 동등한 기회를 가지며, 업적을 기준으로 한 공정한 경쟁장소이며, 유능한 인재를 능력에 따라 선발하여, 능력에 따라 적재적소에 배치할 수 있는 합리적 제도로 본다. 따라서 교육의 합리적 선발기능을 강조한다.

④ 개인주의: 서구사상의 흐름에서 개인주의와 자유주의는 동전의 양면과 같다. 즉 자유의 기반은 개인이며, 개인은 자유를 가져야 한다는 입장이고, 개인의 능력 때문에 성공하고 실패한다는 견해이다.

---

49) 구조적 기능 이론(Structural Functional Theory)은 1950년대와 1960년대에 교육(敎育) 연구에 지배적인 위치를 차지하고 있었는데, 그 사상적 원류를 프랑스를 비롯한 유럽에서 찾을 수 있다. 그 근간은 사회와 유기체를 비교·추리한 유기체적 모형에 있다고 볼 수 있다. 이러한 관점을 생물유기체론이라 지칭하기도 한다. 기능주의 이론에서 볼 수 있는 기능적 욕구의 개념은 사회유기체론이라 지칭하기도 한다.

⑤ 점진적 개량주의: 기능론적 개혁이론은 기본적으로 점진적 개량주의이다. 기능론에
서도 각종 사회악이나 불평등 요소가 있다는 점을 인정하지만, 일시적이고 부분적
인 체제의 부조화로 파악하는 경향이 높다.

요컨대, 구조적 기능 이론(Structural Functional Theory)은 사회를 유기체(有機體)에 비유
한다. 사회는 유기체와 마찬가지로 서로 다른 여러 부분으로 이루어져있으며, 각 부분은
전체의 생존을 위해서 제각기 자신의 임무를 수행 한다는 것이다. 또한 사회의 각 부분은
서로 영향을 주고받기 때문에, 한 부분의 변화는 다른 부분에 영향을 미치게 된다고 말한
다. 그리고 사회는 항상 안정을 유지하려는 속성을 띠며, 중요한 가치 등에 대해 이미 합의
가 이루어져 있는 것으로 보고, 부분 간 우열은 존재하지 않고 기능상의 차이만 있는 것으
로 본다. 결과적으로 사회계층은 기능의 차이에 따른 차등적 보상의 결과라고 주장한다.

(2) 갈등 이론(Conflict Theory)

갈등 이론(Conflict Theory)[50]은 사회갈등의 원인은 재화의 희소성과 불평등한 분배에
기인한다. 즉, 사회의 재화는 일정한데 비해 인간의 욕망은 무한하므로 사회는 이를 둘러
싼 갈등과 긴장관계에 놓여있으며 사회가 불평등한 분배로 인해 서로 갈등을 하는 집단들
로 이루어졌다고 보고 사회현상을 조화(調和)와 합의(合意)보다 갈등(葛藤)과 분열(分裂)로
설명하는 것이 더 적절하다고 주장하는 이론이다.

갈등 이론(Conflict Theory)은 사회를 개인간 및 집단간의 끊임없는 경쟁과 갈등의 연속
으로 보는 입장으로서 경제적 계급갈등에 주목하는 마르크스(K. Marx)의 갈등이론과, 권
력 및 권위의 불평등에 주목하는 베버(Max Weber)의 갈등이론에 그 지적 뿌리를 두고 있
다. 마르크스(K. Marx)의 갈등이론에서는 계급간의 갈등(葛藤)을 모든 사회집단의 갈등의
원천으로 보는 반면에, 베버(Max Weber)의 갈등이론에서는 부(富)와 권력 및 지위를 둘러
싼 집단간의 갈등을 중시한다.

갈등 이론(Conflict Theory)은 한정된 재화를 둘러싼 인간간의 경쟁과 갈등은 애초에 불
가피한 것이기 때문에, 모든 사회에는 집단간의 갈등과 긴장이 존재할 수밖에 없다고 본

---

50) 구조적 기능 이론(Structural Functional Theory)에 대한 갈등 이론(Conflict Theory)의 도전과 비판적
관점은 신(新)마르크스주의자(Neo-Marxist)들에 의해 활발하게 전개되었는데, 그 이론적 발전은 다렌
도르프(Ralf Gustav Dahrendorf), 보울스와 진티스(Bowles & Gintis), 알뛰세(Louis Pierre Althusser),
마틴 카노이(Martin Carnoy), 밀즈(C. W. Mills), 코저(L. A. Coser) 등에 의해 이루어졌다.

다. 따라서 경제적 권력을 획득한 지배집단은 이를 유지하기 위해서 피(被)지배집단을 억압(강제)한다. 즉, 사회의 가치가 합의에 의해 이루어진 것이 아니고 지배집단의 억압과 강제에 의해 이루어졌다는 것이다. 결국 지배집단은 그들의 위치를 고수하기 위해 계속적으로 새로운 사회질서를 만들어내고 그로 인해 사회는 계속 변화한다.

갈등 이론(Conflict Theory)의 요체는 다음과 같다: 인간은 자신들의 이해를 충족시키기 위해 개인간·집단간 끊임없는 경쟁을 하게 되며, 상황에 따라 구조적 해체의 위협을 받기도 한다. 따라서 갈등적 이해관계를 둘러싼 집단들은 자신들의 목적을 성취하기 위해 물리적 힘이나 정신적 교화를 통해 효과적으로 통제하길 원한다. 따라서 사회구성원들은 지배집단과 피(被)지배집단으로 나뉘어지고, 지배집단은 모든 사회가치의 중심체 역할을 하며 현 상태가 계속 유지되기를 바라며, 반대로 피(被)지배집단을 체제의 안정에 위협요소로 본다. 따라서 지배집단은 설득·교화·선전 등의 방법으로, 피(被)지배집단에게 자신들의 입장을 정당화시키려 한다. 지배집단과 피(被)지배집단의 대립적 관계는 새로운 사회형태를 창출하려는 사회변동의 원인이 된다. 지배집단은 피(被)지배집단은 강압적으로 억압하고, 동시에 정신적 교화를 통해 그들 지배체제를 효과적으로 통제한다. 지배집단은 자신의 위치가 위협받지 않기 위해 계속적으로 새로운 사회질서를 창출하며, 피(被)지배집단은 자신들의 불리한 위치를 극복하기 위해 지배집단에 대항할 수 있는 물리적·이념적 수단을 동원하여 그들에게 유리한 사회편성을 하도록 노력한다. 결국 지배집단과 피(被)지배집단은 계속되는 긴장과 갈등상태에 직면하게 된다.

3) 맨슈어 올슨(Mancur Olson) 교수: 『집단행동의 논리』[52]

맨슈어 올슨(Mancur Olson, 1932~1998)의 저서 『집단행동의 논리』(The Logic of Collective Action, 1965, 1982, 1993, 2000)는 3권의 명저 가운데 첫 번째 것으로 뒤이어 나온 『국가의

---

51) 맨슈어 올슨(Mancur Olson, 1932~1998)교수는 집단행동을 새로운 연구 분야로 개척한 공로로 유력한 노벨경제학상 수상후보에 올랐지만 끝내 수상하지 못하고 세상을 떠난 미국 경제학자이다. 맨슈어 올슨은 정치, 사회, 경제를 이해하고 번영의 근본 원인을 파악하려면 이익집단의 연구가 필수적이라며 평생을 집단행동 연구에 몰두했다. 올슨은 경제학보다는 정치학과 정책학 그리고 사회학 분야에서 더 널리 알려져 있다. 1965년 『집단행동의 논리(The Logic of Collective Action)』, 1982년 『국가의 흥망성쇠 (The Rise and Decline of Nations)』, 2000년 『지배권력과 경제번영(Power and Prosperity)』을 저술했으며, "Dictatorship, Democracy, and Development", American Political Review(1993년)을 발표했다. 특히 『집단행동의 논리』는 10여 개 국가에서 번역·출판되었다. 특히 독일에서의 번역은 1974년 노벨

홍망성쇠』(The Rise and Decline of Nations, 1982, 국내번역 1990)와 『지배권력과 경제번영』 (Power and Prosperity, 2000, 국내번역 2010)은 모두 『집단행동의 논리』(The Logic of Collective Action, 1965, 1982, 1993, 2000)의 논리를 바탕으로 각국 경제가 당면한 중요한 문제들을 대단한 혜안으로 명쾌하게 분석했다.[52]

맨슈어 올슨(Mancur Olson, 1932~1998) 교수의 『집단행동의 논리』(The Logic of Collective Action, 1965, 1982, 1993, 2000) 이론이 주장되기 전까지만 해도 정치학·사회학의 집단행동 (集團行動)에 관한 이론들은 공통의 이익이나 목적을 가진 사람들이 있으면 그들은 개별활동을 하기 보다 하나의 이익집단(利益集團)을 형성해 소기의 목적을 공동으로 추구할 것이란 상식적 견해에 입각해 있었다. 사실, 한 집단이 그들의 이익에 봉사하기 위해 행동한다는 관점은 집단 내의 개개인들이 자신의 이익을 위해 행동한다는 관점에 기반하고 있다. 기업가가 더 많은 이익을 추구하거나 개인 노동자가 더 높은 임금을 요구하거나 개인 소비자가 좀 더 낮은 가격을 요구한다. 따라서 현대 사회는 수많은 이익집단(利益集團)이 만연해 있고, 이들에 의한 욕구 분출이 날로 격해지고 있다. 각 계층 또는 각 이익집단(利益集團)이 자신들의 목소리만 높이고 영향력을 넓히고자 투쟁하고 있으며 그 결과로 정치적·사회적 불안과 경제적 비효율이 야기되고 있다.

그러나 맨슈어 올슨(Mancur Olson, 1932~1998) 교수가 그의 『집단행동의 논리』(The Logic of Collective Action, 1965, 1982, 1993, 2000)에서 집단행동(集團行動)과 관련하여 '사람

경제학상 수상자인 하이에크(Friedrich August von Hayek)가 주선하였으며 번역판의 서문을 직접 쓰기도 했다. 이 책은 경제학·정치학·사회학·역사학 등 학문 간의 경계를 넘나들며 학제적·통섭적 사고로 집단 및 조직행동에 관한 이론적·역사적 논리를 명쾌하게 해부하고, 올슨만의 독창적 이론 전개와 실증적·역사적 사례를 접목해 집단행동의 발생요인, 성공과 실패, 폐해 등을 예리하게 분석했다. 특히 이론 전개에만 그치는 탁상공론이 아니라 노동조합·농업협동조합·의사회 등 우리 사회의 특정 조직들에 관한 실증적·역사적 연구를 통해 이론을 예증적으로 설명했다. 어느 집단이나 조직 내에서 공동이익을 공유한 개인들이 각자의 이익을 위하여 조직 활동에 드는 비용들을 어떻게 부담하는 것이 최적인지를 분석하고 있다. 그리하여 오늘날 우리 사회의 다양한 욕구분출과 이해갈등을 해결하는 데 귀중한 해법의 단초를 제시했다.

52) 최광·이성규 옮김(2013), 『집단행동의 논리: 공공재와 집단이론』(The Logic of Collective Action: Public Goods and the Theory of Groups), 한국문화사. 맨슈어 올슨(Mancur Olson, 1932~1998) 교수의 명저 『집단행동의 논리』의 영향력이 얼마나 지대한지는 책이 출간된 30여 년이 지난 1990년대에도 각종 저술상이 주어지는 것만 봐도 알 수 있다. 미국경영학술원(American Academy of Management)은 1993년에 불후의 공적상(Enduring Contribution Award)을 수여하였고, 미국정치학회(American Political Science Association)는 엡스타인상(Leon D. Epstein Award)을 1995년에 수여하였다. 또한 미국정치학회에서는 1993년부터 정치경제 부문의 최고의 학위 논문을 쓴 사람에 대해 멘슈어 올슨 논문상(Mancur Olson Award)을 수여하여 올슨의 학문적 업적을 기념하고 있다.

들은 공동이익(共同利益)을 위하여 본능적 · 자연적으로 행동한다'는 1970년대의 지배적 사고에 의문을 제기하였다. 집단행동(集團行動)은 왜 일어나는지, 왜 자신들의 공동이익(共同利益)을 추구하는 데 무임승차(無賃乘車)하려 하는지, 왜 소수가 다수를 착취하려 하는지, 왜 집단은 자체의 공동이익보다는 다른 목표를 추구함으로써 성공하려는지에 관하여 의문을 제기했다. 또한, 집단행동(集團行動)이 무엇 때문에 일어나는지, 집단의 크기와 응집력(단결력) 간에 어떤 관계가 있는지 근본적 의문을 던졌다. 특히, 어떠한 전제조건(前提條件) 하에서 경제적 · 정치적 이익집단(利益集團)이 형성되고, 이들 집단이 어떠한 태도를 취하며, 이들 이익집단(利益集團)에서 개인은 어떠한 역할을 하는지를 규명하고자 했다.

요컨대, 맨슈어 올슨(Mancur Olson) 교수가 규명하고자 한 것은 어떠한 전제조건 아래에서 경제적 및 정치적 이익집단(利益集團)이 형성되고, 이들 집단이 어떠한 태도를 취하며, 이러한 이익집단(利益集團)에서 개인은 어떠한 역할을 하느냐 하는 것이었다. 상기 이론의 핵심은 다음과 같다[53]:

첫째, 합리적이며 이기적인 사람이라면 집단행동으로 얻을 수 있는 이익과, 거기에 참여하는데 따른 자신의 부담 · 비용을 비교해보는 것은 명백하다. 그런데 집단이익(集團利益)은 일단 달성되고 나면 그 집단에 속한 구성원 모두에게 예외없이 배분되는 공공재(公共財)라는 성격을 갖는다. 그렇다면, 왜 자신이 희생 · 비용을 감당해가며 모든 사람들에게 당연히 배분될 공통의 이익을 위해 애써야 하는가? 차라리 다른 구성원들이 나서서 목적을 달성하고 자신은 그 혜택만 누리는 '무임승차(無賃乘車)'를 하는 것이 합리적이라는 것이다.[54]

맨슈어 올슨(Mancur Olson) 교수의 중요한 결론은 이익집단(利益集團)은 그것이 경제적인 것이든 혹은 정치적인 것이든 간에 조직구성의 자유가 주어지더라도 상당한 기간이 지난 후 서서히 형성되며, 특수한 경우에는 분명한 공동이익(共同利益)이 존재하는 데도 불구하고 끝내 이익집단(利益集團)이 형성되지 않는다는 것이다. 이 현상은 그의 '무임승차

---

53) 맨슈어 올슨(Mancur Olson, 1932~1998) 교수는 상기한 자신의 주장을 수학적 모델을 통해 전개해 보이는 한편 미국의 노동조합과 압력단체들의 경우를 예로 들어 현실적으로 자신의 주장이 타당함을 증명해 보였다. 최광 · 이성규 옮김, 『집단행동의 논리: 공공재와 집단이론』(The Logic of Collective Action: Public Goods and the Theory of Groups), 한국문화사, 2013.

54) 맨슈어 올슨(Mancur Olson, 1932~1998) 교수의 '무임승차 이론'은 경제학뿐만 아니라 정치학 · 사회학 · 역사학에까지 많은 영향을 미쳤다. 특히 사회운동을 연구하는 자원동원이론분야에서는 그의 이론을 비판적으로 계승하면서 구체적으로 어떤 조건하에서 무임승차(無賃乘車)가 일어나는가, 무임승차(無賃乘車)가 적거나 혹은 전혀 없는 집단의 특성은 무엇인가, 그리고 무임승차(無賃乘車)를 막고 사회운동을 활성화시킬수 있는 전략은 무엇인가에 관한 연구들을 계속하고 있다.

이론'을 뒷받침한다.

　상기와 같이, 맨슈어 올슨(Mancur Olson) 교수는 개인은 합리적으로 행동한다'는 전통적 가정을 기반으로 논의를 시작하였기 때문에, 그의 결론은 전통적 생각과 근본적으로 달리, 한 집단 내의 구성원의 숫자가 매우 적거나 또는 개개인으로 하여금 공동이익(共同利益)을 추구하게 하는 강제 장치나 어떤 다른 특수 장치가 없는 경우, 이기심(利己心)을 추구하는 합리적 개인들은 그들의 공동이익(共同利益)이나 집단이익(集團利益)을 달성하기 위하여 자발적으로 행동하지 않을 것이며, 그 대신에 그들은 자신의 이익이 다른 사람들과 공유될 때 무임승차(無賃乘車)하려 할 것이다. 즉, 이기적이고 합리적 개인들은 모든 사람들에게 혜택이 돌아가는 공공재(公共財)의 공급비용이 자신이 아닌 다른 사람들이 지불하도록 하려 할 것이다. 그러나 만약 집단행동(集團行動)에 기여한 사람들을 보상하고, 기여하지 않은 사람들을 처벌하는 선택적 유인이 존재한다면 집단들은 공동이익(共同利益)이나 집단이익(集團利益)을 증진하기 위하여 적극적으로 행동할 것이라는 것이다.

　상기 주장은 납세자·소비자·가난한 계층 등이 공통의 이익을 갖고 있지만 조직조차 구성되지 않는 이유를 설명하고 있다. 이와 반면에 의사회·약사회·전경련 등은 조직구성이 잘 돼있고 공통이익을 위한 참여활동도 매우 높다. 그 이유는 이들 조직들은 공동이익(共同利益)이나 집단이익(集團利益)을 위한 로비기능 외에도 사교기능이 있는데다 조직 구성원에게 실질적 사회·경제적 이득을 주는 조직 자체의 활동을 벌이며 멤버가 되지않는 경우 불이익(不利益)을 줄수 있기 때문이다.

　둘째, 전통적 집단이론에서는 사적인 조직이나 집단은 어디에서나 존재하고 있으며 이러한 편재성은 결사체를 형성하고 그것에 가입하려는 인간의 기본적인 성향에 기인한다고 말한다. 집단의 크기가 크든 혹은 작든 간에, 집단의 본질상 그 집단의 구성원 모두에게 이익을 가져다주는 집단이익을 위해 활동한다. 그러나 조직(組織)의 목적에서 집단 구성원을 유인하는 것은 단순한 소속감이 아니라 집단을 통해 무언가를 얻고자 하며, 상이한 유형의 집단들이 기대하는 이익은 대부분 공동이익(共同利益)이다. 다수의 개인들이 공동이익(共同利益)을 가질 때, 개별적·비조직적 행위로는 공동이익(共同利益)을 전혀 증진할수 없거나 적절히 증진할 수가 없다. 그러므로 공동이익(共同利益)이 있을 때 비로소 그 기능을 수행할 수 있다.

　조직(組織)에 있어 무엇보다도 중요하고 고유한 기능은 각 개인들로 이루어진 집단의 공동이익(共同利益)을 높이는 데에 있다. 예로서 노동조합(勞動組合)의 모든 구성원에게 더 높은 임금은 공통의 이해지만 동시에 노동자들은 각각 자신의 개인적인 수입에 특별한 관심을 갖는다. 이때 개인적 수입이란 단순히 임금수준이 아니라 노동시간과도 관련이 있다.

어떤 개인이 집단행동(集團行動)에 참여하느냐의 여부는 그 집단의 크기와 관련된다. 작은 집단에서는 집단이익(集團利益)의 개인 몫이 크며 한 개인의 참여가 집단이익의 성취에 대단히 중요하다는 사실 때문에 집단행동(集團行動)의 참여도가 높아지게 된다. 이와 반면에 집단의 규모가 크면 클수록 개인의 참여 여부는 대세에 영향을 미치지 못하게 될 뿐만 아니라 불참자에 대한 사회적 압력도 작아지게 되므로 '무임승차(無賃乘車)'는 더욱 많아지게 된다.

대규모 집단에서 구성원들의 참여를 유도하려면 강제조치나 개인적이며 선별된 인센티브, 즉 유인요소가 별도로 필요하다. 집단이익 뿐만 아니라 그에 부수되는 개인적 이익을 보장하고 구성원 각자에게 직접적인 별도의 혜택을 주며 불참(不參)에 대해서는 강제·제재를 적절히 구사할 있는 조직의 관리기술이 절대적으로 필요한 것이다.

대규모 집단이 자신들의 이익을 증진시키는 것을 방해하는 3가지의 개별적인 요인이 있다: ① 집단이 크면 클수록 그 집단 내에서 활동하는 개인이 받는 집단 전체 이익의 양은 더욱 적어지며 집단 지향적 행위에 대한 보상도 더욱 적어지고 또 집합재의 최적공급에 이르지는 못할 것이다. ② 집단이 크면 클수록 개인이나 그 집단의 작은 하부조직 성원들에게 돌아가는 총이익의 몫이 적어지므로 그 집단 내의 어떤 개인이나 작은 하부조직도 극소량의 집합재 공급비용의 부담을 견딜 수 있을 정도의 이득을 집합재의 획득으로부터 얻는 경우가 줄어들 것이다. ③ 집단의 구성원수가 많을수록 조직화비용이 커지므로 집합재를 공급하기 위해서 극복해야 할 장애물이 보다 많게 된다.

대규모의 잠재적 집단에 있어서 비록 완전한 합의가 있다고 해도 집단이 성원들의 자발적·합리적 행위를 통해서 그 목적을 성취하기 위해 조직화할 경향은 전혀 없다. 왜냐하면 완전한 합의라는 것은 매우 드물기 때문이다. 즉, 현실에서는 합의가 일반적으로 불완전한 것이며 또 종종 그 합의라는 것이 전혀 이루어지지 않을 수도 있기 때문이다. 따라서 집단 합의의 결여에 의한 집단 지향적 행위의 장애, 개인적 동기의 결여에 의한 집단 지향적 행위의 장애, 개인적 동기의 결여에 의한 장애를 서로 구분하는 일이 매우 중요하다.

공공재와 대규모 집단에서는 모든 기업은 생산물이 더 높은 가격을 받는 것에 공동이익(共同利益)을 가지며 각각의 기업에 있어서는 더 높은 가격을 얻기 위해 필요한 비용을 다른 기업이 지불하는 것이 유리하다. 완전경쟁시장에서 가격이 하락하는 것을 막는 유일한 방법은 외부개입이다. 공동이익(共同利益)의 충족은 그 집단을 위해 공공재(집합재)가 제공되어 온 것이다.

특정 산업에서 기업이 산출을 제한함으로써 그 산업에서의 높은 가격을 얻고자 한다면 배타적 집단이 되지만, 그들이 낮은 세금, 관세율 인하, 정부 정책에 어떤 변화를 추구하려 할 때 얻을 수 있는 각종 혜택을 얻고자 한다면 포괄적 집단이 될 것이다. 집단의 포괄성과 배타성이 구성원의 특성보다는 이슈의 목적에 의존한다는 것이 중요하다. 왜냐하면 많은 조직이 시장에서는 매출을 제시함으로써 가격 상승을 유도하며, 또 다른 공동이익을 증진시키기 위해서 정치·사회적 시스템에서도 활동하기 때문이다.

셋째, 사회계약론(社會契約論)은 사람들이 사회계약(社會契約)을 체결함으로써 국가가 탄생하며, 이렇게 탄생한 국가는 그 국민들의 생명, 자유, 재산을 철저하게 보호해 주는 역할을 담당한다고 설명한다. 사회계약론(社會契約論)의 입장에 보면 '국가(國家)'란 '매우 선(善)한 존재'로 보인다. 그러나 맨슈어 올슨(Mancur Olson) 교수는 그의 명저:『집단행동의 논리』(The Logic of Collective Action, 1965, 1982, 1993, 2000)에서 사회계약론(社會契約論)은 연역적(演繹的) 방법에 의하여 도출된 학설일 뿐, 귀납적(歸納的)으로 보면 국가(國家) 기원을 잘 설명하고 있지 못하다고 비판한다. 그는 국가(國家)란 '도적(혹은 '강도'로 번역됨) 집단'에서부터 출발한다고 주장했다.

국가(國家)가 공통의 혜택을 제공해 준다든가 전체 복지를 위해 일한다는 생각은 한 세기 전으로 거슬러 올라간다. 삭스는 국가와 같은 결사체를 지지하는 것을 하나의 공통목적을 향한 결합행위 욕구의 필요에 의해 만들어지고, 필요하다면 자신의 이익을 배제하여 상호원조를 실현하는 일종의 이타주의(利他主義)에 기인하는 것으로 보았기 때문이다. 만약 사회계약론(社會契約論)이 옳다면 정부는 강제로 세금을 거둘 필요가 없을 것이다.

넷째, 맨슈어 올슨(Mancur Olson, 1932~1998) 교수는 특히 칼 마르크스(Karl Marx, 1818~1883)의 계급이론을 비판하면서 사람들이 합리적(合理的)이라면 계급투쟁(階級鬪爭)은 결코 일어나지 않는다고 주장한다. 프롤레타리아 정부를 세우는 것이 노동자에게 큰 이익이 된다는 사실을 의식화시킨다고 할지라도 노동자가 자신의 생명과 재산을 내걸고 혁명에 참여하는 것은 비(非)합리적이므로 계급혁명(階級革命)은 일어나지 않는다는 것이다.[55]

마르크스주의(Marxism)에서의 국가(國家)는 지배계급이 피(被)지배계급을 지배하는 기구다. 자본주의 역사시대에 있어서 국가는 부르주아의 행정위원회일 뿐이다. 즉, 국가는 자본가 계급의 재산을 보호해 주며, 부르주아 계급의 이익이 되는 정책이라면 무엇이라도

---

55) 최광·이성규 옮김(2013), 『집단행동의 논리: 공공재와 집단이론』(The Logic of Collective Action: Public Goods and the Theory of Groups), 한국문화사.

채택한다. 칼 마르크스(Karl Marx, 1818~1883)의 '공산당 선언'[Manifest der Kommunistischen Partei, Manifesto of Communist Party, 1848년 프랑스 2월 혁명 직전에 발표되었다. 그의 묘비석 상단에는 '온 세상 노동자여, 단결하라'(Workers of the world, unite!)]을 보면 정치권력은 다른 계급들을 억압하기 위한 지배계급의 조직화된 권력에 불과하고, 국가이론은 칼 마르크스 (Karl Marx, 1818~1883)의 사회계급론으로부터 나온 것이다. 칼 마르크스(Karl Marx)에 의하면 지금까지 존재해 온 모든 사회의 역사는 계급투쟁(階級鬪爭)의 역사이고 계급은 조직화된 인간의 이익집단이며 사회계급은 계급이익을 국가이익에 우선한다.

마르크스주의(Marxism)의 논리에서 만약 어떤 사람이 부르주아 계급에 속해 있다면 당연히 자신의 계급을 대표해 줄 정부를 원할 것이다. 그러나 그런 정부가 권력을 차지하도록 노력하는 것이 자신에게는 이익이 되지 않을 것이다. 만약 그런 정부가 존재한다면 그는 그 정부를 지지하든 혹은 안 하든 간에 그 정부로부터 이익을 얻게 될 것이다. 왜냐하면 칼 마르크스(Karl Marx) 자신의 가정에 의하면 그런 정부는 부르주아 계급의 이익을 위해 노력할 것이기 때문이다.

한편, 맨슈어 올슨(Mancur Olson, 1932~1998) 교수의 『집단행동의 논리』(The Logic of Collective Action, 1965, 1982, 1993, 2000) 이론에 대한 비판은 2가지를 들 수 있다:

첫째, 맨슈어 올슨(Mancur Olson) 교수의 이론적인 전제, 즉 '합리적이며 이기적인 인간'에 대한 비판이다. 인간이 단순히 자신 앞에 놓여있는 이익과 그를 위한 비용들을 비교해서만 행동을 선택한다는 그의 주장은 인간의 본성과 합리성을 지나치게 좁게 보고 있다는 것이다. 그러나 사람들은 규범적인 판단, 이념적인 확신, 사회적 위치, 도덕적 헌신감으로 집단행동에 참여하기로 결정하는 경우도 많은 것이다.

둘째, 상기한 맨슈어 올슨(Mancur Olson) 교수의 전제('합리적이며 이기적인 인간')를 인정한다 할지라도 인간은 집단행동에 참여하는 경우가 많다는 것이다. 만약 필요한 집단 공동의 이익이 성취되지 않는 상태가 계속되면, 인간은 언제까지나 무임승차(無賃乘車)하려는 것이 아니라 진정한 자신의 이익을 위해 집단행동에 참여할 수 있다. 즉, 비록 개별적 인센티브나 강제가 없더라도 반드시 인간은 의사소통과 정보의 교환을 통해 자신의 참여가, 그리고 집단이익의 성취가 자신의 이익에 필수적임을 인식할 수 있다는 것이다.

4) 헤르베르트 마르쿠제(Herbert Marcuse)의 '급진적 혁명주의'

허버트 마르쿠제(Herbert Marcuse, 1898~1979)[56]는 '후기 자본주의'(Late Capitalism) 사회야말로 인류 역사상 가장 풍요롭고 기술적으로 진보한 사회이지만 사회는 인간의 욕구 충족과 해방을 가장 강력하고도 효과적으로 억압하는 사회라고 주장했다. 따라서 이러한 억압에서 탈피하기 위해서는 오직 칼 마르크스(Karl Marx, 1818~1883)의 사회주의 혁명, 즉 사회구조의 근본적인 변혁을 추구하는 '급진적 혁명주의(急進的 革命主義)'에 의해서만 가능하다고 주장했다.[57]

상기한 허버트 마르쿠제(Herbert Marcuse)의 '급진적 혁명주의(急進的 革命主義)'에 대한 칼 포퍼(Karl Popper, 1902~1994)의 '점진적 개혁주의'(Piecemeal Reformism)가 직접 충돌한 것은 1971년 1월 5일 남부 독일의 바이에른 텔레비전에서 마련한 논쟁을 통해서였다. 허버트 마르쿠제(Herbert Marcuse)의 '급진적 혁명주의(急進的 革命主義)'에 대한 칼 포퍼(Karl Popper)의 비판은 다음과 같다: 즉, 서구의 민주주의 사회가 여러 가지 측면에서 불완전하고 개혁의 여지가 많지만 갖가지 제어 장치가 마련되어 있다는 점에서 가장 바람직한 사회형태이다. 따라서 지금 우리에게 필요한 것은 유토피아를 당장 건설하려는 위험한 망상이 아니라 '점진적 개혁'(piecemeal reform)이라는 것이다.

상기한 허버트 마르쿠제(Herbert Marcuse, 1898~1979)의 '급진적 혁명주의(急進的 革命主義)'와 칼 포퍼(Karl Popper, 1902~1994)의 '점진적 개혁주의'(Piecemeal Reformism)의 비교 분석을 위해서는 다음과 같은 일련의 급진주의(Radicalism)와 극단주의(Extremism)의 진화 과정을 살펴보아야 한다.[58]

---

56) 헤르베르트 마르쿠제(Herbert Marcuse, 1898~1979)는 부유한 유대계 가정에서 태어나, 프라이부르크 대학교에서 철학을 공부했고 동 대학원에서 1922년 철학박사 학위를 받았다. 그는 나치 독일의 지속적인 사회주의 탄압 때문에 제2차 세계대전 중 미국으로 건너가 1940년 시민권을 얻었다. 그는 독일과 미국의 사회철학자로서 프랑크푸르트 학파의 사회주의 사회학자로 분류되며 마르크스주의(Marxism)를 사회적 변화에 맞게 재해석한 사회학자라는 평가를 받는다. 20세기 후반에 정치적 좌파에 대한 강력한 영향력을 가진 사상가로서 마르쿠제는 헤겔, 마르크스, 프로이트의 연구가로서 또는 고도산업사회의 비판적 이론가로서 1960년대 후반의 세계적 규모의 학생운동의 긍정적 이데올로그로서 평가되었다. 미국 캘리포니아 주립 대학교 교수를 지내던 그는 1979년 서베를린 방문 중 심근 경색으로 사망했다. 참고로, 김인환 옮김(1989), 마르쿠제, 『에로스와 문명』, 나남신서 ; 김현일·윤길순 옮김(1991), 마르쿠제, 『이성과 혁명』, 중원문화; 이희원 옮김(1993), 마르쿠제, 『일차원적 인간』, 육문사.

57) 김인환 옮김(1989), 마르쿠제, 『에로스와 문명』, 나남신서; 김현일·윤길순 옮김(1991), 마르쿠제, 『이성과 혁명』, 중원문화; 이희원 옮김(1993), 마르쿠제, 『일차원적 인간』, 육문사.

58) 급진주의(Radicalism)와 극단주의(Extremism)는 정도의 차이에 불과하다. 극단주의(Extremism)에는 민

우선, 급진주의(Radicalism)란 특정 이념이나 철학적 관념을 매우 빠르게 실현하려는, 혹은 기존의 온건한 체제를 뒤엎으려는 사상이다. 그 사상적 배경을 보면, 18세기 후반에 걸쳐 19세기 초반까지 이어진 일련의 자유주의(Liberalism) 운동은 당시 유럽의 사회질서를 바꿨고, 그 후 급진주의(Radicalism)는 기존 자유주의가 아닌 공리주의(Utilitarianism)의 영향을 받은 공동체주의적 자유주의 사상 경향을 나타내는 용어로 대체되었다.

사실, 독일의 경제철학자인 칼 마르크스(Karl Marx, 1818~1883)는 급진적 사회주의 (Radical Socialism)를 최초로 주장했다. 그는 기존의 자유주의적 급진주의를 '부르주아적 개량주의'로 취급했고, 사회변혁의 선봉인 진정한 급진주의(Radicalism)는 '과학적 사회주의'(Scientific Socialism)라고 주장했다. 마르크스주의(Marxism)의 영향을 받은 사회주의 혁명이 최초로 일어난 러시아에선 러시아 사회민주노동당의 급진파인 볼셰비키(Bolsheviki)를 급진주의(Radicalist)라고 불렀다.

오늘날 급진주의(Radicalism)를 표방하는 정치세력에는 프랑스의 좌익 급진당과 급진당, 칠레의 사회민주급진당 등이 있으며, 이들의 정치적 노선으로 말미암아 현재 정치사상으로서의 급진주의(Radicalism)는 급진적 사회주의 내지는 급진적 사회민주주의로서 이해되고 있다.

급진주의(Radicalism) 특유의 '사회 비판의 급진성'은 기존 사회의 구습, 폐해를 극복할 수 있는 원동력이 되기도 했다. 역사적으로 폐해가 잦았던 시기의 정치인들은 온건적으로 문제를 해결하려는 경향이 강했으나, 실질적으로 이러한 경향이 사회의 구습, 폐해를 극

족사회주의, 기독교 근본주의, 이슬람 근본주의 등이 있는데, 이 이념들은 사실상 다른 의견(이념적 경향)을 수용하지 않는다. 하지만 급진주의에 해당하는 마르크스주의, 급진적 자유주의는 다른 이념을 수용할 수 있는 '중립성', 융통성이 존재한다. 현대에 와서는 극단주의(Extremism)와 동의어로 쓰이는 경우가 많으나 사실 동의어는 아니다. 예를 들면 프랑스 혁명은 급친주의(Radicalism)의 사례였으나 이 사건 자체를 극단주의(Extremism)라고 평가하지는 않는다. 또한 독재국가나 인권침해가 만연한 지역에서 민주주의나 보편적 인권으로 당장 바꾸려는 시도, 혹은 주류 사상에 반하는 비주류적 주장도 급진주의(Radicalism)지만 무조건 극단주의(Extremism)에 속하진 않는다. 허나 현재의 서양 내 선진 민주주의 국가에서 내부의 급진주의(Radicalism) 정치세력은 사실상 극단주의(Extremism)와 동의어인 경우가 대부분이다. 18세기~19세기, 심지어 20세기 초기 까지만 해도 급진주의(Radicalism)가 진보주의 (Progressivism)나 좌파적 자유주의와 동의어로 쓰이기도 했으나 현대에 와서 급진주의(Radicalism)는 극우(=급진우파)나 극좌(=급진좌파), 테러리스트(ex. 급진 이슬람)를 가리키는 경우가 많다. 사실 급진주의(Radicalism)가 극단주의(Extremism)와 동의어로 자리 잡은 것은 20세기 중후반 부터이다. 그러나 아직까지도 급진주의(Radicalism)는 극단주의(Extremism)와 무관하게 좌파적 진보주의와 동의어로 쓰이는 경우도 많다. 현대에 와서 진보주의(Progressivism)는 급진주의(Radicalism)와 달리 반(反)체제를 의미하기 보단 넓은 의미의 체제 변혁을 의미하는 경우가 많다. 다만 체제를 반동적으로 되돌리려는 것은 우파적 급진주의(Radicalism)이지만 진보주의(Progressivism)라고 볼 수는 없다.

복할 원동력으로 이어지진 못했다. 이에 반해 급진주의(Radicalism)는 그 방법론이 다소 과격하고 때때로는 극단적이었지만, 사회발전을 불러오는 큰 원동력이 되었다. 일례로 프랑스 대혁명, 영국 혁명 등은 급진주의자들이 일으킨 봉기였고 이것은 유럽 사회 전반에 계몽주의, 근대주의, 평등주의, 자유, 인권, 보편주의 윤리관 등을 보급하는 큰 전환기가 되었다. 마찬가지로 19세기에 일어난 일련의 사회주의 운동과, 러시아에서 일어난 10월 혁명은 당시 자유자본주의의 폐해였던 노동착취, 빈부격차 문제를 사회 지배층들이 다시 한번 생각하게 만들었고, 실제로 이러한 운동이 노동복지와 양극화 해소를 주요 정책으로 한 여러 정치인들이 나타날 수 있는 기반을 만들었다.

그러나 급진주의(Radicalism) 정치운동이 긍정적인 효과만 보였던 것은 아니었다. 급진적인 정치운동은 자칫하면 사회적 일탈 현상을 만연하게 하는 원인이 되기도 한다. 또한 그 과정에서 겪는 피해도 크다. 일례로 중국에서 일어났던 급진적인 사회주의 정책인 대약진운동(大躍進運動)은 대량 아사자(餓死者)를 속출시켰다. 오늘날에 급진적 사상운동이 제대로 제어되지 못할 경우 어떠한 악영향을 끼치는가를 잘 보여주는 사례이다.

요컨대, 급진적 자유주의화는 자유주의 경제의 기반인 자본주의를 맹신하는 결과를 만들었으며, 정치 자유화, 경제 자유화 이후 경제적 불평등 문제가 나타났다는 것에 대해서 사회가 제대로 된 대처를 하기 어려운 사회문화를 만들어냈다. 이와 대칭적으로, 급진적 공산주의 사상의 대표격인 마르크스-레닌주의(Marxism-Leninism)는 제국주의 문제와 노동 문제를 세계적으로 관심을 갖게 했지만, 동시에 마르크스-레닌주의(Marxism-Leninism) 특유의 원리주의적 공산주의와 급진주의(急進主義, Radicalism)는 국가 내부에선 가혹한 통치, 철권 통치가 이뤄지며, 사실상 극단주의(極端主義, Extremism)로 빠져드는 원인을 제공했다.

마르크스-레닌주의(Marxism-Leninism)로부터 나온 중국의 모택동주의(Maoism)는 급진주의(急進主義, Radicalism)를 넘어서 극단주의(極端主義, Extremism)로 돌변했다. 또한, 급진적 민족주의인 국수주의(國粹主義)는 파시즘(Fascism)[59]을 탄생시키는 비극(悲劇)을 불러왔

---

59) 파시즘(Fascism)은 베니토 무솔리니(Benito Andrea Amilcare Mussolini, 1883~1945)가 지도한 3개 정당의 이념으로서 이탈리아에서 생겨난 사상으로 정치적으로 급진적이며 국가주의, 전체주의, 권위주의, 국수주의, 반공주의적인 정치 이념이자 국가자본주의, 조합주의 경제사상이다. 이탈리아 파시즘(Fascism)은 이탈리아 국민주의 및 국민생디칼리슴에 그 뿌리를 두고 있다. 초기 파시즘(Fascism)은 조르주 소렐의 조합주의와 이탈리아 민족주의 및 낭만주의가 결합된 형태로 발전하였다. 이 시기 초기 파시스트 운동은 마르크스주의, 아나키즘, 민족주의를 비판적으로 흡수하였기에 반공주의 성격은 강조되지는 않았다. 그러나 베니토 무솔리니, 아돌프 히틀러, 프란시스코 프랑코 등으로 대표되는 후기 파시스트 운동은 반공(反共)주의가 필수적인 전제조건이다. 파시스트 운동의 핵심 요소는 계급 투쟁의 격화를

다. 이러한 점에서 급진주의(Radicalism) 운동은 사회 변혁에 큰 원동력을 제공하지만, 사상 경향을 제어할 힘이 해당 사회운동계에 존재하지 않으면 결국 극단주의(極端主義, Extremism)가 되는 것이다.

한편, 허버트 마르쿠제(Herbert Marcuse, 1898~1979)는 1918년 독일의 혁명적 상황과 스페인 그리고 러시아 등 역사상 해방을 위한 수많은 투쟁들이 계속 실패하는 이유를 프로이트 이론에게서 찾았다. 특히 충격적이었던 것은 세계혁명의 전위이며 계급 의식이 가장 투철하다고 여겨진 독일 노동 계급이 반동적인 나치즘의 가장 큰 지지 세력이었다는 현실이다. 이런 현실은 개인들이 지배 체제에 스스로를 편입시키는 이유에 대해 인간 존재의 심리적 차원의 분석이 필요하다는 인식을 갖게 만들었다. 따라서 이제 이론은 노동계급이 아니라 개별 인간이 부패하고 소외된 세상을 초월하고 스스로에게 자유와 행복을 가져올 재능을 부여할 수 있도록 해야 한다고 결론 내린다.

허버트 마르쿠제(Herbert Marcuse, 1898~1979)는 프로이트 이론을 새롭게 해석함으로써 새로운 해방론을 전개한다. 마르쿠제가 인간 해방의 가능성을 본능의 차원에서 논하는 것은 욕망 이론이다. 인간의 욕망이나 현실의 변경은 이미 인간 자신의 것이 아니다. 그것들은 사회에 의해 조직된다. 이러한 조직은 인간의 근원적인 "본능의 욕구를 억압하고 변질시킨다. 만일 억압의 부재가 자유의 원형이라면, 문명은 자유에 대한 투쟁이다"(『에로스와 문명』, 29쪽).

허버트 마르쿠제(Herbert Marcuse, 1898~1979)는 '억압 없는 문명'의 가능성을 모색한다. 그는 일차원적 인간의 존재 조건을 타파하고 새로운 문명을 추구함으로써 인간 해방을 위한 단초를 마련한다. 프로이트는 문명을 본능에 대한 억압에 기초하고 있는데, 이 억압은

차단하고 내부의 관심을 영토의 확장과 국가 중흥으로 돌리는 것에 있다. 이를 위해서 파시즘(Fascism)은 계급 협조를 국가 차원에서 강요하며, 형식적으로는 자본가와 노동자를 모두 국가의 통제 아래에 두려고 한다. 그러나, 이러한 협조는 파시스트 정치인과 재벌 사이의 긴밀한 협력으로 이루어지기에 사실상 노동자에 대한 독점 자본의 폭력적인 독재라고 할 수 있다. 파시즘(Fascism)은 사상, 국가, 성별, 신체 능력의 수준, 인종 등에 대한 평등을 광범위하게 반대하며, 인류 전체를 포괄하는 동시에 인류가 맞닥뜨리고 있는 자연은 평등을 본질적으로 부정한다고 주장한다. 결과적으로, 파시즘(Fascism)은 극단적인 형태의 사회진화론(社會進化論)을 고수하며 사회 및 경제 영역에서 평등을 달성하려는 실천 운동인 사회주의는 물론이고, 평등에 대한 전통적인 관점을 지닌 자유주의도 배척한다. 파시즘(Fascism)은 국가를 군중의 총체로서 무조건적 우위성을 지닌 유기체로 보고 있으며, 이 과정에서 개인은 국가 발전의 수단이 되어야 한다는 전체주의 사고관을 필수 요소로 갖고 있다. 파시스트 운동은 어떠한 형태로든 평등한 사회가 이루어질 수 없다고 하며, 평등은 국가의 쇠락을 가져온다고 믿는다. 따라서 파시즘(Fascism)은 독점 자본 및 종교 세력의 후원과 대중 동원이 동반되는 보수적 군중의 열렬한 참여로 대표된다.

필요악 혹은 딜레마라고 할 수 있다. 성 본능의 억압은 언젠가 지불해야 하고, 이는 공격 본능 혹은 파괴 본능(타나토스)의 증대로 나타난다. 여기서 마르쿠제의 문제 의식은 출발한다.

우리는 과학 기술의 발달로 물질적 풍요와 자유를 누리고 있다. 즉, 이성의 목적이다. 하지만 인간의 해방과 자유를 위해 필요한 동력으로 보이는 이성이 실제로는 인간을 억압 지배하고 있는 것이다. 그는 '이성'을, 자유를 향한 도정인 역사를 지배하는, 그리고 현실 변혁적인 '부정의 힘'으로 규정해, 모순 개념을 역사를 추진하는 원동력으로 파악한다. 그는 인간의 진정한 욕망을 억압하고, 인간의 노동을 소외시키는 현대 고도 산업 사회의 비인간적 합리성을 비판한다.

문명의 역사는 억압의 역사이다. 문명이 발달한다는 것은 그만큼 억압이 증가한다는 것을 의미한다. 억압이 문명 사회에서 필수 불가결한 것이지만, 이러한 억압이 과잉되어 인간을 지배한다는 점이 심각한 문제가 되는 것이다. 마르쿠제는 과잉 억압과 수행 원칙이라는 인류의 문명적 생존에 필요한 기본 억압과 구별되는 사회적 지배에 필요한 억압과 원칙을 제시하면서 현대 자본주의 사회를 고발한다.

사회는 인간의 아버지에 대한 살인 충동을 노동이라는 행위로 제어한다. 사회는 인간을 노동의 도구로 삼고, 지배를 사회 전체를 광대한 규모로 유지하는 것으로 만든다. 지배 자체가 비인격화되고, 사회의 지배가 합리화, 정당화되면서 인간의 반항은 그 자체로 죄가 된다. '지배 – 반항 – 지배'의 순환 구조는 지배의 새로운 방식을 낳으며 인간을 또 다른 방식으로 지배하는 현상을 낳을 뿐이다. 그러한 이유로 모든 혁명은 새로운 지배 방식이 탄생하는 원인이 되는 아이러니가 발생하게 된다.

현실의 이데올로기는 생산과 소비의 지배를 정당화하며, 그 속에서 사람의 의식은 축소된다. 현실 원칙에 따른 문명의 진보는 인간의 본능마저 약화시키고 사회를 비인격적으로 만들었다. 그것은 선진 산업 사회가 '일차원적 사회'이기 때문이다.

허버트 마르쿠제(Herbert Marcuse, 1898~1979)는 선진 산업 사회를 '일차원적 사회'라고 칭하고, 이에 상응하는 사고를 '일차원적 사고'라고 부른다. 일차원적 사고란 긍정적 사고로서 현존하는 것, '있는 것'에 대한 존재 판단에 국한된다. 따라서 이런 사고는 다른 것의 가능성을 봉쇄한다는 의미에서 권위주의적이다. 그리고 일차원적 사고는 효율성을 지향하는 사고인데, 이것은 행동을 조직적으로 촉진해서 동일한 사회적 질서를 유지하는 데 기여한다. 따라서 일차원적 사고는 부정성을 보지 못하고 현실에 대한 비판적 태도를 갖지 못한다. 오늘날 선진 산업 사회에서 우리는 '사실'이라고 말하는 것을 별다른 고민 없이 받아들이는 긍정적인 사회 속에서, 일차원적 사고에 머무르고 있다.

일차원적 사고는 일차원적으로 존재하고 있는 것을 '일차원적으로' 영구화하고 그것의 비합리성을 은폐한다는 것이다. 이에 대해 이차원적 사고는 부정성을 특징으로 하는 변증법적 사고를 의미하는데, 변증법의 본질은 허버트 마르쿠제(Herbert Marcuse, 1898~1979)에게는 "부정성의 변증법"이다(『일차원적 인간』).

일차원적 사회에서는 의식이 사회에 흡수됨으로써 의식과 사회의 상관관계는 새로운 양상을 보여 준다. 욕망의 체계는 자율적인 것이 아니라 사회적 관계의 기능적 성립 요소로서 '변질'되고 '조작'된다. 참된 욕망과 거짓된 욕망의 구별에 입각하고 있다.

허버트 마르쿠제(Herbert Marcuse, 1898~1979)가 말하는 거짓된 욕망이란 '사회적 세력이 억압된 개인에게 부과하는 욕구'이자 '사회적 욕구가 개인적 욕구'로 이식된, 억압된 충족일 뿐이다. 그런데 욕망의 참과 거짓은 누가 어떻게 판단하지? 그는 각 개인이 스스로 답해야 한다고 한다. 현재 우리의 삶은 자유로워 보이지만 오히려 사회의 파괴적이고 억압적인 기능을 허용·유지시키면서 진정한 자유는 상실되어 가고 있다. 우리가 갈망하는 자유(自由)는 결국 '일차원적 사고'에서 벗어나야만 가능한 것이다.

5) 칼 포퍼(Karl Popper): '점진적 개혁주의'

칼 레이먼드 포퍼 경(Sir Karl Raimund Popper, 1902~1994)[60]은 '열린사회'(Open Society)와 '점진적 개혁주의'(Piecemeal Reformation)을 주장했었다.[61] 칼 포퍼(Karl Raimund Popper)의 철학적 입장을 한마디로 요약하면, '과학적 가설'이라는 것도 예술가들의 표현처럼 상상력의 소산에 지나지 않으며, 이것이 실험과 관찰 혹은 추론의 대상이기 때문에 과학적인 것이 될 수 있다는 것이다. 또한, 이러한 실험에 의해 부정되지 않는 한, 객관적 지식이 될 수 있으며 동시에 합리성을 지닌다는 것이다. 바로 이러한 점 때문에, 과학은 정치적 이데올로기나 종교적 신앙과 구별된다는 것이다.

상기한 논리의 연장에서, 칼 포퍼(Karl Raimund Popper, 1902~1994)는 그의 저서 『열린 사회와 그 적들』(The Open Society and its Enemies, 1945년)에서 '역사주의적 사회공학'

---

60) 칼 레이먼드 포퍼 경(Sir Karl Raimund Popper, 1902~1994)은 오스트리아에서 태어난 영국의 철학자로, 런던 정치경제대학교(LSE)의 교수를 역임하였다. 20세기 가장 영향력 있었던 과학 철학자로 꼽히고 있으며, 과학 철학뿐만 아니라 사회 및 정치 철학 분야에서도 많은 저술을 남겼다.

61) 엄정식(1990), '칼 포퍼와 비판적 합리주의', 계간 『철학과 현실』 1990 겨울, 철학문화연구소.

(historical social engineering)을 비판하고 과학에서의 '비판적 합리주의'를 민주주의적 사회 개조의 원리에 적용하여 '점진적 사회공학'(piecemeal social engineering)을 제시하였다. 이것은 인간에 관한 객관적인 사실을 받아들임으로써, 즉 인간이 완전하지 못하므로 독단적으로 이상적인 선(善)을 추구하기보다는 먼저 구체적인 악(惡)을 제거함으로써, 우리가 당장 할 수 있고 또 해야 될 일을 하나씩 해나가자는 입장이다.[62] 즉, 공리주의자의 '행복을 극대화하라'는 주장을 '불행을 극소화하라'는 권고로 대체해야 한다고 역설하였다. 쉽게 말하면, 부모에게 효도하기보다는 불효하지 않으려고 애쓰는 것이 훨씬 쉽다는 것이다.

(1) '열린 사회(Open Society)'와 '닫힌 사회(Closed Society)'[63]

칼 포퍼(Karl Popper, 1902~1994)의 사회철학은 그의 주저(主著) 『열린 사회와 그 적들』 (The Open Sociey and its Enemies, 1945년)의 표제가 상징적으로 보여주고 있듯이 '열린 사회'(Open Society)이다. 그는 인류의 역사를 '열린 사회'(Open Society)와 '닫힌 사회'(Closed Society) 간의 투쟁의 과정으로 사유한다.[64]

---

62) 이것은 아리스토텔레스(Aristotle)의 '중용의 덕'(mesotes)을 추구하는 방법과 매우 흡사한 점이 있는데, 그 이유는 행위의 중용점을 정확하게 파악하기가 어려우므로 좀 더 쉽게 가늠할 수 있는 극단을 피하도록 노력하라는 가르침으로 이해할 수 있기 때문이다.

63) 엄정식(1990), '칼 포퍼와 비판적 합리주의', 계간 『철학과 현실』 1990 겨울, 서울: 철학문화연구소; 이한구 (1995)외 4인, '특집·칼 포퍼 그 인간과 사상'; 이한구(1995)외 4인, '특집·칼 포퍼 그 인간과 사상'.

64) 사실, '열린 사회'(Open Society)와 '닫힌 사회'(Closed Society)라는 대립되는 사회의 유형을 체계적으로 이론화 시킨 최초의 사람은 앙리 루이스 베르그송(Henri Louis Bergson, 1859~1941)이다. 그는 도덕과 종교의 두 원천에서 '열린 사회'(Open sociaty)란 '열린 도덕'(Open Moral)과 '동적 종교'(Dynamic Religion)를 기초로 하는 사회인 반면에, '닫힌 사회'(Closed Society)란 '닫힌 도덕'(Closed Moral)과 '정적 종교'(Static Religion)를 기초로 하는 사회라고 그는 규정했다. 여기서 '정적 종교'란 사회 전체의 통합을 최고 목표로 삼는 독단적 종교인 반면에, '동적 종교'는 생명의 창조적 열망에서 발생하는 열린 영혼의 종교라는 것이다. 나아가, '닫힌 도덕'(Closed Moral)은 불변의 도덕, 의무의 도덕, 배타적인 도덕으로서 사회적 통합만을 목적으로 삼는 지성 이하에 기원을 둔 도덕인 반면에, '열린 도덕'(Open Moral)은 변화를 승인하는 도덕, 호소와 열망의 도덕, 인류애의 도덕으로 지성 이상의 직관적인 것에 근거하고 있는 도덕이라는 것이다. 따라서 앙리 루이스 베르그송(Henri Louis Bergson)는 '닫힌 사회'(Closed Society)는 변화를 거부하는 보수적이고 권위주의적 사회인 반면에, '열린 사회'(Open Society)는 독단적이거나 배타적이지 않고 모든 인류를 포괄하는 사회라고 주장했다. 그러나, 상당히 많은 유사성에도 불구하고, 칼 포퍼(Karl Popper)의 '열린 사회'(Open sociaty)는 앙리 루이스 베르그송 (Henri Louis Bergson)의 그것과 성격을 달리한다. 기본적인 차이점은 베르그송의 '열린 사회'(Open Society)가 '신비적 정신'을 기초로 하는 사회인 반면에, 칼 포퍼(Karl Popper)의 '열린 사회'(Open Society)는 '합리적 정신'을 기초로 하는 사회라는 점에서 상이하다. 따라서 앙리 루이스 베르그송(Henri Louis Bergson)에 의하면 '닫힌 사회'(Closed Society)는 변화를 거부하는 보수적이고 권위주의적 사회

그렇다면, 어떤 사회가 '열린 사회'(Open Society)인가? 그리고 그 적(敵)들이란 누구를 가리키는가? 어떤 사람이 권위주의적이고, 비타협적이며, 배타적이고, 독단적인 성격의 소유자라면, 우리는 보통 그를 '닫힌 성격'이라고 규정한다. 이와 반대로 그가 평등주의적이고, 타협적이며, 관용적이고, 비판을 수용하는 특성을 갖고 있다면, '열린 성격'이라고 규정한다.

나아가 '닫힌 도덕'(Closed Moral)은 불변의 도덕, 의무의 도덕, 배타적인 도덕으로서 사회적 통합만을 목적으로 삼는 지성 이하에 기원을 둔 도덕이라고 한다, '열린 도덕'(Open Moral)은 변화를 승인하는 도덕, 호소와 열망의 도덕, 인류애의 도덕으로 지성 이상의 직관적인 것에 근거하고 있는 도덕이다.

칼 포퍼(Karl Popper, 1902~1994)는 인류의 역사를 '열린 사회'(Open Society)와 '닫힌 사회'(Closed Society) 간의 투쟁의 과정으로 사유한다. 그는 '열린 사회'(Open Society)를 다음과 같이 정의(定義)했다: 즉, 개인들이 자유롭게 결단을 내릴 수 있는 개인중심적인 자유주의 사회, 고통을 최소화하는 반(反) 공리주의(功利主義) 사회, 즉, 다수의 행복을 위하여 소수의 고통을 요구하지 않으며 소수의 행복을 위하여 다수의 고통을 요구하지 않는 사회다. '열린 사회'(Open Society)와 대조적으로, '닫힌 사회'(Closed Society)는 유기체적 전체주의 사회이다. 그는 공리주의(utilitarianism)의 치명적 실수가 행복과 고통이 반(反)비례하는 것으로 간주한 것이라고 지적하고 행복과 고통은 대칭적으로 취급할 수 있는 도덕적 문제가 아니라고 주장했다. 따라서 공리주의(功利主義)의 '최대다수 최대행복'을 위해서는 '고통의 분담'이 필요하다는 것이다.

칼 포퍼(Karl Popper)는 '열린 사회'(Open Society)를 개인들이 자유로이 결단을 내릴 수 있는 개인중심의 자유주의 사회, 고통을 극소화하는 부정적 공리주의의 사회로, '닫힌 사회'(Closed Society)는 유기체적 전체주의의 사회, 공리주의의 사회로 각각 규정한다. 그러나 '열린 사회'(Open Society)가 '자유방임주의 사회'로 해석되어서는 안 된다. 칼 포퍼(Karl Popper)에 의하면 '자유방임주의 사회'는 자유의 역설에 의해 유지되기 어렵다. 즉, 자유가 제한되지 않을 때 자유는 자멸한다. 왜냐하면 무제한적인 자유는 강자가 약자를 위협하여 그의 자유를 강탈할 자유까지도 함축하기 때문이다.

인 반면에, '열린 사회'(Open Society)는 독단적이거나 배타적이지 않고 모든 인류를 포괄하는 사회라는 것이다. 그러나, 상당히 많은 유사성에도 불구하고, 칼 포퍼(Karl Popper)의 '열린 사회'는 앙리 루이스 베르그송(Henri Louis Bergson)의 그것과 성격을 달리한다. 기본적인 차이점은 베르그송의 '열린 사회'(Open Society)가 신비적 정신을 기초로 하는 사회인데 반해, 칼 포퍼(Karl Popper)의 '열린 사회'(Open Society)는 합리적 정신을 기초로 하는 사회라는 점이다.

그러나 '열린 사회'(Open Society)가 '자유방임주의 사회'로 해석되어서는 안 된다. 칼 포퍼(Karl Popper)에 의하면 '자유방임주의 사회'는 자유의 역설에 의해 유지되기 어렵다. 즉, 자유가 제한되지 않을 때 자유는 자멸한다. 왜냐하면 무제한적인 자유는 강자가 약자를 위협하여 그의 자유를 강탈할 자유까지도 함축하기 때문이다.

칼 포퍼(Karl Popper, 1902~1994)가 '닫힌 사회'(Closed Society)를 거부하고 '열린 사회'(Open Society)를 주장하는 이유는 다음과 같다. 그의 '열린 사회'(Open Society)는 존재론적으로 개인주의를 지지하고, 인식론적으로는 인간이성의 오류가능성을 받아들이며, 윤리적으로는 인도주의에 기초하고 있기 때문이다. 전체주의(全體主義)가 사회를 하나의 유기체로 보는데 반해 개인주의(個人主義)는 개인을 진정한 존재의 단위로 간주하는 입장이다. 우리가 인간이성의 오류 가능성을 받아들이면, 아무도 절대적 진리를 주장할 수 없게 된다. 비판받지 않아도 좋을 절대적 진리란 용인되지 않으며 아무도 그 자신의 심판자일 수 없다.

여기서 자유의 제한과 '국가 보호주의'가 불가피하게 요구된다. 자유는 국가에 의해 보호되지 않는 한, 유지될 수 없다. 그리고 국가에 의해 보호되는 정도 만큼 그것은 동시에 제한된다.

칼 포퍼(Karl Popper, 1902~1994)는 '국가 보호주의'를 경제적 영역에도 적용해야 한다고 주장한다. 국가가 국민을 물리적 폭력으로부터 보호한다 할지라도, 경제적 힘의 오용으로부터 국민을 보호하지 못한다면, 국가는 국민의 자유를 실질적으로 보호할 수 없기 때문이다:

"경제적 강자가 경제적 약자를 괴롭히고 약자로부터 그의 자유를 마음대로 강탈해 갈 수 있는 상황에서는, 경제적 자유는 물리적 폭력과 마찬가지로 위험한 것이 될 수 있다. 잉여 식품을 소유한 사람은 굶주린 사람을 폭력을 사용하지 않고도 자유롭게 받아들인 노예 상태로 몰고 갈 수 있기 때문이다. 국가가 그 활동을 폭력의 억압과 재산의 보호에만 제한할 때, 경제적 강자인 소수가 이런 방식으로 경제적 약자인 다수를 착취할 수 있다."

따라서 우리는 경제적 약자를 경제적 강자로부터 보호하기 위한 사회적 장치를 국가의 힘에 의해 수립해야 한다. 어느 누구도 굶어 죽는 공포나 경제적 파멸의 두려움으로 인하여 불평등한 관계 속에 빠져들어갈 필요가 없도록 국가는 보살펴야 한다.

나아가 경제적 계획주의 역시 위험한 것이라 할 수 있다. 우리가 계획을 너무 많이 하면, 즉 우리가 국가에 너무 많은 권력을 부여하면, 자유가 상실되기 때문이다. 따라서 우리는 자유의 역설만이 아니라 국가 계획의 역설도 고려해야 한다.

그러므로 '열린 사회'(Open Society)는 상기한 2개의 역설을 모두 피할 수 있는 사회이다. 그것은 이러한 한계 안에서 개인의 자유를 우리가 무엇보다 앞서 추구할 최고의 가치이며, 진보의 원천으로 간주한다. 여기서 자유는 기본적으로 다른 사람과는 다른 자신의 길을 선택할 수 있는 자유이며, 자신의 통치자를 비판할 수 있는 자유이다.

그러므로 '열린 사회'(Open Society)는 상기한 2개의 역설을 모두 피할 수 있는 사회이다. 그것은 이러한 한계 안에서 개인의 자유(自由)를 우리가 무엇보다 앞서 추구할 최고의 가치이며, 진보(進步)의 원천으로 간주한다. 여기서 자유(自由)는 기본적으로 다른 사람과는 다른 자신의 길을 선택할 수 있는 자유이며, 자신의 통치자를 비판할 수 있는 자유이다. 이러한 점에서 칼 포퍼(Karl Popper, 1902~1994)의 '열린 사회'(Open Society)는 존 스튜어트 밀(John Stuart Mill, 1806~1873)이 체계화한 자유주의(自由主義)와 일맥상통한다.

요컨대, 칼 포퍼(Karl Popper)의 '열린 사회'(Open Society)란 존재론적으로는 개인주의이며, 인식론적으로는 인간 이성(理性)의 모든 가능성을 인정하며 아무도 절대적 진리를 주장하지 않으며, 윤리적으로는 인도주의에 기초를 둔다. 따라서 '열린 사회'(Open Society)의 적(敵)은 권위주의이고 비(非)타협적·배타적·독단적 성격의 소유자라고 칼 포퍼(Karl Popper)는 주장했다.

(2) '점진적 사회공학'에 의한 '점진적 개혁(Piecemeal Reform)'

한편, 칼 포퍼(Karl Popper, 1902~1994)의 '열린 사회'(Open Society)는 '자본주의적 자유민주주의'가 최상의 사회는 결코 아니지만 이것은 '열린 사회'(Open Society)이기 때문에 더 살기 좋은 사회로 발전될 수 있는 희망이 있다고 주장했다. 그리고 칼 포퍼(Karl Popper)는 사회개혁에 있어서 허버트 마르쿠제(Herbert Marcuse, 1898~1979)의 '급진적 혁명주의'(Radical revolutionism)가 아니라 점진적 개혁주의(Piecemeal Reformism)를 주장한다.

사회공학(Social Engineering)은 크게 2개 종류로 나누어진다: 하나는 과학적 연구로 얻은 지식이나 법칙을 기초로 하여 사회를 점진적으로 재구성하고자 하는 '점진적 사회공학'(Piecemeal Social Engineering)이며, 다른 하나는 완벽한 청사진을 기초로 하여 사회를 한꺼번에 철저히 변화시키고자 하는 '유토피아적 사회공학'(Utopian Social Engineering)이다.

그러나 '점진적 사회공학'(Piecemeal Social Engineering)만이 '열린 사회'(Open Society)로 이르는 유일한 방법론이다. 그 이유는 '점진적 사회공학'(Peacemeal Social Engineering)이 가장 합리적인 문제 해결의 방법이기 때문이다. 이와 반면에 '유토피아적 사회공학'(Utopian Social Engineering)의 최대 난점은 우리가 완벽한 이상적 청사진을 만들어 낼 수 없다는 점이다. 왜냐하면 우리의 이성(理性)은 항상 잘못을 저지를 수 있는 불완전한 상태에 있고, 우리의 지식을 포함한 사회적 상황은 언제나 유동적이기 때문이다. 그러므로 유토피아적 접근법은 불변적 이상이 무엇인가를 결정적으로 규정할 수 있는 합리적 방법과 그것을 실현하는 최상의 방법이 무엇인가를 규정할 수 있는 합리적 방법이 있다는 전제하에서 정당화될 수 있다. 절대적 목적과 그것을 실현하는 합리적 방법이 존재하지 않는다면, 유토피아 사회공학자들의 의견 차이는 합리적 방법이 없으므로 이성 대신에 폭력에 의해서만 해결될 것이다. 그러나 폭력은 문제를 참으로 해결하기 보다는 새로운 폭력을 야기함으로써 사람들에게 더 많은 고통만을 안겨줄 것이다.

그러나 '점진적 사회공학'(Piecemeal Social Engineering)은 상기의 난점을 갖지 않는다. 왜냐하면 그것은 우리의 능력범위 안에 있으면서 우리가 대체로 합의를 본 문제부터 해결하려고 하기 때문이다. '점진적 사회공학'(Piecemeal Social Engineering)은 여러 종류의 사회학적 법칙들에 기초해서 사회적 현상을 설명하고, 그 현상을 통제함으로써 우리가 원하는 방향에로 사회를 변경시킬 수 있다.

'점진적 사회공학'(Piecemeal Social Engineering)은 우리가 추구하지 않으면 안 될 사회 전체의 어떤 목적이 선천적으로 주어져 있는 것으로 보지 않는다. 그것의 목적은 주어진 시대의 사람들이 공동으로 설정하는 것이며, 이 목적이 무엇이든 '점진적 사회공학'(Piecemeal Social Engineering)은 계속해서 개선해 갈 수 있는 소규모의 조정과 재조정에 의해 이 목적을 달성하려고 한다. 그러므로 점진적 사회공학자는 정치의 과학적 기초를 역사적 추세에 두지 않고, 우리의 소망과 목적에 따라 사회제도를 구성하고 변화시키는 데에 필요한 사실적 정보에 둔다.

왜 우리는 행복을 향한 이상에 대해 합의를 보기가 더욱 어려운가? 그 이유는 이상은 추상적이며 비현실적이기 때문이다. 그에 반해 악은 언제나 우리와 더불어 '지금 여기'에 존재하고 있다. 가난과 실업, 전쟁과 질병, 강자의 억압 때문에 비참한 상태에 빠진 수많은 사람들이 악(惡)을 경험해 왔으며, 매일 그것을 경험하고 있다. 또한, 그렇지 않은 사람들도 매일 비참한 사람들을 만나고 있다. 이것이야 말로 구체적인 악(惡)을 확인시켜 주는 산 증거들이다. 여기서 너무나 멀고 요원하여 언제 도달할지도 모르는 선(善)에 몸을 바치는 대신에, 긴박하게 임박해 있고 모두가 쉽게 확인할 수 있는 악(惡)의 제거부터 노력하지 않으면 안 된다는 주장이 가능해진다.

이와 같이, 칼 포퍼(Karl Popper, 1902~1994)는 과학의 합리성의 근거를 비판과 토론에서 찾음으로써 합리성(合理性, Rationality)의 개념을 바꾸어 놓았다. 그의 합리성(合理性, Rationality)에 대한 새로운 개념은 과학의 영역을 넘어 철학 전반에 확대 적용될 수 있으며, 근본적으로는 철학의 방법이라고 할 수 있다. 그는 합리적 태도와 비판적 태도를 동일하게 본다. 철학과 과학에 방법이 존재한다면 그것은 합리적 토론의 방법이며, 이 방법은 *"문제를 분명히 진술하고 그에 대해 제출된 다양한 해답들을 비판적으로 검토하는 것이다."*[65]

칼 포퍼(Karl Popper)는 '합리주의자(合理主義者)'란 세계를 이해하려고 하고 다른 사람과 논쟁을 통해 배우려고 하는 사람이라고 정의한다. '다른 사람과 논쟁한다'는 말의 의미는 다른 사람을 비판하고 그들을 비판에 끌어들이고 그 비판으로부터 배우려고 한다는 것을 의미한다. 논쟁의 기술은 싸움의 특수한 형태이다. 논쟁은 칼(刀) 대신에 말(言)을 통한 싸움이고 진리(眞理)에 가까이 가려는 관심에 의해 촉구된다. 비판과 토론의 방법은 폭력(暴力)이 아닌 이성(理性)을 통해 우리가 '더 살기 좋은 사회'를 만들어 갈 수 있다는 '점진적 사회공학'(Piecemeal Social Engineering)의 이론적 근거가 된다고 칼 포퍼(Karl Popper)는 주장한다: *"과학 또는 철학으로 나아가는 길은 하나뿐이다. 문제와 만나고, 그 아름다움을 찾아내고, 그 문제와 사랑에 빠져라; 만일 더 매혹적인 문제와 만나게 되지 않거나 그 문제가 해결되지 않았다면, 죽음이 그 문제와 당신을 갈라놓을 때까지 그 문제와 결혼하고 행복하게 살아라."*

상기한 시각에서 칼 포퍼(Karl Popper)는 '합리성'(Rationality)을 남용하는 역사주의(歷史主義, Historicism)인 마르크시즘(Marxism)은 '닫힌 사회'(Closed Society)를 야기 시킨다는 이유로 비판 및 거부했다. 왜냐하면 역사주의(歷史主義, Historicism)는 역사법칙론의 입장에서 '유토피아 사회공학'(Utopian Social Engineering)은 "세상에 그럴듯한 것을 실현하려면 먼저 저주 받은 문명을 싹 없애버려야 한다"고 주장하기 때문이다.

이와 대조적으로, 칼 포퍼(Karl Popper)는 합리성(合理性, Rationality)의 근거를 비판과 토론에서 찾았다. 그의 합리성(合理性, Rationality)에 대한 새로운 개념은 과학의 영역을 넘어 철학 전반에 확대 적용될 수 있으며, 근본적으로는 철학의 방법이라고도 할 수 있다. 그는 합리적 태도와 비판적 태도를 동일하게 본다. 상기한 논리의 연장에서, 칼 포퍼(Karl Raimund Popper)는 공리주의(功利主義)의 "행복(幸福)을 극대화하라"는 주장을 "불행(不幸)을 극소화하라"는 권고로 대체해야 한다고 역설한다. 쉽게 말하면, 부모에게 효도(孝道)하기보다는 불효(不孝)하지 않으려고 애쓰는 것이 훨씬 쉽다는 것이다.

---

65) 엄정식(1990), '칼 포퍼와 비판적 합리주의', 계간 『철학과 현실』 1990 겨울, 서울: 철학문화연구소.

따라서 칼 포퍼(Karl Popper)에 의하면, 도덕적으로 해결해야 할 가장 긴급한 문제는 '행복(幸福)의 증대'가 아니라 '고통(苦痛)의 감소'라는 것이다. 그러므로 '최대다수 최대행복'을 추구하는 공리주의(功利主義, Utilitarianism)의 원리를 '최대다수 최소고통'을 추구하는 원리로 바꾸지 않으면 안 된다고 주장한다. 즉, '행복(幸福)의 극대화 원칙'을 '고통(苦痛)의 극소화 원칙'으로 수정하자는 것이다. 이때 피할 수 없는 고통은 가능한 한 균등하게 감수하지 않으면 안 된다. 예로서 흉년이 들어 식량이 부족하다면 배고픔 즉 고통을 분할하자는 것이다. 따라서 칼 포퍼(Karl Popper)의 '최대다수 최소고통'의 원리는 정치적 수단에 의해 행복(幸福)을 증진시키려고 노력하는 대신에 구체적인 불행(不幸)을 제거하려고 노력해야 하는 추상적인 선(善)을 실현하려고 하기 보다는 구체적인 악(惡)을 제거하도록 힘써야 한다는 것이다. 예로서, 우리는 정치적 수단에 의해 모든 사람이 최소한의 소득을 획득할 수 있도록 함으로써 빈곤과 가난을 퇴치할 수 있도록 노력해야 하며 필요한 시설들을 확충함으로써 질병·문맹·범죄·불의 등을 퇴치할 수 있도록 노력해야 한다는 것이다.

6) 한국사회의 갈등(葛藤)과 해소방향[66]

본 연구는 이념(理念, Idealogy)은 이미 죽었다고 강조하며, 이념(理念, Idealogy)의 잔재를 깨끗이 털어내어야 한다고 주장한다. 전술한 바와 같이, 칼 만하임(Karl Mannheim, 1893~1947)은 그의 저서 『이데올로기와 유토피아』(1929년)에서, 다니엘 벨(Daniel Bell, 1919~2011)는 그의 저서 『이념의 종언』(The End of Ideology)(1960년)에서, 프랜시스 후쿠야마(Francis Fukuyama, 1952~현재)는 그의 저서 『역사의 종말』(The End of History and the Last Men, 2006년)에서 각각 이데올로기(Ideology)의 종언(終焉)을 주장했다. 사실, 오늘날에는 사회공학(社會工學, Social Engineering)에 의해서 '유토피아(Utopia)'를 건설할 수 있다고 믿는 사람은 없으며, 또한 사회공학의 필요성을 철저하게 배격하는 주장도 이제는 설득력을 잃었다. 따라서 오늘날 서구의 지식인들은 복지국가, 권력의 분산, 혼합경제, 정치적 다원주의 등을 대체로 수용하고 있다.

또한, 본 장의 제2절에서 본 연구는 이념(理念, Idealogy)의 잔혹상(殘酷相)을 세계적

---

66) 임양택(2012), "한국 대선의 이념논쟁과 시대적 과제: 보수·진보가 아니라 비전이 문제다!", 월간조선 7월호, 2012.07; 임양택(2016), "한국사회의 개혁을 위한 국가지도자의 리더십", 경인일보 〈경제전망대〉, 12.22; 임양택(2017), "文정부 '갈등관리 컨트롤타워'로 '고비용 사회경제구조' 혁파하라", 경인일보 〈경제전망대〉, 11.23.

차원에서 5개 역사적 사례: (1) 이오시프 스탈린(Iosif Stalin, 1879~1953), (2) 공화주의자 vs 파시스트의 스페인 내전(1936~1939), (3) 한국전쟁(1950~1953), (4) 중국의 대약진운동(大躍進運動, 1958~1960)과 문화대혁명(文化大革命, 1966~1976)으로써 지적했다.

특히, 한국의 경우, 한국전쟁(1950.06.25~1953.07.27)으로 참혹한 민족상잔 및 50개국의 국제전을 겪었음에도 불구하고, 때늦은 이념갈등(理念葛藤)으로 대한민국의 정치·경제·사회의 거의 모든 기능이 쇠잔해가고 있다. 마치 베터리 용량이 거의 소진하여 역사의 시계 축이 더 나아가지 못하고 있는 것 같다.

오늘날 뒤늦은 이념갈등(理念葛藤) 즉 '좌우 대립'은 게오르그 빌헬름 프리드리히 헤겔(Georg Wilhelm Friedrich Hegel, 1770~1831)의 '대립물의 통일과 투쟁'이라는 '변증적 모순'조차도 제대로 이해하지 못하는 무지(無知)의 소치이다. 모름지기, '변증법적 모순'은 대립(對立)이되 갈등(葛藤)은 아니다. 이것은 모든 사물의 생명과 운동의 원천이며 원동력이다.

모름지기, 오른 팔과 왼팔은 가슴을 중심으로 떨어져 있으나 그 두 팔의 기능은 상호 보완적이다. 왼손잡이가 있으므로 오른손잡이가 '정상인'으로 인정받는 것이다. 또한, 아내가 존재하므로 남편이 존재하는 것이다. 즉, 상대방의 존재가치가 바로 자신의 존재가치인 것이다.

그럼에도 불구하고, 전술한 바와 같이, 한국사회는 '갈등'[이념갈등(41%) > 계층갈등(28%) > 지역갈등(21%) > 세대갈등(10%)]의 덫에 빠져있다(〈한국청년유권자연맹〉의 설문조사(2019.12.16~24). 가히 백가쟁명(百家爭鳴)으로 국론분열은 심화되고 있으며 대한민국은 아무것도 못하는 무기력 상황으로 빠져들고 있다. 특히, 이념갈등(理念葛藤)은 사회발전을 가로막는 암적(癌的) 존재이다.

(1) 보수(保守)와 진보(進步)의 갈등

문화체육관광부의 '2019년 한국인의 의식·가치관 조사' 결과(2019.12.11)에 따르면 한국사회가 겪는 갈등(葛藤) 중에서 가장 심각한 문제로 진보와 보수 간 갈등을 꼽은 응답자가 전체의 91.8%였다. 그 다음의 순위는 정규직과 비정규직의 갈등(85.3%) 〉 대기업과 중소기업의 갈등(81.1%) 〉 부유층과 서민층의 갈등(78.9%)이다.

평화갈등연구소(2015.10.24)는 이념갈등(理念葛藤)은 해결 가능한 것인가라는 본질적 의문을 제기했다. 여기서 2가지 사유의 유형이 나타난다: 하나는 이념은 바뀌지 않는 것이기 때문에 그런 갈등을 해결하려는 시도 자체가 부질 없는 일이라고 생각한다. 다른 하나는 많은 갈등이 이념에 뿌리를 두고 있는데 이념 문제를 건드리지 않고 과연 갈등을 해결할 수 있느냐고 생각한다. 따라서 어떤 사람들은 이념이 개입된 갈등은 아예 해결의 대상이 아니라고 말하기도 하고, 어떤 사람들은 이념을 서로 인정하는 것이 우선이고 그래야 갈등이 해결된다고 얘기하기도 한다. 두 가지 다 설득력 있는 얘기다.

그러나 저자는 '국가지도자(國家指導者)의 국정철학(國政哲學)과 정치적 리더십(Political Leadership)'으로써 이념갈등(理念葛藤)을 완화 내지 해소할 수 있다고 주장한다. 이와 관련하여, 저자가 역설하는 것은 다음과 같다: 국가의 생존과 번영을 위하여 필요한 것은 경세제민(經世濟民)을 위한 비전(Vision)과 청사진(靑寫眞)이다. 이념(理念)은 이미 죽었기 때문에 '이념갈등(理念葛藤)'은 정치세력들이 그들의 집권과 정권 유지를 위하여 국민을 속이는 정치적 술책일 뿐이다. 이것은 맨슈어 올슨(Mancur Olson, 1932 ~ 1998) 교수의 '집단행동의 논리'(The Logic of Collective Action)으로써 해석할 수밖에 없는 '저속한' 정치행위이다.

여기서 유의할 것은 '이념갈등(理念葛藤)' 대신에 '보·혁 갈등(保·革 葛藤)'은 세계 모든 국가에서 존재하는 자연스럽고 바람직한 현상이라는 점이다. 심지어, 보수(保守)의 현상유지(現狀維持)에 대응하여 진보(進步)는 역사 발전을 위하여 반드시 필요하다. 이와 동시에 보수주의(保守主義)는 진보주의(進步主義)의 격렬한 급진성을 제어하기 위해 반드시 필요하다. 어느 경우에서나 선택은 국민이 하는 것이며, 그 선택에 대하여 책임은 국민에게 있다. 따라서 국민은 항상 깨어나 있어야 한다.

또한, 여기서 유의할 것은 한국의 경우 보수(保守)는 '민주주의(民主主義)'를 정치적 실천(특히 1987.06, 민주항쟁)을 통해 '보편적 이념'으로 정착시켰으나 '자유주의(自由主義)'를 '반공주의(反共主義)'와 동일시함으로써 자유주의(自由主義)을 실천하는 것을 소홀히 했다는 점이다. 즉, '자유주의(自由主義)'는 과도한 '국가중심주의(國家中心主義)'에 억눌리거나 유보되었던 것이다.

상술하면, 군사독재 체제는 '민주주의 확립'과 '공산주의 타도'라는 슬로건 아래 마치 자기들이 '민주주의의 수호자'인 것처럼 주장하면서 반공(反共)을 내걸고 그들의 정체성(政體性)을 확보하고자 했었다. 나아가, 군사독재 세력은 그들의 정권 유지를 위해 그들에게 저항하는 민주 세력을 '좌익 세력'으로 매도해 왔다. 이로 인해 민주 세력들이 '친북 좌파(親北 左派)'로 매도되어 곤혹을 치른 예는 수없이 많았다.

이에 대응하여, 군사 정권의 정통성을 비판하는 정치세력들은 반공(反共)은 받아들이지만 민주주의 가치를 위해 군사독재(軍事獨裁)만은 안 된다는 주장을 내세우며 군사 정권에 도전하였다. 군사독재 정권이 종식되고 김영삼(金泳三)의 '문민정부'(1993~1998)가 수립되자 이제는 군사독재에 억눌렸었던 민주 세력들이 과거 군사독재(軍事獨裁) 정권에 참여한 인사들을 '수구 반동(守舊 反動)' 세력으로 비판하였다.

게다가, 한반도의 분단 상황과 얽혀 '친북 좌파(親北 左派)' 혹은 '수구 반동(守舊 反動)'이라는 정치적 낙인은 보수(保守)와 진보(進步)의 합리적 활동을 저해하여 왔다. 즉, 보수(保守) 세력이 경제성장을 강조하면 진보(進步) 세력은 이를 '수구 반동(守舊 反動)'이라는 낙인을 찍었다. 또한, 진보(進步) 세력이 경제성장보다는 소득분배를 강조하면, 보수(保守) 세력은 이를 '친북 좌파(親北左派)'라는 낙인을 찍었다. 이 결과, 한국의 정치 세력들은 모두가 자유민주주의(自由民主主義)를 강조하는 서구(西寇)의 보수적 입장에 있으면서도 군사독재 정권 유지 세력과, 군사독재 정권의 종식을 강조하는 민주주의 세력으로 양분되었다. 그리고 보수(保守) 세력은 군사독재(軍事獨裁)의 협력세력이라는 의미로, 진보(進步) 세력은 '친북 좌파(親北左派)'로 각각 확대 해석될 수 있는 '콤플렉스'를 갖게 됐다. 이러한 콤플렉스는 '중도 보수' 혹은 '중도 진보' 그리고 '합리적 보수' 혹은 '건전한 진보'라는 애매한 용어가 사용되기까지 했다. 왜냐하면 너무 한쪽만을 강조하면 매도될 수 있다는 두려움을 갖고 있기 때문이다.

따라서 군사독재에 기생하여 자기의 정치적 이익을 추구하여 온 일부 보수(保守) 세력은 군사 독재가 사라진 후에도 반성(反省)의 기미를 보이지 않고 오히려 군사 정권하에서 경제적 발전의 성과만을 부각시킴으로써 자기의 과거 정치적 행각을 합리화하고 있다. 이와 반면에, 진보(進步) 세력은 일부 "통일이나 민족 등과 같은 거대 담론"에 치우쳐 "대중을 오만하게 '계몽'하려 했던 운동권의 자세를 보임으로써 서구(西寇)의 사회민주주의적 이념 즉 소득재분배정책과 복지국가로의 전환을 위한 청사진을 합리적으로 제시하지 못하고 있다.

물론, 보수(保守)는 '민주주의(民主主義)'를 정치적 실천(특히 1987.06, 민주항쟁)을 통해 보편적 이념으로 정착시켰으나 '자유주의(自由主義)'를 냉전 반공주의(反共主義)와 동일시함으로써 그 이념을 실천하는 것을 소홀히 했었다. 즉, '자유주의(自由主義)'는 1987년 6월 민주화 이후에서도 과도한 국가중심주의(國家中心主義)에 억눌리거나 유보되었다.

한편, 진보(進步) 진영의 민주화(民主化) 운동에서도 자유주의(Liberalism, 自由主義)는 생소(生疏)했었다. 1987년 6월 민주화(民主化) 이후, 진보(進步) 세력은 마르크스주의(Marxism)이나 서(西)유럽의 복지체제인 사회민주주의(社會民主主義, Social Democracy)를 수용했었다. 물론, 진보(進步) 진영에는 여전히 자유주의(Liberalism, 自由主義)를 거부하고 의심의 눈초리로 보는 경향이 있었다.

이 결과, 보수(保守)는 보수대로 진보(進步)는 진보대로 각각 자유주의(Liberalism, 自由主義)를 적극적으로 수용할 수 없었다. 따라서 민주주의(民主主義)는 현재 정착된 이념이지만, 자유주의(Liberalism, 自由主義)는 아직 정착되지 않았다. 심지어, 1987년 6월 민주항쟁으로 민주화(Democratization)가 됐으면 개인주의(個人主義)와 이익집단도 강화돼야 하는데 그러지 못했었다.

여기서 유의할 것은 다음과 같다: 한국의 민주화(民主化)는 독재(獨裁)에 반대하는 운동으로서 자유주의(自由主義)의 이념으로 추진되었다는 점이다. 1987년 6월 민주항쟁 과정에서 시민들은 헌정주의(憲政主義)의 복원을 요구했으며, 권위주의적(權威主義的) 군부독재(軍部獨裁) 정권에 의해 박탈(剝奪)당한 시민의 정치적 기본권과 자유를 돌려줄 것을 요구했었다. 당시, 시민들은 결코 계급혁명(階級革命)을 표방하지 않았으며 급진적인 사회경제적 개혁(改革)도 요구하지 않았다. 따라서 '1987년 체제'가 정착시킨 민주주의(民主主義)는 바로 자유주의(自由主義)였다.

일찍이, 게오르그 빌헬름 프리드리히 헤겔(Georg Wilhelm Friedrich Hegel, 1770~1831)은 그의 저서: 『역사철학강의』(세계역사의 철학에 관한 강의, Vorlesungen über die Philosophie der Weltgeschichte, 1837년, 1840년)에서 "세계사(世界史)란 정신이 스스로를 자유(自由)라고 의식하는 자유의식의 발전과정과, 이 의식에 의해서 산출되는 자유(自由)의 실현과정을 나타낸 것이다"라고 갈파했다.

모름지기, 한국 사회에서 보수(保守)와 진보(進步)에 대한 논쟁은 자유민주주의(自由民主主義) 아래에서 개인의 권리나 자유(自由)의 강조냐 아니면 공익과 평등(平等)의 강조냐 하는 점에서 건전하게 이루어져야 국가발전에 기여할 수 있을 것이다. 이제, 저자는 한국사회에서의 보수(保守)와 진보(進步)의 발전방향을 제시하고자 한다.[67]

첫째, 보수(保守)는 대한민국의 정통성(正統性)과 정체성(正體性)을 내세우고 자유시장경제체제를 지향하면서 공동체 전체를 위해 법과 질서가 복원돼야 한다고 주장한다. 미국에 대해선 할 말은 하더라도 근본주의(根本主義) 성향의 반미(反美)는 인정하지 않는다. 그러나, 이젠, 보수(保守)도 약자(弱者)에 대해 따뜻하고 온정적인 태도를 가져야 하며, 부정부패(不正腐敗)에 대해 겸허히 반성하고 '진보'(進步)의 가치도 포용해야 한다. 즉, 보수(保守)는 진보(進步)를 이단(異端)으로 생각하는 사고방식을 버리고 '열린 보수'가 되어야 한다. 그리고, 핵(核)무기 문제는 제외하더라도, 대(對)북한 포용정책(包容政策)을 인정해야 한다.

---

67) 임양택(2012), "한국 대선의 이념논쟁과 시대적 과제: 보수·진보가 아니라 비전이 문제다!", 월간조선 7월호, 2012.07.

왜냐하면 북한 주민들을 돕는 건 민족적 의무이자 휴머니즘의 발로이기 때문이다.

둘째, 진보(進步)는 대한민국의 역사를 실패의 역사, 부도덕한 역사, 기회주의가 성공한 역사로 폄하(貶下)한다. 좌파(左派)는 과거엔 사회주의권을 의미했지만 국가나 시민사회에 의한 '조정된 시장경제'(coordinated market economy)가 필요하다고 주장한다. '진보(進步)'는 대한민국을 인정하고 시장경제의 틀 속에서 좀 더 인간적이고 민주적인 복지국가가 실현되는 시장경제로 가자고 주장한다. 과거에는 성장하면 분배도 개선됐는데 최근 몇 년간 이런 구조가 깨졌다. 게다가 수출과 내수, 제조업과 서비스업, 대기업과 중소기업 간의 연계가 약화되었다. 이 결과, 소득이 한 곳에 몰리면서 소득분배구조의 불균형이 심화됐다. 절대적·상대적 빈곤율 모두 해를 거듭할수록 나빠지고 있다. 부익부(富益富) 빈익빈(貧益貧), 강익강(强益强) 약익약(弱益弱)의 논리는 마침내 세계 대부분의 자본주의 국가들을 '1 vs 99 사회'로 만들고 말았다. 그리고 1991년의 사회주의 붕괴 이후, 이젠 자본주의가 위기상황으로 접어들고 있다. 그 요인은 밖의 도전도, 안의 저항도 부재(不在)하자 스스로 내파(內破)하고 있기 때문이다. 경제성장이 양극화(兩極化)를 부추기고 대다수의 박탈감만 높인다면 과연 누구를 위한 경제성장이냐는 의문을 제기한다. 그러나, 소득격차와 양극화가 사회적 이슈인 것은 자명한 사실이지만, 이보다 더 중요하고 시급한 것은 경제성장 잠재력의 복원이다. 소득불평등과 노동시장 양극화, 저출산·고령화, 성장잠재력 둔화는 동전의 양면과 같다. 즉, 노동시장 접근에 소외되면서 소득이 불평등해졌고, 저출산·고령화로 인해 성장잠재력이 둔화되는 악순환이 이어지고 있다.

이젠, 진보(進步)는 과거처럼 저항세력이 아니라 현재 주도세력으로서 국가를 경영하기 위해서는 다음과 같은 변화가 필요하다:

① 진보(進步)는 대한민국의 고유 정체성(正體性)을 인정해야 한다. 그렇다면, 대한민국의 고유 정체성(正體性)은 무엇인가? 그것은 대한민국의 건국이념(建國理念)이다. 이것은 1941년 11월 대한민국 임시정부가 발표한 새 민주국가의 건설을 위한 대한민국 건국강령(大韓民國建國綱領)[68]에 다음과 같이 명시되어 있다: 임시정부의 법통(法統)을 단군(檀君) 이래의 민족사와 3·1 운동에 두고, 홍익인간(弘益人間)과 삼균주의(三均主義)[69]의 정치이상을 밝힌 다음, 광복운동을 제1기, 제2기, 완성기의 3기로 나

68) 대한민국 건국강령(大韓民國建國綱領)은 제1장 〈총강(總綱)〉 7개조, 제2장 〈복국(復國)〉 8개조, 제3장 〈건국〉 7개조 등 합계 22개조로 구성된 문장으로서 1931년에 발표한 건국 원칙 즉 삼균제도(三均制度)를 정치이념에 입각하여 독립(광복) 후 새 나라의 건국을 위한 일종의 청사진(靑寫眞)을 밝힌 것이다.

69) 강만길(1982), 『趙素昻』, 한길사; 강만길(1992), "조소앙과 삼균주의", 『사상』여름호; 김기승(1998), "조소앙 (趙素昻)의 사상적 변천 과정: 청년기 수학 과정을 중심으로", 『고려사학보: Vol 3』, 고려사학회;

누어 각 단계에 해야 할 일을 명시하였으며, 독립 후의 건국과정을 역시 삼균제도 (三均制度)의 강령·정책 입안의 제1기, 헌법시행·삼균제도(三均制度) 집행의 제2기, 이를 완성하는 완성기의 3기로 분류하였다. 또한 헌법 제정상의 원칙, 중앙 및 지방의 정치기구 구성원칙, 건국 직후의 경제정책·교육정책 등을 상세히 규정한 바, 그 성격은 민족주의·민주주의·사회주의 이상을 종합한 것이다. 이와 같이 대한민국 건국강령(大韓民國建國綱領)은 일본 제국으로부터 독립한 이후 대한민국(大韓民國) 정부가 한반도 내에 수립되는 과정에 기여하였으나 조선민주주의인민공화국의 건국과는 무관하다. 또한, 이것은 1944년 제5차 개정임시헌장의 기초가 되었고, 1948년 7월 제정된 대한민국 헌법 기초에도 중요한 참고자료가 되었다.

② 진보(進步)는 시장경제의 틀 속에서 인간중심적이고 시장주도적인 복지사회(福祉社會)로 가자고 주장해야 한다. 평등(平等)의 개념을 '결과의 평등'이 아니라 '기회의 균등'으로 인식해야 한다. '교육의 평준화'는 '과정의 불평등'을 해소하지 않고 '결과의 평등'만을 추구한 결과, 지역별·계층별 불평등 해소에 실패했다. 평준화(平準化)가 결코 평등(平等)은 아니다. 평준화(平準化)의 큰 틀속에서 다양성과 경쟁 요소가 포함돼야 한다. 근본주의(根本主義) 성향의 '하향 평준화'는 '교실 붕괴'를 야기했다. 또한, 과거에는 진보(進步)는 반미(反美)경향이 강했지만, 이젠 한미(韓·美) 동맹(同盟)을 중요시 해야 한다. 왜냐하면 통일을 위해선 미국 역할이 결정적이기 때문이다.

③ 진보주의(進步主義, Progressivism)는 역사 발전을 저해하는 제반 요인들을, 특히 소득분배 불평등(不平等)과 양극화(兩極化) 현상과 그 요인을 과학적으로 분석하고 그 대안을 구체적으로 제시해야 한다. 여기서 유의할 것은 진보주의(進步主義)의 가장 고귀한 상대적 가치는 도덕성(道德性)이라는 점이다.[70] 주대환 사회민주주의연대 공동대표는 "한국 진보는 파산했다"며 '뉴레프트 운동'을 제안했는데, 그 주요내용은 대

김기승(2003), 『조소앙이 꿈꾼 세계: 육성교에서 삼균주의까지』, 지영사; 신용하(2001), "趙素昻의 社會思想과 三均主義", 『한국학보』Vol 27, 일지사; 정학섭(1984), 『조소앙의 삼균주의, 『한국현대사회사상』, 지식산업사; 추헌수(1973), "임정과 삼균주의에 관한 소고", 『교육논집』6, 연세대학교 교육대학원; 홍선희(1975), 『조소앙 사상』, 태극출판사, 홍선희(1982), 『趙素昻의 三均主義 연구』, 한길사; 한시준(1996), 『趙素昻의 民族問題에 대한 인식, 『한국근현대사연구』제5집, 한국근현대사학회.

70) 최근에 통합진보당 이정희 대표 (당시)의 보좌관이 경선 승리를 위해 여론조사에 나이를 속여 응답하라는 문자 메시지를 보낸 사실이 만천하에 드러났다. 그러나 진보당 측은 *"정책의 진보가 도덕적 품격을 보증하는 것은 아니다"*라는 언어의 유희(遊戲)로 책임을 모면하려 들었다. 이 문제를 둘러싼 진보(進步) 세력 내부의 공방을 보면, 당권파는 *"진보라는 대의(大義) 앞에 부정(不正)은 때로 불가피한 선택이고, 그 수단의 잘못으로 인해 대의를 그르쳐서는 진보의 내일이 없다"*고 주장한다. 이와 반대로, 비(非)당권파는 *"여기서 방법의 잘못을 털고 가지 않으면 진보(進步)는 국민의 마음을 살 수 없다"*고 주장한다.

한만국을 긍정하며, 시장의 실패를 교정할 국가의 역할을 인정하고, 민족주의(民族主義)는 우파(右派)에게 돌려주고 세계주의(世界主義)를 회복하자는 것이다(조선일보, 2010.07.03).

사실, 보수(保守)만이 존재하는 사회는 진부(陳腐)하여 발전이 없는 반면에 진보(進步)만이 존재하는 사회는 불안정(不安定)하여 붕괴될 수 있다. 그러므로 선진국을 지향하는 한국사회는 상대에 대한 존중과 공존에 익숙해져야 한다. 자신의 견해를 주장하되 상대방의 주장을 용인해야 한다.[71] 다시 말하면, 소수는 다수의 결정을 받아들여야 한다. 그러나 다수의 결정이라고 하더라도 그것이 소수의 이익을 해치는 것은 다수의 횡포로서 엄격히 규제되어야 한다.

또한, 한국사회의 보수(保守)와 진보(進步)의 퇴행성(退行性)을 바로 잡기 위해서는 의사소통 구조의 다양화가 필요하다. 아무리 의사소통 구조를 개선하더라도 문화가 그에 따르지 못하면 상기한 문제는 여전히 남을 수밖에 없다. 그렇다면, 문화(文化)는 어떻게 변화시킬 수 있는가? 문화(文化)는 단시간에 해결될 문제는 아닌 것이다. 문화(文化)의 변화는 장기간에 걸친 교육(敎育)을 통해서 이루어진다. 이와 동시에, 보수(保守)든 혹은 진보(進步)든 간에 국가 정체성에 대한 경쟁이 아니라 구체적 정책에 관한 경쟁을 해야 한다. 그 논쟁의 핵심은 성장 동력을 확충하는 것을 우선해야 할지, 사회적 양극화를 막는 데 먼저 힘을 쏟아야 할지, 아니면 상기 2개 목표를 모두 구현할 방법은 없는지에 관한 것이다. 물론, 이런 주제들에 대한 비전 제시와 정책 개발은 어느 한 집단이 독점할 수 있는 것이 아니다. 그것은 합리적인 토론에 기반한 국민적 공론에 의해 결정될 문제다.

끝으로, 저자가 강조하는 것은 다음과 같다: 보수주의(保守主義) 혹은 진보주의(進步主義)는 공통적으로 '열린 사회'(Open Society)를 지향 및 추구해야 한다. '열린 사회'(Open Society)는 '최대 다수의 최대 행복'을 추구하는 공리주의(功利主義)의 원리를 배격한다. 왜냐하면 공리주의(功利主義) 원리는 전체주의적 독재를 위한 구실이 될 수 있으며 다수의 행복을 위해서 소수가 희생되기 때문이다. '열린 사회'(Open Society)는 다수의 행복을 위하여 소수의 고통을 요구하지 않으며 소수의 행복을 위하여 다수의 고통을 요구하지 않는 사회이다. 누구든지 사회적으로 희생되어야 한다고 전제하는 것은 '열린 사회'(Open Society)

---

71) 안병직 서울대 명예교수는 한 인터뷰에서 "좌(左)도 보수(保守)가 될 수 있다."라고 언급한 바 있다. 그는 1960년대 대표적인 진보(進步)였다가 일본에 건너가 경제사(經濟史)를 연구한 이후로 이념적 전향을 감행한 지식인이다. 그는 "과거에 국민을 계급적으로 나누어 적대적으로 사고하는 극소수 지식인이 남아 있지만, 한국사회 전체를 놓고 보면 이젠 보수, 진보가 충분히 공존할 수 있는 단계"라고 말했다(『학계의 금기를 찾아서』, 2004.10.30, ㈜살림출판사).

의 기본원리인 '개인의 불가침성'을 부정하는 것이다.

참고로, 저자와 오랜 친구였던 고(故)박세일 전(前) 서울대 교수는 2009년 중앙일보와의 인터뷰에서 "한국의 보수(保守)는 철학(哲學)이 없고 진보(進步)는 정책(政策)이 없다"고, "(김대중·노무현 정권에) 정서적인 진보는 많지만 정책적 진보가 약했다"고 진단했었다. 그리고 "대한민국, 잘 해라"는 유언을 남기고 타계했다.

고(故)박세일 교수는 "이 땅에서 자유를 존중하는 우파와, 평등을 주장하는 좌파는 나름의 가치를 가지고 있다. 그것을 아우르는 게 바람직하고 반드시 그래야 한다. 어쩌면 한국이 가야 할 길도 보수와 진보의 극한 대립이 아니라 그 중간의 어디쯤인 '개혁적 보수'나 '발전적 진보'가 아닐까 싶다"라고 말했었다(중앙일보, 2018.02.07).

또한, 고건 전(前) 국무총리는 보수(保守)와 진보(進步) 정권을 넘나들며 40여년간 공직생활을 했다. 노무현 정부(2003.02~2008.02) 시절 국무총리였던 그는 이명박 정부(2008.02~2013.02)에서 사회통합위원회 위원장을 맡았었다. 사회통합위원회는 보수와 진보의 이념갈등, 양극화로 인한 계층갈등, 다문화 가정의 등장으로 인한 인종갈등 등 모든 갈등을 극복해보자는 취지에서 만들어진 위원회다. 그는 "나는 평생 경청하는 자세로 살아왔고, 중용으로 사는게 정답이라고 지금도 믿고 있다 … 자유민주주의와 시장경제를 지향한다는 점에선 보수(保守)일거다. 시장경제의 취약점을 보완하고 사회안전망을 확대해야한다고 생각하니까 그건 진보(進步)다. 한마디로 나는 실사구시(實事求是)의 입장이다. 이념(理念)을 떠나 실용(實用)을 중시하는 것이다. 또 화이부동(和而不同 ─ 화합하지만 같지는 않다는 뜻)의 자세로 사회통합(事會統合)을 하는게 바람직한 방향이라고 생각한다."고 말했다(중앙일보, 2010.04.07).

(2) 칼 포퍼(Karl Popper)의 '열린 사회'(Open Society)를 위한 위르겐 하버마스(Jürgen Habermas)의 '의사소통적 이성과 윤리' (Communicative Reason and Ethics)

그렇다면, 보수(保守)와 진보(進步)가 공존하기 위해서는 어떻게 해야 하는가? 이젠, 상대 정치 세력을 비방하기 위하여 군사 독재를 떠올리게 하는 '수구 반동(守舊反動)'이나 냉전적 의미를 내포한 '친북 좌파(親北 左派)'의 딱지를 붙이는 시대착오적 퇴행성(退行性)은 버려져야 한다. 각종 현안문제들을 둘러싼 정쟁(政爭)은 구동존이(求同存異) 즉 正 → 反 → 合으로 지양(止揚)함으로써 사회통합(社會統合)을 추구하면 된다.[72] 그것은 산업화(産業化)

→ 민주화(民主化) → 선진화(先進化)로 지향하는 역사의 발전과정인 것이다.

상기한 역사의 발전을 위한 철학적 기초는 칼 포퍼(Karl Popper, 1902~1994)의 '열린 사회'(Open Society)를 위한 위르겐 하버마스(Jürgen Habermas, 1929~현재)의 '의사소통의 이성'(Communicative Reason)[73]이다. 칼 포퍼(Karl Popper)의 '열린 사회'(Open Society)는 인

---

72) 김주일 한국갈등해결센터 대표는 "근본적으로 소통하는 문화가 안 돼 있다"면서 "명목상 각 부처마다 갈등관리심의위원회가 다 있지만 현실적으로 제대로 작동하지 않으면서 결국 소통이 실패하고 있는 것" 이라고 지적했다.

73) Harbermas, Jürgen(1970), 『Toward a Rational Society, The Theory of Communicative Action』, Beacon Press. 위르겐 하버마스(JürgenHabermas, 1929~현재) 독일의 철학자이자 사회학자, 심리학자 이며 언론인이다. 그는 1949~1954년 괴팅겐, 취리히, 본 등지의 대학에서 철학, 심리학, 독일 문학, 경 제학을 공부했고, 본 대학에서 박사 학위를 받았다. 그는 1956년 프랑크푸르트의 '사회 조사 연구소'에 아도르노의 조교로 들어가면서 비판 이론에 입문했다. 1961년에는 가다머의 강력한 추천을 받아 하이델 베르크 대학 철학과의 교수로 임용되었고, 1964년부터는 프랑크푸르트 대학 철학 및 사회학 담당 정교 수직을 맡았다. 이후 1971년 '과학 기술 세계의 생활 조건 연구를 위한 막스 플랑크 연구소'의 소장으로 옮겨 1982년까지 있다가 프랑크푸르트 대학으로 돌아와 현재 이 대학 명예 교수로 있다. 1970년대 후반 부터 그는 영미 언어 분석 철학의 성과들을 폭넓게 수용해 독일 해석학의 의미 이론에 접맥, '화용론적 전회'를 감행함으로써 본격적으로 자기 철학을 수립해 나갔다. 위르겐 하버마스(JürgenHabermas)는 '의 사소통 행위론'과 '논변 이론'을 체계화했고, 이것을 핵심으로 '논변 윤리학'과 '의사소통적 이성'의 합리 성 개념 및 그것을 축으로 돌아가는 사회적 공론장의 구도를 제시했다. 즉, 현대 사회 제도 안에서, 또 한 이성적인 관심사를 쫓고 그것에 대해 토론할 수 있는 인간의 수용 능력 안에서 이루어질 수 있는 이 성적이고 비평적인 커뮤니케이션의 잠재력과 이성, 정치적 해방에 대해 밝혀내는 것이 위르겐 하버마스 (Jürgen Habermas)의 이론적 체계이다. 그 결과로 나온 것이 『의사소통 행위론 1, 2』(1981)와 『도덕의 식과 의사소통 행위』(1983) 및 『현대의 철학적 논변』(1985), 『사실성과 타당성』(1992) 등이다. 위르겐 하버마스(Jürgen Habermas)는 "토의정치의 절차가 민주주의 과정의 핵심을 형성"한다고 주장한다. 이 어서 그는 민주주의 과정에서의 규범적 내용들이 상호이해지향적 행위의 타당성의 기초, 그리고 궁극적 으로는 언어적 의사소통의 구조와 의사소통적 사회구성의 대체할 수 없는 질서로부터 발생한다고 주장 한다. 즉, 의사소통을 통한 시민들의 공론형성, 그리고 절차적 정당성을 민주주의의 중요한 기반으로 본 것이다. 위르겐 하버마스(Jürgen Habermas)는 계몽되고 합리적인 개인들이 근대의 문제를 정치적 공론 장에서의 '의사소통행위'와 비판적 잠재력을 가지고 있는 시민사회 통해 변화시킬 수 있을 것이라고 보 았다. 그는 지속적으로 계몽되고, 합리적인 시민들에 이루어지는 정치적 공론장에서의 숙의과정을 통해 생활세계의 비판적 잠재력을 일깨울 수 있으며, 이것을 현대 민주주의에 있어서 중요한 요소임을 지속 적으로 언급하고 있다. 숙의 정치의 핵심은 정치·사회적 문제를 합리적으로 해결할 수 있게 하는 점에 있다. 이 과정에서 이러한 정치사회학적 논의를 진척한 위르겐 하버마스(Jürgen Habermas)는 자연스럽 게 '숙의 민주주의'와 '참여 민주주의'의 이론적 토대를 구축하였다. 위르겐 하버마스((Jürgen Habermas)는 1960년대의 실증주의 논쟁을 필두로, 역사가 논쟁, 현대-탈현대 논쟁, 독일 통일 논쟁 등 2차 대전 이후 독일 현대사에서 정치와 학문의 방향을 가르는 거의 모든 논쟁에 참여했으며, 이런 활동 들은 독일의 민주주의적 정치 문화를 진작하는 데 크게 기여했다고 평가받는다. 이러한 업적을 인정받 아 그는 헤겔 상(1974), 프로이트 상(1976), 아도르노 상(1980), 야스퍼스 상(1995), 호이스 상(1999), 독일 서적상 연합 평화상(2001) 등을 수상했고 2004년 교토 상 수상자로 선정됐다. 참고로, 이진우 엮 음, 『하버마스의 비판적 사회이론』, 문예출판사, 1996; 발터 리제 쉐퍼, 『하버마스~철학과 사회이론』,

간 이성(理性)의 오류 가능성을 인정하여 아무도 '절대적 권리'를 주장해서는 안 된다는 것이다. 또한, 위르겐 하버마스(Jürgen Habermas)의 '의사소통의 이성'(Communicative Reason)은 게오르그 빌헬름 프리드리히 헤겔(Georg Wilhelm Friedrich Hegel, 1770~1831)의 '절대적 관념론'과, 유럽 17세기 철학의 합리주의자 바뤼흐 스피노자(Baruch Spinoza, 1632~1677)의 '절대적 이성'이 아니다.

상술하면, 위르겐 하버마스(Jürgen Habermas, 1929~현재)[74]는 이성(理性) 중심주의와 계몽주의에 대한 선배들의 업적을 긍정적으로 계승하지만 현대에 적합한 좀 더 새로운 이론을 찾아야 한다고 주장하면서 '절대적(絕對的) 이성(理性)' 대신에 '의사소통적 이성'(Communicative Reason)의 중요성을 강조했다. 상술하면, 사람들이 어떤 사안에 관한 합의를 끌어내는 방식은 지속적인 의사소통(意思疏通)을 통하여 서로의 입장을 이해하고 상대방을 설득하는 것이다. 여기서 위르겐 하버마스(Jürgen Habermas)는 이성(理性)의 필요성과 긍정성을 강조했다. 각 사회의 구성원이 서로 주장을 검토하고 그것에 대해 토론함으로써 의견의 차이를 뛰어넘고 합의를 도출하는 것이야말로 갈등(葛藤)을 넘어 사회적 통합(Social Integration)을 확보하면서 이성(理性)의 독단을 피할 수 있는 방법이라고 주장했다. 예컨대, 모든 문제는 대화(對話)를 통해 해결 가능한 것이고, 그러한 의사소통(意思疏通) 행위 속에서 계몽은 비로소 이루어질 수 있다고 위르겐 하버마스(Jürgen Habermas)는 주장한다.[75]

여기서 중요한 것은 대화에 임하는 자세, 즉 '의사소통의 윤리'(Communicative Ethics)이다. 상대방과 자기가 평등(平等)하다는 것을 인정하지 않으면 대화는 지속될 수 없다는 것이다. 어느 한쪽이 다른 한쪽을 권위나 힘으로 누르려 한다면 어떤 대화도 불가능하다. 또한 대화 당사자들은 자신의 말과 행위에 책임을 지려는 자세를 가져야 한다. 그러한 규칙이 바로 위르겐 하버마스(Jürgen Habermas)의 '의사소통의 윤리'인 것이다.

사실, 위르겐 하버마스(Jürgen Habermas)가 말하는 '대화'(對話)라는 것은 사람들의 지위가 평등(平等)하지 않을 경우, 이루어질 수 없다. 따라서 그는 유럽에서 어느 정도 평등의

선우현 옮김, 거름, 1998; 장명학, "하버마스의 공론장 이론과 토의민주주의", 『한국정치연구』 12(2), 2003.

74) 위르겐 하버마스(Jürgen Habermas, 1929~현재)는 프랑크푸르트 학파의 제2세대라고 말할 수 있다. 프랑크푸르트 학파의 전통은 막스 호르크하이머(Max Horkheimer, 1895~1973)와 데오도르 아도르노(Theodor Wiesengrund Adorno, 1903~1969)에 의해 시작되어 에리히 프롬(Erich Fromm, 1900~1980)과 하버트 마르쿠제(Herbert Marcuse, 1898~1979)를 거쳐 위르겐 하버마스(Juergen Habermas, 1929~현재)에게 계승됐다.

75) Harbermas, Jürgen(1970), 『Toward a Rational Society, The Theory of Communicative Action』, Beacon Press.

정치적 규범이 마련된 상태를 전제한 가운데 대화라는 것이 가능하다고 보았다. 사회를 변화시키거나 어떤 병리(病理) 현상을 치료하기 위해서 일반적으로 크게 2가지 방법을 고려할 수 있다. 하나는 제도를 개선하는 것이며, 다른 하나는 국민의 의식을 사회가 요구하는 대로 변화시키는 것이다. 전자는 '구조(Structure)의 변화'인 반면에 후자는 '문화(Culture)의 변화'이다.

모름지기, 위르겐 하버마스(Jurgen Harbermas, 1929~현재)의 '의사소통적 이성과 윤리'(Communicative Reason and Ethics)이란 동양적 사유로서 '열린 눈'(Open Eye, 開眼)이라고 저자는 정의(定義)한다. 서양(西洋)에서는 '철학(哲學)'이란 '지혜(智慧)를 사랑하는 것'을 의미하지만 동양(東洋)에서는 '밝은(哲) 눈(眼)을 갖는 것'이다. 쉽게 말하면, 한국의 전통음악 가수인 장사익(張思翼) 선생이 노래하듯이 *"얘야! 문 열어라"*, *"세상의 바깥을 바라볼 수 있도록 문(門)을 열어라"*는 것이다. 아마도, 박정희(朴正熙) 전(前)대통령(1963.12~1979.10)은 꿈속에서라도 영애(令愛)의 눈(眼)을 뜨게 하지 못한 듯하다.[76]

박근혜(朴槿惠) 대통령(2013.02~2017.03) 자신이 '본받을 정치인'으로 선정(2011년 대선 후보로서 국가 미래 연구원에서)했던 독일의 앙겔라 메르켈(Angela Merkel) 연방총리(재임: 2005~2021)는 2013년 총선 이후 제1야당인 사회민주당과 대연정을 성사시켰지만 쟁점 법안을 놓고 3개월간 표류하자 야당을 직접 찾아가 17시간의 마라톤협상 끝에 합의를 이뤄냈다.

사실, 박근혜(朴槿惠) 대통령(2013.02~2017.03)의 '국정 마비'의 원인은 '최순실 게이트'를 차치하더라도 그 자신의 소통(疏通) 부족에도 있었다. 박근혜(朴槿惠) 前대통령은 야당 지도자들을 초청하여 경제 활성화 법안들이 어떻게 경제위기를 극복할 수 있을 것인지를 설득해 본 적이 있는가? 청와대 수석비서관회의와 국무회의에서 준비된 원고를 읽어가는 모습보다는, 법안과 정책의 쟁점을 토론하는 모습을 보여줄 수는 없었는가?

결국, 박근혜(朴槿惠) 대통령(2013.02~2017.03)의 소통(疏通) 부족은 국정 중심의 혼란을 야기했다. 즉, '민생과 국민대통합'(대통령 당선인 시절) → '서민생활 개선'(당선된 지 6개월) → '국민의 삶'(2013.12) → '경제 재도약'(2014.09.30)이다. 이에 따라 국정목표(國政目標)는 '경제 민주화', '경제 개혁 3개년 계획', '공공·노동·금융·교육 인프라 4대 개혁', '창조경제', '비정상의 정상화'로 산만하게 시행착오를 거듭했었다. 상기의 목표를 완성하기 위한

---

76) 공자(孔子, BC 551~479)의 친손자 자사(子思)는 '대학(大學)'의 '제가치국(齊家治國)' 편(偏)에서 '제 가족을 다스리지 못하면서 다른 사람을 가르칠 수 있는 사람은 없다(其家不可教而能教人者 無之)'고 썼다. 또한, 시경(詩經)에도 '집안을 화목하게 한 다음에야 나라 사람들을 교화할 수 있다(宜其家人 而后可以教國人)'라고 말했다.

'국가전략'이 무려 140개 '국정과제'로 구성되었으나, 기초노인 연금과 공무원 연금 개혁(임금피크제와 성과연봉제 도입)을 제외하고서는 제대로 성취된 것이 없다. 이 참담한 결과를 야기시킨 근본 원인은 한마디로 국정철학(國政哲學)의 부재(不在)이며 리더십의 부족(不足)이다. 결국, 국정(國政)은 마비되었다.

예로서, 박근혜(朴謹惠) 前대통령(2013.02~2017.03)은 청와대가 2015년 12월 15일 정의화 국회의장(당시)에게 노동개혁 5개 법안과 경제 활성화 2개 법안 등을 국회 본회의에 직권 상정해 달라고 촉구할 때도 직접 나서지 않았다. 그 대신, 현기환 대통령정무수석비서관(당시)이 정의화 국회의장(당시)에게 *"국민이 원하는 법을 먼저 처리한 뒤 선거법을 처리하는 순서로 해 달라"*며 대통령의 뜻을 전했었다. 이와 같이 주요 현안이 발생할 때마다 청와대 수석들만 바쁘게 움직일 뿐, 정작 리더(박근혜 대통령)는 거리를 두고 있었다.

박근혜(朴謹惠) 前대통령은 2015년 12월 16일 경제 관련 장관회의에서 *"태산이 높다 하되 하늘 아래 뫼(山)이로다. 오르고 또 오르면 못 오를 리 없건마는 사람이 제 아니 오르고 뫼만 높다 하더라"*라는 시조(時調)를 인용해 당시 쟁점 법안 처리의 필요성을 강조했었다. 특히 직권 상정을 거부하는 정의화 국회의장(당시)과 '정치권'을 질타했었다. *"국민이 바라는 일을 제쳐 두고 무슨 정치개혁을 한다고 할 수 있겠느냐", "정치개혁을 먼 데서 찾지 말고 가까이 바로 국민을 위한 자리에서 찾고 국민을 위한 소신과 신념으로 찾아가길 바란다"*고 목소리를 높였다(동아일보, 2015.12.17). 이것은 당사자에게 직접 문제를 제기하지 않는 '간접화법'이었다. 즉, '어떻게 하라'는 지시만 있고 당사자에게 직접 '어떻게 하자'라는 적극적인 행동은 보이지 않았다. 이것이 바로 *"박근혜(朴謹惠) 대통령이 직접 소통하고 공감을 이끌어내는 리더십이 부족하다"*는 비판이 나오는 이유다.

실로, 칼 포퍼(Karl Raimund Popper, 1902~1994)가 말한 '열린 사회'(Open Society)를 위해서는 '소통(疏通)을 위한 대화(對話)'가 반드시 필요하다. 20세기 가장 위대한 소통자(communicator)라는 미국의 도널드 레이건(Ronald Wilson Reagan) 대통령(1980~1989)은 마치 할아버지가 이웃 청년에게 이야기하듯이 국민과 대화하였다. 그는 프롬프터(prompter)를 읽으면서 자연스럽게 말하는 것을 익혔다.

버락 오바마(Barack Obama) 미국 대통령(재임: 2009.01~2017.01)은 건강보험 개혁에 앞장서서 보수·우파와 소통했었다. 그리고 2011회계연도 재정 감축안을 공화당 주도로 통과시키자 여·야 지도부를 만났었다. 그러나 상기의 안건들이 대통령과 논의할 사항이 아니다 하여 버락 오바마(Barack Obama) 대통령이 회의실에서 쫓겨나는 수모를 당했었다. 그러나 며칠 뒤 양당 간 합의안이 발표돼 소기의 성과를 얻어냈었다.

05 국가지도자(國家指導者)의 국정철학(國政哲學)과 정치적 리더십(Political Leadership)[77]

　　현재 대한민국(大韓民國)은 아리스토텔레스(Aristotles, BC 384~322)의 용어를 빌려 표현하면, 개인은 '선(善)한 삶'(Good Life)을 잃어버렸고 국가는 '좋은 국가'(Good State)를 포기해 버린 것 같다. 또한, 국가지도자(國家指導者)의 정치적 리더십(Political Leadership)은 실종된 것 같다.

　　플라톤(Plato, BC 427~347)은 아테네의 몰락 원인으로 중우정치(衆愚政治, Ochlocracy)를 지적했었다. 그것의 병폐(病弊)를 다음과 같이 손꼽았다: ① 대중적 인기에 집중하고 요구에 무조건 부응하는 사회적 병리현상; ② 개인의 능력·자질·기여도 등을 고려하지 않는 그릇된 평등관; ③ 개인이 절제와 시민적 덕목을 경시하고 무절제와 방종으로 치닫는 현상이다. 과연, 상기 병폐(病弊) 중에서 한국사회에 적용되지 않는 것이 있는가?!

　　또한, 모하메드 간디(Mohandas Karamchand Gandhi, 1869~1948)는 국가가 亡할 수밖에 없는 조건으로서 다음과 같이 7가지를 들었다. 즉, ① 원칙이 없는 정치, ② 도덕이 없는 산업, ③ 노동 없이 이룩한 부(富), ④ 인격 없는 교육, ⑤ 인간성 없는 과학, ⑥ 양식 없는 쾌락, ⑦ 희생 없는 신앙이다. 상기한 7가지 조건들 중에서 어느 것이 과연 오늘날 한국 사회에서 적용되지 않는 것일까?

　　최근에 대의민주주의(代議民主主義)의 근간이 흔들리고 있다. 왜냐하면 시민 각자가 소셜네트워크서비스(SNS)로 정치에 대한 의견을 쏟아내는 직접민주주의(直接民主主義)가 도래하였기 때문이다. 일반적으로, 국민소득 2만 달러를 넘어서는 시기부터 소득이 행복도와 비례하지 않으면서 그 격차를 복지(福祉)에 기대려는 심리가 커지는 경향이 있다. 따라서 정치인들은 복지 포퓰리즘을 부추기고 인기영합적 선거공약을 쏟아내고 있다.

　　아리스토텔레스(Aristotles, BC 384~322)의 용어를 빌리면, 개인은 '선(善)한 삶'(Good Life)을 잃어버렸고 국가는 '좋은 국가'(Good State)를 포기해 버린 것 같다. 만약 대한민국

---

77) 임양택(2016), "한국사회의 개혁을 위한 국가지도자의 리더십", 경인일보 〈경제전망대〉, 12.22.

(大韓民國)이 중우정치(衆愚政治, Ochlocracy)으로 인하여 아테네처럼 몰락한다면, 지난 60년의 근대화(近代化)와 민주화(民主化)는 영국의 시인이며 사제인 존 던(John Donne, 1572~1631)의 시(詩)와 어니스트 헤밍웨이(Ernest Miller Hemingway, 1899~1961)의 소설: 『누구를 위하여 조종(弔鐘)은 울리는가?(For Whom the Bell Tolls?)』라는 자조적 의문이 생길 수 밖에 없다.

심지어, 1789년 프랑스 대혁명을 주도했었지만 '중우정치(衆愚政治, Ochlocracy)'로 인하여 국가경제를 망치고 결국 자신마저 사형당한 프랑스의 권력자, 로베스 피에르(Maximilien François Marie Isidorede Robespierre, 1758~1794)의 비극이 한국에서 재현될 수 있는 가능성을 배제할 수 없다.

모름지기, 대한민국(大韓民國)의 국가지도자(國家指導者)는 율곡(栗谷) 이이(李珥, 1536~1584)와 다산(茶山) 정약용(丁若鏞, 1762~1836)의 용어를 빌리면, 정심(正心) → 용현(用賢) → 안민(安民)에 따라 일반윤리(一般倫理) → 정치윤리(政治倫理) → 경제윤리(經濟倫理)의 체계를 갖추어야 한다.

1) 정치적 리더십(Political Leadership)의 중요성과 예시(例示)

맨슈어 올슨(Mencur Olson, 1932~1998)의 '국가흥망성쇠론'과 밀턴 프리드먼(Milton Friedman, 1912~2006)의 '자유주의 위기론'은 국가지도자(國家指導者) 정치적 리더십(Political Leadership)의 중요성을 강조한다. 또한, 제러드 다이아몬드(Jared Diamond, 1937~현재)는 그의 저서 『문명의 붕괴』에서 문명(文明)의 몰락 이유는 국가지도자(國家指導者)의 잘못된 역할 때문이라고 지적했다.

특히 경제적 측면에서 국가지도자(國家指導者) 리더십(Leadershjp)의 중요성은 다음과 같은 실증적 분석 자료에 잘 나타나 있다: 2008년 세계은행이 발표한 〈경제성장 보고서〉에 의하면, 제2차 세계대전(1939~1945) 이후 고도성장을 이뤘던 13개 국가(한국, 일본, 중국, 홍콩, 싱가포르, 대만, 태국, 인도네시아, 브라질, 말레이시아, 오만, 보츠와나, 말타)를 분석한 결과, 고도성장(1950년 이후 최소 25년 이상 연평균 7% 이상 성장)을 가능케 했었던 요인은 다음과 같다. ① 유능한 정부와 신뢰받는 국가지도자의 리더십, ② 수출 등을 통해 성장할 수 있는 우호적인 세계경제, ③ 안정적인 국내 거시경제, ④ 높은 저축율과 투자율, ⑤ 정부간섭이 적은 시장경제체제이다.

　　대한민국의 총체적 위기(Total Crisis) 상황에서, 저자는 특히 국가지도자(國家指導者)의 국정철학(國政哲學)과 정치적 리더십(Political Leadership)이 중요하다는 점을 강조한다. 위대한 리더(Leader)는 '이끌어야' 한다. 국가지도자(國家指導者)는 국민이 정부정책의 중요성을 이해하지 못해도 따르도록 만들어야 한다. 여기에는 경륜과 기술이 필요하다. 프랑스 프로방스 지방의 '마농의 샘(Manon des sources, 1986년)'처럼, 경륜은 국정철학(國政哲學)으로부터, 기술은 정치적 리더십(Political Leadership)으로부터 각각 연유된다. 그것은 필요조건이고, 충분조건은 선(善)하고 유능한 인재(人才)를 알아보는 안목(眼目)과 국민과의 의사소통력(意思疏通力)을 갖추어야 한다. 모범적인 국가지도자의 리더십을 예시(例示)하면 다음과 같다:

● 미국의 프랭클린 델라노 루즈벨트(Franklin Delano Roosevelt, 1882~1945) 대통령(제32대: 1933~1945)은 1930년대 세계 대공황(1929~1939) 당시에 뉴딜정책을 주도면밀하게 입안하여 과감히 전격적으로, 또한 일관성 있게 실천함으로써 경제위기를 극복하였다. 참고로, '타임'지는 1930년대 세계 대공황기(1929~1939)부터 제2차 세계대전(1939~1945)까지 장장 12년간 미국을 이끌었던 루즈벨트 대통령을 20세기 최고의 지도자로 선정했다. 루즈벨트의 성공 비결은 국민을 감동시킨 친밀한 신뢰감에서 비롯됐다고 한다. 그는 재임기간 중 무려 1,000번이 넘는 기자회견과 대(對)국민 담화를 통해 국민의 마음에 다가갔다. 그렇게 국민의 신뢰를 얻었기 때문에 미국을 절체절명의 대재앙이었던 세계 대공황(1929~1939)에서 구할 수 있었다.

● 미국의 존 케네디(John Fitzgerald Kennedy) 대통령(1961~1963)은 1960년 초 쿠바혁명과 소련의 팽창정책으로 인하여 크게 위축되었던 미국인들에게 '뉴 프론티어' 정신을 외치면서 새로운 비전을 제시하고 활력을 불러 일으켰다.

● 미국의 도널드 레이건(Ronald Wilson Reagan) 대통령(1980~1989)은 1970년대 들어 석유위기의 발생, 월남전 패배, 지속적인 성장률 하락, 두 자릿수의 높은 인플레이션과 실업률로 고통의 늪에 빠져 있다가 1980년에도 빈사상태에 빠져 있던 미국경제를 온화한 미소로 국민합의를 도출하고 작은 정부를 과감하게 실현함으로써 위기상황을 극복시켰다.

● 프랑스의 샤를 드골(Charles De Gaulle, 재임: 1959~1969) 대통령(1959~1969)은 프랑스 영광 회복을 부르짖으면서 제2차 세계대전 후의 폐허 속에서 프랑스를 부흥시켰으며, 프랑스 국민이 '알제리 독립'을 인정하도록 이끌었다.

● 영국의 대처(Margaret Hilda Thatcher) 수상(1979~1990)은 1980년 후반 철저한 사전준비와 일관성 속에서 노조정책과 시장기능 회복이라는 뚜렷한 목표하에 치밀하게 짜여진 방법론을 통하여 반대세력들을 포용하면서 일관성있게 추진하였다. 대처 수상의 집권 초기에는 일련의 개혁정책으로 실업자의 수가 정치적 생명선이라는 100만 명을 훨씬 초과한 300만 명에 이르렀고 경제성장률은 노동당 집권 때보다 오히려 0.5% 포인트 하락했다. 국민의 지지율은 집권하는 동안 별로 높지 않았으며 한때 25% 수준을 맴돌아 20세기 영국수상 중 최악의 지지율을 보이기도 했다. 그러나 대처 수상은 인기에 연연하지 않고 국민들에게 『영국의 부활』이라는 비전을 제시하며 실현하고자 하는 국가경영목표를 위해 일관성 있게 영국을 이끌었다.

● 뉴질랜드의 데이비드 러셀 롱이 (David Russell Lange) 총리(1984~1989)와 헬렌 엘리자베스 클라크(Helen Elizabeth Clark) 여성 총리(연임: 1999~2008)는 정부부문의 개혁(중앙정부의 축소와 효율증대, 정부조직의 기업화·민영화 촉진, 각종 규제와 보호조치의 약화 혹은 철폐를 통한 관업 및 축소 및 민업 확대)이 국가개혁의 출발점이자 근간임을 믿고 '말로만 하는 개혁'이 아니라, 또한 '밀어 부치는 개혁' 추진이 아니라, 국민들에게 추구해야 할 개혁목표를 사전에 알리고 개혁 성과에 대한 기대를 갖게 하고 각 계층의 양보를 얻어내고 침착하게 자신 있게 추진하였다. 뉴질랜드의 정부혁신(1984년 이후 20여년 이상 추진)은 4대 법안 즉 공기업법, 공무원법, 공공재정법, 재정책임법에 근간을 두고 있는데, 그 특징을 보면 다음과 같다. ① 체계적인 민영화·기업화·상업화·계약주의 등 폭넓은 정책수단을 활용하고, ② 단일 목적의 기관을 수립하고, ③ 내각은 결과에 책임지고 최고 행정가는 산출을 책임지는 철저한 성과 중심의 국가경영이었으며, ④ 인력자원 관리와 재정관리를 기관장에게 위임하는 것이다.

● 두바이(Dubai)의 셰이크 모하메드(Sheikh Mohammad, 1961~현재)는 전형적인 '비전제시형 지도자'이다. 그는 먹고 살거리라곤 석유(石油)밖에 없는 현실이 한스러웠다. 그나마도 2015년이면 고갈되고 말 형편이었다. 그는 집권과 동시에 '10년 후 석유의 존도를 제로로 만들겠다'고 선언했다. 그는 명확한 국가비전을 제시하고 미래를 먼저 읽는 혜안(慧眼)으로 온 국민이 똘똘 뭉쳐 사막 위의 '두바이(Dubai)의 기적'을 이뤄냈다. 그의 비전의 핵심은 뛰어난 '창조력'이다. "불가능은 단지 상상 속에 있을 뿐"이라는 그의 주장은 국민 개개인의 도전정신을 일깨우고 있다. 모든 이들이 사

막을 황무지로 여기고 있을 때 그는 이곳이 세계 최고의 관광자원이 될 것이라고 얘기했고, 이를 실현시켰다. "이곳은 실패 말고는 모든 것이 가능하다"고 그는 말하였다. 또한, 그는 치밀하다. 그가 돋보이는 것은 강력한 권력을 소유하면서도 10년 동안 치밀한 계획과 개발 가능성을 타진하고 단계적으로 준비해왔다는 점이다.

2) 저자의 정치적 리더십(Political Leadership) 정의: 인화성(人和性)·교육성(敎育性)·생산성(生産性)

그렇다면, 바람직한 국가지도자(國家指導者) 리더십(Leadershjp)은 무엇인가? 그것은 니콜 마키아벨리(Niccolò Machiavelli, 1469~1527)가 그의 저서『군주론』(II Principe, 1512~1513)에서 논술했던 능란한 권모술수(權謀術數)나 일반 대중의 감성을 무책임하게 자극·유발하는 선동력(煽動力)이 아니다.

국가지도자(國家指導者)의 정치적 리더십(Political Leadership)은 구약(舊約) 성경(聖經)의 첫번째 책인 창세기 끝 부분에 등장하는 요셉(Joseph)과 같은 지도력(指導力)이다. 그는 '꿈꾸는 사람', '원칙을 지키는 사람', '최악의 상황에 이르러서도 자신의 직분에 충실한 사람'이었다.

모름지기, 국가의 '어른'인 대통령(大統領)은 국민들에게 내일의 희망을 주고 오늘의 고통을 인내할 수 있도록 다독거려 주어야 하며, 동시에 국민의 단견적 아집과 우매를 깨우쳐 주어야 한다. 대한민국(大韓民國)의 대통령(大統領)은 단순히 남한(南韓)만의 대통령이 아니라 한반도(韓半島)의 대통령이며 또한 동북아(東北亞)의 지도자이다. 따라서 대통령은 민족에게 생존과 번영을 위한 비전과 전략 즉 '큰 그림'(동북아 평화, 남·북한 통일, 정의롭고 행복한 사회공동체 건설)을 제시하는 시대의 경륜자임과 동시에 이를 스스로 구현하는 실천자이다.

일찍이, 플라톤(Plato, BC 427~347)은 "철학자가 통치자가 되거나 혹은 통치자가 철학자가 되지 않으면 정치상황은 개선될 수 없다"고 갈파하면서 국가통치자(國家統治者)의 철학(哲學)을 강조하였다. 다시 말하면, 플라톤(Plato)은 그의 저서:『국가론』(Politeia)과『법률』(Nomoi)에서 '정의로운 국가'란 국가가 필요로 하는 모든 종류의 전문가들이 전체적 연관 (경제체제) 내에서 조화로운 상호보완적 관계를 통하여 '경제적 효율성'(Economic Efficiency) 즉, '개인적 정의'(個人的 正義)의 합산인 '사회적 정의'(社會的 正義)를 실현할 수 있도록 국가통치자(國家統治者)가 이를 관리 · 운영 · 조정하는 국가라고 정의(定義)했었다.

그렇다면, 국가지도자(國家指導者)에겐 어떠한 국정철학(國政哲學)과 정치적 리더십 (Political Leadership)이 필요한가? 그것은 전술한 위르겐 하버마스(Jurgen Harbermas, 1929~ 현재)의 '의사소통적 이성과 윤리'(Communicative Reason and Ethics)[78]와 '비판적 합리주 의'(Critical Rationalism)을 바탕으로 칼 포퍼(Karl Raimund Popper, 1902~1994)의 '열린 사 회'(Open Society)로 유도하는 '점진적 사회공학'(Piecemeal Social Engineering)이라고 정의 (定義)한다.

구체적으로, 저자는 국가지도자(國家指導者)의 정치적 리더십(Political Leadership)을 인 화성(人和性) · 교육성(教育性) · 생산성(生産性)으로 정의한다. '인화성(人和性)'이란 분파와 파쟁을 화목으로 유도하는 것이다. '교육성(教育性)'이란 새로운 행동규범 및 실천의지를 보여주는 것이다. '생산성(生産性)'이란 사회구성원들에게 비전을 제시하고 그들로 하여금 목적 · 도전의식, 성취욕을 갖도록 하는 것이다.[79]

상기한 3가지 덕목: 인화성(人和性) · 교육성(教育性) · 생산성(生産性) 중에서 '인화(人和)' 가 가장 중요하다. 왜냐하면 토마스 홉스(Thomas Hobbes, 1588~1679)가 말하는 '만인에 대 한 만인의 투쟁(The war of all against all)'에서 빚어지고 있는 첨예한 갈등(葛藤)의 골이 깊 어지고 있는 현대사회에서 '인화(人和)'는 가장 중요한 리더십이기 때문이다.

(1) 인화성(人和性)

'인화성(人和性)'은 본질적으로 어질 '인(仁)'에 바탕을 둔다. 논어(論語)의 학이편(學而編) 은 인(仁)의 실천방법으로서 남을 먼저 배려하고 남과 더불어 살아가는 공생(共生)의 미덕 을 강조하고 절약하여 쓰고 남는 것은 남을 위해 베푸는 공생(共生)의 미덕(節用以愛人)을 서술하고 있다. 그것은 성경(聖經)이 가르치는 '섬기는 리더십'(Servant Leadership)을 말한 다. '인화(人和)'를 현대 철학 용어로 말하면, 칼 포퍼(Karl Popper, 1902~1994)의 '열린 사 회'(Open Society)를 위한 위르겐 하버마스(Jurgen Habermas, 1929~현재)의 '의사소통적 이 성'(Communicative Reason)이다.

참고로, '고전적 유교'(儒敎)가 가르치는 정치적 리더십(Political Leadership)은 '덕치주의

---

78) Jürgen Harbermas(1970), Toward a Rational Society, Beacon Press; Jürgen Harbermas(1984), The Theory of Communicative Action, American Political Science Review, Volume 78 Issue 4.

79) 임양택(1989), 칼럼: "노태우 대통령에 드리는 말씀", 월간 민족지성.

(德治主義)' 즉 공자(孔子, BC 551~479)의 仁·맹자(孟子, BC 372~289)의 義·순자(荀子, 298~238)의 禮이다. 그렇다면 '덕(德)'은 무엇인가? 소크라테스(Socratas, BC 469~399)는 '지(知)', 플라톤(Plato, BC 427~347)은 '조화로운 행동', 아리스토텔레스(Aristoteles, BC 384~322)는 '중용(中庸)'이라고 정의했었다. 중용(『中庸』)은 성경(誠敬)사상을 통해 도덕·근면·면학의 길을 제시한다.[80]

또한, 중국의 양명학(陽明學)은 모든 물체의 인(仁)이 '참된 지식', 즉 양지(良知)를 이룰 수 있다고 주장하였다. 유교(儒敎)는 인(仁)의 실천 규범으로서 수기안인(修己安人)과 극기복례(克己復禮)를 강조하고 있으며, 이를 통해 욕망의 절제를 가르친다. 한편, 다산 정약용(丁若鏞, 1762~1836) 선생은 그의 목민심서(牧民心書, 1818)에서 애민(愛民)·위민(爲民)을 강조하였다. 그리고 민족의 스승인 도산 안창호(島山 安昌浩, 1878~1938) 선생은 무실역행(務實力行)을 가르쳤다.

(2) 교육성(敎育性)

상기한 국가지도자(國家指導者)의 정치적 리더십(Political Leadership)의 덕목(德目)에서 '교육성(敎育性)'이 포함된 이유는 국가지도자(國家指導者)의 국정철학(國政哲學)과 정치적 리더십(Political Leadership) 뿐만 아니라, 국가이성(國家理性, Staatsvernunft)과 시대정신(時代精神)이 함양되어 일반시민이 '집단사고(集團思考)'가 아니라 '집단지성'(集團知性)을 합리적으로 발휘할 수 있어야 하기 때문이다. 현대적 시각에서 보면, '국가이성'(國家理性)이란 반지성주의(反知性主義, Anti-intellectualism), 정치적 무관심(Political Apathy), 현대의 포퓰리즘(Populism)으로부터 국가의 정체성(政體性)을 준수함으로써 중우정치(衆愚政治)를 배격 및 예방하는 것이라고 저자는 정의한다. 예로서, 고대 로마 시대의 원형 경기장 콜로세움(Colosseum)에서 로마 제국의 제5대 황제(재위: 54~68)가 벌였었던 검투사들의 결투 등을 들 수 있다. 현대 포퓰리즘(Populism)의 실례는 베네수엘라, 브라질, 일본, 노르웨이, 아르헨티나, 그리스, 한국 등에서 많이 찾아볼 수 있다.

국가지도자(國家指導者)의 국정철학(國政哲學)과 관련하여, 정도전(鄭道傳, 1342~1398)은 조선(朝鮮)의 건국 모델로 '군자국'(君子國)을 꿈꾸었다. 즉, 국민 모두가 '이(利)'에 집착하지 않고 '의(義)'를 추구하며 성장하는 나라가 되려면 물질(利)의 분배만으로는 가능하지 않고 국민의 교양(敎養)이 우선해야 하는 것이다. 다시 말하면, 인생에서 물질 이상의 추

---

80) 『論語』, 顔淵편, "…修己以安人…, …修己以安百姓…"

구해야 할 가치가 있다는 정신을 국민에게 가르쳐야 한다는 것이다.

한편, '행동하는 의지' = '실천이성' + '도덕적 의지'를 주장한 베를린 대학 총장 요한 피히테(Johann Fichte, 1762~1814)는 『독일국민에게 고함』(1807년)이라는 제목의 연설을 통하여 독일이 나폴레옹 보나파르트(Napoleon Bonaparte)와의 전쟁(1803~1815)에서 패배한 근본적 원인은 독일인의 이기심(利己心)이고, 이를 해결하기 위해서는 국민교육(國民敎育)이 중요하다고 주장하면서 당시 문부상이었던 칼 훔볼트(Karl Wilhelm Humboldt, 1767~1835)와 함께 독일의 교육개혁(敎育改革)에 커다란 사상적 영향을 끼쳤다. 이 결과, 교육개혁은 독인 전역에 확대되어 각지에서 중등교육 단계의 기술교육학교(Gewerbe Akademie)들이 생겨나게 되었다.

다른 한편으로, 프랑스의 사회학자인 에밀 뒤르켐(Emile Durkheim, 1858~1917)[81]은 사회가 해체되지 않고 지속되고 통합되는 이유는 사회질서 때문이라고 보고, 사회질서의 유지는 그들 구성원의 상호의존성과 합의에 있다고 주장하였다. 그는 사회적 존재로서의 인간은 언어·기술·습관 등을 학습(學習)할 것, 중핵가치(中核價値)와 이념을 내면화 할 것, 그리고 자기중심적이고 이기주의적인 존재로부터 도덕적 시민으로 탈바꿈할 것을 강조하였다. 그는 사회의 중핵가치(中核價値)와 이념(理念)에 대한 합의가 이루어지는 과정, 즉 사회적 학습과정을 도덕교육(道德敎育)이라 보고, 도덕교육(道德敎育)은 사회의 중핵가치(中核價値)와 신념(信念)을 내면화(內面化)시키는 작용이며, 이러한 내면화(內面化)가 사회가치와 규범의 보편화(普遍化)를 도모하여 결과적으로 사회통합(社會統合)을 가능하게 한다는 것이다. 따라서 그는 학교가 무엇보다도 강조해야 할 일은 학생들을 사회인으로 만드는 것이라고 보고, 규범학습을 강조하고 있다. 학교는 학생에게 4가지 사회규범: 능력에 따른

---

[81] 사회학(Sociology)이라는 이름은 오귀스트 콩트(Auguste Comte, 1798~1857)에 의해 만들어졌지만 '사회학(社會學)'이 도대체 뭘 어떻게 연구해야 하느냐에 대해서 제대로 제시한 것은 프랑스의 사회학자인 에밀 뒤르켐(Emile Durkheim, 1858~1917)이 사실상 최초이며, 통계를 적극적으로 사용하는 현대사회학의 방법론적 기조를 창시했다. 따라서 그는 사회학(社會學)의 종주(宗主)라고 평가된다. 그는 사회학의 '대상'을 정의했을 뿐만 아니라 '방법론'을 제시했다. 그의 대표작은 『사회학적 방법의 규칙들(Les Règles de la Méthode Sociologique, Rules of Sociological Method)』이다.

에밀 뒤르켐(Emile Durkheim, 1858~1917)이 한창 공부를 하던 시기는 프랑스 혁명의 여파로 온갖 사회 불안 요소가 팽배하던 시기였다. 그 역시 혼란한 사회 속에서 어떻게 하면 사회적 안정을 꾀할 수 있을까를 고민하였고, 이 질문에 대한 대답을 콩트가 제시한 사회학이라는 비전이었다. 그의 박사논문이자 주 저서로 알려진 『사회분업론』은 기존의 사회주의가 노동자들을 '소외'시킨다며 경원시한 '분업' 제도가 사실상 근대사회의 새로운 연대라는 주장을 제시하는데, 이는 사회학에 대해 사람들이 가지고 있던 불신을 불식시키기 위한 포석이기도 한 만큼 많은 사람들이 각자의 일에 매진하면서도 '사회적 안정/질서'가 어떻게 가능한가를 논증한 분석이다. 또한 그 유명한 아노미 개념도 이미 이때 마련되었다.

성취(achievement)·보편성(universalism)·독립심(independence)·특수성(specificity)을 내면화 시키는 것이 중요하다고 주장하였다.

(3) 생산성(生産性)

상기한 국가지도자(國家指導者)의 정치적 리더십(Political Leadership)의 덕목(德目)에서 '생산성(生産性)'이 포함된 이유는 인구구조의 변화(저출산과 고령화 추세)로 인하여 한국사 회에서 생산성 향상이 필요하기 때문이다. 상술하면, 노인 1명을 부양하기 위해 필요한 생산가능인구 수가 2005년의 경우 7.9명이, 2030년의 경우 2.7명이, 2050년의 경우 1.4명 으로 각각 추정한다. 따라서 저출산과 고령화 추세를 반전시키는 것은 극히 어려운 사회 경제적 과제이기 때문에, 총요소생산성(Total Factor Productivity) 향상만이 한국의 고령화 사회를 지탱할 수 있는 성장동력인 것이다.

경제이론적으로 말하면, 과거 '외연적'(外延的) 경제성장전략에서 '내생적'(內生的) 경제 성장전략으로 전환해야 하는 과정에서 우리 모두가 깊이 새겨야 할 국가적 과제는 다음과 같다. 현재의 불균형 성장궤도에서 장기균형 성장궤도(The long-run equilibrium growth path)에 도달하기 위한 '마라톤 대회에서 보약이나 모르핀(morphine) 주사를 맞아가면서 달리는 것'(외생적 경제성장전략)이 아니라, '체력(즉, 총요소생산성)을 단련시켜 꾸준히(즉, 지 속적으로) 달리는 것'(내생적 경제성장전략)이 필요한 것이다.

모름지기, 전술한 국가지도자(國家指導者)의 국가경영철학(國家經營哲學)을 바탕으로, 국 가지도자(國家指導者)는 상기한 정치적 리더십(Political Leadership)을 발휘하여 이념간·보 혁간·계층간·세대간 갈등(葛藤)을 화합(和合)으로 유도하고 국민의 단견적 및 편향적 아 집(我執)과 우매(愚昧)를 깨우쳐 주고 국민경제의 총요소생산성(Total Factor Productivity)을 드높혀야 한다.

만약 한국 시민도 과거 남미(南美) 혹은 최근 남유럽의 국민들처럼 정치적 포퓰리즘에 마냥 휘말려 장-자크 루소(Jean Jacques Rousseau, 1712~1778)의 '공동선'(共同善)을 위한 '일반의지'(국민주권), 임마누엘 칸트(Immanuel Kant, 1724~1804)의 '실천이성'(Practical Reason)', 게오르그 빌헬름 프리드리히 헤겔(Georg Wilhelm Friedrich Hegel, 1770~1831)의 '국가이성' (國家理性, Staatsvernunft)을 상실하면, 그것의 '역사적 죄값'으로서 대량실업과 고(高)물가와 함께 가계 파산을 당하게 될 것이다.

모름지기, '한국 몽(韓國 夢)' 즉 한국의 비전(Vision)은 '정의로운 국가'와 '행복한 복지

사회'(A Justice−based State and A Happy Society)를 구현하기 위해서는 현재 첨예한 사회갈등(社會葛藤)을 국민화합(國民和合)으로 유도할 수 있는 국가지도자의 정치적 리더십(Political Leadership)이 필요하다. 이를 위해서는 칼 포퍼(Karl Popper)의 '열린 사회'(Open Society)를 위한 위르겐 하버마스(Jurgen Harbermas, 1929~현재)의 '의사소통적 이성'(Communicative Reason) 및 '윤리'(Ethics)가 필요하다.

VI

한국의 '총체적 위기'
(Total Crisis)와
신(新)실용주의
(實用主義) 해법

조선(朝鮮)의 망조(亡兆), 대한제국(大韓帝國)의
자멸(自滅), 대한민국(大韓民國)의 위기(危機)

Ruins of Joseon Dynasty, Self-destruction of the
Korean Empire, and 'Total Crisis' of Republic of
Korea: A Historical/Philosophical Analysis

이제, 저자는 다음과 같은 10개 화두(話頭)를 제기하면서 한국의 '총체적 위기'(Total Crisis) 상황을 지적하고 각 화두(話頭)에 대한 신(新)실용주의(Neopragmatism)의 해법을 각각 제시하고자 한다: (1) '한국 몽(韓國 夢)'은 무엇인가? (2) "한국은 '행복한 사회'(A Happy Society)인가?"; (3) "한국은 '정의로운 국가'(A Justice-based State)인가?"; (4) "한국의 '민주화(民主化) 운동'은 과연 성공했는가?"; (5) 한국 정치인의 '역사적 소명'은 무엇인가?; (6) 제1야당 <국민의힘>(People Power Party)과 집권당 <더불어민주당>(Democratic Party) 및 문재인(文在寅) 대통령에게 각각 당부한다; (7) '역사의 주인공'은 누구인가? 영웅(英雄)은 특정 인물인가? 혹은 시민(市民)인가?; (8) 한국 시민(市民)들은 '시대정신'(時代精神, Spirit of the Time) 및 집단지성(集團知性, '群体智慧', Collective Intelligence)과 '역사의식'(歷史意識, Historical Consciousness)을 갖고 있는가?; (9) 합리적 이성(Rational Reason)과 '역사의식'(歷史意識) 및 '시대정신'(時代精神)을 배양해야 할 공교육(公敎育)은 무엇을 하고 있는가?; (10) 도덕의 붕괴와 사회갈등으로 인한 아노미(Anomie) 상태에서, 한국 종교(宗敎)의 역할은 무엇인가?

01 '한국 몽(韓國 夢)'은 무엇인가?

이제, 한국의 모든 시민들은 편견없이, 즉 이데올로기(Ideology)를 떠나서 냉철하게 숙고해보자: 1960년 4·19혁명 후 전개되어 온 민주화(民主化, Democratization)와 1962년 경제개발 5개년 계획이 시작된 후 추진된 산업화(産業化, Industrialization)를 넘어, 대한민국의 비전(Vision) 즉 '한국 몽(韓國 夢)'은 무엇인가? 또한, 소규모 개방경제(Small Open Economy)'로서 4강(미국, 중국, 일본, 러시아)의 틈바구니에서 북한의 핵무기를 머리에 얹어놓고 살아가는 '한국인의 공통적 꿈' 즉, '한국 몽(韓國 夢)'은 무엇인가?

모름지기, 한 명의 '꿈(夢)'은 한 밤의 잠(睡眠)에서 깨어나면 곧 사라지지만 국민 모두가 함께 꾸는 '꿈(夢)'은 역사(歷史)를 일으키고 현실이 된다. 국민 모두가 함께 꾸는 '꿈(夢)'은 '비전(Vision)'이다. 성경(聖經)은 "비전(Vision)없는 국민은 망(亡)한다"라고 가르친다(영문 잠언 29−18). 미국의 제35대 대통령(재임: 1961~1963) 존 F. 케네디(John Fitzgerald Kennedy, 1917~1963)는 암살되기 전날, 만찬회 석상의 연설: "비전 없는 국민은 망한다"라는 구약 성경(Old Testament)의 잠언 29장 18절의 구절을 인용했었다.

본 연구는 '한국 몽(韓國 夢)'을 다음과 같이 규정한다: 민주화(民主化, Democratization)와 산업화(産業化, Industrialization)의 구도를 넘어서, 정치적(政治的) 측면에서는 '질서정연한 자유민주주의 사회'(A Well−Ordered Free Democratic Society)와 경제적(經濟的) 측면에서는 '효율적이고 공정한 시장 자본주의'(An Efficient and Equitable Market Capitalism)를 각각 구축하여 '정의로운 국가'(A Justice−based State)와 '행복한 사회'(A Happy Society)를 실현함으로써 '현대판 대동사회(大同社會)'를 구현하는 것이며, 나아가 우리 민족의 국조(國祖) 단군(檀君)의 건국이념인 '홍익인간(弘益人間)'의 민족 철학을 바탕으로 민족통합(National Integration)을 점진적으로 달성하기 위하여, 우선 남·북한 '경제통합'(Economic Integration)을 '신(新)실용주의'(Neopragmatism)의 측면에서 추진하는 것이다.

여기서 '현대판 대동사회'(大同社會)란 '완전고용'(全雇用)에 기초를 두는 선별적 복지사회(福祉社會)로서 가정과 가족의 사랑을 실천하고 이웃까지 사랑의 실천을 확대하는 인간협동사회, 직업의 귀천 없이 가치를 상호 존중하여 각자의 역량을 발휘하는 조화사회(調和社會)라고 정의한다.

여기서 유의할 것은 다음과 같다: 만약 철학(哲學)과 청사진(靑寫眞)이 없으면, '비전

(Vision)은 허망(虛妄)하다'는 점이다. 여기서 비전(Vision)이란 '꿈'(夢)이요, 이상이요, 원대한 목표인 반면에 청사진(靑寫眞)은 국가이성(國家理性)에 기초한 종합적 장·단기 계획이다. 따라서 비전(Vision)은 실천철학(實踐哲學, Practical Philosophy)이 전제되어야 한다.

다시 말하면, '이데올로기'(Ideology) 대신에 '문화'(Culture)가 미래의 가치 기준이 되는 시대가 도래하고 있는 상황에서, 왜 '한국 몽(韓國 夢)'으로서 '정의로운 국가'(A Justice-based State)와 '행복한 사회'(A Happy Society)가 필요한 것인가를 다음과 같은 한국의 사회상(社會相)으로써 구체적으로 입증하고자 한다.

한국인의 '공동체 의식'은 이젠 실종(失踪)되어 버렸다. 회고해보면, 고종(高宗, 제26대 마지막 왕으로서 재위: 1864.01.21~1897.10.12; 대한제국의 초대 황제로서 재위: 1897.10.12~1907.07.19) 당시, 일본제국이 대한제국(大韓帝國)을 경제적으로 예속시키고자 제공한 차관 1,300만 원(당시)의 국가채무를 갚아주기 위해 1907년 2월 경상북도 대구에서 시작되어 전국 방방곳곳에서 '국채보상운동(國債報償運動)'[1]이 분연히 일어났다. 그로부터 90년 후, 1997년

---

[1] 대한제국의 외교권을 박탈한 일본은 대한제국에게 차관을 제공하여 한국의 경제를 일본에 예속시키고자 대한제국에게 반강제적인 차관을 제공하였으나, 대한제국은 차관을 갚을 능력이 없었다. 사실상 일본이 대한제국에게 제공한 차관은 일본이 한국에서의 지배력을 강화하는 데 사용되었고 1907년(대한제국 융희 원년)에 이르러 1,300만 원에 달했다. 그것의 일환으로 1905년(광무 9년)에 일본인 재정고문 메가타를 조선에 보내, 화폐정리사업을 실시하여 대한제국의 은행들은 일본 은행에 종속되었고 차츰 대한제국의 경제권을 장악하기 시작했다. 차관 제공도 이와 같은 의도에서 시작되었고 결국 1,300만 원이라는 빚을 진 한국은 이를 갚을 능력이 없었다. 이에 제일 먼저 국채보상운동을 제창하고 나선 것은 경상도 대구지방의 애국지사들이었다. 1907년 1월 29일 대구의 광문사(廣文社)에서 그 명칭을 대동광문회(大同廣文會)라 개칭키 위한 특별회를 연 뒤 부사장인 서상돈이 국채보상문제를 제의하였다. 월초순 김광제 서상돈 등은 국채보상 취지문을 작성하여 전국에 반포하면서 전 국민의 동참을 호소하였고, 서울에서 취지문을 맨 처음 보도한 것은 2월 16일자의 제국신문이었다. 대동광문회는 1907년 2월 21일 대구 북문 밖 북후정에서 국채보상운동 대구군민대회를 개최하였는데, 서상돈(徐相敦) 등 수 천 명의 유지·신사들과 시민들이 참석하여 의연금을 내면서 국채보상운동(國債報償運動)은 시작되었다. 국채보상운동(國債報償運動)이 전국에서 벌어지자 윤웅렬, 이상재, 유길준, 양기탁 등 조정의 관료들도 국채보상운동에 참여하고, 윤웅렬은 국채보상지원금총합소의 제2대 소장에 임명되었다. 국채보상기성회(國債報償期成會)를 비롯하여 당시의 언론기관인 대한매일신보, 황성신문, 제국신문, 만세보 등이 참여하였고 남자는 담배를 끊고, 여자는 비녀와 가락지를 내면서까지 국채를 갚으려는 국민들의 열망은 뜨거웠다고 전해진다. 그 밖에 일본에 체류 중이던 민원식 등도 1907년 5월 이전에 5전, 5월 24일에는 200냥의 기탁금을 기부해왔다. 또한 대구를 비롯하여 한성부, 진주, 평양 등지에서 여성국채보상운동 단체가 설립되었다. 이는 국민의 힘으로 국채를 갚으려 했던 유례없는 경제적 운동이었으나, 상위계층과 부자들의 참여가 부족하였다는 한계점이 있었고, 일본제국이 일진회를 조종하고 그 주도자인 양기탁을 구속하는 등 국채보상운동(國債報償運動)을 저지한 결과, 운동은 실패로 돌아갔다. 그러나 한국통감부는 베델과 양기탁이 돈을 착복했다는 소문을 퍼트렸다. 한국통감부는 윤웅렬에게 "보상금 3만 원 중 베델과 양기탁이 사취하였으므로 그 반환을 요청한다"는 청원서를 제출토록 사주하였다. 윤웅렬은 이 사주에 따라 국채보상금 반환청구서를 제출하였다. 베델이 모금한 금액 중 2만 원을 이자를 조건으로 타인에게 빌려

하반기 '외환위기' 당시 외채(外債)를 갚기 위해 한국 시민들은 장롱 속에 보관해두었던 아이 돌 반지를 비롯한 금(金)부치를 내놓았었다. 이러한 한국인의 '공동체 의식'은 당시 세계인을 놀라게 했었지만 이젠 실종(失踪)되어 버렸다. 그 요인은 일반 시민들은 불확실성(Uncertainty)의 시대에서 '먼 산(山)을 바라보는 노루'처럼 암울한 경제현실에 지쳐 주저앉고 있기 때문이며, 또한 고(高)비용 사회구조하에서 천문학적 가계부채로 고(高)고통에 신음하고 있기 때문이다.

이젠, 한국사회는 황금만능주의(黃金萬能主義)로 인한 '인간성 상실'이라는 중병(重病)을 앓고 있다. 2015년 통계청 〈사회조사〉를 보면, 본인이 일생 동안 노력을 할 경우 자식 세대에서 '계층 이동 가능성이 높다'는 응답은 겨우 31%에 불과했다. 아무리 발버둥을 쳐도 소용이 없다는 인식이 빠르게 고착화되고 있다(동아일보, 2015.12.31). 이 결과, '헬 조선'(한국이 지옥에 가까운 전혀 희망 없는 사회)이라는 신(新)조어와 '금수저'·'흙수저'라는 '계급수저론'이 등장할 정도로 국민은 크게 절망하고 분노하고 있다.

한국사회의 피폐(疲弊) 상황을 예를 들면 다음과 같다: '돈이 모든 것이다'라는 사회풍토에서 인간의 생명을 하찮게 생각하는(人命輕視) 희대의 살인마(강호순)가 자신의 '살인 스토리'를 책으로 엮어 자기 아들이 인세(印稅)를 받을 수 있도록 해주고 싶다고 하니, 한국사회는 확실히 황금만능주의(黃金萬能主義)의 중병(重病)을 앓고 있음을 알 수 있다. 최근에도 끔직한 '희대의 살인마' 사건이 크게 보도되었다. 가장 최근인 2019년 전직 김포시 의회 의장의 아내 살해 사건, 고유정의 전(前) 남편 토막 살인 사건 등이 발생했다.

성서(聖書)는 나라 망(亡)하는 조건들로서 다음과 같이 밝히고 있다. *"…신실은 스러지고 거짓만이 판치는 세상이 되었다… 동기들끼리 서로 모함하며 돌아치는 세상이 되었다.*

주었다가 이자는커녕 원금도 받지 못하는 일이 발생하자 의혹은 사실처럼 확산되었다. 1908년 8월 국채보상지원금총합소 소장인 윤웅렬은 보상금 중 3만 원을 영국인 베델이 사취했다 하여 반환을 요청하였으나, 베델은 이를 거부하였고, 윤웅렬은 보상지원금 총합소장직을 사퇴한다. 일본의 책동에 편승하여 일진회의 기관지인 국민신보는 베델과 양기탁이 국채보상금을 횡령했고, 그 사실이 탄로났다고 기사화하였다. 윤웅렬은 베델에게 일부 맡긴 국채보상금 중 베델은 고리대금을 하였으나 일부 금액은 끝내 환수하지 못했고, 베델과 조선 국내 여론 사이에서 갈등하였다. 결국 재판에서도 양기탁은 국채보상운동(國債報償運動)의 기부금들을 사익사금으로 사용한 적이 없다는 것이 법정에서 인정되어 무죄로 풀려나 누명을 벗었지만 통감부의 착복 소문으로 인해서 국채보상운동은 이때를 계기로 점차 사그라지기 시작하였고 일부에서는 양기탁 등 국채보상운동(國債報償運動)을 주도하던 이들에 대한 의심과 불신까지 갖게 되었다. 그리고 이 같은 참여 저조와 통감부의 착복 소문으로 인해서 국채보상운동(國債報償運動)은 결국 그렇게 와해되었다. 통감부의 착복 소문으로 양기탁은 억울하게 누명을 쓰고 의심과 불신까지 받는 처지가 되었지만 통감부의 입장에서는 조선인들을 왜곡시켜서 국채보상운동(國債報償運動)을 와해시키는데 성과를 이뤄진 셈이 된 것이었다.

참말이라고는 할 줄 모르는 세상. 서로 속고 서로 속이니…백성을 억누르는 일이 계속되고. 사기치는 일만이…그렇게 못되게 구는데…쑥밭으로 만들어 아무도 살지 못하게 하리라."(예레미야 9:2~10), "그 안엔 억울한 일들뿐, 온통 뒤죽박죽일세. 바른 일 하려는 사람은 하나도 없구나…멋진 침대. 화려한 잠자리에서 뒹구는… 힘없고 가난한 자를 짓밟는 자들아…무너진 성 틈으로 하나씩 끌어내다 기름더미에 던지리라. 나는 소돔과 고모라를 뒤집어버리듯. 너희를…"(아모스 3:9~4:11)

그렇다면, 여기서 본 연구는 다음과 같은 문제의식을 제기한다: 어떠한 요인에 의하여 한국의 사회풍토가 배금주의(拜金主義, Mammonism)·물질만능주의(物質萬能主義)·극단적 이기주의(利己主義)로 만연(漫然)되어 국민정신문화가 크게 황폐화되었는가? 그 원인은 조선(朝鮮)대한제국(大韓帝國) 시대에서는 군주와 신료들이. 대한민국(大韓民國) 시대에서는 소위 국가지도자들이 각각 탐욕(貪慾)과 부정부패(不正腐敗)로 전염(傳染)되었기 때문이다. 그러나 이 땅의 일반 시민에게는 죄(罪)가 없다. 다만, 죄(罪)가 있다면, 그것은 주어진 사회경제제도하에서 각자 열심히 생존과 생활을 위해서 눈물겹게 살고 있다는 것뿐이다.

02 한국은 '행복한 사회' (A Happy Society)인가?[2]

현재 한국인은 행복한가? 잠시 회고해보면, 1940~1950년대의 초근목피(草根木皮)와 1960년대의 '보릿고개'를 넘어 1970년대에 사회적으로 경제건설을, 개인적으로는 고(高)소득과 입신양명(立身揚名)을, 1980년대에는 "숨죽여 흐느끼며 … 타는 목마름으로"(金芝河 시인, 1982년) 민주주의를, 1990년대에는 대외개방과 세계화를 각각 추구하였다. 그리고 1997~1998년 '아시아의 금융위기'와 '한국의 IMF 위기'(1997.12.03~2001.08.23)를 겪었고, 그 이후 21세기 문턱을 넘어서자마자 2003년 경기불황과 '카드대란'(2002~2003)을, 이어서 2008년 하반기 '글로벌 금융위기'를, 2011년 8월부터 '글로벌 경제위기'를 각각 당하였다.

2015년 통계청 〈사회조사〉를 보면, 본인이 일생 동안 노력을 할 경우 자식 세대에서 '계층 이동 가능성이 높다'는 응답은 겨우 31%에 불과했다. 아무리 발버둥을 쳐도 소용이 없다는 인식이 빠르게 고착화되고 있다(동아일보, 2015.12.31). 이 결과, '헬 조선'(한국이 지옥에 가까운 전혀 희망 없는 사회)이라는 신(新)조어와 '금수저'·'흙수저'라는 '계급수저론'이 등장할 정도로 국민은 크게 절망하고 분노하고 있다.

수많은 한국인들이 개탄해 왔듯이, 한국의 초·중·고등학교 교육은 오직 일류 대학에 입학하기 위한 도구로 전락하였고, 대학교육 자체도 '사회입시'를 위한 하나의 요건에 불과하게 되었으며, 대학교육 내용은 산업사회의 수요와 큰 괴리를 보이고 있다. 이 결과, 교육의 사회적 비용(특히 과외비)이 거의 망국적인 수준이다. 게다가 대학은 '기업위탁 가공공장'으로 전락한지 오래다. 대학에서 전문인과 지식인의 양성도 중요하겠지만, 한국 사회는 전문지식인보다 정직하고 창의적인 인물을 더 필요로 한다. 모름지기, 다음 세대의 주인공인 대학생들은 '전문인+인격체'가 되어야 한다.

---

2) 여기서 제기하는 주제: "한국은 '행복한 사회'(A Happy Society)인가?"에 관한 논술은 상황적 서술이다. 그러나 저자(임양택), 『정의로운 국가와 행복한 사회』를 위한 신(新)실용주의(實用主義) 철학과 정책』, 박영사, 2021년에서 행복(幸福)의 철학적 개념 및 정의(正義)와의 철학적 관계를 논술하였다. 본 연구의 제Ⅶ장에서는 한국의 탈(脫) '총체적 위기'(Total Crisis)를 위한 신(新)실용주의(實用主義)의 해법(解法)을 제시한다.

모름지기, 청년은 다음 세대의 주인공이며 나라의 기둥이다. 청년 실업(失業)은 그 자체만으로 개인과 가족의 크나큰 고통이지만 국가적으로도 자원의 낭비이자 성장잠재력의 훼손이 아닐 수 없다. 그럼에도 불구하고, 새로운 아이디어와 불타는 열정으로 한창 일해야 할 20~30대 젊은 남녀 약 1,500만 명 중에서 약 400만 명(실업자 혹은 잠재실업자)이 일자리를 못 구해 고통받고 있다. 공식실업자와 비경제활동인구를 더한 '실질실업자'의 규모는 2020년 6월 기준으로 약 179만 명이다.

통계청이 2020년 8월 12일 발표한 7월 고용동향에 따르면 2020년 7월 실업자는 113만 8,000명으로 전년 동월 대비 4만1,000명(3.7%) 증가했다. 2020년 5월(127만 명)과 6월(122만 명)에 이어 7월 실업자도 110만 명 이상을 기록한 것이다. 7월 실업자 수로는 외환위기 직후였던 1999년 147만 명 이후 21년 만에 최대치다. 실업률 역시 4.0%로 1999년 이후 최고치를 기록했다.

등락(騰落)이 자주 반복되는 실업률·고용률과 달리, 취업자 수는 코로나19 사태가 닥친 결과 2020년 7월까지 5개월 연속 감소하여 전년 동월 대비 27만7,000명(1%) 감소한 2,710만6,000명을 기록했다. 이는 글로벌 금융위기이던 2009년 8개월(1~8월) 연속 감소 이후 11년 만에 처음 벌어진 현상이다.

한편 청년층의 실질실업률을 나타내는 청년층 '고용보조지표3'은 25.6%로 통계 작성 이래 7월 기준 최고치를 기록했다. 청년계층은 실업자 집계에 포함되지 않지만 취업을 희망하는 아르바이트·학생 비중이 높아 이들을 사실상 실업 상태로 계산한 고용보조지표를 활용한다. 청년층은 전체 연령 고용보조지표3(13.8%)에 비해 유독 심각하게 악화됐다. 이는 대기업·공기업 등의 취업 연기와 함께 청년층이 주로 취업하는 단기 일자리에까지 코로나19 충격이 확산된 탓이다. 반면 지난달 60세 이상 취업자는 37만9,000명 늘어 전 연령대 가운데 유일하게 상승했다. 60세 이상 고용률은 43.8%로 전년 동기 대비 0.9%포인트 상승했으며, 특히 65세 이상 고용률이 지난해 같은 기간과 비교해 1.2%포인트 오른 35.7%를 기록했다.

급기야, 청년의 사망 원인 중에서 자살(自殺)이 세계 1위이다. 이것은, 마치 "사냥꾼의 총부리 앞에 죽어가는 사슴의 눈초리"를 보는 듯, '우리를 슬프게 하는 것들'(Jugendlegende Begegnungen am Abend, Anton Schnack, 1892~1973)이다[3]. 물론, 상기의 어두운 사회현상은 비단 한국사회 만의 것은 아니다. 예를 들면 그리스(Greece)에서 벌어진 데모와 폭동 (2008.12.05~2009. 1월 말)을 필자는 기억한다. 데모의 와중에 15세 소년이 경찰에 의해 피

---

[3] 임양택(2011), 『퀴바디스 도미네: 성장·복지·통일을 위한 청사진』, 파주: 나남출판.

살되면서 파괴적 폭동으로 발전한 '그리스 사태'의 원인(遠因)이 '청년실업'이라고 당시 현지 언론들은 분석했다.

사실, 한국사회는 청소년들에게 '미래의 희망'을 주기는커녕 '현재의 생명'조차 보전할 수 없는 국가안전시스템의 수준을 보여 주었다. 한국인은 모두 불안에 떨고 있다. 통계청이 발표(2013.06.20)한 〈2012 한국의 사회지표〉에 의하면, 2011년 범죄 발생건수는 190만 3천건으로 인구 10만 명 당 3,750건의 범죄가 발생하였으며 주요 범죄 중에서 절도가 28만 1,501건으로 가장 많으며, 절도와 강간 등의 범죄는 매년 증가 추세라고 한다. 안정행 정부가 여론조사 전문기관인 글로벌리서치에 의뢰해 전국 2천 1백 명을 대상으로 안전 체감도를 조사한 결과, 10명 중 2명만이 우리 사회 전반에 대해 안전하다고 생각하는 것으로 나타났다. 응답자 중에서 대다수가 성폭력과 학교폭력에 대한 불안감을 토로하며 이를 정부가 최우선적으로 해결해야 할 과제로 꼽았다."

지난 '세월호 침몰 사고'(2014.04.16)는 한국사회의 치부(恥部)를 나타내는 상징적 사건이다. 이 사고로 한국인이 분노한 주요 포인트는 다음과 같이 3가지로 정리할 수 있다.[4]

첫째, 승객의 안전을 책임져야 할 선장과 승무원들은 사고 당시 무책임과 무능력으로 일관했으며 잘못된 '대기' 지시에 마냥 순종했던 어린 학생들은 꽃다운 목숨을 잃었다는 점이다. 이것은 세계적으로 수치스러운 사건이다. 즉, 세월호의 선장과 대부분의 승무원들은 어린 학생들 325명을 버리고 도주했으며, 그 결과 현재 시각으로 사망자 171명, 실종자 131명으로 각각 보도됐다. 실소(失笑)를 금치 못할 것은 당국의 장시간 조사를 받느라고 오랫동안 앉아 있었던 세월호 선장은 엉덩이가 아프다고 하소연 했다는 점이다. 세월호 참사 충격을 직접 받은 당사자들은 우울, 분노, 억울함, 죄책감 등으로, 일반 국민들도 한국사회가 정의롭지 못하고 신뢰할 수 없다는 생각에서 허탈감과 울분으로 인하여 심각한 트라우마(Trauma)와 이로 인한 '외상 후 스트레스 증후군'(PTSS: Post Traumatic Stress Syndrome)을 겪고 있다.

'세월호 참사'(2014.04.16) 계기로, 한국의 청소년들은 어른들을 원망 및 증오하는 세대 간 갈등으로 확산되고 있다. 임시 합동분향소가 마련된 안산시 단원구 고잔동 안산올림픽기념관 실내체육관의 벽면이 부족하자 그 옆 한쪽에 급히 설치된 2대의 대형 화이트보드에 "대한민국이 정말 싫다", "두 번 다시 이 땅에 태어나지 마세요", "형이 나쁜 어른들과 끝까지 싸워 다시는 슬픈 일이 없도록 할게" 등의 메시지가 붙기 시작했었다(연합뉴스, 2014.04.24).

---

4) [임양택 교수 특별기고] "'세월호 참사'로 본 한국사회에 대한 所懷"(미디어워치, 2014.04.29).

참고로, 1912년 4월 빙산에 충돌해 1,500여 명이 사망한 타이타닉 호의 에드워드 스미스 선장(Captain Edward John Smith, 1850~1912)은 침몰 직전까지 승객 구조를 위해 노력하다가 배와 함께 최후를 맞았다. 또한, 플라잉 엔터프라이즈라는 화물선의 헨릭 컬트 칼슨 선장은 1951년 12월 태풍으로 배가 기울어지자 승객과 승무원들이 모두 구조될 때까지는 물론, 배를 인양해갈 예인선이 올 때까지 5일간이나 배에 남아 있다가 생환되었다. 이와 대조적으로, 2012년 1월 암초에 부딪혀 32명이 사망한 유람선 코스타 콩코르디아호(Costa Concordia IPA)에서 탈출한 선장은 직무유기죄로 2,697년 형이 구형됐다.

둘째, 정부의 위기대응능력 부족이 국민의 신뢰를 붕괴시켰다는 점이다. 세월호의 선장은 못 배워 무식해서 그렇다고 하더라도 훌륭한 교육을 받은 고위 공직자들이 보여준 작태는 더욱 '우리를 슬프게 하는 것들'[Anton Schnack(1892~1973), Jugendlegende Begegnungen am Abend, 1941년]이다. 왜냐하면 분노가 도(道)를 넘어 *"아 내가 이 나라의 국민이구나"* 하고 슬퍼질 수 밖에 없기 때문이다. 어떤 사람은 *"청소년을 수장(水葬)시키는 나라를 어떻게 국가라고 할 수 있느냐?"*고 반문했다.[5]

한편, 중국의 예를 들면, 2008년 5월 12일 중국 쓰촨(四川)성에서 발생한 규모 8.0의 초대형 지진으로 사망·실종자가 8만 명을 넘었을 때, 원자바오(溫家寶, Wēn Jiābǎo) 총리(2003~2013)는 늦은 밤 현장에 도착해 안전모를 쓰고 확성기를 든 채 구조를 독려했다. 고아가 된 아이들을 붙잡고 *"울지 마라. 내가 원자바오 할아버지야. 정부가 너희들을 집에 있는 것처럼 보살펴 주마.'*라며 눈물 흘리는 장면은 TV를 통해 중계돼 중국 국민들을 안심시켰다. 이것은 평소 그분의 애민·위민(愛民·爲民) 정신의 표출인 것이다. 그러나 한국의 고위공직자는 사망자 명단 앞에서 기념사진을 찍고, 어느 장관은 유족들이 울부짖는 실내체육관에서 의전용 의자에 앉아 컵라면을 먹으면서 자신의 시장끼를 달랬었다.

다른 한편으로, 일본의 예를 들면, 2011년 3월 후쿠시마 원전 폭발사고 당시 에다노 유키오(枝野幸男) 일본 내각 관방장관은 100시간 넘게 잠을 안 자고 일했다. 보다 못한 일본인들이 "잠 좀 자라"고 하기에 이르렀고, 누군가 'edano_nero(에다노 자라)'라고 트위터

---

5) 세월호 참사(2014년 4월 16일) 과정을 잠시 돌이켜보면, 정부 부처마다 대책본부를 차려 각개 약진하더니 사고 이틀이 지나서야 국무총리 지시로 '범정부 사고대책본부'가 발족됐다. 그러나 사고대책 본부장은 국무총리에서 해양수산부 장관으로 바뀌었다. 이것마저 사리에 맞지 않은 것이었다. 재난 및 안전관리 기본법 개정안(재난안전법)의 법안심사 보고서에 국가재난대응 체계도를 보면 청와대 국가안보실이 대통령 바로 밑에 위치해 안전행정부 장관을 본부장으로 하는 중앙재난안전대책본부와 주무부의 장관(선박사고의 경우 해양수산부 장관)을 본부장으로 하는 중앙사고수습본부를 지휘하도록 되어 있다. 즉, 청와대 국가안보실이 주무부처의 보고를 받아 대통령에게 전달하는 컨트롤타워인 것이다. 이것은 청와대 국가안보실장이 2013년 4월 국회운영위원회에 출석하여 스스로 증언했던 내용이다.

에 글을 올린 뒤부터 'edano_netekure(에다노 잠 좀 자요)'등의 응원이 잇달았다. 사고 나흘 만인 3월 15일 그가 일단 집에 간다고 하자 'edano_oyasumi(에다노 잘자)'라는 애정을 담은 표현이 등장했다. 왜 한국엔 일본의 에다노 유키오(枝野幸男) 관방장관과 같은 고위 공직자가 없는가? 원래 '못난 한국인'(Ugly Korean)이기 때문인가? 급기야, 어떤 사람은 페이스북에 *"세월호는 대한민국이고 선장은 박근혜고 선원들은 공직자들이고 선내 방송은 정권의 시녀가 된 언론이고 승객들은 국민"*이라는 글을 올렸다.

셋째, 정부 당국자들을 비롯한 한국인 모두가 현재 뼈를 깎는 아픔을 느끼면서 깨달아야 할 것은 다음과 같은 사실이다. 즉, 불과 10여년 전인 1993년 10월 전북 부안군 위도 앞바다에서 서해 훼리호 침몰 사고로 292명의 사망자(생존자 70명)가 발생했다. 서해 훼리호 침몰 사고 후 약 7년 후 백령도 근처 해상에서 한국의 초계함인 천안함 피격 및 침몰 사건(2010.03.26)이 발생한지 1년 후 『천안함 피격사건 백서』(2011.03.26)가 발간되었는데, 이 백서는 초기대응 및 국가위기관리대응체계 보완의 필요성을 지적하였고 처절한 반성을 촉구했다.

그럼에도 불구하고, 지난 3년 동안 재난대책 훈련 없이 무사안일로 흐른 다음, 또 다시 여객선 세월호가 침몰(2014.04.16)했다. 결과적으로는, 상기 백서가 아무런 도움이 되지 못한 것이다. 한마디로 말하면, '소 잃고 외양양간 고친다'는 속담마저도 적용이 안되는 사회가 바로 대한민국인 셈이다. 여기서 분명히 강조되어야 할 것은 재난관리란 돈이 아니라 사람이 하는 것이며, 재난관리시스템이 제대로 항상 완비되어 있어야 할 뿐만 아니라 그 시스템에 따른 재난관리 훈련을 반복함으로써 재난관리 당국이 '기본을 갖추고 원칙을 지키는' 주어진 매뉴얼에 익숙되어 있어야 한다는 점이다.

여기서 유의할 것은 한국인의 대량 인명을 앗아간 것은 비단 '세월호 참사'(2014.04.16)만이 아니며 이보다 더 많은 인명을 앗아간 것이 바로 '금융사고'라는 점이다. 세계 경제사에 기록된 모든 '금융사고'의 근본적 원인은 바로 인간의 탐욕(Greed)이었다. '세월호 참사'(2014.04.16)의 근본적 원인도 '황금만능주의(黃金萬能主義)'가 빚어낸 탐욕(貪慾)이었다. 그러한 사회적 분위기 속에서, 대충대충 융통성있게 일하고 '나만 잘 살면 된다'는 극한적 이기주의(利己主義)가 독버섯처럼 번성 및 풍미(風靡)해 왔으며, 그 결과 선량한 시민들이 많이 희생되어 왔다.

2010년 세계보건기구(WHO)가 발표한 한국의 알코올중독률(18세 이상 성인 중 알코올 의존·남용자 비율)은 6.76%로 세계 평균 3.6%의 1.8배 수준이다. 또한, 도박 중독 유병률(有病率)도 6.1%로 다른 나라보다 2배 이상이다. 참고로, 영국(2.5%)·프랑스(1.3%)·호주

(2.4%)의 2.4~4.7배 수준에 이른다(사행산업통합감독위 2012년 자료).

중독 전문가 단체인『중독포럼』의 자료에 따르면, 한국인 중에서 4대 중독자(中毒者)가 618만 명(알코올 중독자는 155만 명, 도박 중독자는 220만 명, 마약중독자는 10만 명, 인터넷 중독자는 233만 명 등)으로, 국민 8명 가운데 1명이 4대 중독(알코올, 도박, 마약, 인터넷 게임)에 빠져 있다(조선일보, 2012.12.12). 이로 인한 사회경제적 비용이 109조5,000억 원에 이른다고『중독포럼』은 추산했다. 이 같은 수치는 흡연(5조 원 안팎), 암(11조3,000억 원) 등 다른 질병의 사회적 비용에 비해 훨씬 더 높은 수치다. 이 같은 4대(알코올, 도박, 마약, 인터넷 게임) 중독자(中毒者)의 급증 현상은 개인의 건강문제를 넘어, 사회와 국가 전체의 안정성과 경쟁력을 저하시키고, 청소년의 사회적 일탈 등을 유발해 미래 국가경쟁력 기반까지 무너뜨리고 있다.

한국의 우울증·조울증 환자가 지난 5년간(2006~2011) 265만 명을, 그들의 진료비가 1조 원을 각각 기록했다(조선일보, 2011.06.01). 여기서 말하는 '우울증'은 삶에 대한 흥미와 관심의 상실과 의욕 저하를 야기시키는 정신적 질환이며 '조울증'은 충동적이고 과격한 행동을 보이는 조울증과 우울증이 번갈아 나타나는 질환이다.

최근 한국사회에 '묻지마 범죄'가 급증하고 있다. 이 중에서 '사이코패시(Psychopathy) 살인'도 증가하고 있다. 대검찰청 범죄 분석(조선일보, 2012.08.20)에 의하면 우발적 살인을 저지른 피의자는 2000년 305명, 2005년 319명, 2010년에는 465명으로 계속 증가하고 있다.

급기야, 한국은 *"하루 평균 약 40명이 자살로 삶을 마감하는 '자살공화국'인 셈이다"* (중앙일보, 2011.02.01). 2013년 한국의 자살자 수는 1만4,427명으로서 하루 39.5명 꼴이며 인구 10만 명 당 28.5명으로 OECD 국가들 중에서 부동(不動)의 1위이다. 이로 인한 연간 경제력 손실이 6조4,800억 원이다(동아일보, 2015.02.24).

회고해 보면, 1997년 외환위기 직후인 1998년 자살자 수가 897명이었다. 사실, 단 한 명이라도 사람을 죽인 자는 살인자이듯이, 1997년 외환위기 직후인 1998년 1,492명의 자살을 유발시킨 당시의 정책 당국자들은 비록 '간접적 대량자살 방조범'들이라고 칭할 수는 없더라도, 한국의 인구감소 추세에 크게 기여한 분들이다. 그들이 아직도 부끄러움과 죄의식을 못 느끼고 백주에 활보하고 있으니 한국사회의 도덕과 사회정의는 이미 죽은 것 같다.[6]

2003년의 경우 가난을 비관한 자살이 731명, 사업실패를 비관한 자살이 426명(1998년 595명)이었다. 2006년에도 하루 35.5명이 자살하였다(중앙일보, 2007.09.10). 2006년 자살

---

6) 임양택,『퀴바디스 도미네: 성장·복지·통일을 위한 청사진』, 파주: 나남, 2011년.

사망자 수가 1만2,968명에 이르렀는데, 이는 같은 해 교통사고 사망자 수(6,327명)보다 2배나 많다. 2008년 하반기 글로벌 경제위기 이후, 한국의 자살자 수가 2009년에는 무려 약 1만5,413명으로 전년 대비 19.9% 증가했다. 1997년 하반기 외환위기 직후인 1998년 자살자 897명에 비하여 2008년 하반기 '글로벌 금융위기' 직후인 2009년 자살자 수가 그보다 17배인 1만5,413명이라는 것은 최근의 경제위기가 얼마나 혹독한가를 말해준다.

2006년 자살 사망자 중 61세 이상의 '황혼 자살' 비율이 33%이며, 여성의 자살 비율이 31.9%로 매우 높고 또한 해마다 증가하고 있다. 이것은 빈곤·외로움·질병에 시달리는 노인과 소외감(疏外感)을 느끼는 여성이 급증하고 있다는 것을 의미한다.[7] 그 배경을 보면, 소득 없이 병들고 소외된 노인들이 자식에게 부담이 되기 싫다는 눈물겨운 마음으로 자살을 선택한 것이다.

한국의 노년층 빈곤층(2010년 기준으로 45.1%)은 OECD 국가(네덜란드 1.7%, 프랑스 5.3%, 스웨덴 9.9%) 중에서 가장 높으며 노인가구의 45.1%가 중간소득의 절반도 못되는 돈으로 겨우 연명하고 있다. 경제적 빈곤 때문에 65세 이상 노인 자살률이 10만 명당 82명이다. 이 비율은 다른 나라 평균보다 2.4배에 이르고 미국과 일본의 노인 자살률보다 4~5배가 더 높다. 실로 부끄러운 동방예의지국(東方禮儀之國)의 현실이다. 사실, "소리 없이 늘어나고 있는 노인 자살은 '현대판 고려장'이다. 대한민국의 오늘을 일궈낸 어르신들이 자신의 삶을 비극적으로 마무리하게 방치하는 것은 대한민국의 수치다"(중앙일보, 2011.02.01).

1) '삶의 질'(Quality of Life)

오늘날 세계 각국에서는 삶의 질(質)을 중요시하는 이른 바 '조용한 혁명'(Silent Revolution)이 전개되고 있다. 즉, 물질적 풍요와 생활의 안정을 제일의 관심사로 여기던 과거의 생활 방식에서 벗어나, 이제는 '삶의 질'(Quality of Life) 문제로 관심이 옮겨지고 있다.[8]

---

7) 2009년 자살자, 약 1만 5,413명의 연령 분포를 1990년의 자살자 수와 비교해보면, 65세 이상 남자 노인의 자살이 5.4배로, 25~44세 연령대가 1.6배로, 45~64세 연령대가 3.4배로 각각 증가하였다. 따라서 65세 이상 노인 자살이 급속히 증가하고 젊은층의 자살자 숫자보다 약 3배가 더 많음을 알 수 있다. 여성 노인도 같은 양상을 보이고 있다.

8) 미국의 한 사회조사에 의하면 1945년부터 1979년까지 미국 국민의 실질소득은 70% 증가하였는데도 이 기간 중에 '아주 행복하다'고 대답한 사람은 그 인구 비율이 40%에서 30%로 감소된 것으로 나타나고 있다. 이러한 사실을 미루어 보더라도 인간은 물질적 풍요만으로는 행복한 삶을 영위할 수 없음이 입증된다.

한국사회 또한 산업화(産業化)와 민주화(民主化)를 동시에 달성했음에도 불구하고, 국민의 삶에 대한 만족도나 행복 수준은 낮은 수준이다. 구체적으로, 낮은 출산율과 급속한 고령화, 높은 자살률 등 사회전반의 활력이 약화되고 있고, 이념적 갈등, 상대적 빈곤 등 다양한 갈등이 첨예하게 대립함에 따라 기존의 '경제성장' 중심에서 '삶의 질(Quality of Life) 제고'로의 정책적인 관심이 전환되고 있다.[9]

UNDP(유엔개발계획)의 '인간개발지수'(HDI: Human Development Index)와 OECD의 '더 나은 삶의 질 지수'(BLI: Better Life Index)는 각각 4개와 24개로 구성된 부분지표를 종합한 지수이다. UNDP의 HDI('인간개발지수')로 한국은 좋은 평가(188개국 중 17등)를 받았지만, OECD의 BLI('더 나은 삶의 질 지수')는 낮은 평가(38개국 중 28위로)를 받았다(중앙일보, 2017.03.23). 즉, 객관적인 지표만 다루는 HDI('인간개발지수')는 좋은 평가를 내리는 반면, 주관적인 지표를 포함하는 BLI('더 나은 삶의 질 지수')에서는 별로 평가가 좋지 않다. 따라서 한국에서 물질적인 삶은 좋아지고 있지만 삶의 질은 그렇지 않다는 것이다. 아마도 '이스털린의 역설(Easterlin's Paradox)'이 적용되는 것 같다. 즉, 인간의 욕구가 크지 않는 상황에서는 소득의 증가가 행복으로 이어지지만, 인간의 욕구가 커지면 소득의 증가가 행복으로 이어지지 않는다는 것이다.

---

9) 1972년 미국의 환경보호청(EPA)의 조사연구반은 '삶의 질'(quality of life)의 구성 요소를 경제적 환경, 정치적 환경, 보건 및 자연환경 등의 부문으로 나누고 총 30개 요소와 하위요소로 분류하여 이들 요소들로 지표를 설정하여 측정가능한 단계에까지 구조화하였다. 여기서 '삶의 질' 지표(Quality of Life Indicators)란 해당 국가의 국민들이 얼마나 인간다운 삶을 영위하고 있는가를 나타내는 지표이다. 즉, 국민들이 얼마나 행복하고 풍요한 삶을 영위하고 있는가를 경제적 측면에서 뿐만 아니라 사회·문화·환경 등 모든 면에 걸쳐 포괄적으로 척도화한 지표이다. 최근에는 '삶의 질' 지표(Quality of Life Indicators)로서 풍요성·안정성·보건성·능률성·쾌적성·도덕성 등을 지적하는 것이 일반화 되었다. 여기서 '풍요성'(abundance)이란 사람이 살아가는데 경제적으로 부족함이 없는 상태를, '안정성'(safety)이란 주민들이 신체나 생명에 위협을 받지 않고 안전하게 살 수 있는 사회적·환경적 조건을, '보건성'(health)이란 주민들이 위생적인 환경에서 건강하게 살 수 있도록 하는 여러 가지 조건을, '능률성'(efficiency)이란 통근·통학 등 일상 생활상의 편리뿐만 아니라 생산·유통 등 경제적·사회적 활동상에 능률이 보장되게 교통·통신 수단의 확충, 각종 시설의 설치 등을, '쾌적성'(comfort)이란 사(私)생활의 비밀보장과 공(公)생활에서의 도서관·공원·극장 등 문화시설의 설치를 통해 주민들에게 편익을 제공할 수 있는 상태를, '도덕성'(morality)이란 오늘날 생활인으로서 자칫 소홀하기 쉬운 인간성의 회복과 올바른 가치관의 정립, 그리고 직업윤리·생활윤리 등의 준수를 각각 의미한다.

2) '경제행복지수'(EHI)

최근 유엔 산하 자문 기구인 '지속 가능한 해법네트워크'(SDSN)가 발표한 '세계행복보고서'(2012~2014)에 의하면 한국의 행복지수(幸福指數)[10]는 세계 158개국 중에서 47위였다. 가장 최근인 2017년 기준의 발표인, 세계도시 및 국가 비교 통계 사이트인 넘베오(Numbeo)의 '삶의 질'(quality of life) 순위 발표에 의하면, 세계 1위 독일, 2위 오스트리아, 미국 7위, 한국 22위, 일본 30위, 중국 57위로 각각 나타났다.

현대경제연구원(2017.01.09)이 2016년 12월 중순 실시했던 제19회 '경제행복지수'(EHI: Economic Happiness Index) 조사결과 38.4점(전기대비 마이너스 0.5포인트)으로 5년만에 최저치를 기록했다. '경제행복지수'(EHI: Economic Happiness Index)란 개인이 경제적 요인과 관련하여 만족과 기쁨을 느끼는 상태에 대한 평가로서 경제상태, 의식, 외부 요건 등에 의해 변화되는 것으로 정의되었다. 여기서 문제가 되는 것은 자신이 불행하다고 응답한 사람들 대다수가 그것의 원인이 '사회적 구조'(Social Structure)로부터 연유된 결과라고 생각한다는 점이다.

한국사회의 경우, 경제적 행복을 가로막는 가장 큰 장애요인들은 '노후준비 부족'(24.8%), '자녀 교육'(22.6%), '주택문제'(16.6%), '일자리부족'(16.3%) 등으로 나타났다(현대경제연구원, VIP Report, 2015.01.07). 특히, '노후준비 부족'으로 인한 불안은 심각한 사회

---

10) 행복지수(幸福指數, Happy Planet Index)란 자신이 얼마나 행복한가를 스스로 측정하는 지수이다. 영국의 심리학자 로스웰(Rothwell)과 인생상담사 코언(Cohen)이 최초로 행복공식을 작성하여 2002년에 발표하였다. 이들은 18년 동안 1,000명의 남녀를 대상으로 80가지 상황 속에서 자신들을 더 행복하게 만드는 5가지 상황을 고르게 하는 실험을 하였다. 그 결과, 3가지 요소: ① '행복은 인생·적응력·유연성 등 개인적 특성을 나타내는 P(personal), ② 건강·돈·인간관계 등 생존조건을 가리키는 E(existence), ③ 야망·자존심·기대·유머 등 고차원 상태를 의미하는 H(higherorder)에 의해 결정된다'고 주장하였다. 이들은 3가지 요소 중에서도 생존조건인 E가 개인적 특성인 P보다 5배 더 중요하고, 고차원 상태인 H는 P보다 3배 더 중요한 것으로 판단하여 행복지수(幸福指數)를 $P+(5\times E)+(3\times H)$로 공식화하였다. 나아가, 그들은 행복지수(幸福指數)를 산출하기 위하여 다음의 4가지 항목을 제시하고, 각 항목은 0점에서 10점까지 부여할 수 있도록 하였다: ① 나는 외향적이고 변화에 유연하게 대처하는 편이다. ② 나는 긍정적이고, 우울하고 침체된 기분에서 비교적 빨리 벗어나며 스스로 잘 통제한다(이상 P지수). ③ 나는 건강·돈·안전·자유 등 나의 조건에 만족한다(E지수). ④ 나는 가까운 사람들에게 도움을 청할 수 있고, 내 일에 몰두하는 편이며, 자신이 세운 기대치를 달성하고 있다(H지수). 상기한 ①과 ②를 더한 점수에 ③ 점수의 5배, ④ 점수의 3배를 더하면 행복지수(幸福指數)가 산출되는데, 만점인 100점에 근접할 수록 행복도가 높은 것으로 판단한다. 행복도를 높이기 위해서는 ① 가족과 친구 그리고 자신에게 시간을 쏟을 것, ② 흥미와 취미를 추구할 것, ③ 밀접한 대인관계를 맺을 것, ④ 새로운 사람들을 만나고, ⑤ 기존의 틀에서 벗어날 것, ⑥ 현재에 몰두하고 과거나 미래에 집착하지 말 것, ⑦ 운동하고 휴식할 것, ⑧ 항상 최선을 다하되 가능한 목표를 가질 것 등 8가지에 힘쓰도록 강조하였다.

문제가 되었다.[11] 한국사회는 2008년 고령화 사회(전체인구의 7%가 노인인구)에 이르렀고 2018년에는 고령사회(전체인구의 14%가 노인인구)에 이를 것이며, 2026년에는 최(最)고령사회(전체인구의 20%가 노인인구)로 급속도로 진입할 것이다. 한국의 총 부양률(15세 미만 및 65세 이상 인구/15~64세 인구)이 1966년 88.8%로 정점을, 2012년 36.8%로 저점을 각각 기록하였다가 반전(反轉)하여 2020년 40.7%로, 2030년이면 58.6%로 각각 상승할 것으로 전망된다.

대다수 노인의 생활대책이 거의 전무(全無)하다. 이 결과, 한국 노년층의 상대적 빈곤율(같은 연령대 소득 중간 값의 50% 이하 비중)이 OECD평균(12.6%)을 훨씬 초과해 1위를 기록했다(동아일보, 2015.05.23). 이것은 한국의 대부분 노인들이 동일 연령대의 빈곤층 인구가 45.1%(2010년 기준)으로 OECD국가들 중에서 가장 높으며 중간소득의 절반도 못되는 돈으로 겨우 연명(延命)하고 있다는 것을, 또한 저(低)소득 노인층에 대한 복지정책이 상대적으로 매우 취약하다는 것을 각각 의미한다. 또한, 한국인 상당수는 불완전한 고용, 소득의 양극화, 불균형적 여가시간 등으로 인하여 고통을 경험하고 있다. 예를 들면, 한국사회에서 생산가능한 인구의 취업률은 전체의 64%에 머물러 있으며, 6개월 미만의 단기취업자 비중이 24%(OECD 국가 10%의 2배)에 달하고 있다.

특히, 저자가 슬프게 생각하는 것은 한국의 어린이·청소년의 주관적 행복지수(74.0점)는 경제협력개발기구(OECD) 회원국 가운데 최하위라는 점이다. 최근 한국방정환재단과 연세대 사회발전연구소가 전국 초·중·고교생 6,946명을 대상으로 '행복지수'(幸福指數, Happy Planet Index)를 분석하였다.[12] 어린이·청소년들은 건강 체감·학교 만족·삶의 만

---

11) 대다수 노인의 생활대책이 거의 전무(全無)하다. 이 결과, 한국 노년층의 상대적 빈곤율(같은 연령대 소득 중간 값의 50% 이하 비중)이 OECD평균(12.6%)을 훨씬 초과해 1위를 기록했다(동아일보, 2015.05.23). 이것은 한국의 대부분 노인들이 동일 연령대의 빈곤층 인구가 45.1%(2010년 기준)으로 OECD국가들 중에서 가장 높으며 중간소득의 절반도 못되는 돈으로 겨우 연명(延命)하고 있다는 것을, 또한 저(低)소득 노인층에 대한 복지정책이 상대적으로 매우 취약하다는 것을 각각 의미한다. 또한, 한국인 상당수는 불완전한 고용·소득의 양극화·불균형적 여가시간 등으로 인하여 고통을 경험하고 있다. 예를 들면, 한국사회에서 생산가능한 인구의 취업률은 전체의 64%에 머물러 있으며, 6개월 미만의 단기취업자 비중이 24%(OECD 국가 10%의 2배)에 달하고 있다.

12) 여기서 '행복지수'(幸福指數, Happy Planet Index)란 국내총생산(GDP) 등 경제적 가치뿐만 아니라 인간의 행복과 삶의 질(삶의 만족도, 미래에 대한 기대, 실업률, 자부심, 희망, 사랑 등)을 포괄적으로 고려해서 측정하는 지표이다. GDP는 한 국가의 경제 활동을 살펴보는 지표로 폭넓게 활용돼 왔으나 경제 활동의 양(量)을 단순히 계산해 환경 악화 등 경제적 외부 효과나 삶의 질을 반영하지 못한다는 비판을 받아왔다. 이 때문에 GDP를 대체할 지표로 삶의 질과 지속 가능한 발전을 담은 새로운 지표를 만들자는 주장이 지속적으로 제기돼 왔다.

족·소속감·어울림 등에서 행복감을 느끼지 못한다는 것이다. 나아가, 저자가 놀라는 것은 어린 학생들이 행복(幸福)의 주요 조건으로 '돈'을 지목했다는 점이다. 즉, 행복(幸福)을 위해 가장 필요한 것이 무엇인가라는 조사기관의 질문에 대하여 고등학생들은 '돈'(19.2%), '성적향상'(18.7%), '화목한 가정'(17.5%), '자유'(13.0%) 순서로 답하였다. 상기한 어린 학생들의 행복조건(특히 돈)은 기성세대의 산물이다. 그동안 앞만 보고 살아왔던, '돈'이나 '성공'만을 중시하였던 기성세대 가치관을 벌써 그대로 수용한 것이다.

03 한국은 '정의로운 국가'(A Justice-based State)인가?[13]

　주지하다시피, 한국은 세계사에 기록될 정도로 빠른 경제성장을 이뤘다. 1960년 1인당 GDP는 100달러에도 미치지 못했었지만 1995년 1만1,470달러를 기록하며 30여년 만에 1만 달러를, 2007년에는 2만 달러를 각각 돌파했다. 2012년에 들어, 한국은 1인당 소득 2만 달러─인구 5,000만 명 이상 나라들을 일컫는 '20-50 클럽'에 세계 7번째로 가입한 데 이어 한국의 국가신용등급이 심지어 일본의 그것을 추월하였고 '세계 무역 8강 진입'이라는 기념비적 이정표를 세웠다.

　그러나 先성장·後분배의 계획기조하에 추진되어 왔던 경제발전전략은 경제규모 및 경제성과의 양적 확대를 통하여 절대빈곤 문제는 해결하였으나 상대적으로 소득분배구조를 악화시킴으로써 이념간·계층간·노사간·지역간·도농간 갈등을 심화시켜 첨예한 갈등의 골이 깊어지고 있다.

　또한, 근대화 과정을 통하여 東洋의 전통적 윤리관(자연에의 순리에 기초를 둔 情과 가족주의적 사고)이 무너지고 西洋의 근대적 가치관(합리주의에 기초를 둔 이성과 개인주의적 사고)이 들어왔지만 이들이 조화를 못 이루고 가치관의 혼란 및 부재현상이 황금만능주의로 치닫고 있다.

　산업사회의 치열한 경쟁은 사람들을 승자와 패자로 갈라 놓으며 물질적 부(富)의 소유에 불균형(不均衡)을 초래하였다. 여기에 물질적 과욕에 사로잡힌 현대인의 불만과 불평이 누적되어 나아가서 사회문제로까지 확대된다. 게다가 1997년 하반기 IMF 경제위기와 2008년 하반기 글로벌 금융위기 후 중산층의 붕괴, 청년실업의 폭증 등으로 인하여 사회경제적 갈등구조는 더욱 첨예화되고 있다. 전술한 바와 같이, 자살율의 급증, 연쇄살인의 연속, 젊은 세대의 방황, 국민 대다수의 허탈 등이 심화되고 있다. 따라서 산업화와 고도

---

13) 여기서 제기하는 주제: "한국은 '정의로운 국가'(A Justice-based State)인가?"에 관한 논술은 상황적 서술이다. 그러나 저자(임양택), 『정의로운 국가와 행복한 사회'를 위한 신(新)실용주의(實用主義) 철학과 정책』, 박영사, 2021에서 정의(正義)의 철학적 개념 및 행복(幸福)과의 철학적 관계를 논술하였다. 본 연구의 제Ⅶ장에서는 한국의 탈(脫) '총체적 위기'(Total Crisis)를 위한 신(新)실용주의(實用主義)의 해법(解法)을 제시한다.

성장에 따른 제반 사회경제적 갈등(계층간·노사간·도농간·세대간·보혁간 갈등)을 해결하고, 개인과 공동체의 존재원리를 조화롭게 할 필요성이 절실해지고 있다.

그렇다면, 한국의 소득분배 구조를 악화시킨 요인은 무엇일까? 상위 20% 계층의 소득이 하위 20% 계층의 소득보다 1990년에 3.7배였다가 2011년에는 4.8배로 확대되었다. 빈곤율(총인구에 대한 절대빈곤층 인구의 비율)은 15%로서 OECD 회원국(평균 11%)에서 7위이다. 특히 노년층 빈곤층은 45.1%로서 OECD 국가들에서 가장 높다.

토지 소유의 극심한 집중도에 따른 토지 불로소득 규모는 약 2,002조 원(1998~2007)이었는데, 이 중에서 환수된 금액은 고작 5.8%인 116조 원(취득과세＋보유과세＋이전과세＋개별부담금)이며 나머지 1,886조 원은 개인의 토지불로소득으로 향유되었다.

사실, 소득 불평등과 부동산 등 자산 불평등이 높을 뿐만 아니라 사교육비(私敎育費)와 보건의료비(保健醫療費)에 번 돈을 쏟아붓다보니 문화생활 등 '삶의 질'(Quality of Life) 즉 OECD의 '더 나은 삶의 질 지수'(BLI: Better Life Index)을 높이는 활동에 쓸 여유가 없다. 상기한 부정적인 요인들(고용불안, 소득 불평등, 사교육비, 자산 불평등의 심화 등)은 한국의 사회통합성(社會統合性)을 크게 훼손하고 있다. 한국의 경우, 교육기관에 대한 지출은 국내총생산(GDP) 대비 7.2%로 평균(5.8%)을 웃돌았다. 민간부문의 교육지출이 2.9%로 평균(0.8%)의 5배에 이르며 1위를 차지하고 있다. 공공부문의 교육 지출은 4.3%로 평균(5.0%)을 밑돌았다.

한국사회의 피폐(疲弊) 상황에서 가장 심각한 중증(重症)은 '법과 질서의 준수 정신'의 부족이다. 〈세계은행〉이 135개국 대상으로 발표하는 '법·질서지수'(2016년)를 보면, '질서의 나라' 싱가포르는 1위, 베트남 9위, 미국·영국·일본이 공동 26위, 한국은 49위, 남아프리카화국은 131위, 베네수엘라 135위(최하위)이다(중앙일보, [ONE SHOT], 2017.08.22)[14] 한국의 평균 법·질서 준수 정도는 OECD 국가 중에서 최하위권이다. 즉, 한국의 법·질서 지수는 OECD 평균지수를 약 20% 정도 하회한다. 이러한 사회풍토에서, 어떻게 공동체 의식을 기대할 수 있으랴!

만약 한국이 OECD 국가의 평균 법질서 수준만 유지해도 연간 약 1%의 경제성장을 이룰 수 있다는 전문기관의 분석이 있다. 물론, 한국의 법무부는 2014년 지역 실정에 맞는 '법질서 실천운동' 프로그램을 추진하고 있다. 그것의 주요 내용은 일상에서 법(法)이 잘

---

14) 한국의 법·질서 지수(2003년)는 4.6(OECD 평균은 5.0)으로 OECD 30개 국가 중에서 21위로 법과 질서의 준수 정신이 부족하다. 2012년 세계은행 자료에 의하면 우리나라 법질서지수는 OECD 34개 국가 중 26위이다.

지켜지지 않는 불법 주정차, 쓰레기 무단투기, 광고물 불법 부착 등 문제 분야를 찾아 개선하는 '기초법질서 준수', 산업재해, 교통사고, 산불 등 각종 사고를 예방하기 위한 '안전법규 준수', 범죄로부터 안전한 환경을 조성하기 위한 '범죄취약지역 환경 개선'이다. 이 실천운동은 해당 지역의 지방자치단체와 지역주민이 중심이 되고, 법무부 등 공공기관 및 민간기관·단체들의 참여와 협력으로 진행된다(매경춘추, 2014.09.03).

일본의 한 매체(비즈니스저널)가 우리 한국인의 '아픈 곳'을 후벼 팠다. '한국인은 숨 쉬는 것처럼 거짓말을 한다'는 것이다. 이 저널은 "예전부터 사회 전반에 거짓말과 사기(詐欺) 행위가 만연했지만 경제 불황이 심해지면서 사기 범죄가 더욱 늘고 있다"고 주장하면서 한국 경찰청의 통계를 들이대고 있다. 2000년 위증죄로 기소된 사람은 1,198명, 무고죄는 2,956명, 사기죄는 5만386명이었는데 2013년에는 위증이 3420명, 무고가 6,244명, 사기가 29만1,128명으로 급증했다며 "이는 일본의 66배에 이르는 것이며, 인구 규모를 감안하면 165배나 많은 것"이라고 썼다. 놀라운 것은 한국의 사기 피해액이 43조 원에 달하며 이는 한국이 세계 제1의 사기 대국이자 부패 대국이라고 주장한 대목이다. 이 매체는 그 원인으로 학력 위주 사회 구조, 치열한 경쟁과 사생결단적 사고, 무슨 수로라도 주위를 밀어내고 올라서려는 욕구 등을 거론하고 있다.

사회 전반적으로는 시쳇말로 안 썩은 데가 없고 사기 안 치는 곳이 없을 정도다. 나랏돈이건 회삿돈이건 기회 있는 대로 먹는 것이 '장땡'이다. 그 규모도 보통 '억(億)' 단위다. 한국의 GDP는 10년 넘게 2만5,000달러를 넘지 못하고 그 언저리에서 맴돌고 있다. 이 고비를 넘어서야 3만 달러 이상으로 올라갈 수 있다는데 우리는 그 언덕에 멈춰 섰다.

국제투명성기구(TI: Transparency International)가 '청렴도 수준'을 역(逆)으로 나타내는 '부패인식지수'(CPI: Corruption Perceptions Index)를 보면,[15] 한국은 5.6점을 받아 180개 국가 중 40위를 차지할 정도로 부패한 국가이다.[16] OECD 회원국 30개국의 평균 점수인 7.1점을 받아야 해당 국가는 '청렴 선진국 클럽'에 속할 수 있다. 또한, '부패인식지수'(CPI)와 '국가기관 신뢰지수'를 비교(2010년 기준)해 보면, 한국의 부패인식지수는 21위(65)이며 국가기관 신뢰지수는 32위(41)이다. 따라서 한국의 부패인식지수(65)는 OECD 평균(56)보다 높을 정도로 국가의 부패수준이 높은 반면에 한국의 국가기관 신뢰지수(41)는

---

15) 임양택(1999), "부패라운드의 발효와 한국 사회의 대응", 도산아카데미연구원, 개원 10주년 세미나, 6월.

16) 국가투명성기구(TI: Transparency International)의 '부패인식지수'는 10점 만점으로, 점수가 높을수록 청렴도가 높음을 의미한다. 한편, 2008년도 기준으로, IMD 발표에 의하면, 한국의 부패인식지수(2004년)는 4.21점으로 하위권이었다.

OECD 평균(56)보다 훨씬 낮다는 것을 알 수 있다.17)

최근에, 국제투명성기구(TI: Transparency International)가 설문조사 결과를 발표한 2020년 국가별 '부패인식지수'(CPI: Corruption Perceptions Index)에서 한국의 CPI는 4년 연속 (2016년 52위→2017년 51위→2018년 45위→2019년 39위) 상위 이동하여 2020년엔 국가별 순위가 180개국 중 33위, 경제협력개발기구(OECD) 37개국 중에서는 23위로 전년 대비 4단계 상위 이동했다.

<월스트리트 저널>과 <헤리티지 재단>에서 출간하는 연례 보고서(2020년)에 의하면, '정부 청렴성'의 경우, 싱가포르가 1위(92.4), 캐나다가 2위(90.3), 영국이 3위(89.9), 홍콩이 4위(84.7), 프랑스가 5위(83.3), 일본이 6위(80.5), 미국이 7위(77.2), 타이완이 8위 (68.9), 독일이 9위(67.5), 한국이 9위(67.5), 이태리가 10위(62.2), 스페인이 11위(55.1), 그리스가 12위(51.2), 말레이시아가 13위(49.4), 태국이 14위(43.4), 멕시코가 15위(36.7) 등이다.

역사적으로, 노블레스 오블리주(Noblesse Oblige) 정신이 강물처럼 흘렀던 나라는 융성했던 반면에 노블레스 말라드(Noblesse malade) 즉 고귀한 신분이 오히려 병(病)든 모랄 헤저드(Moral Hazard)가 만연한 사회에선 희망이 없고 멸망했다.

한국사회의 소위 사회지도층의 노블레스 오블리주(Noblesse Oblige)가 고갈되었다. 한국사회의 노블레스 말라드(Noblesse malade)의 사례로서 복지 담당 공무원들의 횡령사건, 쌀 소득 보전 직불금의 착복, 국회의원들의 보좌진 월급 착복과 비행, 재벌 오너들의 경영 분쟁, 일부 재벌 가족들의 탈선과 오만한 '갑질 행위', 대기업 롯데의 경영 비리, 대우조선 등의 내부 뜯어먹기, 공기업의 파탄과 구조조정, 법조 비리, 일부 교수들의 '표지갈이' 등을 들 수 있다. 또한, 부정·부패의 예로서『부산저축은행그룹』의 비리 사건, 정(政)피아·관(官)피아에 의한 부실『대우조선 해양』공적자금의 착복, 대부분 국세청장들의 뇌물 수리로 구속, 군(軍) 최고 지휘관의 부정·부패와 방산비리18), 기초단체장 및 군수의 부정선거 활동으로 재(再)보궐선거19) 등을 들 수 있다.

---

17) OECD의 평균 부패인식지수와 평균 국가기관 신뢰지수가 모두 56으로 나타났다. OECD 국가들 중에서 덴마크는 가장 낮은 부패인식지수(15)를, 두 번째로 높은 국가기관 신뢰지수(75)를 각각 보이고 있다. 또한, 핀란드의 경우 부패인식지수(17)는 두 번째로 낮으나 국가기관 신뢰지수(82)는 가장 높게 나타났다.

18) 상기한 방위산업 비리 사건은 대한민국의 존재가치를 의심케 하는 일이 아닐 수 없다. 원자탄 등 강력한 군사력을 가진 북한과 대치하고 있는 나라에서 무기(武器) 강화에 힘을 쏟지는 못할망정 거기서 돈을 뜯어먹고 또 돈을 벌려는 인간들이 군(軍) 최고 지휘관들이라는 사실은 납득하기 어렵고 또 한편으로는 부끄럽고 슬프다.

19) 상기한 기초단체장 및 군수의 부정 선거 활동 사례를 들면, 2006년 7월 1일에 취임한 민선 4기 기초단체장 230명 중 97명(42.2%)이 비리 위법으로 재판에 넘겨졌다. 그리고 2010년 7월 1일 출범한 민선 5기

최근의 예로서 2014년 12월 5일 존 F. 케네디 국제공항을 출발하여 인천국제공항으로 향하던 대한항공 여객기 내에서, 대한항공 조현아 당시 부사장이 객실승무원의 마카다미아 제공 서비스를 문제삼아 항공기를 램프 유턴 시킨 뒤 사무장을 강제로 내리게 할 것을 요구하고, 기장이 이에 따름으로써 항공편이 46분이나 지연된 '땅콩 회항' 사건이 벌어졌다. 이 사건에 대해 영국 일간지 『가디언』은 "'땅콩(미친) 분노(nuts-rage)'로 조사를 받게 된 대한항공 임원"이란 제목의 기사로 상황을 전했다. 이것은 인간의 부끄러움을 상실한 오만방자한 인간 말종의 몰염치임과 동시에, 한국의 시장자본주의(Market Capitalism)가 천민자본주의(賤民資本主義, Pariah Capitalism, Pariakapitalismus)로 타락(墮落)되었음을 나타내는 실례(實例)이다.

한국의 경우와는 극히 대조적으로, 미국 33대 대통령 트루먼(Truman, 1884~1972)은 시력이 나빠 병역면제에 해당됐지만 시력표를 외워 입대한 뒤 제1차 세계대전(1914~1918)에 참전해 싸웠다. 미국 사회의 소득격차는 세계에서 가장 심각한 수준임에도 불구하고, 미국의 경제 및 사회의 건강성과 역동성은 선진국 중 최고수준이다. 그 요인은 부(富)의 세습을 차단하는, 가혹할 정도의 상속세 및 증여세 부과와, 미국 중·상위층이 종교적 신념처럼 떠받드는 '나눔의 문화'이다.

세계의 갑부(甲富)인 마이크로소프트(Microsoft)의 빌 게이츠(William H. Gates) 회장은 현재까지 4조 원 이상을 전(全) 세계에 기부했다. 뉴욕주(州)의 렌설리어(Rensselaer) 공대는, 수년 전, 한 독지가로부터 무려 4,680억 원의 기부금을 받았지만, 익명을 철저히 당부한 그의 뜻을 기려 아직도 입을 다물고 있다. 『뉴욕타임스』는 수년 전부터 복지기관에 매년 수억 원을 기부해온 익명의 독지가를 추적한 결과, 뉴욕 J. F. 케네디 공항에서 조그마한 가판대를 경영하는 주인이라는 것을 밝히기도 했다. 여기서 유의할 것은 대(代)를 이은 부(富)의 세습은 미국사회의 뿌리를 갉아먹는다는 공감대가 형성되어 있다는 점이다. 예를 들어, 미국의 41대 대통령(1989~1993) 조지 부시(George W. Bush) 행정부는 제1기 정부 출범 직후 상속세(相續稅) 폐지를 추진했다가 여론의 거센 역풍을 받았다. 당시, 상속세(相續稅) 폐지 방침에 공개적으로 반대를 천명했던 인사들은 워런 버핏(Warren Edward Buffett, 1930~현재), 조지 소로스(George Soros, 1930~현재), 윌리엄 게이츠 시니어(William Gates Senior, 1925~2020) 즉 빌 게이츠(William H. Gates, 1955~현재) 마이크로소프트 회장의 아버지 등

기초단체장 중 44명이 기소되어 11명이 100만 원 이상의 형을 받아 당선무효 처리(2011.10.01) 되어 2011년 10월 26일 재(再)보궐선거를 했었다. 그리고 4년마다 군수 선거를 해야 하는데 C군은 18개월 동안 군수 선거를 3번 치렀고, 또 다른 C군은 37개월 동안 군수 선거를 4번 치렀다.

억만장자들이었다.

여기서 본 연구가 제기하는 문제의식은 다음과 같다: 무엇이, 어떠한 요인이 한국의 사회풍토가 배금주의(拜金主義, Mammonism)·물질만능주의(物質萬能主義)로 만연(漫然)되어 국민정신문화가 크게 황폐화되었는가? 그렇다면, 사회정의(社會正義)란 무엇인가?

고대 중국에서의 '정의(正義)'는 '인간으로서 준수해야 할 도리'이다. 한편, 고대 그리스에서의 정의(正義)는 '신(神)이 정한 율법'으로서 최고의 선(善)이다. 플라톤(Plato, BC 427~347)은 '정의(正義)란 무엇인가'라는 탐구를 본격적으로 시작하고 '국가의 정의'란 지배자, 군인, 일반시민이 '각각의 업무'에 힘쓰고, 거기에 지혜와 용기와 절제가 실현된 조화로운 상태라고 정의(定義)하였다.

아리스토텔레스(Aristotle, BC 384~322)는 그의 스승 플라톤(Plato, BC 427~347)을 계승하여 '정의(正義)는 한 국가에서 인간들의 유대이다'라고 설명하고 2가지 정의(正義): (1) 광의의 정의('법에 따르는 것')과 (2) 협의의 정의('평등 또는 균등')을 주장하였다. 다시 후자는 2가지: (1) 지위나 재화를 개개인의 가치(Value)에 따라 분배하는 '분배적 정의'와 (2) 당사자간에 발생한 손해를 시정하는 '광정(匡正)적 정의'로 구분된다고 논하였다(『니코마코스 윤리학』). 상기한 2가지 종류의 협의의 정의(正義)는 '정치적 동물'인 인간에게 '본래 가져야 하는 것'을 부여한다는 목적을 공유하고 있다. 다시, 이것을 로마법에서는 '정의(正義)란 개개인에게 그의 정당한 몫을 부여하고자 하는 불변의 의지'라고 정립(定立)되었다.

이제, 본 연구는 한국사회의 피폐(疲弊) 요인을 분석하기 위하여, 본 연구는 대한민국 70년사에서 정치지도자(대통령)의 공과(功過)를 평가해보고자 한다.

1) 이승만(李承晩) 대통령(재임: 1948~1960)

우남(雩南) 이승만(李承晩, 1875~1965, 재임: 1948.07~1960.04) 대통령은 부패하고 무능한 조선(朝鮮) 왕조(王朝)의 개혁을 꿈꾸다가 중죄인으로 분류돼 7년 동안 영어(囹圄)의 몸이 됐다. 이어 일본 제국주의(日本 帝國主義)가 한반도를 강점한 기간 내내 해외에서 줄기차게 독립운동을 펼쳤다. 70을 넘은 나이에 대한민국(大韓民國)의 초대 대통령에 취임했다. 한국전쟁(1950~1953)에서 자유민주주의를 사수(死守)했다.

1953년 4월 접어들어 서울에서는 휴전(休戰) 반대 데모가 연일 이어지고, 스스로 기회가 닿을 때마다 "휴전은 없다. 북진통일이 우리의 목표"라고 외치고 다닐 때, 이승만(李承

晚) 대통령은 미국 행정부와 싸웠다.[20] 당시, 세계 최강국 미국이 세계질서 속에 새롭게 등장한 공산주의에 대해 너무나 무지했었다. 공산당을 한반도에서 몰아낼 절호의 기회가 왔는데도 미군이 38선에서 또 꾸물댄 것은 미국이 자신들의 국익을 이유로 한반도를 외면한 역사성과 무관치 않다고 이승만(李承晩) 대통령은 판단했었다. 그는 '단독 북진'을 명령하였다.

이승만(李承晩) 대통령(재임: 1948.07~1960.04)과 미국 간 신경전의 압권은 1953년 6월의 반공(反共) 포로 석방이다. 미국과 영국은 오로지 휴전(休戰)에만 매달렸었다. 당시 최대 현안이었던 반공(反共) 포로 송환을 중립국 송환위원회의 결정에 맡기자며 미국이 양보를 해버렸다. 이승만(李承晩) 대통령은 이 대목에서 여기서 밀리면 대한민국의 '생존'은 없다고 판단했었다. 미국을 한반도에 붙들어 매놓지 않으면 소련·중공·일본 등 대륙세력이 우글거리는 동북아에서 '대한민국'은 다시 구한말(舊韓末) 시대(1897.10.12~1910.08.29)로 되돌아간다고 판단했다. '반공포로 석방'이라는 수단으로 해양세력 미국으로 하여금 한반도에서의 이익을 다시 한번 계산하게 만들었다. 반공포로 석방으로 결국 '한미방위조약'(韓美防衛條約)이라는 안보우산을 엮어냈다.[21]

---

20) 이승만(李承晩) 대통령과 워싱턴 사이의 싸움은 아주 치열하게 펼쳐졌다. 우군인 미국이었지만, 휴전을 두고 대통령이 워싱턴과 벌이는 신경전이 매우 치열했었다. 이승만(李承晩) 대통령의 최종 상대는 몇 개월 전 한국을 다녀갔던 드와이트 아이젠하워(Dwight Eisenhower)였다. 그러나 태평양을 사이에 두고 드와이트 아이젠하워(Dwight Eisenhower)는 원격으로 이승만(李承晩) 대통령의 투지를 시험해 보고 있었다. 그 대리인은 도쿄에 있던 유엔군 총사령관 마크 클라크(Mark Wayne Clark) 장군이었다. 당시 도쿄의 유엔군 총사령부는 4월 들어서 점차 뜨거워지고 있는 한국인의 휴전 반대 시위를 일종의 '사고'로 보고 있었다. 휴전협정을 꼭 성사시키려는 워싱턴의 의지는 견고하기 짝이 없었고, 이에 반대하는 한국인들의 시위 또한 들불처럼 번지고 있었다. 이승만(李承晩) 대통령은 그런 한국인의 시위를 방조(傍助)내지 방관(傍觀)했다. 대통령 스스로 거침없이 '북진통일'을 외치는 마당에 국민 사이에서 광범위하게 번지는 휴전 반대 데모는 반가운 것임에 틀림없었을 것이다. 마크 클라크(Mark Wayne Clark) 장군은 그의 회고록인 『다뉴브강에서 압록강까지』라는 책자에서 그 당시에 중요한 '사건'이 있었음을 적고 있다. 그는 한국인의 휴전 반대 데모가 거세게 불붙을 무렵인 1953년 4월 3일, 변영태 당시 한국 외무부 장관이 미국 대사 에리스 브릭스와 만났다고 했다. 변영태 장관은 미국 대사 브릭스에게 한국 정부가 곧 휴전에 관한 조건을 제시할지도 모른다는 암시를 했다는 것이다. 워싱턴의 변함없는 휴전협정 타결 의지, 서울과 부산 등 전국 각지에서 불붙고 있는 한국인의 휴전 반대 시위가 서로 평행선을 그으면서 타협점을 찾지 못하고 있었던 상황이라서 미국 관계자들은 곧 전해질 이승만(李承晩) 대통령의 의중(意中)에 초미의 관심을 기울이고 있었다. 그해 4월 24일 워싱턴에 주재 중인 한국 대사관의 양유찬 대사가 백악관으로 드와이트 아이젠하워(Dwight Eisenhower) 대통령을 찾아갔다. 양 대사는 그 자리에서 휴전협상에 관한 대한민국의 메시지를 전했다. 유엔군 총사령부, 주한 미국대사관, 8군 사령부 등은 워싱턴으로 전해진 대한민국 경무대의 뜻을 받아들이고서는 소스라치게 놀랐다. 전혀 예상하지 못한, 대한민국의 당시 위상으로서는 도저히 상상할 수 없는 아주 도전적인 주장이 담겨 있었다(중앙일보, 2011.01.05).

21) 반공포로 석방 보름 후인 1953년 7월 3일 중공 주재 소련대사 바시코프가 소련 내각회의 의장에게 보낸

상기와 같이, 대한민국 초대 대통령 이승만(李承晚) 대통령(재임: 1948.07~1960.04)은 극우·보수였다. 그는 이데올로기를 초월한 좌·우 합작의 민족통일을 좌절시켰던 반면에 '반쪽의 나라' 대한민국에 자유민주주의를 정착시켰고 한국동란(1950~1953)으로 야기된 풍전등화(風前燈火)의 위기에서 대한민국을 보존하였다. 사실, 1904년 러일전쟁(1904.02.08~1905.가을) 이후 1945년까지 동북아를 휩쓸었던 일본 제국주의(帝國主義)와, 1917년 볼셰비키 집권 이후 1975년 인도차이나까지 유라시아 대륙을 강타했었던 공산주의(共産主義)에 맞서면서 운항했었던 대한민국호(號)를 초기에 이끈 것은 이승만(李承晚) 전(前) 대통령이었다(조선일보, 2011.04.20).

따라서 〈민족문제연구소〉는 이승만(李承晚)이 1919년 이후 1945년까지 대한민국 임시정부의 대통령, 구미위원부 창설자, 그리고 충칭 임정(臨政)의 주미외교위원부 위원장 등의 자격으로 끈질기게 전개한 모든 외교·선전 활동이 상당히 중요하고 실속 있는 성과를 거둔 운동으로 높이 평가받아야 한다고 주장했다. 이와 함께 해방 후 재빠르게 국내 정치 기반을 구축한 다음, 제1차 미소공동위원회가 실패로 끝난 1946년 6월부터 미국 정부를 설득해 원래의 신탁통치 계획을 포기하고 남한 주민의 총선거로 대한민국을 자율적으로 건국하는 운동을 지지하게 만든 것도 이승만(李承晚) 외교 독립 노선의 승리를 의미한다고 평가했다. 결론적으로, 〈민족문제연구소〉는 대한민국 건국 대통령으로서 이승만(李承晚)이 이룩한 업적과 실정을 따질 때 '공(功) 7, 과(過) 3' 이상으로 채점하는 것이 마땅하다고 주장했다.

여기서 본 연구는 상기한 우남(雩南) 이승만(李承晚, 1875~1965) 대통령(재임: 1948~1960)의 공로(功勞)는 높이 평가하지만, 그가 저질렀었던 과오(過誤): 친일파(親日派)[22] 비호, 남

전문이 흥미롭다. 러시아연방 비밀문서 기록에 따르면 이 전문에는 "휴전 문제에서 미국과 견해를 같이 해 이승만(李承晚) 대통령을 고립시키고 그에게 타격을 가하여…"라고 적혀 있다. 반공포로 석방 이후 과거와는 달리 중공과 소련이 이승만(李承晚) 대통령과 한국군을 미군이나 영국군 등과 똑같이 명실상부한 전쟁의 상대로 인정했음을 뜻한다. 그들은 이승만(李承晚) 대통령을 두려워한 것이다. 국가지도자는 오로지 나라의 '생존'을 먼저 생각해야 한다. 그리고 용감해야 한다. 첨예한 남북 대립 시기에 이승만(李承晚) 대통령의 경륜과 용기가 그리워진다(중앙일보, 2011.10.01).

22) '친일파(親日派)'는 한말 일제강점기에 일제의 침략에 협조하면서 국권을 상실케하였거나, 일제를 등에 업고 동족들에게 위해(危害)를 가하거나, 독립운동을 방해한 자들을 총칭해서 하는 말이다. 그러므로 현재 일본에 있는 지인(知人)과 가까이 지낸다거나 일본인들과 사업차 거래하는 사람들까지를 여기에 포함시키는 것은 아니다. 친일파는 어느 특정한 시기에 일본의 한국 침략에 편승하여 민족을 배반하고 동족에게 고통을 가한 무리들을 이른다. 1948년 정부가 수립된 후 '반민족행위처벌법'을 만들고 이를 시행하기 위해 국회 안에 '반민족행위처벌특별위원회'를 비롯하여 특별검찰부와 특별재판부를 설치하였다. '반민족행위처벌법'은 다음과 같은 행위를 한 자를 친일파(親日派)로 규정하였다. 첫째, 일본정부와 통모

북분단, 6·25전쟁, 양민학살, 부정부패, 독재정치는 한국 현대사에 짙은 그림지를 드리우었다고 평가한다.[23] 특히, 친일파(親日派)를 비호하고 자신의 독재정치 기반으로 활용함으로써 원초적으로 한국사회의 사회정의(社會正義)를 짓밟았다. 이것은 그 후 한국의 정치·경제·사회·문화 분야에서 악(惡)의 뿌리가 되었다.

일본 식민지에서 해방된 민족이 가장 먼저 시행해야 할 과제는 식민지 잔재(殘滓)를 청산하는 일이다. 해방 후 일제(日帝)가 남긴 식민지 잔재(殘滓)에는 제도·법률·언어·문화 각 방면에 걸쳐 여러 가지가 있었으나, 그중 가장 시급히 청산해야 할 잔재는 앞에서 열거한 친일행위를 범한 사람들이었다. 인간을 정리하지 않고서는 제도나 문화를 개혁할 수 없기 때문이다.

'친일파(親日派)'란 한말 일제강점기에 일제의 침략에 협조하면서 국권을 상실케하였거나, 일제를 등에 업고 동족들에게 위해(危害)를 가하거나, 독립운동을 방해한 자들을 총칭해서 하는 말이다. 그러므로 현재 일본에 있는 지인(知人)과 가까이 지냈다거나 일본인들과 사업차 거래하는 사람들까지를 여기에 포함시키는 것은 아니다. 친일파(親日派)는 어느 특정한 시기에 일본의 한국 침략에 편승하여 민족을 배반하고 동족에게 고통을 가한 무리들을 이른다.

구체적으로, '반(反)민족행위처벌법'은 다음과 같은 행위를 한 자를 친일파로 규정하였다: ① 일본정부와 통모(通謀)하여 한일합병에 적극 협력하였거나 한국의 주권을 침해하는 조약 또는 문서에 조인하는 자. ② 일본정부로부터 작(爵)을 받은 자 또는 일본제국의회 의원이 되었던 자. ③ 일본 치하에서 독립운동한 자나 그가족을 악의로 살상·박해한 자 또는 이를 지휘한 자. ④ 습작(襲爵)한 자, 중추원 부의원(府議院)의 고문 또는 참의, 칙임관 이상의 관리, 일정행위, 독립 운동을 방해할 목적으로 단체를 조직했거나 그 단체의 간부된 자, 군·경찰의 관리로서 악질적인자, 군수공업을 경영한자, 도·부의 자문 또는 결의

(通謀)하여 한일합병에 적극 협력하였거나 한국의 주권을 침해하는 조약 또는 문서에 조인하는 자. 둘째, 일본정부로부터 작(爵)을 받은 자 또는 일본제국의회 의원이 되었던 자. 셋째, 일본 치하에서 독립운동한 자나 그 가족을 악의로 살상·박해한 자 또는 이를 지휘한 자. 넷째, 습작(襲爵)한 자, 중추원 부의원(府議院)의 고문 또는 참의, 칙임관 이상의 관리, 일정행위, 독립 운동을 방해할 목적으로 단체를 조직했거나 그 단체의 간부된 자, 군 경찰의 관리로서 악질적인자, 군수공업을 경영한자, 도·부의 자문 또는 결의기관의 의원이 된 자 중에서 일제에 아부하여 죄적이 현저한 자, 관공리가 되었던 자로서 악질적인 죄적이 현저한 자, 일본국책을 추진시킬 목적으로 설립된 각 단체 본부의 수뇌간부로서 악질적인 자, 종교·사회·문화·경제 기타 각 분야에서 악질적인 언론저작과 지도를 한 자, 일제에 대한 악질적인 아부로 민족에게 해를 가한 자 등으로 규정하였다.

23) 임양택, 『아버지를 말한다: 비운의 정치가 임갑수 국회의원』, 파주: 나남, 2013.

기관의 의원이 된 자 중에서 일제(日帝)에 아부하여 죄적(罪籍)이 현저한 자, 관공리가 되었던 자로서 악질적인 죄적(罪籍)이 현저한 자, 일본국책을 추진시킬 목적으로 설립된 각 단체 본부의 수뇌간부로서 악질적인 자, 종교·사회·문화·경제 기타 각 분야에서 악질적인 언론저작과 지도를 한 자, 일제(日帝)에 대한 악질적인 아부로 민족에게 해(害)를 가한 자 등으로 규정하였다.

사실, 미(美)군정기인 1947년 7월에 과도입법의원에서 상정한 '민족반역자·부일협력자·간상배 조사위원회법'이 제정되었으나 미(美) 군정(軍政)의 반대로 시행되지 못했다. 이어서, 1948년 대한민국 정부수립 후 1948년 9월 제헌국회에서 '반(反)민족행위처벌법'을 만들고 이를 시행하기 위해 국회 안에 '반(反)민족행위처벌특별위원회'를 비롯하여 특별검찰부와 특별재판부를 설치하였다.[24] 그러나 원래 2년 한시법으로 된 '반민법'은 제정된 지 1년이 채 못되는 1949년 8월 31일 후에는 효력이 정지될 수밖에 없었다. 그 이유는 여러 가지가 있으나 무엇보다도 결정적인 이유는 초대 대통령 이승만(李承晩)이 '반(反)민족행위처벌법'의 시행을 원치 않았기 때문이었다.

이승만(李承晩)은 환국 후에 친일파(親日派)들이 제공하는 정치자금을 거절하지 못하고 그들에게 둘러싸여 지냈다. 그 때문에 친일파(親日派)들의 요구를 일정하게 들어주지 않을 수 없었고 따라서 '반(反)민족행위처벌법'대로 친일파(親日派)를 처벌할 수가 없었다. 그는 여러 가지로 변명했다. 새나라 건설에는 화합이 필요하니 과거에 범죄한 자라도 용서해야 한다라고 하였고, 새나라 건설에는 경험있는 관료와 경찰, 군인이 필요하다고 하면서 친일파(親日派)들을 등용했다. 따라서 자신이 집권한 후 친일파(親日派)를 청산하는 일은 불가능했었다. 이승만(李承晩)은 '고문 기술자'도 대한민국 건설에 필요했었던 '기술자'인가?

상기한 배경에서 미(美) 군정(軍政) 시기부터 친일파(親日派)들은 대한민국 정부수립 때에는 정부내에서 상당한 세력을 형성하고 있었다. 해방 직후 처음에는 처벌을 받지 않을까 두려워하면서 은인자중하던 친일파(親日派)들은, 한국에 진주한 후 일제 강점기의 관료들을 중심으로 군정(軍政)을 펴려고 한 미(美) 군정(軍政)에 의해 재등용되었고 정부수립 후에도 그들의 관직이 계속되자 그들은 과거의 민족을 배반한 죄(罪)에 대하여 사면 받은 듯이 생각하고 큰소리치면서 살 수 있게 되었다. 나아가, 일제(日帝) 시대에 민족반역적 행위를 저질렀던 친일파(親日派)는 8·15 해방 후 이승만(李承晩) 대통령의 민간 독재체제

---

24) 여기서 특이한 것은 '반민족행위처벌법'을 집행하는 기구('반민족행위처벌특별위원회'를 비롯하여 특별 검찰부와 특별재판부)가 모두 대의기관인 국회안에 설치되었다는 점이다. 행정부와 사법부에는 일제하의 관료 법관들이 그대로 남아 있었기 때문에 이 법의 시행을 그들에게 맡길 수 없었다.

에 기생(寄生)하면서 독립운동가들과 민족주의자들을 '공산주의자'로 몰아 고문하고 죽였으며 한국사의 고비마다 민주·민족·독립국가 건설에 저해되는 '반동세력(反動勢力)'으로 준동(蠢動)하여 사회정의(社會正義)를 짓밟았다.

결국, 친일파(親日派)를 청산하지 못한 한국 사회에서는 일제(日帝)에 빌붙어 민족과 조국을 배반했었던 무리와 그 후예들은 잘 살고, 이와 반대로 독립운동을 하면서 헐벗고 굶주렸었던 민족운동가들과 그 후예들은 해방(解放) 후에서도 가난에 시달렸다.

'반(反)민족행위처벌법'이 제정된 후 이를 시행할 즈음, 변신에 능하고 대세의 움직임에 민감한 친일파(親日派)들은 당시 조국의 분단상황을 잘 이용하여 자신들의 보호막을 만들었다. 즉, 자신들을 반공주의자로 변신시켜, 반공(反共)의 투사로 나서는 한편 민족주의자들이나 독립운동가들을 공산주의자로 몰아갔다. 이런 상황에서 친일파들은 교묘하게 이승만(李承晩)을 농간하여 '반(反)민족행위처벌법' 자체의 기능을 제한하게 되었다. 원래 2년 한시법(限時法)으로 된 '반(反)민족행위처벌법'은 제정된 지 1년이 채 못되는 1949년 8월 31일 후에는 효력이 정지될 수밖에 없었다. 이 결과, 해방 후 친일파(親日派)를 응징하여 민족의 자존을 회복하여 자주독립을 완성하고 민족정기를 확립하려는 원대한 국가재건 계획은 막을 내리고 말았다.

결과적으로, 1년 남짓, 이 법에 의해 처리한 친일파(親日派)는 극소수였다. 총취급건수 682건에 검찰부의 기소가 221건, 재판부의 판결이 40건(체형 14건, 공민권 정지 18건, 형면제 2건, 무죄 6건)이었으나 한사람도 사형대에 올려놓지 못했고, 그나마도 그 이듬해 한국전쟁(1950~1953)이 일어나자 흐지부지되고 말았다.

이와 대조적으로, 일제(日帝) 치하 36년에 비하여 불과 4년밖에 나치 독일에게 점령당하지 않았던 프랑스와 유럽의 몇몇 나라와는 심각한 대조를 이루고 있다. 그들 나라들은 한국과는 비교도 안될 정도로 철저하게 나치협력자를 처벌하여 추상같은 심판을 내렸다. 프랑스의 경우, 사형선고된 자가 6,700여 명인데, 그중 760여 명이 사형집행되었고, 2,700여 명이 종신 강제 노동형에, 10,600여 명이 유기강제 노동형에, 2천여 명이 금고형에, 2만2천여 명이 유기징역에 처해졌고, 벨기에는 5만5천 건, 네덜란드는 5만 건 이상의 징역형이 주어졌던 것이다.

1960년 4·19혁명으로 이승만(李承晩) 정권(1948.07~1960.04)이 붕괴되자 새로운 서광이 보이는 듯 했으나 장면(張勉, 1899~1966) 정권의 제2공화국(第二共和國, 1960.06.15~1961.05.16) 시기에는 오히려 친일파(親日派)의 등장이 더욱 두드러졌다. 1960년 4·19혁명이 민주주의와 민족주의를 회복하는 하나의 계기가 되었기 때문에 친일파(親日派) 청산의 부담을 안고 있었다. 그러나 1961년 5·16 군사정변이 일어나자 한국에서 친일파(親日派) 문제는 더 이상 과제로 제기될 수 없었다. 그 이유는 다음과 같다: 일본육사와 만주군관학교 출신의 박정희(朴正熙)는 자신의 처지도 그러하려니와 그밖에 한일회담을 성사시켜 일본의 자본을 끌어들이려 했었기 때문에 친일파(親日派) 문제를 더 이상 등장시킬 수 없었기 때문이었다. 이 결과, 전술한 일제(日帝)에 기생(寄生)했었던 민족반역적 친일파(親日派)와 군사독재 체제의 기득권(旣得權) 집단은 한국의 사회정의(社會正義)를 압살(壓殺)했었고 역사를 왜곡(歪曲)하였다.

여기서 유의할 것은 우남(雩南) 이승만(李承晩, 1875~1965) 대통령(재임: 1948~1960)이 친일파(親日派)들을 청산하지 않고 오히려 비호했었기 때문에 지난 30여년간의 군사통치가 끝났음에도 불구하고 군사문화적 요소들을 제대로 청산하지 못했다는 점이다. 만약 친일파(親日派)를 청산하는 역량과 역사적인 경험을 가졌다면 군사문화의 잔재를 청산하는 것도 그만큼 가능했었을 것이다. 왜냐하면 부정(否定)을 부정(否定)하는 것이야말로 가장 강력한 긍정(肯定)이기 때문이다. 거기에서 새로운 창조가 시작될 수 있는 것이다.

친일파(親日派)를 청산하지 못한 한국사회는 일제(日帝) 때에 외세에 빌붙어 민족과 조국을 배반한 무리와 그 후예들은 잘 살고, 독립운동을 하면서 헐벗고 굶주렸던 민족운동가들과 그 후예들은 독립된 나라에서도 찬밥 신세로 되었다. 이로써 해방 후 민족의 자존을 회복하여 자주독립을 완성하고 민족정기를 확립하려는 원대한 국가재건 계획은 성공할 수 없었다. 친일파(親日派)들은 우리 역사의 고비마다 민주·민족 독립국가 건설에 저해되는 반동세력으로 준동하게 되었고, 사회정의(社會正義)를 확립하고 민족통합을 이룩하는 가치관 확립에도 아주 부정적인 영향을 미치게 되었다.

사실, 우남(雩南) 이승만(李承晩, 1875~1965) 대통령을 평가하는데 있어서, 저자는 평소에 많은 고민을 했었음을 고백한다. 그러나 미국의 초대/2대 대통령(1789~1797) 조지 워싱턴(George Washington, 1732~1799)을 비교하면서 상기 고민은 사라졌다. 그는 미국 독립전쟁(1775~1783)에서 영국에 대항하기 위해 결성된 대륙군 총사령관으로 활동하였으며 대륙회의를 주재하고 각지에서 모인 결속력 없는 군대를 통솔하였으며 동맹국인 프랑스와 의견을 조율했었다. 1783년 전쟁이 끝난 후 워싱턴은 자신의 농장으로 돌아가 개인적인 삶을 살았다. 당시의 영국의 국왕인 조지 3세는 워싱턴이 고향으로 돌아갈 것이라는 소문에 대해 *"만약 워싱턴이 그리한다면, 그는 세계에서 가장 훌륭한 사람일 것"*이라고 말하였다. 그는 1787년, 조지 워싱턴은 연합 규약을 대체하는 미국 헌법의 초안을 작성하기 위해 열린 필라델피아 헌법 제정 의회를 주재하였으며, 1789년 미국 대통령 선거에서 처음이자 마지막으로써 만장일치로 대통령에 당선되었고, 연방정부가 수립된 후 대통령으로 재임하는 동안 정부 각 부서의 관례와 임무에 대한 기초를 놓았다. 그는 미국이란 신생국 정부가 뇌물이 오가는 부패한 공무원들로 채워져서는 안 된다며, 의회에 요청해 청탁금지 법을 만들었다. 국가직, 지방직, 의회 공무원을 불문하고 공무원과 배우자에 대해서는 공무원이 속한 정부 부처에서만 선물을 받을 수 있고, 그 외에서는 선물을 주고받는 것 자체를 금지시켰다. 심지어 생일파티도 외부인사를 초청하지 못하게 하고 공직사회 내부인원들끼리만 시켰다. 본인부터 대통령직에 있는 기간 동안에는 타 정치인이나 민원인들로부터 각종 선물을 모두 거절했다. 청탁금지법은 위반이 적발되면 즉시 공무원 직에서 파면하는 법안이었다. 그 후 2번의 임기가 끝나자 조지 워싱턴(George Washington)은 바로 고향으로 돌아갔다. 사실, 그는 본인이 맘만 먹으면 독재자가 될 수 있는 거의 모든 조건을 갖추고 있었다. 미국을 건국한 개국공신이자, 당대 세계 최강대국인 영국과의 독립전쟁을 승리로 이끈 전쟁 영웅이었으며, 8년간 신생국가 미국을 안정시키며 통치능력도 증명했으며, 대중들의 지지라는 뒷배경도 가지고 있었다. 행정부도 장악하고 있었으며, 군대마저 그의 통솔 하에 있었다. 심지어, 종신집권도 가능했을법한 상황이었다.[25] 그러나 그는 그 모든 권력욕과 유혹을 이겨냈다. 본인의 의지로 권력을 내려놓았다. 미국 법 어디에도 대통령직은 2번까지만이라는 말이 없었지만, 그가 2번만 하고 물러난 뒤로 일종의 관례처럼 굳어져서 그후의 미국 대통령들도 2번 넘게 대통령직을 하지 않고 1선과 2선에 한해서만 대통령 임기를 마쳤다.[26] 그러다가 1930년대 프랭클린 D. 루즈벨트(Franklin Delano Roosevelt) 대통령(32대: 1933~1945)이 4회 연임(초선: 1932, 재선: 1936, 3선: 1940, 4

---

25) 실례로 미국의 독립전쟁이 거의 끝나가던 1782년경 공화정부가 군인들의 봉급을 제대로 못 챙겨주고 있다며 불만을 품은, 워싱턴의 부관 루이스 니콜라 대령이 조지 워싱턴(George Washington)에 편지를 보내 공화정부를 쿠데타로 뒤집어 엎고 장군님을 왕(王)으로 추대하겠다는 소위 뉴버그 편지(Newburgh letter)를 보내기도 했으나, 조지 워싱턴(George Washington)은 군(軍)의 불만을 이해한다면서도 직접 후손들에게 군(軍)과 의회(議會)가 대립하는 비극의 역사를 물려줘선 안된다며 명확히 거절한 뒤 군인들을 이성적으로 설득하고 감정적으로 달래서 쿠데타 시도를 자제시킨 적도 있었다.

26) 조지 워싱턴(George Washington, 1732~1799)은 권력에 대한 나름의 철학을 가지고 있었다. 그의 고별사(Farewell Address)에서 기재되어 있듯이, 그는 진정한 힘은 그 힘을 버리는 것으로부터 나온다고 생각했다. 그가 대통령으로 취임하던 시절에는 영국으로부터 독립을 했음에도 불구하고 '최고의 위치에 있는' 사람은 역시나 왕(王)이라는 생각 때문에 그가 왕(王)이 되어야 한다고 생각한 이들도 꽤 많았다. 그러나 그는 2번의 임기를 마치고 스스로 마운트 버넌(Mount Vernon)으로 낙향하여 여생을 보냈으며 이를 통하여 최대 권력이 의회로 돌아올 수 있었다. 지금도 미국 국회의사당에 가면 정중앙 돔의 천정에는 조지 워싱턴(George Washington)이 당시 주(州) 갯수였던 13명의 천사에 둘러 싸여있다. 이것은 조지 워싱턴(George Washington)을 신격화(神格化)한 것이다.

선: 1944)을 한 뒤에 1951년에야 법으로 4년 중임제가 명시되었다.

조지 워싱턴(George Washington)은 1799년에 향년 67세로 사망하였다. 헨리 리는 장례식에서의 연설에서 그를 "전쟁에서도 으뜸, 평화에서도 으뜸, 그리고 그의 국민들 마음 속에서도 으뜸"(First in war, first in peace, and first in the hearts of his countrymen)이라 칭송하였다. 역사학자들은 꾸준히 그를 가장 훌륭한 미국 대통령 중 하나로 여기고 있다. 현재 통용되고 있는 미국의 1달러 지폐에는 그의 초상화가 그려져 있다. 지금도 미국에서 최고의 대통령을 뽑으라고 하면 톱 5안엔 거의 반드시 들 정도로 많은 미국인들로부터 '미국 건국의 아버지'로 추앙받고 있다.

'미국 건국의 아버지' 조지 워싱턴(George Washington)과 크게 대조가 되는 '대한민국 건국의 아버지' 이승만(李承晚) 대통령(재임: 1948~1960)은 자신의 영구집권(永久執權)을 위하여, 미국의 명문 프린스턴 대학교에서 국제정치학 박사학위[1910년 논문: 『미국의 영향 하의 중립론』(Neutrality as influenced by the United States)] 취득자 답지 않게, 반(反)민주주의적 정치 행각을 벌렸었다. 그는 자신의 정치적 야욕을 위해 2번이나 개헌(改憲)하였다.[27] 기괴한 4사5입(四捨五入)이라는 비법리·비논리 논리를 강제적으로 적용하여 헌법과 국회법을 위반하였다. 심지어, 1960년 3·15 선거부정(이기붕을 부통령으로 당선시키기 위해 공무원을 동원한 선거운동, 선거인명부 허위 기재, 위조 투표, 투표함 바꿔치기 등)으로 4선(選) 대통령에 당선(민주당 대통령 후보 조병옥이 선거 중 사망해 무투표 당선)되어 영구집권(永久執權)을 획책했었다.

참고로, 이승만(李承晚) 동상(銅像)은 그가 대통령 재임 중이었던 1956년 남산에 세워졌었다. 4년 후인 1960년 4·19혁명 시위대가 동상을 끌어내렸던 후 51년 만인 2011년 8월 25일, 서울 남산 자유총연맹 광장에서 초대 대통령 이승만(李承晚) 박사 동상이 제막됐었다. 그러나 역사적 화해와 재평가로 가는 길에는 여전히 많은 반대와 저항이 있었다. 2011년 6월 부산 서구 임시수도기념관 앞에 있는 이승만(李承晚) 동상(銅像)에 빨간색 페

---

27) 첫 번째는 제2대 대통령 선거를 앞두고 국회에서 대통령을 선출하게 되어 있는 헌법을 '대통령 직선제(直選制)'를 골자로 하는 '발췌 개헌안(拔萃 改憲案)'을 통과시켰었다. 개헌 추진 과정에서 야당이 반대하자 1952년 임시수도 부산에 계엄령을 실시하였고, 자유당(自由黨)을 창당하였으며, 반대파 국회의원을 감금하는 등 변칙적 방법을 동원했었다. 결국, 새로운 헌법에 의해 1952년 8월 5일 실시된 제2대 대통령 선거에서 재(再)당선되었다. 두 번째는 1954년 자신의 경우에만 적용되는 '종신(終身) 대통령제(大統領制)' 개헌안을 발의, 국회에서 1표 부족으로 부결(否決)되었는데, 기괴한 4사5입(四捨五入)이라는 비(非)법리·비(非)논리를 변칙적으로 적용(헌법과 국회법을 위반)하여 번복·통과시킴으로써 1956년 5월 15일 3선(選) 대통령에 당선되었다. 이어서, 1958년 12월 차기 대통령선거에 대비하여 국가보안법 등 관계법령을 개정하였다.

인트가 뿌려지는 사건이 발생했다. 2011년 8월 25일 4 · 19 기념단체 회원 70여 명은 "독재자 이승만 동상 건립을 강력히 규탄한다"며 반대행사를 가졌다. 이런 일들은 이승만(李承晚)에 대한 역사적 복구(復舊)가 한국 사회의 갈등 소재임을 보여준다. 이제 이런 갈등은 현대사 정립(定立)에 길을 내어주는 게 필요하다. 이승만(李承晚)은 독재의 과오가 많지만 건국 · 호국의 공적이 더 많은 역사적 인물이다. 박정희 · 김영삼 · 김대중 대통령도 비슷하게 논란의 인물들이다. 그러나 그들의 기념관과 동상은 이미 있거나 지어지고 있다(중앙일보, 2011.08.26).

2) 박정희(朴正熙) 대통령(재임: 1963~1979)

박정희(朴正熙) 대통령(재임: 1963.12.17~1979.10.26)은 극좌(極左)에서 극우(極右)로 변신하였다. 그는 혜안(慧眼)을 가진 '진보(進步)'였다고 저자는 평가한다. 가난에 찌들리고 매년 보리 고개가 찾아드는 농촌에서 태어나 때로는 점심을 굶으면서 책 보따리를 허리에 차고 학교에 다녔었던 박정희(朴正熙) 대통령은 스스로 *"가난은 자신의 스승이며 은인"*이라고 말했다. 그렇기 때문에 *"가난과 관련 있는 일에서 24시간 떠날 수 없다"*는 것이 초기 박정희(朴正熙) 대통령의 통치 철학이었다.

'잘 살아 보세'라는 구호하에 채택한 사회경제정책들은 농촌 · 농업 중심의 한국경제를 하루아침에 통째로 무너뜨렸었고 도시 · 산업 중심의 사회경제체제로 전환시켰었다. 모든 국민은 이러한 '창조적 파괴'(Creative Destruction)의 과정에 자발적으로, 또한 적극적으로 동참했었다. 이 결과, 나라의 '곳간'이 채워졌었다.

그러나 박정희(朴正熙) 대통령의 경제개발 전략을 사사건건 반대했었던 세력은 바로 '보수(保守)'였다. 정부가 경부고속도로 건설계획을 발표했을 때 보수세력은 사회간접자본에 막대한 자금을 서둘러 투입할 필요가 있느냐고 반대의사를 표시했었다. 그러나 박정희(朴正熙) 대통령은 1969년 연두기자회견을 통해 밝혔었다.

"작년 이 자리에서 여러분과 기자회견을 할 때 경부고속도로에 대한 나의 생각을 이야기한 것이 기억납니다. 그 당시만 해도 경부고속도로가 과연 되겠느냐? 정부의 너무 지나친 과욕이 아니냐 하는 이야기가 많았고 안 된다고 생각하는 사람들이 한 70% 이상 된다고 했습니다. 그러나 이것은 계획보다도 훨씬 앞당겨서 대략 지금 정부가 계획하고 있는 대로 순조롭게 추진된다면 금년 연말까지 낙동강대교를 제외하고 서울서부터 부산까지

완전 개통시키려고 지금 공사에 박차를 가하고 있습니다."

저자는 박정희(朴正熙) 대통령의 산업화(産業化) 공로(功勞)를 높이 평가한다. 당시 '한강의 기적' 덕분으로 한국사회는 보리고개를 넘었다. 지난 70년의 성과를 개관해 보면, 1948년 정부수립 직후 한국의 1인당 소득이 1953년에 67달러로서 최빈국 상태였으나 70년이 지난 2017년 현재 29,744달러로서 443배가 증가하였으며, 한국의 경상 GDP는 1953년 13억 달러에서 2017년 1조5,302억 달러로 무려 1,177배나 확대되었다. 이로써, 한국은 세계 11위의 경제대국으로 발전하였다.[28]

[표 2] 1948년 건국 당시와 박정희 대통령 재임기간(1961~1979)의 비교

구분	1948~1953(A)	1961~1979(B)	B/A
경상 GDP(억 달러)	13(1953년)	643(1979년)	49
1인당 국민소득(달러)	67(1953년)	1,709(1979년)	26
수출액(억 달러)	0.2(1948년)	151(1979년)	755
외환보유고(백만 달러)	3.8(1951년)	5,708(1979년)	1502
자동차대수(만 대)	1.5(1948년)	49(1979년)	33

자료: Lim, Yang-Taek(2000a), "A Historical Perspective on the Korean Economic Development", 『Current Politics and Economics of Asia』, New York: NOVA Science Publishers, Inc., Vol. 9, No. 3.

박정희(朴正熙) 대통령은 자유민주주의의 정치적 틀 속에 경제발전 시스템이라는 하부구조를 다졌고 지속가능한 경제발전을 위하여 과학기술처, KAIST, KIST 등을 설립했었다. 산업화·도시화 과정에서 상대적으로 피폐해지는 농촌을 '새마을 운동'을 통하여 자력갱생(自力更生)의 기반을 조성했었다.[29] 또한, 그는 의료보험제도와 국민연금제도를 도입하여 사회보장제도를 확충함으로써 고도성장에 따른 분배구조의 악화를 완화시키고자 하였다.

한편, 박정희(朴正熙) 대통령은 『한국정신문화연구원』을 설립하였고 세종대왕·이순신·

---

28) 여기서 유의할 것은 독재정권과 보수담론의 오랜 곡해(曲解)와는 반대로 민주주의가 경제성장을 견인했다는 점이다. 이 사실은 '경제발전지표'[국내총생산(GDP), 1인당 국민총소득, 외환보유액, 수출, 주가, 기업 규모, 첨단기술, 국제 경쟁, 정보기술(IT), 정보화]들은 민주화 이후에도 지속적인 성장을 이룩했다는 사실에서 잘 나타나 있다(중앙일보, 2017.11.17).

29) 박정희(朴正熙) 대통령의 가장 큰 업적 중에 하나는 '새마을 운동'이다. 농촌 출신의 박 대통령은 1960년대 초까지 우리농촌을 엄습했던 보리 고개를 막아냈고 공업발전에서 생긴 여력으로 1970년대 들어 농촌에 대한 본격적인 투자를 시작했다. 그리고 박 대통령은 손수 산을 찾아 오물을 치우며 범국민적인 자연보호운동을 선도했으며, 모두가 잘 사는 나라를 지향하기위해 가난한 곳, 외진 곳에 눈길을 돌리곤 했었다.

퇴계·율곡·다산 등 위인들의 업적을 기리는 사업을 적극 전개함으로써 전통사회의 급속한 해체 속에서 무너져가는 전통적 가치관을 복원시켜 민족적 자긍심과 애국심을 고취시키려고 노력했었다.

박정희(朴正熙) 대통령은 '일면 국방, 일면 건설'의 기치아래 고도산업국가 건설을 위한 중화학공업 확충에 진력하는 한편 방위산업 육성에 심혈을 기울였다. 그는 1978년 10월 1일 건군 30주년을 맞는 국군의 날 기념식 유시를 통해 "국민 여러분의 정성어린 방위세와 성금에 힘입어 방위산업분야에도 괄목할만한 발전을 가져왔다"고 밝히고 "지금 장병 여러분이 쓰고 있는 대부분의 무기와 장비들이 모두 우리 손으로 만들어 졌다는 사실이 이를 입증하고 있다"고 강조했다. 박 대통령은 "초전필승의 정신력과 고도로 연마된 전기와 전술, 그리고 이를 뒷받침하는 방위산업과 국민의 절대적 성원이 한 덩어리가 되어 무적국군의 전력이 되고 있다"고 치하했다.

특히, 박정희(朴正熙) 대통령이 대통령 직무를 수행하면서 가장 심혈을 기울였던 것은 이 땅에 전쟁 재발을 막고 국가안보(國家安保)를 튼튼히 하는 일이었다. 미국정부가 5.16 군사혁명에 비판적 입장을 보이고 비협조적인 자세를 나타냈었지만 한반도에서의 전쟁재발 방지와 국가안보를 튼튼히 하기 위해서는 한미 동맹관계를 강화하는 것이 필요하며 또 중요하다고 기회 있을 때마다 강조했으며, 월남전이 장기화됨에 따라 곤경에 처한 미군과 자유월남을 돕기 위해 월남에 2개 사단병력을 파병하는 용단을 내리기도 했다.

그러나 한국군이 월남(越南)에 파견돼있는 상황 속에서 미국은 갑작스럽게 주한 미 7사단을 철수시켰다. 미국은 이어 이듬해인 1972년 월맹과의 평화협상이 진전됨에 따라 월남에서 모든 미군 병력을 철수시켜 1975년 인도지나반도의 공산화를 야기했었다. 이에 대응하여, 박정희(朴正熙) 대통령은 1975년 4.29담화를 통해 국제 정세와 안보환경 변화에 따른 경각심을 한층 높여줄 것을 국민들에게 당부했다.

"인도지나 반도의 정세를 우리는 결코 '강 건너 불'이라고 생각해서는 안 됩니다. 인도지나반도의 사태는 우리에게 더없이 귀중한 여러 가지 교훈을 주고 있습니다.

첫째, 공산주의자들과 맺은 평화협정이다, 조약이다, 또는 긴장완화다, 화해다 운운하는 그들과의 거래라는 것은 그들과 우리와의 힘의 균형이 유지되고 있을 때만 가능하다는 것입니다. 만약에 그 힘의 균형이 일단 깨지거나 우리내부에 어떤 약점이 생기거나 또는 우리가 약하다고 그들이 봤을 때에는 지금까지 체결한 협정이니 하는 것은 하루아침에 휴지처럼 내동댕이치고 당장 무력이나 폭력으로 덤벼드는 것이 공산주의자들입니다.

이것은 공산주의자들의 기본전술입니다. 공산주의자들과 휴전을 한다, 협상을 한다, 또는 대화를 한다고 할 때 우리는 각별히 조심해야 합니다. 그들이 이런 것에 응해 올 때는 지금 현재는 이쪽을 넘어뜨릴 수 없으니까 새로운 어떤 음모를 꾸미기 위한 시간을 얻기 위한 것이라는 것을 우리는 확실히 알아야 합니다. 이번 월남사태도 1973년 봄에 소위 '월남휴전협정'이 이루어졌는데 지난 2년 동안 공산측은 오늘의 이러한 무력침공, 즉 무력으로 월남을 점령하기 위한 준비를 해 온 반면에 월남측은 이에 대한 충분한 대비를 하지 못했다고 봐야할 것입니다.

둘째, 자기나라의 국가안보를 남에게 의존하던 시대는 벌써 지나갔다는 것입니다. 이 것도 우리는 확실히 명심해야 합니다. 자기나라는 자기 힘으로 지키겠다는 군건한 결의와 또 지킬만한 능력을 갖고 있어야만 비로소 살아남을 수 있습니다. 우방의 지원이라는 것도 한계가 있기 때문에 자기 자신이 지키겠다는 결의와 능력을 갖지 못할 때에는 남의 도움도 빌릴 수가 없다고 하는 냉혹한 사실을 우리는 확실히 인식해야 합니다.

셋째, 국론이 분열되고 국내가 혼란에 빠져있을 때에는 일단 유사시에 힘을 가지고 있으면서도 그 힘을 제대로 발휘할 수 없다는 사실입니다. 이러한 예는 우리나라의 역사에서도 많이 찾아 볼 수 있습니다. 우리는 이번 인도지나반도 사태를 '타산지석'으로 삼고 또 교훈으로 명심해야 합니다."

한편, 박정희(朴正熙) 대통령의 통일 철학은 어디까지나 평화적으로 이룩돼야하며 이를 위해서는 남·북한이 상호 신뢰를 우선적으로 회복시켜야 한다는 것이었다. 북한이 1968년 1.21사태와 울진 삼척지구 무장공비침투사건 등 대남 무력도발을 끊임없이 자행하고 있음에도 불구하고 1970년 8.15 광복절 경축사를 통해 선의의 체제경쟁을 북한에 제의했었다.

"더 이상 무고한 북한 동포들의 민생을 희생시키면서 전쟁준비에 광분하는 죄악을 범하지 말고, 보다 선의의 경쟁, 즉 민주주의와 공산독재의 그 어느 체제가 국민을 더 잘 살게 할 수 있으며, 더 잘 살 수 있는 여건을 가진 사회인가를 입증하는 개발과 건설과 창조의 경쟁에 나설 용의는 없는가? 하는 것을 묻고 싶다."

남북 간 선의(善意)의 경쟁을 선언한 박정희(朴正熙) 대통령의 1970년 광복절 경축사는 충격 그 자체였다. 당시 북한은 타도의 대상이었다. 반공법(反共法) 등 각종 법적 장치가 맹위를 떨치고 있었고, 군인들은 점호 때 '때려잡자 김일성, 처부수자 공산당'을 외쳤었다. 2년 전엔 북한의 특수공작원들이 청와대 습격을 기도하고, 울진·삼척에 침투해 많은 남측 군인과 민간인이 살상당했었다. 이렇게 북한에 대한 적개심이 충만할 때 박정희(朴正熙) 대통령은 한국 대통령으로선 처음으로 북한체제의 존재를 인정하고 평화적 경쟁을 선언한 것이다.

다른 한편으로, 박정희(朴正熙) 대통령(1961~1979)의 18년 통치하에서 초기 군정(軍政)이 이른바 '4대 의혹사건'을 저질렀었다. '4대 의혹사건'이란 5·16 쿠테타 이후의 군사정권 밑에서 발생하였던 4가지 부정·부패 사건: ① 증권파동, ② 워커힐 사건, ③ 새나라자동차 사건, ④ 빠찡꼬 사건을 일컫는다. 이 사건들은 대개 군정(軍政)의 고위층과 관련이 있는 것이었으나 그 진상이 명백히 규명되지 못한 채 국민들에게 짙은 의혹만을 남겨 놓았다. 부정부패(不正腐敗)의 척결과 구악(舊惡) 일소를 혁명공약으로 내걸었던 박정희(朴正熙)의 군사정권은 혁명과업을 수행하는 과정에서 '구악(舊惡)을 뺨치는 신악(新惡)'이라는 유행어가 돌았다. 상기 '4대 의혹사건'은 1963년 12월 민정이양이 실시되자 국회의 국정감사까지 받았던 사건이었지만, 상기 사건들과 관련된 엄청난 자금의 행방은 끝내 밝혀지지 않은 채, 역사의 흐름 속에 묻혀 버렸으나 한국 정치문화의 부정적인 유산으로 남아 있다.

상기 '4대 의혹사건'을 비롯한 부정부패(不正腐敗)는 한국의 사회정의(社會正義)를 압살(壓殺)했었고 한국사회에 군사문화를 뿌리박았다. 엄혹한 군사독재는 국민의식을 편의주의(便宜主義)로 오염(汚染)시켰으며, 시장자본주의(Market Capitalism)를 천민자본주의(賤民資本主義, Pariah Capitalism, Pariakapitalismus)로 타락(墮落)시켰다.

전술한 바와 같이 우남(雩南) 이승만(李承晚, 1875~1965) 대통령을 평가하는데 있어서, 저자는 많은 고민을 했었으나 미국의 초대/2대 대통령(1789~1797) 조지 워싱턴(George Washington, 1732~1799)을 비교하면서 상기 고민은 사라졌듯이, 또한 박정희(朴正熙) 대통령을 평가하는데 있어서도 많은 고민을 했었으나 리콴유(李光耀) 싱가포르 총리와 비교하면서 상기 고민은 사라졌다. 박정희(朴正熙) 대통령(재임: 1961~1979)과 리콴유(李光耀) 싱가포르 총리(재임: 1965~1990)는 그들의 2세(박근혜, 리센룽)가 각각 대통령과 총리에 올랐었다는 점이 비슷하지만 정반대의 독재체제를 이뤘다. 그 결과는 참으로 대조적이다.

우선, 91세를 일기로 타계한 리콴유(李光耀, 1923~2015) 총리(재임: 1965~1990)는 싱가포르의 국부(國父)로 추앙받고 있다. 싱가포르는 '말레이시아로부터 버림받은 작은 섬'으로서 인구 400만에 불과한 도시국가이지만 국가경쟁력, 기업 환경, 투자 환경에서 세계 1~2위를 차지하는 강소국(强小國)이며 아시아의 금융·물류 허브이다. 싱가포르의 1인당 GDP는 5만6113달러로 세계 8위, 아시아 1위를 기록했다. 최근 세계경제포럼(WEF)의 조사 결과 국가경쟁력은 세계 2위, 국제투명성기구 조사 결과 국가청렴도는 세계 5위를 기록했다. 이와 대조적으로, 1979년 자신이 권력의 수족으로 부렸었던 중앙정보부(당시)의 책임자로부터 저격돼 62세에 타계한 박정희(朴正熙)의 공과(功過)는 아직도 논쟁의 대상이다. 왜 이토록 극명한 차이가 발생할까? 국민성의 차이일까? 저자는 그 의문을 풀었다. 박정희(朴正熙) 대통령(재임: 1961~1979)과 리콴유(李光耀) 싱가포르 총리(재임: 1965~1990)의 차이는 법치주의(法治主義, rule of law)의 유무(有無)였다.

우선, 법학을 전공했었던 리콴유(李光耀)는 영국의 법치주의(法治主義, Rule of Law)를 구현함으로써 싱가포르를 '청렴한 국가'를 만들었다. 리콴유(李光耀)는 부패행위조사국(CPIB: Corrupt Practices Investigation Bureau)을 신설하여 막강한 권한을 부여했다. 부패행위조사국(CPIB)은 부패 용의자 및 그의 가족들의 체포와 수색, 증인 소환, 계좌 및 소득세 환급 추적 등의 권한을 갖고 있다. 리콴유(李光耀)의 최측근이자 절친한 친구에게도 예외는 없었다. 불과 20만 달러 뇌물수수 의혹을 받던 테체앙 국가개발부 장관(당시)은 오랜 동지였던 리콴유(李光耀) 총리의 단호한 태도 앞에 결국 자살을 선택했다. 싱가포르는 국가부패지수에서 아시아 국가로는 유일하게 상위권에 올라있다. 즉, 세계에서 가장 법과 제도를 엄격하게 적용해, 체제에 비판적이지 않은 사람이라면 안전하고 편리하게 살 수 있는 나라를 만들었다.[30]

이와 대조적으로, 박정희(朴正熙) 대통령은 대구사범학교를 졸업하고 초등학교에서 가르치다 일본이 세운 괴뢰국인 만주국의 만주군관학교에 이어 일본 육군사관학교를 졸업했다. 박정희(朴正熙)는 쿠데타로 정권을 장악한 후 일본 제국주의 군대에서 배운 방식으로 통치했다. 박정희(朴正熙) 시대의 한국은 군대에서 배출한 인력과 문화가 정치와 사회의 주류가 됐다. 쿠데타의 명분을 경제성장(經濟成長)이라고 내세운 박정희(朴正熙)는 자신은 청렴했었지만 급하게 경제를 발전시키기 위해 특혜와 부패를 용인했었다. 특혜는 한정된 투자재원을 배분하고 제도를 대상에 따라 달리 적용하는 방식으로 이뤄졌다. 특혜는 그 반대급부로 뇌물을 낳았고 부패로 이어졌다.

박정희(朴正熙) 대통령(재임: 1963.12~1979.10)은 이승만(李承晚) 대통령(재임: 1548.07~1960.04)과 동일한 차원에서 한국사에서 사회정의(社會正義)를 짓밟았고 한국사회에 군사문화를 뿌리박았었다. 이 결과, 전술한 일제(日帝)에 기생(寄生)했었던 민족반역적 친일파(親日派)와, 군사독재체제의 기득권(旣得權) 집단은 비록 그들의 죄상(罪狀)을 계량적으로 제시할 수 없지만 한국사회에 뿌리 깊고 광범위한 죄(罪)를 범하였다. 다시 말하면, 박정희(朴正熙) 대통령과 이승만(李承晚) 대통령은 한국의 사회정의(社會正義)를 압살(壓殺)했었고 역사를 왜곡(歪曲)하였으며, 국민의식을 편의주의(便宜主義)로 오염(汚染)시켰으며, 시장

---

30) Lee Kuan Yew(1998), "The Singapore Story", Time Asia, Hong Kong, 21 September 1998.

자본주의(Market Capitalism)를 천민자본주의(賤民資本主義, Pariah Capitalism)로 타락(墮落)시켰다. 이 결과, 배금주의(拜金主義, Mammonism)가 만연(漫然)되었으며 '삶의 철학'을 포기한 '돈벌레들'의 오만한 행진과 쟁투(爭鬪)가 벌어졌다. 그 결과, 남을 끌어 내리고 나만 올라서려는, 남은 어떻게 되든 상관없이 나만 잘 먹고 잘 살면 된다는 극단적 이기주의(利己主義)가 사회전반에 팽배(澎湃)하여 사회적 갈등(Social Conflict)은 심화 및 확산되었다. 개인은 의무와 책임 의식은 멀리하고 자신의 권리 추구에만 혈안(血眼)이 되어 있으며, 심지어 '한탕주의'가 만연(漫然)되어 있다. 한국사회의 피폐(疲弊) 상황에서 가장 심각한 중증(重症)은 '법과 질서의 준수 정신'의 부족이다.

3) 전두환(全斗煥) 대통령(재임: 1980~1988)

전두환(全斗煥, 1980~1988) 대통령은 '정의사회 구현'을 표방하였다. 이 슬로건 하에서 '정의(正義)'를 구현했었던 것은 당시 폭력배들을 물리적 힘의 행사로써 삼청교육대로 보냈었던 사례뿐이다. 1982년 '장영자 · 이철희(張玲子 · 李哲熙) 사건'이라는 대형 금융사고(1981.02~1982.04, 6,404억 원에 달하는 어음사기사건)가 발생하였으며, 그 여파로 1983년 '7 · 3 조치'로 금융실명제(金融實名制)의 실시방법이 공식적으로 거론됐었다. '장영자 · 이철희(張玲子 · 李哲熙) 사건'은 전두환(全斗煥, 1980~1988) 대통령의 인척이자 유신체제(維新體制) 이래 독재권력의 비호를 받으며 사채시장의 '큰손'으로 군림해온 장영자(張玲子)와 그의 남편 이철희(李哲熙)가 저질렀었던 건국 후 최대규모의 어음사기사건이었다.[31] 영부인의 친척과 민정당 핵심 당직자 등 권력 측근의 인물들이 다수 관련되어 '권력형 부정사건'의 대

---

31) 1982년 5월 20일 대검찰청 중앙수사부가 발표한 '장영자 · 이철희(張玲子 · 李哲熙) 사건'의 전모에 따르면 대통령 전두환의 처삼촌 이규광(당시 광업진흥공사 사장)의 처제인 장영자와 육사 2기 출신으로 중앙정보부 차장과 유정회의원을 지낸 이철희 부부는 권력의 후원을 앞세워 자기 자본율이 약한 일단의 건설업체와 접촉, 유리한 조건으로 자금을 제공해주는 대신 담보조로 대여액의 2배에서 9배에 달하는 액수의 어음을 받고 그것을 사채시장에서 할인, 자금을 조성하는 한편, 주식투자를 하는 등의 수법으로 1981년 2월부터 1982년 4월까지 6,404억 원에 달하는 거액의 어음사기행각을 벌였다. 장여인이 자금을 조성한 또 한 가지 방법은 〈권력형 부정축재자〉로부터 환수한 자금을 끌어들여, 1,700억 원 상당의 예금을 은행에 예치시켜 놓고 자신의 배경을 내세워 은행으로 하여금 자신의 관련기업에게 어음장을 주게하고 거액의 무담보대출을 하게 하는 것이었다. 이 사건의 재판 결과, 이철희 · 장영자 부부에게는 법정 최고형인 징역 15년에 미화 40만 달러, 일화 800만 엔 몰수, 추징금 1억6,254만6,740원이 선고됐고, 이규광은 징역 1년 6월에 추징금 1억 원이 선고되었다. 이철희 · 장영자 부부는 10여 년 복역 이후 가석방으로 풀려났다.

명사가 됐었다. 집권 초기부터 정통성과 도덕성을 인정받지 못했었던 전두환(全斗煥) 정권은 씻을 수 없는 오점을 안게 되었다. 상기 '장영자·이철희(張玲子·李哲熙) 사건'(1982년)은 사회 전체에 엄청난 충격과 파문을 일으켰었다. 도급 순위 8위였던 공영토건과 당시 철강업계 2위의 일신제강 등의 기업들이 도산하였으며, 조흥은행장·상업은행장을 비롯한 포함해 30여 명이 구속되었다. 국회에서는 〈정치자금수수설〉, 〈권력과의 유착관계〉 등을 둘러 싼 일대공방이 벌어졌으며, 권정달 민정당 사무총장이 경질되었고 내각 개편이 단행되는 등 권력구조의 내부개편이 이루어졌었다.

그 후, 전두환(全斗煥)은 대통령 재임(1980~1988) 중 쓰고 남은 돈, 들킨 돈이 5,000억 원이었다. 그는 1995년 11월 16일 노태우(盧泰愚) 후임 대통령과 함께 12·12 군사반란 및 5·17 내란과 수천억 원의 대통령 비자금 사건으로 구속 수감되어 1997년 4월 17일 대법원에서 무기징역 및 추징금 2,205억 원을 선고받았다가 동년 12월 22일 김영삼(金泳三) 정부의 특별사면을 받았다.

4) 노태우(盧泰愚) 대통령(재임: 1989~1993)

노태우(盧泰愚, 1989~1993) 대통령은 '보통사람의 위대한 시대'을 표방하였다. 이 슬로건은 '보통사람'도 출세 및 부유할 수 있도록 사다리를 놓아주겠다는 뜻이다. 그러나 당시 부동산 투기의 광풍(狂風)으로 천문학적 불로소득(不勞所得)이 소득분배 구조의 악화와 양극화(兩極化)를 야기시켰었다. 그 역시 대통령 재임 중 쓰고 남은 돈, 들킨 돈이 4,000억 원이었다. 또한, 1995년 11월 16일 전두환(全斗煥)과 함께 12·12 군사반란과 5·17 내란 특정범죄 가중처벌법상 뇌물수수 혐의로 서울 구치소에 구속 수감되어 1997년 4월 17일 대법원 선고공판에서 징역 17년형과 추징금 2,628억 원을 선고받았다.

한편, 노태우(盧泰愚, 1989~1993) 대통령은 1988년 7월 7일 '민족자존과 통일 번영을 위한 대통령 특별선언', 이른바 '7·7 선언'을 발표하고 대(對)공산권 정책으로서 북방정책(北方政策, Nordpolitik, Diplomacy toward North)을 추진했다.[32] 구서독의 브란트(B. Brandt) 정

---

32) '북방정책'(北方政策, Nordpolitik, Diplomacy toward North)이라는 용어가 처음으로 모습을 드러낸 것도 6.23선언 10주년을 기념한 강연에서였다. 1983년 6월, 이범석 당시 외무부장관은 국방대학원에서 행한 연설에서 '북방정책'이란 용어를 처음으로 사용하였는데, 그의 설명에 따르면, *"북방정책이란 표현은 기존의 대공산권 정책과 거의 같으나, 공산권이란 용어는 국제사회의 변화에 따라 부적절한 측면도 있고 불필요한 자극적 요소가 있어 이를 피하기 위해 쓰는 것"*이라고 하여, 공산권 외교에 대해 보다 온건

부가 1960년대 말부터 1970년대 초에 걸쳐 미국과 소련의 긴장완화를 배경으로 적극적으로 추진한 동독 및 사회주의권에 대한 '동방정책(Ostpolitik)'이 서독과는 달리 남북 대립구도를 이루던 한국에 유사한 논리구조로 수용된 것이다.[33]

이 결과, 1990년 6월 대한민국과 소비에트연방 정상회담이 열렸으며 그해 10월 소련과의 국교가 수립되었다. 이듬해 1991년 소련이 해체된 이후 러시아와 국교를 재개하였다. 또한 1992년 8월 24일 대한민국은 한국전쟁의 주요 적성국이었던 중화인민공화국과 국교를 수립하였다. 이로 인해 오랜 우호 관계를 유지하였던 중화민국과 외교 관계가 단절되었다.

한국의 북방정책(北方政策, Nordpolitik)은 역사적으로는 1972년의 7·4 남북 공동 성명을 외교 정책상으로 뒷받침하기 위한 '평화 통일에 관한 특별 성명(1973.06.23)'으로 시발된다고 볼 것이다. 6·23 선언으로 시발되었다고 보여지는 북방정책의 목표는 그때나 지금이나 평화 통일의 기반조성을 위해국제적 환경을 조성하고 남·북한 관계를 대립과 적대로부터 평화적 공존 관계로 전환시키자는 데두고 있다. 7·4 공동 성명에 의해 남북 대화가 시작되고 공산권 국가들에 대한 문호 개방 정책이 천명된 것은 그 목표에 도달하기 위한 실천적 의지였다.

물론, 1970년대와 1980년대의 국제 환경이 다르고 한국의 북방정책(北方政策, Nordpolitik) 추진 주체도 1970년대와 1980년대 특히 6공화국 시대는 민주화 단계로 접어들었기 때문에 동일시할 수 없다고 하겠지만, 평화 통일에 관한 특별 선언의 1, 2항과 5, 6항은 7·7 선언의 정신과 바탕을 같이 한다고 볼 것이다. 곧 한반도 평화는 반드시 유지되어야 하며 남·북한은 서로 내정에 간섭하지 않으며 침략을 하지 말아야 한다고 했고, 또는 유엔 다수 회원국의 뜻이라면 장애가 되지 않는다는 전제하에 한국은 북한과 함께 유엔에 가입하는 것을 반대하지 않는다고 했으며, 한국은 유엔 가입전이라도 한국 대표가 참석하는 유엔 총회에서의 한국 문제 회의에 북한측이 같이 초청되는 것을 반대하지 않는다고 통일 의지를 확고히 천명했다. 특히 한국은 호혜 평등의 원칙하에 모든 국가에게 문호를 개방할 것이며 한국과 이념, 체제를 달리하는 국가들도 한국에 문호를 개방할 것을 촉구한다고 했다. 이리하여 벌써 그때에 공산 국가와의 접촉이 가능하도록 길을 열어 놓았다. 이점

하고 세심한 배려를 담은 의미를 부여하였다. 이것은 물론 직접적으로는 공산권 외교의 적극적 방향전환을 시사한 것이지만, 그동안 지나치게 친(親)서방 정책에 편중해 온 외교정책의 전환을 의미하는 것이기도 했다.

33) 한국 북방외교의 기원은 1973년 6.23선언 당시 할슈타인 원칙(Hallstein Doctrine)을 포기한 시점으로 볼 수 있다. 이 선언을 포기하면서 대(對)공산권 외교가 보다 활성화 될 수 있었던 것이다.

에 있어서 한국의 통일 정책은 기본 정신과 이를 구현하기 위한 외교 정책에 있어서 큰 맥락으로는 일관성을 유지해 왔다고 할 것이다.

5) 김영삼(金泳三) 대통령(재임: 1993~1998)

극우·보수였던 김영삼(金泳三) 대통령(1993~1998)의 공과(功過)는 다음과 같다: 그는 진보세력도 감히 상상할 수조차 없었던 '금융실명제(金融實名制)'를 매우 호기롭게 도입 및 정착시켰으며 군사문화의 원류였었던 '하나회'를 숙청했었다.

여기서 저자는 한국 민주주의(民主主義) 발전의 측면에서 김영삼(金泳三) 대통령의 '금융실명제' 도입과 노무현(盧武鉉) 정권이 '선거법 개정에 의한 선거공영제를 확대 실시'를 높이 평가한다. 상기한 2개의 개혁이 없었다면, 이 나라는 '돈판 선거'로 이미 거덜 났을 것이다. 이 추측은 과거 한나라당의 '차떼기 사건'을 보면 쉽게 수긍할 수 있을 것이다.[34]

그러나 무능한 '보수' 세력으로 둘러싸였던 김영삼(金泳三) 대통령은 1997년 하반기 'IMF 경제위기'를 자초했었다. 누가 한국경제를 망쳤는가? 그것은 진보(進步)가 아닌 보수(保守)였다. 회고해보면 IMF에 구제금융 요청(1997.12.03~2001.08.23)을 하기까지에는 세계 경제의 흐름을 제대로 읽지 못한 우리의 미숙함이 있었다. 1994년 한국경제는 지속적이고 안정적으로 발전하는 상태였고, 여러 가지 경제지표도 좋은 편이어서 외환보유량을 거의 바닥까지 낮춰도 큰 위험이 없으리라고 잘못 판단하고 보유하고 있던 외환을 아무 걱정없이 쓰고 있었다.

그러나 1997년 태국부터 홍콩, 말레이시아, 필리핀, 인도네시아 등 동남아시아의 연쇄적 외환위기가 닥쳤다. 특히 태국과 인도네시아에는 국내의 제조업체들도 많이 진출해 있었고 은행, 종합금융사들도 진출해 있었다. 국제금융시장에서 3개월짜리 단기대출을 얻어

---

34) 보수 야당이었던 한나라당(당시)의 '차떼기 사건'의 개요는 다음과 같다: 노무현 후보와 이회창 후보가 맞붙었던 2002년 제16대 대선 당시, 야당인 한나라당이 LG그룹으로부터 사과상자 63개에 나눠 1만 원권 현금 150억 원을 가득 채운 2.5톤 화물트럭째로 서울 만남의광장 휴게소에서 넘겨받아 당시 한나라당 법률고문이던 서정우 변호사(이회창 후보의 개인후원회 조직 부국팀 부회장)가 직접 운전대를 잡고 서울로 올라와 현금 다발을 한나라당의 재정국에 몰래 전달했었던 불법 정치자금 수령 사건이다. 또한, 검찰은 서정우 변호사가 SK 100억 원과 LG 150억 원 외에 삼성 100억 원과, 현대차·롯데에서도 각각 100억 원 안팎의 돈을 건네 받은 사실도 포착하여 이를 조사하였다. 한나라당의 대선 불법자금은 SK 100억, LG 150억 이외에 삼성 100억 원과 현대차·롯데 100억 원 안팎 등 총 700~800억 원대에 이르는 것이 사실로 드러났었다.

1년 이상 장기대출을 해주고 2~3%의 이자차익을 누리고 있었던 것이다. 그런데 동남아 외환위기로 외자조달이 중단되었고, 대출회수는 불가능해졌다. 외국 금융회사의 부채상환 독촉에 몰린 종금사들은 국내에서 대출을 회수해 외채를 상환하기 시작했다. 그 결과 한국의 외환보유고가 고갈되어 대외지급불능상태(Moratorium)에 빠지는 중대한 위기에 처하고 말았다. 당시 정부는 종금사들이 동남아 시장에서 어떤 영업행위를 하는지, 대출규모가 얼마인지 파악조차 못하고 있었다.

저자는 경제학자이기 때문에 IMF 경제위기의 원인과 그 파급효과는 잘 알고 있다. IMF 사태로 인해 15대 대선에서 정권 교체가 일어났고, 1998년 한국의 경제성장률은 마이너스 6.9%를 기록했다. IMF 경제위기는 선량한 한국인의 가정과 영세 중소기업을 무수히 파괴했다. 사실, 단 한 명이라도 사람을 죽인 자는 살인자이듯이, 1997년 외환위기 직후인 1998년 1,492명의 자살을 유발시킨 당시의 정책 당국자들은 비록 '간접적 대량자살 방조범'들이라고 칭할 수는 없더라도, 한국의 인구감소 추세에 다소 기여한 분들이다. 그들은 아직도 부끄러움과 죄의식을 못 느끼고 백주에 활보하고 있으니 한국사회의 도덕과 사회정의(社會正義)는 이미 죽은 것 같다.[35]

한편, 김영삼(金泳三) 대통령(재임: 1993~1998)은 '반(反)부패'를 향한 결기가 넘쳤다. 1993년 2월 취임하며 개혁의 첫 번째 과제로 부패 추방을 내세웠다: *"개혁은 먼저 세 가지 당면과제의 실천으로부터 시작해야 합니다. 첫째는 부정·부패의 척결입니다. (…) 우리 사회의 부정·부패는 안으로 나라를 좀먹는 가장 무서운 적입니다. 부정·부패의 척결에는 성역이 있을 수 없습니다. 결코 성역은 없을 것입니다. 단호하게 끊을 것은 끊고, 도려낼 것은 도려내야 합니다. 이제 곧 위로부터의 개혁이 시작될 것입니다."*

그러나 김영삼(金泳三) 대통령(재임: 1993~1998) 임기 반환점을 돈 뒤 탈이 났다. 집권 4년 차를 맞은 1996년 권력을 팔아 거액을 챙긴 '당시 청와대 제1부속실장 장학로 비리 사건'이 터지며 도덕성에 큰 상처를 입었다. 그는 떡값과 선처 등 명목으로 10여개 기업들에서 20억여 원을 받은 사실이 검찰 수사 결과 드러났다. 남의 세력을 빌려 위세를 과시한다는 뜻의 '호가호위(狐假虎威)'라는 사자성어가 권력형 비리를 뜻하는 용어로 쓰이기 시작한 것도 이때부터다. 그러나 이것은 예고편에 불과했다.

이듬해 1997년 대검찰청 중앙수사부(부장 심재륜)은 김영삼(金泳三) 대통령의 둘째 아들 김현철씨가 고교동문 등 기업인 2명으로부터 이권(利權) 청탁과 관련 46차례에 걸쳐 활동비 명목으로 총 32억2천만 원을 받고도 세금을 내지 않았다는 특가법상 알선수재 및 특경

---

35) 임양택(2007), 한국의 비전과 국가경영전략, 파주: 나남출판.

가법상조세포탈 혐의[36])로 1997년 5월 17일 구속했다.[37]) 검찰은 김현철에 대해 알선 수재액 32억2천만 원과 증여세 포탈액 13억5천만 원을 전액 추징키로 했으며 증여세 포탈액의 2~5배가 벌금으로 부과했다. 1999년 6월 징역 2년, 벌금 10억5천만 원, 추징금 5억2,420만 원을 선고 받았으나, 같은 해 8월 12일 잔여 형기가 면제되어 사면(赦免)되었다 (중앙일보, '역대 대통령 친인척·측근 비리', 2014.12.13).

상기 사건으로 김영삼(金泳三) 대통령(재임: 1993~1998)은 "아들의 허물은 곧 아비의 허물"이라며 대(對)국민 사과를 해야만 했다. 5년 단임 대통령의 임기 후반이면 어김없이 반복돼온 '징크스'의 시작이었다. 현철씨는 아버지의 집권 초기부터 정가에서 '소(小)통령', '비선 실세' 등으로 불리며 공식 직함이 없음에도 국정 전반에 깊숙이 개입한다는 의혹이 끊이지 않았다.[38]) 그러다 1997년 1월 부도(不渡)난 한보철강 사건에서 '몸통'으로 지목됐다.

1997년 1월 23일 한보철강 부도로 시작된 한보 부도(不渡) 후 검찰은 즉각 수사에 착수했다. 한보 정태수 총회장과 김종국 재정본부장, 신한국당 홍인길, 황병태, 정재철 의원, 국민회의 권노갑 의원, 신광식 제일은행장과 우찬목 조흥은행장 및 김우석 내무부장관 등 총 9명을 구속하는 선에서 사건을 마무리하려 했다. 그러나 홍인길 의원이 "나는 '깃털'에 불과하다"며 울분을 토로, 의혹은 더욱 증폭됐다. 문민정부 초기 청와대 총무수석을 지냈던 상도동 가신그룹의 대표자 격인 그가 깃털이라면, 과연 '몸통'은 누구란 말인가?

1997년 4월 7일 구치소에서 한보 정태수 회장을 시작으로 한달 가까운 청문회가 진행되었다. 이 청문회에서 새정치국민회의 박광태 의원은 다음과 같이 추궁했다(중앙일보, '역

---

36) 검찰에 따르면 김현철은 1995년 4월 김덕영 두양그룹 회장으로부터 "신한종금 경영권 분쟁과 관련 장인인 양정모 전 국제그룹회장과의 소송에서 이길 수 있도록 도와달라"며 3억 원을 받는 등 21차례에 걸쳐 15억 원을 받은 혐의를 받았다. 또 이성호 전 대호건설 부사장으로부터 "서초 케이블TV 사업자로 선정되도록 공보처 공무원에게 영향력을 행사해달라"는 부탁 등과 함께 26차례에 걸쳐 17억2천만 원을 받은 것으로 드러났다. 김현철은 이 밖에도 1994년 6월 김기섭 당시 안기부 운영차장을 통해 조동만 한솔그룹 부회장이 제공한 5천만 원을 받는 등 31차례에 걸쳐 15억5천만 원의 활동비를 받았으며 1995년 6월에는 곽인환 대동주택회장으로부터 10억 원을 받은 것으로 드러났다.

37) 검찰이 '살아 있는 권력자의 아들'을 겨눈 첫 사례로, 당시 심재륜 중수부장은 '국민 중수부장'으로 큰 인기를 누렸다.

38) 야당 시절부터 집안 식구들을 정치판에 끌어들이지 않으려 했던 김영삼(金泳三) 대통령이었지만 현철씨만은 예외였다. 그는 1987년 쌍용투자증권에 입사했지만 곧 그만두고, 정치활동을 하면서 아버지로부터 신임을 얻었다. 1992년 대통령 당선과 함께 현철씨의 위상은 다른 사람이 넘볼 수 없을 정도가 됐다. 수시로 청와대를 드나들며 대통령을 단독 면담할 수 있었던 현철씨에게 정·관계 유력 인사들은 어떻게든 줄을 대보려고 했다.

대 대통령 친인척·측근 비리', 2014.12.13): "*단군이래 최대의 금융비리사건인 한보사건과 관련하여, 구속된 은행장은 제일은행장 신광식씨, 조흥은행장 우찬목씨 뿐이다. 한보대출 초기부터 핵심역할을 했다고 알려진 산업은행 전 총재 이형구씨, 그리고 자신이 은행장에 취임한 직후부터 한보 특혜대출이 이뤄진 외환은행장 장명선씨는 아무런 문제가 없다고 검찰이 덮어버렸다. 그러나 이형구씨는 검찰에 불려가서 '내가 무슨 배짱이 있어 수천억 원 이상의 금액을 대출해 주었겠는가? 다 위에서 시킨 대로 한 것이다'라고 진술하면서 권력핵심의 이름을 거명하자, 검찰이 소스라치게 놀라서 바로 귀가시켜 버렸다고 알려지고 있다.*

또한 장명선 외환은행장은 김영삼 대통령의 야당총재시절 LA지점장으로 근무하고 있었는데, 그 당시 미국에서 생활하던 김영삼 총재의 장남 김은철씨를 극진하게 도와준 인연으로, 현재까지 김영삼 대통령 가문과 각별한 인연관계를 유지하고 있는 것으로 알려지고 있다. 이러한 인연을 바탕으로 은행장까지 오르고, 급기야는 한보대출에 하수인 역할을 한 것으로 알려졌다. 그는 작년 11월 국제밸브 사건으로 서울은행장 손홍균씨가 구속될 당시 손 행장과 같이 구속될 처지였으나, 청와대에서 민정수석실을 통해서 구제해 줬다고 알려지고 있다.

1996년 상업은행에도 한보에 대한 지급보증 1,000억 원이 할당됐다. 그러나 '당시 은행 사정이 매우 좋지 않아, 정지태 행장이 직접 정태수 회장을 찾아가서 통사정을 해, 500억 원만 지급보증해 주었다'고 상업은행의 고위 간부가 본 의원에게 확인해 준 사실이 있다. 세상에 어떻게 대한민국이라는 나라에서 은행장이 채무자를 찾아가 통사정을 하는, 이러한 진풍경이 벌어질 수 있나?"

한편 자유민주연합 정우택 의원은 검찰이 당진제철소 건설에 실제로 들어간 자금규모를 3조6,000억 원이라고 밝혔다면, 한보철강에 대한 특혜대출 금액과의 차액이 무려 1조5,000억 원에 달하는데 그 차액이 1997년 대선에서 사용된 자금이라는 지적을 하였다(중앙일보, '역대 대통령 친인척·측근 비리', 2014.12.13).

당시 수사 검사 심재륜은 2002년 『월간조선』과의 인터뷰에서, 한보수사 비화를 자세히 털어놓았다: "*한보가 5조 원을 꿀꺽하고도 돈 더 달라고 큰소리치니까, 정부도 이래서는 안되겠다고 부도 처리한 거죠. 그리고 한보사태를 정부가 의도하는 선에서 마무리하기로 결정하고, 그것을 맡을 검찰팀을 미리 짠거라고 볼 수 있지요. 야당에서는 권노갑, 여당에서는 홍인길씨, 그리고 장관 몇 명, 은행장 몇 명, 이렇게 잡아넣고는 다 끝났다고 발표를 하게 된 거죠*"

당시 시중에는 정태수가 검찰과 야합했다는 설이 파다했다. 이를 불식시키기 위해 심씨는 정태수의 전 재산 5,000억 원 가량을 압수하고, 재기(再起)를 외치는 아들 정보근 회장을 중수부장 취임 사흘 만에 구속시켜 버렸다.

"그런데 윗사람들은 우리 의지와는 거꾸로, 적당히 하라는 겁니다. 제가 말을 안 들으면, 총장이 회의를 소집해놓고 검사들의 얘기를 들으면서 '다른 검사들은 다 이렇게 생각하는데, 당신만 왜 그러냐?'고 할 것이 예상돼서, 미리 검사들한테 주지. 주의. 설득을 시킨 거죠. '정치인도 33명 다 불러야 한다. 국회의장도 불러서 조사해야 한다' 검사들의 분위기가 이러니까, 정치권이나 검찰총장이 검사들을 움직일 생각을 못한 겁니다. 제가 좀 수를 썼습니다. 위 분들 찾아 다니며 '정태수하고 혹시 무슨 묵시적인 합의 같은 거 한 거 있습니까?'하고 물어봤어요. 야합했느냐 이거죠. 그랬더니 다들 펄펄 뛰지요. 그래 놓고 잡아들이고 압수하고 하니까, 아무도 말 못했지요"

"내가 재산을 몰수하고 아들까지 구속시켜 버리니까, 정태수씨가 화가 난 거죠. 도와줄 사람은 다 입다물고 있고, 새로 온 놈이 다시 뒤엎으니까 '에라'하고 불기 시작한 거예요. 그때 연일 현철씨 얘기가 터져 나오면서, 사실상 국정이 마비될 지경에 이르렀지요. 당시 검찰총장이 나를 어쩔 수 없어서 '통제불능'이란 표현까지 썼는데, 사실이 그랬어요. 그러니까 총장이 오히려 '빨리 끝내자'고 한 겁니다. 당시 나는 청와대한테 일체 보고 안 했습니다. 사정수석하고 통화한 적도 없고요. 그러니까 청와대 비서실에서 국사의 일정을 잡을 수가 없었습니다. 이래서 안기부에서도 구속 불가피론을 들고 나오게 된 겁니다. 그렇게 되니까, 위에선 '조그만 걸로 빨리 넣어달라'고 주문이 왔어요. 그때 난 그랬지요. 아직 수사 덜 끝났다고. 그러다가 경복고 출신한테 66억 원을 받은 것이 확실하게 나와서, 구속하게 된 거죠. 증거가 확실하면, 대통령도 맘대로 못하는 겁니다"

당시 수사 검사 심재륜은 수사과정에서 개인적으로 테러위협도, 돈 유혹도 받은 적이 있다고 한다. *"밤늦게 집에 오면, 주변에 이상한 사람들이 여기저기 서 있었어요. 그래서 일부러 차를 타고 한 바퀴 돌고, 애들을 내려오라고 해서 함께 엘리베이터를 타고 올라갔다니까요. 그게 안기부 같은 권력기관하고 싸운 거 아닙니까? 청와대, 안기부, 국세청 간부들이 수사대상자였으니까요. 그러니까 안기부에서 일거수일투족을 다 감시할 거 아닙니까? 돈도 받은 적이 있어요. 안기부에서 돈을 두툼하게 가져와서 수사비에 보태 쓰라고 합디다. 이 돈을 안 받으면 적의를 나타낼 것이고, 받았다간 물리는 거고…'우리 검찰청에서는 이런 건 총장님께 드려야지, 우리가 개별적으로 받으면 안됩니다. 고맙긴 하지만 받을 수 없습니다' 그렇게 해서, 다시 가지고 가게 했죠"*

6) 김대중(金大中) 대통령(재임: 1998~2003)

김대중(金大中) 대통령(1998~2003)의 '국민의 정부'는 김영삼(金泳三) 전임 대통령(재임: 1993~1998)의 '문민정부' 말년에 발생한 1997년 하반기 IMF 외환위기 사태를 극복해야 하는 숙제를 떠안게 되었다. IMF로부터 구제 금융을 받는 대가로 강도 높은 기업 구조조정 실시를 요구받았고, 국제수준의 기업 투명성 강화와 부채비율 축소정책을 추진하여 금융, 기업, 노동, 공공 4대분야에 일대 개혁을 단행했다. 그리하여 2001년 8월, 예상보다 3년을 앞당겨 IMF차입금 195억 불을 전액 상환함으로써 3년9개월 만에 외환위기 사태는 막을 내렸다.

상기한 과정에서 김대중(金大中) 대통령(1998~2003)의 '국민의 정부'는 국제통화기금 (IMF)과의 자금지원 합의를 통해 취임 뒤 불과 한 달 만에 214억 달러를 도입했다. '국민의 정부'는 다각도로 위기 극복을 위해 대안을 마련했다.

첫째, 그룹 총수들과의 5개항 합의사항을 끌어내 기업의 경영 투명성 확보 및 구조조정을 촉진했다.

둘째, 노사정 협의를 통해 노동시장의 유연성을 확보하기 위해 근로기준법을 개정 정리해고제, 근로자 파견제 등을 도입했다.

셋째, 수출 증대 및 외국인 투자의 활성화를 위해 대통령이 주재하는 '무역·투자촉진 전략회의'를 설치 운영하고 외국인 투자유치 촉진을 위해서 외국인 투자 자유지역을 설정하고 원스톱 서비스 기능을 강화했다.

넷째, 공공부문의 생산성 증대와 규제 완화를 위해 국책사업의 민영화와 경쟁촉진으로 공기업의 경영혁신을 유도했으며 기업의 생산활동을 위축하는 경제 규제와 외국인에 대한 진입 규제 등도 완화했다.

상기한 정책대응에 의한 '국민의 정부'의 초기 성과는 우선 외환·금융시장의 안정을 들 수 있다. 경제수지 흑자와 외국인 투자자금 유입 등에 힘입어 외환보유액이 사상 최대 규모로 증가하고 환율도 안정세를 보였다. 구조조정의 성과가 반영되면서 금리도 한 자리 수로 안정되고 주가도 상승했으며, 금융시장도 점차 안정되었다. 금융기관 단기외채에 대한 만기연장과 외국환평형기금채권 발행도 성공적으로 이어지면서 환율·금리 안정을 이끌어 냈다. 신속한 구조조정을 위해 64조 원에 이르는 대규모 공적자금을 투입하여 부실 금융사와 기업의 퇴출작업을 진행했다. 또한 재벌의 독과점 폐해 견제와 재무구조 건전성 강화, 순환출자 및 상호지급보증 해소 등 시장경제 규율을 확립하는 조치들도 한국경제가

IMF체제에서 4년 만에 조기극복하는 밑거름이 되었다.

또한, 실물경제부문에서는 마이너스에서 플러스 경제 성장을 이루었고, 한 자리수 물가, 실업률의 대폭 감소 등 빠른 속도로 경기를 회복하였다. 1997년 이후 '투자 부적격'으로 하향 조정되었던 한국의 국가 신용등급은 1999년 들어 '투자적격' 수준으로 회복되었고, 그에 따라 대외신인도도 개선되어 외국인의 직접투자가 꾸준히 늘어났다. 그리고 중소기업의 성장기여율은 대기업에 비해 계속해서 높았다. 연쇄부도와 최악의 유동성 악화를 보였던 대기업은 강력한 구조조정 추진으로 고용성장기여율이 마이너스를 보인 반면 중소기업은 고용성장기여율이 큰 폭으로 늘어났다.

김대중(金大中) 대통령(1998~2003)의 재임기간 중 거시경제지표는 성공적으로 관리됐다. 역대 정권 최초로 정권 기간을 종합하여 무역수지 흑자, 경상 수지 흑자를 기록했다. 5년 연속 기록한 경상수지 흑자는 906억 달러 증가했고, 연평균 증가액은 181억1,400만 달러이었다. 1997년 말 204억 달러에 불과했던 외환보유액도 1,214억 달러로 증가했다. 연평균 소비자물가 상승률은 연평균 3.5%로 '참여정부'의 3.0%에 이어 2위를 기록했다. 집권 첫 해 마이너스 6.9%였던 경제성장률도 2002년에는 7.2%로 높아졌다. 국내총생산(GDP) 증가율은 연평균 4.5%로 노무현 정부의 4.3%보다 높았지만, 전두환 정부(8.7%), 노태우 정부(8.4%), 김영삼 정부(7.1%) 등에 비해서는 낮았다. 그러나 외환위기 직후인 1998년을 제외한 성장률은 1999년 9.5%, 2000년 8.5%, 2001년 4.0%, 2002년 7.2% 등으로 4년 평균 7.3%였다. 기업 구조조정으로 재벌기업들의 재무건전성이 강화됐고, 소액주주 권리 강화·사외이사제 도입을 통해 투명성도 제고됐다.

김대중(金大中) 대통령은 취임사에서 "세계에서 컴퓨터를 가장 잘 쓰는 나라를 만들겠다"고 밝힌 대로 재임기간 중 IT산업 육성에 주력한 것은 한국경제가 지식기반경제로 전환하는 계기가 됐다. '국민의 정부' 5년(1998~2003) 동안, 초고속 인터넷 가입자 수가 1998년 1만4천 명에서 2002년 1040만 명으로 급증하고, 정보 산업 분야의 총 생산액도 1998년 76조 원에서 2002년 189조 원으로 증가하여 국내총생산의 14.9%로 확대되는 등 정보기술 산업 전체를 활성화시켰다.

나아가, '국민의 정부'는 정보기술(IT) 관련 벤처기업을 육성하는 데 힘을 쏟았다. 당시 벤처기업 활성화 대책으로 9천억 원 정도의 지원 자금이 마련되고 새로 창업하는 벤처기업에 3억 원을 지원하는 등의 정책을 발표하였으며 1998년 '벤처특별법' 4차 개정을 통해 실험실 및 교수창업을 가능하게 하였다. 또한, 창업 자본을 2,000만 원으로 낮춰 창업의 문턱을 낮추었다. 2000년에는 '벤처촉진지구'를 도입해 지방 벤처기업 육성정책을 펼치며 조세감면을 통한 창업 활성화 마련과 벤처기업의 경영환경 개선을 위한 정책도 마련하였고 9차 개정에서는 스톡옵션제를 확산시켰다. 2002년 '벤처 건전화 방안'에선 M&A활성화 정책을 구축했다. 이밖에도 코스닥시장 활성화를 위한 다양한 정책과 시장환경 개선을 위한 다양한 정책도 마련했다. 이러한 지원의 결과 1998년 말에는 2,000개 회사에 불과했던 IT 관련 기업의 숫자가 2001년 6월에는 1만개 사를 기록하였고, 벤처 기업의 생산 비중은 GDP의 3%에 달하였다. 그러나 벤처기업 우대 정책의 부작용으로서 "벤처 대박"신화에 휩쓸린 투자자들이 일확천금을 꿈꾸고 과도한 투자를 하게 되어 후반기에는 거품이 발생하였다. 그 후 윤태식 사건 등의 벤처 산업과 관련된 비리가 발생하였고, 2000년 봄 이후 새롬기술 사태 등으로 인해 거품이 붕괴하고 권노갑 등의 거물 정치가와 벤처기업의 유착이 밝혀지면서 벤처 산업은 사양길을 걸었다.

한편, 내수경기 부양을 위해 단행한 신용카드 규제완화는 카드부실로 이어지며 400만 명의 금융채무불이행자(옛 신용불량자)를 양산했고, 과도한 금융시장 개방에 따른 후유증, 사회양극화 심화, IT 거품 붕괴 등도 김대중(金大中) 대통령(1998~2003)의 경제운용 실패 사례로 꼽는다. 특히, 부동산 규제완화는 집값 폭등으로 이어졌다. 상술하면, 김대중(金大中) 정부(1998~2003)는 외환위기 극복 과정에서 부동산경기 활성화를 추진했다. 거의 모든 부동산 규제를 없애다시피 했다. 분양가 전면자율화 및 분양권 전매 허용, 양도세 한시적 면세, 민영아파트 재당첨 제한기간 폐지, 임대주택사업자 요건완화 등 다양한 정책이 잇따라 나왔고 그 결과는 부동산 투기로 이어졌다.

요컨대, 김대중(金大中) 대통령(1998~2003)의 경제정책에 대해서는 평가가 엇갈린다: 1997년 하반기 외환위기를 조기에 극복하고 정보기술(IT) 등 신성장 산업의 기반을 다졌으나 과도한 금융시장 개방과 부동산 거품(버블)을 방치하는 등 부정적 유산도 적지 않다. 또한, 신용카드 산업의 무분별한 확장을 효과적으로 막지 못해 카드대란 사태가 발생하였다. 신분증이 있는 사람이라면 누구나 카드를 발급 받을 수 있게 하는 등 신용카드 규제를 무제한으로 풀어버린 탓에 과잉 소비가 초래됐고 이는 가계 파탄을 야기했었다. 특히 한국경제를 신자유주의(新自由主義) 체제에 진입시켰던 파일럿 역할만 했다는 비판도 있다. 그러나 국제통화기금(IMF) 관리 체제에서는 선택의 여지가 없었을 것이라고 추측할 수도 있다.

김대중(金大中) 대통령(1998~2003) 시대는 개발독재의 성장지상주의 논리와, 경제자유주의 이념, 복지국가의 개념에 IMF의 신자유주의 체제 개편요구가 서로 치열하게 맞붙던 혼돈의 시대였다. 그럼에도 불구하고, IMF관리체제라는 한계 상황에서 복지와 분배개념을 경제정책에 도입하였다. 즉, 노사정위원회 도입으로 노동계를 대화상대로 끌어들였고, 분배와 복지를 주요 국정지표로 내세우며 기초생활보장제도를 도입하였다. 사실, 한국전쟁이래 최대 국난이라는 외환위기 사태 이후 한국사회는 평생 직장 개념이 사라지고 명예퇴직으로 인해 수많은 중산층 가정이 몰락하는 일대 변혁을 가져왔다.

한편, 김대중(金大中) 대통령(1998~2003)의 통일정책 방향은 1970년 10월 당시 야당 대통령 후보 자격으로 가진 기자회견에서 *"나의 통일 정책은 폐쇄 전쟁지양에서 적극 평화 지향으로 가자는 것"*이라고 밝힌 데서 시작됐다. 그 후 평화공존, 평화교류, 평화통일에 입각해 공화국 연합제에 의한 국가연합제 단계 → 연방제 단계 → 완전 통일의 단계를 거치는 점진적 통일 방식인 '3원칙, 3단계 통일 방향'을 구상하고 대통령으로 당선된 직후 김정일과의 정상회담을 공식 제안했다. 2000년 6월 15일 대한민국 최초의 남북정상회담을 가졌다. 그 회담에서 결의된 6.15 공동선언은 *"나라의 통일문제를 그 주인인 우리 민족끼리 서로 힘을 합쳐 자주적으로 해결해 나가기로 하였다"*고 선언한 것이었는데, 이는 여태껏 남한을 미국의 괴뢰 정도로 보아 동등한 대화상대로 여기는 것조차도 거부하던 북한이 드디어 남한을 동등한 대화상대로 받아들인다는 의미였고, 남한 역시 북한을 흡수통일의 대상이 아니라 공존과 협력의 대상으로 받아들인다는 의미를 담고 있었다. 북한은 적화통일을 포기하고, 남한은 흡수통일을 포기하며, 남·북한이 앞으로 공존과 화해, 그리고 협력을 도모한다는 내용이었다.

2000년 10월에는 북한 조명록 차수의 방미(訪美)와 뒤 이은 매들린 코벨 올브라이트(Madeleine Korbel Albright) 미국 최초의 여성 국무장관(1997~2001)의 평양 방문으로 북한과 미국이 북핵의 완전한 제거 및 북·미(北·美) 수교를 논의하는 성과를 도출했다. 이러한 평화 외교에 대한 노력과 대한민국의 인권과 민주주의에 대한 공로를 인정 받아 2000년 말 김대중(金大中) 대통령(1998~2003)은 대한민국 최초로 노벨 평화상을 수상하였다.

김대중(金大中) 대통령(1998~2003)의 대(對)북한화해협력정책인 '햇볕정책'은 조선민주주의인민공화국에 대한 대한민국의 대외 정책으로, 북한에 협력과 지원을 함으로써 평화적인 통일을 목적으로 하는 정책이다. '국민의 정부' 이전에는 북한과의 관계는 군사적 대치관계에 놓여있었으나, '선(先)평화 후(後)통일'을 통일의 기본원칙을 계승해 '국민의 정부'에 들어서 교류를 기반으로 한 화해, 협력 등을 강조한 포용정책으로 전환되었다. 이 전환은 북한과의 대화를 추진하였던 윌리엄 제퍼슨 "빌" 클린턴(William Jefferson "Bill" Clinton, 제42대 대통령: 1993~2001) 행정부의 외교적 요구이기도 했었다.

'햇볕정책'을 통해 남북 정상회담과 개성공단 설립 등의 가시적 성과는 있었지만 북한

측의 무력도발(제1연평해전과 제2연평해전)을 막지 못했다. 게다가 현대가 북한에 7대 대북 사업권 구입을 위해 북한에 4억5천만 달러를 송금한 대북 불법(不法) 송금사건 도중 정상회담 대가도 포함되어있는 것으로 밝혀져 후일 '햇볕정책'의 진정성과 투명성의 문제가 발생했었다.

2000년 11월에 조지 워커 부시(George Walker Bush, 43대 대통령: 2001~2009)가 미국 대통령으로 당선되고, 2001년 1월에 백악관으로 들어간 이후, 클린턴 행정부와 김정일 정권 간의 모든 합의는 무효화되었다. 조지 워커 부시(George Walker Bush, 43대 대통령: 2001~2009) 정부는 빌 클린턴(William Jefferson "Bill" Clinton, 제42대 대통령: 1993~2001) 정부의 1994년 제네바 북핵 동결 합의를 일종의 항복으로 간주하고, 북핵 문제에 대해 ABC 정책을 취했다. 이와 동시에 조지 워커 부시(George Walker Bush) 정권의 강력한 대북 압박으로 인해 김대중(金大中) 대통령(1998~2003)의 대북 정책은 난항을 거듭하였다.

미국의 북한 경제 봉쇄가 날로 강도를 더해가고, 군사적 위협도 점점 더 날카로워지자, 북한의 대외 정책도 강경한 쇄국, 대미 군사 항전 분위기로 돌아서기 시작했다. 이런 상황 변화의 여파로, 2001년 3월 김대중(金大中) 대통령(1998~2003)이 미국을 방문하였을 때, 조지 워커 부시(George Walker Bush) 대통령과 공화당 정부는 유화책(햇볕정책)을 고수하고자 하는 김대중(金大中) 대통령(당시)과 그를 수행한 국무위원단(임동원, 정세현 등)과 치열한 설전을 벌였다. 여기에 일부 공화당 의원들까지 나서서 각종 간담회에서 김대중(金大中) 대통령을 공격적으로 몰아세웠고, 이념 공세를 퍼붓기까지 하였지만, 김대중(金大中) 대통령 본인이 "젖먹던 힘까지 다해 부시 대통령(당시)을 설득시켰다"고 말할만큼 진력한 결과, 이듬해인 2002년 2월 한국 도라산을 방문한 조지 워커 부시(George Walker Bush) 대통령이 *"북한을 공격할 의사가 없다"*고 발언하기에 이르렀다.

또한, 2000년에 착공된 개성공단의 설립 준비가 순조롭게 진행되었고, 2002년 11월 23일에 금강산 지역이 금강산 관광지구라는 특별행정구역으로 명명되었다. 그러나 2002년 10월 2차 북핵 위기가 터져나오면서 김대중(金大中) 대통령(1998~2003)의 햇볕 정책 목표 중 하나인 "한반도 비핵화"는 원점에서 재검토해야 하는 상황이다.

그 후 노무현(盧武鉉, 1946~2009) 대통령(재임: 2003~2008)의 '참여정부'에서 햇볕 정책을 지속해나가고자 하였으나 2007년, 북한이 기어이 "미국(네오콘)의 위협에 대한 자위수단"이란 명분 하에 핵실험을 성사시킴으로써, 안보 환경이 완전히 달라지고 말았다. 게다가 정권말인 2007년에야 남북정상회담을 진행하는 악수를 둠으로써 적절한 시기를 놓쳤고, 보수 정권이 연이어 집권하고, 남북교류의 유일한 보루였던 개성공단까지 문을 닫으면서 햇볕 정책은 점점 사장되고 있다.

이어서, 김대중(金大中) 대통령(1998~2003)의 정권 말부터 출범한 조지 워커 부시 (George Walker Bush, 43대 대통령: 2001~2009) 행정부의 대북 강경정책의 여파로, 다음의 노무현(盧武鉉, 1946~2009) 정권기에는 북한이 기존의 약속을 뒤집고 핵(核)실험을 강행하였다. 또한, 이명박 정권이 들어서고 햇볕정책이 후퇴하자, 2008년 7월 11일 금강산 관광 중 박왕자씨 피격 사망 사건, 2009년 11월 10일 서해교전(대청해전), 2010년 3월 26일 백령도해상에서 천안함 피격침몰사건, 2010년 11월 23일 북한 연평도 포격사건 등이 연달아 일어났었다.

한편, 미증유의 외환위기 직후, 1998년 2월에 집권한 김대중(金大中) 대통령(1998~2003)도 부패(腐敗) 척결을 누누이 강조했다: *"부정부패가 있는 곳엔 민주주의도 경제발전도 없다. 정부는 확고한 결심을 갖고 부정부패 척결 작업을 하고 있으며 대통령도 모범을 보일 것"*(1998.09.18), *"부패의 척결 없이 국정의 개혁은 없으며 만난을 무릅쓰고 이를 단행할 것"*(1999년 8·15 경축사), *"이번이 마지막 결전이라는 생각으로 검찰, 경찰, 감사원 등을 총동원해 (공직자) 비리를 척결해 나갈 것"*(2000.11.13)이라고 거듭거듭 말했다(중앙일보, '역대 대통령 친인척·측근 비리', 2014.12.13).

그러나 김대중(金大中) 대통령(1998~2003)의 임기 반환점을 지난 2001년 '진승현 게이트'. '이용호 게이트'로 일종의 '전조'를 겪은 후, '홍삼 트리오'로 불린 세 아들(홍일·홍업·홍걸)이 모두 각종 권력형 게이트에 휘말리면서 곤욕을 치렀다.

2002년 5월, 셋째 아들 김홍걸씨가 이른바 '최규선 게이트'에 연루돼 서울지검 특수2부에 구속 기소됐다. 체육복표 사업자 선정과 각종 사업 이권 청탁 명목으로 37억 원을 받은 혐의(특가법의 알선수재 등)가 적용됐다.

2002년 6월에는 둘째 아들 김홍업씨가 서울구치소로 향했다. 여러 업체에서 각종 청탁 명목의 돈 22억여 원을 받은 혐의(특가법의 알선수재)가 대검 중수부 수사에서 드러나면서다. 그는 청와대 비서관들을 연결고리로 인사에 개입하는 등 국정 전반에 영향력을 행사하려고 했다는 의혹을 받았다. 결국 이용호 게이트를 수사하던 검찰이 그의 이권개입 의혹으로 수사를 확대하면서 알선수재 혐의 등으로 구속기소돼 징역형을 선고받았다. 이후 2005년 사면조치를 받은 홍업씨는 2007년 전남 무안-신안 국회의원 재·보궐 선거에 출마해 당선됐다.

장남 홍일씨마저 2003년 나라종금 로비 의혹에 연루돼 불구속 기소되면서 대통령의 세 아들이 모두 비리에 휘말리는 불명예를 안았다. 김대중(金大中) 대통령도 아들들의 비리 연루 의혹과 관련해 대변인을 통해 *"아들들의 문제로 물의를 빚고 있는 데 대해 국민에게 죄송스럽게 생각한다"*고 사과 성명을 발표했다.

김대중(金大中) 대통령(1998~2003)은 집권 첫해 〈아태평화재단〉 만찬 행사에서 "대통령 아들들은 수신도 해야 한다"며 비리 연루 가능성을 경계했지만, 역시 가장 어두운 곳은 '등잔 밑'이었다. 첫째 아들인 고(故) 김홍일 전(前) 의원마저 노무현(盧武鉉, 1946~2009) 정권 출범 이후인 2003년 '나라종금 퇴출 저지 로비' 사건에서 억대 금품을 받은 혐의가 드러나 불구속 기소됐고, 후에 대법원에서 유죄가 확정돼 의원직을 잃었다.

최근에는 김대중(金大中) 전(前) 대통령의 삼남 김홍걸 의원이 2020년 9월 18일 재산신고 누락 의혹으로 더불어민주당에서 제명했다. 정의당은 '호부견자(虎父犬子)'라고 비난했다. '아비는 범인데 새끼는 개'라는 뜻이다. 민주화를 위해 목숨조차 아끼지 않았던 부친과는 달리 부동산투기에 매진했다는 점을 꼬집은 것이다.

김홍걸 의원은 지난 4월 21대 총선에서 더불어시민당 비례대표로 당선되면서 여의도 정치무대에 화려하게 등장했다. 부친의 후광을 바탕으로 현 정부의 아킬레스건이었던 호남 민심을 다독인 정권교체의 일등공신이었다. 다만 영광은 오래가지 못했다. 김 의원은 총선 이후 불거진 크고 작은 악재로 민주당의 애물단지로 전락했다. 특히 부동산 재산신고 누락 및 투기 의혹 탓에 여론이 완전히 등을 돌렸다. 급기야는 지난 18일 부친인 김대중 전 대통령의 분신과도 같았던 민주당에서 쫓겨났다. 더구나 민주당의 비상 징계 제명 결정을 주도한 인사가 이낙연 대표라는 점은 역사의 아이러니다. 이 대표는 과거 김 전 대통령의 각별한 신임과 파격 발탁으로 정계에 입문한 바 있다. 야권에서는 의원직 사퇴를 촉구하고 있지만 김 의원은 일단 무소속 신분으로 의정활동을 이어나간다는 방침이다. 향후 전망은 극히 불투명하다. 김 의원의 정치적 재기는커녕 '식물 국회의원'으로 역사의 뒤안길로 사라질 위기에 처했다(이데일리, 2020.09.21).

7) 노무현(盧武鉉) 대통령(재임: 2003~2008)

노무현(盧武鉉, 1946~2009) 대통령(재임: 2003~2008)은 1988년 김영삼(金泳三)의 제의로 정계에 입문하여, 5공 청문회 당시 초선의원임에도 불구하고 날카롭고 정곡을 찌르는 질문과 정치, 경제적 거물 앞에서도 주눅들지 않고 차분히 질의를 하던 모습 등으로 국민들의 뇌리에 강하게 박혀 이른바 '청문회 스타'로 떠오르며 정치인으로서의 가치를 높였고,

그 후 '국민의 정부'에서 해양수산부장관을 거쳐 2002년 제16대 대통령 선거를 통해 대통령(2003~2008)으로 당선, 이듬해 2월 취임하였다. 선거 관련 발언 논란으로 인해 재임 중 헌정 사상 첫 탄핵소추를 당하기도 했으나 헌법재판소에 의해 기각되어 직무에 복귀하였다. 퇴임한 뒤 역대 대통령들 중 처음으로 서울이 아닌 고향 봉하마을에 귀향한 것으로도 유명하다.

노무현(盧武鉉, 1946~2009) 대통령의 업적들을 열거하면, 경제성장률 5%를 달성하였으며, 수출 51개월 연속흑자를 기록하며 600억 불 수준에서 3,200억 불을 달성하였고, 외환보유액 500억 불 수준에서 3,200억 불을 달성하였으며, 국가신용도 fitch사의 전망도를 A+로 격상했으며, 신용불량자 600만 명 시대에 개인회생제도를 통해 임기 8개월만에 100만 명을 회생시켰고, 부도업체수를 20,000개에서 2,000개 수준으로 급락사켰으며, 종합주가지수 800대에서 1,400대로 격상시켰고, 소비자 물가 상승률 평균 3.0%를 달성하였으며, 주택 보급률을 60%대에서 105%로 격상시켰고, 국가정보화 및 인터넷 보급 수준을 세계 1위 수준으로 발전시켰고, 문화기반시설 800개소에서 1,600개소로 확충시켰다,

다른 한편으로, '깨끗한 정치'를 내걸고 당선된 노무현(盧武鉉) 대통령(2003~2008) 역시 '사회지도층의 부정부패'에 각별히 주목한 취임사를 남겼다: "*경제의 지속적 성장을 위해서도, 사회의 건강을 위해서도 부정부패를 없애야 합니다. 이를 위한 구조적·제도적 대안을 모색하겠습니다. 특히 사회지도층의 뼈를 깎는 성찰을 요망합니다.*"

그러나 노무현(盧武鉉) 대통령(2003~2008)의 최측근이던 안희정 전(前)충남지사는 대선 직후에, 삼성그룹 등에서 69억6,500여만 원의 2003년 대선자금을 모금한 혐의로 구속 기소되어 2004년 징역 1년에 몰수 1억 원, 추징금 4억9,000만 원을 선고받았다. 결국, 그는 노무현(盧武鉉) 정권(2003~2008) 내내 공직에 나서지 못했다.

또 다른 측근인 이광재 전(前)강원지사도 대선 때 썬앤문그룹으로부터 불법자금 1억 500만 원을 받은 혐의로 불구속 기소되어 벌금형을 선고받았다. 이광재 전(前)강원지사는 정권 출범 후 청와대 국정상황실장을 맡았다. 국정 운영의 방향을 좌우하는 최대 실세로 평가받았다. 여당인 열린우리당에선 그를 "모든 정보를 독점하고 대통령의 눈과 귀를 가리는 실세"(천정배 당시 의원)로 지목하고 퇴진을 요구했다. 결국, 그는 국정상황실장에서 물러나야 했다. 2004년 총선에서 이기고 2010년 강원지사에 당선되면서 승승장구하는 듯 했지만 강원지사 당선 직후 '박연차 게이트'로 유죄를 선고받았다.

최도술, 선봉술, 강금원씨 등 노무현(盧武鉉) 대통령(2003~2008)의 측근들이 각종 비리 문제로 계속해서 법정에 섰다. 노무현(盧武鉉) 대통령의 오랜 집사인 최도술 청와대 총무

비서관이 에스케이(SK)에서 10억대 불법 자금을 받은 혐의가 드러나 처벌받았다.

2008년 정권이 바뀐 뒤로 '박연차 게이트'가 터졌다. 국세청에 글자 그대로 '탈탈 털린' 박연차 회장이 조사에 적극 '협조'한 결과 노무현(盧武鉉) 대통령의 오랜 측근인 정상문 전(全)청와대 총무비서관과 박정규 전(前)민정수석비서관이 금품수수 혐의로 잇따라 구속됐다(중앙일보, '역대 대통령 친·인척·측근 비리', 2014.12.13).

그러나 가장 눈길을 끈 사람은 노무현(盧武鉉) 대통령의 친형인 노건평(盧健平)씨였다. 그는 대우건설 남상국 사장이 노건평(盧健平)씨를 찾아가 사장직 연임 청탁과 함께 3천만원을 받은 혐의로 불구속 기소됐다. 상기 언론보도가 나오자, 노무현(盧武鉉) 대통령은 방송에서 *"좋은 학교 나오신 분이 시골에 있는 별 볼 일 없는 사람에게 ……"*라며 남상국 사장을 탓했다. 남 사장은 결국 한강다리에서 자살했다. 불구속 기소된 노건평(盧健平)씨가 창원지법에 재판을 받으러 다니면서 판사들이 이용하는 출입문을 드나든 사실이 드러나서 구설에 올랐다. 이후에도 경남 지역에 부임한 기관장은 그를 찾아가 인사를 해야 한다느니, 경남 김해 지역을 비롯한 여러 지역의 선거에도 사실상 개입했다느니 하는 얘기가 끊이지 않았다. 이렇게 그의 이름이 오르는 바람에 그는 '봉하대군'이라는 별명을 얻었다. 결국, 그는 2006년 세종증권 인수 청탁의 대가로 세종캐피탈 사장에게 금품을 받은 혐의로 기소돼 징역형을 선고받았다. 노건평(盧健平)씨의 재판 당시 노무현(盧武鉉) 전(前)대통령이 서거했다. 노건평(盧健平)씨는 법정에서 *"깊이 반성하고 많이 뉘우치던 중 동생의 사고로 상당히 괴로움을 느끼고 있다"*고 심경을 밝혔다.

불행하게도, 노무현(盧武鉉) 대통령(2003~2008)은 퇴임 후, 2008년에서 2009년까지 친형 노건평(盧建平, 1942~현재) 등 친·인척의 비리[39]로 조사를 받다가 2009년 5월 23일, 봉하마을 사저 뒷산의 부엉이 바위에서 스스로 투신하였다. 그 후 병원으로 긴급 이송되었지만 결국 62세의 나이로 생을 마감했다. 장례는 국민장으로 치루어졌으며, 국민장 기간 동안 봉하마을과 전국 분향소에서 1,000만에 달하는 조문 인파가 몰렸다. 원래는 국립대전현충원에 안장되기로 되어있었으나, 본인이 유서에서 화장(火葬)해달라고 의사를 밝힘에 따라 5월 29일 발인 후 수원연화장에서 화장되었다. 유골함은 정토원에 임시 안치되었

---

39) 대검찰청 중앙수사부는 노건평(盧建平) 씨가 세종증권 매각 과정에서 경제적 이득을 취한 정황을 잡고 수사를 벌였다. 검찰은 세종캐피탈 홍기옥 대표가 정화삼 씨 형제에게 건넨 30억 원 가운데 20억 원이 노 씨 몫이라는 진술을 확보하고, 관련 계좌추적을 마무리하고 홍 씨와 정 씨 형제 등을 상대로 집중 조사를 벌였다. 또한, 정화삼 씨 형제가 부산과 김해에서 운영했던 성인 오락실의 지분을 노건평(盧建平) 씨가 갖고 있었다는 진술에 대해서도 확인을 하였다. 또한, 박연차 태광실업 회장과 관련해 태광실업과 휴켐스 등에서 압수한 자료를 분석하였다.

다가 7월 10일 봉하마을 사저 근처 묘역에 안치되었다. 이 묘역은 일종의 공원 형태로 발전하였다.

8) 이명박(李明薄) 대통령(재임: 2008~2013)

이명박(李明薄) 대통령(2008~2013)은 분명히 보수(保守) 속(현대그룹)에서 성장하여(물론, 가난한 유년시절은 있었지만) 보수(保守)의 혜택을 한껏 향유했다. 특히, 2009년 12월 대선에서 무려 531만 표의 차이로 보수 지지층에 의하여 대통령에 당선됐다.

이명박(李明薄) 대통령(2008~2013)은 후보 시절 '실용주의 대통령'과 'CEO 대통령'을 표방(標榜)했었으나 3김(金) 시대 대통령들보다 더 심한 지연·학연·종교에 기반한 연고주의(緣故主義) 인사의 전형을 보였다. 사실, 'CEO 대통령'이라는 슬로건 자체가 철학(哲學) 부재(不在)를 노출하는 것이었다. 왜냐하면 국가경영은 기업경영이 아니기 때문이다. 사기업과 국가는 추구하는 목표·작동하는 원리·평가받는 실적기준이 다르다. 기업의 목적은 이윤을 극대화하는 것이지만 국가의 목적은 '최대다수 최대행복'을 추구하는 것이다. 따라서 국가를 사기업 운영하듯이 관리하겠다는 이명박(李明薄) 대통령의 'CEO 대통령 론(論)' 자체가 넌센스였다. 모름지기, 대통령은 국가가 공적인 존재로서 국사(國事)를 효율적으로, 공정하게 관리해야 하는 헌법적 책무를 지고 있는 것이다.

『경제살리기』를 위하여 당선된 이명박(李明薄) 대통령(2008~2013)의 경제정책 청사진 즉 "엠비노믹스(MBnomics)가 생사(生死)의 갈림길에서 화석처럼 굳어져 가고 있었다. 성장주의인지 혹은 좌파 분배주의인지, 시장경제를 하자는 건지 혹은 관치(官治)를 부활시키자는 건지 도저히 종잡을 수가 없었다. 정책의 이념도, 또한 철학도 분명치 않다"(조선일보, 2008.06.14). 국정철학의 빈곤을 드러낸 이명박(李明薄) 정부(2008~2013)가 보여준 물가·금리·환율·유가·산업 정책을 보면 과연 시장경제주의를 신봉하는 보수·우익의 정권이라고 도무지 믿어지지 않았다. 그렇다고 해서, 이명박(李明薄) 대통령은 진보 혹은 좌익은 결코 아니다.

예로서 'MB물가지수'라는 것이 발표(2008.03.18)되었는데, 저자는 경제학 교수로서 2013년 현재까지 34년 동안 봉직하고 있지만, 이 물가지수가 어떻게 기안·작성·적용되는지를 도무지 이해할 수 없다. 또 다른 예로서, 강만수 기획재정부 장관(당시)의 고유가 대책이다. 그는 10조 4,930억 원을 1,380만 명의 근로자와 자영업자에게 6만~24만 원씩 세금 환급(사실상 현금 지급)을 하겠다고 발표하였다(조선일보, 2008.06.11). 10조4,930억 원의 현금지급 대상인 1,380만 명은 근로자 980만 명으로서 전체 근로자(1,300만 명)의 78%, 자영업자 400만 명으로서 전체 자영업자(460만 명)의 87%, 상기한 1,380만 명(근로자＋자영업자)은 경제활동인구(2,400만 명)의 57.5%이다. 상기한 고유가 대책은 '좌파 분배주의자'일지라도 내놓고 하기 힘든 낯부끄러운 포퓰리즘(populism)이다.[40] 이러한 '선심성 정책(?)'은 미국산 쇠고기 사태로 성난 민심을 달래기 위한 것이었다고 해석되지만, 이러한 천문학적 국고(10조 5천억 원)를 그렇게 낭비한 것은 사회주의 국가에서도 유례를 찾을 수 없다.

다른 한편으로, 이명박(李明薄) 대통령(2008~2013)도 부패 척결을 강조한 점에선 전임자들 못지않았다. *"공직자와 고위직, 정치인을 포함해 지도자급의 비리를 없애는 것은 국격을 높이기 위한 기본이다."*(2009.12.23, 법무부·권익위·법제처 새해 업무보고), *"우리 사회에 깊숙이 뿌리내린 부조리와 부정부패는 시한을 두지 않고 마지막까지 철저히 척결하겠다. 특히 측근 비리는 더욱 철저히 조사해 엄단하겠다."*(2011.10.10, 국회 시정연설). *"우리는 도덕적으로 완벽한 정권이므로 조그마한 허점도 남기면 안 된다"*(2011.09.30, 청와대 확대 비서관회의)는 '명언'을 남겼었다.

그러나, 임기 내내 크고 작은 '측근 비리'가 끊이지 않았다. 임기 반환점인 2010년 천신일 전(前)세중나모 회장, 최시중 전(前)방송통신위원장이 각각 금품비리로 구속됐고, 이듬해엔 이른바 '함바 비리'가 터져 장수만 전(前)방위사업청장과 최영 전(前)강원랜드 사장, 배건기 전(前)청와대 감찰팀장 등 측근들이 줄줄이 처벌을 받았다. 이명박(李明薄) 대통령을 10년 넘게 보좌한 김희중 전(前)대통령 제1부속실장도 검찰의 칼끝을 피해가지 못했다. 신재민 전(前)문화체육관광부 차관, 김두우 전(前)청와대 홍보수석 등도 각각 업자와 어울리며 돈을 받은 혐의로 실형을 선고 받았었다(중앙일보, 역대 대통령 친인척·측근 비리, 2014.12.13).

이명박(李明薄) 정부(2008~2013)의 실세그룹이 초토화되다시피 했다. MB정부가 레임덕에 빠지기 전에는 '영포회(영일·포항 출신 고위공직자 모임)'라는 비선 조직이 위세를 떨쳤다. 이명박(李明薄) 대통령의 형인 이상득 전(前)국회부의장과 그의 보좌관 출신인 박영준

---

40) 한편, 지식경제부 관계자는 "10조 원을 고유가 시대에 더욱 절실해진 원자력발전소 건설에 사용한다면 1기에 2조5천억 원이 들어가는 원전을 4기나 더 만들 수 있다"고 말했다. 한국의 에너지 자주개발율(자국 기업이 참여한 에너지 개발)은 4.2%이다. 일본의 19%, 중국의 26%에 크게 뒤떨어진다. 정부 관계자는 "해외 유전의 광구를 사들이는데 보통 1조 원이 넘는 돈이 들어가는 데 이번 고유가 대책에는 해외 유전 개발에 1조 1,000억 원만 배정된 것은 아쉽다"고 말했다(조선일보, 2008.06.11).

전(前)지식경제부 차관은 정권 최고 실세로 꼽혔다. 이상득 전(前)국회부의장은 '영일대군' 이라는 별칭을 갖고 있었다. '만사형통(萬事兄通·모든 일은 형을 통한다)'이란 말까지 나올 정도였다. 하지만 저축은행으로부터 로비 자금을 받은 혐의로 동생의 임기 중에 구속되는 비운의 주인공이 됐다. 박영준 전(前)지식경제부 차관은 2007년 대선 다음날 이명박(李明博) 대통령의 특명을 받으면서 실세로 급부상했다. "당선자 비서실을 총괄하고 정권인수 위 인선 작업을 마무리하라"는 대통령의 말 한마디가 그에게 권력을 쥐어줬다. 그는 정부 출범 이후에도 청와대 기획조정비서관으로 근무하며 '왕(王)비서관'으로 통했다. 그러다 2008년 6월 정두언 의원이 *"대통령 주변 일부 인사가 권력을 사유화하고 있다. 박영준 비 서관이 제일 문제다. 보좌관 한 명이 나라를 망치고 있다"*고 치고 나오면서, 결국 청와대 를 떠나야만 했다. 2009년 국무총리실 국무차장으로 발탁되면서 다시 힘을 과시했었지만 권력은 오래가지 않았다. 박영준 전(前)차관은 파이시티 인·허가 비리 등으로 2년6개월간 수감됐었다. 또한, 이명박(李明博) 대통령의 '50년 지기'이자 정치적 후견인이었던 천신일 세중나모여행 회장은 2011년 기업체로부터 청탁과 함께 금품을 받은 혐의로 징역형을 선 고받았다(중앙일보, 역대 대통령 친인척·측근 비리, 2014.12.13).

심지어, '대통령 형님'은 수감(收監)되었다. 사실, 이명박(李明博) 정권(2008~2013) 초, 많은 언론·지식인·정치인들이 '대통령 형님'은 물러나야 한다고 충고했었다. 왜냐하면 그 가 비리(非理)에 연루될 가능성이 크다고 믿었기 때문이었다. 그러나 그는 훌륭한 학력과 경력을 갖고 있었음에도 불구하고 철학과 자기성찰이 없었다. 결국, 그는 실패와 감옥의 길로 걸었다.

특히, 이명박(李明博) 대통령(당시)은 아들 명의로 사저(私邸)를 추진하면서 국고(國庫) 에 손해를 끼쳤었다. 영부인(令夫人)의 사촌오빠는 '저축은행 로비'로, 사촌언니는 '공천 장 사'로 각각 감옥에 갔었다. 이명박(李明博) 대통령(당시)의 손위 동서는 '저축은행 고문'으 로 거액을 챙겼었다.

나아가, 이명박(李明博) 전(前) 대통령 역시 2018년 3월 19일 검찰은 110억 원대 뇌물 수수, 349억 원대 횡령, 배임, 조세포탈 등 혐의로 구속 영장을 청구되었으며, 3월 22일 구속영장이 발부되어 서울동부구치소에 수감되었다. 이로써, 이명박(李明博) 전(前) 대통령 은 전두환·노태우·박근혜 전(前) 대통령에 이어 대한민국 헌정사상 4번째로 부패 혐의로 구속된 대통령으로 남게 됐다. 2018년 9월 6일, 검찰은 이명박(李明博) 전(前) 대통령에게 다스 실(實)소유주로 349억 원대 비자금을 조성한 혐의 등으로 징역 20년 중형에 벌금 150억 원을 구형했었다. 서울중앙지법 형사합의27부는 2018년 10월 5일 1심 선고 공판에서 16가지 공소사실 중에서 7가지를 유죄로 인정하여 '다스'의 자금을 횡령하고 삼성 등에서 거액의 뇌물을 챙긴 혐의로 징역 15년에 벌금 130억 원을 선고했었다(중앙일보, 역대 대통령 친인척·측근 비리, 2014.12.13).

9) 박근혜(朴謹惠) 대통령(재임: 2013~2017.03)

박근혜(朴謹惠) 전(前)대통령은 김영삼 전(前)대통령 이래 줄곧 이어진 '징크스'를 깰지 모른다는 기대를 받았다. 독신이기 때문에 '사고'를 낼 만한 직계 가족이 없고, 누구보다 부정·부패를 혐오한다고 알려지면서다. 대통령의 친·인척과 청와대 비서진 등을 독자적으로 감찰할 '특별감찰관' 제도도 처음으로 도입했다. 취임사에서도 '깨끗한 정부'를 앞세웠다. *"깨끗하고 투명하고 유능한 정부를 반드시 만들어서 국민 여러분의 신뢰를 얻겠습니다. 정부에 대한 국민의 불신을 씻어내고 신뢰의 자본을 쌓겠습니다."*

그러나 집권 4년 차인 2016년 10월에 터진 '최순실 게이트'는 박근혜(朴謹惠) 대통령(2013~2017.03)의 진면목을 바닥까지 보여줬다.

박근혜(朴謹惠) 전(前) 대통령은 피고인이 되어 최순실 공모·236억 원 뇌물 수수·미르케이 재단 강제 모금 등의 죄목으로 1심에서 징역 24년, 벌금 180억 원을 선고(2018.04.06)받았다. 서울중앙지법 형사22부(재판장 김세윤)는 박근혜(朴謹惠) 전(前) 대통령에 대해 뇌물수수 등 혐의를 유죄로 인정하고 1심 선고형량을 정했다. 전체 18개 범죄혐의 중 유죄로 인정된 것이 16개, 그중 뇌물죄가 인정된 범죄사실은 3가지다. 벌금을 내지 않으면 3년 동안 노역장에 유치하도록 했다.

최순실씨 딸 정유라에 대한 삼성그룹의 승마지원 명목 72억 9,427만 원, 면세점 사업권 청탁에 대한 대가로 롯데그룹이 지원했다가 돌려받은 70억 원, 그리고 SK그룹에 K스포츠재단을 지원할 것을 요구했으나 받지 못한 89억 원이다. 법원은 이들 범행이 '대통령' 직 없이는 불가능하다 보고 무거운 형량을 택했다. 뇌물죄는 기본적으로 공무원의 직무에 대한 '대가'를 처벌하는 죄기 때문이다. 여기에 문화·예술계 지원배제 혐의 등 다른 혐의가 더해지면서 징역형 형량은 최씨가 1심에서 받은 20년보다 높았다.

재판부는 "(박 전 대통령이) 삼성그룹에 최씨의 딸 정유라에 대한 승마 지원을 적극적으로 요구했고, 면세점 특허 취득 관련 롯데그룹으로 하여금 최씨가 관여한 K스포츠재단에 금전적 지원을 요구하도록 해 총 140억 원이 넘는 거액의 뇌물 수수를 했다"고 했다. 또

"SK그룹에 대해서는 89억 원의 뇌물을 요구하기도 했다"고 덧붙였다.

회고해보면, 박근혜(朴謹惠) 대통령(2013~2017.03)은 세월호 참사(2016.04.16) 직후 '국가개조론(國家改造論)'을 제창(2014.04.30)했었다. 심지어 국무총리 산하에 '국가개조위원회(2014.07.08)'를 설치했었다. 그것의 핵심은 반(反)부패 신뢰사회를 추구하고 공무원의 복지부동(伏地不動)을 혁파(革罷)하겠다는 것이었다. 다시 말하면, '세월호 참사'(2014.04.16)가 발생한 후인 2015년 8월 6일 박근혜(朴謹惠) 대통령은 '경제 재도약을 위해 국민 여러분들께 드리는 말씀'이라는 담화문에서 "앞으로 3, 4년이 대한민국을 결정할 분수령이 될 것"이라며 "성장 엔진이 둔화하면서 저성장의 흐름이 고착화하고 있고 경제 고용 창출력은 약화하고 있다"고 진단했었다. 이에 대한 해결책으로 '4대 구조개혁'(공공, 노동, 금융, 교육)을 제시했었다. 박근혜(朴謹惠) 대통령은 "역대 정부에서 해내지 못한 개혁"이라며 "반드시 이뤄 낼 것이다"고 말했었다.

여기서 저자가 참으로 안타까운 것은 박근혜(朴謹惠) 전(前) 대통령(2013~2017)이 대한민국의 경제체질(經濟體質)을 바꿔 경제를 살릴 수 있는 '4대 구조개혁'(공공, 노동, 금융, 교육)에 정권의 운명을 걸지 않았다는 점이다. 당시, 저자는 박근혜(朴謹惠) 대통령의 '국가개조론(國家改造論)' 천명을 민족의 스승, 도산(島山) 안창호(安昌浩) 선생의 1919년 '한국개조론(韓國改造論)'과 미국 프랭클린 루즈벨트(Franklin Roosevelt, 1882~1945) 대통령의 '정부혁신위원회'를 연상하고 내심 크게 반기었다. 따라서 저자는 당시 컬럼(2016.11.23): "'100만 시민의 촛불'은 '국가시스템 개조'로 승화되어야 한다"을 썼다.[41]

그런데, 박근혜(朴謹惠) 전(前) 대통령의 '국가개조론(國家改造論)' 무위(無爲)로 끝난 이유가 무엇일까? 왜 박근혜(朴謹惠) 대통령의 '국가개조론(國家改造論)'이 결국 포말(泡沫)로 사라져 버렸는가? 그것의 근본원인은 박근혜(朴謹惠) 대통령의 철학 빈곤, '만기친람(萬機親覽) 형' 리더십, '국가개조(國家改造)' 개념에 대한 인식 결여, 참모진의 무사안일주의적(無事安逸主義的) 나태(懶怠)와 무능(無能) 때문이었다.

첫째, '국가개조(國家改造)' 개념에 대한 박근혜(朴謹惠) 대통령(당시)의 인식 결여 때문이었다. 박근혜(朴謹惠) 전(前) 대통령은 '세월호 참사'(2014.04.16)가 발생한 2주 후 '국가개조론(國家改造論)'를 천명(2014.04.30)했었는데, 사실 '국가개조(國家改造)'가 무엇을 뜻하는지 개념이 모호하였다. 그것이 관료들의 부정부패(不正腐敗) 척결 차원인지, 제도 개선을 말하는 건지, 대통령에게 인사권·수사 및 정보기관 지휘권을 집중시킨 '5년 단임제' 헌법 개헌과 정치구조 개편까지 포함한 것인지, 도무지 알 수 없었다. 마치 '국민화합'이나 '문

---

41) 임양택 컬럼, '100만 시민의 촛불'은 '국가시스템 개조'로 승화되어야 한다, 『경인일보』, 2016.11.23

화융성'과 같은 구호처럼 실로 공허(空虛)했었다. 그럼에도 불구하고, '관료개혁'이라는 말이 다소 진부(陳腐)하고 약하다 보니 단순히 '관료(官僚)' 대신에 '국가(國家)'로 거창하게 확장되었으며, 그러다 보니 지난 60년 '적폐(積弊) 해소'라는 무서운(?) 개념이 뒤따르게 되었던 것이다. 참고로, 일본의 다나카 가쿠에이(田中角榮) 총리(당시)가 1972년 '일본열도 개조론'을, 오자와 이치로(小澤一郎)가 '일본 개조론'과 '관료 망국론'을 각각 주장하였다. 연세대학교 송복(宋復) 명예교수는 '세월호 참사' 당시 관원(官員)에 의한, 관원(官員)을 위한, 관원의 나라(官員治國)를 개조해야 한다고 주장했었다.

둘째, 박근혜(朴槿惠) 전(前) 대통령은 스스로 극단적 나르시시즘(Narcissism, 自己愛)에 빠져 실존주의 철학적(實存主義 哲學的) '비아(非我)'를 스스로 '닫힌 사회'(Closed Society)에 가두고 '진정한 자아'(自我)를 포기해 버렸었다.[42] 게다가, 프리드리히 니체(F. W. Nietzsche, 1844~1900)가 언급했던 '권력에 대한 의지'는 너무나도 강했지만, 공자(孔子, BC 551~479)의 견리사의(見利思義)·임마누엘 칸트(Immanuel Kant, 1724~1804)의 '실천이성'·요한 고트리에프 피히테(Johann Gottlieb Fichte, 1762~1814)의 '도덕적 의지'·위르겐 하버마스(Jurgen Habermas, 1929~현재)의 '의사소통적 이성'(Communicative Reason)이 박근혜(朴槿惠) 대통령에게 결핍되어 있었다. 이 결과, 박근혜(朴槿惠) 대통령은 칼 포퍼(Karl Raymond Popper, 1902~1994)의 '열린 사회'(Open Society)로 나아가지 못했었다.

셋째, 박근혜(朴槿惠) 전(前) 대통령의 '만기친람형(萬機親覽型)' 리더십 때문이었다. 사실, 박근혜(朴槿惠) 대통령의 리더십은 취임 이후부터 줄곧 '만기친람형(萬機親覽型)'으로 불렸었다. 이것은 대통령이 실무적인 부분까지 워낙 꼼꼼하게 지시를 내리고 챙기면서 붙여진 평가였다. 이 결과, 박근혜(朴槿惠) 대통령(당시)이 국무회의에서 대(對)국민 사과를 하던 순간에도 장관들은 눈을 내리깔고 받아쓰기에 급급했었다. 이러한 모습은 청와대 수석비서관회의에서도 마찬가지였다. 이와 같이 각료와 청와대 비서진조차 대통령의 '말씀'만 기다리는 상황에서 관료들이 국민 눈높이에 맞추는 행정을 능동적으로 펴줄 것을 기대하기는 어렵다.

넷째, 참모진의 무사안일주의적(無事安逸主義的) 나태(懶怠)와 무능(無能) 때문이었다. 박근혜(朴槿惠) 대통령(당시)은 '개혁의 엔진'으로 불릴 만한 사령탑을 고르지 못했었고, 오히

---

42) 실존주의(實存主義, Existentialism) 철학자들(예 야스퍼스, 하이데거, 사르트르, 니체, 하이데거, 푸코 등)은 '인간성 시대의 종말'을 선언하였다. '실존주의(實存主義, Existentialism)'이란 인간 이성(理性)의 힘을 무한하게 믿는 합리주의(合理主義)와 모든 현상을 과학적·법칙적으로 증명하려는 실증주의(實證主義)에 대한 비판과 도전으로서 인간의 '실존(實存, Existence)'과 주체적 행위(개인의 자유·책임·주관성)을 중요시하는 철학적·문학적 흐름이다.

려 '수첩인사'로 숱한 인사파동을 겪었으며, 낙하산 관행은 전혀 바뀌지 않았었다. '친박'과 '수첩'을 안은 채, 능력 위주의 개혁 진용을 구축하지 못했었다. 아버지 박정희(朴正熙)에게서 터득한 박근혜(朴謹惠) 대통령의 군주적 성정(性情)을 대통령 비서실장 김기춘은 '차밍하고 엘레강스하다'고, 우병우 청와대 민정수석은 '진정성을 믿기에 존경한다'고 각각 말했었다. 그리하여 '난 몰라' 공화국 실세들의 '애창곡(愛唱曲)'은 심수봉이 불렀었던 '그대 내 곁에 선 순간/그 눈빛이 너무 좋아/지나간 세월 모두 잊어버리게/~~사랑밖엔 난 몰라'였다.

결국, 박근혜(朴謹惠) 전(前) 대통령과 새누리당(당시)이 와해(瓦解)되고 몰락(沒落)했다. 이것은 산업화(Industrialization)를 대변하던 거대한 보수적(保守的) 정치세력 즉 앙시앵 레짐(Ancien Régime, '구(舊)체제')이 구(舊)시대의 허물을 벗고 새롭게 태어나야 한다는 역사의 요구였다. 즉, 역사발전에서 '창조적 파괴'(Creative Destruction)가 필요한 것이다. 그러나 '국가개조(國家改造)'는 정부 조직과 사회 시스템 개혁만으로 달성될 수 없다. 개개인의 의식구조 개혁을 통해 진정한 '국가개조(國家改造)'를 완성해내는 것은 결국 국민들의 몫이다.

10) 문재인(文在寅) 대통령(재임: 2017.05~현재)

문재인(文在寅) 대통령(2017.05~현재)은 사법고시 3차 면접에서 안기부 직원이 '유신에 반대했는데 지금도 그때와 생각이 같나'라는 질문에 *"그때와 변함이 없다. 그때의 생각이 맞았다고 확신한다"*고 답한 일화는 널리 알려졌다. 이런 경력 때문인지 그는 사법연수원을 차석으로 졸업한 후에도 판사로 임관되지 못하고 이후 본격적으로 인권변호사의 길을 걸었다. 또한, 그는 청와대 재직 시절에도 동문회에 일절 참석하지 않는 등 자기관리에 철저했다는 평가를 받았다. 2017년 대선 과정이나 이후 당 대표 시절에 여러 고비를 맞았지만, 그때마다 '원칙'을 앞세워 해법을 찾았다. 그러나 대통령에 취임한 후부터 그의 정체성은 크게 달라졌다. 어느 것이 '참'인지를 분간할 수 없다.

문재인(文在寅) 정부(2017.05~현재)는 전국 선거 4연승과 180석 가까운 의석을 앞세워 폭주를 거듭해 왔다. '소득 주도 성장'과 '세금 주도 성장'을 밀어붙여 수백만 명의 자영업자와 소상공인을 벼랑 끝으로 내몰았다. 제조업과 3040 일자리는 격감하고 고용 참사를 저질렀다. 60대 이상 세금 알바 자리만 늘었다. 반기업·반시장·친노조 정책으로 경제성장률은 코로나 사태 전에 이미 2%대로 떨어졌다. 소득 하위 40%의 근로 소득은 크게 줄고 정부 지원금만 늘었다. 빈부 격차도 더 커졌다. 망국(亡國)의 복지 포퓰리즘으로 국가채무는 4년 만에 187조 원 급증한 867조 원이 됐다. 이와 같이 소득 주도 성장 정책으로 온갖 부작용이 속출하는데도 *"정책 성과가 나타나고 있다"*고 주장했다. 집값이 폭등해도 *"부동산은 자신 있다"* 하고 서민 경제가 망가져도 "경제가 올바른 방향으로 가고 있다"고 우기며 4년을 보냈다.

또한, 탈(脫) 원전(原電)도 에너지 정책 문외한인 문재인(文在寅) 대통령이 혼자 결정했다. 7천억 원을 들여 새로 만든 원전(原電)의 경제성 평가를 조작해 폐쇄해 버렸다. 세계 최고 경쟁력을 가진 한국형 원전은 몰락 위기를 맞았다. 산자부 공무원들은 감사원 감사를 앞두고 휴일 한밤에 사무실에 들어가 공문서와 파일을 무더기 삭제했다.

문재인(文在寅) 대통령의 30년 친구를 울산 시장에 당선시키려고 청와대와 경찰 등이 울산 선거 공작을 벌였다. 이 사건에 대한 재판은 1년이 넘도록 중단돼 있다. 검찰이 이 사건과 월성 원전, 라임·옵티머스 수사에 나서자 수사팀을 공중분해시켜 버렸다.

심지어, 국민의 생명이 걸려있는 코로나 백신 도입 시기를 놓치는 바람에 백신 접종 꼴찌 국가로 전락했다. *"코로나가 머지않아 종식될 것"*이라고 말한 것이 벌써 1년도 전의 일이었다. 코로나 백신이 없는데도 *"긴 터널의 끝이 보인다"*거나 *"다른 나라보다 집단면역이 빠를 것"*이라고 뜬금없는 낙관론을 펼쳤다.

집값을 잡겠다며 24차례나 부동산 대책을 내놨지만 집값 급등으로 서민은 집을 살 수 없고, 집 가진 사람은 세금 폭탄을 맞았다. '임대차 3법'을 강행하는 바람에 전세(傳貰)를 구할 수도, 내 집에 들어갈 수도 없다.

부동산으로 돈 벌지 못하게 하겠다던 문재인 정부의 공직자와 여당 의원들이 앞장서서 투기를 했다는 사실은 국민의 공분을 일으켰다. 서울·부산시장 보궐선거에서 국민의힘 오세훈 후보와 박형준 후보가 압승했다. 문재인 정부 4년 실정(失政)에 대한 분노가 마침내 투표로 분출됐다. 이 정권의 내로남불과 불공정, 파렴치, 무능, 오만에 대해 참고 참던 국민들이 결국 준엄한 심판을 내린 것이다.

상기 보궐 선거는 여당 소속 서울·부산시장의 성추행 범죄 때문에 치러진 것이다. 이런 선거엔 후보를 내지 않는다는 당헌까지 바꿔서 무리하게 후보를 냈다. 기어이 이기겠다며 온갖 선심 정책을 쓰고 네거티브에 올인했다. 20조 원의 재난지원금도 모자라 교사·군인 상여금을 당겨서 주고, 시민들에게 10만 원씩 주겠다고 했다.

부동산 불로소득은 절대 허용하지 않겠다던 문재인(文在寅) 정권 사람들의 '내로남불'은 헤아리기 힘들 정도다. 다주택자인 노영민 전 대통령 비서실장과 김조원 전 민정수석이 집 처분 문제로 중도 하차했고, 김의겸 전 대변인은 정부의 '부동산과의 전쟁' 와중에 재개발 투자에 나섰다. 청와대는 "한 채 빼고 다 팔라"고 했지만 정작 청와대 고위직 49명 중 15명이 다주택자였다. 이들은 수억~수십억 원씩 차익을 누렸다.

그러면서 국민을 향해선 "아파트에 대한 환상을 버리라"며 내 집 마련의 꿈을 포기하고 공공 임대주택에 가서 살라고 했다. 잘못된 대책으로 주택 가격을 역대 최악으로 급등시켜 자산 격차를 심화시키고 집 없는 청년·서민을 절망에 빠뜨렸다. 그래 놓고 그 뒤에서 자신들은 부동산 내로남불로 이익을 취했다.

예로서 김상조 청와대 정책실장이 전·월세 인상률 상한선을 5%로 제한하는 새 임대차법 시행 이틀 전에 자기 소유 아파트의 전세 보증금을 14%(1억2천만 원) 올려 받은 사실이 드러났다. 전·월세 상한 규제가 부작용을 부를 것이란 지적을 무시하고 법을 강행하더니 정작 부동산 정책을 총괄하는 정책실장은 법 시행을 피해 상한선의 세 배나 인상한 것이다.

임대료 인상률을 5%로 제한하는 임대차법 개정안을 대표발의한 더불어민주당 박주민 의원은 법안 통과 직전 자신이 보유한 아파트의 임대료(월세)를 9% 올린 사실이 드러났다. 임대차법 입안을 주도해 놓고 법 시행 이틀 전에 전셋값을 14% 인상한 일로 김상조 전 청와대 정책실장이 옷을 벗은 지 꼭 이틀 만이다. LH 사태로 크나큰 마음의 상처를 입은 국민에게 문재인 대통령의 측근 인사들이 2, 3차 치명상을 가했다. 성난 부동산 민심은 이들의 잇따른 기름 투척에 걷잡을 수 없이 타오르고 있다.

매년 한해의 끝자락에서 대학교수들이 한국사회를 돌아보며 사자성어를 선택해 발표한다. 2020년 경자년(庚子年) 한해를 상징하는 사자성어를 발표했는데 바로 '아시타비(我是他非)'라는 신규 성어를 선정했다. '내가 하면 로맨스, 남이 하면 불륜'이라는 '내로남불'을 한자어로 표현한 것이다.

문재인(文在寅) 정권(2017.05~현재) 사람들은 자신들은 정의롭고, 공정하다면서 다른 사람들을 비난하고 공격하는 방법으로 권력을 잡았다. 김상조 실장은 진보 경제학자로 불리며 참여연대 '재벌 개혁 운동'에 앞장섰다. '삼성 저격수'라는 별명도 얻었다. 문 정부 공정거래위원장으로서 '공정 경제'에 기여했다고 청와대 정책실장이 됐다. 그런데 그 역시 내로남불이었다.

문재인(文在寅) 대통령(2017.05~현재)은 "과정은 공정하고 결과는 정의로울 것"이라고 했다. 하지만 조국 전(前) 장관의 자녀는 가짜 인턴 증명서와 상장으로 대학에 가고 의사가 됐다. 추미애 전(前) 법무장관 아들은 일반 병사들은 상상도 할 수 없는 휴가 특혜를 누렸다. 윤미향 의원은 위안부 할머니를 앞세워 자기 배를 불렸지만 국회의원 배지를 달

앗다.

문재인(文在寅) 대통령(2017.05~현재)에게 '소득주도성장' 논리를 주입시켜 국정 기조로 자리 잡게 한 홍장표 전(前) 경제수석은 고용 참사 조짐이 나타난 2018년 6월 사실상 청와대를 떠났다. 부경대 경제학부 교수로 복귀하였다가 최근에 홍장표 전(前) 경제수석은 한국개발연구원(KDI) 원장에 취임하였다.

김수현 전(前) 청와대 정책실장은 문재인(文在寅) 정부의 최대 실패작으로 꼽히는 부동산 정책을 이끌었다. 세금 때리기와 규제 일변도의 20여 차례 대책이 그에게서 비롯됐다고 한다. 소수의 주택 자산가를 징벌해 다수 서민·중산층의 환심을 사려는 편 가르기 정책이 결국 집값 폭등을 불렀다. 그 역시 부동산 시장을 망쳐놓고는 2019년 6월 청와대를 떠나 세종대학교 교수로 돌아갔다. 각종 기업 규제법 처리를 완성한 김상조 전(前) 정책실장은 성난 부동산 민심에 기름을 붓고는 사퇴했다. 그는 임대차법 통과 직전에 자신의 강남 아파트 임대료를 법적 인상률 상한선(5%)보다 훨씬 높였다. 김수현 전(前) 실장도 한성대 복직을 신청할 것으로 알려졌다. 그들이 떠난 자리는 다른 사람으로 채워졌지만 변한 것은 아무것도 없다.

한편, 박정훈 논설실장(조선일보, 2021.04.30)은 국가 경영의 두뇌 기능에 이상 징후가 나타나기 시작했다고 진단했다. 국가 운명을 좌우할 주요 대목마다 자해(自害)와 다를 것 없는 의사 결정이 잇따르고 있다. 세계 최강의 한국형 원전(原電)을 죽이는 탈(脫) 원전(原電), 서민층을 영원한 무주택자로 전락시키는 부동산 역주행, 청년들에게 '가붕개(가재·붕어·개구리)'로 살 것을 강요하는 사다리 걷어차기, 기업인들을 교도소 담장 위에서 걷게 하는 가혹한 규제, 연금·재정 파산이라는 예정된 미래 방치하기, 동맹 관계를 흔드는 맹목적 북한·중국 추종 등등이 그 예다. 제정신으로는 도무지 이해할 수 없는 국정이 펼쳐지고 있다. 전략가들이 맡아야 할 국가 경영의 운전석을 운동권 이념가들이 차고 앉았기 때문이다.

박정훈 논설실장은 두뇌가 고장 난 나라가 어떤 길을 걷는지 일본의 '잃어버린 20년'이 말해주었다고 상기시킨다. 일본이 장기 침체의 함정에 빠졌던 2000년대 초, 일본 지식인들은 나라를 '알츠하이머병 환자'에 비유했다. 지력(智力)이 쇠진한 무뇌(無腦) 정치인, 생각 없는 생계형 관료들이 일본을 국가적 치매에 빠트렸다고 한탄했다. 이젠, 한국이 그 꼴이 됐다. 통치 엘리트들이 전략 대신 이념, 과학 대신 맹신, 미래 대신 과거에 빠진 나라가 제대로 갈 수는 없다. 박정훈 논설실장은 이대로면 한국에도 '잃어버린 20년'이 기다리고 있을지 모른다고 경고한다.

또한, 김영수 영남대 교수(정치학)는 그의 朝鮮칼럼(2021.03.30)에서 문재인(文在寅) 대통령 리더십의 특징을 침묵, 부재, 유체 이탈이라고 규정한다. 즉, 있어야 할 때 있어야 할 곳에는 없고, 엉뚱한 때 엉뚱한 곳에서 뜬금없이 등장한다는 것이다. 국정(國政)의 중심에 문재인(文在寅) 대통령이 거의 보이지 않는다고 지적한다. '조국(曺國) 사태'로 온 나라가 둘로 쪼개졌지만, 문재인(文在寅) 대통령은 없었으며, 윤석열 검찰총장(당시)을 찍어내려고 추미애 장관이 난리를 쳐도 문재인(文在寅) 대통령은 거기 없었다고 지적한다. 집값, 전셋값 폭등으로 국민이 패닉 상태일 때도 그랬다. 집값이 심각한데도 *"부동산 문제는 자신 있다고 장담하고 싶다"*고 한다. 북한이 '삶은 소대가리'라고 욕하는데도 *"김정은과 나는 세상에 둘도 없는 길동무"*라고 한다. 백신 확보가 늦은 것은 *"심각한 부작용을 걱정해 국민 건강을 최우선으로 고려했기 때문"*이다. 비현실적이고, 알맹이가 없고, 맥락이 닿지 않는 언행이다.

김영수 영남대 교수는 '탈원전부터 시작해 어떻게 4년 만에 나라를 거의 해체 수준까지 만들었을까?'라고 질문한다. 안보의 경우, 공산주의자 김원봉을 국군의 뿌리로 규정하고, 국방 백서에서 북한 주적 개념을 빼고, 한미 연합 훈련은 형식화되고, 국가정보원의 대공 수사권은 폐지되었다고 지적한다. 그 사이 북한은 실질적 핵보유국이 되고, 전술핵 개발까지 공언했다. 그런데 얼마 전 한미 공동성명에서 '북한 비핵화'가 빠졌으며, 전시작전통제권 전환도 가속하겠다고, 문재인(文在寅) 정권의 실책(失策)을 통박했다. 김영수 교수는 문재인(文在寅) 정권의 정치적 행각이 너무 체계적이고 집요해서 무서울 지경이라고 개탄했다.

사실, 문재인(文在寅) 대통령은 북한 비핵화보다 김정은(金正恩) 국무위원장과의 정상회담 이벤트에 매달렸다. 북핵 폐기가 아니라 눈앞의 이벤트 효과에만 정신을 팔았다. 그 결과는 미·북 회담 결렬과 북한의 미사일 도발, 남북 연락사무소 폭파였다. 김여정이 대북 전단 금지법을 만들라고 하니 곧바로 법을 만들었다. 북한이 외교·국방·통일장관을 비난하자 줄줄이 교체했다. 북한이 서해에서 남한 공무원을 총살하고 불살라도 항의 한마디 제대로 못 했다. 한·미 연합 훈련을 컴퓨터 게임으로 만들더니 그마저도 북한과 협의하겠다고 했다. 끝없는 대(對)북한 저(低)자세로 안보는 위태로워지고, 중국 눈치 보기에 미국·일본 등 우방과의 관계는 삐걱거리고 있다.

한편, 미국 국무부가 공식 발간할 예정인 '2020 국가별 인권보고서'에서 한국이 인권을 보장하지 않고 부패가 만연한 3류 국가로 전락했다. 공무원 부패와 성추행, 표현의 자유 억압, 북한 인권에 대한 외면 등 한두 가지가 아니다. '미국의 소리'(VOA)에 따르면 상기 보고서가 가장 먼저 언급한 인권 문제는 민주주의의 근간인 표현의 자유와 언론에 관한 제약이다. '표현의 자유'에서는 대북전단 금지와 관련해 "(한국의) *인권활동가들과 야당 정치 지도자들이 표현의 자유 침해라고 비판했다*"고 적었다. '언론의 자유'에선 언론인이 조국(曺國) 전(前) 법무부 장관에 대한 명예훼손 혐의로 1심에서 징역 8개월을 선고받은 사례를 제기했다. 미(美)국무부는 언론인에 대한 징역형 선고에 우려를 표명했다. 한국 인권문제 가운데 '부패와 정부 투명성 부재' 항목에서 조국(曺國) 전(前) 법무부 장관과 박원순 전(前) 서울시장 등 한국 공직자의 부패와 성추행 사례를 조목조목 적었다. 성추행 내용은 낯 뜨거울 정도로 구체적이다. 박원순 전(前) 서울시장과 오거돈 전(前) 부산시장 사건이다. 윤미향 민주당 의원이 위안부 기금을 유용한 혐의로 기소된 사실도 지적했다. 김홍걸 의원은 후보자 등록 때 재산 축소 신고로 당에서 제명됐다고 썼다.

04 한국의 '민주화(民主化) 운동'은 과연 성공했는가?

본 연구는 세계의 '민주화(民主化) 운동'의 사례연구를 바탕으로 다음과 같은 이슈에 대한 실증적 해답을 도출하고자 한다: 인류의 보편적 가치인 자유(自由)와 평등(平等)은 각각 어떠한 철학적 개념이며, 자유주의(自由主義)와 평등주의(平等主義)는 각각 어떠한 이념(理念)을 표방하는 것인가? 만약 자유(自由)와 평등(平等)이 분리 가능하다면, 어느 것이 우선적 가치인가? 만약 자유(自由)가 우선적 가치라면, 자유(自由)는 평등(平等)을 보장하는가? 만약 평등(平等)이 우선적 가치라면, 평등(平等)이 자유(自由)를 보장하는가? 만약 상기 2개 가치가 상호갈등적 관계라면 자유(自由)와 평등(平等)을 모두 동시적으로 추구하는 사상 · 철학은 무엇인가? 또한, 자유(自由)는 평등(平等)을 합리적으로 실현할 수 있는 정치 · 경제 체제는 무엇인가? '자유(自由)'와 '평등(平等)'을 구현하기 위한 정치체제(政治體制)로서 민주주의(民主主義)는 경제체제(經濟體制)로서 자본주의(資本主義)와 사회주의(社會主義)와 각각 어떠한 관련성을 갖고 있는가? 한국의 경우, 현재의 정치 · 경제 · 사회적 상황에서 어떤 민주주의(民主主義)가 바람직한 것인가? 민주주의(民主主義)는 개인 권리의 문제인가? 아니면 집단의 생존(공공의 이익)인가? '성숙한 민주주의'를 위한 필요충분조건은 무엇인가?

1) 새뮤얼 헌팅턴(Samuel Huntington): 세계의 '민주화(民主化) 운동'

새뮤엘 헌딩턴(Samuel Huntington, 1927~2008) 교수는 그의 저서: 『제3의 물결: 20세기 후반의 민주화』(1991년)에서 세계 민주화(Democratization) 운동을 다음과 같이 4단계로 구분하였다[43]:

---

43) 새뮤엘 헌딩턴(Samuel Huntington, 1927~2008) 교수가 구분한 세계 '민주화 물결'에서 많은 '민주화 운동'이 누락되었다. 따라서 저자는 상기한 '민주화 물결'을 보다 더 폭 넓게 세계의 민주화(民主化) 과정을 역사적으로 개관하였다. 예로서, 영국의 마그나 카르타(Magna Carta, 1215년) · 청교도 혁명(1642~1649) · 명예혁명(1688년) · 권리장전(1689년), 미국의 독립전쟁(1775~1783) · 남북전쟁(1861~1865), 프랑스의 경우 1789년 프랑스 대혁명 · 1830년 7월 혁명 · 1832년 6월 봉기(June Uprising) · 1848년 6월 민중 봉기 · 1871년 3~5월 파리 코뮌(Paris Commune, 인민의회), 러시아의 경우 1917년 3월 공산당의 '러시아 혁명', 스페인 내전(1936~1939), 동(東)유럽의 경우 폴란드 자유노조 '연대'의 '자유화 운동'(1956

① '제1민주화 물결'은 산업화(Industrialization)의 진전과 시민사회의 출현으로 전통적 절대왕권이 입헌군주제와 공화국으로 대체된 영국의 입헌군주제, 미국의 독립, 서(西)유럽의 보편선거권 운동이다.

② '제2민주화 물결'은 제2차 세계대전(1939~1945) 종전 후 패전국이 된 독일·이탈리아·일본의 민주화(民主化)와, 인도를 비롯한 식민지들이 민주국가로 탄생하는 과정이다.

③ '제3민주화 물결'은 냉전(冷戰) 시기에 풍미(風靡)하였던 권위주의 체제가 1975년 스페인의 내전(內戰)을 기점으로 민주체제로 전환하는 흐름과 1980년대 한국의 '6월 항쟁'을 포함한 '피플 파워 혁명'이다.

④ '제4 민주화 물결'은 아랍·중동 지역을 강타한 '아랍의 봄'(2010~2015)이다.

세계 민주화(Democratization) 운동의 '제1민주화 물결'인 영국·미국·프랑스의 민주화(民主化) 과정은 자유민주주의 토대가 되었다. 이를 개관해보면 다음과 같다: 왕정(王政)에서 근대 민주정(民主政)으로 이행하는 모형은 2개: 명예혁명(1688년)과 프랑스 대혁명(1789년)로 나누어진다. 영국의 민주화는 주로 정치적 요인에 의하여 '왕(王)은 군림하되 통치하지는 않는다'는 입헌군주정(入憲君主政)을 확립했던 반면에 프랑스의 민주화는 주로 경제적 요인(경제적 위기와 농민 수탈)에 의하여 왕(찰스 1세, 루이 16세)을 단두대에서 처단하고 국민주권(國民主權)을 기반으로 한 공화국(共和國)을 건설했다.

그렇다면, 영국의 민주화와 프랑스의 민주화가 다른 이유는 무엇일까? 저자의 답변은 다음과 같다: 영국의 명예혁명(1688년)과 미국의 독립혁명(1775~1783)은 존 로크(John Locke, 1632~1704)의 보수주의적 자유주의(自由主義) 사상을, 이와 반면에 프랑스 대혁명(1789년)은 장-자크 루소(Jean-Jacques Rousseau, 1712~1778)의 진보주의적 평등주의(平等主義) 사상을 각각 추구했었기 때문이라고 사유된다. 다시 말하면, 영국에서는 대헌장(1215년), 권리청원(1628년) 등과 같이 헌법(憲法)에서 인신(人身)의 자유(自由) 보장과 대표기관 혹은 의회의 존중이란 형태로 일찍부터 주장되었지만, 존 로크(John Locke, 1632~

년)·헝가리의 '부다페스트 봄'(1956년 10월)·체코슬로바키아의 '프라하 봄'(1968년), 남미(南美)의 경우 브라질의 대학살(1932년)·멕시코의 반(反)독재 민주화 시위(1968년)·아르헨티나의 '추악한 전쟁'(1976. 03), 한국의 경우 1919년 3·1 독립운동·1960년 4·19 혁명, 중국의 경우 '5·4 운동'(1919년)·'4·5 운동'(1976.04)·'6·4 천안문 사태'(1989.06), 중동(中東)의 경우 '아랍의 봄'(2010~2015) 등을 들 수 있다. 이에 관한 상세한 논술을 위해서는 임양택, "세계 '민주화 운동'의 비교와 시사점: 정치·경제사상적 측면", <한국경제학회> 정기학술회의, 성균관대학교 퇴계인문관, 2019.02.14를 참조.

1704)의 자유주의 사상으로부터 큰 영향을 받은 명예혁명(1688년)과 권리장전(1689년)에서 인권 존중과 의회제(議會制) 민주주의 정치방식이 겨우 인정되었다.

이어서, 1789년 프랑스 혁명은 자유(自由)·평등(平等)과 함께 형제애[fraternite, 흔히 '박애(博愛)'라고 번역하지만 원래 의미는 '형제애'이다]를 구호로 내세웠었다. 그러나, 프랑스의 '형제'들이 봉기해 '아버지'의 가부장제(家父長制)를 타파하고 새로운 공화국을 건설하려고 했었지만, 그 결과는 형제들만의 자유(自由), 형제들만의 평등(平等)에만 그쳤었고 '자매'들은 해방(解放)되지 못했었다. 단지, 아버지의 가부장제가 형제들의 가부장제로 바뀌었을 뿐, 자매들의 해방은 후일을 기약해야만 했었다.

1789년 프랑스 혁명이나 1848년 6월 민중 봉기 이후 주변 국가들(독일, 헝가리 등) 역시 민주주의 혁명이나 시위 혹은 봉기가 일어났음에도 불구하고, 영국과 프랑스에서는 200여 년이 지날 때까지 민주주의(民主主義)가 완벽히 정착한 적은 없었다, 그 요인은 서구(西歐)의 민주화(民主化)는 교권(敎權)과 왕권(王權)의 대립, 종교개혁(宗敎改革), 시민혁명(市民革命) 등으로 인하여 약 200여년의 투쟁 기간이 필요했었기 때문이었다. 이 사실은 중동(中東)에서 발생한 '아랍의 봄'(2010~2015)에서도 알 수 있듯이 종교(宗敎) 문제가 민주화(民主化)의 주요한 요인임을 시사한다.

한편, 미국의 독립혁명(1775~1783)에 이어서, 에이브러햄 링컨(Abraham Lincoln) 대통령(재임: 1861~1865)이 남북전쟁(American Civil War, 1861~1865)에서 무려 60만 명 사망자의 유혈(流血)로써 '노예제(奴隷制)'를 폐지하여 인종을 초월한 인간의 기본권인 자유(自由)와 평등(平等)을 동시적으로 실현하였다. 이것은 고결한 민주주의 역사의 대(大) 서사시(敍事詩)이며 금자탑(金字塔)이다. 여기서 유의할 것은 남북전쟁(American Civil War, 1861~1865)이 쟁취한 자유(自由)와 평등(平等)은 상호 독립적 가치 혹은 상호 독립적 관계가 아니라 '자유(自由) 속의 평등(平等)'이며 '평등(平等)에 의한 자유(自由)'였다는 점이다. 이 사실은 자유(自由)와 평등(平等)을 추구하는 민주화(民主化) 운동에 큰 의미를 제시한다.

자유(自由)와 평등(平等)의 갈등적 관계와 관련하여, 아담 스미스(Adam Smith, 1723~1790)는 그의 저서: 『도덕감성론』(1759년)·『국부론』(1776년)·『법학강의』(1762년)에서 사회적 정의(Social Justice)와 경제적 효율성(Economic Efficiency)은 '공존(共存)'한다고 갈파했었다. 또한, 존 롤즈(John Rawls, 1921~2002)는 존 로크(John Locke, 1632~1704)의 자유(自由)와 장-자크 루소(Jean-Jacque Rousseou, 1712~1778)의 평등(平等)의 상호갈등적 관계를 임마누엘 칸트(Immanuel Kant, 1724~1804)의 '의무론적 윤리론'으로서 해결했었다.

2) 한국의 '민주화(民主化) 운동'에 관한 저자의 역사관:
기·승·전·결(起·承·轉·結)

본 연구는 한국의 민주화(民主化) 운동을 3가지 측면: (1) 존 로크(John Locke, 1632~1704)의 자유민주주의 정치체제의 측면, (2) 샤를 루이 드 세콩다 몽테스키외 (Charles-Louis de Secondat, Baron de La Brède et de Montesquieu, 1689~1755)의 '권력분립(權力分立) 사상'의 측면, (3) 장-자크 루소(Jean-Jacques Rousseau, 1712~1778)의 '일반의지'(즉, 국민주권)의 측면에서 한국 '민주화 과정'을 평가하고자 한다.

상기의 분석목표를 위하여, 저자는 한국의 '민주화(民主化) 운동'에 관한 저자 나름대로의 역사관(歷史觀): '기·승·전·결(起·承·轉·結)'을 다음과 같이 밝힌다: 한국 '민주화 운동'을 5개로 구분하여 ① '동학(動學) 혁명'(1894~1895)과 3·1 독립운동(1919년)을 '발화점(發火點)'으로, ② 진보당(進步黨) 사건(1958.01)을 '기(起)'로, ③ 4.19 혁명(1960년)을 '승(承)'으로, ④ '6.10 민주 항쟁'(1987년)을 '전(轉)'으로, ⑤ 2016년 11~12월 '촛불시위'를 '미완(未完)의 결(結)'로 각각 규정한다.

상기한 '전'(轉) 국면에는 1980년대의 민주화 운동(1981.05, '학림사건'; 1981.09, '부림사건'; 1986.05, '5·3 인천 사태'; 1987.06, '6·10 항쟁')을 모두 포함시켰는데, 그 이유는 이들 민주화 운동들은 성격상 '6.10 민주 항쟁'(1987년)로 집약되었기 때문이다.

(1) '발화점(發火點)': '동학(動學) 혁명'(1894~1895)과
'3·1 독립운동'(1919년)

본 연구는 한국의 '민주화 운동'의 '발화점(發火點)'을 봉건제도(封建制度)의 타파와 평등(平等)을 외친 '동학(動學)혁명'(1894~1895)과 자유(自由)를 외친 '3·1 독립운동'(1919년)으로 규정한다. 그 이유는 다음과 같다:

첫째, '동학(動學) 혁명'(1894~1895)은 노비문서의 소각, 천인의 대우 개선, 과부의 재혼 자유 등과 같은 봉건적 신분체제 철폐를 요구하였고, 토지의 평균분작(平均分作)으로 봉건적 토지소유관계인 지주전호제(地主佃戶制)의 타파(세금제도 개혁)와 경제적 평등(平等)을 주장하고 보국안민(輔國安民)·제폭구민(除暴救民)의 기치로 분연히 일어선 농민운동이었기 때문이다.

둘째, '3·1 독립운동'(1919년)은 한국사에서 왕정(王政)을 종식한 것은 일제(日帝)였지만, 대한제국(大韓帝國)의 복고가 아니라, 왕정(王政)에서 민주공화정(民主共和政)으로의 길을 연 결정적 사건이었기 때문이다.[44]

'3·1 독립운동'(1919년) 참가자들은 '조선 독립 만세'와 '대한 독립 만세'라는 구호를 앞세워 일본 제국의 무단통치(武斷統治)를 거부하고 한국의 독립을 선언하였으며, 이는 민중과 지식인의 반향을 일으켜 대규모의 전국적 시위로 발전하였다. 시위가 끝난 뒤에도 그 열기는 꺼지지 않고 각종 후원회 및 시민단체가 결성되었고, 민족 교육기관, 조선여성동우회와 근우회 등의 여성 독립운동 단체, 의열단 등의 무장 레지스탕스, 독립군이 탄생했으며 종래에는 현대 한국의 모체(母體)인 대한민국 임시정부를 낳은 운동이다. 따라서 '3·1 독립운동'(1919년)은 대한민국 임시정부가 수립된 계기이고 헌법에도 계승하고 있음을 명시하기 때문에 대한민국의 정통성은 3·1 운동에 있으며, 대한민국 임시정부와 대한민국 정부에서 사용한 대한민국 연호는 3·1 운동이 일어난 1919년을 원년으로 삼는다.

'동학(動學) 혁명'(1894~1895)에 관해서는 이미 제Ⅳ장: '조선(朝鮮: 1392~1897)의 망조(亡兆)와 대한제국(大韓帝國, 1897~1910)의 자멸(1910.08.29)'에서 상세히 논술하였기 때문에, 여기서는 '3·1 독립운동'(1919년)의 배경과 의의를 다음과 같이 논술한다:

1910년 8월 29일, 일본 제국에게 대한제국이 강제합병 당한 후, 조선은 일본 제국의 무단 통치에 신음하고 있었다. 1910년대 일제(日帝) 치하에서도 지주와 소작농 관계는 이전에 비해서도 되려 악화되었고, 토지정리사업도 농민들에게 일방적으로 불리하게 돌아갔으며 경제사정은 나날히 악화일로로 치달아서 물가상승률은 매년 두자릿수대를 기록했다.

1918년 일본에서 큰 흉년이 들어 쌀 소동이 터지자 이를 수습하기 위해 조선에서 쌀을 더욱 공출하면서 농민들의 불만이 더욱 고조되었고, 부두를 중심으로 일하던 노동자들의 생활고는 악화되었다. 게다가 1910년대 후반에 일본 자본들이 쌀 시장에 대대적으로 유입되면서 투기 바람이 불었는데 그 결과, 쌀값은 1917년 기준으로 10원대 중후반이었던 것이 3배 가량 폭등하여 1919년 3·1 운동을 앞두고 43원 57전까지 올라버렸는데 이러한 쌀값 폭등에 대해서 조선 총독부는 대책을 제대로 내놓지 않은채 무능함만 드러냈었다. 인구의 다수를 차지하던 소작농들의 민생고는 악화일로로 치달았다. 상당수의 사람들이 조선을 떠나고 중국 동북부와 러시아의 연해주로 이주해나갔다.

한편, 제1차 세계대전(1914~1918)이 끝나고 파리강화회담에서 미국 토마스 우드로 윌

---

44) 물론, '3·1 독립운동'(1919년)은 (1) 국채보상운동(國債報償運動, 1907년), (2) 조선(朝鮮) 물산장려운동(物産獎勵運動, 1923년), (3) 광주(光州) 학생독립운동(學生獨立運動, 1929년)과 함께 국권회복운동의 범주에 속한다.

슨(Thomas Woodrow Wilson) 대통령(28대: 1913~1921)이 제안한 14개조의 전후처리 원칙 중에 '각 민족의 운명은 그 민족이 스스로 결정하게 하자'라는 소위 민족자결주의(民族自決主義)가 알려지면서 조선의 독립운동가들 사이에 희망의 분위기가 일어났다. 또한, 소련의 지도자였던 블라디미르 레닌(Vladimir Ilich Lenin, 1870~1924) 역시 제국주의(帝國主義) 반대의 일환으로 민족자결주의(民族自決主義)를 주장하는 등 세계에서 민족주의 운동에 힘을 싣는 여론이 조성되었다. 특히 당시 중국에 유학 중이던 여운형(呂運亨, 1886~1947)은 우드로 윌슨(Thomas Woodrow Wilson, 28대: 1913~1921) 대통령의 민족자결주의(民族自決主義) 선언과 뒤이은 파리강화회의가 조선 독립의 달성 여부를 떠나서 앞으로 조선의 미래를 결정짓는 중요한 사건이 될 것이라고 판단하고 〈신한청년당〉을 공식적으로 조직하여 파리강화회의에 영어가 능통한 김규식(金奎植, 1881~1950)을, 조선 쪽에는 일본어에 능한 장덕수(張德秀, 1894~1947)를 각각 파견했다.

그런 와중인 1919년 1월, 고종(高宗) 황제가 사망했는데, 당시는 아직 조선이 멸망한 지 오래 지나지 않은 시점이었기 때문에 옛 왕의 상징적 무게감이 적지 않았고 그에 따라 민심은 극도로 격양되어 있었다. 1919년 2월 8일 일본 도쿄 YMCA 강당에서 '2.8 독립선언'이 발표되었다. 1919년 3월 3일 고종(高宗)의 장례식에 참석하기 위해 전국의 사람들이 서울로 모여들었고, 이들 중의 많은 수가 시위운동에 참가하였다.

천도교(天道敎)에서는 오래전부터 동학(東學)농민운동의 연장선상에서 전(全)국민적인 독립운동을 준비하고 있었다. 천도교(天道敎)는 처음에는 구(舊) 대한제국의 정치인들과의 연대를 모색했으나 이들이 소극적이자 개신교, 불교와의 연대로 방향을 전환했다. 개신교(改新敎)에서는 관서 지방의 기독교 지도자들이 일제에 의해 일제 검거된 소위 105인 사건 등으로 일제에 대한 저항 의식이 고조된 가운데 관서 지방의 대표적 기독교 지도자였던 이승훈(李昇薰, 1864~1930)이 천도교 측과 접촉하여 운동에 참여하기로 한 가운데 개신교 학교의 학생들이 가세했다. 불교(佛敎) 또한 한용운(韓龍雲, 1879~1944)을 중심으로 반일(反日)의 분위기가 고조되어 있었고 최린(崔麟, 1878~1958)[45]이 한용운(韓龍雲, 1879~1944)

---

45) 천도교(天道敎) 측에서 운영하는 인쇄소에서 독립선언서를 인쇄하던 도중 종로경찰서 고등계 형사인 신철이 이를 발견하였다. 그러자 민족 대표 중 하나였던 최린이 신철을 만나서 돈을 주며 "당신은 조선 사람이냐 일본 사람이냐"고 묻고는 "제발 며칠간만 입을 다물어 달라"고 통사정을 했다한다. 돈을 받았는지는 불분명하지만, 신철이 이를 묵인한 것은 사실이며, 그 후 신철은 체포령이 떨어지자 유치장에서 숨겨뒀던 청산가리로 자살했다. 아이러니컬한 점은, 정작 신철에게 "당신은 조선 사람이냐"고 묻던 그 최린은 훗날 변절하여 내선일체의 선봉장으로서 조선 청년들에게 "너희들은 일본 사람"이라고 윽박지르는 뒤통수를 치게된다.

과 접촉하여 불교(佛敎)와의 연대도 성사되었다. 그러나 한용운(韓龍雲)이 추진한 유림(儒林)과의 연대는 무산되었다.[46]

천도교(天道敎)에서는 당초 일본 정부에 조선 독립을 요청하는 건의문을 생각했지만 최린(崔麟의 강력한 주장으로 독립선언서를 만들게 되었다. 이에 따라 최남선(崔南善, 1890~1957)이 초안을 잡게 되고 독립선언문을 작성하게 되었다. 만세시위운동에 대한 구체적인 계획도 잡히게 되어 3월 1일 2시에 탑골공원에서 민족대표 33인이 독립선언서를 낭독하고 만세시위운동을 일으키기로 결정되었다. 2월 28일, 천도교(동학) 지도자 손병희(孫秉熙, 1861~1922)의 집에 33인중 23명이 모여 회합을 가졌고 이 자리에서 박희도(朴熙道, 1889~1952)는 탑골공원에서 거사를 할 경우 자칫 폭력사태가 일어날 수 있다고 지적하여 민족대표들은 태화관으로 장소를 옮기기로 결정했다.

1919년 3월 1일 낮 12시 서울의 탑골공원에서 독립선언서를 낭독하였다. 민족대표 33인 중 29명(길선주, 김병조, 유여대, 정춘수 제외)이 오후 2시 태화관에 모여 독립선언문을 낭독하였다. 민족대표들은 태화관 주인 안순환에게 조선총독부에 전화를 걸어 민족대표들이 모여 독립선언식을 열고 있다고 연락하게 했고, 전화를 받고 일본제국 경찰 80명이 태화관으로 들이닥쳤다. 한용운(韓龍雲)의 선창으로 만세삼창 후에 이들은 일본제국 경찰에 연행되었다.

독립을 선언한 학생과 청년들은 수십만 명의 군중과 함께 "대한독립 만세"를 외치며 온 거리를 휩쓸음으로써 3·1 운동은 시작되었다. 200만 명이 넘는 민중이 참여하여 약 2개월에 걸쳐 투쟁하는 동안에 232개의 부·군 가운데 229개의 부·군에서 시위와 무력항쟁이 일어났고, 1,491건의 시위를 벌였으며 160개가 넘는 일제 통치기관을 파괴했다. 만세 시위는 일제의 헌병 경찰의 무자비한 탄압 속에서도 삽시간에 전국 방방곡곡 퍼져나갔고, 간도·시베리아·연해주·미주지역까지 퍼져나갔다. 그러나 4월 말에 접어들면서 일제

---

46) 원래 유림(儒林) 세력도 3·1 운동에 적극 동참하기로 했으나 사정이 생겨서 유림(儒林) 대표 김창숙(金昌淑, 1879~1962)는 모친의 와병으로 늦게 도착하여 서명할 기회를 놓쳤다. 독립선언서에 유림 대표들의 이름이 없는 것을 안 유림 대표들은 막대한 죄를 지었다며 바닥에서 뒹굴며 통곡했다고 한다. 그러자 군중들이 "이놈아, 통곡은 왜 하느냐. 나라를 망칠 때는 너희 놈들이 온갖 죄악은 다 지어놓고 오늘날 민족적 독립 운동에는 한 놈도 끼지 아니하였으니. 이놈아, 이러고도 다시 유림이라 오만하게 자부하려느냐?"라고 욕설을 퍼부으며 멸시했고 이에 크나큰 충격을 받은 김창숙(金昌淑, 1879~1962) 등은 파리평화회의에 독립청원서를 보내 이 수치를 씻자고 제의하기에 이른다. 3·1 운동에 대한 부채 의식을 가진 유림 세력의 최후의 몸부림이 면우 곽종석을 중심으로 시작된 1919년의 파리 장서 사건으로 베르사유 조약에 국내 유림의 편지를 보내 독립을 호소하기로 한 것이다. 곽종석 등 여러 유림(儒林)들이 투옥되었다가 순국했다.

의 집단학살·살인·방화·고문 등 무력 탄압으로 3·1 운동은 차츰 사그라졌다. 조선총독부의 공식 집계에 따르면, 106만 명이 참가하여 진압 과정에서 553명이 사망, 12,000명이 체포되었다.

뉴욕타임즈는 1919년 3월 13일자에서 *"조선인들이 독립을 선언했다. 알려진 것 이상으로 3·1 운동이 널리 퍼져나갔으며 수천여명의 시위자가 체포됐다"*고 기록했다. AP통신은 *"독립선언문에 '정의와 인류애의 이름으로 2,000만 동포의 목소리를 대표하고 있다'고 명시돼 있다"*고 보도했다. 이 운동의 시작부터 3·1 운동에 관한 모든 한국의 상황을 해외에 전달하는데는 캐나다의 선교사 프랭크 윌리엄 스코필드(Frank William Schofield, 1889~1970) 박사의 영향이 매우 많았다.[47]

1919년 3·1 운동의 비폭력 항쟁 중에서도 3월 1일부터 4월 30일까지 만세를 부른 사람의 수효는 46만3,086명 정도였다. 이는 1919년 3월 당시 전체 인구 1,678만8천400명 중

---

47) 캐나다의 선교사 프랭크 윌리엄 스코필드(Frank William Schofield, 1889~1970) 박사는 1916년 봄 세브란스 의학전문학교 교장이었던 올리버 알 에비슨으로부터 일제강점기의 한국에서 선교해달라는 권유 서신을 받아 그해 11월에 아내와 함께 한국에 왔다. 영어를 할 줄 알았던 목원홍(睦源洪)으로부터 한국어를 배워 세브란스 의학전문학교에서 세균학과 위생학(衛生學)을 한국어로 강의하였으며, 1917년 한국에 온 지 1년 만에 조선 감리교회에서 '선교사 자격 획득 한국어 시험'에 합격하고 자신의 한국식 이름을 '석호필(石虎弼)'이라고 지었다. 1919년 2월 5일 3·1 운동 거사 준비로 이갑성(李甲成) 씨와 몰래 만났으며, 3·1 운동을 위한 해외 정세파악 업무를 맡았다. 또한 3월 1일 탑골공원에서 만세시위를 하는 민중들과 일본의 시위자에 대한 탄압을 세브란스 제약부에 근무하던 이갑성(李甲成)씨의 의뢰에 따라 사진을 찍고 글로 적어 해외에 알렸다. 4월에는 수원군 제암리에 가서 일본군이 제암리 주민들을 제암리교회에 몰아넣고 학살한 '제암리학살사건'으로 잿더미가 된 현장을 자신의 표현대로 '(일본의 만행에 대한 분노로)떨리는 손'으로 촬영하고 〈제암리/수촌리에서의 잔학 행위에 관한 보고서〉를 작성하여 일제(日帝)의 만행을 고발함과 동시에, 학살에서 살아남은 이들을 위로하였다. 또한, 5월 일본인이 운영하는 영자신문 'Seoul Press' 지에 서대문 형무소에 대한 글을 올리고 당시 노순경, 유관순(柳寬順), 어윤희(魚允姬), 엄영애 등이 갇혀있던 서대문 형무소(여자 감방 8호실)를 직접 방문했다. 수감자에 대한 고문 여부를 확인한 뒤 하세가와 총독과 미즈노 정무 총감 등을 방문하여 일본의 비인도적 만행의 중지를 호소하였다. 물론, 그가 활발한 독립운동 기여를 할 수 있었던 배경은 영일동맹으로 영국계 캐나다 사람인 스코필드(Frank William Schofield) 박사를 일본에서 간섭할 수 없었기 때문이었다. 그는 1920년 3·1 운동 견문록 원고의 제목을 『끌 수 없는 불꽃』(Unquenchable Fire)라고 붙였다. 그해 4월, 강도를 가장한 암살미수 사건이 그의 숙소에서 일어났다. 1920년 4월 일제(日帝)의 감시와 살해 위협을 받게 된 스코필드 박사는 세브란스와의 계약을 연장하지 못하고 한국을 떠났다. 시간이 흐른 후 1958년 대한민국 정부가 광복 13주년 기념일 및 정부수립 10주년 경축 식전에 국빈으로 스코필드(Frank William Schofield) 박사를 초빙하였고 서울대학교 수의과 대학에서 일하기를 자원하여 수의병리학을 맡았다. 1968년 독립운동에 기여한 공로를 인정받아 건국훈장 독립장을 수훈받았다. 1969년 초부터 천식이 심해져 1970년 4월 12일 대한민국 국립 중앙의료원에서 81세로 별세하였다. "자신이 사망하면, 한국 땅에 묻어주고 돌봐오던 소년소녀 가장들을 보살펴달라"는 유언을 남겼다. 한국의 독립운동에 기여한 업적을 존중하는 의미에서 국립서울현충원에 안장되었다.

2.76%에 해당되는 인원이었다. 그러나 역사학연구소의 『함께 보는 한국근현대사』(서해문집, 2004)와 한영우의 『다시찾는 우리역사』(경세원, 2002년)에서는 참여 인원 2백만여 명, 전국의 만세 시위 건수 1,542회, 사망 7,509명, 부상 15,961명, 체포 46,948명의 규모로 서술한다. 역사학연구소나 한영우 등은 그 출처를 밝히지는 않았지만, 대체로 박은식(朴殷植)의 『한국독립운동지혈사』에 실린 통계를 전거로 삼았다. 많은 한국의 교과용 도서에서도 대체로 상기 통계를 활용한다.

그런데 1919년 3·1 운동을 진압하였던 조선총독부 쪽의 통계는 이와 크게 차이 난다. 조선총독부는 당시 조선헌병대사령부와 총독부 경무총감부의 보고서를 바탕으로 『조선소요사건일람표』(朝鮮騷擾事件一覽表)를 작성하여 3월 1일에서 4월 말까지의 상황을 10일 단위로 정리하였다. 이를 합산하면 4월말까지 조선인 시위 참여자는 58만7,641명(50명 이하 참여자의 경우는 제외), 검거자 26,713명(당일 13,517명, 추가 검거 13,196명), 시위 참가자의 사망 553명, 부상 1,409명이라고 집계되어 있다. 또한 일본군과 헌병, 경찰의 경우 사망 9명, 부상 156명으로 집계하였다. 한편, 조선헌병사령부가 발간한 『소요사건 검거건수 조사표』(1919.04.21~1919.04.30)에서는 총 검거 건수를 26,713명으로 집계하였다.[48]

1919년 3·1 운동을 계기로 민주 공화제의 대한민국 임시 정부가 수립됨으로써 19세기 후반부터 이어져 온 근대 국민 국가 수립운동이 첫 결실을 맺었다. 3·1 운동으로 말미암아 한민족은 독립을 향한 마음이 서로 일치함을 확인할 수 있었으며, 만주지방에 있던 독립운동가들과 3·1 운동으로 인해 상해로 망명한 독립운동가들이 대한민국 임시정부를 수립함으로써 구체적인 성과를 거두었으며, 세계적으로 독립의 결의를 나타내 각 국가의 국민에게 한국의 독립의지를 전파하였다. 1945년 일본이 패망한 이후 승전국은 이런 한국의 뜻을 받아들여 대한민국을 독립국가로 인정하기에 이르렀다.

한편, 1919년 3·1 운동을 계기로 군사, 경찰에 의한 강경책을 펴던 조선 총독부는 민족 분열책인 일명 문화 통치로 정책을 바꾸게 되었다. 3·1 운동에 의해 일본 정부나 총독부 측에서는 기존의 통치 방식을 심각하게 고려하지 않을 수 없었고, 군인인 사이토 마코토 총독의 파견을 기점으로 기존의 강압적 통치에서 회유적 통치로 그 방향을 선회하게 된다. 그 결과 단체 활동 및 언론 활동이 허가되었고 아주 기초적인 초등교육이 확대되었다. 그러나 실질적으로는 이름만 바꾼 것에 불과한 것으로, 친일파 양성을 통해 한민족의 분열을

---

48) 박은식(朴殷植)의 통계는 3월에서 5월까지의 상황을 정리한 것이고 조선총독부의 것은 4월 말까지를 정리한 것이어서 단순한 비교는 어렵다. 많은 사람들이 참여하여 장렬하게 투쟁하고 과정에서 가혹한 탄압받았음을 기억하려는 독립운동 진영과 그들의 통치에 저항한 사람이 적었으며 탄압 또한 질서유지를 위한 정도였음을 강변하기 위한 통치자측의 의도가 일정하게 반영된 수치라고도 할 수 있다.

시도하였으며, 이는 식민 통치를 철저히 은폐하기 위한 통치 방식에 지나지 않았다.

다른 한편으로, 1919년 3·1 운동을 계기로 독립운동가들은 독립 운동의 구심점이 필요하다고 느꼈다. 그에 따라 각 지역에 존재한 망명 정부의 통합을 필요성이 제기되었다. 그에 따라 연해주의 대한국민의회, 한반도의 한성임시정부, 상해의 상해임시정부 등이 한 민족의 광복의지를 담아 1919년 4월 11일 중국의 상하이(上海)에서 대한민국 임시 정부를 발족시켰다. 이러한 배경으로, 대한민국 제헌 헌법에서는 3·1 운동을 대한민국 건국의 기원으로 삼아 임시정부의 법통을 계승한다는 것을 천명하였다.

대한민국 임시정부는 13도 대표회의로 결성된 한성 정부의 법통을 이어 정부가 수립되었다. 정부가 수립된 상하이는 프랑스 조계지로서 당시 세계의 외교의 각축장이었는데 제1차 세계대전 이후 각종 국제회의에 영향을 받아 외교적으로 독립을 할 수 있다는 입장에서 상하이에 기반을 두었다. 임시정부는 초반 대통령제를 표방하였으며, 초대 대통령은 이승만(李承晩)이었다. 그는 외교론자로 외교로서 독립을 이루고자 하였다. 임시정부는 1919년 파리 강화회의나 1921년 워싱턴 회의에 대표를 파견하여 독립을 호소했으나, 이미 식민지 지배를 하고 있는 열강의 냉담한 반응으로 전혀 성과를 거두지 못했다. 이승만(李承晩)의 '위임 통치 청원서'가 상하이 임시정부에 알려지자 임정(臨政)의 독립운동가들은 새로운 길을 모색하기 위해 국민대표회의를 개최하였다. 그러나 이 회의서 실력양성을 주장하는 개조파와 무장투쟁을 주장하는 창조파가 대립하였는데, 결국 합의점에 이르지 못한 채, 대부분의 임정(臨政)의 독립운동가들이 이탈하게 되었다. 그 후 항일운동에서 민족의 대표기관이었던 임시정부는 일개 단체로 전락한 체, 이후 김구(金九)의 활약으로 부활하기까지 오랜 시간이 걸렸다.

한편 간도와 만주 연해주의 조선 동포들을 기반으로 조직된 항일무장단체들은 1919년 3·1 운동을 계기로 평안북도 갑산·함경남도 혜산 일대와 압록강과 두만강을 중심으로 한 국경 지방에서 격렬한 무장투쟁을 벌였다. 1920년 3월 12일에는 니콜라옙스크 사건으로 독립군과 붉은 군대는 일본군과 백군을 전멸시켰다. 일제(日帝)는 국경 지방의 독립군을 뿌리 뽑지 않고서는 조선을 지배할 수 없다고 판단하고 대규모로 군대를 동원하여 독립군 토벌에 나섰다.

당시, 조선 말기의 의병장이며 일제 강점기의 독립운동가 홍범도(洪範圖, 1868~1943)의 부대는 북간도 왕청현 봉오동에서 매복하고 있다가 쳐들어오는 일본군을 전멸시켰다(1920.06). 또 김좌진(金佐鎭)과 홍범도(洪範圖) 등이 지휘하던 독립군 연합부대도 작전상 후퇴를 거듭하면서도 북간도 화룡현 청산리에서 매복하여 일본군 1,500여 명을 살상하는 전과를 올렸다. 그러나 결국 일제(日帝)의 토벌에 밀려 소련으로 들어갔었는데, 여기서 각 부대들은 대열을 정비하기도 전에 독립운동의 주도권을 놓고 서로 대립했다. 1921년 6월 자유시 참변[49]이 일어나 대오는 흩어지고 말았다.

이어서, 한반도에서는 6·10 만세 사건(1926년)과 3·1 운동 이래 최대의 항일 운동인 광주 학생 항일운동(1929.11.03)이 일어나 일본에 일격을 가했다. 또한 만주지방에서는 유망민중이 교민회를 조직하여 자활을 모색하였으며, 많은 독립운동단체가 조직되어 조선 내외에서 일본 요인의 암살, 파괴활동을 적극적으로 펴나갔다.

1919년 3·1 운동이 중국의 1919년 5·4 운동[50]에 영향을 주었으며, 인도의 반영(反英) 운동, 그 밖에 베트남, 필리핀, 이집트의 독립운동에도 영향을 끼쳤다. 3·1 운동이 중국의 5·4 운동에 참여한 일부 지식인에게 영향을 준 것은 사실이지만, 3·1 운동이 우드로 윌슨(Thomas Woodrow Wilson, 28대: 1913~1921) 대통령의 민족자결주의(民族自決主義)의 영향을 받았고, 만세운동이라는 평화적 항쟁을 특징으로 하는 데 반해, 중국의 5·4 운동은 러시아 혁명이라는 볼셰비키주의(Bolshevism)의 영향을 받았고, 민중의 폭력적 시위와 연결된다.

---

49) 자유시 참변(自由市 慘變)은 1921년 6월 28일 현재 러시아 아무르주의 스보보드니(Svobodny)에서 일어난 사건이다. 스보보드니는 원래 알렉세예프스크 였으나, 레닌의 적군(赤軍: 붉은 군대)에 의해 스보보드니 즉, 자유시(自由市)로 이름이 바뀌었다. 러시아 붉은 군대가 한인 무장 독립군들을 포위하여 사살한 사건이다. 자유시 참변(自由市 慘變)은 흑하사변(黑河事變)으로도 불린다.

50) 중국 5·4 운동(1919년 톈안먼 사건)은 1919년에 조선의 3·1 운동(1919년)에서 받은 영향과 그 외에도 러시아 혁명(1917년)의 영향을 모두 받아 중화민국에서 확산한 반(反)제국주의·반(反)봉건주의 혁명운동이다. 1919년 5월 4일 베이징 지역의 학생들의 시위(5·4 사건)만 부르는 명칭이지만 그 이후 전국적으로 퍼져나간 몇 달 간의 시위와 신문화운동을 포괄하여서 5·4 운동이라고 부른다. 당시 중국에서는 사상적으로 커다란 혁신이 일어나고 있었는데 신해혁명으로 인한 자극, 사회주의 사상의 전파, 백화문 사용을 둘러싼 소위 문학혁명 논쟁 등이 있었다. 게다가 신해혁명 이후로 언론계가 크게 확장되었기에 1910년대 말의 베이징은 민족주의에서 무정부주의에 이르기까지 여러 사상들이 서로 자신들의 사상을 전파하는데 여념이 없었고 이에 중국의 미래를 둘러싼 논쟁이 크게 벌어지고 있었다. 특히 일본의 식민지 신세였던 조선에서 3·1 운동이 벌어졌고 이 소식은 중국내 주요언론사를 통해 상세히 보도되었다. 3·1 운동의 상황이 상세히 보도되면서 "이렇게 무기력하게만 있을 수는 없는 노릇이니 우리도 무언가 해야 한다"는 움직임이 본격적으로 일기 시작했다. 이러한 혁신은 외국 사상의 흡수 또한 가속화되어간 게 가장 큰 이유였다. 청(淸) 말부터 유학생의 숫자가 누적되어가면서 그들이 경험한 서양 사상의 영향이 깊어졌고 1차 세계대전 때 참전한 노동자나 당시의 프랑스 유학생들의 열악한 대우가 알려지면서 민족주의를 자극하고 있었다. 이들은 귀국하면서 후일 1920년대 노동운동 등 사회운동의 큰 기반이 되었고 이 또한 5·4운동의 열기를 데운 원인이었다.

(2) '기(起)': 진보당(進步黨) 사건(1958년 1월)[51]

본 연구는 '진보당(進步黨) 사건'(1958.01.13)을 한국 '민주화 운동'의 '기(起)'로 규정한다. '진보당(進步黨) 사건'은 이승만(李承晩) 대통령(재임: 1948~1960) 시절, 1958년 1월 진보당(進步黨)이 북한의 주장과 유사한 '평화통일(平和統一)' 방안[52]을 주장하였다는 혐의로 정당 등록이 취소되고 당시 진보당(進步黨) 위원장, 죽산(竹山) 조봉암(曺奉岩, 1898~1959)[53]이 1959년 '국가보안법 위반'으로 사형(死刑)이 집행된 사건이다. 참고로, 죽산 조봉암(竹山 曺奉岩, 1898~1959)은 1952년 2대 대통령선거(70만 표 득표, 차점 낙선), 1956년 3대 대통령선거(216만 표 득표, 차점 낙선)에 연이어 출마해 무차별 선거부정·테러 와중에도 선전했었다. 즉, 이승만(李承晩)의 최대 정적으로 부상했었던 것이다.

'진보당(進步黨) 사건'(1958.01.13)의 배경은 다음과 같다: 죽산 조봉암(竹山 曺奉岩)이 1952년 8월 5일 제2대 대통령선거(1952.08.05)에서 79만 7,504표, 1956년 5월 15일 제3대 대통령선거(1956.05.15)에서 216만 3,808표의 광범위한 지지를 각각 얻었던 결과, 이것이 이승만(李承晩) 및 자유당의 장기집권체제에 큰 위협이 됨에 따라 이승만(李承晩) 대통령의 사건 조작 지시[조사관 한승격(韓承格)은 양심선언]로 소위 '진보당 사건'(1958.01.13)이 날조되어 결국 1959년 7월 31일 사형이 집행되었다.

'진보당(進步黨) 사건'(1958.01.13)과 죽산(竹山) 조봉암(曺奉岩, 1898~1959)의 1959년 '법살(法殺)'로부터 48년 후, 국가기관 『진실화해를 위한 과거사정리위원회』(위원장: 송기인)은 국가가 '진보당 사건'(1958.01.13)이 조작됐음을 인정하고 조봉암(曺奉岩)과 유가족에게 사과하고 피해 구제 및 명예 회복을 위한 적절한 조치를 취할 것을 권고(2007.09.27)했었다.

상기 '진실화해위'의 권고(2007.09.27)로부터 2년 후, 2009년 7월 30일 여·야 국회의원

---

51) '진보당 사건'(1958.01.13)에 관한 상세한 내용은 예로서 임양택(2013), 『아버지를 말한다: 비운의 정치가 임갑수 국회의원』, 파주: 나남을 참조. 고(故) 임갑수 전(前)국회의원은 일제(日帝) 시대 독립운동가, 좌우합작을 도모했었던 민족주의자, 진보당(進步黨)의 창건멤버로서 '농림부장'을 맡아 농지개혁(農地改革)에 참여했었으며, 이승만(李承晩)·박정희(朴正熙) 정권하에서 '국가보안법 위반'으로 옥고를 치루었다.

52) 여기서 유의할 것은 유엔(UN)에서 무려 6차를 거듭해서 한국을 평화적으로 통일시켜야 되겠다는 것을 결의했었다는 점이다.

53) 죽산 조봉암(竹山 曺奉岩)은 고향 강화에서 스무살 무렵이던 1919년 3·1 독립만세운동에 참여했다가 서대문형무소에 1년 동안 투옥됨에 따라 항일민족운동의 투사로 변모되었다. 그 후 그는 YMCA 중학부에 입학했었다가 YMCA를 중심으로 항일(抗日)운동을 일으키려 했었다는 혐의로 곧바로 일본경찰에 체포되어 2차 투옥됐다. 그 후 사회주의 비밀결사인 흑도회(黑濤會)에 참여하며 사회주의자로서 소련, 중국, 만주 등에서 독립운동을 하였다.

127명과 사회 원로 18명이 모여 조봉암(曺奉岩)의 명예회복을 청원하는 성명서를 발표했었다. 이날 행사에는 여·야 의원 127명은 물론이고, 이만섭·김원기 전(煎) 국회의장, 이수성 전(煎) 국무총리, 남재희 전(煎) 장관, 백낙청·안병직 서울대 명예교수, 서영훈 전(煎) 적십자사 총재 등이 참석했었다. 상기 '진실화해위'의 권고(2007.09.27)로부터 4년 후, 만시지탄(晚時之歎)으로, '진보당 사건'(1958.01.13) 후 52년이 경과한 2011년 1월 20일, 서울 서초동 대법원(大法院) 대법정에서 이용훈 대법원장(당시)이 하기의 판결문으로써 뒤늦게나마 법원 스스로 반세기 전의 조봉암(曺奉岩) '사법 살인'(司法殺人)을 인정했다: *"피고인 망(亡) 조봉암. 재심청구인 피고인의 자(子)… 원심 판결과 제1심 판결 중 유죄 부분을 각 파기한다."*[54]

회고해보면, 죽산 조봉암(竹山 曺奉岩, 1898~1959)은 1956년 11월 10일 3대 정강(政綱): ① 책임 있는 혁신정치, ② 수탈 없는 계획경제, ③ 민주적 평화통일을 내걸고[55] 사회민주주의(社會民主主義) 정당인 『진보당』(進步黨)을 창당하였다.[56] 진보당(進步黨) 창당(1956.11.10)은 남한에서 6·25 전쟁 후 뿌리뽑히다시피 한 사회민주주의(社會民主主義) 세력을 재결집하는 계기가 되었고, 역시 6·25 전쟁으로 사실상 '이적론'(利敵論)으로 취급되고 있었던 '평화통일론'(平和統一論)을 다시 공론화하는 계기가 되었다.[57]

'진보당(進步黨) 사건'(1958.01.13)에서 기소(起訴) 내용의 핵심은 이승만(李承晚, 1875~

---

54) 임양택(2013), 『아버지를 말한다: 비운의 정치가 임갑수 국회의원』, 파주: 나남출판.

55) 죽산 조봉암(竹山 曺奉岩)이 자신의 일생에 대해서 간단하게나마 자전(自傳)해놓았던 것으로는 『내가 걸어온 길』(1957 『희망』 2, 3, 5월호)과 『나의 정치백서: 투표에 이기고 개표에 지고』(『신태양』 1957년 5월호 별책)이 있다.

56) 1956년 3월 31일, 서울에서 '가칭 진보당 전국추진위원 대표자 대회'가 열렸다. 동암(東庵) 서상일(徐相日) 선생은 총무위원장으로서 창당준비위원회의 업무를 총괄지휘하였다. 그는 한국민주당과 민주국민당의 중진으로 창당과 운영에 많은 경험을 갖고 있었기 때문에 진보당 창당준비작업에서 탁월한 기획과 조직 능력을 발휘했었다. 황구성, "비운의 정치가 죽산 조봉암 선생" 한편, 진보당 강령(綱領)의 전문(李東華 교수가 작성하고 진보당추진위원회 관계자들이 다듬었음)은 1951년 사회주의 인터내셔날의 프랑크푸르트선언을 준용하여 사회민주주의(Social Democracy)의 진로를 제시하였으며, 진보당 정책은 신도성(愼道晟) 등 진보당추진위원회 관계자들이 작성하고 가다듬은 것이었다. 진보당의 강령과 정책은 남·북한 분단 및 대한민국 정부 수립 후 진보적 정치세력이 작성한 정강 정책이나 이념을 밝힌 문서 가운데 가장 탁월한 정치문서라고 평가할 수 있다. 즉, 자본주의(資本主義)와 사회주의(社會主義)를 결합시킨 정치이념 선언이었다. 이것은 당대의 현실을 예리하게 분석하고 대안을 제시한 문서로, 특히 앞머리에 있는 '통일문제'는 극우정치세력과 진보당의 차별성을 명료히 부각시킨 주목할만한 선언이었다. 임양택(2013), 『아버지를 말한다: 비운의 정치가 임갑수 국회의원』, 파주: 나남출판.

57) 상기 내용은 『진보당 강령』, 권대복 편, 『진보당』, p 16~54. 임양택(2013), 『아버지를 말한다: 비운의 정치가 임갑수 국회의원』, 파주: 나남.

1965) 대통령(제1·2·3대)의 북진통일(北進統一) 노선에 정면 대치되는 조봉암(曺奉岩, 1898~1959)의 '평화통일론'(平和統一論) 주창이었다. 그러나 죽산 조봉암(竹山 曺奉岩)의 '평화통일론'(平和統一論)은 5·16 쿠테타 세력도 처음에는 '평화통일론(平和統一論)'을 법적으로 단죄하고 억압했었지만 1972년 『7·4 남북공동성명』을 발표하였고 그 후 모든 역대 정권과 현재 정권이 한결같이 죽산 조봉암(竹山 曺奉岩)의 '평화통일'(平和統一論) 노선을 뒤따랐다. 또한, 죽산 조봉암(竹山 曺奉岩, 1898~1959)의 '평화통일론'(平和統一論)은 당시 여러 차례 (1954년, 1955년, 1956년)의 유엔 총회 결의안과 정확히 부합된 것이었다.[58] 결과적으로, 일제(日帝) 시데에 항일(抗日) 민족운동의 투사였던 죽산 조봉암(竹山 曺奉岩, 1898~1959)은 역사적 순교자(殉敎者)였다.

그 후, 죽산 조봉암(竹山 曺奉岩)의 '평화통일론'(平和統一論)은 1960년 4·19 혁명 후 평화통일운동을 격발시켰으며, 이어서 1970년대와 1980년대의 평화통일운동으로 연결되었고, 1990년대 이후에는 '평화통일론(平和統一論)'이 정착되는 원천이 되었다. 박정희(朴正熙) 대통령(1961~1979)는 1970년부터 남북 사이의 '선의의 체제 경쟁'을 통해 평화통일(平和統一)을 성취할 것을 제의했었으며 1971년부터 남북 대화에 들어가 1972년 7월 4일에는 '평화통일(平和統一)'을 강조한 『남북 공동성명』(1972.07.04)을 성사시켰었다. 전두환(全斗煥) 정권(1980~1988)은 '평화통일(平和統一)'의 길을 닦기 위해 남북 정상회담을 열 것을 제의했었고, 노태우(盧泰愚) 정권(1989~1993)은 '평화통일(平和統一)'을 앞당기기 위해 '한민족 공동체 통일방안'을 받아들이라고 북한에 제의했었다. 이어서, 김영삼(金泳三) 정권 (1993~1998)은 같은 취지에서 '민족공동체 통일방안'을 받아들이라고 북한에 제의했었고, 김대중(金大中) 정권(1998~2003)과 노무현(盧武鉉) 정권(2003~2008)은 보다 더 적극적으로 북한과의 화해와 협력을 통한 '평화통일(平和統一)'을 강조하였다. 문재인(文在寅) 대통령 (2017.05~현재)은 아예 북한과의 관계개선에 올인하고 있다.

한편, 죽산 조봉암(竹山 曺奉岩, 1898~1959)의 진보당(進步黨)은 강령(綱領)을 간명하게 '진정한 사회적 복지국가의 실현'으로 설정하였다. 진보당(進步黨)의 사회민주주의(社會民主

---

58) 1954년 4월 26일, 한반도 평화를 논의하기 위한 제네바 회담이 열렸다. 1954년 11월 1일 제9차 유엔 총회에서 '한국통일은 가급적 조속히 그리고 평화적으로 실현되어야 한다'는 결의안이 부가되었다. 1954년 12월 1일 제9차 유엔총회는 '한국의 통일은 가급적 조속히 평화적으로 실현되어야 한다'는 부대결의를 하였다. 1955년 11월 9일 제10차 유엔총회에서는 전차 총회의 결의를 44대 0으로 재(再)확인하였다. 1956년 1월 3일 제11차 유엔총회에서도 진술한 결의안들을 재확인하고 소련의 반성을 촉구했다. 1955년 12월 9일 제10차 유엔총회에 있어서도 역시 유엔 감시하에 남북통일 선거에 의한 통일안을 재(再)결의했었다. 1956년 1월 3일 제11차 유엔총회에서는 전기(前期) 결의안을 또 한번 재(再)확인했다.

主義) 경제 노선은 '경제계획화와 생산수단의 국유화를 통한 자주·자립의 경제 건설과 복지국가(福祉國家)의 실현'이다. 나아가 생산수단의 공적·사회적 소유와 활용, 생산과 분배의 사회적·계획적 해결을 기본 원리로 하는 사회민주주의적(社會民主主義的) 경제체제(經濟體制)이다.

상기한 죽산 조봉암(竹山 曺奉岩)과 진보당(進步黨)의 사회민주주의(社會民主主義) 경제 노선은 제2차 세계대전(1939~1945) 직후 서독이 채택했었던 당시 루드위그 에르하르트(Ludwig Erhard)와 알프레드 뮐러―아르막(Alfred Muller―Armack)이 '사회적 시장경제'(Social Market Economy) 즉 시장 질서('경쟁 원리')와 사회 질서('보완 원리')의 결합을 의미했었다. 상기 사상 또한 현재 한국이 사회민주주의가 아닌 자유민주주의 체제하에서 추구하고 있는 가치이다.[59] 오늘날의 용어로서 말하면 '경제민주화'이다.

한편, 조봉암(曺奉岩, 1898~1959)은 초대 농림부 장관으로서 농지개혁(農地改革)을 성공적으로 단행했었다. '농지개혁(農地改革)'의 결과, 민주화와 근대화(近代化)의 기초가 마련됐으며 한국 사회가 전통적 농업국가에서 현대적 공업국가로 전환할 수 있는 길을 열었다. 만약 '농지개혁(農地改革)'이 이루어지지 않았다면, 지주계급의 기득권은 민주주의 발전을 가로막았을 것이며, 오늘날 재벌(財閥)의 족벌체제에 못지 않은 사회경제적 발전의 저해요인이 되었을 것이다.[60]

당시 전국 농가는 200만호. 자기 땅이 전혀 없는 완전 소작농이 49%, 약간의 토지를 갖고 소작을 병행하는 농민이 35%, 완전 자립농과 지주가 17%였다. 토지를 소작인에게 공짜로 주어봤자 높은 세금을 받으면 소용이 없다는 점을 지적하였고 농지개혁(農地改革)의 핵심적 본질을 두고 논란이 분분하자 간단하게 소작제도(小作制度)를 없애버리고 지주계급을 몰락시킴으로써 한국의 봉건적인 사회조직을 근대적인 자본주의제도로 발전시키

---

59) 독일은 제2차 세계대전(1939~1945)의 패전으로 인하여 경제기반이 완전히 붕괴되었으며 극심한 경제적 혼란(물자부족·인플레·실업 및 빈곤 등)을 경험하였다. 당시 루드위그 에르하르트(Ludwig Erhard)와 알프레드 뮐러―아르막(Alfred Muller―Armack)이 '사회적 시장경제'(Social Market Economy)를 경제적 자유(Economic Freedom)와 사회정의(Social Justice) 및 사회보장(Social Security)의 통합개념으로 파악함으로써 '사회정책'(Social Ploicy)을 '경쟁정책'(Competition Policy)과 같은 수준으로 다루었다. 그들은 국가의 역할이 잘 작동이 되는 경쟁(競爭)질서(秩序) 창출에만 국한될 것이 아니라, 사회보장과 소득 및 재산 분배상의 형평을 제고하고 시장이 해결할 수 없는 교통 및 교육 같은 공공재를 공급해야 한다고 주장함으로써 국가는 '보완적 역할'인 사회정책(Social Policy)의 중요성을 강조하였다. 또한, '사회적 시장경제'(Social Market Economy)가 추구하는 궁극적 목표는 자유(Freiheit)·정의(Gerechtigkeit)·안전(Sicherheit)·복지(Wohlstand)라고 주장했었다.

60) 임양택(2012), 『한국형 복지사회를 위한 청사진』, 서울: 한양대학교 출판부, p. 285.

기 위한 토대를 닦았었다.

이와 대조적으로, 북한의 '토지개혁(土地改革)'은 농민들에게 토지를 주었지만 현물세율을 27%로 정했고, 실제의 수취는 이 비율보다 더 높아 농민들은 다만 지주의 소작인에서 국가의 소작인으로 바뀐 것이 불과하였다. 북한의 실제 현물세 비율은 최소 25%에서 최고 40% 내외에 달했다. 유상분배와 무상분배는 말의 의미가 갖는 차이에 비해 민중에 대한 실제 혜택과 복리의 차이는 거의 차이가 없는 토지개혁(土地改革) 방식이었다.

그러나 죽산 조봉암(竹山 曺奉岩, 1898~1959)의 농지개혁(農地改革)은 유상몰수·유상분배와 무상몰수·무상분배를 절묘하게 조합한 방식이었다. 그는 농림부 장관 시절 강진국 농지국장에게 농지개혁(農地改革)의 필요성을 강조하며, *"인간의 존엄성을 무시하는 일을 없애고 모든 사람의 자유가 완전히 보장되고 모든 사람이 착취당하는 것이 없이 응분의 노력과 사회적 보장에 의해서 다 같이 '평화롭고 행복스럽게 잘 살 수 있는 세상', 이것이 한국의 진보주의라 해도 좋을 것입니다"*라고 말했다고 한다.[61]

당시, 시대적 상황은 다음과 같다. 1945년 8·15 해방 전, 한국경제의 모든 부문에 있어서 일제(日帝)는 압도적 및 절대적 지위를 차지하고 있었다. 공업, 광업, 상업, 교통, 운수, 체신, 은행 등의 모든 부문에 걸쳐 일제(日帝)의 국가자본과 개인자본은 전체의 90% 이상을 지배하고 있었다. 또한, 일제(日帝)는 농업부문에서까지도 상당한 비중을 차지하고 있었다.

일제(日帝)는 한국을 강점한 후 소위 토지조사사업을 수행하고 등기제도를 실시함으로써 근대적 소유관계를 확립하는 한편, 한국의 '농업생산관계＝토지소유관계'를 반(反)봉건적 기초 위에서 재편성하였다. 이와 동시에 일제(日帝)는 식민회사인 동척, 식은 등을 통하여 광대한 토지를 소유하고 수많은 농민을 수탈(收奪)하고 있었다.

일제(日帝)가 한국에서의 산업건설 즉 '한반도의 병참기지화'를 추진하는 과정에서 한국의 근대적 산업노동자는 점차로 증가하였다. 그리고 일제(日帝)의 독점금융자본은 한국의 모든 산업부문을 압도적으로 지배하고 있었다. 이 땅의 취약한 토착자본 즉 민족자본

---

61) 이원규 작가의 『조봉암 평전』은 죽산에 대한 기존 연구서·자료를 충실히 소화한 위에 현지 답사, 유족 인터뷰 등을 더해 상당한 품을 들인 책이다. 자료 수집에 2년 반, 집필에는 3년이 걸렸다고 저자는 밝혔다. 그는 다음과 같이 결론을 내린다: 결국, 조봉암(曺奉岩) 장관의 농지개혁안은 성공했고, 신생 대한민국은 사회안정 토대를 든든히 할 수 있었다. 그 결과, 인기가 치솟은 죽산 조봉암(竹山 曺奉岩, 1898~1959)은 1952년 2대 대통령선거(70만 표 득표, 차점 낙신), 1956년 3대 대통령선거(216만 표 득표, 차점 낙선)에 연이어 출마해 무차별 선거부정·테러 와중에도 선전했었다. 죽산 조봉암(竹山 曺奉岩)은 이승만(李承晩)의 최대 정적으로 떠올랐던 것이다.

은 일제(日帝)의 압제하에서 도저히 자주적으로 발전할 수 없었다.

한편, 미군이 한국에 진주하기 직전인 1945년 6월, 일제(日帝)하의 토지관계, 경제문제, 정치문제를 분석한 결과를 토대로 "한국의 경제적·정치적 상황은 공산주의 이념을 수용하기에 알맞게 되어 있었고, 비록 보통 한국인들이 소련에 대해 호의를 갖고 있지는 않지만 소련의 후원을 받는 사회주의 정권의 정책과 활동은 한국에서 쉽게 민중적 지지를 받을 것"[62]으로 진단하고 있었다.

이어서, 미군이 한국에 진주한 후 2개월간 상황을 체험한 후, 존 하지(John Reed Hodge) 사령관은 직접적으로 1945년 11월 2일 맥아더에게 "공산주의자들의 활동은 적극적 행동이 취해지지 않는 한, 지배를 획득할 지점에 도달하고 있다"[63]라고 보고했었다.

또한, 존 하지(John Reed Hodge) 사령관의 정치고문 머렐 베닝호프(H. Merrell Benninghoff)는 1945년 9월 15일 미(美)국무장관에게 다음과 같이 보고한 바 있다: *"남한은 무엇보다도 불꽃을 튀기기만 하면 즉시 폭발할 준비가 되어 있는 화약통이라고 묘사할 수 있다"*[64]

1950년 4월, 존 무초(John Joseph Muccio) 주한 미(美) 대사(大使) 역시 *"한국인의 80%를 구성하고 있는 농민은 강력한 안정요소를 형성하고 있다"*[65] 고 보고했다. 상기와 같은 미국측의 대(對) 남한 정세 분석 결과는 미군이 한국에 진주할 당시 미국의 보편적인 인식이었다.

(3) '승'(承): 4·19 혁명(1960년)

한국의 '민주화(民主化) 운동'에 관한 저자의 역사관(歷史觀): '기·승·전·결(起·承·轉·結)'의 측면에서 보면, 이승만(李承晩) 정권(1948.07~1960.04)의 1960년 '3·15 부정 선거'에 항거했었던 4·19 혁명(1960년)은 한국의 '민주화 운동'에서 '승'(承)에 해당한다. 4·19 혁명(1960년)은 이승만(李承晩) 정권(1948.07~1960.04)의 1960년 '3·15 부정 선거'(반공개 투표, 투표함 바꾸기, 득표수 조작 발표 등)에 항거했었던 대한민국 헌정사상 최초의 시민혁명이자 최초의 민주주의 혁명이다.

---

62) FRUS(1945), "Policy Paper Prepared in the Department of State", June 22, 1945, Vol. VI, p. 563.

63) FRUS(1945) "Lieutenant General John R. Hodge to General of the Army Douglas MacArthur at Tokyo", November 2,1945, Vol. VI, p. 1106.

64) FRUS(1945) "The Political Adviser in Korea(Benninghoff) to the Secretary of State" Vol. VI, p. 1049.

65) FRUS(1950) "Memorandum by Mr. W. F. Hacker of the Bureau of Far Eastern Affairs—Internaitonal Meeting on the Far East" Vol. VII, p. 49.

여기서 유의할 것은 우남(雩南) 이승만(李承晚)의 제1공화국 즉 '자유당 정권'(1948.07~ 1960.04)에 대항하여 개혁사상(改革思想)과 평화통일론(平和統一論)을 주장였다가 '산화'(散 華)한 죽산 조봉암(竹山 曺奉岩, 1898~1959)의 한(恨)과 피(血)는 딱 1년 후 4·19 혁명(1960 년)을 야기했었다는 점이다.

상술하면, 제1공화국 자유당 정권(1948.07~1960.04)이 이기붕(李起鵬, 1896~1960)을 부 통령(副統領)으로 당선시키기 위한 1960년 3·15 부정 선거의 무효와 재선거를 주장하였 다. 3·15 마산 의거에 참여한 마산상업고등학교 학생 김주열(金朱烈, 1944.10.07~1960.03.15) 이 실종된 지 27일 후인 4월 11일 아침 마산 중앙부두 앞바다에서 왼쪽 눈에 경찰이 쏜 최루탄이 박힌 채 시신으로 떠오른 것이 〈부산일보〉를 통해 보도되면서 시위는 전국적으 로 퍼지며 격화되었다. 1960년 '3·15 부정 선거' 무효와 재선거를 주장하는 학생들의 시 위에서 비롯하여 전국의 대규모 시민에게 확대되었다. 1960년 4월 19일 경찰이 대통령 관 저인 경무대로 몰려드는 시위대를 향해 발포하였고, 발포 이후 시위대는 무장하여 경찰과 총격전을 벌이며 맞섰다. 이로 인하여 전국에서 186명의 사망자와 6,026명의 부상자가 발 생하였다.

국민적 저항과 군지휘부의 무력동원 거부에 봉착한 대통령 이승만(李承晚)은 4월 24일 유혈사태에 대한 정치적 책임을 지고 자유당 총재직 사임선언을 했으며 4월 26일 하야(下 野)를 발표했었다. 당일 오후 4시에 이승만(李承晚)은 경무대를 떠나 이화장으로 들어갔다. 국회는 이승만(李承晚) 대통령 즉시 하야, 정부통령 선거 재개, 내각책임제 개헌 등을 만장 일치로 결의하였고 다음날 오후 3시에 국회에 제출된 이승만(李承晚) 대통령 사임서가 즉 시 수리되었다.

한편, 양주로 피신했던 이기붕(李起鵬, 1896~1960)은 1960년 4월 27일에 몰래 경무대로 들어왔다. 당시 그의 장남(이자 이승만의 양자로써 당대 이승만의 권력을 반증하는 가짜 이강석 사건으로 잘 알려진) 이강석 소위(당시)는 이승만(李承晚)의 양자로 들어가 있었는데, 4월 28 일 새벽 0시경에 아버지 이기붕(李起鵬), 어머니 박마리아, 남동생 이강욱을 총으로 쏴 죽 이고, 자신도 자살했다.

대한민국의 제4대 부통령(1956.08.15~1960.04.25) 장면(張勉, 1899~1966)이 이승만(李承 晚) 대통령(1948.07~1960.04) 사퇴보다 하루 먼저 4월 25일 사퇴하였으므로 헌법 규정에 따라 궐위 중인 부통령과 총리를 대신해 수석국무위원인 외무부장관 허정(許政, 1896~1988) 이 수석국무위원 자격으로 내각수반 겸 대통령 권한대행에 취임했다. 6월 12일 내각제 개 헌안이 통과되었다. 8월 12일 국회 선거를 통해 윤보선(尹潽善, 1897~1990)을 제4대 대통령으로 선출했다. 그러나 민주당 구파(舊派)이자 한민당 출신이었던 윤보선(尹潽善)은 같은 구파 출신의 김도연(金度演)을 총리로 지명하려 했고, 이 때문에 민주당 신파(新派)가 집단 반발, 자유당은 자유당대로 민주당을 흔들기 위해 반대하여 낙마했다. 8월 18일 2차로 지명한 민주당 신파(新派)의 장면(張勉, 1899~1966)이 총리로 당선됨으로써 제2공화국(1960.06.15~1961.05.16)이 출범하였다.66)

한편, 우남(雩南) 이승만(李承晩, 1875~1965)은 이기붕(李起鵬, 1896~1960) 가족을 조문한 5월 29일, 비밀리에 하와이로 망명했고, 그곳에서 조용히 살다가, 1965년 7월 19일 91세의 나이에 병으로 사망했다. 민중당 대변인(당시) 김영삼(金泳三)은 '적잖은 정치적 과오가 있으나 평생을 조국의 독립투쟁에 몸바쳐왔으며, 초대 대통령을 지냈다는 것을 감안하여 전 국민과 더불어 깊은 애도의 뜻을 표한다'는 애도성명서를 발표하였다.

우남(雩南) 이승만(李承晩)과 자유당 정권(1948.07~1960.04)은 표면적으로는 민주적 정부를 표방했으나 실상은 공권력을 이용해 국민의 권리를 침해하고 민주주의(民主主義)를 파괴하는 독재정권이었다. 이러한 이승만(李承晩)과 자유당 정권의 횡포 항거하여 일어난 시민들의 혁명은 곧 '공권력의 횡포에 맞선 민권의 승리'를 의미했다. 이는 주권은 국민에게 있다는 주권재민(主權在民)의 원칙을 확인한 것이며 국민을 탄압하고 억누르며 국민의 신임을 받지 못하는 정권은 더 이상 존재할 수 없음을 보여준 것이었다.

그러나 1960년 4.19혁명은 명확한 한계를 가진 '미완(未完)의 혁명'이었다. 4.19혁명은 주도적인 기구나 세력 없이 학생들과 민중들로만 이루어진, 우발적이고 즉흥적인 성격이 강한 혁명이었다. 이러한 이유로 4.19혁명이 끝난 후, 권력은 4.19혁명의 정신을 조직적으로 이어받은 세력이 아닌 야당인 민주당에게 넘어갔고 민주당은 혁명 이후 터져 나오는 시민들의 요구에 적극적인 모습을 보이지 않았으며 잦은 당내 분열로 무능한 모습을 보였다. 결국 이와 같은 새로운 정부의 소극성과 무능함으로 4.19혁명의 정신은 제대로 이어질 수 없었고 '미완(未完)의 혁명'으로 남게 된다. 결국, 제2공화국은 이듬해인 1961년에 박정희(朴正熙)가 주도한 5·16 군사정변에 의하여 막을 내리게 되고 1979년까지 박정희(朴正熙)의 장기집권(1963~1979)이 시작되었다.

---

66) 미국은 친미(親美) 성향이 강한 장면(張勉, 1899~1966)을 선택했다. 7월 11일 미국 대통령 드와이트 아이젠하워는 서울의 주한 미국대사에게 장문의 훈령을 보냈다: 장면(張勉)을 지도자로 선발하는 것이 이상적인 선택임을 주지시키고, 이 점을 허정(許政)에게 말한 뒤, 장면(張勉)에게 지도자 자리를 수락하도록 은밀히 요청하라고 주문하였다.

(4) '전(轉)': 6 · 10 항쟁(1987년)

한국의 '민주화(民主化) 운동'에 관한 저자의 역사관(歷史觀): '기 · 승 · 전 · 결(起 · 承 · 轉 · 結)'의 측면에서 보면, 4.19 혁명(1960년)으로부터 딱 1년 후, 1961년 5월 16일 '군사 쿠데타'로 의원내각제(議員內閣制) 민주주의로 출범(1960.06.15)했었던 제2공화국 장면(張勉, 1899~1966) 정권을 무참히 짓밟았었다.

1961년 5월 16일 '군사 쿠데타'에 의한 대통령 선출은 이른바 '통일주체국민회의'에서 이루어지는 일종의 요식행위로 전락되었으며, 시민의 기본권(基本權)은 국가안보 즉 반공(反共)에 의하여 억압 내지 보류되었다. 민주화(民主化)는 권위주의적 산업화(産業化)라는 명분과 미화 속에 매몰 내지 유보되었다. 박정희(朴正熙)의 권위주의적 정권(1961~1979, 18년 통치) 내내 비상조치 · 긴급조치 · 위수령 · 계엄령 · 유신 등이 통치수단으로 휘둘려졌었다. 그리고 물고문 · 전기고문 등이 동원되었다. 이러한 불법적 권력행사들이 한국의 '민주화 운동'은 '타는 목마름으로' 지속되었다.

그 와중(渦中)에 '1979년 YH 사건'은 여직공(女職工)들의 임금투쟁으로 발단되었지만 이로 인해 김영삼(金泳三) 민주당 총재(당시)의 '의원면직 조치'는 박정희(朴正熙) 정권(1963~1979)에 대한 거대한 저항의 불씨를 지폈었다. 예로서, 1981년 5월 '학림사건', 1981년 9월 '부림사건', 1986년 '5 · 3 인천 사태', 1987년 6 · 10 항쟁으로 이어졌었다. 상기한 민주화(民主化) 운동 과정에서 박종철(朴鍾哲) 의사, 이한열(李韓烈) 열사가 한국 민주화 제단(祭壇)에 꽃다운 청춘을 바쳤었다. 결국, 1979년 '부마(釜馬)사태'는 박정희(朴正熙) 대통령(1963~1979, 16년 통치)의 권위주의적 유신체제(維新體制)의 몰락을 가져왔었다.

아이러니컬하게도 박정희(朴正熙)가 키웠었던 군부(軍部)가 집권함에 따라 전두환(全斗煥) 정권(1980~1988)으로 이어졌었다. 이어서 박정희(朴正熙)가 키웠었던 군부(軍部)가 집권함에 따라 전두환(全斗煥) 대통령(11대, 12대; 1980~1988, 8년 집권)의 통치시대가 전개되었다. 한국의 민주주의는 다시 한번 위축되었다. 독재권력은 더욱 강화됐고 정부주도형 시장경제는 더욱 관치경제(官治經濟)로 공고화되었으며 정경유착(政經癒着)이 더욱 더 악화되었다. 즉, 1980년 전두환(全斗煥, 1980~1988)의 제5공화국(1980~1988) 수립은 경제성장이 사회의 다원화와 민주주의의 확대를 가져올 것이라는 소위 '근대화 이론'의 입지를 완전히 무너뜨렸었다.

상기한 배경하에서, 1987년 6 · 10 항쟁은 한국의 '민주화 운동'에서 '전(轉)'에 해당한다. 1980년대의 많은 민주화 운동들(1981.05, '학림사건'; 1981.09, '부림사건'; 1986.05, '5 · 3 인천 사태'; 1987.06, 6 · 10 항쟁)은 성격상 '6 · 10 민주 항쟁'(1987년)로 집약된다. '6 · 10 민주항쟁'은 전두환(全斗煥) 대통령의 『6·29 선언』(대통령 선거의 직선제 개헌과 제반 민주화 조치 시행을 약속)을 이끌어냄으로써 한국의 '절차적(節次的) 민주주의(民主主義)'를 복원하였다. 김영삼(金泳三) 대통령(1993~1998)은 군부에 대한 문민 통치를 재확립함으로써 자유주의적 민주화에 커다란 공헌을 하였다.

회고해보면, 1960년 '4·19 혁명'은 이승만(李承晩) 정권(1948.07~1960.04)의 '3·15 부정 선거'를 규탄하기 위하여 젊은 학생들이 앞장섰고 사상자가 발생하였다. 그로부터 27년 후 대통령 직접선거를 요구했었던 1987년 '6월 항쟁'에서는 대학생과 '넥타이 부대'가 주력이었다. 당시, 부상자도 연행자도 전무(全無)했었던 완벽한 비(非)폭력 평화 집회였다. 시민들은 헌법 1조 2항('대한민국의 주권은 국민에게 있고, 모든 권력은 국민으로부터 나온다')을 파괴한 세력을 심판하기 위해 광화문 광장으로 나왔었다. 사실, '6·10 민주 항쟁'(1987년) 은 전형적인 무혈혁명(無血革命) 즉 명예혁명(名譽革命)의 효시(嚆矢)였다.

이어서, 전두환(全斗煥) 정권(1980~1988)의 1987년 『6·29 선언』(대통령 선거의 직선제 개헌과 제반 민주화 조치 시행을 약속)에 의하여 노태우(盧泰愚) 정권(1989~1993), 김영삼(金泳三) 정권(1993~1998), 김대중(金大中) 정권(1998~2003), 노무현(盧武鉉) 정권(2003~2008), 이명박(李明薄) 정권(2008~2013), 박근혜(朴槿惠) 정권(2013~2017), 문재인(文在寅) 정부(2017~현재)가 각각 들어섰다.

(5) '미완(未完)의 결(決)': '명예혁명'(2016.10.29~12.31)

한국의 '민주화(民主化) 운동'에 관한 저자의 역사관(歷史觀): '기·승·전·결(起·承·轉·結)'의 측면에서 보면, 2016년 11~12월 국정(國政) 농단과 헌정(憲政) 문란의 중심이 되었던 박근혜(朴槿惠) 대통령(2013~2017)의 퇴진을 요구했었던 한국의 '명예혁명'(2016.10.29~12.31) 은 한국 민주화 운동의 '미완의 결(決)'에 해당된다.

100만 명의 시민들이 촛불을 들고 다시 모여 '헌법 1조 2항': "대한민국의 주권(主權)은 국민에게 있고, 모든 권력(勸力)은 국민으로부터 나온다"라는 '권리장전(權利章典)'의 선언을 파괴한 세력을 심판하기 위해 광화문—시청 광장으로 나왔었다. 국회는 박근혜(朴槿惠) 대통령(2013~2017)을 탄핵(2016.12.09)했었으며, 이어서 2017년 3월 10일, 헌법재판소(憲法裁判所)에서 박근혜(朴槿惠) 대통령 탄핵안이 인용되었다.

2016년 12월 17일 늦가을 광화문 광장에 유모차에 탄 아이부터 노년층까지 남녀노소 100만 명은 격렬한 구호와 화염병, 생경한 운동가 대신에 LED 촛불과 친근한 대중가요를 불렀었다. 행여 흥분한 시위대의 청와대 행(行)을 저지하기 위해 대치한 경찰의 차벽에 시민들은 오히려 꽃모양 스티커로 수놓았었다. 실로, 30년 전 '6·10 민주 항쟁'(1987년)에 이어서, 2016년 11~12월 '촛불혁명'은 1989년 11월 바츨라프 하벨(Václav Havel)이 주도했었던 체코슬로바키아의 '벨벳 혁명(Velvet Revolution)'과 같이 무혈혁명(無血革命) 즉 명예혁명(名譽革命)의 효시(嚆矢)이다.

그렇다면, 한국의 '명예혁명'(2016.10.29~12.31)으로써 한국의 민주화(民主化) 운동의 '결(結)'로서 종결되었는가? 과연 당신들 역시 앙시앵 레짐(Ancien Régime, '구(舊)체제')에 속하지 않았었는가? 그렇다면, 당신들도 기득권(旣得權)을 내려놓고 새로운 한국사회를 만들 준비가 돼 있는가? 그것은 어떠한 사회인가? 어떠한 방향인가?

이제, 한국은 '5년제 단임 제왕적(帝王的) 대통령 제도'의 적폐(積弊)를 청산할 수 있도록 프랑스의 헌법학자 샤를 루이 드 세콩다 몽테스키외(Charles-Louis de Secondat, Baron de La Brède et de Montesquieu, 1689~1755)[67]의 『법의 정신』(1748년)에 따른 진정한 '3권분립'(三權分立) 체제를 정착시키고 현행 민주주의 제도에 장-자크 루소(Jean-Jacques Rousseau, 1712~1778)[68]는 국민주권(國民主權) 사상(자유와 평등)을 담아야 한다. 상기한 저자의 주장을 한국의 현실과 연계하여 논술하면 다음과 같다:

첫째, 샤를 루이 드 세콩다 몽테스키외(Charles-Louis de Secondat, Baron de La Brède et de Montesquieu, 1689~1755)의 삼권분립(三權分立) 사상은 민주주의(民主主義)의 기본원리이다. 권력은 정부든 혹은 의회든 간에 국가의 어느 한 기관으로 집중되는 것을 막는 견제(牽制)의 기능을 갖지만, 동시에 서로 어우러져 작동하는 균형(均衡)의 기능을 갖는다. 그

---

67) 샤를 루이 드 몽테스키외(Charles-Louis de Montesquieu, 1689~1755년)은 프랑스 남서부에 위치한 보르도 근교에서 태어났다. 그가 7살 때 어머니가 별세하여 어머니의 유산을 상속하고 라 블레이드(La Brède)와 몽테스키외 (Montesquieu)를 영토로하는 남작 (baron)이 되었다. 보르도 대학 법학부 졸업 후, 1709년부터 파리에 유학했었다가 1713년 말 아버지의 부고에 의해 귀향했었다. 이듬해 25세에 보르도 고등 법원 참사관이 되었다. 1716년 외삼촌의 죽음을 통해 보르도 고등법원 부원장직을 승계한다. 그러나 1726년 37세에서 보르도 고등법원 부원장의 관직을 사직하고 그 후 학교 생활에 들어간다. 1728년 1월, 아카데미 프랑세즈의 회원으로 선출되었다. 1734년 『로마인 성쇠 원인론』, 1748년 『법의 정신』을 출판하였다. 그는 프랑스 절대 왕정을 비판하고, 균형과 억제에 의한 권력 분립의 기초를 마련했다.

68) 장-자크 루소(Jean-Jacques Rousseau, 1712~1778)는 자유(自由)와 평등(平等)이라는 자연권(自然權)을 '국가상태'에 있어서 확정하기 위한 이론적 근거로서 '사회계약론'(Du Contrat Social, 1762년)을 전개하고 국민주권(國民主權)의 이론화를 완성하였다. '일반의지'(즉, 국민주권)이 관철되는 정치체제를 만들어 내고, 인간이 '자연상태'(自然狀態)에서 가지고 있었던 자유(自由)와 평등(平等)을 되찾는 것이 가장 중요한 문제라고 강조했었다. 또한, 그는 국가(國家)란 개인적 이익을 보호하는 소극적 의지가 아니라 '공동체의 선(善)'이라는 '일반의지'를 실현하기 위한 사회계약(社會契約)을 시민들이 자유롭게 체결한 결과로 간주했었다.

러나 만약 분립(分立)만 있고 조화(調和)가 없고 견제(牽制)만 있고 균형(均衡)이 없다면 삼권분립(三權分立)의 메카니즘은 작동하기 어려울 것이다.

'현행 5년 단임 대통령제'의 배경은 '다수결 정치문화'인 반면에 '분권형 대통령제'(分權型 大統領制)의 필요성은 '합의제 정치문화'이다. '다수결 정치문화'가 다수(多數)를 위한 정치인 반면에 '합의제 정치문화'는 소수(小數)를 배려하는 정치다. 따라서 현행 5년 단임 대통령제(大統領制)가 다수를 위한 '다수결 정치문화'를 배경으로 하는 반면에 '분권형 대통령제'는 소수를 배려하는 '합의제 정치문화'를 배경으로 한다.

사실, 현행 5년 단임 대통령제(大統領制) 하에서 산업화(産業化) 세력과 민주화(民主化) 세력으로 구성된 대결 구도는 다수결 선거제도와 양당제, 중앙집권화, 갈등적 정치문화를 배경으로 정착되었다. 그러나 상기 구도 하에서 현행 5년 단임 대통령제(大統領制)의 효율성은 '1인 2표 정당명부식 비례대표제'의 도입과 다당제, 지방 분권의 확산, 타협적 정치의 필요성으로 떨어지고 있다. 즉, 현행 5년 단임 대통령제(大統領制)는 더 이상 효율적으로 작동할 수 없는 상황이 되었다.

또한, 다양한 시민단체들의 출현으로 인하여 정당(政黨)의 역할이 감소되고 있다. 또한, 시민단체(市民團體)의 정치 참여가 자기 단체의 목적 달성을 위해 국민을 선동함으로써 제도권이 무시되고 민중적 집단행동을 가중시킬 수 있다. 이러한 최근 추세를 감안하여, 정당(政黨)의 이념적 구별이 아닌 정당의 새로운 역할을 논해야 한다. 즉, 시민단체(市民團體)의 정치·사회적 역할을 논의하고 정당과 시민단체 간의 협조와 갈등의 문제를 연구함으로써 새로운 자유민주주의(自由民主主義) 정치체제를 창출해야 할 것이다.

5년제 단임 제왕적(帝王的) 대통령중심제(大統領中心制)의 정치체제에서는 행정부와 입법부의 정책법안이 대통령이 소속된 정당과 의회의 다수당의 의견과 다르고 집권당과 야당 사이에 타협이 이루어지지 않을 때, 해당 의안(議案)은 '교착국면(交錯局面)'에 빠지게 된다. 이 경우, 정치가 여·야 간의 힘겨루기로 인하여 삼권분립(三權分立)의 메카니즘은 제대로 작동할 수 없게 된다. 이 제도를 작동하게 하는 힘은 협상과 타협이다. 그러나 협상과 타협은 그냥 이뤄지는 것이 아니라 한국사회가 나아가야 할 방향이나 비전에 대해, 또한 그것을 실현할 방법이나 수단에 대해 여·야간에 어느 정도의 합의가 있을 때 가능하게 된다. 이 합의를 형성하는 데는 대통령의 정치적 리더십과 여당의 역할이 중요하다. 또한 야당은 건설적 비판자로서 협상과 타협의 파트너로서 역할해야 한다.

그럼에도 불구하고, 현행 5년 단임제 대통령들은 임기 내 업적을 내겠다고 엄청난 세금이 들어가는 사업을 겁없이 밀어붙였다. 효율성을 무시한 채, 세종시(世宗市)를 만들고 너도나도 무상(無償) 복지(福祉)를 추진했다. 운동권 세력들은 해묵은 '민주화' 깃발을 휘두르며 국정 현안마다 반대 투쟁으로 맞섰다.

둘째, 장－자크 루소(Jean-Jacques Rousseau, 1712~1778)의 국민주권(國民主權) 사상은 '공동체 선(善)'을 위한 사회계약론(社會契約論)과 정치체제(政治體制)를 위하여 다음과 같이 주장했었다: 법(法)의 원천은 '일반의지'(즉, 국민주권)이며, 이것은 항상 전체(국가) 및 각 부분(개인)의 보존과 행복을 추구하는 것이다. 그리고 국가는 하나의 도덕적 인격체이고 법(法)은 '일반의지'(즉, 국민주권)의 행위이며 그 목적은 시민의 자유(自由)의 평등(平等)이다.

회고해보면, 장－자크 루소(Jean-Jacques Rousseau, 1712~1778)의 국민주권(國民主權) 사상은 1960년대 이후 현재까지 한국의 민주화(民主化) 운동 세력을 괴롭힌 문제였다. 즉, '경제성장(經濟成長)의 논리'에 비하여 '민주주의(民主主義)의 논리'는 왜소하였고 진부했었다. 왜냐하면 민중들이 탈(脫)빈곤을 위해 독재(獨裁)를 용인할 준비가 되어 있는 상태에서 지식인들의 '민주주의(民主主義)의 논리'는 '배부른 자의 잠꼬대'로 치부되기도 했었기 때문이었다.

이러한 상황에서, 민주주의(民主主義)를 회복시켰었던 민주화(民主化) 세대(世代)는 단지 국민이 선거권(選擧權)을 행사해 투표할 수 있는 것을 '민주화(民主化)'의 전부로 보았을 뿐이었다. 그 결과, '민주화'(Democratization)란 기존의 권력층에 맞서는 다른 권력층의 대두 즉 '정권 교체'(政權 交替)로 그치고 일반국민의 기회와 권익향상은 회복되지 못했다. 즉, 장－자크 루소(Jean-Jacques Rousseau)의 국민주권(國民主權) 사상과는 달리, '일반의지'(즉, 국민주권)이 관철되는 정치체제를 만들어 내지 못했으며 인간이 '자연상태'(自然狀態)에서 가지고 있었던 자유(自由)와 평등(平等)을 제대로 되찾지 못하였다.

전형적 예로서, 4·19 혁명(1960년)은 이승만(李承晩) 대통령을 축출했었지만 박정희(朴正熙)의 5·16 군사 쿠데타(1960년)를 막지 못했었으며, '6·10 민주항쟁'(1987년)은 '대통령 직선제'를 공약한 '6·29 선언'을 이끌어냈었으나 그 결과는 장충동 체육관에서 선출된 군부 독재 권력인 전두환(全斗煥) 정권(1980~1988)으로부터 또 하나의 군부세력인 노태우(盧泰愚) 정권(1989~1993)으로 탈바꿈된 '형식적 민주주의'였다. 상기한 역사의 아이러니는 정치권의 무능(無能)과 탐욕(貪慾)이 빚은 결과였다. 즉, 박종철 의사와 이한열 열사의 죽음은 또 하나의 군부세력에게 직접 민주주의에 의하여 선출된 정권의 정당성을 부여하였던 셈이었다. 정치의 부실화가 국가발전에 큰 걸림돌이 되고 있다는 것을 국민은 누구나 느끼고 있다.

특히, 1980년 전두환(全斗煥, 1980~1988)과 노태우(盧泰愚, 1989~1993)를 비롯한 신(新)

군부의 등장과 제5공화국(1980~1988)의 수립은 경제성장이 사회의 다원화와 민주주의의 확대를 가져올 것이라는 '근대화 이론'의 입지를 완전히 무너뜨렸다. 다시 말하면, 경제발전을 위하여서는 민주제도의 유보가 필요했다는 것이 산업화 세대의 주장이지만, 당시 국제적 경제상황에서 일본, 대만, 홍콩, 싱가포르와 같은 아시아 한자(漢子) 문화권 비(非)공산권 진영 중에 한국의 경제발전은 최하위였음을 볼 때 상기의 주장은 설득력이 떨어진다. 상기 국가들 모두가 패전과 식민지의 시련을 딛고 일어났는데 한국만이 시련을 당했던 것도 아니었다.

따라서 향후 민주화(民主化)는 '형식적 민주주의'(단순히 정권교체)가 아니라 '실질적 민주주의'(일반국민의 기회와 권익 향상)를 지향해야 할 것이다. 그러하기 위해서는 민주주의 제도의 '경제적·사회적 제약성'을 깊이 인식해야 한다. 그 제약성이란 한마디로 말하면 '경제력 격차에 의한 계층 고착화'이다. 즉, 경제력 격차는 '계층간 이동'(階層間 移動)을 제어하여 건국 후 새로 형성된 상류층의 신분 세습을 야기하고 있다.

예로부터 정권이 바뀌면 새로이 등장한 집권층은 그들의 권력과 지위의 세습(世襲)을 강구했었다. 고려(高麗)시대에도, 조선(朝鮮)시대에서도 왕조(王朝)와 개국공신(開國功臣)과 문벌(門閥) 귀족들은 그들이 목숨을 걸고 획득했었던 특권을 그들의 후예(後裔)들이 나라와 함께 대대로 이어가기를 바랐었다. 현대 대한민국(大韓民國)에서도 '정권 창출 공신'들은 그들의 지위를 자손이 이어나가기를 바란다. 예로서, 현재 당연하게 여기고 있는 재벌가(財閥家)의 세습(世襲)으로 인하여 대한민국의 '귀족(貴族)' 가문이 형성되어 왔었다.69)

한국의 자본주의(資本主義)는 많은 권력을 재벌(財閥)의 지배가족들에게 부여하고 있다. 한국의 시장권력은 이미 세습권력이 된 반면에 대통령(大統領)은 5년마다 바뀌고 정당(政黨)의 간판도 수시로 바뀐다. 2010년 공정거래위원회 자료에 따르면 35대 재벌의 총수 일가가 가지고 있는 평균 지분은 전체 지분의 4.4%에 불과하며, 1%에 못 미치는 재벌(財閥)들도 있다. 이런 지분을 가지고도 전(全)계열사를 순환출자로 묶어 지배하고 그 경영권을 세습한다. 전반기에서 이미 국가의 지원과 보호로 얻은 기득권(既得權)은 후반기의 경쟁에서 유리한 고지를 선점하게 되었다. 후반기 '경기 운동장'은 평평하지 못했다. 결국, 자유경쟁(自由競爭)은 공정경쟁(公正競爭)이 되지 못했고 사회적 평등(平等)은 후퇴하게 되었다. 따라서 민주화(民主化)로 약화된 공적 권력의 공간을 사적 권력이 점유하며 한국사회의 거

---

69) 국세청에 따르면 자산이 5천억 원이 넘는 국내 대기업은 2016년 1,282개로 전체 법인의 0.21%밖에 되지 않지만 이들은 나머지 59만 개 법인보다 많은 107조6,692억 원의 순이익을 올렸다. 국내 10대 대기업 사내유보금은 2016년 말 기준으로 724조7,894억 원에 달한다. 불과 1년 만에 50조 원 이상 증가했다.

의 모든 부문(언론·법조·학계·의회·정부·문화계)에서 재벌(財閥)들의 영향력은 크게 확대되었다. 또한, 민주화(民主化)와 산업화(産業化)의 심화는 결국 금권(金權)을 한국사회의 가장 중요한 '권력'으로 부상시켰다.

대한민국(大韓民國)이 민주공화국(民主共和國)임을 선언하는 의미는 단순히 세습 군주를 부정하는 데서 그치지 않는다. 거기서 한 걸음 더 나아가 대한민국(大韓民國)은 개인의 자유(自由)와 평등(平等)을 최대한 존중하고, 개인(個人)의 자유(自由)와 공공(公共)의 이익(利益) 사이의 조화(調和)와 균형(均衡)을 추구하며, 이를 민주적 절차(節次)와 방법(方法)으로 실현할 것을 국민에게 천명(闡明)하는 것이다. 이것을 담고 있는 대한민국 헌법(憲法)의 '자유민주적 기본질서' 역시 자유의 내용을 다수의 합의에서 구하고, 민주주의의 완성을 위해 개인의 자유를 보호하려는 '자유민주주의적 이상'을 지향하는 것이다.

모름지기, 개인의 언론·출판·집회·결사의 자유, 양심과 사상의 자유, 인권과 같은 가치들은 자유주의(自由主義)의 가장 중요한 가치다. 상기한 자유(自由)와 더불어 '평등한 기회'의 보장은 민주주의 중요한 가치이다. 자유주의(自由主義)의 핵심은 신분질서라든지 전통적·전(前)근대적 관습이나 속박으로부터 개인의 해방이다. 산업화(産業化) 시대에서는 지속적인 '엘리트 양성'보다는 기존체제의 안정(?)을 더 중시하였다. 예로서 '중·고교 평준화(平準化)'는 학생들이 자기의 능력으로 '좋은 학교'를 골라가는 것이 아니라 거주 지역에 따라 '좋은 학교'를 갈 권리를 얻게 함으로써 부모의 경제력에 의해 '좋은 교육'을 받는 결과를 만들었다.

심지어, '한글 전용'은 미국을 통하지 않고는 학문을 할 수 없는 상황을 만들어 자유로이 미국을 오갈 수 있는 부유층만이 학계의 주류가 될 수 있도록 했다. 심지어, 과거 등용문(登龍門)이었던 '사법고시제도'를 폐지하고 엄청난 학비를 필요로 하는 법률전문대학(Law School)을 제도화함으로써 부유한 가정의 자녀들을 위한 전당(殿堂)을 만들어주었다. 이젠, '개천에서 용(龍)나는 시대'는 '동화(童話) 속의 먼 나라의 이야기'가 되어 버렸다.

사실, 1948년 정부수립과 함께 대한민국(大韓民國)은 민주공화국(民主共和國)임을 선언하였다. 국민이 주인이 되며 모든 국민이 신분의 차별이 없이 균등한 기회를 가지며 꿈을 펼칠 수 있는 나라로서 그에 맞는 제도를 시행하였다. 출신 성분과 무관하게 누구나 학업 성적만 우수하면 공립의 영재학교에서 양성하는 제도가 있음으로 해서 국민 모두는 노력과 능력에 따른 신분상승의 길이 열려 있었다. 심지어, 조선(朝鮮)시대에서 양반(兩班) 계급이 쓰는 한문(漢文)과, 상민(常民)이 쓰는 언문(諺文)으로 인한 신분계층간의 벽이 있었지만 국민 모두가 국·한문을 혼용하여 신분에 따른 언어의 장벽은 없어졌다. 이에 따라 대한민국(大韓民國) 건국 초기를 전·후하여 출신과 관계없이 국가를 지도하는 엘리트가 양성되었다. 모름지기, 출신성분과 무관하게 모두가 기회와 권리를 균등하게 갖는 제도를 복원해야 한다.

소위 '조국 사태(曹國 事態)'는 2019년 8월 9일 조국(曹國)이 대한민국 법무부 장관 후보로 지명된 이후 제기된 여러 논란으로 발생한 사건이다. 예로서 딸의 대학교 및 대학원 관련 논란(무시험 대학 입학, 장학금 지급, 논문 제1저자 등재, 딸의 인턴쉽), 아들의 대학교 관련(대리 시험을 통한 조지워싱턴대학에 대한 업무방해, 허위 인턴증명서 발급), 사문서 위조(동양대 표창장, 그외 사문서) 등이다.

주요 대학교를 중심으로 조국(曹國) 법무부 장관 임명 철회를 요구하는 시위가 시작되었으나, 문재인(文在寅) 대통령은 "본인이 직접적으로 책임질 불법행위가 드러난 것은 없다"고 하면서 조국(曹國)을 법무부 장관으로 임명하였다. 그러자 국론 분열이 심화되면서 대규모 집회로 확산되었고, 임명된지 35일 만인 2019년 10월 14일 조국(曹國) 법무부 장관은 사퇴하였다. 조국(曹國)이 법무부 장관직을 사퇴한지 한달이 넘은 2019년 11월 19일이 되어서야 문재인(文在寅) 대통령은 MBC에서 진행된 '국민이 묻는다, 2019 국민과의 대화'에 출연하여 "장관으로 지명한 그 취지하고는 어쨌든 상관없이 결과적으로 그것이 오히려 많은 국민에게 많은 갈등을 주고 국민을 분열시키게 만든 것에 정말 송구스럽다"고 밝히며 '조국 사태(曹國 事態)'에 대하여 공식적으로 사과하였다.

그러나 '조국 사태(曹國 事態)'는 조국(曹國)의 법무부 장관직 사퇴와 문재인(文在寅) 대통령의 MBC에서의 사과로 끝날 일이 아니다. 왜 양식있는 사람이 철면피한 '조국 사태(曹國 事態)'를 저지를 수 밖에 없었가? 제2, 제3의 '조국(曹國)'은 없는가? 저자는 수많은 '조국(曹國)'이 있다고 짐작한다. 향후에도 그러한 일이 발생하지 않을까? 저자는 끊임없이 유사한 '조국 사태(曹國 事態)'가 음성적으로 발생할 것이다. 그 이유는 '교육의 기회'→'출세의 기회'→'권력(권위)의 기회'→'소득과 부(富)의 기회'→'세습(世襲)의 기회'를 야기시키는 사회구조의 병폐가 이미 고착되어 있으며 경쟁이 심화될수록 더욱 확산될 것이기 때문이다.

전술한 바와 같이, 문재인(文在寅) 대통령(2017.05~현재)은 2018년 정초(正初)에 "과거의 잘못을 바로잡기 위한 노력을 지속하면서 국민의 삶을 바꾸는 데 모든 역량을 집중하겠다"면서 "국민의 삶의 질 개선을 최우선 국정 목표로 삼아 국민 여러분이 피부로 느낄 수 있는 변화를 만들겠다"고 강조했다. 그러면서 "공정하고 정의로운 대한민국을 만들라는 국민의 뜻을 더 굳게 받들겠다"며 "나라를 나라답게 만드는 일이 국민통합과 경제성장의

더 큰 에너지가 될 것이라고 확신한다"고 했다(중앙일보, 2018.01.01).

따라서 문재인(文在寅) 대통령은 '공정하고 정의로운 대한민국'을 위하여 '교육의 기회' → '출세의 기회' → '권력(권위)의 기회' → '소득과 부(富)의 기회' → '세습(世襲)의 기회'를 야기시키는 사회구조의 병폐를 척결하는데 심혈을 기울였어야 옳았다. 그 시작은 '공정한 교육의 기회'를 확충하는 것이다. '조국 사태(曺國 事態)'는 사법부의 공정한 재판을 통하여 마무리지어야 하지만, 상기한 사회구조의 병폐 척결은 문재인(文在寅) 대통령이 반드시 추진해야 할 과제인 것이다.

3) '성숙한 민주주의'를 위한 법치주의(法治主義) 확립

전술한 대한민국의 역대 대통령(大統領)들의 부패(腐敗) 행위들을 보면, 영국의 런던 타임스(1951.10.01)가 비판했었듯이, 한국인이 '고상한' 민주주의(民主主義)를 추구하는 것은 마치 '쓰레기 통에서 장미 꽃을 찾는 것'과 같다. 따라서 한국의 정치인은 민주주의(民主主義)를 부르짖기 전에 사회정의(社會正義)를 실천해야 한다는 것을 알 수 있다.

(1) 대한민국 역대 대통령들의 불운한 말년

전술한 바와 같이, 대한민국 역대 대통령들의 불운한 말년은 한결 같이 약속이나 한 것처럼 망명, 실각, 시해, 허수아비, 유배, 수감, 자살, 탄핵, 구속 등으로 비극의 역사를 보여주었다.

이승만(李承晩, 1875~1965)은 대한민국 건국의 업적에도 불구하고 친일파(親日派)를 청산하지 못하고 사사오입 개헌(1960년)과 1960년 3·15 부정선거와 장기 집권과 권력욕에 집착하다 1960년 4·19 혁명으로 하야(下野)와 망명의 말로(末路)를 맞았다.

박정희(朴正熙, 1917~1979)는 군사쿠테타로 정권을 쟁취한 후 한국경제 발전을 위한 토대를 닦았지만, 3선 개헌과 유신 헌법으로 장기 집권의 권력욕으로 중앙정보부장 김재규(金載圭, 1926~1980)에 의해 시해되는 운명을 맞았다.

전두환(全斗煥)은 12·12 군사반란, 5·18 광주민주항쟁 계엄군에 의한 진압을 저질렀다. 김영삼(金泳三) 대통령은 '성공한 쿠테타도 처벌할 수 있다'는 명분으로 5.18 특별법을 제정하였다. 전두환(全斗煥)은 사형에서 무기로 감형되어 옥고를 치르고, 백담사에서 2년 2개월 동안 유배되었고, 지금도 발포 책임자로 자유롭지 못하다.

노무현(盧武鉉)은 오랜 후원자인 박연차 회장이 "전 정권에 돈 줬다"고 진술한 이후 검찰에 의해 640만 달러를 받은 협의를 조사를 받던 중 고향 봉하마을 뒷산 부엉이 바위에서 투신해 자살했다.

이명박(李明薄, 1941~현재)은 김대중(金大中)과 노무현(盧武鉉) 정부가 추진했던 '햇볕정책'에 대해 비판적 입장을 취하며 남북관계를 후퇴시켰고, 4대강 공사 강행, 사자방 비리, 다스 소유 여부, 110억 원대 뇌물수수와 350억 원대 비자금 조성 등의 협의로 구속되어 있다.

박근혜(朴謹惠, 1952~현재)는 건국이후 최초 여성 대통령이었지만, 세월호 참사와 국정농단으로 헌법재판소에서 탄핵을 받고 임기를 채우지 못하고 교도소에 수감 중이다.

문재인(文在寅, 1953~현재)은 적폐청산을 내걸고 이명박(李明薄)과 박근혜(朴謹惠)와 김기춘 비서실장, 우병우 민정수석, 양승태 대법원장 등 160명 이상을 수사하고 구속시키면서도 자신의 주변세력과 관련된 법적 논란이 잠복되어 있다.

(2) 법치주의(法治主義) 확립

전술한 바와 같이, 저자가 '한국몽(韓國夢)'으로서 주창한 '정의로운 국가'(A Justice-based State)와 '행복한 사회'(A Happy Society)를 구현하기 위한 '필요조건(必要條件)'은 정치제도(政治制度)와 경제체제(經濟體制)로서 존 롤즈(John Rawls, 1921~2002)의 『정의론(正義論)』(1972년)이 주창하는 '질서정연한 민주주의 사회'(A Well-Ordered Democratic Society)와 '정의로운 경제체제'(A Justice-based Economic System)이다.[70] 나아가, '정의로운 국가'(A Justice-based State)와 '행복한 사회'(A Happy Society)를 구현하기 위한 '충분조건(充分條件)'은 독일 프라이부르크 학파의 '질서 자유주의'(Ordo-Liberalism)하에서 '사회적 시장경제': 시장 질서('경쟁 원리')와 사회 질서('보완 원리')를 결합하는 것이며 사회정의

---

70) Rawls, John(1971), A Theory of Social Justice, Cambridge: Harvard University Press; Rawls, John(1980), "Kantian Constructivism in Moral Theory", Journal of Philosophy Vol. 77, No. 9; Rawls, John(1985), "Justice as Fairness: Political Not Metaphysical", Philosophy and Public Affairs Vol. 14, No. 3; Rawls, John(1993), Political Liberalism, New York: Columbia University Press.: Rawls, John(1995), "Justice as Fairnes: Political not Metaphysical", Philosophy and Public Affairs Vol. 14; Rawls, John(1999), A Theory of Justice, revised. ed., Cambridge: The Belknap Press of Harvard University Press; Rawls, John(2001), Justice as Fairness: A Restatement, Cambridge: Harvard University Press; Rawls, John and Erin Kelly, ed.(2001), Justice as Fairness, A Restatement, Cambridge, MA: The Belknap Press of Harvard University Press.

(社會正義)를 위한 법치주의(法治主義) 즉 '법의 지배'(Rule of Law)를 구현하는 것이다.71)

한마디로 말하면, 법치주의(法治主義)는 저자가 '한국몽(韓國夢)'으로서 주창한 '정의로운 국가'(A Justice−based State)와 '행복한 사회'(A Happy Society)를 구현하기 위한 충분조건 (充分條件)이다. '질서정연한 자유민주주의 사회'(A Well−Ordered Free Democratic Society) 와 '효율적이고 공정한 시장자본주의'(An Efficient and Equitable Market Capitalism)를 정착 시키 위해서는 무엇보다도 '법(法)의 지배'(The Rule of Law) 즉 법치주의(法治主義)가 확립 되어야 한다.72) 여기서 법치주의(法治主義) 즉 '법(法)의 지배'(The Rule of Law)는 법실증주 의(法實證主義) 즉 '법(法)대로'(The Rule by Law)가 아니다.

전술한 바와 같이, 한국의 법·질서 지수(2003년)는 4.6(OECD 평균은 5.0)으로 OECD 30개 국가 중에서 21위로 법과 질서의 준수 정신이 부족하다. 그러나 한국에서는 정부가 거꾸로 국민들에게 법치주의(法治主義)를 강조하는 경우가 많은데, 이는 준법주의(遵法主 義)와 법치주의(法治主義)를 혼동한 것이다. 서구의 법치주의(法治主義)란 통치 세력이 법에 합당하지 않은 통치를 하지 못하도록 하는 것인데, 한국 정부가 국민에게 법치주의를 지 키라고 말하는 것은 경영자가 직원들에게 정도(正道) 경영하라고 설파하는 것과 마찬가지 이다.

역사적으로 보면, 법치주의(法治主義)는 서양(西洋)의 정치전통에서 이어져 내려오는 사 조다. 역사적으로 보면, 로마의 평민들은 정치투쟁의 과정에서 자유와 평등의 이론을 발 전시켰고 이는 12표법으로 대표되는 로마 시민법 체계의 탄생으로 이어졌다. 로마인들은 자연법(自然法)이라는 개념을 고안했다. 이에 따르면 자연법은 누군가가 제정하는 법이 아 닌 자연 그 자체에 존재하는 자연의 법칙이고, 따라서 발견될 뿐이지 발명될 수는 없었다. 또한 자연의 섭리, 법칙이기 때문에 신분이나 계급, 성별에 구애받지 않고 보편적으로 적 용되어야 했었다. 따라서 만인(萬人)은 법(法) 앞에 평등하다는 법치주의(法治主義)의 사상 은 자연법(自然法)에 근거를 둔다.

근대적 의미에서의 법치주의(法治主義)는 이탈리아의 공화국들에서 일찍이 발달했다. 이보다 뒤에 영국에서는 대헌장(大憲章)에서 절대권력자인 왕(王)의 의지도 법에 의해서 제한될 수 있다고 규정함으로써 법치주의(法治主義)의 장(章)을 열었다. 이것은 영국에서

---

71) 이에 관한 자세한 논술은 임양택(2021), 『'정의로운 국가'와 '행복한 사회'를 위한 신(新)실용주의(實用 主義) 철학과 정책』, 도서출판 박영사 참조.

72) Smith, Adam(1778), Lectures on Jurisprudence, edited by R.L. Meek, D. D. Raphael, and P. G. Stein(Glasgow Edition, 1976), Clarendon Press.

"누구도 법 이외의 것에 지배되지 않는다. 통치자도 법의 지배에 복종하지 않으면 안 된다"는 법치주의(法治主義)의 일반원리로 자리잡았다. 즉, 영국에서는 후일 왕권 견제에 대한 근거가 되었다.

20세기에 들어서, 법치주의(法治主義)가 확산된 근본적 이유는 사회주의(社會主義)는 물론 분배 정의(分配正義)의 실현이 법치주의(法治主義)를 일탈(逸脫)하여 자유주의(自由主義)를 위태롭게 만들었기 때문이다. 또한, 법치주의(法治主義)는 자유(自由)의 수호만이 아니라 경제적 번영의 기초이다. 왜냐하면 법치주의(法治主義)는 시민들에게 자유롭고 안정적인 경제활동을 가능하게 하는 제도적 환경을 보장하기 때문이다.

(3) 법치주의(法治主義)의 요건

영국의 헌법학자 엘버트 벤 다이시(Albert Venn Dicey, 1835~1922)는 그의 『헌법학 입문』(1885년)에서 '법치주의'(法治主義, The Rule of Law)란 복지국가(福祉國家)나 정부간섭주의의 수단이 아니라 자유주의(自由主義)를 수호하기 위한 방패라고 주장했다.

프리드리히 하이에크(Friedrich A. Hayek, 1899~1992)는 그의 저서 『자유의 헌법』(1960년)과 『법·입법 그리고 자유』(1960년, 1973년, 1976년, 1979년)에서 20세기 초·중반 지구촌이 사회주의(社會主義)로 붉게 물들었던 시기에 이를 걷어내고 자유주의(自由主義)를 강화하기 위해 법치주의(法治主義)를 주장했다.[73] 또한, 그의 저서 『노예의 길』(1944년)에서 자유주의(自由主義) 국가가 '법의 지배'(The Rule of Law) 즉 법치주의(法治主義) 원칙을 지키는 것이 자유주의(自由主義) 국가와 전제주의(專制主義) 정부를 명료하게 구분하는 기준이라고 주장했다. 이어서, 그의 『자유헌정론』(1960년)에서 '법의 지배'(The Rule of Law) 즉 법치주의(法治主義) 하에서는 '기업가 정신'이 활성화됨으로서 경제가 번영할 수 있다고 주장했다. 법치주의(法治主義)를 국가의 공권력을 제한해야 한다는 헌법주의(Constitutionalism)의 실현이라고, 다시 말하면 '정의(正義)의 규칙'을 집행하는 데에만 강제권을 행사하도록 제한하려는 것이 법치주의(法治主義)이라고 주장했다(Friedrich A. Hayek, 1960, 1973, 1997).

한편, 중국 전국시대(戰國時代, BC 403~221, 진(秦)나라가 중국 통일을 달성하기 전까지의 기간)에서 도덕(道德)보다 법(法)을 중시하여 형벌을 엄하게 하는 것이 통치의 기본으

---

73) Hayek, Friedrich A.(1944), The Road to Serfdom, Chicago. 김영청 역 『노예의 길』(1997), 동국대출판부. Hayek, Friedrich A.(1948), Individualism and Economic Order, Gateway Editions; Hayek, Friedrich A.(1965), "Individualism and Economic Order", In M. Bornstein(ed.), Comparative Economic System, Homewood, Ⅲ.: Richard D.Irwin, Chap. 8.

로 삼은 한비자(韓非子, 기원전 280~233)[74]의 법가(法家)는 서구의 법치주의(法治主義)는 아니다. 왜냐하면 법가(法家) 역시 '법으로 하는 제왕(帝王)의 지배'이지, '법의 지배'가 아니기 때문이다. 현대에 이르러, 중국 정부가 중국 공산당의 일당독재를 옹호하고 정당화하거나 소수민족의 분리주의 운동을 탄압하기 위한 차원에서 법치주의(法治主義)를 내세우는 경향을 보인다. 대표적인 사례로서 2014년 9월 28일 홍콩 행정장관직 후보 제한 등에 반발하여 일어났었던 '홍콩 우산 혁명(雨傘革命)' 당시 민주화를 요구하는 홍콩인들의 시위를 진압하는 과정에서 그 명목 중 하나로 법치주의(法治主義)를 내세웠다.

법치주의(法治主義)가 강제되기 위해서는 법(法)이 국가관리를 포함한 모든 사람에게 평등하게 집행되어야 하고, 특권 세력이 지배하는 법의 회색지대가 없어야 하고, 부패(腐敗)가 없어야 하며, 법(法)을 보편적으로 적용할 수 있는 능력 있는 정부가 있어야 하며, 법(法)에 의해 보장된 개인적 권리와 자유를 존중하는 경찰이 있어야 하고, 모든 시민들에게 평등하게 사법적(司法的) 과정에의 접근권을 보장해 주어야 하며, 독립된 사법부(司法府)와 헌법의 절대적 우월성을 보장해 줄 수 있는 헌법재판소(憲法裁判所)가 있어야 한다.

법치주의(法治主義)는 국가 권력이 작동할 때 그 절차가 법에 의해 작동하는가를 판단하는 원리이다. 여기서 그 절차까지 정당한지도 검토하여 절차 자체의 정당성까지 확보하는 과정이 있으면 실질적 법치주의가 되는 것이고, 반대로 절차에 대한 별다른 가치 판단 없이 그대로 밀어 붙이면 형식적 법치주의가 되는 것이다.

---

74) 한비자(韓非子, BC 280~233)는 중국 전국시대의 철학자로 본명은 한비(韓非)이다. 전국시대 말기에 한(漢)나라에 살던 한왕(韓王) 안(安)의 서자로 태어났다. 법치주의(法治主義)를 주장했으며 법가(法家)를 집대성한 철학자로 널리 알려져 있다. 보통이라면 '한자(韓子)'라고 해야겠지만, 후에 당의 한유(韓愈)를 한자(韓子)라 부르게 되면서, 유가가 아닌 법가 사상가인 한비자(韓非子)의 우선순위가 낮기 때문에 한자(韓子) 쪽을 이름 전체를 넣어서 한비자라고 부르게 된 것이다. 한비자(韓非子)는 젊어서 진(秦)의 이사(李斯)와 함께 순자(荀子)의 밑에서 동문수학했다. 겉보기엔 냉철하고 달변가처럼 보이지만 언변이 뛰어난 이사(李斯)와는 대조적으로 한비자(韓非子)는 말더듬이였다고 한다. 허나 학문에 있어서는 이사(李斯)가 한비자(韓非子)에 미치지 못했다. 이때 한비자는 법가뿐만 아니라 도가, 유가, 묵가 등 여러 학문을 두루 섭렵하고 법에 의한 부국강병의 논리를 정립했다. 한비자(韓非子)는 철학자 중에서도 형명가(刑名家)라고 할 수 있는데, 이는 형명학을 주장하는 사람이란 뜻이며 형명학은 명실론(名實論)을 법의 적용에 응용하려던 일종의 법률학이다. 한나라는 전국칠웅 중에서도 문화가 떨어지고 당시에는 세가 기우는 형국이어서 한비자(韓非子)는 이를 걱정하여 여러 계책을 한왕(韓王)에게 간하였으나 별로 받아들여지지 않았다. 한비자(韓非子)는 진시황(秦始皇)이 매우 존경했던 인물로도 유명한데, 사마천(司馬遷)의 사기에 의하면 한비자(韓非子)가 쓴 저서인 고분(孤憤)과 오두(五蠹)를 본 진시황(秦始皇)이 크게 감명을 받아 "이 사람과 교유한다면 더 바랄 것이 없겠다"라고 했다고 한다. 진(秦)나라의 재상이 된 이사(李斯)는 *"한비자(韓非子)를 얻고 싶다면 한(漢)나라를 공격하라. 그러면 한비(韓非)가 사신으로 올 것이고 그때 회유하면 된다"*라고 진시황(秦始皇)에게 간한다.

　법치주의(法治主義)에서 법이란 공포되고 명확하게 규정된 법을 말하는 것이며 법을 교묘하게 이용해서 권력을 유지 강화하는 것은 실질적 법치주의가 아니라 형식적 법치주의이다. 법을 오직 통치의 수단으로서만 이용하고 개인의 자유와 권리를 탄압하는 것을 법률적 불법(Gesetzliches Unrecht)이라고 한다.

　상기 개념은 법치주의(法治主義)가 나치를 막지 못했던 독일의 경험에서 나왔다. 나치가 저지른 만행때문에 오해할 수도 있으나, 나치 역시 분명히 합법적으로 성립된 정권이었다. 이러한 형식적 법치주의에 대한 대안으로 나온 것이 '실질적 법치주의'이다. 실질적 법치주의는 인간의 존엄을 바탕에 두고 기본권을 보장하며 실질적 평등을 추구하는 내용을 담은 법률을 전제한다.

　요컨대, '형식적(形式的) 법치주의(法治主義)'는 합법성에만 초점을 두었다면 '실질적(實質的) 법치주의(法治主義)'는 합법성과 더불어 정당성에도 초점을 두는 원리이다. 이를테면 법률이 헌법을 위반한다면 위헌법률심사제도를 쓸 수 있다. 또한 권력이 폭주하여 헌법의 기본원리를 침해하고, 다른 합법적인 구제수단도 없더라도 저항권이 있다. 즉, 헌법의 기본 원리를 방패로, 다시 말해서 '실질적(實質的) 법치주의(法治主義)'를 방패로 폭주하는 권력에 대항할 수 있다는 의미다.

05 한국 정치인의 '역사적 소명'은 무엇인가?

1) 정치 지도자의 경륜과 리더십

저자는 한국의 정치인(政治人)들에게 질문한다: "그대들은 왜 정치인(政治人)의 삶을 선택했는가? 도대체 정치(政治)를 무엇이라고 생각하는가? 누구를 위하여 정치(政治)하는가?" 이에 대한 답변을 저자가 대신하면, 다음과 같다:

첫째, 정치(政治)란 무엇인가? 그것은 '수기치인'(修己治人) 즉 자신을 닦은 후 남을 돕는 것이다. 따라서 정치가(政治家)는 먼저 자신의 부조화(不調和)로운 것, 즉, 천지 자연의 이치에 조화되지 못하는 자신의 부정적인 측면을 다스려 극복한 후, 다른 사람의 어려움을 도와줄 수 있는 사람, 즉, 군자(君子)를 의미한다.

다시 말하면, 고대 중국의 유교 경전인 『상서』(尙書)에 의하면 '정치(政治)'라는 말은 '정'(政)은 '바르다'의 '正'(정)과, '일을 하다' 또는 '회초리로 치다'의 의미인 攵(등글월문: 攴)이 합쳐서 이루어진 말이다. 즉, 자신을 바르게 하기 위해 '회초리로 친다'는 것을 의미한다. 한편, '치'(治)는 물(氵: 水)과 건축물(台: 태)이 합하여 이루어진 말이다. 이것은 물(水)의 넘침으로 인한 피해를 잘 수습한다는 것을 의미한다. 즉, 상기한 바와 같이, 치(治)는 특히 다른 사람들이 스스로 자신들의 부조화(不調和)로운 것, 즉, 천지 자연의 이치에 조화되지 못하는 면을 극복할 수 있도록 돕는 것을 뜻한다. 따라서 정치(政治)란 자신과 다른 사람의 부조화(不調和)로운 것, 즉, 천지 자연의 이치에 조화되지 못하는 것을 바로잡아 극복하는 일이다. 여기서 유의할 것은 '정치'(政治)의 어원(語源)에는 다른 사람을 지배한다는 의미가 전혀 들어있지 않으며, 그 대신에 '다른 사람을 돕는다'는 의미가 담겨 있다는 점이다.

여기서 저자는 율곡(栗谷) 이이(李珥, 1536~1584) 선생과 다산(茶山) 정약용(丁若鏞, 1762~1836) 선생의 용어를 빌려 '정치'(政治)를 정심(正心) → 용현(用賢) → 안민(安民)에 따라 일반윤리(一般倫理) → 정치윤리(政治倫理) → 경제윤리(經濟倫理)라고 규정한다. 우선, 율곡(栗谷)은 '義'가 단순히 '氣'에 그쳐서는 안 되며, 정치적 측면에서 용현(用賢)이 이루어질 때 '利' 즉 경제적 측면에서 안민(安民)을 가져온다고 주장했다. 즉, 정치윤리(政治倫理)가 확립되면 필연적으로 경제윤리(經濟倫理)도 확립된다는 것이다. 이와 대칭적으로, 다산(茶山) 정약용(丁若鏞) 선생은 안민(安民)하는 것이 바로 정치윤리(用賢)이라고, 안민(安民)이란 평등주의(平等主義)와 불로소득(不勞所得)의 근절로서 이루어진다고, 따라서 백성을 다스리기 위해서는 '목민관(牧民官)'이 되어야 한다고 각각 주장하였다.

한편, 경제학자인 본 연구는 '정치'(政治)를 '경세제민'(經世濟民)으로 규정한다. 즉, '정치'(政治)란 유교(儒敎)의 민본주의(民本主義) 즉 '세상을 다스리고 백성을 구제함'이다. 다산(茶山) 정약용(丁若鏞, 1762~1836) 선생이 유배지 강진군에서 1808년(순조 8년)~1817년(순조 17년) 집필한 저서『경세유표』(經世遺表)는 국정(國政)에 관한 일체의 제도 법규의 개혁(행정기구의 개편을 비롯한 관제·토지제도·부세제도 등)에 대해 논술하였다.

다른 한편으로, 1862년 일본에서 출간된 영어사전에 'political economy'를 '경제학'으로 번역되었다. 여기서 '경제'(經濟)라는 용어는 서구의 개념인 'economy'가 막부시대 말기에 일본에 들어오자 유학자인 다자이 슌다이(太宰春臺)가 중국 고대사상인 '경세제민'(經世濟民)을 찾아내 '경제록(經濟錄)'이란 책에 최초로 사용되었다. 영어의 'economy'는 고대 그리스어로 '집'이란 뜻의 'oikos(오이코스)'와 '관리하다'의 뜻인 'nomia(노미아)'를 결합한 'oikonomia(오이코노미아)'에서 나온 말이다. 즉, 집안살림을 관리한다는 뜻이다.

따라서 본 연구는 현대적 용어를 빌려 '정치'(政治)를 제레미 벤담(Jeremy Bentham, 1748~1832)과 존 스튜어트 밀(John Stewart Mill, 1806~1893)이 일컬었던 '최대다수 최대행복'(最大多數 最大幸福, The greatest happiness of the greatest number) 혹은 존 롤즈(John Rawls, 1921~2002)의 '정의론(Theory of Justice)' 및『정치적 자유주의』(Political Liberalism, 1993년)가 주장한 '최소수혜자의 최대행복'(즉, 시장의 경쟁에서 낙오된 '최소 수혜자'들의 혜택을 극대화)을 추구하는 공적 활동이라고 정의한다.

다른 한편으로, 서양에서는 '정치'(政治, politics)는 폴리스(polis)에서 유래한다. 즉, 정치(政治)란 인간이 폴리스(polis)라는 공동체의 영역을 다루는 것이다. 그 후, 데이비드 이스턴(David Easton, 1917~2014) 교수(시카고 대학교 정치학 교수 재직: 1947~1997)는 정치(政治)를 '가치의 권위적 배분'(authoritative allocation of values), 막스 베버(Max Weber, 1864~1920)는 '국가의 운영 또는 이 운영에 영향을 미치는 활동'이라고 각각 정의했다. 막스 베버(Max Weber)는 정치가(政治家)에 대한 정의를 '악마적 수단'을 통해 '천사적 목적'을 실현하는 존재라고 규정하였으며, 또한 정치가(政治家)는 '열정, 책임감, 균형감각'을 갖춰야 한다고 그의 대표적 저서『프로테스탄티즘의 윤리와 자본주의의 정신』(Die protestatische Ethikund der 'Geist' des Kapitalismus, 1903년 및 1905년)에서 강조하였다.

둘째, "정치인들이 정치(政治)를 하고자 하는 이유는 무엇일까?" 그 이유는 경세제민(經世濟民)을 통하여 자신이 '역사의 영웅(英雄)'이 되고 싶기 때문일 것이라고 본 연구는 규정한다. 그렇다면, 한국의 정치인들이 '역사의 영웅(英雄)'이 되기 위해서는 그들의 국정철학(國政哲學)과 청사진(靑寫眞)을 경건한 '종(鐘)소리'로써 울려야 한다. 그런데, 종(鐘)은 과연 '누구를 위하여 조종(弔鐘)은 울리는가?'(For Whom the Bell Tolls?). 이 질문은 영국의 시인이며 사제(司祭)인 존 던(John Donne, 1572~1631)의 시(詩)와, 그 후 어니스트 헤밍웨이(Ernest Miller Hemingway, 1899~1961)의 소설의 제목이지만, 종(鐘)은 바로 그대 자신(정치인)의 '정치적 이상'을 위하여 조종(弔鐘)은 울리는 것이라고 저자는 사유한다. 예로서 신라(新羅) 제33대 성덕대왕(재위: 702~737) 당시의 '에밀레종'(국보 제29호)은 당시 '신라인(新羅人)의 꿈'이었던 '국태민안(國泰民安)'을 위하여 제물로 희생되었던 '어린 아기'가 우는 것이다.

그렇다면, 현대사회에서 한국 정치인들이 울려야 할 '종(鐘)소리' 즉 '한국인의 공통적 꿈' 즉, '한국 몽(韓國 夢)'은 무엇인가? 다시 말하면, 한국의 여야(與野) 정치인 모두가 함께 추구해야 할 공동선(共同善, The Common Good)은 무엇인가?

우선, 일제(日帝) 시대에 민족반역적 행위를 저질렀었던 친일파(親日派)를 제외한 나머지 모든 한국인의 '공통적 꿈'은 일제(日帝)로부터의 '자주독립국가(自主獨立國家)'였다. 당시, 봉건제도(封建制度)와 절대빈곤(絕對貧困)에 대한 불만은 있었지만 사회갈등(社會葛藤)은 거의 없었다. 그 후, 과거 군사정권의 독재체제하에서 기생(寄生)했었던 기득권 집단을 제외한 나머지 대다수 한국시민의 '공통적 꿈'은 무엇이었나? 그것은 지난 60년 동안 '타는 목마름'으로 불렸던 '민주주의(民主主義)'였다. 김주열(金朱烈) 열사 → 박종철(朴鍾哲) 의사 → 이한열(李韓烈) 열사는 과연 '누구를 위해 종(鐘)을 울렸는가?'(For Whom the Bell Tolled?) 그들은 새로운 권력집단과 그것에 기생한 관료와 재벌의 부귀영화를 위한 것이었나? 그들은 대한민국 민주주의(民主主義)를 위하여 호곡(號哭)하였다. "한국의 '민주화(民主化) 운동'은 과연 성공했는가?"

일찍이, 플라톤(Plato, BC 427~347)은 철학자가 국가통치자가 되거나 국가통치자가 철학자가 되어야 한다고 설파(說破)하였다. 다산(茶山) 정약용(丁若鏞, 1762~1836) 선생은 *"바른 사람(正人)이 정치를 맡아야 백성이 정치적 명령에 잘 따르게 된다"*(政也者, 正也. 均吾民也)고 도덕적 자질을 강조했다. 특히, 국가지도자(國家指導者)는 율곡(栗谷) 이이(李珥, 1536~1584)와 다산(茶山) 정약용(丁若鏞, 1762~1836)의 용어를 빌리면 정심(正心) → 용현(用賢) → 안민(安民)에 따라 일반윤리(一般倫理) → 정치윤리(政治倫理) → 경제윤리(經濟倫理)의 체계를 갖추어야 한다. 마하트마 간디(Mahatma Gandhi, 1869~1948)는 '원칙 없는 정치'(Politics without Principles)를 통박했었다. 그렇다면, 원칙(原則)이 무엇인가? 그것은 철학(哲學)의 소산(所産)이다. 모름지기, 비전(미래상)과 그것을 위한 도전은 올바른 국가 정체성(政體性)에 대한 신념(信念)의 산물인 것이다.

모름지기, 한국의 정치지도자(Political Leader)는 '탈(脫)이데올로기적' 국정철학(國政哲學, Governing Philosophy)을 수용하여 역사관(歷史觀)에 바탕을 둔 비전(Vision)과 청사진(靑寫眞)을 제시하고 이것을 모든 국가정책에 반영하여 일관성있게 추진함으로써 상기한 '한국 몽(韓國 夢)'을 실현해야 할 것이다. 게오르그 빌헬름 프리드리히 헤겔(Georg Wilhelm Friedrich Hegel, 1770~1831)는 그의 저서 『역사철학강의』(세계역사의 철학에 관한 강의, Vorlesungen über die Philosophie der Weltgeschichte, 1837년, 1840년)에서 *"각 민족의 역사(歷史)는 절대정신(絶對精身) 즉 이성(理性)의 자기 실현을 위한 외화(外化) 과정이다"*고 강조하고 *"세계사(世界史)란 정신이 스스로를 자유(自由)라고 의식하는 자유의식의 발전과정과, 이 의식에 의해서 산출되는 자유(自由)의 실현과정을 나타낸 것이다"*라고 갈파했다.

본 연구가 제시하는 '탈(脫)이데올로기적' 국정철학(國政哲學, Governing Philosophy)은 '신실용주의'(新實用主義, NeoPrgmatism)이다.[75] 즉, '신(新)실용주의(Neopragmatism)'=플라톤(Plato, BC 427~347)의 『국가론』(Politeia) + 아리스토텔레스(Aristotle, BC 384~322)의 『니코마코스 윤리학』 + 맹자(孟子, BC 372~289)의 '민본주의적(民本主義的) 국가관'으로 집약적으로 표현할 수 있다.

'탈(脫)이데올로기적' 신실용주의'(新實用主義, NeoPrgmatism)의 철학적 목표는 존 롤즈(John Rawls, 1921~2002)의 『정의론』(A Theory of Justice, 1971)을 사상적 토대로 법치주의(法治主義)하에서 '완전고용기반형 복지사회'(A Full Employment-based Welfare Society)에 의하여 '한국 몽(韓國 夢)' 즉 '정의로운 국가(A Justice-based State)'와 '행복한 사회(A Happy Society)'를 구현하는 것이다.

'탈(脫)이데올로기적 신실용주의'(新實用主義, NeoPrgmatism)의 유용성(有用性)은 개인주의(자유주의) vs 공동체주의(공화주의)의 조화이다. 최근에 국가(國家)의 바람직한 역할은 무엇인가를 두고 시장에 대한 정부 즉 국가의 간섭 정도를 두고 '소극적 국가관'과 '적극적 국가관'이 대립해오고 있다. 이 논쟁의 사상적 기저는 존 로크(John Locke, 1632~1704)의 개인주의(자유주의) vs 장-자크 루소(Jean-Jacques Rousseau, 1712~1778)의 공동체주의

---

75) 임양택(2021),『정의로운 국가와 행복한 사회를 위한 신실용주의 철학과 정책』, 도서출판 박영사.

(공화주의)이다. 그러나 본 연구는 상기한 대립적 입장을 탈피하여 두 개념: 개인주의(자유주의) vs 공동체주의(공화주의)을 조화한 철학이 '신(新)실용주의(Neopragmatism)'이다.

셋째, 여야(與野) 정치인 모두가 향후 어떠한 정치활동을 전개해야 하는가? 그것은 '탈(脫)이데올로기적 신실용주의'(新實用主義, NeoPrgmatism)라는 시각에서 이념간 갈등 혹은 보수(保守) vs 진보(進步)의 갈등을 '정의(正義) vs 행복(幸福)'의 건전한 정책경쟁으로 전환하는 것이다.

전술한 바와 같이, 이데올로기(Ideology)는 이미 죽었다. 바야흐르, '이데올로기'(理念, Ideology) 대신에 '문화'(文化, Culture)가 미래의 가치 기준이 되는 시대가 도래하고 있다. 서구 근대과학 문명(文明)은 자원고갈·생태계 파괴·도덕과 인간성 상실·국제범죄의 증가·대량살상무기의 발달 등으로 인하여 한계에 봉착해 있다. 따라서 인류문명사회를 존속 및 발전시키기 위해서는 인류의 공동의 가치기준과 규범을 세우고 공동목표를 정립함으로써 인류는 분열·투쟁·갈등으로부터 벗어나 '지구촌 문화 공동체'(Global Cultural Community)로 지향해야 한다.

다니엘 벨(Daniel Bell, 1919~2011) 교수는 그의 저서 『이데올로기의 종언』(The End of Ideology, 1960년)에서 *"현대의 급진적인 지식인들에게 기존의 이데올로기들은 더 이상 '진리'가 될 수 없고 이제 설득력을 상실하였다"*고 주장하고, '탈(脫)산업사회(産業社會)'인 현대 서구 사회에서의 '이데올로기의 종언(終焉)'을 선언하였다.[76] 또한, 프랜시스 후쿠야마(Francis Fukuyama, 1952~현재) 교수는 그의 저서 『역사의 종말』(The End of History and the Last Men, 2006년)에서 사회주의(社會主義)는 이미 구조적 실패로 인하여 몰락하였다고 선언하였다. 따라서 한국사회에서 사회적 갈등(社會的 葛藤)의 근원인 이데올로기(Ideology) 갈등은 마치 '30년전, 1991년 12월 26일, 소련의 붕괴로 매장된 시체(屍體)를 다시 파내어 소유권 문제를 두고 서로 물어 뜯고 있는 투견(鬪犬) 싸움'과 같다.

대통령 소속 국민대통합위원회의 발표(2015.12.29)에 의하면 사회적 갈등(社會的 葛藤)을 악화시키는 가장 큰 요인(要因)의 순위가 '여·야 간 정치 갈등'(51.8%), 빈부격차(40.3%), 국민 개개인의 과도한 이기주의와 권리 주장(36.4%)으로 나타났다. 그리고 사회통합(社會統合, Social Integration)을 저해(沮害)하는 정치인의 유형으로는 '거짓말하는 정치인'(24.5%), '무능력한 정치인'(23.8%), '법을 위반하는 정치인'(20.8%), '지역감정을 조장하는 정치인'(18.9%)이라고 응답했다. 여기서 자유로운 정당과 정치인은 누구인가?

따라서 '사회적 갈등(社會的 葛藤)'의 진원지이며 이것을 풀무질하는 정치권(51.8%)의

---

76) Bell, Daniel(1960), The End of Ideology, New York: The Free Press.

'이념(理念) 갈등'을 한국사회의 공동선(共同善, The Common Good)과 국가이익(國家利益)을 위하여 보수(右派)와 진보(左派)의 '정책(政策) 경쟁'으로 유도해야 한다는 것을 알 수 있다. '정책(政策) 경쟁'은 완급(緩急)에 관한 것이다. 자동차에 비유하면, 진보(左派)는 빨리 달리기 위하여 '악세다'인 반면에, 보수(右派)는 너무 빨리 가면 위험하니 전통적 가치를 준수하면서 나아가자는 '브레이크'이다. 그러나 '자동차'란 '가구'가 아니고 목표지로 향하여 움직여야 하기 때문에 '악세다'와 '브레이크' 즉 진보(左派)와 보수(右派)는 모두 필요하다(임양택, 2012)[77].

상기한 '한국 몽(韓國 夢)': 정치적(政治的) 측면에서 '질서정연한 자유민주주의 사회'(A Well-Ordered Free Democratic Society)와 경제적(經濟的) 측면에서 '효율적이고 공정한 시장 자본주의'(An Efficient and Equitable Market Capitalism)를 각각 구축하여 '정의로운 국가'(A Justice-based State)와 '행복한 사회'(A Happy Society)에서, 전자('질서정연한 자유민주주의 사회')는 진보(進步) 세력이 과거 추진했었던 민주화(民主化)의 궁극적 목표로서 향후 특화해야 할 국가적 목표인 반면에, 후자('효율적이고 공정한 시장 자본주의')는 보수(保守) 세력이 과거 추진했었던 산업화(産業化)의 궁극적 목표로서 향후 특화해야 할 국가적 목표이다.

넷째, 상기한 '한국 몽(韓國 夢)'인 '정의로운 국가'(A Justice-based State)와 '행복한 복지사회'(A Happy Society)를 실현하기 위해서는 '국가개조(國家改造)'의 차원에서 '파괴적 혁신'(Disruptive Innovation)에 의한 새로운 '패러다임 시프트'(Paradigm Shift)가 필요한데, 그것은 국가지도자(國家指導者)의 탁월한 정치적 리더십(Political Leadership)을 요구한다.

정치적 리더십(Political Leadership)의 중요성은 맨커 올슨(Mencur Olson, 1932~1998) 교수의 『국가흥망성쇠론』(1982년) 등에 서술되어 있다. 또한, 제러드 다이아몬드(Jared Diamond, 1937~현재)는 그의 저서 『문명의 붕괴』(2004년)에서 문명이 몰락하는 이유는 지도자(Leader)의 잘못된 역할 때문이라고 분석했다. 한편, 경제적 측면에서 국가지도자(國家指導者) 리더십(Leadership)의 중요성은 세계은행이 발표(2008.05.22)한 '성장 보고서'(Growth Report)에 잘 나타나있다: 제2차 세계대전(1939~1945) 이후 고도성장을 이뤘던 13개 국가(한국, 일본, 중국, 홍콩, 싱가포르, 대만, 태국, 인도네시아, 브라질, 말레이시아, 오만, 보츠와나, 말타 등)를 분석한 결과, 이들 국가들의 고도성장(1950년 이후 최소 25년 이상 연평균 7% 이상 성장)을 가능케 했었던 요인들은 5가지: ① 유능한 정부와 신뢰받는 국가지도자의 리더십, ② 수출 등을 통해 성장할 수 있는 우호적인 세계경제, ③ 안정적인 국내 거시경제, ④ 높은 저축·투자율, ⑤ 정부간섭이 적은 시장경제체제이다.

---

77) 임양택(2012), "보수·진보가 아니라 비전이 문제다!", 서울: 월간조선, 7월호.

프랜시스 후쿠야마(Francis Fukuyama, 1952~현재) 교수(스탠퍼드대학)는 "한국 정치－사회적 갈등은 정치적 리더십에 대한 신뢰 부족 탓이다"라고 말했다(동아일보, 2016.01.01).

국가지도자(國家指導者)는 국민 모두가 함께 그리는 '한국 몽'(韓國 夢) 즉 한국의 비전(Vision)을 가슴에 품고 각 개인이 스스로 비춰보아 시·비·선·악(是·非·善·惡)을 가릴 수 있는 '합리적 이성'(Rational Reason)을 갖도록 하는 '어른'이 되어야 한다고 저자는 주장한다. 또한, 국가지도자(國家指導者)의 자질은 인화(人和)·계몽(啓蒙)·성과(成果)라고 저자는 정의한다.

모름지기, 한국의 국가지도자(國家指導者)는 위르겐 하버마스(Jürgen Habermas, 1929~현재)의 '의사소통의 이성'(Communicative Reason)을 갖고 넬슨 만델라(Nelson Mandela, 1918~2013) 대통령(재임: 1994~1999)과 같이 '위대한 대소통자(A Great Communicator)'가 되어 갈등하는 집단들과의 대화를 나누고 그들을 화해시키며, 보수(右派)와 진보(左派)의 '이념(理念) 갈등'을 한국사회의 공공선(公共善, The Common Good)과 국가이익(國家利益)을 위한 '정책(政策) 경쟁'으로 유도함으로써 사회통합(社會統合)을 이루어내고 칼 포퍼(Karl Raimund Popper, 1902~1994)의 '열린 사회'(Open Society)로 추구해야 한다.

나아가, 한국의 국가지도자(國家指導者)는 우선 비전(Vision)을, 불안해하는 일반 국민들에게 안정(安定)을, 갈등하는 지성인들에게 확신(確信)을, 소외 받아 서러운 계층에게 위안(慰安)을 각각 줄 수 있는 리더십(Leadership)을 발휘해 주어야 할 것이다. 국가의 '어른'인 대통령은 국민들에게 내일의 희망을 주고 오늘의 고통을 인내할 수 있도록 다독거려 주어야 하며, 이와 동시에 국민의 단견적 아집(我執)과 우매(愚昧)를 깨우쳐 주어야 한다.

저자는 세계적 국가지도자들의 정치적 리더십(Political Leadership)을 개관하면서, 다음과 같은 소망을 갖게 된다: 프랭클린 데라노 루즈벨트(Franklin Delano Roosevelt)와 로널드 레이건(Ronald Wilson Reagan) 대통령이 탁월한 정치적 리더십으로써 미국의 경제위기를 극복하였듯이 그러한 정치적 리더십에 의하여 한국의 최근 경제위기가 극복될 수 있기를, 마가렛 대처(Margaret Hilda Thatcher) 총리가 철옹성(鐵瓮城)과 같았던 공(公)기업과 노동조합을 대대적으로 개혁하였듯이 한국에서도 철(鐵)밥통과 같은 공(公)기업과 귀족 노조의 기득권이 일대 개혁될 수 있기를, 독일의 앙겔라 메르켈(Angela Merkel) 총리가 노조와 사회적 약자를 배려하는 '따뜻하고 포용력과 결단력을 갖춘 보수주의자'이되 '원칙을 지키는 지도자'로 평가되고 있듯이 한국에서도 노사 화합이 정착될 수 있기를, 로저 더글라스(Roger Douglas) 장관이 그렇게 했었던 것처럼 한국의 국가개혁(노동, 금융, 교육, 공공부문)이 정부부문의 개혁(중앙정부의 축소와 효율성 증대, 정부조직의 기업화·민영화 촉진, 각종 규제와 보호조치의 약화 혹은 철폐를 통한 공기업 축소 및 민간기업 확대)이 국가개혁의 출발점이자 근간임을 믿고 '말로만 하는 개혁'이 아니라, 또한 '밀어붙이는 개혁' 추진이 아니라, 국민들에게 추구해야 할 개혁목표를 사전에 알리고 개혁성과에 대한 기대를 갖게 하고 각 계층의 양보를 얻어내고 침착하게 자신 있게 추진될 수 있기를, 나아가 독일의 헬무트 슈미트(Helmut Schmidt) 총리가 독일 통일의 기반을 조성하였고 이어서 헬무트 콜(Helmut Kohl) 총리가 독일 통일을 이루어냈었던 것처럼 한반도에서도 민족통일의 철학을 갖고 남·북한 통합을 일구어낼 수 있기를, 나렌드라 모디(Narendra Modi) 총리가 '잠자는 코끼리'를 깊은 잠에서 일깨운 것처럼 '백두산 호랑이'와 같은 한국인의 용맹과 저력이 또 다시 포효(咆哮)할 수 있기를 각각 소망한다.

2) 제1야당 〈국민의힘〉(People Power Party)에게 고(告)한다.

전술한 바와 같이, 대한민국 민주화(民主化) 역사는 김주열(金朱烈) 열사 → 박종철(朴鍾哲) 의사 → 이한열(李韓烈) 열사의 죽음으로 실현된 것이지, 결코 당시 야당 인사들의 투쟁으로 이루어진 것은 아니었다. 그런데, 지난 60년 동안 '타는 목마름'으로 추구하였던 민주화(民主化) 운동은 어디로 간 것인가? 도대체, 민주주의(民主主義)를 위하여 피흘렸던 젊은 청년들은 과연 누구를 위하여, 또한 무엇을 위하여 피(血)를 흘렸는가?

사실, 당시 야당 인사들은 민주화(民主化) 투쟁에 나섰던 학생들의 순백한 희생과 시민들의 응어리와 열망을 담을 그릇과 비전 및 전략을 준비하지 않았을 뿐만 아니라 아예 관심조차 없었다. 오직, 그들은 정권 유지 혹은 탈환을 위한 정치적 쇼와 인기영합적 이벤트에만 열중하였다. 즉, 그들은 김이 모락모락나는 밥솥 옆에서 '숟가락'만 들고 있었던 것이다. 그러다가 정권을 잡게 되면 '국민과의 약속'은 안중에 없고 곧 바로 권력 투쟁에만 몰입한다.

21대 총선(2020.04.15)에서 국회 전체의석(300석)의 5분의 3에 해당하는 180석의 '슈퍼 여당'(더불어민주당 163석＋더불어시민당 17석 vs 미래통합당과 미래한국당은 개헌저지선인 100석보다 3석 많은 103석 확보)이 무소불위(無所不爲)의 입법 권력을 휘두르고 수많은 일탈(逸脫) 행위와 무능한 실책(失策)들이 산더미처럼 쌓여도 야당이 지리멸렬(支離滅裂)하는 근본적 요인은 무엇인가? 그 요인은 현재에도 야당 인사들은 달콤한 기득권(旣得權)은 유지하되, 죽기를 거부하기 때문이다.

중국 한(漢)나라 명장 한신(韓信)의 배수진(背水陣) 병법인 '오자병법'(吳子兵法)은 '필사즉생 행생즉사(必死卽生 倖生卽死)'를 가르친다. 충무공 이순신(李舜臣, 1545~1598) 장군은 1597년(선조 30) 양력 10월 26일 명량 해전(鳴梁海戰)에 앞서 *사즉생 생즉사(死卽生 生卽死)*: *"죽으려고 하면 살 것이요, 살려고 하면 죽을 것이다"*라고 대갈일성(大喝一聲)했다.

그저, 〈국민의힘〉(People Power Party)은 문재인(文在寅) 정부(2017.05~현재) 타도를 외치고 있을 뿐이다. 만약 〈국민의힘〉의 목표가 문재인(文在寅) 정권의 타도뿐이라면, 문재인(文在寅) 대통령의 임기(2017.05~현재)가 곧 만료되면, 〈국민의힘〉도 2022년으로 끝날 것인가? 그것이 아니라면, 현재 제1야당인 〈국민의힘〉(國民의힘, People Power Party)은 어떻게 '국민의 힘'을 획득할 것인가? 대한민국의 당면과제들이 무엇인지, 이들의 해결방안은 무엇인지, 이를 위하여 〈국민의힘〉은 어떻게 할 것인지를 각각 분명히 밝히는 비전과 청사진을 제시해야 한다. 이러한 시각에서 저자는 제1야당인 〈국민의힘〉(People Power Party)에게 다음과 같이 질문한다:

첫째, 자유(自由)는 보수주의적 가치의 대명사인데, 이를 표방한 〈자유한국당〉(自由韓國黨, Liberty Korea Party)의 간판을 왜 내렸는가? 과거 자유(自由)를 반공(反共)의 칼자루로 압살(壓殺)했었던 '가짜 보수(保守)'의 수많은 '역사적 과오'를 뒤늦게 인식하였기 때문인가? 아니면, 박근혜-최순실 게이트 규탄 및 박근혜 대통령 퇴진 운동 촛불집회(2016.10~2017.05)로 집권한 〈더불어민주당〉의 문재인(文在寅) 대통령(2017.05.10~현재)에게 '제왕적 권력'을 안겨준 〈자유한국당〉의 '역사적 과오'를 망각하고 싶었기 때문인가? 아니면, 보수(保守)의 '역사적 과오'를 국민의 기억 속에서 아예 삭제하고 싶었던 것인가? 한국 시민들은 누가 '배신자'인 것을 잘 알고 있다. 한국의 유권자들은 야당 인사들의 내심(內心)을 인지하고 역겨워한다.

둘째, 잠시 회고하면, 1997년 11월 21일 〈신한국당〉 이회창 대선후보와 〈민주당〉 조순 후보의 단일화가 이루어졌을 때 두 정당이 합당하여 〈한나라당〉이 출범하였다. 2017년 2월 13일 〈새누리당〉에서 〈자유한국당〉으로 당명을 바꿨고 그 후 2020년 2월 17일 〈자유한국당〉과 〈새로운보수당〉 및 〈미래를 향한 전진4.0〉 등의 정당들이 통합하여 〈미래통합당〉으로 통합되었다. 다시, 2020년 9월 2일, 당명을 '국민의힘'(國民의힘, People Power Party)로 개명되었다.

여기서 저자는 제1야당인 〈국민의힘〉(People Power Party)에게 다음과 같이 질문한다: 한국의 보수당은 얼마만큼 자유(自由)를 신장하였는가? 현재 한국의 '자유(自由)'는 어느 정도의 수준인가를 알고는 있는가? 〈국민의힘〉의 자유(自由)를 위한 정책대안은 무엇인가?

한 걸음 더 나아가, 〈국민의힘〉은 자유(自由)와 대칭적인 평등(平等) 혹은 공정(公正)을 갈구하는 일반 대중의 열망은 도외시 할 것인가?

한국의 제1야당인 〈국민의힘〉(People Power Party)은 '보수(保守)'를 표방하지만, 보수주의(保守主義, Conservatism)가 무엇인지를 모른다. 그것은 전통적 가치를 지향하고 기존 사회체제의 안정적 발전을 추구하는 정치 이념이다. 다시 말하면, 보수주의(保守主義, Conservatism)는 사유재산의 보호와 국가 안보를 중시하고 '경제적 자유주의'(Economic Liberalism)을 바탕으로 경제성장과 점진적 개혁을 추구한다. 즉, 세금을 줄이고 규제를 완화하며 정부 개입을 최소화하여 시장에 더 많은 자유(自由)를 보장할 것을 주장한다.

〈국민의힘〉이 추구할 자유(自由)는 '정부 간섭(干涉)으로부터의 자유'나 '정부 개입(介入)을 통한 자유' 가운데 하나가 아니라 "자유 아니면 죽음을 달라"는 패트릭 헨리(Patrick Henry, 1736~1799)의 절규에서 나타난 것처럼, 폭군의 횡포에 굴종하지 않겠다는 '공화주의적 자유'(共和主義的 自由)이다. 대한민국 헌법 전문에 나오는 '자유민주적 기본질서'는 '공화주의적 자유'(共和主義的 自由)로서 정부 간섭의 유·무(有·無)보다 권력을 자의적으로 마구 행사하는 통치자 밑에서 구차스러운 삶을 살지 않겠다는 자유인의 결의를 의미한다.

그리고 평등(平等) 혹은 공정(公正)은 밀턴 프리드먼(Milton Friedman, 1912~2006)의 '평등한 자유' 즉 '기회균등'을 의미하며, 평등(平等)은 자유(自由)와 대립되는 것이 아니라 존 롤즈(John Rawls, 1921~2002)의 '자유주의적 평등'으로서 자유와 평등은 상호보완적인 개념이다. 따라서 〈국민의힘〉은 자유(自由)뿐만 아니라 평등(平等)도 함께 추구해야 한다. 여기서 선·후 문제가 있다. 즉, 우선, 자유로워야 평등(공정)해지는 것이지, 평등해야만 자유로워지는 것이 아니다. 이것은 인류 역사가 입증한다.

그렇다면, 한국의 '자유(自由)'는 어느 정도의 수준인가? 캐나다의 프레이져연구소가 발표(2018.09.25)한 2016년 기준 '경제자유도'(Degree of Economic Freedom)에 의하면 총 162개 국가 중에서 한국은 35위로 지난 20년 동안(1980년 48위, 1990년 34위, 2000년 53위, 2005년 33위, 2010년 26위, 2015년 32위) 변동이 심한 것으로 나타났다. 다른 국가(도시)의 상기 '경제자유도'(Degree of Economic Freedom)를 보면 홍콩은 줄곧 1위, 싱가포르는 2위, 미국은 6위, 캐나다는 10위로 각각 나타났다. 한국의 상기 '경제자유도'(35위)를 구체적으로 5개 평가 항목별 점수로 보면 정부규모는 69위, 사법시스템과 자산관리는 34위, 건전한 자금은 16위, 국제교역 자유도는 62위, 정부규정은 71위(비지니스 규정은 32위, 특히 노동시장 규정은 거의 바닥인 143위)로 각각 평가되었다. 따라서 한국의 경우 조사기관과 평가기준에 따라 '경제자유도'(Degree of Economic Freedom)의 변동이 심하지만 대체로 정부규제가 상대적으로 매우 심하며, 다양한 정부규제 중에서 특히 노동시장 규정은 최하위(143위)임을 알 수 있다.[78]

또한, 미국의 대표적 싱크탱크인 〈해리티지 재단〉은 매년 크게 4개 항목(법치주의, 정부 개입, 규제 효율성, 시장 개방 등)의 12개 측면에서 경제 자유도(經濟 自由度)를 평가한다. 상기 재단이 발표한 '2019년도 경제자유지수(Index of Economic Freedom)'에서 한국은 2018 년보다 두 단계 떨어진 29위(100점 만점에 72.3점, 평가 대상은 총 180개국, 평균은 60.8점, 아시아 평균은 60.6점)로 '대체로 자유로운 국가'(7~35위)로 평가되었다. 가장 큰 영향을 미친 요인은 법인세와 소득세의 최고세율 인상, 최저임금 인상과 양승태 전 대법원장의 사법농단 논란 등 사법 독립성의 훼손으로 발표되었다. 각 평가항목별 상황을 살펴보면, 재정건전성(96.8)과 비지니스 자유도(91.3)은 높은 평가를 받았지만 정부청렴도(50.5), 노동자유도(57.4) 측면에서는 낮은 평가를 받았다.

한편, 홍콩은 90.2점으로 23년째 부동의 경제 자유도(經濟 自由度) 1위를 지켰다. 2위는 싱가포르(89.4점), 3위는 뉴질랜드(84.4점), 4위는 스위스(81.9점), 5위는 호주(80.9점), 6위는 아일랜드(80.5점)이었다. 미국은 12위(76.8점), 일본은 39위(72.1점), 러시아 98위(58.9점), 중국은 100위(58.4점)이었다. 북한은 2018년보다 0.1점 오른 5.9점으로 25년 연속 '꼴찌'를 기록했다. 〈해리티지 재단〉은 북한에 대한 총평에서 *"세계에서 가장 중앙집권적이고 폐쇄적인 시장이라는 구조적 문제를 가지고 있는 독재 군사정권은 세수 증대를 위해 시장의 완만한 발전과 사기업의 제한된 활동을 용인했다"*며 *"일부 기업이 생산품을 시장에 파는 것이 허용되고 신흥부자인 '돈주'(북한의 자본가)로부터 투자 유치를 모색하지만 자유시장 경제의 가장 기본적인 정책기반조차 갖추지 못하고 있다"*고 평가했다.

셋째, 전술한 저자의 마지막 질문: '국민의힘'(People Power Party)은 어떻게 '국민의 힘'을 획득할 것인가에 대한 저자의 답변은 다음과 같다: 그 방법은 현행 '고(高)비용 사회구조 → 저(低)비용 사회구조에로의 전환'함으로써 단순히 보수(保守) 우파(右派)가 아니라 중산층(中産層)의 지지를 획득해야 한다. 자유민주주의(自由民主主義)의 근간은 중산층(中産層)이다.

〈미래에셋은퇴연구소〉의 조사결과(2016.11, 서울·경기 및 6대 광역시에서 만 50세 이상 69세 이하 남녀 은퇴자 730명을 대상), 중산층(中産層) 퇴직자들은 향후 자녀들의 결혼 자금(74.4%·중복 응답)과 주택 마련 자금(49%)을 가장 부담스러워 하는 것으로 나타났다. 결혼 자금(예식비, 혼수 등)으로 평균 6,300만 원 정도를, 주택 마련(전세 포함)에는 평균 1억

---

78) 한성훈·임시영(2008), 『규제완화가 경제성장에 미치는 영향』, 한국은행 조사국 동향분석팀, 9월.

5,460만 원을 각각 도와줄 생각이라고 했다. 이것만 해도 2억 원이 넘는 돈이다. 이 부담은 중산층(中産層) 퇴직자들이 쌓아둔 노후 자산의 30%가 넘는다(조선일보, 2017.03.23).

여기서 유의할 것은 1997년 하반기 외환위기와 2008년 하반기 글로벌 금융위기 이후에 많은 사람들의 자아 정체성이 '중산층'에서 '서민'으로 바뀌었으며, 한국의 중산층(中産層)이 현재 급속도로 붕괴되고 있다는 점이다. 경제협력개발기구(OECD)는 중산층(中産層)을 중위소득의 50~150% 사이의 소득계층으로 정의한다. 한국의 중산층(中産層) 비중은 1990년 75.4%에서 2010년 67.5%로 감소하였다. 그 요인은 고(高)소득층으로 올라간 사람이 늘어서가 아니라 저(低)소득층으로 내려간 계층이 늘었기 때문이다. 같은 기간(1990~2010) 고(高)소득층 비중은 17.5%에서 20%로 소폭 증가한 데 그친 반면 저(低)소득층은 7.1%에서 12.5%로 급증했다. 중산층(中産層)에서 탈락한 사람 중 상당수는 실업 상태 또는 저임금 노동 계층으로 흡수된다. 이젠, 계층 상승 기회를 잃어 재기할 수 있는 희망마저 사라졌다.

중산층(中産層)의 가계부를 악화시킨 주범은 '빚'이다. 중산층(中産層) 소득 가운데 원금과 이자 등 빚 갚는 데 쓴 돈(부채 상환)이 차지하는 비중은 1990년 10.4%에서 2010년 27.5%로 급증했다. 이에 따라 중산층(中産層) 가구의 최대 지출 항목이 '식료품'(20.6%→11.0%)에서 '부채 상환'으로 바뀌었다. 즉, "빚 갚는데 번 돈 다 쓴다"고 아우성이다. 중산층(中産層) 4가구 중에서 1가구는 적자(赤字)이다(조선일보, 2011.08.29).

국제결제은행(BIS)의 2019년 말 추계에 의하면 가계부채(家計負債)가 1,827조 원이다. 가계 빚의 실제 규모는 2,600조 원이다. 가계신용(1,514조 원)에 750조 원을 넘는 것으로 추산되는 '전세 부채'와, 기업 대출로 분류되는 개인사업자 대출(315조 원)을 감안한 광의의 빚이다. 넓은 의미의 가계부채를 살필 때 가장 큰 변수는 전세 부채다. 전세 부채는 전세보증금과 준전세 보증금을 더한 직접 부채를 의미한다. 금융회사와 금융기관을 통한 부채가 아닌 집주인과 세입자 간의 개인 거래에 따른 부채이다. 국제금융협회(IIF)의 '세계부채 모니터' 보고서(2020.07.20)를 보면, 2020년 1분기 한국의 국내총생산(GDP) 대비 가계부채 비율은 97.9%로 조사대상 39개국 중 가장 높았다. 가처분소득에 대한 가계부채의 비율은 153%로서 OECD(평균 134%) 중에서 9위이다. 요컨대, 한국 경제가 국가·가계·기업 등 이른바 '3대 부채(debt)의 늪'에 빠졌다. 사상 최저 금리 시대를 맞아 가계와 기업부채는 눈덩이처럼 불어나고 있다. 나랏빚은 결국 미래 세대에 짐으로 돌아간다. 또한, 청년층에게 '3대 부채(debt): 2020년 7월 현재 기준으로 국가부채 758조 원, 기업부채 1,954조 원, 가계부채 1,827조 원, 총부채는 4,539조 원(GDP의 237%)'을 떠다 맡긴 주제에 그들의 노후 소득보장을 위한 적립금이 2050년경 고갈될 것이다.

상기한 상황에서 〈국민의힘〉(People Power Party)은 무너져가고 있는 중산층(中産層)의 복원을 위하여, 또한 청년들의 고용과 노후보장을 위하여 과연 어떠한 법률을 제정하려고 시도라도 하였는가? 이러한 암흑시대를 방관(傍觀)한다는 것은 무책임이요 몰염치일 뿐만 아니라 큰 죄(罪)를 짓는 것이다.

물론, 2021년 6월 11일, 〈국민의힘〉은 36세(1985년생) 이준석을 당 대표로 선출하여 '세대교체' 바람을 일으킴에 따라 큰 기대를 모으고 있지만, 과연 2022년 3월 9일 제20대 대통령 선거에서 〈국민의힘〉이 승리할 수 있을 것인지, 그의 '젊은' 정치적 리더십에 대한 우려도 크다. 여기서 저자가 염려하는 것은 '이준석 돌풍'이 한국 정치계의 '세대교체' 바람을 넘어 한국사회의 '세대 간 갈등'으로 증폭되어 다른 갈등(이념 간 갈등, 보혁 간 갈등, 노사 간 갈등, 지역 간 갈등 등)의 이슈들에 대한 해결방안 논의가 거론조차 되지 못하고 대통령 선거 바람에 함몰되어 상기 이슈들이 '망각의 늪'으로 빠져버릴 가능성이다. 왜냐하면 한국사회의 갈등구조는 비단 '세대 간 갈등' 뿐만 아니며, 그 보다 더욱 더 심각하고 중요한 상기 갈등(이념 간 갈등, 보혁 간 갈등, 노사 간 갈등, 지역 간 갈등 등)의 내압(內壓)이 높아져 가고 있기 때문이다.

3) 집권당 〈더불어민주당〉(Democratic Party)과 문재인(文在寅) 대통령에게 고(告)한다.

현재 집권당인 〈더불어민주당〉(약칭 Democratic Party)은 대한민국 제6공화국의 일곱 번째 정부인 문재인(文在寅) 정부(2017.05~현재)를 탄생시켰다. 2014년 3월 26일, 〈민주당〉(김한길 대표)과 〈새정치연합〉(안철수 새정치연합 창당준비위원회 중앙운영위원장)의 합당으로 〈새정치민주연합〉이 창당되었고, 2015년 12월 28일 문재인(文在寅) 당시 대표의 주도로 기존 〈새정치민주연합〉에서 〈더불어민주당〉으로 당명을 변경하였다. 2016년 10월 20일 〈더불어민주당〉은 원외 민주당을 흡수·합당하면서 약칭으로 〈민주당〉을 사용하기로 했다. 한편, 안철수는 2015년 12월 〈새정치민주연합〉을 탈당하고 2020년 2월 23일 '국민의 당'을 창당하여 대표로서 21대 총선에서 지지율 6.8%를 얻어 3석을 배분받아 원내 4당에 안착하였다.

〈더불어민주당〉(Democratic Party)은 진보주의(進步主義, Progressivism)를 표방한다. 그러

나, 〈국민의힘〉(國民의힘, People Power Party)이 보수주의(保守主義, Conservatism)를 잘 모르듯이, 〈더불어민주당〉(Democratic Party)은 진보주의(進步主義, Progressivism)를 잘 모른다. 단지, 적폐 청산이라는 슬로건을 내걸고 기득권 세력을 박멸하는 '파괴주의'를 일삼으로써 역사를 진보(進步)시키는 것이 아니라 오히려 퇴보(退步)시키고 있다.

2019년 5월 2일, 문재인(文在寅) 대통령(2017.05~현재)은 청와대에서 열린 사회 원로들과의 오찬 간담회에서 소위 '적폐 청산'에 대한 강한 의지를 드러냈다. 그는 *"어떤 분들은 이제는 적폐 수사는 그만하고 통합으로 나가야 하지 않겠느냐는 말씀도 하는데, 국정농단이나 사법농단이 사실이라면 아주 심각한 반(反)헌법적인 것이고, 헌법 파괴적이기 때문에 타협하기 쉽지 않다"*고 말했다. 그러나 친일파가 적폐 청산(積弊 淸算)의 대상이듯이 소위 '운동권 세력'도 권력 추구에 혈안이 된 '기득권 계층'으로 돌변하였다.

적폐 청산(積弊 淸算)의 대상인 기득권(旣得權) 집단의 부패구조와 관련하여, 맨커 올슨(Mencur Olson)과 밀턴 프리드먼(Milton Friedman, 1912~2006)의 주장은 다음과 같다:

우선, 맨커 올슨(Mencur Olson, 1932~1998)은 영국이 산업혁명의 선두주자였음에도 불구하고 오늘날 경제 열등국으로 전락하게 된 요인은 각종 이익집단(利益集團)의 첨예한 이해관계 대립으로 인하여 외부여건의 변화에 신속히 대응하는 유연성(柔軟性)을 잃어버렸기 때문이라고 해석하였다. 제2차 세계대전(1939~1945) 이후 일본이나 독일의 경제성장률이 영국이나 미국의 경제성장률보다 높은 이유는 일본과 독일에 있어서 이익집단의 상대적 힘이 영국과 미국에 있어서 그것보다 상대적으로 약했기 때문이라고 주장하였다.

다음으로, 자유주의 사상의 선구자인 밀턴 프리드먼(Milton Friedman, 1912~2006)의 '자유주의의 위기론'에 의하면 미국 사회에서 경제개혁이 어려운 이유를 다음과 같은 3가지 집단들이 존재하고 있기 때문이라고 지적하였다: ① 어떤 정책 때문에 현재 혜택을 받고 있거나 그것이 없어지면 피해를 입는다고 생각하는 수익자 집단, ② 자신의 돈이나 후원자의 돈을 사용해서 투표에서 승리하려는 정치가 집단, ③ 보다 강력한 힘을 부여받기 위해 보다 많은 사람을 자기의 관할 밑에 두고자 하는 타성을 가지고 있는 관료체제이다. 이와 같은 3가지 집단이 '철의 트라이 앵글'을 형성하여 기득권을 유지하려 하기 때문에 경제개혁은 저항에 부딪히게 된다고 그는 주장하였다.

〈더불어민주당〉(Democratic Party)이 표방하는 진보주의(進步主義, Progressivism)는 원래 19세기 후반 산업혁명(産業革命) 이후 나타난 자본주의(資本主義)의 모순: 자유방임(Laissez-faire) 경제체제에서 거대 독점기업의 폐해와 빈부(貧富) 격차를 사회구조적 문제로 간주하고 이것을 적극적으로 개선하기 위해 법과 제도를 정비해야 하고 그것을 실천하기 위한 정부의 역할을 강조한다. 그러나 현대 시장경제체제는 시장과 정부의 상호보완적 역할 분담으로 진화되어 왔다. 사실, 1945년에 수립됐던 '자유 시장주의'는 '완전 자유시장주의(完全 自由市場主義)'가 아니라 '관리 자유시장주의(管理 自由市場主義)'였다. 그 배경은 1930년대의 세계 대공황(1929~1939)과 그것의 결과인 제2차 세계대전(1939~1945)의 발발, 그리고 종전(終戰) 후 냉전(冷戰)이었다.

상기한 역사적 진화를 〈더불어민주당〉은 아예 눈감고 이데올로기적 입장에서 시장자본주의(市場資本主義)의 병폐만 들쑤시고 부각시킨다. 그렇다고 해서, 〈더불어민주당〉은 시장자본주의(市場資本主義)의 합리적 대안을 제시한 적도 없다. 그동안 추진한 기상천외(奇想天外)의 정책들(예로서 문재인 정부의 고용정책, 주택/부동산 정책, 탈(脫)원전 정책)은 가히 한국경제의 기반을 뒤흔들고 있다.

〈더불어민주당〉의 정체성(正體性)은 자유(自由)도 중요하지만 평등(平等)이 더욱 절실한 사회적 욕구인 시대적 상황에서 '공정한 사회'를 건설하겠다는 것이다. 그렇다면, 어떻게 공정한 사회와 경제발전을 동시에 추구할 수 있을까? 이에 대한 저자의 답변은 밀턴 프리드먼(Milton Friedman, 1912~2006)의 '평등한 자유'와 존 롤즈(John Rawls, 1921~2002)의 정의론(正義論): '자유주의적 평등주의'의 조화이다.

상술하면, 공정(公正)의 개념을 헨리 시지워크(Henry Sidgwick, 1838~1900)의 '차별화 정의(正義)'로 해석할 때, 또한, 소득분배의 불공정(不公正) 문제를 존 롤즈(John Rawls, 1921~2002)의 '차등의 원리'로서 해결할 때, 경제발전(經濟發展)은 공정(公正) 즉 정의(正義)와 공존할 수 있다. 다시 말하면, 공정한 분배 및 공정한 사회의 의미가 부(富)의 창출에 참여해서 기여한 만큼의 분배 혹은 대접을 받는 것을 의미할 때, 비로소 공정(公正)의 개념이 현실의 시장기능과 부합될 수 있고 경제발전(經濟發展)에 친화적이 될 수 있다. 또한, 시장의 경쟁에서 낙오된 최소수혜자들을 거리로 방기(放棄)하는 것이 아니라, '최소 수혜자의 최대 이익'을 보장함으로써 건전한 복지사회(福祉社會)가 자유시장 경제체제와 양립할 수 있다고 저자는 믿는다. 다시 말하면, 시장경제체제를 갖는 자유민주주의 사회에서 공정성(公正性) 즉 '차별화 정의(正義)'는 법(法)에 의해 규정된 경기규칙에 따라 시장에 참여할 수 있는 권리를 평등하게 보장받지만 시장경쟁의 결과 즉 '결과의 차등'은 각자의 실력이나 노력 혹은 운(運)에 의해 자신이 책임진다는 기본 원칙으로 확립 및 준수되어야 한다. 이 경우, 시장의 동기부여기능을 보유함에 따라 경제발전과 공정한 사회는 양립할 수 있다.

상기한 개혁을 국가개조(國家改造)의 차원에서 성공적으로 추진되기 위해서는, 진보(進步)와 보수(保守)의 역할 분담이 필요하다. 진보(進步)는 정치적(政治的) 측면에서 '질서정연한 자유민주주의 사회'(A Well-Ordered Free Democratic Society)에, 보수(保守)는 경제적(經濟的) 측면에서 '효율적이고 공정한 시장 자본주의'(An Efficient and Equitable Market Capitalism)에 각각 특화(特化)함으로써 이념(理念) 갈등을 합목적적으로 극복하고 민주(民主) vs 반(反)민주의 투쟁과 보수(保守) vs 진보(進步)의 갈등 혹은 우익(右翼) vs 좌익(左翼)의 이념갈등을 정의(正義) vs 행복(幸福)을 위한 '정책(政策) 경쟁'으로 승화시키고 공공선(公共善, The Common Good)과 국가이익(國家利益)으로 유도해야 할 것이다.

또한, 경제성장(經濟成長)과 소득분배(所得分配)는 상호갈등적 관계는, 이념간 갈등 혹은 보수(保守) vs 진보(進步)의 갈등의 대상이 아니라, 경제성장(經濟成長) 과정에서 고용(雇傭)이 창출되는가 혹은 감소하는가와 관련된 노동사용적 혹은 노동절약적 산업기술의 선택 문제임과 동시에 경제성장(經濟成長) 과정에서 창출된 소득이 요소 생산성(Factor Productivity)에 따라 형평하게 배분되고 있는가의 여부, 또한 조세가 형평하게 징수되는지의 여부, 복지혜택이 진정 필요한 계층에게 전달되고 있는지의 여부에 관한 사회경제적 제도의 운용 문제이다. 이것은 해당 국가의 시대정신과 국가이성 및 국가지도자의 국정철학의 문제로 직결된다.

모름지기, 역사의 발전을 위하여, 보수(保守)와 진보(進步)는 항상 공존(共存)하는 것이며 '동태적으로' 상호보완적이다. 그렇게 하기 위해서는 상대에 대한 존중과 공존에 익숙해져야 한다. 자신의 견해를 주장하되 상대방의 주장을 용인해야 한다. 사실, 오직 보수(保守)만이 존재하는 사회는 진부(陳腐)하여 발전이 없는 반면에 오직 진보(進步)만이 존재하는 사회는 불안정(不安定)하여 붕괴될 수 있다. 대한민국을 긍정하는 좌파(左派)는 공존과 경쟁의 대상이며 대한민국에 적대적인 폭력 공산혁명(共産革命) 세력은 지각있는 유권자의 표로써 제거되어야 한다.

만약 〈더불어민주당〉(Democratic Party)이 진보주의(進步主義, Progressivism)를 제대로 추진하겠다면, 차라리 이승만(李承晚)의 〈자유당〉(自由黨) 치하(1948.07~1960.04)에서 1956년에 창당되었다가 1958년 2월 25일에 해산된 〈진보당〉(進步黨)의 강령(綱領)을 숙독할 것을 저자는 권장한다.

주지하다시피, 〈진보당〉(進步黨)의 창건자 죽산 조봉암(曹奉岩, 1899~1959, 항일 독립투사, 초대 농림부장관, 두 차례 국회부의장 역임)은 '종북 빨갱이'라는 억울한 누명(陋名)으로 1959년 7월 31일 '법살(法殺)'되었으나 그로부터 52년 후인 2011년 1월 20일 대법정에서 대법관 전원일치로 국가변란죄 무죄, 간첩죄 무죄, 불법무기소지죄 기소유예 판결을 받았다. 이젠, 〈더불어민주당〉(Democratic Party)은 반(反)김일성주의자로서 남한의 토지개혁을 추진했었으나 정적(政敵) 이승만(李承晚) 대통령(1948.07~1960.04)과 〈자유당〉(自由黨) 독재의 희생자가 되었던 죽산 조봉암(曺奉岩)의 숭고한 정신을 제대로 배우고 이를 계승해야 할 것이다. 왜냐하면 국가발전을 위해서는 전통적 가치를 지키자는 보수(保守)도 필요하고 현상유지를 타파하여 개혁하자는 진보(進步)도 필요하기 때문이다. 단, 과거 〈진보당〉(進步黨)과 차별화를 원한다면, 〈진보당〉(進步黨)의 사회민주주의(社會民主主義, Social Democracy)를 〈더불어민주당〉의 민주사회주의(民主社會主義, Democratic socialism)로 전환하여 과거 〈진보당〉(進步黨)과 〈더불어민주당〉의 질적 차이를 표방하면 대한민국의 정치사는 진일보(進一步)하게 될 것이다.

상기와 관련하여, 영국의 저명한 역사학자 도널드 서순(Donald Sassoon)은 그의 저서: 『The Culture Of The Europeans』(2012년)에서 20세기 서유럽 좌파(左派) 정당의 흥망성쇠를 서술했다: "역설적으로 들리겠지만 사회민주주의(社會民主主義)는 자본주의(資本主義)가 건강하게 작동할 때 번성한다. …… 불황이 닥쳐 자본주의(資本主義)가 위기에 빠지면 사회민주주의(社會民主主義)는 더 심각하게 기반을 잃어버린다."

사회민주주의(社會民主主義)와 대조적으로, 민주사회주의(民主社會主義, Democratic Socialism)는 마르크스주의(Marxism)에 의거하지 않는 '이상주의적 사회주의'이다. 즉, 계급투쟁·폭력혁명을 부정하고 국제공산주의와 대결함을 강령(綱領)으로 하면서 사회주의의 이상을 의회민주주의(議會民主主義)를 통하여 추구하려는 사상을 말한다. 상술하면, 1947년 9월 유럽 9개국의 공산당이 코민포름(Cominform)을 결성했었다. 이에 대응하여, 순수한 사회주의자들이 '국제사회주의자회의위원회', 즉 코미스코(COMISCO)를 발전시켰다. '민주사회주의(Democratic Socialism)'란 말은 1951년 7월 독일의 프랑크푸르트암마인에서 사회주의 인터내셔널이 결성되고 '민주사회주의 선언' 또는 '프랑크푸르트 선언'이라고도 불리는 '민주사회주의의 목적과 임무'가 발표된 때부터 일반적으로 사용되었다. 이어서 1962년 6월 제2선언인 '오슬로 선언'(Declaration of Oslo)을 발표하였다.

상기한 '민주사회주의(Democratic Socialism)'는 '사유재산제 민주주의'(property-owning democracy)와 같이 '정의(正義)의 2개 원리'를 만족시키는 '정의로운 경제체제(A Justice-based Economic System)'라고 존 롤즈(John Rawls, 1921~2002) 교수는 그의 '정의론'(正義論, Theory of Justice, 1971년, 1985년, 1993년, 1999년, 2001년)에서 주장했다(John Rawls, 2001, p. 139). 왜냐하면 '민주사회주의(Democratic Socialism)'는 생산수단이 사회에 의해 소유되지만 정치권력이 다수의 민주적 정당에 분산되어 있으며, 기업 내의 노동자 또는 노동자에 의해 선출된 대리인에 의해 기업의 방침이나 관리가 이루어짐으로써 경제권력 또한 분산되기 때문이다. 그러나 '민주적 사회주의'(Democratic Socialism)도 개인의 사유재산권을 원칙적으로 인정하지 않기 때문에 '민주적 사회주의'(Democratic Socialism)가 자유민주주의(自由民主主義, Free Democracy) 및 시장자본주의(市場資本主義, Market Capitalism)보다 더 우월한 정치 · 경제체제가 될 수 없다.

만약 〈더불어민주당〉(Democratic Party)이 '민주적 사회주의'(Democratic Socialism)마저 거부한다면, '사회적 시장경제'(Social Market Economy: Soziale Markwirtschaft)를 채택할 수 있을 것이다. 상술하면, '사회적 시장경제'(Social Market Economy)는 독일의 질서자유주의(Ordo-liberalismus) 철학가인 알프레드 뮐러-아르막(Muller-Armack)이 창시하였고 제2차 세계대전(1939~1945) 이후 아데나워 서독 초대수상 하에서 루드비히 에르하르트(Ludwing Erhard, 1897~1977) 경제부 장관(1949~1963)/수상(1963~1966)이 선택한 경제운용방식('자유시장 혹은 통제경제도 아닌 제3의 길')이다. '사회적 시장경제'(Social Market Economy)는 고전학파의 자유주의적 패러다임을 바탕으로 하되 자유방임적 시장체제의 문제점을 보완하는 형태로 시장 질서('경쟁 원리')와 사회 질서('보완 원리')의 결합함으로써 자유와 사회적 균형을 추구한다.

'사회적 시장경제'(Social Market Economy)의 명칭에서 '사회적'(social)이라는 단어는 사회정의, 사회복지, 경제민주화 등 사회적 형평을 의미한다. 사회적 시장경제론의 백미(白眉)는 그것이 사회통합(Social Integration)의 원천이며 사회 평화의 지름길이라는 것이다. 즉, 경제활동에서 개인의 자유(自由)를 법적 · 제도적 틀내에서 최대한 보장하면서 부(富)의 생산을 극대화함과 동시에 사회복지정책으로 부(富)를 적절하게 분배하여 소외계층을 극소화하는데 목표를 둔다. 또한, 법과 경제의 상호관련성을 중시하여 정치세력에 의해 법제가 자의적으로 변경되는 것을 막기 위해 '법의 지배' 즉 법치주의를 강조한다. 구체적으로, 계약의 자유, 생산수단의 사유화, 자유 · 개방적 경쟁시장 조성, 경제적 의사결정에 관한 자기책임, 통화의 안정적 공급 및 정책의 일관성 유지 등을 근간으로 하고 독점규제, 소득분배 개선 시장실패 보정 등 사회적 형평성을 고려한 정책을 보완적으로 추진하자는 것이다. 또한, 노동자 삶의 안정을 위해 최저임금제도가 필요하다고 강조하고 노동자의 일자리와 소득 안정을 위해 기업이 마음대로 해고하는 것을 막아야 하며 노동자 권익을 위해 노사자율권도 보장해야 한다고 주장한다.

물론, '사회적 시장경제'(Social Market Economy)의 주장은 자본주의 시장경제의 본질적 문제인 빈부 격차, 빈곤과 무산자의 증가, 인구 밀집으로 도시의 주거환경 열악 등에 대한 대응책으로 제시된 것이지만, 그 내용에 대하여 많은 비판이 나올 수 있다. 사실, 1950년

대 초, 당시 케인즈 이론이 성행했었던 서방 국가들은 물론 사회주의국가들로부터도 루드비히 에르하르트(Ludwing Erhard, 1897~1977) 경제부 장관(1949~1963)의 개혁정책이 '자유시장에 의한 계획경제의 실험'이라고 비판했었다. 그러나 그 이후 서독 경제가 획기적인 발전을 거듭해 왔다는 점에서 독일의 '사회적 시장경제'(Social Market Economy)는 중요한 의미를 내포하고 있는 것은 사실이다.

상기와 같이, 〈더불어민주당〉(Democratic Party)이 '민주적 사회주의'(Democratic Socialism) 혹은 '사회적 시장경제'(Social Market Economy)을 채택하여 그것에 합당한 정책을 일관성있게 추진한다면, 〈더불어민주당〉은 상기 이념으로 단합되어 문재인(文在寅) 대통령(2017.05~현재)이 퇴임한 후에도 존속될 수 있을 것이다. 그러나 현재 〈더불어민주당〉은 '친문'(親文)과 '반문'(反文)으로 내파(內波)되어 기묘한 사건들이 연출되고 있다. 예로서 문재인 대통령의 핵심 비서로 정부의 사정업무와 검찰개혁을 담당하는 신현수 청와대 민정수석이 임명된 지 두 달도 안 돼 2021년 2월 16일 사표를 냈다. 다음 대통령 선거 기간이 다가올수록 상기 분열은 가속화될 것이다. 〈더불어민주당〉은 정권 재창출을 위해서, 서슴없이 나라의 곳간도 열어젖힌다. '합리적 이성'을 잃은 군중들은 아편(鴉片)인줄 모르고 마구 모여든다.

그렇다면, 2016년 11~12월 '촛불 시위'로 집권한 문재인(文在寅) 대통령(2017.05~현재)의 '역사적 사명'은 무엇인가? 이제 노루꼬리만큼 남은 임기 말년에 그가 국회 전체의석(300석)의 5분의 3에 해당하는 180석의 '슈퍼여당'(더불어민주당 163석＋더불어시민당 17석 vs 미래통합당과 미래한국당은 개헌저지선인 100석보다 3석 많은 103석 확보)과 함께 추진해야 할 과업은 무엇인가?

문재인(文在寅) 대통령(2017.05~현재)은 2018년 정초(正初)에 *"과거의 잘못을 바로잡기 위한 노력을 지속하면서 국민의 삶을 바꾸는 데 모든 역량을 집중하겠다"*면서 *"국민의 삶의 질 개선을 최우선 국정 목표로 삼아 국민 여러분이 피부로 느낄 수 있는 변화를 만들겠다"*고 강조했다. 그러면서 *"공정하고 정의로운 대한민국을 만들라는 국민의 뜻을 더 굳게 받들겠다"*며 *"나라를 나라답게 만드는 일이 국민통합과 경제성장의 더 큰 에너지가 될 것이라고 확신한다"*고 했다(중앙일보, 2018.01.01).

그러나, 문재인(文在寅) 대통령 '공정하고 정의로운 대한민국'이란 어떠한 모습이며 '나라를 나라답게 만드는 일'이 무엇인가에 관한 구체적 실천방안은 제시되지 않았다. 따라서 그의 정초(正初) 메시지는 허황한 미사여구(美辭麗句)였다. 문재인(文在寅) 대통령(2017.05~현재)은 2016년 '촛불시위' 후 대한민국 시민들에게 무엇을 보여주었는가? 대통령 후보 시절, 급조(急造)되었던 대통령 선거 공약[소득주도 성장, 최저임금, 탈(脫)원전, 사드(THAAD) 재검토, 일본군 위안부 재협상 등]에 발목이 잡혀 섣부른 정책 실험들의 후(後)폭풍을 불렀다.

문재인(文在寅) 대통령이 '확실히' 단행한 것은 '적폐(積弊) 청산'을 내걸고 이명박(李明薄)·박근혜(朴謹惠) 前대통령, 김기춘 前대통령 비서실장·우병우 前민정수석, 양승태 前대법원장을 비롯한 160명 이상을 수사하고 구속시킨 것이다. 그렇다면, 진정한 '적폐(積弊) 청산'의 대상은 무엇인가? 무엇이 앙시앵 레짐(Ancien Régime) 즉 구체제(舊體制)인가?

한국의 비전(Vision): '정의로운 국가'(A Justice-based State)와 '행복한 복지사회'(A Happy Society)를 구현하기 위해서는 산업화(Industrialization)와 민주화(Democratization)를 넘어 3가지 국가개조(國家改造): ① '비(非)효율적 정치시스템의 개혁', ② 부패구조의 청산, ③ 고용관련 정부규제 혁파(革罷)와 '노동시장 개혁'이 필요하다. 이것이 바로 문재인(文在寅) 대통령의 국가개조(國家改造)를 위한 역사적 사명이라고 저자는 강조한다.

만약 문재인(文在寅) 대통령이 상기한 국가개조(國家改造)를 위한 역사적 사명을 수행하지 않는다면, 대한민국의 역사는 소위 '명예혁명'(2016.10.29~12.31)을 조선(朝鮮)의 '4대 사화'(史禍): 1498년(연산군 4년) 무오사화(戊午士禍), 1504년(연산군 10년) 갑자사화(甲子士禍), 1519년 기묘사화(己卯士禍), 1545년 을사사화(乙巳士禍)와 같이 하나의 '현대판 사화(史禍)'로 기록될 수 있을 것이다.

저자는 문재인(文在寅) 대통령의 역사적 사명을 3가지로 규정한다: (1) '비(非)효율적 정치시스템의 개혁': '5년 단임 제왕(帝王的) 대통령 제도' → '분권형 4년제 연임 대통령제', (2) 부정부패(不正腐敗) 구조의 청산, (3) 한국경제의 소생을 위한 '노동개혁(勞動改革)'의 추진이다.

그러나, 문재인(文在寅) 대통령(2017.05~현재)은 상기한 3가지의 역사적 사명에는 하등의 역사의식이 없으며 오히려 정반대의 길로 줄달음쳐 왔다. 이젠, 그의 임기도 노루 꼬리만큼 남았으니, 아무래도 다음의 국가지도자에게 희망을 가져보지만, 그것도 어려울 것 같다.

(1) '비(非)효율적 정치시스템의 개혁': '5년 단임 제왕적(帝王的) 대통령 제도' → '분권형 4년제 연임 대통령제'

상기한 '비(非)효율적 정치시스템의 개혁'은 문재인(文在寅) 정권의 '태생적' 소명이다. 즉, 현행 '5년제 단임 제왕적(帝王的) 대통령 제도'의 적폐(積弊)를 청산할 수 있도록 '분권형 4년제 연임 대통령제'로 헌법을 개정해야 한다. 이와 동시에, 사법부를 명실공히 독립시켜 프랑스의 헌법학자 샤를 루이 드 세콩다 몽테스키외(Charles-Louis de Secondat, Baron de La Brède et de Montesquieu, 1689~1755)의 『법의 정신』(1748년)에 따른 진정한 '3권 분립'(三權分立) 체제를 정착시키고 현행 민주주의 제도에 장-자크 루소(Jean-Jacques Rousseau, 1712~1778)의 '일반의지' 즉, 국민주권(國民主權) 사상(자유와 평등)을 담아 '성숙한 민주주의'로 지향하는 정치제도로 발전할 수 있도록 해야 한다.

상술하면, 문재인(文在寅) 대통령(2017.05~현재)은 박근혜(朴謹惠) 대통령(2013~2017)의 퇴진을 요구했던 한국의 소위 '명예혁명'(2016.10.29~12.31)을 한국 민주화(民主化) 운동의 '미완(未完)의 결(決)'에서 '완결(完結)'로 매듭짓는 역사적 사명을 가져야 한다. 그것은 바로 '5년 단임 제왕적(帝王的) 대통령 제도'를 '분권형 4년제 연임 대통령제'로 정치개혁(政治改革)을 도모하는 것이다.

상기한 정치개혁(政治改革): '5년 단임 제왕적(帝王的) 대통령 제도' → '분권형 4년제 연임 대통령제'는 게오르크 빌헬름 프리드리히 헤겔(G. W. F. Hegel, 1770~1831)의 역사철학(歷史哲學)과 국가이성(國家理性)이며, 요한 고트리에프 피히테(Johann Gottlieb Fichte, 1759~1831)의 '행동하는 의지' = '실천이성' + '도덕적 의지'의 실천이다. 그리고 상기한 정치개혁(政治改革)은 소위 '촛불혁명'(2016.10.29~12.31)을 진정한 '한국형 명예혁명(名譽革命)'으로 승화시키는 역사의 변증법적 발전이다.

또한, 상기한 정치개혁(政治改革)은 시대정신(時代精神)이다. 왜냐하면 '5년제 단임 제왕적(帝王的) 대통령 제도'의 적폐(積弊) 때문에 박근혜(朴謹惠) 정권은 몰락하였고 바로 그 덕분(?)으로 문재인(文在寅) 정부가 입성하였기 때문이다. 2007년 1월 노무현(盧武鉉) 대통령은 '4년 연임 개헌'을 제안했었으나 박근혜(朴謹惠) 의원(당시)의 날카로운 비난('참 나쁜 대통령')과 강력한 저지를 받았었다. 사실, 박근혜(朴謹惠) 대통령(2013~2017)의 '만기친람형(萬機親覽型)' 국정운영 방식은 바로 '5년 단임 제왕적(帝王的) 대통령 제도'로부터 연유된 것이다. 따라서 상기한 정치개혁(政治改革)은 고(故) 노무현(盧武鉉) 대통령의 유업(遺業)을 이루는 '아름다운 의리'이며, 한국 민주주의의 선진화를 이루는 업적이 될 것이다. 결과적으로, 상기한 정치개혁(政治改革)은 바로 '쓰레기 통에서 장미꽃을 피우는 것'이다.79)

79) "대한민국에서 민주주의가 꽃피는 것은 쓰레기통에서 장미꽃이 피는 것과 같다"라는 유행어는 다음과 같은 배경에서 연유된다: 영국의 런던 타임스(1951년 10월 1일자)는 한국의 '거창양민학살사건'을 배경으로 "한국에서 민주화가 이루어지는 것은 쓰레기통에서 장미꽃이 필 정도로 어렵다"고 비판하였었다. 그 후, 동아일보는 사설(1951.11.27)로서 반박하면서 상기 비판을 인용하기를 "한국의 폐허 가운데서 건전한 민주주의를 기대하느니 보다 오히려 쓰레기에서 장미꽃이 성장하는 것을 기대하는 것이 더욱 타당

(2) 부패구조의 청산

상기한 부정부패(不正腐敗) 구조의 청산은 권력을 안겨준 국민에 대한 보답이다. 2017년 문재인(文在寅) 정부(2017.05~현재)가 출범하면서 부정부패를 근절하기 위해 반(反)부패협의기구 복원, 고위공직자범죄수사처 설치, 검찰개혁 등 부정부패를 줄어들게 하기 위해 노력하겠다고 천명했다. 2017년 9월 26일, 문 대통령은 청와대에서 첫 반(反)부패정책협의회를 주재했다. 그는 이날 "보다 깨끗해야 할 권력이 국가권력을 운영하면서 부정하고 부패한 방식으로 국민 삶을 옥죄고 세금을 주머니 속 돈인 양 탕진했다"며 질타했다. 2020년 8월 25일, 문재인(文在寅) 대통령은 "부정부패를 청산하고 공정하고 정의로운 대한민국으로 중단 없이 나아갈 것"이라고 주장했다. 그러나 부정부패(不正腐敗)는 더욱 심화되고 있다.

전술(前述)한 역대 대통령들의 부패 행위들을 보면, 영국의 런던 타임스(1951.10.01)가 비판했었듯이, 한국인이 '고상한' 민주주의(民主主義)를 추구하는 것은 마치 '쓰레기 통에서 장미 꽃을 찾는 것'과 같다는 것을 수 있다. 사실, 민주주의(民主主義)를 부르짖기 전에 사회정의(社會正義)를 추구해야 한다는 것을, 또한 '행복한 사회'(A Happy Society)보다 '정의로운 국가'(A Justice−based State)가 더 절실하다는 것을 각각 깨달을 수 있다.

이젠, 반(反) 부패(腐敗) 논의(소위 '부패방지 라운드')는 이제 거스를 수 없는 세계적 대세가 되고 있다. 모름지기, '강한 기업(Strong Company)' 보다는 '좋은 기업(Good Company)'이 경쟁력을 갖게 되고 지속적으로 성장하는 시대가 도래되었다. '기업윤리시스템'을 정립하지 않고는 도저히 생존할 수 없는 시대로 진입하고 있다. 정직(正直)은 바로 경쟁력(競爭力)인 것이다.

참고로, 미국은 1992년부터 새로운 내부통제제도를 기업에 도입하여 철저한 '내부감시장치'를 구축하였고, 1995년부터 기업윤리 표준모델을 도입하여 기업윤리(企業倫理)를 강화하였으며, 미국 500 대기업의 95%가 기업윤리시스템을 구축하였고 84%가 윤리교육프로그램을 실시하고 있다. 이 결과, 미국기업의 기업윤리(企業倫理)는 선언적인 윤리강령 제정이 아니라 강력한 실천 시스템과 감시 시스템으로 구성되어 기업의 건전한 경쟁력을 확

하다"고 번역했었다. 참고로, '거창양민학살사건'이란 국군 11사단 9연대 3대대 장병들이 1951년 2월 9일부터 3일간 거창군 신원면 박산, 탐양, 청면골에서 14세 이하 385명의 어린이들이 포함된 양민 719명을 '통비분자'로 몰아 집단적으로 학살한 참극(慘劇)이다. 당시, 거창 출신 신중목 국회의원의 폭로하였고, 그 후 국회 진상조사단에 대하여 공비로 위장한 국군들이 총격을 가했고 거창군 신원면 박영보 면장에게 유족들이 보복한 사건이 잇달았다.

보하고 있다. 미국기업들은 OECD의 회계관련 지침의 준수를 위한 통제시스템을 구축하고 있으며, 이것이 미국기업의 강한 경쟁력으로 작용하고 있다. 이와 동시에, 미국 사법당국은 윤리시스템을 구축하지 않은 미국기업에 대하여 가중처벌을 한다는 연방법원의 '가이드 라인'에 의하여 1990년대에 대부분의 미국기업들이 윤리시스템과 윤리교육프로그램을 구축하였다. 또한, OECD 각국의 '해외뇌물방지법'은 미국의 '해외부패방지법'을 원용하였다.

상기와 같은 국제경제기구들이 추진하는 반(反)부패 운동은 기업을 대상으로 국제상거래에서 뇌물제공을 방지할 수 있는 회계기준 및 감사제도의 강화와 이를 실천할 수 있는 메커니즘을 구축하도록 요구하고 있다. 이러한 메커니즘은 세계적 표준(Global Standards)으로 정착되고 있으며, 이를 갖추지 않고는 국제상거래에 참여가 제한될 가능성이 높다. 따라서 국제화, 개방화, 세계화를 추구하고 있는 한국으로서는 국제사회에서 대다수 국가가 동참하고 있는 '반부패 논의'에 긍정적으로 참여하는 것이 불가피한 시대적 선택이다. 따라서 한국 기업들은 반(反)부패라는 새로운 국제경영 환경의 틀 속에서 영업전략을 수립해야 할 시점에 와 있다.

구체적으로, 기업의 개념을 시대에 맞도록 재정립하고, 기업윤리시스템과 교육 및 감사프로그램을 실시하고 기업윤리 실천시스템인 내부통제제도 구축이 필요하다. 물론, 한국에서도 '국제상거래 뇌물방지법'을 제정하여 1999년 2월 15일부터 시행되고 있지만, 기업 스스로가 다음과 같은 사항: ① 기업회계기준의 강화, ② 기업의 내부감시장치 강화, ③ 외부감사의 독립성 보장과 활동 강화, ④ 직업윤리 준수자 보호장치 마련, ⑤ 기업윤리시스템 구축의 정책적 권장, ⑥ 국내·외 외국경쟁기업의 정보수집, ⑦ 해외에 제소 네트워크(Network) 구축을 진지하게 실천해야 할 것이다.

이와 동시에, 정부와 공공기관의 감사(監事) 부서가 제 역할을 하도록 다시 설계해 주어야 한다. 부패와 위험을 치밀하게 통제하는 '투명한 사회'로 나아가야 한다. 이를 위해서는 진실을 말하는 사람을 보호해주어야 한다. 모든 부패와 위험은 내부자들이 가장 잘 아는 법인데, 그에 관해 진실을 말하고 부당한 것을 폭로하도록 유인하지 않으면 개선이 불가능하다. '세월호 참사'(2016.04.16)만 해도 과거 침몰할 뻔한 사실, 평형수를 빼고 화물을 몇 배씩 과적한다는 사실, 구명정을 쇠사슬로 묶어 놓는다는 사실, 해운조합과 한국선급엔 부조리가 있다는 사실을 폭로할 수 있도록 시스템을 마련해 주었어야 한다. 참고로, 미국은 스위스계 은행인 UBS의 부정을 브래들리 버켄펠드라는 직원이 폭로했을 때, 그에게 1,170억 원을 보상해 주었다. 한국에서 유사한 사람에게 주어지는 보상은 평균 3천만 원도 안 되는 수준이다. 보호는커녕 조직의 2차 보복에 의해 나가떨어져 경제적 파산과 왕따로 신음하게 만들고 있다.

결과적으로, 대한민국은 '정의로운 국가'(A Justice‒based State)가 아니라 '부패공화국'이다. 세계 반(反)부패운동을 주도하는 비(非)정부단체인 국제투명성기구(TI)의 국가별 부패인식지수(腐敗認識指; CPI: Corruption Perceptions Index, 국가청렴도) 조사 결과를 발표한다.[80] 가장 최근인 2019년 국가별 부패인식지수(CPI, 국가청렴도)의 조사결과는 다음과 같다: 한국은 전체 조사 대상국 180개 국가 중에서 39위(100점 만점에 59점), 경제협력개발기구(OECD) 36개국 중에서는 27위로 각각 나타났다.[81] 한국이 위치한 부패인식지수(CPI, 국가청렴도)의 50점대는 겨우 '절대부패'로부터 벗어난 상태를 의미하며 부패인식지수(CPI, 국가청렴도)가 70점을 넘어야 사회가 전반적으로 투명한 상태로 평가받는다. 참고로, 평가 대상 중 공동 1위는 덴마크와 뉴질랜드(87점)가 차지했다. 이어서 핀란드(86점), 싱가포르·스웨덴·스위스(85점)가 뒤를 이었다. 아시아에서는 싱가포르(85점)에 이어 홍콩(76점), 일본(73점)이 지속적으로 좋은 평가를 받았다.

한국의 부패인식지수(CPI, 국가청렴도)가 2018년보다 세 계단 올랐지만 여전히 하위권에 머물렀다. 2019년 한국의 부패인식지수(CPI, 국가청렴도) 점수 산출에 활용된 원천자료 10개 중에서 정부의 부패 억제 기능(TI)이 2018년 53점에서 60.8점으로, 뇌물 등 기업활동과 관련한 일선 부패 관행(IMD)이 50점에서 55점으로 올라 많이 개선된 것으로 평가됐다. 2012년 이후 전혀 변화가 없던 정치시스템 내부 부패지수(PRS)도 50점에서 54.2점으로 상승했다. 그러나 정치시스템 내부 부패지수(PRS)를 비롯해 전반적인 부패수준(PERC), 그리고 공공자원 관리에서의 뇌물 관행(EIU) 등의 수치가 여전히 OECD 평균에 한참 못 미치는 것으로 드러났다. OECD 평균과 비교해 한국의 PERC는 17.67점, PRS는 13.91점, EIU

---

80) 부패인식지수(CPI, 국가청렴도)는 공공부문의 부패에 대한 전문가·기업인·일반인의 주관적 평가를 100점 만점으로 환산한 지표다. 70점대를 '사회가 전반적으로 투명한 상태'로 평가하며, 50점대는 '절대부패로부터 벗어난 정도'로 해석된다. 또한, 부패인식지수(CPI, 국가청렴도)는 다보스포럼으로 유명한 『국제경영연구소』(IMD)이 매년 발표하는 '국가경쟁력보고서', 주요 수출국 기업들이 수출 대상국 공무원에게 뇌물을 줄 가능성을 설문조사한 '뇌물공여지수', 국민의 부패 경험과 인식을 조사한 '세계 부패 바로미터' 등 12개 원천자료가 활용된다.

81) 그렇다면, 1995년에 창설된 〈국제투명성기구(TI)〉로부터 한국이 평가 받은 부패인지지수(CPI, 국가청렴도)는 어떻게 변화해왔을까? 1995년에 41개 전체 조사 대상국 중에서 27위(100점 만점에 42.9점)를 차지했고, 그 후 2000년 48위(40점), 2005년 40위(50점), 2010년 39위(54점), 2014년: 44위(55점); 2015년: 43위(54점); 2016년: 52위(53점); 2017년: 51위(54점); 2018년: 45위(57점)로 나타났다. 한국이 위치한 부패인식지수(CPI, 국가청렴도)의 50점대는 겨우 '절대부패'로부터 벗어난 상태를 의미하며 부패인식지수(CPI, 국가청렴도)가 70점을 넘어야 사회가 전반적으로 투명한 상태로 평가받는다.

는 12.62점 낮았다. 한국은 세계경제 10위권 국가이지만, 부패인식지수(CPI, 국가청렴도)는 말레이시아나 아프리카의 보츠와나보다 못하다. 한국의 정치, 경제, 사회, 문화의 수준으로 미뤄볼 때 당연히 20위권 이내에는 들어가야만 한다.

여기서 유의해야 할 것은 공직자의 부패는 국민의 부패한 의식구조와 관행에 기생한다는 점이다. 우리들 스스로 일상생활에서 부정한 청탁의 유혹에서 벗어나지 못한다면, 공직 개혁은 물론이고 사회 전반에 걸친 개혁도 기대하기 어려울 것이다. 다시 말하면, '국가개조(國家改造)'란 정부 조직과 사회 시스템 개혁만으로 달성될 수 없으며, 개개인의 의식구조(意識構造) 개혁(改革)을 통해 진정한 '국가개조(國家改造)'를 완성해내는 것은 결국 국민들의 몫이다.

한국은 2008년 3월 27일 유엔 반(反)부패협약을 비준한 지 10년이 넘었다. 대한민국 정부 수립과 함께 발족한 "감찰위원회"는 공무원의 위법·비위 관한 조사와 정보의 수집, 해당 공무원에 대한 징계 처분과 그 소속 장관에 대한 정보 제공 또는 처분의 요청 및 수사 기관에 대한 고발할 수 있는 권한이 있었다. 1963년 심계원과 통합되어 지금의 〈감사원〉이 되었다. 수사권과 기소권을 지닌 부패감시기구의 경우에도 검찰 특별수사부가 이미 반(反)부패 수사를 전문적으로 해왔다. 한국의 경우, '검사동일체' 원칙인 검찰 조직은 '검찰총장을 정점으로 하는 하나의 유기체'라는 불문률이 철저하기 때문에 검찰 조직에 대한 견제가 거의 불가능하다. 사실, 수사권, 기소권, 영장청구권, 공소유지권을 모두 독점하는 검찰은 세계 어디에도 없다. 독재국가를 제외한 민주국가에서는 한국이 유일하다. 미국의 경우 연방 검찰의 기소권을 대(大)배심제를 통해 견제한다. 대한민국 외의 다른 선진국들은 이미 일찍부터 수사권과 기소독점주의, 기소편의주의까지 막강한 검찰의 권한 집중이 담긴 형사소송법을 고쳐가며 권한 분할과 견제장치를 계속 입법하는 방식으로 법치주의(法治主義)를 실현해왔다.

따라서 수사권, 기소권, 영장청구권, 공소유지권을 모두 독점하는 검찰을 견제하려고 만든 것이 '고위공직자범죄수사처'(약칭 공수처)이다. 그러나 공수처는 홍콩의 염정공서(ICAC)와 싱가포르의 탐오조사국(CPIB)을 모델로 삼고 있다. 상기 기관(ICAC와 CPIB)은 공수처와 비교해보면 다음과 같은 차이점이 있다;

첫째, ICAC와 CPIB에는 기소권이 없는 반면에 '고위공직자범죄수사처'(약칭 공수처)는 전·현직 판·검사와 경찰 간부 및 그 가족을 기소할 수 있다.

둘째, ICAC와 CPIB는 행정부에 소속되어 있는 반면에 '고위공직자범죄수사처'(약칭 공수처)는 입법부·행정부·사법부 어느 한쪽에도 소속되지 않는다.

셋째, ICAC와 CPIB는 공무원과 민간의 부정부패(不正腐敗) 수사를 함께 담당하는 반면에 '고위공직자범죄수사처'(약칭 공수처)는 고위공직자 관련범죄 외에는 민간수사를 할 수 없다.

넷째, ICAC와 CPIB는 영장 없는 도청·함정수사 등이 가능한 반면에 '고위공직자범죄수사처'(약칭 공수처)는 기소권 규정, 조적 특성상 필요한 절차상 특례규정(사건 이첩, 재정신청권 등) 외에는 형사소송법 상의 권한과 책임이 그대로 부여된다.

여기서 유의할 것은 다음과 같다: 홍콩의 염정공서(ICAC)와 싱가포르의 탐오조사국(CPIB)는 아시아 국가들 중 청렴도 1~2위에 오르는 등 부패행위의 방지 측면에서 큰 성과를 거두기도 하였지만, ICAC와 CPIB에겐 수사권만 있고 기소권은 없는데도 불구하고 홍콩과 싱가포르의 야당 인사들을 도청했다는 의혹 등 권력의 오·남용 우려가 제기되고 있다. 이러한 측면에서, 자유한국당(당시) 홍준표 前 대표는 '고위공직자범죄수사처'(약칭 공수처)가 중국, 북한, 베네수엘라에만 존재하는 방식의 권력기관이기 때문에 대통령이 독재로 돌아설 경우 돌이킬 수 없는 상황이 발생할 수 있다는 우려를 제기했다.

최근에 문재인(文在寅) 정권(2017.05~현재)은 수사권·기소권·영장청구권·공소유지권을 모두 독점하고 있는 검찰을 견제하려고 기소권 규정, 조직 특성상 필요한 절차상 특례규정(사건 이첩, 재정신청권 등) 외에는 형사소송법 상의 권한과 책임이 그대로 부여된 '고위공직자범죄수사처'(약칭 공수처)을 신설하였다.[82] 이 결과, 새로 시행된 형사사법제도 하

---

82) 한국은 2008년 3월 27일 유엔 반(反)부패협약을 비준한 지 10년이 넘었다. 대한민국 정부 수립과 함께 발족한 "감찰위원회"는 공무원의 위법·비위 관한 조사와 정보의 수집, 해당 공무원에 대한 징계 처분과 그 소속 장관에 대한 정보 제공 또는 처분의 요청 및 수사 기관에 대한 고발할 수 있는 권한이 있었다. 1963년 심계원과 통합되어 지금의 감사원이 되었다. 수사권과 기소권을 지닌 부패감시기구의 경우에도 검찰 특별수사부가 이미 반부패 수사를 전문적으로 해왔다. 그러나 수사권, 기소권, 영장청구권, 공소유지권을 모두 독점하는 검찰은 세계 어디에도 없다. 독재국가를 제외한 민주국가에서는 한국이 유일하다. 따라서 대한민국 검찰은 전세계에서 찾아보기 힘들 정도로 비정상적인 검찰 제도인데 이를 견제하려고 만든 것이 '고위공직자범죄수사처'(약칭 공수처)이다. 그러나 공수처는 홍콩의 염정공서(ICAC)와 싱가포르의 탐오조사국(CPIB)을 모델로 삼고 있다. 해당 기관들은 공수처와 비교해 다음과 같은 차이점이 있다; 첫째, ICAC와 CPIB에는 기소권이 없는 반면에 공수처는 전현직 판·검사와 경찰 간부 및 그 가족을 기소할 수 있다. 둘째, ICAC와 CPIB는 행정부에 소속되어 있는 반면에 공수처는 입법부, 행정부, 사법부 어느 한쪽에도 소속되지 않는다. 셋째, ICAC와 CPIB는 공무원과 민간의 부정부패수사를 함께 담당하는 반면에 공수처는 고위공직자 관련범죄 외에는 민간수사를 할 수 없다. 넷째, ICAC와 CPIB는 영장 없는 도청, 함정수사 등이 가능한 반면에 공수처는 기소권 규정, 조직 특성상 필요한 절차상 특례규정(사건 이첩, 재정신청권 등) 외에는 형사소송법 상의 권한과 책임이 그대로 부여된다. 여기서 유의할 것은 다음과 같다: 홍콩의 염정공서(ICAC)와 싱가포르의 탐오조사국(CPIB)는 아시아 국가들 중 청렴도 1~2위에 오르는 등 부패행위의 방지 측면에서 큰 성과를 거두기도 하였지만, 수사권만 있고 기소권은 없는데도 불구하고 야당 인사들을 도청했다는 의혹 등 권력의 오남용 우려도 있다.

에서, 검사의 수사 지휘권이 폐지되고 검찰의 직접 수사 영역이 부패 범죄 등 6대 중대 범죄로 한정되었다.

그러나 법치주의(法治主義, Rule of Law)는 검찰 기소권의 분산 및 제한이 아니라 검찰의 탈(脫)정권적 독립을 필요로 한다. 따라서 본 연구는 법치주의(法治主義, Rule of Law)뿐만 아니라 부정부패(不正腐敗)를 근절하기 위하여 다음과 같은 근본적 조치를 단행할 것을 촉구한다:

① 천문학적 정치자금을 하마(河馬)처럼 먹어치우는 정치집단의 중앙당(中央黨)을 없애고 선거를 치루어야 할 시기에는, 미국이 그렇게 하듯이, 선거대책본부를 가동시키면 된다.

② 국회의원에 대한 '김영란 법'의 적용을 확대해야 한다.

③ 사법권(司法權)을 명실공히 독립시켜야 한다.

④ 미국의 IRS(International Revenue Service)와 같이 한국의 국세청(國稅廳)을 완전히 독립시켜야 한다.

⑤ 고위관료가 낙하산을 타고 부당하게 재취업하는 실태를 끊어야 한다. 낙하산들은 전문성과 경륜으로 사회에 기여하기보다 정부에 로비와 청탁 그리고 방패막이를 하며 관치(官治)를 재생산하고 부패를 확산한다. '正義로운 국가'를 위한 '공직자의 윤리'를 위하여 다산(茶山) 정약용(丁若鏞) 선생의 『牧民心書』(1818년)는 사지론(四知論)과 사외론(四畏論)을 설파한다.

⑥ 내부고발(內部告發, Whistleblowing)에 대한 신분 보장과 충분한 보상을 지급해야 한다. 참고로, 미국 국세청(IRS)은 내부고발자의 제보로 회수한 세금의 최대 30%를 제보자에게 돌려주는 IRS의 프로그램에 의거하여 스위스 최대 금융그룹 UBS의 부정(1만7천여 명에 달하는 미국인들이 200억 달러 규모의 세금을 포탈)을 폭로한 내부고발자 브래들리 버켄펠드에게 1억400만 달러(약 1,170억 원)에 달하는 사상 최고 포상금을 지급했다. 버켄펠드의 고발 이후 UBS는 기소를 피하기 위해 7억8천만 달러의 추징금과 벌금을 납부했으며 탈세 의혹을 시인하고 수천 개 비밀계좌에 대한 정보를 IRS에 제출했다(AP통신, 2012.09.11). 이와 대조적으로, 한국에서 내부고발자에게 주어지는 보상은 평균 3,000만 원도 안 되는 수준이다. 심지어, 보호는커녕 조직의 2차 보복에 의해 나가떨어져 경제적 파산과 왕따로 신음하게 만들고 있다.

(3) 고용관련 정부규제 혁파(革罷)와 노동시장 개혁

모름지기, 노동개혁(勞動改革)은 청년 일자리 창출은 물론이고 저(低)성장의 '깔딱 고개'에서 한 발짝도 못 나아가고 있는 한국 경제의 숨통을 틔우기 위해서도 반드시 필요하다. 세계화·정보화로 노동운동이 쇠퇴하면서 선진국 노사관계는 파트너 십으로 변환된지 오래다. 그러나 아직도 전투적 노조(勞組)가 존재하는 곳은 노조(勞組)를 기반으로 한 집권 좌파당이 나라를 경제위기에 빠뜨린 남아프리카공화국·브라질·한국 밖에 없다.

모름지기, 진보세력의 '촛불 혁명'으로 집권한 문재인(文在寅) 정부(2017.05~현재)의 역사적 소명은 한국경제의 소생을 위한 '노동개혁(勞動改革)'의 추진이다.[83] 이제, 문재인(文在寅) 대통령은 노동개혁(임금체계 개편, 근로시간 단축, 비정규직 퇴직금 지급)을 과감히 주도해야 한다. 그것은 저임금계층인 640만 명에 달하는 비정규직의 눈물을 닦아주고, 한국경제의 도약을 꾀하는 출발점이다.

물론, 1인당 소득 1만 달러를 넘어서면 극심한 노동 분규가 나타난다. 또한, 노동개혁(勞動改革)은 실로 어려운 과제인 것은 사실이다. 그러나 노사갈등을 국민화합으로 용해(溶解)하는 것은 정치의 몫이다. 미국이나 영국처럼 법대로 다스리거나, 아일랜드 야당처럼 *"정부가 옳은 방향이면 막지 않겠다"*며 사회협약에 앞장서거나, 독일처럼 '종업원평의회'를 개혁해 노사(勞使) 안정을 도모하든지, 그 선택은 정권적 차원의 문제임과 동시에 국가경제의 운명이다.

여기서 유의할 것은 다음과 같다: 한국경제의 근본적 문제는 노동 경직성과 연공서열로 인해 특정 노동계층들이 생산성을 초과하는 임금을 받을 수 있다는 가능성이 존재한다는 것이고, 따라서 그 결과 다른 계층의 노동자들은 그만큼 값을 후려칠 수 밖에 없는 구조가 될 수 있다는 점이다. 한국의 실질성장률이 2%인데, 어떤 노동계층들이 단지 정규직이라는 이유만으로, 연공서열(年功序列)이라는 이유만으로 연봉이 2% 이상씩 늘어난다면 결국 그 증가분만큼 나머지는 전부 비(非)정규직이나 일용직으로 만들어서 값을 후려칠 수 밖에 없게 되는 것이다. 이러한 문제를 해결하지 않고 최저임금(最低賃金)만을 올린다면 오히려 취약계층의 노동시장진입을 막는 효과가 발생된다.

누구나 비정상적이라고 인정하는 이런 상황이 개선되지 않고 있는 것은 노사(勞使)의 이기심(利己心)과 불통(不通) 때문이다. 기업은 정규직이 먼저 양보하라고 하고, 정규직 근로자들은 기업의 탐욕을 탓한다. 사실 정규직 근로자들의 삶도 팍팍하긴 마찬가지다. 주

---

83) 임양택, "문재인 대통령의 역사적 소명은 '노동개혁'의 추진이다", 경인일보, 2017년 10월 24일.

거비와 사교육비 등 생활비가 너무 많이 들어 가처분소득이 낮기 때문이다. 서울 강남권에 사는 연봉 1억 원의 고임금 근로자가 "먹고살기 힘들다"고 하소연하고 있다.

그렇다면, 해법은 무엇인가? 그것은 경제주체들의 역지사지(易地思之)에 있다. 기업은 비정규직 근로자의 처우를 개선해 우리 사회를 지속 가능한 공동체로 만드는 데 힘을 보태야 한다. 가계는 임금 인상을 양보하여 비정규직 근로자의 임금을 올리는 데 도움을 줘야 한다. 정부는 가계와 기업의 비용 부담을 덜어줄 대책을 내놔야 한다. 특히 가계에 대해선 사교육비 부담을 덜어주는 정책이 시급하다. 노조(勞組)는 국가를 위해서, 아니 자신과 자신의 가족을 위해서, 2009년 한국노총의 선언 정신으로 돌아가자. 노사민정(勞使民政) 대표가 발표한 '경제위기 극복을 위한 대타협'도 민간부문이 해야 할 일로 기부·자원봉사 등 사회공헌 활동과 나눔문화의 확산을 강조했다. 한국노총이 *"기업 여건에 따라 임금을 동결 또는 반납하거나 절감하겠다"*고 밝힌 것도 같은 맥락이다. 힘들고 어려울수록 나누어야 한다. 나눌수록 고통은 줄고 위기 극복의 길은 가까워진다(중앙일보, 2009.02.25).

한편, 노동개혁(勞動改革)과 관련된 역사를 개관해보면 다음과 같다: 한국은 1995년 1만 달러를 달성한 뒤 1996년 말 민노총(民勞總) 총파업이 벌어졌었다. 상술하면, 김영삼(金泳三) 대통령(1993~1998)의 임기 후반기인 1996년 민노총(民勞總)은 글로벌 경쟁 시대에 대처하기 위한 노동법(勞動法) 개정안이 여당 단독으로 통과되자 즉각 총파업으로 강경투쟁에 나섰다. 결국, 정부가 노동법(勞動法) 파동을 남긴 채 맥없이 민노총(民勞總)에 굴복함으로써 1997년 노동법(勞動法) 개정이 백지화됐었다. 그해(1997년) 말 외환위기 사태가 터졌었고 국제통화기금(IMF) 구제금융을 받게 됐었다. '제2경술국치(庚戌國恥)'라고 불리우는 'IMF 외환위기'의 원흉(元兇)은 누구인가? 그것은 민노총(民勞總)과 이에 끌려다녔던 당시 정치권(특히 야당)이었다.[84]

김대중(金大中) 대통령(1998~2003)은 집권 초기에는 '4대 개혁'을 추진할려고 했었는데, 실제로는 오직 재벌개혁과 금융개혁 만은 강하게 밀어붙였으나 노동개혁(勞動改革)은 거의 손도 못 댔었다. 김대중(DJ) 대통령은 노조를 약자 또는 동지로 믿었지만 1997년 그가 만든 〈노사정위원회〉는 노동 유연성은커녕 고용 보호를 되레 강화시킨 괴물이었다. 또한, 김대중(DJ) 대통령이 의욕적으로 추진했던 공기업 개혁도 노조 반발에 용두사미가 됐다.

---

84) 참고로, 외환위기를 맞은 아르헨티나도 구조조정과 노동개혁에 나설 때마다 노조(勞組)가 결사반대해 실패했었다. 1981년 1인당 국내총생산(GDP)이 한국(1,968달러·세계은행 통계)보다 많았던 아르헨티나 (2,756달러), 브라질(2,106달러)이 1990년엔 한국(6,642달러)보다 쪼그라들었다(아르헨티나 4,318달러, 브라질 3,071달러). 이것은 한국의 개방경제 모형이 아니라 수입대체 발전모델을 채택했던 중남미의 노조 지상주의 포퓰리즘이 야기했었던 역사적 범죄행위였다.

결과적으로, 김대중(金大中) 정부는 법과 원칙을 무시한 친노(친노동) 정책으로 노조(勞組) 권력을 키워줬다. 이 때문에 노동개혁(勞動改革)은 지금까지 후진(後進)을 거듭하였다.

노무현(盧武鉉) 대통령(2003~2008)은 취임 반년도 안 돼 노조(勞組)의 본질을 간파하고 *"노조가 귀족화 권력화하는 부분이 있다", "나라가 있어야 노조가 있는 것", "노동운동이 민주화를 이끌었다는 노동계 주장은 큰 착각"*이라고 비판했었다. 심지어 2004년 11월 기자회견에선 *"민노총의 비정규직 관련 입법 저지 총파업은 시대착오적인 잘못"*이라는 말까지 했었다. 노무현(盧武鉉) 정부 마지막 해인 2007년 체결돼 2012년 발효된 한·미FTA(자유무역협정)은 수출 의존도가 높은 한국 경제에 '효자' 역할을 톡톡히 했다. 그는 한미자유무역협정(FTA)를 통과시켜 대한민국의 '경제영토'를 확장시켰다. 그는 '용기있는 선각자'였다고 저자는 생각한다.[85]

그럼에도 불구하고, 첫 단추부터 잘못 채워진 노정(勞政) 관계 때문에, '물류를 멈춰 세상을 바꾸자'고 나선 화물연대 파업, 철도노조의 해고자 복직과 민영화 중단 요구 등을 파업 불법성은 따지지도 않고 수용해 버렸다. 문재인(文在寅) 대통령(2017.05~현재)은 '물류를 멈춰 세상을 바꾸자'고 나선 화물연대 파업에 "말이 합의타결이지 사실은 정부가 두 손 든 것"이라고 그의 자서전(自敍傳)에 서술했었다.

박근혜(朴槿惠) 대통령(2013~2017)의 재임 시절, 노·사·정(勞·使·政)이 모두 합의했었던 '노동개혁 5대 법안' 중 하나인 '고용보험법 개정안'의 국회 통과가 2016년 말 물거품이 되어 버렸다. 이 결과, 실업자·노년층 청소·경비 근로자 중 연간 1만3,000여 명이 실업급여 혜택을 받지 못하게 되었다. 과연 누구를 위한 정치였던가?[86]

---

85) 2006년 1월 18일 밤 10시, 노무현(盧武鉉) 대통령(2003~2008)은 5개 방송을 통해 생방송으로 진행된 신년연설에서 "우리 경제의 미래를 위하여 미국과 자유무역협정을 맺어야 한다"면서 힌미 FTA협상의 시작을 알리는 신호탄을 쏘았다. 이어서, 한미 FTA협상을 위한 '4대 선결조건'(미국산 쇠고기 수입 재개, 스크린 쿼터 절반 축소, 수입 자동차에 대한 배기가스 기준 적용 2년간 유예, 약값 적정화 방안 시행 연기)을 단행했었다. 사실, 이러한 용단은 보수진영이 도저히 엄두조차 낼 수 없었던 조치들이었다. 이와 관련하여, 저자는 CEO 네트워크 포럼의 초청 강연회(2007.03.23, 팰레스 호텔)에서 특강을 마친 직후 청중 중 김종복 교수의 질문을 받았다. "한미 FTA는 어떻게 하면 좋겠습니까?" 저자는 즉각 "그것은 노무현(盧武鉉) 대통령의 칼을 빌려 통과시켜야 합니다". 이어서, 저자는 제10기 CEO 아카데미 미경제포럼(서울 상공회의소, 2009.04.15)에서도 상기와 같은 신념으로 특강을 하였다. 저자는 지금도 옳은 답변을 하였다고 자부한다.

86) 2015년 말 임시국회에 상정되었으나 무산(霧散)된 고용보험법 개정안 내용의 핵심은 4만3천 원(2015년 기준)인 하루 실업급여 상한액을 5만 원으로 올리고, 하한액은 최저임금의 80%로 낮추는 것이었다. 통상 아파트나 사업장은 비용 등의 이유로 경비·청소 용역관리업체를 2~3년 주기로 교체한다. 그러다 보니 노년 근로자들은 같은 사업·장소에서 계속 근무하더라도 소속 업체가 바뀌게 된다. 65세가 넘었는데 소속 업체가 바뀌면 현행법상 65세 이후 재취업한 것으로 간주돼 실업급여 대상에서 제외된다. 따라

상술하면, 2013년 2월, 비정규직 차별금지를 포함한 법을 만들었다. 그런데도 정규직과 비정규직의 격차는 좀처럼 좁혀지지 않고 있다. 가장 큰 이유는 연공서열(年功序列)에 따라 임금을 지급하는 호봉제(號俸制) 때문이다. 1~2년 단기 근무를 하는 비정규직은 호봉제(號俸制)의 틀에 갇혀 아무리 열심히 일을 해도 임금이 오르지 않는다. 그런데 정규직은 성과나 직무, 역할과 상관없이 해만 바뀌면 임금이 오른다. 그들의 출발이 같아도 몇 년 뒤면 격차가 벌어진다. 따라서 임금체계를 바꾸면 정규직 중심의 노조에 불리하다는 것이다.

이어서, 2015년 4월, 한국노총이 노동시장 구조개혁을 위한 노·사·정(勞·使·政) 대타협 협상에 불참한다고 선언했었다. 공무원 노조는 공무원연금 개혁에 반발해 2015년 4월 24일 민주노총과 연대해 총파업에 나섰다. 한국노총이 밝혔던 5대 수용 불가 사항은 일반 해고 및 취업규칙 변경 요건 완화와 정년 연장 및 임금피크제 의무화, 임금체계 개편 등이었다.

『새정치연합』(당시)은 2016년 총선에서 민노총(民勞總)을 비롯한 노동계의 눈치를 살핀 나머지 노동개혁 법안을 환경노동위원회 법안소위에 상정하는 것조차 거부했었다. 그 배경을 살펴보면, 민노총(民勞總)은 2015년 10월 중순 모든 국회의원들에게 '정부·여당 노동개혁(안)에 대한 의견표명 요청'을 보내 노동개혁(勞動改革) 법안에 찬성한 의원들을 대상으로 낙천·낙선운동에 나설 것을 시사하였다. 실제로, 민노청(民勞總)은 2015년 12월 1일 기자회견을 열어 국회에서 노동개혁 법안을 논의할 경우 전면 총파업에 돌입하겠다고 위협했었다.

서 상기 고용보험법 개정안은 특례 조항을 신설하여 용역 업체가 바뀌어도 실업급여를 정상 지급할 수 있도록 규정했다. 이에 따라 주로 노년층 청소·경비 근로자 중 연간 1만3천여 명이 실업급여 혜택을 볼 것으로 전망됐다. 그러나 고용보험법 개정안이 2015년 연말까지 법 통과가 그러나 법안 통과가 물거품이 돼 오른 실업수당을 받지 못하게 됐다. 대신 기존 법률에 따라 '최저임금의 90%'로 정해져 있는 하한액을 받게 됐다. 최저임금(올해 시급 6,030원) 인상에 따라 실업급여 하한액은 하루 4만3,416원(=6,030원×8시간×90%)으로 책정됐다. '노동개혁 5대 법안' 중 하나인 고용보험법 개정안에 따라, 상한액인 하루 5만 원의 실업급여를 8개월간 받을 수 있었다. 그러나 고용보험법 개정안 통과가 물거품이 돼 A씨의 실업급여는 4만3,416원으로 확정됐다. 하루 6,584원씩 손해를 보는 셈이다. A씨는 "이미 노·사·정이 다 합의를 마친 사안인데 국회의원들끼리 싸우다가 처리가 늦어졌다는 게 말이 되느냐" 법이 제때 통과됐으면 A씨는 이번 달 첫 실업급여로 155만 원(5만×31)을 손에 쥐겠지만, 실제론 하루 6,584원씩 깎인 134만5,896원을 받게 됐다. 한 달에 20만4,104원을 손해 보는 것이다. 실업급여밖에 없는 실직자들에겐 무척 큰돈이다. 약 10만 명으로 추산되는 65세 이상 노년 근로자에 대한 실업급여 확대 적용도 무산될 위기에 처했다. 현행법으로는 65세 이후 고용돼 일하는 사람은 실업급여 적용 대상이 아니다. 이 조항이 종종 아파트 경비원이나 건물 관리·미화원으로 근무하는 노년 근로자들이 실업급여를 받는 데 발목을 잡았다(조선일보, 2016.01.05).

그 후 노동개혁(勞動改革)은 좌초된 상태로 오늘에 이르고 있다. 이와 같이, 한국은 1997년 하반기 IMF 외환위기가 발발한 직후 정리해고 허용과 교원 및 공무원 단결권 보장을 교환하는 '노사정 타협'을 이루었으나, 그 이후에는 변변한 '노·사·정(勞·使·政) 대타협'을 한 적이 없다.

문재인(文在寅) 정부(2017.05~현재)도 노동개혁(勞動改革)의 중요성을 잘 인식하고 있었다. 대선 공약으로 노·사·정(勞·使·政) 대타협을 강조했고, 〈노사정위원회〉 위원장에 민주노총의 핵심 조직인 전국금속연맹 위원장 출신의 문성현 전(前) 민주노동당 대표를 임명했다. 그러나 노사정위원회를 통한 사회적 대타협이라는 문재인(文在寅) 대통령(2017.05~현재)의 노동개혁(勞動改革) 구상은 출발부터 암초를 만났다. 민노총(民勞總)이 청와대에서 열린 노동계 인사 초청 간담회에 당초 참석하겠다던 입장을 바꿔 불참한 것이다. 민노총(民勞總)의 불참 이후 문재인(文在寅) 대통령(2017.05~현재)은 청와대 수석·보좌관 회의에서 의미심장한 말을 했다: *"노동정책에 관한 사회적 합의는 결코 쉽지 않은 일이지만 반드시 해내야 하는 시대적 사명"*이라는 의지를 재확인하면서 *"정부에서도 전체 노동자의 90%에 달하는 비조직 노동자들을 어떻게 사회적 대화에 참여시킬 것인지 그 방안을 강구해주길 바란다"*고 주문했다. 이것은 한국의 노조 조직률이 10.2%에 불과한 현실을 지적한 것이다.

이제 공은 민노총(民勞總)으로 넘어갔다. 민노총(民勞總)의 조합원 수는 63만여 명으로 전체 노동자의 3.4%밖에 안 된다. 게다가 조합원 대부분이 '노동계 기득권층'이라는 대기업 노조에 속해 있다. 3.4%의 기득권을 유지하기 위해 사회적 대타협을 거부하느냐, 아니면 자신을 대변해줄 조직도 없는 90%의 비조직 노동자를 위해 대승적으로 〈노사정위원회〉에 복귀할 것인가. 선택은 민노총(民勞總)의 몫이다.

과연, 한국은 대량실업자와 1998년 1만4천 명의 자살자를 야기했었던 1997년 하반기 IMF 외환위기 같은 절체절명의 위기가 닥쳐야 비로서 '노사정 대타협'이 이루어질 수 있는 나라인가?! 촛불은 정치권력은 태울 수 있어도 640만 명의 비정규직 근로자의 한(恨)은 태울 수 없는가?

현재 한국의 전체 임금 근로자 1,800만 명 중 600만 명 이상이 비정규직이다. 비정규직 비중(23.8%)은 OECD(경제협력개발기구) 평균치(11%)의 2배가 넘는다. 우리나라의 비정규직 비율이 유독 높은 이유는 정규직 과보호로 상징되는 고용의 경직성 때문이다. 기업 경영 환경이 어려워져도 해고가 어렵고 임금 삭감이 안 되니 정규직 채용을 기피하고 비정규직으로 채우는 것이다. 그 결과 정규직과 비정규직 간 소득 간격은 나날이 커지고 있다. 현재 비정규직의 평균 임금은 월 146만 원에 불과해 정규직 평균 임금(260만 원)의 절반 수준이다.

미국 『헤리티지재단』이 2015년에 발표한 '노동시장 유연성' 지수에서 한국은 51점, 프랑스는 44점으로 모두 세계 평균인 61점을 훨씬 밑돌았다. 이와 반면에, 미국(99점), 덴마크(92점), 뉴질랜드(91점)은 최고 상위권을 차지했다. 모름지기, 고용의 유연안정성이 제고돼야 가계소득이 늘고, 저소득층의 몫이 증가하면서 소비 부진이 해결될 수 있다. 소위 '소득(임금) 주도 성장전략'에 의하여 가계소득이 증가하더라도 소비는 기대만큼 회복되지 않을 수 있다는 것을 통계청의 가계소득통계를 자세히 살펴보면 알 수 있다.

미국 조사 기관 〈갤럽〉은 전(全) 세계에서 벌어지는 일자리 유치 전쟁을 '제3차 대전'이라고까지 표현했다. 15세 이상 세계 인구 가운데 일하거나 일하고 싶어 하는 인구는 30억 명인데 양질의 정규직 일자리는 전(全) 세계적으로 12억개밖에 되지 않는다. 따라서 미국·일본·독일 등 주요 선진국들은 경제성장과 고용증대를 위하여 한결같이 규제(規制)를 풀고 '기업하기 좋은 환경'을 만들어서 외국 기업을 유치하고 해외로 나간 자국(自國)의 해외기업들까지 리쇼어링(re-shoring)에 사활(死活)을 걸고 있다. 이 결과, 선진국들의 경우, 해외로 이전했던 기업들이 최근 다시 자국(自國)으로 유턴하고 있다. 선진국의 규제·노동개혁(勞動改革) 동향을 살펴보면 다음과 같다:

미국 도널드 트럼프(Donald John Trump) 행정부(2017~2021)는 규제(規制)를 '일자리를 죽이는 산업'이라고 부르며 보다 강력한 규제 완화를 예고하고 있다. 도널드 트럼프 대통령(45대: 2017~2021)은 규제 1개를 만들 때 2개를 없애는 '원 인, 투 아웃'(one in, two out) 행정명령에 서명하였다. 기업 법인세는 현행 35%에서 15%까지 인하할 예정이라고 발표했다. GM 등 미국 기업은 물론 삼성전자를 비롯해 알리바바(중국)·소프트뱅크(일본) 등이 미국 투자를 고려하고 있는 것은 트럼프의 '협박'이 한몫했겠지만 버락 오바마 행정부 시절부터 추진되었던 리쇼어링(re-shoring) 정책의 효과도 무시할 수는 없다. 이 결과, 미국은 2017년 3월 실업률이 4.5%로 10년 만의 최저를 기록하고 있다.

영국의 데이비드 캐머런(David Cameron) 총리(2010~2016)는 2015년 7월 15일 영국 하원 회의장에서 복지 개혁, 노동 개혁, 유럽연합(EU) 탈퇴 국민투표 등과 같은 영국 국가개조(國家改造)를 위한 공공개혁 법안을 설명하고 의회를 통과할 수 있도록 도와달라고 호소했었다.

프랑스 기업은 2015년 말에 이미 발효된 '엘콤리 법(法)'에 따라 기업 규모에 따라 일정 분기 동안 연속해서 매출이나 순익이 떨어지면 해고할 수 있다. 프랑스의 청년 실업률은 사상 최고치인 26%까지 치솟았다. 프랑수아 올랑드(Francois Hollande) 대통령 (2012~2016)은 2016년 1월 18일 '경제 비상상태'를 선포하고 20억 유로(2조6,700억 원) 규모의 실업 대책을 내놓았다.

프랑스의 청년 실업난이 이토록 심각해진 주된 이유는 경직된 노동시장과 과도한 정규직 보호 때문이다. 따라서 에마뉘엘 마크롱(Emmanuel Macron) 프랑스 대통령은 경직된 노동규제와 정규직 과보호가 경제활력을 떨어뜨린다는 판단하고 집권하자마자 노조의 권한을 아예 축소하는 것과 같은 내용의 노동개혁(勞動改革)에 돌입했다.

이어서 프랑스의 에두아르 필리프(Édouard Philippe) 총리와 뮈리엘 페니코 노동부 장관은 2017년 9월 잇따라 방송에 출연해 강한 어조로 국정 메시지로서 노동개혁을 주장했다. *"프랑스 국민이 국가를 개조하고 행동에 나서라고 요구했다. 국민은 프랑스가 건강하지 못하다는 사실을 안다"*고, 같은 날 *"물러서지 않을 것"*이라고 강조했다.[87]

구체적으로, 에마뉘엘 마크롱(Emmanuel Macron) 정부(2017~현재)는 50인 이하 중소기업은 노조가 아닌 근로자 대표와 근로조건 협상이 가능하도록 했다. 20인 이하 사업장은 개별 근로자와도 협상할 수 있다. 조직률이 10%에 불과한 노조가 협상력을 독점해 모든 사업장에 임금과 단체협상 결과를 적용하고 있는 데 대한 제어장치다. 공무원 수를 1만 2,000명 감축하는 방안도 추진한다. 또 법정 근로시간(주 35시간)을 근로자와 협의해 연장할 수 있도록 할 방침이다. 기업이 부담하는 고용세와 법인세 인하 방안도 내놨다. 뮈리엘 페니코 노동부 장관은 *"새 노동법이 시행되면 9.5%에 달하는 높은 실업률을 낮추는 데 큰 도움이 될 것"*이라고 말했다(중앙일보, 2017.09.15).

독일의 게르하르트 슈뢰더(Gerhard Schroder, 1944~현재) 연방총리(1998~2005)는 2003년 독일의 경제구조를 확 바꾸기 위한 개혁안 '아젠다 2010'을 관철시켰다. 그가 발표했었던 국가개혁안은 노동시장정책, 산업정책, 조세정책, 환경정책, 이민정책, 교육정책, 행정정책 등 광범위한 분야의 개혁 정책을 담고 있었다.

독일은 4차 산업혁명에 대응하여 2015년부터 '노동4.0'이란 명창의 하르츠(Hartz) I~IV 개혁안[88]을 추진했다. 구체적으로, 로봇사용 확대로 인한 일자리 감소에 대응하고 생산성

---

87) 임양택, "문재인 대통령의 역사적 소명은 '노동개혁'의 추진이다", 경인일보, 2017.10.24.

88) 하르츠(Hartz) I~IV 개혁안은 슈뢰더 총리의 연립정부가 구성한 하르츠 위원회(위원장: 폴크스바겐 사의 노동이사 Peter Hartz)가 독일의 '아젠다 2010'와 관련하여 2002년 8월 제시한 4단계 노동시장 개혁안(급부 중심의 사회국가 기본체계를 수정)이다. 참고로, 김영미, 독일 하르츠 개혁에서의 고용증진 관련 법제개혁의 내용과 평가 ~하르츠IV에 의한 고용연계복지법제를 중심으로; 박명준, '하르츠IV장'의 실행과 '월요시위'의 전개; 박명준, 독일 '하르츠IV' 재개혁안 중 취약계층 자녀를 위한 새로운 교육지원

을 향상을 도모하고 디지털 시장에 대한 근로자의 적응력을 높이기 위한 교육시스템을 개혁하였으며 유연한 근로시간 운용 강화, 휴식시간 보장, 근로자의 심리적 질병을 보호하는 조치도 제시했다. 지멘스 등 일부 기업은 상기한 개혁 조치들을 노사 합의로 이미 적용하고 있다

첫째, 하르츠(Hartz) I 법은 노동시장의 현대적 서비스에 관한 첫 번째 법률이다. 독일 전국의 181개 지방고용사무소(Arbeitsamt)를 잡─센터(Job─Center)로 개편하였다. 잡─센터는 각종 노동관련 서비스를 제공하는 지역센터로서, 기존의 연방고용공단(BA)의 기본적인 업무 외에 자문서비스 및 보호서비스를 통합하였다. 연방고용공단에 기간제로 파견노동자를 채용하기를 원하는 기업에게 근로자를 파견할 수 있는 인력알선대행사(Personal Service Agenturen, PSA)를 설치하여 실업자를 임시직으로 일하도록 하여 일차노동시장으로 연결될 수 있는 다리를 제공하도록 하였다. 이외에도 재교육을 위한 바우처 제도 도입, 실업자 등록 의무화, 고용서비스기관 재현을 위한 법률로서 실업 보조금의 수급요건 강화, 실업 보조금과 실업수당이 일반적 임금과 연계되어 상승하지 않도록 한다.

둘째, 하르츠(Hartz) II 법은 사회보험지급과 미니─잡에 대한 과세, 일인 회사(Ich~AG)라는 형태의 개인자영업 창업을 위한 경제적 지원, 고용센터설립에 관한 내용을 다루었다. 외관자영업자에 대한 규제를 대폭 완화하여 생계형 창업인 '자기회사'를 지원한다. 월 400유로 이하의 수익인 미니잡과 800유로 이하의 미디잡을 사회보장체계에 통합, 노동시장을 유연화하고 근로형태의 유연화를 통한 고용을 장려하였다.

셋째, 하르츠(Hartz) III 법은 2004년 1월부터 시행되었다. 연방고용공단을 현대적이고 고객지향적인 서비스 제공기관으로 개편(Bundesanstalt für Arbeit에서 Bundesagentur für Arbeit)하기 위한 법적 기본 틀을 제공하였다. 기존 연방 노동청을 연방고용사무소로 재편하여 고객 센터를 설치하고 실업자들을 정보 고객, 자문고객, 보호고객으로 나누어 관리하였고, 실업급여의 수급 요건 강화등의 내용이 있다.

넷째, 하르츠(Hartz) IV 법은 2005년 1월 1일에 발효된 법안이다. 주요내용은 장기실업자에게 실업부조와 사회부조를 통합한 실업급여II를 지급한다는 것과 실업급여II를 재산정도로 평가하여 원칙적으로 생활에 필요한 수준의 급여를 지급하며 적법하게 알선된 일자리를 거부할 경우 급여를 삭감하는 제도로서 지자체와 공동(일부는 지자체 단독)으로 잡─센터(Job─Center)에서 관리하도록 한다.

상기 하르츠(Hartz) I~IV 개혁을 시행한 결과, 2006년과 2007년의 GDP 성장률이

방안, 국제노동프리프 2011년 1월호; 김상철, 독일 하르츠 개혁과 재정연방주의의 방향 등이다.

OECD 평균 수준을 회복하고 2000년 이래 처음으로 EU의 평균 경제성장률을 넘었다. 이는 2008/9년의 글로벌 금융위기를 성공적으로 극복하는 토대가 됐다. 게다가 60%대에 머물던 독일 고용율은 2008년 79%를 넘어섰고, 출산과 육아 등으로 경력이 단절된 여성들이 미니잡에 몰리면서 2004년 59.2%였던 여성 고용율은 2008년 64.3%까지 늘었고 2009년 여성고용율은 77.8%에 이르렀다.

다른 한편으로, 고용 창출과 관련하여, 저자가 만 40년 동안 경제학을 연구 및 강의해왔지만 한국경제에서 도무지 이해하기 어려운 '수수께끼'와 같은 문제가 있다. 그것은 고용이 그토록 중요하다는 것을 모두(국회, 행정부, 언론, 학계 등)가 인식하고 있음에도 불구하고, 또한 대량실업(大量失業) 문제를 손쉽게 해결할 수 있는 정책방안을 알고 있음에도 불구하고, 그 방안을 과감히 추진하지 않고 있다는 점이다. 그러한 상태를 마치 방임한듯이 천문학적 비용의 실업수당(失業手當)을 비롯한 복지지출에만 전념하고 있다는 점이다.

모름지기, '최상의 복지'는 '양호한 고용'(Decent Job)이다.[89] 이것은 정부의 긴급 재정지출에 의한 '임시직 고용'으로 해결되는 것이 아니라 기업의 투자에 의한 '양호한 고용' 확대에 의하여 보장된다. 그런데 기업의 고용을 촉진하기 위하여 임시투자세액공제제도를 도입하였지만 아무런 성과가 없는 이유가 무엇일까? 그것은 고용관련 정부규제와 '노동시장의 경직성' 때문이다. 이와 대조적으로, 한국의 경우, 규제 혁신과 노동시장 개혁이 헛돌고 있는 상황에서, 그동안 한국 제조업체가 해외로 빠져나가고 있다. 그 이유는 해외시장을 개척하기 위함이겠지만 국내에서 기업하기 불리한 환경 때문이다.

한국의 규제(規制) 환경은 세계경제포럼(WEF)의 2016년 조사에 따르면 138개국 중 105위다. 미국(29위), 일본(54위), 독일(18위)에 비해 규제가 매우 심하다. 경제협력개발기구(OECD) 조사를 보면, 한국은 외국인투자(外國人投資) 규제(規制) 순위에서 경제협력개발기구(OECD) 35개국 중 30위를 차지했다. 이 결과, 한국에 대한 외국인투자(外國人投資)는 지난 5년간 465억 달러에 그쳤다. 외국인투자(外國人投資) 유치는 세계 37위 수준에 그쳤다(조선일보, 2017.05.04). 이것은 한국에 외국인투자(外國人投資) 기업을 유치하려면 국내 임금과 물류 비용을 상쇄할 만큼의 투자 인센티브를 제시하고 규제 개혁을 해야 한다는 것을 말한다.

사실, 규제 혁신과 노동시장 개혁이 헛돌고 있는 상황에서, 그동안 한국 제조업체가 해외로 빠져나가고 있다. 그 이유는 해외시장을 개척하기 위함이겠지만 국내에서 기업하기 불리한 환경 때문이다. 설상가상으로, 최근에 대기업의 뒤를 이어 중소기업들이 해외로

---

89) 임양택, "최상의 복지는 고용이다", 한국경제신문, 2011.10.07.

공장을 이전하고 있다. 그러하지 않을 경우, 한국 고용시장의 88% 이상을 분담하고 있는 중소기업의 '한국 탈출 현상'은 고용 문제뿐만 아니라 제조업의 공동화(空洞化) 현상을 야기하여 대량실업을 유발할 가능성이 높다.

구체적으로 사례를 들면, 현대 · 기아차는 1996년 아산 공장을 마지막으로 국내 생산 공장 건설을 중단한 후 중국 · 브라질 · 멕시코 등에 생산 거점을 세웠다. 2016년 국내 완성차 5개 사의 국내 생산은 총 422만8,509대로 국내 업체의 해외 생산(465만2,787대)에 처음으로 추월당했다. 삼성전자는 2000년대 후반부터 베트남에 해외 생산 기지를 건설해 10만 명 이상을 고용하고 있다. 삼성전자의 글로벌 고용은 2012년 24만 명에서 2015년 33만 명으로 증가하는 추세인 반면에 국내 고용 인력은 2015년 9만3,200명으로 전년보다 3,700명(3.8%) 감소하였다.

설상가상으로, 최근에 대기업의 뒤를 이어 중소기업들이 해외로 공장을 이전하고 있다. 한국수출입은행의 발표 자료(2017.04.16)에 따르면 2016년 국내 중소기업체들이 해외에 투자한 금액은 총 60억2,300만 달러(6조8,700억 원) 규모이며 해외에 설립된 법인수는 1,594개(2016년 기준)로 큰 폭으로 늘고 있다. 이 결과, 국내 시설 투자가 감소하고 기존 공장 등 인프라가 축소될 것이다. 이러한 현상은 앞으로 지속될 것으로 전망된다. 그 원인은 이미 2000년대 초반부터 해외로 생산시설을 이전한 대기업들의 대(對)중소기업 하청 물량이 지속적으로 감소하고 있기 때문이다. 즉, 국내에 앉아서 주문을 기다리다가는 망하기 십상인 것이다. 따라서 자금력 있는 중소기업들은 대부분 대기업이 진출한 해외 공장 주변 부지를 알아보는 게 추세인 것이다. 그러하지 않을 경우, 한국 고용시장의 88% 이상을 분담하고 있는 중소기업의 "한국 탈출 현상"은 고용 문제뿐만 아니라 제조업의 공동화(空洞化) 현상을 야기하여 대량실업을 유발할 가능성이 높다.

한국경제연구원이 국내 복귀 30개 기업을 대상으로 설문조사한 결과, 그동안 한국 제조업체가 해외로 빠져나간 이유는 해외시장을 개척하기 위함이겠지만 국내에서 기업하기 불리한 환경 때문이라고 응답했다. 또한, 대다수 기업들이 '유턴기업지원법'의 지원제도와 인센티브에 대해 만족하지 않았다. 특히, 이들 기업들이 느끼는 애로사항으로 노동시장 경직성(18.7%)과 높은 인건비(17.6%), 자금조달의 어려움(16.5%) 등을 꼽았다. 이와 같이, 아직도 유턴기업들에 대한 지원 부족은 물론, 반(反)기업적 풍토가 한국 사회에 만연해 있음을 드러냈다.

여기서 유의할 것은 해외로 빠져 나간 제조업체들의 10%만 국내로 돌아와도 약 29만 개의 일자리가 만들어질 수 있다는 점이다(한국경제연구원의 보고서). 대한상공회의소가 발표한 〈주요국 리쇼어링 동향과 정책시사점〉에 따르면 지난 10년간 해외로 나간 국내 기업들이 현지에서 만든 일자리는 2005년 약 53만 개에서 2015년엔 약 163만 개로 3배가량 늘었다. 이와 반면에 한국에 들어온 외국인투자(外國人投資) 기업들이 만든 일자리는, 같은 기간, 19만 개에서 27만 개로 1.5배 증가에 그쳤다.

한국경제연구원이 20대 국회에 제시한 고용창출 대책을 보면, 노동개혁(勞動改革)을 통해 88만개, 세제개혁(稅制改革)으로 38만 3천개, 서비스업 제도개선(制度改善)으로 123만개, 수도권 규제완화(規制緩和)는 약 13만 7천개를 각각 일자리를 각각 창출할 수 있다는 것이다.

모름지기, 고용의 주체는 기업이다. 일자리 창출의 숫자는 기업이 결정할 문제다. 정부는 신(新)성장동력 산업을 육성하고 기업의 고용창출 여건을 만들어 주어야 한다. 즉, 불필요한 정부 규제(規制)는 철폐해야 옳다. 예로서, 서비스업 기본법·지역별 전략산업을 위한 규제프리존법이 통과되어야 한다.

참고로, 일본의 아베 신조(安倍晉三) 정부(당시)는 국가 전략 특구를 지정해 신산업 규제를 대폭 풀고 법인세를 낮춰서 경제에 활력을 불어넣는 데 성공했다. 특히, 일본 미에(三重) 현은 2000년부터 지역 경제 활성화를 위한 제도를 개선해 왔다. 일본 중앙정부는 해외로 나갔던 일본기업의 국내 유턴을 뜻하는 '리쇼어링(re-shoring)'의 큰 틀을 만들었지만 각 지역 사정에 맞게 제도를 만드는 것은 지방자치단체 몫이었다. 미에 현(縣)은 국내로 다시 오는 기업이 쓰는 투자액의 15%를 보조금으로 지원한다는 정책을 내놓았다. 법인세는 5년간 20%를 공제하기로 했다. 그 덕분으로 미에 현(縣)은 해외에 공장을 지으려던 샤프를 설득해 현에 샤프 공장을 유치했다. 샤프가 들어오기로 결정하자 40개의 협력사도 연쇄적으로 미에 현(縣)에 둥지를 텄다. 고용은 7,200명이 늘었고 지방자치단체의 세수입은 2004~2005년 2년 사이 110억 엔이 늘었다. 그 후 샤프는 대만 기업 홍하이에 인수됐지만, 여전히 미에 현(縣)에 생산 시설을 두고 있다. 샤프 미에 현(縣) 공장 라인에선 애플 아이폰에 들어가는 카메라 모듈을 만든다. 애플에 같은 제품을 납품하는 LG이노텍의 유일한 경쟁사다. 이런 일본의 리쇼어링 정책으로 2015년 이후 도요타(북미)·혼다(베트남)·파나소닉(중국)의 일부 해외 공장이 돌아왔다(중앙일보 2017.05.04).

당시, 한국은 1980년대 후반부터 거세게 밀어닥쳤던 노사분규·고임금·원고(高)에 시달리고 있었다. 그 결과, 일본 철강기업들은 한국의 POSCO의 경쟁력 수준에 도달하였으며, 1990년대에 들어서는 일본 철강메이커들과 한국의 POSCO의 경쟁은 더욱 치열해졌다. 현대자동차, 기아, 대우도 마찬가지이다.[90] 또한, '아베노믹스'로 경제활동 분위기가 살아난

90) 현대자동차는 일본식 생산방식(JIT)으로 무장하고, 여기에 캔두이즘(Candoism)의 '현대정신'을 바탕으

일본은 2017년 2월 실업률이 2.8%로 22년 만의 최저치를 기록하였고 일본 기업들이 일할 사람들을 찾아다니고 있다. '아베노믹스'로 경제활동 분위기가 살아난 일본은 2017년 2월 실업률이 2.8%로 22년 만의 최저치를 기록하였고 일본 기업들이 일할 사람들을 찾아다니고 있다.

이제, 문재인(文在寅) 대통령(2017.05~현재)의 임기도 노루 꼬리만큼 남았으니, 상기한 3가지 '역사적 과제'를 누가 짊어질 것인지 불투명하여 노(老)선비는 산마루를 쳐다볼 뿐이다. 마냥, 지난 4년의 세월이 너무나 아까울 뿐이다. 최근에 문재인(文在寅) 대통령은 퇴임 후 '잊혀지고 싶다'고 말했다. 과연, 한국의 역사는 문재인(文在寅) 대통령과 〈더불어민주당〉을 어떻게 평가할 것인가? 상기한 3가지 '역사적 과제' 중에서 어느 한 개라도 마무리 지었다면, 문재인(文在寅) 정권(2017.05~현재)은 한 개의 업적은 남길 수 있었을 것이다. 참으로, 아쉽다. 물론, 미국·캐나다·스위스 등 주요 국가와 '통화 스와프 협정'을 체결한 것 외에 하나의 '업적'을 남기고 있다. 그것은 '이와 같이 국정을 추진하면 곧 나라가 망한다는 값비싼 교훈을 주었다'는 점이다.

로 세계 소형 자동차 시장에 성공적으로 진입할 수 있었다. 기아와 대우도 GM·포드의 OEM 메이커로서 세계 자동차 시장에 성공적으로 접근하게 시작했다. 그러나 1980년대 후반부터 노사분규·고임금·원고(高)로 인하여 어려움을 겪었다.

06 한국 시민의 역사의식 · 시대정신 함양을 위한 교육개혁과 자강운동

1) '역사의 주인공'은 누구인가?
영웅(英雄)은 특정 인물인가? 혹은 시민(市民)인가?

'역사의 주인공'은 누구인가? 영웅(英雄)은 특정 인물인가? 혹은 민중(民衆)인가? 우선, 저자의 견해는 다음과 같다: 헤겔(G. W. F. Hegel)의 역사철학(歷史哲學, Philosophy of History)에서 일컬었었던 '역사의 주인공', '바이런적 영웅'(Byronic Hero), 니체(Friedrich Wilhelm Nietzsche)의 '초인(超人, the Superman, Übermensch)은 특정한 인물의 '영웅(英雄)'이 아니라, 현대사회에서 주권재민(主權在民)의 주인인 '민중(民衆)'이다. 즉, 영웅(英雄)의 지배를 받는 민중(民衆)이 아니라 민중(民衆)에서 영웅(英雄)이 탄생하는 것이다.

장-자크 루소(Jean-Jacques Rousseau, 1711~1778)는 그의 불후의 명저: 『인간불평등기원론』(Discours sur l'origine de l'inégalité parmi les hommes, 1755년) 및 『사회계약론, 정치적 권리의 원칙』(Du contrat social · ou principes du droit politique, 1762년)에서 기층민중(基層民衆)이 바로 '역사의 주인'이라고 갈파(喝破)하였다. 또한, 만해(萬海) 한용운(韓龍雲, 1879~1944)의 '민중중심사관(民衆中心史觀)'[91] 즉 역사(歷史)의 주체는 민중(民衆)이라고 주장하였다.[92]

---

91) 만해(萬海) 한용운(韓龍雲, 1879~1944)은 『조선불교유신론(朝鮮佛敎維新論)』에서 종래의 무능한 불교(佛敎)를 개혁하고 불교(佛敎)의 현실참여와 '불교사회개혁론'을 주장하고 모든 '중생(衆生)'이 평등(平等)을 찾아야 한다고 하였다. 그 후, 만해(萬海)는 '중생(衆生)'이라는 말을 '민중(民衆)'으로 바꾸고, 불교(佛敎)가 본래의 생명력을 되찾기 위해서는 민중(民衆)의 불교(佛敎)가 되어야 한다고 주장하였다.

92) 만해(萬海) 한용운(韓龍雲)은 1919년 3·1 운동 때 독립선언서의 "공약 3장"을 추가하여 보완하였으며 민족대표 33인의 한 사람으로 거사 당일 독립선언서(獨立宣言書)에 서명·낭독하였고 3년간 서대문 형무소에서 복역했다. 또한, 만해(萬海) 한용운(韓龍雲)은 옥중에서 '조선 독립의 서'(朝鮮獨立之書)를 지어 인간의 권리와 자유와 평등을 향한 길을 가로막는 어떠한 형태의 무력·군사력·압제 정치는 결국 스스로의 덫에 걸려 스스로 패망하게 되리라고 예언하였다.

현대사회에서 주권재민(主權在民)의 주인은 '시민(市民)'이다. '시민(市民)'이란 서구에서 근대 시민사회가 형성되면서 생겨난 개념으로서 정치공동체 유지·발전의 주체적 구성원을 의미한다. 현대적 의미의 '시민(市民)'이란 지역사회와 국가를 초월하여 보편적 권리와 의무를 주체적으로 인식할 수 있는 존재이다. 따라서 '민주시민'(民主市民)이란 민주주의에 대한 지식을 갖추고 있으며, 민주주의를 위하여 제반 정치 과정에 적극적으로 참여할 뿐만 아니라 그 책임도 질 수 있는 존재이다.

저자는 세계적으로 검증받아 오랫동안 칭송받고 있는 대한민국의 '초인(超人, the Superman, Übermensch)' 즉 '영웅(英雄)'들로부터 무한한 위안을 받는다: 우선, 세계적 음악가(音樂家)로서 독일 현대 음악 작곡가인 윤이상(尹伊桑, 1917~1995), 세계정상의 오페라단 음악감독 겸 상임지휘자인 정명훈(1953~현재), 세계 5대 오페라 극장의 프리마돈나로 데뷔한 성악가 조수미·홍혜경(1986년 워싱턴 오페라 가이드지에서 '올해의 예술가상'을 수상, 뉴욕타임즈로부터 '디바'의 칭호를 받았음), 세계 정상의 소프라노 신영옥(파바로티, 도밍고, 카레라스 등 3테너와 각각 공연), 바이올리니스트 정경화(정명훈의 작은 누나, 모교 줄리어드 음악원에 교수, 낭만주의적 바이올린 연주가), 강동석(영국의 '세계 음악 인명사전', 프랑스의 '연주가 사전'에 그의 이름이 자세히 수록되어 있음), 피아니스트 백건우(링컨 센터, 카네기 홀, 위그모어 홀, 베를린 필하모니 등의 세계의 주요 음악당에서 리사이틀 연주), 고전음악 바이올리니스트 장영주(뉴욕 링컨센터에서 뉴욕필하모니 오케스트라와의 협연), 첼리스트 장한나 등을 들 수 있다.[93]

또한, 운동선수들도 세계적 명성을 자랑하여 대한민국을 빛내주고 있다. 예로서, 1936년 8월 베를린 올림픽 마라톤 선수 손기정을 비롯한 황영조·이봉주, 세계적 피겨 스케이팅 선수 김연아, 1970년대 아시아 최고의 스트라이커 차범근을 비롯한 축구선수 박지성, 야구선수 박찬호, 프로복싱챔피언 김기수을 비롯한 세계복싱챔피언(유명우·홍수환·최용수·박종팔·문성길·최용수·백종권·염동균·장정구·박찬희·조인주·최요삼 등) 등을 들 수 있다.

따라서 다음 세대를 이끌어 갈 '영웅(英雄)'들을 배양하고 교육해야 한다. 예로서, 「영재교육연구센터」[94], 한국예술영재교육연구원(Korean National Research Institute for The Gifted in Arts), 등의 활동을 영재교육진흥법 및 동법시행령에 의거하여 적극적으로 지원해야 할 것이다. 한국의 영재교육 비용을 부모에게 더 이상 맡겨서는 안 된다.

---

93) 임양택(2020), 『한국인의 시(詩): 역사철학적 고찰』, 백두산문인협회 계간 백두산문학.

94) 「영재교육연구센터」는 영재교육관련 연구·개발 및 지원 업무를 수행하기 위해 영재교육진흥법 및 동법시행령에 의거하여 교육부장관에 의해 지정된 연구기관 및 연수기관이다.

예로서, 허준(許浚, 1539~1615)의 한의학(韓醫學) 백과사전인 『동의보감』(東醫寶鑑, 국보 319호와 319-2호로 지정, 2009.07.31, 유네스코 세계기록유산으로 등록)과 종두법(種痘法)를 발명한 지석영(池錫永, 1855~1935)의 유전자(遺傳子)가 있음에도 불구하고, 왜 한국인이 '코로나 19'를 치유할 백신(Vaccine)을 개발하지 못하는가? 그토록 많은 한의원(韓醫院)과 종합병원(綜合病院)에 의사(醫師)들이 우글거리는데, 여태껏 한국인이 개발한 것은 고작 '이명래 고약'과 '쌍화탕'이란 말인가?

요컨대, 우리 한국인에겐 과학의 유전자(遺傳子)는 분명코 내재되어 있지만, 교육제도/정책에 '철학(哲學)'이 없다. 수많은 공과대학과 과학기술관련 국가연구기관들이 즐비하지만, 기초과학(基礎科學)보다는 응용과학(應用科學)에 치중하고 정부 평가에 목을 매고 있다. 저자가 한평생 연구/강의한 경제학 학계도 예외가 아니다. 대부분의 한국 경제학 교수들은 연구실적 평가에 쫓기어 미국 경제모형에 한국의 통계 데이터를 삽입하여 거창한 결론을 내리지만, 거의 모두 실효성 없는 잠꼬대 같은 이야기들이다. 간혹, 괴상한 경제학 교수들은 무식한 정치인들을 꼬들여 나라경제를 파탄내고도 부끄러움을 모른다. 상기한 사실들은 저자로 하여금 안톤 슈낙크(Anton Schnack, 1892~1973)의 '우리를 슬프게 하는 것들(Was traurig macht)'을 느끼게 한다.

그렇다면, 대한민국(大韓民國)의 '민주시민'(民主市民)이 회복해야 할 '도덕적 의지'의 근원인 이성(理性)이란 무엇인가? 서양의 경우, 토마스 홉스(Thomas Hobbes, 1588~1776)는 '욕구를 찾는 정찰병'이라고, 데이비드 흄(David Hume, 1716~1776)은 '열정의 노예'라고, 공리주의자(Utilitarianist)는 '공리(公利)를 극대화하는 방법을 찾는 도구(道具)'라고 각각 정의했었다. 특히, 게오르그 빌헬름 프리드리히 헤겔(Georg Wilhelm Friedrich Hegel, 1770~1831)은 그의 10년 동안(1822~1831) 집필한 역저: 『역사철학강의』(Vorlesungen über die Philosophie der Weltgeschichte)에서 이성(理性)은 역사(歷史)를 이끄는 힘이며 역사 속에서 정신(精神)을 실현시킨다고 갈파하였다.

임마누엘 칸트(Immanuel Kant, 1724~1804)는 그의 불후의 명저: 『실천이성 비판』(Kritik der praktischen Vernunft, 1788년)에서 도덕적 의지(윤리학)을, 『판단력 비판』(Kritik der Urteilskraft, 1790년)에서는 감성(미학)을 각각 다루었다. 나아가, 요한 고트리에프 피히테(Johann Gottlieb Fichte, 1759~1831)는 '실천이성'(Practical Reason)과 '도덕적 의지'를 결합시켜 인식(認識)은 '행동하려는 의지'에서 나오는 것이라고, 그것으로부터 나타나는 행위로써 인간은 '자아'(自我)를 정립한다고 각각 주장했다. 즉, '행동하는 의지' = '실천이성' + '도덕적 의지'라는 것이다.

그런데, 만약 한국 시민들이 진정코 '현대 민주주의 국가의 시민'이라면, 최근에 언론에 도배질하는 각종 사건들이 과연 대명천지(大明天地)에서 발생할 수 있을까? 한국 시민들에게 임마누엘 칸트(Immanuel Kant, 1724~1804)의 '실천이성'(Practical Reason), 요한 고트리에프 피히테(Johann Gottlieb Fichte, 1759~1831)의 '도덕적 의지', 위르겐 하버마스(Jürgen Habermas, 1929~현재)의 '의사소통의 이성'(Communicative Reason)은 존재하는가?

이제, 조선(朝鮮)이 아닌 '대한민국(大韓民國)의 민주 시민(市民)'들은 과거 '조선(朝鮮)시대의 백성(百姓)'에서 탈속하여 '싸구려 정치 선전구호'에 휘둘리는 저속한 감성(感性)으로부터 냉철한 이성(理性, Reason)을 배양함으로써 사물의 이치(理致)를 논리적으로 사유하고 판단·행동하는 능력을 배양하고 그것을 생활에서 실천해야 한다. 즉, 요한 고트리에프 피히테(Johann Gottlieb Fichte, 1759~1831)의 '행동하는 의지' = '실천이성' + '도덕적 의지'를 배양하고 실천해야 한다는 것이다.

19세기 초 독일은 정치적으로 통일된 민족국가를 형성하지 못하였고 경제적으로는 겨우 산업혁명의 진입단계에 놓여 있었다. 즉, 봉건적 질서를 청산하지 못한 채 후진국이었다. 이와 반면에 독일 주변국가의 상황을 살펴보면, 영국은 이미 산업혁명의 본격적인 단계에 진입하여 세계무역을 주도하고 있었고, 네덜란드는 독일보다 정치적으로나 경제적으로 앞서 있었고, 프랑스는 1789년 『프랑스 대혁명』을 통하여 절대왕조가 무너지고 공화제가 들어서고 있었다. 또한, 영국과 네덜란드는 자국의 상품을 판매하기 위하여 독일시장을 침투하고 있었으며, 프랑스의 보나파르트 나폴레옹(Bonaparte Napoleon, 1769~1821)는 독일영토를 침략하고 있었다. 외세의 경제적 및 정치적 침략에 의하여 독일은 도저히 자생적 발전을 도모할 수 없었다. 당시, 1807년 독일은 프랑스와의 전쟁에서 참담하게 패배하였다. 독일의 국토는 분할되었고 프랑스에 대한 독일의 전쟁 배상금이 엄청났다. 독일 국민들은 희망을 잃고 절망의 늪에 빠졌었다.

그러나 요한 코틀리프 피히테 총장(Johann Gottllieb Fichte, 1762~1814)은 다음과 같은 『독일국민에게 고함』(1807년)이라는 주제로 연설했다. *"독일의 패망 요인은 독일 군대가 약해서가 아니라 독일인의 이기심(利己心)과 도덕적(道德的) 타락(墮落) 때문이다. 따라서 독일을 재건하기 위해서는 국민교육(國民敎育)을 통한 도덕(道德) 재무장(再武裝)과 민족혼(民族 魂)을 깨우쳐야 한다."*

상기 연설은 1807년 말 프랑스 군대의 점령 하에서 독일민족을 격려함으로써 낭만주의(Romanticism)라는 새로운 문예사조를 야기시켰으며, 이 사조는 경제사상에도 심대한 영향을 끼쳤었다. 예로서 아담 뮬러(Adam Muller, 1779~1829)로 하여금 독일의 '낭만주의적 경제학'을 주창케 하였고, 이는 다시 프리드리히 리스트(Friedrich List, 1789~1846)로 하여금 '독일의 국민경제학'(역사학파의 경제학)을 제창케 하였다.[95]

그로부터 약 70년이 경과한 1871년, 독일의 폰 비스마르크(von Bismarck, 1815~1898)는 서유럽 국가들 중에서 마지막으로 독일 통일을 완성하고 독일제국(1871~1918)의 시대를 열었으며 1870년 7월 프로이센-프랑스 제2제국과의 전쟁에서 대승(大勝)을 거두어 파리를 점령하고 스당 전투에서 프랑스 황제 나폴레옹 3세(나폴레옹 1세의 조카이자 의붓 외손자)인 샤를 루이 나폴레옹 보나파르트(Charles Louis Napoléon Bonaparte, 1808~1873)를 포로로 잡았다. 이 결과, 프랑스 제2공화국은 몰락하였고, 1871년 프랑스 제3공화국이 선포되었으며, 나폴레옹 3세는 영국으로 망명하였고 1873년 그곳에서 사망했다.

게다가 요한 코틀리프 피히테 총장(Johann Gottllieb Fichte) 총장의『독일국민에게 고함』(1807년)은 '라인강의 기적'이라고 일컫는 서독 경제부흥의 정신적 기초가 되었으며, 서독은 막강한 경제력을 기초로 동독을 흡수하여 평화적으로 독일 통일을 이루었고, 이젠 그 과도기적 갈등도 극복하고 유럽통합의 구심점이 되고 있다.

회고해보면, 요한 코틀리프 피히테 (Johann Gottllieb Fichte) 총장의『독일국민에게 고함』(1807년)이 외쳐진 100년 후, 막스 베버(Max Weber, 1864~1920)와 같은 시대에, 우리『大韓』에서도 피맺힌 외침이 있었다. 예를 들어, 자주독립을 위한 민족계몽운동이었던 대한자강회(1906년), 대한협회(1909년), 신민회(1907~1911), 경제적 자립을 추구하였던 국채보상운동(1907년)과 조선물산장려운동(1920년대)을 들 수 있다. 특히, 단재(丹齋) 신채호(申采浩, 1880~1936) 선생의 『대한의 희망』(大韓의 希望, 1908년), 도산(島山) 안창호(安昌浩, 1878~1938) 선생의 『한국개조론』(韓國改造論, 1919년)은 민족 혼(魂)을 일깨웠다.

우선, 1908년 4월, 구한말(舊韓末) 언론인으로서 민족의 완전독립노선을 추구한 한국사회사상사에서 가장 곧고 주체성있는 선각자였던 단재 신채호(丹齋 申采浩, 1880~1936) 선생은 구한말 대한제국(舊韓末 大韓帝國)을 둘러싸고 있었던 서방 열강들로부터 자주독립하기 위해서는, 더 나아가 동아시아의 강대국이 되기 위해서는 무엇보다도 미래에 대한 희

---

95) 저자는 36년전에 『外債危機의 克服과 自立經濟로의 挑戰』, 한밭출판사(1985년)을 출판하면서 베를린 대학교 총장 요한 코틀리프 피히테(Johann Gottllieb Fichte, 1762~1814)의 연설문『독일국민에게 고함』(1807년)을 소개한 적이 있다.
이어서, 26년전 『비전없는 국민은 망(亡)한다』(매일경제신문사 출판부, 1995년)을 출간하였다. 그 제목은 성경말씀(잠언 29-18)을 그대로 인용한 것이었다. 또한, 미국의 제35대 대통령 존 F. 케네디(John Fitzgerald ("Jack") Kennedy, 1917~1963)의 대통령 취임연설문에 인용된 바 있다.

망을 갖고 성실하게 살아야 된다고 대한협회월보(大韓協會月報) 제1호(1908.04.25)에 『大韓의 希望』의 글을 통하여 호소하였다.

이어서, 대한제국의 교육개혁운동가 겸 애국계몽운동가이자 일제 강점기의 독립운동가로서 민족의 스승인 도산(島山) 안창호(安昌鎬, 1878~1938) 선생은 1919년 상해에서 『한국개조론』(韓國改造論)을 주장하고 '무실역행'(務實力行)을 가르쳤었다. 실(實)은 진실, 성실의 '실'이요, 실질과 실력의 '실'이다. '실'은 참이며 알맹이다. 나 자신부터 몸소 행하고 실천하는 것이다.

2) 대한민국 시민(市民)들은 '역사의식'(歷史意識, Historical Consciousness) 및 '시대정신'(時代精神, Spirit of the Time)과 집단지성(集團知性, '群体智慧', Collective Intelligence)을 갖고 있는가?

우선, '시대정신'(時代精神, Zeitgeist; Spirit of the Time)이란 한 시대에 지배적인 지적·정치적·사회적 동향을 나타내는 정신적 경향이다. 집단지성(集團知性, '群体智慧', Collective Intelligence)이란 다수의 개체들이 서로 협력 혹은 경쟁을 통하여 얻게 되는 지적 능력에 의한 결과로 얻어진 집단적 능력이다. '역사의식'(歷史意識, Historical Consciousness)이란 과거의 역사를 통해서 교훈을 얻자는 것이다.

에드워드 핼릿 카(Edward Hallett Carr, 1892~1982)은 역사(歷史)를 과거와 현재의 대화라고 정의했다.[96] 게오르그 빌헬름 프리드리히 헤겔(Georg Wilhelm Friedrich Hegel, 1770~1831)은 역사(歷史)란 '절대정신'(Absolute Spirit) 즉 이성(理性)의 자기실현 과정이라고 정의했다. 한편, 일제강점기 대한독립운동사에 큰 발자취를 남긴 백암(白巖) 박은식(朴殷植, 1859~1925) 선생(대한민국 임시정부 제2대 대통령)은 일제침략사를 중심으로 근대사(1864년 고종 즉위부터 1911년의 105인 사건까지의 47년간 한국이 일본에 주권을 뺏기게 된 경과)를 서술한 한국의 민족주의 역사서인 『한국통사(韓國痛史)』(1915.06)의 서언에서 "국체(國體)는 수망(雖亡)이나 국혼(國魂)이 불멸(不滅)하면 부활이 가능한데 지금 국혼(國魂)인 국사책(國史冊)마저 분멸(焚滅)하니 통탄불이(痛嘆不已)하다(나라는 비록 망했지만, 우리의 정신(역사)이 소멸당하지 않으면 부활이 가능한데 지금 국혼(國魂)인 역사(歷史)마저 일제(日帝)

---

96) Carr, E. H(1961, 1996), What is History, University of Cambridge & Penguin Books(1961), New York: Vintage Books(1996).

가 불태워 소멸하니 통탄하지 않을 수 없다)"고 서술했다.

그러나, 〈행정안전부〉가 전국 19세 이상 성인 남·녀 1,000명과 중·고등학생 청소년 1,000명을 대상으로 실시한 '국민 안보의식' 조사결과(2013.06)에 따르면 '6·25전쟁이 몇 년도에 일어났는지 아십니까?'라는 질문에 한국 청소년의 52.7%가 '모른다'고 답했다.

또한, 과거 일제(日帝)에 의하여 탈취되었던 국혼(國魂) 즉 역사(歷史)가 외국인이 아닌 바로 한국 정치인들에 의하여 편파적(좌·우)로 날조 및 파손되고 있으니, 노선비는 심히 분노가 치민다. 저자는 2012년 월간조선 7월호에 "보수·진보가 아니라 비전이 문제다!" 라고 일갈했었다.

'역사(歷史)를 쉽게 혹은 아예 잊고 합리적 이성(Rational Reason)이 부족한' 대한민국(大韓民國)의 '백성'(현대적 의미의 '시민'이 아니라)은 이념갈등(理念葛藤)의 늪으로 빠져들고 있으며, 국가의 '주인(主人)'은 마치 '병아리'처럼 자신의 '하인(下人)'이 뿌려주는 '모이'를 좇아 다닌다. 이것은 마치 로마제국(BC 27~AD 1453)의 멸망 역사에 나오는 '콜로세움'(Colosseum)에서 희희낙락했었던 고대 로마 시민들을 연상하게 한다. 환언하면, 국정철학(國政哲學, Governing Philosophy)과 국가이성(國家理性, Staatsvernunft)의 부재(不在)와 더불어, 한국 시민(市民)의 '역사의식'(歷史意識, Historical Consciousness)와 '시대정신'(時代精神, Spirit of the Time) 및 집단지성(集團知性, '群体智慧', Collective Intelligence)은 중우정치(衆愚政治, Ochlocracy)와 '복지 포퓰리즘'(Welfare Populism)에 함몰되어 버렸다.

여기서 본 연구는 다음과 같이 질문한다: 대한민국 시민(市民)들은 '시대정신'(時代精神, Spirit of the Time) 및 집단지성(集團知性, '群体智慧', Collective Intelligence)을 갖고 있는가? 참고로, 미국의 곤충학자 윌리엄 모턴 휠러(William Morton Wheeler)가 『개미: 그들의 구조·발달·행동』(Ants: Their Structure, Development, and Behavior, 1910년)에서 개미들(Ants)이 공동체로서 협업(協業)하여 거대한 개미집을 만들어내는 것을 관찰하였고, 이를 근거로 개미(Ant)는 개체로서는 미미하지만 군집(群集)하여 높은 지능체계를 형성한다고 설명하였다.

그렇다면, 한국사회에서는 일개 개미(Ant)의 집단지성(集團知性, '群体智慧', Collective Intelligence) 조차 없다는 것인가? 실로, '코로나 19'는 찾아가야 할 무리들은 그냥 두고 죄 없는 민초(民草)들을 찾아가니 아마도 눈(眼)이 멸었는가 보다. 철학자 르네 데카르트(René Descartes, 1596~1650)는 합리적 이성(Rational Reason)을 '자연의 빛'(lumen naturale)이라고 칭하였다.

모름지기, 국가지도자에게 국정철학(國政哲學)이 배양되어야 할 뿐만 아니라, 일반시민도 합리적 '삶의 철학'이 필요하다. 그런데 일반국민이 '집단사고'(集團思考)가 아니라 '집단지성'(集團知性)을 합리적으로 발휘할 수 있기 위해서는 '합리적 이성'(Rational Reason), '시대정신'(時代精神), '집단지성'(Collective Intelligence)이 함양되어야 한다는 것이다. 그렇지 않을 경우, 다수의 어리석은 민중이 일시적 충동으로 이끄는 정치 즉 중우정치(衆愚政治, Ochlocracy) 또는 떼법(mob rule, mob justice)이 성행하게 될 것이다.

플라톤(Plato, BC 427~347)은 '중우정치(衆愚政治, Ochlocracy)'를 다수의 난폭한 폭민들이 이끄는 정치라는 뜻의 '폭민정치(暴民政治)'라고, 또한 그의 제자 아리스토텔레스(Aristoteles, BC 384~322)는 다수의 빈민들이 이끄는 '빈민정치(貧民政治)'라고 각각 비난하였다. 특히 플라톤(Plato)은 아테네의 몰락을 보면서, 그 원인으로 '중우정치(衆愚政治, Ochlocracy)'를 지목하였으며 그것의 병폐(病弊)를 다음과 같이 지적하였다: ① 대중적 인기에 집중하고 요구에 무조건 부응하는 사회적 병리현상; ② 개인의 능력·자질·기여도 등을 고려하지 않는 그릇된 평등관; ③ 개인이 절제와 시민적 덕목을 경시하고 무절제와 방종으로 치닫는 현상; ④ 엘리트주의(Elitism)를 부정하고 다중의 정치로 흘러가 중우정치(衆愚政治)의 양태로 변질될 가능성이다. 상기한 병폐(病弊)들 중에서, 과연 한국사회에 적용되지 않는 것이 무엇인가?!

만약 한국 시민이 과거 남미(南美) 혹은 최근 남유럽의 국민들처럼 정치적 포퓰리즘에 마냥 휘말려 르네 데카르트(René Descartes, 1596~1650)의 합리적 이성(Rational Reason), 장-자크 루소(Jean Jacques Rousseau, 1712~1778)의 공공선(公共善, Common Good)을 위한 '일반의지'(volonté général, 국민주권), 임마누엘 칸트(Immanuel Kant, 1724~1804)의 실천이성(Practical Reason)을 제대로 못갖추면, 그것의 '역사적 죄값'은 자유민주주의와 시장자본주의 경제체제의 파산일 것이다. 또한, 만약 여·야가 복지(福祉)를 놓고 인기영합적 '퍼주기' 경쟁하면 그 결과는 국가재정의 파탄과 국가자본주의(國家資本主義) 혹은 사회민주주의(社會民主主義)에로 귀결될 것이다.

대한민국(大韓民國)의 파산 혹은 자멸의 가능성은 상존해 있다. 그것은 본 연구의 국가멸망(滅亡)의 5가지 사례연구로서 유추할 수 있다: (1) 몽골제국(대원제국, 1206~1368)의 멸망, (2) 로마제국(BC 27~1453)의 멸망: 서(西)로마제국(AD 395~476)의 멸망; 동(東)로마제국(Byzantine Empire)의 멸망(1453.05.29), (3) 청(淸)제국(1636.04~1912.02.12)의 멸망, (4) 러시아제국(Romanova 왕조, 1613~1917)의 멸망, (5) 조선(朝鮮, 1392~1897)의 망조(亡兆) 및 대한제국(大韓帝國, 1897~1910)의 자멸(1910.08.29)을 각각 들 수 있다.

그렇다면, 중우정치(衆愚政治, Ochlocracy)를 예방할 수 있는 '합리적 이성'(Rational Reason)이 한국인에게 부족 혹은 결여되어 있는 이유는 무엇인가? 왜 한국인의 의식(意識)

에는 게오르그 빌헬름 프리드리히 헤겔(Georg Wilhelm Friedrich Hegel, 1770~1831)이 역사(歷史)를 이끄는 힘이며 역사 속에서 정신(精神)을 실현시키는 요소라고 갈파했었던 '합리적 이성'(Rational Reason)이 상대적으로 부족한가?

여기서 저자는 굳이 한국인의 유전자(遺傳子) 혹은 민족성(民族性)을 진부하게 논하고 싶지 않다. 상기의 진정한 이유는 조선조(朝鮮朝) 5백년 이후 현대에 이르기까지 한국사에서 정의(正義)가 능멸(凌蔑) 당하고 압살(壓殺)되었기 때문이다.

첫째, 역사적으로 보면, 조선(朝鮮) 시대에서 이기론(理氣論)에 바탕을 둔 성리학(性理學)은 시·비·선·악(是·非·善·惡)을 가릴 수 있는 '합리적 이성'(Rational Reason)은 아예 제쳐두고 인간 감정(感情)의 양태에 관한 사단칠정론(四端七情論) 논쟁을 전개하였다. 여기서 '사단(四端)'이란 맹자(孟子, BC 372~289)의 인·의·예·지(仁·義·禮·智): 측은지심(惻隱之心), 수오지심(羞惡之心), 사양지심(辭讓之心), 시비지심(是非之心)으로 구성되는 단(端)이다. '칠정(七情)'이란 예기(禮記)에 나오는 7가지 감정: 희·노·애·구·애·오·욕(喜·怒·哀·懼·愛·惡·欲)을 말한다.[97]

상기 사단칠정론(四端七情論) 논쟁은 퇴계(退溪)의 영남학파와 이이(李珥)의 기호학파의 대립으로, 마침내 동인과 서인(노론)의 당쟁으로 비화되었다. 이러한 부질없는 사단칠정론(四端七情論) 논쟁을 무려 8년(1559~1566) 동안 일삼다가 결국 임진왜란(壬辰倭亂, 1592~1598)을 당하였다. 상기 7년 전쟁으로 인하여 전국이 초토화되었고 약 300만 명(당시 1,200만 명의 인구)이 목숨을 잃었다. 심지어, 1592년 4월 14일, 임진왜란(壬辰倭亂, 1592~1598)이 본격적으로 시작된 바로 그날 『선조수정실록』에는 수군(水軍)을 없앤다는 명령을 수사(水使)들에게 내려보냈다. 이러고서도 나라가 1910년까지 300여년 동안 존립했었다는 것은 실로 기적(奇蹟)이었다.

동인과 서인(노론)의 당쟁(黨爭)의 전형적인 사례는 다음과 같다: 임진왜란(壬辰倭亂, 1592~1598)이 발발하기 3년 전인 선조 22년(1589년) 10월 정여립(鄭汝立, 1546~1589)의 소위 '역모(모반) 사건'으로 인한 기축옥사(己丑獄事)는 조선왕조 최대 피의 숙청 사건이었다. 당시, 서인(西人) 정철(鄭澈, 1536~1593)이 국옥(鞠獄)을 주관한 '피의 광풍' 기축옥사(己丑獄事)를 계기로 3년간 사형이나 유배를 당한 동인 선비가 1,000여 명에 달했고 조정에는 일할 관리가 부족할 정도였다고 한다. 사실, 억울하게도, 정여립(鄭汝立)은 1587년 호남 지역에 대동계(大同契)를 조직하여 무술 연마를 하며 왜구(倭寇)를 소탕하였다. 1589년 기축옥사(己丑獄事)로부터 딱 3년 후 임진왜란(壬辰倭亂, 1592~1598)이 발발했었다.

---

97) 한국철학사상연구회(1993), 『한국철학강좌』, 예문서원.

둘째, 제Ⅵ장 제3절: 한국은 '정의로운 국가'(A Justice-based State)인가에서 논술한 바와 같이, 이승만(李承晩)과 박정희(朴正熙)는 한국의 사회정의(社會正義)를 압살(壓殺)했었고 역사를 왜곡(歪曲)하였다. 그 이후의 정치지도자들은 거의 모두 국정철학(國政哲學)과 정치적 리더십(Political Leadership)이 결핍되어 있었으며 정권 쟁취와 자신의 정권 유지에만 열중하였다. 이 결과, 한국인의 의식이 편의주의(便宜主義)로 오염(汚染)되었으며, 시장자본주의(Market Capitalism)는 천민자본주의(賤民資本主義, Pariah Capitalism)로 타락(墮落)되었고, 배금주의(拜金主義, Mammonism)·'한탕주의'가 만연(漫然)되어 있다. 게다가 사회지도층의 노블레스 오블리주(Noblesse Oblige)가 고갈되었다.

이러한 사회적 풍토하에서, 사회정의(社會正義)는 파묻혀버렸다. 개인은 의무와 책임 의식은 멀리하고 자신의 권리 추구에만 혈안(血眼)이 되어 있으며, '남은 어떻게 되든 상관없이 나만 잘 먹고 잘 살면 된다'는 극단적 이기주의(利己主義)가 사회전반에 팽배(澎湃)하여 국민정신문화가 크게 황폐화되었다. 더 나아가, 내가 잘되기 위해서 남을 의도적으로 모략하는 불량(不良)의 길로 접어들고 있다.

심지어, 한국인은 하늘의 경고도 계속 외면해 왔다. 그 죄값으로 삼풍백화점 붕괴 사고 (1995.06.29)로 502명 사망, 성수대교 붕괴 사고(1994.10.21)로 32명 사망, 서해훼리호 침몰 사고(1993.10.10)로 292명 사망, 세월호 참사(2014.04.16)로 304명(시신 미수습자 5명을 포함) 사망을 당하였다. 상기 사고들은 '귀머거리 사회'에 대한 하늘의 채찍이었다. 예로서, 세월호의 참사(2014.04.16)의 근본적 원인은 '재난＝위험＝부패＝특혜'라는 공식이 숨어 있는 '황금만능주의'가 빚어낸 탐욕(Greed)이었다. 이러한 사회병리(社會病理)를 치유하지 않고 안전(安佺) 관련 부문만 강조 및 개선한다고 해결될 일이 아니다.

저자는 '세월호 참사'(2014.04.16) 당시 칼럼: "세월호 참사로 본 한국사회에 대한 所懷"(데일리안, 2014.04.29)에서 한국사회의 총체적 위기를 지적하고 '우리를 슬프게 하는 것들'[Anton Schnack(1892~1973), Jugendlegende Begegnungen am Abend, 1941]을 개탄했었다.

그러나 대한제국(大韓帝國, 1897.10.12~1910.08.29)의 자멸(自滅) 전후(前後)로 들불처럼 일어났었던 항일독립운동사를 보면 조선(朝鮮) 민중(民衆)의 '역사의식'(歷史意識, Historical Consciousness)과 '시대정신'(時代精神, Spirit of the Time) 및 집단지성(集團知性, '群体智慧', Collective Intelligence)이 박약(薄弱)했었다고 결코 말할 수 없다. 제Ⅳ장 제3절 '조선/대한제국의 역사에 대한 저자의 평가'에서 논술한 바와 같이, 한국인의 '시대정신' 및 '집단지성'은 충만하였다는 역사적 사례를 다음과 같이 들 수 있다:

(1) 1894년 조선 관리들의 탐학과 부패에 항거하여 동학 교도 및 농민의 무장 봉기였

었던 동학농민혁명(東學農民革命, 1894년 음력 1월의 고부 봉기, 음력 4월의 전주성 봉기, 음력 9월의 전주·광주 궐기)

(2) 러시아의 절영도(絶影島) 조차(租借) 요구와 일본의 원미도 석탄고기지를 규탄하기 위하여 조선 역사상 처음으로 1만 여명(당시 서울 인구의 17분의 1)의 시민들이 자발적으로 한양 종로에서 모여 대한제국의 자주독립 강화를 결의한 '만민공동회'(萬民共同會, 1898.03.10~12)

(3) 1907년 8월 대한제국 군대 해산을 계기로 항일의병운동(抗日義兵運動): 을미의병(1895년), 을사의병(1905년), 정미의병(1907년), 경술국치(1910.08.29) 이후 항일무장독립운동

(4) 1907년 2월 일본 제국이 대한제국을 경제적으로 예속시키고자 제공한 차관 1,300만 원을 국민들이 갚고자 한 거국적 운동이었던 국채보상운동(國債報償運動)

(5) 한일병합조약(韓日倂合條約, 1910.08.29) 직후 무려 14만 명이 독립운동에 참여

(6) 한일병합조약(韓日倂合條約, 1910.08.29)의 무효와 한국의 독립을 선언하고 비폭력 만세 운동(참여 인원 2백만여 명, 전국의 만세 시위 건수 1,542회, 사망 7,509명, 부상 15,961명, 체포 46,948명의 규모)이었던 1919년 3월 1일 기미독립운동(己未獨立運動)

(7) 1920년대 초부터 1930년대 말까지 한민족이 거족적으로 전개한 경제자립운동이었던 조선물산장려운동(朝鮮物産奬勵運動) 등을 들 수 있다.

모름지기, "철학(哲學) 없는 역사(歷史)는 파멸(破滅)이며, 비전(Vision) 없는 국가(國家)는 망(亡)한다.", "역사(歷史)를 잊은 민족(民族)에겐 희망이 없다" 과거 성리학(性理學)은 실학사상(實學思想)을 압살(壓殺)했고 조선(朝鮮, 1392~1897)과 대한제국(大韓帝國, 1897~1910)의 파멸(破滅)을 유도했었듯이, 현재 대한민국(大韓民國)은 부질없는 이념간 갈등과 교활한 중우정치(衆愚政治, Ochlocracy)로 인하여 한국의 의회민주주의(議會民主主義)는 파괴되고 있으며 국가는 망국(亡國)의 길로 줄달음치고 있다. 이것을 멈추게 해야 할 한국시민에겐 요한 고트리에프 피히테(Johann Gottlieb Fichte, 1762~1814)의 '행동하는 의지' = '실천이성' + '도덕적 의지'가 없는 것 같다. 따라서 일대 공교육(公敎育)이 바로 서야 하고 이와 동시에 시민교양(市民敎養) 교육이 절실히 필요하다.[98]

시민계몽(市民啓蒙)과 관련하여, 대한제국의 교육개혁운동가 겸 애국계몽운동가이자 일제 강점기의 독립운동가로서 '민족의 스승'인 도산(島山) 안창호(安昌浩, 1878~1938) 선

---

98) 윤정일·강무섭 역(1990), 『교육과 사회발전』, 대영문화사; 김성열 외 역, M. Carnoy and H. Levin(1991), 『국가와 교육』, 배영사.

생[99]은 1913년 5월 13일 미국 샌프란시스코에서 흥사단(興士團)을 창립하였다. 흥사단(興士團)은 공립협회와 구국운동 비밀결사단체인 신민회(新民會)에 뿌리를 두고 있으며, 신민회(新民會) 산하 청년학우회가 흥사단(興士團)의 전신이다. 흥사단(興士團)의 궁극적인 목표는 민족부흥을 위한 민족의 힘을 기르는 데 있고, 힘을 기르기 위해서는 인격훈련, 단결훈련, 민주시민훈련을 동맹수련(同盟修練)해야 하며, 국민 모두가 민족사회에 대한 주인의식을 갖도록 한다는 것이다. 흥사단(興士團)의 4대 정신은 ① 무실(務實): 율곡(栗谷)이 지은 『격몽요결(擊蒙要訣)』 속의 '논무실위수기지요(論務實爲修己之要)'라는 제하에서 처음으로 사용된 용어로, 참되기 운동, 거짓말 안 하기 운동이다. ② 역행(力行): 행하기를 힘쓰자는 뜻으로, 실천의 중요성을 가르치는 것이다. ③ 충의(忠義): 사물이나 일을 대할 때에는 정성을 다하며, 사람을 대할 때에는 신의와 믿음으로 대하여야 한다. ④ 용감: 옳음을 보고 나아가며, 불의를 보고 물러서지 않는 용기를 말한다. 또 국민 개개인이 건전한 인격자가 되기 위하여 4대 정신으로 무장할 것을 주장한다.

참고로, 저자는 흥사단(興士團)에 가입하여 단우들과 함께 활동(도산아카데미연구원 사회발전연구회 회장/흥사단민족통일운동본부 공동대표를 역임)하면서 개인적으로는 인격 수양을 연마할 수 있는 귀한 세월을 보낼 수 있었음을 '민족의 스승' 도산(島山) 안창호(安昌浩, 1878~1938) 선생께 감사한다.

3) '역사의식'(歷史意識)과 '시대정신'(時代精神) 및 집단지성(集團知性)을 배양해야 할 한국의 공교육(公敎育)은 무엇을 하고 있는가?

모름지기, 교육(敎育)이 죽으면, 개인의 실천이성(實踐理性, Practical Reason)과 도덕적 의지는 박약(薄弱)하게 되고 집단적으로는 집단지성(集團知性)이 마비되며 '역사의식'(歷史意識, Historical Consciousness)과 '시대정신'(時代精神, Zeitgeist; Spirit of the Time)이 매몰되

---

99) 안창호(安昌浩, 1878~1938) 선생은 대한제국의 교육개혁운동가 겸 애국계몽운동가이자 일제 강점기의 독립운동가, 교육자, 정치가이다. 그의 사후 1988년 도산 안창호 선생이 공부한 구세학당, 즉 경신중학교와 경신고등학교(대한예수교장로회 통합에 소속한 장로교회 학교)에서 그에게 명예 졸업장이 추서됐다. 일제강점기하의 흥사단(興士團)과 흥사단우들은 안악사건, 105인사건, 3·1 운동, 동우회 사건 등에 연루되어 옥고를 치르는 등 독립운동에 직접 간접으로 참여하였으며, 1926년에는 월간지 『동광(東光)』을 창간하여 1933년까지 40호를 속간하였다. 1912년 창간의 『신한민보』도 흥사단(興士團)의 경영으로 국민교육과 계몽에서 일익을 담당하였다. 1949년 본부를 국내로 이전하고 미국본부를 미주위원회로 개칭, 1961년 5·16군사정변 때까지 '금요강좌'와 『새벽』지를 통한 사회교육에 진력하였다.

며, 따라서 역사(歷史)의 방향이 굴절(屈折)된다.[100]

한국의 초·중·고 교육은 대학입시 용도로, 대학 졸업장은 취업 지원서의 하나로 각각 전락하였다. 세계경제포럼(WEF) 국가경쟁력 평가에서도 대학 시스템의 질(質)은 2012년 144개국 중 44위에서 2017년 137개국 중 81위로 저하되었다. 스위스 국제경영개발대학원 (IMD) 교육경쟁력 평가에서 대학교육경쟁력은 2012년 59개국 중 42위였지만 2019년에는 63개국 중 55위로 급락했다. 2019년 대학생 1인당 정부 부담 공(公)교육비는 3,985달러로 OECD 평균 1만267달러의 1/3 수준이다. '경제협력개발기구(OECD) 교육지표 2019'를 보면, 한국정부의 대학생 1인당 투자액(2016년 기준)은 1,250만 원으로 OECD 평균(1,850만 원)의 67.4%에 그쳤다. 고등교육 투자액에서 정부가 차지하는 비중 역시 37.6%로 OECD 평균(66.1%)의 절반 수준으로 매우 낮은 수치다. 고등교육을 위한 공공재원 비중 순위는 35개국 중 31위다. 또한, 12년 동안 대학 등록금 동결 정책이 이어지면서 대학들은 교육·연구부문 투자까지 줄이고 있다. 이 결과, 한국 대학의 경쟁력은 더욱 떨어지고 있다.

설상가상으로, 대학들(특히 사립대학들)은 인구감소와 '코로나19'의 여파로 인하여 거의 폐쇄 위기에 직면하고 있다. 다시 말하면, 현재 한국의 대학들(특히 사립대학들)은 12년째 등록금 동결, '코로나19'로 인한 재정 손실, 일부 대학생들의 등록금 반환 요구, 학령인구 감소로 인한 재정수입 감소 등 '4중고'를 겪고 있다. 〈한국교육개발원〉의 연구에 따르면, 2009년 등록금 동결 정책이 시작되면서 2010년부터 재정 건전성이 급락했으며, 사립대학의 경우 등록금 동결로 인해 도서구입비, 연구비, 기계·기구 매입비가 일제히 두 자릿수로 급감하고 있다.

상기 현안 문제에 대한 해결방향으로서 최근(2021.05.20)에 교육부가 제시한 <대학의 체계적 관리 및 혁신 지원 전략>은 3가지: ① 대학의 자율 혁신에 기반을 둔 적정 규모화, ② 부실 대학의 과감한 구조조정 유도 및 퇴출 추진, ③ 대학의 개방과 공유 촉진이다. 앞의 두 가지는 교육부의 대학 구조조정 정책인 <대학기본역량진단>에서 이미 밝혀진 내용이다. 그러나, 현재 대학 구조조정이 지속되는 한, 마지막 세 번째 전략의 시행에 한계가 있을 수밖에 없다.

모름지기, 교육부는 중국 고전 『관자(管子)』에서 백년대계(百年大計)라고 일컫는 교육정책을 책임지고 있는 부서이다. 그럼에도 불구하고, 교육부는 오래전부터 예상되어 온 '인구감소' 전망에 대한 대응책을 마련하지 않은 채 '임기응변적' 졸속 행정을 펴오다가, 최근에 정원미달 사태가 현실로 나타남에 따라 이젠 '알맹이 없는 정책'을 제시하고 있는 것이

---

100) 김석원 역, E. Reimer(1971), 『학교는 죽었다』, 한마당.

다. 부존자원이 빈약한 대한민국의 생존과 번영의 길은 유능한 인재를 양성하는 '교육(教育)'에 있는 것인데, 이러한 교육부로써는 희망이 없다. 이제 교육부는 이번 계기로 종전의 '인력(人力) 채취(採取)'가 아니라, 산업수요에 부합하는 인재(人材) '재배(栽培)'를 위한 신(新)실용주의적(Neopragmatic) 교육내용으로 대대적 개혁을 주도·시행해야 할 것이다.

회고해보면, 김영삼(金泳三) 정부(1993.02~1998.02)는 1997년 하반기 외환위기를 저질렀을 뿐만 아니라 1996년 일정 기준만 충족하면 대학 설립을 마구 허용했었다. 그 결과 4년제 대학 37개와 전문대 18개 등 총 55개 대학이 새로 문을 열었다. 그러나 '인구 절벽'으로 인하여 2018년 기준 하위 30%의 대학은 학생을 전혀 받을 수 없게 됐다. 70만 명이 수능을 응시하던 것이 49만 명만 수능을 응시하게 되고, 70만 명이 사회로 나오던 것이 49만 명만 사회로 나오게 된다. 한 세대의 약 30%가 줄어드는 것이다. 〈전국대학노조〉 보도자료(2019.10)에 따르면 2019년 49만 명이던 입학정원이 2024년 36만5천 명으로 12만4천 명 줄어들 것으로 전망한다. 입학정원 감소는 대학 재정난을 야기하고 교육의 질을 저하시킨다.

최근에 '코로나 19'는 한국의 교육을 강타하고 있다. 〈대학알리미〉 자료를 보면 4년제 대학의 2019년 강의유형별 강좌 수는 전체 60만 4,419개이며, 이 중 온라인 강좌 수는 5,606개로 전체의 0.9%에 불과하다. 온라인 수업 상황에 대한 〈한국사립대학총장협의회〉의 4년제 대학(국·공립대 40교, 사립대 153교)에 대한 설문조사(2020.03.26~27) 자료에 따르면, 193개 4년제 대학 중 '코로나 안정 시까지 온라인 교육' 85개교, '1학기 전체 온라인' 수업 예정인 대학이 80개교로 전체 대학의 85.9%인 165개 대학이 1학기 동안 비대면 수업을 진행하기로 하였다. 그러나 온라인 교육이 지속되면서 일부 대학생들은 학습권을 침해당했다며 등록금 환불 및 반환을 요구하는 집단행동을 전개하고 있다. 그러나 대학들은 12년간 등록금 동결과 '코로나19' 방역, 추가적인 온라인 강의 시스템 준비 등으로 별도의 재정이 투입되고 있기 때문에 재정적으로 등록금 반환이 어려운 상황에 놓여 있다. 왜냐하면 등록금은 대학의 수업을 위해 지출되는 제반 비용으로, 수업과 관련하여 지출되고 있는 비용인 시설유지비, 연구비, 학생경비, 교직원 급여 등 오프라인 캠퍼스를 유지하는 데 필요한 경비 지출은 여전히 지속해서 이루어지고 있기 때문이다.

특히, 한국의 공교육(公教育)은 국가독점체제로 운영됨에 따라 낭비와 비능률의 온상이다. 특히 평준화(平準化) 정책은 학부모의 학교선택권, 학교의 학생선발권, 과정의 체계, 교사의 선발 등 교육운영 전반이 교육 당국의 통제하에 놓여 있다. 그 결과, 공교육(公教育)이 과도하게 국가주의적으로 운영됨에 따라 학부모들은 자녀를 보내고 싶은 학교를 선택할 수도 없고, 또 어디를 가나 국가가 정해준 교과과정으로 똑같이 수업해야 한다. 따라서 사교육(私敎育)에의 의존도가 높아질 수 밖에 없다. 과도한 자녀교육비(특히 사교육비) 부담은 부모의 등 허리를 휘게한다. 또한, 천정부지로 치솟는 전·월세 값은 서민들의 삶을 극한으로 내몰고 있다.

더욱이, 규제공화국(規制共和國) → 부패공화국(腐敗共和國) → 재벌공화국(財閥共和國) → 천민자본주의(賤民資本主義, PariahCapitalism) → 배금주의(拜金主義, Mammonism) → 극단적 이기주의(利己主義)의 시대적 상황에서 부모들은 자녀들을 '중심부(中心部)'로 보내기 위하여 자녀교육(子女敎育)에 모든 것을 바칠 수밖에 없다. 왜냐하면 그러한 대열에 끼어들지 못하면 사실상 '박탈(剝奪)의 악순환'과 '빈곤(貧困)의 덫'에서 평생 벗어나지 못하기 때문이다. 결국, '소득(所得)의 양극화(兩極化)'는 '교육(敎育)의 양극화(兩極化)'를, 이것은 다시 '기회(機會)의 양극화(兩極化)'를 각각 야기시키고 있다.

따라서 공교육(公敎育)을 시장원리에 맡겨 자율화(自律化)하는 방향으로 개혁해야 한다. 그렇다면, 공교육(公敎育)을 자율화(自律化)시킬 방안은 무엇인가? 그것은 한마디로 공교육(公敎育)의 평준화(平準化) 정책을 포기하는 것이다. 도대체, 누구를 위한 공교육(公敎育)의 평준화(平準化) 정책인가? 학교의 자율권(自律權)은 단위학교가 스스로 혁신하고 경영할 수 있는 권리로서 교사의 채용과 관리, 학생의 선발, 학생의 학업성취를 위한 각종 노력, 학부모와의 교섭이 포함된다. 동시에 학부모는 고교를 선택할 수 있는 자유를 다시 얻어야 한다. 그 결과 각 도시, 지역별로 명문(名門) 고등학교가 생길 것이다. 물론, 오랜 세월에 걸쳐 평준화(平準化)를 지향해 온 공교육(公敎育) 제도를 한꺼번에 변경하기는 쉬운 일이 아니므로, 우선 특목고와 자사고, '진로 맞춤형 특성화 중학교' 등 학교를 선택할 수 있도록 해야 한다.

또한, 한국 공교육(公敎育)의 내용을 정상화시켜야 한다. 한국교육은 당장 대학입시에 도움이 될 국어·영어·수학에 초점이 맞춰져 있다. 어린 학생들이 창의적 생각을 하고, 그것을 발전시킬 여유를 허용하지 않는다. 게다가 꾸준한 연구보다는 당장 쓸 수 있는 생산기술을 연구하는 데 매달리고 있다. 왜냐하면 과학기술정책이 기초과학연구보다 가시적 생산기술 개발을 요구하기 때문이다. 〈한국연구재단〉이 최근 10년간 과학 분야 노벨상 수상에 기여한 핵심 논문을 조사한 결과, 수상자 평균 연령은 57세였다. 핵심 논문 생산에는 평균 17.1년이 걸리고 생산 후 수상까지 평균 14.1년이 소요되는 것으로 조사됐다. 노벨상 수상까지 총 31.2년의 세월이 필요한 셈이다. 참고로, 일본은 과학 분야에서 2019년 현재 24번째 노벨상 수상자를 배출한 반면에, 한국은 단 1명도 없다. 그럼에도 불구하고, 한국인은 일본인을 우습게도 깔본다. 실로, 교만하고 얄팍한 심성을 가진 종족이다. 참고로,

저자는 독립운동가의 아들이다. 저자를 친일파(親日派)로 몰지 않기를 바란다.

여기서 유의할 것은 한국의 공교육(公敎育)에서 '국가 개념'이 사라지고 있으며 근대 시민을 키우려는 지향점이 사라지고 있다는 점이다. 참고로, 일본의 교육기본법에는 교육목적과 교육목표로 구분하여 매우 구체적으로 규정하고 있으며, 그 내용 중에는 *"개인의 가치를 존중하고, 그 능력을 높이고 창조성을 함양시키고, 자주와 자율의 정신을 기르는 것과 동시에, 직업 및 생활과의 관련을 중시하고 근로를 존중하는 태도를 기르는 것"*과 같이 근대 국가적 시민을 육성한다는 지향점이 뚜렷하다. 그러나, 한국의 경우, '민주화 운동' 이후 등장한 김영삼(金泳三) 대통령의 소위 '문민정부'(1993.02~1998.02)는 종래 1949년 제정된 교육법과 1968년에 제정된 국민교육헌장을 폐지하고 교육기본법(1997.12.13)으로 대체했다. 과거 교육법이나 국민교육헌장에는, 능력에 따른 소질의 계발, 애국애족, 과학입국, 근검 노작(勞作)의 정신 등 근대국가를 완성하기 위해 시민이 함양해야 할 덕목들이 살아 있었다.

대한민국 헌법은 한국의 정체성(正體性)이 자유민주주의 공화국임을 명시하고 있다. 정치적 자유의 측면이 민주주의라고 한다면, 경제적 자유는 자본주의 시장경제를 말한다. 그런데 한국의 교육 현장에는 자본주의 시장경제를 소중히 여기고 이를 잘 발전시켜야 한다는 내용보다는 오히려 자본주의의 문제점을 부각하면서 사회주의적 이념을 우호적으로 여기는 주장이 지배하고 있다. 도대체, 한국 교육은 어디로 가고 있는가?

오늘날 사회문제로 대두한 '청년실업' 문제도 그 원인의 출발점은 평준화(平準化) 교육에 기인한다. 평준화(平準化) 대학입시는 학부모가 자녀의 적성과 진로를 결정하는 것을 최대한 후일로 미루게 함으로써, 미리 진로를 결정했더라면 사회의 일원으로 다양한 역할을 했을 인재들을, 산업 일자리에 부합하지 않는 졸업자로 세상에 나오게 하는 학력주의와 학력 인플레이션 현상을 야기하여, '청년실업'이라는 좌절에 빠지게 한 근원이다.

참고로, 독일 교육부 장관이었던 칼 훔볼트(Karl Wilhelm Humboldt, 1767~1835)는 요한 페스탈로치(Johann Heinrich, Pestalozzi, 1746~1827)의 교육사상과 프랑스 교육개혁을 본받아 독일의 초등학교 제도의 정비와 중등교육의 개혁에 몰두하였다. 그리고 1821년에는 기술교육(技術敎育)의 실시를 위해 베를린 실업학교(Gewerbe Akademie)를 설립하였다. 이러한 교육개혁의 정비와 개혁은 독일 전역에 확대되어 각지에서 중등교육 단계의 기술교육 학교들이 생겨나게 되었다. 이 결과, 독일은 오늘날 '기술 강국'과 '경제 강국'이 되어 저자의 신(新)실용주의(Neopragmatism) 철학의 정수(精髓)를 보여주었다. 이와 대조적으로, 한국의 공교육(公敎育)을 황폐화시키고 천문학적 예산과 행정 권력을 쥐고 '제왕(帝王)'처럼 군림하고 있는 교육부의 무(無)비전과 작태를 보면, 정년 퇴임한 노교수는 치미는 울화를 가늘 수 없다.

상기한 독일의 사례와 관련하여, 사(私)교육이 거의 없는 EU의 평균 고용률은 69%로 한국(65.3%)보다 높은 수준인데, 그 비결은 무엇일까? 그것은 적극적 노동시장정책, 직업교육훈련, 견습제도이다.

① EU는 적극적 노동시장정책은 고용정책과 사회정책을 연계하여 저(低)성장기에 고용주와 구직자의 경제적 부담을 경감함과 동시에 구직자가 빨리 노동시장으로 복귀할 수 있도록 독려한다. 또한 유럽연합고용서비스(EURES: EURopean Employment Services)와 같은 일자리 제공서비스를 강화하여 구직자에게 관련 정보를 빠르게 제공하고 구직자와 고용주(기업)의 미스매치를 최소화하고 있다. 또한, EU는 취약계층의 고용률 제고를 위해 직업교육·훈련에 집중하고 있다. 특히 청년 고용을 증대하기 위해 직업교육·훈련 뿐만 아니라 견습제도(見習制度)을 병행 실시하고 있다. 사실, 견습제도는 단기적으로 고용주의 입장에서 교육받을 근로자의 이직 가능성으로 인해 투자를 어렵게 한다. 그러나 장기적인 차원에서 고용주에게 이익이 될 수 있다.

② 특히 독일의 '이원화 교육'은 노동시장의 요구에 부합하는 지식 및 기술을 습득할 수 있도록 지원하고 청년이 노동시장에 진입하기 직전에 근로를 경험할 수 있게 한다. 이원화체제 교육제도는 일반교육제도와 다른 조직구조와 직업훈련법에 기반해 자격검정을 구성한다. 그리고 복수적 규범양식인 시장과 관료주의는 합의절차가 필요하며, 기업체는 이러한 복수적 시스템을 실습하는 공간이 되었다. 청·소년들은 업체와는 훈련생이란 신분의 근로자로서 직업훈련계약을 맺고, 이들이 교육받는 장소인 직업학교에서는 학생이다. 그리고 직업체계와 직업훈련 규범은 고용주, 노조, 국가가 합의하여 정해진 절차에 따라 확정되며, 훈련비용은 보통 업체가 부담한다. 훈련생들은 업체와 임금협상을 하여 훈련수당을 지급받고, 직업학교비용은 공공분야가 부담한다. 이러한 이원화체제 교육제도의 세 가지 전통: '교육훈련의 직업원칙', '작업장에서의 학습원칙', '업체훈련의 자치원칙'은 현재까지 이어지고 있다.

따라서 한국의 사정에 맞는 학습·근로 병행교육을 발전시킬 필요가 있다. 여기서 유의할 것은 '이원화 교육'이 발달한 국가일수록 청년고용률이 높고 청년실업률이 낮다는 점이다. 특히 독일의 경우 '이원화 교육' 종료 이후 3년 이내에 실업상태에 놓이는 청년이

10%에 불과하다. 또한, 청년고용과 관련하여 정규직과 비(非)정규직 간의 '이원화 구조'를 축소하려는 노력이 필요하다. 여기서 유의해야 할 것은 임시직에서 정규직으로 이행이 어려운 노동시장의 '이원화'가 높은 청년실업률의 원인이라는 점이다. 사실, 국내 청년층 고용이 임시직에 편중되고, 처우가 열악하다는 점은 그만큼 정규직에 대한 보호수준이 높고, 임시직(비정규직)에 대한 보호수준이 낮다는 점을 의미한다. 이러한 상황에서 청년고용의 확대를 위해서는 비(非)정규직의 직장 안정성을 강화하고 정규직의 고용 및 해고를 유연하게 제도화해야 한다.

4) 도덕의 붕괴와 사회갈등으로 인한 아노미(Anomie) 상태에서, 한국 종교(宗敎)의 역할은 무엇인가?

종교(宗敎)란 불확실성으로부터 벗어나 정신적 안정을 추구할 목적으로 초월적·선험적·영적인 존재(supernatural, transcendental or spiritual elements)에 대한 믿음을 공유하는 신앙인들로 이루어진 공동체와, 그들이 가진 신앙 체계 혹은 문화적 체계(cultural system)를 말한다. 그런데, 척박한 세태에서 방황하는 혹은 타락한 영혼(靈魂)을 구원해야 할 종교(宗敎)가 오히려 탐욕(貪慾, Greed)으로 인하여 세속화(世俗化, Secularization)되었다. 종교가 세상 사람들의 타락을 걱정하는 시대는 이미 끝났고, 거꾸로 세상 사람들이 종교의 타락을 걱정하는 시대가 되었다. 마치, 신도들을 '현금 지급기'처럼 취급되고 있다.

마하트마 간디(Mahatma Gandhi, 1869~1948)는 하기 7가지 사회악(Seven Social Sins, 1925년 영국 인디아 주간지 게재) 중에서 '희생 없는 종교'(Religion without Sacrifice)을 통박했었다:

- ● '원칙없는 정치'(Politics without Principle)
- ● '노동없는 부'(Wealth without Work)
- ● '양심없는 쾌락'(Pleasure without Conscience)
- ● '인격없는 지식'(Knowledge without Character)
- ● '도덕성없는 상업'(Commerce without Morality)
- ● '인간성없는 과학'(Science without Humanity)
- ● '희생 없는 종교'(Religion without Sacrifice)

한국 기독교(基督敎) 교단은 이미 120개 교단 이상으로 갈라지고 있다. (사)부패방지국민운동총연합 범 기독교장로회총연합(대표 오향열)은 한국 기독교계의 부정·부패를 비판하며 정경유착이 아닌 올바른 신앙인의 모습으로 개혁할 것을 성명서를 발표(2018.05.31)했다: "하나님을 믿는 교회와 목자는 무엇보다도 성경에 입각해 성도들의 구원에 힘써야 함에도 불구하고 많은 기독교계 단체장들과 목회자들이 돈의 노예가 돼 성경에 근거한 도덕과 믿음이 없어졌다. 대형 교회 담임의 가족세습과 돈을 앞세운 목회 활동, 교회 세력의 정치적 이용 그리고 일부 목회자들의 성적 유린 행위 등이 사회질서를 어지럽히고 있다".

10년마다 한 번씩 〈통계청〉이 실시하는 '2015 인구주택총조사'에 따르면, 한국에서 종교를 갖고 있는 국민은 43.9%, 종교를 갖고 있지 않는 국민은 56.1%였다. 전체 조사 대상자 중에서 개신교(改新敎)를 믿는다는 사람이 19.7%(967만 명), 불교(佛敎)를 믿는다는 사람은 15.5%(761만 명), 천주교는 7.9%(389만 명)로 각각 집계되었다. 한국 인구수는 51,829,023명(2020.12)인데, 이들 중 종교인 2,117만 명(약 44%)이 올바른 신앙(信仰)을 실천한다면 한국은 '낙원(樂園)'이 될 수 있을 것이다.

한편, 막스 베버(Max Weber, 1864~1920)는 독일의 국가주의·권위주의·관료주의에 맞서 싸운 비판적 지식인이었으며 특히 자본주의 발전에서 종교(宗敎)의 역할을 강조한 사회·경제학자였다 그의 대표적 저서 『프로테스탄티즘의 윤리와 자본주의의 정신』(Die protestatische Ethikund der 'Geist' des Kapitalismus, 1903년, 1905년)의 목적은 독일 역사가 종말(終末)을 고(告)하지 않기 위해서는 1871년 독일통일의 주역인 귀족계급의 뒤를 이어 시민계층이 독일 역사의 주인공이 되어야야하는데 현재는 시민계층이 미숙하므로 이들을 교육시키기 위함이었다.

또한, 새뮤얼 필립스 헌팅턴(Samuel Phillips Huntington, 1927~2008) 교수(하버드대 정치학과)는 그의 저서: 『제3의 물결: 20세기 후반의 민주화』(1991년)에서 특히 1974년부터 시작된 '제3의 민주화 물결': 비(非)민주주의 정치체제에서 민주주의 정치체제로 이행의 원인, 과정, 민주화의 특징, 해당국가들의 당면한 문제점을 분석하고 '제3의 민주화 물결'이 지속적으로 팽창할 수 있는지의 여부를 살펴보고 있다. 그는 '제3의 민주화 물결'의 원인으로서 5가지를 지적했었는데, 그중에서 하나가 다음과 같이 기독교(基督敎)와 관련된 것이다: 근대 민주주의는 기독교(基督敎) 국가에서 최초로 가장 활발하게 발전했다. 그러나 '제3의 물결' 이전의 시대가 기독교(基督敎) 중심이었다면, '제3의 물결'은 가톨릭 국가 중심으로 확산되었다. 인권과 자유를 천명하면서 권위주의 정권과 대립하게 된 바티칸 시국(Vatican City State)의 변화는 '제3의 물결' 시기에 민주화(民主化)를 향한 보편적 요인에 있어서 경제발전 다음으로 중요한 요인이었다. 특히 한국의 경우 1970년대와 1980년대 들어 유교식 권위주의와 불교적 수동성이 기독교적 투쟁으로 대체된 것이 중요한 요인이었다.

참고로, 저자는 기독교(基督敎) 신자임을 밝힌다. 어느 미국인 친구가 저자에게 "당신의 종교는 무엇인가?"라고 질문한 적이 있다. 저자는 "I have been trying to be a good Christian, but I do believe in Christ"라고 대답했다.

저자의 가족 모두가 예배드리는 교회는 〈상동교회〉(尙洞敎會, 서울시 중구 남대문로 30)이다. 〈상동교회〉는 1888년(고종 25) 한국 감리교 최초의 의료선교사인 목사 스크랜턴(W.B. Scranton)이 서울 남대문로에 세운 교회이다. 1905년 을사조약이 체결되자 전덕기(全德基) 목사를 중심으로 한 1905년 을사조약(乙巳條約) 무효화 투쟁이 전개되어, 김구(金九)·이준(李儁) 등의 독립투사들이 〈상동교회〉(尙洞敎會)에 자주 드나들었고, 1907년 〈상동교회〉(尙洞敎會) 지하실에서 '헤이그 특사 사건'의 모의가 이루어졌으며, 같은 해 그곳에서 신민회(新民會)가 조직되어 교육을 통한 독립운동이 전개되었다. 즉, 중등교육기관으로 〈상동청년학원〉을 설립하여 청년들에게 민족의식과 역사의식을 고취시켜 독립정신을 함양하는 데 주력하였다. 특히, 〈3·1 기미 독립 선언서〉에 서명한 민족 대표 33인 중에서 4인(신선구, 오화영, 이필주, 최성호)이 〈상동교회〉(尙洞敎會) 출신이다. 이러한 역사적 배경이 저자의 영혼을 이끌었다.

그럼에도 불구하고, 저자는 한국 기독교(基督敎)에게 다음과 같이 2가지를 호소하고 기대한다; (1) 도덕성(道德性) 회복을 위한 솔선수범과 (2) 사회통합(社會統合, Social Integration)을 위한 국민정신 함양이다.

첫째, 종교(宗敎)가 노블레스 오블리주(noblesse oblige)를 고양시켜 부(富)·권력·명성을 갖고 있는 사회지도층들로 하여금 사회에 대한 책임이나 국민의 의무를 모범적으로 실천하는 높은 도덕성(道德性)을 회복시켜 달라는 것이다. 성경(聖經)은 '세상의 빛과 소금'(마태복음 5장 13~16절)을 말씀한다.

노블레스 오블리주(noblesse oblige)는 다음과 같이 성경(聖經) 말씀에 근거한다: *"하나님은 정의와 공의를 사랑하신다. 세상은 하나님의 인자하심이 충만하도다"*(시편 33:5, * 저자가 영문 성경 말씀에 부합되도록 번역 / He love the righteousness and judgement: the earth is full of the goodness of the LORD). 또한, *"내가 다윗에게 한 의로운 가지를 일으킬 것이라. 그가 왕이 되어 ... 세상에서 심판과 정의를 행할 것이다"*(예레미야서 23:5 / I will raise unto David a righteous Branch, and a King ... shall execute judgement and justice in the earth).

미국의 32대 대통령(재임: 1933~1945) 프랭클린 D. 루스벨트(Franklin Delano Roosevelt,

1882~1945)는 *"우리가 진보를 검증한다는 것은 많이 가진 사람들에게 더 많은 풍요를 제공하는 것이 아니라, 너무 적게 가진 사람들에게 충분히 나누어 줄 수 있는가의 여부이다".* (The test of our progress is not whether we add more to the abundance of those who have much; it is whether we provide enough for those who have too little)

저자는 노블레스 오블리주(noblesse oblige)를 경제이론적으로 *"사회복지 함수(Social Welfare Function, '더불어 함께 사는 사회공동체')를 극대화하기 위하여, 모든 생산물이 모든 소비자들에게 동등한 '사회적 가치'(Socially Important Significance)로서 분배되는 사회정의(Social Justice)의 행위"*라고 저자의 '최적 경제성장과 사회보장 모형'(Optimal Economic Growth and Social Security, 임양택; 1981, 2007, 2011, 2012, 2014; Lim, Yang－Taek; 1978, 2000, 2010)의 이론적 모형에서 수학적으로 증명했다.[101] 쉽게 말하면, 부자(富者)의 재산 1%는 아무 것도 아니지만, 빈자(貧者)에겐 어마어마한 가치이기 때문에 단지 1%의 나눔은 사회복지를 극대화할 수 있는 사회정의(Social Justice)의 실천이라는 것이다.

한국 노블레스 오블리주(noblesse oblige)의 사례를 들면 다음과 같다: 거상(巨商) 김만덕은 조선(朝鮮) 정조(正祖) 당시 흉년으로 인한 기근으로 식량난에 허덕이던 제주도 사람들을 위해 전 재산으로 쌀을 사서 분배하였다. 경주 최부잣집은 백리 안에 굶는 이가 없게 하라는 신념을 나눔으로써 실천했다. 독립운동가이며 유한양행 설립자 유일한(柳一韓) 박사(1895~1971)는 주식회사 체제로 경영하여 사원들이 경영에 참여하도록 하였으며 유한공업고등학교를 설립하였으며 그의 전(全)재산을 교육하는데에 기증하였다. 그분은 정경유착과 탈세를 절대로 하지 않았다. 연해주 항일 독립운동의 대부였던 최재형(崔在亨, 1860~1920) 선생은 군수업으로 번 막대한 재산을 독립운동에 쾌척했다. 아나키스트 계열의 독립운동가로서 신흥무관학교 설립자였던 이회영(李會榮) 선생(1867~1932) 및 그의 형제들과 청산리 전투를 승리로 이끈 지휘관 김좌진(金佐鎭, 1889~1930) 장군은 항일(抗日) 무장투쟁을 끌었다.

이와 반면에, 천민자본주의(賤民資本主義, Pariah Capitalism) → 배금주의(拜金主義, Mammonism) → 극단적 이기주의(利己主義)의 시대적 상황에서 '삶의 철학'을 포기한 '돈벌레들'의 오만한 행진과 쟁투(爭鬪)가 벌어지고 있다. 전형적 사례로서 '대한항공 086편 회항 사건'(2014.12.05)을 들 수 있다. 상술하면, 존 F. 케네디 국제공항을 출발하여 인천국제공항으로 향하던 대한항공 여객기 내에서, 대한항공 조현아(趙顯娥, 1974~현재) 당시 부사장이

---

101) 임양택(2021), 『'정의로운 국가'와 '행복한 사회'를 위한 신(新)실용주의(實用主義) 철학과 정책』, 도서출판: 박영사.

객실승무원의 마카다미아 제공 서비스를 문제삼아 항공기를 램프 유턴 시킨 뒤 사무장을 강제로 내리게 할 것을 요구하고, 기장이 이에 따름으로써 항공편이 46분이나 지연된 사건이다. 이 사건은 '사상 초유의 갑질'이라는 비판이 일어났었다. 영국 일간지 『가디언』은 "'땅콩(미친) 분노(nuts-rage)'로 조사를 받게 된 대한항공 임원"이란 제목의 기사로 상황을 전했다. 『월스트리트저널』도 상기 사태를 보도하면서 *조현아 부사장의 행동은 대한민국 항공법에 따라 최대 징역 10년형에 처해질 수도 있다*"고 설명했다. 이러하니 한국의 재벌기업들이 집단적으로 비난 및 매도 당하고 있는 것이다.

최근 예로서, 2014년 2월 서울 송파구 석촌동의 단독주택 지하에 세들어 살던 모녀(母女) 일가족이 자살로 생(生)을 마감한 사건이 발생하였다. 당시 60세인 박 모씨는 35세 큰딸 김 모씨와 32세 작은딸 김 모씨와 함께 살고 있었으며, 인근 놀이공원 식당에서 일을 하며 생계를 잇고 있었다. 큰딸은 당뇨와 고혈압을 앓고 있었으나 비싼 병원비 때문에 치료를 제대로 받지 못했으며, 작은딸은 만화가 지망생으로 아르바이트를 하며 돈을 벌고 있었으나 빚으로 인해 신용불량자가 된 상태였다. 이러한 안타까운 사건의 발생 원인은 생활비와 병원비를 신용카드로 부담했었기 때문이었다. 아버지는 12년 전 방광암으로 세상을 떠났으며 어머니인 박씨가 사실상 집안의 생계를 책임지고 있었는데, 사건 발생 1달 전 넘어져 몸을 다쳐 식당 일을 그만두게 되면서 실의에 빠졌었다. 그리하여 생활고(生活苦)로 고민하던 끝에 집세 및 공과금인 70만 원이 든 봉투와 유서를 남긴 채 연탄을 피워 가족이 동반 자살로 생(生)을 마감하는 비극이 일어났다 유서에는 *"마지막 집세와 공과금입니다. 정말 죄송합니다*"라고 집 주인에게 쓴 내용이 있었다.

상기한 송파구 세 모녀(母女) 일가족 자살 사건은 대한민국 사회복지서비스 전달체계의 허점을 드러낸 비극적인 사건임과 동시에 한국사회의 '노블레스 오블리주'(noblesse oblige)의 결핍증을 나타내는 사건이었다. 주지하다시피, 서울시 어느 곳에가도 블록마다 교회의 '십자가'가 피뢰침(避雷針)처럼 즐비하다. 왜 교회는 송파구 세 모녀(母女)가 집단 자살을 방치하였는가?

그렇다면, 한국의 종교(宗敎)가 메말라진 노블레스 오블리주(noblesse oblige)를 고양할 철학적(哲學的) 근거는 무엇인가? 그것은 바로 임마누엘 칸트(Immanual Kant, 1724~1804)의 '철학적 종교론' 즉, 그의 '제4비판론'인 『오직 이성의 한계 내에서의 종교』(Die Religion innerhalb der Grenzen der bloßen Vernunft, Danstadt, 1983년)이다.

임마누엘 칸트(Immanual Kant, 1724~1804)는 '머리 위에는 빛나는 하늘, 마음속에는 도덕법칙'을 말하며 도덕적 의무를 강조하고 종교(宗敎)는 도덕(道德)의 완성을 위한 것이라고 역설하고 도덕성이 아닌 교리나 의식을 기준으로 삼는 종교는 사라질 것이라고 주장했다. 그는 "절대적으로 필연적인 존재자라는 개념은 순수이성의 개념, 즉 단지 하나의 이념에 불과한 것이어서, 그 객관적 실재성은 이성이 그것을 요구한다 하더라도 아직 증명되는 것이 아니며, 도저히 도달할 수 없는 것"이라고, 존재론적 논증의 성립 불가능성을 결론적으로 제시하였다.

또한, 임마누엘 칸트(Immanual Kant, 1724~1804)는 다음과 같이 주장했다: 성경(聖經)은 예수 그리스도의 신적(神的)인 능력을 나타내기 위하여 그가 행했던 많은 기적(奇蹟)들에 대해 말하고 있지만, 실제적인 생활에서는 어떤 기적(奇蹟)도 나타나지 않는다. 기독교가 최초에는 기적(奇蹟) 등에 의해 기독교를 이해할 수 있도록 인간을 설득할 수 있었지만, 이제 기독교가 도덕적 종교로 확립된 시대에서 그와 같은 기적(奇蹟)은 무가치하다.

물론, 상기한 임마누엘 칸트(Immanual Kant, 1724~1804)의 '철학적 종교론'은 '오직 예수 그리스도를 믿음으로써 구원받을 수 있다'고 하는 기독교의 교리와는 상반된 것이다. 그러나, 경건주의적 전통의 기독교 가정에서 성장한 임마누엘 칸트(Immanual Kant)는 종교보다도 도덕이 우선하며, '참된 종교'란 오직 자유스럽고 공정한 이성(理性)의 검증을 견디어낸 종교라고, 모든 종교 가운데 오직 기독교만이 도덕적 완성을 이룩한 유일한 종교라고, 인간 내면에서 울려 퍼지는 도덕률·의무·양심은 하나님으로부터 나온 것이라고 각각 주장했다. 그렇지만, 기도·예배·세례·성찬식 등은 단지 선(善)한 행위를 위한 준비일 뿐이고, 그 자체가 선(善)한 행동은 아니다. 인간들을 하나님의 마음에 들게 하는 것은 우리가 보다 선(善)한 인간이 되는 것뿐이라는 것이다. 자신의 삶을 도덕적으로 이끄는 일보다 하나님의 은총에 의지하려고만 하는 사람은 화(禍)를 입게 마련이다. 죄성(罪性)을 지니고 있는 인간이 고행(苦行)에 의해 하나님의 정의(正義)를 수행하지 않는다면 결코 구원받지 못할 것이다.

둘째, 저자는 한국의 종교(宗敎)가 한국사회의 사회적 갈등(社會的 葛藤)을 용해하여 사회통합(社會統合, Social Integration)으로 유도해달라고 간구한다. 이를 위한 사상적(思想的) 근거는 무엇인가? 그것은 사회에서 종교의 기능적 역할에 관한 프랑스 사회학자 다비드 에밀 뒤르켐(Emile Durkheim, 1858~1917)의 『종교생활의 기본형태(1912년)』와, 미국의 종교사회학자 로버트 닐리 벨라(Robert Neely Bellah, 1927~2013) 교수(버클리대학교의 사회학)의 '시민종교론'이다.

다비드 에밀 뒤르켐(Emile Durkheim)은 모든 사회는 신성한 성격을 가지고 있으며 구성원들에게 존경과 경외의 감정을 유발한다고, 종교적인 믿음 체계에 반영된 사회의 상징적 이미지는 사회 규범에 신성성을 부여하며 구성원들이 공통의 가치에 헌신하도록 함으로써 사회통합(社會統合, Social Integration)에 기여한다고 각각 주장했다.

또한, 로버트 닐리 벨라(Robert Neelly Bellah)는 서구 산업사회에서 비록 제도적 종교의 위치는 약화되었지만 종교적인 믿음에 뿌리를 둔 사회에 대한 경외심(敬畏心)은 사회통합(社會統合, Social Integration)을 위한 핵심적 기능을 수행한다고 주장했다. 그는 '시민종교'(Civil Religion)를 정치권력에 정당성을 제공하고 사회적인 결속을 만들어내며 공동의 목적을 위해 사회 자원을 동원하는 신념·의식·제도의 체계로 정의했다. 그의 '시민종교론'은 다음과 같다: 사회는 응집력과 통합력 속에서 그 구성원으로부터 경외심과 헌신을 불러일으키는 성스러운 존재를 갖는다. 종교적으로 다원화되거나 상대적으로 세속화된 사회에서 조차도 매우 독립적인 교회가 존재한다. 그것은 정치적 현실을 초월할 수 있는 틀과 사회구성원을 통합시키는 일련의 공통적 가치와 실천사항을 제공한다는 것이다.

미국의 '시민종교'(Civil Religion)는 기독교 신앙에 연원을 두고 있지만 기독교적 제도와 직접적으로 연결되어 있지는 않다. 물론, 기독교의 신성성이 배경을 이루고 있지만 종교적 다원주의 사회인 미국에서 '시민종교'(Civil Religion)의 신(神)은 형식상 특정 종교에 의해 지배당하지 않는다. '시민종교'(Civil Religion)는 내세에 대한 아이디어나 신비적인 경험을 포함하고 있지 않으며, 오로지 현세에 대한 실직적 관심으로 한정된다. 예로서, 미국 대통령 취임 연설은 하느님과 미국의 건국 전통을 '현대판 이스라엘의 출애굽'으로 표현한다. 이러한 형태의 수사는 공동사회를 단일화시키고 통합하는 상징과 가치를 구성원들에게 부여한다. 또한, 추수감사절과 현충일 같은 기념일은 가족들을 '시민종교'(Civil Religion)로 통합시키거나 지역사회를 단합시킨다. 미국인들이 입버릇처럼 말하는 "신이여 미국을 축복 하소서(God bless America)"라는 기도는 이러한 심층 의식의 발로이다.

따라서, 다음 세대에게 '한국몽(韓國夢)' 즉 '신실용주의'(新實用主義, NeoPrgmatism)의 목적적 가치인 '정의로운 국가'(A Justice-based State)와 '행복한 사회'(A Happy Society)를 물려주기 위하여, 탐욕에 가득차 후안무치(厚顏無恥)한 정치인들에게 정신적으로 기대 혹은 의지할 것이 아니라, 일반국민 스스로 부정한 청탁의 유혹에서 벗어날 수 있도록 합리적 이성(Rational Reason)과 실천이성(Practical Reason)을 배양하여 반(反)부패운동과 도덕재무장(MRA: Moral ReArmament) 운동을 사회전반적으로 전개해야 한다.

참고로, 윌리엄 윌버포스(William Wilberforce, 1759~1833)를 중심으로 '도덕성 회복 운동'이 실효를 거두어 18세기의 방만했었던 영국의 사회 분위기가 추슬러지고, 상류계급에는 노블레스 오블리주(noblesse oblige) 정신이 자리잡는 한편, 하층계급에서는 과도한 음주나 도박에 따른 가정파괴나 범죄의 발생률이 줄었으며, 성서(聖書) 읽기 운동, 주일학교 보급 운동 등을 통해 문맹률이 낮아지는 성과를 보였다. 그리하여 19세기로 넘어갈 즈음에는 영국은 보다 현대적이고 계층 분화가 적은 사회, 법치주의와 공중도덕이 잘 지켜지는 사회로 전환되었다.

한편, 종교(宗敎)와 국가(國家)의 관계에 대하여, 게오르그 빌헬름 프리드리히 헤겔 (Georg Wilhelm Friedrich Hegel, 1770~1831)은 그의 저서: 『역사철학강의』(세계역사의 철학에 관한 강의, Vorlesungen über die Philosophie der Weltgeschichte, 1837년, 1840년)에서 다음과 같이 주장했다: *"종교(宗敎)는 인간의 역사를 관장하는 절대적인 주권자 즉 국가(國家)의 원리를 이해하는 가장 일반적인 방식이다. 각 사회는 그 사회에 맞는 종교(宗敎)를 지니고 있는데, 종교(宗敎)는 그 사회가 역사 일반을 이해하는 방식을 가장 집약적으로 보여주는 요소이다. 따라서 어떤 국가의 역사 단계의 수준을 알기 위해서는 그 국가의 종교(宗敎)를 관찰하면 가장 잘 파악할 수 있다".*

다행히, 대한민국에는 단일 민족이라서 흑·백(黑·白)의 인종(人種) 차별이 없으며 신앙의 자유로 인하여 종교(宗敎) 차별도 없다. 게다가 조선(朝鮮) 시대의 신분제도가 철폐되어 양반과 쌍놈의 구별이 없어졌다. 그러나 한국은 선(先)성장·후(後)분배의 계획기조 하에서 경제발전전략을 추진함으로써 경제규모의 양적 확대를 통해 절대빈곤(絕對貧困) 문제를 해결했었지만 상대적 빈곤감 및 박탈감이 증폭됨으로써 이념간·계층간·노사간·지역간 갈등이 심화되고 있다. 상기한 갈등구조는 혹은 우익(右翼) vs 좌익(左翼)의 갈등 혹은 보수(保守) vs 진보(進步)의 갈등으로 표출되고 있다.

물론, 나라마다, 시대마다 사회적 갈등(社會的 葛藤)은 항상 존재한다. 다만, 그 갈등의 사회적 비용(Social Cost)이 얼마나 큰 것인가, 또한 그 비용을 사회적으로 용인할 수 있는 수준인가의 여부가 문제가 될 뿐이다. 참고로, 한국사회의 거리 시위(示威)와 사회갈등지수(社會葛藤指數)는 경제협력개발기구(OECD) 회원국 중에서 단연코 최고 수준이다(중앙일보, 2017.11.17). 한국 사회가 갈등(葛藤)으로 인한 사회적 비용(社會的 費用, Social Cost)은 경제협력개발기구(OECD) 회원국 중에서 단연코 최고 수준인 연간 200조 원으로 추정된다. 삼성경제연구소(2017)에 따르면 한국의 경우 사회적 갈등(社會的 葛藤, Social Conflict)으로 모든 국민이 매년 900만 원씩을 쓴다고 한다. 국가 전체로 따지면 연간 무려 82조 원에서 최대 246조 원 규모인 셈이다. 즉, 한 해 국내총생산(GDP)의 27%와 국가예산의 60%에 이르는 금액이 사회적 갈등(社會的 葛藤)의 비용으로 낭비되고 있다는 것이다(한국경제, 2017.08.07).

참고로, 대통령 소속 국민대통합위원회의 발표(2015.12.29)에 의하면, 한국인이 가장 심각하다고 인식하는 사회적 갈등(社會的 葛藤)의 유형(類型)은 4개로서 계층 갈등(75.0%), 노사 갈등(68.9%), 이념 갈등(67.7%), 지역 갈등(55.9%)의 순위로 나타났다. 이들 중에서 계층간 갈등(階層間 葛藤)이 가장 심각하며 이것은 나머지 3가지 갈등과 직·간접적으로 관련된다. 또한, 계층간 갈등(階層間 葛藤)은 한국뿐만 아니라 세계적 현상이며 적절한 사회경제적 정책과 사회지도층의 노블레스 오블리주(Noblesse Oblige)로 충분히 해소할 수 있는 문제이다. 다만, 문제가 되는 것은 계층간 갈등(階層間 葛藤)을 해소하겠다는 정치지도자의 의지가 얼마나 확고한가, 그리고 그러한 정책의지가 얼마나 일관성있게 지속될 것인가이다.

따라서 저자는 한국의 종교(宗敎)가, 특히 기독교(基督敎)가 미국의 '시민종교'(Civil Religion)와 같이 앞장서서 사회적 갈등(社會的 葛藤)을 용해하여 사회통합(社會統合, Social Integration)으로 유도해달라고 간구한다.

VII

한국 경제위기 (經濟危機)의 현황 및 극복방안

조선(朝鮮)의 망조(亡兆), 대한제국(大韓帝國)의
자멸(自滅), 대한민국(大韓民國)의 위기(危機)

Ruins of Joseon Dynasty, Self-destruction of the
Korean Empire, and 'Total Crisis' of Republic of
Korea: A Historical/Philosophical Analysis

한국경제가 '죽음의 계곡'(Death Valley)에 들어서고 있다. 우선, 한국경제의 위기상황을 실물부문(實物部門)의 측면에서 보면, 低기업투자(기업부채와 이자보상배율) → 주력산업 경쟁력 약화 + 혁신 지체 → 低경제성장(低잠재성장률ㆍ경제성장률의 전망치 및 실측치 모두 추락) → 低고용ㆍ高실업 → 소득분배 구조 악화 + 사회안전망 부족 → 양극화(兩極化) + 高비용 사회구조(특히 교육ㆍ주택) → 低출산(합계출산율은 0.98명 〈 인구유지에 필요한 합계출산율 2.1명) + 고령화[세계 최하위 세계노인복지지표(GAWI: Global AgeWatch Index), 세계 최고수준의 노인의 상대적 빈곤율] → 가계부채의 양적 확대 및 질적 악화 → 低소비 → 내수시장 위축(자영업자 파산) → 구조적 장기 침체(Secular Stagnation)의 악순환이다.

다음으로, 한국경제의 위기상황을 금융부문(金融部門)의 측면에서 보면, 高금융불안(신용경색 및 주가하락, 자금난 심화, 기업부도 및 기업 구조조정 지연) → 원화가치의 급락(미국 경제성장 둔화, 보호무역주의 확산, 미ㆍ중(美ㆍ中) 무역(관세/환율) 전쟁, 중국경제의 경착륙 가능성, 한ㆍ일(韓ㆍ日) 갈등[2019.08.02, 일본 정부가 한국을 화이트 리스트(수출심사 우대국)에서 제외, 한반도 지정학적 리스크]→ 자금 유출 〉자금 유입 +재정적자(통합재정수지와 관리재정수지) 누증 → 국가채무 급증 → 국가신용등급 → 대외신인도(S&P AA; Moody's Aa2; Fitch AA−) 하락 → 高리스크 부담 → 트리플 약세(주식, 채권, 원화가 동시적으로 약세, 금값 급등) → 단기 부동자금(2019.06 기준으로 약 977조 원) → '금융 부동화'(Financial Decoupling) + '돈맥경화' 현상 → 통화유통속도ㆍ통화승수 모두 하락 → 자금난(특히 중소기업의 자금난) 심화 → 주식시장을 통한 자금조달 위축 + 기업공개(IPO)와 유상증자 규모가 급감이다.

그러나 문재인(文在寅) 정부(2017.05~현재)는 스웨덴에서 1980년대에 사실상 폐기해 버린 '소득주도성장 정책'을 내걸고, 기업주도에 의한 성장 잠재력 확충이 아니라, 정부주도의 복지 증대에 주력함으로써 '재정 없는 포퓰리즘'의 강행 → 재정적자 누증 → 국가채무 급증 → 국가신용등급ㆍ대외신인도 하락 → 금융시장의 불안 지속 → 신용경색 및 주가하락 → 자금난 심화 → 기업부도 및 기업 구조조정 지연 → 대외신인도 하락 → 금융시장 및 경제전체의 불확실성 증가라는 악순환으로 줄달음치고 있다. 이 결과, '소득주도성장 정책'의 실패는 고용 참상와 소득분배구조 악화 및 양극화 심화를 야기하고 있다. 또한, 문재인(文在寅) 정부(2017.05~현재)는 '잘못된' 탈(脫)원전 정책을 추진함으로써 에너지 위기를 야기하고 있다.

01 문재인(文在寅) 정부의 경제정책 실패[1]

2018년 노벨 경제학상 수상자(윌리엄 노드하우스와 공동 수상)인 폴 마이클 로머(Paul Michael Romer, 1955~현재) 교수(뉴욕대학교)[2]은 문재인(文在寅) 정부(2017.05~현재)의 소득(임금)주도 성장론에 대해 다음과 같이 논평했다: *"울고 싶을 정도이다. 그렇게 멍청한 이론은 처음 들어봤을 정도이다. 임금 상승은 결과이다. 생산성이 늘어나고 이윤이 증가하고 기업들이 노동자를 더 많이 고용하게 되면 임금은 상승하는 것이다. 임금이 이윤을 만드는 게 아니라 생산성이 이윤을 결정한다. 최저임금을 시간당 1백만 달러로 올렸다고 생각해보자. 얼마나 많은 사람들이 고용될 수 있을까?"*

상기와 같은 맥락에서, 세율과 세수에 관한 '래퍼 곡선'(Laffer Curve) 이론으로 유명한 아서 베츠 래퍼(Arthur Betz Laffer, 1940~현재) 교수는 테네시주 내슈빌의 래퍼어소시에이츠 사무실에서 한경닷컴 김현석 특파원과 인터뷰(2019.01.02)하면서 문재인(文在寅) 정부의 소득(임금)주도 성장론에 대해 *"울고싶을 정도"*이며 *"그렇게 멍청한 이론은 처음 들어봤을 정도"*라며 소득주도성장론을 강하게 비판하였다 그는 *"임금 상승은 성장의 결과"*라고 언

---

1) 임양택(2017), "문재인 정부의 '고용' 대책에 대한 비판과 대안", 『경인일보』〈경제전망대〉, 6. 1.; 임양택(2017), "고용 창출을 위한 합리적 정책방안과 선진국의 사례", 『경인일보』〈경제전망대〉, 6.29; 임양택(2017), "문재인 정부의 '소득(임금)주도 성장론'에 대한 평가와 보완", 『경인일보』〈경제전망대〉, 9.21;.임양택(2017), "문재인 대통령의 역사적 소명은 '노동개혁' 추진이다", 『경인일보』〈경제전망대〉, 10.26; 임양택(2017), "文정부 '갈등관리 컨트롤타워'로 '고비용 사회경제구조' 혁파하라", 『경인일보』〈경제전망대〉, 11.23; 임양택(2017), "재정 건전성을 위한 경제성장과 복지정책의 최적화 방향", 『경인일보』〈경제전망대〉, 12.21.

2) 폴 마이클 로머(Paul Michael Romer, 1955~현재) 교수는 주로 경제성장을 연구하며 내생적 성장이론의 발전에 기여했다. 1997년에는 『타임』이 선정한 가장 영향력이 있는 미국인 25명 가운데 한 명으로 뽑혔고, 2002년에는 H. C. 렉텐발트 경제학상을 수상했으며 2010년에는 『포린 폴리시』가 선정한 세계의 100대 사상가 가운데 한 명으로 뽑혔다. 그는 각국의 완화적 통화정책 속에 막대한 부채가 쌓이는 데 대해 "금융 시스템 위기로 이어질 수 있다"고 경고했다. 금리가 급등하면 국가의 이자 부담이 커질 뿐 아니라 많은 채권을 보유한 은행 등 금융회사의 손실이 눈덩이처럼 불어 지급 불능 사태가 발생할 수 있다는 지적이다. 그는 한국 경제와 관련해 "한국인 사이에 정부가 경제를 이끄는 능력에 대한 믿음이 사라졌다"고 우려했다.

급하면서, 임금이 이윤을 만드는 것이 아니라 생산성이 이윤을 만드는 것이며, 생산성과 이윤이 증가하고 더 많은 고용이 이뤄질 때 임금이 올라간다고 강조하였다.

물론, '소득(임금)주도 성장론' 옹호론자들은 1950년대 스웨덴의 복지 모델인 '렌―마이드너 모델'[3]을 본받는 것이라 변명할 수도 있을 것이다. 그러나 한국과 스웨덴은 모든 조건이 다르다. 예로서 한국에서 문제시 되는 순환 출자 등은 스웨덴은 대기업이 잘 되어야 하므로 허용되고, 법인세는 매우 낮고, 독점 자본이 금융자본과 결탁하는 걸 막기 위한 금산 분리도 없다. 스웨덴의 렌―마이드너 모델은 즉흥적 포퓰리즘이 아니라 제대로 된 장기간의 연구와 노사정(勞使政) 합의 끝에 이루어진 것이고, 고소득 노동자들의 임금을 동결시키는 채찍도 함께 썼으므로 30년 동안 존속할 수 있었다. 그러나 '소득(임금)주도 성장론'은 스웨덴에서도 1980년대에 사실상 폐기해 버린 정책이다.

1) 소득주도성장 정책: '정책 함정'(Policy Trap)

'소득(임금)주도 성장론'(Income/Wage―led Growth)이란 쉽게 말해서 보통 서민들의 소득을 늘리거나 노동자의 임금을 늘리는 것이 안정적인 경제성장에 더 도움이 된다는 논리이다. 로버트 조지프 배로(Robert Joseph Barro, 1944~현재) 교수(하버드 대학교 경제학부)[4]는

3) 스웨덴의 복지 모델인 '렌―마이드너 모델'은 개별 기업이 종신 고용을 통해 구체적인 개별 직장의 고용안정성(Job Security)를 보장하는 것이 아니라 자유로운 이동을 통하여 특정 기업에서가 아닌 보다 추상적이고 일반적인 상태로서의 고용 유지 상태(Employment Security)를 보장하는 방식이다. 즉, 고용주인 기업에게 노동유연성(Flexibility)을 극단적으로 보장하고, 노동자들의 이동성(mobility)을 높이기 위하여 국가가 직업 교육으로 지원하는 것이다. 상기 과정에서 해고된 노동자는 실업수당을 받는 동시에 재교육을 통해 구조 조정 결과로 경쟁력이 향상된 성장 산업으로 이동할 수 있도록 한 것이다. 다시 말해, 그 구조 조정의 결과로 대기업/수출기업이 충분히 성장해야 퇴출된 인력들을 흡수할 수 있도록 하는 것이다. 여기에 수출 대기업이 성장하여 퇴출된 산업과 기업의 노동자들의 일자리가 창출될 수 있도록 수출대기업의 성장을 방해하는 모든 규제를 철폐한다. 상기 모델의 특징은 사회주의 혹은 사민주의를 달성하기 위한 방법으로 적극적으로 시장을 염두에 두고 있다는 점이다. 대기업의 경쟁력과 효율성을 극대화하여 성장을 이끌고, 그 과정에서 철저히 시장 친화적인 방법(한계 기업의 퇴출, 해고를 폭 넓게 인정하여 노동유연성의 확보, 대기업의 성장을 가로 막는 규제의 철폐, 낮은 수준의 법인세, 정부의 긴축재정을 통한 물가 안정)으로 접근한다.

4) 로버트 조지프 배로(Robert Joseph Barro, 1944~현재) 교수는 1974년 발표한 "정부채권은 순재산인가?"라는 논문에서 "적자는 그리 큰 경제적 효과를 창출하지 못한다. 그 이유는 미래를 예측할 수 있는 사람은 미래에 조세부담 조치가 있을 것을 예측하고 현재 소비를 줄이기 때문이다."라고 주장하며 큰 반향을 불러일으켰다. 이 주장에는 〈차입과 조세에 대한 리카르도식 등가 원칙(Ricardian euqivalence of borrowing and taxing)〉이라는 이름이 붙여졌는데 이는 앨런 블라인더와 로버트 솔로우가 주장한

다음과 같이 논평했다(한국경제신문과의 이메일 인터뷰, 2018.08.25): "소득주도성장은 '위험한 (Risky)' 모델이다. 기업이 근로자들 임금을 올려줘야 한다면 신규 고용을 줄일 수 있기 때문이다. 일자리 창출의 주체인 기업은 당장 사람들을 해고하지는 않겠지만 인건비 상승 문제로 신규 채용을 중단할 수 있다. 결국 청년들이 피해를 보는 악순환이 나타날 수 있다."

그러나 문재인(文在寅) 대통령(2017.05~현재)는 소위 '소득주도성장 정책'을 추진해왔고 그것으로 인한 '쓰나미'가 몰려오고 있는데도 불구하고 상기한 '정책 함정'(Policy Trap)을 고수하겠다고 밝혔다. 또한, 이해찬 더불어민주당 대표(당시)은 "문재인 정부의 '포용적 성장 모델'이 국민소득 4만 달러 시대를 열게 할 것"이라고 말했다.

이와 대조적으로, 본 연구는 다음과 같이 주장한다. 문재인(文在寅) 정부(2017.05~현재)는 무엇보다도 반(反)시장·반(反)기업적 '소득주도 성장정책'부터 당장 폐기하고 고용창출형 '슘페테리언 테크노·경제발전전략'(Techno-Economic Development Strategy)으로 전환해야 한다[5]. 그 이유는 다음과 같다: 문재인(文在寅) 정부(2017.05~현재)의 잘못된 '소득(임금)주도 성장 정책'으로 인하여, 한국경제는 低기업투자(기업부채와 이자보상배율) → 주력산업 경쟁력 약화 + 혁신 지체 → 低경제성장(低잠재성장률·경제성장률의 전망치·실측치 모두 추락) → 低고용·高실업 → 소득분배 구조 악화 + 양극화(兩極化) → 低출산(합계출산율은 0.98명 〈인구유지에 필요한 합계출산율 2.1명) + 고령화[세계 최하위 세계노인복지지표(GAWI: Global AgeWatch Index), 세계 최고수준의 노인의 상대적 빈곤율] → 가계부채의 양적 확대 및 질적 악화 → 低소비 → 내수시장 위축(자영업자 파산) → 구조적 장기 침체(Secular Stagnation) → 디플레이션(Deflation)의 악순환으로 치닫고 있기 때문이다.

"장기간의 정부채무는 부의 (창출)효과로 보상된다"는 것에 대한 정면반박으로 나온 것이었다. 이 논문은 가장 인용횟수가 많은 논문 중 하나이며 아직까지도 논의되고 있다. 로버트 조지프 배로(Robert Joseph Barro) 교수는 99개국 경제학자들이 협업해 만든 경제학 전문 웹사이트 '경제학 연구논문 (RePEc: Research Papers in Economics)'에서 현재 '가장 영향력 있는 경제학자 5위'에 올라 있다. 로버트 루카스 시카고대 경제학과 교수, 토머스 사전트 뉴욕대 경제학과 교수와 함께 신고전주의 거시경제학의 창시자로, 매년 노벨경제학상 후보로 꾸준히 거론된다.

5) Lim, Yang-Taek(2006), "A New Techno-Economic Development Model: The Case of South Korea", In George E. Lasker & Kensei Hiwaki, ed., Sustainable Development and Global Community Vol. VII, Niagara Falls: Coutts Library Services, Ltd.; Schumpeter, Joseph A.(1933), Business Cycles: A Theoretical, Historical and Statistica Analysis of the Capitalist Process, New York: McGrow-Hill, Inc.; Schumpeter, Joseph A.(1942), 『Capitalism, Socialism and Democracy』, New York: Harper & Row, Harper Colophon, ed.; J. A. Schumpeter(1934년), 『The Theory of Economic Development』, Schumpeter, Joseph A.(1954), 『History of Economic Analysis』, New York: Oxford University Press.

우선, '소득주도 성장론(Income-led Growth)'의 경제이론적 근거는 무엇인가? 그것은 '임금주도 성장론(Wage-led Growth)'이다. 상술하면, 후기 케인즈 경제학파(Post Keynesian)로 분류되는 마크 라부아(Marc Lavoie, 캐나다 오타와대 교수)와 엥겔베르트 슈톡하머(Engelbert Stockhammer, 영국 킹스칼리지 교수)가 제출한 2012년 국제노동기구(ILO) 보고서: '임금주도 성장(Wage-led Growth): 개념, 이론 및 정책'에 서술되어 있다.

요컨대, '소득(임금)주도 성장론'[Income(Wage)-led Growth]은 임금 격차 등 소득 양극화가 2008년 글로벌 금융위기 이후의 저성장 원인이라고 주장한다. 사실, 노동소득분배율(국내총생산에서 노동소득이 차지하는 비율) 세계적으로 감소하는 추세다. 따라서 근로자 임금을 올려 가계소득을 늘리고 소비를 증가시킴으로써 경제 활성화의 선순환을 이룰 수 있다고 주장한다. 즉, 트리클 업(Trickle-Up, 噴水) 효과를 야기시켜 가계 및 중산층 등의 총수요가 공급을 창출하도록 유도함으로서 촉진할 수 있다는 것이다.[6]

따라서, '소득(임금)주도 성장론[Income(Wage)-led Growth]'의 논리적 정당성(正當性) 여부는 한국경제가 '이윤(利潤)주도 성장체제'인지 '임금(賃金)주도 성장체제'인지의 여부에 따라 판단할 수 있다. 대외의존도가 높고 내수의 비중이 낮으며 수출주도적 경제성장을 이루었던 한국경제가 산업화(産業化) 초기에는 이윤(利潤)주도적 성장체제였으나, 1997년 하반기 외환위기 이후에는 임금(賃金)주도 성장체제로 전환했다. 최근 저(低)성장 시대에서 지속가능하고 안정적인 성장을 달성하기 위해서는 노동친화적 소득분배를 달성해야 한다는 주장이 대두되었다. 이것이 한국사회에서의 '소득주도 성장론'의 근간이다.[7]

---

6) 상기 소득(임금)주도 성장론에 근거를 두고 폴란드 경제학자 아나톨 칼레츠키(Anatole Kaletsky, 1952~현재)는 성장·분배이론을 제시했다: 즉, 소득수준이 낮은 계층의 가계소득을 증가시킬수록 총수요가 증가해 경제가 성장하고 분배가 성장에 도움이 된다는 관점이다. 그러나 상기 이론은 실증적으로 검증되지도 않았다.

7) 소득(임금)주도 성장론'은 부경대학교 경제학과 교수였던 홍장표 경제수석(당시)이 제안하였으며, 고려대학교 경영대학 교수였던 청와대 정책실장(당시)인 장하성에 의해 설계되어 혁신성장, 공정경제와 함께 문재인 정부의 주요 경제정책으로 2017년 채택되었다. 홍장표 경제수석(당시)은 대기업 성장의 낙수효과 약화를 극복하고 소득분배 구조 개선을 통해 노동생산성 증가와 경제성장을 촉진하는 '소득주도 성장론'의 주창자로 잘 알려져 있다. 장하성은 본래 정통파 경제통은 아니다. '소득주도 성장론'과 소액주주 운동을 주장하기도 했던 인물로, 그가 했던 대부분의 연구가 소득 불평등 해소에 관한 것이었다. 또한, 김현철 경제보좌관 역시 경영학(일본 유통 및 물류) 전공자이다. 2018년 6월 27일 '소득주도 성장'을 사실상 총괄했던 홍장표 경제수석(당시) 등의 경제팀이 경질되고 홍장표 경제수석의 대체 신임으로 OECD 대한민국 대표부 대사인 윤종원이 임명되었다. 상기 청와대 경제 참모진 인사 단행은 최근의 고용지표 악화, 내수경기 불황 등과 무관하지 않다는 시각이 있다. 윤종원 경제수석은 행시 27기 출신으로 기획재정부의 경제정책국장과 이명박 정부 청와대 경제금융비서관을 지내기도 했다. 그도 '소득주도 성장론자'로 분류된다. 홍장표 전(前) 경제수석은 대통령 직속 자문 기구인 정책기획위원회 내에 이번에

그러나, '소득(임금)주도 성장론'의 정책실험은 지난 2년간 급격한 최저임금 인상과 획일적 근로시간 단축을 통해 그 폐해가 만천하에 드러났다.[8] 기업의 활력을 떨어뜨리고 경제 생태계의 밑바탕인 자영업을 쑥대밭으로 만들면서 실업률이 치솟고 빈부 격차가 확대됐다. 기업의 활력을 떨어뜨리고 경제 생태계의 밑바탕인 자영업을 쑥대밭으로 만들면서 실업률이 치솟고 빈부(貧富) 격차가 확대됐다.

여기서 유의할 것은 해외(예 미국과 프랑스)에서도 최저임금 인상에 따라 정부가 기업을 지원한 사례(조세 감면, 사회보험료 감면 등)가 있지만 국가재정으로 민간기업의 임금을 직접 지원하는 것은 한국이 유일한 사례라는 점이다. 미국 오바마 행정부는 2007~2009년 시간당 최저임금(연방 기준) 5.15달러에서 7.25달러로 크게 올렸으며 '일자리 및 성장을 위한 조세 경감 조정법'이 규정한 비용 처리 인정분을 확대하는 방식으로 조세 감면 혜택을 제공했었다. 한편, 프랑스는 2000년대 중반 최저임금 급등에 따른 부담을 줄여 주기 위해 일부 중소기업을 대상으로 세금 우대 조치를 실시하였으며 2013년 이후에는 저임금 근로자를 고용한 사용자의 사회보험료를 감면해 주고 있다.

나아가, 문재인(文在寅) 대통령(2017.05~현재)은 기초연금을 월 30만 원으로 인상하는 법률 개정도 지시했다. 기초생활보장 수급자를 약 90만 명 늘리는 계획도 발표했다. 이 정부 임기가 끝나는 2022년까지 기초연금 인상에 21조8,000억 원, 기초수급자 확대에는 10

신설된 〈소득주도성장 특별위원회의〉 위원장으로 발탁되었다. 이외에 청와대 일자리 수석 반장식과 사회혁신 수석 하승창 등이 경질되었다. 2018년 11월, '소득주도 성장 정책'의 핵심 인물인 장하성 정책실장이 경질되었고, 신임 김수현 정책실장이 선임되었다. 언론을 통해 간간이 청와대의 '소득주도 성장 정책'에 관해 불협화음을 내는 것으로 보였던 김동연 경제부총리(당시)도 역시나 경질되었다. '소득주도 성장론'에 찬성하는 경제학자로는 주상영 건국대 교수, 최배근 건국대 교수를 들 수 있다. 최배근 교수는 김어준이 진행하는 TBS 라디오 프로그램에 출연하여 '소득주도 성장론'에 대해서 옹호했다. 글로벌 금융위기 이후 UNCTAD, ILO 등에서 '임금주도 성장'을 대안적 성장모델로 제시하기도 했다.

8) 대통령 직속 일자리위원회는 주 52시간 근무제로 근로시간을 단축해 일자리 50만개를 창출하겠다는 정책 목표를 내걸었다. 업종이나 직무에 따라 다양한 형태의 유연 근무가 가능해야 하는데 그런 보완 입법도 없이 주 52시간 넘게 일하면 사업주를 처벌하겠다는 식으로 세계에서 가장 경직된 제도를 강행했다. 현행법에 따라 50인 이상 300인 미만 기업으로 주 52시간 근무제가 확대되는데 산업계 곳곳에서 비명이 터져나왔다. 〈중소기업연구원〉에 따르면 주 52시간 근무제를 확대하면 중소기업들의 추가 인건비 부담이 2조9천억 원이다. 2년간 최저임금이 30% 가까이 올라 극심한 경영난으로 중소기업은 추가 채용 여력도 없다. 경기가 침체되고, 일본의 수출 규제로 한국경제에 어려움이 가중되자 여당 내부에서 시행을 유예하자는 법안까지 나왔다. 그러나 정부는 일본 수출 규제 품목의 연구개발에 한해 특별연장근로를 허용하는 식으로 땜질 대응책을 발표했다. 주 52시간 근무제 보완은 소 잃고 외양간 고치는 격이다. 주 52시간 근무제의 내년 시행을 늦추자는 법안이 여당에서 처음 나왔다. 이원욱 민주당 원내수석부대표(당시)는 '50인 이상 300인 미만' 사업장에 시행할 예정이던 주 52시간 근무제를 기업 규모별로 1~3년 유예하는 근로기준법 개정안을 대표 발의했다(조선일보, 2019.08.12).

조 원이 든다. 매년 국방 예산도 7~8%씩 증액하겠다고 했다. 아동수당 신설, 사병 월급 인상 등 수조 원 이상이 드는 일이 줄줄이 대기하고 있다. 공무원 증원만 해도 국회 예산 정책처 계산에 따르면 5년간 28조 원 들고, 30년 근속 기준으로는 350조 원이 든다. 지금 700만 명쯤 되는 65세 이상 고령층이 2020년이면 813만 명, 2033년이면 1,400만 명으로 불어난다. 또한, 2017년 8월 초 30조6,000억 원 드는 건강보험 보장성 강화 정책을 발표했다. 고령화에 대비해 아껴둔 건강보험 재정 21조 원 가운데 절반을 털고, 건강보험료도 인상될 것이다. 건강보험은 2018년에 적자로 전환되고 문재인(文在寅) 정부가 끝난 직후인 2023년에는 적립금이 모두 소진될 것이다.

결국, '소득(임금)주도 성장론(Income/Wage-led Growth)'의 갑론을박(甲論乙駁)의 중심은 최저임금(最低賃金)의 가파른 증가이다. 여기서 제기될 수 있는 의문은 과연 한국의 최저임금(最低賃金)이 낮은가이다. 한국의 최저임금은 경제적 수준에 비하면 매우 높다. 한국은 이미 2002년 중위임금 대비 최저임금 비율을 33.4%를 기록하며 산업 경쟁국인 일본의 32.5%를 앞서기 시작했다. 이어서 2015년 한국은 중위임금 대비 최저임금 비율을 50.4%를 기록해 13년 동안 무려 17%의 상승률을 기록하였다. 같은 해 일본의 중위임금 대비 최저임금 비율은 39.7%였다. 한국과 일본이 거의 전 영역에 가깝게 산업 경쟁 관계에 있음을 생각한다면 최저임금을 결정할 때 일본을 의식하지 않을 수 없다. 일본의 최저임금은 2017년 기준 중위임금의 41.5%이다. 2018년 한국 근로자의 시간당 중위임금은 13,387원으로 추정되는데 5,355원이 그 40%이다. 2018년 결정된 한국의 최저임금 8,350원은 그보다 무려 64%나 더 높다. 한국의 주휴수당과 퇴직금 등은 외국에는 찾아보기 힘든 제도를 병행중이라 주휴수당을 포함한 2018년 현재 최저임금은 OECD 선진 25개국 중 11위이며 1인당 국민소득을 감안하면 3위로 미국 일본보다도 높다.

최저임금(最低賃金) 인상률만 놓고 보면 김대중(金大中) 정부(1998.02~2003.02)는 평균 9%, 노무현(盧武鉉) 정부(2003.02~2008.02) 평균 10.6%, 이명박(李明博) 정부(2008.02~2013.02) 평균 5.2%, 박근혜(朴槿惠) 정부(2013.02~2017.03) 평균 7.4% 인상하였다. 과거 20년간 모든 정권이 5% 이상의 높은 최저임금 인상률을 유지한 것이다. 그 결과 박근혜(朴槿惠) 정부(2013.02~2017.03) 후반기인 2015년에 이르면 한국의 중위임금 대비 최저임금 비율은 최저임금 인상의 순기능이 유지될 것으로 보는 50%를 넘어서고 말았다.

그럼에도 불구하고, 문재인(文在寅) 정부(2017.05~현재)는 연 13% 이상 최저임금(最低賃金)을 인상하여 중위임금의 56.2%, 62.3%가 되어 프랑스와 비슷한 정도를 만들어버리고 말았다. 거기에다 대통령 선거 공약대로 최저임금(最低賃金)이 1만 원이 되면 중위임금 대비 최저임금 비율이 70% 가까이 된다. OECD 국가 중 중위임금 대비 최저임금 비율이 70% 가까운 국가는 터키와 칠레 뿐이다. 평균임금 대비 최저임금, 중위임금 대비 최저임금 값을 비교해보면 한국은 10.7% 차이가 나는데 비해 터키는 33.6%이다. 이는 상대적으로 터키가 더욱 저임금 노동 구조를 가지고 있다는 말로 한국 고용주가 감당하는 최저임금은 터키와 비교하기 어려울 정도로 높다는 것을 의미한다.

게다가 단순 최저임금(最低賃金)만 따질 것이 아니라, 세후 가처분 소득을 따져야 한다. 물가만 비교할 게 아니고 세금도 따져야 한다. 유럽의 경우에는 최저임금이라 해도 30% 이상의 높은 세금을 내는 경우가 많다. 원화로 환산하여 최저임금이 15,000원이라 하더라도 30% 세금을 떼면 10,500원이 되며, 물가대비로 따진다면 한국보다 더 적은 수준이다.

한국은행 임현준 경제연구원 연구위원, 송헌재 서울시립대학교 교수 등이 2018년 12월 14일 발간한 'BOK 경제연구－최저임금이 고용구조에 미치는 영향' 보고서에 따르면, 최저임금(最低賃金) 인상으로 최저임금미만자(영향자)의 비율이 1%포인트 높아질 때 전체 근로자의 월 평균 근로시간은 약 0.44시간(0.53시간) 줄어들고, 월 평균 급여는 약 1만 2,000원 줄어드는 것으로 나타났다. 즉, 최저임금(最低賃金) 인상이 저임금 근로자의 임금을 오히려 더 줄인다는 것이다.

모름지기, 경제성장(經濟成長)은 임금의 증가로 이루어지는 것이 아니라 생산성의 증가를 통해 이루어지는 것이며 생산성 증가를 통해 산출물을 증가시켜야(생산측면), 한국 사회의 각 사회구성원들에게 임금＋이자＋임대료＋이윤의 몫이 증가하게 된다(분배측면). 만약 생산성이 낮은 상태에서의 인건비 증가가 기업의 이익을 감소시키며 기업 경쟁력을 약화시키고 생산기지의 해외 유출을 초래할 것이다. 한국의 경우 대표적 사례로서 GM 사태를 들 수 있다. 해외의 경우 그리스, 포르투갈, 스페인, 이탈리아 등에서 실시한 임금주도 성장은 생산성 악화와 경쟁력 상실, 마이너스 소득 창출로 이어져 재정위기가 왔고 결국 남유럽 금융위기를 야기했다. 또한, 브라질, 베네수엘라 등에선 좌파 정부가 임금주도 성장 정책을 추진해 수출경쟁력 상실, 인플레이션 가중, 재정위기, 금융위기로 비화되었다.

(1) 고용 참상(慘狀)

문재인(文在寅) 대통령(2017.05~현재)의 대선 공약은 131만개 이상의 일자리를 창출하겠다는 것이었다. 우선 정부가 당장 할 수 있는 공공부문 일자리부터 늘리겠다면서, 이 부문 일자리가 전체 고용에서 차지하는 비율은 경제협력개발기구(OECD) 국가 평균 21.3%

의 3분의 1인 7.6%로, 3%포인트만 올려도 81만 개를 만들 수 있다는 것이었다.[9] 인구 1,000명당 12명인 사회복지공무원을 OECD 평균의 절반 수준으로 하면 25만 명을 늘릴 수 있으며, 소방인력도 1만7,000명 가까이 부족하다. 주 52시간만 준수해도 근로시간 특례업종까지 포함하면 최대 20만 4,000개의 일자리가 창출되며, 국제노동기구(ILO) 협약에 따라 연차휴가를 의무적으로 다 쓰게 함으로써 일자리 30만 개가 만들어진다는 것이었다.

2017년 5월 정부 출범 당시 문재인(文在寅) 대통령(2017.05~현재)는 제1호 업무지시로 대통령 직속 '일자리위원회'를 신설하고 집무실에 일자리 상황판을 설치했다. 5대 국정목표 중 하나인 '더불어 사는 경제' 부문의 국정전략 맨 앞에 '소득주도성장을 위한 일자리 경제'를 내세우며 '일자리 정부'를 공식화했다. 문재인(文在寅) 정부(2017.05~현재)는 '국정운영 5개년 계획'을 통해 일자리 중심의 국정운영을 통해 ① 일자리를 늘리고, ② 노동시간과 비정규직, 노동시장에 성차별과 격차를 줄이며, ③ 일자리 질을 높여나가는데 있어 정부가 모범적으로 앞장서고, ④ 기업과 노동자가 사회적 기반으로 일자리가 안정화될 수 있도록 뒷받침하는 방향을 제시했다.

특히 청년실업과 같은 시급한 일자리 문제 해결에 있어서 공공부문이 '마중물'이 될 수 있도록 공무원 신규채용을 확대하고, 공공부문 비정규직의 정규직 전환과 사회 서비스 공단 설립 등을 통해 일자리의 질을 높이는데 초점을 맞췄다. 고용보험 사각지대 해소를 위한 가입대상 확대, 중소기업 근로자를 위한 공적 퇴직연금 제도 확충 등 일자리 안전망도 강화방안도 담았다.

문재인(文在寅) 정부(2017.05~현재)의 '일자리정책 5년 로드맵'(2017.10.18)과 후반기 일자리정책 추진 방향(2020.03.09)의 일자리 창출과 질(質) 개선을 위한 5대 분야, 10대 정책과제, 100대 세부 추진과제의 연도별 추진방안에 따라 다음과 같은 성과를 산출했다고 한다: 2019년 10월 기준으로, 고용률은 67.3%로 역대 최고 수치이며 청년 고용률은 44.3%로 전년 동월 대비 1.4%p 상승하였고, 실업률은 3.0%로 2013년 이후 최저 수치이다. 그러나 코로나 사태 이후 취업 기회가 줄어들면서 장기 실업자들이 구직활동을 포기하는 비경제활동인구로 집계됐기 때문이라고 분석하고 있다. 비경제활동인구는 전년대비 50만 2,000명 증가하면서 1999년 이후 최대치인 1655만1,000명으로 집계됐다. 구직활동을 하지 않은 인구가 급증했다.

---

9) 문재인(文在寅) 대통령(2017.05~현재)가 말한 공공부문 일자리 81만 개의 대부분은 새로이 창출할 일자리가 아니다. 단지 민간에서 공공서비스를 제공하던 인력을 공무원이나 준(準)공무원으로 전환하는 것일 뿐이다. 당사자들로서는 엄청난 행운이지만, 나머지는 세금을 더 내거나 다른 데 투입될 세금을 줄여서 이들의 행운아들의 고용임금과 연금을 보장해 줘야 한다.

취업자 수는 41.9만 명으로 증가하였으며, 고용보험 피보험자 수는 2016년 1,250만 명 → 2017년 1,281만 명 → 2018년 1,316만 명 → 2019년 1~10월 1,363만 명으로 지속적으로 증가하였다. 그러나 속을 들여다보니 완전히 딴판이다. '60세 이상 취업자'의 대부분은 일주일에 몇 시간 가로등 끄기 등을 하고 용돈 정도를 받는 세금 알바다. 그런데 고용 통계에는 이들도 '취업자'로 잡힌다. 이 가짜 일자리를 빼면 취업자는 42만 명 증가가 아니라 8만 명 감소다. 진짜 일자리가 절실한 20대 취업자는 2만5천 명 줄었다. 경제의 주축인 40대 취업자는 10만4,000명이나 줄어 52개월 연속 감소했다. 그런데도 경제부총리는 "고용지표 개선 흐름이 지속돼 다행"이라고 어이없는 자랑을 했다. 이것은 통계를 가장한 대(對)국민 속임수다(조선일보, 2020.03.12).

여기서 놀라운 것은 '코로나19 사태'로 노인 알바의 63%가 중단됐는데 어떻게 노인 알바가 57만 명이나 늘어났다고 한다. 문재인(文在寅) 정부(2017.05~현재)는 이들을 '일시 휴직자'라며 취업자에 넣어 계산했다고 한다. 통계 기준을 따랐다지만 가짜 일자리를, 그것도 중단된 것을 억지로 취업자에 넣었다니 이것은 통계 조작이다.

문재인(文在寅) 대표(당시)의 싱크탱크인 <국민성장의 일자리추진단장>인 김용기 교수(아주대 경영학과)는 공공부문 일자리 81만 개는 공무원 일자리 17만4천 개와 공공성을 갖는 사회적 서비스 종사자와 민간에 위탁했던 공기업 일자리 등 63만6천 개로 구성된다고 밝혔다. 공무원 17만4천 명에는 4천 명에는 법정 기준보다 부족한 소방 공무원 1만7천 명, 그리고 매년 만6천7백 명을 선발하는 의무경찰을 대체하는 정규경찰, 그리고 군 부사관 등이 포함된다. 나머지 63만6천 개는 정부 예산이 투입되고는 있지만, 민간이 위탁 관리하고 있는 의료·보육·복지·교육 분야의 사회적 일자리 30만 개와 공기업이 민간에 용역을 주던 일자리 33만 6천 개다. 정부 지원으로 민간이 운영하는 보육, 요양시설 가운데 공공시설 비중은 10% 정도에 불과한데 이 수치를 30% 정도로 높이면 30만 정도를 공공부문으로 전환할 수 있다고 설명했다. 〈국민성장의 일자리추진단장〉인 김용기 교수의 설명대로라면 공공부문 일자리 81만 개가 모두 신규 일자리는 아닌 셈이다. 공공부문 일자리 81만 개가 모두 새로 창출되는 일자리가 아닌 만큼 이에 드는 예산에 대한 논쟁도 사실관계에 따라 다시 진행될 필요가 있다. 즉, 일자리가 생겨나야 할 시장, 기업, 자영업 분야의 일자리 창출 환경은 좋지 않은데, 공공부문의 일자리 창출만 원활히 되고 있는 것이다.

문재인(文在寅) 정부(2017.05~현재)가 하향 조정한(32만 명 → 18만 명) 월평균 취업자 수 증가도 달성하기 어려워 보인다. 일자리 참사를 뼈저리게 느낀 문재인 정부는 취업자수 통계를 늘리기 위해 24조 원을 추가편성하여 강의실 불끄기, 라돈 침대 조사, 산불 감시같은 청년 단기 알바를 많이 만들었다. 이 과정에서 국립대, 공기업을 비롯한 공공기관에 전화를 해서 일자리를 많이 만들라고 압박하는 과정이 있었다. 이 결과, 정부의 노인 일자리 확대 사업 영향으로 60대 이상 취업자는 41만7천 명 증가했다.

최근에는 상기와 같은 고용 참사로 인한 '소득주도성장론' 비판을 방어하기 위해 고용이 불안정한 업종 대신 고용이 안정된 상용 근로자가 늘었다고 하지만, 위의 직군별 근로자 증감추세를 보면 알 수 있듯이 실체적으로 재화를 생산하거나 저숙련 노동시장에 크게 기여하는 제조업, 도소매, 요식업은 크게 감소한 것을 보건업, 사회복지서비스업으로 땜빵한 것에 불과하다.

통계청 직업군 분류기준으로 공공행정직을 제외하면 정부보조비중이 클 수밖에 없는 직군이 보건업과 사회복지서비스업이다. 더군다나 보건업은 주 52시간으로 대표되는 근로기준법에서도 예외로 취급한 '특례업종'이며 복지서비스업은 자체적으로는 부(富)의 성장과 증대에 거의 기여하지 않으며 수요자들의 삶의 질을 보장하기 위해 세금을 투입해야 하는 대표적인 업종 중 하나이다. 결국, 근로환경의 전반적인 악화를 땜빵하는데 거의 대부분의 일자리 예산을 쓰고 있으며, 정부가 돈이 떨어지는 시점부터 완전히 붕괴할 가능성을 안고 있다.

산업별로 보면 보건업 및 사회복지 서비스업에서 취업자가 15만1천 명 증가했다. 숙박 및 음식점업에서 11만2천 명 늘었다. 예술·스포츠·여가관련 서비스업에서 9만6천 명 증가했다. 이와 반면에 제조업 취업자는 8만1천 명 감소했다. 2013년 산업 분류 개편 이후 가장 오랜 기간 감소세를 보이고 있다. 도매 및 소매업 취업자와 금융 및 보험업 취업자는 각각 6만7천 명, 5만4천 명 감소했다.

제조업 부진과 함께 40대 취업자 감소도 이어졌다. 40대 취업자는 14만6천 명 줄었다. 30대 취업자는 5만 명 감소했다. 반면 정부의 노인 일자리 확대 사업 영향으로 60대 이상 취업자는 41만7천 명 증가했다. 특히 65세 이상 노인 취업자는 25만8천 명 늘었다.

종사상 지위별로 보면 임금 근로자 중 상용근로자는 57만7천 명 증가했다. 일용근로자와 임시근로자는 각각 8만1천 명, 2만1천 명 줄었다. 비임금 근로자 중 고용원이 없는 자영업자는 10만1천 명 늘었다. 고용원이 있는 자영업자는 14만3천 명 감소했다. 숙박·음식점업 취업자 수는 1년 전보다 22만5천 명 줄어들어 통계 분류를 개정한 2013년 이후 최대 감소폭을 나타냈다. 이뿐만 아니라 도·소매업(-12만7천 명), 교육서비스업(-8만9천 명) 등 자영업 비중이 서비스업종에서 취업자가 크게 줄었다.

다행히, 문재인(文在寅) 대통령(2017.05~현재)는 2018년 10월 4일 청주 하이닉스 공장에서 *"일자리 만드는 건 결국 기업이며 정부는 도우미 돼야"*라는 취지의 발언을 함으로써, 그간 수십조를 쏟은 정부 주도의 일자리 정책이 실패했음을 사실상 인정했다. 이 자리에서 문재인(文在寅) 대통령은 *"고용의 질이 좋아지고 노동자의 임금수준이 높아지고 고용보험 가입자가 증가하는 성과가 있었지만, 아직 일자리의 양을 늘리는 데는 성공하지 못하고 있다"*, *"산업구조 변화, 자동화·무인화, 고용없는 성장, 자영업의 어려운 경영 여건 등 구조적 어려움에 대해 출구를 못 찾았다는 비판을 감수하지 않을 수 없다"*고 말했다.

그럼에도 불구하고, 고용 쇼크로 위기감이 커지고 있는 상황에서 문재인(文在寅) 정부(2017.05~현재) 정부가 2020년 일자리사업 예산으로 역대 최대인 23조 5,000억 원을 투입한다고 발표했다. 이명박(李明薄) 정부(2008.02~2013.02)부터 4대강에 들어갈 예산 22조 원이면 일자리 100만 개도 만들 수 있다던 문재인(文在寅) 정부(2017.05~현재)가 이미 그 22조의 2배가 넘는 54조 원을 일자리에 투입했는데도 보수 정권하고 비교할 수 없을만큼 처참한 고용 쇼크를 만들어 놓고, 단 1년 만에 그 22조보다 많은 돈을 일자리사업 예산으로 투입하겠다는 것이다.

청년 일자리로 한정해서 본다면, 박근혜(朴謹惠) 정부(2013.02~2017.03)가 3년 동안 청년 일자리 사업에 투입한 예산은 4조 원 정도인 반면, 현재 정부가 청년 일자리 사업에 2018년 한 해 투입 할 예산이 미리 잡힌 예산 1조 4,000억과 추경 3조 9천억을 더해서 5조 원 정도가 된다. 결국 박근혜(朴謹惠) 정부(2013.02~2017.03) 3년치의 예산보다 많은 돈을 한 해에 투입하였다. 그러나 박근혜(朴謹惠) 정부(2013.02~2017.03) 당시 조금씩 개선되어갔던 청년 고용률은 4년 만에 다시 하락세를 맞이하고 있으며 이전 정부 동안 지속적으로 나빠졌던 청년 실업률 또한 악화되고 있다.

그럼에도 불구하고, 문재인(文在寅) 정부(2017.05~현재)는 고용 쇼크에 대해 *"생산 가능 인구 감소, 주력 산업 고용 창출력 저하, 자동화 등 구조적 요인과 구조조정, 자영업 업황 부진 등 경기적 요인이 복합적으로 작용하고 있다"*고 고용 부진에 대해 해명했다. 그러나 실제로는 문재인(文在寅) 정부(2017.05~현재)의 경제정책에 직격탄을 가장 많이 맞은 제조업, 숙박, 음식점, 도·소매업에서 취업자 수가 폭락했고, 날씨나 인구 감소 같은 항상 있는 일종의 '상수'다. 인구 감소 또한 꾸준히 감소했음에도 신규 취업자 수는 항상 20~40만을 유지해왔었는데, 갑자기 신규 취업자 수가 1/2 내지 1/3로 줄어든 것에 날씨와 인구를 탓하는 건 핑계이다. 사실, 청와대가 주장하는 '고용 부진은 생산가능인구 감소 때문이다'와 같은 주장은 상식적으로 생각해봐도 말이 안 되는 핑계이다. 생산가능인구 감소는 저출산과 고령화 때문에 발생하는 문제이다. 최저임금이나 52시간 근로시간 단축 등이 고용시장에 부담 요인으로 작용하면서 부정적인 영향을 미치고 있는 것이다.

요컨대, 문재인(文在寅) 정부(2017.05~현재)의 고용정책 실패 원인은 최저임금의 급속한 인상, 비정규직의 정규직화, 근로시간의 단축이다. 이같은 정책 하에서 추경으로 세금을 쏟아부어도 상황은 더 악화될 것이다. 모름지기, 기업 경쟁력을 높여 민간 부분 고용을 늘리는 근본적 대책이 필요하다. 실제로 도널드 트럼프(Donald John Trump) 미국 행정부(2017~2021)는 최고 35%였던 법인세를 2018년 1월부터 21%로 낮추었고, 에마뉘엘 마크롱(Emmanuel Jean-Michel Macron) 프랑스 대통령(25대: 2017~2022)은 "기업을 돕는 정책은 국가를 위한 것"이라며 친(親)기업 정책을 펴고 있다.

(2) 소득분배구조 악화와 양극화 심화

2019년 2월 21일 통계청이 발표한 '2018년 4분기 소득부문 가계동향조사'에 따르면, 2017년 4분기(10~12월) 소득 하위 20% 계층(1분위)의 가구당 소득은 월 평균 123만8천원으로 1년 전보다 17.7% 감소했다. 이것은 매년 4분기를 기준으로 2003년 통계 작성이 시작된 이후 가장 큰 감소폭이다. 1분위 가구의 소득은 2018년 1분기 마이너스 8.0%, 2분기 마이너스 7.6%, 3분기 마이너스 7.0% 이어 4개 분기 연속 큰 폭의 하락세를 이어가고 있다.

2018년 1분위 가구 근로소득은 무려 36.8%나 감소한 43만500원이었다. 이것은 2003년 이래 최대 감소폭이다. 또한, 주로 자영업자의 노동소득을 뜻하는 1분위 가구 사업소득도 8.6% 감소한 월 20만7,300원이었다. 세금 등을 제하고 실제로 쓸 수 있는 월 평균 처분가능소득에서도 1분위 가구는 1년 전보다 19.5% 줄어든 98만8,200원이었다. 이것은 가난한 사람들이 더 가난해졌음을 의미한다. 최저임금 인상과 아동수당 지급, 노인연금 확대 등 정책을 통해 저소득층 소득을 높여 소비 진작과 경기 활성화를 이루겠다는 취지의 '소득주도성장 정책'이 2018년 빈곤층(貧困層)에게는 오히려 정반대의 결과를 낳은 셈이다.

차하위 계층인 2분위(소득 하위 20%~40%) 가구의 소득은 1년 전보다 4.8% 감소한 반면에, 차상위인 4분위(소득 상위 20~40%) 가구의 소득은 같은 기간 4.8% 증가했다. 최상 계층과 최하 계층뿐 아니라 전반적으로 소득 양극화(所得 兩極化)가 심각해지고 있다. 극빈층보다 주로 차하위 계층에 다수 분포한 영세 자영업자의 소득(사업소득)도 급감했다.

이와 반면에, 2018년 4분기 소득 최상위 20%(5분위) 가구의 소득은 월 평균 932만4,300원으로 10.4% 증가했다. 5분위 가구의 근로소득(월 평균 688만5,600원)도 14.2% 뛰었다. 이들의 월 평균 처분가능소득 역시 1년 전보다 8.6% 증가한 726만500원에 달했다. 전체 소득 5분위 가구 중 월평균 명목소득이 오른 건 상위 40%뿐이다.

상위 20% 가구 소득을 하위 20% 가구 소득으로 나눈 균등화 처분 가능 소득 배율은 4.61배에서 5.47배로 늘었다. 숫자가 늘어날수록 격차가 크다는 것을 의미한다. 결론적으로 국내 저소득층 및 빈곤층의 가계소득이 2018년 1·2·3·4분기 모두 전년보다 크게 감소한 것으로 나타났다. 소득 수준 상·하위층 사이 분배 격차는 사상 최고치로 치솟았다. '고용참사'로 표현되는 2018년 일자리 쇼크가 연쇄작용을 일으켜 소득양극화(所得 兩極化)로 이어졌다.

상기와 같이 소득 하위 가구의 소득은 더 감소하고, 상위 가구 소득은 증가함에 따라 소득분배(所得分配) 지표는 사상 최악을 기록했다. 상위 20%의 월 처분 가능소득을 하위 20%의 처분 가능소득으로 나눈 '소득 5분위 배율'은 2018년 4분기 5.47배로 집계됐다. 1년 전 기록했던 4.61배보다 0.86포인트가 증가했고, 4분기 기준으로 역대 최대치다. 이 수치는 숫자가 높을수록 소득양극화(所得 兩極化)가 심화되었다는 것을 나타낸다.

한국의 분배지표(통계청 발표 자료)에 따르면 1995년 0.251이었던 지니(Gini)계수는 2013년 0.302로 악화되었으며, 소득 5분위 배율(소득 최상위 20%와 최하위 20%의 소득격차)은 4.82배로 벌어졌다.[10] 지니(Gini)계수는 경제적 불평등을 가늠하는 지표로 1에 가까울수록 불평등 정도가 심하다는 뜻이다. 상위 20%(5분위) 소득을 하위 20%(1분위) 소득으로 나눈 값인 소득 5분위 배율은 처분가능소득이나 시장소득 양쪽 기준에서 모두 악화됐다. 대표적인 소득 분배지표인 지니(Gini)계수는 2018년 기준으로 0.355로 전년과 동일했다. 그러나 이 지니(Gini)계수는 소득에서 기초연금이나 국민연금 같은 공적 이전 효과, 즉 정부의 재분배 효과를 반영한 '처분가능소득'을 기준으로 한다. 이 같은 소득재분배 효과를 제거한 '시장소득' 기준으로 보면 지니(Gini)계수는 2016년 0.402에서 2018년 0.406으로 악화됐다. 소득 분배 상황은 박근혜(朴謹惠) 정부(2013.02~2017.03) 말기부터 나타난 악화 흐름을 이어간 셈이지만 자산 분배 상황은 계속 개선되다가 문재인(文在寅) 정부 들어 오히려 악화된 것으로 나타났다. "다함께 잘사는 포용국가"를 기치로 내세웠으나 결론은 1분위와 5분위의 소득이 모두 감소했다는 점에서 '다함께 못사는 상태로, 혹은 1분위의 소

---

10) 물론, 2017년과 2018년은 구성되는 표본에서 차이가 존재하기 때문에 과거 통계와 비교하는게 적절하냐는 논란이 제기되기도 했다. 2018년 조사에서는 고령화 추세에 맞춰 고령자 가구가 대거 새로운 표본으로 포함됐다. 소득이 낮은 고령자 가구의 추가 편입은 올해 1~2분기 소득분배 지표의 악화를 불러왔다는 지적도 제기됐다. 그러나 3분기 및 4분기는 소득격차가 1분기 및 2분기보다 더 벌어진 결과가 나왔으므로 소득주도성장이 오히려 역효과를 일으키고 있음은 부정할 수 없다는 반론이 존재한다.

득 감소폭이 5분위의 감소폭보다 크다는 점에서 '역대 최악의 빈부격차'로 각각 나타났다.

따라서 저소득층 대다수가 최저임금(最低賃金) 인상의 혜택을 보기는커녕 직장을 잃고 역대 최악의 소득 악화 현상에 고통받고 있다. 한계소비성향이 높은 저(低)소득층 소득을 늘려 경기 활성화를 불러온다는 게 '소득주도성장 정책'의 기본 구상이지만 이것은 오판(誤判)이었다는 것을 알 수 있다.

여기서 유의할 것은 소득 양극화(所得 兩極化)를 더욱 더 부채질한 근본 원인은 일자리의 감소라는 점이다. 2017년 4분기 각각 1분위 0.81명, 2분위 1.31명이던 가구당 취업자 수는 2018년 4분기 각각 0.64명, 1.21명으로 더 낮아졌다. 가구 안에서 일하는 사람이 그만큼 줄었다. 이에 반해 2018년 4분위의 가구당 취업자 수는 같은 기간 1.77명에서 1.79명으로, 5분위는 2.02명에서 2.07명으로 오히려 늘었다. 2018년 1분위 가구가 주로 차지하는 임시직이 2017년 4분기에 비해 작년 4분기에 17만 명 감소한 반면에, 4·5분위 가구원이 주로 구성하는 상용직은 같은 기간 34만2,000명 증가한 것도 계층간 일자리 사정의 차이를 말해준다.

2018년 저소득층 소득 감소의 주요 원인이 된 1분위 가구 근로소득 감소, 자영업자 사업소득 감소는 결국 제대로 된 일자리를 찾거나 자영업에서 근로소득자로 전직할 기회가 이들에게 막혀있다는 의미다. 저(低)소득층은 질 낮은 일자리마저 잃고 있는 반면에, 고(高)소득층은 양질의 일자리를 오히려 늘려가는 일자리의 '부익부 빈익빈'이 소득분배 참사로 연결되고 있는 셈이다. 따라서 민간에서 양질의 일자리가 계속 마련되지 않으면 저(低)소득층의 소득 확대, 사회적인 소득 양극화(所得 兩極化) 개선은 요원하다는 것을 알 수 있다.

결국, 문재인(文在寅) 정부(2017.05~현재)는 그간 일자리를 늘리고 최저임금을 올리는 정책으로 저소득층의 곳간을 채우려 했지만, 오히려 정반대의 결과가 나타난 것이다. 저소득층의 소득은 쪼그라들었고, 양극화는 더욱 커졌다. 그리고 중산층(中産層) 비율도 1995년의 75.3%에서 2011년 67.7%로 감소했는데, 최근 거듭되는 저성장, 고용둔화, 노령화, 대기업 위주의 독식체제가 유지되면서 청년층의 중산층 진입 경로가 차단되었다. 빈곤갭(Poverty Gap) 비율은 39%로 OECD 중 3위에 달했으며 사회복지 공공부문 지출은 OECD 32개국중 31위로, 멕시코를 제외하면 꼴지이다.

노무현(盧武鉉) 정부(2003.02~2008.02)때 최악이었던 소득 양극화(所得 兩極化) 지수는 이명박(李明薄) 정부(2008.02~2013.02)와 박근혜(朴謹惠) 정부(2013.02~2017.03)를 거쳐 감소하다가 문재인(文在寅) 정부(2017.05~현재)에서 10년 만에 다시 증가세를 기록했는데, 결국 문재인(文在寅) 정부(2017.05~현재)는 노무현(盧武鉉) 정부(2003.02~2008.02)를 뛰어넘어 외환위기가 닥친 1997년 하반기 이후로 최악의 지니(Gini)계수를 나타내 역대 최악의 소득 양극화(所得 兩極化)를 기록했다. 이러한 흐름은 소득 5분위 배율, 지니(Gini)계수, 팔마비율에서 동일하게 나타난다.

아이러니컬하게도, 친(親)기업 정책으로 보수정권으로 분류되는 이명박(李明薄)·박근혜(朴謹惠) 시대(2008.02~2017.03)엔 오히려 1분위 계층의 소득 증가율이 5분위 계층보다 높았다. 이명박(李明薄) 정부(2008.02~2013.02)에서 1분위 가구의 가계소득은 연평균 6.6%나 오른 반면에 5분위 가구 성장률은 4.6%에 그쳤다. 박근혜(朴謹惠) 정부(2013.02~2017.03)는 1분위 가구가 2.5%, 5분위 가구는 2.0%의 성장률을 보였다. 따라서 이명박(李明薄)·박근혜(朴謹惠) 정권기(2008.02~2017.03)에는 소득 5분위 배율과 지니(Gini)계수가 개선되었다. 이와 대조적으로, 친(親)서민으로 알려져 있는 노무현(盧武鉉) 정부(2003.02~2008.02)와 문재인(文在寅) 정부(2017.05~현재)에는 1분위 계층의 소득 증가율이 5분위 계층의 증가율에 못 미치고 있다. 특히, 노무현(盧武鉉) 정부(2003.02~2008.02) 시절은 그나마 둘다 성장하는 중에 격차가 생긴 것이지만, 문재인(文在寅) 정부(2017.05~현재)의 소득격차는 이례적인 '빈익빈 부익부'로 야기되었다는 점에서 더욱 더 큰 문제다. 따라서 '소득주도성장 정책'이 오히려 역효과를 일으키고 있다는 것을 알 수 있다.

〈서울경제신문〉에서 발표한 기사에는 575만 명의 근로자가 세금을 안 내도 되는 '저소득 근로자'로 확인됐다. 1억 원 이상 소득을 올리는 근로소득자는 1.4%인 것으로 나타났지만 이들의 전체 소득에서 차지하는 비율은 8.7%이며 금액으로는 32조이다. 한편 37.8%(541만 명)에 해당하는 저소득층 근로자의 소득이 전체소득에서 차지하는 비율은 8.47%로 총31조였다. 소득인구 중 37.8%(541만 명)를 차지하는 저소득층의 전체 소득 31조는 소득인구 중 1.4%(19만 명)의 비율을 차지하는 고소득층의 32조 보다 소득의 합계가 적었다. 이 결과, 불황(不況)은 서민층의 불황일 뿐이다.

다른 한편으로, 2018년 4분기 2분위 가구의 사업소득은 약 53만 원으로 1년 전보다 18.7% 줄었다. 2003년 이후 가장 큰 감소 폭이다. 하위 40~60%(3분위) 또한 사업소득이 7.0% 감소해 4분기 기준으론 2014년(-12.4%) 이후 5년 만에 가장 많이 축소됐다. 이는 내수침체, 최저임금 인상 등의 영향으로 영세 자영업자의 폐업이 늘어나고 있기 때문이다. 2018년 4분기 '1인 자영업자'는 1년 전보다 8만7,000명 감소했다. 이들이 근로자로 취업했거나 아르바이트를 고용해 '고용원 있는 자영업자'로 이동한 결과일 가능성도 있지만, 그것의 주요 요인은 폐업(閉業)이다. 실제 같은 기간 전체 2분위 가구에서 자영업 가구(가

구주가 자영업자인 가구)가 차지하는 비중은 5.1%포인트(24.4 → 19.3%)나 줄어든 반면에, 무직 가구 비중은 1.9%포인트(17.3 → 19.2%) 상승했다. 또한 2018년 1분위 내 자영업 가구 비중도 2.8%포인트(13.1 → 15.9%) 올랐다. 당초 2018년 2분위에 속해 있던 자영업자가 폐업을 하고 무직자가 됐거나, 가게는 유지하고 있지만 벌이는 1분위 수준으로 추락했다.

여기서 유의할 것은 한국에서 소득(所得) 양극화(兩極化) 문제가 진행되고 있는 가장 큰 요인은 중소기업과 대기업의 양극화(兩極化) 문제 때문이라는 점이다. 극소수 대기업들을 제외한 중견기업들 중 상당수가 몰락하고 있으며, 특히 중소기업들은 상당히 낮은 임금으로 지탱하고 있는 상황이다. 중소기업의 임금수준은 대기업의 절반수준이다. 따라서 월급부터가 너무 큰 차이가 나기 때문에 가계(家計) 양극화(兩極化)로 이어진다. 그러나 중소기업과 대기업의 양극화(兩極化) 문제는 단순히 개별기업의 문제로 접근해서는 해결하기 어렵다. 이러한 현상이 일어나는 것은 특정한 기술을 가진 기업이나 개인에게 유리한 쪽으로 경제가 변화하고 있다는 '숙련기술편향적 기술진보' 이론으로 설명할 수 있다.

나아가, 정규직을 확대해야 한다. 지금 한국의 노동자 중 절대 다수가 비정규직화되었다. 도시의 4인 가구를 기준으로 비정규직에 있는 사람들은 1백만 원을 약간 상위하는 소득을 받고 있다. 이러한 소득으로는 가장 기본적인 의식주 해결조차 쉽지 않다. 그리고 비정규직에게는 사회의 안정망에서 한발 비켜나 있다. 따라서 소비가 살아 날 수가 없고 내수 부진 기업환경악화가 반복된다. 게다가 기존 대기업 및 강성 노조의 유연화가 뒷받침이 되어서 기업들이 좀 더 많은 정규직을 채용할 수 있도록 정부가 강력한 지도를 해야 될 것이다. 그리고 또한 정부는 사회 안정망 확중 및 재교육제도를 활성화해서 노동유연성을 재고해야 할 것이다.

2) 탈(脫)원전 정책

문재인(文在寅) 대통령(2017.05~현재)이 2017년 06월 19일 부산 기장군 한국수력원자력 고리원자력본부에서 열린 고리 1호기 영구정지 선포식 기념사에서 *"새 정부는 원전 안전성 확보를 나라의 존망이 걸린 국가 안보 문제로 인식하고 대처하겠다"*면서 *"탈(脫) 원전(原電)은 거스를 수 없는 시대의 흐름"*이라며 *"신규 원자력발전소(原子力發電所) 건설 계획은 전면 백지화하고 원전의 설계 수명을 연장하지 않겠다"*며 원전(原電) 정책 전면 재검토를 선언했다. 또한 *"탈원전, 탈석탄 로드맵과 함께 친(親)환경 에너지정책을 수립하겠*

다"고 밝혔다.

문재인(文在寅) 대통령(2017.05~현재)은 "그동안 우리나라의 에너지정책은 값싼 발전단가를 최고로 여겼고 국민의 생명과 안전은 후순위였다. 지속가능한 환경에 대한 고려도 경시됐다"며 "이제는 바꿀 때가 됐다. 국가의 경제 수준이 달라졌고, 환경의 중요성에 대한 인식도 높아졌다. 국민의 생명과 안전이 무엇보다 중요하다는 것이 확고한 사회적 합의로 자리 잡았다"며 탈(脫) 원전(原電)과 신(新)재생에너지 정책의 필요성을 강조했다.

문재인(文在寅) 대통령(2017.05~현재)는 2016년 9월 이후 크고 작게 계속되는 경주(慶州) 지진의 문제를 거론하며 "대한민국이 더 이상 지진 안전지대가 아님을 인정해야 하고 당면한 위험을 직시해야 한다"면서 "지진으로 인한 원전 사고는 너무나 치명적"이라고 우려했다. 그러면서 "후쿠시마 원전(原電) 사고는 원전(原電)이 안전하지도 않고, 저렴하지도 않으며, 친(親)환경적이지도 않다는 사실을 분명히 보여줬다"고 부연했다.

문재인(文在寅) 대통령(2017.05~현재)은 "지금 탈(脫) 원전(原電)을 시작하더라도 현재 가동 중인 원전(原電)의 수명이 다할 때까지는 앞으로도 수십 년의 시간이 더 소요될 것"이라며 "그 때까지 우리 국민의 안전이 끝까지 완벽하게 지켜져야 한다. 지금 가동 중인 원전(原電)들의 내진(耐震) 설계는 후쿠시마 원전(原電) 사고 이후 보강됐다. 그 보강이 충분한지, 제대로 이루어졌는지 다시 한 번 점검하겠다"고 말했다.

문재인(文在寅) 대통령(2017.05~현재)은 "서구 선진 국가들은 빠르게 원전(原電)을 줄이면서 탈핵(脫核)을 선언하고 있다. 하지만 우리는 여전히 핵(核) 발전소를 늘려왔다. 그 결과, 우리나라는 전 세계에서 원전(原電)이 가장 밀집한 나라가 됐다"면서 "혹시라도 원전(原電) 사고가 발생한다면 상상할 수 없는 피해로 이어질 수 있다"고 말했다.

문재인(文在寅) 대통령(2017.05~현재)은 "설계 수명이 다한 원전(原電) 가동을 연장하는 것은 선박운항 선령(船齡)을 연장한 세월호와 같다"며 "현재 수명을 연장하여 가동 중인 월성 1호기는 전력 수급 상황을 고려하여 가급적 빨리 폐쇄하겠다"고 밝혔다. 이어 "지금 건설 중인 신고리 5, 6호기는 안전성과 함께 공정률과 투입 비용, 보상 비용, 전력 설비 예비율 등을 종합 고려해 빠른 시일 내 사회적 합의를 도출하겠다"고 덧붙였다.

사우디아라비아가 '탈(脫) 석유(石油)'를 선언하고 신재생에너지 사업에 뛰어든 사례 등을 거론하며 "우리도 세계적 추세에 뒤떨어져서는 안 된다. 원전(原電)과 함께 석탄화력 발전을 줄이고 천연가스 발전설비 가동률을 늘려가겠다"며 "태양광, 해상풍력 산업을 적극 육성하고 4차 산업혁명에 대비한 에너지 생태계를 구축해 가겠다. 친(親)환경에너지 세제를 합리적으로 정비하고 에너지 고소비 산업구조도 효율적으로 바꾸겠다"고 설명했다. 또한, 가정용 전기요금에 비해 낮은 산업용 전기요금에 대해선 재편 의지를 밝혔다. 다만 전기요금으로 인해 산업경쟁력에 타격이 가지 않도록 중장기적으로 추진, 중소기업 지원 정책도 마련할 계획이다.

산업계가 탈(脫)원전(原電)으로 인한 전력수급과 전기료 인상 등을 우려하는 것에 대해선 *"수만 년 이 땅에서 살아갈 우리 후손들을 위해 지금 시작해야만 하는 일"*이라고 일축하며 *"저의 탈핵, 탈(脫)원전(原電) 정책은 핵발전소를 긴 세월에 걸쳐 서서히 줄여가는 것이어서 우리 사회가 충분히 감당할 수 있다. 안심할 수 있는 탈핵 로드맵을 빠른 시일 내 마련하겠다"*고 설명했다.

또한, 문재인(文在寅) 대통령(2017.05~현재)은 미세먼지 주범으로 불리는 석탄화력발전소 신규건설 전면 중단 등도 약속했다. 그는 *"노후된 석탄화력발전소 10기에 대한 폐쇄 조치를 임기 내에 완료하겠다"*고 말했다. 문재인(文在寅) 정부(2017.05~현재)는 2017년 05월 15일 미세먼지 대책으로 30년 이상 운영된 노후 석탄화력발전소 8기를 일시 중단한 바 있다.

문재인(文在寅) 대통령(2017.05~현재)은 *"탈(脫) 원전(原電)과 함께 미래에너지 시대를 열겠다"*며 *"신재생에너지와 LNG 발전을 비롯한 깨끗하고 안전한 청정에너지 산업을 적극 육성하겠다. 4차 산업혁명과 연계하여 에너지 산업이 대한민국의 새로운 성장동력이 되도록 하겠다"*고 강조했다.[11]

---

11) 상기한 문재인(文在寅) 대통령(2017.05~현재)의 탈(脫) 원전(原電) 정책 선언에 대한 반응은 다음과 같다: 정의당 생태에너지부는 논평을 내고 *"고리1호기 영구정지를 시작으로 문재인 대통령이 탈핵국가와 안전한 대한민국으로의 대전환을 천명한 것을 환영한다"*며 *"대통령의 탈핵의지는 2017년 탈핵한국 시작을 알린 역사적인 의미를 갖는다"*고 평가했다. 다만 문 대통령이 '건설 중인 신고리 5, 6호기에 대해서는 안전성 등을 고려하여 빠른 시일 내에 사회적 합의 도출하겠다'고 한 것에 대해선 *"신고리 5, 6호기 건설 중단을 분명히 밝히지 않은 것은 공약 후퇴로 보일 수 있는 매우 아쉬운 대목"*이라며 *"신고리 5, 6호기 건설 백지화를 노심초사하며 기다려 온 380만 부산, 울산, 경남도민의 기대에 어긋난다"*고 지적했다. 아울러 *"원전 주변지역의 경제와 주민의 삶에 대한 대책도 세우고, 노동자들이 일자리를 잃지 않도록 대책을 마련해야 한다"*면서, 또한 *"미래가 없는 원전수출에 매달릴 것이 아니라 재생에너지산업과 에너지효율 혁명으로 경제활력과 일자리를 찾아야 한다"*고 밝혔다. 환경운동연합은 성명서를 내어 *"지난 40년 원전 중심의 에너지정책을 중단하고, 탈핵에너지전환의 시대를 처음으로 열었다는 점에서 감격이 아닐 수 없다. 환영과 지지의 입장을 보낸다"*고 밝혔다. 환경운동연합 또한 신고리 5, 6호기 건설 중단을 직접 언급하지는 않은 점에 대해선 아쉬움을 나타내면서도 문 대통령의 탈원전 에너지전환에 대해 *"의지는 명확했다"*고 평가했다. 이와 대조적으로, 〈자유한국당〉은 전기료 인상을 우려하며 탈원전 정책에 대해 *"성급하다"*고 표현하며 재고돼야 한다고 밝혔다. 그리고 [문재인 정부 탈원전 정책 폐기촉구 결의문](2019.03.11)을 채택했다. 황유정 바른정당 상근부대변인은 논평에서 *"문재인 대통령이 핵으로부터 대한민국을 안전하게 지키려고 한다면 북한의 비핵화도 함께 주장했어야 한다"*며 *"남한의 원전 사고로부터 발생할 재앙에 대비하는 것도 중요하지만 북한의 핵은 한반도가 사라질 정도로 위험하기 때*

문재인(文在寅) 대통령(2017.05~현재)은 탈(脫) 원전(原電) 정책을 추진하는 과정에서 대만, 독일 등을 벤치마킹 대상으로 삼아왔다. 그러나 대만과 유럽은 모두 '탈(脫)원전(原電)'으로부터 원전(原電) 유지로 돌아섰다.

대만은 지방선거와 함께 진행된 국민투표(2018.11.25)에서 2025년까지 모든 원전(原電)을 중단시킨다는 전기사업법의 관련 조항 폐지 여부에 대해 530만5천 개(전체 유권자 대비 29.84%)의 찬성표가 나와 2년만에 차이잉원 총통의 탈(脫) 원전(原電) 정책을 폐기하고 친(親) 원전(原電) 국가로 복귀하였다. 2016년 대선에서 "2025년까지 원전 없는 나라를 만들겠다"는 공약을 내세웠던 차이 총통은 집권 후 전기사업법을 개정해 '2025년까지 모든 원전의 가동을 완전히 중단한다'는 조항을 집어넣었다. 그러나 탈(脫) 원전(原電) 정책 시행으로 일부 원전의 가동이 중단되면서 대만 내에서는 전력 수급에 대한 불안이 커졌다. 대만에서는 2018년 8월 블랙아웃(대규모 정전) 사태를 빚으면서 시민단체를 중심으로 탈(脫)원전(原電) 정책을 폐기하라는 여론이 빗발쳤다.

유럽의회는, 2019년 11월 말, 2050년까지 유럽의 탄소 배출총량을 제로(0)로 만들기 위해 온실가스 감축 목표를 확대하는 내용을 담은 결의안 59조을 채택했다. 유럽의회는 상기 결의안에 '온실가스를 배출하지 않는 원전(原電)은 기후변화 목표 달성에 역할을 할 수 있고, 유럽 전력 생산의 상당량을 확보할 수 있다'고 명시했다. 유럽연합(EU)가 기후변화 대응에 원전의 역할을 공식적으로 인정한 건 이번이 처음이다.

사실, 유럽연합(EU)는 1986년 우크라이나 체르노빌 원전사고에 이어 2011년 일본 후쿠시마 원전(原電) 사고가 터지자 원전(原電)에 대한 공포가 확산하면서 안전성을 이유로 세계적 원전(原電) 강국인 프랑스와 독일도 원전(原電) 비중을 낮추겠다고 선언했다. 그러나 원전(原電)의 공포가 조금씩 사그라들면서 지구온난화를 막기 위한 온실가스 감축이 당면 과제로 떠올랐다. 더욱이 유럽을 이끄는 두 축인 유럽연합(EU) 집행위원회와 유럽중앙은행(ECB)의 새 집행부가 기후변화 대응을 최우선 과제로 추진하기로 결정하면서 상황이 급변했다. 우르줄라 폰데어라이엔 집행위원장은 2030년까지의 유럽연합(EU) 온실가스 감축 목표를 1990년 대비 40%에서 55%까지 높이겠다는 대책을 내놨다. 유럽의회도 이에 적극적으로 호응했다. 당초 초안에 담겨 있던 원전(原電) 폐쇄 조항을 삭제했다.

상기와 같이 원자력발전 비중을 대폭 축소하기로 했었던 유럽연합(EU)이 기후변화 대응을 위해 원전 가동을 유지하기로 방침을 바꿨다. 그 이유는 온실가스 감축을 위해선 원전(原電)이 반드시 필요하다고 판단했기 때문이다. 즉, 전력 생산의 25%를 담당하는 원전

문"이라고 힐난했다.

(原電)을 섣불리 폐쇄했다가 2050년까지 '탄소 제로'라는 목표 달성이 불가능할 수 있기 때문이다.

사실, 28개 유럽연합(EU) 회원국의 전력 생산 중 가장 높은 비중을 차지한 에너지 원(源)은 석탄·석유·가스로 45.9%이다. 이어 원자력(25.5%), 풍력(12.2%), 수력(11.8%), 태양광(4.0%), 지열(0.2%) 등의 순이다. 풍력과 수력, 태양광 등 통상 '재생에너지'로 분류되는 에너지 원(源)은 28.0% 수준이다. 이런 추세라면 유럽연합(EU)이 자체적으로 설정한 2050년 탄소 제로 목표를 달성하기엔 불가능하다. 유럽연합(EU)은 현 추세가 지속되면 2030년 온실가스 배출량이 1990년 대비 30% 감소하는 데 그칠 것으로 예상했다. 유럽연합(EU)의 목표치는 55%다. 전통적인 화석연료 사업 비중이 유지되고 있는 반면 재생에너지산업 비중 확대는 더디다. 한편, 헝가리, 불가리아, 슬로바키아 등 동유럽에선 냉전 시절 옛소련이 건설한 원전(原電)을 주력 에너지 원(源)으로 이용하는 국가가 적지 않다.

미국 원자력규제위원회는 2019년 12월 05일 플로리다주 마이애미 인근에 있는 터키포인트 3·4호기 원전(原電)의 수명을 60년에서 80년으로 연장해 원전(原電)을 더 쓸 수 있도록 했다. 원전(原電) 수명이 80년으로 연장된 건 이번이 처음이다.

문재인(文在寅) 대통령(2017.05~현재)의 탈(脫) 원전(原電) 정책에 대한 저자의 견해는 다음과 같다: 저자는 에너지 전문가가 아니기 때문에 2008년 미국 타임지의 '환경 영웅'으로 선정된 바 있는 환경운동가 마이클 셸런버거(Michel Shellenberger)의 견해(뉴스워치, 2019.06.21): "*원자력은 완벽한 에너지는 아니지만, 폐기물 배출량은 적으면서, 다량의 에너지를 만들며, 기후변화를 막고, 에너지 안보를 달성하는 등 유용한 에너지이다*"를 믿고 싶다. 그리고 인류는 원전(原電) 사고로 인한 방사능 누출에 대한 염려보다 세계 곳곳에 배치되어 있는 핵무기(核武器)로 인한 방사능 누출을 더욱 더, 특히 염려해야 함이 옳다.

참고로, 1979년, 제어판 설계의 인간공학적 결함 원인으로 발생한 미국 스리마일 섬 원전(原電) 2호기(TMI-2) 사고에서는 원자로(原子爐)가 손상되어 원전(原電) 운전이 중단되었지만, 방사능 누출은 물론 인명사고도 없었다. 1986년, 우크라이나 체르노빌 원전4호기 사고에서는 원자로가 파괴되고 많은 양의 방사능이 누출되었지만, 화재를 진압하던 소방관 31명을 포함하여 56명의 인명 사고가 발생했다. 2011년, 이른바 동일본대진재(東日本大震災)에서 후쿠시마 제1원전(原電) 사고는 지진 해일(津波)로 인해 발전소에서 전기가 끊어져서 발생한 것이다. 물론, 속수무책으로 원자로(原子爐)가 파괴되고 다량의 방사능이 누출되었지만, 16만 명이 넘는 사망자는 지진(地震) 해일이 원인이며, 원전(原電) 사고로 인한 직접적인 인명 피해는 없었다.

그러나, 한국 원전(原電)의 원자로는 로켓 공격에도 견딜 수 있는 튼튼한 격납고 안에 들어있으므로, 설령 원자로(原子爐) 노심(爐心)이 녹는 사고가 발생하더라도, 방사능 누출은 거의 없을 것이라고 전문가들은 말한다.

주지하다시피, 한국은 원전(原電) 수출국이다. 1978년 고리 원전1호기의 상업운전 이후로 관련 기술을 축적하여 한국 표준형 OPR－1,000(100만 kW급)에 이어 APR－1400(140만 kW급)을 개발하고, 아랍에미레이트에 수출했다. 원전(原電) 기술의 경쟁 우위를 갖추고 있다.

세계 30개국에서 약 450기의 원전(原電)이 운전 중이며 현재 건설 중인 원전(原電)은 중국의 20기를 비롯하여 15개국에서 건설 중인 원자로는 60기에 달하고, 25개국에서는 향후 5~10년 동안 170기의 원전(原電)을 건설할 계획이고, 36개국에서는 370기의 원전(原電) 건설을 검토하고 있다. 이 결과, 향후 10~25년 동안 1조6천억 달러에 달하는 양이다. 상기한 세계의 원전(原電) 건설 계획은 한국에겐 절호의 기회이다. 원전(原電) 수출시장의 블루오션이 전개되고 있는 것이다. 그럼에도 불구하고, 문재인(文在寅) 대통령(2017.05~현재)은 향후 20년 동안 더 운전할 수 있는 고리 원전1호기를 조기 폐쇄했다. 고리 원전1호기의 조기 폐쇄는 정말 귀중한 자원의 낭비이다.

요컨대, 문재인(文在寅) 대통령(2017.05~현재)의 탈(脫) 원전(原電) 정책은 '부국강병(富國强兵)'에서 '부국(富國)'을 포기한 것이나 다름이 없다. 아니면, 대한민국의 핵 무장을 원천적으로 봉쇄하겠다는 것인가? 이와 관련된 역사적 사례(제Ⅳ장, 제3절, 조선의 부국강병 포기)를 들면 다음과 같다:

조선의 제10대 왕 연산군(燕山君) 시대(재위: 1494~1506)인 1503년 은(銀) 제련법 '회취법'(灰吹法)을 발명했었으나 1507년 조정은 '회취법(灰吹法)'을 금지하였고 단천(丹川) 은광(銀鑛)을 폐쇄했었다. 이와 반면에, 일본(日本)은 1533년 조선 기술자로부터 '회취법'(灰吹法, 銀 제련법)을 전수받아 세계 2위 은(銀) 생산국이 되었으며, 1542년 조선(朝鮮)에 일본(日本)의 은(銀)이 급증하여 사회문제가 되었다.

상술하면, 양인(良人) 김감불(金甘佛)과 장례원(掌隸院) 종 김검동(金儉同)이가 납(鉛鐵)으로 은(銀)을 불리어 연산군(燕山君)에 바치며 아뢰기를, *"납 한 근으로 은(銀) 두 돈을 불릴 수 있는데, 납(鉛鐵)은 우리나라에서 나는 것이니, 은(銀)을 넉넉히 쓸 수 있게 되었습니다"*(연산 9년 5월 18일). 이들은 자신들이 개발한 화학적 방법이라며 금속의 녹는 점 차이를 이용해 납(鉛鐵)과 은(銀)이 섞여있는 저품질 은광석 덩어리에서 순수한 은(銀)을 뽑아내어 보였었다. 연산군(連山郡)은 크게 기뻐하며 즉시 함경도의 은광에서 이 방법을 이용해 은(銀)을 대량으로 뽑아내라고 지시하였다. 그러나 호조판서가 '회취법(灰吹法)'을 민간에 뿌려서 민간사업자가 은(銀)을 생산하게 하고 우리는 앉아서 돈 벌자고 주장했다. 결국, 연산군(連山郡)의 후궁 장숙용 집안이 채굴권도 받고 면세혜택도 받는 등 국정농단에 악용되어 조선 조정이 실제로 벌어들인 돈은 많지 않았다.

그 후, 1600년, 제14대 선조(宣祖, 재위: 1567~1608)가 당시 최대 은광인 단천(丹川) 은광(銀鑛)을 채굴한 자는 전(全)가족을 국경으로 추방하고 감사(監司)는 파직하라고 명했다(1600.04.24, 『선조실록』). 이어서, 1740년, 제21대 영조(英祖, 재위: 1724~1776)는 새 은광이 발견됐다는 보고에 개발을 금했고(1740.11.20, 『영조실록』). 또한, 1836년, 제24대 헌종(憲宗, 1834~1849)은 "금은 채굴 금지는 농사철에 방해가 되고 백성이 이익을 다투게 되니 행한 조치"라는 보고에 채굴 금지 정책을 이어갔다(1836.05.25, 『헌종실록』).

도대체, 향후, 남한이 북한에 경제개발의 필수적 요건인 에너지의 공급을 어떻게 할려고 원전(原電)을 버리고 풍력 – 태양광발전에 목을 멜려고 하는가? 북한의 공장과 주민에게 안정적이고 친(親)환경적 전기(電氣)를 만들 수 있는 것은 오직 '원전(原電)' 뿐이다.

문재인(文在寅) 대통령(2017.05~현재)가 원자력과 관련하여 반드시 할 일은 현재 불공정하고 불합리적인 '한미원자력협정'을 개정하여 미국으로부터 대한민국의 '원전(原電) 주권'을 확보하여 원전(原電) 연료인 우라늄의 농축과 사용 후 연료의 재처리 권한을 확보하는 것이다. 이와 동시에, 원전(原電) 기술개발에 박차를 가함으로써 대한민국이 제4세대 원전(原電) 개발의 선두주자가 되는 것이다.

참고로, 세계는 지금 TWR(Traveling Wave Reactor; 進行波炉)을 비롯하여 초임계수냉각로를 비롯한 다양한 제4세대 원자로(原子爐)를 개발 중에 있다. 특히, 미국 빌 게이츠(Bill Gates)의 TerraPower는 제4세대 원자로의 하나인 TWR를 연구하고 있다. TWR의 상대적 이점은 다음과 같다: 현재 실용 중인 경수로(軽水炉: PWR, BWR 등)에서는 농축 우라늄을 연료로 사용하며 몇 년마다 교환해주어야 하지만 TWR에서는 우라늄 농축과정에서 생성되는 열화(劣化) 우라늄을 연료로 사용하며 최장 100년 동안 연료 교환 없이 연속 운전이 가능하다. TWR의 출력은 10만 kW급의 소형으로부터 경수로의 출력과 비슷한 100만 kW를 목표로 하고 있다. 나아가, 현재의 경수로를 공장에서 제작하여 필요한 곳에 가져다가 설치할 수 있는 소형 모듈형 원자로(Small Modular Reactor)도 개발 중이다. 현재의 원자로는 핵분열식이지만, 태양에너지의 원천은 핵융합반응이다. 만약 조만간 핵융합식 원자로가 실현되면, 곳곳에 작은 태양(太陽)을 하나씩 가지게 되는 셈이므로 에너지가 너무 많아서 걱정하는 날이 올 수 있다. 〈국제열핵융합로〉(ITER: International Thermonuclear Experimental

Reactor) 본부는 프랑스 카다라쉬(Cadarache)에 있으며, 한국은 대전(大田) 국가핵융합연구소에 KSTAR(한국형 핵융합연구로)를 설치하여 연구 중에 있다. 핵융합식 원전(原電)의 실현을 위한 국제협력연구시설로서 일본, 유럽연합, 미국, 러시아, 중국, 인도, 한국이 참여하고 있다.

그럼에도 불구하고, 문재인(文在寅) 정부(2017.05~현재)는 심지어 한창 건설 중인 신고리 원전 5·6호기 공사를 졸속적으로 중단시키려고 한다. 원래 제7차 전력수급계획에서는 원전(原電)의 비중을 2015년 23.5%에서 2029년 28.2%로 늘리고 LNG 발전은 30.3%에서 24.8%로 줄일 계획이었다. 그러나 문재인(文在寅) 정부는 전력기본수급계획과 정책 결정의 민주적 절차를 무시하고 2030년까지 원전(原電)을 18%로 줄이고 LNG를 37%로 늘리고, 신재생에너지를 20%까지 늘리겠다고 한다.

그러나 재생에너지는 원전(原電)의 대안이 될 수 없다. 풍력-태양광 발전은 전기의 품질이 아주 나쁠 뿐만 아니라 환경을 엄청나게 파괴한다. 풍력발전은 바람이 불어야 가능하고, 태양광발전은 햇빛이 비쳐야 가능하다. 편서풍과 같은 바람이 불지 않고 산악지대가 많은 한국은 지정학적으로 풍력-태양광발전에 아주 적합하지 않다. 또한, 풍력-태양광 발전은 원전(原電)에 비해 아주 막대한 부지가 필요하다. 풍력발전은 원전(原電)의 약 1,300배의 부지가, 태양광발전은 원전(原電)의 약 180배의 부지가 각각 필요하다. 문재인(文在寅) 정부의 계획대로 2030년까지 전체 전력 공급의 20%를 신재생에너지로 충당하려면, 태양광 패널 설치에는 서울 면적의 60%(370 ㎢)에 상당하는 부지가 필요하고, 풍력 터빈의 설치에는 제주도 면적의 1.6배에 상당하는 해상·육상의 장소가 필요하다. 이것은 풍력-태양광발전의 설치는 엄청난 환경파괴를 의미한다. 풍력-태양광 발전은 경제적 타당성이 없다. 현재 각 가정에 설치되는 태양광 패널에도 엄청난 정부 보조금이 투입된다. 한국에서 경제적인 재생에너지는 서해의 9m에 이르는 조수 간만의 차이를 이용하는 조력발전이다. 현재 출력 25만4천 kW 규모(원전 1기의 4분의 1에 해당)의 시화호 조력발전소가 성공적으로 운영되고 있다. 서해의 다른 곳에도 조력발전시설을 검토하고 있지만 '환경단체'의 강력한 반대에 부딪쳐 있다.

나아가, 문재인(文在寅) 정부(2017.05~현재)는 탈(脫) 원전(原電)의 부작용인 불안정한 에너지 수급을 해소하고자 삼척화력발전소 1, 2기 건설을 허가했다. 산업부의 제8차 전력수급계획에 따르면 전국 석탄발전설비는 2020년에 2019년보다 약 1,000MW(메가와트) 증가한 3만7,000MW, 2022년에는 4만2,000MW로 계속 늘어난다. 2017년 기준으로 국내 석탄발전소 중 PM2.5 이하 초미세먼지를 가장 많이 배출한 삼천포발전소는 1MWh(메가와트

시) 당 498g의 초미세먼지를 배출했다. 같은 기준으로 분당LNG발전소는 46g을 배출했다. 이와 반면에 원전(原電)은 초미세먼지 배출이 제로에 가깝다. 결론적으로, 재생에너지는 보조전력은 될 수 있을지언정, 원전(原電)의 대안이 될 수 없다.

02 한국경제의 '최악의 시나리오'

경제위기와 국가부도는 앞날을 미리 예고하고 일어나지 않는다. 경제위기의 징후가 나타나기 시작하면 걷잡을 수 없이 빨리 진행되는 것이 바로 경제위기와 국가부도이다. 최근의 그리스 사태를 잊으면 안된다. 그나마 그리스는 관광자원이라도 있지만 한국은 그마저도 없다.

전술한 바와 같이, 문재인(文在寅) 정부(2017.05~현재)는 '소득주도성장 정책'을 내걸고, 기업주도에 의한 성장 잠재력 확충이 아니라, 정부주도의 복지 증대에 주력함으로써 '재정 없는 포퓰리즘'(Populism)의 강행 → 재정적자 누증 → 국가채무 급증 → 국가신용등급과 대외신인도 하락 → 금융시장의 불안 지속 → 신용경색 및 주가하락 → 자금난 심화 → 기업부도 및 기업 구조조정 지연 → 대외신인도 하락 → 금융시장 및 경제전체의 불확실성 증가라는 악순환으로 줄달음치고 있다.

국가신용등급과 대외신인도(對外信認度)를 제고하기 위해서 재정건전성(財政健全性)를 철저히 유지해야 한다. 2019년 1~4월 기준으로, 통합재정수지 적자는 26조 원, 관리재정 수지 적자는 39조 원이다. 2019년 상반기 국세(國稅) 수입이 156조2천억 원으로 2018년보다 1조 원 감소하였다.

합리적 재원조달이 없는 복지지출 확대는 망국(亡國)의 길이다. 이것은 포퓰리즘(populism)이며 혹세무민(惑世誣民)이다. 2050년 정부부채는 GDP의 138%로 전망되는데, 여기에 5년간 340조 원을 쏟아 부으면 정부부채는 그리스의 국가부채 수준 160%에 이를 것이다. 이것은 아르헨티나와 일본의 역사적 경험에서 보듯이 실로 망국(亡國)의 길이다.

[그림 1] 한국경제의 최악의 시나리오

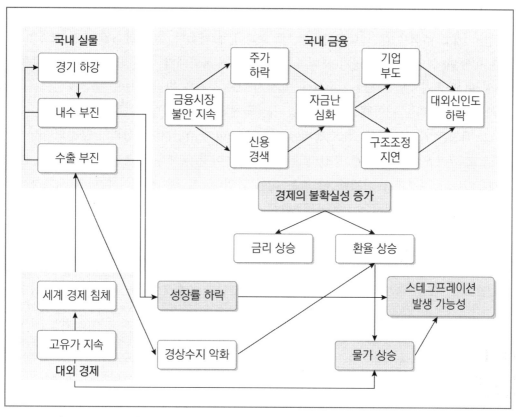

자료: 임양택(1991), "한국경제 위기의 본질과 대책"(한국경제신문, 1991.09.30).
　　　임양택(1995), 『비전없는 국민은 망한다: 21세기 통일한국을 위한 청사진』, 서울: 매일경제신문사 출판부.
　　　임양택(1999), "제2외환위기 가능성과 대책"(한국경제신문, 1999.02.08)
　　　임양택(2007), 『한국의 비전과 국가경영전략』, 파주: 나남.
　　　임양택(2011), 『쿼바디스 도미네: 성장·복지·통일을 위한 청사진』, 파주: 나남.
　　　임양택(2018), 『글로벌 금융패러다임과 한국 금융산업: 이론과 정책』, 서울: 한양대학교 출판부.

1) 글로벌 경제의 경기침체

　그동안 세계경제는 부채(負債)로 지탱해 왔다. 마이너스 금리까지 내려온 부실(不實) 경제였다. 부채(負債) 경제에 힘입어 주가도, 부동산도 너무 올랐다. '코로나19'는 하나의 계기였을 뿐이다. 세계보건기구(WHO)가 우한 코로나 팬데믹(세계적 대유행)을 선언(2020.03.

11)12)한 후 각국 증시가 폭락했다. 2008년 하반기 글로벌 금융위기보다 더 심각하고 광범위한 위기가 닥쳐올 것이란 우려가 크다. 따라서 글로벌 증시가 동반 급락했다. 외국인들은 한국 기업 주식을 대거 팔아치우는 '셀 코리아'에 나섰다. 2020년 3월 12일 코스피 시장은 9년 만에 일시 거래 정지 조치가 취해지는 등 폭락세가 이어졌고, 원·달러 환율이 7개월 만에 가장 큰 폭으로 치솟았다. 외환시장도 충격을 받았다.13)

세계경제 체력이 허약해진 결정적 증거는 국제유가가 배럴당 27달러까지 폭락한 점이다. 그 배경은 각국이 부채(負債) 경제에 의존한 나머지 감산(減産) 합의가 불발되면서 *"내가 살고 봐야겠다"*면서 되레 증산(增産) 경쟁이 벌어져 국제유가 폭락을 촉발했다. 본래 국제유가는 세계경제가 침체할 때 좋은 적이 없었다. 지금은 체력이 약화된 세계경제에 '코로나 19'까지 겹치면서 수요가 급감했다. 석유 수출로 경제를 지탱해 온 세계 3위 산유국 러시아로선 세계 1위 사우디아라비아의 감산(減産) 요청은 앉아서 죽으라는 얘기였을

---

12) 2019년 말, 중국 우한에서 시작된 '코로나19'는 급속히 확산돼 세계 119개국에 퍼졌다. 확진자만 2020년 3월 12일 기준으로 12만1,700명, 사망자만 4,382명에 달한다. 이에 세계 많은 보건 및 감염병 전문가가 이미 팬데믹 단계에 접어들었다고 진단했지만 WHO는 '중국 눈치보기'와 '공포심리' 확산을 이유로 팬데믹 선언에 주저해왔다. 사면초가에 몰린 WHO가 2020년 3월 12일 뒤늦게 팬데믹을 선언하면서 각국 정부는 '코로나19'의 확산을 인정하고 차단보다는 치료와 억제에 초점을 맞추게 될 것으로 전망된다. WHO가 지금까지 팬데믹을 선언한 경우는 1968년 홍콩독감 사태와 2009년 6월 H1N1 등 두 번뿐이다. 가장 최근에 선포된 팬데믹인 신종플루의 경우 2009년 6월 11월에 공식적으로 발표됐는데, 당시 기준으로 총 74개국에서 2만8,774명의 감염자와 사망자 144명이 발생한 후였다. 한국내에서는 '코로나19'의 확진자가 56명 수준이었으며 외국어 예비강사 22명의 집단발병을 제외하면 대부분이 해외 입국자였다. 신종플루가 팬데믹으로 선포될 당시 가장 큰 규모의 '코로나19' 확진자들은 주로 미국, 멕시코, 캐나다 등에 분포해있었다. 당시 미국에서는 1만3천여 명의 확진자에 27명의 사망자가 발생한 상황이었고 멕시코(6,241명), 캐나다(2,446명), 호주(1307명), 영국(822명) 등 아시아보다는 유럽과 미 대륙을 중심으로 확산되고 있었다. 그러나 '코로나19'는 국내뿐 아니라 미국, 유럽 등지에서도 급격히 확산하며 앞서 '코로나19'가 세계 인구의 최대 70%까지 감염시킬 수도 있다는 마크 립시치 하버드대 교수의 경고가 현실화되는 것 아니냐고 우려된다. 미국 감염학 전문가들도 현지 '코로나19'의 감염자가 7천만 명에서 최대 1억5천만 명에 이를 수 있다고 예측했다.

13) 2020년 3월 12일 코스피 지수는 전날보다 73.94포인트(3.9%) 급락한 1834.33에 거래를 마쳤다. 북한의 포격 도발이 있었던 2015년 8월 24일(1829.81) 이후 최저치다. 장중에는 코스피 선물이 5% 넘게 급락하면서 8년 5개월 만에 거래가 일시 중단되는 사이드카가 발동됐다. 코스닥도 전날보다 5.4% 내렸다. 달러 대비 원화 환율은 전날보다 13.5원 급등한 1206.5원을 기록했다. 일본(−4.4%)과 중국(−1.5%), 홍콩(−3.7%) 등 아시아 주요 증시도 큰 폭으로 하락했다. 한국 시각으로 이날 오후 개장한 유럽 증시는 6% 안팎의 하락세로 출발해 시간이 갈수록 낙폭을 키웠다. 한국 시각 13일 0시 현재 프랑스 증시는 10% 급락했고, 독일(−9.5%)과 영국(−9.4%)도 두 자릿수 가까운 하락세를 보였다. 12일(현지 시각) 미국 뉴욕 증시도 개장하자마자 7% 이상 폭락하며 주식 거래가 일시 중지되는 서킷 브레이커가 발동됐다. 코로나 팬데믹이 전 세계적인 경제 위기로 번질 수 있다는 공포에 전 세계 금융시장이 마비됐다(조선일보, 2020.03.13).

것이다. 러시아에겐 석유 수출이 생명줄이다.

한편, 미국·일본조차 재정 부족에 허덕이고 있다. 한국의 경우 반도체만 빼면 주력 제조·내수 산업의 이익이 최근 4~5년간 계속 떨어지고 있었다. 과열된 증시가 폭발 직전의 한계에 달했을 때 블랙스완처럼 나타난 게 신종 코로나 바이러스 감염증(코로나 19)이다. 체력이 바닥난 한국경제 고리를 뚫고 들어오니 증시가 저항 한 번 못하고 휘청거렸다.

월가(Wall Street)의 대표적인 '비관론자'이자 '아시아통'으로 꼽히는 스티븐 로치(Stephen Roach) 교수(예일대 경영대학원)[14]가 신종 코로나 바이러스 감염증(코로나 19) 사태 이후 한국경제에 대해 암울한 전망을 내놨다. 그는 중앙일보와의 e메일 인터뷰(2020.03.12)에서 *"중국은 경제를 개방한 이후 최초로 올 1분기 마이너스 성장을 기록할 것으로 예상한다. 2분기 회복세에 접어들겠지만, 그다지 대단하지 않은(modest) 수준일 것이다. 올해 중국 연간 국내총생산(GDP) 증가율은 4.5%로, 중국 정부가 목표로 하는 6%에서 1.5%포인트 떨어질 전망이다."*

중국 경제가 2003년 사스(SARS·중증급성호흡기증후군) 발병 때처럼 '브이(V)자' 형태로 빠르게 회복할 것이라는 전망도 있지만, *"그렇진 않다. 지금부터 중국 내 코로나19 확산세가 꾸준히 줄어든다는 가정을 해도 중국 경제 회복은 빨라야 하반기부터다. 코로나19 쇼크는 사스 때와 세 가지 이유에서 상황이 다르다. 첫째, 2003년보다 올해 글로벌 경기가 훨씬 나쁘다. 둘째, 중국이 세계 경제에서 차지하는 비중은 그사이 8.5%에서 19.7%로 늘었다. 셋째, 최근 세계 경제 성장률에서 중국의 기여도는 연간 평균 37%에 달했다, 이 공백을 대체할 다른 국가가 없다."*(중앙일보, 2020.03.12).

또한, 스티븐 로치(Stephen Roach) 교수(예일대 경영대학원)가 상기한 중앙일보와의 e메일 인터뷰(2020.03.12)에서 신종 코로나바이러스 감염증(코로나19) 사태 이후 한국경제에 대해 암울한 전망을 내놨다: *"'중국이 재채기를 하면 전 세계가 감기에 걸린다'는 은유적*

---

14) 스티븐 로치(Stephen Roach) 미국 예일대 경영대학원 교수는 한때 '미스터 경착륙'이란 별명으로 불릴 만큼 월가의 대표적 비관론자이다. 모건스탠리 수석 이코노미스트와 아시아 회장을 역임한 그는 미국의 과잉 소비와 부동산 과열의 위험을 경고하고 2008년 금융위기를 예견하면서 명성을 떨쳤다. '더블 딥(double-dip·이중 침체)'이란 용어를 처음 사용한 것도 그다. 예일대에서는 중국과 일본 등 아시아 국가의 경제성장이 세계경제에 미친 영향에 관한 강의로 인기가 높다. 비관론자인 그도 미국 경제의 현 상황과 성장 잠재력에 대해서는 긍정적으로 평가했다. 하지만 미국이 무려 102개국과 교역에서 적자를 보고 있는 상황에서 중국을 단일 '공적(公敵)'으로 지목해 무역전쟁을 벌이고 있는 것에 대해서는 "번지수가 틀렸다"고 질타했다. 무역전쟁의 본질적인 요소가 경제가 아닌 외교와 정치라는 것이다. "코로나 확산이 진정되더라도 향후 세계 경제의 '근본적인(fundamnetal) 회복'은 쉽지 않으며 '통계적인 회복'에 그칠 것"이라고 말했다. 글로벌 투자은행 모건스탠리의 아시아 지역 회장을 지낸 로치 교수는 '아시아통'으로도 손꼽히는 경제 전문가다.

표현이 두 가지 의미에서 현실이 됐다"고 말하면서 "한국의 주요 교역국들이 차례로 무너지며 한국경제도 치명상을 입게 될 것"이라고 경고했다. 특히 한국과 무역 비중이 큰 중국(무역 비중 1위)·홍콩(4위)·일본(5위)을 주의하라고 했다. 그는 "세 곳은 이미 리세션에 진입했을 가능성이 있다"며 "그중에서도 일본은 지난해 4분기에 이어 올해 1분기에도 2분기 연속 마이너스(－) 성장이 확실시되고 있다"고 분석했다.

일반적으로 경제가 2분기 연속으로 마이너스 성장을 하면 경기침체(景氣沈滯)라고 한다. "올해 상반기 한국 경제는 완전한 경기침체(outright recession)에 들어선다. 연간 성장률은 신용평가사 무디스가 최근 2020년 한국의 경제성장률 전망치를 1.9%에서 1.4%로 하향 조정했지만 그것(1.4%)에 한참 못 미칠 전망이다. 코로나19가 지금보다 더 확산한다면, 1분기와 2분기 연속 마이너스 성장은 확실해진다. 특히 다른 국가보다 한국의 경제적 타격이 크다." 왜 한국 경제에 미치는 악영향이 큰가? "일단 코로나19가 빠르게 확산하는 주요 국가인 데다 무역 의존도가 높기 때문이다. 올 상반기 글로벌 경제가 리세션에 빠지면 어떤 국가도 '번영의 오아시스(oasis of prosperity)'를 누릴 수 없다. 거의 모든 국가가 마이너스 성장 혹은 저성장 국면에 들어선다. 이 경우 무역 비중이 높은 한국경제는 즉각적으로 수출이 감소하는 피해를 볼 수 밖에 없다."(중앙일보, 2020.03.12).

상기와 같은 암울한 경기전망하에서, 미국 등 주요국들은 즉각적으로 경기부양책을 쏟아냈다. 미국은 기준금리 큰 폭 인하에 이어 도널드 트럼프(Donald John Trump, 1946~현재) 대통령(45대: 2017~2021)이 한시적 근로소득세 '제로' 카드까지 꺼냈었다. 영국은 사상 최저 수준으로 금리 인하를 단행했고 독일도 대규모 부양책을 내놓았었다.

그러나 한국경제는 세계 어느 나라보다 '코로나 사태'의 충격을 크게 받고 있는데도 불구하고 정부의 경제대책은 거의 보이지 않는다.[15] 소상공인들의 폐업이 속출하고 있다. 멀쩡한 중소기업까지 일시적 자금 부족으로 흑자 도산 위기에 몰리고 있다. 항공사 승객이 85%나 급감했고, 조선업의 선박 발주는 57%, 자동차 판매는 20% 넘게 감소했다.

15) 추경예산 증액 문제를 논의한 당·정·청 회의(2020.03.11)는 아예 경제 부총리를 뺀 채 진행됐다. 부총리 대신 참석한 기재부 차관은 아예 입도 열지 않았다고 한다. 민주당과 청와대의 관심은 온통 선거에 쏠려 있고 경제 부처는 눈치만 보고 있다. 컨트롤 타워가 어디에도 보이지 않는다(조선일보, 2020.03.13).

2) 장기 침체(Secular Stagnation): 저(低)성장

한국경제에는 1990년대부터 30년 동안 3저(底): 저(低)성장·저(低)금리·저(低)물가와 고령화라는 '일본화(Japanification)' 현상이 재현되고 있다. 이것은 순환적 경기침체가 아니라 1990년대 일본 경제에 몰아닥친 이른바 '잃어버린 30년'처럼 저(低)성장·저(低)물가의 구조적 장기침체(Secular Stagnation)을 의미하는 것이다.

그동안 체력 보강도 없이 너무 오래 달렸다. 특히 규제·노동 개혁이 더욱 더 절실한 시점이다. 그렇다면, 한국경제의 구조적 당면문제인 '3저(低) 시대': 저(低)성장·저(低)금리·저(低)물가를 진단해보자.

- 저(低)성장이 마이너스 성장으로 치닫고 있다. 2018년 경제성장률은 2.7%로 성장했으며 6년 만에 가장 낮은 경제성장률을 보였다. 세계 평균 경제성장률보다 1%나 낮았다. 2019년 1분기에는 두 번째로 분기 마이너스 성장을 했다. 2017년 4분기, 0.2% 마이너스 성장을 한 데에 이어, 2019년 1분기에도 0.4% 마이너스 성장을 하였다.[16] 물론, 경기호황이던 시절 1분기 만에 마이너스 0.7% 성장한 국민의정부(2000년 4분기), 참여정부(2003년 1분기)에 비하면 경미한 수준이지만, 문재인(文在寅) 정부(2017.05~현재)가 들어 두 번째 마이너스 성장이다. 참고로, 이명박·박근혜 정부에서는 당시 마이너스 성장을 했던 분기가 없었다. 블룸버그 산하 경제연구소인 블룸버그 이코노믹스(BE)가 최근 발간한 보고서에 따르면 2020년 한국의 국내총생산(GDP) 기준 경제 성장률은 마이너스(−) 0.1%로 전망됐다.

- 저(低)금리 정책의 약발이 한계에 도달했다. 글로벌 금융위기 이후 사정없이 돈을 찍어낸 후유증으로 각국의 금리 인하 여력은 바닥을 드러내고 있다. 일본은 버블 붕괴 후 잃어버린 20년간 제로에 가까운 금리를 유지했지만 경기를 살리지 못했다. 한국의 기준금리는 역대 최저인 1.25%. 그때의 일본이나 지금의 한국이나 금리가 비싸서 투자가 부진하고 소비가 위축된 것이 아니다. 그러나 일본은 기축통화국이며 산업기술 강국이다.

---

16) 2019년 1분기 성장률은 OECD에서 한국이 꼴찌다. 이러한 급격한 성장률 하락의 핵심적 요인으로는 수출세의 감세, 설비투자 16% 감소 등이 꼽힌다. 코로나19 여파로 세계 경제가 대공황 이후 최악의 침체를 겪을 것으로 전망되지만 한국 경제는 다른 나라에 비해 비교적 선방할 것이라는 분석이 나왔다.

● 저(低)물가 현상이다. 소비자물가 상승률은 2019년 사상 최저(0.4%)를 기록했다. 외환위기 때도 이렇지는 않았다. 전반적인 물가수준을 나타내는 GDP디플레이터는 4분기 연속 하락했다. 정부의 통계 작성 이후 처음이다. 일본이 겪었던 디플레이션(Deflation)의 전조(前兆)이다. 디플레이션(Deflation)이 진행되면 소비와 생산이 저조해진다.

상기한 통계적 분석결과를 제대로 인식함으로써, 문재인(文在寅) 정부(2017.05~현재)는 디플레이션(Deflation)의 가능성은 없다는 말만 할 게 아니라 기본으로 돌아가 기업과 개인이 활력을 되찾게 만드는 수 밖에 없다. 상기한 리스크 요인들을 제거하거나 관리함과 동시에 기업·가계 등 위축된 경제주체(특히 건전한 기업)에게 활력을 불어넣어야 한다. 디플레이션(Deflation) 국면에서 유일한 탈출법은 경제가 활력을 되찾는 것뿐이다.

만약 한국경제가 디플레이션(Deflation) 국면에 실제로 진입하면 민간소비와 기업투자가 저조해지며 장기침체(Secular Stagnation)로 이어질 것이다. 총체적인 수요 감소로 상품이 팔리지 않고 이는 다시 생산 감소로 이어지는 악순환을 야기할 것이다. 물가가 떨어지니 화폐 구매력은 높아지지만 빚을 지고 있는 가계나 기업은 부채 상환 부담이 가중될 것이다. 경제성장이 더디고 물가가 떨어지면 재정수입의 근원인 세금도 안 걷히게 된다.

모름지기, '경제의 거울'은 증시(證市)이다. 2020년 3월 12일 코스피 시장은 9년 만에 일시 거래 정지 조치가 취해지는 등 폭락세가 이어졌고 원·달러 환율이 7개월 만에 가장 큰 폭으로 치솟았으며 외환시장도 충격을 받았다. 1997년 하반기 외환위기와 2008년 하반기 금융위기 때 그랬다. 공포가 현실을 압도했었다. 한국 증시(證市)는 미국이 돈을 추가로 풀기로 하면서 반등했지만 안심하기에는 이르다. 지난 번 블랙 먼데이는 취약한 한국경제 구조를 손질할 마지막 경고이다.

상기한 구조적 장기침체(Secular Stagnation)의 악순환 고리를 끊기 위해서는 구조개혁(構造改革)이라는 근본적 정책대응을 통해 노동·자본 투입을 촉진함으로써 잠재성장률(潛在成長率, potential growth rate)을 확충해야 한다.[17] 모름지기, 잠재성장률(潛在成長率)을 제고할 수 있는 방법은 노동·자본의 투입을 촉진하고 그 효과를 증폭시키는 총요소생산성(總要素生産性) 향상 밖에 없다. 왜냐하면 소득은 생산의 결과물이기 때문에 소득을 올리려

---

17) 잠재성장률(潛在成長率, potential growth rate)이란 한 나라 안에 존재하는 노동력 및 자본 등의 모든 생산요소를 최대한 활용(완전 고용)하였다고 가정할 때 달성할 수 있는 최대의 생산량증가율을 말한다. 즉, 물가상승은 유발되지 않는 상태에서 달성 가능한 최대의 경제성장률이다.

[그림 2] 한국의 사회경제적 문제와 그 원인

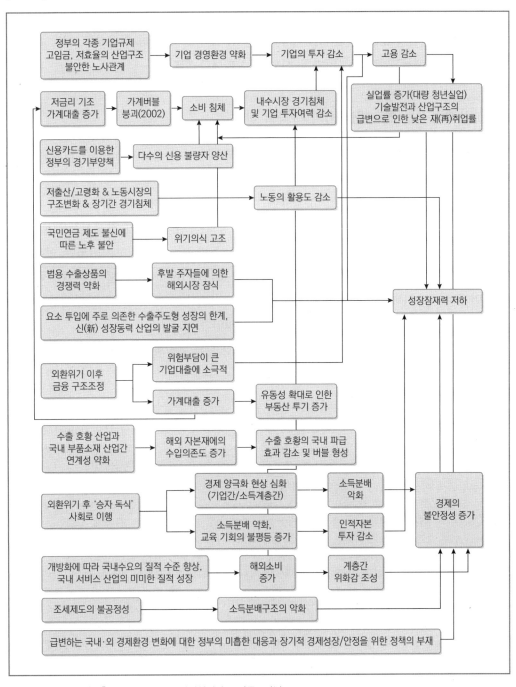

자료: 임양택(2007), 『한국의 비전과 국가경영전략』, 파주: 나남.

　　임양택(2011), 『쿼바디스 도미네: 성장·복지·통일을 위한 청사진』, 파주: 나남.

면 요소자원의 생산성을 높여야 하기 때문이다. 특히, 임금은 노동생산성에 의해 결정되며, 임금은 노동생산성을 초과할 수 없다. 따라서 대한민국 노동자들의 임금을 올리기 위해서는 총요소생산성(總要素生産性)을 올려야 한다. 그리고 양질의 일자리를 만들고 높은 연봉을 주기 위해서는 고(高)부가가치 산업을 창출해야 한다.

(1) 잠재성장률(潛在成長率)의 지속적 하락

한국의 잠재성장률(潛在成長率)은 1990년대초 7%대였지만 1997년 하반기 외환위기 이후 5.6%(1996~2000), 2008년 하반기 글로벌 금융위기 이후 3.2%(2011~2015)로 빠르게 하락했다. 최근에 노동 투입의 GDP 증가율에 대한 마이너스 기여도 폭이 확대되고 자본투입의 기여도 역시 낮아짐에 따라 현재 2.5%로 추정되는 한국경제의 잠재성장률(潛在成長率, potential growth rate)이 2021~2025년에는 2% 초반으로 낮아지고, 2026년 이후에는 1%대로 하락할 것으로 추정된다.[18] 잠재성장률(潛在成長率)이 1%대로 떨어진다는 것은 사람의 인체로 비유하면 성장 판이 사실상 닫힌다는 것이다. 그렇다면, 한국 잠재성장률(潛在成長率, potential growth rate) 하락의 원인은 무엇인가?

첫째, 한국사회는 세계 최고 수준의 저출산(低出産)·고령화(高齡化) 사회로 진입하고 있다. 이 결과, 생산가능인구의 감소로 인하여 노동 투입력이 약화되고 있다.[19] 한국사회

---

18) 한국은행은 2019년 9월 9일 '조사통계월보, 우리나라의 잠재성장률 추정' 보고서에서 "한국경제의 잠재성장률(潛在成長率)이 추세적으로 하락하는 가운데 하는 상황인 것으로 나타났다"고, 2019년 경제성장률 전망치 2.2%이 잠재성장률 연평균 2.5~2.6%을 하회하고 있다고 밝혔다. 또한, 현대경제연구원의 분석에 의하면 국내 경제의 잠재성장률(潛在成長率)은 2016~2020년 2.5%로 추정되었다.

19) 한국의 65세 이상 고령인구 비중은 2040년 33.9%로 세계에서 둘째로 높아지고, 2045년 37%로 세계 1위가 된다. 2067년에는 46.5%까지 치솟는다. 2067년 세계 평균(18.6%)은 물론 고령인구 비율 2위인 대만(38.2%)과 3위인 일본(38.1%)을 훌쩍 뛰어넘는 수준이다. 2019~2067년 전 세계 고령인구 비율이 9.5%포인트 오르는 것을 고려하면 한국의 고령화 속도는 3배 이상 빠르다. 이와 반면에, 2019년 72.7% 수준인 한국의 생산연령인구는 2055년 50.1%로 세계에서 가장 낮아진다. 2067년에는 절반도 안 되는 45.4%까지 떨어진다. 노동력 부족에 따른 생산성 저하로 경제 전반의 활력이 떨어질 수 있다는 얘기다. 통계청 관계자는 "감소 속도 면에서도 세계 1위"라고 설명했다. 이에 따라 복지 부담은 가중될 전망이다. 한국의 노년부양비(생산연령인구 100명당 고령인구)는 2019년 20.4명에서 2067년 102.4명으로 약 5배 증가한다. 역시 세계 최고로 높아지는 것이다. 고령인구에다 유소년 인구 부양까지 고려한 총 부양비는 현재 37.6명에서 2067년 120.2명으로 증가한다. 다만 남북이 통일될 경우 고령화와 생산연령인구 비율 감소가 완화되는 것으로 나타났다. 이 경우 현재 7,700만 명 규모인 남한과 북한의 인구는 2067년 6500만 명으로 감소한다. 그러나 생산연령인구 구성비는 2067년 51.4%로 남한 단독일 때보다 6%포인트 개선되는 것으로 나타났다. 또 고령인구 구성비도 37.5%로 남한 단독일 때보다 9%포인트 낮다. 한편, 한국의 2015~2018년 기대수명은 82.5세로 40년 사이 19.4세 늘었다. 한편 2027년이 되면 세계 최다

의 고령화(高齡化)의 속도를 보면 UN의 구분에 따라, 2002년에 '고령화 사회'라고 정의되는 65세 이상 인구 비율 7%(7.9%, 377만 명)를 돌파했고, 예상(2019년)보다 2년 빠른 2017년에 '고령 사회'로 정의되는 14%(14.2%, 711만 5천 명)를 넘어섰다. '고령화 사회'에서 '고령 사회'가 되는 데 걸린 시간은 불과 15년이다. 이런 속도로 갈 경우 2025년에 초고령 사회(65세 이상 인구 비율 20%)로 진입할 것으로 전망된다. 또한, 한국은 '합계출산율 0명대 시대' 진입하였다. 통계청의 '2018년 출생 통계(확정)'에 따르면 2018년 한국의 합계출산율은 0.98명으로 출생통계 작성(1970년) 이후 최저치를 기록했다. 이것은 여성이 가임기간(15~49세)에 낳을 것으로 기대되는 평균 출생아 수가 한명도 되지 않는다는 얘기다. 보통 인구유지에 필요한 합계출산율을 2.1명으로 본다.

상기와 같은 세계 최고 수준의 저출산(低出産)·고령화(高齡化) 추세로 인하여, 주요 노동력인 15~64세 생산가능인구 규모는 2019년부터 감소하고 있다. 또한 빠르게 진행되는 고령 인구의 증가는 생산성을 약화시키고 저축률의 하락 및 투자 감소로 이어져 경제 저활력 문제를 악화시키고 있다.

여기서 유의할 것은 인구감소와 고령화(高齡化)도 일본의 궤적을 따라가고 있다는 점이다. 한국은 사실상 인구 감소 시대로 접어들었다. 2019년 10월의 출생아 수는 2만5,648명, 사망자 수는 2만5,520명. 인구 증가율은 '제로'로 나타났다. 경제성장에 필수적인 생산가능인구(15~64세)는 이미 2017년 감소세로 돌아섰다. 일본의 생산가능인구는 1995년 감소하기 시작했다. 그동안 고령화는 대략 20년의 간극을 두고 일본을 쫓아가는 것으로 관찰돼왔는데 이 격차가 점점 좁혀지고 있다. 그 요인은 출산율이 세계 최저인 한국의 인구 감소 속도가 워낙 빠르기 때문이다. 한국의 가임연령 여성 1인당 출산율은 2018년 0.98명이지만, 일본은 1.42명이다. 게다가 근로시간 단축이 경제에 타격을 입힌 것도 한·일의 닮은꼴이다. 일본은 1980년대 후반 법정근로시간을 주당 48시간에서 40시간으로 단축했다. 이것이 일본의 장기불황에 상당한 영향을 끼쳤다. 노동생산성은 향상되지 않았는데 근로시간이 줄면 생산은 줄어들 수밖에 없다. 문재인(文在寅) 정부는 1년 반 전 주(周) 52시간제를 도입해 근로 투입량을 묶었다. 사업주는 일손 부족으로 공장 가동에 어려움을 겪고, 근로자는 추가로 일할 수 없어 수입이 줄어들었다.

둘째, 투자 부진 및 자본 축적 저하이다. 1980년대 10%를 상회했던 건설, 설비, 지식재

인구 보유국이 중국에서 인도로 바뀔 전망이다. 중국의 인구는 2019년 14억3천만 명에서 2067년에는 12억8천만 명으로 줄어든다. 대신 현재 13억7천만 명으로 2위인 인도는 2067년 16억4천만 명으로 늘어난다. 현재 28위인 한국은 같은 기간 56위로 순위가 떨어지며, 남·북한이 통일할 경우 36위가 될 것으로 전망됐다(중앙일보, 2019.09.03).

산물 분야의 투자 증가율은 2010년대에는 1~5%대로 위축되었다. 또한 물적 자본은 과거 고도 성장기에는 빠르게 증가했지만 점차 경제 규모가 커지고 성숙도가 진행되면서 증가 속도가 저하되었다. 1980~1990년대 10%를 상회했던 전산업의 생산자본스톡 증가율은 2010년 이후에는 1~6%대로 하락했다. 통계청이 발표한 '2018년 8월 산업활동 동향'에 따르면, 전월 대비 설비투자는 1.4% 감소해 3월부터 6개월 연속 마이너스를 기록했다. 이는 외환위기 때인 1997년 9월부터 1998년 6월까지 10개월 연속 마이너스 행진을 벌인 이후 약 20년 만에 처음이다.

현재 경기상황을 보여주는 동행지수와 앞으로의 경기를 예측하는 선행지수도 각각 0.2, 0.4포인트씩 떨어졌다. 1997년 9월~1998년 6월은 외환위기 기간이다. 외환위기 이후 최악의 경제지표가 바로 설비투자인 것이다. 심지어 세계 대공황 이후 80년만에 세계 최악의 경제위기라던 글로벌 금융위기(2007~2008)에서조차 국내 설비투자 감소는 단 2개월로 끝났지, 3개월차부터는 설비투자가 다시 증가했다. 그런데 지금 한국의 국내경기는 2008년 하반기 글로벌 금융위기가 아니라 1997년 하반기 외환위기 당시와 비교되는 수준이다.

셋째, 신성장 산업의 출현이 지연되고 있으며 최근 비중이 확대되는 고(高)부가서비스 업도 성장세가 위축되고 있다. 제조업 분야에서 과거 경제성장을 견인했던 산업이 현재에도 주력 산업의 역할을 하고 있다. 1970~1980년대 GDP 중 비중이 높았던 화학 산업의 비중은 2010년대에도 여전히 30~40년전과 유사한 4%의 비중을 보이고 있다. 20여년 전의 상황과 비교해도 한국 수출의 2대 품목은 여전히 자동차와 반도체이다. 운수·보관, 금융·보험 등 제조업 연관 고부가 서비스 업종의 산업 비중이 확대되고 있지만, 생산 증가율은 1999~2008년간 연평균 7~9%에서 2010~2018년간 연평균 3~4%의 절반 수준으로 위축되었다.

넷째, 연구개발(R&D) 투자 성과의 효율성 저하, 연구 인력의 국내 대비 해외 선호도 확대, 규제 개선 미약 및 혁신 환경 미비 등으로 총요소생산성(總要素生産性)이 높아지기 어렵다. 한국의 연구개발(R&D) 투자(GDP 대비 비율)는 세계 최고 수준이지만 연구개발 (R&D) 투자 성과는 OECD 평균 수준보다 낮다. 지적재산권의 보호 강도 및 새로운 도전에 대한 태도 등의 분야에서 OECD 국가 평균보다 취약한 수준이다. 고급 인력의 유입 매력도를 나타내는 IMD의 '해외고급인력유인지수'는 악화되고 있고 국내 연구자들은 처우 및 지원 불만족 등의 이유로 국내보다는 해외 취업을 더 선호한다.

(2) 경제성장률: 전망치 및 실측치 모두 추락

2018년 경제성장률은 2.7%로, 6년만에 가장 낮은 경제성장률을 보였다. 세계 평균 경제성장률 보다 1%나 낮았고 이마저도 2009년 금융위기 수준으로 정부 재정을 풀어 투자한 결과로 민간 투자는 계속 줄고 있다. 게다가 반도체 수출 침체와 세계 경제호황기가 끝나가고 있다.

2019년 1분기에는 두 번째로 분기 마이너스 성장을 기록했다. 2017년 4분기 0.2% 마이너스 성장을 기록한 데에 이어 2019년 1분기에도 0.4% 마이너스 성장을 기록했다. 물론, 경기호황 시절 1분기만에 마이너스 0.7% 성장한 국민의정부(2000년 4분기), 참여정부(2003년 1분기)에 비하면 경미한 수준이지만, 문재인(文在寅) 정부(2017.05~현재)에 들어 두 번째 마이너스 성장이자 이명박(李明薄)·박근혜(朴謹惠) 정부의 기간(2008.02~2017.03)에서는 당시 마이너스 성장을 했던 분기가 한번도 없었다. 결국, 2019년 1분기 경제성장률은 OECD에서 한국이 꼴찌를 기록했다. 한국은행이 한국의 국내총생산(GDP) 실질 성장률과, 세계은행의 세계 국내총생산(GDP) 실질 성장률을 비교한 결과는 다음과 같다:

- 노무현(盧武鉉) 정부(2003.02~2008.02)의 경우,
  2003년 대한민국 경제 성장률 2.9%, 세계 경제성장률 2.9%로 실질 성장률은 +0.0%,
  2004년 한국의 경제성장률 4.9%, 세계 경제성장률 4.4%로 실질 성장률은 +0.5%,
  2005년 한국의 경제성장률 3.9%, 세계 경제성장률 3.8%로 실질 성장률은 +0.1%,
  2006년 한국의 경제성장률 5.2%, 세계 경제성장률 4.3%로 실질 성장률은 +0.9%,
  2007년 한국의 경제성장률 5.5%, 세계 경제성장률 4.2%로 실질 성장률은 +1.3%로
  노무현(盧武鉉) 정부(2003~2008)의 실질 성장률의 평균은 5년 간 +0.56%이다.

- 이명박(李明薄) 정부(2008.02~2013.02)의 경우,
  2008년 한국의 경제성장률 2.8%, 세계 경제성장률 1.8%로 실질 성장률은 +1.0%,
  2009년 한국의 경제성장률 0.2%, 세계 경제성장률 −1.7%로 실질 성장률은 +1.9%,
  2010년 한국의 경제성장률 6.5%, 세계 경제성장률 4.3%로 실질 성장률은 +2.2%,
  2011년 한국의 경제성장률 3.7%, 세계 경제성장률 3.2%로 실질 성장률은 +0.5%,
  2012년 한국의 경제성장률 2.6%, 세계 경제성장률 2.5%로 실질 성장률은 +0.1%로
  이명박(李明薄) 정부(2008~2013)의 실질 성장률의 평균은 5년 간 +1.14%이다.

- 박근혜(朴謹惠) 정부(2013.02~2017.03)의 경우,

2013년 한국의 경제성장률 2.9%, 세계 경제성장률 2.6%로 실질 성장률은 +0.3%, 2014년 한국의 경제성장률 3.3%, 세계 경제성장률 2.9%로 실질 성장률은 +0.4%, 2015년 한국의 경제성장률 2.8%, 세계 경제성장률 2.9%로 실질 성장률은 -0.1%, 2016년 한국의 경제성장률 2.8%, 세계 경제성장률 2.5%로 실질 성장률은 +0.3%로 박근혜(朴謹惠) 정부(2013~2017)의 실질 성장률의 평균은 4년 간 +0.225%이다.

● 문재인(文在寅) 정부(2017.05~현재)의 경우,
2017년 한국의 경제성장률 3.1%, 세계 경제성장률 3.8%로 실질 성장률은 -0.7%, 2018년 한국의 경제성장률 2.8%, 세계 경제성장률 3.9%로 실질 성장률은 -1.1%로 문재인(文在寅) 정부의 실질 성장률의 평균은 1년 간 -0.7%이고 문재인(文在寅) 정부(2017.05~현재)의 실질 성장률의 평균은 2년 간 -0.9%이다.

모름지기, 한국경제의 당면 과제는 '2%대 저성장'에서 벗어나는 것이다. 경제성장의 씨앗은 기술혁신, 노동시장 개혁, 규제 개혁을 통해 뿌려지고 싹트는 것이다. 요컨대, '소득(임금)주도 성장론'[Income(Wage)-led Growth]이 아니라 '혁신주도 성장론(Innovation-driven Growth)'이 추진되어야 한다. 즉, 혁신(革新)을 통해 새로운 기술을 창출하고 생산성을 높여야 한다(임양택, 경인일보 [경제전망대], 2017.09.21).

세계적인 컨설팅 회사 매킨지의 글로벌 인스티튜트 소장인 리처드 돕스(Richard Dobbs)는 2013년 한국 경제를 '서서히 뜨거워지는 물속의 개구리'에 비유하면서 한국인들의 '위기 불감증'을 경고했었다. 그는 한국이 1997년 하반기 외환위기와 같이 눈에 보이는 경제위기로부터는 재빨리 빠져나왔지만, 이제 '저(底)성장' 추세에 대해서 그저 속수무책인 듯하다고 비판했었다.

3) 재정위기(財政危機): 재정적자 누증 → 국가채무 급증 → 국가신용등급 · 대외신인도 하락 → 금융위기

2018년부터 한국경제는 정부 재정(財政)으로 버티는 국면에 돌입했다. 문재인(文在寅) 정부(2017.05~현재)의 경제정책은 세금(稅金)을 퍼붓는 것밖에 없다. 물론, 확장 재정이 필요하지만 세금(稅金) 푸는 것이 근본 대책일 수 없다. 불확실성이 커진 기업들은 현금을 쌓아둔 채 눈치만 보고, 미래가 불안한 가계도 좀처럼 지갑을 열지 않으려 한다. 따라서

정책 대전환이 없으면 수십조 원 적자(赤字) 국채까지 발행해 세금을 퍼붓고 금리를 인하해봐야 소용없는 일이다.

기획재정부는 스스로를 '나라 곳간의 파수꾼'으로 부른다. 정권에 휘둘리지 않고 곳간을 잘 지켜 다음 정부에 넘겨주는 것을 기획재정부 장관의 제일 덕목으로 간주되었다. 이명박(李明薄) 대통령(재임: 2008~2013) 때 박재완 장관은 균형 재정을 금과옥조(金科玉條)로 여겼다. 그는 2012년 12월 박근혜(朴謹惠) 대통령(재임: 2013.02~2017.03) 당선인 측이 민생복지를 위해 국채(國債) 추가 발행을 요구했지만 끝내 버텼었다. 그는 2013년 1월 기획재정부 시무식에서 *"균형재정 원칙을 지키는 것은 우리 직무의 특성이 부여한 숙명"*이라고 말했다. 당시, 이한구 새누리당 원내대표(당시)가 *"기획재정부가 박근혜(朴謹惠) 당선인의 공약과 반대 정책을 펴지 않을 것으로 생각한다"*고 압박했지만, 박재완 장관(당시)은 이말을 들은 체도 안 했다. 월스트리트저널(Wall Street Journal)은 아시아판 사설에서 *"포퓰리즘에 맞설 배짱을 가진 정부 고위 인사가 늘 있는 것은 아니다"*라며 *"합리적 사고를 하는 박재완 장관에게 찬사를 보낸다"*고 적었다(중앙일보, 2019.06.06).

(1) '재정 없는 포퓰리즘'의 확산

회고해 보면, 여·야 모두 인기영합적 복지(福祉)를 내세웠다. 심지어, 한나라당(당시)은 '소득 하위 70% 복지'를, 민주당(당시)은 '무상급식＋무상의료＋무상보육＋반값등록금'이라는 '3＋1 복지'를 내걸었다(조선일보, 2011.03.05). 2012년 4월 총선 전·후로 새누리당(당시)과 민주통합당(당시)은 복지공약 비용을 자체적으로 각각 추계해 5년간 총 75조3천억 원과 164조7천억 원이 소요된다고 발표했었다. 민주통합당(당시)의 경우 기초생활수급자 대상 확대, 양육수당, 보육비, 불임부부 지원 등의 출산·보육지원, 기초노령연금 대상자 확대와 연금인상, 동일가치노동 동일임금원칙, 최저임금 현실화, 무상의료 등의 공약으로 인해 새누리당(당시)보다 복지비용이 크게 늘어났다. 〈한국경제연구원〉은 2012년 발표된 새누리당(당시)과 민주통합당(당시)의 복지공약을 각각 이행하기 위해서는 간접비용을 포함해 현 복지지출보다 5년간 총 281조 원(연평균 56조 원)과 572조 원(연평균 114조 원)이 추가로 필요하다고 주장했었다.

이어서, 2012년 12월 대통령 선거에서의 득표를 위하여 한국의 정당들은 인기영합적 복지공약을 마구 쏟아내었다. 상술하면, 2010년 6.2 지방선거에서 야당이 '무상급식' 공약으로 재미를 본 후, 이젠 여·야 모두가 '무상 보육' 열풍을 일으켰다. 이 결과, 전국 지방

자치단체(재정자립도는 2011년 51.9%)의 재정은 위기를 불러 일으켰었다. 물론, 저출산과 초고령화 추세를 감안하면 복지 확대는 필연적이다. 기획재정부가 정치권이 2011년에 제시한 각종 복지 정책(새누리당과 민주통합당이 내놓았던 공약 65개)을 추진하기 위한 연간 소요액을 추계해 본 결과, 국민의 추가 복지부담액은 5년간 최대 340조 원으로서 2012년 예산총액 325조 원을 능가하며, 연간 추가 복지부담액은 총 43조 원~69조 원으로서 2012년 복지예산 증가분 6조 2천억 원의 7~11배이며 연간 추가 복지부담 최고액인 69조 원은 2012년 복지예산총액 92조 6천억 원의 3분의 2 수준이었다. 복지수요는 고령화에 의해 자연 발생적으로 증가한다. 총 복지비용이 급증함에 따라 국민 세금으로 비용을 충당할 경우 국내총생산(GDP) 대비 조세부담률은 매년 당별로 3.53~3.93%포인트, 4.31~10.16%포인트 추가적으로 늘어날 것으로 추정되었다. 1인당 조세부담액도 매년 각각 109만~123만 원, 120만~355만 원 추가로 늘어날 것으로 전망되었다. 보수적으로 접근하더라도 간접비용을 제외하고 계산할 경우에도 민주통합당(당시)의 복지정책 공약을 실천하려면 조세부담률은 매년 각각 1.88~4.51%포인트 늘어 1인당 조세부담액도 매년 각각 52만~158만 원 추가로 증가할 것으로 전망되었다.

설상가상(雪上加霜)으로, 문재인(文在寅) 정부(2017.05~현재)가 청년 취업 등을 위해 지원을 하는 것과는 별도로 지자체들도 청년 대상 현금 복지에 뛰어들었다. 2018년 초 글로벌 금융위기 이후 최악의 고용 성적표를 받아들었을 때, 문재인(文在寅) 대통령은 특단의 청년실업 대책 마련을 지시했다. 그렇게 나온 게 중소기업에 취업하는 청년들에게 연 1,035만 원을 직접 지원하는 방안이었다. 나중엔 공공기관에 단기 알바 채용을 할당해 '고용 분식'이란 비판까지 받았다(중앙일보, 2018.12.28). 고용노동부는 구직 활동을 하는 만 34세 이하 청년에게 월 50만 원씩 최대 6개월간 '청년 구직 활동 지원금'을 주고 있다. 중소·중견기업에 다니는 청년들이 목돈을 모을 수 있도록 정부가 3년간 1,800만 원을 지원하는 '청년 내일 채움 공제 제도'도 있다(조선일보, 2019.02.26). 그 후, 중앙정부에서 시작된 현금 복지는 지자체로 번져 봇물 터지듯 쏟아지고 있다. 17개 광역시·도와 226개 시·군·구가 실시 중인 현금 복지가 무려 1,670여 종에 달한다.[20]

---

20) 서울시는 미취업 청년에게 월 60만 원씩 최장 6개월 지급하는 청년수당의 심사 절차를 아예 없애고 3년간 3,300억 원을 주겠다고 발표했다. 안산시는 지역 내 모든 대학생에게 연간 최대 200만 원까지 등록금을 주는 조례를 만들었다. 무상 급식에다 무상 교복, 무상 수학여행 같은 것은 기본이 됐다. 중앙정부가 65세 이상에게 주는 기초연금이 있는데도 일부 지자체는 장수수당·효도수당·어르신수당을 만들어 중복 지원하기도 한다. 분뇨 수거 수수료며 부동산 중개 수수료 등의 희한한 명목으로 현금을 쥐여주는 곳도 등장했다. 묻지도 따지지도 않는 현금 뿌리기다. 구체적으로, 박원순 서울시 시장(당시)은 2017년

특히, 이재명 성남시장(당시)은 모든 사회구성원의 '적절한 삶'을 보장하기 위해 국가 예산 400조 원의 7%인 28조 원으로 유아·청소년·노인과 장애인 등 2,800만여 명에게 매년 100만 원을 지급하겠다고, 그리고 기본소득제(基本所得制) 도입 공약을 발표했다. 기본소득제(基本所得制)는 소득·재산·취업 여부 등의 조건과는 관계 없이 청년과 노인, 농어민, 장애인 등 2,800만 명에게 육아·아동·청년배당 등 형태로 연간 100만 원씩을 정기적으로 지급하겠다는 것이다. 현금으로 주면 저축해 돈이 잠길 수 있다며 지역에서 쓸 수 있는 지역 화폐(쿠폰)로 지급하겠다고 한다. 이것은 '제2의 기초생활보장 제도'이다. 이것은 현재 시행 중인 기초생활보장제도는 의료·생계·주거 급여 등 개별 서비스로 전환하는 중인데 이런 흐름에도 역행하는 발상이다.

그러나 핀란드와 같은 선진 복지국가에서도 실패한 기본소득(basic income) 제도가 기존 복지제도조차 성숙되지 않은 한국에서 과연 성공할 수 있을까? '기본소득제(基本所得制)'의 실시에 관한 저자의 비판(批判)은 다음과 같다: 기본소득(基本所得)의 대표적인 예로서 알래스카 주(州)의 영구기금 '배당금' 지급을 들 수 있다. 상술하면, 알래스카는 1959년 주(州) 헌법을 통해 알래스카의 모든 자연자원은 알래스카 주민들에게 귀속한다는 원칙을 천명했다. 이에 따라 향후 발견된 석유에서 나오는 수익금을 알래스카 영구기금으로 만들었고, 이를 '배당금'으로 알래스카 주민에게 매년 지급하고 있다. 그러나 알래스카 주(州)는 하나의 국가(國家)가 아니며 석유와 같은 천연자원이 없는 국가에겐 아예 영구기금의 '배당금'을 고려할 수조차 없다. 그렇다면, 아랍의 산유국(産油國)들은 왜 기본소득(基本所得)을 실시하지 않는가?

1월 서울NPO센터에서 열린 간담회에서 "청년들이 첫 직장을 잡을 때까지 디딤돌로 최대 3년간 월 30만 원을 지급하겠다"고 발표했었다. 그는 "이를 위해 매년 2조6,000억 원이 필요하다"며 "재정·조세 체계와 공공부문 개혁으로 연평균 54조 4,000억 원을 확보해 그 일부를 충당하겠다"고 했다. 결국, 서울시는 2년 전부터 만 19~29세 미(未)취업 청년에게 6개월간 월 50만 원의 '청년수당'을 지급하고 있다. 경기도는 2019년부터 만 24세가 되는 청년에게 지역 화폐로 연간 100만 원을 지급하는 '청년 배당' 제도를 도입할 계획이다(조선일보, 2019.02.26). 게다가 서울시 중구는 "기초연금과 중복된다"는 정부의 만류에도 불구하고 65세 이상 기초생활 수급자와 기초연금 대상자에게 매월 10만 원씩 주는 '어르신 공로수당' 제도를 도입했다. 복지부는 "기초연금법에 따라 서울시 중구에 주는 기초연금 관련 교부금의 10%를 삭감할 예정"이라고 했다. 일단 1~2월분 교부금의 10%인 5억 원가량이 삭감 대상이다(조선일보, 2019.02.26). 또한, 재정자립도 47.5%로, 전국 평균(50.3%)에도 못 미치는 경기도 안산시가 2020년부터 대학생에게 등록금 절반을 대주기로 했다. 전국 지자체 중 처음으로, 안산시 거주 대학생 2만여명에게 모두 지급할 경우 연간 335억 원 국민 세금이 필요하다고 한다. 재정자립도 꼴찌(25.7%)인 전남도는 2020년부터 농민 24만 명에게 연 60만 원의 '수당'을 지급하겠다고 했다. 농민수당은 전남 해남군이 처음 도입하자 한 달여 사이 전국 40여개 기초단체로 확산된 데 이어 광역단체까지 가세한 것이다.

본 연구는 〈한국네트워크〉(BIKN)가 2014년 봄에 제시한 '기본소득제(基本所得制)' 모델을 반대한다. 그 이유는 제도 도입에 앞서 현존의 복지제도를 어떻게 정리할 것인지에 관한 합리적 대책없이 오직 소득/부의 재분배에만 초점을 두고 있으며, 이러한 상태에서 〈한국네트워크〉(BIKN)의 상기 재원조달 방안을 강구할 경우 한국경제는 파산할 것이 명약관화(明若觀火)하기 때문이다.[21]

이 결과, 정부와 지자체가 기초연금·아동수당·청년수당 등을 통해 국민에게 현금을 지급한 규모가 2019년 42조 원으로 늘어, 불과 2년 만에 두 배가 됐다. 개인이 부담하는 공적 연금이나 근로 대가가 아니라, 아무 노력과 기여가 없어도 개인 호주머니에 넣어주는 '묻지 마 현금 복지'가 무서운 속도로 불어난 것이다. 이렇게 세금으로 현금을 지급받은 국민은 1,200만 명에 달한다. 인구 4명 중 1명꼴이다. 가구로 따지면 전체 2천만 가구 중 43%인 약 800만 가구가 순수 현금 복지를 받은 것으로 나타났다. 게다가 정부는 현재 8대2 수준인 국세·지방세 비율을 임기 말인 2022년까지 7대3으로 바꾸는 방안을 추진 중이다. 그것의 결과는 지자체의 '묻지 마 현금 복지'로 인한 재정 파탄일 것이다.

여기서 유의할 것은 현금성 복지는 중독성이 강해 한번 시작하면 중단하기 어렵다는 점이다. 남미(南美)나 남유럽 국가들은 과도한 복지로 재정이 바닥났는데도, 현금 복지에 중독된 국민들이 복지 축소에 격렬하게 저항했다. 한국이 남미형 포퓰리즘 코스를 그대로 밟아가고 있다(조선일보 사설, 2019.07.31).

실제로, 2020년 예산안 중 복지 예산 비율이 35.4%로 늘어나 사상 최고치가 됐다. 문재인(文在寅) 정부(2017.05~현재)의 3년간 불어난 복지 예산(52조 원)이 이명박(李明博)·박근혜(朴槿惠) 정부(2008.02~2017.03)의 9년간 증가분(55조 원)과 맞먹는다. 문재인(文在寅) 정부(2017.05~현재)의 '소득주도정책'의 실패로 하위층 가처분 소득이 감소하면서 정부에서 현금이나 공적 연금을 받는 집이 2019년 1,027만 가구로, 3년 사이 24%가 늘었다. 전체 가구의 절반이 나랏돈을 지원받아 생활하고 있다는 뜻이다. 정부가 가난한 사람을 더

---

21) 기본소득(基本所得)을 국가가 지급하기 위해서는 조세 체계의 개혁이 필요하다. 이와 관련된 '좌파적' 관점은 소득과 부(富)의 재분배를 겨냥하여 각종 소득세와 자산세를 '누진적으로' 추가로 징수하자는 것이다. 1인당 연간 360만 원을 지급하고자 하는 〈한국네트워크〉(BIKN)가 2014년 봄에 제시한 모델에 따르면 필요한 재원이 181조5천억 원이다. 이를 위해 소득세 범주에 포함할 수 있는 것으로 근로소득 및 종합소득 27조1천억 원, 배당 또는 이자소득 종합과세 15조 원, 증권양도소득 종합과세 30조 원 등을 추가로 걷어야 하며, 자산세라 할 수 있는 토지세는 공시지가의 1% 징수 원칙에 따라 39조 원을 걷게 된다. 이외에 생태세 40조 원, 지하경제 과세 20조 원, 기본 사회복지 지출 전환금 13조1천억 원 등이 있다. 상기 제안을 시뮬레이션해 본 결과, 소득세 증가에도 불구하고 순수 세금 납부액이 받는 돈보다 많아서 '손해'를 보는 경우는 소득 구간 85%(연소득 7,957만 원) 이상으로 나타났다.

가난하게 만든 뒤 세금에 의존하게 하는 일을 벌이고 있다. 생색은 정부와 지자체가 내지만 결국 세금 내는 납세자 부담이다. 중남미나 남유럽 국가들도 국민 지갑에 현금 꽂아주는 '복지 포퓰리즘' 때문에 재정(財政)이 파탄 났다.

이와 대조적으로, 최근 현금성 복지정책 남발로 재정 여건이 악화된 프랑스와 북유럽 등 선진국들은 강력한 '복지 구조조정'에 나서고 있다(조선일보, 2019.02.03).

프랑스는 2015년까지 자녀를 2명 이상 키우는 가정에 소득과 관계없이 아동 수당을 지원해 왔다. 자녀가 2명일 경우 129.36유로(약 16만5천 원)가, 3명일 경우 295.05유로(약 37만6천 원)가 지급됐다. 그러나 2015년 7월 소득에 따라 차등 지급하는 것으로 방침을 바꿨다. 국가 재정 건전성을 위해 보편적 복지에서 선별적 복지로 방향을 전환한 것이다. 일간 르파리지앵에 따르면 차등 지급으로 정책을 바꾸면서 연간 8억 유로(약 1조200억 원) 안팎이 절감되고 있다고 보도했다. 에마뉘엘 마크롱(Emmanuel Jean-Michel Frédéric Macron, 1977~현재) 프랑스 제25대 대통령은 2017년 5월 취임 뒤 "무분별하게 시행되던 현금 복지 정책을 손볼 것"이라고 했다. 이에 따라 마크롱 대통령은 2018년 3월 노동자들의 거센 반발에도 불구하고 "구직 활동을 하지 않는 실업자들에게는 실업수당 지급을 중단하겠다"고 밝혔다.

핀란드 정부는 2017~2018년 2년간 만 25~58세 실업자 2천 명에게 매달 560유로(약 74만 원)의 기본소득(basic income)을 최소 생활비로서 지급하는 '실험'을 시작했다. 상기 실험의 핵심은 대상자가 기존 복지 혜택을 그대로 받을 수 있고 일자리를 찾은 후에도 계속 돈을 받을 수 있다는 것이었다. 과거 실업수당은 일자리를 찾은 후에는 더 이상 돈을 받지 못하기 때문에 낮은 임금 대신 차라리 구직을 포기하는 부작용을 일으켰다. 10%에 육박하는 높은 실업에 고민하던 핀란드 정부는 정책을 도입할 경우 실업자들이 소득이 낮은 일용직이나 임시직도 부담 없이 선택할 수 있고 새로운 기술을 습득할 시간도 벌어줄 수 있을 것으로 기대하면서 실험을 진행했다.[22] 2020년 5월 6일, 핀란드의 기본소득(basic income) 제도 실험(2017~2018) 결과를 발표했다: 실업자들에게 제공되는 재정적 인센티브와 취업률과는 상관관계를 찾을 수 없었다.[23] 따라서 기본소득(basic income) 제도는 근로

---

22) 핀란드 정부의 제도 실험은 취업자를 제외하고 실업급여대상자에게만 집중돼 보편적 실험이라고 보기는 어렵다. 실험의 목적도 실업급여에 포함된 재취업 조건에 관한 것에 가까워, 본래의 취지와 거리가 있다. 또한, 평생 지급되는 것도 아니고 2년간의 실험임을 뻔히 아는 상황에서, 그것도 1년차의 조사 상황에서, 갑작스런 취업과 생활의 전환을 결심할 사람은 거의 없을 것이다. 즉, 어떤 사람도 실험 상황에서는 삶을 근본적으로 전환하지 않는다. 실험은 언제나 제한적이다.

23) 노동시장 성과와 관련해서 노동자 평균 고용 일수를 비교해보면 자영업 종사자의 평균 고용일수가 실업

의욕을 고취시켜 실업률을 개선하는 데는 실패했다는 것이다.[24] 핀란드 국회의장을 지낸 마리아 로헬라(Maria Lohela) 의원은 "정부 지출이 늘어나는 상황에서 핀란드 정부는 불필요한 제도를 손보고, 꼭 필요한 복지 정책을 유지하기로 했다"고 말했다(조선일보, 2019.02.03).

여기서 유의할 것은 북유럽에선 복지(福祉)를 산업 구조조정 과정에서 필요한 일종의 '보험(保險)'으로 간주하고 경제는 시장친화적으로 운영하고 복지는 이를 보완하기 위한 수단이라는 점이다. 게다가 세수(稅收)도 많아 재정 건전성이 우수하다. 이와 반면에 한국의 복지정책은 그때 그때 온정주의적으로 시행된다. 따라서 네덜란드 경제정책분석국(CPB)처럼 정당별 공약이 중·장기 국가 재정에 미치는 영향을 평가하는 시스템이 필요하며 재정기구의 정치적 독립성을 보장해야 한다.

나아가, 저자는 이념을 떠나서 다시 한번 권고한다: "최상의 복지는 현금 복지가 아니라 양호한 직장이다"(임양택, "최상의 복지는 '고용'이다", 한국경제신문, 10.07). 대한민국 국민을 마치 닭장에 가두어 병아리에게 모이주듯이 길렀어야 어떻게 창의력(倡義力) 발휘를 기대할 수 있을까?! 그러한 '현금 복지' 살포가 얼마나 지속될 수 있을까?

도대체, 가장 중요한 '고용 창출'은 뒷전에 두고 '현금 복지' 살포를 궁리하는 정부는 혹시 한국 시민을 인간이 아니라 '돼지'로 생각하는 듯하여 저자는 분노한다. 존 스튜어트 밀(John Stuart Mill, 1806~1893)은 그의 『공리주의론』(1803년)에서 '쾌락'(快樂)에는 질적인 차이에 따라 '고상한 쾌락'과 '천박한 또는 저급한 쾌락'이 있다고 주장하면서 *"만족해하는 돼지이기보다는 불(不)만족스러워 하는 인간(人間)인 편이 더 낫고, 만족해하는 바보보다는 불(不)만족스러워 하는 소크라테스(Socrates)인 편이 더 낫다"*고 비유적으로 역설했었다.

현대의 실업(失業)은 '기술적 실업'(Technical Unemployment)이라 불리는 구조적인 것이다. 특히 '4차 산업혁명'이라 불리는 정보통신 기술의 급격한 발전은 노동 수요의 엄청난 감소를 야기했다. 생계가 해결되고 양호한 일자리는 점점 더 귀하게 되고 저임금 불안정 일자리만이 시장에 나온다.

전술한 바와 같이, 4차 산업혁명에 대한 독일의 대처 방안은 2015년부터 '노동4.0'이란

급여를 지급받은 집단에 비해 높게 나타났지만, 통계적으로 유의미한 차이가 확인되지 않는다. 이것은 실업급여를 수급한 사람이 나태해지거나 적극적인 구직활동을 하지 않을 것'이라는 낡은 우려를 불식하는 결과이다.

24) 핀란드의 기본소득(basic income) 실험은 세계 최초의 국가단위 실험이었다는 점에서, 또한 자발적 참여가 아니라 무작위 표본추출에 의한 의무적 참여라는 점에서, 과거의 실험보다 좀 더 신뢰할 만한 결론을 이끌어낼 수 있을 것으로 전 세계의 주목을 받았다.

명창의 하르츠(Hartz) I~IV 개혁안[25]이다. 구체적으로, 로봇사용 확대로 인한 일자리 감소에 대응하고 생산성을 향상을 도모하고 디지털 시장에 대한 근로자의 적응력을 높이기 위한 교육시스템을 개혁하였으며, 유연한 근로시간 운용 강화, 휴식시간 보장, 근로자의 심리적 질병을 보호하는 조치도 제시했다. 지멘스 등 일부 기업은 상기한 개혁 조치들을 노사(勞使) 합의로 이미 적용하고 있다. 상기 하르츠(Hartz) I~IV 개혁을 시행한 결과, 2006년과 2007년의 GDP 성장률이 OECD 평균 수준을 회복하고 2000년 이래 처음으로 EU의 평균 경제성장률을 넘었다. 이는 2008/9년의 글로벌 금융위기를 성공적으로 극복하는 토대가 됐다. 게다가 60%대에 머물던 독일 고용율은 2008년 79%를 넘어섰고, 출산과 육아 등으로 경력이 단절된 여성들이 미니잡에 몰리면서 2004년 59.2%였던 여성 고용율은 2008년 64.3%까지 늘었고 2009년 여성고용율은 77.8%에 이르렀다.

(2) 조세부담률과 국민부담률

한국의 조세부담률[한 나라의 국민총생산(GDP) 또는 국민소득(NI)에 대한 조세(국세＋지방세) 총액의 비율]은 17.2%(2010년) → 19.8%(2011년) → 19.8%(2012년) → 19.8%(2013년) → 20%(2019년)로 상승하고 있다. 국세부담률이 13.4%에서 15.3%로, 지방세 부담률은 3.7%에서 4.7%로 각각 올랐다. 이와 대조적으로, OECD 국가의 평균 조세부담률(租稅負擔率)은 24.9%(2018년 기준), G7 국가의 조세부담률은 25%(2018년 기준)이다. 2015년 기준으로 덴마크가 45.8%로 OECD 회원국 가운데 가장 높았다. 영국은 26.4%, 독일 23.1%, 미국 20.0%, 일본은 18.6%로 모두 한국(18.5%)보다 조세부담률이 높았던 반면에 주변국의 조세부담률(2009년 기준)은 대만이 12.3%, 싱가폴이 13.2%, 일본이 15.9%, 중국이 17.5%으로 한국(18.5%)보다 조세부담률이 낮았다.

한편, 한국의 국민부담률(國民負擔率: 조세부담률＋사회보장부담률, 즉 국세와 지방세 등 세금과 국민연금, 건강보험 등 사회보장성 기금을 합한 금액이 국내총생산(GDP)에서 차지하는 비율)은 22.4%(2010년) → 25.9%(2011년) → 26.0%(2012년) → 26.1%(2013년)로서 거의 정체상

---

25) 하르츠(Hartz) I~IV 개혁안은 슈뢰더 총리의 연립정부가 구성한 하르츠 위원회(위원장: 폴크스바겐 사의 노동이사 Peter Hartz)가 독일의 '아젠다 2010'와 관련하여 2002년 8월 제시한 4단계 노동시장 개혁안(급부 중심의 사회국가 기본체계를 수정)이다. 참고로, 김영미, 독일 하르츠 개혁에서의 고용증진 관련 법제개혁의 내용과 평가 ~하르츠 IV에 의한 고용연계복지법제를 중심으로; 박명준, '하르츠 IV장'의 실행과 '월요시위'의 전개; 박명준, 독일 '하르츠 IV' 재개혁안 중 취약계층 자녀를 위한 새로운 교육지원 방안, 국제노동프리프 2011년 1월호; 김상철, 독일 하르츠 개혁과 재정연방주의의 방향 등이다.

태에 놓여 있다가 최근에 27%(2017년) → 27.3%(2019년)로 높아졌다. 이와 대조적으로, 2018년 기준 OECD 평균 국민부담률은 34%, G7 국가의 국민부담률은 35.5%으로서 한국의 국민부담률 27.3%(2019년)보다 더 높다.

한국의 경우, 국민 한 사람이 내는 세금, 연금, 보험료를 합한 1인당 국민부담액이 빠르게 증가하고 있다. 금액으로 따지면 조세와 사회보장기여금을 합쳐 524조 4천억 원이다. 이를 인구 수로 나누면 1인당 국민부담액은 2019년 1,014만 원으로 산출된다. 1인당 국민부담액은 2013년 688만5천 원, 2014년 720만 원, 2015년 771만5천 원, 2016년 841만 1천 원, 2017년 906만3천 원, 2018년 981만7천 원으로 증가해왔으며, 2019년에 처음으로 1천만 원을 넘었다.

한국의 국민부담률(國民負擔率)은 사회보장부담률의 상승에 따라 점진적으로 증가할 것으로 예상된다. 복지국가인 덴마크의 국민부담률(國民負擔率)은 45.9%(2017년 기준)로서 OECD 국가에서 가장 높다. 스웨덴, 벨기에, 핀란드 등 북유럽 국가들도 40%가 넘는 국민부담률(國民負擔率)을 기록한다. OECD 국가들에 비해 한국은 상대적으로 세금을 적게 걷어서 적게 쓰고 있다. 따라서 저출산·고령화로 인해 복지지출이 급증할 것으로 예상되는 가운데 문재인(文在寅) 정부(2017.05~현재)는 국민부담률을 선진국 수준으로 높여야 한다는 전망을 내놨다.

(3) 통합재정수지와 관리재정수지

이젠, 온갖 곳에 세금을 퍼부어 경제를 지탱하는 '세금(稅金) 주도 성장'은 이제 한계에 달했다. 그러나 '세금(稅金) 주도 성장'이 돈만 쓰고 별 성과를 내지 못한다. 문재인(文在寅) 정부(2017.05~현재)가 그토록 요구했던 추경예산 6조 원도 다 집행해보았자 성장률을 0.1%포인트 끌어올리는 정도의 효과밖에 없다. 2019년 경제성장률이 1%대로 주저앉아 10년 만에 최저를 기록할 것으로 전망된다.

그럼에도 불구하고, 문재인(文在寅) 정부(2017.05~현재)는 경기부양을 위해 2019년 상반기에 연간 재정 지출의 65.4%를 집행했는데 세금 수입은 2018년보다 줄어들자 2019년 상반기 관리재정수지 적자가 59조 원을 훌쩍 넘어 통계 작성 후 최대를 기록했다. 대기업 실적 호조 덕에 지난 3년간 누렸던 세수(稅收) 호황도 끝나가고 있다. 가뜩이나 기업실적 악화로 세금이 덜 걷히고 있는데 정부는 2020년 예산을 사상 최대인 513조5천억 원으로 편성했다. 세금이 목표보다 덜 걷히면서 2019년 상반기 국세(國稅) 수입이 156조2천억 원으로 2018년보다 1조 원 줄었다(조선일보, 2019.08.08).

나라 살림의 건전성을 나타내는 지표인 재정수지(財政收支)에는 크게 2가지: 통합재정수지(統合財政收支)와 관리재정수지(管理財政收支)가 있다. 한 나라의 예산은 일반회계·특별회계·기금 등으로 구성돼 있다. 통합재정수지(統合財政收支)[26]는 일반회계·특별회계·기금 등을 분리하지 않고 국가의 살림을 한눈에 살펴볼 수 있도록 정부의 총수입에서 총지출을 뺀 수치로서 해당 연도의 실질적인 나라 살림 현황을 보여주는 재정 지표이다. 그런데 한국의 경우 아직 국민연금 등에 돈을 내는 사람은 많은데, 연금수령자는 적어 해마다 막대한 적립금이 쌓이면서 재정수치 왜곡이 발생한다. 따라서 관리재정수지(管理財政收支)는 통합재정수지(統合財政收支)에서 국민연금(國民年金) 등 4대 보장성 기금을 제외한 것으로 정부의 실질적인 재정 상태를 보여주는 지표이다.

기획재정부가 발표(2019.06.11)한 '월간 재정 동향'에 따르면 2019년 1~4월 26조 원 적자를, 관리재정수지(管理財政收支)는 39조 원 적자를 각각 기록했다. 이는 월별 재정수지를 확인할 수 있는 2011년 이후 가장 큰 규모이다. 한 국가가 특정 기간 벌어들인 돈보다 쓴 돈이 많다는 것은 일반 가정으로 봤을 때 가계부에 구멍이 났다는 것을 의미하기 때문에 재정 건전성(財政 健全性)에 '적신호'가 켜졌다고 볼 수 있다.

그럼에도 불구하고, 문재인(文在寅) 정부(2017.05~현재)가 2020년 예산을 513조 원 규모의 '초수퍼 예산'으로 편성했다. 2019년보다 44조 원이나 늘렸다. 문재인(文在寅) 정부 첫해 400조 원이던 예산이 집권 3년 만에 500조 원을 돌파하게 됐다. 정부 예산이 300조 원에서 400조 원으로 늘어나는 데 6년 걸렸는데, 문재인(文在寅) 정부는 3년 만에 113조 원이나 늘렸다.

2020년 예산 513조 원 규모의 '초수퍼 예산' 내역을 보면, 소재·부품 국산화 투자나 인공지능·5G 같은 혁신성장 관련 예산은 12조 원에 불과하다. 현금성 복지나 가짜 일자리 사업 등 선거용 포퓰리즘 규모가 전체 예산 증가분 44조 원의 절반에 달한다. 단기·저질 일자리를 95만개 만들고, 쏟아지는 실업자와 노인 생계를 세금으로 때우는 데 전체 예산의 35%에 달하는 181조 원을 쓰기로 했다. 이것은 '소득 주도 성장' 정책과 무리한 복지 확대의 부작용을 국민 세금 살포로써 땜질하는 것이다.

이 결과, 나라 곳간은 바닥이 나기 시작했다. 2019년 상반기 국세(國稅) 수입이 156조 2,000억 원으로 2018년보다 1조 원 감소하였다. 기업 실적 악화로 법인세 수입이 크게 줄

---

26) 통합재정수지는 국제통화기금(IMF) 기준에 따라 1979년부터 작성했으며 월별로는 1999년 7월부터 집계했다. 1~7월 누계치는 2000년부터 작성했다.

면서 국세 수입이 10년 만에 마이너스를 기록할 전망이다. 한 국가가 특정 기간 벌어들인 돈보다 쓴 돈이 많다는 것은 일반 가정으로 봤을 때 가계부에 구멍이 났다는 것을 의미하기 때문에 재정 건전성(財政 健全性)에 '적신호'가 켜졌다고 볼 수 있다.

상기한 세수(稅收) 부족을 메우기 위해서, 문재인(文在寅) 정부(2017.05~현재)는 적자 국채(國債)를 역대 최대 규모인 60조 원 발행키로 했다. 즉, 전체 예산의 12%를 빚으로 충당하겠다는 뜻이다. 이것은 초유의 사건이다. 관리재정수지(管理財政收支)가 2020년에 72조 원 적자로 사상 최대를 기록하게 됐다. 상기한 적자 국채 60조 원 발행으로 인하여 GDP(국내총생산) 대비 재정적자 비율이 단숨에 3.6%(올해 1.9%)로 올라간다. 이것은 유로존 국가들이 건전 재정 마지노선(線)으로 설정한 재정적자 비율이 GDP의 3%선을 단숨에 뛰어넘게 된다는 것을 의미한다. 그 후 재정적자 비율은 더 올라가 3년 내내 3.9% 수준이 된다. 과거 재정 건전성을 자랑해온 한국이 하루 아침에 '재정 부실 국가'로 전락하게 되었다.

여기서 유의해야 할 것은 다음과 같다: 미·중 무역 갈등과 일본의 무역 보복, 북한의 안보 위협 등 대외적 불안 요소가 발생했음에도 불구하고 한국경제가 글로벌 금융시장의 신뢰를 얻고 있는 가장 큰 강점이 재정 건전성이다. 정부가 포퓰리즘 세금 살포로 한국경제의 마지막 보루인 재정 건전성을 무너뜨리면 제일 먼저 국제사회에서 한국 경제에 대한 시각이 달라질 것이다. 더구나 한국은 세계 최악의 저출산·고령화 국가다. 포퓰리즘 세금 살포는 미래 세대에 죄를 짓는 것이다(조선일보, 2019.08.30).

2019년 9월 10일 기획재정부가 발간한 '재정동향 2019년 9월호'에 따르면 최근 4년 동안 이어지던 세수(稅收) 호황이 막을 내리면서 2019년 7월까지 걷힌 국세 규모가 전년대비 8천억 원 줄어든 것으로 집계됐다. 이는 2019년 지방 재정분권을 위해 지방소비세율이 11%에서 15%로 인상되면서 부가가치세 세입이 2조7천억 원 줄어든 탓이다. 여기에 유류세 인하 정책으로 교통세도 같은 기간 9천억 원 감소했다. 법인세의 경우 2018년보다 1조 9천억 원 증가했지만 세수진도율은 3.8%포인트 하락한 것으로 조사됐다. 세외수입은 7월까지 1년전보다 1조3천억 원 줄었고 기금수입은 4조2천억 원 늘어나는 데 그쳤다.

이제, 나라 곳간은 바닥이 나기 시작했다. 법인세(法人稅)를 포함한 2020년도 전체 국세 수입도 2019년보다 2조8천억 원 줄어 292조 원을 기록할 것으로 예상된다. 기업 실적 악화로 법인세(法人稅) 수입이 크게 줄면서 국세(國稅) 수입이 10년 만에 마이너스를 기록할 전망이다. 국세(國稅) 수입이 감소하는 것은 10년 만이다. 특히 2020년엔 법인세(法人稅) 수입이 2019년(79조2501억 원)보다 14조8,309억 원이나 감소한 64조4,192억 원에 그칠 전망이다. 그 근거는 2019년 반도체 업황 부진 등의 여파가 2020년 법인세 수입에 큰 타격을 주기 때문이다.

여기서 유의할 것은 한국이 '재정 부실 국가'로 전락하게 된 근본적 원인은 경제 활성화 조치가 수반되지 않은 채 세금만 일방적으로 뿌리는 '반쪽 정책'에 그쳤기 때문이라는 점이다. 기업 친화 정책, 규제 개혁 같은 정공법(正攻法)은 외면한 채, 밑 빠진 독에 물 붓는 식으로 세금을 펑펑 써왔다. 가짜 일자리 만들고, 급격한 최저임금 인상의 부작용을 틀어막고, 갖가지 선심성 복지 지출을 마구잡이로 늘리는 데 수십조 원을 뿌렸다. 기업 활력과 시장의 역동성을 죽여놓고 세금만 푼다고 경제가 활성화될 수는 없다. 그 결과 돈은 돈대로 쓰면서도 경제 성과는 못 내는 '재정 악화·경기 부진'의 이중고를 자초한 것이다.

문재인(文在寅) 정부(2017.05~현재)의 경제 활성화 조치는 2020년에 513조 원에 달하는 수퍼 재정을 쏟아붓고 그것도 모자라 추가경정 예산을 편성하여 '밑 빠진 독에 물 붓기'를 하고 있는 것이다. 정부 예산이 300조 원에서 400조 원으로 늘어나는 데 6년 걸렸는데, 문재인 정부는 3년 만에 113조 원이나 늘렸다. 이것은 미래세대에게 빚만 늘려주고 1%대 저(底)성장 → '제로 성장' 시대를 재촉할 뿐이다.[27]

모름지기, 구조개혁이라는 근본적 정책 대응을 통해 노동·자본 투자를 촉진해야 한다. 그러려면 여성·고령자의 경제활동참여를 확대하고 투자환경을 개선해 기업의 투자심리를 되살려야 한다. 지금처럼 재정만 물 쓰듯 쏟아부어선 미래세대에게 빚만 늘려주고 1%대 저(底)성장 시대를 재촉할 뿐이다(중앙일보, 2019.08.12).

물론, 과거 정부도 집권 이후엔 단기적인 경기부양 유혹을 이기지 못해 국가채무(國家債務)를 늘렸다. 노무현(盧武鉉) 정부(2003.02~2008.02)의 수도 이전과 혁신도시 건설, 이명박(李明薄) 정부(2008.02~2013.02)의 4대강 사업 등이 대표적이다. 하지만 과거 정부는 재정 건전성 확보를 위한 조치도 동시에 취했다. 김대중(金大中) 정부(1998.02~2003.02)는 공기업을 민영화했다. 노무현(盧武鉉) 정부(2003.02~2008.02)도 일반·특별 회계와 각종 기금을 망라한 '통합재정수지' 지표를 만들어 예산 편성에 활용했다. 박근혜(朴謹惠) 정부(2013.02~2017.03)도 공공기관 부채를 동결하고 공무원연금을 개혁했다. 그러나 문재인(文在寅) 정부(2017.05~현재)는 세수 확대 노력은 하고 있지만, 지출을 줄이기 위한 조치가 부족하다.

과거 정부는 5년치 국가 재정운용 전략을 제시하는 '국가재정운용계획'을 바탕으로 재정을 운용했는데, 문재인(文在寅) 정부(2017.05~현재)는 매년 국가재정운용계획을 크게 수

---

27) 임양택, "재정 건전성을 위한 경제성장과 복지정책의 최적화 방향", 경인일보 [경제전망대], 2017.12.21.

정하고 있다. 첫해인 2017년에 쓰인 '2017~2021년' 계획에선 2020년 재정적자를 38조4천억 원으로 계획했다가, '2019~2023년' 계획에선 72조1천억 원으로 거의 두 배 수준으로 늘려놨다. 또한, 2018년 중기재정운용계획에선 '관리재정수지 적자는 −3% 이내에서 관리하겠다'고 밝혔는데, 2019년 중기재정운용계획에선 2020년부터 곧장 −3%를 초과한다.

(4) 국가채무(國家債務)와 국가부채(國家負債)

국가채무(國家債務)란 국가가 직접적으로 갚을 의무가 있는 확정채무를 말한다. 국제통화기금(IMF)의 기준에 따른 국가채무(國家債務)란 '정부가 민간 또는 해외 투자자에게 빌린 돈의 원금 또는 원리금을 직접적으로 상환할 의무를 지고 있는 확정채무'를 말한다. 즉, 정부 차관을 포함한 차입금과 국채·지방정부의 순채무·국고채무부담행위를 통해 부담하는 채무를 의미한다.

상기 정의에 따르면 일반정부에 포함되는 중앙정부와 지방자치단체의 채무는 국가채무(國家債務)에 해당되지만 독립적인 경영활동을 하는 공기업의 채무나 중앙은행의 채무는 국가채무(國家債務)가 아니며, 정부가 정부외의 차입자 채무에 대해 그 지불을 보증하는 보증채무나 정책환경에 따라 바뀔 수 있는 4대연금 등 사회보장제도의 잠재부채는 확정채무가 아니므로 국가채무(國家債務)에 해당하지 않는다.

국가채무(國家債務)는 현금으로 주고 받는 것만 포함시키는 현금주의 방식으로 계산한다. 국가채무는 전쟁이나 천재지변 등으로 인해 발생한 비용을 충당하기 위해 재정상황이 크게 악화되거나 심각한 경기침체나 금융위기에 처했을 때, 그리고 일반적이고 만성적으로 정부가 지출을 많이하는 구조적 문제를 가지고 있을때 증가한다.

한편 '국가채무(國家債務)'와 구분되어 사용하는 개념인 '국가부채'(國家負債)는 국가채무(國家債務)에 4대 연금(국민연금, 공무원연금, 사립학교교직원연금, 군인연금) 충당부채와 공기업의 채무, 각종 사회보장성 기금(건강보험, 고용보험, 산재보험 등), 공공기관 관리기금 공채(公債; 국가 또는 지방자치단체가 재원조달을 목적으로 하는 채무), 민자사업 손실보전액 등 국가가 부담해야 할 가능성이 큰 채무까지 모두 포함시킨 것을 말한다. 즉, 국가부채(國家負債: National Debt)는 국가채무(국가가 직접 갚아야 할 채무)는 물론 국가가 직접 갚을 필요는 없지만 국가가 사실상 보증을 선 것이나 다름없는 부채까지 모두 집계한 것으로, 한 국가의 채무를 좀 더 적극적으로 넓게 계산하는 개념이라 할 수 있는 국가채무(國家債務)보다 상위의 개념으로 국가가 직접 갚아야함은 물론이고 국가가 보증을 선 부채까지 포함한다.

즉, 국가채무(國家債務)에 4대연금 부채·잠재부채·공기업부채 등을 포함시킨 것을 말한다. 요컨대, 국가부채(國家負債: National Debt)는 나라전체의 빚이다.

2019년 5월 현재, 한국의 국가채무(國家債務)는 731.8조 원[장차 공무원·군인에게 연금으로 지급해야 할 연금충당부채도 급증하면서 넓은 의미의 국가부채(國家負債)는 1,700조 원]이다. GDP 대비 국가채무(國家債務) 비율은 2019년 39.5%, 2020년 40.3%, 2021년 41.1%, 2022년 41.8%로 전망된다.[28] 1인당 국가채무(國家債務)는 2018년 말 1,313만 원에서 2023년엔 2,046만 원으로 56%가량 증가할 것으로 예상된다.

국가채무(國家債務) 비율은 2021년에 42.1%로 40%를 돌파한 뒤, 2022년 44.2%, 2023년 46.4% 등으로 급격히 상승할 것으로 보인다. 1인당 국가채무(國家債務)는 2018년 말 1,313만 원에서 2023년엔 2,046만 원으로 56%가량 증가한다(조선일보, 2019.08.30). 그렇다고 한국의 국가채무(國家債務)가 일본처럼 GDP의 200%를 넘는 수준까지 가겠느냐고들 하는데, 일본도 30년 전엔 국가재정이 튼튼했었다. 야금야금 곶감 빼먹듯 하다가 그렇게 된 것이다. 그동안 한국이 일본과는 다를 것이라고 위안했던 것은 내수경제인 일본과 달리 한국은 수출 비중이 높기 때문이었는데, 지금 세계적인 불황 얘기가 나오고 세계화(世界化) 기조가 뒤집혀 자국 중심으로 가는 상황이다. 따라서 국가의 경제체력을 보강하는 것이 급선무이다.

전술한 바와 같이, 국내총생산(GDP) 대비 재정적자 비율이 3.6%에 달해, 국제적으로 건전 재정 기준점으로 간주되는 3%선을 단숨에 뛰어넘게 된다. 국가채무(國家債務)도 2020년에 800조 원을 넘어서고, 2023년엔 1천조 원을 돌파할 전망이다. GDP 대비 국가채무(國家債務) 비율도 2023년엔 46.4%까지 올라간다. 역대 정부는 국가채무 비율 40%를 넘어선 안 될 최후의 방어선으로 지켜왔으나 문재인(文在寅) 대통령(2017.05~현재)가 2019년 5월 16일 홍남기 부총리에게 *"40%의 근거가 뭐냐"*고 지적하면서 재정확대를 주문했다. 홍남기 부총리는 보름 뒤 *"2022년 국가 채무비율이 국내총생산(GDP) 대비 45%. 971조 원에 이를 것"*이라고 화답했다. 2019년 4월 중기재정운용계획을 내놓으면서 GDP 대비 41.6%, 898조 원으로 추산했던 것을 상기한 문재인(文在寅) 대통령 발언 후 보름 만에 70조 원 넘게 늘린 것이다. 이로써, '40% 마지노선'이 사실상 무너지게 됐다.[29] 문재인(文在寅) 대통령

---

28) 국가채무(國家債務) 비율이 현재 한국은 39.4%로 경제협력개발기구(OECD) 평균치인 111%보다 훨씬 낮다. 세계적으로 봐도 한국의 나라 곳간이 굉장히 튼튼하다. 이는 4천억 달러에 이르는 외환보유액과 함께 한국경제의 대외신인도를 뒷받침하는 주요 근거로 쓰이고 있다. 또 다른 재정건전성의 주요 지표인 GDP 대비 국가채무 비율도 2020년에는 40%에 육박한다. 2019년 37.1%에서 2020년엔 39.8%로 2.7%포인트나 급등하는 것이다. 국가채무가 2020년에 65조 원 늘어나 805조5천억 원에 달하기 때문이다.

은 선진국들보다 국가채무(國家債務) 비율이 낮아 문제가 없다고 한다. 그러나 선진국들은 축적된 부(富)와 탄탄한 경제기초 기반에서 한국과 비교할 수 없는 나라들이다.

요컨대, 합리적 재원조달이 없는 복지 확대는 망국(亡國)의 길이다. 이것은 포퓰리즘(populism)이며 혹세무민(惑世誣民)이다. 2050년 정부부채는 GDP의 138%로 전망되는데, 여기에 5년간 340조 원을 쏟아 부으면 정부부채는 그리스의 국가부채 수준 160%에 이를 것이다. 이것은 아르헨티나와 일본의 역사적 경험에서 보듯이 실로 망국(亡國)의 길이다.

전술한 바와 같이, 아르헨티나 경제는 1970년대 이후 수렁에서 빠져나오지 못하고 있다. 그런데도 아르헨티나에서는 매번 선거철이면 '페론주의'(Peronism)가 고개를 든다. 아르헨티나 대선 예비선거에서 좌파 포퓰리즘(대중영합주의) '페론주의'(Peronism)를 내세운 후보가 득표율 47%로 마크리 현 대통령(33%)을 크게 앞서면서 아르헨티나 경제가 요동쳤다(조선일보, 2019.08.21). 후안 페론(Juan Domingo Perón, 1895~1974) 대통령(제29대 대통령: 1946.06.04~1955.09.21; 제40대 대통령 1973.10.12~1974.07.01) 부부가 추진했었던 정책과 그 이념은 빈부 격차를 줄이는 데 성공했었지만, 탄탄한 산업 기반을 닦거나 생산성을 끌어올리는 데는 실패했었다. 결국, 아르헨티나 경제는 1970년대 이후 수렁에서 빠져나오지 못하고 침체되었다.

다른 한편으로, 한국의 GDP 대비 기업부채는 102%로 세계 16위다. 세계 11위인 경제 규모를 고려할 때 별로 문제 될 것 없어 보인다. 그러나 2018년 3분의 1이 넘는 기업들이 이자 낼 만큼도 돈을 벌지 못했다. 이들이 택하는 길은 대부분 '빚 더 내 빚 갚기'다. 그러면서 자꾸 채무가 늘어난다. 구조조정의 불안한 그림자가 어른거린다. 기업의 연쇄부도가 터지면 여기에도 막대한 국가 재정이 투입되어야 할 것이다. 2022년엔 대통령 선거이다.

(5) 공기업 부채

문재인(文在寅) 정부(2017.05~현재)는 탈(脫)원전, '문재인 케어', 최저임금 인상 및 고용보험 확대 등 손대는 정책마다 관련 공기업(公企業)과 공공 기금이 골병들었다.

---

29) '국고 지기'의 자긍심이 무너지면 나라 곳간도 무너진다. 홍남기 부총리는 그러지 말아야 했다. 대통령에게 되레 이렇게 말했어야 했다. *"수출이 줄고 성장이 둔화하고 있으며 세금은 덜 걷히고 저출산·고령화 속도는 빠르다. 통일에 대비해야 하고 연금을 국가가 지급 보장해야 할 수도 있다. 공무원을 늘리고 수십조 원의 현찰을 뿌려대는 통에 올해부터 통합재정수지가 적자로 돌아선다. 4월 경상수지마저 적자로 돌아섰다. 7년 만에 처음이다. 이런 추세면 사상 첫 쌍둥이 적자 시대가 올 수도 있다. 지금은 미래 세대를 위해 되레 재정을 더 아끼고 더 제대로 써야 할 때다. 미래 세대를 위해."*(중앙일보, 2019.06.06).

국내 27개 공기업(公企業)의 부채(負債)가 지난 10년간 5.6배로 늘어 2018년 말 기준으로 361조 원에 달하는 것으로 나타났다. 이것은 한국 국내총생산(GDP)의 30% 수준에 해당하는 규모다. 이 가운데 70% 이상이 금융부채여서 이들 공기업(公企業)이 2018년 한 해 지불한 금융이자만 12조1천억 원에 이를 것으로 추산됐다. 한국토지주택공사·한국전력공사·한국가스공사 등 7개 대형 공기업(公企業) 부채가 총 312조 6,000억 원으로 전체 공기업 부채의 86.6%를 차지하는 것으로 집계됐다. 상기 7개 공기업 부채비율은 2003년 68%에서 2018년 말엔 198.4%까지 치솟았다. 이 중 일부는 영업이익으로 이자를 낼 수 없는 정도인 것으로 조사됐다.

2019년 9월 4일 한국은행은 2018년 한국전력공사를 비롯한 공기업(금융공기업 제외) 166곳의 총수입은 173조3천억 원(전년도보다 1조 원 감소), 총지출은 183조3천억 원(전년도보다 8조5천억 원 증가)으로 10조 원 적자를 냈다고 밝혔다(조선일보, 2019.09.05). 2017년의 4천억 원 적자에 견주면 1년 새 적자폭이 25배로 커진 것이다. 2018년에는 재고가 전년보다 6조2천억 원 대폭 늘었다. 에너지 공기업에서 LNG 등 재고가 쌓였고, 한국토지주택공사(LH)·서울주택도시공사(SH) 등이 택지를 조성하고 주택을 분양했는데 팔리지 않고 상당량 남아돌았다.

한국전력공사의 경우 2019년 적자 규모는 1조5천억 원에 달할 것으로 예상돼 전체 공기업 적자폭을 더 증폭시켰다. 상기와 같이 한국전력공사의 적자 폭등 요인은 탈(脫)원전과 비정규직의 정규직화 등 문재인(文在寅) 정부(2017.05~현재)의 정책기조에 발맞추면서 비용이 급증한 것이다. 흑자 기업이던 한국전력공사는 탈(脫)원전 정책이 가시화하면서 2018~2019년 내리 적자를 냈다. 2020년에 들어 신종 코로나바이러스로 국제 유가가 크게 떨어지면서 흑자 전환은 했지만 유가가 원상 회복되면 다시 적자로 전락할 수밖에 없다.

또한, 2018년 국민연금, 국민건강보험공단 등을 포함한 12개 사회보장기금 수지(수입－지출)도 7년 2018년 국민연금, 국민건강보험공단 등을 포함한 12개 사회보장기금 수지(수입－지출)도 7년 만에 가장 적었다. 2018년 이들 기금 총수입은 170조3천억 원으로 전년보다 5.6%(9조1천억 원) 늘었는데 총지출이 11%(13조 원) 급증한 132조 원에 달했다.

2017년 말 10조 원이 넘던 고용보험기금 적립금은 2020년 말 바닥나고 2021년에도 적자를 낼 것으로 예상된다. 정부는 신종 코로나바이러스를 핑계 대지만, 코로나 여파가 없었던 2019년에도 고용보험기금 적립금은 2조 원이나 줄었다. 건강보험의 경우, 2010년부터 2017년까지는 총수입이 총지출보다 많았는데, '문재인 케어'가 본격적으로 시행된 2018년부터 수입보다 지출이 많은 구조가 됐다. 건보공단은 "계획된 적자라서 문제될 것 없다"고 해놓고는 2020년 보험료를 올렸다. 정부 실패의 부담은 1차로는 공기업(公企業)에 돌아가지만 결국엔 모두 국민 몫이 된다.

문재인(文在寅) 정부(2017.05~현재)는 전세 대란 대응책으로 2년간 전세 물량을 11만여 가구 늘리겠다고 한다. 그런데 10조 원이 넘는 비용 중 최소 8조 원을 현재 부채 덩어리 인 LH(한국토지주택공사)가 부채로 떠안게 될 것이라고 한다. LH는 2020년 부채가 132조 원이나 되는데 여기에 8조 원을 더 늘리게 생겼다. 이번 전세 대책은 전세 대란을 만든 정부가 자신의 실패를 10조 원 넘는 나랏돈으로 임시변통하는 것이다. 민간에서 자율적 계약으로 돌아가는 전·월세 시장에 정부와 여당이 임대차 3법을 졸속으로 만들어 끼어들 면서 전국적인 전세 대란을 불렀다. 정부가 불붙여놓고 그 불길 잡아보겠다고 천문학적인 돈을 퍼붓겠다는 것이다.

공기업(公企業) 부채는 결국 공공요금 인상과 국민들의 조세 부담 증가로 이어질 수밖에 없다. 따라서 공기업(公企業) 부채를 정부 부채에 포함해 투명하게 관리하고, 부실 공기업 (公企業)을 단계적으로 민영화(民營化)해야 한다. 참고로, 2000년대 초반 민영화(民營化)된 〈포스코〉 등 7개 기업의 부채비율은 10년 전보다 40%포인트 떨어진 65%를 기록했다.

KDI '공기업 부채·공사채' 보고서(2021.04)에 의하면, 한국의 일반 공기업(금융공기업 제 외) 부채가 2019년 기준으로 약 388조 원이며 국내총생산(GDP) 대비 23.5%(IMF 추정치)로 각각 추정되었다. 상기 부채비율(23.5%)은 33개 경제협력개발기구(OECD) 회원국 가운데 가장 높으며, 33개국 평균 부채비율인 12.8%의 거의 2배에 달한다. 구체적으로 살펴보면, 공공부문 부채가 많기로 세계적으로 유명한 일본(17.2%)은 물론이고 기축통화국인 영국, 캐나다, 독일, 프랑스 등의 공기업 부채보다 훨씬 높다. 심지어, 남아프리카공화국, 인도네 시아, 필리핀 등 개발도상국에 비해서도 월등히 높다. 상기와 같이 일반 공기업 부채가 급 증한 요인은 이명박 정부(2008.02~2013.02)의 무분별한 해외 자원 개발사업의 결과이다. 이 로 인해 한국석유공사는 2020년에 이미 완전자본잠식 상태에 빠졌고, 광물자원공사는 그 보다 앞선 2016년 완전자본잠식 상태로 2020년까지 잠식 자본 규모가 4배 이상 급증했다.

한편, 한국 금융(金融) 공기업의 GDP 대비 부채비율은 2019년 기준으로 62.7%로 역시 OECD 회원국 가운데 가장 높은 것으로 추산됐다. 금융(金融) 공기업 부채 비중(62.7%)도 일본과 영국 등 주요 기축통화국보다 최대 3배 이상 크다. 그 주요요인은 정부의 '암묵적' 지급보증의 덕분으로 주로 공사채 발행 방식으로 빚이 발생하기 때문이다. 즉, 대다수 공 기업 관련법에는 정부가 유사시 결손을 보전할 수 있다거나, 51% 이상 절대 지분을 보유 해야 한다고 조항이 있어 공기업이 '암묵적' 지급보증 혜택을 누리고 있는 것이다. 공사채는 신용도만 높으면 대규모로 발행할 수 있는데, 우리나라 공기업은 건전성·수익성 등 자체 펀더멘털과 상관없이 거의 항상 최상의 신용도를 인정받고 있다. 이는 공기업이 파산할 것 같으면 정부가 미리 나서서 채권의 원리금을 대신 지급해 줄 것이라는 믿음 때문이다. 이처럼 정부의 '암묵적' 지급보증으로 인해 공사채는 민간 회사채보다 낮은 금리에 발행되는데 이로 인한 금리 할인 효과는 연간 약 4조 원에 이른다.

사실, 공기업 부채는 유사시 정부가 책임을 질 수밖에 없어 사실상 정부 부채와 크게 다를 바가 없는데도 불구하고 공기업들이 정부의 '암묵적' 지급보증을 활용해 낮은 금리로 공사채를 발행하면서 '도덕적 해이'를 저지르고 있다. 그간 공기업들이 자본잠식, 적자 지속 등 재정 건전성이 심하게 악화되어도 Aa2라는 미국 국채에 버금가는 신용도를 바탕으로 손쉽게 공사채를 발행하여 자금을 조달할 수 있었다. 실제로, 공기업 부채의 50% 이상은 공사채 발행으로 인한 부채다. 공기업 부채는 유사시 정부가 책임질 수밖에 없는 국가 채무로 전환되고, 결국 국민세금으로 충당해야하기 때문에 엄격히 관리돼야 함에도 불구하고, 관리와 통제의 사각지대에 놓여 있다.

따라서 공기업 부채 문제를 해소하기 위해서는 향후 모든 공사채를 원칙적으로 국가보증채무에 포함시키고, 공기업 위험수준을 평가해 위험도에 따라 국가가 공기업에 보증수수료나 담보를 요구해야 할 것이다. 또한, 은행의 자기자본비율(BIS) 규제처럼 공기업도 총자산 대비 자기자본 비율을 준수토록 하는 자본규제를 적용해야 할 것이다. 이와 함께 평상시에는 일반 채권과 같이 원금과 이자를 지급하지만, 발행기관의 재무 상태가 악화하면 해당 채권이 그 기관의 자본으로 전환되거나 원리금 지급 의무가 소멸하는 '채권자─손실분담형'(베일인) 채권을 공기업에 도입하는 것도 고려할 필요가 있다.

특히, KDI는 채권─채무자의 의무를 강화할 것을 강조했다. 즉, 공기업이 암묵적으로 국가 보증을 받는 만큼 공식적으로 보증채무에 포함시키고 관련 사업을 국회 심사 등을 통해 양성화 해야 한다는 것이다. 이 결과, 무리한 정책사업이 할당되더라도 국회의 국가 보증 심사과정에서 일차적으로 제동이 걸릴 것이라며 국회를 통과하더라도 자본비율을 유지하기 위해 정부는 자본을 확충하고 공기업은 사업을 적극적으로 합리화할 것으로 기대된다. 아울러 공기업이 무너질 경우 금융시스템을 붕괴시킬 수 있는 은행과 유사하기 때문에 은행과 유사한 자본규제가 필요하다고 강조했다. 또한, 투자자도 단순 정부의 '암묵적' 보증만 믿는 게 아닌 일부 손실에 부담하는 배일─인(bail─in) 방식의 공사채를 발행해야 한다고 KDI는 지적했다.

4) 금융위기(金融危機): 외환위기(外換危機)와 은행위기(銀行危機)[30]

한편, 금융부문(金融部門)의 측면에서 보면, 경제상황을 가장 민감하게 반응하는 주식시장이 연일 속절없이 무너지면서 코스피지수가 어디까지 추락할지 가늠하기조차 어려운 상황으로 치닫고 있다.[31] 한국의 금융불안(金融不安)이 반복되는 이유로서 다음과 같이 3가지를 들 수 있다:

① 금융시장(金融市場)이 거의 완전 개방되어 있으며, 외환시장(外換市場)의 규모가 작고 외국인의 거래 비중이 매우 높기 때문이다.

② 국내 외국인 투자자금의 유·출입이 빈번한 주식투자에 집중되어 있기 때문이다.

③ 정부의 외환건전성 관리에 있어 외환보유액의 시장 안정화 기능이 미흡하기 때문이다.

설상가상으로, 세계보건기구(WHO)가 신종 코로나바이러스 감염증(코로나 사태)에 대해 세계적 대유행을 공식 선언해 세계 경제에 미칠 충격이 장기화할 가능성이 커졌다. 증권가에선 최근 상황이 단순 유행병 수준을 넘어 세계 경제위기로 확대되고 있는 만큼 1997년 하반기 아시아 외환위기, 2008년 하반기 글로벌 금융위기 때를 연상하게 한다. 일각에선 '10년 주기설'이 다시 고개를 드는 모습이다. 주식시장이 가장 싫어하는 게 불확실성인데 지금이 한치 앞도 내다볼 수 없는 상황이다. '코로나19 사태'가 대유행으로 확산돼 세계 공급 및 수요에 타격을 입히고 실물경제(實物經濟)가 망가지는 상황으로 치달을 가능성이 높아졌다. 게다가 주요 산유국이 석유 감산 합의에 실패한 것도 불안감을 키우고 있다.

향후 한국 발(發) 금융위기(金融危機)는 2가지 현상: ① 외환위기(外換危機)와 ② 은행위기(銀行危機)로 나타날 수 있다. 전자(前者)는 미국 금리 인상에 의한 달러 강세(원화 약세)

---

30) 임양택(2018), 『글로벌 금융패러다임과 한국 금융산업: 이론과 정책』, 한양대학교 출판부.

31) 과거 주가가 폭락한 최악의 상황에서 바닥은 연중 고점 대비 50~60% 선이었다. 에프앤가이드에 따르면 글로벌 금융위기가 닥친 2008년 코스피지수는 연중 고점 대비 54.5% 떨어진 선에서 바닥을 형성했다. 1997년 외환위기 때는 고점 대비 63.6% 떨어졌다. 최근 하락 폭이 20% 정도이기 때문에 정말로 과거처럼 위기가 닥치면 30~40%가량의 추가 하락이 남았다. 하락 뒤 반등을 어떻게 할지에도 관심이 모아진다. 1997년 외환위기 때 코스피지수는 '역(逆)N자' 형태로 하락했다. 사태가 터지고 이듬해 6월까지 63.6% 폭락한 게 첫째 단계였다. 이후 V자형으로 급반등하면서 2000년 1월 초까지 코스피지수가 무려 267.4% 급등했다. 그러나 대마불사(大馬不死)로 통하던 주요 대기업의 구조조정이 본격화하면서 증시에 2차 충격이 발생해 이듬해 9월까지 55.4% 다시 폭락했다. 2008년 글로벌 금융위기 때는 V자 형태로 반등했다. 2007년 말 위기가 터진 뒤 이듬해 10월까지 코스피지수가 54.5% 폭락했다. 하지만 2009년 빠르게 위기를 극복하면서 지수가 강하게 반등해 2011년 5월까지 137.4% 상승했다.

와 한국 증권시장에서 주가 급락에 따른 외국자본의 급격한 유출에 의하여, 후자(後者)는 가계 및 기업 부실 급증에 따른 금융기관 부실에 의해 각각 발생할 수 있다. 상기 위기(외환위기와 은행위기)에 대처할 정책방안은 다음과 같다:

① 외한위기(外換危機): '高금융불안' → 원화가치의 급락 → 트리플 약세 → '제2 외환위기'에 대한 사전 예방적 대비책으로서 조건부 금융거래세, 외화유동성 비율, 외화안전자산 보유액, 외화유동성 리스크 관리기준과 같은 과도한 자본 유·출입에 대한 자본관리정책, 외환보유고 관리 프로그램, 통화스왑이다.

② 은행위기(銀行危機): 가계부채(家計負債) → 상업은행 부실에 대한 사전 예방적 대비책으로서 원리금자동이체형·수익증권형 주택저당증권(MBS) 혹은 채권형 주택저당담보부채권(MBB) 발행으로 가계부채의 감소를 유도한다.

[그림 3] 한국의 금융위기: 외환위기 + 은행위기

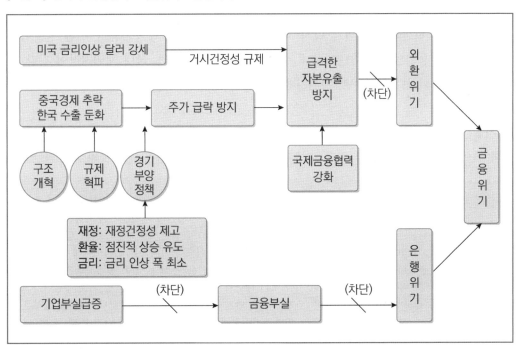

자료: 임양택(2018), 『글로벌 금융패러다임과 한국 금융산업; 이론과 정책』, 서울: 한양대학교 출판부.

(1) 금융시장 개방 및 자유화로
해외 금융불안과 한국의 금융불안의 동조성(同調性)

우선, 한·미(韓·美) 경제관계를 역사적으로 보면, 1950년대는 안보를 축으로 하여 일방적 원조 위주의 한·미(韓·美) 관계가 정착되었고, 1960년대 이후에는 한국의 대외지향적 경제발전전략과 함께 한·미(韓·美) 경제관계가 밀착되었다. 1980년대 이후, 미국의 경제적 지위가 약화됨에 따라 미국 내에서 신(新)보호주의의 경향이 대두되었고, 그 결과 한·미(韓·美) 통상마찰이 발생·심화되었다. 예로서, 한국 수출상품에 대한 반(反)덤핑 규제 상관과세 부과, 원화에 대한 환율절상 압력, 슈퍼 301조상의 '우선협상대상' 지정을 검토하는 등의 시장개방 압력 등을 들 수 있다. 1997년 하반기 IMF 위기발생 이후 현재까지, 한국의 경제체제가 미국식 경제시스템(금융, 회계, 지배구조 등의 글로벌 스탠더드)으로 수렴하고 있다.

한국의 1998년 자본자유화(Capital Liberalization, 資本自由化)는 한국정부의 반대에도 불구하고 1997년 하반기 외환위기 당시 국제통화기금(IMF)과의 구제금융을 위한 일괄협상의 결과로서 수용되었다. 1981년, 국내 주식시장이, 1994년 7월, 국내 채권시장이 각각 대외적으로 개방되었다. 1998년 자본자유화(Capital Liberalization, 資本自由化)가 완료되었다.32)

사실, OECD 가입 및 IMF 구제금융지원 조건 충족 등을 계기로 금융시장 개방 및 자유화 폭이 단계적으로 확대되었다.33) 이 결과, 한국의 금융시장은 선진국의 개방화 및 자

---

32) 사실 1997년 IMF 외환위기는 1년 전인 1996년에 있었던 전격적인 OECD 가입에 의한 자본자유화(資本自由化)가 독(毒)이 됐었다. 은행들은 해외에서 단기자금을 쉽게 빌려와 기업들이 투자하는데 빌려줬었다. 1991년 391억 달러에 불과했던 외채(外債)는 1996년 1,047억 달러, 1997년 1,208억 달러로 3배 이상 증가했었다. 해외에서 빌려온 돈의 58%는 단기 채무였다. 이때 단기자금을 빌려오는데 가장 앞장 섰던 곳이 바로 종금사였다. 재벌들도 종금사를 만들어 단기자금을 가져다 썼다. 종금사들은 3개월 단기로 자금을 빌려줄 때는 90% 이상을 1년 이상 장기 대출로 빌려줬다. 1997년 7월 말 기준 종금사가 빌려온 단기자금은 126억 달러, 장기자금은 75억 달러로 단기자금이 70%가량 더 많았다. 이렇게 빌려온 돈으로 대출을 해준 것을 보면 단기 대출은 40억 달러, 장기대출은 160억 달러로, 단기(短期)로 빌려와서 장기(長期)로 대출해줘 대출 기간의 미스매치가 발생했음을 알 수 있다. 호황(好況)만 계속되면 문제가 없지만 위기가 와서 단기자금의 상환을 연장해주지 않고 외국계 자본이 갚으라고 하면 자금 만기구조가 일치하지 않아 돈을 갚을 수 없었던 상황이었다. 1997년 태국 바트화폭락을 시작으로 동남아 경제위기가 시작됐고, 위기감을 느낀 외국 자본들이 국내 종금사들에게 앞다퉈 단기자금 상환을 요구했다. 종금사들은 장기(長期)로 돈을 빌려줬기 때문에 당장 갚을 돈이 없었다. 종금사의 연쇄부도는 외화유동성 부족을 기하급수적으로 증폭시키고 은행들의 단기차입을 끊기게 했다.

33) 또한, 한국정부는 선진 금융자본의 투자를 유인하고 또한 용이하게 하기 위해서 공공부문(특히 금융기

유화 수준으로서 거의 완전 개방 수준에 도달해 있다. 현재 한국의 금융시장 개방도는 88.8%로 OECD 32개 회원국 중에서 14위로 중·상위권 수준이며 신흥 19개 국가들 중에서 5번째로 높은 수준이다. IMF는 한국의 자본시장 개방 및 외환거래제도 자유화(自由化) 정도는 일본 및 스위스와 유사한 수준이라고 평가했다. 이 결과, 외국인 자금이 주식투자에 주로 집중되어 자금의 유·출입이 빈번하다.

구체적으로, 한국의 금융시장 개방 및 자유화는 다음과 같은 과정을 거쳤다: 고정환율제도(1945.08~1964.05) → 단일 변동환율제도(1964.06~1980.02) → 복수통화 비스켓 제도(1980년 초) → 1990년 3월 2일, 관리변동환율제도(managed floating exchange rate system) → 1994년 7월, 중소기업의 無보증 전환사채에 대한 외국인 직접투자와 低利 국공채 발행시장 인수를 허용 → 1995년 투신사 펀드를 통해 간접투자를 허용 → 1996년 10월, 외국인에 대한 간접채권투자 허용과 관련하여 채권행 Country Fund가 설립 → 1997년 1월 외국인 투자전용 중소기업 無보증 최사채 발행 허용 → 1996년 5월, 증권산업의 국제화 추진방안을 마련하여 외국 증권회사의 국내진출에 대한 국제를 추가적으로 완화 → 자본시장통합법 제정(2007.07).

자본자유화(Capital Liberalization, 資本自由化) 하에서 환율은 가격경쟁력, 경상거래, 그리고 자본거래 규모에 의해서 결정된다. 특히 단기에는 자본거래가 환율에 보다 직접적으로 영향을 주게 된다. 자본자유화(資本自由化)의 폭이 크면 클수록 중·단기 환율은 자본의 유출·입에 의하여 직접적인 영향을 받게 된다.[34] 이 결과, 외국인 자금이 주식투자에 주로 집중되어 국내 외국인 투자자금의 유·출입이 빈번하다.[35] 또한, 자본시장 개방의 기대효

관)의 민영화(民營化)를 단행하였고, 기업의 투명성을 강화하도록 하는 정책을 추진하였다. 시장주도의 금융시스템을 정착시키고 공적자금을 조속히 회수하여 국민부담을 최소화하기 위해, 정부는 2002년 1월 25일 『2002년 정부보유 은행주식 매각 추진방향』을 발표하였다. 이를 통해 정부는 2002년 중 정부보유 은행주식 매각을 본격화하여 향후 3~4년 이내 매각완료를 목표로 추진할 것이라는 금융기관 민영화(民營化)의 틀을 제시하고, 본격적인 금융기관의 민영화(民營化)에 착수하였다. 2001년 말 현재 한국 정부는 9개 시중은행 중 3개 은행(조흥은행, 우리은행, 서울은행), 6개 지방은행 중 3개 은행(제주은행, 광주은행, 경남은행)의 지분을 과반수 이상 보유하고 있었다. 한국정부는 2002년 4월 4일 제주은행의 지분 51%를 신한금융지주회사에 매각하였고, 동년 6월 11일 우리은행·경남은행·광주은행 등 3개 은행을 소유하고 있는 우리금융지주회사의 지분 12.3%를 증권거래소에 상장하였다. 또한, 동년 9월 27일 국제입찰을 통해 하나은행과 합병하는 방식으로 서울은행을 민영화(民營化)하였다. 그 결과, 2002년 말 현재 정부가 지분의 과반수 이상을 소유하는 은행은 8개 시중은행 중 2개 은행, 6개 지방은행 중 2개 은행으로 감소하였다.

34) Lim Yang−Taek(2003), Liberalization and Process of Korean Capital Markets, Journal of Finance and Economics, October.

과로서 외국 자본의 국내 유입은 원/달러 환율의 급격한 상승 → 원화의 평가절상(원화 강세)을 통하여 한국상품의 가격경쟁력을 저락시킬 수 있다.

일반적으로, 금융시장 개방도가 높을수록, 단기외채 비율이 높을수록, 외환시장의 규모가 작을수록 해당국의 환율이 글로벌 금융불안에 더욱 더 민감하게 반응한다. 게다가 자유변동환율제(自由變動換率制)에 가까운 환율제도를 운용하고 있는 국가의 통화는 자연히 글로벌 금융불안에 대한 민감도가 높은 경향을 보일 수밖에 없다.[36]

실제로 금융/자본시장 측면에서 대(對)미국 동조성(同調性)이 높아졌다. 즉, 미국 경제성장률에 1%포인트 충격이 발생할 때 다음 분기에 한국의 경제성장률은 약 0.83%포인트의 유의적인 동조(同調) 현상을 보이는 것으로, 한국의 총수출 및 대(對)미국 수출 증가율은 각각 1.8%포인트, 4.1%포인트 변동 효과를 보이는 것으로 각각 분석되었다.[37]

또한, 국내 주식시장에서 외국인의 보유 비중이 높다. 한국의 총 외국인투자 중 주식투자 비중은 39.0%(2007년 기준)로 OECD 국가 30개국 중에서 3위이다. 2006년 말 기준으로 한국의 외국인 주식투자 비중은 37.3%로 헝가리(77.7%), 리투아니아(51.7%), 멕시코

---

35) 여기서 유의할 것은 한국의 자본자유화(資本自由化)는 한국경제를 국제금융질서에 의존시키는 결과를 낳게 되었다는 점이다. 물론, 자본자유화(Capital Liberalization)에 따른 기업목표의 수정(단기 수익 극대화와 주가관리)과, 정부정책 방향의 수정(물가안정과 자본시장 부양)이 경제전체에 도움이 되는 측면이 있다. 그러나 많은 국가에서의 과거 경험이 보여주듯이, 국내·외 금융자본 대주주의 이해관계를 반영하는 기업목표와 정부정책들은 장기적인 기업경쟁력 제고와 지속가능한 경제성장에 도움을 주지 못하고, 또한 국내 금융부문의 불안정성뿐만 아니라 실물부문의 변동성을 증폭시키고, 나아가서 경제전체를 불안정에 빠트리기 쉽다. 그 결과, 이러한 정책들은 대부분의 경우, 국내·외 금융자본의 대주주에게는 이익을 안겨주는 반면에, 주식을 소유하지 않은 노동자나 대다수의 소액주주들에게는 오히려 손실을 가져다줌으로써 '빈익빈 부익부'의 소득격차는 더욱 확대되어 가고 있다.

36) 참고로, 1994년 12월 멕시코 외환위기를 반면교사(反面教師)로 삼을 수 있다: 멕시코 정부가 자본시장을 개방함에 따라 외자가 많이 들어왔었는데, 대부분이 단기성 핫머니였다. 1993년 외국인 총투자액은 221억 달러였는데 이 중 실물 투자액은 49억 달러로 20%를 간신히 넘는 수준이었고, 나머지는 유가증권(주식, 채권 등) 투자에 집중되었다. 경상수지 적자는 계속 늘어나는데도 불구하고 페소화 가치를 오랫동안 너무 높게 유지했었다. 상기 정책적 의도는 멕시코 통화의 평가절상을 유도하여 수입물가와 국내물가를 안정시키고 보다 많은 외국자본을 유치하려는 것이었다. 그러나 상기의 정책은 물가안정보다는 수출경쟁력만 약화시키고 경상수지 적자를 증가시켰다. 게다가, 낮은 국내저축과 경상수지 적자가 계속되는 상황에서, 멕시코 정부가 3가지 즉 ① 고정환율제도(환율의 안정성), ② 자본자유화, ③ 금융정책 독립(통화정책의 자율성)의 동시적 추진이 가능하다고 믿고 국가경제를 운영했다. 이것은 소위 '트릴레마'(trilemma)이다. 이들 세 가지 중에서 하나는 포기했어야 했다. 그러나 멕시코 정부는 자본자유화(資本自由化)는 추진하돼 나머지 2개 즉 독립된 금융정책 수단과 고정환율제도 중에서 하나를 포기했어야 함에도 불구하고 이를 계속 미루다가 결국 고정환율제(固定換率制)를 포기하였다. 이것이 1994년 12월 멕시코 외환위기를 촉발시켰던 것이다.

37) 임양택(2018),『글로벌 금융패러다임과 한국 금융산업: 이론과 정책』, 서울: 한양대학교 출판부.

(45.1%) 다음으로 높은 수준이다. 이 결과, 해외 금융불안과 한국의 금융불안 간의 동조성 (同調性)이 매우 높아졌다. 또한, 국내 주식시장은 해외 주식시장과 밀접하게 연결되었다 (한국 종합주가지수와 미국 다우지수의 상관관계 계수가 2002.08 현재 0.85로 측정).

따라서 한국의 금융(金融) 국제화(國際化)의 진전은 전반적으로 금융불안의 정도에 큰 영향을 주지 않았음에도 불구하고, 미국으로 대표되는 해외 금융부문과의 연계가 강화되었다. 즉, 해외 금융불안이 국내로 전파되어 국내 금융시장을 불안하게 하는 요인이 되었다. 나아가, 해외 금융시장에 대한 국내 금융시장의 연계와 국내·외 금융불안의 동조화 (同調化)는 국내 금융·실물시장이 해외 충격에 의하여 부정적 영향을 받을 개연성이 높아졌다.

단기적으로 보면, 자본자유화(Capital Liberalization, 資本自由化)에 따라 통화·금리·환율은 서로 강한 연관성을 가지고 움직이게 된다. 금융국제화에 따른 금융산업의 개편과 새로운 금융상품의 출현은 통화신용정책에도 영향을 끼친다. 금융정책의 전달경로와 새로운 중심통화지표 선정에도 영향을 준다. 따라서 통화관리를 통화량을 직접규제하는 방식으로부터 이자율과 환율을 중간목표로 설정하여 간접관리하는 방식으로 전환함이 바람직하다.

특히, 경상거래와 자본거래의 자유화가 진전됨에 따라 중간목표로서 환율의 중요성은 점점 높아진다. 수입의존도가 높은 소규모 개방경제에서 환율 변화는 국내물가에 지대한 영향을 미친다. 자본시장이 개방될수록 이자율과 환율의 연계성이 강화되므로 이자율을 환율과 독립적으로 관리하기가 매우 어려워진다. 해외이자율과 독립적으로 국내 이자율을 관리하면 환율의 변동성이 커지게 되고, 국내 이자율과 해외 이자율 간에 조그마한 차이가 있어도 대규모 자본의 신속한 이동을 초래하므로 통화공급 또는 이자율을 통화정책의 목표로 삼기가 어려워진다.

주가 폭락, 환율 급등 사태를 막으려면 시장이 가장 싫어하는 불확실성부터 줄여야 한다. 환율부터 안정시켜야 한다. 안보의 한·미 동맹처럼 금융·외환 분야에서도 미국과의 협력 관계를 강화해 동맹 수준으로 유지해야 한다. 즉, 20여년 전 일본의 자금 회수와 미국의 비(非)협조 탓에 외환위기를 겪었던 실수를 반복하지 않으려면 미국과 긴밀히 소통하면서 이해와 협조를 구해야 한다. 시장의 불안감을 근원적으로 불식하기 위해 친기업 경제 활성화 노선으로 정책을 대전환해야 하는 것은 두말할 필요도 없다.

그러나, 장기적으로 보면, 자본자유화(Capital Liberalization, 資本自由化)는 국내 금리를 낮추고 경제의 잠재성장력을 유지시키는 데 크게 공헌할 것이다. '소규모 개방 경제'(Small Open Economy)가 선진국에 진입하게 되면 국내·외 금리 차가 사라지면서 자본자유화(資

本自由化)에 따른 부작용(단기자본의 유출·입으로 인한 외환·증권시장의 불안정, 환율·금리·물가 등의 변동성 심화, 거시경제의 불안정 심화, 산업질서의 교란, 고용증대 및 경제성장 정책의 제약 등)도 줄어들 것이며 자본자유화(資本自由化)의 혜택(자본조달 비용의 감소, 투자수익성의 증가, 자원배분의 효율성 증가, 경제성장의 촉진, 선진 금융기법의 도입, 국내 금융산업의 체질개선과 대외경쟁력 강화 등)을 극대화시킬 수 있을 것이다.

상기한 정책목표간의 상충문제는 자본자유화(Capital Liberalization, 資本自由化)에 따른 이점을 포기하지 않는 한, 어느 정도 감수해야 될 수밖에 없다. 다만 경제상황에 따라 정책목표의 우선 순위를 달리하는 정책조합의 유연성이 필요하다. 구체적으로, 단기자본의 유입이 급증할 때에는 외화차입이나 외국인투자 자금의 일정 부분을 중앙은행에 예치하도록 하는 가변지준예치의무제도(variable deposit requirement)와 같은 일시적인 자본통제 등 여러 정책수단을 동원하여 정책목표간의 상충문제를 최대한 줄이려는 노력이 필요하다.

요컨대, 자본자유화(Capital Liberalization, 資本自由化)에서, 외국인 기관투자가인 선진 금융자본의 이해관계를 좇아 한국경제를 운영하지 않을 수 없게 되었다. 즉, 기업경영은 단기 수익 극대화와 주가관리를 중요한 목표로 삼게 되었으며, 정부경제정책은 고용증대나 복지증진 보다는 물가안정과 자본시장 부양에 초점을 맞추지 않을 수 없게 되었다.

따라서 소규모 개방경제(Small Open Economy)인 한국으로서 금융부문의 투명성·안정성·건전성과 자원배분의 효율성을 제고함으로써 금융경쟁력(金融競爭力)을 높이는 것 외에는 다른 왕도(王道)가 없다. 참고로, 금융경쟁력(金融競爭力)을 나타내는 국제금융센터지수(GFCI)를 보면, 서울(여의도 금융가)의 상기 지수가 2019년 3월기준으로 668점으로 세계 112개 도시 중 36위를 기록하며 2018년 9월보다 3계단 하락했다.

여기서 유의할 것은 다음과 같다: 자본시장의 발전을 도모하고 금융산업을 신(新)성장동력으로 육성하기 위해서는 금융투자업에 대하여 겸영을 허용함으로써 대행투자은행의 성장을 유도하고 포괄주의를 적용함으로써 다양한 금융상품을 개발해야 한다. 그러나 글로벌 투자은행과 경쟁할만한 한국의 투자은행이 없다.

(2) 외한위기(外換危機): '高금융불안' → 원화가치 급락 → 트리플 약세(주식·채권·원화의 동시적 약세) → '제2 외환위기'

① 高금융불안

高금융불안은 외생적 요인[미국 경제성장 둔화, 보호무역주의 확산, 미중(美中) 무역(관세/환율)전쟁, 중국경제의 경착륙 가능성, 한일(韓日) 갈등, 한반도 지정학적 리스크]에 의하여 야기되고 있다.

동북아시아 및 아시아 태평양 지역에서 경제전쟁을 넘어 미·중(美·中) 패권 경쟁이 격화되고 있다. 그러한 시그널로서 미국 경제성장 둔화, 보호무역주의 확산, 미·중(美·中) 무역(관세·환율)전쟁, 중국경제의 경착륙 가능성, 한·일(韓·日) 갈등[2019.08.02, 일본 정부가 한국을 화이트 리스트(수출심사 우대국)에서 제외], 홍콩 사태, 대만을 둘러싼 '하나의 중국' 논란, 한반도 지정학적 리스크로서 북한 핵무기 이슈38) 등을 들 수 있다.

특히, 북한의 핵무기 문제와 관련하여 '제2 한반도 전쟁'이 발발할 가능성이 거론됨에 따라 한국 금융시장의 불안이 가중되어 기업의 자금조달 환경이 더욱 악화될 우려가 있다. 만약 현재 상황이 지속된다면, 1997년 하반기 외환위기와 2008년 하반기 글로벌 금융위기 수준을 넘어 '불확실성 함정'(Uncertainty Trap)에 빠질 가능성이 크다.

한편, 중국경제의 상황을 보면, 고(高)성장에도 불구하고 대외불균형, 자산가격 버블, 과잉유동성 및 과잉투자 등으로 인해 중국경제의 하방리스크가 높아지고 있습니다. 중국 정부가 과도한 금융긴축 정책을 사용하는 경우, 중국경제는 경착륙할 가능성이 큽니다. 중국 경기침체 리스크가 현재화되는 경우, 중국 관련주가의 하락으로 한국 금융시장의 불안이 야기되고 대(對)중국 수출이 급감해 한국의 경제성장이 위협받고 있다.

상기한 글로벌 금융시장의 불확실성 요인으로 인하여, 코스피 지수는 미·중(美·中) 무역분쟁이 우려되기 시작한 2018년 하반기부터 2,000선을 위협 받아오다가 일본의 무역보복 탓으로 2019년 현재 2,060선마저 붕괴됐다. 증시(證市) 불확실성에 따라 시중 자금은 금(金)과 채권(債券) 등 안전자산에 대한 수요가 폭발적이었다.39)

---

38) 한반도의 지정학적 리스크가 확대될 경우, 국내 금융시장의 불안이 가중되어 금융기관이 대출 심사를 강화함에 따라 가계와 기업의 심리가 더욱 위축될 것이다. 따라서 현재 한국이 걱정할 것은 일시적 주가 하락이나 금리 상승이 아니라, 북한 핵무기와 관련된 한반도의 지정학적 리스크로 인한 외국인투자 자금의 해외이탈을, 그로 인한 '달러화 강세'(원화가치 하락, 달러 대비 원화 환율 절상)에 의하여 야기될 수 있는 외환파동을 가장 경계해야 한다. 한반도의 지정학적 리스크의 예로서, 2011년 12월 27일, 김정일 국방위원장 사후(死後), 북한 혼란을 틈타 중국군이 북한에 주둔한다는 루머가 돌면서 고점 대비 51포인트나 빠지기도 했다. 최근에 남·북한 정상회담(2018.04.27) 및 북·미(北·美) 간 정상회담(2018.06.12)을 통하여 일촉즉발(一觸卽發)의 '한반도 전쟁' 위기를 넘겼지만 북한의 핵무기가 '완전히'(CVID) 폐기되지 않는 한, 상기한 위기는 상존(常存)한다.

39) KB국민·우리·KEB하나·NH농협 등 은행 4곳의 2019년 1~5월 누적 골드바 판매액은 총 337억8천만 원으로 2018년 같은 기간 213억6,700만 원 대비 124억1,300만 원(58%) 늘었다.

② 원화가치 저락

원화가치 폭락세(暴落勢)도 심상치 않다. 2019년 8월 5일 서울 외환시장에서 원/달러 환율은 오후 5시반 현재 17.3원 오른(원화가치는 하락) 달러당 1,215원 선을 기록했다. 2016년 3월 9일 1216.2원 이후 가장 높다. 1,200선을 돌파한 것은 2년 7개월 만에 처음이다.

원/달러 환율 급등 사태를 막으려면 시장이 가장 싫어하는 불확실성(不確實性)부터 줄여야 한다. 환율(換率)부터 안정시켜야 한다. 전술한 바와 같이, 안보의 한·미 동맹처럼 금융·외환 분야에서도 미국과의 협력 관계를 강화함으로써 동맹 수준으로 유지해야 한다. *또한,* 시장의 불안감을 근원적으로 불식하기 위해 친(親)기업 경제 활성화 노선으로 정책을 대전환해야 하는 것은 두말할 필요도 없다.

상기와 같이, 高금융불안(신용경색 및 주가하락, 자금난 심화, 기업부도 및 기업 구조조정 지연)을 야기시켜 원화가치를 떨어뜨리고 있다.[40) 원화가치는 2019년에 들어 10%가량 하락했다. 달러 대비 9%, 엔화보다는 13% 떨어졌다. 아르헨티나를 빼면 주요 20개국(G20) 가운데 최악의 성적표이다.[41] 원화가치 급락의 요인은 6가지이다[42]:

---

40) 미중(美中) 환율전쟁이 시작됐다는 뉴스에 달러당 1,200원 선을 훌쩍 넘긴 한국 원화의 추락은 1997년 말 IMF 구제금융을 요청했던 그 쓰라린 기억을 상기시키고 있다. 다른 선진 경제보다 월등히 높은 무역 의존도, 국제 투기세력의 교란에 금융시장이 유리알처럼 노출된 한국의 운명은 '퍼펙트 스톰'이 몰려오는 망망대해에 몸을 맡긴 일엽편주(一葉片舟)와 다르지 않다. 또한, 원화가치 폭락세(暴落勢)도 심상치 않다. 2019년 8월 5일 서울 외환시장에서 원·달러 환율은 오후 5시반 현재 17.3원 오른(원화가치는 하락) 달러당 1,215원 선을 기록했다. 2016년 3월 9일 1,216.2원 이후 가장 높다. 1,200선을 돌파한 것은 2년 7개월 만에 처음입니다. 원·엔 재정환율은 이날 같은 시간 기준으로 100엔당 1,147.29원으로 전 거래일보다 23.80원 올랐다. 엔화는 달러 대비로도 가치가 올랐다. 일본 엔화의 가치는 달러당 105.89엔까지 오르며 2018년 3월 말 이후 가장 강세를 기록했다. 미국이 3천억 달러 규모의 중국산 수입품에 대해 10%의 관세를 부과하겠다고 밝히면서 투자심리가 위축된 데 따른 것이었다.

41) 2019년 9월 22일, 국제결제은행(BIS)에 따르면 주요 교역상대국 환율과 비교한 원화의 실질실효환율지수(2010년=100)는 105.05로 2016년 2월(104.82) 이후 가장 낮았다. '실질실효환율'이란 교역상대국에 대한 각국 통화의 실질 가치를 나타내는 지표다. 이 지수가 하락했다는 것은 해당국 통화의 실질 가치가 하락했다는 의미다. 원화의 실질실효환율은 2018년 11월(113.99) 이후 하락세를 탔다. 특히 미중(美中) 무역분쟁이 격화하기 시작한 4월(110.13) 이후 4개월 새 5포인트 넘게 내렸다. 달러화 대비 명목환율 기준으로 보면 4월 말 달러당 1,168.2원이었던 원·달러 환율은 8월 말 달러당 1211.2원으로 상승(원화가치 하락)했다. 실질실효환율 하락은 소비자들에겐 외국상품에 대한 실질 구매력을 떨어뜨리는 효과가 있다. 수출 측면에서는 교역상대국들이 한국산 상품을 싸게 살 수 있어 긍정적인 요인으로 볼 수도 있다. 하지만 최근 우리나라의 수출 부진이 가격요인보다는 글로벌 교역 둔화에 따른 것이어서 실질실효환율 절하의 효과가 가시화하지 않고 있다. 원·달러 환율 상승(원화 약세)으로 기업의 달러화예금이 줄면서 외화예금이 감소했다. 한국은행이 2019년 8월 19일 발표한 '2019년 7월 중 거주자 외화예금 동향'에 따르면 2019년 6월 말 현재 외국환은행의 거주자외화예금은 696억7천만 달러로 전월 말 대비 7억 1천만 달러 감소했다. 거주자외화예금은 지난 5월부터 증가세를 보였으나 지난달에 하락세로 전환된 것

첫째, 한일(韓日) 갈등에 미중(美中) 무역전쟁(관세전쟁 → 환율전쟁)이 겹쳤다. 미국은 중국을 '환율조작국(換率造作國)'으로 지정했다. 세계무역기구(WTO)는 "미중(美中) 무역분쟁이 최악으로 치달으면 2022년 한국의 실질 GDP가 3.3% 감소할 것"이라는 보고서를 내놨다. 아세안 다음으로 한국이 치명타를 입게 된다. 이 결과 원화가치가 하락하고 있다. 물론, 원화가치가 떨어지면 가격경쟁력이 올라 수출이 늘고, 달러가 들어와 원화가치가 복원되어야 한다. 2008년 하반기 글로벌 금융위기 때도 이런 과정을 거쳐 원화가치가 회복됐었다. 하지만 지금은 상황이 다르다. 왜냐하면 중국 제품의 경쟁력이 크게 제고되어 원화가치가 떨어져도 예전만큼 수출이 증가되기를 기대하기 어렵기 때문이다.

둘째, 자금 유출이 자금 유입보다 더 많다. 2019년 상반기 경상수지 흑자는 7년 만의 최소 수준으로 감축되었다. 기업들은 '규제 해방구'를 찾아 달러를 싸들고 해외로 나간다. 반대로 국내에 들어오는 산업 투자는 1년 새 거의 반 토막 났다. 또한, 재산을 불리려는 개인투자자들도 매력 없는 한국을 외면하고 해외 주식·채권을 찾고 있다. 그러나 외화 유출을 막기 위하여 국내 금리를 올릴 수가 없다.

셋째, 외국인이 보유한 주식·채권이 684조 원(약 5,600억 달러)에 이른다. 코스피 시장에서만 외국인 보유 주식이 4,400억 달러어치이다. 언제 팔아치울지 모르는 자산이 방호막인 외환보유액(外換保有額) 4,030억7천만 달러(2019.06말 기준)보다 훨씬 많다. 단기외채(短期外債)는 2019년 6월 말 기준으로 1,757억 달러(외채 총액 4,198억 달러에 대한 42%)이다. 주식·채권과 별도인 외화대출은 또 다른 뇌관(雷管)이다. 제2의 환율 보호장치인 통화스와프(맞교환)는 효력이 제한적이다.

넷째, 가계부채가 2019년 1분기 기준으로 1,540조 원(전년 동기 대비 4.9% 증가)으로서 천문학적 수준이다. 전세보증금을 포함하면, 2,201조 원으로서 GDP 대비 127%(세계 1위)이다. 2019년 말 가계부채는 1,827원으로 급증했다.

다섯째, 2019년 말 기업부채(금융회사 제외)는 1,954조 원이다. 한편, 기업부채(企業負債)비율: 2019년 1분기 기준으로 전산업 부채비율은 86.7%; 제조업 부채비율은 69%이다. 기업의 이자보상배율(ICR: Interest Coverage Ratio)[43]이 2017년(9.4), 2018년(9.5), 2019년(4.7)

이다. 외국환은행의 거주자외화예금이란 내국인과 국내 기업, 국내에 6개월 이상 거주한 외국인, 국내에 진출한 외국 기업 등이 보유한 국내 외화예금을 말한다. 통화별로 보면 미국 달러화 예금이 596억 달러로 3억 달러 감소했다. 엔화 예금은 원·엔 환율 상승에 따른 기업의 현물환 매도 등으로 1억7천만 달러 감소한 39억9천만 달러를 나타냈다.

42) 임양택(2018), 『글로벌 금융패러다임과 한국 금융산업: 이론과 정책』, 서울: 한양대학교 출판부.

43) 이자보상배율(ICR: Interest Coverage Ratio)은 기업의 채무 상환능력을 나타내는 지표로 영업이익을 금

로 하락했다. 공시 기업 2만1,213곳의 중에서 이자보상배율(ICR)이 "1" 미만 기업이 2017년(32.1%) → 2018년(37.5%)로 상승했다. 자영업자(自營業者)의 국내 대출 잔액은 총 636조 4천억 원(2019.03말 기준)이다.

한국 주력 산업인 제조업은 세계적인 트렌드 변화에 대응하지 못하는 탓에 사양산업화(斜陽産業化)하며 '한계기업'이 급증하고 있다. '한계기업'이란 영업이익을 이자비용으로 나눈 '이자보상배율'(ICR)이 3년 연속 1 미만인 기업이다. 3년째 돈을 벌어도 이자를 내지 못하는 이른바 '좀비 기업'이다.

한국은행의 '금융안정보고서'(2019.09.26)에 따르면 2018년 외부감사를 받는 기업(2만 2869개) 중 14.2%인 3,236개가 '한계기업'이었다. 2017년 13.7%던 비중이 2018년 0.5%포인트 상승했다.[44] 상장기업의 1분기 이자보상배율은 4.7배로 지난해(8.8배)의 절반 수준으로 떨어졌다. '한계기업'에 대한 금융회사 여신은 2018년 말 107조9천억 원으로 1년간 7조8천억 원 증가했다. 외감기업 전체 여신 중 한계기업 비중은 13.8%로 0.4%포인트 상승했다(중앙일보, 2019.09.27). 상기 요인으로서 법인세 인상, 최저임금 과속 인상, 획일적인 주(週) 52시간제 시행, 노동개혁 후퇴 등을 들 수 있다.

③ 트리플 약세: 주식 · 채권 · 원화의 동시적 약세

트리플 약세(triple weak) 즉 주식 · 채권 · 원화가 동시에 약세(弱勢)가 우려된다.[45] 즉, 금융위기로 인해 유동성 확보하기 위해 증권사 등이 주식이나 채권을 지속적으로 시장에 내다파는 경우, 채권가격이 떨어지면서 금리는 올라가고 고금리는 주식시장의 약세를 야기하며 주식 투자자들이 자금을 빼내 해외로 빠져나가면서 통화가치마저 떨어지게 된다.

용비용(이지비용)으로 나눈 수치이다. 영업이익이 이자의 몇 배인지를 보여주기 때문에 '배'율이라는 단어를 사용한다. 이자비용을 발생시키는 요소는 장기 차입금, 단기 차입금, 회사채(전환사채 포함), 금융리스 등이 있다. 이자보상배율이 1배 이하이면 영업 이익보다 갚아야 할 이자 비용이 더 많은 기업이다. 이런 기업은 주식을 추가로 발행하거나 자산을 팔아서 이자를 갚아야 하고 이자를 갚기 위해 또 자금을 빌릴 수도 있기 때문에 투자하기 위험한 기업이다.

44) '한계기업'이 더 증가할 것으로 전망된다. 이자보상배율이 2년 연속 1을 밑도는 기업은 2017년 19.0%에서 2018년 20.4%로 상승했다. 2년 연속 돈을 벌어 이자도 못 갚던 기업이 '좀비 기업'으로 전락(전이율)한 수치는 2017년 53.8%에서 지난해 63.1%로 1년 만에 9.3%포인트 급증했다.

45) '트리플 강세(強勢)'란 주가가 상승하면서 원화강세와 채권가격도 상승(금리하락)하는 현상을 말한다. 트리플 강세가 나타나는 이유는 우리나라의 경우 특히 주가와 환율이 밀접한 관계를 보이기 때문이다. 외국인투자자들이 한국주식을 많이 매수하면서 주가가 상승할 가능성이 많아지고, 외국인의 투자 증가로 달러화가 외환시장에 많이 들어오면 원화가치는 상승한다. 이로 인해 풍부해진 유동성 때문에, 또는 다른 요인으로 시장에 채권수요가 늘어난 경우 채권값까지 상승하게 된다.

예로서 외국인이 주식시장에서 주식을 대거 팔았을 경우, 종합주가지수는 하락할 가능성이 커지고, 시장은 이를 외국자금이 한국시장을 이탈할 것이라고 해석하여 원화가치 하락(원달러 환율은 상승)하게 된다. 또한, 금융위기로 인해 유동성 확보하기 위해 증권사 등이 보유채권을 내다팔거나 통화긴축상황이나 채권수요 부진이 벌어진 경우, 채권값이 하락(금리는 상승)하게 되어 주가와 원화가치·채권값이 동반 하락하는 트리플 약세(triple weak) 현상이 발생하게 된다. 이 같은 현상은 금융시장이 그만큼 불안하다는 것을 반증하는 경제의 적신호로 나타나고 있다. 일본은 이미 1990년대 초에도 버블경제의 붕괴로 외국인 투자자금이 해외로 빠져나가 트리플 약세(triple weak)를 경험한 적이 있다.

그럼에도 불구하고, 문재인(文在寅) 정부(2017.05~현재)는 그저 *"외환보유액이 4,030억 달러에 이르고 경제 펀더멘털(기초체력)도 튼튼하다"*고만 해서는 시장의 신뢰를 얻기에 부족하다. 주식에 대해 *"공매도 규제를 강화하고 자사주 매입 규제는 완화하겠다"*고 한 것처럼, 구체적이고 실효성 있는 방안을 내놓아야 원화가치가 안정될 것이다.

④ 외환보유액: 4,431억 달러(2020년 12월 말 기준)

외환보유액(外患保有額)은 외환위기(外換危機)에 대응한 방파제(防波堤)이다. 상술하면, 외환보유액(外患保有額)은 중앙은행이나 정부가 국제수지 불균형을 보전하거나 외환시장 안정을 위해 언제든지 사용할 수 있도록 보유하고 있는 대외 지급준비자산을 말한다. 외환보유액(外患保有額)은 긴급시 국민경제의 안전판일 뿐만 아니라 환율을 안정시키고 국가신인도를 높이는 데 기여한다. 긴급사태 발생으로 금융기관 등 경제주체가 해외차입을 하지 못하여 대외결제가 어려워질 경우에 대비하고 외환시장에 외화가 부족하여 환율이 급격하게 상승할 경우 외환시장 안정을 위해 사용한다. 외환보유액(外患保有額)을 많이 갖고 있다는 것은 그만큼 국가의 지급능력이 충실하다는 것을 의미하므로 국가신인도를 높여 민간기업 및 금융기관의 해외 자본조달 비용을 낮추고 외국인투자를 촉진하게 된다.

그렇다면, 한국의 외환보유액(外患保有額) 현황은 어떠한가? 한국은행이 2020년 5월 21일 공개한 외환보유액' 현황에 따르면 4,431억 달러(2020.12말 기준)[46]로서 세계 9위이다.

---

46) 2019년 12월 말 기준으로, 외환보유액(外患保有額)이 가장 많은 국가는 중국(3조1천10억 달러)이며, 일본(1조3천80억 달러), 스위스(8천43억 달러), 사우디아라비아(5천171억 달러), 러시아(4천952억 달러)와 대만·홍콩·인도가 뒤를 이었다. 한편, 일본의 외환보유액(外患保有額)은 1997년 2,208억 달러, 2008년 1조306억 달러에 이어 지난해 세계 2위 수준인 1조2,710억 달러이다. 대외채권에서 대외채무를 뺀 순대외채권은 같은 기간 2조6,183억 달러 → 2조4,882억 달러 → 1조1,362억 달러로 줄었다. 그러나 2018년 한국의 순대외채권(4,675억 달러)의 2배를 훌쩍 넘었다.

외환보유액(外患保有額)은 1997년 204억 달러에 그쳤던 외환보유액은 2008년 10배 수준(2,012억 달러)[47], 2018년 20배 수준(4,037억 달러)로 줄곧 늘었다.

한편, 외환보유액(外患保有額)의 자산구성의 변화를 살펴보면 유가증권(국채, 정부기관채, 회사채, 자산유동화증권 등)이 3,850.2억 달러(94.2%), 128.5억 달러(3.1%), 금 47.9억 달러(1.2%), SDR 33.5억 달러(0.8%), IMF포지션 27.9억 달러(0.7%)로 구성되어 있다.

선진국들은 국가신인도가 높고 자국통화가 결제통화로 널리 사용되므로 외환보유액을 축적할 필요성이 작다. 이와 반면에 신흥시장국들은 유사시 국제금융시장에서 외화차입이 어렵고 대외의존도가 높아 외환보유액을 가급적 넉넉히 보유하려는 경향이 있다. 다만 외환보유액 확충에 있어서는 위기예방 등을 통해 국민경제에 큰 이익을 가져오는 점과, 기회비용이 적지 않은 점 등을 종합적으로 감안할 필요가 있다.

따라서 외환보유액(外患保有額)의 적정(適正) 규모(規模)를 고려해야 한다. 한국의 경우, 외환보유액의 적정 규모를 산정하는 기준으로는 통상 3가지가 있다: ① 국제통화기금(IMF, 1953년)이 제시한 '3개월분 수입액', ② 그린스펀－기도티 룰(1999년)이라고 불리는 '3개월분 수입액＋유동외채(1년 내에 갚아야 할 외채)', ③ 국제결제은행(BIS, 2004년)이 제시한 '3개월분 수입액＋유동외채＋외국인 포트폴리오 투자자금의 3분의 1'이다.

상기의 기준에서 보면, 최종 외환부족액은 632억 8,300만 달러(한·중 통화 스왑 560억 달러와 CMI 384억 달러를 포함)로 추산되었다. 상술하면, 한국의 외화보유액은 2015년 8월 말 기준으로 3,675억 3,400만 달러인 반면에 외환위기 시 소요외환보유액은 4,752억 1,700만 달러로서 외환부족이 1,076억 8,300만 달러였다. 다행히 2선 외화유동성이 944억 달러이지만 그래도 외환부족액이 32억 8,300만 달러였다. 게다가 자본도피가 300억 달러로, 환율 안정을 위한 정부의 시장개입 소요액이 300억 달러로 각각 추정되었다.

⑤ 전체 대외채무(對外債務): 4,858억 달러(2020년 3월 말 기준)

한국의 외채(外債) 현황은 어떠한가? 한국은행이 발표(2020.05.21)한 '3월 말 국제투자대조표'에 따르면 2020년 3월 말 기준으로 전체 대외채무(對外債務)는 4,858억 달러로 전분

---

47) 2008년 하반기 글로벌 금융위기 당시 외환보유액(外換保有額)이 2007년 말 2,622억 달러에서 2008년 말에 2,012억 달러로 610억 달러 감소하였고 한국투자공사의 손실, 미(美) 회사채·자산유동화증권 투자손실 등으로 가용(可用) 외환보유액이 많지 않을 것이라는 외환보유액의 가용성(可用性)에 대한 불신이 고조됨에 따라 2008년 하반기와 2009년 상반기에 '금융위기설'이 반복해서 제기됐었다. 급기야 300억 달러의 한－미 통화스왑 체결(2008.10), 각각 300억 달러로 확대된 한－중/한－일 통화 스왑(2008년 12월)으로 국내 금융불안이 진정됐었다.

기 말보다 188억 달러 늘었다. 이 중 만기가 1년 미만인 단기외채(短期外債)가 1,485억 달러로 140억 달러 급증했다.

2020년 6월 말 현재, 준비자산 대비 단기외채 비율(이하 단기외채비율)은 37.6%로, 3개월 전에 비해 약 0.4%포인트 상승했다. 대외채무에서 단기외채가 차지하는 비중(단기외채비중)도 30.7%로 전분기 말 대비 0.1%포인트 올랐다. 단기외채 비율과 단기외채 비중은 모두 2012년 말 이후 최고 수준으로 높아졌다. 그 요인은 최근 코로나 사태로 금융기관들이 달러 확보에 나섰기 때문이다. 즉, 코로나 확산에 따른 국제금융시장 불안에 대응하기 위해 은행들이 선제적으로 외화유동성 확보를 위한 차입을 늘린 결과이다. 실제 단기외채 증가분(140억 달러) 중 95%(133억 달러)가 은행 등 예금취급기관에서 빌린 것이었다.

한편, 2020년 6월 말 순(純)대외금융자산(대외금융자산－대외금융부채)은 5,532억 달러로 전분기 말보다 122억 달러 감소했다. 대외금융자산은 전분기 말보다 674억 달러 증가한 1조7,401억 달러를 기록했다. 2020년 3월 말 기준으로, 대외채권은 9,500억 달러로 전분기 대비 25억 달러 증가했다. 이에 따라 대외채권에서 대외채무를 뺀 순(純)대외채권은 4,742억 달러로 전(前)분기보다 67억 달러 증가한 규모로 사상 최고치다. 즉, 한국은 2000년부터 해외에 갚을 돈보다 받을 돈이 많은 순(純)대외채권국이 됐다. 대외채권·채무에 직접투자와 증권투자분, 파생금융상품 등까지 합친 국제투자대조표상 순(純)대외금융자산은 2020년 3월 말 5,654억 달러로 전(前)분기보다 645억 달러 늘어 사상 최대를 기록했다.

대외채무 중 단기외채 비중은 30.6%로 2012년 4분기 말(31.1%) 이후 7년 3개월 만에 가장 높은 수준을 기록했다. 단기외채 비중은 1997년 외환위기 때 48%까지 치솟았다가 안정된 이후 글로벌 금융위기를 겪었던 2008년 3분기에 역대 최고치인 51.7%까지 올랐다가 최근 몇 년간은 20% 후반으로 낮아졌지만, 2019년부터 29%~30% 사이를 오가고 있다.

다른 한편으로, 외환보유액 대비 '만기 1년 미만' 단기외채 비율은 2019년 3월 기준으로 31.6%(IMF 외환위기 1997년 말 286%, 2008년 84.0%, 2017년 27.7%)로 줄었다. 따라서 1997년처럼 갑작스러운 자금유출이나 외환위기에 대한 방어막이 그만큼 튼튼하다고 볼 수 있다.

전체 외채 중 단기외채가 차지하는 비중이 높아진다는 것은 외국인 자금의 급격한 이동에 따라 국내금융시장 불안이 커질 수 있는 상태라는 점을 의미한다. 외국인이 글로벌 시장 상황에서 따라 자금을 쉽게 뺄 수 있는 단기채권 중심으로 국내 자산에 투자했을 때 나타나는 현상이기 때문이다. 다만, 한국은행과 기획재정부는 2분기 단기외채 비중 상승을 외환건전성 악화로 볼 수 없다는 입장이다. 외국인의 국내 국채·통안채 투자가 늘어나면서 나타난 현상이고, 단기외채 비율이 높은 수준이 아니라는 이유에서다.

그러나 단기외채는 외국인들이 보유한 만기 1년 미만인 채권 혹은 대출금 등으로 국제 금융 시장의 변동성이 커지면 급격히 빠져나갈 수 있는 위험성이 있다. 외국에서 유입된 자금 중 '핫머니'가 차지하는 비중을 보여주는 지표로 해석된다. 단기외채 상승은 대외지급 능력이 악화하고 있다는 의미로 볼 수 있다.

한국은행과 기획재정부 등은 2분기 단기외채 비중이 높아진 것에 대해 외국인의 국내 채권투자 증가, 외국계 은행 지점의 영업용 자금 본점 차입 등이 영향을 미쳤다고 분석했다. 한은에 따르면, 지난 2분기 외국인의 국채 투자잔액(866억 달러)은 전분기 대비 62억 달러 증가했다. 통안채 등 단기채권 투자잔액(127억 달러)은 전분기 대비 25억 달러 증가했다. 외은(外銀)지점 등의 단기 차입금(703억 달러)은 전분기 대비 41억 달러 늘었다.

⑥ 통화교환협정(스와프)

통화교환협정(스와프)는 양국 중앙은행이 필요 시(時) 자국 화폐를 교환해 쓸 수 있도록 한 약속을 뜻합니다. 즉, 일종의 외환 마이너스통장이다. 외화 부족 시 꺼내서 쓸 수 있는 '잔고'의 한도가 늘어난다는 점에서 금융 안정과 대외신인도 제고 효과가 있다. 외환보유액이 아무리 많아도 외환위기 발발시 외환이 썰물처럼 빠져나갈 수 있는 만큼 기축통화국과의 통화스와프 체결이 절대적으로 필요하다. 국제결제은행(BIS)에 따르면 국제 외환시장에서 거래되는 비중(%)이 높은 기축통화(基軸通貨) 국가의 통화: 미국 달러화(87.6%), 유로화(31.3%), 일본 엔화(21.6%)이다.

그러나 한국의 통화교환협정(스와프) 대상국에 미국 달러·유로화·엔화가 포함되어 있지 않았었다. 미국은 2008년 세계금융위기(대침체) 당시 통화 스와프를 기간제로 체결했고 2010년 통화 스와프를 종료했다. 일본은 2012년 이명박 대통령의 독도 방문 이후 통화 스와프 규모를 축소하더니 2016년 최종적으로 종료했다. 중국은 사드(THAAD) 문제로 냉랭한 태도를 보이다 2019년 10월 간신히 만기를 연장해줬다. 그만큼 한국으로서는 국제적으로 공신력이 있으면서도 국지적 이해관계가 적어 통화 스와프 계약을 안정적으로 유지할 수 있는 국가가 필요했다.

천만다행하게도, 문재인(文在寅) 대통령(2017.05~현재)는 캐나다, 스위스, 미국 등 주요 국가와 '통화 스와프 협정'을 체결하였다.[48] 문재인(文在寅) 정부(2017.05~현재) 들어서 한

48) 캐나다와의 통화 스와프 협정은 세 가지 측면에서 기존의 계약과 구별된다. 우선 한도 제한이 없다. 둘째로 만기가 특정되지 않은 상설 계약이다. 마지막으로 캐나다와의 통화 스와프를 통해 미국 등 기축통

국이 캐나다·스위스와 연이어 미국과의 통화 스와프 협정 체결에 성공하며 가뜩이나 국제금융시장의 변동성이 큰 와중에 외환 방파제가 한층 탄탄해졌다는 평가를 받고 있다. 특히, 2020년 3월 20일 미국중앙은행과 약 77조 원(600억 달러) 규모의 통화 스와프를 2008년 이후 12년 만에 체결했다. 통화 스와프 기간은 2020년 9월 19일까지 6개월이다. 이번 통화 스와프는 세계에서 가장 안전한 통화로 꼽히는 미국 달러화와 통화 스와프를 체결했다는 점에서 높이 평가된다.[49]

2017년 11월 16일 주요 기축통화국(基軸通貨國)인 캐나다와 무기한·무제한 통화스와프를 체결됐다. 이어서 2018년 2월 20일 스위스 중앙은행과 100억 스위스프랑(약 106억 달러) 규모의 통화스와프(만기는 3년)를 체결됐다. 스위스는 3대 국제신용평가사가 국가신용등급을 최고(AAA)로 평가한 나라이다. 스위스의 외환보유액은 2017년 12월 기준 8112억 달러로 세계 4위 수준이다. 스위스는 미국·유럽·영국 등 5대 기축통화국을 제외하면, 중국에 이어 한국과 두 번째로 통화스와프를 맺었다. 특히 캐나다와 스위스는 미국·유럽·영국·일본 등 4개국과 2013년 10월 상호 무기한·무제한 통화스와프를 체결한 국가이다. 캐나다에 이어 스위스와 통화스와프 계약을 체결하면서 미국 등 기축통화국과 간접적으로 연결되는 효과도 누릴 수 있게 됐다. 캐나다와 스위스는 자국의 통화를 미국 달러와

화국과도 간접적인 연결 효과도 누릴 수 있다. 한은은 "한국이 이처럼 만기와 한도 조건이 없는 상설 계약 형태의 양자 통화 스와프 협정을 맺은 것은 이번이 처음"이라고 말했다. 캐나다는 미국·유럽·영국 등 5대 기축통화국을 제외하면, 2014년 중국(300억 캐나다 달러·2천억 위안)에 이어 한국과 두 번째로 통화 스와프를 맺었다. 캐나다가 미국, EU, 일본, 영국, 스위스와 함께 6대 주요 통화국 중 하나라는 점에서 뜻이 깊기도 하다. 한편, 2018년 2월 9일 스위스중앙은행과 11조 2천억 원(100억 스위스프랑) 규모 3년 만기 통화 스와프 협정을 맺기로 합의했다. 미 달러화로 환산하면 약 106억 달러 규모다. 스위스가 기축통화국이 아닌 나라와 통화 스와프 계약을 체결한 것도 이례적이다. 중국에 이어 우리나라가 두 번째다. 스위스는 1인당 국내총생산(GDP) 8만2천442달러로 세계 2위인 강소국으로, 자국 통화인 스위스프랑은 핵심 안전 통화로 분류되는 금융 강국이다. 무엇보다도 스위스는 미국 유로존 영국 캐나다 일본 등과 함께 전세계 6개 기축통화국으로 분류된다. 한은이 6대 기축통화국과 통화 스와프를 체결한 것은 지난해 11월 캐나다에 이어 이번이 두 번째다. 또한, 2017년 9월 인도네시아, 말레이시아 등과도 통화 스와프 만기 연장 계약을 맺었다. 2017년 10월 사드 배치 논란으로 인해 한중 관계가 악화된 상황임에도 불구하고 중국과 560억 달러 규모 통화 스와프 협정 만기 연장을 성사시켰다.

49) 미국과의 통화교환협정(스와프)은 2008년 3월 300억 달러 규모로 체결되어 2009년 글로벌 금융위기를 극복하는데 결정적인 도움이 되었으나 2010년 4월로 종료되었다. 한국은 상기 협정을 연장하기를 원하지만 미국은 냉담했다. 프랑스 최대 싱크탱크인 국제정보전망연구소(CEPII)는 "미국은 금융시장의 유동성 경색을 막는 한편 달러의 영향력을 강화하려는 목적으로 통화스와프를 체결하고 있다고 분석했다. 미국 연방준비제도(Fed)와 유럽중앙은행(ECB), 영국·일본·스위스·캐나다 6개국 중앙은행은 2013년 상시 통화스와프 계약을 맺었다. 자국 내 달러 유동성이 부족하면 다른 중앙은행에서 만기 3개월짜리 단기 유동성 대출 공급을 해주는 것이다.

유로화, 일본 엔화로 맞바꿀 수 있다. 이로써, 한국은 스위스 프랑과 캐나다 달러를 원화로 바꿀 수 있게 된 셈이다.

한편, 중국과의 통화교환협정(스와프)은 약 560억 달러(만기: 2020.10.10), 인도네시아와의 통화교환협정(스와프)은 약 100억 달러(만기: 2020.03.05), 호주와의 통화교환협정(스와프)은 약 77억 달러(만기: 2020.02.07), 말레이시아와의 통화교환협정(스와프)은 약 47억 달러(만기: 2020.01.24), 아랍에미리트(UAE)와의 통화교환협정(스와프)은 약 54억 달러(만기: 2016.10.12; 연장 협의 중), 치앙마이이니셔티브(CMI) 다자화(2000.05, 한·중·일과 ASEAN이 공동으로 체결했었던 통화교환협정)에 의한 384억 달러로서 총 1,222억 달러이다.

참고로, 2011년 10월 체결된 한·중(韓·中) 통화스와프 규모는 64조 원, 3,600억 위안(약 560억 달러)이다. 당시 한국 정부는 외환 부족 사태에 대비한 안전장치로 한·중(韓·中) 통화스와프 협정을 체결했으나 지금까지 사용해 본적이 없다. 그 대신에, 한국정부는 한·중(韓·中) 통화스와프 자금을 무역거래용으로 전환, '원화 국제화'를 도모하기로 했다. 이것은 한국은행과 중국 인민은행이 통화스와프 자금을 서로 빌려준 후 자국은행을 통해 수출·입 기업들이 무역거래 자금으로 쓰도록 하는 방식이다. 한국정부는 상기의 달러 의존도를 낮추고 통화스와프의 만기를 지속적으로 연장시키는 한편, '원화 국제화'를 앞당기는 등 장점이 많다고 보고 있다. 중국도 세계 10위권의 경제대국인 한국을 통해 '위안화 국제화'에 박차를 가할 수 있다.

여기서 주목할만한 것은 사드(THAAD) 배치로 한·중(韓·中) 갈등이 고조되었던 시기에서도 한·중(韓·中) 통화 스와프(3,600억 위안, 64조 원, 약 560억 달러)은 2017년 10월 11일 연장되었다는 점이다. 중국 인민은행에 따르면 2019년 7월 말 현재 중국은 32개국과 3조510억 위안의 통화스와프 체결한 상태이다. 중국은 위안화 국제화를 위해 통화 스와프를 적극 활용하고 있으며 달러 중심의 국제통화체제에서 벗어나기 위해 통화스와프를 이용하고 있는 것이다.

그러나 일본과의 통화교환협정(스와프)은 700억 달러가 2012년 10월말로, 기축통화(基軸通貨) 국가로서 동맹국인 미국과의 통화교환협정(스와프)은 300억 달러가 2010년 4월로 각각 종료되었다. 한국은 일본과 20억 달러의 계약을 2001년 7월 치앙마이 이니셔티브(CMI)을 통해서 체결했었다. 이것은 한국으로선 외국과 맺은 첫 통화교환협정(스와프) 계약이었다. 2010년 한·일(韓·日)통화 스와프 규모는 700억 달러로 확대됐었다. 그러나 2011년 10월 300억 달러 규모로 체결된 한·일 통화스와프는 당시 독도(獨島)를 둘러싼 양국 간 외교분쟁으로 2012년 10월 말로 끝나는 계약의 만기가 더 연장되지 않다가 2015

년 종료됐다. 2016년 8월 통화스와프 체결을 위한 작업에 착수했으나 2017년 1월 '소녀상' 갈등으로 협상이 일본이 협상 중단을 선언했다. 한국 정부도 굳이 먼저 나서서 통화스와프 체결을 '구걸'하지는 않겠다는 입장이다.

⑦ 대외신인도: S&P AA; Moody's Aa2; Fitch AA-

사실, 경제적 측면에서 보면, 제2차 세계대전 이후 후진국에서 출발해 '20-50 클럽(1인당 소득 2만 달러, 인구 5,000만 명)'에 가입한 것은 한국이 유일하다. 그리고 국가신용등급(Moody's, Fitch, S&P 평가)이 G20 국가 중에서 7위(AA-, 안정적)로 상향 조정되었고 역사상 처음으로 일본의 신용등급(A+, 긍정적)을 처음으로 추월했다.[50]

상술하면, 최근의 국가신용등급(國家信用等級)을 보면,[51] 세계 3대 신용평가사인 무디스(Moody's)·피치(Fitch)·스탠다드앤드푸어스(S&P)가 조금씩 다른 상향 조정 이유를 밝혔지만, 특히 국제신용평가사 피치(Fitch)가 한국의 국가신용등급 상향 조정 이유와 한국경제에 대한 논평은 유의할 필요가 있다: 한국은 2012년 9월 A+ 등급에서 AA~등급으로 상승한 뒤 7년째 같은 등급을 유지 중이다. 피치(Fitch)는 글로벌 경제 둔화와 미·중 무역분쟁의 영향으로 한국의 성장 모멘텀이 상당히 둔화됐으나 근본적인 성장세는 건전하며 유사 등급 국가 수준에 부합하다고 판단했다. 다만, 반도체 부진 심화에 따른 수출·설비투자 부진으로 2019년 성장률은 2.0%로 둔화될 것으로 전망했다. 또한 한국의 2020년 경제성장률은 2019년 6월 2.6%보다 0.3%포인트 낮춘 2.3%로 하향 조정했다. 그 배경은 미·중 무역분쟁 심화와 일본과의 갈등에 따른 불확실성 때문이다.

또한, 피치(Fitch)는 "GDP 대비 94.5%에 달하는 높은 수준의 가계부채는 경제의 외부 충격에 대한 취약성을 높이고, 중기 소비 전망을 약화시킨다"며 "최근 가계부채 증가 속

---

[50] 세계 3대 신용평가사인 무디스(Moody's)·피치(Fitch)·스탠다드앤드푸어스(S&P)가 조금씩 다른 상향 조정 이유를 밝혔지만 대체로 건전한 재정상태, 기업들의 글로벌 경쟁력, 은행의 대외 취약성 개선, 북한 리스크 감소 등을 공통적으로 꼽았다.

[51] 2012년 8월 무디스(Moody's)가 한국 국가신용등급을 Aa3로 올렸으며, 동년 9월 6일엔 피치(Fitch)가 A+(긍정적)에서 AA-(안정적)로, 동년 9월 14일에는 스탠다드앤드푸어스(S&P)가 A+로 상향 조정했다. 이로써 한국은 15년 만에 외환위기 이전의 국가신용등급을 회복하게 됐었다. 2012년 9월 17일 기준으로, 한국의 신용부도스와프(CDS) 프리미엄은 68.96bp(1bp=0.01%포인트)로 경제대국인 일본(69.85bp), 외환보유고 세계 1위 중국(73.78bp)을 차례로 제쳤고, 유럽연합(EU)을 주도하는 2강(强) 중 하나인 프랑스(97.04bp)보다도 앞섰다. 현재 한국은 아시아에선 홍콩(47.2bp)에 뒤이어 안전한 국가로 꼽힌다. 4년 전보다 20계단 올랐다. 현재 한국은 전체 국가 중 12번째로 부도 위험이 낮은 국가로 평가되었다. 게다가, 한국의 외환보유액(2013년 7월 현재 기준)은 3,297억 달러로서 중국, 일본, 러시아, 스위스, 대만, 브라질에 이어서 세계 7위를 기록했다.

도가 둔화됐으며, 거시건전성 정책이 통화정책 완화에 따른 취약성 발현을 방지할 수 있을 것으로 기대한다"고 덧붙였다.

모름지기, 수출로 먹고사는 한국이 대외신인도(對外信認度)를 유지할 수 있기 위해서 재정건전성(財政健全性)를 철저히 유지해야 한다.[52] 만약 재정적자(財政赤字)가 누증되어 국가채무(國家債務)가 급격하게 증가하게 되면 국가신용등급(國家信用等級)과 대외신인도(對外信認道)의 하락으로 이어질 수 있다. 이것은 다시 금융위기(金融危機)로 이어진다.

실례(實例)로서 2011년 세계경제 상황을 나비 효과(Butterfly Effect)로 설명할 수 있다. 동년 8월 미국의 신용평가회사인 스탠더드 & 푸어스(Standard & Poor's)는 재정적자가 해결되지 않았다는 이유를 들어 미국의 신용등급을 AAA에서 AA＋로 강등했었다. 미국(나비)의 신용등급 강등(날갯짓)으로 인해 중국, 한국, 독일 등 전 세계 주요국 주식시장에 일제히 빨간불이 들어왔고, 경제성장률도 급락했었다. 이어서, 유럽연합의 재정 건전성에 대한 우려가 증폭됨으로써 그리스, 스페인 등의 신용등급도 줄줄이 낮춰졌었다. 이 여파로 그리스는 국가부도라는 최악의 사태까지 맞았었다. 결국, 글로벌 경제위기(토네이도)가 불어 닥쳤던 것이다.

---

52) 2015년 12월 19일 국제신용평가회사인 무디스(Moody's)의 평가와 단서는 다음과 같다. 무디스(Moody's)는 한국 국가신용등급을 Aa2로 한 단계 끌어올렸다. 이는 한국경제가 받은 사상 최고(最高) 등급이고, 2015년 주요 선진국 중 등급이 오른 나라는 한국이 유일했다. 그러나 여기서 유의할 것은 무디스(Moody's)가 국가신용등급을 올려준 첫째 이유가 한국 정부의 구조 개혁에 있다는 점이다. 무디스(Moody's)는 "과거 한국이 구조 개혁으로 외환위기를 극복한 경험에 비춰 보면 한국 정부가 추진 중인 노동·공공·교육·금융 개혁도 성공할 것"이라고 했다. 무디스(Moody's)는 한국의 위험 요인도 구조 개혁의 후퇴에 있다고 명시했다(조선일보, 2015.12.21).

03 탈(脫) 경제위기(經濟危機)를 위한 해법(解法)[53]

한국경제의 위기 상황을 요약하면 ① 장기 침체(Secular Stagnation) → 잠재성장률(潛在成長率)의 지속적 하락과 경제성장률의 전망치 및 실측치 모두 추락, ② '재정 없는 포퓰리즘'의 난무로 인한 재정위기(財政危機): 재정적자(통합재정수지와 관리재정수지) 누증 → 국가채무 및 국가부채 급증 → 국가신용등급·대외신인도 하락 → 금융위기(외환위기와 은행위기)이다.

상기한 금융위기(金融危機) 즉 외환위기(外換危機)와 은행위기(銀行危機)의 시나리오는 다음과 같다: (1) 재정위기(財政危機) 즉 '재정 없는 포퓰리즘'의 난무로 인한 재정적자 누증 → 국가채무 급증 → 국가신용등급·대외신인도 하락 → (2) 금융위기(金融危機): ① '高금융불안' → 원화가치의 급락 → 트리플 약세 → 과도한 외화자금 유출 → 환율 급등 → 제2 외환위기(과도한 외화자금 유출 → 원/달러 환율 급등)와 ② 천문학적 규모의 가계부채(家計負債) → 상업은행 부실 → 은행위기(銀行危機)이다.

1) 외환위기(과도한 외화자금 유출 → 환율 급등)에 대한 사전 예방적 외환정책

한국의 국가 신용부도스와프 프리미엄(CDS: Credit Default Swap Premium, 미국 뉴욕시장 기준)[54]은 2016년 2월 한국 정부의 개성공단 전격 폐쇄조치로 인해 89bp까지 치솟았다가

---

53) 임양택(2018), 『글로벌 금융패러다임과 한국 금융산업: 이론과 정책』, 서울: 한양대학교 출판부.

54) CDS(Credit Default Swap)는 기업이나 국가의 파산 위험 자체를 사고팔 수 있도록 만든 파생금융상품을 말한다. 거래를 하는 당사자 중 한쪽이 다른 상대방에게 수수료를 주는 대신, 기업 혹은 국가의 부도나 채무 불이행이 발생할 경우, 상대방으로부터 보상을 받도록 설계된 금융 상품으로, 일종의 보험이다. 신용부도스와프 프리미엄은 국가 부도 등 위험으로 국채가 상환되지 못할 경우에 대비한 일종의 보험료로, 낮을수록 국가의 신용도가 높은 것으로 평가된다. 신용 위험도에 따라 베이시스 포인트(bp)로 표시된다. 1bp=0.01%포인트이다.

하강세를 보이다가 2019년 11월 기준으로 27bp이다(기획재정부, 2019.11.06). 2008년 글로벌 금융위기 이후 최저치로 떨어졌다. 코로나 19사태로 세계 증시가 폭락했을 때 57bp까지 치솟았으며, 사태가 어느 정도 진정된 2020년 4월 말에는 30대 중후반을 유지중이다.

현재 한국의 국가 신용부도스와프 프리미엄(CDS: Credit Default Swap Premium, 미국 뉴욕시장 기준)은 신흥국 가운데 가장 낮은 수준이다. 블룸버그에 따르면 스위스(9bp), 미국(15bp) 등이 가장 낮은 수준이고, 한국은 영국(25bp)과 비슷한 수준이다. 이어 중국은 38bp, 인도 69bp 등이다. 경제대국인 일본(69.85bp), 외환보유고 세계 1위 중국(73.78bp)을 차례로 제쳤고, 유럽연합(EU)을 주도하는 2강(强) 중 하나인 프랑스(97.04bp)보다도 앞섰다.[55]

그러나 1997년 하반기 외환위기로부터 얻을 수 있는 교훈은 다음과 같다: 경제구조의 펀더멘털과 관계없이, 외화자금시장(외환시장이 아니라)이 경색됨으로써 일시적으로 외화자금의 유동성 위기에 직면하게 된 것임에도 불구하고, 기업 및 국가가 부도(不渡) 위기에 직면할 수도 있다는 점이다. 이것은 마치 기업이 부도(不渡)나는 것도 장기적인 관점에서는 재무구조상에 문제가 없으나 대부분 일시적인 자금의 유동성 공급 위기에서 기업 부도(不渡)가 발생할 수 있다는 것과 마찬가지이다.

사실, 2008년 하반기 글로벌 금융위기 당시 외환보유액이 2,000억 달러를 상회하였음에도 불구하고, 2008년 하반기와 2009년 상반기에 '금융위기설'이 반복해서 제기됐었다. 그 배경을 보면 상기 글로벌 금융위기 당시 외환보유액의 감소뿐만 아니라 외환보유액의 가용성에 대한 불신도 한국의 '금융위기설' 제기를 부채질했었다. 심지어, 일각에서는 한국투자공사의 손실, 미(美) 회사채·자산유동화증권 투자 손실 등으로 가용 외환보유액이 많지 않을 것이라는 주장이 제기됐었다. 급기야 300억 달러의 한-미 통화 스왑 체결(2008.10), 한-중 통화 스왑과 한-일 통화 스왑(2008.12)을 각각 300억 달러로 확대함으로써 한국의 '금융위기설'이 진정됐었다.[56]

전술한 바와 같이, 1996년 OECD 가입 및 1998년 하반기 IMF 구제금융지원조건 충족 등을 계기로 한국 금융시장 개방 및 자유화 폭이 단계적으로 확대되어 왔었다. 이젠, 한국

---

55) 게다가, 한국의 외환보유액(2013년 7월 기준)은 3,297억 달러로서 중국, 일본, 러시아, 스위스, 대만, 브라질에 이어서 세계 7위를 기록했다.

56) 2008년 하반기 글로벌 금융위기 당시, 외환보유액이 2007년 말 2,622억 달러에서 2008년 말에 2,012억 달러로 610억 달러 감소하였을 뿐만 아니라 외환보유액의 가용성에 대한 불신도 '한국 위기설' 제기에 일조했었다. 즉 한국투자공사의 손실, 미(美) 회사채·자산유동화증권 투자 손실 등으로 가용외환보유액이 많지 않을 것이라는 주장이 제기됐었다.

의 금융시장은 선진국의 개방화 및 자유화 수준으로서 거의 완전 개방 수준에 도달해 있다. 이 결과, 외국인 자금이 주식투자에 주로 집중되어 자금의 유·출입이 빈번하다.[57]

여기서 유의할 것은 1997년 하반기 외환위기 이후 한국의 금융불안의 진원지가 외환시장이었다는 점이다.[58] 2010년 3월 이후 금융불안지수(FSI: Financial Stress Index) 상승에 외환시장(外換市場)의 기여율이 62.8%로 가장 높았으며 다음으로 주식시장(32.0%), 자금중개시장(5.2%) 순서이다.[59] 2008년 하반기 글로벌 금융위기 전·후로 국제비교한 결과, 한국은 외환시장이 주요국에 비해 특히 불안하고, 다음 순서로 자금중개시장, 주식시장이다. 외환시장은 주식시장과 달리 2008년 하반기 글로벌 금융위기 전에는 안정된 모습을 보였으나 그 후 극도로 불안한 양상을 보였다.[60]

최근에 들어 금융불안지수(FSI) 상승에 대한 외환시장(外換市場)의 기여율이 1997년 하반기 외환위기와 2008년 하반기 글로벌 금융위기에 비해 높아진 반면에 자금중개시장의 금융불안 기여율은 크게 낮아졌다. 그 이유는 다음과 같다:

첫째, 국내 주식시장과 달리, 국내 외환시장(外換市場)에서는 국내 금융기관과 개인의 비중이 낮아 외국인 투자자금의 움직임에 반대 포지션을 취함으로써 국내 외환시장(外換市場)의 안정을 회복시킬 힘이 미약하기 때문이다. 참고로, 한국의 외환거래량 규모는 GDP 대비 5.4%에 불과하다.

둘째, 국내 외환시장(外換市場)에서 외국인 거래 비중이 높고 거래통화가 대부분 달러화로 구성되어 있기 때문에 외국인의 외환거래가 미치는 영향력이 크다. 구체적으로, 외은(外銀)지점이 전통적 외환거래(현물환, 선물환, 외환스왑)에서 차지하는 비중(2010년 1/4분기 말 현재)은 48.5%이며 외환파생거래에서 차지하는 상기 비중은 66.5%이다. 특히, 원/달러 선물환 거래에서 역외 선물환시장(NDF) 거래 규모는 일평균 52억 2,000만 달러로 전체(60억 3,000만 달러)의 86.6%를 차지하고 있다.[61]

---

57) IMF(2007)에 따르면 한국의 자본시장 개방 및 외환거래제도 자유화 정도는 일본 및 스위스와 유사한 수준이라고 평가했다. IMF(2007), Annual Report on Exchange Arrangement and Exchange Restriction.

58) 상기한 금융불안지수(FSI) 상승요인 분석결과는 2008년 하반기 글로벌 금융위기 전후 국제비교 분석에서도 한국 외환시장의 불안정성이 다른 나라에 비해 두드러지게 큰 것으로 나타났다.

59) 임양택(2018), 『글로벌 금융패러다임과 한국 금융산업: 이론과 정책』, 서울: 한양대학교 출판부.

60) 한국의 외환시장 불안지수 순위가 2008년 하반기 글로벌 금융위기 이전에는 총 38개 통화 중 13위였으나 그 후에는 34위로 급락하였다. 한국이 속한 자유변동환율제도 국가 그룹의 총 22개 통화 중에서 2008년 하반기 글로벌 위기 이전 2위에서 위기 그 후 18위로 크게 하락하였다.

61) 역외(off-shore) 선물환시장(non-deliverable forward, NDF) 시장(즉, 본국에서 거래할 경우 생길 수

셋째, 국내 주식시장에서 외국인의 주식보유 비중이 높다. 상술하면, 한국의 총 외국인 투자 중 주식투자 비중은 39.0%(2007년 기준)로 OECD 국가 30개국 중에서 3위이다.[62]

현재 한국은 미국의 '환율 관찰국' 명단에 들어 있어 자칫 환율에 개입했다가 '환율 조작국'으로 격하될 위험성이 있다. 그렇다고 손 놓고 있으면 수출경쟁력이 저하되거나 외국인 투자자금이 빠져나가는 사태로 비화될 수도 있다.

한국정부는 미중(美中) 무역전쟁이 시작됐을 때 한국엔 부정적 영향이 미미하다면서 "펀더멘틀(경제 기초)은 튼튼하다"는 말로 시장을 안심시키려고 한다. 그러나 이런 불안 심리를 조기에 진정시키지 못하고, 펀더멘틀을 진짜로 튼튼하게 만들 방책을 내놓지 못한다면, 쌓아둔 외화보유액만으로는 막기 어려운 걷잡을 수 없는 위기가 시작될 수도 있다. 미국의 대(對)중국 관세 인상률(25%) 영향 하나만으로도 달러당 7.5위안까지는 약세 압력을 받을 것이다. 이런 상황을 감안할 때 달러당 원화 환율은 1,250~1,260원까지 원화 약세가 계속될 것으로 전망된다.

실제로, 중국이 '환율조작국(換率造作國)'으로 지정되자 한국 증시는 2019년 8월 5일 '블랙 먼데이'가 재연되었다. 코스피 지수는 장중 1,900선이 무너지고 환율은 장중 1,223원까

있는 각종 세제나 운용상의 제반 규제를 피해 조세·금융·행정 등에서 특혜를 누릴 수 있도록 타국에 형성된 선물환시장)은 비(非)거주자가 계약 시 선물환율과 만기 시(時) 현물환율의 차이를 원화가 아닌 달러화로 정산하는 역내(on-shore) 선물환거래 시장이다. 다시 말하면, 만기에 원금의 상호 교환 없이 (Non-Deliverable Forward) 계약한 선물환율과의 차액만을 기준통화(주로 미국 달러화)로 정산하는 선물환(Forward) 계약을 말한다. 주로 역외(해외) 외환거래시장에서 매매됩니다. 예를들어 외국계 은행 A가 국내은행 B에 1,000만 달러를 3개월 후 달러당 1,250원에 팔겠다고 제안하고, B가 그 제안을 수락한다고 가정하면 역외 차액결제선물환(NDF) 거래가 일어난 것이다. B는 3개월 뒤 환율이 1,250원보다 높아지면 이득을 보고, 낮아지면 손해를 보게 된다. 3개월 뒤 환율이 1,300원이 되었다면 B는 1,000만 ×(1,300-1,250)/1,300=38만4,615달러의 이익을 보게 됩니다. 왜냐하면 1,300원에 사야할 달러를 1,250원에 산 셈이기 때문이다. 이 상품이 등장한 배경은 크게 2가지로 볼 수 있다. 첫째 이유는 외환규제 때문이다. 역외 참가자들이 특정 국가의 통화를 투자나 투기 목적으로 사거나 팔고자 하지만 해당 국가의 외환규제 때문에 행동에 제약을 받을 때 역외 차액결제선물환(NDF)를 이용해 외환규제를 피하는 것이다. 둘째 이유는 안전성 때문이다. 원금 전부가 아니라 손해와 이익 금액만큼만 차액으로 주고받기 때문에 지급 불가 위험이 훨씬 낮아지게 되는 이점이 있다. 즉, 역외선물환시장에서는 만기에 계약원금을 상호교환하지 않고, 계약한 선물환율과 지정환율 사이의 차이만을 지정통화로 정산한다. 싱가포르·홍콩·뉴욕 등의 역외시장에서 거래가 활발하지만, 한국에서 말하는 역외선물환시장은 통상 싱가포르와 홍콩에 형성된 시장을 뜻한다. 싱가포르와 홍콩 시장에서는 원화·대만 달러·위안화·페소·루피 등 여러 통화가 거래되지만, 이 가운데 원화 거래가 가장 활발하다. 특히 2000년 이후 원·달러 환율의 변동폭이 커지면서 역외선물환 거래가 원·달러 환율을 결정하는 주요 변수로 급부상했다.

62) 2006년 말 기준 한국의 외국인 주식투자 비중은 37.3%로 헝가리(77.7%), 리투아니아(51.7%), 멕시코(45.1%) 다음으로 큰 수준입니다. 외국인 주식투자 비중이 가장 큰 헝가리는 2008년에 IMF 구제금융을 신청하였고, 리투아니아는 2009년 상반기 국가 부도 위험이 높은 국가로 지목되었다.

지 올랐다. 한국정부가 시장개입에 나서면서 낙폭은 줄었지만 이틀간 75조 원의 시가총액이 증발했다. 특히 원화가치 폭락에 놀란 외국인들은 최근 사흘간 1조3천억 원어치 주식을 매도했다. 문재인(文在寅) 정부(2017.05~현재)는 외환보유액(外換保有額) 4,030억7천만 달러(2019.06말 기준)가 넘어 외환 방파제가 튼튼하다고 하지만 코스피 시장에서만 외국인 보유 주식이 4,400억 달러어치(외국인이 보유한 주식·채권이 684조 원, 약 5,600억 달러)에 달해 한국의 외환보유액보다 더 많다. 이 자금이 불안감을 느끼고 이탈하면 바로 '제2 외환위기'가 발발하는 것이다.

설상가상(雪上加霜)으로, 2019년 8월 2일 일본 정부가 한국을 화이트 리스트(수출심사 우대국)에서 제외하기로 결정하고[63] 이에 대해 문재인(文在寅) 대통령(2017.05~현재)가 강경대응을 천명하면서 국내·외 투자가들 사이에 한국경제에 대한 비관적 관측이 커졌다.[64] 이 결과, 2019년 8월 5일, 종가기준 코스피 총액은 1,298조 2천억으로 전날 1,331조 7천억 원보다 33조 5천억 원 줄었다. 코스닥 시가총액도 197조 9천원으로 전날보다 15조 7천억 원 줄었다. 따라서 코스피와 코스닥을 합해 단 하루만에 시가총액의 약 50조 원이 증발된 것이다. 한 마디로 '재앙(災殃)' 수준이었다. 한국 증시는 2019년 8월 5일의 폭락세 같은 '블랙 먼데이'가 언제든지 재연될 수 있는 살얼음판 같은 시장으로 전락했다.[65]

---

63) 2019년 8월 2일 일본 정부가 한국을 화이트 리스트(수출심사 우대국)에서 제외하기로 결정하게된 배경은 다음과 같다: 한일(韓日)청구권협정을 통해 한국이 일본으로부터 보상금을 받았다. 일본은 이를 통해 우리가 그때 모든 배상문제를 해결하지 않았으냐고 주장하였다. 한국은 대법원 판결을 통해 이렇게 애기한다. "그래 국가간의 문제는 끝났지만, 지금 한국인 강제징용 피해자들은 일본 정부에게 배상금을 요구하는게 아니야 그들이 일한 일본기업이다." 만약 강제징용피해자가 일본국가에게 피해소송을 낸다면 그것은 지난 협정을 통해 이루어질 수 없다. 하지만 개인이 기업을 상대로 낸 강제징용 피해 배상까지 국가에서 외교적으로 해결되었다고 그들의 청구권을 파기시킬 수 없는 것이다. 그러나 일본은 이를 받아드릴 수 없다고 주장하는 것이다. 이것을 받아드린다는 것은 현재 아베정권의 지지율 하락과 이어지는 것이다. 이승만(李承晩) 정권 시절 일본에게 요구한 배상금이 300억 달러였다(당시 기준으로 300억 달러이다. 현재 기준 아님) 하지만 이것을 일본은 질질 협상을 끌더니 이렇게 말한다: "국가 배상문제는 우리가 해줄게 하지만!! 개인에 대한 배상은 우리가 직접해줄 거야" 이걸 한국정부는 결코 받아드릴 수 없었다. 그러나 박정희 정권에 들어서자 당장 국가사업을 하기 위해 한국은 돈이 필요했고 박정희 대통령이 드디어 300억 달러를 3억 달러에 대폭 할인해주었다. 그렇게 일본은 전쟁배상금을 전부 지불했었다고 주장한다. 그래서 한국은 현재 일본정부를 상대로 배상금을 청구할 수 없다.

64) 또한, 미국이 3천억 달러 규모의 중국산 수입품에 대해 10%의 관세를 부과하겠다고 밝히면서 투자심리가 위축됐다.

65) 2019년 8월 5일, 서울 증시는 개장 직후부터 '팔자' 물량이 쏟아지면서 코스피가 직전 거래일인 2일보다 51.15포인트(2.56%)나 폭락한 1,946.98로 거래를 마쳤다. 이날 코스피는 종가 기준으로 지난 2016년 6월 28일(1,936.22) 이후 3년 1개월여 만에 가장 낮은 수준이다. 코스닥지수도 45.91포인트(7.46%) 급락한 569.79로 마감해 2015년 1월 8일(566.43) 이후 약 4년 7개월만의 최저치를 기록했다. 코스닥지수가

만약 상기와 같은 일본의 무역보복이 계속된다면 '제2의 IMF 외환위기'가 올 수 있다고 전망된다.66) 그렇다면, '외환위기(外換危機)'에 대한 사전 예방적 대비책은 무엇인가?

첫째, 과도한 자본 유·출입에 대한 자본관리정책(CFMs: Capital Flow Management Measures; 선물환포지션 한도규제, 외환건전성 부담금제도, 조건부 금융거래세, 외화유동성 비율, 외화안전자산 보유액, 외화유동성 리스크 관리기준, 외환보유고 관리 프로그램, 통화 스왑)을 들 수 있습니다. 다행히, 한국 정부는, 2010년 이후 과도한 자본유입 억제를 위한 자본관리정책(CFMs)으로서 '외환 방패 3종 세트', 즉 ① 외국인 채권투자 과세 환원, ② 선물환 포지션 규제, ③ 외환건전성 부담금 도입을 마련해 두고 있다.

구체적으로, 금융불안의 충격을 최소화하기 위한 정책방향은 외환시장(外換市場)을 안정시켜 변동성을 줄이고 불확실성을 해소하기 위해서 환율 변동을 체계적으로 모니터링하고 예측하는 시스템을 구축해야 한다. 이에 대한 정책방안으로서 다음과 같은 2가지 정

600선 아래로 떨어진 것은 2017년 3월 10일 이후 약 2년 5개월만이다.

66) 강제징용 판결에 이어 레이더 공방을 둘러싼 한·일 간 갈등이 수그러들기는커녕 갈수록 거칠어지고 있다. 북핵 문제 해결과 세계 질서 복원 등 두 나라가 힘을 합쳐도 모자랄 판에 소모적 공방이 이어져 과연 누구를, 무엇을 위해 이러는지 묻지 않을 수 없다(중앙일보, 2019.01.07). 두 사안 모두 양국 정부가 상대방을 감정적으로 공격해도 절대 풀리지 않을 일들이다. 우선 레이더 건은 한국 광개토함이 화기관제 레이다를 쐈는지 여부를 둘러싼 공방에서 일본 초계기의 저공비행 논란으로 번졌다. 가뜩이나 서먹한 양국 국민 간 감정은 이번 사태 때문에 최악으로 치닫고 있다. 이렇게 된 데는 양쪽 당국이 조용히 진상 조사를 하는 대신 관련 비디오 자료를 공개하고 여기에 거칠게 반박하면서 불필요하게 양국 감정이 나빠진 측면이 없지 않다. 상황 악화를 걱정한 두 나라 외교장관은 지난 4일 "군사 당국 간 실무협의를 통해 문제를 풀자"고 합의했다. 일단 포문을 닫고 만나서 해결하자는 뜻이다. 그런데 같은 날 우리 국방부는 일본의 주장을 조목조목 반박하는 영상자료를 공개했다. 군 당국은 한발 더 나아가 이를 8개 국어로 번역해 웹사이트에 올리겠다고 한다. 일본이 먼저 관련 동영상을 영어로 번역해 올린 데 대한 반격인 셈이다. 물론 일본 네티즌 사이에서는 한국 측 동영상에 대한 반박과 함께 비난이 들끓고 있다. 이런 두 나라 당국의 행태는 이웃 싸움에 서로 상대가 나쁘다고 온 동네에 선전하는 꼴이다. 군사 분야 역시 사람이 하는 일이라 평상시에도 오인 사격마저 일어나는 게 현실이다. 이번 사안의 진상은 밝혀지지 않았지만, 양쪽 모두 실질적인 피해는 없었다. 그러니 정확한 사실을 밝혀 한국 쪽에서 화기관제 레이더를 조사(照射)한 게 맞는다면 정식으로 사과하고 재발 방지를 약속하면 끝날 사안이다. 반대로 일본이 한국 군함의 화기관제 레이더에 맞은 것으로 착각했다면 이 또한 사과하면 될 일이다. 강제징용 판결 문제도 마찬가지다. 과거사에 대해 상반된 평가와 가치관을 가진 두 나라 사법부가 다른 판결을 내리는 건 얼마든지 있을 수 있다. 이 사안이 외교 협정과 관련이 있는 건 사실이지만 그렇다고 다른 주권 국가의 대법원 판결을 잘못됐다고 일방적으로 몰아붙이는 건 옳지 않다. 게다가 일본의 많은 변호사가 한국 대법원의 강제징용 판결을 지지하고 있다. 그러나 아베 신조(安倍晋三) 총리가 어제 NHK 방송에 나와 "(한국 대법원의) 판결은 국제법에 비춰 있을 수 없다고 생각한다"고 주장한 것은 적절하지 않다. 양국 정부는 한·일 관계의 중요성을 생각하며 상대에 대한 공격을 당장 거둬야 한다. 최근의 사태는 두 나라 정권 모두 떨어지는 인기를 만회하기 위해 민족 감정을 부추긴 결과이다. 이런 인식을 불식시키기 위해서라도 양국 정부는 냉정함을 되찾아야 한다.

책방안을 고려할 수 있다.[67]

① 외국인 주식 및 채권 투자자금이 일정 수준(과거 외국인자금 유입기간 총유입액의 평균 + 표준편차) 이상으로 유입될 경우 '조건부 금융거래세'를 자동적으로 부과하되 외국인 자금이 순유출될 경우 자동적으로 중단하는 조치이다. 흔히, 토빈세(Tobin Tax) 혹은 가변예치 의무제가 거론되지만, 상기 두 가지 정책수단은 모든 자본거래(유·출입)에 적용되고 대외신인도 저하를 초래할 가능성이 커 가급적이면 회피하는 것이 바람직할 것이다.

사실, 국가 간 자본 흐름에 대한 규제는 지난 2년간 국제금융의 핵심 논쟁 거리였다. 금융위기 동안 선진국들은 초저금리 기조를 유지한 반면 개발도상국들은 경기부양 정책을 펴왔다. 이런 불균형이 선진국에서 개도국으로 대량의 자본 이동을 초래해 왔다. 개도국들은 이 같은 자본 흐름이 자국 통화가치를 끌어올리고 경상수지 적자와 자산가치 폭락을 초래할 것을 우려하고 있다. 이런 개도국들이 자본 유입을 규제하는 것은 이상한 일이 아니다.

최근에 IMF는 2건의 보고서를 발표했다: 그것의 결론은 국가 간 자본 이동에 대한 규제가 거시경제와 거시건전성에 긍정적 역할을 할 수 있다는 것이다. 실제로 국가 간 자본 흐름에 규제를 실시한 국가들은 최근 국제 금융위기의 피해를 덜 받았고 1997~1998년의 아시아 금융위기 때도 마찬가지 현상이 나타났다. 그러나 이는 IMF의 자본시장 자유화 정책과는 상당히 다른 얘기이다. 주요 20개국(G20)은 2008년 규제받지 않는 금융시장이 큰 위기를 초래할 수 있다고 판단하고 금융규제를 결정했다.

현재 세계적으로 많은 규제가 존재하고 있다. 그중 하나는 국가 간에 이동하는 자본·채무에 대해 지불준비금 확보를 요구하는 것이다. 유입자본에 세금을 부과하는 방법도 있다. 외환을 끌어모으는 세력에 대해선 건전성을 이유로 거래를 금지하는 것도 가능하다. 브라질과 한국은 자국 내 금융기관으로부터 외환을 차입하는 세력에 대해서 높은 지급준비율을 규정하고 있다.

상기 IMF 보고서를 통해 각국의 자본 흐름 규제 정책에 대한 지침을 제시했다. 상기 지침은 자본 흐름 규제가 다른 모든 재정·통화정책을 실시한 후 최후에 시도해야 할 정책이라고 명시했다. 하지만 실제로 자본 규제는 환율이 과다하게 변동하기 전에 취해야 할 조치이다. IMF의 지침은 자본 흐름 규제가 일시적 조치가 되길 원한다. 그러면서도 규

---

67) 임양택(2018), 『글로벌 금융패러다임과 한국 금융산업: 이론과 정책』, 서울: 한양대학교 출판부.

[그림 4] '달러 약세' 하의 '원화 약세' 원인과 외환정책

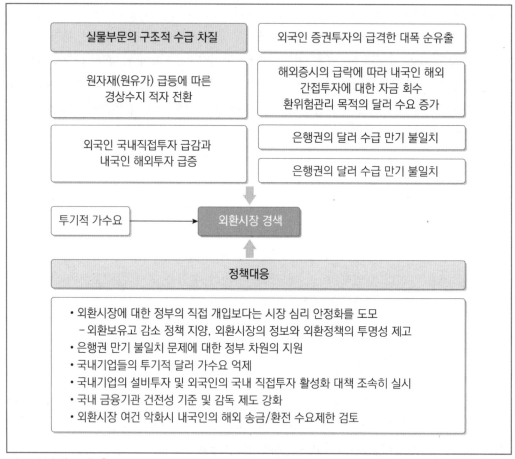

자료: 임양택(2018), 『글로벌 금융패러다임과 한국 금융산업: 이론과 정책』, 서울: 한양대학교 출판부.

제의 목적을 "제도적 틀을 강화하기 위해서"라고 말한다.

② 전술한 바와 같이, 국내 금융불안을 야기하는 곳은 외환시장(外換市場)이다. 따라서 금융불안의 충격을 최소화하기 위한 정책방향은 외환시장(外換市場)을 안정시켜 변동성을 줄이고 불확실성을 해소하는 것에 초점을 맞추어야 한다.

심지어, 외은(外銀)지점은 외화유동성을 국내에 공급하는 과정에서 외환시장(外換市場)을 교란시키기도 한다. 상술하면, 외은(外銀)지점의 단기외채가 급증하면 달러공급 증가로 원/달러 환율이 과도하게 하락(원화 강세)하고, 글로벌 금융불안 시에는 외화자금의 이탈로 원/달러 환율이 급등(원화 약세)한다.[68]

여기서 유의할 것은 국내 단기외채에서 외은(外銀)지점이 차지하는 비중[국가 전체 단기외채와 은행 단기외채에서 외은(外銀)지점이 차지하는 비중은 각각 47.9%, 63.1%]이 높지만 국내 은행에 적용되는 미시경제적 외환건전성 규제(외화유동성 비율에 대한 규제)는 한국의 은행들에게는 적용되는 반면에 외은(外銀)지점에게는 적용되지 않고 있다는 점이다.

따라서 외환시장(外換市場)의 안정을 위하여, 또한 외환위기 재발 방지를 위해서, 점진적으로 외은(外銀)지점에 대한 차별적 혜택을 줄이고 궁극적으로 '동일영업－동일규제 원칙'을 확립해야 할 것이다. 즉, 외은(外銀)지점에도 동일하게 '외화유동성 비율 규제'를 적용하는 것이다.

둘째, 사실, 외은(外銀)지점들에 의한 단기차입 비중은 외은(外銀)지점들의 영업행태와 밀접한 관련이 있는데 기본적으로 단기차입－장기운용을 통해 수익의 상당 부분이 창출되고 있다. 이러한 영업 행태는 국내 은행과는 달리 외화유동성 규제를 받지 않기 때문에 어느 정도 가능하다. 이러한 불(不)평등한 외환건전성 규제하에서, 단기외채의 유·출입이 국내 은행보다는 외은(外銀)지점을 중심으로 이루어지고 있다.

자본수지의 높은 변동성과 더불어 자본유출 규제의 필요성으로 거론되는 것은 은행권을 중심으로 한 단기외채의 유·출입을 제어함으로써 시스템 리스크를 방지할 수 있는 거시경제적 차원의 외환건전성 규제로서, 단기외채의 유·출입 급증을 막기 위해 한국이 비(非)국제통화국임을 고려해 국제사회가 논의하고 있는 총 레버리지 비율 뿐만 아니라 외화 레버리지 비율을 단계적으로 도입할 필요하다는 점이다.[69] 그 근거는 다음과 같다.

상술하면, 은행 외화유동성 관리지표는 자산－부채의 만기불(不)일치 방지에 초점을 두고 있기 때문에 관리지표를 위반하지 않아도 단기외채가 급증할 가능성이 크다. 극단적으로 3개월 미만 외화자금을 조달해 전액 3개월 미만으로 운용할 경우 3개월 외화유동성 비율은 100%로 외환당국의 지도비율(85%)을 상회한다.[70] 이러한 은행 외화유동성 관리지표 하에서는 단기외채 비중의 상승을 막기 어려우므로 국내 외채구조가 대외충격에 취약

---

68) 예로서 2006~2007년 기간 중 은행권의 단기외채 증가를 국내 은행과 외은(外銀)지점으로 구분하여 살펴보면, 외은(外銀)지점은 544억 달러, 국내 은행은 226억 달러로 외은(外銀)지점의 단기차입이 국내 은행을 2배 이상 상회하였다.

69) 2005년 말 834억 달러에 불과했던 은행권의 외채는 2007년 말에 이르러서는 1,928억 달러로 무려 1,094억 달러나 증가하였다. 그런데 당시 외채 1,094억 달러 중에서 단기로 차입한 규모는 전체의 70%인 770억 달러에 달했다. 이 시기 단기외채의 급증은 이 당시 수출기업들의 선물환 순매도 규모 급증과 밀접한 관련이 있다.

70) 실제로, 글로벌 금융위기가 고조되었던 2008년 4/4분기에 외화유동성 비율 98%는 당국의 지도비율인 85%보다 높았다.

해질 가능성이 높아진다.

실제로, 글로벌 금융위기가 고조되었던 2008년 4/4분기에도 외화유동성 비율은 당국의 기준치인 85%를 충족시키는 98.9%를 기록했었다. 이러한 관리지표하에서는 단기외채 비중의 상승을 막기 어려우므로 국내 외채구조가 대외충격에 취약해질 가능성이 크다.

예로서, 조선·중공업들과 같이 수출이 호조를 보인 기업들은 환율의 추가하락 기대를 반영하여 환헤지(煥 Hedge)를 크게 늘렸었다. 그 이유는 수출기업들의 선물환 매도로 대규모 선물환매입포지션에 노출된 은행들이 해외로부터 단기차입을 통하여 현물환을 매도함으로써 선물환매입포지션을 상쇄시키려고 했었기 때문이다.

따라서 향후 세계 경제의 회복으로 한국의 수출이 호조를 보일 경우 선물환거래로 인한 단기차입은 언제든지 증가할 수 있으므로 이를 억제할 수 있는 방안이 필요하다. 다만, 현재 검토되고 있는 자기자본 대비 선물환 포지션 규제의 경우 외은(外銀)지점의 자본금 규모가 크지 않으므로 선물환 거래 한도를 국내 은행과 차별적으로 적용해야 할 것이다.

셋째, 핫 머니(Hot Money)에 대한 규제를 도입할 필요가 있다. 또한, 중·장기적으로는 외환거래 저변 확대, 시장조성자 육성, 이종통화 직거래 활성화 등 외환시장 구조를 개선하고, 금융기관의 글로벌 업무 역량을 확보하여 실질적인 '원화의 국제화'를 추진해야 한다. 중·장기적으로는 외환거래 저변 확대, 시장조성자 육성, 이종(異種)통화 직거래 활성화 등 외환시장(外換市場) 구조를 개선하고, 금융기관의 글로벌 업무 역량을 확보하여 실질적인 '원화의 국제화'도 추진해야 할 것이다.

사실, 한국 정부는 '원화 국제화'를 위하여 노력을 경주해왔다. '원화 국제화'란 원화가 달러, 유로 등과 같이 국제통화로서의 기능을 수행할 수 있도록 하기 위한 정책을 뜻한다. 1988년 경상거래 시(時) 원화 표시 허용, 해외 지점에 원화예금 허용, 비거주자의 원화 계정 허용 등 기본 계획을 발표했었고 1993년 소규모 수출입 거래에서 원화결제 허용 방안 등을 추가했었다. 2006년 수출입 거래 시 원화결제 한도 폐지 등 외환자유화 계획을 발표했었으나 2008년 하반기 글로벌 금융위기로 무기 연기됐었다.

또한, 한국 정부는 '원화 국제화'를 위해 외환 규제 일부를 완화하기로 결정했었다. 우선, 외국 은행이 국내 은행에 원화계좌가 없어도 원화결제 서비스를 제공할 수 있게 하는 방안을 검토하였다. 또한 외국 기업이 수출 대금으로 받은 원화를 국내 증권시장에 직접 투자할 수 있게 관련 규정도 마련하기로 했다. 그리고 국내 기업의 원화 결제도 독려하기로 했으며 원화결제 선도기업을 지정·육성해 원화 결제 수요를 늘려나가기로 했다.

넷째, 국내 금융시장 안정을 위해 한국의 대외투자와 외국인의 국내투자 간 격차 축소가 필요하다. 왜냐하면 상기 투자 사이의 격차가 지나치게 확대되어 있어 독립적인 환율 조절 능력이 약화되고 있기 때문이다. 참고로, 대부분 선진국의 경우 대외투자가 자국내 외국인투자를 상회한다.

심지어, 대외투자가능 자산의 상당한 비중(약 54%)이 정부와 『한국은행』이 채권(통화안정증권 등)을 발행하여 확보한 원화를 갖고 시중에서 달러나 다른 외화로 표시된 자산을 구입함으로써 외환보유액으로 유지되고 있기 때문에 통화안정증권 발행잔액이 급증함에 따라 통화안정증권에 대한 이자 지급액이 급증하자 추가적인 통화안정증권 발행이 어려운 상황에 직면해 있다.

한 걸음 더 나아가, 대외직접투자 활성화를 외환시장을 포함한 금융시장의 안정뿐만 아니라 경제선진화 달성의 수단으로 활용해야 할 것이며, 또한 대외직접투자를 제조업 공동화가 아니라 산업구조 고도화를 위한 기회로 활용할 수 있다. 즉, 국내 제조업 공동화 가능성이 상대적으로 낮은 국내 비교열위산업, 해외 비교우위산업, 자원개발산업 등에 대외투자를 촉진해야 할 것이다. 따라서 대외투자는 산업구조 고도화, 금융 국제화를 위해 반드시 필요하다.

한국의 자본관리정책(CFMs: Capital Flow Management Measures) 현황을 국제투자와 국내금융시장의 관계의 측면에서 보면, 2004년 이후 경상수지 흑자 규모가 큰 폭으로 줄어들고 있음에도 불구하고 대외투자 증가 속도가 외국인투자 증가 속도보다 낮기 때문에 큰 폭의 자본수지 흑자가 지속적으로 발생하고 있으며, 이 결과 큰 폭의 국제수지 흑자 기조가 유지되고 있다. 나아가, 이것은 한국의 환율조절능력을 약화시키고 있다. 이것은 일본이 경상수지 흑자로 유입되는 외화를 왕성한 대외투자를 통해 국외로 유출시키고 있는 것과 대조적이다. 그 원인은 1997년 하반기 외환위기 이후 자본자유화(Capital Liberalization)로 국내 금융 및 외환시장이 개방되어 자본의 유·출입이 쉬운 반면에 한국의 대외투자 활성화에는 소홀했기 때문이다. 또한, 한국의 대외투자가 저조한 이유는 해외직접투자가 제조업 공동화의 원인이라는 부정적 시각으로 인하여 정부나 기업이 해외직접투자에 적극적으로 나서기 어려운 한국사회의 분위기이기 때문이다.

2) 은행위기(銀行危機)에 대한 사전 예방책[71]

회고하면, 2008년 하반기 글로벌 금융위기 이후 선진국들은 구조조정과 허리띠를 졸라맨 '빚 갚기'로 기업부채(企業負債)와 가계부채(家計負債)를 줄여나갔지만 한국은 '부채에 의한 경제성장'이라는 신(新)자유주의적 경제정책을 추진했었다. 심지어, 과거 정부는 채권자인 금융기관(은행)의 입장을 반영하여 시종일관 "자산이 가계부채보다 많기 때문에 관리 가능하다"라고 애써 태연한 척 해왔었다.

그러다가 국제통화기금(IMF) 미션단이 연례협의(2017.11.14) 이후 "가계 부채가 한국의 금융리스크 요인"이라고 지적했다. 국제통화기금(IMF)에 이어 한국은행도 부채 관리의 시급성을 알리는 보고서를 국회에 '금융안정보고서'를 제출(2015.12.22)했었다. 부실화가 우려되는 기업부채의 비중(21.2%)이 2008년 금융위기 수준(16.9%)을 훨씬 넘어섰다고 경고했었다.

그럼에도 불구하고, 유일호 경제부총리 겸 기획재정부 장관 후보자(당시)는 "가계부채 문제는 금융당국이 (대책) 발표를 했고 (그 대책의) 효과가 있을 것이기 때문에 문제가 크지 않을 것"이라고 말했다(동아일보, 2015.12.23).[72] 그 후, 최경환 경제부총리(당시)와 유일호 경제부총리(당시)는 총부채상환비율(DTI)과 주택담보인정비율(LTV) 등과 같은 주택담보대출 규제 완화→부동산 경기 과열→가계부채 급증을 유발했었다. 한국 정부는 총부채상환비율(DTI)과 주택담보인정비율(LTV) 등 대출 규제를 파격적으로 풀어 은행에서 쉽게 돈을 빌릴 수 있도록 했다. 이것은 가난한 국민들을 '죽음의 낭떠러지'로 밀어넣는 자충수(自充手)일 뿐이었다. 최경환 부총리(당시)는 2014년 7월 제2경제팀을 모아놓고는 "우리는 가보지 않은 길을 가고 있다"라고 말했었다. 바로 그 길은 '지뢰밭'였다. 그 '지뢰'는 바로 1천 400조 원의 '가계부채 폭탄'이며, 이것은 조만간 한미(韓美) 간 금리 역전으로 가계신용 파산과 외국인 자본의 해외유출로 터질 수 있다는 점을 정책당국은 명심해야 했었다.

주택담보인정비율(LTV)은 담보로 맡긴 주택 가치 가운데 대출금 비율을 의미한다. 총부채상환비율(DTI)이란 채무자가 한 해 버는 소득 가운데 은행에 갚아야 하는 돈과 이자

---

71) 임양택(2018), 『글로벌 금융패러다임과 한국 금융산업: 이론과 정책』, 서울: 한양대학교 출판부.

72) 여기서 유의할 것은 유일호 후보자(당시)가 2015년 4월 국토부 장관이었을 때 당초 7월 말 종료 예정이었던 주택담보인정비율(LTV)과 총부채상환비율(DTI) 규제 완화의 연장을 주장했었던 결과, 오늘의 가계부채 급증 상황을 만든 '원죄'(原罪)를 저질렀었다는 점이다. 또한, 강호인 국토교통부 장관(당시)이 주택공급 과잉 양상을 지적했었는데도 불구하고 유일호 후보자(당시)는 "주택공급 과잉으로 보지 않는다."라고 딴소리를 했었다.

(원리금)가 차지하는 비율이다. 담보 대출을 영어로 표시하면 'mortgage'인데 그것의 어원(語源)을 살펴보면 프랑스어로 'mort'는 '죽음', 'gage'는 '서약'을 각각 의미하므로 담보 대출은 곧 '죽음의 서약'이라는 뜻이다. 따라서 내 자산을 담보로 돈을 빌릴 때는 죽음을 각오할 만큼 신중한 결정을 해야 한다는 것을 말해준다.

또한, 정부는 2017년 하반기부터 6개 금융공공기관(주택금융공사, 기술보증기금, 신용보증기금, 농림수산업자 신용보증기금, 예금보험공사, 한국자산관리공사)에서 빚을 연체한 후 1년이 경과한 저(低)소득층은 신용회복위원회 워크아웃을 통해 원금을 최대 60%까지 감면받을 수 있도록 했다. 기관별로 3~10년 걸리던 기간을 1년으로 통일했었다. 재산이 200만 원 이하이거나 70세 이상인 채무자는 연체한 지 5년이 지나면 채권 시효(5년)를 더 연장하지 않고 전액 탕감해주기로 했었다.

이로써, 금융공공기관이 보유한 개인(가계와 개인사업자)의 부실채권(3개월 이상 연체) 규모는 24조 9,000억 원(2016년 말 기준)이며 관련된 채무자 71만 8,000명이 제도개선의 혜택을 볼 수 있게 되었다(중앙일보, 2017.03.07).

사실, 빚 갚을 능력이 없는 저소득층은 원금을 일부 탕감해서라도 숨통을 틔워줘야 한다는 논의는 오래됐다. 2002년부터 시행된 신용회복위원회의 개인워크아웃제도나 2013년 도입된 국민행복기금이 대표적인 사례다. 신용회복위원회의 워크아웃 누적 신청자 수는 지난해 150만 명을 넘어섰고, 국민행복기금을 통해 채무조정을 한 사람은 57만 3,000명에 달한다. 이들의 소득은 제자리인데 빚은 늘어나면서 가처분 소득 대비 가계부채의 비율은 174%(2016년 2분기 기준)에 달한다. 즉, 버는 돈으로 빚을 갚을 길 없는 저(低)소득층은 '빚을 내서 빚을 갚는 악순환'에 빠진 것이다.

이와 같이 가계부채(家計負債)의 급증에 대한 원초적 책임 소재는 기획재정부 전직 장관(최경환·유일호)에게 있다는 점이다.[73] 그들은 경기침체 국면을 탈피하고자 담보 대출과 주택담보 대출의 비율(DIT와 LTV)을 확대함으로써 부동산 투기를 유발했었던 장본인들이다.

결국, 소(牛) 잃고 외양간 고치는 격으로, 금융당국은 비(非)은행권 대출 규제를 강화하면서 저(低)신용·저(低)소득·다중(多重) 채무자 계층 보호를 병행한다는 방침을 세웠다(조선일보, 2017.02.22). 즉, 대출 리스크 관리를 위해 상반기 중에 상호금융조합·새마을금고에 대한 특별점검을 실시하고 대출 심사 때 은행과 마찬가지로 총체적 상환능력심사 시스

---

73) 임양택, 경제전망대 칼럼: "가계부채 급증과 부동산경기 활성화는 亡國의 첩경이다", 경인일보, 2016. 10.27.

템(DSR)을 적용하도록 비(非)은행권에 강력하게 요구했다. 심지어, 정부는 금리 상승에 대비해 금리가 지나치게 높은 대출은 자제하고 고정금리 대출 비중을 키우라는 뻔뻔스러운 주문도 했었다.

나아가, 금융당국은 가계부채(家計負債) 누증(累增)의 심각성을 뒤늦게 깨닫고 저(低)신용・저(低)소득・다중(多重) 채무자 계층을 위한 연체 부담 완화, 자영업자 지원 프로그램 등도 추진했었다. 주택담보대출의 경우, 연체가 없더라도 실직・폐업한 채무자에게 원금 상환을 유예하고, 현재 연 11~15% 수준인 연체 이자율 산정 체계를 개편하는 등의 조치를 취했었다.

(1) 가계부채(家計負債) 현황: 양적 확대 및 질적 악화

가계부채(家計負債)는 가구의 빚을 말한다. 가계(家計)는 가구의 수입과 지출 상태를 뜻하며 부채(負債)는 빚을 뜻한다. 가계부채는 주택의 구입과 연동된다. 가계부채(家計負債)는 가구나 개인의 부채이지만 국가의 부담이다. 왜냐하면 사채가 아닌 이상 은행이나 카드사, 캐피탈, 상호금융에서 돈을 빌릴 수밖에 없기 때문이다. 국내외에서 채권을 발행하고 예금을 받은 것으로 돈을 꿔 준다. 그런데 여러 가지 외부상황에 의해 금융회사가 채권을 제때 상환하지 못하고 예금을 지급하지 못할 것이라는 루머가 돌거나 실제로 그렇게 되면 대량의 자금이탈이 발생하게 되는 경우 금융회사는 그냥 망하게 된다. 은행만 망하는 게 아니고 대출금을 못 갚은 개인과 기업, 채권을 산 개인과 기업도 함께 망한다.

국제결제은행(BIS)에 따르면 한국의 2020년 말 가계부채는 1,827조 원으로 집계되었다. 또한, 한국은행에 따르면 2019년 1분기 가계부채(家計負債) 총액(가계대출＋신용판매액)은 1,540조 원으로 전년 동기 대비 4.9% 늘어났다. 여기에 전세보증금(傳貰保證金)을 포함하면, 2,201조 원으로서 GDP 대비 127%(세계 1위)이다.[74] 국가부채는 GDP의 30% 수준으로 비교적 양호한 편이지만 가계부채가 GDP의 80%가 넘어 위험한 수준이다.[75]

또한, 가계부채(家計負債)의 총액(가계대출＋신용판매액)뿐만 아니라 가계부채(家計負債)

---

74) 한국은행 발표(2017.02.21)에 따르면 2016년 12월 말 가계부채(가계 대출＋신용 판매액)는 1,344조 3,000억 원을 기록했다. 여기에 자영업자의 대출금을 합하면 약 1,500조 원에 달할 것으로 추산된다. 이어서, 한국은행 금융안정 보고서(2018.06.20)에 의하면 2018년 1분기 가계부채 총액(가계부채＋신용판매액)은 1,468조 원으로 나타났다. 임양택, 경제전망대 칼럼: "가계부채 급증과 부동산경기 활성화는 亡國의 첩경이다", 경인일보, 2016.10.27.

75) 2018년 3분기 기준 국내 가계 부채 규모는 GDP(국내총생산)의 96.9%로 100%에 근접했다. <옥스퍼드 이코노믹스> 분석에 따르면, 이 비율이 한국보다 높은 나라는 주요 28개국 중 호주와 캐나다뿐이다.

의 증가 속도(4.9%)가 매우 빠르다. 국제결제은행(BIS)가 가계부채(家計負債) 증가 속도를 비교 조사한 43개 주요국 가운데 한국(4.9%)은 중국(3.8%)에 이어 세계2위이다.

게다가, 가계의 소득 대비 원리금 상환 부담도 빠르게 늘어나고 있다. 국제결제은행(BIS)가 산출한 2018년 말 한국의 가계부문 총부채원리금상환비율(DSR)은 12.7%였다. 한국의 가계부문 총부채원리금상환비율(DSR)은 자료가 집계된 17개국 중 6위를 기록했지만 2018년 같은 기간 대비 상승폭은 0.6%포인트로 세계 1위였다.

[그림 5] 한국 가계부채의 확대 과정

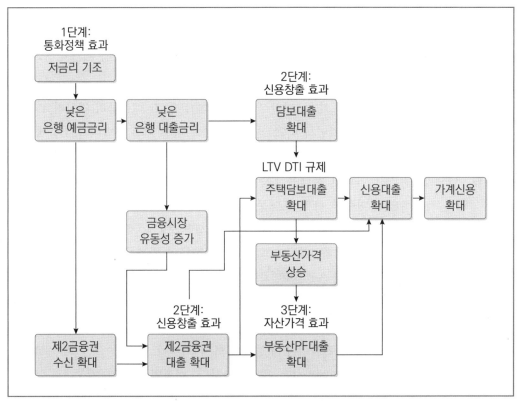

자료: 임양택(2018), 『글로벌 금융패러다임과 한국 금융산업; 이론과 정책』, 서울: 한양대학교 출판부.

또한, 주택 가격은 하락하는 반면에 금리는 상승함에 따라 대출 상환을 할 수 없는 소위 "깡통주택"이 증가하고 있다. 입주예정 아파트 물량이 39만 가구로 많은 데다가 기준 금리 인상 기조가 이어지기기 때문에 "깡통주택"은 더욱 더 증가할 것으로 전망된다.

특히 전세세입자가 거주하는 집 값이 전세보증금(傳貰保證金)보다 낮아짐에 따라 전세

보증금(傳貰保證金)을 반환하지 못하는 경우가 급증하고 있다. 이 결과, 법원주택경매 신청 건수가 2016년 153건, 2017년 141건, 2018년 221건으로 증가했다. 전년대비 증가율은 58%이다. 심지어, 경매로 넘어갔는데도 불구하고 낙찰가격이 채권보다 낮은 경우가 2016년 985건, 2017년 952건, 2018년 1,034건으로 증가했다.

여기서 유의할 것은 가계부채의 질이 더욱 나빠지고 있다는 사실이다. 2015년 3월 말 기준으로, 총부채원리금상환액(주택대출 원리금상환액에 신용대출 등 다른 부채의 원리금 상환액을 모두 합한 금액)을 연간 소득으로 나눈 비율(DSR: Debt Service Ratio)이 40%를 초과하는 '한계가구'가 134만 가구에 이르고, 전체 가계부채 중 이들의 금융부채 비중이 약 30%에 달한다.

특히 은행이 아닌 저축은행, 신용협동조합, 상호금융, 새마을금고, 우체국 등 비(非)은행권 대출이 급증하였다. 비(非)은행권 대출은 17.1% 급증했던 반면에 은행 대출은 9.5% 증가했다. 이처럼 비(非)은행권 대출이 크게 늘어난 원인은 다음과 같이 크게 2가지이다:

첫째, 저금리가 장기화하면서 최근 3년간 은행과 비(非)은행 간 대출금리 격차가 1%포인트대에서 0.35%포인트대로 떨어지면서 비(非)은행권 대출에 따른 이자 부담이 감소함에 따라 자녀 교육비 혹은 거주비 충당을 위해 금융기관으로부터의 대출 유인이 커졌기 때문이다.

둘째, 3,000만 원까지 비과세 혜택을 주는 예탁금 등이 32조 원 넘게 들어오면서 비(非)은행권이 적극적으로 대출에 나섰기 때문이다.

따라서 제2금융권(새마을금고, 저축은행, 자산 운영사, 생명 보험사, 자산 보험사, 종합 금융사 등)의 여신 잔액(2016.06, 기준)이 671조6,752억 원으로 2015년 말보다 34조8,909억 원이나 사상 최대로 급증했다. 금융회사 3곳(은행, 저축은행, 상호 금융사, 카드사, 케피털사, 대출업체 중에서) 이상에서 돈을 빌린 채무자 328만 명의 빚이 317조 원이며 1인당 채무는 1억 원대에 이르고 있다.

이러한 상황에서 미국 금리 인상이나 부동산(특히 주택)가격 하락과 같은 외부 쇼크가 발생하면 이들 '한계가구'들의 연쇄파산은 명약관화하다. 미국의 금리가 예상대로 조만간 인상되면 한국의 초 저금리(기준금리 1.25%)가 연쇄적으로 오를 수밖에 없다.

특히 비(非)은행권(새마을금고, 저축은행, 자산 운영사, 생명 보험사, 자산 보험사, 종합 금융사 등) 대출이 가계부채 문제의 뇌관이 될 수 있는 이유는 저(低)신용·저(低)소득·다중(多重) 채무자들이 은행보다 비(非)은행 금융기관 대출에 의존하는 비율이 높기 때문이며, 비(非)은행권 대출에는 고금리와 변동금리 상품이 많기 때문이다. 만약 경기 침체가 장기화되고 금리가 상승한다면 비(非)은행 대출 채무자들의 상환 부담이 커지고 연체 발생이 늘어날 가능성이 크다.

게다가 물가안정을 도모하거나 혹은 주택경기과열을 억제하기 위해 국내 금리가 상승하는 경우, 이자상환비율이 상승함으로써 가계의 채무상환능력이 악화되고 금융기관이 부실화될 가능성이 높다. 다시 말하면, 금융기관(특히 제2금융권)이 부동산 담보 가치의 부족을 감지하고 담보된 부동산을 투매할 것이고 이는 다시 부동산 가격 폭락을 촉발하여 부동산 담보가치를 더욱더 떨어뜨릴 것이다. 이 결과 '가계부채(家計負債)의 역습'에 의한 금융회사의 연쇄 파산이 유발될 수 있다. 이것이 바로 '가계발(發) 금융위기'인 것이다.

상기와 같은 상황에서, 만약 한·미(韓·美) 간 금리 차로 인한 외환[미(美) 달러]의 해외유출을 제어하기 위해 국내 기준금리를 높이면 천문학적 가계부채 부담이 커지게 되어 국내 금융위기가 발생할 가능성이 높아질 것이다. 만약 기준금리가 인상됨에 따라 대출금리가 0.5% 오르면 고(高)위험가구(금융과 실물자산을 팔아도 빚을 갚을 수 없는)의 금융부채 규모는 현재 62조 원에서 4조 7,000억 원 더 늘어난다. 이 결과, 가계부채(家計負債)라는 한국 경제의 시한폭탄이 언제 터질지 모릅니다. 임종룡 전(前) 금융위원장은 한국경제와 금융시장이 '여리박빙'(如履薄氷)이라고 표현했다.

미국 연방준비제도(FED) 재닛 옐런(Janet Yellen) 의장은 최근에 금리 인상 가능성을 강하게 시사하였다. 그 배경은 미국의 소비자물가와 산업생산이 꾸준히 상승함에 따라, 미국 금리 인상의 환경이 조성되고 있기 때문이다. 만약 미국의 금리가 한국의 금리보다 높아지면 외국인 자금 유출 우려가 커진다.[76] 사실, 미국과 신흥국의 장기채권금리가 뛰어올랐고 유럽·일본·신흥국의 대(對)미국 환율이 치솟았다. 또한, 신흥국(특히 중국)의 장기채권에 몰렸던 자본이 미국으로 빠져나갔다.

따라서 미국 금리 인상과 달러 강세에 대응하기 위한 국내 금리 인상 속도를 조절해야 한다. 즉, 정부의 채권안정기금이나 한국은행의 장기채권시장 개입을 통하여 국내 금리의 점진적 상승으로 유도하고 원화 환율의 급격한 상승을 억제해야 한다. 왜냐하면 미국경제와 연동되어 있는 한국은 자본유출을 막기 위해서 결국 금리를 인상하지 않을 수 없는데,

---

76) 참고로, 한·미(韓·美) 기준금리가 역전된 시기가 두 번(1999년 7월~2001년 3월, 2005년 8월~2007년 9월 등) 있었다. 미국의 연방준비제도(Fed)는 연방공개시장위원회(FOMC)를 열고 10년 만기 미국 국채 금리의 기준금리를 1.00~1.25%에서 1.25~1.50%로 0.25%포인트 인상했다. 이번 인상은 지난 3월과 6월에 이어 2018년 세 번째이자 마지막 기준금리 인상이다. 이 결과 한·미 금리 역전(逆轉)이 현실화될 가능성이 높다. 왜냐하면 미(美) 기준금리 상단이 한국은행 기준금리(1.50%)와 같아진 데다, 연준이 2018년에도 세 차례 금리 인상이 예상된다고 밝혔기 때문이다. 한·미(韓·美) 기준금리가 역전된 시기는 1999년 7월~2001년 3월, 2005년 8월~2007년 9월 등 두 차례 뿐이었다.

그 여파로 천문학적 가계부채(2019년 1분기 기준으로 1,540조 원)로 인한 금융위기가 염려되기 때문이다.

재닛 옐런(Janet Louise Yellen, 1946~현재) 미국 재무장관은 2021년 5월 4일 미국 시사잡지 '더 애틀랜틱'과 인터뷰에서 *"경제가 과열되지 않도록 하기 위해 금리를 다소(somewhat) 인상해야 할지 모른다. …… 추가적인 재정 지출은 미국 경제 규모와 비교해 상대적으로 작을지 모른다. …… 이는 매우 완만한(very modest) 금리 인상을 야기할 수 있다"*고 밝혔다.

재닛 옐런(Janet Louise Yellen) 재무장관이 금리 인상 가능성을 직접 거론한 건 그 자체로 이례적이다. 왜냐하면 기준금리 결정은 연방준비제도(Fed, 연준)의 고유 권한이기 때문이다. 이에 대응하여, 제롬 파월(Jerome Hayden Powell) 연방준비제도(Fed, 연준) 의장은 금리 인상, 테이퍼링(자산 매입 축소) 등을 두고 "시기상조"라고 말해 왔었다.

그러나 재닛 옐런(Janet Louise Yellen) 재무장관의 발언에 무게가 실리는 이유는 이미 월가에서는 인플레이션(물가 상승) 우려가 제기되고 때문이다. 즉, '코로나19' 백신 접종이 본격화하면서 '코로나19' 사태로 억눌려있던 소비 수요가 되살아나고 있기 때문이다. 또 연방준비제도(Fed, 연준)가 그 동안 국채 등을 사들여 푼 자금 규모가 7조 달러(약 7,886조 원)를 넘어서면서 연준이 조만간 긴축으로 전환할 것이라는 관측도 나온다.

CNBC에 따르면 미국 의회는 '코로나19' 팬데믹 이후 5조3천억 달러(약 6천조 원) 규모의 추가 부양책을 처리했다. 본예산 외에 상기 규모의 추가 재정 지출을 단행한 건 전례를 찾기 어렵다. 이에 따라 미국은 2021년 회계연도 상반기 1조7천억 달러의 재정적자가 발생했다. 이것은 역대 최대 규모다. 여기에 조 바이든(Joseph Robinette Biden Jr., 1942~현재) 대통령(제46대: 2021.01.20~현재)은 인프라 등의 투자에 4조 달러의 추가 재정 확대를 발표했다. 원화로 1경 원 가까운 돈을 풀어내는 것이다. 따라서 월가 내에서 인플레이션 우려가 끊이지 않는다.

사실, 미국 내 인플레이션 우려는 이미 수치로 나타나고 있다. 2021년 3월 미국 소비자물가지수(CPI)는 전년 동월보다 2.6% 급등했다. 국제통화기금(IMF)에 따르면 2021년 미국 물가는 전년 대비 2.3% 오르리라 전망된다. 2020년 상승률(1.4%)을 훨씬 웃도는 것이다. 미국 노동부에 따르면 2021년 3월 미국 소비자물가지수(CPI) 상승률은 전년 동기 대비 2.6%로 이미 연준 목표치(2.0%)를 넘었다. 2021년 4월 이후 당분간 3%를 넘을 것이라는 전망이 많다. 미국 미시건 대학이 설문조사한 기대인플레이션율은 2021년 3월 기준 3.1%까지 올라와 있다. '코로나19' 백신 접종 → 경제 재개 → 고용 확대 → 소비 급증이 단기간에 이뤄지면서 경기가 과열 양상을 보이고 있는 것이다. 여기에 천문학적인 돈 풀기에 따른 자산시장 강세, 특히 원자재 가격 급등은 각종 제품 가격을 끌어올리고 있다.

'월가 황제' 제이미 다이먼(Jamie Dimon, 1956~현재) JP모건(J.P. Morgan)의 회장 겸 CEO은 최근 한 세미나에서 "예상보다 빠르게 성장이 일어난다면 미국 10년짜리 국채의 금리는 6%대까지 급등할 수 있다"고 예측했다. 미국 금리가 오르면 신흥국에 투자했던 달러 자금이 본격적으로 탈출하는 것 아니냐는 투자자들 우려에 달러는 강세를 보였고, 아시아 증시는 하락세를 보였다. 불안감에 휩싸인 투자자들이 안전 자산인 국채에 몰리며 미국·독일 등의 국채가격은 상승(금리는 하락)했다. 유로, 파운드, 엔 등 주요 6국 통화 대비 달러 가치를 나타내는 달러 지수는 0.4% 올랐다. 5일 장이 열린 홍콩, 대만 증시는 0.5%씩 떨어졌다.

특히, 한국의 가계부채는 국제결제은행(bis)에 따르면 2020년 말 기준으로 1,827조 원이며, 기업부채(금융회사 제외)는 1,954조 원, 정부부채는 758조 원에 달한다. 총부채는 4,539조 원으로 국내총생산(GDP)의 237%에 이른다. 문제의 심각성을 더하는 것은 규모 자체보다도 증가 속도다. 한국의 가계부채 중 은행권 가계 빚(1천조 원)의 70%가 변동 금리다. 빚을 짊어진 가계는 이자 부담의 직격탄을 맞을 수밖에 없다. 2020년 1.25%이던 기준금리가 경기 침체 우려로 두 달 만에 0.75%포인트 떨어진 0.5%로 내려가자 시중에 많은 돈이 풀리며 특히 젊은 층을 중심으로 '빚투'(빚내서 투자)가 많이 늘어났다. 크게 치솟은 주가나 암호화폐(코인) 가격이 향후 급락하기라도 하면 큰 사회문제(특히 가계부채 파탄)로 번질 가능성도 배제하기 어렵다.

또한, 물가가 크게 올랐다. 2020년 디플레이션 우려가 무색하게 2021년 4월 소비자물가는 전년 동기 대비 2.3% 올라 2017년 8월(2.5%) 이후 44개월 만에 최고치를 기록했다. 2.3%는 한국은행의 물가 관리 목표(2%)를 웃도는 수치로, 인플레이션(지속적 물가 상승) 공포가 현실화하는 게 아니냐는 우려가 나온다. 인플레이션은 그 자체로 가계의 생계 부담을 가중시키기도 하지만 경기 과열을 막기 위한 금리 인상으로 이어진다는 점에서 더욱 걱정스럽다. 이것은 가계부채의 폭탄이다.

그럼에도 불구하고, 문재인(文在寅) 정부(2017.05~현재)는 "코로나19 방역을 위한 사회적 거리두기 탓에 물가 상승률이 1% 안팎에 머물렀던 전년 동기가 기준이다 보니 기저 효과 영향이 크다"며 "일시적 현상"이라고 선을 긋는다. 그러나 농·축·수산물 가격이 크게 오른 데다 국제 유가 역시 같은 기간 두 배 오르는 등 원자재 가격의 오름세가 이어지고 있다.

이주열 한국은행 총재는 "경기 회복 신호가 있지만 아직은 통화정책 완화 기조를 이어갈 필요가 있다"며 선제적인 기준금리 인상에 난색을 표했다. 그러나 재닛 옐런(Janet

Louise Yellen) 재무장관이 최근 *"경기 과열을 막기 위해 금리를 올릴 수 있다"*고 발언하면서 국내 통화정책도 영향을 받을 수밖에 없을 것이다. 왜냐하면 미국의 기준금리 인상에 따라 한국내 외화자금이 고수익을 쫓아 미국으로 유출될 수 있기 때문이다.

(2) 가계부채(家計負債) 구조 개선 방안:
커버드 본드(Covered Bond, 이중상환청구권부 채권)77)

마치 '고삐 풀린 말(馬)'처럼 고공(高空) 행진 중인 천문학적 가계부채(2019년 1분기 기준으로 1,540조 원)의 누증(累增)을 멈출 수 있는 가장 효과적인 방안은 한국사회의 고(高)비용구조(자녀 교육비와 내 집 마련 비용 등)를 혁파하는 것이지만, '발등의 불'을 끄기 위한 정책방안을 강구해야 한다.

[그림 6] 가계부채의 감축·부동산 거래의 활성화·건설산업의 정상화를 위한 AMC의 개발 REITs 사업에 의한 부동산 자산의 증권화 방안

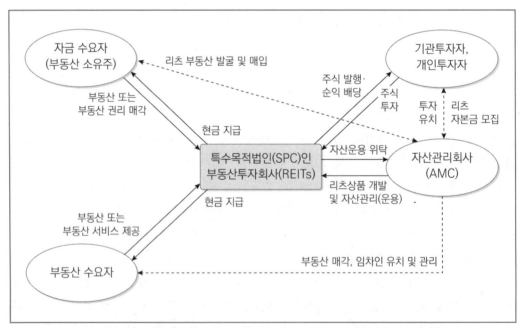

자료: 임양택(2018), 『글로벌 금융패러다임과 한국 금융산업; 이론과 정책』, 서울: 한양대학교 출판부.

---

77) 임양택, "가계부채 급증과 부동산경기 활성화는 亡國의 첩경", 경인일보 [경제전망대], 2016.10.27.

사실, 빚 갚을 능력이 없는 저소득층은 원금을 일부 탕감해서라도 숨통을 틔워줘야 한다는 논의는 오래됐다. 2002년부터 시행된 신용회복위원회의 개인워크아웃제도나 2013년 도입된 국민행복기금이 대표적인 사례다. 신용회복위원회의 워크아웃 누적 신청자 수는 150만 명을 넘어섰고, 국민행복기금을 통해 채무조정을 한 사람은 57만 3,000명에 달한다. 이들의 소득은 제자리인데 빚은 늘어나면서 가처분 소득 대비 가계부채의 비율은 174%(2016년 2분기 기준)에 달한다. 즉, 버는 돈으로 빚을 갚을 길 없는 저(低)소득층은 '빚을 내서 빚을 갚는 악순환'에 빠진 것이다.

저자는 다음과 같은 가계부채(家計負債) 구조 개선 방안을 제시한다: 원칙적으로, 부동산 가격의 상승기대를 차단하고 가계부채(家計負債)를 줄이면서 분할상환 목표 상향 조정, 상환능력 심사 개선, 제2 금융권 관리 강화로 가계부채(家計負債)의 부실화를 예방하며 만기 연장(원리금 상환대출의 의무규정) 등을 통해 대출의 급격한 회수를 하지 않도록 하는 것이다. 이와 동시에, 천문학적 가계부채(2020년 말 1,827조 원, 전세보증금을 포함할 경우 2,201조 원, GDP 대비 127%로서 세계 1위)의 구조를 개선하려면 정부가 은행에 장기 고정금리 조달을 증가시킬 수 있는 유인을 제공해야 한다. 그 유인제도로서 상기한 '커버드 본드' 법을 활용하여 시중은행이 '커버드 본드'(Covered Bond, 이중상환청구권부 채권)를 자신이 보증하는 고정금리 주택대출을 기초로 유동화증권(MBS) 형태로 자본시장에서 발행할 수 있도록 함으로써 저리(低利)로 장기자금을 조달하는 것이다. 이 경우, 저리(低利)로 10년 넘게 장기간 빌리면서 고정금리의 금리 변동 위험 회피가 가능해질 수 있다. 나아가, 돈 빌리는 사람과 돈 빌려주는 기관(은행) 모두가 윈윈(Win-Win)할 수 있다.

따라서 '커버드 본드'(Covered Bond, 이중상환청구권부 채권)는 은행들이 자신이 보증하는 고정금리 주택 대출을 기초로 유동화 증권인 '주택저당 담보부 증권'(MBS: Mortgage-backed Securities) 형태로 자본시장에서 고정금리의 장기자금 조달을 가능하게 해줌과 동시에 가계(家計)에 대해서는 장기 고정금리 주택담보대출을 해줌으로써 가계부채의 구조개선(원리금 상한에 따라 부채가 점차 축소, 금리변동위험으로부터 차입자 보호 등)에 기여할 수 있다.

여기서 '커버드 본드'(Covered Bond, 이중상환청구권부 채권)란 2가지: ① 금융기관이 보유한 주택담보대출(모기지)과 국·공채 등 우량자산을 담보로 발행하는 이중상환청구권부(dual recourse) 채권으로 발행은행에 대한 상환청구권과, ② 발행자가 파산할 경우 은행의 담보자산에 대한 기초자산집합에 대해 우선변제권을 가지는 통상 만기 5년 이상 장기 채권이다.

'커버드'(covered)라는 표현은 채무자가 돈을 갚지 못했을 때 채권자가 담보를 이중으로 청구할 수 있어 보다 안전하다는 뜻을 담고 있다. 즉, 커버드 본드(Covered Bond) 투자자는 1차로 해당 채권의 근거자산을 담보로 챙길 수 있는 우선변제권을 가지며, 만약 은행 등 발행기관(채권자)가 파산하더라도 담보(기초자산 집합)에 대한 우선변제권을 가지며 담보가치가 부족하면 여타 자산에 대한 무담보 선순위 채권자들과 동등한 지위를 갖는 '이중청구권'이 보장된다.

상기한 2중의 안정성이 보장되는 채권이기 때문에 채권의 금리는 우량 주택담보대출 등 담보자산의 신용보강을 통해 무(無)보증 사채보다 낮은 편이다. 즉, 채권자 자체신용으로 발행한 채권보다 높은 신용등급을 인정받을 수 있어 자금조달 비용이 크게 저렴해진다. 이는 은행에 입장에서 볼때 상대적으로 낮은 비용으로 장기자금을 조달할 수 있다는 뜻도 된다. 또한, 채권이기 때문에 장기·고정금리로 자금을 조달할 수 있게 된다.

상술하면, 커버드 본드(Covered Bond) 투자자는 제1차로 해당 채권의 근거자산을 담보로 챙길 수 있는 우선변제권을 가지며, 만약 담보가치가 부족하면 발행기관(채권자)의 다른 자산에 대해 무담보 선순위 채권자들과 동등한 지위를 갖는 '이중청구권'이 보장된다. 따라서 커버드 본드(Covered Bond)를 담보로 대출할 경우 고정대출을 하는 것이 용이해진다. 즉, 대출자산을 담보로 발행되는 자산유동화증권(ABS: Asset Backed Securities)이나 모기지를 담보로 발행되는 주택저당증권(MBS: Mortgage Backed Securities)와 비교해 담보자산뿐만 아니라 발행 금융사의 상환의무까지 부여됨으로써 안정성이 높아진다.

커버드 본드(Covered Bond)의 발행기관은 은행(산업은행·기업은행·농수협 포함), 주택금융공사, 정책금융공사 또는 이에 준하는 금융기관으로 자본금 1,000억 원 이상, 국제결제은행(BIS) 기준 자기자본비율 10% 이상이어야 한다.

커버드 본드(Covered Bond)의 발행기관은 은행(산은·기은·농수협 포함), 주택금융공사, 정책금융공사 또는 이에 준하는 기관으로 자본금 1,000억 원 이상, 국제결제은행(BIS) 기준 자기자본비율 10% 이상이어야 합니다. 금융기관이 커버드 본드(Covered Bond)를 발행하려면 금리·만기·규모 등 발행계획과 기초자산에 관한 세부 사항을 금융위에 등록해야 한다. 발행기관은 커버드 본드의 기초자산을 다른 자산과 구분해 관리하고 최소담보비율 105%와 자산의 적격요건을 준수해야 한다.

커버드 본드(Covered Bond)의 기초자산은 ① 담보인정비율(LTV) 70% 이하의 적격 주택담보대출, ② 국가·공공기관 대출, ③ 국·공채, ④ 현금·타행 발행 만기 100일 이내 CD, ⑤ 기초자산의 회수금, 환율·금리변동 위험을 회피하는 파생금융거래 채권 등이다.

커버드 본드(Covered Bond)의 발행 한도는 직전 회계연도 총자산의 8% 범위에서 대통령령이 정하는 한도(잠정안 4%) 내에서 가능하다. 발행 규모를 계산해보면, 현재 주택담보대출 가운데 고정금리 비중을 30%까지 높일 경우, 2012년 6월 말 현재 국내은행 총자산은 2,049조 원이므로 직전 회계연도 총자산의 4%일 경우 은행이 낮은 금리로 장기 자금을 최대 82조 원가량을 조달할 수 있다. 따라서 독일, 프랑스, 영국 등 유럽은행들이 장기자금 조달수단으로 활발히 이용하고 있다.

따라서 '커버드 본드'(Covered Bond, 이중상환청구권부 채권)는 은행들이 자신이 보증하는 고정금리 주택 대출을 기초로 유동화 증권인 '주택저당 담보부 증권'(MBS: Mortgage-backed Securities) 형태로 자본시장에서 고정금리의 장기자금 조달을 가능하게 해줌과 동시에 가계(家計)에 대해서는 장기 고정금리 주택담보대출을 해줌으로써 가계부채의 구조 개선(원리금 상한에 따라 부채가 점차 축소, 금리변동위험으로부터 차입자 보호 등)에 기여할 수 있다. 다시 말하면, '커버드 본드'(Covered Bond, 이중상환청구권부 채권)는 만기가 장기(長期)이고 자금조달 비용이 상대적으로 낮기 때문에 은행의 장기·고정금리 대출을 활성화함으로써 '한국경제의 뇌관(雷管)'인 천문학적 가계부채(家計負債)의 구조를 안정화할 수 있다.

상기한 가계부채(家計負債) 대책의 핵심 내용은 기존의 단기·변동금리·일시 상환 위주인 주택 대출 관행을 장기·고정금리·분할 상환으로 전환한다는 것이다. 그러나 이것은 소기의 정책목표(가계부채의 구조개선)를 달성하기 어렵다. 왜냐하면 가계부채(대출)의 공급자인 은행이 장기로 자금을 조달하도록 하지 않는 한, 상기 가계부채 구조 개선이 온전히 이뤄지기 어렵기 때문이다. 즉, 시중은행은 관행적으로 고정금리 대출 기간을 기껏 5년 정도밖에 운용하지 못하며, 전체 대출의 70%는 여전히 변동금리이기 때문이다.

따라서 한국은행이 기준금리를 올리면 예금금리도 함께 상승하지만, 장기 고정금리로 이미 대출했던 주택대출 금리는 그대로이기 때문에 주로 1년 정기예금과 같은 단기금리로 자금을 조달하는 시중은행의 수익성이 악화될 것이다. 만약 단기금리가 큰 폭으로 오른다면 시중은행이 빌려준 금리보다 빌리는 금리가 높아 역(逆)마진이 발생하게 된다. 이 결과, 가계부채(家計負債) 구조개선 대책 덕분으로 고정금리 대출을 받은 대출자는 금리 변동 위험을 피할 수 있는 반면에, 대부자인 시중은행은 대출자 대신에 금리 변동 위험을 고스란히 떠안게 된다.

사실, 시중은행들은 금리 변동 위험 부담을 떠안지 않으려고 관행적으로 변동금리 위주로만 주택 대출을 해왔다. 이를 시정하기 위하여, 정부가 고정금리 확대책을 시행했었지만, 이젠 반대로 금리 변동에 따른 은행들의 건전성 악화가 우려되는 것이다.

3) 한국 산업경쟁력(産業競爭力) 제고

(1) 혁신 주도 성장 전략(Innovation-driven Growth Strategy)

한국의 탈(脫) 경제위기를 위한 신(新)실용주의(Neopragmatism)의 해법(解法)은 다음과 같다 : 동태적 선(善)순환 메카니즘('성장 → 고용 → 분배')의 방아쇠는 바로 기업의 기술혁신(技術革新)이다. 따라서 한국의 기술혁신(技術革新)의 기본방향은 '모방에서 혁신'으로 전환하여 연구개발(R&D) 투자로 새로운 '패러다임 시프트'에 대하여 대비하고 경제성장 잠재력 확충해야 한다.

한국이 전통 제조업에서 세계적인 5위권 국가인 반면에 제4차 산업혁명에 대응할 준비가 아직 되어 있지 않으며 제4차 산업혁명 시대에서도 후발주자이다. 특히, 한국 산업의 치명적 약점인 대(對)일본 기술 격차 → 수입 종속 → 만성적 무역수지 적자의 근원인 부품·소재(특히 '시스템 반도체')를 전략적 산업분야로서 집중적으로 육성해야 한다.

새로운 '패러다임 시프트'에 대하여 효과적으로 대비하기 위하여 '국가혁신시스템'(National Innovation System)을 '모방에서 혁신'으로 전환하고 현행 담보위주의 기술개발금융지원제도를 획기적으로 개선해야 한다. 또한, 서비스 산업의 성장동력화 및 고용창출을 위한 기술혁신(技術革新)이 필요하다.

따라서 문재인(文在寅) 정부(2017.05~현재)는 무엇보다도 반(反)시장·반(反)기업적 '소득주도 성장정책'부터 당장 폐기하고 고용창출형 '슘페테리언 테크노·경제발전전략'(Techno‐Economic Development Strategy)으로 전환하여 산업경쟁력을 높혀야 한다.[78]

참고로, 세계 최고의 '기술경제이론 분야'의 학술지 : <Technological Forecasting and Social Change> Vol. 52, No. 1, May 1996에 실렸던 저자의 '과학기술입국론(科學技術立國論)은 다음과 같다 : 시장경제체제에서 국가경쟁력의 핵심은 기업경쟁력이며, 기업경쟁력은 자원경쟁력 → 개발 및 제조경쟁력 → 품질경쟁력 → 시장경쟁력 → 고객성과로써 창출된다.[79] 이것은 다시 가격경쟁력(임금, 금리, 환율, 유가, 물류비용 등)의 제고 및 비(非)

---

78) Lim, Yang‐Taek(2006), "A New Techno‐Economic Development Model: The Case of South Korea", In George E. Lasker & Kensei Hiwaki, ed., Sustainable Development and Global Community Vol. VII, Niagara Falls : Coutts Library Services, Ltd. ; Schumpeter, Joseph A.(1933), Business Cycles : A Theoretical, Historical and Statistica Analysis of the Capitalist Process, New York: McGrow‐Hill, Inc.; Schumpeter, Joseph A.(1942), 「Capitalism, Socialism and Democracy」, New York: Harper & Row, Harper Colophon, ed. ; J. A. Schumpeter(1934년), 「The Theory of Economic Development」, Schumpeter, Joseph A.(1954), 「History of Economic Analysis」, New York: Oxford University Press.

가격경쟁력(품질, 운송, 디자인, 애프터서비스 등)의 제고 → 국제경쟁력의 강화 → 경상수지 흑자(부품·소재의 기술 및 수입의존도 감소, 에너지절약 및 대체에너지 개발 등) → 성장·고용·분배의 선순환 정착 → 최소수혜자의 최대수익을 위한 '완전고용기반형 복지사회'(A Full Employment-based Welfare Society)을 창출하는 것이다.

[그림 7] 본 연구의 과학기술입국 모형

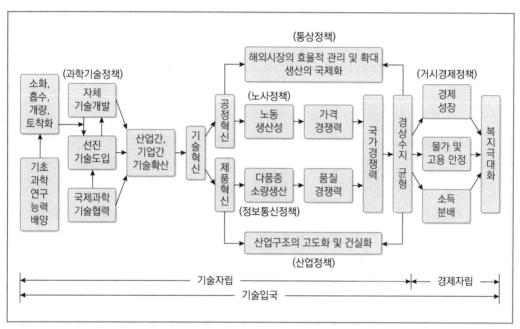

자료: Yang-Taek Lim(1996), "An International Comparative Study of Basic Science Research Capacity: OECD Countries, Taiwan and Korea," Technological Forecasting and Social Change, Vol. 52, No. 1.
Yang-Taek Lim(2000), Korea in the 21st Century, New York: NOVA Science Publishers. Inc.
Yang-Taek Lim(2006), "A New Techno-Economic Development Model: The Case of South Korea," In George E. Lasker & Kensei Hiwaki, ed., Sustainable Development and Global Community, Vol. VII, Niagara Falls: Coutts Library Services, Ltd., pp. 19~33.
임양택(2007), 『한국의 비전과 국가경영전략』, 파주: 나남.
임양택(2011), 『쿼바디스 도미네: 성장·복지·통일을 위한 청사진』, 파주: 나남.

---

79) Lim, Yang Taek(1996), "Korea's Liberalization Policy Directives amid Weakening Competitiveness," Journal of Asian Economics, Vol. 7, No. 4, Winter, pp. 603~634; 임양택(2004), "종합경쟁력 평가모형의 개발 및 측정에 관한 연구: 한국 제조업부문을 중심으로", 『기술혁신연구』, 기술경영경제학회, 12권 1호, 2004.06. (임채숙과의 공저).

기술혁신(技術革新)은 크게 2가지: 신공정(new process) 기술혁신과 신상품(new product) 기술혁신으로 나눌 수 있다. 전자는 생산성 향상(평균비용곡선의 하향)을 통하여 가격경쟁력을 제고시키며, 후자는 다품종 소량생산을 통하여 품질경쟁력을 제고시킨다.

기술혁신(技術革新)의 파급효과로서는 경제성장 혹은 경제발전, 고용, 소득분배, 물가, 산업구조, 국제기술협력, 환경 등에 대하여 직·간접적으로 영향을 준다. 기술혁신(技術革新)은 일반적으로 3가지 경로: 자체 기술개발, 선진 기술도입, 국제기술협력을 통하여 생성 및 상생될 수 있으며, 이러한 경로로 창출된 기술혁신은 기업간 및 산업간 기술확산(technological diffusion)을 통하여 더욱 촉진될 수 있다. 이를 위해서 대내적으로는 기술개발투자의 대폭 증대와 기술인력의 획기적 양성을, 대외적으로는 과학기술협력체제를 각각 추진해야 할 것이다.

여기서 유의할 것은 한국의 기업 환경이 경제협력개발기구(OECD) 국가 중 하위권이라는 점이다. 전국경제인연합회(전경련)는 OECD 회원국의 기업 제도 경쟁력 분석 결과를 발표했다(중앙일보, 2021.04.14). 세계경제포럼(WEF), 국제경영개발연구원(IMD) 등이 발표한 기업 관련 지수를 인용해 국가별로 점수를 산출하고 순위를 매겼다. 그 결과 한국은 노동·조세·규제·정책효율성 등의 세부 분야에서 20위권을 기록하며 조사 대상 37개국 중 26위에 머물렀다. 국가경쟁력 종합 순위에서 WEF 기준 10위(2019년), IMD 기준 17위(2020년)를 기록한 것과 비교해 저조한 성적이라는 평가다.

특히 한국의 기업 제도 경쟁력은 주요 5개국(G5)을 비롯해 국내총생산(GDP)이 7분의 1 수준인 포르투갈(24)보다도 순위가 낮다. 가장 취약한 부분은 노동 분야로 한국은 28위를 기록했다. 한국의 정리해고 비용은 OECD에서 4번째로 높았고 노동시장 유연성도 25위로 낮았다. 조세 분야는 26위였다. 한국의 GDP 대비 법인세 비중은 4.21%로 조사 대상국 중 7번째, 최고 법인세율은 25%로 16번째로 높았다.

정부규제 분야는 25위로 리투아니아·스페인과 비슷한 수준으로 나타났다. 또 기업경쟁력 기여도(35위), 규제의 질(26위), 기업규제 부담(25위)에서 모두 하위권에 머물렀다. 23위를 기록한 정책효율성 분야는 정부의 대응력(28위), 정부정책의 안정성(25위)이 미흡한 것으로 조사돼 정책 유연성과 일관성을 높일 필요가 있는 것으로 나타났다. 혁신 분야는 19위로 다른 분야와 비교해 상대적으로 높은 순위를 차지했다. 창업 절차(3위), 창업 준비기간(8위) 등 행정 부문에서 강점을 보였지만 창업비용(36위), 지식재산권 보호(29위), 창업지원 법제(27위) 등은 취약한 것으로 나타났다.

전경련은 낮은 기업제도경쟁력이 개선되지 않는다면 국가 전체의 경쟁력을 끌어내릴 수 있다고 지적했다. 만약 한국과 경쟁 관계에 있는 중국·홍콩·싱가포르를 조사대상에 포함할 경우 한국의 기업제도 경쟁력은 40개국 중 28위에 그친다고 분석했다. 특히 규제·조세·노동 분야는 중국보다 순위가 낮다. 유환익 전경련 기업정책실장은 "최근 국회를 통과한 기업 관련 규제 입법을 반영할 경우 한국의 기업 제도 경쟁력은 더욱 낮아진다"며 "규제·노동·세제 등 각 분야에서 취약한 부분을 과감히 개선해 기업 제도 경쟁력을 강화해야 한다"고 말했다.

(2) 세계 반도체(半導體) 전쟁

그렇다면, '기업의 혁신주도 성장론(Innovation-driven Growth)'에 의거한 기술혁신(技術革新)의 대상은 무엇인가?, 향후 한국의 유망한 신(新)성장동력산업은 무엇인가? 그것은 한국이 국제경쟁력(國際競爭力)을 보유하고 있거나 향후 확보할 수 있는 기술분야로서 미래형 자동차·차세대 반도체·디지털TV 및 방송·차세대 이동통신·디스플레이 지능형 홈 네트워크·디지털 콘텐츠/SW솔루션·차세대 전지·지능형 로봇·바이오 신약 및 장기(臟器) 등을 들 수 있다. 특히, 이들 산업분야의 주요 소재(素材)·부품(部品)의 개발은 만성적 대(對)일본 무역수지 적자를 근본적으로 해소할 수 있을 뿐만 아니라 대기업과 중소기업이 가장 실효성있게 상생(相生)할 수 있는 기반이 될 수 있다.[80]

따라서 부품·소재 분야에의 집중적 및 효율적 투자로 대(對)일본(日本) 기술의존(技術依存)을 탈피함과 동시에 '부품·소재 선진 강국'으로서 한(韓)·중(中)·일(日) 분업구조(현재 경쟁 구도, 한국: 삼성전자와 SK하이닉스 vs 일본: 소니, 파나소닉 미쓰비시, 후지쯔, 히타치제작소 등 vs 중국: 칭화유니그룹)에서 기술주도권(技術主導權)을 확보해야 할 것이다. 한국이 일본·중국과의 기술경쟁에 대응하기 위해서는 과거 일본 전자·반도체 대붕괴의 교훈(유노가미 다카시, 2013)을 반면교사(反面教師)로 삼아 클레이튼 크리스텐슨(Clayton Christensen, 1952~현재) 교수(하버드대학교 경영대학원 교수)의 '파괴적 혁신'(Disruptive Innovation)에 의하여 새로운 '패러다임 시프트'(Paradigm Shift)를 추구하는 것 외엔 다른 방도가 없다.

본 연구가 한국의 기술혁신 대상으로서 제시한 신(新)성장동력산업인 소재(素材)/부품(部品) 중에서 메모리/비(非)메모리와 반도체(半導體) 장비가 매우 중요하다. 여기서 특히 유의할 것은 세계 1위 메모리 반도체가 불안하다는 점이다. 즉, '초격차' 전략으로 세계 1위 자리를 굳건하게 유지해온 삼성전자의 메모리 반도체 사업의 위상도 조금씩 흔들리고

---

80) 임양택, "한국경제 불황 탈출구는 부품·소재 산업과 R&D 효율성", 경인일보[경제전망대], 2017.03.09.

있다. 그 배경은 이재용 삼성전자 부회장을 포함한 핵심 경영진이 수년째 수사와 재판, 수감의 굴레에 갇힌 사이에 주요 경쟁사들은 공격적인 투자로 삼성과의 격차를 줄이고 있기 때문이다.

삼성전자는 1993년 D램 시장 점유율 1위에 오른 이후 단 한 번도 왕좌(王座)를 넘겨준 적이 없다. 하지만 최근 수년간 D램 점유율은 지속적인 하락세를 보이고 있다. 2016년 46.6%에서 2020년 41.7%로 떨어졌다. 기술력 역전도 일어났다. SK하이닉스는 2020년 10월 DDR5(현세대인 DDR4보다 최대 용량이 4배 높고, 최대 속도는 2배 빠른 차세대 메모리) D램을 출시, 삼성보다 앞서 '세계 최초' 타이틀을 거머쥐었다. 과거엔 삼성전자와 다른 기업들 사이에 1년 정도의 격차가 있었지만 이제는 6개월 이내로 좁혀졌다고 한다.

또한, 낸드 플래시 메모리(NAND Flash Memory)의 상황도 녹록지 않다. 2020년 11월 세계 3위 메모리 반도체 업체인 미국 마이크론 테크놀로지(Micron Technology, Inc.)가 세계 최초로 178단 3차원(3D) 낸드 플래시 메모리(NAND Flash Memory)를 양산했다고 밝혔다. 89단으로 쌓은 낸드플래시 두 장을 겹쳐 쌓는 '더블스택' 기술을 활용, 삼성전자가 1년 전 출시했던 최첨단 제품(128단)에 비해 50단 높게 쌓은 제품을 내놓는 데 성공한 것이다. 낸드 플래시 메모리(NAND Flash Memory)는 높게 쌓을수록 용량과 효율이 개선된다.

게다가 SK하이닉스 등 경쟁사들이 공격적으로 시설 투자에 나서면서 삼성전자의 낸드 플래시 메모리(NAND Flash Memory) 세계시장 점유율은 2018년 분기 기준 40%대를 기록했다가 계속 하락해 2020년 3분기엔 33.4%까지 떨어졌다. 심지어, 현재 마이크론(낸드 시장 점유율 11.5%)과 웨스턴디지털(점유율 15.5%)이 글로벌 낸드 2위 업체인 일본 키옥시아(점유율 17.2%)의 인수를 적극 검토하고 있다. 두 회사 중 어느 한 곳이라도 인수에 성공하게 될 경우 2002년부터 낸드 플래시 메모리(NAND Flash Memory) 시장 1위를 지켜온 삼성전자의 위상이 흔들리게 된다.

이재용 삼성전자 부회장이 유럽 출장에서 반도체 미세공정 핵심 장비인 극자외선(EUV) 독점 제조업체 ASML 경영진과 사업 협력 방안을 논의했다. 극자외선(EUV)은 7nm(10억분의 1m) 이하 초미세 반도체 제조공정의 핵심 장비로 파운드리(반도체 위탁생산)는 물론 D램 등 메모리반도체까지 활용할 수 있다. ASML과의 만남은 이재용 삼성전자 부회장이 '코로나19'와 사법리스크 등 여러 악재에도 유럽 출장을 강행한 주요 목적 중 하나다. 이는 이재용 삼성전자 부회장이 약속한 2030년까지 시스템반도체 세계 1위 달성 목표는 물론 정부 차원의 인공지능(AI) 반도체 육성 계획에도 도움이 되겠다는 '사업보국(事業報國)' 경영철학을 담은 것으로 풀이된다. 이재용 삼성전자 부회장은 2020년 4월 '시스템반도체 비전

선포식'에서 "메모리에 이어서, 파운드리(foundry, semiconductor fabrication plant: 반도체 산업에서 외부 업체가 설계한 반도체 제품을 위탁 받아 생산·공급하는, 공장을 가진 전문 생산 업체)를 포함한 시스템 반도체 분야에서도 확실히 1등을 하도록 하겠다"며 "굳은 의지와 열정 그리고 끈기를 갖고 꼭 해내겠다"고 말한 바 있다. 업계에서는 이재용 삼성전자 부회장의 이번 현장경영이 극자외선(EUV) 장비의 추가 확대로 이어질지 주목하고 있다.

현재 전(全)세계 메모리 반도체 1위 기업인 삼성전자는 2030년까지 133조 원을 투입, 비(非)메모리 반도체 분야에서도 세계 1위 업체가 되겠다는 포부를 밝힌 바 있다. 이를 위해 삼성전자는 파운드리(foundry) 사업에 집중하고 있다. 2020년 3분기 대만 TSMC가 파운드리 시장 점유율의 53.9%를 차지할 전망이다. 삼성전자는 17.4%의 점유율로 TSMC를 뒤쫓는다. 두 기업 사이 점유율 차이가 두 배 이상으로 크지만, 반도체 업계에서는 삼성전자가 빠른 속도로 TSMC를 따라잡을 것으로 예측하고 있다. 7nm 이하 초미세 공정이 가능한 파운드리(foundry) 업체가 TSMC와 삼성전자 뿐이기 때문이다.

삼성전자 파운드리(foundry) 사업의 빠른 성장에도 ASML의 EUV 장비(5나노 이상 공정으로 반도체를 만들기 위해 필요한 스캔 장비)가 있었다. 삼성전자는 2019년 '반도체 비전 2030'을 발표한 후 총 10대의 EUV 장비(네덜란드 회사에서만 생산이 가능)를 도입했다. 이번 출장으로 EUV 장비의 추가적인 도입이 기대된다. TSMC는 20대가량의 EUV 장비를 운용하고 있는 것으로 알려졌다. 삼성전자 관계자는 "최근 시스템반도체에 이어 최첨단 메모리반도체 분야까지 EUV의 활용 범위를 확대하고 있다"며 "특히 파운드리 사업이 빠르게 성장하면서 두 회사 간 협력 관계도 확대되고 있다"고 설명했다.

삼성전자가 글로벌 반도체 시장에서 1위 인텔 코퍼레이션(Intel Corporation)과의 격차를 빠르게 좁혀나가고 있다. 2021년 2분기 두 회사의 시장 점유율 격차가 5%포인트 미만으로 줄었는데, 하반기에는 더 좁혀질 수 있다는 관측이 나온다. 글로벌 반도체 시장의 2분기 매출 점유율은 인텔 코퍼레이션(Intel Corporation)이 17.45%로 1위를 차지했다. 인텔 코퍼레이션(Intel Corporation)은 1위를 지켰지만 점유율이 떨어지며 불안정한 모습이다. 반면 2위인 삼성전자는 12.49%의 점유율로 인텔과의 격차를 5%포인트 이내로 좁혔다. 두 회사의 점유율 격차는 지난해 4분기 5.61%포인트, 지난 1분기 5.23%포인트, 지난 2분기 4.96%포인트로 지속적으로 줄고 있다(세계일보, 2020.08.31). 인텔 코퍼레이션(Intel Corporation)과 삼성전자의 점유율 격차는 최근 지속되는 인텔 코퍼레이션(Intel Corporation)의 부진과 삼성전자의 메모리 반도체 호황에 있다. 인텔은 최근 반도체 미세공정 기술 경쟁에 뒤쳐지며 위기를 맞고 있다. 최근에는 경쟁력이 지속적으로 둔화되며 경쟁사에 점유율을 빼앗기고, 애플과 같은 오랜 파트너 기업과 결별하는 등 이상 조짐이 지속적으로 감지되고 있다. 글로벌 반도체 1위 인텔 코퍼레이션(Intel Corporation)의 아성(牙城)이 흔들리는 틈에 삼성전자는 메모리 호황을 누리며 점유율을 키우고 있다. 특히 2021년 2분기에는 신종 코로나바이러스 감염증(코로나19) 여파로 비대면 수요가 증가해 메모리 특수를 누렸다.

반도체 시장에서는 2021년 하반기 들어 반도체의 수요가 감소해 점유율에 변화가 일 것으로 보고 있다. 특히 상위 1~3위 기업의 타격이 크다는 전망이다. 그럼에도 인텔 코퍼레이션(Intel Corporation)과 삼성전자의 점유율 격차는 더 좁혀질 전망이다. 옴디아는 3분기 인텔의 점유율이 15.78%로 2분기보다 더 떨어질 것으로 예측했다. 삼성전자도 3분기 예상 점유율이 11.76%로 2분기보다 0.73%포인트 감소하지만, 인텔 코퍼레이션(Intel Corporation)과의 점유율 격차는 4.02%포인트로 더 줄어든다는 관측이다.

시장에서는 인텔 코퍼레이션(Intel Corporation)의 위기로 삼성전자가 점유율을 늘리고 있지만, 장기적으론 부담으로 작용할 수 있다는 우려가 나온다. 인텔 코퍼레이션(Intel Corporation)은 최근 미세공정 경쟁에서 뒤쳐지자 자사 반도체를 외부의 파운드리(반도체 위탁생산)로 맡기는 방안을 검토하고 있다. 가장 유력하게 거론되는 기업이 대만의 TSMC다. 파운드리 전문기업인 TSMC는 옴디아 통계에서 빠졌는데, 2021년 2분기 파운드리 시장 점유율이 51.5%로 삼성전자(18.8%)와 큰 격차를 보이고 있다. 인텔 코퍼레이션(Intel Corporation)의 부진으로 삼성전자가 점유율 우위를 점하더라도, 파운드리 시장에선 TSMC와 격차가 더 벌어질 수 있다는 얘기다.

두 기업은 최근 파운드리에 집중 투자하며 기술경쟁을 벌이고 있다. 삼성전자는 30조원 이상을 투자한 경기 평택캠퍼스 반도체 공장 2라인(P2)의 본격 가동에 들어갔고, 3라인(P3)의 공사도 조만간 시작할 예정이다. TSMC는 2나노 공정 개발을 공식화하며 반도체 공장 건설을 추진하고 있다(세계일보, 2020.08.31).

마지막으로, 최근 반도체(半導體)를 둘러싼 국제정세의 미묘한 분위기를 유념할 필요가 있다. 미국 조지프 바이든 주니어(Joseph Biden Jr., 1942~현재) 대통령이 2021년 4월 미국 인텔 코퍼레이션(Intel Corporation), 대만 TSMC, 한국 삼성전자 등 글로벌 반도체 기업 19곳을 초대해 "우리 경쟁력은 당신들이 어디에 투자하느냐에 달려 있다"고 압박한 이후, 동맹국 정부와 기업의 발걸음이 빨라지고 있다(조선일보, 2021.05.06). 인텔 코퍼레이션(Intel Corporation)은 오래전 접은 반도체 제조·생산 사업을 다시 시작하기로 했고, 대만 TSMC는 새로 짓는 미국 반도체 공장을 1개에서 6개로 늘리기로 했다. 2021년 4월 미국을 방문한 일본 스가 요시히데(菅義偉) 총리는 조지프 바이든 주니어(Joseph Biden Jr., 1942~

현재) 대통령과 반도체, 5G, 인공지능 분야에서 공동 투자하기로 합의했다. 또한, 대만 TSMC는 일본에 반도체 설계 연구소와 반도체 후공정(패키징) 공장을 설립하는 방안을 추진하고 있다. 중국의 반도체 굴기를 막고 미국 중심 글로벌 반도체 공급망을 새로 구축하려는 미국의 구상에 일본과 대만이 적극 호응해 반도체 삼각 동맹이 가속화하고 있다.

그러나 한국은 정부나 기업 차원의 대응이 전혀 안 보인다. 세계 메모리 반도체 1위 삼성전자는 미국에 시스템 반도체, 파운드리(반도체 위탁생산) 공장을 짓겠다고 해놓고 결정을 못하고 미적대고 있다. 정부와 민주당도 의견 수렴을 한다면서 업계 간담회를 열고 특위를 만들고는 계속 뜸만 들이고 있다. 물론, 반도체 대(對)중국 수출 비중이 40%에 이르고 중국에 반도체 공장을 운영하고 있어 중국 눈치를 안 볼 수 없는 사정이다.

그러나 미국 중심 반도체 공급망 재편에 올라타지 않고는 미래가 없다. 미국은 반도체 개발·설계 분야의 압도적 기술력을 바탕으로 여전히 산업의 주도권을 쥐고 있다. 1980년대 일본이 미국을 제치고 메모리 반도체 시장을 장악하자 미국 정부는 반(反)덤핑 조사, 지식재산권 침해 제소 등으로 압박해 일본을 주저앉혔다. 한국의 삼성전자, 대만의 TSMC는 이 틈새를 파고들어 반도체 대표 기업으로 성장했다.

지금까지 미국은 한국 반도체가 미국의 전략적 이해를 해치진 않는다고 보고 한국 D램 반도체의 세계시장 점유율 70%를 용인해왔다. 한국 반도체(半導體) 산업은 한미 동맹 기반 위에 서 있는 셈이다. 한국 반도체의 미래도 미국 중심 반도체 동맹에 올라타야 새 그림을 그릴 수 있다. 한국이 취약한 시스템반도체 공장을 미국에 세워 미국 IT 기업과의 협력관계를 강화하는 한편 범용 메모리반도체는 중국 내 공장에서 현지 생산, 현지 판매하는 투 트랙 전략을 도모할 필요가 있다. 이런 전략 구상은 기업 단위에서 할 수 있는 일이 아니다. 정부 간 대화·협상이 중요하다. 2021년 5월 미국을 방문할 문재인(文在寅) 대통령(2017.05~현재)은 치밀하게 조율된 '반도체(半導體) 대응 전략'을 갖고 조지프 바이든 주니어(Joseph Biden Jr., 1942~현재) 대통령의 이해와 협조를 구해야 한다. '세계 반도체 전쟁'이 벌어지고 있는 상황에서 '우물쭈물'하다간 40년 전 '일본 반도체의 전철'을 밟게 될 것이다.

(3) 한국의 과학기술잠재력

본 연구는 한국 민족에겐 과학(科學)의 유전자(遺傳子)가 있다는 점을 강조한다. 예로서 첨성대를 세운 선덕여왕(善德女王), 화포를 발명한 최무선(崔茂宣), 물시계를 발명한 장영실(蔣英實), 거중기를 발명한 정약용(丁若鏞), 비격진천뢰를 발명한 이장손(李長孫), 종두법를 발명한 지석영(池錫永) 등이 있다. 근·현대에 이르러 한국을 빛낸 과학자(科學者)들은 다음과 같다[81]:

우장춘(禹長春, 1898~1959) 박사는 일본 도쿄에서 출생한 대한민국의 농생물과학자, 식물학자이다. 그는 '종의 합성' 이론을 실험적으로 입증해 세계 유전육종학의 발전에 이바지한 과학자로서 일제 강점기 동안 일본이 독점했던 채소 과일 종자 시장 구도를 허물고 국내 생산의 기틀을 마련했다.[82] 그의 연구 덕분에 우리나라는 세계 최고의 배추 육종기술을 확보하게 되었고 현재는 종자 수출국의 위치를 점하고 있다.

이태규(李泰圭, 1902~1992) 박사[83]는 촉매작용, 반응속도론, 유변학(rheology)에 관련된 500여 편의 논문을 발표하였다. 1965년에는 노벨상 수상자 후보 추천위원으로 위촉된데 이어, 4년 뒤 노벨상 후보로 추천되었다. 1966년에는 한국과학기술연구원 고문에 추대되었다. 1971년 미국 유타 공립대학교 객원교수, 1973년 한국과학원 석좌교수로 활약하였다. 1974년 태평양과학협회(미국 소재) 이사로 선임되었고, 1975년 이론물리센터 소장이 되었다. 칠순을 넘긴 나이에 한국과학기술원 명예교수로 초빙되어 박사 12명, 석사 24명 등 후진을 양성했다. 한국 현대 화학의 기반을 구축하고 한국 화학의 초석을 다진 공을 인정받아 과학자로는 처음으로 국립현충원에 안장되었다.

세계적 소립자 이론 물리학자인 이휘소(李輝昭, Benjamin Whisoh Lee, 1935~1977) 박사는 페르미 국립 가속기 연구소의 이론 물리부장이자 시카고 대학의 교수였다.[84] 그는 20

---

81) 김형자(2006), "한국을 빛낸 과학자들", 『어린이 지식 총서』 17, 삼성출판사.

82) 김형자(2006), "한국을 빛낸 과학자들", 『어린이 지식 총서』 17, 삼성출판사.

83) 이태규(李泰圭, 1902~1992) 박사는 충청남도 예산에서 태어나 경성고등보통학교를 거쳐 1922년에 일본 히로시마(廣島)고등사범학교 과정을 마쳤다. 1927년 일본 교토 제국대학교 화학과를 졸업하여, 1931년 『환원 니켈을 이용한 일산화탄소의 분해』라는 논문으로 화학 분야의 박사 학위를 한국인으로서는 최초로 받았다. 그 후 교토 대학에서 교편을 잡다가 1938년 미국 프린스턴 대학교에 초청과학자로 재직했다. 1941년 교토제국대학으로 돌아가 양자화학을 가르쳤고 1943년에 정교수가 되었다. 해방 후 대한민국으로 귀국하여 경성제국대학교 이공학부 부장을 맡았다. 이후 서울대학교가 출범하면서 문리과대학 학장이 되었으나, 국대안 파동의 여파로 1948년 미국으로 돌아갔다. 1954년 학술원 종신회원으로 선임되었으며, 1955년 헨리 아이링과 함께 비뉴턴 유체에 대한 연구를 하여 '리─아이링 이론(Ree─Eyring theory)'을 발표하였다. 비뉴턴 유동이론은 물체의 변형속도가 외부작용(stress)에 비례하지 않는 비뉴턴 유동에서 점도(viscosity)의 변화를 이론으로 설명한 것으로 그동안 이론적 접근이 어려웠던 비뉴턴 유동현상을 다루는 일반 공식을 제시했다는 점에서 의의가 크다. 이 연구업적은 두 교수의 이름을 딴 '리─아이링 이론'(Ree─Eyring Theory)으로 불렸다. 김형자(2006), "한국을 빛낸 과학자들", 『어린이 지식 총서』 17, 삼성출판사.

84) 이휘소(李輝昭, Benjamin Whisoh Lee) 박사는 1977년 6월 16일 『피직스 투데이』에 실린 이휘소(李輝昭, Benjamin Whisoh Lee) 박사의 부고 기사이다. *"표준 모형 완성이라는, 20세기 입자 물리학의 금자*

세기 후반 입자물리학에서 자발적으로 대칭성이 부서진 게이지 이론의 재규격화 문제의 해결에 결정적인 역할을 하였고, 맵시 쿼크의 질량을 예측하여 그 탐색에 공헌하였다. 물리학자로서 본격적인 활동을 시작한 이래 약 20년간 모두 110편의 논문을 발표하였으며, 이 중 77편의 논문이 학술지에 게재됐다. 10회 이상 인용된 논문은 이 중 69편에 달하며, 500회 이상 인용된 논문은 모두 8편이다. 2013년 10월 현재 그의 모든 논문들은 16,416회 인용되고 있다.

현신규(玄信圭, 1911~1986) 박사는 서울대학교 농과대학 교수를 지낸 대한민국의 산림학자이며, 제2대 농촌진흥청장을 역임하였다. 그는 특히 임학계뿐만 아니라 과학계에서도 명예의 전당에 동시에 오른 유일한 인물이다. 구체적으로, 리키테다 소나무, 은수원사시나무 등을 개발한 임목육종 분야의 선구자이고 그 업적이 미국 임목육종학 교과서에도 소개된 세계적 학자이다. 특히, 해충과 추위에 강하고 생장과 재질이 우수한 리기테다 소나무를 개발했다. 리기테다 소나무는 유엔식량농업기구(FAO)에서 탁월한 육종성과로 인정받고, 미국 상원에서도 '한국의 기적의 소나무'로 보고되었다. 그의 연구 덕분으로 우리나라

탑을 쌓아 올린 위인들 중 한 사람으로 인정받았던 이휘소 박사가 서거한 지 어느덧 40주기가 되었습니다. 수많은 노벨 물리학상 수상에 핵심적인 공헌을 하며 '노벨상 메이커'라고 불리던 그는 '한국이 낳은 천재 물리학자'를 넘어 20세기 세계 최정상급 물리학자들의 귀감이자 롤 모델이었습니다. 최근에는 2012년 발견되었던 힉스 입자의 이름을 명명한 사람 역시 이휘소 박사라는 사실이 밝혀져, 학계에서 그의 영향력이 어느 정도였는지 체감해 볼 수 있었습니다. 그렇기에 이휘소 박사의 서거는 세계적인 비극이었고, 오늘날까지 페르미 국립 가속기 연구소를 비롯한 전 세계 물리학계가 그의 업적을 기리고 있습니다." 그러나 불행히도 우리나라에서는 잘못 쓰인 소설로 인해 온갖 소문과 억측이 난무하며 '핵무기 개발자'로 잘못 기억되기 시작했다. KBS의 취재로 발견된 일리노이 주 경찰서에 보관돼 있는 당시 사고 기록에 의하면 이휘소의 차량은 1975년형 닷지 다트로 폭이 약 20미터인 잔디밭 중앙분리지대를 가로질러온 36톤급 탱크 트럭과 충돌하였다. 당시 가해 트럭운전사 존 L. 루이스는 트럭에서 큰 소리가 나더니(heard a noise), 트럭이 오른쪽으로 꺾였다가(swerved to right), 다시 왼쪽으로 꺾였다(swerved to left)고 진술했는데 대덕대학 자동차학부 이호근 교수는 그 큰 소리의 원인을 타이어의 펑크라고 추측하였다. 이휘소 박사가 교통사고로 사망하였음에도 소설에서 대한민국의 핵개발과 관련하여 미국의 정보기관에 의한 공작에 의하여 살해된 것으로 묘사하여 고인의 명예가 훼손됐다는 점을 이유로 소설의 출판 및 판매 금지 등 가처분신청이 있었으나, 법원에서는 원고의 청구를 기각하였다. 이휘소 박사의 유일한 한국인 제자 강주상 전 고려 대학교 교수는 잘못된 소설에 대한 법적 대응과 적극적인 언론 투고 활동을 통해 스승에 대한 오해를 불식시키고자 했다. 이러한 노력은 2007년 이휘소 박사 서거 30주기에 맞추어 『이휘소 평전』 출간으로 이어졌다. 이 책은 언론과 독자들의 열렬한 호응을 얻어 전국 중·고등학교 및 이공계 필독서로 자리매김했다. 청소년 및 이공계 전공생, 그리고 과학자들의 롤 모델로서 이휘소 박사를 재조명한 이 책은 안타깝게도 출판사의 사정으로 절판되었는데, 지난 수 년간 아시아 태평양 이론 물리 센터(APCTP) '과학 고전 50'에 선정되는 등 재출간을 바라는 학계와 독자들의 목소리가 꾸준히 들려 왔다. 강주상, 『이휘소 평전』, (2017.06.15). 출처: https://sciencebooks.tistory.com/1040 [ScienceBooks](2017.06.15).

는 광복 직후 벌거숭이 황토빛 민둥산에서 현재 OECD 국가 중 4번째로 숲이 많은 '푸른 나라'가 되었다.[85]

이호왕(李鎬汪, 1928~현재) 박사는 유행성 출혈열 발병원인을 규명하고 한탄바이러스백신을 개발한 세계적 미생물학자이다. 1976년, 한국의 이호왕 박사의 연구를 통해 비로소 처음으로 출혈열의 원인균이 확인되어 본격적인 예방의 가능성이 열렸다.[86]

오준호(吳俊鎬, 1954.10.03~현재) 박사는 대한민국의 로봇공학자이다. 한국과학기술원(KAIST) 기계공학과 교수이며, 휴머노이드로봇 연구센터 소장을 맡고 있다. 그는 로봇 연구에만 정진해서 최근 세계 재난 로봇 올림픽에서 최고의 기술로 미국 독일 일본 팀을 따돌리고 우승을 차지했다.

4) 금융산업의 경쟁력 제고를 위한 금융개혁: 금융 구조조정과 기업 구조조정의 선순환 추진[87]

2008년 하반기 글로벌 금융위기의 여파로 글로벌 금융패러다임의 변화는 크게 3가지; (1) 부채 축소, (2) 탈(脫) 세계화, (3) 자본금·유동성·레버리지에 대한 규제 강화로 전개

---

85) 김형자(2006), "한국을 빛낸 과학자들", 『어린이 지식 총서』 17, 삼성출판사.

86) 유행성 출혈열이 본격적인 주목을 받은 계기는 한국전쟁이 한창이던 1951년, 전쟁통에 수천 명의 환자가 발생하여 한국과 미국의 군 수뇌부를 바짝 긴장시킨 사건이었다. 전선의 UN군 중 3천 2백여 명의 군인이 유행성 출혈열로 목숨을 잃을 정도로 그 피해가 심각했다. 피해를 본 쪽은 UN군만이 아니었다. 당시 중공군은 병영 내에 괴질이 돌아 한강 이남을 넘어오지 못했는데 그 괴질이 유행성 출혈열로 추정된다. 피해가 심했던 나머지 UN군과 소련군, 중공군 모두 유행성 출혈열을 상대방이 만든 생물학 무기라고 생각할 정도였다. 사람의 몸이 병원체에 감염되면 보통 열이 난다. 면역 반응에 따른 자연스러운 현상으로 다른 큰 문제가 없으면 며칠 후면 체온은 정상으로 돌아온다. 정도가 심하더라도 해열제를 복용하거나 병원체가 제거되면 금세 열이 사라진다. 그러나 일부 바이러스는 고열을 일으킬 뿐 아니라 침투한 장기에 출혈을 일으키는 때도 있다. 이를 출혈을 수반하는 열이라고 하여 출혈열이라 부르며, 많은 종류의 바이러스들이 출혈열을 일으킨다. 피부에 상처가 나면 밴드를 붙이거나 붕대를 감는 등 지혈과 처치가 간단한 편이다. 그러나 몸 내부에서 피가 흐르면 응급조치를 환부에 직접 취하기가 어려우므로 피가 저절로 멎기만을 기다려야 한다. 무엇보다 출혈의 원인이 체내 세포 간 결합조직의 파괴에 따른 출혈인 경우가 많아 장기 파손이 심각하며 치사율도 높은 편이다. 출혈열은 치명적인 질병인데다 한국을 비롯한 여러 나라에서 풍토병으로 존재했음에도 질병의 경과가 급격하여 많은 연구가 이루어지지는 않았다. 병원체를 명확하게 파악할 수 없어 백신도 제조하기 곤란하여 증상에 대한 처치인 대증요법만이 가능했다. 그러나 이호왕(李鎬汪) 박사가 동두천의 한탄강 유역에서 잡은 등줄쥐에서 이 병의 원인이 되는 바이러스를 발견하고 한탄바이러스라 이름 붙이면서 그 정체가 밝혀졌다.

87) 임양택(2018), 『글로벌 금융패러다임과 한국 금융산업: 이론과 정책』, 서울: 한양대학교 출판부.

되고 있다. 이에 따른 한국 금융산업의 주요 메가 트랜드로서 5가지; (1) 금융기관 중심에서 금융시장 중심으로 변화, (2) 금융기관의 불사가 아니라 도산 가능, (3) 전자금융, (4) 종합금융, (5) 국내 금융/자본 시장에서 외국자본계와의 경쟁 격화를 들 수 있다.

[표 3] 금융의 과거와 미래

시기	1950~1990년대 중반	1990년대 중반~금융위기	미래 10년
금융의 기능	금융중개	금융상품 관리/중재자	금융 중개기능 再강조
부채 및 자산 형태	• 가계로부터 수신 • 기업으로 여신	• 도매금융시장에서 자금 차입 • 가계여신+파생상품 투자	• 가계수신 강조 • 모기지/파생상품 투자 축소
수익구조	NIM(순이자마진)	수수료+자기자본투자(PI) 수익	NIM(순이자마진) 중시
규제	업종별 칸막이 규제	• 규제 완화 • 상업은행 자기자본규제	• 규제 강화 • 자기자본규제+시스템 규제
금융과 실물의 관계	• 금융의 실물 보조 • 실물중심 경제성장	• 금융의 독자적 발전 • 금융부문의 성장이 실물 부문의 성장을 초월	• 금융 및 실물의 연관성 강화 • 금융의 독자적 성장세 억제

자료: 김용기(2009), "금융 패러다임의 변화, 과거 10년과 미래 10년", SERI 경제포커스 제243호, 삼성경제연구소, 2000. 05.19.
임양택(2018), 『글로벌 금융패러다임과 한국 금융산업: 이론과 정책』, 서울: 한양대학교 출판부.

세계경제포럼(WEF)이 발표하는 '금융발전지수(金融發展指數)'를 비교해보면, 한국의 동지수는 홍콩, 싱가포르, 호주, 일본 등 아시아 주요국에 비해 낮다. 또한, '국제금융센터발전지수'(IFCDI: International Financial Centers Development Index)를 비교(2011년 기준)해보면 한국 서울은 41.33으로서 세계 45개 지역 국제금융센터 중에서 24위이다. 종합적으로 보면, 한국은 아시아 지역 내에서도 일본, 홍콩, 싱가포르, 중국, 호주에 비해 국제금융센터로서의 경쟁력뿐만 아니라 자산운용산업의 경쟁력도 크게 낙후되어 있다.

경제는 2개 부문: ① 실물부문과 ② 금융부문으로 나누어진다. 실물경제부문의 선순환 구조뿐만 아니라 금융부문의 선순환 구조가 확립되어야 하며, 나아가 두 부문의 선순환 구조가 필요하다. 이제, 금융(金融)의 측면에서 보면, 한국의 금융산업(金融産業) 경쟁력(競爭力)은 매우 취약하다. 이것은 '대한민국의 제2 도약'을 위한 국가적 과제이다.

따라서 금융개혁(Financial Reform)이 필요한 이유는 금융혁신(Financial Innovation)을 통

하여 금융시스템의 안정성과 금융기능의 효율성을 도모하고 현재 세계 30위(IMD평가)인 금융산업경쟁력(이와 대조적으로 국가경쟁력은 23위)을 제고하기 위함이다.

일반적으로 금융혁신(Financial Innovation)의 유형은 상품혁신, 과정혁신, 조직혁신으로 분류할 수도 있다. 상품혁신(Product Innovation)은 옵션, 선물, 주택저당채권, 무이표채권 등 다양한 파생금융상품을 만드는 것이다. 과정혁신(Process Innovation)은 금융서비스를 보다 편리하게 저렴한 비용으로 자금을 조달할 수 있도록 하는 전자단기사채제도(CD) 도입, 전자자금이체 등과 같은 프로세스 혁신을 의미한다. 조직혁신(Organization Innovation)은 보다 질 좋은 금융서비스를 제공하기 위한 머니 마켓펀드(MMF: Money Market Fund) 등과 같이 간접금융으로 인한 높은 금융비용을 유발하는 금융구조를 소액 투자자들이 투자자금을 모아 거액으로 만들어 직접 투자하여 보다 높은 수익을 창출할 수 있도록 금융투자 환경을 바꾸는 것이다.

2020년 10월 말 기준으로 단기부동자금[현금, 요구불예금, 수시입출식 저축성예금, MMF, CMA, 증권사 고객예탁금, 양도성예금증서(91일), 1년 이하 단기성 정기예금 등]은 약 1,369조 원으로 집계되었다(월요신문, 2021.01.07). 이것은 2019년 12월 말 기준으로 약 1,089조 원에서 280조 원이 증가한 것이다. '단기 부동자금'(短期 浮動資金)이란 현금, 언제든 현금으로 바꿀 수 있는 요구부불예금, 수시 입출식 저축성 예금, 양도성예금중서, 환매조건부 채권(RP), 투신사 머니마켓펀드(MMD), 종합자산관리계좌(CMA), 6개월 미만 정기예금, 증권사 투자자 예탁금 등을 의미한다. 상기한 1,035조1,444억 원의 천문학적 자금이 수시 입·출금이 가능한 만기 6개월 미만 예·적금 등 금융상품에만 묶여있다 보니 '단기 부동자금'(短期 浮動資金)이 기업의 실물투자로 흘러 들어가지 못하는 '돈맥경화' 현상이 심화되고 있다.

문재인(文在寅) 정부(2017.05~현재)는 "가계 자금의 국내 시장 투자 확대"에 관한 대책을 전혀 내놓지 못하고 나날이 늘어만가는 단기부동자금을 방관하고만 있다. 여기서 유의할 것은 단기부동자금이 1% 증가하면 주택가격은 0.46% 상승하는 것으로 추정된다. 이러한 구조적 관계를 무시하고 주택가격 상승을 억제하기 위한 갖은 묘책을 내놓아도 단기부동자금은 쌓이고 있다.

그렇다면, 경기 불확실성 하에서 돈이 '은행에 잠자'고 있는 요인은 무엇인가? 그 요인은 가계가 소비를 줄이고 기업이 투자를 줄이거나 기피함으로써 자금 조달 규모가 감소하고 기업의 현금 보유가 늘고 투자자들의 대기성 투자 자금이 확대됨에 따라 저금리로 법인형 MMF(머니마켓펀드) 같은 현금과 6개월 이하 단기 금융상품 설정액이 급증한 반면에 중·장기 금융상품 수요가 줄고 증시로의 자금 유입도 제한적이므로 자금이 실물경제부문으로 선순환되지 않고 있기 때문이다. 쉽게 말하면, '만성적인 당뇨병(糖尿病)' 증세로 인하여 심장으로 흘러가야 할 혈액이 부족해 가쁜 숨을 몰아쉬고 있는 상태인 것이다. 즉, 돈은 넘쳐나고 있지만 경기침체가 심화되고 있는 것이다.

이러한 상황에서는 금리 인하와 재정정책 등의 경기 대책이 '백약(百藥)'이 무효(無效)'인 것이다. 문재인(文在寅) 정부(2017.05~현재)는 본원통화(本原通貨)를 늘리고 시중은행 대출과 통화량을 증가시켜 금리를 내리면 소비와 투자가 증가할 것으로 기대하지만, 상기와 같이 화폐유통속도(貨幣流通速度)가 느려지고 통화승수(通貨乘數)가 감소하면 상기 정책의 기대효과는 반감될 수 밖에 없는 것이다. 이 결과, 시중 통화 흐름을 보여주는 대표적인 지표인 '통화승수(通貨乘數)'는 2017년 5월 21.9를 기록해 2000년대 들어 최저수준으로 추락했다. 이것은 미국발 비우량주택담보대출(서브프라임 모기지) 위기로 세계가 일제히 금리를 대폭 인하했던 2008년 하반기의 통화승수 26.2보다 크게 떨어진 수치다.

따라서 돈이 흐를 수 있는 다양한 형태의 새로운 물꼬를 터주는 것이 정부가 할 수 있는 최선의 창조금융정책인 것이다. 기존의 수로(水路)로 갑자기 많은 양의 물을 흘려보내면 넘쳐흘러 소실되거나 기존 수로(水路)를 통하여 땅으로 많이 스며들 뿐이다. 따라서 수로(水路)를 정비하거나 새로운 수로(水路)로 물이 흘러가도록 해야 한다는 것이다.

그러므로 본 연구는 2020년 10월 말 기준으로 약 1,369조 원의 단기 부동자금을 매력적인 금융자산(金融資産)에 대한 투자로 연결하여 '고용창출형 신(新)성장동력 산업'을 육성하여 '양호한 직장'(decent job)이라는 '최상의 복지'를 창출함과 동시에 개인의 금융자산 가치를 높혀 '삶의 질'을 높힐 것을 저자는 주장한다(임양택 컬럼: 경인일보[경제전망대], 2018.01.18). 만약 상기 '단기 부동자금'(短期 浮動資金)이 매력적인 금융자산(金融資産)에 대한 투자가 아니라 부동산 투기 자금으로 다시 쏠릴 경우 집값 상승은 명약관화하다.

상기한 본 연구의 정책방안의 실효성(實效性)을 담보하기 위하여, 한국의 금융 규제·감독 시스템은 오래된 금융관행을 타파하고 정부가 더욱 강력한 인센티브제도 도입 등을 통하여 금융순환을 촉진하기 위하여 다음과 같은 금융개혁(Financial Innovation)을 추진해야 할 것이다.

- 시장효율과 금융안정의 균형
- 금융발전과 실물성장의 균형
- 은행과 자본시장, 중개기관과 투자기관 규제의 균형
- 금융소비자 보호와 자기책임투자 원칙의 균형
- 미시감독과 거시감독의 균형, 권역별 감독과 기능별 감독의 균형

상기한 기본방향 하에서, 한국의 금융 규제·감독시스템은 국제적인 건전성 규제의 강화 추세에 따라 다음과 같은 정책과제를 추진해야 할 것이다.

- 금융회사의 추가적인 자기자본 확충
- 경기순응성 완화 및 유동성위험의 관리 강화
- 규제차익의 제거와 규제 사각지대에 대한 감독 강화
- 금융겸업화 및 그룹화에 대응한 기능별 감독체제의 확립
- 자본시장의 효율성 제고
- 거시경제적 건전성 금융 감독 및 시스템 리스크 대응 체제의 확립

또한, 글로벌 시대에 걸맞게 법과 제도를 정비하여 국내 금융시장과 산업이 세계적 경쟁력을 갖추도록 해야 할 것이다. 현재 세계 30위(IMD평가)인 금융산업경쟁력(이와 대조적으로 국가경쟁력은 23위)을 제고하기 위하여 국내 금융산업 경쟁력 강화 방안은 다음과 같다:

① 자본시장통합법은 은행시장과 자본시장의 연계성 강화와 기업의 자금조달 구조 다양화를 초래함으로써 금융산업의 균형발전에 크게 기여할 것으로 예상된다.

② 바젤협약의 도입은 은행산업의 국제 경쟁력과 신인도 확보에 매우 중요한 역할을 담당하게 될 대단히 중요한 제도적인 변화이다.

③ 금융감독 행태의 원칙 중심 금융감독 패러다임으로 전환해야 된다. 이것은 또한 국제적인 추세이기도 하다.

④ 금융회사의 신규 인허가 문제와 관련하여서는 진입과 퇴출의 억제 혹은 자유화에 따라 발생할 수 있는 과당 경쟁, 혼란 등 시장의 혼선 가능성에 대해서 종합적으로 고려해야 한다.

⑤ 한국의 금융회사가 글로벌 경쟁력을 갖추기 위해서는 선진 금융서비스를 제공할 수 있는 전문인력을 양성해야 한다.

이와 관련하여, 한국 정부의 과도한 금·산(金·産) 분리 규제가 다음과 같은 크나큰 부작용을 안고 있다는 점을 유의할 필요가 있다.

첫째, IT기술의 발달로 인해 인터넷 전문은행의 등장, 대형 할인마트의 네트워크를 활용한 소위 슈퍼마켓 뱅크 등 금융산업은 새로운 영역으로 발전하고 있으나 한국은 금·산(金·産) 분리 관련 규제로 인해 이러한 기회를 활용할 수 없다. 참고로, 영국의 세인스베리·TESCO, 일본의 세븐뱅크·이온뱅크 등 주요 선진국에서는 유통업과 금융업의 융합으

로 높은 시너지효과를 내고 있으며, IT산업의 발달로 통신·인터넷 등과 결합된 새로운 형태의 금융업(인터넷전업은행 등)도 활발히 운영되고 있다.

둘째, 금·산(金·産) 분리 관련 규제로 인한 국내 자본의 투자 제약으로 외국 자본의 국내 금융기관 잠식이 심화되고 있다. 1997년 하반기 외환위기 이후 국내 주요 은행의 주요 주주가 외국인으로 바뀌면서 국부 유출 문제가 제기되어 왔다.

셋째, 국내 금융지주회사 제도는 지주회사의 경쟁력 강화보다는 경제력 집중 억제의 성격이 강하다. 공정거래법은 일반지주회사와 금융지주회사를 엄격히 구별하여 규정하고 있고, 지주회사의 경우 금융자회사와 비(非)금융자회사를 동시에 소유할 수 없도록 규정하고 있다. 따라서 금융지주회사는 자회사의 타회사 주식소유가 엄격히 제한되어 금융회사 자산의 효율적 운용이 저해되고 있다.

넷째, 국내 금융지주회사 제도는 은행·보험·증권 등 금융권역 간 규제의 차이를 고려하지 않아, 시스템 리스크가 낮은 보험 증권 지주회사의 경우에도 은행에 준하여 엄격히 규제하고 있다. 물론, 미국에서도 엄격한 금·산(金·産) 분리 관련 규제가 존재하지만, 보험, 증권 지주회사의 경우 산업회사에 대한 투자 및 지배에 제한이 없어 시너지 효과가 높은 산업에 대한 투자가 활발하다.

다섯째, 대기업 집단은 은행을 제외한 금융기관 주식소유에 제한이 없는 반면에, 일반지주회사는 은행이 아닌 금융자회사 소유조차 금지되어 대기업집단과 일반지주회사 간 형평성의 문제가 있다. 또한, 이것은 대기업집단의 지주회사 전환에 걸림돌로 작용하고 있다.

대기업집단 소속 금융기관의 다른 회사 주식소유 제한은 자산 안정성 확보 및 금융기관을 통한 경제력 집중의 억제에 그 목적이 있다. 대기업 계열 증권사의 경우 주식 매매보유 제한 규정으로 인하여 계열사에 대한 단순 투자도 제한되어 다른 증권사 및 외국계 금융기관에 비해 역차별적인 규제를 받고 있다.

여섯째, 대기업 집단 금융기관의 의결권 제한은 주주 재산권의 본질적 부분을 침해하는 위헌적 규제이며, 대기업 소속 금융기관이라는 이유만으로 의결권을 제한하는 것은 다른 금융기관 및 외국 금융기관에 비해 합리적 근거 없이 차별하는 것이다. 이 결과, 금융기관의 의결권 제한은 국내 우량기업들의 경영권 방어 능력을 약화시켜 외국인에 의한 적대적 인수·합병(M&A)에 노출시키는 결과를 초래하고 있다. 심지어, 보유하고 있는 주식에 대해서도 의결권을 행사하지 못함으로써 경영권 방어에 상당한 어려움을 겪게 되고, 이는 기업자금을 투자에 사용하지 못하고 자사주 매입 등 경영권 방어 및 단기수익개선에 집중시키게 되는 부작용이 발생하고 있다.

일곱째, 금·산(金·産) 분리 관련 규제로 인한 국내 자본의 투자 제약으로 외국 자본의 국내 금융기관 잠식이 심화되고 있다. 1997년 하반기 외환위기 이후 국내 주요 은행의 주요 주주가 외국인으로 바뀌면서 국부 유출 문제가 제기되어 왔다.

따라서 국내 금융산업의 국제경쟁력 제고를 위해 금·산(金·産) 분리 관련 규제는 근본적으로 재검토 및 개선되어야 한다. 그 개선방향은 투자 활성화를 위해 은행 소유규제를 단계적으로 완화하고, 장기적으로 사후감독 체제정비를 전제로 다음과 같은 규제를 폐지함이 바람직할 것이다.

① 산업자본의 금융산업 진출 규제
② 금융지주회사의 다른 회사 출자 제한
③ 위헌소지가 높은 의결권 제한

상기한 금·산(金·産) 분리 관련 규제를 혁파함으로써, 국내 은행들은 해외시장 진출을 통해 국제경쟁력 강화를 도모할 수 있을 것이다. 물론, 국내 은행들은 단순히 대형화를 위한 합병을 통하여 국내 금융시장에서의 점유율 경쟁에 치중해서는 안 될 것이다. 국내 은행들의 해외시장 진출은 포화 상태(Market Saturation)에 있는 국내 금융시장을 극복하고 신성장 동력을 확보하는 데 있어 필수적인 경영전략이다.

[그림 8] 글로벌 금융패러다임 하에서 한국 금융산업의 발전전략

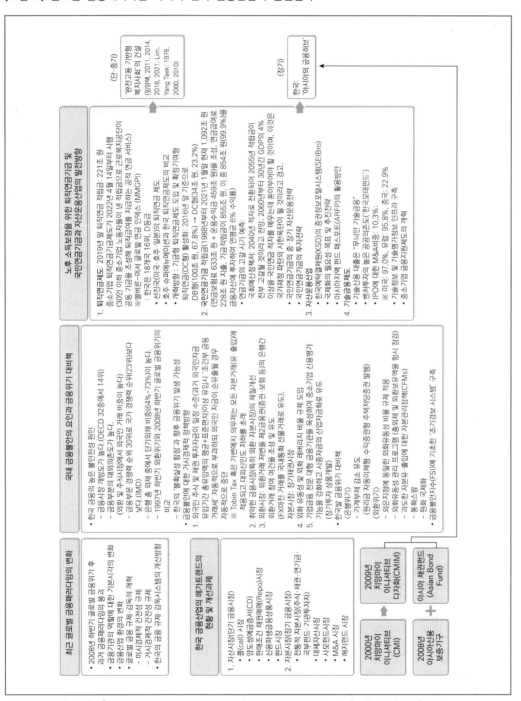

자료: 임양택(2018), 『글로벌 금융패러다임과 한국 금융산업; 이론과 정책』, 서울: 한양대학교 출판부.

VIII

요약 및 결론

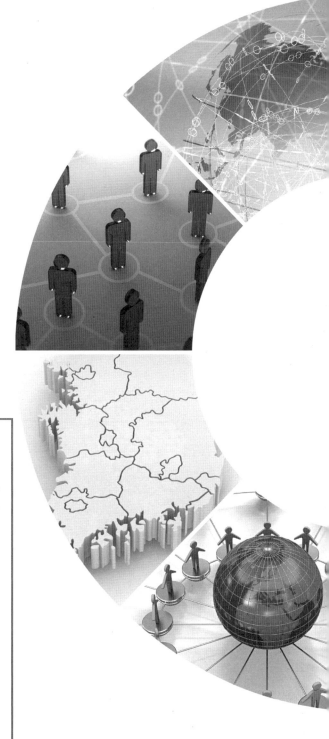

조선(朝鮮)의 망조(亡兆), 대한제국(大韓帝國)의
자멸(自滅), 대한민국(大韓民國)의 위기(危機)

Ruins of Joseon Dynasty, Self-destruction of the
Korean Empire, and 'Total Crisis' of Republic of
Korea: A Historical/Philosophical Analysis

01 한국 민족사(民族史)의 '전환기적 위기'와 역사적 교훈

세계적 역사학자인 아놀드 토인비(Anold Toynbee, 1889~1975)는 그의 대표작『역사의 연구』(1934~1961)에서 '전환기, 도전과 응전의 역사'를 설파(說破)하였다. 그의 주장에 의하면, 역사는 일정한 주기(週期)로 커다란 변화와 발전과정을 겪게 되는데, 그 변화의 시점이 바로 '전환기'라는 것이다. 전환기가 도래했을 때, 이에 어떻게 대응하느냐에 따라 개인은 물론 나라와 민족의 운명이 결정된다는 것이다. 다시 말하면, 변화(變化)는 하나의 도전(挑戰)의 시기라는 것이다. 변화는 누구에게나 두려운 것으로 갈등과 대립을 수반한다. 이때 변화를 어떻게 해석하고 어떻게 받아들이냐 하는 것이 곧 응전(應戰)이다. 따라서 변화의 본질과 흐름을 올바르게 파악하고 과감하게 나간다면 그 변화는 오히려 창조와 발전의 기회가 될 것이요, 반대로 그렇지 못하면 쇠퇴와 멸망의 계기가 될 것은 자명한 이치이다.

대한민국 상해 임시정부 제2대 대통령(1925.03.24, 취임) 박은식(朴殷植, 1859~1925) 선생은 그의 대표적 저서(3편 114장으로 구성된 대작):『한국통사(韓國痛史)』(1915년)에서 *"국교(國敎)와 국사(國史)가 망(亡)하지 아니하면 국혼(國魂)은 살아 있으므로 그 나라는 망(亡)하지 않는다"*고 설파했다. 또한, 영국의 윈스턴 처칠(Winston Churchill, 1874~1965) 총리(1940.05~1945.07; 1951.10~1955.04)은 *"역사를 잊은 민족에겐 미래가 없다"*는 명언을 남겼다.

그렇다면, 왜 역사(歷史)는 중요한가? 일찍이 공자(孔子, BC 551~479)는 *"옛 것을 익히고 새것을 알면 남의 스승이 될 수 있다"*고 가르쳤다. 명(明)나라의 범립본(范立本)이 편찬(編纂)한『명심보감(明心寶鑑)』은 *"미래를 알려거든 먼저 지나간 일을 살펴라"*고 깨우친다. 조지 고든 바이런(George Gordon Byron, 1788~1824)은 *"가장 뛰어난 예언자는 과거이다"*라는 명언을 남겼다.

한국의 민족사(民族史)를 회고해 보면 크게 4회의 '전환기적 위기'를 겪었다: ① 1,200년 전·후인 고려(高麗) 중기, ② 1,600년 전·후인 조선(朝鮮) 중기, ③ 1,900년 전·후인 조선(朝鮮)/대한제국(大韓帝國) 말기, ④ 대한민국(大韓民國)의 20세기 초·중기로 구분할 수 있다.

전술한 4회의 '전환기적 위기'를 겪으면서 한국 민족은 6대 역사적 비극: ① 16세기(제14대 宣祖, 재위: 1567~1608)의 임진왜란(1592~1598), ② 17세기(제16대 仁祖, 재위: 1623~1649)의 정묘호란(1627.01~03)과 병자호란(1636.12.28~1637.02.24), ③ 19세기 청일전쟁(1894.07~1895.04), ④ 20세기 초 러일전쟁(1904.02~1905.09)을 거치면서 『한일 합병조약』(1910.08.27)에 따라 대한제국(大韓帝國)의 국권피탈(1910.08.29), ⑤ 얄타회담(1945.02)에 의한 국토분단(1945.09.08), ⑥ 한국전쟁(1950.06.25~1953.07.27)을 각각 겪었다. 상기 6대 역사적 비극의 근본적 요인은 크게 2가지로 요약할 수 있다:

① 대내적으로는 당시 군주(君主) 및 위정자(爲政者)들의 무지(無知)·무능(無能)·탐욕(貪慾)·부정부패(不正腐敗)가 극심했었으며 한반도 주변 정세의 변화를 제대로 읽지 못한 채, 16세기와 17세기에서는 친명(親明)·친청(親淸)으로, 구한말(舊韓末) 시대에서는 친청(親淸)·친일(親日)·친러(親露)로 분열되어 암투하고 있었다. 사실, 조선(朝鮮)의 망조(亡兆)와 대한제국(大韓帝國)의 자멸(自滅)의 파노라마가 전개되고 있는 가운데, 일본은 메이지 유신(明治維新, 1868~1889)을 통하여 근대화(近代化)에 박차를 가하고 있었던 반면에, 구한말(舊韓末, 1863~1910)에서는 동학사상(東學思想)·척사위정사상(斥邪衛正思想)·동도서기사상(東道西器思想)·개화사상(開化思想)의 사상적 대립이 극심했었다.

② 대외적으로는 첫째, 3대 외침(外侵): ① 임진왜란(壬辰倭亂, 1592~1598), ② 정묘호란(丁卯胡亂, 1627.01~03), ③ 병자호란(丙子胡亂, 1636.12~1637.01)으로 인하여 국력이 쇠잔해졌다. 둘째, 쇄국(鎖國)과 제국주의(帝國主義)의 침탈: ① 1866년 병인양요(丙寅洋擾), ② 1871년 신미양요(辛未洋擾), ③ 1875년 운요호 사건, 1876년 강화도 조약(江華島 條約)을 들 수 있다. 셋째, 영국·미국·프랑스·독일은 일본의 대한제국(大韓帝國) 국권찬탈에 있어서 '협력자'였다. 또한, 20세기에 이르러서는 美·日·中·러의 세계 강대국들로 둘러싸인 한반도(韓半島)가 지정학적으로 강대국의 '거대 게임'(The Great Game)의 무대가 되었기 때문이었다.

특히, 네 번째 민족사의 비극인 일제(日帝)의 대한제국(大韓帝國) 국권침탈(國權侵奪)은 다음과 같은 다섯 가지의 국제환경에서 일제(日帝)가 마음놓고 만행을 저질렀던 것이다:

① 미국 26대 대통령(재임: 1901~1909) 시어도어 루스벨트(Theodore Roosevelt, 1858~1919)의 묵시적 동의하에서 비밀리에 이루어진 가쯔라 테프트 밀약(1905.07.29)과, 그가 주도해서 체결한 포츠머스 강화조약(1905.09.05).

② 영국(英國)의 제1차 영일동맹(英日同盟, 1902.01.30) 및 제2차 영일동맹(英日同盟, 1905. 08.12).

③ 일본과 프랑스와의 '루비에-버티 협의'(1905.09.09) 중에서 한국 관련 내용의 수용.

④ 미국(당시 Theodore Roosevelt 대통령)의 극동정책에 대한 독일(Wilhelm II)의 공동보조에 관한 합의(1905.09.27).

⑤ 일본의 대한제국 지배에 대한 러시아의 묵인(포츠머스 조약, 1905.09.05) 등이다.

특히, 미국은 테프트-가쓰라 밀약(1905.07)에 따라 대한제국(大韓帝國)을 필리핀과 맞바꾸어 일본에 넘겨주었다. 상기 밀약(密約)은 1905년 7월 맺어진 미국과 일본간의 비밀협약이다. 그 내용을 보면, ① 일본은 필리핀에 대하여 하등의 침략적 의도를 품지 않고, 미국의 필리핀 지배를 확인한다. ② 극동의 평화를 위해 미, 영, 일 삼국은 실질적인 동맹 관계를 확보한다. ③ 러일전쟁(1904.02~1905.09)의 원인이 되었던 한국은 일본이 지배할 것을 승인한다는 내용으로 되어 있다.

다음으로, 다섯 번째 민족사의 비극인 얄타회담(1945.02)에 의한 국토분단(1945.09.08)과 여섯 번째 민족사의 비극인 한국전쟁(1950.06.25~1953.07.27)은 美·日·中·러의 세계 강대국들로 둘러싸인 한반도에서 강대국(당시 美蘇)의 '거대 게임'(The Great Game)으로 야기된 것이지만, 상기한 현대사적 2대 비극을 자초한 근본적 원인은 바로 한민족의 이념갈등(理念葛藤)으로 인한 민족 분열이었다.

그렇다면, 21세기 대한민국(大韓民國)의 일곱번째 역사적 비극은 없을 것인가? 만약 그러한 가능성이 있다면, 그 비극은 무엇인가? 예컨대 북한 핵무기와 관련된 '제2한국전쟁'이 발생할 가능성은 없는가? 이에 대한 대한민국의 대응 방안은 무엇인가? 상기한 의문에 대한 저자의 견해는 다음과 같다: '제1한국전쟁'은 국토분단에 의하여 촉발된 '국제전'이었던 반면에 향후 '제2한국전쟁'은 '북한 핵무기'에 의하여 촉발되어 '국부적(局部的) 미·중(美·中) 전쟁'일 것이며, 심지어 미국은 '제2의' 테프트-가쓰라 밀약(1905.07)을 맺어 일본에게 '한반도 위임통치(委任統治)'를 위탁(委託)할 가능성도 있다.

상기한 일곱번째 민족사의 비극 가능성에 대응하여, 대한민국(大韓民國)이 할 수 있고 해야만 하는 최우선적 과제는 대내적 통합(統合)과 자강(自彊)이다. 그러나, 그것은 현재의 정치적 풍토와 한국시민의 의식수준 하에서는 '무지개의 꿈'인 것 같다. 대내적 통합(統合)이 어려운 이유는 한국인은 '합리적 이성'이 부족하기 때문이며, 이것을 오히려 권력 추구 및 유지에 활용하는 한국 정치 지도자의 철학(哲學)이 빈곤하기 때문이다.

요컨대, "철학(哲學) 없는 역사(歷史)는 파멸(破滅)이며, 비전(Vision)없는 국가(國家)는 망(亡)한다.", "역사(歷史)를 잊은 민족(民族)에겐 희망이 없다". 과거 성리학(性理學)은 실학사상(實學思想)을 압살(壓殺)했고 조선(朝鮮)과 대한제국(大韓帝國)의 파멸(破滅)을 유도했었듯이, 현재 대한민국(大韓民國)은 부질없는 이념간 갈등과 교활한 중우정치(衆愚政治, Ochlocracy)로 인하여 한국의 의회민주주의(議會民主主義)는 이미 사망했고 국가는 망국(亡國)의 길로 줄달음치고 있다. 이것을 멈추게 해야 할 한국시민에겐 요한 고트리에프 피히테(Johann Gottlieb Fichte, 1762~1814)의 '행동하는 의지' = '실천이성' + '도덕적 의지'가 부족한 것 같다.

본 저서『조선(朝鮮)의 망조(亡兆), 대한제국(大韓帝國)의 자멸(自滅), 대한민국(大韓民國)의 위기(危機)』의 연구목적은 본 연구의 〈가설(假說)〉: "*국가의 흥망성쇠(興亡盛衰)의 요인은 국정철학(國政哲學, Governing Philosophy)과 국가이성(國家理性, Staatsvernunft)이다*"를 논리실증주의(論理實證主義, Logical Positivism)의 분석방법으로 검증(檢證)하여 한 국가(대한민국을 포함)의 경세제민(經世濟民)을 위한 신실용주의적(新實用主義的) 정책방향(방안)을 역사적·철학적 측면에서 제시하기 위함이다.

상기 〈가설(假說)〉은 국가는 외부 세력의 침략 보다는, 우선 내부적 요인(예로서 부정·부패와 내부 분열 등)에 의하여 멸망(滅亡)한다는 것이다. 다시 말하면, 국가의 존립을 위해서는 무엇보다도 정치지도자의 국정철학(國政哲學, Governing Philosophy)과 시민의 '국가이성'(國家理性, Staatsvernunft)이 바로 서야 한다는 것이다.

또한, 상기 〈가설(假說)〉은 '국가(國家)의 기원·존재 이유·바람직한 역할'과 관련된다. 따라서 본 연구는 플라톤(Plato, BC 427~347)과 아리스토텔레스(Aristotle, BC 384~322)의 철학을 중심으로 국가의 기원(起源): 어떻게 국가는 형성되었는가를 논술한다. 이어서 왜 국가(國家)는 존재하는가 국민주권주의(國民主權主義)를 제창한 토마스 홉스(Thomas Hobbes, 1588~1679), '자유(自由)'를 강조한 존 로크(John Locke, 1632~1704)의 근대 민주주의(民主主義), '평등(平等)'을 강조한 장-자크 루소(Jean-Jacques Rousseau, 1712~1778)의 '일반의지'(volonté général, 국민주권)를 위한 정치체제와 '공동선(共同善)'을 위한 사회계약론(社會契約論), '이성적 국가'(Rational State)를 주창한 게오르크 빌헬름 프리드리히 헤겔(G. W. F. Hegel, 1770~1831), 민본주의(民本主義)를 역설한 맹자(孟子, BC 372~289)와 관련된다.

상기 〈가설(假說)〉에서 국정철학(國政哲學, Governing Philosophy)으로서 선정된 사례는 5가지: (1) 영국의 명예혁명(1688년)과 권리장전(1688년), (2) 미국 독립선언(1776.07.04) 헌법 제정: 1781년 '연합규약'(聯合規約), 1788년에 연방헌법(聯邦憲法), 1791년 헌법의 일부로서 '권리장전(權利章典)', (3) 일본의 명치유신(明治維新, 1868~1889), (4) 중국 손문(孫文, 1866~1925)의 삼민주의(三民主義): ① 민족주의(民族主義), ② 민권주의(民權主義), ③ 민생주의(民生主義). (5) 싱가포르 리콴유(李光耀, 1923~2015) 수상(재임: 1959~1990)의 '12345의 나라'이다.

상기 〈가설(假說)〉에서 '국가이성'(國家理性, Staatsvernunft)으로서 선정된 철학적 개념은 5가지: (1) '도덕성(道德性)'보다 '국가이성'(國家理性)을 강조한 니콜로 마키아벨리(Niccolò Machiavelli, 1469~1527)의 『군주론』(The Prince), (2) 도덕적 자아의 본성을 탐구한 임마누엘칸트(Immanuel Kant, 1724~1804)의 "실천이성 비판"(Kritik der praktischen Vernunft, 1788년), (3) 요한 고트리에프 피히테(Johann Gottlieb Fichte, 1759~1831): '행동하는 의지' = '실천이성' + '도덕적 의지', (4) 게오르크 빌헬름 프리드리히 헤겔(G. W. F. Hegel, 1770~1831)의 역사철학(歷史哲學, Philosophy of History)과 국가이성(國家理性)으로서 절대이성(絕代理性), (5) 위르겐 하버마스(Jürgen Habermas, 1929~현재)의 '의사소통적 이성과 윤리'(Communicative Reason and Ethics)이다.

'국가이성'(國家理性)과 관련하여, 현대사회에서 의회민주주의를 위협하는 중우정치(衆愚政治, Ochlocracy), 반지성주의(反知性主義, Anti–intellectualism), 포퓰리즘(Populism)을 사례를 들어 비판한다. 역사적 사례로서, 프랑스의 권력자, 로베스 피에르(Maximilien François Marie Isidorede Robespierre, 1758~1794)는 1789년 프랑스 대혁명을 주도했었지만 '중우정치(衆愚政治, Ochlocracy)'로 인하여 국가경제를 망치고 결국 자신마저 단두대에서 사형당했다.

본 연구는 올바른 '국정철학'(國政哲學, Governing Philosophy)과 '국가이성'(國家理性, Staatsvernunft)을 위해서 요한 고트리에프 피히테(Johann Gottlieb Fichte, 1762~1814)의 '실천적 지식학': Die Wissenschaftslehre) 즉 '자아(自我)의 형이상학(形而上學)': '행동하는 의지' = '실천이성' + '도덕적 의지'를 강조한다.

요한 고트리에프 피히테(Johann Gottlieb Fichte)는 서양철학사에서 임마누엘 칸트(Immanuel Kant, 1724~1804)의 '실천이성'(實踐理性, Practical Reason)과, 게오르그 빌헬름 프리드리히 헤겔(Georg Wilhelm Friedrich Hegel, 1770~1831)의 역사철학(歷史哲學)을 잇는 징검다리의 역할(즉, '실천적 지식학': Die Wissenschaftslehre)을 수행했었다. 다시 말하면, 요한 고트리에프 피히테(Johann Gottlieb Fichte)는 임마누엘 칸트(Immanuel Kant)의 비판철학을 발전시켜 정신과 자아를 근원적인 것으로 삼는 '자아(自我)의 형이상학(形而上學)'을 수립하여 자아(自我)가 갖는 '행동하는 의지' = '실천이성' + '도덕적 의지'를 정립했다.

게오르그 빌헬름 프리드리히 헤겔(Georg Wilhelm Friedrich Hegel, 1770~1831)은 그의 역저 『역사철학강의』(歷史哲學講義, 독일어: Vorlesungen über die Philosophie der Weltgeschichte, 직역: 세계 역사의 철학에 관한 강의)에서 *"세계사란 정신(精神)이 스스로를 자유(自由)라고 의식하는 자유의식의 발전과정과 이 의식에 의해서 산출되는 자유(自由)의 실현과정을 나타낸 것이다"*라고 주장했다. 즉, 역사철학(歷史哲學, Philosophy of History)이란 역사(歷史)는 이성(理性)의 지배를 따르며, 세계 역사가 이성적으로 진행하며, 역사의 자연적 과정은 절대정신(絕對精身)의 외화(外化)에 기인한다고 주장하였다.

본 연구의 〈가설(假說)〉에 대한 분석방법은 칼 포퍼(Karl Popper, 1902~1994)의 논리실증주의(論理實證主義, Logical Positivism) 또는 논리경험주의(論理經驗主義, Logischer Empirismus)이다. 상기 분석방법을 적용하여 검증(檢證)한 세계사적 사례는 모두 5개: (1) 로마제국(BC 27~AD 1453)의 멸망: ① 서(西)로마제국(395~476)의 멸망; ② 동(東)로마제국(Byzantine Empire)의 멸망(1453.05.29), (2) 몽골제국(大元제국, 1206~1368)의 멸망, (3) 청(淸)제국(1636.04~1912.02.12)의 멸망, (4) 러시아제국(Romanova왕조, 1613~1917)의 멸망, (5) 조선(朝鮮: 1392~1897)의 망조(亡兆)와 대한제국(大韓帝國, 1897~1910.08.29)의 자멸(自滅)이다.

상기 논리실증주의적(論理實證主義的) 분석 결과, 상기 5개 제국(帝國)들의 멸망(滅亡) 원인은 공통적으로 외부 요인(특히 침략)에 앞서 내부 분열(分列)과 부정부패(不正腐敗) 즉 국정철학(國政哲學, Governing Philosophy) 및 국가이성(國家理性, Staatsvernunft)의 부재(不在)였다는 사실을 입증할 수 있다.

02 본 연구의 주요 분석내용과 결론

1) '한국 몽(韓國 夢)'

국가의 생존과 번영을 위하여 필요한 것은 경세제민(經世濟民)을 위한 비전(Vision)과 청사진(靑寫眞)이다. 모름지기, 잠언(箴言) 29장 18절: "묵시(默示)가 없으면 백성이 방자히 행하거니와 율법을 지키는 자는 복이 있도다. 꿈이 없는 백성은 망한다"고 말씀한다.

우선, 한국의 모든 시민들은 편견없이, 즉 이데올로기(Ideology)를 떠나서 냉철하게 숙고해보자: '소규모 개방경제(Small Open Economy)'로서 4강(미국, 중국, 일본, 러시아)의 틈바구니에서 북한의 핵무기를 머리에 얹어놓고 살아가는 '한국인의 꿈' 즉, '한국 몽(韓國 夢)'은 무엇인가?

저자는 '한국 몽(韓國 夢)'을 다음과 같이 사유한다: 민주화(民主化, Democratization)와 산업화(産業化, Industrialization)의 구도를 넘어서 '질서정연한 자유민주주의 사회'(A Well−Ordered Free Democratic Society)와 '공정한 시장자본주의'(A Fair Market Capitalism)를 구축하여 '정의로운 국가'(A Justice−based State)와 '행복한 사회'(A Happy Society)를 구현함으로써 '현대판 대동사회(大同社會)' 즉, '완전고용기반형 복지사회'(A Full Employment−based Welfare Society)를 구현하는 것이며, 나아가 우리 민족의 국조(國祖) 단군(檀君)의 건국이념인 '홍익인간(弘益人間)'의 민족 철학을 바탕으로 민족통합(National Integration)을 점진적으로 달성하기 위하여, 우선 남·북한 '경제통합'(Economic Integration)을 '신(新)실용주의'(Neopragmatism)의 측면에서 추진하는 것이다.

상기한 꿈과 비전(Vison)을 구현하기 위한 정책기조는 '지속적 경제성장(經濟成長)' → '완전고용(完全雇用)' → 형평한 소득분배(所得分配)와 '최소수혜자의 최대행복'을 위한 사회보장(社會保障)이다. 여기서 유의할 것은 서구의 정부주도형 '복지국가(Welfare State, 福祉國家)'는 포퓰리즘(Populism) 복지정책으로 인하여 재정위기(財政危機)를 겪고 있으며 이를 극복하기 위하여 계수적 파라미터 조정을 시도해왔으나 복지제도의 구조적 문제를 근본적으로 해결하지 못하고 있다는 점이다.

　구체적으로, 본 연구가 제시하는 정책대안은 다음과 같다: ① 고용관련 정부규제 혁파 (革罷)와 노동개혁을 추진하고, ② 고용 참상(慘狀)을 야기하고 소득분배구조 악화 및 양극화를 심화시키고 있는 현행 '소득/임금주도성장 전략(Income/wage－led Growth Strategy)'을 '혁신주도성장 전략(Innovation－driven Growth Strategy)'으로 과감히 전환하며, ③ 테크노－경제발전 전략(Techno－Economic Development Strategy)으로써 한국 산업경쟁력(産業競爭力)을 제고하고, ④ 금융개혁으로써 금융(金融) 구조조정과 기업(企業) 구조조정의 선순환을 도모한다. 즉, 단기 부동자금(2020.10, 기준 약 1,369조 원)을 기술혁신형 유망 중소기업 발굴 및 지원에 투입하는 것이다. 다시 말하면, 기업이 투자를 줄이면서 자금 조달 규모가 감소하고, 기업의 현금 보유가 늘고 투자자들의 대기성 투자 자금이 확대됨에 따라 저금리로 법인형 MMF(머니마켓펀드) 같은 현금과 6개월 이하 단기금융상품 설정액이 급증한 반면에 중·장기 금융상품 수요가 줄고 증시로의 자금 유입도 제한적이기 때문에 실물 경제로 자금이 선순환되지 않고 있는 상황을 타개해야 한다는 것이다(임양택, 경인일보[경제전망대], 2018.01.18).

[그림 9] 한국의 비전

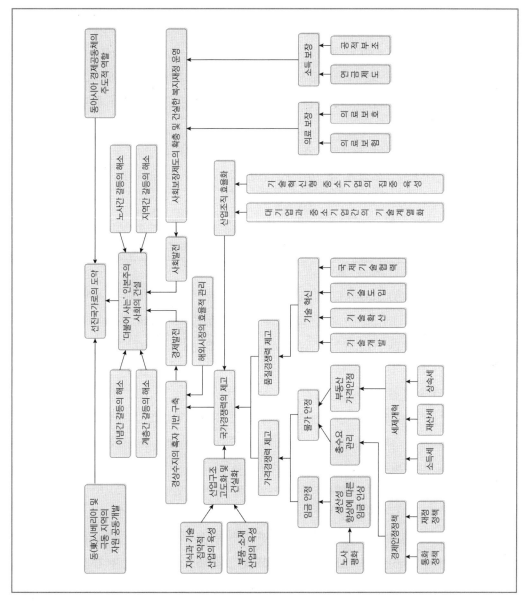

자료: 임양택(1995), 『비전없는 국민은 망한다: 21세기 통일한국을 위한 청사진』, 서울: 매일경제신문사 출판부.
　　　임양택(2007), 『한국의 비전과 국가경영전략』, 파주: 나남.
　　　임양택(2011), 『쿼바디스 도미네 : 성장·복지·통일을 위한 청사진』, 파주: 나남.
　　　Yang-Taek Lim(2008), "Korea's Prospects and National Management Strategies," Keynote Speech del
　　　　　ivered at the 20th International Conference on Systems Research, Informatics and Cybernetics
　　　　　(July 24~30, 2008), Baden-Baden, Germany.

(1) "한국은 '행복한 사회'(A Happy Society)인가?"

한국은 '자살(自殺) 공화국'이다. 2018년 자살 사망자 수는 13,670명, 2019년 자살 사망자 수는 13,799명으로서 OECD 국가들 중에서 부동(不動)의 1위(2017년 2위를 제외한 2003~2019 16년 동안 1위)이다. 2018년의 경우 전년 대비 1,207명(9.7%) 증가하였고, 1일 평균 자살사망자 수는 37.5명이다. 이로 인한 연간 경제력 손실이 6조 4,800억 원이다(동아일보, 2015.02.24).

한편, 2018년 한국인의 자살률(自殺率, 인구 10만 명 당)은 26.6명으로 전년 대비 2.3명(9.5%) 증가하여 OECD 회원국 중 1위(지난 13년 동안)의 자살률(自殺率)이다. 연령별 자살률(自殺率)을 살펴보면 전년 대비 80세 이상을 제외한 모든 연령에서 증가하였다. 성별 자살률(自殺率)을 살펴보면 남자는 38.5명(10.4%), 여자는 14.8명(7.4%)으로 전년도 보다 증가하였다. 남녀 간 자살률(自殺率) 성비(性比)는 10대가 1.0배로 가장 낮았으며, 60대가 3.9배로 가장 높게 나타났다.

현대경제연구원(2017.01.09)이 2016년 12월 중순 실시했던 제19회 '경제행복지수'(EHI: Economic Happiness Index)[1] 상기 조사결과, '경제행복지수'(EHI: Economic Happiness Index)가 38.4점(전기대비 마이너스 0.5포인트)으로 5년만에 최저치를 기록했다. 여기서 유의할 것은 자신이 불행하다고 응답한 사람들의 대다수가 그것의 원인이 '사회적 구조'(Social Structure)로부터 연유된 결과라고 생각한다는 점이다.[2]

한국사회에서 '경제적 행복'을 가로막는 가장 큰 장애요인들은 '노후준비 부족'(24.8%), '자녀 교육'(22.6%), '주택문제'(16.6%), '일자리 부족'(16.3%) 등으로 나타났다(현대경제연구원, VIP Report, 2015.01.07). 특히, '노후준비 부족'으로 인한 불안은 심각한 사회문제가 되었다. 한국사회는 2008년 '고령화 사회'(전체인구의 7%가 노인인구)에, 2018년에는 '고령사회'(전체인구의 14%가 노인인구)에 각각 이르렀으며, 2026년에는 '최(最)고령사회'(전체인구의 20%가 노인인구)로 진입할 것이다. 이 결과, 한국의 총 부양률(15세 미만 및 65세 이상 인구/15~64세 인구)이 1966년 88.8%로 정점을, 2012년 36.8%로 저점을 각각 기록했었다가 반

---

1) '경제행복지수'(EHI: Economic Happiness Index)란 개인이 경제적 요인과 관련하여 만족과 기쁨을 느끼는 상태에 대한 평가로서 경제상태, 의식, 외부 요건 등에 의해 변화되는 것으로 정의되었다.

2) 2008년 하반기 글로벌 경제위기 이후, 한국의 자살자 수가 2009년에는 무려 약 1만 5,413명으로 전년 대비 19.9% 증가했다. 1997년 하반기 외환위기 직후인 1998년 자살자 897명에 비하여 2008년 하반기 '글로벌 금융위기' 직후인 2009년 자살자 수가 그보다 17배인 1만 5,413명이라는 것은 최근의 글로벌 경제위기가 얼마나 혹독한가를 말해준다.

전(反轉)하여 2020년 40.7%로, 2030년이면 58.6%로 각각 상승할 것으로 전망된다.

『현대경제연구원』의 2015년 설문조사에 다음과 같이 적나라하게 나타났다: ‘경제적 행복’을 가로막는 가장 큰 장애요인들의 순위를 보면 ① ‘노후 준비 부족’(24.8%), ② ‘자녀 교육 문제’(22.6%), ③ ‘주택 문제’(16.6%), ④ ‘일자리 부족’(16.3%)으로 나타났다. 상기의 표본조사를 세대별 불안감의 측면에서 보면 20대가 ‘일자리 불안’(27.2%), 30대가 ‘가계부채 부담’(28.1%), 40대가 ‘자녀 교육비 부담’(39.8%), 50대가 ‘노후준비 부족’(25.3%), 60대 이상이 ‘소득 감소’(33.0%)로 각각 나타났다.

대다수 노인의 생활대책이 거의 전무(全無)하다. 이 결과, 한국 노년층의 상대적 빈곤율(같은 연령대 소득 중간 값의 50% 이하 비중)이 OECD평균(12.6%)을 훨씬 초과해 1위를 기록했다(동아일보, 2015.05.23). 이것은 한국의 대부분 노인들이 동일 연령대의 빈곤층 인구가 45.1%(2010년 기준)으로 OECD국가들 중에서 가장 높으며 중간소득의 절반도 못되는 돈으로 겨우 연명(延命)하고 있다는 것을, 또한 저(低)소득 노인층에 대한 복지정책이 상대적으로 매우 취약하다는 것을 각각 의미한다. 또한, 한국인 상당수는 불완전한 고용·소득의 양극화·불균형적 여가시간 등으로 인하여 고통을 경험하고 있다. 예를 들면, 한국사회에서 생산가능한 인구의 취업률은 전체의 64%에 머물러 있으며, 6개월 미만의 단기취업자 비중이 24%(OECD 국가 10%의 2배)에 달하고 있다.

이 결과, 소득 없이 병들고 소외된 노인들이 자식에게 부담이 되기 싫다는 눈물겨운 마음으로 자살(自殺)을 선택한다. 한국의 노년층 빈곤층(2010년 기준으로 45.1%)은 OECD 국가(네덜란드 1.7%, 프랑스 5.3%, 스웨덴 9.9%) 중에서 가장 높으며 노인가구의 45.1%가 중간소득의 절반도 못되는 돈으로 겨우 연명하고 있다. 경제적 빈곤 때문에 65세 이상 노인 자살률이 10만 명당 82명이다. 이 비율은 다른 나라 평균보다 2.4배에 이르고 미국과 일본의 노인 자살률보다 4~5배가 더 높다. 실로 부끄러운 동방예의지국(東方禮儀之國)의 현실이다. 사실, *"소리 없이 늘어나고 있는 노인 자살은 ‘현대판 고려장’이다. 대한민국의 오늘을 일궈낸 어르신들이 자신의 삶을 비극적으로 마무리하게 방치하는 것은 대한민국의 수치다"*(중앙일보, 2011.02.01).

한국의 어린이·청소년의 주관적 행복지수(74.0점)는 경제협력개발기구(OECD) 회원국 가운데 최하위이다. 최근 〈한국방정환재단〉과 연세대 〈사회발전연구소〉가 전국 초·중·고교생 6,946명을 대상으로 ‘행복지수’(幸福指數, Happy Planet Index)를 분석하였다. 여기서 ‘행복지수’(幸福指數, Happy Planet Index)란 국내총생산(GDP) 등 경제적 가치뿐만 아니라 인간의 행복과 삶의 질(삶의 만족도, 미래에 대한 기대, 실업률, 자부심, 희망, 사랑 등)을 포괄적으로 고려해서 측정하는 지표이다. 어린이·청소년들은 건강 체감·학교 만족·삶의 만족·소속감·어울림 등에서 행복감을 느끼지 못한다는 것이다. 나아가, 저자가 놀라는 것은 어린 학생들이 행복(幸福)의 주요 조건으로 '돈'을 지목했다는 점이다. 즉, 행복(幸福)을 위해 가장 필요한 것이 무엇인가라는 조사기관의 질문에 대하여 고등학생들은 '돈'(19.2%), '성적향상'(18.7%), '화목한 가정'(17.5%), '자유'(13.0%) 순서로 답하였다. 상기한 어린 학생들의 행복조건(특히 돈)은 기성세대의 산물이다. 그동안 앞만 보고 살아왔던, '돈'이나 '성공'만을 중시하였던 기성세대 가치관을 어린 학생들이 그대로 수용한 것이다.

모름지기, 청년은 다음 세대의 주인공이며 나라의 기둥이다. 청년 실업(失業)은 그 자체만으로 개인과 가족의 크나큰 고통이지만 국가적으로도 자원의 낭비이자 성장잠재력의 훼손이 아닐 수 없다. 그럼에도 불구하고, 새로운 아이디어와 불타는 열정으로 한창 일해야 할 20~30대 젊은 남녀 약 1,500만 명 중에서 약 400만 명(실업자 혹은 잠재실업자)이 일자리를 못구해 고통받고 있다. 공식실업자와 비(非)경제활동인구를 더한 '실질 실업자'의 규모는 2020년 6월 기준으로 약 179만 명이다.

2015년 통계청 〈사회조사〉를 보면, 본인이 일생 동안 노력을 할 경우 자식 세대에서 '계층 이동 가능성이 높다'는 응답은 겨우 31%에 불과했다. 아무리 발버둥을 쳐도 소용이 없다는 인식이 빠르게 고착화되고 있다(동아일보, 2015.12.31). 이 결과, '헬 조선'(한국이 지옥에 가까운 전혀 희망 없는 사회)이라는 신(新)조어와 '금수저'·'흙수저'라는 '계급수저론'이 등장할 정도로 국민은 크게 절망하고 분노하고 있다.

한편, 한국의 소득분배 불균형과 소득 '양극화'(兩極化 Polarization)의 상황은 다음과 같다: 한국통계청이 '2018년 가계금융·복지조사' 자료(2017.01~12, 처분가능소득 기준)에 따르면 한국의 팔마(Palma) 비율(소득 상위 10% 인구의 소득 점유율을 하위 40% 인구의 소득 점유율로 나눈 값)이 2011년 1.74배, 2015년 1.42배, 2016년 1.45배, 2017년 1.44(OECD 회원국 36개국 중 30위)로서 OECD 평균(1.25)보다 큰 것으로 기록했다. 팔마(Palma) 비율이 커질수록 소득 격차가 심해졌다는 뜻이다. 한국의 빈부(貧富) 격차는 일본(1.32배), 이탈리아(1.25배), 독일(1.06배)보다 더 심하며 영국(1.45배), 미국(1.77배), 터키(1.91배) 등 6개국에 비하여 상대적으로 덜 심하다. 또한, 국제통화기금(IMF)이 발표한 '아시아의 불평등 분석' 보고서(2016년)에 의하면 한국 상위 10% 국민이 전체 소득에서 차지하는 비중은 45%로, 조사 대상 아시아 22개국 중 가장 높았다.

또한, 소득 '양극화'(兩極化 Polarization)는 근로소득(勤勞所得) 부문에서 두드러지게 나타났다. 한국통계청이 2019년 2월 21일 발표한 '2018년 4/4분기 가계동향조사(소득부문)'에 따르면, 계층간 소득 격차가 갈수록 더 커졌고, 2018년 4분기 소득분배 지표가 사상 최악인 것으로 나타났다. 상술하면, 전체 가구의 월평균 소득은 461만 원으로 전년도 4분기보다 3.6% 증가했다. 그런데 소득계층별로 살펴보면, 2018년 소득 최상위 20%(5분위) 계층의 가구당 근로소득은 월평균 688만 5,600원으로 2018년 줄곧 증가하였다. 이와 반면에, 놀랍게도, 2018년 소득 최하위 20%(1분위) 계층의 가구당 월 평균 명목 근로소득은 123만 8천 원으로 전년 동기에 비해 17.7%나 감소했다. 이들의 근로소득은 4분기 연속 감소하였으며 4분기(10~12월)의 감소폭은 소득 통계를 작성하기 시작한 2003년 이후 최대 규모다. 그 결과, '5분위 배율'(5분위의 상위 20% 계층의 소득이 1분위의 하위 20%의 몇 배인지를 보여주는 지표)이 5.47배로 나타났다. 이는 관련 통계를 내기 시작한 2003년 이후 4분기 기준으로 격차가 가장 크게 벌어진 것이다.

참고로, 김낙년 동국대 경제학과 교수가 상속세(相續稅) 자료를 분석한 연구(2015년): '한국의 개인소득 분포: 소득세 자료(2000~2013)에 의한 접근'에 의하면, 성인 인구의 상위 10%가 전체 자산(資産)의 66%(이는 2000~2007년의 63.2%보다 2.8%포인트 증가된 것)를 보유하고 있다고 한다. 또한, 박기백 시립대 교수는 〈재정학연구〉에서 '유형별 소득이 소득불평등에 미치는 영향' 논문을 발표(2014.06.23)하고 자본소득(資本所得)이 증가하면 소득불평등이 심화할 가능성이 크다고 밝혔다. 즉, 노동소득이 증가하더라도 소득분배를 악화시킬 가능성은 작게 나타난 반면에 이자나 배당소득, 임대소득 등의 자본소득(資本所得)은 증가할수록 소득분배를 악화시킬 가능성이 큰 것으로 나타났다. 결국, 같은 규모의 소득이 증가한다면 노동소득이나 사업소득보다는 자본소득(資本所得)이 소득분배의 악영향을 준다는 것이다.

이 결과, 부(富)의 대물림과 소득분배구조의 불평등(不平等) 및 계층간 양극화(兩極化)가 심화되고 있다. 보건복지부가 발표(2017.07.31)한 '2017년 기초생활보장 실태조사' 결과에 따르면 빈곤층(貧困層, 중위소득 50%를 상대적 빈곤선으로 보고 그 이하를 '빈곤층'으로 분류) 규모는 2014년 336만 명에서 2015년 309만 명으로 27만 명 줄었지만 개인파산자가 급증하고 있다. 국제결제은행(BIS)의 2019년 말 추계에 의하면 가계부채(家計負債)가 1,827조 원이다. 국제금융협회(IIF)의 '세계부채 모니터' 보고서(2020.07.20)를 보면, 2020년 1분기 한국의 국내총생산(GDP) 대비 가계부채 비율은 97.9%로 조사대상 39개국 중 가장 높았다. 가처분소득에 대한 가계부채의 비율은 153%로서 OECD(평균 134%) 중에서 9위이다.

따라서 대다수의 한국 시민은 박탈감(剝脫感)을 느끼고 있으며, 한국사회는 좌절과 분노의 시대로 진입하였다. 2015년 통계청 〈사회조사〉를 보면, 본인이 일생 동안 노력을 할 경우 자식 세대에서 '계층 이동 가능성이 높다'는 응답은 겨우 31%에 불과했다. 아무리 발버둥을 쳐도 소용이 없다는 인식이 빠르게 고착화되고 있다(동아일보, 2015.12.31). 이 결과, '헬 조선'(한국이 지옥에 가까운 전혀 희망 없는 사회)이라는 신(新)조어와 '금수저'·'흙수저'라는 '계급수저론'이 등장할 정도로 국민은 크게 절망하고 분노하고 있다.

따라서, 과다한 자녀 사(私)교육비와 주거비를 비롯한 고(高)비용 사회구조를 혁파(革罷)하지 못하고 '완전고용 기반형 복지사회'(A Full Employment−based Welfare Society)를 이루지 못하는 상황에서는 '정의로운 국가'(A Justice−based State)와 '행복한 복지사회'(A Happy Society)는 연목구어(緣木求魚)이다. 즉, '한국 몽(韓國 夢)'은 무지게 꿈일 뿐이다.

본 연구가 제창하는 '신(新)실용주의(Neopragmatism)'의 정책적 목표는 라이프−사이클 모형하에서 동태적 순환 구조: '지속적 경제성장(經濟成長)' → '완전고용(完全雇用)' → 형평한 소득분배(所得分配)를 위한 '최소수혜자의 최대행복'을 위한 사회보장(社會保障)이다. 대한민국(大韓民國) 헌법(憲法)은 국민의 기본권(基本權) 보호를 최우선으로 과제로 삼고 있다.

구체적으로, 본 연구는 신(新)실용주의(Neopragmatism)의 '실천 철학'(Practical Philosophy)으로서 고용창출형 '슘페테리언 테크노−경제발전 모형'(Schumpeterian Techno−Economic Development Model)과 '최적 경제성장과 사회보장 모형'(Optimal Economic Growth and Social Security Model)을 제시한다.

고용창출형 테크노−경제발전 전략(Techno−Economic Development Strategy; Lim, Yang−Taek: 1996, 2000, 2006; 임양택: 2007, 2011, 2013)의 요체는 다음과 같다: 교육개혁(특히 대학교육) → 창의성 개발 → 자체기술개발·선진기술도입·기술확산 → 기술혁신 → 공정혁신에 의한 가격경쟁력 제고 및 신제품 개발에 의한 품질경쟁력 제고 → 국가경쟁력 강화 → 경상수지 흑자 기반 공고화 → 성장·분배·안정 → 동태적 발전과정이다.

또한, 서구의 정부주도형 '복지국가(Welfare State, 福祉國家)'는 포퓰리즘 복지정책으로 인하여 재정위기(財政危機)를 겪고 있으며 이를 극복하기 위하여 계수적 파라미터 조정을 시도해왔으나 복지제도의 구조적 문제를 근본적으로 해결하지 못하고 있다는 점이다.

2) "한국은 '정의로운 국가'(A Justice-based State)인가?"

본 연구는 한국사회의 사회부조리와 대한민국 70년사에서 역대 10명 대통령들의 공과 (功過)를 평가함으로써 '규제공화국(規制共和國)' → '부패공화국(腐敗共和國)' → '재벌공화국 (財閥共和國)' → 천민자본주의(賤民資本主義, PariahCapitalism)의 근본적 요인을 규명했다.

한국의 사회풍토가 배금주의(拜金主義, Mammonism)・물질만능주의(物質萬能主義)로 만 연(漫然)되어 국민정신문화가 크게 황폐화시킨 근본적 요인은 무엇인가? 그 요인은 단연코 대한민국(大韓民國)의 역대 대통령(大統領) 및 가족들의 부정부패(不正腐敗) 행위에서 비롯 된다.

국민에게 모범을 보여할 역대 대통령(大統領)들이 거의 모두 범법자(犯法者)이란 사실이 한심하고 슬프다. 대한민국의 역대 대통령(大統領)들의 불운한 말년은 한결 같이 약속이나 한 것처럼 망명, 실각, 시해, 허수아비, 유배, 수감, 자살, 탄핵, 구속 등으로 비극의 역사 를 보여주었다. 사회지도층의 우두머리는 대통령(大統領)이다. 모름지기, '윗물이 맑아야 아랫 물이 맑다'라고 한다.

이승만(李承晩, 1875~1965, 재임: 1948~1960) 대통령은 제2차 세계대전(1939~1945) 이후 세계가 미・소(美・蘇) 양대 진영으로 줄서기를 할 때 자유민주주의(自由民主主義)와 시장자 본주의(市場資本主義)를 옳게 선택하였고 박정희(朴正熙) 대통령(재임: 1961~1979)은 경제발 전의 토대를 구축함으로써 '절대빈곤(絕對貧困)'을 탈피할 수 있었다. 만약 상기 두 정치지 도자가 한국사에 등장하지 않았다면, 오늘날 대한민국의 정체성(正體性)과 세계경제 10위 (2020년 GDP 기준으로 IMF 전망)는 고대 그리스 이솝(Aesop, BC 619~564)의 우화(寓話, Fables)가 되었을 것이다.

이와 반면에, 이승만(李承晩)과 박정희(朴正熙)는 한국의 사회정의(社會正義)를 압살(壓 殺)했었고 역사를 왜곡(歪曲)하였으며, 국민의식을 편의주의(便宜主義)로 오염(汚染)시켰으 며, 시장자본주의(MarketCapitalism)를 천민자본주의(賤民資本主義, Pariah Capitalism)로 타락 (墮落)시켰다. 게다가, 그 이후의 정치지도자들은 거의 모두 올바른 국정철학(國政哲學)과 정치적 리더십(Political Leadership)이 결핍되어 있었기 때문에 이승만(李承晩)과 박정희(朴 正熙)와 같은 역사적 업적을 내놓지 못한 채 오직 정권 쟁취와 자신의 정권 유지에만 열중 하였다.

우선, 이승만(李承晩, 1875~1965, 재임: 1948~1960) 대통령은 대한민국 건국이라는 큰 업 적을 남겼지만 친일파(親日派)를 청산하지 못하고 사사오입 개헌과 1960년 3・15 부정선거와 장기 집권과 권력욕에 집착하다 그해 4·19 혁명으로 하야(下野)와 망명의 말로(末路)를 맞았다. 영국의 런던 타임스(1951.10.01)는 한국인이 '고상한' 민주주의(民主主義)를 추구하는 것은 마치 '쓰레기 통에서 장미 꽃을 찾는 것'과 같다고 비판했었다.

특히, 이승만(李承晚, 1875~1965, 재임: 1948~1960) 대통령은 1948년 9월 제헌국회에서 '반민족행위처벌법'을 만들어 거의 1년간 시행하였으나 민족반역적 행위를 저질렀었던 친일파(親日派)를 단 1명도 처단하지 않았다. 예로서 1949년 1월 24일 반민특위에 의해 노덕술(盧德述)이 체포되자 이승만(李承晚) 대통령(당시)은 일제(日帝)시대 독립운동가들을 핍박하였던 친일(親日) 경찰 노덕술(盧德述, 1899~1968)은 그저 '기술자'일 뿐이라며 김상덕 반민특위 위원장(당시)을 직접 만나 그의 석방을 종용했고 공보처장 명의로 '정부인사의 조사를 중지한다'고 공포하고 반민특위법의 개정까지도 시도하는 등 특위 활동을 방해하였다.

그렇다면, 친일파(親日派)란 누구인가? '반민족행위처벌법'(1948.09)은 다음과 같은 행위를 한 자를 친일파(親日派)로 규정하였다: ① 일본정부와 통모(通謀)하여 한일합병에 적극 협력하였거나 한국의 주권을 침해하는 조약 또는 문서에 조인하는 자; ② 일본정부로부터 작(爵)을 받은 자 또는 일본제국의회 의원이 되었던 자; ③ 일본치하에서 독립운동한 자나 그 가족을 악의로 살상·박해한 자 또는 이를 지휘한 자; ④ 습작(襲爵)한 자, 중추원 부의원(府議院)의 고문 또는 참의, 칙임관 이상의 관리, 일정행위, 독립운동을 방해할 목적으로 단체를 조직했거나 그 단체의 간부된 자, 군·경찰의 관리로서 악질적인자, 군수공업을 경영한자, 도·부의 자문 또는 결의기관의 의원이 된 자 중에서 일제에 아부하여 죄적이 현저한 자, 관공리가 되었던 자로서 악질적인 죄적이 현저한 자, 일본국책을 추진시킬 목적으로 설립된 각 단체 본부의 수뇌간부로서 악질적인 자, 종교·사회·문화·경제 기타 각 분야에서 악질적인 언론저작과 지도를 한 자, 일제에 대한 악질적인 아부로 민족에게 해를 가한 자 등으로 규정하였다.

이 결과, 친일파(親日派)를 청산하지 못한 한국사회에서, 일제(日帝)에 빌붙어 민족과 조국을 배반했었던 무리들과 그 후예들은 잘 살고, 이와 반대로 독립운동을 하면서 헐벗고 굶주렸었던 민족운동가들과 그 후예들은 독립된 나라에서도 가난에 시달렸다. 백보를 양보하여, '생계형 친일 전문가'가 대한민국 건설에 필요했었다고 하더라도, 숱한 독립운동가들을 잡아들여 악랄하게 고문했었던 친일(親日) 경찰 출신 노덕술(盧德述, 1899~1968, 美 군정 소속)이 해방 후 어떻게 살아있을 수 있었는가? 구체적 실례를 들면, 이승만(李承晚) 대통령(당시)의 비호하에서 노덕술(盧德述)은 대한민국 임시정부 국무위원 및 군무부장 약산(若山) 김원봉(金元鳳)에게 갖은 악형(惡刑)을 가하였다. 이에 울분을 터뜨리고 생명의 위협을 느꼈었던 약산(若山)은 1948년 남북협상에 참여했었다가 귀환하지 않고 북한에서 고위직을 역임하였으나 '중립화 평화통일방안'을 주장하여 1958년 11월 김일성(金日成)에 의하여 숙청당했다. 약산(若山)은 정치범 수용소에서 청산가리로 자살했다. 한 평생 조국 독립을 위하여 분투했었던 의열단장(義烈團長) 약산(若山) 김원봉(金元鳳)은 남·북한으로부 터 모두 배신당하였던 것이다. 이것은 민족사의 비극이다.

사실, 일제(日帝) 시대에 민족반역적 행위를 저질렀던 친일파(親日派)는 8·15 해방 후 이승만(李承晩) 대통령(당시)의 민간 독재체제에 기생(寄生)하면서 독립운동가들과 민족주 의자들을 '공산주의자'로 몰아 고문하고 죽였으며 한국사의 고비마다 민주·민족·독립국 가 건설에 저해되는 '반동세력(反動勢力)'으로 준동(蠢動)하여 사회정의(社會正義)를 짓밟았 다. 친일파(親日派)들은 교묘하게 이승만(李承晩)을 농간하여 '반(反)민족행위처벌법' 자체 의 기능을 제한하게 되었다. 원래 2년 한시법(限時法)으로 된 '반(反)민족행위처벌법'은 제 정된 지 1년이 채 못되는 1949년 8월 31일 후에는 효력이 정지될 수밖에 없었다. 결과적 으로, 1년 남짓, 이 법에 의해 처리한 친일파(親日派)는 극소수였다. 총취급건수 682건에 검찰부의 기소가 221건, 재판부의 판결이 40건(체형 14건, 공민권 정지 18건, 형면제 2건, 무 죄 6건)이었으나 한사람도 사형대에 올려놓지 못했고, 그나마도 그 이듬해 6·25 사변 (1950~1953)이 터지자 흐지부지되고 말았다.

여기서 유의할 것은 다음과 같다: 이승만(李承晩, 1875~1965, 재임: 1948~1960) 대통령 (당시)은 민족반역적 행위를 저질렀던 친일파(親日派)를 단 1명도 처단하지 않았던 것과 는 대조적으로, 불과 4년밖에 나치 독일에게 점령당하지 않았던 프랑스와 벨기에 등은 철 저하게 나치협력자를 처벌하여 '과거 청산'을 단행했었다는 점이다.

프랑스의 샤를 드 골(Charles de Gaulle, 1890~1970) 대통령(당시)은 다음과 같이 선언했 었다: "국가가 애국적 국민에게는 상을 주고 민족배반자나 범죄자에게는 벌을 주어야만 비로소 국민들을 단결시킬 수 있다.", "나치 협력자들은 정치적 결정, 주로 정치활동과 때 로는 군사행동 그리고 행정조치 및 언론의 선정활동 등의 변화무쌍한 형태로 프랑스 민족 의 굴욕과 타락뿐만 아니라 나치 독일의 박해마저도 미화했다. 민중의 분노가 폭발하는 것은 너무나 당연하다. 나치 협력자들의 엄청난 범죄와 악행을 방치하는 것은 국가 전체 에 전염하는 흉악한 종양(腫瘍)들을 그대로 두는 것과 같다."

프랑스의 경우, 사형선고된 자가 6,700여 명인데, 그중 760여 명이 사형집행되었고, 2,700여 명이 종신강제 노동형에, 10,600여 명이 유기강제 노동형에, 2천여 명이 금고형 에, 2만2천여 명이 유기징역에 처해졌었다, 벨기에는 5만5천 건, 네덜란드는 5만 건 이상의 징역형이 처해졌었다. 이 결과, 프랑스는 민족통합을 이루었으며 독일과 함께 유럽통합의 구심점이 되었다.

　또한, 여기서 유의할 것은 다음과 같은 역사적 사실이다: 1945년 8·15 해방 후 두 차례에 걸친 친일파(親日派) 청산 작업의 과제는 1960년 4·19 혁명으로 이승만(李承晩) 정권(1948~1960)이 붕괴되자 새로운 서광(曙光)이 보이는 듯 했었지만 장면(張勉) 정권(1960.06.15~1961.05.16) 때에는 오히려 친일파(親日派)의 등장이 더욱 두드러졌었다는 점이다. 사실, 1960년 4·19 혁명이 민주주의(民主主義)와 민족주의(民族主義)를 회복하는 하나의 계기가 되었기 때문에 친일파(親日派) 청산의 부담을 안고 있었다. 그러다가 1961년 5·16 군사쿠테타가 일어나자 한국에서 친일파(親日派) 문제는 더 이상 과제로 제기될 수 없었다. 왜냐하면 박정희(朴正熙) 자신이 일본 육군사관학교와 만주 군관학교 출신이었으며 1964년 한일회담을 성사시켜 일본의 자본을 끌어들이려 했었기 때문이었다. 이로써 1945년 8·15 해방 이후 친일파(親日派)를 응징하여 민족정기(民族正氣)를 세우려는 과업은 결국 막을 내리고 말았었다.

　요컨대, 한국사회에서 적폐(積弊) 청산의 주요 대상은 우선 일제(日帝) 시대에 민족반역적 친일파(親日派)이다. 물론, 현재 시점에서, 친일파(親日派) 청산은 물리적으로는 불가능할 지 모른다. 왜냐하면 대부분의 친일파(親日派)들이 죽었기 때문이다. 그러나 역사적 심판은 아직도 가능하다. 친일파(親日派)들의 행적을 〈민족문제연구소〉의 『친일파 인명사전』에 분명하게 기록 및 보존하여 이 땅에서 다시는 친일파(親日派)와 같은 반(反)민족행위자들이 나타나지 않도록 준엄하게 심판해야 할 것이다.

　다음으로, 박정희(朴正熙) 대통령(재임: 1961~1979)은 군사쿠테타로 정권을 쟁취한 후 한국경제 발전을 위한 토대를 닦았지만, 1969년 3선 개헌과 1972년 유신 헌법(1972.12.27. 통과, 그 이후 '제4공화국' 출범)으로 장기 집권의 권력욕으로 중앙정보부장 김재규(金載圭, 1926~1980)에 의해 시해되는 운명을 맞았다.

　박정희(朴正熙) 대통령(1961~1979)은 극좌(極左)에서 극우(極右)로 변신하였다. 사실 그는 혜안(慧眼)을 가진 '진보(進步)'였다고 저자는 평가한다. 가난에 찌 들리고 매년 '보리 고개'가 찾아드는 농촌에서 태어나 때로는 점심을 굶으면서 책 보따리를 허리에 차고 학교에 다녔었던 박정희(朴正熙) 대통령은 스스로 *"가난은 자신의 스승이며 은인"*이라고 말했다. 그렇기 때문에 *"가난과 관련 있는 일에서 24시간 떠날 수 없다"*는 것이 초기 박정희(朴正熙) 대통령의 통치 철학이었다. '잘 살아 보세'라는 구호하에 채택한 사회경제정책들은 농촌·농업 중심의 한국경제를 하루아침에 통째로 무너뜨렸었고 도시·산업 중심의 사회경제체제로 전환시켰었다. 모든 국민은 이러한 '창조적 파괴'(Creative Destruction)의 과정에 자발적으로, 또한 적극적으로 동참했었다. 이 결과, 나라의 '곳간'이 채워졌었다. 당시 '한강의 기적' 덕분으로 한국사회는 '보리 고개'를 넘었다.

저자는 경제학자로서 박정희(朴正熙) 대통령(재임: 1961~1979)의 산업화(産業化) 공로(功勞)를 높이 평가한다. 조선(朝鮮)과 대한제국(大韓帝國)이 이루지 못했었던 근대화(近代化)를 일구어 대한민국(大韓民國)을 '산업강국(産業強國)'으로 우뚝 세워 경제개발을 추진하였다. 지난 70년의 경제적 성과를 개관해 보면, 1948년 정부수립 직후 한국의 1인당 소득이 1953년에 67달러로서 최빈국 상태였으나 70년이 지난 2017년 현재 29,744달러로서 443배가 증가하였으며, 한국의 경상 GDP는 1953년 13억 달러에서 2017년 1조5,302억 달러로 무려 1,177배나 확대되었다. 이로써, 한국은 세계 11위의 경제대국으로 발전하였다.

또한, 박정희(朴正熙) 대통령(1961~1979)은 자유민주주의의 정치적 틀 속에 경제발전 시스템이라는 하부구조를 다졌고 지속가능한 경제발전을 위하여 과학기술처, KAIST, KIST 등을 설립했었다. 산업화·도시화 과정에서 상대적으로 피폐해지는 농촌을 '새마을 운동'을 통하여 자력갱생(自力更生)의 기반을 조성했었다.

박정희(朴正熙) 대통령(1961~1979)은 의료보험제도와 국민연금제도를 도입하여 사회보장제도(社會保障制度)를 확충함으로써 고도성장에 따른 분배구조의 악화를 완화시키고자 하였다. 또한, 『한국정신문화연구원』을 설립하였고 세종대왕·이순신·퇴계·율곡·다산 등 위인들의 업적을 기리는 사업을 적극 전개함으로써 전통사회의 급속한 해체 속에서 무너져가는 전통적 가치관을 복원시켜 민족적 자긍심과 애국심을 고취시키려고 노력했었다.

그러나 박정희(朴正熙) 대통령(1961~1979)의 18년 통치하에서 초기 군정(軍政)이 이른바 '4대 의혹사건'을 저질렀었다. '4대 의혹사건'이란 5·16 쿠테타 이후의 군사정권 밑에서 발생하였던 4가지 부정·부패 사건: ① 증권파동 사건, ② 새나라자동차 사건, ③ 빠찡꼬 사건, ④ 워커힐 사건을 일컫는다. 상기 '4대 의혹사건'들은 대개 군정(軍政)의 고위층과 관련이 있는 것이었으며 1963년 12월 민정(民政) 이양 당시 국회의 국정감사까지 받았던 사건이었지만, 그 진상이 명백히 규명되지 못한 채, 또한 엄청난 자금의 행방은 끝내 밝혀지지 않은 채, 역사의 흐름 속에 묻혀 버렸다. 당시, 부정부패(不正腐敗)의 척결과 구악(舊惡) 일소를 혁명공약으로 내걸었던 박정희(朴正熙)의 군사정권은 혁명과업을 수행하는 과정에서 '구악(舊惡)'을 뺨치는 신악(新惡)'이라는 유행어가 돌았었다.

또한, 박정희(朴正熙) 대통령은 세계 자본주의의 시장경제에서는 상상하기도 어려운 전무후무(前無後無)한 1972년 8월 3일 "경제의 성장과 안정에 관한 긴급명령" 즉 '8·3 사채

동결긴급조치'를 단행했었다. 상기 조치는 경제성장의 이름으로 일반국민(기업에 대한 채권자들)의 재산을 '강제 수탈한' 것과 같았다. 상기 긴급조치의 골자는 다음과 같다: 기업과 사채권자의 모든 채권·채무관계는 1972년 8월 3일 현재로 무효화(無效化)되고 새로운 계약으로 대체된다. 채무자는 신고한 사채를 3년 거치, 5년 분할상환조건으로 상환하되 이자율은 월 1.35%로 하는 한편, 사채권자가 원하면 출자(出資)로 전환할 수 있다는 것이었다. 당시 사채(私債)에 대한 정확한 통계가 없어 사채액이 600억 원 내지 1,800억 원일 것으로 추산되지만 실제로 신고된 기업의 사채(私債)는 그 당시 국내 통화량의 약 80%에 해당한 3,456억 원에 달했다. 이와 같은 막대한 규모의 사채(私債)에 대한 이자가 일시에 원래 이자액의 약 3분의 1로 경감되었던 것이다.

상기한 1972년 '8·3 사채동결긴급조치' 덕분에 기업의 재무구조는 뚜렷한 개선을 보였다. 1971년에 394.2%나 되던 부채율이 1972년에는 313.2%, 1973년에는 272.7%까지 하락하였다. 제조업에서 금융비용이 판매액에서 차지하는 비중은 1971년에는 9.18%였으나 '8·3 조치'를 취한 1972년에는 7.08%로 감소되었고 1973년 6월에는 5.69%까지 떨어져 상황은 많이 개선되었다. 이는 1972년 '8·3' 조치 중의 사채조정과 특별대환실시, 금리의 인하가 기업의 금융부담을 대대적으로 경감하는 데 기여하였다는 것을 보여주었다. 나아가, 1972년 7월부터 1973년 6월까지 수출은 전년 동기 대비 75.6% 증가하였다. 수출호조 등에 크게 힘입어 제조업이 30.8%나 증가되었고 국내 고정투자가 16.2% 증가되어 1973년 1/4분기의 국민총생산량은 전년 동기 대비 19.0%의 높은 실질성장률을 기록하여 전년 동기의 실질성장률 6.4%를 크게 상회하였다. 또한, 당시 경공업에 종사하고 있었던 기업들이 사채(私債) 상환 압력을 극복하고 중화학공업(重化學工業)으로 진입할 수 있는 기본 체질을 갖추게 하였다.

그러나, 상기한 1972년 '8·3 사채동결긴급조치'는 막말로 하면 박정희(朴正熙) 정부(1961~1979)가 기업의 채무자들을 도와 중소규모 채권자들로부터 빌린 돈을 떼먹게 한 것이나 별반 다름없는 조치로서 사유재산(私有財産)을 보호하는 민주주의 원리와 자본주의 시장경제원칙을 분명히 위반한 것이었다. 즉, 돈을 사실상 떼먹어도 되는 사유재산(私有財産)을 제한하였던 반(反)자본주의적 조치로서 박정희(朴正熙) 정권의 정경유착(政經癒着)의 기틀을 마련해 주었다. 즉, 전체 사채규모의 90%(신고건수)를 차지하였던 일반 소시민들의 소액(300만 원 미만) 사채에 대해 적용시켰기 때문에 일반 국민들은 일방적으로 희생을 강요당했었던 반면에 기업인에게는 아무런 책임을 묻지 않았었다. 당시 사채 신고액 중에서 약 3분의 1이 소위 위장 사채 즉 자기 기업에 스스로 사채놀이를 하여 기업은 적자로 만들고 기업가만 살찌게 하는 사채였음에도 이에 대한 대책은 하나도 없었다. 도대체, 이것이 국민의 재산권(財産權)을 보호하는 정부였던가? 과연 당시 사회정의(社會正義)가 존재했던 것인가?

한걸음 더 나아가, 상기한 1972년 '8·3 사채동결긴급조치'는 정부(관료)와 대기업의 담합(談合)을 보여주었다. 즉, '규제공화국(規制共和國)' → '부패공화국(腐敗共和國)' → '재벌공화국(財閥共和國)' → 천민자본주의(賤民資本主義, PariahCapitalism)로 치달았다. 관료는 경제운영의 결정권을 갖게 되고 기업을 조종하는 유리한 입장에 서게 되었던 반면에 대기업은 정부가 그들을 보호하고 또한 그럴 수밖에 없다는 확신을 갖게 됨에 따라 경영합리화(經營合理化)를 외면하게 되었다. 또한, 금융기관과 대기업의 결탁이 심화되어 오히려 금융기관이 대기업에 끌려 다니면서 자원의 합리적 배분 기능을 상실하였다.

상기한 1972년 '8·3 긴급조치'로 인한 관치금융(官治金融)은 한국의 기업으로 하여금 자금의 차입에 의존하게 하고 기업내부의 자금 적립에 의거하지 않게 만들었다. 이 결과, 7년 후 1997년 하반기 외환위기의 간접적인 원인으로 작용했었다. 왜냐하면 박정희(朴正熙) 정부(1961~1979)는 사채 자금을 제도권으로 끌어오기 위해 소액 대출을 위한 지역 금융기관인 상호신용금고(저축은행의 전신) 345개의 설립을 한꺼번에 허가했었기 때문이었다.

그 후, 정치권력(政治權力)과 재벌(財閥)의 정경유착(政經癒着)이 심화되었다. 행정부가 경제를 통제하고 기업들을 길들이기 위해 각종 정부규제들이 양산됐으며, 인·허가권을 휘두르는 정부와의 끈이 없는 기업은 시장진입조차 어려워짐에 따라 독재권력(獨裁權力)과 재벌(財閥)의 공생(共生) 관계가 형성되었다. 권력(權力)은 재벌(財閥)에게 각종 인·허가를 비롯해 국내금융·외국자본(차관)·세제 특혜를 공여하고 그 대가로 재벌(財閥)로부터 정치자금을 받았다. 독재권력의 금융특혜를 받은 재벌(財閥)들은 자기자본이 아닌 은행대출로 사업을 벌이다 보니 기업의 부채비율이 엄청나게 높아짐에 따라 재무구조가 불건전하게 되었고, 이것은 다시 독재권력에 더욱 밀착하게 만들었다.

나아가, 한국경제는 무소불위(無所不爲)의 정치권력이 재벌(財閥) 위에 군림하는 관치경제(官治經濟)와, 재벌(財閥)이 98.5% 중소기업의 생사여탈권(生死與奪權)을 휘두르는 '재벌공화국(財閥共和國)'이라는 이중구조(二重構造)로 고착화되었다. 즉, 권력의 비호(庇護) 하에 재벌(財閥)의 경제력 집중은 더욱 심화되었으며, 대다수의 중소기업들이 재벌(財閥)의 하청기업으로 전락되었다. 이 결과, 대기업과 중소기업의 불공정 관계가 정착되었으며, 산업조직과 산업구조의 불균형 발전이 지속되었다.

또한, 정경유착(政經癒着)으로 인한 부동산 개발계획은 부동산 가격의 폭등을 야기시켜 부동산 투기의 광풍(狂風)을 일으켰으며, 이로 인하여 발생된 천문학적 불로소득(不勞所得)은 지하경제(地下經濟)를 번성하게 만들었다. 이것은 다시 빈부격차(貧富隔差)의 온상이 되었다. 또한, 지역간 불균형 발전이 구조화되었으며, 동서간 경제력 격차가 확대되었다. 다시, 이것은 지역감정을 유발했으며, 이것을 독재권력은 정치적으로 이용하였다.

이 결과, 한국의 경제체제는 무늬만 시장자본주의(Market Capitalism)일 뿐, 극심한 정부규제로 인하여 '경제자유도'(Degree of Economic Freedom)가 상대적으로 매우 낮은 관치경제(官治經濟)로 고착되어 있다. 따라서 한국의 시장자본주의(Market Capitalism)는 '천민자본주의'(賤民資本主義, Pariah Capitalism, Pariakapitalismus)로 타락(墮落)하였으며, 한국사회는 조선조(朝鮮朝) 이후 '부패공화국'(腐敗共和國)의 오명(汚名)에서 아직도 벗어나지 못하고 있다. 그 요인은 과거 정치권력(政治權力)과 재벌(財閥)의 정경유착(政經癒着)과 금권정치(金權政治)가 깊게 자리잡은 악습(惡習)에서 탈피하지 못한 상황에서 관료주의(官僚主義)가 심화되고 정부규제가 양산됨에 따라 뇌물(賂物)이 성행하는 비리 구조가 형성됐고 부정부패(不正腐敗)가 고질화되었기 때문이다.

한편, 문재인(文在寅) 대통령(재임: 2017.05~현재)은 적폐(積弊) 청산을 내걸고 이명박(李明薄)과 박근혜(朴謹惠)와 김기춘 비서실장, 우병우 민정수석, 양승태 대법원장 등 160명 이상을 수사하고 구속시키면서도 자신의 주변세력과 관련된 법적 논란이 잠복되어 있다.

예로서, 김경수(金慶洙, 1967~현재)는 민선 7기 경상남도 지사에 당선되었으나 '더불어민주당원 댓글 조작 사건'과 관련해 1심에서 공직선거법 위반 및 컴퓨터 업무방해죄 혐의로 징역 2년의 실형을 선고받아, 한때 법정구속되어 도지사 직무가 정지된 바 있었다. 2심에서도 댓글 조작을 통한 업무 방해 혐의에 대해서는 그대로 징역 2년이 선고되었으나 공직선거법 위반 혐의에 대해서는 무죄가 선고되었다.

그러나, 2020년 11월 6일, 서울고법 형사2부가 김경수(金慶洙) 경남지사의 대선 여론 조작 혐의를 유죄로 판단해 징역 2년을 선고했다. 재판부가 법정구속은 하지 않아 곧바로 수형 생활을 하는 것은 면했지만, 중형(重刑)에 처해졌다는 점은 분명한 사실이다. 2019년 1월 1심과 마찬가지로 김경수(金慶洙) 지사가 드루킹 일당의 댓글 공작을 사실상 주도하면서 2017년 치러진 대선 여론을 문재인(文在寅) 후보에게 유리한 방향으로 조작했었다는 것이다. 2심은 김경수(金慶洙) 지사가 드루킹 측에 일본 센다이 총영사직을 제안한 것은 구체적 선거 운동과 관련 없다며 선거법 위반 혐의에 대해서는 무죄를 선고했다. 그러면서도 "(총영사직 제안은) 대선 기간 문재인(文在寅) 후보의 선거 운동을 지원한 것 등에 대한 보답 내지 대가"라고 했다. 1심과 2심이 2년 2개월에 걸쳐 수십 명 증인심문과 방대한

디지털 증거 분석을 한 끝에 내린 결론이다(조선일보 사설, 2020.11.07).

한편, 미(美) 국무부가 발간한 '2019 국가별 인권보고서' 한국편(2019.11, 기준)에서 대표적 부패 사례로 조국(曺國) 전(前) 법무부 장관 일가의 비리 의혹을 소개됐다(조선일보 입력 2020.03.13). "한국 정부는 대체로 공무원 부패를 처벌하는 법률을 효과적으로 집행했다"면서도 "공무원들은 때때로 처벌 없는 부패 관행을 일삼았고, 정부 부패에 관한 수많은 보도가 있었다"고 평가했다. 미(美)국무부는 "*조국(曺國) 전 장관은 자신과 가족이 그의 지위를 부당하게 이용하고, 딸을 위한 학문적인 이득과 부적절한 투자 수익을 얻으려 한 의혹이 제기돼 임명 35일 만인 작년 10월 14일 사임했다*"고 설명했다. 이어 "*(작년) 10월 24일 조국(曺國) 전(前) 법무부 장관의 아내가 딸의 의대 지원서를 위조하고 증거를 인멸한 혐의로 구속영장이 발부됐다*"며 "*검찰은 (작년) 11월 현재 조국(曺國) 전(前) 법무부 장관을 계속 수사하고 있으며 출국 금지했다*"고 했다.

조국(曺國)이 법무부 장관직을 사퇴한지 한달이 넘은 2019년 11월 19일이 되어서야 문재인(文在寅) 대통령은 MBC에서 진행된 '국민이 묻는다, 2019 국민과의 대화'에 출연하여 "*장관으로 지명한 그 취지하고는 어쨌든 상관없이 결과적으로 그것이 오히려 많은 국민에게 많은 갈등을 주고 국민을 분열시키게 만든 것에 정말 송구스럽다*"고 밝히며 '조국 사태(曺國 事態)'에 대하여 공식적으로 사과하였다.

따라서 '부패공화국(腐敗共和國)'에서 투명사회(透明社會)로, 한국의 자본주의를 천민자본주의(賤民資本主義, Pariakapitalismus, Pariah Capitalism)에서 인본자본주의(人本資本主義, Anthropocentric Capitalism)로 각각 전환하기 위해서는 정치권력(政治權力)과 재벌(財閥)의 정경유착(政經癒着)의 먹이사슬을 끊고 정부규제를 혁파함으로써 '신실용주의'(新實用主義, NeoPrgmatism)의 '질서정연한 자유민주주의'(A Well-Ordered Free Democracy)와 '효율적이고 공정한 시장자본주의'(An Efficient and Equitable Market Capitalism)를 구축해야 한다. 구체적으로, 본 연구는 한국사회의 반(反)부패 운동의 기본방향을 다음과 같이 제언한다:

① 천문학적 정치자금을 하마(河馬)처럼 먹어치우는 정치집단의 중앙당(中央黨)을 없애고 선거를 치루어야 할 시기에는, 미국이 그렇게 하듯이, 선거대책본부를 가동시키면 된다.

② 국회의원에 대한 '김영란 법'의 적용을 확대해야 한다.

③ 사법권(司法權)을 명실공히 독립시켜야 한다.

④ 미국의 IRS(International Revenue Service)와 같이 한국의 국세청(國稅廳)을 완전히 독립시켜야 한다.

⑤ 고위관료가 낙하산을 타고 부당하게 재취업하는 실태를 끊어야 한다. 낙하산들은 전문성과 경륜으로 사회에 기여하기보다 정부에 로비와 청탁 그리고 방패막이를 하며 관치(官治)를 재생산하고 부패를 확산한다. '正義로운 국가'를 위한 '공직자의 윤리'를 위하여 다산(茶山) 정약용(丁若鏞, 1762~1836) 선생의 『牧民心書』(1818년)는 사지론(四知論)과 사외론(四畏論)을 설파했다.

⑥ 내부고발(內部告發, Whistleblowing)에 대한 신분 보장과 충분한 보상을 지급해야 한다. 참고로, 미국 국세청(IRS)은 내부고발자의 제보로 회수한 세금의 최대 30%를 제보자에게 돌려주는 IRS의 프로그램에 의거하여 스위스 최대 금융그룹 UBS의 부정(1만7천여 명에 달하는 미국인들이 200억 달러 규모의 세금을 포탈)을 폭로한 내부고발자 브래들리 버켄펠드에게 1억400만 달러(약 1,170억 원)에 달하는 사상 최고 포상금을 지급했다. 버켄펠드의 고발 이후 UBS는 기소를 피하기 위해 7억8천만 달러의 추징금과 벌금을 납부했으며 탈세 의혹을 시인하고 수천 개 비밀계좌에 대한 정보를 IRS에 제출했다(AP통신, 2012.09.11). 이와 대조적으로, 한국에서 내부고발자에게 주어지는 보상은 평균 3,000만 원도 안 되는 수준이다. 심지어, 보호는커녕 조직의 2차 보복에 의해 나가떨어져 경제적 파산과 왕따로 신음하게 만들고 있다.

요컨대, 사회정의(社會正義)가 실종된 '정의롭지 않은 국가'에서 '행복한 사회'를 기대할 수 없다. 사실, 그러한 사회풍토하에서, 과연 어느 기득권(旣得權) 세력(들)이 국가의 비전과 전략을 위해 자신들의 탐욕(貪慾)을 내려놓을 수 있을까? 한국사회에서 어떠한 공공선(公共善, The Common Good)이 정착될 수 있겠는가? 과연 경제위기(금융위기 포함)를 극복할 수 있는 국민의 통합적 '일반의지'(국민주권)이 보장될 수 있을까? 정녕, 한국사회에서는 '정의로운 국가'(A Justice-based State)와 '행복한 사회'(A Happy Society)가 먼 산의 무지개일 뿐인가?

3) "한국의 '민주화(民主化) 운동'은 과연 성공했는가?"

영국의 〈이코노미스트 인텔리전스 유닛〉은 '완전 민주주의'(Full Democracies), '결함있는 민주주의'(Flawed Democracies), '혼합체제'(Hybrid Regimes), '권위주의 체제'(Authoritarian regimes)로 등급을 매긴다. 그리고 각 국가들의 '민주주의 지수'(Democracy Index)는 다원성, 시민자유, 정치문화를 평가하는 5개 범주의 60개 지표에 근거한다. '민주주의 지수'(Democracy Index)를 기준으로 '8' 이하이면 '결함있는 민주주의(Flawed Democracy)' 국가에, '8' 이상이면 '완전한 민주주의'(Full Democracies) 국가로 분류된다. 2019년도 '민주주의 지수'(Democracy Index)를 보면, '완전한 민주주의'(Full Democracies) 국가는 총 22개국으로 이들 국가의 인구는 전세계 인구의 5.7%를 차지한다. 캐나다는 지수 9.22로 덴마크와 함께 민주주의 지수 순위 7위이자 '완전한 민주주의'(Full Democracies) 국가에 속했다. 캐나다는 7위로 선거와 다당제(9.58), 정부기능(9.64), 정치문화(9.38), 시민자유도(9.71)에서 높은 평가를 받았다. 단, 국민의 정치 참여(7.78)가 낮은 편이다. 그 다음이 '결함있는 민주주의'(flawed democracy) 국가인데, 여기에는 54개국, 전세계 인구의 42.7%가 포함된다.

한국의 '민주주의 지수'(Democracy Index)는 '8'로서 23위로 평가되어 일본(7.99)이나 미국(7.96)보다는 조금 더 높았지만 '결함있는 민주주의'(Flawed Democracies) 국가에 속한다. 한국은 선거와 다당제에서는 9.17로 비교적 높지만, 정부기능(7.86), 국민의 정치 참여(7.22), 정치문화(7.50)가 낮았으며 시민 자유도(8.24)는 중간 수준이다. 한국에 이어 일본(7.99), 미국(7.96)이 24위와 25위에 올랐다.

그렇다면, 왜 한국의 민주주의는 미(未)성숙한가? 어떻게 '결함있는 민주주의'(Flawed Democracy)에서 '완전한 민주주의'(Full Democracy)로 발전할 수 있을 것인가?

민주주의(民主主義)란 세계 역사가 말해주듯이 수많은 대중(大衆)들의 고통과 눈물로는 만족하지 않고 때론 선각자(先覺者)와 순백한 젊은 영혼들의 피(血)를 요구하는가 보다. 예로서, 사회민주주의적 시각에서 복지국가(福祉國家) 건설을 주창한 원조 진보당(進步黨)의 죽산 조봉암(竹山 曺奉巖), 한국의 민주화(民主化) 운동 과정에서 김주열(金朱烈) 열사·박종철 (朴鍾哲) 의사·이한열(李韓烈) 열사가 한국 민주화 제단(祭壇)에 꽃다운 청춘을 바쳤었다.

그럼에도 불구하고, 한국의 민주주의가 '결함있는 민주주의'(Flawed Democracies)로서 미(未)성숙하게 된 근본적 요인은 한국사회에서 '민주화(民主化)'란 국민이 민주주의(民主主義)를 단지 '5년제 단임 대통령 선거권(選擧權)'의 투표 행사로 인식하고 있을 뿐이며, 또한 한국의 정치지도자들이 민주화(民主化) 투쟁에 나섰던 학생들의 순백한 희생과 시민들의 응어리와 열망을 담을 그릇과 비전 및 전략이 사전에 준비되어 있지 않았기 때문이다. 이 결과, 대한민국의 민주주의(民主主義) 역사는 대하(大河)처럼 흐르는 것이 아니라 '5년간 퍼마시는 우물'처럼 고여 썩어질 수 밖에 없었다. 그 결과, 일단 집권한 후에는 정권의 슬로건('정의사회 구현' → '위대한 보통사람' → '문민 정부' → '국민의 정부' → '참여 정부' → '실용 정부'

→ '행복한 사회' → '보다 나은 정부')은 요란스럽게 표방(標榜)되었지만, 어느 하나도 제대로 구현(具顯)된 것이 없다.

그렇다면, 한국의 민주주의(民主主義)를 현행 '결함있는 민주주의'(Flawed Democracy)에서 '완전한 민주주의'(Full Democracy)로 만들기 위해 어떠한 개선이 필요한가? 그것은 프랑스의 헌법학자 샤를 루이 드 몽테스키외(Charles-Louis de Montesquieu, 1689~1755)의 『법의 정신』(1748년)에 의거하여 입법부·사법부·행정부가 서로 권력을 나누어 갖는 삼권분립(三權分立) 권력체제를 정착시키는 것이며, 현행 민주주의 제도에 장-자크 루소(Jean-Jacques Rousseau, 1712~1778)의 '일반의지' 즉, 국민주권(國民主權) 사상(자유와 평등)을 담아 '성숙한 민주주의'를 향한 정치제도의 발전이다. 나아가 현행 '5년 단임 제왕적(帝王的) 대통령중심제(大統領中心制)'를 '4년 중임제'로 바꾸는 헌법(憲法) 개정을 추진하는 것이라고 저자는 주장한다. 왜냐하면 '5년제 단임 대통령제'는 '줄서기 정치생태'의 결과이며 원인이며, 이것은 다시 여·야 간 정치 갈등을 유발하며 사회적 갈등을 악화시키기 때문이다.

현행 '5년 단임 제왕적(帝王的) 대통령중심제' 하에서 한국의 의회민주주의(議會民主主義)는 죽어가고 있다. 왜냐하면 법(法)과 질서(秩序)를 확립하자는 법치주의(法治主義, Rule of Law)는 온데 간데 없고 법실증주의(法實證主義, Rule by Law)의 공권력만 '5년 단임 제왕적(帝王的) 대통령중심제(大統領中心制)'하에서 난무하고 삼권분립(三權分立)은 무너졌기 때문이다.

저자는 한국의 '민주화(民主化) 운동'에 관한 저자의 역사관(歷史觀): '기·승·전·결(起·承·轉·結)'을 다음과 같이 밝힌다: 한국 '민주화 운동'을 5개로 구분하여 ① 동학혁명(東學革命, 1894~1895)과 3·1 독립운동(1919년)을 '발화점(發火點)'으로, ② 진보당(進步黨) 사건(1958.01)을 '기(起)'로, ③ 4.19 혁명(1960년)을 '승(承)'으로, ④ '6.10 민주 항쟁'(1987년)을 '전(轉)'으로, ⑤ 2016년 11~12월 '촛불혁명'을 '미완(未完)의 결(結)'로 각각 규정한다.

한국의 민주화(民主化)는 존 로크(John Locke, 1632~1704)의 자유민주주의(自由民主主義) 정치체제를 지향하는 것으로 추진되었다. '1987년 체제'가 정착시킨 민주주의(民主主義)는 자유주의적(自由主義的)이고 절차적(節次的) 민주주의(民主主義)다. 1987년 6월 민주항쟁 과정에서 시민들은 헌정주의(憲政主義)의 복원을 요구했으며, 권위주의적 군부독재 정권에 의해 박탈당한 시민의 정치적 기본 권리와 자유를 돌려줄 것을 요구했었다. 당시, 한국 시민들은 결코 계급혁명(階級革命)을 표방하지 않았으며 급진적인 사회경제적(社會經濟的) 개혁(改革)도 요구하지 않았다.

소위 '촛불 혁명'은 촛불이 계속 '어둠'을 밝힐 때 그것의 태생적 가치가 있는 것이다. 사실, 한국 곳곳에 '어둠'이 깔려 있다. '촛불'은 청와대만 밝히는 것은 아니다. 2016년 11~12월 '촛불 혁명'은 단순히 정권 교체가 아니라 지난 60년 민주화(民主化)와 55년 산업화(産業化)을 넘어서 한국인의 '삶의 질'(Quality of Life)을 높힐 수 있는 '한국형 명예혁명(名譽革命)'을 완결(完決)해야 할 것이다. 한국 '민주화(民主化) 운동'의 완결(完決)은 법치주의(法治主義) 확립으로써 한국 민주화(民主化) 운동의 기·승·전·결(起·承·轉·結)에서 '마침표'를 찍음으로써 '선진 민주주의 국가'로 승화하는 길인 것이다.

참고로, 2012년 〈세계은행〉 자료에 의하면 한국의 '법·질서지수'는 OECD 34개 국가 중 26위였다. 〈세계은행〉이 135개국 대상으로 발표하는 '법·질서지수'(2016년)를 보면, '질서의 나라' 싱가포르는 1위, 베트남 9위, 미국·영국·일본이 공동 26위, 한국은 49위, 남아프리카화국은 131위, 베네수엘라 135위(최하위)이다(중앙일보, 〈ONE SHOT〉, 2017.08.22). 한국의 평균 법·질서 지수는 OECD 평균지수를 약 20% 정도 하회하여 OECD 국가 중에서 최하위권이다. 2017년, 글로벌 여론 조사 업체 〈갤럽〉의 '법·질서(Rule of Law) 의식'에 관한 설문조사 결과, 한국은 49위로 중·상위에 머물렀으나 '질서의 나라' 싱가포르는 '법·질서 지수' 1위에 올랐다.

상기와 같이, 한국사회의 피폐(疲弊) 상황에서 가장 심각한 중증(重症)은 '법과 질서의 준수 정신'의 부족이다. 따라서 본 연구는 한국사회의 사회적 갈등(Social Conflict)을 해소하기 위한 처방으로서 법치주의(法治主義) 확립되어야 하며, 또한 '진정한' 민주주의(民主主義)를 위해서는 반드시 법치주의(法治主義)가 선행 및 정착되어야 한다는 것을 강조한다.

여기서 본 연구가 강조하는 '법치주의(法治主義)'란 '정의(正義)의 규칙'을 집행하는 데에만 공권력을 행사하도록 제한해야 한다는 헌법주의(Constitutionalism)의 실현이다. '진화적 합리주의'(進化的 合理主義)에 기반하는 법치주의(法治主義, Rule of Law)는 구성주의적 합리주의(構成主義的 合理主義)를 따르는 법실증주의(法實證主義, Rule by Law)와는 다르다.

19세기 후반, 사회주의(社會主義)를 비판했었던 영국의 헌법학자 엘버트 벤 다이시(Albert Venn Dicey, 1835~1922)는 그의 『헌법학 입문』(1885년)에서 '법치주의'(法治主義, Rule of Law)란 복지국가(福祉國家)나 정부간섭주의의 수단이 아니라 자유주의(自由主義)를 수호하기 위한 방패라고 주장했다.

이어서, 오스트리아 출신 정치경제학자 프리드리히 하이에크(Friedrich A. Hayek, 1899~1992)는 그의 저서 『노예의 길』(1944년), 『자유의 헌법』(1960년), 『법·입법 그리고 자유』(1960년, 1973년, 1976년, 1979년)에서 20세기 초·중반 지구촌이 사회주의(社會主義)로 붉게 물들었던 시대에서 자유주의(自由主義)를 강화하기 위해 '법의 지배'(Rule of Law) 즉 법치주의(法治主義)를 주창했다. 그는 법치주의(法治主義, Rule of Law)를 국가의 공권력을 제한해야 한다는 헌법주의(Constitutionalism)의 실현이라고, 다시 말하면 '정의(正義)의 규칙'을 집행하는 데에만 강제권을 행사하도록 제한하려는 것이 법치주의(法治主義)이라고 주장했다. 또한, 그는 그의 저서 『노예의 길』(1944년)에서 자유주의(自由主義) 국가가 '법의 지배'(Rule of Law) 즉 법치주의(法治主義) 원칙을 지키는 것이 자유주의(自由主義) 국가와 전제주의(專制主義) 정부를 명료하게 구분하는 기준이라고 주장했다.

모름지기, 의회민주주의(議會民主主義)는 '법의 지배'(Rule of Law) 즉 법치주의(法治主義)에 근간을 둔다. 법치주의(法治主義, Rule of Law)는 자유(自由)의 수호만이 아니라 경제적 번영의 기초이다. 왜냐하면 법치주의(法治主義, Rule of Law)는 시민들에게 자유롭고 안정적인 경제활동을 가능하게 하는 제도적 환경을 보장하기 때문이다. 프리드리히 하이에크(Friedrich A. Hayek, 1899~1992)는 그의 『자유헌정론』(1960년)에서 '법의 지배'(Rule of Law) 즉 법치주의(法治主義) 하에서는 '기업가 정신'이 활성화됨으로서 경제가 번영할 수 있다고 주장했다. 또한, 법치주의(法治主義)는 본 연구가 제창하는 '정의로운 국가'(A Justice-based State)와 '행복한 사회'(A Happy Society)를 추구하는 '신실용주의'(新實用主義, NeoPrgmatism)의 충분조건(充分條件) 중의 하나이다.

상기한 법치주의(法治主義, Rule of Law)는 현행 '결함있는 민주주의'(Flawed Democracy)에서 '완전한 민주주의'(Full Democracy)로 발전시킬 수 있는 필요조건이다. 그렇다면 충분조건은 무엇인가? 그것은 '국민소환(國民召喚)' 제도를 도입하는 것이다. 외국의 경우 국민소환제(國民召喚制)를 실시하고 있는 국가는 미국, 일본, 독일, 스위스, 베네수엘라 등이 있다. 주로 지방자치단체에서 부패하거나 무능한 단체장을 퇴출시키는 장치로 사용한다.

상술하면, 주권자인 시민들이 민주적 참여에 의해 대표를 선출한 후, 시민의 대리인인 대표가 시민의 이익을 위해 일하도록 강제할 수 있어야 한다. 구체적으로, 고대 그리스 민주정(民主政)시대의 '국민소환(國民召喚)' 제도였던 도편추방제(陶片追放制, 시민의 비밀투표로 나라의 위험 인물을 10년 동안 국외로 추방하던 제도)를 도입함으로써 대의민주주의(代議民主主義)를 확립해야 할 것이다. 국민소환제(國民召喚制)는 국민이 뽑았으므로 해임도 같은 방법으로 해야 한다는 데 이론적 근거를 두고 있다. 즉, 선거로 선출된 공직자라도 부적격하다면 임기 중에 주민 투표로 신임 여부를 묻고, 결과에 따라 해임할 수 있도록 하자는 게 '국민소환(國民召喚)' 제도의 취지다.

그러나, 한국의 경우 국회의원은 범죄로 법원에서 유죄가 확정되지 않는 한, 임기가 끝날 때까지 주민 손으로 해임할 수 없다. 게다가 죄가 있어도 대법원 확정 판결(3심)까지 이뤄지려면 임기와 거의 맞먹는 시간이 걸린다. 따라서 국민소환제(國民召喚制)를 도입하려면 헌법에서 국민 대표의 임기를 보장하기 때문에 관련 헌법 조항을 개정해야 한다. 즉, 국민의 대표를 임기 중에 심판할 수 있는 길을 열어둠으로써 부정부패에 연루되거나 공직에 적합하지 않은 공직자의 기강을 세울 수 있다. 또한, 직권을 남용하는 대표를 견제할 수 있고, 국민의 의사보다 정당의 이익에 더 충실한 국회의원들이 국민에게 좀더 귀를 기울이게 할 수 있다. 이밖에 선거 공약을 지키지 않으면 탄핵당할 수 있으므로 공약 남발을 막아 책임 정치를 확립할 수 있다.

4) 대한민국의 비전(Vision)과 청사진(靑寫眞): '脫경제위기'를 중심으로

(1) 한국경제의 위기 상황

최근에 한국경제는 '죽음의 계곡'(Death Valley)에 들어서는 신호를 보내고 있다:

- 우선, 실물부문(實物部門)의 측면에서 보면, 低기업투자(기업부채와 이자보상배율) → 주력산업 경쟁력 약화 + 혁신 지체 → 低경제성장(低잠재성장률·경제성장률의 전망치 및 실측치 모두 추락) → 低고용·高실업 → 소득분배 구조 악화 + 사회안전망 부족 → 양극화(兩極化) + 高비용 사회구조(교육·주택) → 低출산(합계출산율은 0.98명 < 인구 유지에 필요한 합계출산율 2.1명) + 고령화(세계 최하위 세계노인복지지표(GAWI: Global AgeWatch Index), 세계 최고수준의 노인의 상대적 빈곤율) → 가계부채(2020년 말 1,827조 원, 전세보증금을 포함할 경우 2,201조 원, GDP 대비 127%로서 세계 1위)의 양적 확대 및 질적 악화 → 低소비 → 내수시장 위축(자영업자 파산) → 구조적 장기 침체 (Secular Stagnation)의 악순환이다.

- 다음으로, 한국경제의 위기상황을 금융부문(金融部門)의 측면에서 보면, 高금융불안 (신용경색 및 주가하락, 자금난 심화, 기업부도 및 기업 구조조정 지연) → 원화가치의 급락(미국 경제성장 둔화, 보호무역주의 확산, 미중(美中) 무역(관세/환율)전쟁, 중국경제의 경착륙 가능성, 한일(韓日) 갈등(2019.08.02, 일본 정부가 한국을 화이트 리스트(수출심사 우대국)에서 제외, 한반도 지정학적 리스크) → 자금 유출 > 자금 유입 + 재정적자

(통합재정수지와 관리재정수지) 누증 → 국가채무 급증 → 국가신용등급 → 대외신인도 (S&P AA; Moody's Aa2; Fitch AA−) 하락 → 高리스크 부담 → 트리플 약세(주식, 채권, 원화의 동시적 약세, 금값 급등) → 단기 부동자금(2019.06 기준으로 약 977조 원) → '금융 부동화'(Financial Decoupling) + '돈맥경화' 현상 → 통화유통속도·통화승수 모두 하락 → 자금난(특히 중소기업의 자금난) 심화 → 주식시장을 통한 자금조달 위축 + 기업공개(IPO)와 유상증자 규모가 급감이다.

● 한국경제의 '최악의 상황'은 즉 외환위기(外換危機)와 은행위기(銀行危機)이다. 그것의 시나리오는 다음과 같다: 지속적 장기 침체(Secular Stagnation)하에서, (1) 재정위기(財政危機): '재정 없는 포퓰리즘'의 난무로 인한 재정적자 누증 → 국가채무 급증 → 국가신용등급·대외신인도 하락, (2) 금융위기(金融危機): ① 경기회복에 따른 인플레이션을 억제하기 위한 미국의 기준금리 인상 → 한국내 '高금융불안' → 원화가치의 급락 → 트리플 약세(주식, 채권, 원화의 동시적 약세) → 과도한 외화자금 유출 → 환율 급등 → 제2 외환위기(外換危機)와 ② 천문학적 규모의 가계부채(家計負債) → 상업은행 부실 → 은행위기(銀行危機)이다.

(2) '脫경제위기'를 위한 신(新)실용주의(Neopragmatism)의 해법(解法)

본 연구는 전술한 대한민국(大韓民國)의 최악의 경제위기 상황에 대처할 정책방안을 다음과 같이 제시한다:

① 외한위기(外換危機): 경기회복에 따른 인플레이션을 억제하기 위한 미국의 기준금리 인상 → 한국내 '高금융불안' → 원화가치의 급락 → 트리플 약세(주식, 채권, 원화의 동시적 약세) → '제2 외환위기'에 대한 사전 예방적 대비책으로서 조건부 금융거래세, 외화유동성 비율, 외화안전자산 보유액, 외화유동성 리스크 관리기준과 같은 과도한 자본 유·출입에 대한 자본관리정책, 외환보유고 관리 프로그램, 통화스왑이다.

외환시장(外換市場)은 국내 금융불안을 야기하는 진원(震源)이다. 국가 전체 단기외채와 은행 단기외채에서 외은(外銀)지점(外銀支店)이 차지하는 비중은 각각 47.9%, 63.1%이다. 따라서 외환위기(外換危機) 재발 방지를 위해서, 외은(外銀)지점(外銀支店)에 대한 차별적 혜택을 줄이고 외은(外銀)지점(外銀支店)에도 동일하게 '외화유동성 비율 규제' 즉 '동일영업−동일규제 원칙'을 적용해야 할 것이며, 핫 머니(Hot Money)에 대한 규제를 도입해야

할 것이다. 예로서, 외국인 주식 및 채권 투자자금이 일정 수준(과거 외국인자금 유입기간 총
유입액의 평균+표준편차) 이상으로 유입될 경우 '조건부 금융거래세'를 자동적으로 부과하
되 외국인 자금이 순유출될 경우 자동적으로 중단하는 조치가 필요하다.

한편, 장기적 측면에서는 소규모 개방경제(Small Open Economy)인 한국으로서 금융부
문의 투명성·안정성·건전성과 자원배분의 효율성을 제고함으로써 금융경쟁력(金融競爭
力)을 높이는 것 외에는 다른 왕도(王道)가 없다. 자본시장의 발전을 도모하고 금융산업을
신(新)성장동력으로 육성하기 위해서는 금융투자업에 대하여 겸영을 허용함으로써 대행투
자은행의 성장을 유도하고 포괄주의를 적용함으로써 다양한 금융상품을 개발해야 한다.

그러나 여기서 유의할 것은 글로벌 투자은행과 경쟁할만한 한국의 투자은행이 없다는
점이다. 참고로, 금융경쟁력(金融競爭力)을 나타내는 국제금융센터지수(GFCI)를 보면, 서울
(여의도 금융가)의 상기 지수가 2019년 3월 기준으로 668점으로 세계 112개 도시 중 36위
를 기록하며 2018년 9월보다 3계단 하락했다. 따라서 중·장기적으로 외환거래 저변 확
대, 시장조성자 육성, 이종통화 직거래 활성화 등 외환시장 구조를 개선하고, 금융기관의
글로벌 업무 역량을 확보하여 실질적인 '원화의 국제화'를 추진해야 한다.

② 은행위기(銀行危機): 천문학적 규모의(2020년 말 1,827조 원, 전세보증금을 포함할 경우
2,201조 원, GDP 대비 127%로서 세계 1위) 가계부채(家計負債)로 인한 상업은행 부실에
대한 사전 예방적 대비책으로서 원리금자동이체형·수익증권형 주택저당증권(MBS)
혹은 채권형 주택저당담보부채권(MBB) 발행으로 가계부채의 규모 감소를 유도한
다. 상기한 가계부채(家計負債) 해결방안은 어디까지나 임기대응책이다. 근원적 처방
은 한국사회의 고(高)비용구조(내 집 마련 비용, 자녀 교육비 등)를 혁파하는 것이다.

가계가 빚을 지는 가장 큰 이유는 주거(住居) 문제 때문이다. 2020년 말 가계부채
1,827조 원 중 주택 대출이 차지하는 비중은 75% 가량 된다. 부동산 호황이 계속될 줄 알
고 무리하게 빚을 내 집을 샀다가 집값 하락으로 낭패를 보고 있는 '하우스 푸어'나 꺾일
줄 모르고 오르는 전셋값에 2년마다 대출을 늘려 나가야 하는 '렌트 푸어' 모두 과중한 빚
으로 숨을 못쉬고 있다.

본 연구는 다음과 같은 가계부채(家計負債) 구조 개선 방안을 제시한다: 원칙적으로, 부
동산 가격의 상승기대를 차단하고 가계부채(家計負債)를 줄이면서 분할상환 목표 상향 조
정, 상환능력 심사 개선, 제2 금융권 관리 강화로 가계부채(家計負債)의 부실화를 예방하며
만기 연장(원리금 상환대출의 의무규정) 등을 통해 대출의 급격한 회수를 하지 않도록 하는

것이다. 이와 동시에, 천문학적 가계부채(2020년 말 1,827조 원, 전세보증금을 포함할 경우 2,201조 원, GDP 대비 127%로서 세계 1위)의 구조를 개선하려면 정부가 은행에 장기 고정금리 조달을 증가시킬 수 있는 유인을 제공해야 한다. 그 유인제도로서 상기한 '커버드 본드' 법을 활용하여 시중은행이 '커버드 본드'(Covered Bond, 이중상환청구권부 채권)를 자신이 보증하는 고정금리 주택대출을 기초로 유동화증권(MBS) 형태로 자본시장에서 발행할 수 있도록 함으로써 저리(低利)로 장기자금을 조달하는 것이다. 이 경우, 저리(低利)로 10년 넘게 장기간 빌리면서 고정금리의 금리 변동 위험 회피가 가능해질 수 있다. 나아가, 돈 빌리는 사람과 돈 빌려주는 기관(은행) 모두가 윈윈(Win－Win)할 수 있다.

따라서 '커버드 본드'(Covered Bond, 이중상환청구권부 채권)는 은행들이 자신이 보증하는 고정금리 주택 대출을 기초로 유동화 증권인 '주택저당 담보부 증권'(MBS: Mortgage－backed Securities) 형태로 자본시장에서 고정금리의 장기자금 조달을 가능하게 해줌과 동시에 가계(家計)에 대해서는 장기 고정금리 주택담보대출을 해줌으로써 가계부채의 구조개선(원리금 상환에 따라 부채가 점차 축소, 금리변동위험으로부터 차입자 보호 등)에 기여할 수 있다.

또한, 사(私)교육도 가계부채(家計負債)를 늘린 주범 중 하나다. 〈2018년 초중고 사교육비조사 결과〉 2018년 초중고 사(私)교육비 총액은 약 19조 5천억 원으로 전년대비 8천억 원(4.4%) 증가했다. 초·중·고 전체학생 1인당 월평균 사(私)교육비는 29만 1천 원(전년대비 1만 9천 원, 7.0% 증가)으로, 학교급별로는 초등학교 26만 3천 원(전년대비 3.7% 증가), 중학교 31만 2천 원(전년대비 7.1% 증가), 고등학교 32만 1천 원(전년대비 12.8% 증가)로 각각 추계되었다. 따라서 공(公)교육을 살려내고 사(私)교육비를 대폭 감축할 수 있는 사회적 개혁이 필요하다. 그것은 대학의 입시제도와 교육내용을 독일의 직업교육과 같이 전면적으로 개혁해야 한다.

③ 장기 침체(Secular Stagnation): 저(低)성장에 대한 해법(解法)은 '기업의 혁신주도성장 정책'에 의한 고용창출형 '슘페테리언 테크노－경제발전 모형'(Schumpeterian Techno－Economic Development Model)이다. 상기 전략의 요체는 신기술(新技術) 개발이다. 즉, 슘페테리언 '창조적 파괴'(Creative Destruction): 신기술(新技術) → 신산업 → 신상품 → 신시장 → 고용창출 → 신소득 → 국민복지 향상을 도모하는 것이다.

사실, 응용과학 분야(예 메모리 반도체, 국제기능올림픽)에서 대한민국을 빛내주고 국력(산업기술력)의 기초를 다지는데 기여하고 있다. 전후 복구 시대인 1950년대와 1960년대에는 산림, 작물, 섬유, 비료 중심이었던 산업기술이 주를 이루었다면 1970년대와 1880년대에는 국가과학기술연구지원체제, 수출주도형 경제체제로 기계, 중화학과 전자산업의 과학기술이 주를 이루었다. 이젠, 세계 최고의 기술인 메모리 반도체 기술과 세계 최고를 위해 치열한 기술경쟁을 벌이고 있는 통신 기술들, 특히 스마트폰 기술, 그리고 기후변화 시대에 대응하는 기술로서는 세계 최초의 양산형 수소연료전지차 등을 들 수 있다. 초음속 비행기 개발, 인공위성과 (나로호 등) 우주발사체 과학기술도 기대할 만하다.

상기한 한국의 탈(脫) 경제위기를 위한 신(新)실용주의(Neopragmatism)의 해법(解法)과 관련하여, 본 연구는 다음과 같이 강조한다: 동태적 선(善)순환 메카니즘('성장 → 고용 → 분배')의 방아쇠는 바로 기업의 기술혁신(技術革新)이다. 따라서 한국의 기술혁신(技術革新)의 기본방향은 '모방에서 혁신'으로 전환하여 연구개발(R&D) 투자로 새로운 '패러다임 시프트'에 대하여 대비하고 경제성장 잠재력을 확충해야 한다. 이와 동시에, 서비스 산업의 성장동력화 및 고용창출을 위한 기술혁신(技術革新)이 필요하다.

한국이 전통 제조업에서 세계적인 5위권 국가인 반면에 제4차 산업혁명에 대응할 준비가 아직 되어 있지 않으며 제4차 산업혁명 시대에서도 후발주자이다. 특히, 한국 산업의 치명적 약점인 대(對)일본 기술 격차 → 수입 종속 → 만성적 무역수지 적자의 근원인 부품·소재(특히 '시스템 반도체')를 전략적 산업분야로서 집중적으로 육성해야 한다.

또한, 새로운 '패러다임 시프트'에 대하여 효과적으로 대비하기 위하여 '국가혁신시스템'(National Innovation System)을 '모방에서 혁신'으로 전환하고 현행 담보위주의 기술개발 금융지원제도를 획기적으로 개선해야 한다.

에필로그

저자는 대한민국(大韓民國)이 미국의 소설가인 리처드 바크(Richard Bach, 1936~현재)의 『갈매기의 꿈(Jonathan Livingston Seagull)』(1970년)에서 주인공 갈매기, 조나단 리빙스턴 (Jonathan Livingston)처럼 비상(飛翔)하는 모습을 생전에 보고 싶다.

아마도, 본 저서: 『조선(朝鮮)의 망조(亡兆), 대한제국(大韓帝國)의 자멸(自滅), 대한민국 (大韓民國)의 위기(危機)』는 저자가 이 세상 소풍(消風) 왔다가 남기고 가는 귀중한 족적(足 跡) 중의 하나일 것이다. 그것의 메시지는 "철학(哲學) 없는 역사(歷史)는 파멸(破滅)이며, 비전(Vision) 없는 국가(國家)는 망(亡)한다."는 것이다. 모름지기, 잠언(箴言) 29장 18절: "묵시(默示)가 없으면 백성이 방자히 행하거니와 율법을 지키는 자는 복이 있도다."라고 말씀한다.

어찌 감개무량하지 않을 수 있을까! 이 감회를 칠순(七旬)의 저자는 사무엘 울만(Samuel Ullman, 1840~1924)이 78세에 작문한 그의 시(詩): 〈청춘(Youth)〉을 음미한다:

"청춘이란 인생의 어떤 한 시기가 아니라 마음가짐을 뜻하나니 …… 때로는 스무 살 청년보다 예순 살 노인이 더 청춘일 수 있다. 누구나 세월만으로 늙어가지 않고 이상을 잃 어버릴 때 늙어가나니 세월은 피부의 주름을 늘리지만 열정을 가진 마음을 시들게 하진 못한다 …… 예순이건 열여섯이건 가슴 속에는 경이로움을 향한 동경과 아이처럼 왕성한 탐구심과, 인생에서 기쁨을 얻고자 하는 열망이 있는 것, ……)

그러나 저자는 왠지 천상병(千祥炳, 1930~1993)의 대표 시(詩): '귀천(歸天)'이 가슴에 스며드는 것을 어쩔 수 없다. 부디, *"겨레에 복(福)이 있으라"*[시조 시인 노산(鷺山) 이은상(李 殷相) 선생].

주요 참고문헌

(국문)

강기준(2008), 『역사에서 배우는 경영과 리더십』 도서출판 다물.

강만길(1978), "대한제국의 성격", 『창작과 비평』 48.

강성애 옮김(2008), 리아오 지음, 『서태후의 인간경영학』, 지식여행.

고석규(1985), "16·17세기 공납제 개혁의 방향", 『한국사론』 12.

국방군사연구소(1996), 『한국전쟁피해통계집』, 서울: 국방군사연구소.

국방부 군사편찬연구소 역/편(2001), 『소련고문단장 라주바예프의 6·25전쟁 보고서』 1-3권, 서울: 국방군사편찬연구소.

국사편찬위원회(1971), 한국독립운동사자료.

김도형(1994), 『대한제국기의 정치사상연구』, 지식산업사.

김양명(1981), 『한국전쟁사』, 일신사.

김양현, "행복에 대한 서양인의 고전적인 이해-아리스토텔레스의 행복론을 중심으로", 전남대 인문과학연구소 편, 『용봉논총』 제28집(1999.12), PP.161-181.

김옥근(1988), 『조선왕조 재정사 연구 Ⅲ』, 일조각.

김윤곤(1971), 『대동법의 시행을 둘러싼 찬반양론과 그 배경』, 『대동문화연구』 8.

김인환 옮김(1989), 마르쿠제, 『에로스와 문명』, 나남신서.

김현일·윤길순 옮김(1991), 마르쿠제, 『이성과 혁명』, 중원문화.

김형자(2006), "한국을 빛낸 과학자들", 『어린이 지식 총서』 17, 삼성출판사.

라종일(1991), 『증언으로 본 한국전쟁』 서울: 예진.

박명림(1996), 『한국전쟁의 발발과 기원 Ⅰ.Ⅱ』, 나남출판.

박영규(1998), 『한권으로 보는 조선왕조실록』, 서울: 들녘.

배종호(1989), 『한국유학의 철학적 전개』, 원광대학교 출판부.

변형윤 외(1985), 『분단시대와 한국사회』, 까치.

서동만 옮김(1995), 와다 하루끼 지음, 『한국전쟁』, 서울: 창작과비평사.

서은숙 옮김(2014), 이리에 요코 지음, 『자금성 이야기』, 돌베개.

송병기(1976), "광무개혁연구", 『사학지』 10.

신복룡(2001), 『당쟁은 식민지사학의 희생양』, 서울: 도서출판 풀빛.

신용하(1973), 『독립협회의 사회사상연구』, 서울대학교 한국문화연구소.

신용하(1974), 『독립협회의 민족운동연구』, 서울대학교 한국문화연구소.

신용하(1975), "만민공동회의 자주민권자강운동", 『한국사연구』 11.

신용하(1978), "'광무개혁론'의 문제점", 『창작과 비평』 49.

신용하(1984), 『신채호의 사회사상연구』, 한길사.

신용하(1985), "독립협회의 의회주의사상과 의회설립운동", 『한국사회의 변동과 발전』.

어건주 옮김(1993), 가브릴 코로트코프 지음, 『스탈린과 김일성』 I, II, 서울: 동아일보사.

엄정식(1990), '칼 포퍼와 비판적 합리주의', 계간 『철학과 현실』 1990 겨울, 철학문화연구소.

이대근(1982), "6·25사변의 국민경제적 귀결", 『한국경제』 10, 성균관대학교 한국산업연구소.

이덕일(1998), 『당쟁으로 보는 조선사』, 서울: 석필.

이윤상(1996), 『대한제국기 내장원의 황실재원운영』, 『한국문화』 17.

이중(2002), 『모택동과 중국을 이야기 하다』, 서울: 김영사.

이태진(2006), 『붕당정치의 성립과 전개』. 서울: 서울대학교 출판부.

이희원 옮김(1993), 마르쿠제, 『일차원적 인간』, 육문사.

임계순(2001), 『청사－만주족이 통치한 중국』, 신서원.

임석진 역(1989), 『정신현상학』, (Phänomenologie des Geistes, 1807).

임석진 역(1994), 『철학강요』, (Enzyklopädie I－III, 1830).

임양택(1995), 『비전없는 국민은 망한다: 21세기 통일한국을 위한 청사진』, 서울: 매일경제신문사 출판부.

임양택(1999), "부패라운드의 발효와 한국사회의 대응", 도산아카데미연구원, 개원 10주년 세미나.

임양택(2007), 『한국의 비전과 국가경영전략』, 파주: 나남출판사, 10월.

임양택(2008), "'新실용주의' 철학의 논리 구조에 관한 연구~동·서양 철학을 중심으로", 『경제연구』 제29권 제2호, 한양대학교 경제연구소, 11월.

임양택(2011a), 『쿼바디스 도미네: 성장·복지·통일을 위한 청사진』, 파주: 나남출판사.

임양택(2011b), 『한국형 복지사회를 위한 청사진』, 서울: 한양대학교 출판부.

임양택(2017), "새로운 패러다임 하에서 경세제민을 위한 신(新)실용주의: 철학과 정책", 한국국제경제학회 2017년 동계학술대회, 고려대학교 경영관, 12.15.

임양택(2018a), "'정의로운 국가'와 '행복한 사회'를 위한 철학적 기초". 국제지역학회 동계학술대회, 12월 7일, 이화여자대학교 교육관 B동.

임양택(2018b), 『글로벌 금융패러다임과 한국 금융산업: 이론과 정책』, 서울: 한양대학교 출판부.

임양택(2021), 『정의로운 국가와 행복한 사회'를 위한 신(新)실용주의(實用主義) 철학과 정책』, 서울: 박영사.

임희완(2003), 『20세기의 역사철학자들』, 건국대학교 출판부.

전경일(2005), 『글로벌 CEO누르하치』, 삼성경제연구소.

전봉덕(1974), "대한제국 국제의 제정과 기본사상", 『법사학연구』 1.

전쟁기념사업회(1992), 『한국전쟁사: 제1권 요약통사』, 서울: 행림출판사.

장성철 옮김(2014), 옌 총니엔 지음, 『청나라, 제국의 황제들』, 산수야.

정형우(1958), "대동법에 대한 일연구", 『사학연구』 2.

정학섭(1986), "일제하 해외 민족 운동의 左右 합작과 三均主義", 『사회와 역사 1권』, 한국사회사학회.

최광·이성규 옮김(2013), 『집단행동의 논리: 공공재와 집단이론』(The Logic of Collective Action: Public Goods and the Theory of Groups), 한국문화사.

최명관(1987) 역, 아리스토텔레스 『니코마코스 倫理學』, 서광사.

최명선 역, H. Ciroux(1990), 『교육이론과 저항』, 성원사.

최태순 옮김(1995), 하기와라 료 지음, 『한국전쟁: 김일성과 스탈린의 음모』, 서울: 한국논단.

추헌수(1971·1972), 『자료한국독립운동』 1·2, 연세대학교 출판부.

추헌수(1973), "임정과 삼균주의에 관한 소고", 『교육논집』 6, 연세대학교 교육대학원.

한영우(2008), 『사림의 성장과 그 문화』, 서울: 경세원.

허남성·이종판(2002), 『한국전쟁의 진실: 기원, 과정, 종결』, 서울: 국방대학교 안보문제연구소.

(영문)

Carr, E. H (1961), 『What is History』, New York: Vintage Books.

Ching Young Choe(1963), "Kim Yuk and the Taedong bop Reform", The Journal of Asian Studies 23－1.

Chisholm, R.(1977), 『Theory of Knowledge』. 2nd ed. Englewood Cliffs, NJ: Prentice－Hall, Inc.

Dennet, Tyler(1924), "President Roosevelt's Secret Pact with Japan", 『Current History』 XXI.

Esthus, Raymond A.(1959), The Taft－Katsura Agreement~Reality or Myth？, 『Journal of Modern History』 Vol. 31.

Harbermas, Jürgen(1970), 『Toward a Rational Society, The Theory of Communicative Action』, Beacon Press.

Hayek, Friedrich A.(1944), 『The Road to Serfdom』, Chicago.

Hayek, Friedrich A.(1948), Individualism and Economic Order, Gateway Editions.

Hayek, Friedrich A.(1965), "Individualism and Economic Order", In M. Bornstein (ed.), Comparative Economic System, Homewood, Ⅲ.: Richard D. Irwin, Chap. 8.

Huntington, Samuel P. (1993), "The Clash of Civilizations?", 『Foreign Affairs』 Vol. 72 NO. 3.

Kant, Immanuel(1956), Critique of Practical Reason, translated by L.W. Beck. Indianapolis:

Bobbs－Merrill.

Kant, Immanuel(1964), Groundwork of the Metaphysics of Morals, translated by H. J. Paton. New York: Harper and Row.

Kant, Immanuel(1970), Kant's Political Writings, edited by Hans Reiss. Cambridge: Cambridge University Press.

Kant, Immanuel(1991), The Metaphysics of Morals, translated by Mary Gregor. Cambridge: Cambridge University Press.

Kihl, Young(1984), 『Politics and Policies in Divided Korea: Regimes in Contest』, Whan Boulder: Westview Press.

Lee Kuan Yew(1998), "The Singapore Story", Time Asia, Hong Kong, 21 September 1998.

Lim, Yang－Taek(2000a), "A Historical Perspective on the Korean Economic Development", 『Current Politics and Economics of Asia』, New York: NOVA Science Publishers, Inc., Vol. 9, No. 3.

Lim, Yang－Taek(2000b), 『Korea in the 21st Century』, New York: NOVA Science Publishers. Inc.

Lim, Yang－Taek(2010), "Neopragmatic Solutions to the Structural Problems of South Korean Economy, the Korean Peninsula and the East Asian Community", The International Institute for Advanced Studies in Systems Research and Cybernetics, Symposium, August 2~5, Baden－Baden, Germany.

Lim, Yang－Taek(2011), "Neopragmatism as an Alternative for New Liberalism", Inha－LeHavre International Symposium, Inha University, October 20~21.

Lim, Yang－Taek(2012a), "A Philosophical Foundation for Neopragmatism", 『Journal of Global Issues and Solutions』, November/December.

Lim, Yang－Taek(2012b), "Neopragmatism as an Alternative for New Liberalism", The Institue of Business and Economic Research Inha University.

Lim, Yang－Taek(2014), "A New Philosophy, 'Neopragmatism' for Korea Reform", 『Journal of Global Issues and Solutions』, Published by the Bibliotheque: World Wide Society.

Rawls, John(1971), A Theory of Social Justice, Cambridge: Harvard University Press.

Rawls, John(1980), "Kantian Constructivism in Moral Theory", Journal of Philosophy Vol. 77, No. 9.

Rawls, John(1985), "Justice as Fairness: Political Not Metaphysical", Philosophy and Public Affairs Vol. 14, No. 3.

Rawls, John(1993), Political Liberalism, New York: Columbia University Press.

Rawls, John(1995), "Justice as Fairness: Political not Metaphysical", Philosophy and Public Affairs

Vol. 14.

Rawls, John(1999), A Theory of Justice, revised. ed., Cambridge: The Belknap Press of Harvard University Press.

Rawls, John(2001), Justice as Fairness: A Restatement, Cambridge: Harvard University Press.

Rawls, John and Erin Kelly, ed.(2001), Justice as Fairness, A Restatement, Cambridge, MA: The Belknap Press of Harvard University Press.

Rosenberg, A.(1988). 『Philosophy of Social Science, Boulder: Westview Press.

Rudner, R.S.(1966). 『Philosophy of Social Science』, Englewood Cliffs, NJ: Prentice－Hall, Inc.

Smith, Adam(1778), Lectures on Jurisprudence, edited by R.L. Meek, D. D. Raphael, and P. G. Stein(Glasgow Edition, 1976), Clarendon Press.

임양택(林陽澤)
(한양대학교 경제금융대학 명예교수)

E－mail: limyt@hanyang.ac.kr

학력 및 경력
- 부산중·고등학교 졸업(1967)
- 고려대학교 정치외교학과 졸업(1971)
- 미국 조지아주립대 경제학 박사(1978)
- 미국 유니온대학교 조교수(1978~1979)
- 한양대학교 경제금융대학 교수(1979. 7.~2014. 2.)
- 한양대학교 경제금융대학 학장(2001. 3.~2002. 8.; 2006. 8.~2008. 7.)
- 한국예탁결제원 상임감사(2012. 8. 12.~2014. 10. 29.)
- (사)아시아평화경제연구원 이사장(2012. 8.~현재)
- International Journal of Asian Economics의 편집인(Editor－in－Chief, 2010. 3.~현재)
- 미국 Oklahoma 州의 명예부지사(2002. 7. 25.~2006. 7.)
- 민주평화통일자문회의 상임위원(2011. 6.~2013. 5.) 및
  자문위원(2013. 6.~현재)(경제과학기술위원회 소속)
- 재정경제부 금융발전심의회 위원(1992. 9.~1995. 8.)
- 국방부 정책자문위원(1988. 1.~2005. 2.)
- 보건사회부 국민복지연금실시준비위원(1984. 9.~1986. 8.)

수상
- 한양대학교 「백남학술상」(2002. 5. 15.)
- 미국 BWW Society: 「세계 문제 및 해결 학술상」
  (Global Issues & Solutions Award)(프랑스 파리, 2002. 8. 8.)
- 캐나다 IIAS(International Institute for Advanced Studies
  in Systems Research and Cybernetics): 「우수학술상」
  (Outstanding Scholarly Contribution Award)(독일 바덴바덴, 2008. 7. 30.)

조선의 망조, 대한제국의 자멸,
대한민국의 위기

초판발행   2021년 7월 23일

지은이   임양택
펴낸이   안종만

편 집   탁종민
표지디자인   이미연
제 작   고철민 · 조영환

펴낸곳   도서출판 박영사
            경기도 파주시 회동길 37-9(문발동)
            등록 1952. 11. 18. 제406-3000002510019520000002호(倫)
전 화   02)733-6771
f a x   02)736-4818
e-mail   pys@pybook.co.kr
homepage   www.pybook.co.kr
ISBN   978-89-10-98022-3 93320

정 가   59,000원